朱祖延 主編

爾雅詁林

周祖謨題

卷上

【二】

長江出版傳媒
湖北教育出版社

釋言第二

釋曰、說文曰直言曰言。仲尼曰言以足志。介之推曰言身之文也。然則言者發於志而形於聲、所以文章於身者也。論語曰、詩三百、一言以蔽之、曰思無邪。左傳趙簡子稱子大叔遺我以九言、皆以一句爲一言也。漢書東方朔云十六學詩書、誦二十二萬言、則以一字爲一言也。雖一句一字有異、要以今古方國殊別、學者莫能通、是以方言云皆古今語也、初別國不相往來之言也、今或同、而舊書雅記故俗語不失其方、而後人不知、故爲之作釋也。是曰釋言。

邢疏

釋言第二 魚鞬反。詩傳云直言曰言。書傳云言辭章也。東方朔云誦詩九萬言、謂一字爲一言也。說文從口從辛聲。左傳云介之推曰言、身之文也。仲尼曰言以足志、文以足言。廣雅云言、從也。此釋言篇者、釋古今之訓義。

陸音義

直言曰言、因而謂之爲詁。順而道之爲訓。若殷齊中也、還復反也、直言之而已。權輿也、因是而爲始。林烝也、因是而爲君。此之謂詁。瞿瞿休休、非儉也、順而道之、知其爲儉也。慘慘悄悄、非愠也、順而道之、知其爲愠也。此之謂訓。

新義

釋言第二 音發爲言、一音爲一言。釋詁者、古言也、格之以今。釋言者、今言也、格之以正。

鄭樵注

釋言第二 疏曰、論語云、詩三百、一言以蔽之。左傳趙簡子云、太叔遺我以九言。此皆以一句爲一言也。漢書東方朔云、十六學詩書、誦二十二萬言。則以一字爲一言也。雖一字一句有異、學者莫能通、故釋之也。愚按篇義已總見釋詁篇疏、又云此者、蓋首篇所釋有一句之文數條、而此則皆一字之文與、

注疏參義

釋言第二 **正義** 大戴禮記四代篇云、發志爲言、發言定名、古謂之名、今謂之字。說文云直言曰言。釋名云言、宣也。宣彼此之意也。上篇釋詁有十餘名而同一實者、此篇所釋或連舉二字或祇釋一言、惟鹵矜鹹苦也、三言遲樂爲異耳。古有以一句爲一言者、左氏定四年傳趙簡子稱子太叔遺我九言、論語云一言以蔽之曰思無邪、皆以一句爲一言也。然論語即有以一字爲一言者、子貢問有一言而可以終身行之者乎、子曰其恕乎。以恕字爲一言也。戰國策云臣請三言而已、曰海大魚。左傳疏引易說云伏羲作十言之教、曰乾坤震巽坎離艮兌消息。是則一字爲一言、其來已久。漢書東方朔傳云臣朔固已誦四十四萬言、亦以字計也。此篇通古今之訓義、多爲釋詩而作。

正義

鄭樵曰音發爲言、一音爲一言。釋詁者古言也、格之以今。釋言者、今言也、格之以正。

古注合存

釋言第二 說文繫傳云、爾雅釋言注曰、直言也。

校議

釋言第二 言者、說文云直言曰言。釋名云言、宣也。宣彼此之意也。言與詁異、詁之爲言古也、博舉古人之語而以今語釋之也。言之爲言衍也、約取常行之字而以異義釋之也。言卽字也、釋言卽解字也。古以一字爲一言、此篇所釋皆單文、起義多不過二三言、與釋詁之篇動連十餘文而爲一義者殊焉。故次釋言。

義疏

直言曰言。三代方言各異、詩書禮皆雅言、通知易爲上古聖訓、春秋名从主人、則有方言、爾雅必取雅正、不取通方。茲所釋者、當時通語也。

集解

釋言第二 直言曰言。古者一句謂爲一言、一字亦爲一言。釋言者、謂釋字也。漢許慎說文解字之作、亦釋言類也。

義證

陸氏德明經典釋文釋言第二魚韈反。詩傳云直言曰言。書傳云言、辭章也。東方朔云誦詩九萬言、謂一字爲一言也。說文從口從辛聲。左傳云介之推曰言、身之文也。仲尼曰言以足志、文以足言。廣雅云言、從也。此釋言篇者、釋古今之訓義。

邢氏昺疏說文曰直言曰言。仲尼曰言以足志。介之推曰言、身之文也。然則言者、發於志而形於聲、所以文章於身者也。論語曰詩三百一言以蔽之曰思無邪、左傳趙簡子稱子大叔遺我以九言、皆以一句爲一言也。漢書東方朔云十六學詩書誦二十二萬言、則以一字爲一言也。雖一句一字有異、要以今古方國殊別、學者莫能通、是以方言云皆古今語也、初別國不相往來之言也。今或同而舊書雅記故俗語不失其方、而後人不知、故爲之作釋、是曰釋言。

鄭氏樵注、音發爲言、一音爲一言。釋詁者古言也、格之以今。釋言者、今言也、格之以正。

邵氏晉涵正義、大戴禮記四代篇云發志爲言、發言定名。古謂之名、今謂之字。說文云直言曰言。釋名云言、宣也、宣彼此之意也。上篇釋詁有十餘名而同一實者、此篇所釋則或連舉二字或祇釋一言、惟淊矜鹹苦也三言連舉爲異耳。古有以一句爲一言者、左氏定四年傳趙簡子稱子大叔語我九言、論語云一言以蔽之曰思無邪、皆以一句爲一言也。然論語郎有以一字爲一言者、子貢問有一言而可以終身行之者乎、子曰其恕乎、以恕字爲一言也。戰國策云臣請三言而已曰海大魚、左傳疏引易說云伏羲作十言之教曰乾坤震巽坎離艮兌消息、是則以一字爲一言、其來已久矣。漢書東方朔傳云臣朔固已誦四十四萬言、亦以字計也。此篇通古今之訓義、多爲釋詩而作。

郝氏懿行義疏、言者、說文云直言曰言。釋名云言者、宣也、宣彼此之意也。言與詁異、詁之爲言古也、博舉古人之語而以今語釋之也。言之爲言衍也、約取常行之字而以異義釋之也。言郎字也、釋言郎解字也。古以一字爲一言。此篇所釋皆單文起義、多不過二三言、與釋詁之篇動連十餘文而爲一義者殊焉。故次釋言。

俞氏樾蕟書八、釋詁一篇所說皆字之本義、故謂之詁。詁者、古也。言古義本如此也。釋言一篇、則字之本義不如此而古人之言有如此者。至釋訓一篇所說直是後世箋注之祖。所以解釋經文幷有本全句而釋之者。三篇之分、初意如此。周公體例、本是秩然。叔孫梁文繼事增益、迻多羼亂、或失本眞。要其大旨、可覆按也。

世棨案、俞氏說分篇之義最精、然亦不能顤若畫一、則以多寡分屬之說不可廢也。至謂多非本義、實得雅訓要領。蓋爾雅所釋多引申叚借之義、其時小學方明、造文本義熟在人口、固不待釋也。詁雅者宜以是求之。

釋言集解後案

釋言第二〇疏漢書東方朔傳云云誦二十二萬言傳誤方。二萬監本誤一萬。初別國不相往來之言也脫也。字

注疏正字

釋言第二說文直言曰言。論難曰語。釋名言、宣也。宣彼此之意。此篇所以釋之也。

啓蒙

釋言專釋六蓺成言。釋詁順衍而下、如云古所謂初、今所謂始也。釋言逆溯而上、如云今所謂中、古所謂殷也。又釋詁字大氐本義、釋言字大氐非本義而引申。

黃侃音訓

釋文詩傳云直言曰言。書傳云言、辭章也。廣雅云言、從也。此釋言釋古今之訓義。

證異

說文云：「直言曰言、」釋名云：「言、宣也、宣彼此之意也、」此謂言爲言語之言也。言語而必釋之者、世界言語三大系、一爲獨立語、二爲粘著語、三爲詰屈語。獨立語、一音多義、中國語言屬之。既一音而多義、非加解釋、其義將晦、此釋言之所由作。是故釋詁者、以今字解古義也；釋言者、取常行之言、而以異義解之也。古以一字爲一言、戰國策云：「臣請三言而已、曰海大魚、」是也。然一語亦爲一言、論語云：「有一言而可興邦者乎、」是也。

爾雅學

釋言第二〇釋曰注疏本刪。

漢書東方朔云注疏本朔下衍方。

初別國不相往來之言也注疏本脫也。

故爲之作釋也閩本監本毛本脫之也、元本脫之。

校勘記

釋言疏、漢書東方朔傳云今本傳誤作方。

注疏本正誤

殷齊中也

殷齊中也。書曰以殷仲春。釋地曰岠齊州以南。

郭注

殷齊中也 釋曰殷齊皆謂正中也注書曰以殷仲春者堯典文案彼云日中星鳥以殷仲春孔安國以殷爲正中正義同故也云釋地曰岠齊州以南者彼注云岠去也齊中也謂中州爲齊州是齊得爲中也。

邢疏

殷齊中也

郭璞云書曰以殷仲春。釋地曰岠齊州以南。

一切注音

極中也。

周禮天官「以為民極」、鄭玄註云「極、中也」、賈公彥疏云「『極中』爾雅文」、孫氏讀書脞錄續編據此謂鄭爾雅本作「極中」、與今本異。

森案今本「殷齊中也」條無極字。極、齊雖互訓中、然二字通假、經典別無明證、豈鄭本於「殷齊」外別有極字耶？抑鄭本作極、郭本作齊耶？存參。

鄭玄注稽存

中 如字。又音仲。又知衆反。 距 又作岠。同音巨。

陸音義

距○邢本作岠。

音義攷證

殷齊中也

殷使之中。齊自然之中。

新義

殷齊中也 堯典云、以殷仲春。釋地云、岠齊州以南。

鄭樵注

殷齊中也

郭璞曰、書曰以殷仲春。釋地曰岠齊州以南。

鄭樵曰、堯典云以殷仲春。釋地云岠齊州以南。

古注合存

殷齊中也。此釋殷齊爲中之義也。疏曰、書堯典云、日中星鳥、以殷仲春。孔氏云、殷、正也。中正義同。釋地云、岠齊州以南。註云、岠、去也。齊、中也。

注疏參義

殷齊中也 **註** 書曰以殷仲春釋地曰岠齊州以南 **正義** 上篇開章言始、此篇開章言中、兩篇相承之義也。殷者、禹貢云九江孔殷、史記夏本紀作九江甚中。秋官大行人云、殷相聘也。齊者、舜典云以齊七政、史記正義引尚書大傳云、齊、中也。左氏文十八年傳云、齊聖廣淵。 **註** 書曰至以南。○ **正義** 以殷仲春、堯典文。釋文引馬融、鄭康成註皆云、殷、中也。岠齊州以南、見下釋地篇。郭註亦見下。

正義

殷中也 周禮掌客、殷膳太牢。殷訓爲中。

校議

殷齊中也

書曰以殷仲春。釋地曰岠齊州以南。

上篇首言始、末言終、此篇首言中、亦末言終、蓋以中統始終之義、而包上下之詞也。中者、玉篇云、半也。半者適均、故考工記弓人注、中猶均也。均者平和、故說文云、中、和也。和者在其閒、故喪服小記注、中猶閒也。儒行注、中、中閒。中則正、正亦長、故墨子經上篇云、中、同長也。是皆以引伸爲義矣。殷者、周禮大行人云、殷相聘也。掌客云、殷膳大牢。鄭注竝云、殷、中也。書堯典馬鄭注同。廣雅云、殷、正也。正亦中。以殷仲秋、史記五帝紀作以正中秋。是中正義同。中之言衆也、居中央應四方、有以寡御衆之意。故殷又訓衆也、盛也、大也、多也、皆從中正之義而生也。通作隱、詩殷其靁之殷、音隱、如有隱憂、韓詩作殷。易豫釋文殷、京本作隱。皆其證矣。齊者、平也、等也、皆也、同也、又整齊也。五者實一義、皆無長短高下之差、故爲中也。易繫辭集解引王肅曰、齊、猶正也。正、即中之訓。故詩人之齊聖、箋訓齊爲中正。書天齊于民、馬融注、齊、中也。列子黃帝篇云、不知斯齊國幾千里。湯問篇云、猶齊州也。張湛注並云齊、中也。周穆王篇云四海之齊、謂四海之中也。亦齊爲中之證。

義疏

岠 經文

阮云、釋文距、又作岠。今此注及釋文葢失其舊。說文本作歫、从止。俗改从山。 按後釋地岠齊州以南並同。

經注集證

殷依齊臍中也 郭注、書曰以殷仲春。釋地曰距齊州以南。言但取聲。故多通轉。衣在人身中、故以衣爲中。殷盛嘉名、因用殷代依。殷从㐆、反身爲依也。齊加肉爲齔齎、夶在身中、因爲調劑得中之詞。周官、殷相聘也。書、天齊于民。中、古文从㐌左右不掩。篆从丨㐌省。云从口者、非。

集解

殷齊中也 作樂之盛偁殷。从㐆从殳會意。引申爲中、謂當作樂之中而偁盛也。故一朝之衷而復盛謂之中興。書堯典、以殷仲春。鄭注殷、中也。禹貢九江孔殷、史記作九江甚中。周禮大行人殷相聘也、掌客殷獻大牢、鄭注均云殷、中也。墨子備城門諸侯畔殷周之國、孫注殷、中也。言同之中。莊子外物其不殷非天之罪、注當也中也。文選魯靈光殿賦承蒼昊之純殷、注殷中也。或者正字爲檃與。檃、括也。謂括木使之中正也。檃殷一聲之轉。齊禾麥吐穗上平也。象形。正字爲齎。齎、齔齎也。位心腎之中、前直神闕後直命門。今俗呼齎蒂爲齊蒂。齎齊通用字。書堯典、以齊七政、史記正義引尚書大傳云齊、中也。呂刑天齊于民、馬注齊、中也。詩小宛人之齊聖、箋訓中正。儀禮既夕齊五采、注居柳之中央。列子黃帝不知斯齊國幾千里、湯問猶齊州也、張注均云齊、中也。周穆王篇四海之齊、謂四海之中也。中矢著正也、从凡象射侯形。从丨通也。亦象矢形。許慎訓爲和者、引申義耳。

義證

殷齊中也

郭氏璞注書曰以殷仲春釋地曰岠齊州以南

釋文中 如字。又音仲。又知衆反。 距 又作岠、同。音巨。

疏、殷齊皆謂正中也。注書曰以殷仲春者、堯典文。案彼云日中星鳥以殷仲春、孔安國以殷爲正。中正義同故也。云釋地曰岠齊州以南者、彼注云岠、去也。齊、中也。謂中州爲齊州、是齊得爲中也。

鄭注、堯典曰以殷仲春。釋地云岠齊州以南。

正義、上篇開章言始、此篇開章言中、兩篇相承之義也。殷者、禹貢云九江孔殷、史記作九江甚中。秋官大行人云殷相聘也。齊者、舜典云以齊七政、史記正義引尚書大傳云齊、中也。左氏文十八年傳云齊聖廣淵。「注」以殷仲春、堯典文。釋文引馬融鄭康成注皆云殷、中也。

義疏、上篇首言始、末言終。此篇首言中亦末言終。蓋以中統始終之義而包上下之詞也。中者、玉篇云半也。半者適均、故考工記弓人注中猶均也。均者平和、故說文云中、和也。和者在其間、故喪服小記注中猶間也。儒行注中、中間。中則正、正亦長、故墨子經上篇云中同長也。是皆以引申爲義矣。殷者、周禮大行人云殷相聘也、掌客云殷膳大牢、鄭注並云殷、中也。書堯典馬鄭注同。廣雅云殷、正也。正亦中。以殷仲秋、史記五帝紀作以正中秋。是中正義同。中之言衆也。居中央應四方有以寡御衆之意、故殷又訓衆也。盛也大也多也、皆從中正之義而生也。通作隱。詩殷其靁之殷音隱、如有隱憂、韓詩作殷。易豫釋文殷、京本作隱。皆其證矣。齊者、平也等也皆也同也。又整齊也。五者實一義、皆無長短高下之差、故爲中也。易繫辭集解引王肅曰齊猶正也。正卽中之訓。故詩人之齊聖、箋訓齊爲中正。書天齊于民、馬融注齊、中也。列子黃帝篇云不知斯齊國幾千里、湯問篇云猶齊州也、張湛注並云齊、中也。周穆王篇云四海之齊、謂四海之中也。亦齊爲中之證。

王氏引之經義述聞、呂刑曰天齊于民、馬注齊、中也。管子正世篇曰治莫貴於得齊、謂得中也。列子周穆王篇曰四海之齊、謂中央之國。皆謂中爲齊。家大人曰、人臍居腹之中央、故謂之臍。臍者、齊也。士喪禮下篇齊三采、鄭注齊居柳之中央。疏曰以其言齊若人之齊、亦居身之中央也。莊子達生篇與齊俱入、釋文司馬云齊回水如磨齊也。是齊爲物之中央也。漢書郊祀志齊所以爲齊、以天齊也、蘇林曰當天中央齊也。封禪書索隱引解道彪齊記云、臨菑城南有天齊淵、言如天之腹齊也。天中之爲天齊、亦猶中州之爲齊州矣。

世榮案、殷之訓中有兩義、殷本義爲盛、而凡事莫盛於中、故周禮大行人、掌客注、史記孔子世家正義、文選魯靈光殿賦張注、並以中訓殷。此實字之中由盛義引

爾雅詁林 二 釋言

申者也。殷與㬎聲相近、朱氏駿聲說文通訓定聲屯部謂殷叚借爲㬎引此經及堯典以殷仲春、史記天官書衡殷南斗、衡殷中州、廣雅釋詁殷正也、以證。案說文木部㬎與栝互相訓、蓋本矯制衺曲之器、故卽可訓中訓正。此則以中爲約之使中。殷者、㬎之叚字也。雅訓本非一義、二說似皆可通。

釋言集解後案

殷齊中也

㊟書曰以殷仲春釋地曰岠齊州以南

郭注補正

殷齊中也

殷詳訂經。

齊者、小雅小宛人之齊聖、毛傳云齊、正。正卽中也。鄭箋云中正謂齊。

說詩

殷齊節註岠齊州以南岠、釋文作距。

注疏正字

齊中也

郭引釋地曰岠齊州以南。引之謹案呂刑曰天齊于民、馬注齊、中也。管子正世篇曰治莫貴於得齊、謂得中也。列子周穆王篇曰四海之齊謂中央之國、皆謂中爲齊。家大人曰、人臍居腹之中央、故謂之臍。臍者齊也。士喪禮下篇齊三采、鄭注曰齊居柳之中央。疏曰、以其言齊、若人之齊、亦居身之中央也。莊子達生篇與齊俱入、釋文司馬云齊回水如磨齊也。是齊爲物之中央也。漢書郊祀志齊所以爲齊、以天齊也。蘇林曰當天中央齊也。封禪書索隱引解道彪齊記云、臨菑城南有天齊淵言如天之腹齊也。天中之爲天齊、亦猶中州之爲齊州矣。

述聞

殷齊中也

說文中和也。徐鍇曰口以出令、令以記其中也。㱄、作樂之盛稱殷。註此殷之本義也。引伸之爲凡盛之稱。又引伸之爲大也衆也、又引伸之爲正也中也。禹貢九江孔殷、史記作九江甚中。㫺、禾麥吐穗上平也。象形。註从二者、象地有高下也。禾麥隨地之高下爲高下、似不齊而實齊。引伸爲凡齊等之義。又引伸爲中也。舜典以齊七政、尚書大傳齊、中也。

啓蒙

殷齊中也

書曰以殷仲春釋地曰岠齊州以南

釋文云距、又作岠。今各本皆作岠。樹枏案、釋地作岠、釋文云岠、音巨。不言有異同。此岠距二字益誤倒。

義疑

釋言　殷、中也。

㠯案。殷字據說文㐆部云。作樂之盛。稱殷從㐆、從殳。俞蔭甫太史兒笘録曰。作樂之盛何取從㐆從殳。殷字從殳㐆聲。其本義爲擊聲。故從殳。引伸之則凡爲聲者皆得謂之殷。詩殷其靁篇毛傳曰。殷、靁聲也。經傳殷字惟此與本義最近。㠯謂俞訓殷爲擊聲。甚當。顧從殳之義明。而從㐆之義未說。曰㐆聲。則是但以爲諧聲而無義也。竊謂說文訓作樂之盛。固失殷字之本義。而其云從㐆從殳以殷爲會意字。實未誤。㐆者反身也。反身則是背矣。殷字從反身之㐆。實取背義。取背義而又從殳以爲擊義。則是擊背矣。故殷之訓擊聲。當爲擊背之聲。凡人以手擊背。則適當乎背之中。故爾雅殷與齊同訓中。齊之爲言臍也。王引之述聞云。人臍居腹之中央。故謂之臍。臍者齊也。既夕禮上篇齊三采鄭注曰。齊居柳之中央。疏曰以其言齊。若人之齊居身之中央也。㠯案。內經素問至眞要大論王冰注云。身之半。正爲齊中也。當伸臂指天。舒足至地。以繩量之。中正當齊也。王述尚失徵。蓋殷者背中也。齊者腹中也。

校書

殷、齊、中也。

說文丨部云：「中、內也；从口、丨、下上通也。」然則中者、別於外之謂也、別於偏之謂也。別於外、故喪服小記注云：「中、猶閒也。」別於偏、故孔門講哲學、而有中庸之作。說文入部云：「內者、入也、」中訓內、亦爲入、故有去聲之義。首篇開章釋始字、釋言承上篇、故首章釋中。

殷者、禹貢「九江孔殷、」史記夏本紀作「九江甚中、」是殷卽中也。廣雅云：「殷、正也；」中、正、義同；故堯典「以殷仲秋、」史記五帝紀作「以正仲秋。」殷又通隱。

齊者、釋地云：「岠齊州以南、」郭注云：「齊、中也。」齊州爲中州、故列子黃帝篇「不知斯齊國幾千里、」張湛注云：「齊、中也、」周穆王篇云：「四海之齊、」即謂四海之中也。管子世篇云：「治莫貴於得齊、」正謂得中也。

爾雅學

岠齊州以南 單疏本雪牕本注疏本同。釋文距、又作岠、同。音巨。按今釋地作岠、釋文同、蓋失其舊。○按依說文本作岠、从止。俗改从山。

殷齊中也○釋曰 注疏本刪。

校勘記

殷齊、中也。如字又音仲

孫佁直音

斯誃離也

斯、誃、離也。齊陳曰斯。誃見詩。

郭注

斯誃離也 釋曰、斯析誃張皆分離也。孫炎曰斯、析之離。郭云齊陳曰斯者、方言文。陳風墓門云斧以斯之是也。云誃見詩者小雅巷伯云哆兮侈兮成是南箕、鄭箋云因箕星之哆而又侈大之是也。誃侈音義同。

邢疏

斯離也 以下釋言

斯、析之離。詩正義七之一 毛詩音義中 邢疏

孫音注

黃輯古義

斯誃離也

斯、析之離。邢疏 詩陳風墓門正義 詩釋文

孫音注

玉函山房輯佚

斯

析之離。孫注 經典釋文六

鉤沉

斯離也

孫曰斯、析之離。詩正義七之一 毛詩音義中 邢疏

漢注

斯誃離也

孫炎云斯、析之離。釋文六卷 郭璞云齊陳曰斯誃見詩

一切注音

斯離也 孫炎曰斯、析之離。詩墓門正義

古注斠

斯、盡也

大雅皇矣「王赫斯怒、」鄭箋云「斯、盡也、」孔疏云「『斯盡』釋言文、」孫氏讀書脞錄續編據此謂鄭爾雅本作「斯盡」、與今本作「斯離」異、森案離盡義殊、二字通假、經典別無明證、繆荃孫藝風堂文集謂「釋詁訓盡者十三字、而無斯字、定「斯盡」一條為釋言佚文」則「斯離」與「斯盡」又彼此各為一義、而不可合為一條矣。

鄭玄注稽存

斯 私貲所宜二反。誃 尺氏反。

陸音義

斯誃離也

斯固離矣、多亦離也、所謂多方駢枝如此。

新義

斯誃離也陳風云、斧以斯之。小雅云哆兮侈兮。侈即誃也。

鄭樵注

斯誃離也

孫炎曰斯、析之離。

郭璞曰、齊陳曰斯誃見詩。

鄭樵曰、陳風云斧以斯之。小雅云哆兮侈兮。侈即誃也。

古注合存

斯誃離也。此釋斯誃爲離之義也。註曰、方言云、齊陳曰斯。疏曰、斯析、誃張皆分離也。詩墓門云、斧以斯之。巷伯云、哆兮侈兮。誃、侈音義同。

注疏參義

斯誃離也 註 齊陳曰斯誃見詩 正義 詩釋文引孫炎曰、斯、析之離。說文云、誃、離別也。列子黃帝篇不知斯齊國幾千萬里、言離去中國也。穀梁僖四年傳云、於是哆然外齊侯也、哆然、離散之貌。誃、哆音義同。註 齊陳至見詩○正義 齊陳曰斯、方言文。陳風墓門云、斧以斯之。廣雅云、斯、離、分也。韓非子說林云、斧離數創、皆言離析也。誃見詩者、舊疏引小雅巷伯云、哆兮侈兮。

正義

斯誃離也齊陳曰斯誃見詩、

離者、玉篇云、散也、去也、兩也、判也。曲禮云、離坐離立、鄭注、離、兩也。廣雅云、離、分也。兩、判、去、散、其義皆爲分也。離與蠡音義同。方言云、蠡、分也。楚曰蠡、秦晉曰離。又與劙同。荀子賦篇注、攭與劙同。攭兮分判貌是矣。斯者、說文云、析也。引詩、斧以斯之。書有斯明享、鄭注、斯、析也。廣雅云、斯、分也。分析義皆爲離、故詩墓門釋文及正義引孫炎曰、斯、析之離。方言云、斯、離也。齊陳曰斯、是郭所本。通作廝。廣雅云、廝、散也。史記河渠書云乃廝二渠以引其河、集解引漢書音義云、廝、分也。又通作廝。方言云、廝、散也。又與參同。方言云、參、分也。按參之言三也、夜參半卽夜分半矣。誃者、說文云、離別也。周景王作洛陽誃臺。按誃臺猶離宮別館也。郭云誃見詩者、邢疏引巷伯云、哆兮侈兮。說文云、哆、張口也。張開與分離義近。又與侈近。說文、侈、落也。落有離意、故吳語云、民人離落。又與坼近、說文坼、裂也。廣雅坼、分也。分落義皆爲離。

義疏

斯析鮮誃杝離也孫注斯、析之離。郭注齊陳曰斯。誃見詩。斯、从斤箕其。箕其必析竹、因爲析木及凡析也。書、有斯明享。記、天斯昭昭之多。詩、鮮民之生。又伐木掎矣。析薪杝矣。記、杝架、字太佀樜。今籬字也。哆兮侈兮。字皆从多、然非此誃也。離、釋故云、离易離卦卽麗也。离有离肉、蓋野鹿之異種、因其色而爲離黃。又佀翟黃、並無分離之義。又因鳥羅而生離別、自此全用离義。

集解

斯誃離也 斯、析也、从斤其聲。引申爲分也離也。析竹以爲箕、即使竹分離以爲箕也。詩板無獨斯畏箋、斯、離也。列子黃帝不知斯齊國幾千里、注斯、離也。禮記少儀牛羊之肺離而不提、注提猶絕也。荀子富國刺中殖穀、注刺、絕也。史記河渠書乃廝二渠以引其河、集解廝、分也。亦離也。以提、刺、廝爲之。誃、離別也。从言多聲。人當離別必多言以相屬。說文引周景王作洛陽誃臺。徐鉉曰、爾雅堂樓邊小屋。蓋小屋連於大屋體實則別自爲一區處也。若離宮然。國策出誃門也、鮑注別也。猶離也。穀梁僖四傳於是哆然外齊侯也。哆然、離散之皃。國策皮面抉眼、廣雅釋詁皮云離也。釋言靡、離也。以哆、皮、靡爲之。離、離黃、倉庚也。正字爲鵹、或爲离。乃有分別之義。廣雅釋詁訓離爲分、釋言訓離爲别、均借義也。

義證

斯誃離也

孫氏炎注斯、析之離。邢疏詩陳風墓門正義詩釋文

注齊陳曰斯。誃見詩。

釋文斯私貲、所宜二反。誃尺氏反。

疏誃音侈斯析誃張皆分離也。孫炎曰斯、析之離。郭云齊陳曰斯者、方言文。陳風墓門云、斧以斯之是也。云誃見詩者、小雅巷伯云哆兮侈兮成是南箕、鄭箋云箕星之哆而又侈大之是也。誃、侈音義同。

鄭注、陳風云斧以斯之。小雅哆兮侈兮。侈即誃也。
正義、詩釋文引孫炎曰斯、析之離。說文云誃、離別也。列子黃帝篇不知斯齊國幾千萬里、言離去中國也。穀梁僖四年傳云於是哆然外齊侯也。哆然、離散之貌。誃哆音義同。注齊陳曰斯、方言文。陳風墓門云斧以斯之。廣雅云斯、離、分也。韓非子說林云斧離數創。皆言離析也。誃見詩者、舊疏引小雅巷伯云哆兮侈兮。義疏、離者、玉篇云散也去也兩也判也。曲禮云離坐離立、鄭注離、分也。兩判去散、其義皆爲分也。離與𧑒音義同。方言云𧑒、分也。楚曰𧑒、秦晉曰離。又與劙同。荀子賦篇注攡與劙同。攡兮、分判貌。是矣。斯者、說文云析也。引詩斧以斯之。書有斯明享。鄭注斯、析也。廣雅云斯、分也。分析義皆爲離、故詩墓門釋文及正義引孫炎云斯、析之離。方言云斯、離也。齊陳曰斯。是郭所本。通作廝。廣雅云廝、散也。史記河渠書云乃廝二渠以引其河、集解引漢書音義云廝、分也。又通作𤻮。方言云𤻮、散也。又與參同。方言云參、分也。按參之言三也、夜參半即夜分半矣。誃者、說文云離別也。周景王作洛陽誃臺。猶離宮別館也。郭云誃見詩者、邢疏引巷伯云哆兮侈兮。說文哆、張口也。張開與分離義近、又與陊近。說文陊、落也。落有離意、故吳語云民人離落。又與坼近、說文㡇、裂也。廣雅坼、分也。分落義皆爲離。經義述聞、哆侈皆張大之貌、非離析之義。郭言誃見詩、不知何指。說文誃、離別也。周景王作洛陽誃臺。徐鍇曰誃臺猶別館也。別館與離宮同義。故曰誃、離別也。家大人曰、荀子王霸篇曰四方之國有侈離之德。侈亦與誃同。世榮案段氏玉裁說文解字注謂郭云誃見詩、今毛詩未見誃字疑析薪杝矣、容有作誃者。其說近是。

釋言集解後案

斯誃離也（誃、尺式反。）

註齊陳曰斯誃見詩補正邢疏、斯析誃張皆分離也。孫炎曰斯、析之離。小雅云哆兮侈兮。誃侈音義同。

郭注補正

斯離也。郭氏以爲即詩墓門斧以斯之之斯。然不如取板無獨斯畏解之爲更允。

誃離也。郭氏以爲見詩後代俗解取詩巷伯哆兮侈兮之侈當之、謬甚矣。古文論語有誃予之足、今文作啟。是誃爲離之定訓。洛陽南宮誃臺爲周赧王逃責臺、誃臺、離宮之臺也。古離亦爲連。釋宮連謂之簃、亦即此簃字。作誃、古今之異。郭氏之說或未爲是與。

錢氏古義

斯離也　注齊陳曰斯

正曰、注引方言、於誼未了。詩陳墓門斧以斯之、毛傳斯、析也。釋文鄭注尚書云斯、析也。爾雅云斯、離也。孫炎云斯、析之離。正義釋言云斯、離也。孫炎曰斯、析之離。孫注恪守毛鄭舊詁、勝於郭注遠矣。

正郭

斯誃離也

齊陳曰斯誃見詩

誤方俗異語見前言字、係元應隨筆改易之文、今據補訂。

誃不見今毛詩、邢疏引巷伯哆兮侈兮以證、蓋三家詩作誃、毛詩作哆。

郭注佚存補訂

斯誃離也

斯者、說文云析也。引詩斧以斯之。陳風墓門傳亦云斯、析。析即離也。大雅板無獨斯畏、鄭箋云斯、離也。斯與鮮通。瓠葉有兔斯首、箋云斯、白也。今俗語斯白之字作鮮、齊魯之間聲近斯。說文𩅦、从雨鮮聲、讀若斯。阮氏元以詩鮮民之生爲斯民之生、鮮

爾雅詁林　二　釋言

讀爲斯、故詩新臺鮮與泚瀰爲韻。史記五帝紀析支、索隱云鮮析聲相近。釋山、小山別大山、鮮。詩皇矣正義引孫炎云別、不相連也。卽離之義也。文選吳都賦注引爾雅作小山別大山、嶰。嶰從解、亦卽分離之義。古書解鮮通用。禮月令、穀實鮮落。鮮落卽解落也。猶呂覽古樂萬物散解也。侈者、郭注云見詩。舊疏引小雅巷伯哆兮侈兮。說文云誃、離別也。蓋用爾雅。今案毛詩之哆、三家詩必有作誃者、故郭云。然哆蓋借爲離間之哆、與誃同訓離而義別。

說詩

斯離也

斯、集韻或作撕。柏年案今人謂撦裂爲撕。撕行而斯廢矣。撕乃後出俗字、說文經典所不見。尋說文斯、析也。从斤。斤者、斫木也。稱斫木而分析之義已見、復益以手于義爲已贅矣。

補釋

斯誃節疏因箕星之哆而又侈大之字。又衍

注疏正字

斯誃離也

廣雅斯、離、分也。詩陳風、斧以斯之。斯、析也。誃、說文離別也。離析、辨別之謂。離通作譎、說文多言也。辨別之辭不得不多矣。

小箋

誃離也

郭曰誃見詩。邢曰小雅巷伯云哆兮侈兮成是南箕、鄭箋云因箕星之哆而又侈大之、是也。引之謹案、哆侈皆張大之貌、非離析之義。郭言誃見詩、不知何指。邵曰穀梁僖四年傳云於是哆然外齊侯也。哆然、離散之貌。誃哆音義同。於義爲長。說文誃、離別也。周景王作洛陽誃臺。徐鍇曰、誃臺猶別館也。別館與離宮同義、故曰誃離別也。家大人曰、荀子王霸篇曰四方之國有侈離之德。侈亦與誃同。

述聞

斯誃離也 離、詳釋鳥。假借字也。說文斯、析也。引詩斧以斯之。廣雅斯、離、分也。說文誃、離別也。通作哆。穀梁僖四年傳、於是哆然外齊侯也。

啓蒙

斯誃離也。 離卽以誃爲正字、猶藩籬本作杝也、聲轉爲列。斯又與斴近、集韻引字林斴、壐破也。又與嘶近、王莽傳注嘶、聲破也。 斯、今字作撕。

黃侃音訓

誃、離也。漢書諸侯王表有逃責之臺、服虔曰、周赧王負責、主迫之急、乃逃於此臺。後人因以名之。劉德云洛陽南宮誃臺是也。

古義補

斯、誃、離也。

說文離、本離黃名；借用爲分離字。玉篇「離、判也、」曲禮「離坐離立、」鄭注「離、兩也、」判兩、皆分離也。

斯、說文斤部云：「析也、詩曰：『斧以斯之。』」此斯之本義；假借訓爲此耳。呂氏春秋報更篇云：「趙孟見桑下餓人、與之脯一朐、曰、斯食之、」注云：「斯、析也。」方言云：「斯、離也、齊陳曰斯。」蓋斯析、斯離、皆疊韻字、故取以相訓。法人拉克伯里說離卦、論者謂與焦循易通釋、可以互相發明；劉師培竝用其法、以解坤屯；皆援同聲假借之例、以爲訓釋也。

誃、說文言部云：「離別也；周景王作洛陽誃臺；」徐鍇曰：「誃臺、猶別館也。」穀梁僖四年傳云：「於直哆然外齊侯也、」邵謂「哆然、離散之貌、」王引之謂「哆誃音義同。」爾雅郭注「誃見詩、」段云：「今毛詩未見誃字、疑『析薪杝矣、』容有作誃者。」是誃哆杝、音皆同。

爾雅學

爾雅詁林 二 釋言

斯誃離也○釋曰注疏本删。

校勘記

斯誃音侈離也

音圖·音

誃、尺氏翻音侈。與撦同母、義亦同也。斯有私貲音思所宜音施二翻。釋文又音梳。毛西河但知俗語對扯物裂之爲斯、而不知誃字之卽撦也。說文誃、分離也。引論語誃子之足。

音略

侈

斯誃、離也。

孫侃直音

斯誃侈離也

楊氏音訓

誃侈

干氏音釋

謖興起也

謖興、起也 禮記曰尸謖。

郭注

謖興起也 釋曰謖興皆作起也。注禮記曰尸謖者、祭統文也。

邢疏

謖興、起也

郭璞云禮記曰尸謖。

一切注音

謖所六反。

陸音義

謖興起也

寢而起爲興、坐而起爲謖。禮尸稱謖、君言起、君初非坐者也。

新義

謖興起也 祭統云尸謖。所六反。

鄭樵注

謖興起也 郭璞曰、禮記曰尸謖。鄭樵曰、祭統云尸謖所六反。

古注合存

謖興、起也。謖音速○此釋謖興爲起之義也。註曰記祭統云尸謖。

注疏參義

謖興起也 註 禮記曰尸謖 正義 說文云、起、能立也。言作而起也。謖者列子黃帝篇則未嘗見舟而謖操之者也。玉篇云謖、起皃是也。興者、益稷云率作興事。註 禮記曰尸謖○正義 士虞禮云、祝入尸謖。士虞禮記云、尸謖祝前鄉尸。亦見祭統。

正義

謖興起也 禮記曰尸謖

起者、說文云能立也。釋名云起、啓也。啓一舉體也。禮孔子閒居注起、猶行也。史記樂書正義云起、動也。行動皆從起義而生也。謖者、特牲少牢饋食俱云尸謖、列子黃帝篇云則未嘗見舟而謖操之者也。鄭注及張湛注竝云謖、起也。通作休。少牢饋食及士虞禮注竝云、古文謖或作休。又與慉同。詩不我能慉、傳慉、興也。說文慉、起也。慉謖聲近、慉休聲轉。其義俱同矣。興者、動也。作也。發也。舉也。皆起之義也。興與廞同。周禮注廞、興也。興廞聲轉。

義疏

謖興起也 注郭

禮記曰尸謖。

謖从畟、畟从人从田。詩畟畟良耜。耜起土、故爲起。上云熙興、此興當爲比興之興。周官、興道諷誦。記、不興其藝。起、从已走、坐而行也。說文云能立也。

集解

謖興起也 謖字本作畟、治稼畟畟然進也、从田从人从夊會意。引申爲起、謂徐徐起也。儀禮特牲禮尸謖祝前主人降、禮記祭統尸謖、列子黃帝乃若夫没人則未嘗見舟而謖操之者也、注均訓起。詩谷風不我能慉、釋文慉、興也。說文云起也。少牢饋食禮及士虞禮注均云謖古文或作休。亦起也。以慉休爲之。興、舁力而起也、从舁从同。同力也。會意。書顧命弗興弗悟、僞傳訓起。詩大明維予侯興、傳興起也。小明興言出宿、箋興起也。禮記中庸其言足以興、注謂起在位也。前漢書郊祀志服不死之藥遙興輕舉、司馬遷傳有度無度因物興舍、師古均云興起也。文選曹子建贈徐公幹詩文昌鬱雲興、注興起也。起能立也、从走巳聲。

義證

謖興起也

注、禮記曰尸謖。

釋文謖所六反。

疏、謖興皆作起也。禮記曰尸謖者、祭統文也。

鄭注、祭統云尸謖。

正義、說文云起能立也。言作而起也。謖者、列子黃帝篇則未嘗見舟而謖操之者也。玉篇云謖、起貌是也。興者、益稷云、率作興事。「注」士虞禮云祝入尸謖。士虞禮記云尸謖祝前鄉尸。亦見祭統。

義疏、起者、說文云能立也。釋名云起、啟也。啟一舉體也。禮記孔子閒居注起猶行也。史記樂書正義云起、動也。行動皆從起義而生也。謖者、特牲少牢饋食俱云尸謖、列子黃帝篇云則未嘗見舟而謖操之者也、鄭注及張湛注竝云謖、起也。通作休。少牢饋食及士虞禮注竝云、古文謖或作休。又與慉同。詩不我能慉傳慉、興也。說文慉起也。慉謖聲近、慉休聲轉、其義俱同矣。興者、動也作也發也舉也、皆起之義也。周禮注厥、興也。興厥聲轉。

世榮案、謖字不見於說文。雷氏浚說文外編謂許意當作休、其說非也。許書自以慉爲謖之正字、古文作休者、聲轉相叚也。今文謖字疑初當作稷。周書王會稷愼大麈、孔晁注肅愼也。詩生民以稷與夙育爲韻、是稷與肅夙聲近、卽與慉聲近。說文禾部稷从畟聲。夊部畟、畟進也。進與起近、則聲義俱近矣。叚稷爲慉、卽叚畟爲慉。其从言旁者、稷字或作䅉、見童子逢盛碑。禾旁言旁相近致譌、然皆俗書、故許君不之錄也。

釋言集解後案

謖興起也

謖者、小雅楚茨皇尸載起、鄭箋云、神醉而尸謖。彼釋文云謖、起也。此當是釋楚茨既齊既稷之稷、謂執事者皆興起也。謖又通作畟。釋訓釋文云、畟或作稷。畟畟良耜、毛傳云畟畟猶測測也。竊謂畟畟猶謖謖、始往南畝、故起良耜而興作也。畟畟、興作之貌。郝云詩不我能慉、興也。說文慉、起。慉謖聲近。興者、小雅小明興焉出宿、維予侯興、緜百堵皆興、諸詩傳箋竝云興、起也。小雅斯干乃寢乃興、天保以莫不興、興皆爲起。

說詩

謖 當作畟。

小箋

謖興起也 說文言部無謖字、當作畟。說文夊部畟、治稼畟畟進也、从田儿从夊。詩曰畟畟良耜、案進與起義相附。

匡名

謖音叔 興起也 說文起、能立也。 儀禮、尸謖祝前主人降。玉篇謖、起貌。 益稷率作興事、註興、起也。

啓蒙

謖 休 儀禮士虞禮。少牢饋食禮。尸謖。注并云。古文謖或作休。

正作畟、治稼畟畟進也。引申爲興起之義。

黃侃評本正名

謖、起也。 謖正作畟、治稼畟畟進也、引申為興起之義。

黃侃音訓

謖、興、起也。

說文：「起、能立也；」段氏云：「起本發步之稱、引伸之、訓爲立；又引伸之、爲凡始事凡興作之稱。」

謖者、玉篇「起皃；」郊特牲「尸謖、」鄭注云：「謖、起也。」邵氏引列子黃帝篇云：「則未嘗見舟而謖操之者也、」張湛注同鄭。士虞禮注云：「古文謖、或作休。」

爾雅學

謖興起也○釋曰 注疏本删。

注禮記曰尸謖者 注疏本脫注。

校勘記

謖音縮 興起也

音圖・音

縮

謖興起也。

孫侶直音

謖速 興起也

楊氏音訓

謖 縮

干氏音釋

還復返也

還復返也。

郭注

還復返也 釋曰皆迴返也。春秋書師還、又曰至河乃復之類是也。

邢疏

還復返也

郭璞云皆迴返也。

一切注音

還音旋 復音服 返音反、說文同、云春秋傳作𢔶從彳。

陸音義

返春秋傳作𢔶、從彳。○今三傳不見有𢔶字。

音義攷證

還復返也

復有不至、還善詞也。

新義

還復返也 郭璞曰皆迴返也。

古注合存

還復返也、還旋同。○此釋還復爲返之義也。疏曰、皆回返也。春秋書師還、至河乃復之類。

注疏參義

還復返也 **註** 皆迴返也 **正義** 說文云返、還也。還、復也。易雜卦傳云復、反也。轉相訓也。

正義

還復返也 皆迴返也

返者、說文云還也。引商書曰祖甲返。又引春秋傳作𢔶。通作反。儀禮注反、還也。詩猗嗟箋及執競傳竝云反、復也。眠箋及說文云反、覆也。覆復聲同、其義亦近也。還者、說文云復也。越語注反也。詩還而不入、箋還、行反也。通作環。又通作旋。周旋亦反復之義也。復者、說文云往來也。又云夏行故道也。夏復音義同。易雜卦云復、反也。詩黃鳥及我行其野箋傳竝同。又通作反。特牲饋食禮注今文復爲反。葢反復一聲之轉、故其字通。

義疏

還復返也

還、从睘、目驚視而辵。故爲行返、又爲周環。復、从复、夂而見逼、夫當復返。反、从又厂。厂下取土、不能進、故爲反覆。加辵爲還返。詩、爾還而入。曷月予還。易有復卦。書、卒乃復。

集解

還復返也 還、復也、亦返也。从辵睘聲。詩何人斯還而不入、箋行反也。周語視毋還、注睛轉復反爲還。大戴保傅亟顧環面、注環、旋也。小爾雅廣言旋、還也。說文鍇本轉、還也。即返也。以環旋轉爲之。復、往來也、从彳夏聲。夏行故道也。故復又引申爲還也返也。易襍卦復、反也。詩黃鳥言歸思復、傳復、反也。蓼莪顧我復我、箋反覆也。周禮諸臣之復、注報也、反也。書召誥朕復子明辟、孫疏復、返也。文選思玄賦又何往而不復、注復、返也。返、還也、从辵反聲。經傳多以反爲之。

義證

爾雅詁林 二 釋言

還復返也

皆迴返也。還音旋。

毛本有此注。皆迴返也四字、伊宋本雪牕本皆脫。元本閩本監本亦無此注而有還音旋三字。

郭注佚存補訂

還復返也

還通作旋。魏風十畝之間行與子還兮、彼釋文云還本亦作旋。詩還序釋文引韓詩作嫙。漢書集注還皆讀曰旋。小雅何人斯還而不入、鄭箋云還、行返也。復者、秦風黃鳥復我邦族、小雅我行其野復我邦家、言歸思復、傳箋竝云復、返也。復亦作反覆。詩節南山箋云、可反復也。公劉箋云反復之。抑箋云誰能反復之。彼釋文竝云復、本亦作反覆。返者、說文云還也。亦通作反。齊風猗嗟四矢反兮、周頌執競福祿來反、傳箋竝云反、復也。

說詩

還復返也註皆迴返也 註皆以下五字監本及諸本無。

注疏正字

還復返也 復通覆。返通反。詩小雅雨無正覆出為惡、傳覆、反也。又何人斯爾還而入、箋還、行反也。又蓼莪顧我復我、箋復、反覆也。又大雅桑柔覆俾我悖、傳覆、反也。又瞻卬女覆奪之、箋覆、猶反也。又周頌執競福祿來反、傳反復也。正義曰、釋言云復、反也。是反得為復。定本作覆。釋文云返、說文同。云春秋傳作彶、從彳。

匡名

還復返也 說文、返、還也。還、復也。小雅還而不入。復、往來也。从彳夏聲。雜卦傳復、反也。

啓蒙

復、返也。 返、說文又引春秋傳作彶、盧文弨云、三傳不見有彶字、今案說文所稱、左氏古文也。 復通覆、詩雨無正覆出為惡、桑柔覆俾我悖、傳並云覆反也。瞻卬女覆奪之、箋覆猶反也。

還、復、返也。

黃侃音訓

說文「返、還也。」引春秋傳作彶。儀禮注云：「反、還也；」詩猗嗟箋云：「反、復也；」是返通作反、仍為還復之義。

爾雅學

還復返也 元本經下載音切、還音旋。閩本監本誤為注、毛本遂剜改作皆迴返也。似郭氏舊有此注矣。考此本雪牕本陳本鍾本郎本葛本皆無也。

還復返也〇釋曰皆迴返也 注疏本刪上六字。

校勘記

還復返也 旋

孫侶直音

還旋復返也

楊氏音訓

宣徇徧也

宣、徇、徧也。皆周徧也。

郭注

爾雅詁林 二 釋言

邢疏

宣徇偏也　釋曰皆周偏也。大雅江漢云來旬來宣、毛傳云旬、偏。鄭箋云宣偏。是皆爲周偏也。徇旬音義同。

徇偏也　釋文徇樊本作侚　以下釋言

樊注

侚、辭峻反。釋文

徇偏也　已下釋言

郭音義

徇、音巡。釋文

徇偏也　以下釋言

施音

徇、音詢。釋文

宣徇偏也　已下釋言

衆家注

史記五帝紀索隱引爾雅、徇、周、偏也。

黃輯古義

宣侚偏也　釋文徇樊本作侚

樊注

侚、辭峻反。釋文

郭音義

宣徇音巡　釋文

漢注

徇、偏也。釋文徇樊本作侚、辭峻反。

玉函山房輯佚

宣徇偏也　郭璞云皆周偏也。

一切注音

徇偏也　李巡曰洵、偏之均也。詩桑柔正義　樊本作侚。郭音巡。釋文

古注斠

蕙心案、史記五帝紀幼而徇齊、索隱引爾雅徇周偏也。

陸音義

徇本又作侚、樊本作侚、並辭峻反、郭音巡、張揖字詁云徇、今巡。施音詢。進。本又爲均字。偏古遍字。

鄭樵注

宣徇偏也　江漢云來旬來宣。旬卽徇也。

古注合存

宣徇偏也　徇、樊本作侚、音辭峻反。郭音巡。

郭璞曰皆周偏也。

鄭樵曰江漢云來旬來宣。旬卽徇也。

注疏參義

宣、徇、偏也。徇音殉、又旬同○此釋宣徇爲偏之義也。註曰、皆周偏也。疏曰、詩江漢云、來旬來宣、毛傳云、旬、偏也。鄭箋云、宣偏也。愚按、旬之言均、宣之言散、凡物均散則偏也。

正義

宣徇偏也　註　皆周偏也　正義　說文云偏、帀也。言周帀也。宣者、大雅文王云、宣昭義問。淮南時則訓、必宣以明。徇者、史記五帝本紀幼而徇齊、索隱云幼而才智周偏且辯給也。墨子公孟篇、思慮徇通。徇本作旬。江漢云來旬來宣、毛傳旬、偏也。說文云旬、偏也。

校議

宣徇偏也　墨子公孟篇、思慮徇通。徇義爲偏

宣徇偏也　皆周偏也　偏者、說文云帀也。易象傳云莫益之偏辭也。虞翻注偏周匝也。俗作遍。通作徧。又作辨。廣雅云辨、偏也。樂記注辯、偏也。書偏于羣神。史記五帝紀作辯於羣神。鄉飲酒禮衆賓辯有脯醢、有司徹云若是以辯。鄭注並云今文辯皆作偏。又轉爲備。玉藻注必先偏嘗之。釋文偏本又作備。偏備聲相轉也。宣者、詩內宣字傳箋俱訓爲偏。逸周書謚法篇云聖善周聞曰宣。亦以宣爲周偏也。詩恆之秬秠傳恆、偏也。釋文恆、古鄧反、本又作亙。按亙爲極之古文、其義訓竟而音爲古鄧。極从恆聲、恆訓長久、皆與周偏義近、故其義同矣。徇者、旬之叚音也。說文云旬、偏也。十日爲旬。詩來旬來宣、傳旬、偏也。通作徇。史記五帝紀云幼而徇齊、索隱

引爾雅以徇爲周徧也。徇、說文作侚，爾雅釋文徇、本又作侚。又通作𢓊。釋文徇、樊本作𢓊，郭音巡，張揖字詁云𢓊、今巡。按說文𢓊、行示也。行示與周徧義亦近。故一切經音義一引三蒼云𢓊、徧也。左氏桓十二年傳三巡數之，杜預注巡、徧也。又通作洵。下文云洵、均也。均徧義同。故詩桑柔正義引李巡曰洵、徧之均也。

義疏

宣徇𢓊侚**徧也** 李注徇、徧之均也。郭注、皆周徧也。宣、从亘，亘、从回在二中。古文旬作訇。二形相似。篆文旬从勹日。故俱爲徧。徧从扁，扁、戶冊，欲其周徧。今作遍。古文作辯。禮經無徧字。詩、來旬來宣，周官以左右徇。說文作侚，侚、旬一也。詩其下侯洵、字作洵水之洵。

集解

宣徇徧也 宣、天子宣室也。从宀亘聲。正字爲亘，即爲旬。旬、匀徧也。十日爲旬。从勹日。旬亘宣通用字。詩公劉既順迺宣，傳宣、徧也。桑柔秉心宣猶，文王宣昭義問，雝宣哲維人，箋均云宣、徧也。秦策宣言之於朝廷，晉語而宣惠教也。文選思玄賦將北度而宣遊兮，典引然後宣二祖之重光，劇秦美新炳煥照耀靡不臻宣，注均云宣、徧也。徇字本作侚，疾也。从人旬聲。正字亦爲旬。大玄昆奚足旬也，注猶徇也。以旬爲徇也。旬徇疊韻。史記五帝本紀幼而徇齊，索隱幼而才知周徧。詩江漢來旬來宣，傳旬、徧也。左桓十二傳三巡數之，注巡、徧也。以旬巡爲之。徧、周徧也。从彳扁聲。字亦作遍。

義證

宣徇徧也

樊氏光注徇，辭峻反。釋文

注皆周徧也。

郭氏璞音義徇音巡。釋文

施氏乾音徇音詢。釋文馬輯失載，今補。

釋文徇、本又作侚、樊本作𢓊、竝辭峻反、郭音巡。張揖字詁云徇、今巡。施音詢進。本又爲均序。偏古遍字。

疏、徇辭峻切皆周徧也。大雅江漢云來旬來宣，毛傳云旬、徧。鄭箋云宣、徧。是皆爲周偏也。徇旬音義同。

鄭注、江漢云來旬來宣，旬即徇也。

正義、說文云徧帀也，言周帀也。宣者、大雅文王云、宣昭義問。淮南時則訓必宣以明。徇者、史記五帝本紀幼而徇齊，索隱云幼而才智周徧且辯給也。墨子公孟篇、思慮徇通。徇本作旬。江漢云來旬來宣，毛傳旬、徧也。說文云旬、徧也。

義疏、徧者、說文云帀也。易象傳云莫益之徧辭也。虞翻注徧、周帀也。俗作遍、通作辯。又作辨。廣雅云辨、徧也。樂記注辯、徧也。書徧于羣神、史記五帝紀作辯於羣神。鄉飲酒禮衆賓辯有脯醢，有司徹云若是以辯、鄭注竝云今文辯皆作徧。又轉爲備。玉藻注必先徧嘗之、釋文徧本又作備。備徧聲相轉也。宣者、詩內宣字傳箋俱訓爲徧。逸周書諡法篇云聖善周聞曰宣，亦以宣爲周徧也。詩恆之秬秠、傳恆、徧也。釋文恆古鄧反，本又作亙。按亙爲𣌭之古文，其義訓竟而音爲古鄧。𣌭从恆聲、恆訓長久，皆與周徧義近、故其義同矣。徇者、旬之叚音也。說文云旬、徧也、十日爲旬。詩來旬來宣、傳旬、徧也。通作徇。史記五帝紀云幼而徇齊、索隱引爾雅以徇爲周徧也。徇、說文作侚。爾雅釋文徇、本又作侚。又通作𢓊。釋文徇、樊本作𢓊。張揖字詁云𢓊、今巡。按說文𢓊、行示也。行示與周徧義亦近、故一切經音義一引三蒼云𢓊、徧也。左氏桓十二年傳三巡數之、杜預注巡、徧也。又通作洵。下文云洵、均也。均徧義同。故詩桑柔正義引李巡曰洵、徧之均也。

釋言集解後案

世榮案、說文宀部宣从宀亘聲。二部亘、求回也。（亘各本作回，今從段注正。）从二从回。回古文回。象亘回之形，上下所求物也。段氏玉裁注亘回雙聲，猶回轉也。上下謂二，所求在上則轉而上，所求在下則轉而下。亘爲回轉，則有徧義。宣从亘聲，故亦有徧義。

宣徇徧也

註皆周徧也。補正邢疏、大雅來旬來宣，傳云旬、徧。箋云宣、徧。皆是周徧也。徇旬音義同。

郭注補正

宣徇徧也

宣徇者、大雅江漢來旬來宣，毛傳云旬、宣、徧也。詩凡宣字大都皆訓徧。文王宣昭義問，公劉既順迺

爾雅詁林　二　釋言

宣、桑柔秉心宣猷、周頌宣哲維人、傳箋竝云宣、徧也。緜迺宣迺畝、彼釋文亦云宣、徧也。　徇、詩皆作旬、徇者、旬之假借。說文云旬、徧也。旬爲古文、徇爲今文。桑柔其下侯旬、傳云言陰均也。正義云釋文言旬、均也。某氏引此詩李巡曰洵、徧之均也。則旬是均之義、故云言陰均也。

說詩

宣徇節音徇辭峻切 釋文云郭音巡。

注疏正字

宣徇徧也　徇、釋文云本又作侚、樊本作狥。一切經音義十二引作狥。案說文彳部狥、行示也。从彳勻聲。司馬法斬以狥。狥隸變从旬爲徇。漢魏人俗書彳亻偏旁相亂、故徇又爲侚。侚、說文訓疾、非此義。　徇通旬。詩大雅江漢來旬來宣、傳旬、偏也。正義曰釋言文。彼旬作徇、音義同。　釋文又云本又爲均序。序疑當作字　偏、釋文云古遍字。案遍、俗偏字。

匡名

宣徇偏也　說文偏、帀也。宣、天子宣室也。大室也。引伸爲布也、明也、通也、緩也、散也、偏也。大雅宣昭義問、箋宣、偏也。史記五帝本紀幼而徇齊、說文引作幼而侚齊。又音巡。牧誓王乃徇師而誓、通作旬。大雅來旬來宣、旬、偏也。

啓蒙

徇　狥　詩。來旬來宣。傳。旬。偏也。說文。旬。偏也。當作旬。一切經音義一引三蒼云。狥。偏也。釋文。徇。樊本作狥。从之。當作旬、作狥亦通、行示亦有偏義。

黃侃評本正名

宣徇、徧也。　宣徇聲通同訓、說文旬讀若宣、後出字作瑄、此宣旬聲通之證。周語中宣所以教施也、又云、教施而宣則徧、此可以證宣徧之義。　徇當作旬、作狥亦通、行示亦有徧義。

黃侃音訓

殷齊中也　斯誃離也　還復返也　宣徇偏也

書釋文引馬鄭注云殷、中也。堯典釋文 小雅誃作哆。邢疏引巷伯哆兮侈兮。 釋文返、春秋傳作仮。從彳。釋言釋文 徇本、又作侚。釋言釋文 樊光本作徇、辭峻反。釋言釋文 張蒼字詁徇、今巡。釋言釋文 施乾音詢進。釋言釋文 本又爲均序。釋言釋文 毛詩傳作旬、偏也。江漢詩傳說文同

返也、說文返、還也。從辵從反。春秋傳從彳作仮。按漢本春秋傳或作仮、故許氏云。然今檢三傳無仮字。徇、樊光本作狥。按徇狥字同。說文狥、行示也、從彳勻聲同。馬法、斬以狥。

證異

徇偏也

錦燧謹案、徇乃譌字、說文所無。陸氏釋文曰徇、本又作侚、樊本作狥。是徇卽合侚狥二字而誤、猶逝噬之誤合爲遾也。然說文人部云侚、疾也。又彳部云狥、行示也。皆與偏義不相蒙。今訓偏者乃旬之假借字也。說文勹部云旬、偏也。又爾雅所以釋詩、而毛詩中無侚狥二字。江漢篇來旬來宣、毛傳云旬、偏也。與雅訓正合、疑齊魯韓三家異文當有作侚與狥者。雅訓蓋釋三家詩之來侚來宣與來狥來宣也、此則毛用本字而三家用假字矣。旬或以巡爲之、左氏桓十二年傳三巡數之、杜注巡、偏也。或又以洵爲之、本經云洵均也。求其本字、皆當作旬。

陸錦燧日記

爾雅詁林　二　釋言

宣、徇、徧也。

說文「徧、帀也。」廣雅「辨、徧也；」樂記注云：「辯、徧也；」是徧與辨辯義竝通。書「徧于羣神、」史記作「辯；」鄉飲酒禮注云：「今文辯、皆作徧；」此字通也。

宣者、大雅文王云：「宣昭義問、」淮南時則訓云：「必宣以明、」皆徧也。謚法解云：「聖善周聞曰宣、」亦周徧之義。

徇者、旬之假借。說文「旬、徧也。」大雅江漢「來旬來宣、」傳訓旬爲徧、正義以爲釋言文；是爾雅徇、本作旬、故毛許據之以立訓也。史記五帝本紀「幼而徇齊、」索隱云：「幼而才智周徧且辯給也。」爾雅釋文云：「徇、本作侚；樊本作徇；郭音巡、張揖字詁云：徇、今巡、」其字各異者、案說文云：「巡、視行也；循、行也；徇、行示也。」段玉裁謂「古用循巡字、漢用徇字；」嚴元照謂「漢魏人俗書彳亻偏旁相亂、故徇又爲侚。」然則循也、巡也、徇也、漢以前常用之字也；徇者、漢人常用之字也；用徇者、音義近而通借也；用侚者、蓋漢魏之隸體也。古人用字、皆各有一時所常用者、此則時代爲之也。

爾雅學

宣徇徧也〇釋曰　注疏本删。

徇徧也。釋文徇、本又作侚、樊本作徇、竝辭峻反。郭音巡。

校勘記

張揖字詁云徇、今巡。疏引詩來旬來宣、云徇旬音義同。是依郭不用辭峻反也。今本切音是侚徇之音、非是。

注疏本正誤

宣徇音遜徧也

音圖・音

徇音遜　案徇有巡詢二音又有辭峻巡去聲須閏詢去聲二音。今音遜非。

直音正誤

徇、本又作侚、樊本作徇、竝辭峻翻、音殉。郭音巡、竝邪母字。施音詢、心母字。非。

音略

巡

宣徇徧也

孫偘直音

宣徇徇去聲徧也

直音校正

宣徇同旬徧也

楊氏音訓

馹遽傳也

馹遽傳也。皆轉車驛馬之名。

郭注

馹遽轉也　釋曰、皆傳車驛馬之名。文十六年左傳曰楚子乘馹會師于臨品。又僖三十三年云使遽告於鄭。又成五年曰晉侯以傳召伯宗。是皆謂今驛也。

邢疏

馹傳也已下釋言

驛、尊者之傳也。左文十六年正義

犍爲注

馹傳也

傳、車驛、馬也。春秋正義四十一　左氏音義四　郭同

孫音注

馹傳也

馹、本或作遷。釋文引郭音義

郭音義

馹遽傳也

馹、左氏文十六年正義引爾雅作驛。

衆家注

黃輯古義

驛遽傳也春秋正義引舍人馹作驛。

驛、尊者之傳也。春秋文十六年正義

犍爲注

驛遽傳也案春秋釋文引引孫馹作驛

傳、車。驛、馬也。春秋左氏傳釋文

孫音注

馹遽馹本或作遷。

郭音義

玉函山房輯佚

馹遽傳也

馹、尊者之傳也。舍人注宋本春秋疏十五 傳、車。驛、馬。孫注經典釋文十八

鈎沈

馹傳也按春秋正義及釋文則舍人與孫馹俱作驛。

舍人曰驛、尊者之傳也。春秋正義二十

孫曰傳、車。驛、馬也。春秋正義四十二左氏音義四 郭同

漢注

馹遽傳也

舍人云馹、尊者之傳也。左傳正義十五卷 孫炎云傳、車。馹、馬。釋文十八卷 郭璞云皆傳車馹馬之名。郭璞音義云驛、本或作遷。釋文二十八卷

一切注音

馹傳也 舍人曰驛、尊者之傳也。左傳文十二年正義 孫炎曰傳、車。驛、馬也。左傳昭十二年正義 郭音義云本或作遷。釋文

蕙心案驛馹古今字、今本爾雅皆作馹。陸氏釋文字當作驛、從古本也。

古注斠

馹而實反、郭音義云本或作遷。聲類云亦馹字同。遽其據反。傳也張戀反、注同。車音居

陸音義

馹遽傳也

馹若今馬遞、遽若今步遞。

新義

馹遽傳也左傳、楚子乘馹。又云使遽告於鄭。皆傳車馹馬之名。傳直戀反。

鄭樵注

馹遽傳也馹、郭音義云本或作遷。聲類云亦馹字同。

舍人曰馹、尊者之傳也。

孫炎曰傳、車。馹、馬也。

郭璞曰、皆傳車馹馬之名。

鄭樵曰、左傳楚子乘馹。又云使遽告於鄭。皆傳車馹馬之名。傳直戀反。

古注合存

馹遽傳也。馹音日。傳去聲。○此釋馹遽爲傳之義也。註曰皆傳車馹馬名。疏曰、文十六年左傳云楚子乘馹、會師。僖三十二年云、使遽告於鄭。成五年云、晉侯以傳召伯宗。皆謂今馹也。

注疏參義

馹遽傳也 **註** 皆傳車馹馬之名 **正義** 傳、乘傳也。今通謂之驛。說文云馹、驛傳也。驛、置騎也。傳、遽也。遽、傳也。王藻云士曰傳遽之臣、鄭註傳遽、以車馬給使也。左氏僖三十三年傳云使遽告于鄭。昭二年傳云乘遽而至。成五年傳云以傳召伯宗。晉語云遽人來告。列子說符篇使遽人來謁之、皆言驛也。驛又通作繹。大雅常武云徐方繹騷、鄭箋徐國傳遽之驛。**註** 皆傳至之名。○ **正義** 左傳疏引舍人云馹、尊者之傳也。案文十六年傳云楚子乘馹、故以爲尊者之傳。然襄二十一年傳云乘馹而見宣子、二十七年傳云子木使馹謁諸王、二十八年傳云吾將使馹奔問諸晉。則馹不專屬尊者矣。左傳疏又引孫炎云傳、車。馹、馬。詩江漢釋文云以車曰傳、以馬曰遽。顏師古漢書註、古者以車謂之傳車、其後又單置騎、謂之馹騎。此言漢制。鄭註秋官行夫云傳遽若今時乘傳騎驛而使者是也。古無單騎、郭意以車馬可以互見、不必分屬、較孫義爲長。釋文引郭氏音義云馹、本或作遽。聲類云古馹字同。

正義

馹遽傳也　周禮太僕遽令注、遽令郵驛上下程品。釋名云傳、傳也。人所止息去後復來、轉轉相傳、無常人也。

校議

馹遽傳也皆傳車馹馬之名

說文云傳、遽也。遽、傳也。互相訓。古以傳遽竝稱。故周禮行人云掌邦國傳遽之小事、鄭注傳遽、若今時乘傳騎驛而使者也。玉藻云士曰傳遽之臣、鄭注傳遽以車馬給使者也。詩江漢釋文以車曰傳、以馬曰遽。故左氏僖卅三年傳且使遽告於鄭、成五年傳晉侯以傳召伯宗、則知召伯宗必以車、告於鄭必以馬矣。蓋傳之爲言轉也、以車展轉而期於早達也。遽之爲言急也、以馬急促而期於速到也。後世驛傳起於此矣。馹者、說文云傳也。驛、置騎也。騎、跨馬也。是驛馹義別、俗或通用。故左氏文十六年正義引爾雅作驛傳、又引舍人曰驛、尊者之傳也。驛皆當作馹。釋文反音可證。舍人之意蓋據傳云楚子乘馹、又云子產乘遽、故知尊者乘馹、卑者乘遽也。左氏昭二年釋文及正義竝引孫炎云傳、車。驛、馬也。郭注本孫炎、今爾雅注驛又誤作馹矣。釋文馹、而實反。郭音義云本或作遷。聲類云亦馹字同。

義疏

馹遽傳也舍人注、馹、尊者之傳也。孫注、傳、車。驛、馬也。郭注、皆傳車馹馬之名。馹、从馬日。馬日要換者。驛从睪、即釋換車馬之處、館宿地名也。詩、徐方驛騷。左傳乃有楚子乘馹、子產乘遽、望此爲文、知在爾雅後。周官、掌邦國傳遽之小事。記、士曰傳遽之臣。遽、从豦。豦、豦虎搏豕、急疾很鬥之意。傳、从人專。各專其事、故爲傳遞、因爲傳記、傳舍。

集解

馹遽傳也　馹、驛傳也、从馬日聲。左襄二十一傳乘馹而見宣子、昭五傳楚子以馹至於羅、注馹傳也。遽、傳也、从辵豦聲。周禮行夫掌邦國傳遽之小事。禮記玉藻、士曰傳遽之臣。左僖三三傳且使遽告於鄭、注遽傳車也。傳、遽也、从人專聲、謂專人而行者。左成四傳晉侯以傳召伯宗。或曰馹、古通用驛、詩所謂徐方驛騷是也。均馬曰釋換之偁。說者謂尊者乘馹、卑者乘遽、殊非制字之本意矣。

義證

馹遽傳也

郭舍人注驛、尊者之傳也。春秋文十六年正義

孫注傳、車。驛、馬也。春秋左氏傳釋文

注、皆傳車驛馬之名。

音義、馹本或作遷。釋文

釋文馹、而實反、郭音義云本或作遷、聲類云亦馹字同。遽、其據反。傳也、張戀反、注同。車、音居。

疏、馹音日。傳、張戀切。皆傳車驛馬之名。文十六年左傳曰、楚子乘馹會師于臨品、又僖三十三年云使遽告於鄭、又成五年曰晉侯以傳召伯宗、皆謂今驛也。

鄭注、左傳楚子乘馹、又云使遽告於鄭。皆傳車馹馬之名。傳、直戀反。

正義、傳、乘傳也。今通謂之驛。說文云馹、驛傳也。驛、置騎也。傳、遽也。遽、傳也。玉藻云士曰傳遽之臣、鄭注傳遽以車馬給使也。左氏僖三十三年傳云使遽告於鄭、昭二年傳云乘遽而至、成五年傳云以傳召伯宗、晉語云遽人來告、列子說符篇使遽人來謁之、皆言驛也。驛又通作繹。大雅常武云徐方繹騷、鄭箋徐國傳遽之驛。

「注」左傳疏引舍人云馹尊者之傳也。案文十六年傳云、楚子乘馹、故以爲尊者之傳。然襄二十一年傳云乘馹而見宣子、二十七年傳云子木使馹謁諸王、二十八年傳云吾將使馹奔問諸晉、則馹不專屬尊者矣。左傳疏又引孫炎云傳、車。馹、馬。詩江漢釋文云以車曰傳、以馬曰遽。顏師古漢書注、古者以車謂之傳車、其後又單置騎謂之馹騎、此言漢制。鄭注秋官行夫云傳遽若今時乘傳騎驛而使者是也。古無單騎、郭意以車馬可以互見不必分屬、較孫義爲長。釋文引郭氏音義云馹本或作遷、聲類云古馹字同。

義疏、說文云傳、遽也。遽、傳也。互相訓。古以傳遽竝稱。故周禮行夫云掌邦國傳遽之小事、鄭注傳遽、若今時乘傳騎驛而使者也。玉藻云士曰傳遽之臣、鄭注傳遽、以車馬給使者也。詩江漢釋文以車曰傳、以馬曰遽。故左氏僖卅三年傳且使遽告於鄭、成五年傳晉侯以傳召伯宗、則知召伯宗必以車、告於鄭必以馬矣。蓋傳之爲言轉也、以車展轉而期於早達也。遽之爲言急也、以馬急促而期於速到也。

爾雅詁林　二　釋言

後世驛傳起於此矣。馹者、說文云傳也。驛、置騎也。騎、跨馬也。是驛馹義別、俗或通用。故左氏文十六年正義引爾雅作驛傳、又引舍人曰驛、尊者之傳也。驛皆當作馹。釋文反音可證。舍人之意蓋據傳云楚子乘馹、又云子產乘遽、故知尊者乘馹、卑者乘遽也。左氏昭二年釋文及正義竝引孫炎云傳、車。驛馬也。郭注本孫炎、今爾雅注驛又誤作馹矣。釋文馹而實反、郭音義云本或作遷、聲類云亦馹字同。世榮案、馹字从馬、遽字从辵、其本義當以車徒而別。古無單騎、以車以徒、即今之馬遞步遞、用車必尊於徒、故舍人以馹爲尊者之傳。謂以馬曰遽、恐未然也。然此特制字本義、至經典則往往互用、故左傳遽亦曰乘、而此經以傳字總釋之、蓋亦散文之通、又傳之名最古、以古言釋今言也。

釋言集解後案

馹遽傳也傳張戀反

註皆傳車馹馬之名 補正 臣鑒按、春秋疏引舍人註前馹、尊者之傳也。

郭注補正

馹遽傳也

皆傳車馹馬之名

仿宋本傳車誤轉車。單疏本仿宋本雪牕本元本閩本監本馹馬作驛馬。

郭注佚存補訂

馹遽傳也

說文云馹、傳也。馹與驛通。文十六年左氏傳注云驛、傳車也。正義引爾雅作驛傳。昭五年傳注云馹、傳也。呂覽士節篇注云馹、傳車也。馹驛同字、舍人孫炎本俱作驛。又與繹通。大雅常武徐方繹騷、鄭箋云繹、當作驛。徐國傳遽之驛見之、知王兵必克、馳走以相恐動。說雖迂曲、可爲驛繹相通之證。馹本或作至逕者、集韻至逕與驛同字。遽者、說文云傳也。鄭注周禮行人云、傳遽若今時乘騎驛而使者。大雅江漢箋云、克勝則使傳遽告功於王、彼釋文云以車曰傳、以馬曰遽。

說詩

馹遽傳也 案左傳疏引舍人曰馹、尊者之傳也。郭音義云本或作遷、聲類云亦馹字、同。

註皆傳車驛馬之名 驛、毛本誤馹。

注疏正字

馹遽傳也 釋文云馹本或作遷、聲類云亦馹字。案說文馬部馹、驛傳也、从馬日聲。又辵部遷、近也、从辵臸聲。以音近通借。聲類以爲即馹字、恐非也。左傳正義十七又廿又四十二一切經音義三引馹皆作驛。遽說文同。

匡名

馹遽傳也 說文傳、遽也。左成五年傳以傳召伯宗、釋文以車曰傳、以馬曰遽。馹、驛傳也。左襄二十一年傳乘馹而見宣子。舍人云馹、尊者之傳也。或借遷爲馹。遽、傳也、一曰窘也。玉藻士曰傳遽之臣、註傳遽、以車馬給使也。

啓蒙

馹、遽、傳也。

說文人部云：「傳、遽也；」經典單稱傳者、如成五年左傳云：「晉侯以傳召伯宗、」是也。傳遽聯言者、周禮行夫「掌邦國傳遽、」玉藻「士曰傳遽之臣、」是也。行夫注云：「傳遽、若今時乘傳騎驛而使者也、」玉藻注云：「傳遽、以車馬給使者也、」是傳有車馬可知矣。傳遽、渾言則無別、析言之則各異。詩江漢釋文云：「以車曰傳、以馬曰遽、」是也。孟子云：「速於置郵而傳命、」時傳亦稱郵、即後世所稱驛站耳。站必有舍、故古稱傳舍。傳命用文書、司關注云：「傳、如今移過所文書、」是文書亦稱傳矣。反覆相訓、則曰傳注、曰流傳、皆引伸義。

馹、說文馬部云：「傳也、从馬、日聲。」文十六年左傳云：「楚子乘馹

爾雅詁林 二 釋言

、」襄二十一年傳云：「乘駅而見宣子、」皆傳之言駅者也。左傳杜注國語韋注竝云：「駅、傳也；」呂覽注云：「駅、傳車也；」駅之爲車、說不可易。駅與驛異義、後人每多互譌。段玉裁云：「左傳文十六年傳注駅字、皆譌驛、成五年『以傳召伯宗、』注曰：『傳、驛也、』驛亦駅之譌、」此說是也。駅與遷亦異字、說文「遷、近也、」爾雅釋文引郭音義云：「駅、本或作遷；」又引聲類云：「亦駅字、同；」爾雅一本作遷者、葢假借、不得混爲一字也。遽者、前引詩釋文、謂「以馬曰遽、」此與駅之爲車有別。邵氏云：「左氏僖三十三年傳：『使遽告於鄭、』昭二年傳：『乘遽而至、』列子說符云：『使遽人來謁之、』皆言驛也。」驛者、說文馬部云：「置騎也、」言騎則非車矣。故駅爲車、遽與驛、皆爲馬；此亦分析言之也。至說文又云：「遽、傳也、」此以傳爲傳遽之總名、故舉而釋遽、非謂遽爲傳車也。以傳釋遽、亦遽篆之本義。與「傳、遽也、」爲互訓。引伸之乃有急遽之義耳。

爾雅學

皆傳車驛馬之名單疏本雪牕本元本閩本監本同。毛本驛作駅、依經所改。釋文音經傳也張戀反。注同。此本傳誤轉、今訂正。單疏本經中傳字亦誤轉。

駅遽傳也○釋日皆傳車驛馬之名注疏本刪上六字。毛本驛改駅。

校勘記

十一上（二三）

五行駅遽傳也○「傳」《釋文》同。音張戀反。唐寫本及邢昺疏作「轉」。（注）皆轉車驛馬之名○宋刻十行本同。邢昺疏「轉」作「傳」，是也。《左傳》昭公二年《釋文》及《正義》並引孫炎云：「傳車，驛馬也。」郭注本孫炎。

宋監本校箋

駅音日遽傳音舡也

音圖·音

駅、而實翻、音日。左傳釋文人實翻、同。釋文引郭音義云、本或作遷、聲類云亦驛字、同。案駅驛字音異義同。

音略

日粵去聲

駅遽傳也。

孫侶直音

駅日遽傳去聲也今驛也

楊氏音訓

駅日

干氏音釋

蒙荒奄也

蒙荒奄也。奄奄覆也。皆見詩。

郭注

釋曰、一蒙荒奄也　昔謂奄覆。唐風云、葛生蒙楚。孫炎曰荒大之奄。周南云、葛藟荒之。故郭云皆見詩。

邢疏

荒、大之奄也。詩正義十六之四又十七之三　邢疏

孫音注

黃輯古義

蒙荒奄也

荒、大之奄也。邢疏　詩大雅皇矣正義又公劉正義

孫音注

玉函山房輯佚

荒

大之奄也。孫注　詩疏十七之二

鈎沉

荒奄也

孫曰荒、大之奄也。詩正義十六之四又十七之三　邢疏

漢注

蒙荒奄也

孫炎云荒、大之奄也。書正義五卷　詩正義十七之三卷

郭璞云、奄、奄覆也。皆見詩。

一切注音

荒奄也

孫炎曰荒、大之奄也。詩皇矣正義

古注斠

蒙莫公反。小爾雅云：覆也。覆音副。

陸音義

蒙荒奄也

荒則不治，奄有之而已。

新義

蒙荒奄也唐風云：葛生蒙楚。周南云：葛藟荒之。奄謂奄覆。

鄭樵注

蒙荒奄也

孫炎曰：荒，大之奄。

郭璞曰：奄，奄覆也。皆見詩。

鄭樵曰：唐風云葛生蒙楚，周南云葛藟荒之。奄謂奄覆。

古注合存

※蒙荒奄也此釋蒙荒爲奄之義也。註曰：奄，奄覆也。疏曰：詩唐風云葛生蒙楚，周南云葛藟荒之。

注疏參義

蒙荒奄也〖註〗奄奄覆也皆見詩〖正義〗說文云：奄，覆也，謂掩覆也。蒙者，方言云：蒙，覆也。說文作冡，覆也。左氏襄十四年傳云：蒙荆棘。杜註：蒙，冒也。說文云：冒，冡而前也。荒者，書疏引孫炎云：荒，大之奄。益稷云：惟荒度土功。鄭註：荒，奄也。〖註〗皆見詩。○〖正義〗鄘風君子偕老云：蒙彼縐絺，謂以縐絺覆體也。魯頌閟宮云：遂荒徐宅。又喪大記云：黼荒。鄭註：荒，蒙也。在上曰荒。蓋取其相奄覆，故曰荒。

正義

蒙荒奄也奄奄覆也　皆見詩

奄者，說文云：覆也。詩奄有下國、奄有龜蒙，箋竝以爲覆。通作揜。說文：揜，一曰覆也。又通作弇。下文云：弇，蓋也。蓋亦覆。故廣雅云：弇，覆也。又通作掩。文選懷舊賦注引埤蒼曰：掩，覆也。晉語及吳語注竝云：掩，蓋也。方言云：掩，薆也。薆亦覆蓋之意矣。蒙者，冡之段音也。說文云：冡，覆也。通作蒙。詩君子偕老傳：蒙，覆也。按葛生蒙楚、蒙棘，皆以蒙爲覆也。又通作幏，或作幪。說文：幏，蓋衣也。法言吾子篇云：然後知夏屋之爲帡幪也。李軌注：帡幪，蓋覆也。又轉爲冖。說文云：冖，覆也。按冖與冪、幎、鼏、幦竝字異而義同。冖、蒙又一聲之轉也。荒者與奄竝訓大也。大與覆義相成。說文云：荒，艸掩地也。掩即覆蓋。書惟荒度土功，詩葛藟荒之，毛鄭竝云：荒，奄也。皇矣及公劉正義引孫炎曰：荒，大之奄也。通作幠。說文云：幠，覆也。詩遂荒大東，郭注釋詁引作遂幠大東。禮投壺云：毋幠毋敖。大戴禮作無荒無傲。荒、幠亦一聲之轉。

義疏

蒙荒奄也孫注：荒，大之奄也。郭注：奄，奄覆也。皆見詩。蒙荒即上幠字，言各異耳。易有蒙卦。从艸冡。冡、冖一幏一字。詩葛生蒙楚，又葛藟荒之。易包蒙，又包荒。以荒爲幠。記亦云畫荒。荒从巟。水廣也。奄、揜、弇、掩，皆覆蓋之名。

集解

蒙荒奄也蒙，王女也，女蘿別名。从艸冡聲。冡，覆也。故蒙又引申爲奄。小爾雅：蒙，覆也。是也。詩君子偕老蒙彼縐絺，傳：蒙，覆也。猶奄也。法言吾子：然後知夏屋之爲帡幪也。李注：帡幪，蓋覆也。以幪爲之。荒，蕪也。一曰草淹地也。从艸巟聲。正字爲⿰巾巟。⿰巾巟，偶也。猶冡覆也。⿰巾巟、荒通用字。書皋陶謨：惟荒度土功。鄭注：荒，奄也。詩樛木葛藟荒之，傳：荒，奄也。閟宮遂荒大東，郭注爾雅引作幠。鄭箋：奄也。以幠爲之。奄，覆也，大有餘也。从大从申，會意。申，展也。詩閟宮：奄有龜蒙。

義證

蒙荒奄也

〖註〗奄奄覆也皆見詩〖補正〗邢疏：唐風葛生蒙楚。孫炎曰：荒，大之奄。周南云：葛藟荒之。

郭注補正

蒙荒奄也

蒙荒奄均有二義，一訓覆，一訓大。鄘風君子偕老蒙彼縐絺，傳云：蒙，覆也。此覆義也。秦風小戎蒙伐有苑，傳云：蒙，厖也。釋詁云：厖，大也。此大義也。周南樛木葛藟荒之，傳云：荒，奄也。魯頌閟宮遂荒大東，箋云荒、奄也。此覆義也。唐詩蟋蟀好樂無荒、大雅公劉豳居允荒、周頌天作太王荒之、傳俱云荒、大也。大雅桑柔具贅卒荒、召旻我居圉卒荒、傳箋竝云荒、虛也。太玄元掜荒謂虛荒、無可名之地、言大也。此大義也。魯頌閟宮奄有龜蒙、箋云奄、覆也。奄有下國、箋云奄、猶覆也。此覆義也。大雅皇矣奄有四方、傳云奄、大也。此大義也。

說詩

蒙荒奄也　說文冃部冡、覆也、从冃豕。經典相承通借作蒙。與冡宰字別。

匡名

蒙荒奄也　說文奄、覆也、大有餘也。註古奄弇同用。覆蓋同義。覆乎上者往往大乎下、故字从大。冡、覆也。鄘風蒙彼縐絺。方言蒙、覆也。荒、蕪也、一曰艸掩地也。註毛鄭皆曰荒、奄也。此艸掩地引伸之義也。益稷、惟荒度土功。

啟蒙

蒙奄也　蒙又轉作冒、左襄十四傳注蒙、冒也、說文冒、蒙而前也。

黃侃音訓

蒙荒奄也　錦燧謹案、此釋詩君子偕老篇蒙彼縐絺也。毛傳云蒙、覆也。覆與奄義同。說文大部云奄、覆也。可證是毛傳與雅訓合。惟說文艸部云蒙、王女也。以王、本或作王。以王彗、王蒭例之、當以作王者爲正。是蒙爲艸名、今訓奄者乃冡之假借字也。說文冃部云冡、覆也。與奄之說解正同。易明夷以蒙大難、釋文云冒也。周禮方相氏掌蒙熊皮、鄭注云冒也。左氏襄公十四年傳蒙荊棘、杜注云冒也。書洪範曰蒙恒風若、鄭注見冒亂也。冒與奄義近。左氏襄公十年傳而蒙之以甲以爲櫓、又定公六年傳以小忿蒙舊德、杜注並云覆也。以及易之匪我求童蒙、左傳之蒙馬以虎皮、以義求之、皆冡之聲同通假可知。

陸錦燧日記

蒙、荒、奄也。

說文大部云：「奄、覆也、大有餘也、从大申、申、展也。」伸展爲大、故能奄覆、此會意字。詩內奄字、傳或訓大、或訓同、箋皆訓覆。與下文「弇、蓋也」之弇相通。郝謂又通揜掩。

蒙者、冡之借用字。說文冃部云：「冡、覆也、」凡蒙蓋、童蒙字、本應作冡、今皆用蒙。方言「蒙、覆也、」與奄同義。

荒、說文「艸掩地也：」故引伸爲奄蓋之義。奄與荒、並訓大、亦同爲覆。是以幠字、釋詁訓大、說文訓覆、毛詩之「遂荒大東、」三家詩即作「遂幠大東、」荒、幠、通用、其例正同。

爾雅學

蒙荒奄也〇釋曰　注疏本刪

校勘記

蒙荒奄也。　淹上聲

孫侶直音

蒙荒奄也　奄覆也

楊氏音訓

告謁請也

告、謁、請也。皆求請也。

郭注

爾雅詁林 二 釋言

告謁請也　釋曰、皆謂求請也。成二年左傳曰、郤克對齊侯曰、晉與魯衞兄弟也、來告曰、大國朝夕釋憾於敝邑之地。詩序云、無險詖私謁之心。

邢疏

告古毒反。嚨於容反。

陸音義

告謁請也

郭璞云、皆求請也。

一切注音

告謁請也

告、順請也。謁、或曷之。

新義

告謁請也皆求請也。

鄭樵注

告謁請也

郭璞曰、皆求請也。
鄭樵曰、皆求請也。

古注合存

告謁請也、告音谷。○此釋告謁爲請之義也、

注疏參義

告謁請也註皆求請也正義告謁又爲請、轉相訓也。請謁告也、已見釋詁。

正義

告謁請也　曲禮、問士之子、長曰能典謁矣。

校議

告謁請也皆求請也

請謁告也。已見釋詁。告謁又爲請、轉相訓。

義疏

告謁請也　郭注、皆求請也。此因上命令祈請、謁同爲告、而別以告謁爲上請。

集解

告謁請也告、牛觸人、角箸橫木所以告人也、从口从牛會意。釋詁請釋爲告、此經告釋爲請、轉注耳。儀禮鄉射禮以告於鄉先生、魯語國有饑饉卿出告糴、注均云告、請也。謁、白也、从言曷聲。引申爲告也請也。禮記曲禮能典謁矣、注謁、請也。詩卷耳序而無險詖私謁之心、箋謁、請也。史記吳世家而謁王僚飲、索隱謁、請也。請謁也、从言青聲。

義證

告謁請也

義詳釋詁、請謁告也下。

說詩

告謁請也俱詳釋詁。

蒙啓

告、謁、請也。
請、謁、告也、已見釋詁；告謁又爲請者、轉相訓也。

爾雅學

告謁請也○釋曰注疏本删。
肅嚨聲也○釋曰注疏本删。
注詩曰肅嚨和鳴者注疏本删注字。

校勘記

告音谷謁請也

音圖・音

告謁請也。谷煙入聲

孫侶直音

告谷謁請也

楊氏音訓

肅嚨聲也

肅嚨聲也詩曰肅嚨和鳴。

郭注

肅嚨聲也　釋曰、和樂聲也。注詩曰肅嚨和鳴者、周頌有瞽文也。

邢疏

爾雅詁林　二　釋言

肅噰聲也

郭璞云、詩曰肅噰和鳴。

一切注音

肅噰聲也

所謂鸞和之美如此。

新義

肅噰聲也 周頌云肅噰和鳴。

鄭樵注

肅噰聲也
郭璞曰、詩曰肅噰和鳴。
鄭樵曰、周頌云肅噰和鳴。

古注合存

肅噰聲也。噰雝同。○此釋肅噰爲聲之義也。疏曰、詩有瞽云、肅雝和鳴。

注疏參義

肅噰聲也 註 詩曰肅噰和鳴。 正義 小雅鴻雁云、肅肅其羽。邶風匏有苦葉云、雝雝鳴雁。皆言聲音。單舉其文亦爲聲。 註 詩曰肅噰和鳴。 正義 周頌有瞽文。

正義

肅噰聲也 詩曰肅噰和鳴

經典言肅雝者多矣、此言其聲耳。詩鴻雁傳肅肅、羽聲也。鴇羽傳肅肅、鴇羽聲也。是皆重文。若單文、亦爲聲。禮祭義云、肅然必有聞乎其容聲。史記孝武紀云、神君來則風肅然。是皆以肅爲聲也。以噰爲聲者、詩匏有苦葉傳雝雝、鴈聲和也。雝與噰同、已詳釋詁噰噰音聲和也下。

義疏

肅噰聲也 郭注、詩曰肅噰和鳴。 上云肅、敬。又云噰噰、音聲和。此專釋曷不肅雍也。

集解

肅噰聲也 肅、持事振敬也、从聿在𣶒上會意。正字爲速。聲也者、謂鳥羽速飛之聲也。速肅通用字。詩鴇羽肅肅鴇羽、傳肅肅、鴇羽聲。禮記祭義肅然必有聞乎其容聲、則以肅爲凡聲之聲矣。噰、字本作雝、謂雝鶵也、从隹邕聲。引申爲和也聲也。詩所謂肅噰和鳴是也。釋詁、關關噰噰、音聲和也。詩匏有苦葉傳作雁聲和。聲、音也、从耳殸聲。殸、籒文磬。

義證

肅噰聲也

郭注引詩肅噰和鳴、今周頌有瞽作肅雝。雝噰通字。噰已見釋詁。疑此經兼釋周頌雝有來雝雝、至止肅肅。箋謂雝和肅敬、竊以雝雝肅肅亦就聲音而言、謂來時車聲雝雝、至時肅肅也。唐風鴇羽肅肅鴇羽、小雅鴻雁肅肅其羽、邶風匏有苦葉雝雝鳴雁、小雅蓼蕭和鸞雝雝、大雅卷阿雝雝喈喈、皆就聲音而言。周南何彼襛矣曷不肅雝、亦言王姬之車聲、與清廟肅雝顯相不同。

說詩

肅噰節註詩曰肅噰和鳴 噰、毛詩作雝。

注疏正字

肅噰聲也 噰、俗字。當作雝。見釋詁。

匡名

肅噰聲也 說文、聲、音也。小雅肅肅其羽、傳肅肅、聲也。邶風雝雝鳴雁、傳雝雝、聲和也。雝通作噰。

啓蒙

噰 雝 詳釋詁。

黃侃評本正名

肅、聲也。郭云詩曰肅噰和鳴。楷案、肅爲聲者、記祭義肅然必有聞乎其容聲是也。重言之曰肅肅。詩鴻雁傳肅肅、羽聲也。鴇羽傳肅肅、鴇羽聲也、是也。說文嘯、吹聲也。又云歗、吟也。引詩曰其歗也歌。今詩江有汜作嘯。釋名簫、肅也。其聲肅肅然淸也。廣韻⿰肅風、風聲。⿰扌肅、擊聲。䎘䎘、鳥羽聲。文選吳都賦蓊茸蕭瑟、李善注蕭瑟聲也。是凡从肅之字皆有聲義也。

稗疏

肅、噰、聲也。

郭引周頌有瞽云：「肅雝和鳴、」此單文爲聲也。疊語亦同。小雅鴻雁云：「肅其肅羽、」傳云：「肅肅、羽聲也、」邶風匏有苦葉云：「雝雝鳴雁、」傳云：「雝雝、雁聲和也、」雝與噰同。

爾雅學

肅噰、聲也　雍

孫偘直音

肅噰雝聲也

楊氏音訓

格懷來也

格、懷、來也。書曰、格爾衆庶。懷見詩。

郭注

格懷來也　釋曰、謂招來也。注書曰格爾衆庶者、商書湯誓文也。云懷見詩者、周頌時邁云懷柔百神。

邢疏

格懷來也

郭璞云書曰格爾衆庶。懷見詩。

一切注音

徠　音來本今作来。

陸音義

徠　○邢本作來。

音義攷證

格懷來也

懷、仁也。格、格之以道。

新義

格懷來也　湯誓云、格爾衆庶。時邁云、懷柔百神。

鄭樵注

格懷來也

郭璞曰、書曰格爾衆庶。懷見詩。

鄭樵曰、湯誓云格爾衆庶。時邁云懷柔百神。

古注合存

格懷來也。此釋格懷爲來之義也。

注疏參義

格懷來也　註　書曰格爾衆庶懷見詩　正義　來、格、懷、至也、已見釋詁。格懷又爲來、轉相訓也。方言云洛、來也。自關而東、周鄭之郊齊魯之間或謂之洛、或曰懷。格洛古通用。註　書曰至見詩。正義　格爾衆庶、湯誓文。懷見詩者、齊風南山云曷又懷止。鄭箋懷、來也。夏官之屬懷方氏、鄭註主來四方之民。

正義

格懷來也　書曰格爾衆庶懷見詩。

來格懷至也、已見釋詁。至卽來、故格懷又爲來、轉相訓。來通作戾、戾亦至、戾來古音同也。格者、當作假、亦作徦。竝詳釋詁。通作洛、方言洛來也。又通作格、詩神保是格、中庸云神之格思、緇衣云則民有格心、大學云致知在格物、傳注竝云格、來也。懷者、方言云來、自關而東或曰懷。釋名云懷、回也。本有去意、回來就己也。亦言歸也、來歸己也。詩曷又懷止、懷柔百神、傳箋竝云懷、來也。周禮序官懷方氏、學記云近者說服而遠者懷之。鄭注亦云懷、來也。詩傳箋及學記注又云懷、歸也。歸亦來。釋詁又云懷、止也。止亦至、至亦來矣。

義疏

格懷來也　郭注、書曰格爾衆庶。懷見詩。上云來格懷至、是自來。此爲致之使

爾雅詁林　二　釋言

來也。記致知在格物。又懷諸侯也。

集解

格懷來也

格、釋詁云至、此故引申為來。方言則以佫為之。書堯典格汝舜、偽傳格、來也。湯誓格爾眾庶、史記格作來。詩楚茨神保是格、傳格、來。禮記中庸神之格思、緇衣齊之以禮則民有格心、大學致知在格物、鄭注均云格、來也。後漢書班固傳用討韋顧黎崇之不格、注格、來也。懷、念思也。釋詁云至、此又云來、謂有所念思而至來也。詩南山曷又懷止、箋懷、來也。時邁懷柔百神傳懷、來。周禮序官懷方氏、禮記學記近者悅服而遠者懷之、淮南原道篇在身者不知何遠之所能懷、注均云懷、來也。前漢書游俠傳請求不敢逾、所到衣冠懷之、唯恐在後、師古曰懷、來也。文選韋孟諷諫詩靡適不懷、注懷、來也。來、來麰、周所受瑞麥名也。來麰為天所來、故引申為行來之來。

義證

格懷來也

註書曰格爾眾庶、懷見詩。補正 邢疏、周頌懷柔百神。

郭注補正

格懷徠也

古往來字皆作徠、見漢書武帝紀集注。今經典通以來為之。格來懷至也、已見釋詁。郭注云懷見詩。案格亦見詩。小雅楚茨神保是格、毛傳云格、來也。大雅抑神之格思、傳云格至也。至亦來也。格通作假。大雅雲漢昭假無贏、彼釋文云假音格。周頌噫嘻既昭假爾、彼釋文云假、鄭王並音格。商頌長發昭假遲遲、彼釋文云徐云假毛音格、王肅訓假為至。懷者、齊風南山曷又懷止、箋云懷、來也。小雅鼓鐘懷允不忘、箋云懷、至也。檜風匪風懷之好音、大雅皇矣予懷明德、傳竝云懷、歸也。至歸即來也。

說詩

格懷來也 來、釋文作徠。

注疏正字

格懷徠也 格、假借字。當作徦。見釋詁 徠、釋文云本今作來。石經作來、諸本無作徠者、說文彳部無徠字。

匡名

格懷來也 俱詳釋詁。湯誓、格爾眾庶。通作佫、方言佫、來也。中庸懷諸侯、鄭註懷、來也。

啓蒙

徠 來 釋文。徠音來。本今作來。

今本固作來、此條宜去。

黃侃評本正名

格、懷、來也。

來、格、懷、至也、已見釋詁；此又轉相訓也。

格為假之假借、詩「神保是格、」中庸「神之格思、」緇衣云：「則民有格心、」傳注竝云：「格、來也。」

懷者、齊風南山云：「曷又懷止、」學記云：「遠者懷之、」傳注竝云：「懷、來也。」夏官之屬懷方氏、鄭注云：「主來四方之民。」釋詁又訓懷為止。

爾雅學

格懷來也 唐石經單疏本雪牕本同。釋文徠、音來、本今作來。按釋親來孫、陸本亦作徠、云音來、本亦作來。玉篇彳部徠、力哀切、就也、還也、今為來。

格懷來也○釋曰 注疏本刪。

注書曰格爾眾庶者 注疏本刪注字。

校勘記

格爾來眾庶 十行本雪牕本吳本皆無來字。

校勘記訂補

爾雅詁林 二 釋言

眕厎致也

眕、厎、致也。皆見詩傳。

郭注

眕厎致也　釋曰、曲禮曰眕於鬼神。昭元年左傳、叔向曰厎祿以德。周頌武篇云耆定爾功、毛傳曰耆、致也。王肅云致定其大功、謂誅紂定天下。是毛讀耆為厎、故注云見詩傳。

邢疏

眕厎致也

厎音指。日

郭音義

文選報任少卿書注引爾雅郭璞

眕厎致也

郭璞云皆見詩傳。

黃輯古義

厎　致也　郭璞曰、厎音指。文選報任少卿書注

一切注音

蕙心案此郭氏音義文也。詩耆定爾功、毛傳耆、致也。詩釋文耆毛音指。

古注斠

眕之忍反　厎之視反

陸音義

眕厎致也　來自來。致致之。記曰眕于鬼神、蓋在眕域之內者也。

新義

眕厎致也　曲禮云、眕於鬼神。左傳云厎祿以德。

鄭樵注

眕厎致、厎諸本並作底、據釋文當作厎。郭璞曰、皆見詩傳。鄭樵曰、曲禮云眕於鬼神。左傳云厎祿以德。

古注合存

眕厎、致也。厎音止。○此釋眕厎為致之義也。疏曰、曲禮云、眕於鬼神。昭元年左傳云、厎祿以德。

注疏參義

眕厎致也　**註**　皆見詩傳　**正義**　眕、告也。厎、止也。已見釋詁。曲禮云、眕於鬼神、鄭註眕、致也。眕、或為祇。禹貢云覃懷厎績、史記夏本紀作覃懷致功。左氏昭三十年傳云、明厎其情。祇厎致三字以音相近為義也。**註**　皆見詩傳○　**正義**　眕訓為致、今於毛傳無考、疑在齊魯韓詩。周頌武云耆定爾功、毛傳耆、致也。釋文耆毛音指。左氏宣十二年傳云耆昧也、杜註耆、致也、致討於昧。

正義

眕厎致也　皆見詩傳

致者、說文云送詣也。詣、候至也。然則致亦至也。至致聲同字亦通矣。眕者、釋詁云告也。玉篇引禮記曰眡於鬼神。亦作眕。今曲禮作眕於鬼神。鄭注眕、致也。祇告致於鬼神辭也。是致告義相成、故眕既訓告又訓致。郭云見詩傳者、今毛傳無、或當在齊魯韓詩矣。厎者、釋詁云止也。止亦致也。書乃言厎可績、史記夏紀作汝言致可績。凡禹貢厎字、夏紀俱作致。又敷重厎席、鄭注亦云厎致也。通作耆。詩耆定爾功、傳耆致也。釋文耆毛音指。文選報任少卿書注引爾雅郭璞曰厎音指、蓋郭氏音義之文。

義疏

眕厎致也　郭注皆見詩傳。此別釋

眕厎義異於告止者。眕眡通用。詩祇自疷兮。攷工記、老牛之角紾而昔。厎卽砥、緻石也。詩、周道如砥。又靡所厎止。致、从夂至。夂、不進而至者、是人送致之。

集解

眕厎致也　眕、井田間陌也、从田㐱聲。正字為診。診、告也。引申為致、謂致告也。診眕通用字。禮記曲禮眕于鬼神、注眕、致也。祝告致於鬼神辭也。史記司馬相如傳槃石裖崖、今本作振。漢書注裖、致也。以袗為之。厎、止居也、从广氐聲。與厎礪字別、引申為至也致也。書禹貢覃懷厎績、史記作覃懷致功。左昭元

傳底祿以德、注底、致也。文選幽通賦素文信而底麟兮、陸士衡演連珠貞臣底力而辭豐、楊子幼報孫會宗書文質無所底、注均云底、致也。詩武耆定爾功、傳耆、致也。以耆爲之。或曰底一本作底、柔石也。訓致者、以底爲底之借字耳。書禹貢震澤底定、史記底作致。僞旅獒西旅底貢厥獒、僞傳訓致。孟子離婁瞽瞍底豫、注底、致也。致、送詣也。从夊至聲。引申爲凡致之辭。

義證

畛底致也

注、皆見詩傳。

釋文畛、之忍反。底、之視反。

疏、曲禮曰畛于鬼神。昭元年左傳、叔向曰底祿以德。周頌武篇云耆定爾功、毛傳曰耆、致也。王肅云致定其大功、謂誅紂定天下。是毛讀耆爲底、故注云見詩傳。

鄭注、曲禮云畛於鬼神。左傳云底祿以德。

正義、畛、告也。底、止也。已見釋詁。畛底又爲致、義相成也。曲禮云畛於鬼神、鄭注畛、致也。畛或爲祇。禹貢云覃懷底績、史記夏本紀作覃懷致功。左氏昭三十年傳、明底其情。祇底致三字以音相近爲義也。「注」畛訓爲致、今於毛傳無考、疑在齊魯韓詩。周頌武云耆定爾功、毛傳耆、致也。釋文耆、毛音指。左氏宣十二年傳云耆昧也、杜注耆、致也。致討於昧。

義疏、致者、說文云送詣也。詣、候至也。然則致亦至也、至致聲同字亦通矣。畛者、釋詁云告也。玉篇引禮記曰眡於鬼神。亦作眕。今曲禮作畛於鬼神。鄭注畛、致也。祝告致於鬼神辭也。是致告義相成、故畛既訓告又訓致。郭云見詩傳者、今毛傳無、或當在齊魯韓詩矣。底者、釋詁云止也。止亦致也。書乃言底可績、史記夏紀作汝言致可績。凡禹貢底字、夏紀俱作致。又敷重底席、鄭注亦云底致也。通作耆。詩耆定爾功、傳耆、致也。釋文耆、毛音指。文選報任少卿書注引爾雅郭璞曰底音指。蓋郭氏音義之文。

阮氏元校勘記、底注疏本作底、非。五經文字厂部底音指、致也。

吳氏夌雲經說、案周頌徂隰徂畛、箋舊田有徑路者。地官遂人云十夫有溝、溝上有畛。夌雲謂畛从田、田陳也。畛亦得訓爲陳。畛于鬼神者、布陳牲醴粢盛而告之也。故釋詁訓爲告、此又訓致、與奠義亦通。

世榮案、畛陳聲近、古本同部。畛致聲轉、故畛得訓陳亦可訓致。吳氏說自塙然。此以聲爲訓、不必以从田得義也。吳氏嘉定人、箸述甚夥、今存者經說三卷、小學廣韻說各一卷。

釋言集解後案

畛底致也 底之視反

註 皆見詩傳 補正 邢疏、曲禮曰畛于鬼神。左傳底祿以德。周頌耆定爾功、傳曰耆、致也。

郭注補正

畛底致也

皆見詩傳 底音指

單疏本無皆字。文選報任少卿書李善注云爾雅底、致也。郭璞曰音指。今本刪音、據補。

郭注佚存補訂

畛底致也

郭注此經皆見詩傳。案畛當是祇字之假借。祇底俱從氏。說文云氏、至也。致、送詣也。詣、候至也。是至致同義。禮記曲禮注云畛或爲祇。畛致雙聲、古韻同部。小雅我行其野亦祇以異、何人斯祇攪我心、無將大車祇自塵兮、祇皆當訓致。底者、郝云通作耆。詩耆定爾功、傳云耆、致也。釋文耆、毛音指。郭璞音義亦云底音指。案小雅祈父靡所底止、傳云底、至也。小旻伊于胡底、箋云底、至也。至致同義。書乃言底可績、史記夏紀作汝言致可績、底古通用。

說詩

爾雅詁林 二 釋言

眕厎致也厎誤底。下同。

疏周頌下武篇云耆定爾功下、衍字。者、監本誤耆。

注疏正字

眕厎致也說文䟫、送詣也。眕厎詳釋詁。曲禮眕於鬼神、鄭註眕、致也。禹貢覃懷厎績、史記作覃懷致功。

啓蒙

厎致也。 厎致聲通同訓。 厎聲至聲相通、如鴟或作鵄、見釋鳥釋文。氐讀爲秪、見節南山箋。

黄侃音訓

眕、厎、致也。

說文夊部「致、送詣也、从夊从至。」郝云：「致、至、𦤺同、字亦通也。」引伸爲召致、爲精緻之義。釋詁「眕、告也、」以本節眕訓致、故以致告釋告。曲禮云：「眕於鬼神、」鄭注云：「眕、致也。」郝謂「眕亦作袗、」考玉篇云：「袗、告也。」與釋詁篇之眕同義、此眕袗所以通歟。

厎、釋詁云：「止也、」止有至義、故訓致。禹貢厎字、史記夏紀俱作致。周頌武云：「耆定爾功、」傳「耆、致也、」釋文「耆、毛音指、」左傳宣十二年云：「耆、昧也、」杜注「耆、致也、致討於昧；」此借耆爲厎也。

爾雅學

厎釋文唐石經雪牕本同。注疏本作底、非。單疏本經誤底、疏中作厎。五經文字厂部厎音指、致也。

皆見詩傳雪牕本注疏本同。單疏本無皆字。

眕厎致也○釋曰注疏本刪。

厎祿以德周頌武篇云注疏本厎誤底、下同。武上衍下。

校勘記

厎致也。釋文厎之視反。今本厎誤作底。

注疏本正誤

眕軫厎指致也。

孫偘直音

眕厎止致也

楊氏音訓

恀怙恃也

恀、怙、恃也。今江東呼母爲恀。音是。

郭注

恀怙恃也 釋曰、皆依恃也。郭云今江東呼母爲恀。小雅蓼莪云無父何怙、無母何恃是也。

邢疏

恀恃也

恃事自恀也。龍龕手鑑一 廣韻引作恃事曰恀

衆家注 黄輯古義

恀怙恃也

恀、恃事自恃也。龍龕手鑑卷一

裴注 玉函山房輯佚

恀

恃事自恀也。爾雅注 龍龕手鑑一

鉤沉

恀恃也

注曰、恃事自恀也。龍龕手鑑一

漢注

恀怙恃也

舊註云恀、恃事自恀也。龍龕手鑑一卷 郭璞云、今江東呼母爲恀。

一切注音

爾雅詁林 二 釋言

恀恃也

蕙心案、廣韵引爾雅恃事曰恀。又龍龕手鑑一引爾雅云恃事自恀也。此皆爾雅舊注。

古注斠

恀音是　怙音户　恃音市

陸音義

恀怙恃也

恀、隨所移爲是、天性之愛尚可移也。莊子曰有弟而兄啼。

新義

恀怙恃也　恀即恃也。小雅云無父何怙、無母何恃。

鄭樵注

恀怙恃也

郭璞曰、今江東呼母爲恀。按龍龕手鑑引舊注有云恀、恃事自恀也。名氏未聞。

鄭樵曰、恀即恃也。小雅云無父何怙、無母何恃。

恀怙恃也。恀音是。○此釋恀怙爲恃之義也。註曰、今江東呼母爲恀。疏曰、皆依恃也。詩蓼莪云、無父何怙、無母何恃。

古注合存

注疏參義

恀怙恃也 註 今江東呼母爲恀 正義 說文云恃、賴也。恀者廣韻云恃事曰恀。龍龕手鑑引舊註云恀、恃事自恀也。荀子非十二子篇儉然恀然、楊倞註恀然、恃尊長之貌。怙者諡法解云怙、恃也。左氏宣十五年傳云怙其雋才。定四年傳云、無怙富、無恃寵。註 今江至爲恀。正義 小雅蓼莪云無父何怙、無母何恃。釋文引韓詩云怙、賴也。恃、負也。郭氏引方俗語以証恀有母稱也。方言云南楚瀑涯之間、謂婦妣曰母姼、稱婦考曰父姼。廣韻恀姼皆承紙切、其義同也。恀本作㛂、說文云㛂、恃也。

正義

恀怙恃也 今江東母爲恀

說文云恃、賴也。詩蓼莪釋文引韓詩云恃、負也。楚辭注恃、怙也。恃怙互相訓也。恀者、說文作㛂、云恃也。廣

韵云恃土地也。通作恀。廣韵引爾雅一云恃事曰恀、此蓋爾雅舊注、故龍龕手鑑一引爾雅云恃事自恀也。荀子非十二子篇云儉然恀然、楊倞注恀然恃尊長之貌。然則恀之爲言侈也、有所憑恃而侈然自多、故侈訓汰恃訓賴也。郭云今江東呼母爲恀者方言云南楚瀑涯之閒謂婦妣曰母姼、說文則云江淮之閒謂母曰媞。是媞姼音義同。郭意蓋俗姼以證恀之爲恃、取其聲同、非恀有母稱也。注內恀字蓋傳寫之譌。怙者、謚法及詩鴇羽傳竝云怙、恃也。韓詩云怙、賴也。賴即恃之訓、故說文依爾雅云怙恃也。

義疏

恀怙恃也

舊注、恃事曰恀。郭注、今江東呼母爲恀。此蓋專釋詩無父何怙、無母何恀。今詩恀作恃。說文有㛂恃之字、蓋夾三家字耳。恀侈皆从多、多故恃之。怙即故也、故爲之夾有恃。書怙終賊刑。恃、从寺、寺即持也、因爲負恃。

集解

㛂怙恃也 㛂、字本作垑、恃母也。从土多聲。舊注謂江東呼母曰㛂、蓋取重多之義、若母姼父姼者然。詩無母何恃、古本蓋有作㛂者、今詩以其字訓詁代之耳。荀子非十二子儉然㛂然、注恃尊長之皃。怙、恃父也、从心古聲。蓼莪所謂無父何怙是也。詩鴇羽父母何怙、通俯耳。傳怙、恃也。書堯典怙終賊刑、孫疏怙、恃也。恃賴也从心寺聲。

義證

恀怙恃也 恀音是

註 今江東呼母爲恀 補正 邢疏、皆依恃也。小雅無父何怙、無母何恃。鄭樵註云恀即恃也。

郭注補正

恀恃也

郭注、今江東呼母爲恀。邵氏正義云、龍龕手鑑一引尒疋舊注云恀、恃事自恀也。說文無恀字、土部

坞、恃也、郎侈字。郝氏義疏云、廣韵引尒疋一云恃事曰侈、此葢尒疋舊注、均與郭注不同。

侈怙恃也

舊注攷證

今江東評母爲侈音是

明注疏本刪音是二字。

郭注佚存補訂

侈怙恃也

侈、說文作坞、云恃也。說詳訂經。怙者、小雅蓼莪無父何怙、無母何恃、彼釋文引韓詩云怙、賴也。恃、恃負也。唐風鴇羽父母何怙、傳云怙、恃也。

說詩

侈

通作侈。注今江東呼母爲侈。小雅、無母何恃。恃侈音同義亦同也。方言曰、南楚瀑洭之閒謂婦妣曰姼、稱婦考曰父姼。姼郎侈字之別體。廣韵二字皆音承紙切、男女之通稱、是侈可訓爲怙亦可訓爲恃矣。侈、方言也。怙恃、雅言也。

小箋

侈怙恃也 說文心部無侈字、當作坞。說文土部坞、恃也、从土多聲。

匡名

侈音是怙恃也 說文恃賴也。小雅無母何恃。郭註、江東呼母爲侈。怙、恃也。左宣十五年傳怙其儁才。

啓蒙

侈 坞 說文。坞恃也。廣韻。坞恃土地也。錢氏荅問云。坞郎侈怙之侈。

侈、怙、恃也。

黃侃評本正名

說文「恃、賴也。」小雅蓼莪釋文引韓詩云：「恃、負也。」

侈、說文土部作坞、云「恃也、」廣韻云：「坞、恃土地也、」玉篇云：「坞、治土地名；」治土地義、不見他書、恃土地之義最完、段云：「恃土地者、恃其土地之多也。」廣韻引爾雅一云：「侈事曰侈、」郝謂「爾雅舊注、」是也。荀子非十二子篇云：「侈然、」楊倞注：「恃尊長之貌、」此恃土地之引伸義也。爾雅郭注云：「今江東呼母爲侈、音是、」郝謂「注內侈字、葢傳寫之譌、」非也。方言云：「南楚瀑洭之間、謂婦妣曰母姼、」注云：「音多、」郭注所引江東人之母稱、是用姼義、然其音不讀多而讀侈、故郭又加「音是」二字。阮元校勘記郭注有音是二字、並云：「雪牕本同、今注疏本刪此二字、」反失郭意。

怙、諡法解亦云：「恃也。」詩鴇羽傳、說文、均用其義。韓詩訓賴、與恃義亦同。左氏定四年傳云：「無怙富、無恃寵。」

爾雅學

今江東呼母爲侈音是 雪牕本同。注疏本刪下二字、因別附音切有侈音是三字也。全書準此。

侈怙恃也〇釋曰 注疏本刪。

無母何恃是也 注疏本脫是也。

校勘記

侈音是怙恃也

音圖・音

是

侈怙恃也。

孫侶直音

侈 侈怙恃也。

直音校正

侈是怙恃也

楊氏音訓

侈：侈

干氏音釋

律遹述也

律、遹、述也。皆敘述也。方俗語耳。

郭注

律遹述也

釋曰：皆敘述也、方俗語異耳。律管所以述氣。遹者、述行之也。大雅文王有聲遹駿有聲之類是也。

邢疏

遹述也

詩文王有聲正義引爾雅作曰、述也。

衆家注

黃輯古義

律遹述也

郭璞云、皆敘述也。方俗語耳。

一切注音

遹述也

慧心案、詩文王有聲正義引爾雅作曰、述。蓋曰聿古通、聿矞互叚。

古注斠

遹古述字。一音餘橘反。

陸音義

律遹述也

律言法、遹言道。

新義

律遹述也 竝見詩書。律即聿字。

鄭樵注

律遹述也

郭璞曰、皆敘述也。方俗語耳。鄭樵曰、竝見詩書。律即聿字。

古注合存

律遹述也。此釋律遹爲述之義也。疏曰、遹者、述行之也。愚按律之言法、即述也。書康誥云今民將在祗遹厥文考、此述行之義也。舊謂律管所以述氣、又引遹駿有聲爲述遹之遹、非。

注疏參義

律疏云律管所以述氣、鄭云即聿字、鄭說爲長。

補注

律遹述也 **註** 皆敘述也方俗語耳 **正義** 釋詁云、遹、循也。說文云、述、循也。詩疏引爾雅作聿、曰、述也。律與聿通、遹與曰通。孫炎云、遹、古述字、讀聿。是也。小雅角弓云見晛曰消、大雅抑云曰喪厥國、釋文引韓詩作見晛聿消、聿喪厥國。文王有聲云遹追來孝、禮器引作聿追來孝。緜云予曰有先後、予曰有奔奏、楚詞章句引作予聿有奔走、予聿有先後。文王云聿修厥德、漢書東平思王傳引作述修厥德。**註** 皆敘至語耳。**正義** 中庸云上律天時、鄭註、律、述也。又鄭註春官典同亦云律述氣者也。史記索隱引釋名云律、述也、所以述陽氣也。郭云方俗語者、言其聲相近也。

正義

遹述也　遹古、述字

校議

律遹述也 皆敘述也 方俗語耳

述者、說文云、循也。詩日月傳及士喪禮、少牢饋食禮注竝云、述、循也。述又脩也。脩循述俱一聲之轉。通作術。詩報我不述、釋文、述本亦作術。文選廣絕交論注引韓詩作報我不術。士喪禮注、古文述皆作術。按術、韓詩云法也。法與律其義又同矣。律者、釋詁云常也、法也。奉爲常法、即述之義、故又訓述。中庸注及史記律書索隱引釋名竝云、律、述也。周禮典同注、律、述氣者也。廣雅云、律、率也。率循即述也。通作聿。律从聿聲。說文、聿、所以書也。楚謂之聿、吳謂之不律。是律聿皆謂筆、故釋名云筆、述也。詩正義引爾雅作聿、述也。聿即律矣。遹者、釋詁云、自也、循也。循與自皆述之義也。書今民將在祗遹乃文考、馬融注、遹、述也。詩文王有聲箋同。通作曰。詩正義引爾雅作曰、述也。又通作聿。詩遹追來孝、禮器引作聿追來孝。遹、孫炎以爲古述字、讀聿。故詩聿修厥德、漢書東平思王宇傳作述修厥德。

義疏

律遹述也 律、遹、詩正義引作聿、曰。

孫注、遹、古述字。郭注、皆敘述也。方俗語耳。上云遹、率循也、又自也、又律常也。率律通用字。聿遹曰又通用。義竝見前。术秫一字、稷之黏者。行朮田必循畦道故與術遂同用。

集解

律遹述也 律、均布也、从彳聿聲。引申爲法也述也、謂述法也。禮記中庸上律天時、注律、述也。周禮典同掌六律六同之和、注律、述氣者也。史記律書王者制事立法、物度軌則、壹本於六律、索隱引釋名云律、述也。詩大明聿懷多福、箋聿、述。文王聿脩厥德、漢書東平思王傳引作述脩厥德。文選閒居賦聿追孝以嚴父、注聿、述也。以聿爲之。遹回辟也、从辵矞聲。正字爲述。述遹疊韵。書康誥今民將在祇遹乃文考、馬注遹述也。詩文王有聲遹駿有聲、箋遹、述。或若正字爲律與。詩遹追來孝、禮器引作聿、即律字也。述、循也、从辵朮聲。經典或通作術。

義證

律遹述也

(註)皆敍述也方俗語耳(補正)邢疏、大雅遹駿有聲。

郭注補正

律遹述也

說文云述、循也。詩邶風日月報我不述、毛傳云述、循也。律者、釋詁云法也。守法即述循之義。律之爲言率也、率與述同爲循也。竊謂聿爲律之省文。詩大雅大明聿懷多福、唐風蟋蟀歲聿云莫、傳並云聿、述也。聿又與遹通。釋詁遹自也。孫注云古述字、讀聿。大雅文王有聲遹駿有聲、遹求厥寧、遹觀厥成、箋並云遹、述也。遹追來孝、禮記禮器引作聿追來孝。小雅楚茨神保聿歸、宋書樂志作神保遹歸。文王聿修厥德、傳云聿、述也。漢書東平思王傳引作述修厥德。律聿遹述皆同聲通用。

說詩

遹述也

毛鄭詩考正曰、案文選注引韓詩薛君章句云聿、辭也。春秋傳引詩聿懷多福、杜注云聿、惟也。皆以爲辭助。詩中聿曰遹三字互用、爾雅遹自也述也。禮記引詩聿追來孝、今詩作遹。七月篇曰爲改歲、釋文云漢書作聿。角弓篇見晛曰消、釋文云韓詩作聿。劉向同。毛傳於歲聿其莫釋之爲遂、於聿脩厥德釋之爲述、箋於聿來胥宇釋之爲自、於我征聿至、聿懷多福、遹駿有聲、遹求厥寧、遹觀厥成、遹追來孝、並釋之爲述。今考之皆承明上文之辭耳、非空爲辭助、亦非發語辭、而爲遂爲述爲自、緣辭生訓、皆非也。說文有欥字、注云詮詞也、从欠从曰、曰亦聲。引詩欥求厥寧。然則欥蓋本文、省作曰、同聲假借、用聿與遹、詮詞者承上文所發端、詮而繹之也。引之謹案、戴以詩之聿曰遹三字爲詮詞、善矣。然遹訓爲述、又訓爲循、(見釋詁) 自是古義如此、非爾雅之緣詞生訓也。康誥曰今民將在祇遹乃文考、馬注遹述也。釋訓曰不遹不蹟也、(小雅河水篇念彼不蹟、毛傳不蹟、不循道也。) 不遹即邶風日月篇之報我不述。(毛傳述、循也。) 故孫炎注釋詁云遹古述字。凡若此者、固皆不得以詮詞釋之。

述聞

律遹述也 釋文云遹、古述字。 律通聿。詩(大雅文王)聿脩厥德、傳聿、述。正義曰聿述、釋言(監本誤詁)文。又(思齊)聿懷多福、箋聿、述也。禮記(禮器)聿追來孝、注聿、述也。正義曰聿述、釋言文。又毛詩正義(大雅抑)云爾雅之訓聿曰、述也。又案後漢書宦者呂强傳、(强上封事云不念爾祖述修厥德。)述通遂。詩(唐風蟋蟀)歲聿其莫、傳聿、遂。元照案、學記術有序注、術當爲遂、聲之誤也。又祭義而術省之注、術當爲述、聲之誤

爾雅詁林 二 釋言

也。是術述遂三字皆以聲近通用。聿之訓遂、卽取此訓無可疑者。彼正義不知此義、而云遂者從始嚮末之言、非也。

律遹述也

匡名

說文：述、循也。籀文从秫。 中庸上律天時、鄭註：律、述也。 康誥、祗遹乃文考。遹與聿通。大雅遹追來孝、禮器引作聿追來孝。聿又與述通。大雅聿修厥德、漢書引作述修厥德。

啓蒙

律遹述也。 律遹述同字並見。 述有述循、稱述二義。律遹爲述循之述、聿曰爲稱述之述、而義實潛通。 釋詁、釋訓、釋文皆載孫炎說、以遹爲古述字。說文遹述異字。據孫義、是以今釋古。據說文、是以正釋段。孫以爲古今字者、師說不同。 蟋蟀歲聿其莫、傳聿、遂、聿、卽遹、遂卽述。學記術有序、注術當爲遂、聲之誤也、是術遂聲通。

黃侃音訓

馹遽傳也 格懷來也 眕底致也 律遹述也

郭音義、馹本或作遷。聲類云、古馹字、同。釋言釋文 方言作佫、來也。方言二 釋文作徠、云本今作來。釋言釋文 禮記注眕、致也。眕或爲祗。曲禮注下 詩正義引作聿曰述也。律與聿通、遹與曰通。詩正義

證異

律述也

案郭注與遹皆訓敘述、邢疏律管所以述氣、經史問答非之、蓋律雖述氣、不可卽謂之述也。爾雅有一字具兩義、卽以一字包兩訓者、錢辛楣云、如台朕賚畀卜陽予也、賚卜畀、賜予之予。台朕陽則予我之予等是。不明斯例、不可以讀斯經。此條訓遹之述爲敘述之述、璞注可遵。訓律之述則爲法術之術、璞注不可遵。術作述者、如詩日月報我不述、釋文、本亦作術也。釋詁曰律、法也。廣雅釋詁又曰術、法也。律術既同訓、則律述自可互訓矣。

董瑞椿日記

律、遹、述也。

述字用法有二、一爲動詞、一爲接續詞。經典假借用之者、段玉裁云：「述、或假借術爲之、」如詩『報我不述、』本作術、是也。古文多假借遹爲之、如書『祗遹乃文考、』詩『遹駿有聲、』『遹追來孝、』釋言毛傳皆曰：『遹、述也、』是也。孫炎曰：『遹、古述字、』蓋古文多以遹爲述、故孫云爾。謂今人用述、古人用遹也。凡言古今字者視此。」此言述爲本字、術、遹、皆爲假借也。說文云：「述、循也、」述循疊韻、故相訓、邶風日月云：「報我不述、」毛傳「述、循也；」此動詞之述也。段氏前引之「遹駿有聲、」「遹追來孝、」傳皆云：「遹、述也、」此接續詞之述也。爾雅述字、兼此二義。唯段以遹爲述之假借、而戴震又以聿遹爲曰之假借、爲不同耳。詩疏引爾雅本節文、作「聿、曰、述也。」

律、前謂詩疏引作聿者、蓋律从聿聲、故律聿得通用。詩「聿修厥德、」漢書東平思王宇傳、作「述修厥德、」是聿爲述也。此接續詞也。中庸云：「上律天時、」鄭注云：「律、述也、」周禮典同注云：「律、述氣者也、」廣雅云：「律、率也、」率者、率循也、此動詞之律也。

遹字、亦分二義。毛鄭詩考正云：「案文選注引韓詩薛君章句云：『聿、辭也；』春秋傳引詩『聿懷多福、』杜注云：『聿、惟也；』皆以爲辭助。詩中『聿、曰、遹、』三字互用；爾雅『遹、自也、述也、』禮記引詩『聿追來孝、』今詩作『遹；』七月篇『曰爲改歲、』釋文云：『漢書作聿、』箋於『聿來胥宇、』釋之爲自；於『我征聿至、』『遹求厥寧、遹觀厥成、』並釋之爲『述；』今考之、皆承明上文之辭耳。非空爲辭助、亦非發語詞；而爲述、爲自、緣辭生訓；皆非也。說文有『欥』字、注云：『詮詞也、从欠、从曰、曰、亦聲、』引詩『欥求厥寧、』然則欥蓋本文、省作『曰、』同聲假借、用『聿』與『遹。』詮詞者、承上文所發端、詮而釋之也。」戴以聿曰遹三字爲

詮詞是矣、至鄭箋之用爾雅義訓遹爲述、乃接續詞之述、亦所謂詮辭耳、不可以爲非。薛所稱辭、杜所稱惟、戴所稱詮詞、皆文法之接續詞、此接續詞之遹也。王引之駁戴說曰：「遹訓爲述、又訓爲循、（見釋詁）自是古義如此、非爾雅之緣詞生訓也。康誥曰：『今民將在祗遹乃文考、』馬注『遹、述也、』釋訓云：『不遹、不蹟也、』不遹、即邶風之『報我不述；』（毛傳述、循也。）凡若此者、固皆不得以詮詞釋之、」王所引諸遹字、皆動詞；其說之勝於戴者、即在辨別字義之眞確耳。此動詞之遹、而亦訓以動詞之述也。邵郝二氏於通借之字、引證甚多、特未分曉耳。

爾雅學

律遹述也〇釋曰　注疏本刪。

校勘記

律遹述也　張南漪曰律、本作聿、誤作律。詩遹駿有聲注則聿遹皆發語詞、郭注以爲與聿同、詩曰嬪于京注引之正作聿。然者是、邢疏以律管述氣釋之迂矣。

注疏校勘札記

鄭夾漈云律卽聿字。遹古述字。一音餘橘翻、音聿。

音略

律遹述也。　聿

孫侶直音

律遹述也　敘述也

楊氏音訓

俞畣然也

俞畣然也。禮記　日男唯女俞。畣者、應也、亦爲然。

郭注

俞畣然也　釋曰、皆然應也。注禮記曰男唯女俞者、內則文也。畣古荅字、故爲應也。

邢疏

兪畣然也

郭璞云、禮記曰男唯女兪。畣者、應也、亦爲然。

一切注音

俞　羊朱反。畣　古荅字、一本作荅。男唯　維癸反。者應　音譍

陸音義

兪畣然也、猶肯可也。兪畣然也。

新義

俞畣然也　畣古荅字。然、諾也。

鄭樵注

俞畣然也

郭璞曰、禮記曰男唯女俞。畣者、應也、亦爲然。

鄭樵曰、畣古荅字。然、諾也。

古注合存

兪畣然也。畣古答字。〇此釋兪畣爲然之義也。註曰記內則云、男唯女兪。畣者應也、亦爲然。

注疏參義

俞畣然也**註**禮記曰男唯女俞畣者應也亦爲然**正義**堯共云、帝曰俞。史記五帝本紀、凡書作曰俞者、皆作曰然。祭義云如語焉而未之然、鄭註如有所以語親而未見答。廣雅云對、畣也。曹憲云、今人以答字爲對答、失矣。**註**禮記至女俞。**正義**內則文。

正義

兪畣然也　禮記曰男唯女兪、畣者應也、亦爲然

然者、廣雅云、譍也。又云成也。成定亦然諾之意。禮大傳注然、如是也。祭義注然、猶而也。按而猶爾也。爾之爲言猶云如是也。而聲近唉、今順天人謂然爲唉。嚭說文云唉、譍也。又云誒、然也。方言云欸、然也。南楚凡言然者曰欸。欸與誒唉竝聲義同。兪者、然之聲也。兪與唯皆譍聲、故說文云唯、諾也。廣雅云唯、諾、然也。內則云男唯女兪。鄭注兪、然也。凡書曰兪、史記五帝紀俱作曰然。然兪唯俱聲相轉、與吁同。方言云講𠩺、吁揺然也。郭云皆應聲、是吁亦兪矣。畣者、釋文云古荅字、一本作荅。玉篇云荅、當也。當亦對、故鄉射禮記及郊特牲祭義注竝云荅、對當也。荅對當俱聲相轉。當、訓應也、故荅又爲譍。譍亦然也。通作對。詩聽言則荅、新序雜事五及漢書賈山傳俱作聽言則對。

義疏

俞畗然也　畗、一作荅、今作畣。郭注禮記曰男唯女俞。畣者、應也、亦爲然。俞見上。愉、畗見上。對。然从肰。肰、肰一字。心足則然之。說文作嘫、俗字也。加火爲然。燒、今叜加火作燃。書帝曰俞、史記作然。語、然上爲對、然下及同等曰荅。夫子不荅。从合。左傳徑作合、非也。本从言。滿與肰同意。

集解

俞畣然也　俞、空中木爲舟也、从舟从亼从巜、會意。巜、水也。俞與于聲近、故借爲發聲之詞、而釋爲然。書堯典帝曰俞、史記作然。禮記內則男唯女俞、鄭注俞、然也。前漢書楊雄傳上雖謙讓而未俞也、張晏曰俞、然也。易訟渝安貞、鄭注渝、然也。釋詁渝、服也。即然也。以渝愉爲之。畣、古荅字。荅、小尗也、从艸合聲。正字爲合。左宣二傳既合而來奔、注猶荅也。以荅爲合也。合、亼口也。引申爲對也、然也。今越俗荅而不言曰合。合荅通用字。論語書孔子對、又曰夫子不荅、蓋然上爲對而然下及同等爲荅也。然、燒也、从火肰聲。正字爲嘫。嘫、語聲也。經典相承以然代嘫。

義證

俞畣然也

注、禮記曰男唯女俞。畣者、應也、亦爲然。

釋文俞羊朱反。畣古荅字、一本作荅。男唯維癸反。者應音應。

疏、畣音荅皆然應也。禮記曰男唯女俞者、內則文也。畣、古荅字、故爲應也。

鄭注畣、古荅字。然、諾也。

正義、堯典云帝曰俞、史記五帝本紀凡書作曰俞者皆作曰然。祭義云如語焉而未之然、鄭注如有所以語親而未見答。廣雅云對、畣也。曹憲云今人以答字爲對答、失矣。「注」禮記至女俞內則文

義疏、然者、廣雅云譍也、又云成也。成定亦然諾之意。禮大傳注然、如是也。祭義注然猶而也。按而猶爾也。爾之爲言猶云如是也。而聲近唉、今順天人謂然爲唉音哀。說文云唉、譍也。又云誒然也。方言云欸、然也。南楚凡言然者曰欸。欸與誒唉竝聲義同。俞者、然之聲也。俞與唯皆譍聲、故說文云唯、諾也。廣雅云唯、諾、然也。內則云男唯女俞、鄭注俞、然也。凡書曰俞、史記五帝紀俱作曰然。然俞唯俱聲相轉。與吁同。方言云謣呼瓜反、吁音于然也。郭云皆應聲。是吁亦俞矣。畣者、釋文云古荅字、一本作荅。玉篇云荅、當也。當亦對、故鄉射禮記及郊特牲祭義注竝云荅、對也。荅對當俱聲相轉。當訓應也、故荅又爲譍。譍亦然也。通作對。詩聽言則荅、新序雜事五及漢書賈山傳俱作聽言則對。

釋言集解後案

校勘記、按畣字从田絕無文理。舊本隸釋作㑹从曰、似近是、然亦俗字耳。

世榮案、俞氏樾雜纂說俞云、俞者、然之聲。此有其聲而無其義者。然聲音亦隨世變、夏商之書無曰俞者矣。禮記內則篇曰男唯女俞、則記人之時、俞爲女子之應聲、知男子之應聲久不作俞。愚謂此亦未然。俞音近余、古讀如舒、其聲嘽緩爲喜悅之音、故訓爲然。以然義析言之、則唯速而俞緩、故內則屬俞於女、對文則別也。以然義渾言之、則俞唯同訓爲然、故虞書然皆用俞、散文則通也。吳氏經說於內則云散言之則唯亦訓然、故唯諾亦云然諾、此說得之。吳氏又云荅古止作合、惟釋詁合對、左傳宣二年既合而來奔、尙存古文、餘皆借用荅矣。說文合、合口也、从亼从口。亼訓三合、是亼本有合義。合謂口與口相應荅也。杜元凱云合猶荅也、則亦謂古荅字作合矣。其說亦塙。从曰之㑹、蓋後人所加、从田則又譌文也。

俞畣然也

註禮記曰男唯女俞畣者應也亦爲然　補正　邢疏畣、古答字。

郭注補正

俞然也

柏年案、今公廷應試唱名、應者曰俞。俞音近有、故俗誤呼爲有。

補釋

俞畣然也

畣者、小雅雨無正聽言則答、新序雜事引作聽言則對。答與畣同。答、答對也。儀禮鄉射禮既發則答君而俟、注云答、對也。

說詩

畣

廣雅音義、今人以答爲對答、失矣。釋文畣、古荅字。蓋

本諸此。說文無畣字經傳皆通作荅。

小箋

俞畣然也　釋文云畣古荅字、一本作荅。案說文艸部荅小尗也、从艸合聲。義亦不相近。疑本作對。對荅聲相近、故借用之。後人造从田从合之字、又或易荅之艸頭爲竹、皆俗體不可遵用。陸以畣爲古荅字、尤爲無稽。　說文口部嘫、語聲也、从口然聲。又火部然、燒也、从火肰聲。經典相承以然代嘫。

匡名

俞畣音荅然也　說文然、燒也。經典多假借引伸用之。堯典、帝曰俞。史記凡書作俞者皆作然。儒行、上荅之不敢以疑。

啓蒙

畣　荅　釋文。畣古荅字。一本作荅。當作合、春秋傳曰、既合而來奔。

黃侃評本正名

俞畣然也

錦熸謹案、然乃嘫之假借字。說文口部云、嘫、語聲也。火部云、然、燒也。嘫義从口、然義从火、本自了然。自經典中通以然字爲之、淺人不知、遂別造一燃字以爲然燒之然、而然嘫之本義俱晦矣。俞字、毛詩所無、不知釋詩何句。說文亼部云、俞、空中木爲舟也。是俞之本義不訓爲然、今訓然者、乃諭之假借字。說文言部云、諭、告也。告人曰諭、人告而已明者亦曰諭、廣雅釋言云、諭、曉也、是也。畣字、說文所無、釋文云畣古荅字、一本作荅。說文云荅、小尗也。是字當作荅、而荅仍假字也。竊謂荅乃合之假借字。說文亼部云合、合口也。合口者、對荅之謂。本經釋詁云合、對也。左傳既合而來奔、注猶荅也。此皆古字之僅存者。俗从竹作答、則又荅之譌也。詩爾無正篇从俗體作答、此正釋詩聽言則答句也。

陸錦燧日記

俞、畣、然也。

說文：「嘫、語聲也；唉、譍也、誒、然也、」廣雅云：「然、譍也、」是然、即嘫之假借、唉、誒、亦然也。禮大傳注云：「然、如是也；」祭儀注云：「然、猶而也；」而與迺通、而、即如是也。方言云：「欸、然也、南楚凡言然者曰欸、或曰醫、」郝謂「今順天人謂然爲唉。」唉與欸音同、今長江以北、然諸時亦曰唉也。

俞、內則鄭注云：「然也。」凡書作「曰俞」者、史記五帝紀俱作然、郝云：「然、俞、聲相轉。」

畣、釋文云：「古荅字、一本作荅。」鄉射禮注及郊特牲注竝云：「荅、對也」；廣雅云：「對、荅也；」對荅古通用。

爾雅學

畣者應也　雪牕本注疏本同。釋文音經畣、古荅字、一本作荅。○按畣字从田、絕無文理。舊本緣釋作畣、从日、似近是、然亦俗字耳。

俞畣然也○釋曰　注疏本刪。

校勘記

畣然也。釋文畣、古荅字、一本作荅。今本作音荅、非。

注疏本正誤

俞畣音荅然也

音圖・音

荅

畣、古答字、一本作荅从艸與答从竹通

音略

俞畣然也。

孫侶直音

俞畣荅然也

楊氏音訓

畣荅

干氏音釋

豫臚敘也

郭注

豫、臚、敘也。皆陳敘也。

邢疏

豫臚敘也 釋曰皆陳敘也。事豫備者亦有敘也。漢書云、典客、秦官、大初元年更名大鴻臚。韋昭曰鴻、大也。臚陳敘也。以禮大陳敘賓客也。又莊子云大儒鴻傳是也。

一切注音

豫臚敘也

郭璞云、皆陳敘也。

陸音義

臚 呂居反。

鄭樵注

豫臚敘也 豫、素備也。臚、漢書云典客、秦官、大初元年更名大鴻臚。韋氏云鴻、大也。臚陳敘也。敘謂陳敘。

古注合存

豫臚敘也

郭璞曰皆陳敘也。

鄭樵曰、豫素備也。臚漢書云典客、秦官、大初元年更名大鴻臚。韋氏云、鴻大也。臚陳敘也。敘謂陳敘。

注疏參義

豫臚敘也。此釋豫臚爲敘之義也。疏曰事豫備者有敘也。漢書云太初元年。改秦典客爲大鴻臚。鴻大也。臚陳敘也。以禮大陳敘於客也。莊子云。大儒臚傳。

正義

豫臚敘也 註皆陳敘也

說文云敘、次第也。鄭註鄉射禮云、今文豫爲序。釋地釋文引春秋元命包云、豫之言序也。晉語云、豫而後給。又云鼠聽臚言于市、韋註臚、陳也。史記六國表臚于祭祀。又周禮象胥于賓註云今鴻臚。漢書蘇林註上傳語告下曰臚。韋昭註臚陳敘也。莊子釋文引向秀註、從上語下曰臚傳是也。臚通作旅。燕禮云賓以旅酬於西階上、鄭註旅序也。

豫臚敘也 皆陳敘也

敘者說文云次弟也。次弟其先後故釋詁云敘、緒也。有耑緒可陳述故晉語注敘述也。通作序。書內敘字、史記俱作序。序有更代之義、故序又訓更也代也。豫者、舒也序也。故釋地釋文引春秋元命包云豫之言序也。亦通作序。祭義注、序或爲豫。鄉射禮云豫則鉤楹內、鄭注豫讀如成周宣榭災之榭。今文豫爲序。是序豫同。豫榭古音又同。又通作舒。釋詁云舒、敘也緒也。書曰豫恆燠若、史記宋世家作曰舒常奧若。大戴禮五帝德篇云貴而不豫、史記五帝紀作貴而不舒。是舒豫音又同矣。臚者、玉篇云陳也。韋昭注漢書及辯釋名並云臚、陳敘也。通作攄。廣雅云攄、舒也。史記司馬相如傳云攄之無窮、集解引徐廣曰攄、一作臚。臚、敘也。又通作旅。釋詁云旅、陳也。鄉飲酒及鄉射禮燕禮大射儀注並云旅序也。士冠禮注古文旅作臚。是臚旅通。旅有臚音、故周禮司儀云皆旅擯、鄭注、旅讀爲鴻臚之臚。

義疏

豫臚敘也 郭注、皆陳敘也。上云舒敘豫樂、此別釋豫也。記、鄉大夫豫從。臚膚一字、皮也。禮以膚爲豕肩大肉盛之膚中、同謂之臚。旅占古文作臚占、因以旅擯爲臚擯也。

集解

豫臚叙也 豫、象之大者、从象予聲。正字爲敘。敘、豫疊韵。儀禮鄉射禮豫則鉤楹內、注今文豫爲序。禮記祭義鄉大夫豫從、今本作序。詩常武王舒保作、釋文舒、序也。工經舒業順敘也。以舒爲之。臚、皮也、从肉盧聲。籀文作膚。正字爲敷。敷、岐也。引申爲敘。敷、膚臚通用字。魯語風聽臚言於市、史記六國表臚於郊祀、韋注及索隱均云臚、陳也。即敘也。司馬相如傳攄之無窮、集解攄、一作臚、敘也。儀禮燕禮以旅酬于西階上、注曰旅、序也。以旅或攄爲之。敘、次第也、从支余聲。經傳亦以序爲之。

義證

豫臚敘也

注皆陳敘也。

釋文臚 呂居反。

疏、皆陳敘也。事豫備者亦有敘也。漢書云、典客、秦官、太初元年更名大鴻臚。韋昭曰、鴻、大也。臚、陳敘也。以禮大陳敘于賓客也。又莊子云大儒臚傳是也。

鄭注、豫、素備也。臚、漢書云典客、秦官、大初元年更名大鴻臚。韋氏云鴻、大也。臚、陳

爾雅詁林 二 釋言

敍也。敍謂陳敍。

正義、說文云敍、次第也。鄭注鄉射禮云、今文豫爲序。釋地釋文引春秋元命包云豫之言序也。晉語云豫而後給。又云風聽臚言于市、韋注臚陳也。史記六國表臚于祭祀。又周禮象胥干寶注云、今鴻臚。漢書蘇林注、上傳語告下曰臚。韋昭注臚陳敍也。莊子釋文引向秀注、從上語下曰臚傳是也。臚通作旅。燕禮云賓以旅酬於西階上、鄭注旅、序也。

義疏、敍者、說文云次弟也。次弟其先後。故釋詁云敍、緒也。有耑緒可陳述。故晉語注敍、述也。通作序。書內敍字、史記俱作序。序有更代之義。故序又訓更也代也。豫者、舒也序也。故釋地釋文引春秋元命包云豫之言序也。亦通作序。祭義注、序或爲豫。鄉射禮云豫則鉤楹內、鄭注、豫讀如成周宣榭災之榭。今文豫爲序。是序豫同。豫榭古音又同。又通作舒。釋詁云舒、敍也緒也。書曰豫恆燠若、史記宋世家作曰舒常奧若。大戴禮五帝德篇云貴而不豫、史記五帝紀作貴而不舒。是舒豫音又同矣。臚者、玉篇云陳也。韋昭注漢書及辯釋名竝云臚、陳敍也。通作攄。廣雅云攄、舒也。史記司馬相如傳云攄之無窮、集解引徐廣曰攄一作臚。臚敍也。又通作旅。釋詁云旅、陳也。鄉飲酒及鄉射禮燕禮大射儀注竝云旅、序也。士冠禮注、古文旅作臚。是臚旅通。旅有臚音、故周禮司儀云皆旅擯、鄭注旅讀爲鴻臚之臚。

世榮案說文豫、象之大者。臚、皮也。各有本義。其以敍訓豫臚者、聲近而通也。豫臚敍疊韻字、古音竝列弟五部。

釋言集解後案

豫臚敍也

註皆陳敍。補正邢疏、事豫備者、亦有敍也。漢書云、典客、秦官、太初元年更名大鴻臚。韋昭曰、鴻、大也。臚、陳敍也。以禮陳敍于賓客也。又莊子云大儒臚傳是也。

郭注補正

臚敍也。按臚之爲敍、卽旅之爲序。鄉飲酒禮司正升相旅、鄉射禮立於觶南末旅、燕禮旅酬於西階上、注皆以旅爲序。古旅與臚通。周禮司儀旅擯、鄭司農讀爲旅於泰山之旅、康成讀爲鴻臚之臚。班固漢書述贊大夫臚岱、侯伯僭時。臚岱卽旅於泰山、是其相通之證。

錢氏古義

豫臚敍也

臚者、旅之假借也。玉篇云臚、陳也。小雅賓之初筵殽核維旅、傳云旅、陳也。士冠禮注云、古文旅作臚。蓋同字。釋名云臚、陳敘也。

豫義詳訂經。

說詩

豫臚敍也、說文肉部臚、皮也、从肉盧聲。或省作膚、非此義。正義云臚通作旅。燕禮賓以旅酬於西階上、注旅、序也。元照案、旅正文臚以聲近通借。豫通序。鄉射禮豫則鉤楹內、注今文豫爲序。又祭義鄉大夫序從、注序或爲豫。

匡名

豫臚音閭敍也。敍豫詳釋詁。晉語豫而後給、註豫、序也。說文臚、皮也。註古皮膚字。自膚行而臚廢矣。晉語聽臚言於市、此讀爲敷奏以言之敷也。史記臚於郊祀、此讀爲廷賓旅百之旅也。

啓蒙

豫、臚、敘也。豫敘同字互見。豫卽以舒爲本字。易雷出地奮豫、奮、廣雅訓舒、明豫與舒爲一語矣。此云臚敘也、釋詁舒敘也。臚攄字通、舒攄音同、是三者皆通矣。

黃侃音訓

豫臚敍也

錦熾謹案、豫之本訓爲大象。豫从予聲、敍从余聲、同在今段書第五部。豫訓爲敍、蓋以本字詁假字也。臚乃旅之假借字、盧弓或作旅弓。周禮司儀旅擯、鄭司農讀爲旅於泰山之旅、鄭君讀爲鴻臚之臚、此二字通假之證。說文云軍之五百人爲旅。此第一義也、引申之則有陳列義、又引申之則有次第義。說文敘次第也。故雅訓以敘詁臚。

陸錦燧日記

豫、臚、敘也。

敘、說文「次第也。」釋詁「敘、緒也；」晉語注云：「敘、述也；」皆有次第意。敘與序古通、書用敘字、史記俱作序。

豫、邢疏云：「事豫備者、亦有敘也、」此謂豫者、即有次第也、與敘義合、故訓敘。易既濟云：「君子思患而豫防之、」中庸云：「凡事豫則立、」皆謂有次第也。故豫者序也；古與序亦通。釋地釋文引春秋元命包云：「豫之言序也；」鄉射禮注云：「今文豫爲序、」是也。

臚者、陳敘也。玉篇「臚、陳也、」晉語「風聽臚言於市、」韋昭注同。周禮「象胥、」干寶注云：「今鴻臚；」漢書蘇林注云：「上傳語告下曰臚、」韋昭注「臚、陳敘也；」此謂鴻臚爲通言之官也。釋詁「旅、陳也、」借旅爲臚、旅乃有陳義、見「陳也」節下所引周禮鄭注。

爾雅學

豫臚敘也○釋曰 注疏本刪。

大初元年 注疏本大改太。

以禮大陳敘賓客也 閩本監本毛本大陳敘改陳敘于元本實闕。

校勘記

事豫備者亦有敘也 案春秋元命苞豫之爲言序也。又通作序。儀禮鄉射禮豫則鉤楹內、周禮豫作序。豫又通舒。洪範曰豫恆燠若史記宋世家豫作舒。豫序音同、豫舒音轉、無庸牽强爲訓。邢疏疏豫爲備以就敘義、殊非。

韋昭曰鴻大也臚陳敘也以禮大陳敘賓客也 監本毛本作以禮陳敘于賓客也。案畢沅釋名補遺作欲大以禮敶敘賓客也。初學記十二引韋昭說與補遺畧同。

注疏校勘札記

閭
豫臚敘也。

孫侶直音

豫臚敘也 陳敘也

楊氏音訓

臚 閭

干氏音釋

庶幾尚也

庶幾尚也。詩曰不尚息焉。

郭注

庶幾尚也 釋曰尚謂心所希聖也。注詩曰不尚息焉者小雅菀柳篇文也。鄭箋云尚庶幾也。以心所念尚即是庶幾、義相反覆、故引之。

邢疏

庶幾尚也 郭璞云詩曰不尚息焉。

一切注音

幾 機音

陸音義

庶幾尚也 尚之也故心庶幾焉。

新義

庶幾尚也 小雅云不尚息焉。

鄭樵注

庶幾尚也 郭璞曰詩曰不尚息焉。鄭樵曰小雅云不尚息焉。

古注合存

爾雅詁林　二　釋言

庶幾、尚也。幾平聲。○此釋庶幾爲尚之義也。疏引詩菀柳文。不尚息焉、鄭箋云、尚庶幾也。尚即庶幾、義相反覆。

注疏參義

庶幾尚也 **註** 詩曰不尚息焉 **正義** 下文云庶、幸也。詩疏引易說云幾、覬也。是庶幾者、幸覬之意也。說文云尚、庶幾也。徐鍇繫傳云春秋左傳曰尚克知之、庶幾知之也。左氏襄十六年傳云引領西望曰庶幾乎。**註** 詩曰不尚息焉。**正義** 小雅菀柳文。

校議

庶幾尚也、邢疏以心所念、以心所念云云、出孔疏。

正義

庶幾尚也 尚詩曰不息焉 尚者、上也、加也。有尊高之義。故釋詁云尚、右也。右爲嘉好之稱、故尚又訓慕也、願也。願慕與庶幾義近、故說文云尚、庶幾也。本爾雅爲訓也。庶者、下文云幸也。幾者、釋詁云危也。危猶近也。幾與覬同。覬亦幸也。然則庶幾爲近幸之義。詩尚無爲、尚可載也、不尚息焉、儀禮尚饗、檀弓云尚行夫子之志乎哉、大學云尚亦有利哉、箋注並云尚、庶幾也。然庶幾二字亦可單言、如論語云其庶乎、左傳云庶有豸乎、易月幾望、繫辭云或幾乎息矣、義皆爲近、近即尚也。故家語終記篇王肅注尚、庶也。庶字斷文、亦其證矣。

義疏

庶幾尚也 郭注、詩曰不尚息焉。上云庶、眾。幾、微。此別以庶幾連文。易傳、其殆庶幾乎。語、其庶乎。則夫可言幾乎。尚、从八、向、曾也。向、北出牖。最在上、故又爲上。尚之即望之也。

集解

庶幾尚也 庶幾猶覬覦也。覦、覬、覬、闚、覦也。覬欲幸也。與尚義近、庶幾之正文也。經傳用庶幾而訓爲尚者多連文、易繫辭其殆庶幾乎、詩車舝式飲庶幾、禮記檀弓其庶幾乎、是也。單用庶者多訓爲幸、詩抑庶無大悔、箋庶、幸。單用幾者則有尚義、淮南要畧使學者孳孳以自幾也、漢書東方朔傳可幾而見也、注均云庶幾也。即尚也。尚、曾也。庶幾也。从八向聲。詩免爰尚無爲、箋尚、庶幾也。禮記檀弓尚行夫子之志乎哉、大學尚亦有利哉、文選稽叔夜幽憤詩任其所尚注均云尚、庶幾也。或曰庶單用雖多訓爲幸、亦有訓爲尚者、如論語其庶乎、左傳庶有豸乎是。

義證

庶幾尚也

說文云尚、庶幾也。小雅頍弁庶幾悅懌、庶幾有臧、車舝式飲庶幾、式食庶幾、大雅振鷺庶幾夙夜、庶幾二字連讀。小雅大東尚可載也、菀柳不尚息焉、箋並云尚庶幾也。

說詩

庶幾尚也

庶、下文云幸也。幾、尚詞也。易屯卦君子幾不如舍、王注幾辭也。正義曰、幾爲語辭、不爲義也。尚、說文曰庶幾也。通作上。詩陟岵上慎旃哉。庶幾爲連文、繫辭其庶幾乎。

小箋

庶幾尚也 說文尚、曾也、庶幾也。从八向聲。論語其庶乎。左襄十六年傳、引領西望曰庶幾乎。

啓蒙

庶幾、尚也。 下云庶、幸也、廣雅希、庶也、幸希聲轉。庶者恕之段借、心所量度也、幾者、冀也、希者、睎也。 易屯君子幾不如舍、王注幾辭也、正義云幾爲語助、不爲義也、案此幾別一義。

黃侃音訓

庶、幾、尚也。

說文「尙、庶幾也、」此本爾雅以立訓。詩陟岵「上慎旃哉、」漢石經作尙、是尙上通、言庶幾慎之也。

庶幾爲尙者、論語「回也其庶乎、」集注「庶、近也、」釋詁「幾、近也、」是庶幾者、相近也。家語終記篇王肅注云：「尙、庶也、」詩小弁箋曰：

「尙、猶也、」小星傳曰：「猶、若也、」王引之謂「猶爲若是之若、」是尙、亦近也。故爾雅曰：「庶幾、尙也。」詩「尙可載也、」檀弓云：「尙行夫子之志乎哉、」箋注竝云：「尙、庶幾也、」然則孟子云：「王庶幾改之、」言王尙改之也。庶幾分舉、亦尙之義。

爾雅學

庶幾尙也〇釋曰 注疏本刪。

注詩曰不尙息焉者 注疏本刪注字。

校勘記

觀指示也

觀指示也。國語曰且觀之兵。

郭注

觀指示也 釋曰示謂呈見於人也。注國語曰且觀之兵者案周語穆王將征犬戎祭公謀父諫曰不可、先王耀德不觀兵、犬戎氏以其職來王天子曰予必以不享征之且觀之兵無乃廢先王之訓而王幾頓乎。是也。論語曰指其掌、謂舉掌以示人也。

邢疏

觀指示也以下釋言

觀音官。釋文

謝音

觀示也

觀音館。釋文

施音

黃輯古義

觀指示也。觀音官、注同。釋文

謝音

觀指示也。觀音館。釋文

施音

玉函山房輯佚

觀指示也

郭璞云、國語曰且觀之兵。

一切注音

觀施音館、謝音官、注同。

陸音義

觀指示也

觀、示之以象指、示之以事。

新義

觀指示也周語云、先王耀德不觀兵。

鄭樵注

觀指示也

郭璞曰、國語曰且觀之兵。

鄭樵曰、周語云先王耀德不觀兵。

古注合存

觀指示也。此釋觀指爲示之義也。疏曰示謂呈見於人也。國語祭公諫穆王云犬戎以其職來王天子必以其不享征之、且觀之兵無乃廢先王之命也乎。論語云指其掌謂指舉以示人也。

注疏參義

觀指示也**註**國語曰且觀之兵。**正義**說文云示所以示人也。穀梁隱五年傳云、非常曰觀。仲尼燕居云、其如指諸掌而已乎。**註**國語至之兵。〇**正義**周語祭公謀父之辭。

正義

觀指示也

觀指示也國語曰且觀之兵

釋名云、示、示也。玉篇云示者、語也、以事告人曰示也。華嚴經音義上引蒼頡篇云示、現也。說文云天垂象、見吉凶所以示人也。通作視。詩視民不恌、箋視古示字也。曲禮幼子常視母誑、注視今之示字。士昏禮記視諸衿鞶、注示之以衿鞶。視乃正字、今文作示、俗誤行之。莊子應帝王及徐无鬼篇釋文竝云示本作視。又通作寘。周禮朝士注示于叢棘、釋文示本或作寘。觀者見之示也。考工記㮚氏云以觀四國、莊子大宗師篇云以觀衆人之耳目、釋文竝云觀示也。按釋宮云觀謂之闕、亦所以表示於人也。釋文觀施音館、謝音官。二音俱通矣。指者手之示也。廣雅及離騷注竝云指、語也。語亦示也。曲禮云指使、使亦示也。仲尼燕居云治國其如指諸掌而已乎。中庸云、治國其如示諸掌乎。

義疏

觀指示也郭注、國語曰且觀之兵。觀、从見雚。雚、今鸛雀、常見者也。易有觀卦。觀人、觀我同也。觀人爲視人、觀爲示、示从上气、天垂象示人。大衆所視也。指、从手

爾雅詁林 二 釋言

旨、旨則取之夶必以示人。記指諸掌。文二示諸掌。又六十日者。指使者指一也。書有指疆土。詩者旨爾功。旨从匕甘、美也。

集解

觀指示也

觀、諦視也、从見雚聲。引申爲示、謂示人而使人觀也。周禮攷工㮚氏以觀四國、注訓示。周語先王耀德不觀兵、注觀、示也。莊子大宗師以觀衆人之耳目、釋文觀、示也。前漢書宣帝紀觀以珍寶、師古曰觀、示也。指、手指也、从手旨聲。引申爲示、謂手指以示人也。前漢書蕭何傳發縱指示獸處者人也、注指示者、以手指示之是也。書盤庚不匿厥指、孫疏指、示也。禮記仲尼燕居治國其如指諸掌而已、中庸作其如示諸掌。墨子經說下指是臆也、指謂示也。示、天垂象見吉凶、所以示人也。从二。三垂、日月星也。觀乎天文以察時變。

義證

觀指示也

示有二義、一爲指示之示、說文云示、天垂象見吉凶所以示人。詩小雅鹿鳴示我周行是也。一爲瞻視之示、鹿鳴視民不恌、箋云視古示字、是也。

觀者、瞻視之示。鄭風溱洧女曰觀乎、大雅文王有聲遹觀厥成、皇矣監觀四方、周頌臣工奄觀銍艾、有瞽永觀厥成、詩皆訓觀爲視、而觀亦訓爲指示。後漢班彪傳注云觀、指示也。

指亦兼有二義、鄘風蝃蝀莫之敢指。一令人瞻視、一示人以警戒之義。

說詩

觀指示也　示通視

匡名

觀指示也

說文示、天垂象見吉凶所以示人也。周語、且觀之兵。韻會觀、示也。指、手指也。大指曰巨指、次曰食指、中曰將指、次曰無名指、次曰小指。手非指不爲用、凡欲示物必用手以指之。指訓示、引伸之義也。論語指其掌、註指、示也。

啓蒙

觀示也

左宣十二年傳、潘黨曰君盍築武軍而收晉師以爲京觀、杜預不爲觀字作解。孚吉按、觀亦示也、積尸封土以示人也。故下云臣聞克敵必示子孫、以無忘武功。

爾雅詁

觀、指、示也。

此示人之示、古本作視、見釋詁「見也」節。

觀者、郝云：「見之示也。」郭注引周語曰：「且觀之兵、」即示之兵也。考工記云：「以觀四國、」莊子大宗師曰：「以觀衆人之耳目、」釋文竝云：「觀、示也。」

指者、郝云：「手之示也。」仲尼燕居云：「治國其如指諸掌而已乎、」中庸云：「治國其如示諸掌乎、」是指即示也。

爾雅學

觀指示也〇釋曰　注疏本刪。

注國語曰且觀之兵者　注疏本刪注字。

校勘記

左傳釋文云觀舊音官。讀爾雅者皆官奐翻。施音館、謝音官。案此字去聲施上聲、謝平聲竝非。

音略

觀指示也　館官

孫偘直音

示　侍

干氏音釋

若惠順也

若惠順也。詩曰惠然肯來。

郭注

爾雅詁林　二　釋言

若惠順也　釋曰順、不逆也。書曰若稽古、謂順考古道也。詩邶風終風云惠然肯來、言有順心然後可來是也。

邢疏

若惠順也

郭璞云、詩曰惠然肯來。

肯口等反。

陸音義

一切注音

若惠順也

郭璞曰、詩曰惠然肯來。

古注合存

若惠順也。此釋若惠爲順之義也。

若惠順也 **註** 詩曰惠然肯來 **正義** 釋詁云順、敘也。釋名云順、循也。循其理也。堯典云欽若昊天、史記作敬順昊天。舜典云亮采惠疇。禮運云、長惠幼順。**註** 詩曰至肯來。○ **正義** 邶風終風文。

注疏參義

正義

若惠順也 詩曰惠然肯來

順者、釋詁云敘也、緒也、陳也。義皆相成。順者、不逆也。故釋名云順、循也。循其理也。逆理爲凶、順理爲從。故特牲饋食記注順、從也。順從也。順從與慈愛義近、故謚法云慈和徧服曰順。孟子注云順、愛也。通作循。大射儀云以柍順左右隈、鄭注今文順爲循。又通作愼。禮器云順之至也、釋文順、亦作愼。易繫辭云愼斯術也、釋文愼、一本作順。皆其證矣。若者、釋詁云善也。善者、和順於道德、故又訓順。詩烝民及閟宮傳、禮曾子問及禮器注並云若、順也。書之欽若及疇咨若時、史記五帝紀若俱作順。通作如。有司徹注、今文若爲如。按如若皆相似之言。說文如从隨也。从隨即順、亦其義也。惠者、釋詁云愛也。惠訓愛與順訓愛同。表記云節以壹惠、鄭注惠猶善也。惠訓善與若訓善又同矣。詩終溫且惠、維此惠君、傳箋並云惠、順也。

義疏

若惠順也 郭注、詩曰惠然肯來。若右一字。右助故若順也。書疇若、史記或作順或作馴。

惠、上云愛。順、上云敘。

集解

若惠順也

若、擇菜也。从艸右會意。右、手也。正字爲順。順若雙聲。書堯典欽若昊天、史記作敬順。疇咨若時登庸、史記作誰可順此事。詩烝民天子是若、箋若、順也。閟宮魯侯是若、傳若、順也。禮記曾子問若義也、左宣三傳不逢不若、注均云若、順也。孟子梁惠王以若所爲求若所欲、告子乃若其情、趙注若、順也。前漢書楊雄傳欽若神明者、師古曰若、順也。墨子耕柱是使翁難乙卜於白若之龜、荀子王霸出若入若、文選魯靈光殿賦粵若稽古帝漢祖宗、注均云若、順也。書洪範于帝其訓、史記宋世家作順。五帝紀能明馴德、索隱、史記馴字、徐廣皆讀曰訓。訓、順也。廣雅釋詁揗、順也。說文作循、云行順也。以訓馴揗循爲之。惠、仁也、从心从叀會意。引申爲愛也順也。說文則以娓爲之。書堯典亮采惠疇、僞傳惠、順也。詩燕燕終溫且惠、終風惠然肯來、傳均云惠、順也。楚茨孔惠孔時、桑柔維此惠君、抑惠于朋友、思齊惠於宗公、箋均云惠、順也。晉語而宣惠於教也、注惠、順也。前漢書司馬相如傳義征不惠、今本作譓、文穎曰譓、順也。文選魏都賦荊南懷惠、注惠、順也。順、理也、謂人面文理之順也。从頁从川、川亦聲。

義證

若惠順也

若者、小雅大田曾孫是若、大雅烝民天子是若、魯頌閟宮魯侯是若、箋並云若、順也。　惠者、邶風燕燕終溫且惠、小雅楚茨孔惠孔時、大雅抑惠于朋友、桑柔維此惠君、思齊惠于宗公、傳箋並云惠、順也。雲漢曷惠其寧、箋云當何順我之求、令我心安乎。周頌維天之命駿惠我文王、箋云以大順我文王之意。竝以惠爲順也。其餘見諸詩者非一。

說詩

若惠順也俱詳釋詁。堯典欽若昊天、史記作敬順昊天。舜典亮采惠疇、傳惠、順也。

啓蒙

若、惠、順也。

釋名曰：「順、循也、循其理也；」釋詁以順爲敍、亦循理之意。大射儀鄭注云：「今文順爲循、」禮器釋文「順亦作愼、」是順古通循、通愼。

若者、堯典「欽若順天、」史記作「敬順昊天；」詩烝民傳、禮曾子問注、竝訓若爲順。有司徹注云：「今文若爲如、」是如若字、古相通。

惠者、詩「惠然肯來、」「終溫且惠、」傳竝訓順。表記鄭注云：「惠猶善也、」善與順義通、釋詁「若、善也、」本篇則訓若爲順；與惠同意。

爾雅學

若惠順也〇釋曰 注疏本刪。

校勘記

惠然肯然 監本毛本湘本下然字作來是。此誤。

注疏校勘札記

敖憮傲也

敖憮傲也 禮記曰無憮無傲。傲慢也。

郭注

敖撫傲也 釋曰皆謂傲慢。周頌絲衣云不吳不傲。注禮記曰無憮無傲者、投壺文也。案彼云、令弟子辭曰、毋憮毋敖、毋偝立毋踰言、偝立踰言有常爵是也。

邢疏

憮傲也

憮火孤反。釋文

郭音義

憮傲也以下釋言

憮亡甫反。釋文

沈集注

黃輯古義

敖憮大孤反

郭音義

敖憮傲也

憮亡甫反釋文

沈集注

玉函山房輯佚

敖憮傲也石經憮作憮。

郭璞云、禮記曰無憮無敖。傲、慢也。

一切注音

憮傲也郭大孤反。釋文

古注斠

敖五刀反。憮郭火孤反。沈亡甫反。傲也五報反。

陸音義

敖憮〇邢本作憮、謼。

音義攷證

敖憮傲也敖、周頌云不吳不敖。憮、禮記云無憮無傲。

鄭樵注

敖憮傲也憮、郭大孤反。

郭璞曰、禮記曰無憮無敖。傲、慢也。

鄭樵曰敖、周頌云不吳不敖。憮、禮記云無憮無傲。

古注合存

敖憮傲也 敖去聲。憮音武。〇此釋敖憮爲傲之義也。註曰記投壺云、無憮無敖。

注疏參義

敖憮傲也 **註** 禮記曰無憮無敖傲慢也 **正義** 說文云傲、倨也。倨、不遜也。小雅桑扈云彼交匪敖、漢書五行志引作匪儌匪傲。巧言云昊天太憮、鄭箋、王甚傲慢。石經憮作憮、古字通。**註** 禮記至慢也。〇 **正義** 無憮無敖、投壺文。傲訓爲慢者、釋名云慢、漫也。漫漫無所限也。

正義

敖憮傲也禮記曰無憮無傲慢也

敖者、說文云倨也。倨、不遜也。廣雅云傲、傷也。傷、慢亦倨傲也。通作敖。詩彼交匪敖、漢書五行志作匪儌匪傲。又通作奡。說文云奡、嫚也。引虞書曰若丹朱奡。漢書劉向傳作毋若丹朱敖、今書作無若丹朱傲。敖者、說文云出游也、从出从放。按出外放游皆無拘檢之意、故又訓傲。釋詁云謔浪笑敖、戲謔也、舍人注敖、意

爾雅詁林　二　釋言

舒也。詩鹿鳴傳敖、遊也。廣雅云敖、戲也。戲遊舒放俱與傲慢義近。重文亦然。故釋訓云敖敖傲也。俗作遨。詩以敖以遊、釋文敖本亦作遨。莊子列禦寇篇釋文同。幠者、釋詁云大也、有也、皆與傲慢義近、故又訓傲。禮投壺云毋幠毋敖、鄭注幠敖慢也。通作憮。詩亂如此憮、箋憮敖也。甚敖慢無法度也。又通作荒。荒怠亦傲慢、故謚法云好樂怠政曰荒。餘詳釋詁。

義疏

敖憮傲也 郭注、禮記曰無憮無傲。傲、慢也。敖傲一字。上云謔也。憮、上云幠、有也。字又作荒。詩、亂如此憮。又好樂無荒。語、夫子憮然。今記或作無憮、此亦作憮、非。

集解

敖幠傲也 敖、出遊也、从出从放會意。正字為傲。傲敖疊韵。漢書劉向傳毋若丹朱敖、書作無若丹朱傲。尹翁歸傳功曹以為此吏倨敖不恭、師古曰敖讀曰傲。詩桑扈彼交匪敖、漢書五行志亦作匪傲匪傲。幠、覆也、从巾無聲。正字為侮。侮、傷也。引申為輕也傲也。侮幠通用字。詩巧言亂如此幠、箋幠傲也。禮記投壺毋幠毋傲、注幠敖慢也。傲、倨也、从人敖聲。與嫯微別。

義證

敖幠傲也

注禮記曰無幠無敖傲慢也 補正 邢疏周頌不吳不敖。

郭注補正

憮傲也。開成石經作幠。按釋詁幠、大也。正作幠。然詩亂如此憮、毛傳訓大、鄭箋訓傲、毛用釋詁、鄭用釋言、是兩字互通無殊義。

錢氏古義

敖幠傲也

禮記曰無幠無敖傲慢也

明注疏本作無憮無敖、非。

郭注佚存補訂

敖憮傲也

敖者、邶風終風謔浪笑敖、毛傳云言戲謔不敬。不敬卽傲也。小雅桑扈彼交匪敖、鄭箋云賢者居處恭、執事敬、與人交必以禮。漢書五行志引作匪傲、蓋同字也。說文敖、出遊也。卽遨之正字。小雅鹿鳴嘉賓式燕以敖、王風君子陽陽右招我由敖、毛傳竝云敖、遊也。邶風柏舟以敖以遊、皆謂遊戲、與敖義相近。

幠與憮通。監本毛本閩本作憮、唐石經作幠。小雅巧言亂如此憮、昊天泰憮、鄭箋云憮、敖也。釋詁云幠、大也。傲者、自大之義也。

說詩

敖憮傲也 幠、釋文從巾旁作、註禮記無幠、同。 音敖五刀切 刀誤報。

注疏正字

敖幠傲也 幠、石經初刻从心、後摩改从巾。案詩小雅巧言亂如此幠、箋訓傲。釋文从巾。禮投壺毋幠毋傲、釋文从心。兩通。

匡名

敖憮傲也 說文傲、倨也。小雅匪交匪敖、漢書引作匪徼匪傲。投壺、無憮無敖。

啓蒙

敖、傲也。 敖傲同字並見、以正釋叚。

黃侃音訓

敖、幠、傲也。

說文人部云：「傲、倨也；倨、不遜也。」女部又有嫯字云：「侮傷也、」義亦相近。

敖、本敖游字、說文放部云：「敖、出游也、从出放、」此取放浪之意；

後人借爲倨傲字。小雅桑扈云：「彼交匪敖、」漢書五行志作匪傲、是詩川假借字也。書「無若丹朱傲、」漢書劉向傳作敖；說文引書作奡；是敖奡二字、皆借用爲傲也。

憮、唐石經如此作。禮投壺云：「毋憮毋敖、」鄭注云：「憮、敖慢也、」或引作憮、作撫者、阮氏校勘記以爲皆非。釋詁「憮、大也、」大與傲相因。泰誓顧氏說：「泰者、大之極也、」而論語「今拜乎上、泰也、」則泰又以爲驕矜矣。荒、大也、而謚法云：「好樂怠政曰荒、」則荒又爲荒怠矣；此竝足爲憮字訓傲之例。

爾雅學

敖憮傲也

監本作敖憮。今从經典釋文唐石經。

石經考文提要

憮釋文唐石經雪牕本元本同。單疏本作撫。閩本監本毛本作憮。皆誤。

無憮無敖單疏本雪牕本同。注疏本作無憮無敖。非。疏引投壺作無撫無敖。亦誤。

敖撫傲也○釋曰　注疏本刪。

校勘記

敖憮傲也。釋文傲、五報反。今本傚誤作敖。按敖自爲五刀反。不得爲五報也。

注疏本正誤

傲五報切憮好吾切　監本同。毛本湘本傲作敖。案此經敖字釋音也。若作傲則釋音當在憮下不當在憮上。宜从毛本。

注疏校勘札記

憮石經从巾、今本从心非。郭火孤翻、音呼。沈亡甫翻、音武。案从巾者訓大訓傲、竝音呼。从心者同憮前見及憮然之憮、竝音武。此从巾訓傲。沈音武非。

音略

遬　呼

孫侶直音

敖、憮、傲

直音校正

敖、憮平聲呼、傲也

楊氏音訓

敖去聲憮武傲

于氏音釋

敖魚到切

幼鞠稚也

郭注

幼、鞠、稚也。書曰不念鞠子哀。

邢疏

幼鞠離也　釋曰方言云稚、年小也。曲禮曰幼子常視無誑。書曰兄亦不念鞠子哀。是皆謂年小也。書曰者、周書康誥文也。

郭音義

鞠稺也

鞠、一作毓。詩鴟鴞正義引郭璞曰

眾家注

鞠稺也

詩鴟鴞正義引爾雅作鬻、稚也。

黃輯古義

鞠稺也詩正義八之二引釋言作育、稚也。郭璞曰一作毓、未詳是誰氏本。廣雅釋言毓、稚也。

稺原再也釋文原、舍人本作[illegible]。

漢注

幼鞠稺也石經稺作稚

郭璞云書曰不念鞠子哀　郭璞音義云鞠亦作毓

詩正義八之二卷

一切注音

鞠稺也郭璞曰鞠、一作毓。詩鴟鴞正義

古注斠

蕙心案、詩鴟鴞正義引爾雅曰鬻、稚。又引郭璞曰鞠、一作毓。此蓋郭氏音義。鬻毓鞠古字通。

陸音義

稺也直利反、又作稚。

爾雅詁林　二　釋言

幼鞠稚也

幼、稚之名。鞠、稚之事。

新義

幼鞠稚也 康誥云、兄亦不念鞠子哀。

鄭樵注

幼鞠稺也 稺、鄭本作稚。

郭璞曰、書曰不念鞠子哀。

鄭樵曰、康誥云兄亦不念鞠子哀。

古注合存

幼鞠稚也。此釋幼鞠爲養之義也。疏曰書康誥云、兄亦不念鞠子哀。愚按鞠育養也。幼者宜鞠養、故爲稚義。

注疏參義

幼鞠稺也 註 書曰不念鞠子哀 正義 方言云稺、年小也。說文云幼、少也。曲禮云、十年曰幼。鞠通作鬻。豳風鬻子之閔斯、毛傳鬻、稚也。詩疏引郭氏音義云鞠、一作毓。石經稺作稚。註 書曰至子哀。正義 周書康誥云、兄亦不念鞠子哀。

正義

幼鞠稺也 詩昔育恐育鞠、疏云、育得兩訓、故釋爲稺、釋詁爲長。是鞠字本亦作育。

校議

幼鞠稺也 書曰不念鞠子哀

說文云稺、幼禾也。方言云稺、小也。稺、年小也。通作稚。方言注稺、古稚字。五經文字云稺、字林作稚。詩稙稺菽麥、說文作稙稚尗麥。幼者、說文云少也。釋名云、言生日少也。曲禮云人生十年曰幼。按十年者、舉成數、實則十五以前通曰幼。故喪服傳注子幼、謂年十五已下。管子幼官篇注幼、始也。始、稺義亦近也。鞠者、毓之叚音也。說文毓同育、云養子使作善也。是育訓養、與稺義近。故詩谷育恐育鞠、鄭箋谷育、育稚也。廣雅云毓、稺也。通作鬻。詩鬻子之閔斯、傳鬻、稚也。文選洞簫賦注鬻、育古字同。又鬻通作鞠。鞠者、下文云生也。生、養義近。故詩鴟鴞正義引爾雅作鬻、稚也。而云郭璞曰鞠、一作毓。證知爾雅古本作毓稚、所引葢郭音義之文也。毓、鬻、鞠俱聲義近而字亦通。又通作粥、卽鬻字之省。

義疏

幼鞠稺也 鞠、一作毓。

幼、从幺、象子初生。記、生十年曰幼。鞠、上云盈、此通作毓。育或从毎、充古文太、則毓卽古文育也。稺、今作稚、幼禾也。說文屖从辛尸、遲从辵屖、或从辵尸、辵屖、今以爲當从屖。屖、水牛行遲、夨以爲遲待、遲禾之稱、因遲禾又爲幼稺耳。詩書育子、夨作鬻子、字通作孺冑也。

集解

幼鞠稚也 幼、小也、从幺从力會意。引申爲少也稚也。禮記曲禮、人生十年曰幼。儀禮喪服傳子幼、注謂年十五以下。劉攽注漢書禮樂志曰桐、幼稚也。故年幼之桐子亦偁爲稚子。文選閒居賦兒童稚齒、注引爾雅曰幼、稚也。鞠、蹋鞠也、从革匊聲。毛丸可蹴戲者、今謂之毬。日本戲臺小兒立於毬上蹋以爲戲。正字爲育。育養子使作善也。引申爲養也稚也。書教育子、史記作稺子是也。育鞠通用字。書康誥兄亦不念鞠子哀、僞傳訓稚。金縢公將不利于孺子、僞傳孺稚也。禮記檀弓孺子其圖之、注孺、穉也。詩鴟鴞鬻子之閔斯、傳鬻、稚也。廣雅釋言毓、稚也。以孺鬻或毓爲之。稚字本作穉、幼禾也、从禾屖聲。引申爲年少之偁。

義證

幼鞠稺也 漢石經稺作稚。

註 書曰不念鞠子哀 補正 邢疏方言云稺、年小也。

郭注補正

幼鞠稺也

書曰不念鞠子哀 鞠一作毓

詩鴟鴞正義引釋言鬻、稚也。郭璞曰鞠、一作毓。今本脫此四字、據補。

郭注佚存補訂

幼鞠稺也

鞠、通作毓。毓與育鬻音義皆同。邶風谷風昔育恐育鞫鄭箋云昔育育稚也。鞫者、鞠之假借。豳風鳲鳩鬻子之閔斯、毛傳云鬻稚也。案正義引釋言云鬻稚也。是孔所見爾雅本作鬻故傳本此爲訓。又引郭璞曰鞠一作毓。鬻毓通字。廣雅云毓、稚也。廣雅多釋三家詩義、蓋古文作鬻今文作毓也。

說詩

幼鞠稺也案、詩鳲鳩疏引郭注云鞠、一作毓。

注疏正字

幼鞠稺也　詩邶風谷風昔育恐育鞫、箋育稚也。正義云以育得爾訓、故釋言爲稚、釋詁爲長。又豳風鳲鳩鬻子之閔斯、傳鬻稚也。正義曰釋言云鬻稚也。郭璞曰鞠一作毓。是鬻爲稚也。元照案、鬻鞠皆通借字。　稺、石經作稚、俗體。

匡名

幼鞠稺也　說文稺、幼禾也。引伸爲凡幼之稱。　㓜、少也。从幺力。曲禮、十年曰幼。　康誥不念鞠子哀、傳鞠、稺也。

啓蒙

愈龠然也　豫臚叙也　敖憮傲也　幼鞠稺也

釋文龠、古荅字、一本作荅。釋言釋文　儀禮注、今文豫爲序。鄉射禮注釋文作敖憮。釋言釋文石經爾雅同　毛詩傳作鬻稚也。鳲鳩詩傳　詩正義引郭氏音義鞠、一作毓。鳲鳩詩正義　唐石經作稚也。石經爾雅

證異

鞠稚也

錦燧謹案、鞫乃毓之假借字、毓卽育之重文。說文育、从肉聲、鞠从匊聲、據段書同第三部。古多通假、且古本爾雅卽有作鞫者、詩鳲鳩正義引郭璞曰鞠、一作毓。則景純所見本有作毓者矣。下文之鞠生也、以及書鞠人謀人之保居、詩母兮鞠我、皆毓之假也。或又以鬻爲之、詩鬻子之閔斯、毛傳鬻、稚也。其本字亦當作毓。

陸錦燧日記

幼、鞠、稺也。

說文禾部云：「稺、幼禾也；」引伸爲凡幼之稱。方言「稺、年小也；」郭注「稺、古稚字、」故稚爲晉時所用字。魯頌毛傳謂「先種曰稙、後種曰稺；」釋名云：「靑徐人謂長婦曰稙長；」年幼者稱稺、故年長者稱稙也。幼、說文「少也。」曲禮「人生十年曰幼、」喪服傳注云：「子幼、謂年十五以下、」是未壯者、皆稱幼子、故幼爲稺也。

鞠者、詩鳲鳩正義引爾雅作「鬻、稚也；」「鬻子之閔斯、」傳云：「鬻、稚也；」是爾雅古本鞠、或作鬻、毛訓爲稚、正用雅義也。邶風谷風箋云：「昔育、育稚也。」文選洞簫賦注云：「鬻、育、古字同；」是鬻卽育、謂育稚也、由育稚之義、乃引伸爲稚。是以說文毓同育．而廣雅則云：「毓、稚也、」亦卽毓之引伸義也。鬻亦作粥、省文也；鳲鳩正義又引郭璞云：「鞠一作毓；」知鞠、育、毓、鬻、粥、古皆通字也。

爾雅學

幼鞠稚也唐石經、單疏本、雪牕本、元本同。閩本、監本、毛本稚改稺。疏中同。釋文稺、又作稚。按釋文稺親、稺婦、釋文亦作稺、云又作稚。

幼鞠稚也〇釋曰注疏本刪。

是皆謂年小也注疏本小改少。

校勘記

幼、鞠、稺也。持稚

孫偘直音

稺直利切

幹氏音釋

爾雅詁林　二　釋言

逸僁過也

逸、僁過也。書曰汝則有逸罰。

郭注

逸僁過也　釋曰、皆謂咎過也。注云書曰汝則有逸罰者、案商書盤庚云、惟予一人有佚罰。費誓云、汝則有常刑。書云汝則有逸罰者、師讀不同故也。或者其在今文乎。僁者、左傳曰禮義不僁之類是也。

邢疏

逸僁過也

郭璞云、書曰汝則有逸罰。

一切注音

僁去虔反。

陸音義

逸僁過也

逸、行之過。僁、言之過。

新義

逸僁過也。逸、縱逸也。

亦通作佚。

鄭樵注

逸僁過也

郭璞曰書曰汝則有逸罰。

鄭樵曰逸縱逸也。亦通作佚。

古注合存

逸僁過也。僁、愆同。○此釋逸僁爲過之義也。疏曰、書盤庚云、惟予一人有佚罰。逸謂失也。左傳云禮義不僁。

注疏參義

逸僁過也**註**書曰汝則有逸罰**正義**言過失也。說文云、逸、失也。愆、過也。酒誥云、不惟自息乃逸。牧誓云、不愆於六步七步、史記作不過六步七步。左氏哀十六年傳云、失所爲愆。**註**書曰至逸罰。○**正義**舊疏引書盤庚云、惟予一人有佚罰。費誓云、汝則有常刑。無云汝則有逸罰者、師讀不同故也。僁與愆同。大雅抑云不愆于儀、緇衣引作不僁于儀。

正義

逸僁過也　僁與愆同。

校議

逸僁過也書曰汝則有逸罰

過者、說文云度也。玉篇云越也。因度越之義、又爲失、因失之義又爲誤也謬也、皆展轉相生。爾雅此義則主於謬失也。逸者、說文云失也。失兼縱也放也逃也亾也諸義而俱名爲過、故周語引書盤庚曰國之不臧、則惟余一人是有逸罰、韋昭注逸過也。文選答盧諶詩云逸珠盈椀、李善注逸謂過於衆類。通作佚、公羊宣十二年傳令之還師而佚晉寇、何休注佚猶過。說文云佚、佚民也。論語微子篇作逸民。又夷逸漢石經作夷佚。又通作軼、廣雅云軼過也。一切經音義九云逸、古文軼同。又通作泆。書誕淫厥泆、史記魯世家作誕淫厥佚。集解引馬融注、紂大淫樂其逸。書淫泆于匪彝、釋文泆、又作逸、亦作佚。又通作佾。書大淫泆有辭、釋文泆、又作佾、馬本作屑、云過也。按屑从㑹聲、與逸音近、今屑作屑、音私列切、其音遠矣。又通作淫。淫訓過度。文選七發注引爾雅作淫、過也。淫逸聲相轉也。僁者、籀文愆字、說文愆過也。經典愆僁通用、故詩不愆于儀、禮緇衣作不僁于儀。又岷蕩釋文竝云愆本又作僁。又通作遞。說文遞、過也。又通作寒。說文愆、或从寒省。謚法云寒、過也。詩不愆不忘、春秋繁露作不騫不忘。疑騫即寒字耳。又通作僁。文選贈士孫文始詩注引詩作不僁不忘。後漢書馬防傳注僁、過也。一切經音義三云僁、古文寒、遞二形。玉篇云僁同寒、俗。

義疏

逸（佚泆）僁過也

郭注、書曰女則有逸罰。逸、从兔辵、今文書皆佁佚、或佁勃、从失、手持而乙厺之、因爲放逸之詞、又爲逸樂也。僁當佁愆。衍水、行、朝宗、因爲衍溢。與泆同意、籀文加言、於侃。侃、从川信、以信爲僁、專爲言之過矣。書、無敎逸猶。易、歸妹愆期。過、从咼。咼、口不正。因爲經過之詞。

集解

逸諐過也

逸、失也，从辵兔會意。兔謾訑善逃也。與奪同意。正字為佚，實為失。荀子哀公，其馬將失，廣雅釋言逸，失也。以失為逸也。失，縱也。引申為過，謂放縱而有過失也。失佚逸通用字。書盤庚予亦拙謀，作乃逸，僞傳逸過也。周語引書則惟余一人是有逸罰，韋注逸，過也。書多士誕淫厥泆，史記作誕淫厥佚，集解引馬融注，紂大淫樂其逸。大淫泆有辭，釋文泆，又作佾，馬本作屑，云過也。小爾雅同。公羊莊二十二傳肆若何，跌也，注過度也。文選思玄賦瀾漫麗靡貌以迭逷，注迭，過也。以泆佾屑跌迭為之。諐、愆之籀文。愆，心過也。从心衍聲。書牧誓不愆于六步七步，史記作不過。詩楚茨式禮莫愆，箋愆，過也。氓匪我愆期，傳愆，過也。抑不愆于儀，禮記緇衣引作諐，注過也。楚詞哀郢何百姓之震愆，注愆，過也。文選長門賦數昔日之諐殃，盧子諒覽古詩負荆謝厥諐，注均云諐，過也。詩假樂不愆不忘，春秋繁露引作騫，箋愆，過。荀子正名永思騫兮，注騫咎也。文選劉越石扶風歌惟昔李騫期，注過也。贈士孫文始詩注引詩不愆作不僁。後漢書馬防傳注僁，過也。說文遇，過也。愆或从塞省。謚法塞過也。以騫僁遇寒為之。過，度也。引申為誤也，失也。

義證

逸諐過也

【注】書曰汝則有逸罰【補正】邢疏，書無汝則有逸罰，或者其在今文乎。左傳曰禮義之不諐。

郭注補正

逸過也　注書曰汝則有逸罰

諍曰，邢疏引書盤庚云惟予一人有佚罰，費誓云，汝則有常刑，無云汝則有逸罰者，師讀不同也。按師讀不同，不過句讀異，讀此直誤合兩文為一。疏曲全之，蓋例不駁注故也。惟逸與佚通，周語引書盤庚曰，國之不臧，則惟余一人是有逸罰，韋昭注逸過也，義自不誤。

靜郭

逸諐過也

說文云逸，失也。失即過也。安逸淫逸必有過失。小雅十月之交民莫不逸，我不敢傚我友自逸，所謂安逸淫逸之過也。白駒逸豫無期，傳云爾公爾侯何為逸樂無期以反也。逸樂無期即過矣。諐者，說文云愆，過也。或作寒，籀文作諐。字亦作僁。小雅楚茨式禮莫愆，大雅假樂不愆不忘，抑不遐有愆，不愆于儀，蕩即愆爾止，箋皆以愆為過。禮記緇衣引詩作不諐於儀，文選贈士孫文始詩注引詩作不僁不忘。

說詩

逸諐節疏禮義不僁　僁，左傳作愆。

注疏正字

諐

通作愆。詩大雅抑不愆于儀，禮記緇衣引作不諐于儀，鄭注諐，過也。

小箋

逸諐過也　說文心部愆，過也。从心衍聲。大禹謨正義云，籀文作諐。

諐又辵部𨒪，過也。从辵侃聲。

匡名

逸諐音愆過也　說文過，度也。註引伸為有過之過。逸，失也。註本義亡逸也。引伸之為逸游為暇逸。盤庚汝則有逸罰，註逸，過也。愆，過也。或作寒。籀作諐。此為有過之過。𨒪，過也。本義為經過之過。然其義相引伸也。牧誓不愆於六步七步，史記作不過於六步七步。

啓蒙

逸、𠎝、過也。

說文辵部云：「過、度也、」玉篇「過、越也；」由度越引伸為失誤之義。故古讀過、不分平去。

逸、說文「失也、」失兼縱放、逃亾、遺失、過誤、逾越諸義、故爾雅訓過。周語引盤庚云：「國之不臧、則惟余一人是有逸罰、」韋注云：「逸、過也、」此過誤義也。逸與佚、軼、泆、竝通、眾經音義云：「逸、古文軼、同、」

爾雅詁林　二　釋言

」是逸軼古今字也。說文佚民、論語作逸民；書釋文云：「泆、又作逸、」是通佚泆也。

𠎝、說文心部云：「愆、過也；寋、或从寒省；𠎝、籒文。」籒文作𠎝者、段云：「過在多言、故从言也。」詩「不愆於儀、」緇衣作「不𠎝、」禮與爾雅同用籒文字也。左氏哀十年傳云：「失所爲愆、」故𠎝訓過。謚法云：「寋、過也、」此用愆之或體、與爾雅義同。

爾雅學

逸𠎝過也〇釋曰皆謂咎過也注云注疏本但存皆謂咎過也五字。

校勘記

十一下（二四）

四行𠎝過也〇唐寫本「𠎝」作「愆」。案：《說文》「愆」籒文作「𠎝」。「愆」「𠎝」一詞，字形不同。

宋監本校箋

逸𠎝音愆過也

音圖·音

愆

逸𠎝過也。

孫偘直音

逸𠎝同愆過也

楊氏音訓

𠎝 愆

干氏音釋

疑休戾也

疑休、戾也。戾止也。疑者亦止。

郭注

疑休戾也 釋曰戾止也。書曰疑謀勿成。月令云百工休、是疑休皆爲也。

邢疏

疑休戾也

郭璞云戾、止也。疑者亦止。

一切注音

戾 力細反。

陸音義

疑休戾也

疑固宜止也、美矣亦宜止也。

新義

疑休戾也 書云、疑謀勿成。月令云百工休戾止也。

鄭樵注

疑休戾也

郭璞曰戾、止也。疑者亦止。

鄭樵曰書云疑謀勿成。月令云百工休戾止也。

古注合存

疑休戾也。此釋疑休爲戾之義也。註曰戾、止也。疏曰、月令云、百工休、是爲止也。愚按疑當讀魚乞切、音屹、詩桑柔云、靡所止疑、是也。舊讀如字、引書疑謀勿成爲証、而謂疑者亦止、其釋非是。

注疏參義

疑、當讀魚乙切、音屹、詩桑柔靡所止疑是也。舊讀如字、引書疑謀勿成爲証、而謂疑者亦止、其釋非是。姜上均說

補注

疑休戾也註戾止也疑者亦止者、正義 釋詁云戾、止也。疑、鄉射禮云賓升西階上疑立、鄭註疑、止也。大雅桑柔云靡所止疑、鄭箋無有止息時。休者、說文云休息止也。月令云、毋休于都。

疑休戾也 士昏禮云婦疑立於席西、鄭注云疑、止立、自定之貌。鄉飲酒禮云賓升西階上疑立、注疑讀爲仡然从于趙盾之仡、仡音魚乞反。

正義

校議

疑休戾也 戾止也疑者亦止

戾者、釋詁云止也。止亦定、故詩傳竝云戾、定也。已詳釋詁。疑者、𠤕之假借也。說文𠤕、未定也。𠤕衍經典俱借作疑。詩靡所止疑、傳疑、定也。鄉射禮注疑、止也。士昏禮云婦疑立于席西、注疑、止跉、跉作立、自定之貌。是疑俱兼止定二義。儀禮凡疑立言其音讀則鄉飲酒禮注疑、讀如仡然從於趙盾之仡。是疑、鄭讀爲仡。儀禮釋文竝云疑魚乙反。此音是也。爾雅釋文無音、蓋讀如字、非矣。此不知疑乃叚借耳。休者、釋詁云息也。息亦止。詩民勞傳休、定也。定即戾矣。

義疏

爾雅詁林　二　釋言

疑　經文

郝云、疑者、𠤕之假借也、說文云𠤕、未定也。未字蓋衍 經典俱借作疑。鄉射禮注疑、止也。其音讀則鄉飲酒禮注疑、讀如仡、然從於趙盾之仡。儀禮釋文竝云疑、魚乙反。此音是也。爾雅釋文無音、蓋讀如字、非矣。　按疑𠤕義別、學者識疑不識𠤕、故經典𠤕通作疑。說文本有疑𠤕二字也。郝云疑者𠤕之假借、亦非。

經注集證

疑休戾也　郭注戾、止也。疑者亦止。上云貳、疑。休、息。戾、止。此明其同也。禮、賓西階上疑立。詩役車其休。

集解

疑休戾也　疑、惑也、从子止𠤕聲。引申爲戾、謂事有所惑而戾止也。儀禮士昏婦疑立于席西、鄉射禮賓升西階上疑立、注均云疑、止也。荀子解蔽而無疑止之、注疑、止。謂有所不爲也。鄉飲酒注疑讀如仡然從於趙盾之仡。仡亦止也。以仡爲之。或者正字爲礙。與休、息止也、从人依木會意。或又从广作庥。戾也者、謂休止也。詩民勞汔可小休、箋止息也。呂覽觀表未嘗休也、注休、止也。戾、曲也、从犬出戶、下身曲戾也、會意。正字爲逮。逮、臨也。引申爲至也待也止也。

義證

疑休戾也

〔註〕戾止也疑者亦止〔補正〕邢疏書疑謀勿成。月令百工休。是疑休皆爲止也。

郭注補正

疑休戾也

釋詁云戾、止也。疑者、大雅桑柔靡所止疑、毛傳云疑、定也。鄭箋云無有止息時。　休、常義也、周南漢廣不可休息、箋云就而止息。小雅民勞汔可小休、傳云休、定也。箋云休、止息也。瞻卬休其蠶織、傳云休、息也。止息即戾也。

說詩

疑休戾也

疑、當作𠤕。大雅桑柔靡所止疑、傳疑、定也。儀禮鄉射禮云賓升西階上疑立、鄭注疑、止也。賈疏鄉飲酒注、疑讀爲疑然从于趙盾之疑、疑正立、自定之皃。考說文疑惑之疑从子止匕矢聲、訓惑也。𠤕定之𠤕从匕𢍏聲、訓未定也。予謂未定、定也。與有訓不宜有同例。二字本可通叚、今則疑行而𠤕廢矣。詩正義曰、疑音凝。凝者、安靖之義、故爲定也。釋文凝爲冰之俗字、此乃不明古訓不識古字、強作解事耳。

小箋

疑、戾也。　詩雨無正靡所止戾、桑柔靡所止疑、句例同、比知疑訓戾。

休、戾也。　休訓戾、戾即止也、止善義近、故休又訓善。

黃侃音訓

疑休戾也　釋詁戾、止也。大雅靡所止疑、箋疑、止也。月令毋休於都、註休、止也。

啓蒙

疑戾也

錦燧謹案、疑乃凝之假借字。中庸苟不至德至道不凝焉、釋文凝本又作疑。是凝疑二字通用之證。凝即冰字、說文云冰堅也、从仌从水、俗从仌从疑。竊謂凝疑一聲之轉、是凝亦疑亦聲。凝訓冰堅、引申之則有堅止不動義。廣雅釋詁四云凝、定也。書皋陶謨庶績其凝、馬注云定也。楚辭憂苦折銳摧矜凝泆濫兮、李注云凝、止也。荀子王制好假道人而無所凝止也、注云凝止、謂定止其不可也。戾亦訓定訓止、其義皆相蒙。然則詩靡所止疑毛傳云疑定也。與雅訓義合、雅訓卽釋此句。儀禮公食禮賓立於階西疑立鄭注云正立也自定之貌。士昏禮婦疑立於席西、鄭注云正立自定之貌。鄉射禮賓升西階上疑立、鄭注云止也。皆當爲凝之假借。

陸錦燧日記

𠘧、休、戾也。

釋詁「戾、止也；」詩傳多云：「戾、定也；」葢止定義相成。故節南山「亂靡有定、」傳亦訓定爲止、休、說文訓止、民勞傳訓定也。𠘧、說義七部云：「𠘧、从匕、吴聲、吴、古文矢字。」其字當釋之曰：「𠘧、定也、」今說文作「未定、」段云：「未、衍字、」是也。大雅桑柔「靡所止疑、」傳云：「疑、定也、」箋云：「無有止息時。」大雅經傳之疑、必與爾雅之「𠘧、戾也、」同作𠘧、不作疑。既作𠘧、是本字也、故爾雅之郭注陸氏釋文、及詩之傳箋、皆直釋其義、不釋音讀；其故固不難知也。然則今本爾雅之作疑、大雅之作疑、皆後人所改、郭陸所見之爾雅、毛鄭所見之大雅、尚未誤也。儀禮士昏禮「婦疑立於席西、」注云：「疑止、（逗。郝云止、今作正、誤。）立、自定之貌、」鄉飲酒禮注云：「疑、讀如仡然從於趙孟之仡、疑止、立、自定之貌、」儀禮釋文竝云：「疑、魚乙反、」儀禮經注、今分字形字義字音以說之。段玉裁云：「疑字、古音在一部、其字非矢聲；𠘧、从矢聲、古音在十五部。」是疑𠘧二字之音、遠不相涉、無假借通用之理；儀禮經文之疑、必本作𠘧、不作疑；但至鄭時、則已譌寫爲疑、鄭知其非疑、故改讀爲仡、仡卽𠘧之音讀。說文段注歷引毛詩儀禮之文、而說之曰：「已上疑字、卽說文之𠘧字、非說文訓惑之疑、學者識疑不識𠘧、於是經典無𠘧、」是段亦不以詩禮之疑爲正文矣。此字形之宜辨者也。鄭於士昏禮鄉飲酒禮注、疑止二字聯讀、於鄉射禮云：「疑、止也、」止者、卽爾雅戾之訓也。此字義之當知者也。𠘧、大徐語期切、段氏以爲誤、而取魚乙切、是儀禮釋文之音可信矣。此字音之宜知者也。

爾雅學

疑休戾也○釋曰注疏本刪

校勘記

疑者亦止十行本作休休者。

校勘記訂補

疑休戾也。

利

孫佀直音

疾齊壯也

疾齊、壯也。壯、壯事、謂速也。齊亦疾。

郭注

疾齊壯也　釋曰、急疾齊整皆於事敏速彊壯也。

邢疏

齊壯也

詩思齊大任毛傳齊莊也。疏以爲釋言文。

衆家注

疾齊壯也。壯本或作莊。詩思齊傳齊、莊也。正義曰釋言文。

黃輯古義

郭璞云壯壯事、謂速也。齊亦疾。

一切注音

壯阻亮反。

陸音義

疾齊壯也

君子莊敬日强。

新義

疾齊壯也郭云壯、壯事、謂速也。

鄭樵注

疾齊壯也

郭璞曰壯、壯事、謂速也。齊亦疾。

鄭樵曰郭云壯、壯事、謂速也。

疾齊、壯也。此釋疾齊爲壯之義也。疏曰、急速齊整皆强壯於事也。

古注合存

疾齊壯也**註**壯壯事謂速也齊亦疾

正義　釋詁云齊、速、疾也。疾、齊又爲壯力、義相成也。墨子尚賢篇有力者疾以助人。淮南說山訓力貴齊知貴捷、皆與速同義。壯本或作莊。大雅

注疏參義

云思齊太任、毛傳齊、莊也。疏以爲釋言文。內則云進退周旋慎齊、鄭註亦云齊、莊也。

正義

疾齊壯也 壯壯事謂速也齊亦疾

壯者、廣雅云健也。健彊與疾速義近。莊子徐无鬼篇云百工有器械之巧則壯、釋文引李頤注壯、猶疾也。通作莊、莊訓嚴也。嚴有急意、故謚法云、兵甲亟作曰壯。亟猶急也。詩君子偕老釋文、莊本又作壯。荀子非十二子篇注壯、或當爲莊。公羊定八年傳矢箸于莊門、釋文莊、本或作嚴。疾者、釋詁云速疾也。疾有急義、亦有害義、故後漢書傅毅傳注疾、害也。壯有盛義、亦有傷義、故易大壯馬融注壯、傷也。壯訓傷與疾訓害其義又同矣。齊者、釋詁云疾也。故又爲壯。詩思齊大任、傳齊、莊也。正義以爲釋言文。內則云進退周旋慎齊、注亦云齊、莊也。緇衣云心莊則體舒、注莊、齊莊也。謚法云、執心克莊曰齊。是齊有莊義、莊卽壯矣。

義疏

疾齊壯也 郭注壯、壯事、謂速也。齊亦疾。

此釋詩既齊既稷、以疾爲稷也。疾从矢、取疾速爲義。齊亦爲速者、齋肅不敢懈也。壯、經傳皆作莊。易有大壯、大而椿之使不得行也。因以爲莊敬、又以爲壯盛裝飾妝扮資裝也。詩、聖敬日齊。記引之注云齊、莊也。卽用此義。

集解

疾齊壯也 疾、病也急也、从疒矢聲。壯也者、謂疾急而病壯大也。今醫書病大熱亦曰壯熱。詩楚茨既齊既稷、齊稷卽此經齊疾、傳故訓稷爲疾。壯亦疾也。或者正字爲奰與。奰、壯大也。奰疾疊韻。齊、禾麥吐穗上平也、象形。吐穗上平則穀漸壯實。今楚俗呼穀之實者爲壯穀。壯、大也、从士爿聲。經典或以莊爲之。詩思齊大任、傳齊、莊也。禮記內則進退周旋慎齊、注齊莊也。以莊爲壯之借字耳。

義證

疾齊壯也

(註)壯壯事謂速也齊亦疾(補正)邢疏、急速齊整、皆於事敏速彊壯也。

郭注補正

疾齊壯也

壯有二義、一爲壯疾之壯、一爲莊敬之壯。疾者、急也。見方言。大雅召旻昊天疾威、鄭箋云疾、猶急也。齊亦疾也。一見荀子非十二子齊給便利注。小雅小宛人之齊聖、猶史記五帝紀徇齊之齊、鄭注云齊、疾也。謂敏捷也。小雅楚茨既齊既稷、毛傳云稷、疾。則齊亦疾也。猶之既匡既勑、匡勑皆訓正也。釋詁齊、疾也。郭注引詩大雅烝民仲山甫徂齊、當是三家詩、以齊爲疾也。此壯疾之義也。大雅思齊大任、傳云齊、莊也。疏謂釋言文、蓋壯本或作莊也。壯與莊古字通。莊子天下篇不可與莊語、釋文云莊、一本作壯。檀弓柳莊、漢書古今人表作柳壯。召南采蘋有齊季女、傳云齊、莊也。商頌長發聖敬日躋、孔子閒居作聖敬日齊、鄭注云齊、莊也。此莊敬之壯也。

說詩

疾齊壯也

郭曰壯、壯事、謂速也。齊亦疾。邢曰急疾齊整、皆於事敏速彊壯也。邵曰壯本或作莊。大雅云思齊大任、毛傳齊、莊也。疏以爲釋言文。家大人曰、敏速與彊壯不同義、邢合爲一、非也。疾齊壯也者、壯與齊皆疾也。故郭曰壯、壯事、謂速也。齊亦疾。莊子徐無鬼篇百工有器械之巧則壯、李頤注曰壯猶疾也。齊策曰韓子盧者、天下之疾犬也、文選求自試表注、後漢書馮衍傳注、引此並作壯犬、是壯爲疾也。釋詁曰齊、疾也。荀子脩身篇曰、齊給便利。史記五帝紀曰幼而徇齊、集解齊、速也。索隱引尚書大傳曰多聞而齊給、鄭注云齊、疾也。春秋衛世叔齊字疾、是齊爲疾也。齊又爲齊莊之莊。齊莊與整齊義本相通。故祭統曰齊之爲言齊也、齊不齊以致齊者也。莊與壯古字通。鄘風君子偕老箋顏色之莊、釋文曰莊本又作壯。晉語趙簡子問於壯馳茲、舊音曰、壯音莊。檀弓衛有大史曰柳莊、漢書古今人表作柳壯。莊子天下篇不可與莊語、釋文曰莊、一本作壯。史記高祖功臣侯者表壯敬侯許倩、徐廣曰一作莊故一本作莊、大雅思齊正義所引是也。

述聞

疾齊壯也　壯亦作莊。詩大雅思齊思齊大任、傳齊、莊也。正義曰齊、莊、釋言文。

匡名

疾齊壯也　壯詳釋詁。疾又訓壯、墨子、有力者疾以助人。內則進退周旋慎齊、鄭註齊、莊也。

啓蒙

疾齊壯也。　壯有壯健、壯嚴二義、故疾訓壯健、而齊又訓壯嚴、莊即壯之段借也。　疾與健義近、故訓壯、疾健同訓捷、訓偈、訓壯、故知義近。　齊之訓壯、猶將之為資、下文齋之為裝。廣雅亟聲轉。

黃侃音訓

疾、齊、壯也。

郭注云：「壯、壯事、謂速也；齊、亦疾；」是郭以壯爲疾速。郝云：「莊子釋文引李頤注云：『壯、猶疾也。』故謚法云：『兵甲亟作曰壯。』」述聞云：「齊策曰：『韓子盧者、天下之疾犬也。』文選求自試表注、後漢書馮衍傳注引此、竝作壯犬；」是壯爲疾速也。壯與莊古通、衛太史柳莊、漢書古今人表作柳壯；莊子天下篇「不可與莊語、」釋文云：「莊、一本作壯；」是莊壯字義皆通矣。又見後齊字解。

齊、釋詁「疾也、」今訓壯、猶訓疾也。王念孫引荀子修身篇曰：「齊給便利、」史記五帝紀曰：「幼而徇齊、」集解：「齊、速也；」索隱引尚書大傳曰：「多聞而齊給、」鄭注云：「齊、疾也；」此皆與壯同義。大雅云：「思齊大任、」傳云：「齊、莊也、」疏以爲釋言文。王氏云：「齊、又爲齊莊之齊、莊與壯古字通、故一本作莊、大雅正義所引是也。」

爾雅學

疾齊壯也〇釋曰急疾齊整 注疏本刪上六字。疾改速、

齊壯之齊、釋文無音、如字讀也。詩思齊大任、傳齊、莊。正義云釋言文。案此齊側皆翻。壯亦作莊。

校勘記

楊倞荀子注引爾雅齊疾也。

音略

㦛褊急也

㦛褊、急也。皆急狹。

郭注

㦛褊急也　釋曰㦛與亟同。大雅靈臺云經始勿亟、文王有聲云匪棘其欲、禮記引此詩作匪革其猶、革亦急也。㦛亟棘革字雖異、音義同。魏風葛屨云維是褊心。又廣雅云㦛謹也。褊狹陋也。是皆急狹也。

邢疏

㦛褊急也

詩棘人欒欒兮、毛傳棘、急也。正義引釋言文。

衆家注

黃輯古義

㦛褊急也

郭璞云皆急狹。

一切注音

㦛 本或作極、又作亟、同。紀力反。一音戒。褊 必淺反。說文云小衣也。廣雅云褊狹、陋也。狹 戶甲反

陸音義

㦛褊急也

㦛有機心、褊不復圖矣。

新義

㦛褊急也　㦛與經始勿亟同音。亟棘革詩傳竝通爲亟急之亟字。

鄭樵注

㦛褊急也

郭璞曰皆急狹。

鄭樵曰㦛與經始勿亟同音、亟棘革詩傳竝通爲亟急之急字。

古注合存

悈褊急也。褊，邊上聲。○此釋悈褊爲急之義也。疏引詩靈臺云經始勿亟，文王有聲云匪棘其欲，悈亟棘音義並同。葛屨云維是褊心。

注疏參義

悈褊急也【註】皆急狹【正義】說文云：悈，褊也。悈急以聲相近爲義也。古音悈戒棘革亟急通用。檜風云：棘人欒欒兮，讀詩記引崔靈恩集注作悈人。小雅六月云：我是用急，鹽鐵論引作我是用戒。大雅文王有聲云：匪棘其欲，禮器引作匪革其猶。檀弓云：夫子之疾革矣，文選注引倉頡篇云：革，戒也。淮南覽冥訓：安之不極，高誘注：極，急也。蒹葭箋云：極，猶狹陋也。魏風葛屨云：維是褊心。左氏昭元年傳云：以敝邑褊小。莊子山木篇：雖有褊心之人。皆言急狹也。

正義

悈褊急也　江漢詩匪疚匪棘傳：棘，急。疏曰：棘，急，釋言文。彼棘作悈，音義同。

校議

悈褊急也皆急狹　急者，說文云：褊也。釋名云：急，及也，操切之使相逮及也。然則急之爲言猶汲汲矣。悈者，心之急也。悈與亟音義同。釋詁云：亟，疾也、速也。速疾皆急。悈通作戒。詩我是用急，鹽鐵論繇役篇作我是用戒。戒即悈也。又通作革。文選三國名臣序贊注引蒼頡篇曰：革，戒也。戒亦悈也。戒俱悈字之省。釋文悈或音戒，非矣。又通作棘。詩棘人欒欒兮，毛傳：棘，急也。正義引釋言文棘人，崔靈恩集注作悈人，皆其證也。褊者，衣之急也。賈子道術篇云：包衆容易謂之裕，反裕爲褊。詩維是褊心。按褊裕俱从衣。說文別有惼字，从心，云惼，急也。然經典俱不用，雅俗用褊。

義疏

悈（棘駭）褊急也　郭注：皆急狹。

悈，从戒。戒備當急。詩我是用急，桓寬引作用戒。又棘人欒欒兮，崔靈恩引作悈人。戒，从拱戈，是急。棘，刺人不得脫，亦急也。周官大僕戒鼓，故書作駭。又大司樂裓夏，禮經記皆作陔夏。褊，从衣扁。扁，偏也。偏也。衣小則偏，不得徧，亦令人急。詩：維是褊心。急从及心，汲汲，急也。又作亟革。

集解

悈褊急也（悈，飭也，从）心戒聲。正字爲亟。亟，疾也，即急也。說文則以[illegible]爲之。[illegible]、悈，通用字。詩素冠棘人欒欒兮，崔靈恩集注作悈人，毛傳急也。采薇玁狁孔棘，傳棘，急也。出車維其棘矣，雨無正孔棘且殆，文王有聲匪棘其欲，箋均云棘，急也。禮記禮器匪革其猶，檀弓夫子之病革矣，注均云革，急也。詩六月我是用急，鹽鐵論作我是用戒。淮南精神篇其天資而安之不極，注極，急也。列子力命謰極㥄誶，釋文極，急也，吃也。以棘革戒極㥄爲之。褊，衣小也，从衣扁聲。引申爲急。說文則以惼爲之。詩葛屨維是褊心，箋訓急。禮記玉藻弁行剡剡起屨，釋文弁，急也。漢書昭帝紀發揵爲蜀郡犇命，犇即奔，注言急也。文選思玄賦鶩翩飄而不禁兮，注疾皃，即急皃也。以弁奔翩爲之。急，褊也，从心及聲。字亦作忣，左形右聲。

義證

悈褊急也　釋文云：悈，本或作極，又作亟，同。紀力反，或音戒。

【註】皆急狹【補正】邢疏：悈與亟同。大雅經始勿亟，文王有聲匪棘其欲，禮記引此詩作匪革其猶。革亦急。悈亟棘革字雖異，音義同。魏風維是褊心。又廣雅云：悈，謹也；褊，狹陋也。皆是急狹。

郭注補正

悈褊急也

皆急陜

各本皆作狹。釋文云：狹，戶甲反。（樹枏案）釋文狹字俱作陜，此作狹者，傳寫誤也。

郭注佚存補訂

悈褊急也

悈者，釋檜風棘人欒欒兮。毛傳云：棘，急也。正義云釋言文。棘悈聲義皆同。孔疏多隨傳箋以易原書之字、郭注亦多如此。崔靈恩集注引作悈人與今本異。小雅六月我是用急、鹽鐵論引作我是用戒。戒爲悈之省文。大雅文王有聲匪棘其欲、箋云棘、急也。彼釋文云亟或作棘。蓋陸所據詩棘作亟也。此經悈字、陸云或作極、又作亟、正與詩別本同、當是三家詩作亟。小雅采薇玁狁孔棘、出車維其棘矣、雨無正孔棘且殆、大雅抑俾民大棘、江漢匪疚匪棘、又邶風北風既亟只且、豳風七月亟其乘屋、大雅靈臺經始勿亟、棘亟二字傳箋並云急也。褊者、魏風葛屨維是褊心、箋云、是君心褊急無德教使之耳。

說詩

悈褊急也 釋文云悈、本或作極、又作亟。段氏玉裁曰極字誤、當作㥛。又曰、詩檜風素冠棘人欒欒兮、傳棘、急也。正義曰棘急、釋言文。彼棘作悈。今本作戒又豳風七月亟其乘屋、箋亟急也。正義曰亟急釋言文。又小雅采薇玁狁孔棘、傳棘急也。又出車維其棘矣、箋棘、急也。又雨無正孔棘且殆、箋棘急也。又大雅靈臺經始勿亟、箋亟急也。又文王有聲匪棘其欲、箋棘、急也。正義曰棘急、釋言文。又江漢匪究匪棘、箋棘、急。正義曰釋言文。彼棘作械、音義同。禮記檀弓上夫子之病革矣、注革、急也。正義曰革急也、釋言文。又禮器匪革其猶、注革、急也。正義曰革急、釋言文。又詩小雅六月我是用急、鹽鐵論繇役引作用戒。謝靈運撰征賦宣王用棘於獫狁。然則悈㥛亟棘革戒六字音義皆同也。又通鞕。說文革部鞕急也从革亟聲。元照案、說文心部悈飭也、今本誤飾也从心戒聲。司馬法曰有虞氏悈於中國。又㥛疾也、从心亟聲。一曰謹重皃。

匡名

悈褊急也 說文㤂、褊也、从心及声。悈、飭也。註飭各本誤作飾。悈與戒義同、警也。小雅我是用急、鹽鐵論引詩作我是用戒。悈戒急古通用。褊、衣小也。魏風維是褊心、箋褊急也。

啓蒙

悈、褊、急也。

說文心部云：「㤂、褊也、从心、及聲。」釋名「㤂、及也、操切之使相逮及也。」如劉說、則急之訓褊、蓋兼會意。

悈、釋文云：「本或作極、又作亟、同、紀力反；或音戒；」段玉裁云：「極、正㥛之誤。」案說文心部云：「㥛、㤂性也；」㥛與急雙聲、故爾雅以急訓㥛、而許君本之以立訓也。㥛、本字也；淮南覽冥訓云：「安之不㥛、」高注「㥛、急也、」此用本字也。爾雅作悈者、假借字也。檜風云：「棘人欒欒兮、」崔靈恩集注作悈人、本之爾雅也。詩「我是用急、」鹽鐵論作「我是用戒、」郝謂戒爲悈之省、以釋文悈音戒爲非、其說是也。詩之「經始勿亟、」「棘人欒欒、」檀弓之「病革、」箋注並訓急、段皆以爲㥛之假借；惟亟之本義、亦爲敏疾、㥛所借用之字、亦有時爲亟所借也。

褊、說文「衣小也；」引伸爲凡小之稱。左傳「以敝邑褊小、」謂狹隘也。詩「維是褊心、」謂急狹也。郝引賈子道術篇云：「包衆容易謂之裕、反裕爲褊。」

爾雅學

悈褊急也○釋曰 注疏本刪。

革亦急也 注疏本脫也。

校勘記

音圖・音

悈音戒 褊音扁 急也

爾雅詁林 二 釋言

亟戒 匾
㥛、褊，急也。

孫偘直音

㥛同林，褊邊上聲，急也。

楊氏音訓

㥛 亟

干氏音釋

貿賈市也

貿、賈，市也。詩曰抱布貿絲。

郭注

貿賈市也 釋曰，謂市買賣物也。注詩曰抱布貿絲者，衛風氓篇文也。大雅瞻卬云如賈三倍也。

邢疏

貿賈市也

估字書所無，唯爾雅郭璞音義釋言注中商賈作此字。一切經音義六妙法蓮華經第二卷。又邵晉涵爾雅正義云，衆經音義引郭注交易物爲貿。今本闕。

郭音義

黃輯古義

貿賈市也

郭璞云交易物爲貿。詩曰抱布貿絲。交易物爲貿，據一切經音義九引增。

一切注音

貿 市也 郭注交易物爲貿。一切經音義

薰心案今注無此語，或郭氏音義。

古注斠

賈市也

坐賣也，賣物之貴賤。

一切經音義卷十八大乘大集地藏十輪經四「商賈」下引，據海印寺本、白蓮社本及大正藏本、頻伽藏本並同。

森案郭璞此條無註。董氏讀爾雅補記云『鄭註「坐賣也」者，說文貝部「賣，市也，一曰坐賣售也」，是也。鄭又註「賣物之貴賤」者，漢書音義云「賣，貴則賣之賤，則買之坐販求利」是也。』

鄭玄注稽存

貿 音茂，字又作賈，同。 賈 音古

陸音義

貿賈市也

賈侯以賣，貿就而買之。詩曰賈用不售。

新義

貿賈市也

郭璞曰詩曰抱布貿絲。按衆經音義引郭注仍有交易物爲貿句。

古注合存

貿賈市也。賈音古。○此釋貿賈爲市之義也。

注疏參義

貿賈市也 註 交易物爲貿。詩曰抱布貿絲。 正義 說文云，市，買賣所之也。貿，易財也。賈，賈市也，一曰坐賣售也。白虎通義云，賈者，固也。言固物以待民來，求其利也。鄭註地官司市云，通物曰商，居賣物曰賈。左氏昭十三年傳云，如市賈焉。 註 交易至貿絲。○ 正義 今本闕交易物爲貿五字，今据衆經音義所引郭註增補。詩衛風氓文。

正義

貿賈市也 郭注，詩曰抱布貿絲。 玉案，據一切經音義補交易物爲貿句於詩曰上。

校議

貿賈市也 詩曰抱布貿絲

爾雅詁林　二　釋言

詩東門之枌正義引風俗通云、市、恃也、養贍老少恃以不匱也。說文云市、買賣所之也。按市兼買賣二義、齊策云竊以爲君市義、此以買爲市也。越語云又身與之市、此以賣爲市也。故史記項羽紀集解云市、賈易也。周禮司市注市者人之所交利、皆其義也。賈者、說文云易財也。一切經音義六引三蒼云賈、易也。交易物爲賈也。聲轉爲買、故下文云賈、買也。詩㞋傳用下文。實則買亦爲市、故說文云買、市也。賈者、說文云賈、市也。一曰坐賣售也。白虎通云賈之爲言固也、固其有用之物、以待民來、以求其利者也。行曰商、止曰賈。然則居處賣貨物曰賈、故逸周書命訓篇云極賞則民賈其上、孔晁注賈、賣也。左氏桓十年傳若之何其以賈害也、成二年傳欲勇者賈余餘勇、杜預注並云賈、買也。是賈亦兼買賣二義。通作沽、論語云求善賈而賈諸、漢石經賈作沽。沽依正文當爲夃。說文云秦以市買多得爲夃、卽沽矣。 **義疏**

貿賈市也

郭注、詩曰抱布貿絲。貿、从丣、象開門、故爲交易財。賈、从襾、覆而取之、以待買者。書、遠服賈用。語、求善賈而沽諸。漢石經作賈諸。賈有二讀、鼓駕假也。記、命市納賈。周官物價皆作賈。市、从㞢、坰、及。坰及本作冂乀。易傳、日中爲市、買賣所之。 **集解**

貿賈市也

貿、字本作貿、易財也。从貝丣聲。凡易財者必於市。易傳曰中爲市、致民聚貨交易而退是也。詩氓抱布貿絲、傳貿、買也、市也。賈、在市而以財致物也。从貝襾聲。一名坐賈售也。詩谷風賈用不售、釋文賈、市也。周禮序官廛人賈八人、注賈、主市賈。晉語以寵賈怨不可謂德、注賈、市也。前漢書敘傳呂行詐以賈國、師古曰賈、市買也。論語求善賈而沽諸、馬注沽、賣也。沽酒市脯、釋文沽、買也。詩伐木無酒酤我、箋酤、買也。說文、秦以市買多得爲夃。又云酤、買酒也。以沽酤夃爲之。市、買賣所之也。市有垣、从冂从乀、乀、古文及、象物相及也、之省聲。作於祝䶢。 **義證**

貿賈市也

交易物爲貿 詩曰抱布貿絲、

元應四分律六卷音義引爾雅、貿賈市買也。郭璞曰、交易物爲貿、詩云抱布貿絲是也。妙法蓮華經音義亦引郭注云交易物爲貿。今本脫此五字、據補。 **郭注佚存補訂**

貿賈市也

說文云貿、易財也。郭注引詩抱布貿絲、見衛風氓篇、鄭箋以貿爲買物。 賈者、說文云市也。谷風賈用不售、箋云如賣物之不售。大雅卬如賈三倍、彼釋文並引爾雅賈、市也。 **說詩**

貿賈節疏如賈三倍也（也當衍字。） **注疏正字**

貿賈市也

釋文云貿又作貿。案丣隸變作卯。 **匡名**

貿賈市也

說文㞢、買賣所之也。市有垣、从冂从乀、象物相及也。乀、古文及字、㞢省声。貿、易財也。衛風抱布貿絲、箋貿、所以買物。賈、市也。孟子、商賈皆欲藏於王之市。 **啓蒙**

貿市也。賈下文云買也、義同。 **黃侃音訓**

逸諐過也 疾齊壯也 悈褊急也 貿賈市也

說文逸、失也。（辵部逸） 愆、過也。籀文作諐。（心部愆） 毛詩傳齊、莊也。（大雅思齊傳） 釋文悈、本或作極、又作亟。（紀力反。釋言釋文） 貿字又作貿。（同。釋言釋文）

惐褊急也。釋文惐、本或作極、又作亟。或音戒。按古音惐戒棘革極恆亟急並通。檜風棘人欒欒兮、讀詩記引崔靈恩集注作惐人。小雅六月我是用急、鹽鐵論繇役篇作用戒。大雅文王有聲匪棘其欲、禮器作匪革其猶。檀弓夫子之病革矣、文選注引倉頡篇革、戒也。淮南覽冥訓安之不極、高誘注極、急也。精神訓作安之不極。 **證異**

貿、賈、市也。

說文「市、買賣所之也。」用爲動詞兼二義、論語「市脯不食、」此以買爲市也。越語云：「又身與之市、」此以賣爲市也。

貿者、說文貝部云：「易財也。」郭引詩曰：「抱布貿市。」

賈者、鄭注地官司市云：「通物曰南、居賣物曰賈；」白虎通同。但渾言之、亦爲居賈行商之通稱。古無價字、賈即價也。漢石經論語云：「求善賈而賈諸、」善賈、即善價、價乃俗作之字、古祇作賈耳。賈諸、今論語作沽諸者、沽爲賈之假借也。 **爾雅學**

貿賈市也○釋曰 注疏本刪。

注詩曰抱布貿絲者 注疏本刪注字。 **校勘記**

五行貿賈市也（注）詩曰抱布貿絲○玄應《音義》卷十四「吏貿」條引「《爾雅》：貿、賈、市，買也。郭璞曰：交易物為貿。《詩》云：抱布貿絲是也。」今本注文無「交易物為貿」五字。 **宋監本校箋**

貿賈音古市也 **音圖·音**

茂 古

貿賈市也。 **孫偘直音**

賈古 **于氏音釋**

厞陋隱也

厞陋隱也。禮記曰厞用席。書曰揚側陋。 **郭注**

厞陋隱也 釋曰、皆幽隱也。注禮記曰厞用席者、案有司徹云有司官徹饋、饌于室中西北隅南面如饋之設右几厞用席是也。云禮記者誤也。云書曰揚側陋者、堯典文也。 **邢疏**

厞陋隱也

郭璞云、禮記曰厞用席。書曰揚側陋。 **一切注音**

厞 符佛反。字又作陫、同。側 音仄 **陸音義**

厞陋隱也 隱可以爲非、亦可以爲明。 **新義**

厞陋隱也 厞、符佛反。有司徹云、厞用席。 **鄭樵注**

厞陋隱也 郭璞曰、禮記曰厞用席。書曰揚側陋。鄭樵曰厞、符佛反。有司徹云厞用席。 **古注合存**

厞陋隱也。厞符佛切。○此釋厞陋爲隱之義也。疏曰、儀禮有司徹云厞用席。書堯典云揚側陋。 **注疏參義**

厞陋隱也 **註** 禮記曰厞用席書曰揚側陋 **正義** 釋詁云隱、微也。說文云隱、蔽也。厞者、喪大記云甸人取所徹廟之西北厞薪用爨之。疏引熊安生云、厞謂西北隅厞隱之處、徹取屋外當厞隱處薪。陋者、左氏成八年傳云辟陋在夷。陋本或作漏。大雅抑云尚不愧于屋漏、鄭箋漏隱也。疏以爲釋言文。案釋宮云西北隅謂之屋漏與喪大記所云西北厞者其義相通。**註** 禮記至側陋。○**正義** 儀禮士虞禮有司徹俱有厞用席之文、鄭註厞、隱也。于厞隱之處從其幽闇。特牲饋食禮云、厞用筵、註作禮記、疑傳寫之訛。書曰揚側陋、堯典文。 **正義**

厞陋隱也 楚詞、隱思君兮厞側。鄭注儀禮云厞、隱也。詩尚不愧于屋漏、鄭箋陋、隱也。疏以爲釋言文。是陋本亦作漏。 **校議**

厞陋隱也 禮記曰厞用席 書曰揚側陋

隱者、釋詁云微也。說文云蔽也。通作乚。玉篇云乚、古文隱字。說文云匿也、象迟曲隱蔽形。讀若隱。是隱乚同。厞者、說文云隱也。士虞禮及有司徹俱云厞用席、特特饋食云厞用筵、鄭注並云厞、隱也。通作陫。釋文

爾雅詁林 二 釋言

扉、符沸反。字又作䨽同。楚辭湘君篇云隱思君兮䨽側、王逸注䨽、陋也。又通作茀。有司徹注、古文扉作茀。按茀訓蔽、與隱同義。茀扉又一聲之轉。陋者、說文云阸陝也。阸陝亦隱蔽之義。荀子修身篇云、少見曰陋。通作漏。詩尙不愧于屋漏、鄭箋漏隱也。正義云釋言文。

義疏

扉陋隱也 郭注、禮記曰扉用席。書曰揚側陋。 扉、天窗上蓋版。从厂在上、从非似戶扇。記徹西北扉薪用爨。是屋扇上版也。詩正義引釋言漏隱、則陋亦作漏。陋、从𨸏匸。匸藏於丙爲陋。今从丙、丙陋同意。墨子引大誓無僇排漏、卽扉陋也。隱上云微。說文匸、匿也、讀若隱。

集解

厞陋隱也 厞、幽隱也、从厂非聲。俗誤作扉。儀禮士虞几在南厞用席、特牲饋食厞用筵、鄭注均云厞、隱也。文選東京賦厞司旌、五臣注厞、隱也。儀禮有司徹注古文厞作茀。詩碩人翟茀以朝、傳茀蔽也隱也。楚辭湘君隱思君兮䨽側、注䨽、陋也。禮記喪大記西北厞、釋文厞、隱也。詩生民牛羊腓字之、傳腓、辟也。廣雅釋詁云避也、卽隱也。以茀厞腓或陫爲之。陋、阸陝也、从𨸏㔷聲。㔷、側逃也。故陋又釋爲隱。書堯典明明揚側陋、孫疏陋隱也。墨子引大誓無僇排漏、排漏卽厞陋也。詩抑尙不愧于屋漏、箋漏隱也。以漏爲之。隱、蔽也、从𨸏㥯聲。

義證

扉陋隱也 扉、符沸反。

註禮記曰扉用席 此儀禮有司徹文。謂禮記、誤。 書曰揚側陋。

郭注補正

扉陋隱也 注禮記曰扉用席書曰揚側陋

正曰、郭注扉引禮既訓隱蔽之蔽、陋引書又訓隱逸之隱、於誼不類。若依鄭讀陋爲漏、則漏亦訓隱蔽也。說文𨸏部隱蔽也。詩大雅抑尙不愧于屋漏、鄭箋屋小帳也。漏隱也。禮祭於奧既畢、改設饌於西北隅而扉隱之處。正義漏隱釋言文。大夫士祭禮扉用席、天子諸侯祭禮漏用幄、扉隱漏隱皆有蔽誼。

正郭

扉陋隱也

扉爲茀之假音、通作茀。禮有司徹注云、古文扉爲茀。鄭箋云隱也。衛風碩人翟茀以朝、毛傳云茀、蔽也。小雅采芑簟茀魚服、鄭箋云茀之言蔽也。齊風載驅簟茀朱鞹、傳云車之蔽曰茀。大雅韓奕簟茀錯衡、箋云簟茀以爲車蔽。翟茀以朝、周禮巾車注作翟蔽以朝。蔽卽隱也。茀芾古通用。采芑朱茀斯皇、彼釋文云茀、本又作芾。召南蔽芾甘棠、蔽芾謂茂盛蔽隱之義。傳以蔽芾爲小、非也。 陋者、漏之假音。荀子儒效篇窮閻漏屋、漏屋猶陋室。大雅抑尙不愧于屋漏、箋云漏、隱也。正義謂釋言文。是陋漏同也。傳云西北隅謂之屋漏。喪大記疏引熊安生云扉謂西北隅扉隱之處。舍人云古者徹屋西北扉以炊浴汲者、訖而復之、古謂之屋漏也。是扉與屋漏同義、故俱訓隱也。

說詩

扉陋節 音扉符沸切 沸誤佛。

疏云書曰揚側陋 脫曰字。

注疏正字

扉陋隱也 扉說文同。釋文云字又作䨽。案說文𨸏部無䨽字、正義云陋或作漏。詩尚不愧于屋漏、箋漏隱也。正義曰漏隱、釋言文。

匡名

厞陋隱也說文隱、蔽也。厞、隱也。士虞禮厞用席。陋、阨陜也。堯典、明明揚側陋。或作漏。大雅尚不愧於屋漏、箋漏、隱也。

啓蒙

厞隱也。厞通作腓詩生民傳腓、辟也、廣雅避也。又通作萉幽通賦安慆慆而不萉、曹大家注萉、避、避與隱義亦相近。

黃侃音訓

厞、陋、隱也。

釋詁「隱、微也、」微者、謂幽蔽隱藏也。

厞者、儀禮士虞禮有司徹俱云：「厞用席、」鄭注「厞、隱也、于厞隱之處、從其幽闇；」喪大記「甸人取所徹廟之西北厞薪用爨之、」段玉裁云：「室西北隅曰屋漏、厞者、又西北隱蔽之處也。」爾雅釋文云：「厞字又作腓、同；」屈原賦云：「隱思君兮腓側、」王逸注「腓、陋也、」是腓與厞同。有司徹注云：「古文厞作茀、」郝氏云：「茀訓蔽、與隱同義、茀、厞、又一聲之轉。」

陋、說文「阨陜也、」阨陜者、狹隘之地、引伸爲卑小之義。郭注引書「揚側陋、」此堯典文、側陋、謂幽隱之人也。詩「尚不愧於屋漏、」箋云：「陋、隱也、」正義云：「釋言文、」是爾雅陋、一本作漏。

爾雅學

校勘記

厞陋隱也○釋曰 注疏本刪。

注禮記曰厞用席者 注疏本刪注字。

云書曰揚側陋者 注疏本刪曰者。

厞符佛切 雪牕本符沸反、盧刻同。

校勘記訂補

厞音費 陋隱也

音圖・音

厞符沸翻肥去聲。又作腓同。儀禮有此字。李善文選注引之音翡。

音略

爾雅詁林　二　釋言

肥去聲 厞、陋、隱也。

孫侶直音

厞肥去聲 陋隱也 幽隱也

楊氏音訓

厞扶沸切

干氏音釋

遏遾逮也

遏遾逮也。東齊曰遏、北燕曰遾、皆相及逮。

郭注

遏遾逮也 釋曰逮謂相及也。注東齊曰遏北燕曰遾者方言文也。

邢疏

遏逮也

詩曷云能穀、傳曷、逮也。正義云釋言文。

衆家注

遏遾逮也

郭璞云東齊曰遏、北燕曰遾、皆相及逮。

黃輯古義

遾常例反。逮音代、一音徒帝反。

陸音義

一切注音

遏遾逮也。

詩曰噬肯適我。遾、除閒之逮也。

新義

遏遾逮也方言云東齊曰遏北燕曰遾。音筮。逮謂相及也。

鄭樵注

遏遾逮也

郭璞曰東齊曰遏、北燕曰遾、皆相及逮。

鄭樵曰方言云東齊曰遏北燕曰遾。音筮。逮謂相及也。

古注合存

遏遾、逮也。遾音誓。○此釋遏遾爲逮之義也。註曰、方言云、東齊曰遏、北燕曰遾、皆相逮及也。

注疏参義

遏遾逮也 註 東齊曰遏北燕曰遾皆相及逮

正義 釋詁云逮、及、暨、與也。遏、本作曷、小雅四月云曷云能穀、毛傳曷、逮也、遾、本作逝。邶風日月云逝不古處、毛傳逝、逮也。通作噬。唐風有杕之杜云噬肯適我、毛傳噬、逮也。釋文引韓詩作逝。逝、及也。則噬本亦作逝。今作遾、或體字也。

註 東齊至曰遾。○ 正義 方言云蝎、噬、逮也。東齊曰蝎、北燕曰噬。逮、通語也。郭註蝎作遏、噬作遾、音義同。

正義

遏遾逮也 東齊曰遏北燕曰遾皆相及逮

釋詁云逮、與也。此篇下云逮、及也。通作隶與隸。說文並云隶、及也。遏遾者、方言七云蝎、噬、逮也。蝎噬與遏遾並字之叚音。證以易之噬嗑、噬嗑食相逮也。噬嗑側轉即遏遾矣。玉篇云迨、遝、行相及也。迨遝即遏逮矣。左氏莊六年傳若不早圖、後君噬齊、噬齊即遾逮矣。杜預注若齧腹齊、此爲望文生義。凡借聲之字、不論其義、但取其聲、皆此類也。遏又通作曷。詩曷云能穀、傳曷、逮也。正義云釋言文。遾又通作逝。詩逝不古處、噬肯適我、傳並云逮也。釋文引韓詩噬作逝、逝、及也。

義疏

遏遾逮也 郭注、東齊曰遏、北燕曰遾、皆相逮及。詩曷云能穀、噬肯適我、又逝不古處、傳皆依此釋之。遏、上云止、因爲及也。筮从竹、𢍰巫以竹決事、因亦爲逮。易有噬嗑、逮及而相合、因加口爲噬食也。

集解

遏遾逮也

遏、微止也、从辵曷聲、讀若蝎。謂尾而止之。引申爲逮、謂逮及乃止。詩四月遏云能穀、今本作曷、傳逮也。方言蝎噬、逮也、東齊曰蝎、北燕曰噬。逮、通語也。以蝎爲之。遾字本作逝、往也。从辵折聲。引申爲逮。詩日月逝不古處、傳逝、逮也。十畝之間行與子逝兮、箋逝、逮也。有杕之杜噬肯適我、傳噬、逮也。以噬爲之。逮、唐逮及也、从辵隶聲。

義證

遏遾逮也

注東齊曰遏北燕曰遾皆相及逮、

釋文遾誓例反、逮音代、一音徒帝反、

疏、遾音誓 逮謂相及也。注東齊曰遏北燕曰遾者、方言文也。

正義、釋詁云逮及暨與也。遏本作曷。小雅四月云曷云能穀、毛傳曷、逮也。遾本作逝。邶風日月云逝不古處、毛傳逝、逮也。通作噬。唐風有杕之杜云噬肯適我、毛傳噬、逮也。釋文引韓詩作逝、逝、及也。則噬本亦作逝。今作遾、或體字也。「注」東齊至曰遾。方言云蝎、噬、逮也。東齊曰蝎、北燕曰噬。逮、通語也。郭注蝎作遏、噬作遾、音義同。

義疏、釋詁云逮、與也。此篇下云逮、及也。通作隶與隸。說文並云隶、及也。遏遾者、方言七云蝎、噬、逮也。蝎、噬與遏遾並字之叚音。證以易之噬嗑、噬嗑食相逮也。噬嗑側轉即遏遾矣。玉篇云迨、遝、行相及也。迨遝即遏逮矣。左氏莊六年傳若不早圖、後君噬齊。噬齊即噬逮矣。杜預注若齧腹齊、此爲望文生義。凡借聲之字、不論其義、但取其聲、皆此類也。遏又通作曷。詩曷云能穀、傳曷、逮也。正義云釋言文。遾又通作逝。詩逝不古處、噬肯適我、傳並云逮也。釋文引韓詩噬作逝、逝、及也。

世榮案、說文辵部逮、隶部隶、隸並訓及也。段氏玉裁注隶字云、此與辵部逮字音義俱同。注隸字云、此與步部殆字音義俱同。今詩作迨、俗字也。是逮迨殆音義俱通。逮隶遏曷噬逝段氏並列古音十五部、故遏噬本無逮義、而與逮同聲、即與逮同訓。逮訓相及、此爲正義。然訓及則有庶幾之意。詩摽有梅釋文引韓詩云迨、願也。荀子強國注殆、庶幾也、是也。又有近似之意。周語鄭語注、呂覽高義士容注、殆、近也。禮檀弓注殆、幾也、是也。遏遾爲逮、兼此數義。晉語雖蝎譖焉避之。（蝎即遏字。韋注以桑蠹釋之、非是。說本錢氏繹。）詩行與子逝兮、箋逝、往也。此行及之辭。詩逝將去女、噬肯適我、曷飲食之、曷云能穀、此庶幾之辭。詩逝不古處、逝不相好、此近似之辭。至逝不以濯、則又直爲語辭而非此例。故傳云濯所以救熱也、於逝字不加詮釋。然逮爲相及之訓所專、其通作殆、而訓庶訓近、沈晦已久。故鄭君箋詩於日月則訓逝爲及、於碩鼠則訓逝爲往、於有杕之杜、四月則訓曷爲何、或申或改、皆非毛意。郭氏未達傳義、遂置不引。孔疏知四月傳本於釋言、仍說之云逮何時能爲善。錢氏大昕苔問譏郭之疏、據詩證雅、而未說逮字之義。邵郝俱本錢說、於遏遾異文考之甚晰、而於逮字仍泥。相及一訓、則雖引毛傳、於詩義實未觀其會通。王氏引之經傳釋詞於逝字概指爲發聲，而斥毛傳訓逮於義未安，則於雅訓傳義亦似均未達矣。

釋言集解後案

遾逮也。此卽逝字耳。古無遾字，詩逝不古處，毛傳正用此義。又噬肯適我，韓詩作逝，亦當以韓氏爲正。因逝通噬，又別噬爲遾，俗字之所從也。

錢氏古義

遏遾逮也　注東齊曰遏，北燕曰遾，皆相及逮。

正曰，郭注引方言於經傳無當。錢詹事潛研堂集云，遏通伲曷。詩小雅四月曷云能穀，毛傳曷，逮也。遾通伲噬。詩唐有杕之杜噬肎適我，毛傳噬，逮也。此皆經典正文，而郭注不引，故云景純於經術最疏。

正郭

遏遾逮也

逮，說文作隶，云及也。遏與曷通。商頌長發則莫我敢曷，漢書刑法志作則莫我敢遏。小雅四月曷云能穀，毛傳云曷，逮也。正義云釋言文。曷者遏之古文省也。遾者，噬之假借。唐風有杕之杜噬肯適我，詩傳云噬，逮也。彼釋文云韓詩作逝。逝，及也。邶風日月逝不古處，傳亦云逝，逮也。凡詩之言逝者多訓往，實兼逮及之義。郭注引方言蝎，噬，逮也。作遏遾，說文云遏讀若桑蟲之蝎。蓋皆同音字，故互相假也。

說詩

遏遾逮也　案，邶風日月疏引遾作逝也。

註北燕曰遾　遾，方言作噬。

注疏正字

遏遾逮也　遏通曷。詩小雅四月曷云能穀，傳曷，逮也。正義曰釋言文。

正義曰，遾當作逝。詩邶風日月逝不古處，傳逝，逮也。正義曰釋言文。又通噬。詩唐風有杕之杜噬肯適我，傳噬，逮也。正義曰釋言文。釋文引韓詩作逝，則噬本亦作逝。今作遾，或體字也。

匡名

遏、遾逮也　遏詳釋詁。郭註東齊曰遏，北燕曰遾。遾本作逝。邶風逝不古處，傳逝，逮也。通作噬。唐風噬肯適我，傳噬，逮也。逮詳下文。

啓蒙

遾　噬　說文無遾。詩毛傳。噬，逮也。

正作

黃侃評本正名

遏，逮也。　遏與曷通。遏訓遾逮，則遾逮亦可訓曷。又與盍通。詩日月逝不古處，毛傳訓逮。逮亦曷也，則猶言曷不古處耳。有杕之杜噬肯適我，毛傳訓逮。逮亦盍也，則猶言盍肯適我耳。　今人以與爲和，如云我和你，此和當爲遏。

遾，逮也。　遾正作逝，往也。說文無遾字。

黃侃音訓

遾逮也

錦熙謹案，遾乃俗字，當作逝。說文辵部云，逝，往也。往與逮義相棠。詩日月篇逝不古處，毛傳云逝，逮也。正義曰釋言文。據此知古文爾雅有卽作逝者。碩鼠篇噬肯適我，毛傳云噬，逮也。正義亦曰釋言文。則孔所見本又有作噬者。雅卽釋此二句，惟其或作逝，又作噬，因合二字而誤爲遾，猶侚徇之誤合爲徇也。說文口部云，噬，啗也，喙也。此噬之本義。噬逝聲近，噬乃逝之假借也。

陸錦燧日記

遏、遾、逮也。

說文逮隶字、已於釋詁篇「逮、與也」節說其義、說文並有隸、篆亦訓及、詩曰：「迨天之未陰雨、」許引作隸、是隶、隸、逮、殆、音義皆同；惟迨則爲隸之俗字耳。爾雅本節逮字、未必即爲及之義。釋詁訓逮爲與、與亦不皆訓及。王引之云：「與、語助也。僖二十三年左傳曰：『夫有大功而無貴仕、其人能靖者與、有幾、』言能靖者有幾也、晉語曰：『亡人何國之與有、』言何國之有也。孟子滕文公篇曰：『不由其道而往者與、鑽穴隙之類也。』與字皆是語助、無意義也。」加王說、與字爲語助、則逮字亦必有語助之用法、非盡爲及之義也。

遏者、邵云：「遏、本作曷、小雅四月云：『曷云能穀、』毛傳『曷、逮也、』此曷字訓逮、爲不詞；故鄭箋云：「曷之言何也、」訓何爲得。晉案四月云：「民莫不穀、我獨何害、」害者、曷之假借、此語詞、無意義、詩意謂民莫不善、我獨何也。然則曷訓逮者、即語詞之逮也。詩葛覃曰：「害澣害否、」害即曷、與四月篇之害、同爲假借字。小雅漸漸之石一章云：「山川悠遠、維其勞矣、」二章云：「山川悠遠、曷其沒矣、」曷、亦維也、維曷並用、互文耳、維曷皆語詞。

遾者、逝之假借。邶風日月云：「逝不古處、」毛傳云：「逝、逮也、」唐風有杕之杜云：「噬肯適我、」毛傳云：「噬、逮也、」釋文引韓詩作「逝、及也、」邵氏引此云：「噬、本作逝、今作遾、或體字也。」王引之曰：「逝、發聲也。字或作噬。詩日月曰：『乃如之人兮、逝不古處、』言不古處也。碩鼠曰：『逝將去女、適彼樂土、』言將去女也。有杕之杜曰：『彼君子兮、噬肯適我、』言肯適我也。桑柔曰：『誰能執熱、逝不以濯、』言不以濯也。逝、皆發聲、不爲義也。傳箋或訓爲逮、或訓爲往、或訓爲去、皆於義未安。」

爾雅學

北燕曰遾　單疏本雪牕本同。浦鏜云、方言作遾。

遏遾逮也○釋曰　注疏本刪。

校勘記

遏遾誓音逮也

音圖·音

遏遾逮也。誓代

孫侶直音

遏遾誓逮也

楊氏音訓

遾逝

干氏音釋

征邁行也

征邁行也。詩曰王于出征。邁亦行。

郭注

征邁行也　釋曰皆出行也注詩曰王于出征者小雅六月文也云邁亦行者詩云周王于邁是也。

邢疏

征邁行也　郭璞云詩曰王于出征。邁亦行。

一切注音

征邁行也　邁可謂行矣征可謂行矣詩曰周王于邁六師及之。邁而及異乎遏之者也。

新義

征邁行也　郭璞曰詩曰王于出征。邁亦行。

古注合存

征邁行也。此釋征邁爲行之義也。

注疏參義

征邁行也　**註**　詩曰王于出征邁亦行　**正義**　說文云征正行也。邁遠行也。泰卦云拔茅征吉。周頌云時邁其邦。**註**　詩曰至出征。**正義**　小雅六月文。

正義

征邁行也　詩曰王于出征邁亦行　行者說文云人之步趨也从彳从亍。釋名云兩腳進曰行。行抗也。抗足而前也。按行訓步趨故去也之也往也還也皆行之義也。行由道路故釋宮云行道也。又云堂上謂之行。皆緣步趨之義而生也。征者說文作延或征、云正行也。通作延、云行也。漢書武帝紀征和功臣表俱作延和、顏師古曰、延亦征字也。征訓行、故宵征即宵行、征夫即行人、征伐亦即行伐也。征之言正、故管子心術下篇云、行者正之義也。邁者、說文云遠行也。故于邁即往行、時邁即時行。邁又往也、與行訓往同。

義疏

征邁行也

郭注、詩曰王于出征。邁亦行。

征、本从辵正。正、行也。邁、从萬、遠行也。萬曼通用。說文云萬、蟲。其字从蹂、則四足獸也。張衡賦、巨獸百尋、是爲蝘蜓。詩、越以鬷邁。行人之步趨也。

集解

征邁行也

征字本作延、正行也。从辵正聲。或作征。詩小星肅肅宵征、傳征、行。黍苗烈烈征師、小宛而月斯征、桑柔征以中垢、箋均云征、行也。皇皇者華駪駪征夫、傳征夫、行人也。左襄十三傳先王卜征五年、注謂巡狩征行也。隱五傳吾將略地焉、注略、總攝巡行之名。宣十一傳略基趾、注略、行也。廣雅釋詁吉、行也。說文延、行也。以略吉延爲之。邁、遠行也。从辵萬聲。萬、萬蟲也。蓋善行者。詩黍離行邁靡靡、蟋蟀日月其邁、東門之枌越以鬷邁、時邁時邁其邦、傳均云邁、行也。小宛我日斯邁、崧高申伯信邁、菀柳後予邁焉、都人士言從之邁、棫樸周王于邁、泮水從公于邁、箋均云邁、行也。文選思玄賦咎繇邁而種德兮、舊注邁、行也。西征賦紛吾既邁此全節、注邁、行也。行人之步趨也、从彳从亍會意。

義證

征邁行也

注、詩曰王于出征。邁亦行。

疏、皆出行也。注詩曰王于出征者、小雅六月文也。云邁亦行者、詩云周王于邁是也。

正義、說文云征、正行也。邁、遠行也。泰卦云拔茅征吉。周頌云、時邁其邦。「注」詩曰至出征、小雅六月文。

義疏、行者、說文云人之步趨也、从彳从亍。釋名云兩腳進曰行。行、抗也。抗足而前也。按行訓步趨、故去也之也往也還也皆行之義也。行由道路、故釋宮云行、道也。又云堂上謂之行。皆緣步趨之義而生也。征者、說文作延或征、云正行也。通作延、云行也。漢書武帝紀征和功臣表俱作延和、顏師古曰延亦征字也。征訓行、故宵征即宵行、征夫即行人、征伐亦即行伐也。征之言正、故管子心術下篇云行者正之義也。邁者、說文云遠行也。故于邁即往行、時邁即時行。邁又往也、與行訓往同。

世榮案、征邁从正邁得聲、則正行遠行此本義也。然經典往往通用、故此經亦通釋之。此引申義也。俞氏樾謂釋言多非本義、洵然。郝氏謂征伐亦即行伐、則強本義以就引申、似失之。

釋言集解後案

征邁行也

詩曰王于出征邁亦行

郭所引毛及三家詩皆無一定、故于於互異。

郭注佚存補訂

征邁行也

征者、郭注引詩王于出征、小雅六月文也。小宛我日斯邁而月斯征、鄭箋云征邁皆行也。召南小星肅肅宵征、小雅小明我征徂西、黍苗烈烈征師、大雅桑柔征以中垢、傳箋竝云征、行也。邁者、王風黍離行邁靡靡、唐風蟋蟀日月其邁、陳風東門之枌越以鬷邁、小雅菀柳後予邁焉、都人士言從之邁、大雅棫樸周王于邁、崧高申伯信邁、周頌時邁其邦、魯頌泮水從公于邁、傳箋竝云邁、行也。

說詩

征邁節疏皆出行（行下當脫也字。）詩云周王于邁是也（詩下當脫大雅棫樸四字。）

注疏正字

爾雅詁林 二 釋言

征邁行也　說文辵部𨑔、从辵正聲。或从彳作征。

匡名

征邁行也　行、詳釋宮。說文𨑔、正行也。或从彳。註引伸爲征伐。小雅之子于征傳征、行也。邁、遠行也。周頌時邁其邦、傳邁、行也。

啓蒙

征、邁、行也。

說文行部云：「行、人之步趨也、从彳亍、」彳者、小步也、亍者、步止也、故合之爲疾徐之通稱。疾徐之別見釋宫。

征、說文作𨑔、征爲或體。顏師古云：「延亦征字。」

邁、說文「遠行也。」往亦爲邁。

爾雅學

征邁行也○釋曰皆出行也注　注疏本但存皆出行三字。

校勘記

賈

征邁行也。

孫侶直音

征賣邁行也

直音校正

圯敗覆也

圯敗覆也。謂毀覆。

郭注

圯敗覆也　釋曰圯、毀敗壞皆傾覆也。書曰祖乙圯于耿。

邢疏

圯敗覆也　郭璞云謂毀覆。

一切注音

圯皮美反。覆芳服反、注同。

陸音義

圯敗覆也　肉謂之敗。敗毀而復焉。記曰土反其宅、水歸其壑。

新義

圯敗覆也　覆、傾覆也。

鄭樵注

圯敗覆也

郭璞曰謂毀覆

鄭樵曰覆傾覆也

古注合存

圯敗覆也。圯皮美反、覆音福。○此釋圯敗爲覆之義也。註曰謂毀覆也。疏曰書盤庚云、祖乙圯于耿。

注疏參義

圯敗覆也【註】謂毀覆【正義】釋詁云圯、毀也。又爲覆也。說文云敗、毀也。覆、覂也。左氏僖十五年傳云、侯車敗。謂車覆也。

正義

圯敗覆也　說文覆、覂也。覂、覆也。徐鍇云、漢書武帝詔曰跅弛之士、覂駕之馬、亦在御之而已。覂方勇反。

校議

圯敗覆也　謂毀覆　覆者、說文云覂也。覂、反覆也。反覆卽敗、故王制云不覆巢、鄭注覆敗也。敗亦毀、故周禮硩蔟氏注、覆猶毀也。然則覆舟覆車覆邦家其義皆爲毀敗矣。圯者、釋詁云毀也。敗亦毀也、毀亦覆也。淮南說林篇云、蘭芝欲修而秋風敗之。

義疏

圯敗覆也　郭注謂毀覆　上云圯毀、此言覆、則敗師之詞也。敗、从攴貝、又爲敗壞、有覆壓之意。春秋傳、陸其成也、吾成敗矣。書序、祖乙圯于耿。覆、上云畜、覆而審之、因爲傾覆。

集解

圯敗覆也

圯、毀也、从土已聲。引申爲覆。書堯典所謂方命圯族是也。文選謝靈運述祖德詩江介有蹴圯、注圯、覆也。敗、擊貝而毀也、从攴貝。攴、小擊也。引申爲覆。詩民勞無俾正敗、箋敗壞也。左僖十五傳侯車敗、邵晉涵說車覆也。覆覂也、覂反覆也。反覆卽敗。禮記緇衣毋越厥命以自覆。晉語謂書實覆宗。

義證

圮敗覆也

謂毀覆也

慧琳高僧傳六卷音義引郭璞注爾雅云圮、毀覆也。根本說一切有部百一羯磨四卷音義引爾雅云圮、覆也。郭注云謂毀覆也。今本脫也字、據補。

郭注佚存補訂

圮敗覆也

圮者、釋詁云毀也。毀卽覆也。周禮哲蔟氏注云覆猶毀也。義詳訂經。敗者、大雅民勞無俾正敗、鄭箋云敗壞也。召南甘棠勿翦勿敗、敗亦毀壞之義。

說詩

圮敗節疏書曰祖乙圮于耿 書下當脫序字。

注疏正字

圮敗覆也 覆、詳釋詁。圮、毀也。引書方命圮族。敗、毀也。从攴貝。敗賊皆从貝。籀文从䝴。左僖十五年傳侯車敗、註謂車覆也。

啓蒙

圮、敗、覆也。

說文襾部云：「覆、覂也、」「覂亦覆、謂反覆也。」易鼎云：「鼎折足、覆公餗、」謂傾覆也。說文又云：「一曰蓋也、」段云：「古本與上義同一音、南音乃別此義爲敷救切。」

圮、釋詁「毀也；」毀覆義同。故周禮硩蔟氏注云：「覆、猶毀也。」

爾雅學

圮敗覆也○釋曰注疏本刪。

圮彼美反 雪聰本皮美反、盧刻同。

校勘記

八行（注）謂毀覆○慧琳《音義》卷六十三引此注「覆」下有「也」字。

校勘記訂補

圮音起 敗覆也

宋監本校箋

音圖・音

瘖

圮敗覆也。

孫侶直音

圮皮美切 敗覆也

楊氏音訓

荐原再也

荐原再也。易曰水荐至。今呼重蠶爲䗃。

郭注

荐原再也 釋曰：皆重再也。孫炎云荐草生之再也。郭云易曰水荐至者、周易坎卦象辭也。云今呼重蠶爲䗃者、周禮夏官馬質云禁原蠶者是也。

邢疏

原再也

原、舍人本作䗃、音同。釋文

犍爲注

荐再也

荐、草生之再也。春秋正義二十九 邢疏

孫音注

荐再也

荐、徂很反。釋文

郭音義

黃輯古義

爾雅詁林 二 釋言

荐原再也

荐、草生之再也。邢疏 襄四年正義 春秋

孫音注

荐原荐、徂很反。

郭音義

玉函山房輯佚

孫曰荐、草生之再也。春秋正義二十九 邢疏

漢注

荐原再也。釋文二十八卷 原舍人本作𧓍

孫炎云荐、草生之再也。邢昺疏二卷

郭璞云、易曰水荐至。今呼重蠶爲𧓍。

一切注音

荐再也 孫炎曰荐、草生之再也。左氏襄四年傳正義 郭徂很反。釋文

原 舍人曰本作𧓍。釋文

蕙心案、郭注今呼重蠶爲𧓍、郭義本舍人注。

古注斠

荐 徂薦反、又徂遜反。郭徂很反。 原 舍人本作𧓍、音同。 再 子代反。 重 直用反、又直龍反。

陸音義

荐原再也 以有荄故能再、以有原故能再。荐原言□□□言死。

新義

荐原再也 周易坎之象云、水荐至。周禮禁原蠶者。

鄭樵注

荐原再也。荐、郭徂很反。原舍人本作𧓍。孫炎曰荐、草生之再也。

郭璞曰易曰水荐至。今呼重蠶爲𧓍。

鄭樵曰周易坎之象云水荐至。周禮禁原蠶者。

荐原再也 荐音賤。○此釋荐原爲再之義也。註曰、易坎卦云、水荐至。今呼重蠶爲𧓍。疏曰、荐草再生也。周禮馬質云、禁原蠶。

古注合存

亭林云、元者本也。本官曰元官、本籍曰元籍、本來曰元來。唐宋人多此語、後人以原字代之、不知何解。爾雅原、再也。漢原廟、易原筮、周禮馬質、禮記月令原蠶、文王世子末有原、漢原廟師古注原、重也。言已有正廟更重立也。之原皆作再字解、與本來之義全不相同。或以爲洪武中臣下有稱元任官者、嫌于元朝之官、故改此字。古人亦有稱原官者、後漢張衡應閒曩滯日官、今又原之。注爾雅曰原、再也。衡爲太史令、去官五載、復爲太史令、故曰原之。然則原官乃再官之義也。原、楗爲文學作𧓍、郭注從之、故不引易原筮、禮記末有原。

注疏參義

荐原再也 註 易曰水荐至。今呼重蠶爲𧓍。正義 說文云、再、一舉而二也。廣韻云、再、重也。舊疏引孫炎云、荐、草生之再也。左氏襄二十二年傳云、不虞荐至。杜註荐、仍也。文王世子云、末有原。鄭註原、再也。註 易曰至爲𧓍。正義 坎卦象辭。夏官馬質云、禁原蠶者。舍人本作𧓍。

補注

荐原再也 晉語曰薦飢。易曰原筮。皆謂再也。

正義

郭注齊人謂瘠腹爲脥 玉案、玉篇注齊人謂瘠腹爲脥。今邢疏及鄭樵注瘠下并多一瘦字、疑瘦本爲腹、傳寫誤作瘦、後人不知爲腹字之譌、又誤刪瘦字也。

校議

荐原再也 易曰水荐至今呼重蠶爲𧑒

再者、說文云一擧而兩也。玉篇云兩也重也仍也。荐者、說文云薦席也。席下施薦、與再義近。左氏襄四年傳戎狄荐居、正義引服虔云荐草也。孫炎云荐草生之再也。按荐又訓仍也重也。通作薦。詩饑饉薦臻、傳薦重也。重卽再矣。原者、文王世子云末有原、周禮馬質云禁原蠶者、淮南泰族篇云原蠶一歲再收、鄭注及高誘注竝云原再也。再亦重、故漢書禮樂志及叔孫通傳集注竝云原重也。原或作𧑒、釋文原舍人本作𧑒。郭義本舍人。

義疏

荐原再也 原、舍人本作𧑒。孫注荐、艸生之再也。郭注、易曰水荐至。今呼重蠶爲原。上云存、在。存故爲再。薦席又爲重。荐洊皆說文所無。原、从灥在厂、故爲本原。記末有原、周官原蠶。舍人以此釋之、葢非。

集解

荐原再也 荐、薦席也。从艸存聲。引申爲重也。再也。左襄十二傳不虞荐至、注荐、仍也。定四傳以荐食上國、注荐、數也。前漢書敘傳窩世薦亡、師古曰薦讀曰荐。荐、再也。詩雲漢饑饉薦臻、傳薦、重也。再也。易坎水洊至、陸注洊、再也。詩小戎載寢載興、文選引作再。以薦灖戟爲之。原、水泉本也。从灥出厂下會意。引申爲再。周禮馬質禁原蠶、禮記文王世子末有原、鄭注均云原、再也。淮南泰族原蠶一歲再收、高注原、再也。後漢書張衡傳𨗊滯日官今又原之、注原、再也。再、一擧而二也。从一从冓省、會意。冓者、加也。對偶之詞曰二、重疊之詞曰再。

義證

荐原再也 〔注〕易曰水荐至今呼重蠶爲𧑒〔補正〕邢疏、孫炎云荐、草生之再也。周禮禁原蠶者。

郭注補正

荐原再也

易曰水荐至今謼重蠶爲原

釋文云原舍人本作𧑒音同。今各本注皆作𧑒。

郭注佚存補訂

荐原再也

荐與薦同。小雅節南山天方薦瘥、毛傳云薦、重也。大雅雲漢饑饉薦臻、鄭箋云、饑饉之害復重至也。重卽再也。 原義詳訂經。

說詩

荐原節 註易曰水荐至（荐、經作洊。）音荐音賤（宋釋文云郭徂佷切。）

注疏正字

荐原再也 釋文云原、舍人本作𧑒。案說文䖵部無𧑒字、葢因原蠶而加䖵也。

匡名

荐原再也 說文再、一擧而二也。从冓省。荐、薦席也。註不云艸席云薦席者、取音近也。席、各本誤蓆。薦席爲承籍與所籍者爲二、故釋言云荐、原、再也。坎卦水荐至註荐、仍也。周禮禁原蠶者鄭註原、再也。

啓蒙

原、再也。 原正作源、說文系語也、引孟子曰故源源而來、今作源。今亦呼再爲原、如謂再作一次爲原一手。

黃侃音訓

荐原再也

郭注易曰水荐至今呼重蠶爲𧑒（元慶） 按、易坎象水洊至、今字作洊、陸注洊、再也。洊、从水从荐省、則專指水之再至、未可知。說文瀳、水至也。讀若尊。葢卽坎象之洊字。陸元朗釋文原、舍入本作𧑒。故郭曰重蠶爲𧑒。𧑒、从䖵、

爾雅詁林 二 釋言

則專指蠶說。許書虫部無𧓉字、疑景純見𧓍爲舊本而沿其說曰重蠶。重蠶者、卽周禮所謂原蠶也。夏官馬質禁原蠶者、鄭君注原、再也。禁再蠶者爲傷馬、與淮南子云原蠶一歲再收亦此義也。景純以荐爲薦、謂水之再至、改原爲𧓉、謂蠶之再生、釋再字雖不誤、而拘其一端猶未爲詳備。邢氏引孫叔然曰荐、草生之再也、則尤望文生訓、不足據矣。竊謂荐原二字之釋再、自可不煩言而解。下文釋天曰仍饑爲荐、仍饑獨非再饑之謂乎。玉篇再、重也仍也。左氏襄公二十二年傳云不虞荐至、杜注荐、仍也。則荐之爲再證是而足矣。禮文王世子命膳宰曰末有原、鄭注原、再也。釋原之爲再極塙。史記高祖本紀以沛宮爲高祖原廟、裴駰集解謂原者再也、先既已立廟、今又再立、故謂之原廟、此義葢卽本乎鄭君。然則釋原爲再、何必舍是而別引原蠶乎。郝氏義疏荐者、說文云薦席也、席下施薦與再義近。按蘭皋此說亦近拘牽、故專以仍饑爲荐與末有原釋之。

蔣元慶日記

原再也

案原、在說文灥部、古文作厵、說文凡積三爲一之字、俱取重復之意、如三人爲眾、三日爲曡、以及晉桼屭[illegible]桼等字、指不勝屈。原既古文从三泉、則[illegible]字之初本有重復意在重復者、再也。禮玉藻酒肉之賜勿再拜、注再、重也。周書大開武無再失、注再失猶復失。故周禮以再蠶爲原蠶、此經亦釋原爲再。又玉篇再、仍也、今仍舊、吳中評爲原舊、殆亦古訓之偶存者乎。

董瑞椿日記

荐、原、再也。

說文冓部云：「再、一舉而二也、从一、冓省、」玉篇「再、兩也、仍也。」

荐者、說文艸部云：「荐、薦席也。」薦席、謂薦艸席。段云：「薦席爲承藉與所藉者爲二、故釋言云：『荐、再也；』如且爲俎几、故亦爲加增之詞。」左氏襄二十二年傳「不虞荐至、」杜注云：「荐、仍也；」國語「荐處、」韋注云：「荐、聚也；」此皆本再之義以立訓也。至釋詁之「薦、臻也、」詩之「饑饉薦臻；」易之「水洊至；」則借薦洊爲荐、宜知荐爲本字也。

原者、文王世子云：「末有原、」鄭注「原、再也。」案夏官馬質云：「禁原蠶者、」淮南泰族篇云：「原蠶一歲再收、」高注亦云：「原、再也。」

爾雅學

易曰水荐至 單疏本雪牕本同。浦鏜云易荐作洊。按易釋文於洊下引爾雅云再也。又云干作荐。則爾雅有作洊、周易有作荐者。

今呼重蠶爲𧓉 單疏本雪牕本注疏本同。釋文原舍人本作𧓉、𧓉音同。

荐原再也○釋曰 注疏本删。

郭云易曰 元本同。閩本監本毛本郭改注。

校勘記

荐原再也。釋文荐、徂薦反、又徂遜反。郭徂很反。今本荐音賤、雖未誤、然非郭義。

注疏校記

荐 音賤 原再也

音圖・音

荐、徂薦翻、音賤。霰韻 又徂遜翻、願韻 賤音 郭徂很翻、存上聲。阮韻 竝從母字。今通讀如薦。精母 原、舍人本作𧓉、音同。郭注從之。宋孔維云郭謂重蠶爲原、謂晚蠶也、見史本傳 故不引易原筮。禮記末有原。

音略

荐 賤 原、再也。

孫偘直音

爾雅詁林　二　釋言

楊氏音訓

荐餞原再也

憮敉撫也

郭注

憮敉撫也。憮、愛撫也。敉義見書。

邢疏

憮敉撫也　釋曰：皆悔撫也。方言云：宋衞邠陶之間謂愛曰撫，故注云：撫、愛撫也。云敉寍見書者，大誥云：予翼以于敉寍武圖功之類是也。

孫音注

敉撫也

敉敷是反。釋文　普弭切。類篇攴部

郭音義

敉撫也

敉敷靡反。釋文

黃輯古義

孫音注

憮敉敷是反。釋文

郭音義

憮敉敷靡反。

玉函山房輯佚

漢注

敉撫也

孫曰：敉、敷是反。釋文

憮敉撫也

郭璞云：憮、愛撫也。敉義見書。

一切注音

古注斠

敉撫也郭敷靡反，孫敷是反。釋文

陸音義

憮亡甫反。敉亡婢反，郭敷靡反，孫敷是反。

爾雅詁林　二　釋言

憮敉撫也

新義

迷而支之亦撫也。方言曰：慈母折蔆笤之其惠心存焉。折下原本缺五字，據方言校補。

鄭樵注

憮敉撫也　憮音武，愛撫也。敉，大誥云：予翼以于敉寧武圖功。

古注合存

憮敉撫也　敉，孫敷是反，郭敷靡反。

郭璞曰：憮、愛撫也。敉寧見書。

鄭樵曰：憮音武，愛撫也。敉，大誥云：予翼以于敉寧武圖功。

注疏參義

憮敉撫也。敉音米。○此釋憮敉爲撫之義也。疏曰：皆愛撫也。方言云：東齊淵陶之間謂愛曰憮。書大誥云：敉寧武圖功。

正義

憮敉撫也　註　憮愛撫也。敉寧見書　正義　說文云：撫、安也。謂愛而相安也。憮本作攺。說文云：攺、撫也。讀與撫同。又云：敉、撫也。周書曰：亦未克敉公功。讀若弭。案說文引書恪誥之文。周禮疏引鄭註云：敉、安也。撫訓爲安，敉亦訓安，轉相訓也。註　憮愛至見書　正義　方言云：憮、愛也。韓鄭曰憮。說文引之。方言又云：宋衛邠陶之閒曰憮。郭氏取方言爲釋也。敉寧見書者，大誥云：予翼以于敉寧武圖功。

正義

憮敉撫也　憮愛撫也。敉義見書

撫者，說文云：安也。一曰循也。古文作㱎。按：亾無古字通，故撫作㱎矣。周禮大行人注：撫猶安也。禮文王世子注：撫猶有也。有亦存恤之意，與安義近。通作拊。說文：拊、揗也。揗，猶撫循。故荀子富國篇注：拊與撫同。撫循慰悅之也。爾雅釋訓釋文：拊本亦作撫。憮者，方言云：哀也。說文云：㤵也。並與撫循義近。一曰不動，與安義又近矣。通作攺。說文云：攺、撫也。从亾聲，讀與撫同。又通作煤。說文云：煤、撫也。从某聲，讀若侮。按：侮某無亾古俱聲同，聲轉之字，與今讀異也。敉者，說文云：撫也。引周書曰：亦未克敉公功。讀若弭。或从人作侎。

周禮小祝及男巫注並云敉、安也。書洛誥注亦至敉安也。

義疏

憮敉撫也 郭注憮、㥷撫也。敉義見書。上云慔、㥷。憮、奄。撫、有。下云撫、撫掩。此叓懌之憮覆、撫摸並以安之。書、及撫事如予。又亦未克敉公功。米粟實穰厭用之、因以米爲安。

集解

憮敉撫也 憮、愛也、从心無聲。凡人愛則撫之。字或通慔。說文慔、憮也。讀若侮。因慔侮憮爲雙聲字故也。或者憮之正字爲虞與。易中孚虞吉、荀注虞、安也。即撫也。敉、安撫也、从攴米聲。米所以安人。廣雅則以侎爲之。書大誥予翼以于敉寧武圖功、又肆予曷敢不越卬敉寧王大命、洛誥亦未克敉公功、立政率惟敉功、僞傳均訓撫。周禮男巫春招弭以除疾病、疏弭、安也。周書作雒內弭父兄、注弭、安也。禮記郊特牲有由辟焉、注辟讀爲弭。周禮小祝彌災兵、注彌讀曰敉。敉、安也。廣雅釋詁眯、安也。以弭辟彌眯爲之撫、安也从手無聲、一曰循也。古文作𢻱。故說文又釋𢻱爲撫耳。

義證

憮敉撫也

註憮愛撫也敉寧見書〔補正〕邢疏方言云東齊郱陶之間謂愛曰憮。

郭注補正

憮敉撫也

憮愛撫也敉義見書

明注疏本作敉宧見書。邵氏晉涵從之、非是。宧因疏中敉宧字致誤。

郭注佚存補訂

憮敉撫也

義詳訂經

說詩

憮敉撫也 釋文云敉、郭敉靡切。

疏宋衛邠陶之間謂愛曰憮 宋衛邠東齊。故註云憮愛撫也

註誤上。

義疑

憮敉撫也 正義云憮本作𢻱。說文攴部𢻱、撫也从攴亡聲。讀與撫同。

匡名

憮音武 敉撫也 說文𢡺、安也。古文从亡。𢡺、惄也。韓鄭曰憮。一曰不動。註惄、各本誤作愛。方言東齊郱陶之間謂愛曰憮。敉、撫也。引書亦未克敉公功、鄭註敉、安也。

啓蒙

𢈪陋隱也　遏遾逮也　荐原再也　憮敉撫也

釋文𢈪字又作陫、同。釋言釋文 鄭氏詩箋作漏隱也。大雅抑詩箋 毛詩傳作逝逮也。邶風日月傳 又作噬逮也。唐風有杕之杜傳 方言作蝎、噬、逮也。郭注蝎作遏、噬作遾、音義同。方言七 舍人本原作𡗬。釋言釋文 說文𢻱撫也。从攴亡聲、讀若撫。攴部𢻱 敉撫也。從攴米聲、讀若弭。攴部敉 憮敉撫也。說文𢻱、撫也。敉、撫也。邵氏晉涵曰憮本作𢻱。

證異

憮撫也。古文憮作𢻱。李陽冰書庚公德政頌𢻱字作此。

古義補

憮、敉、撫也。

說文手部云：「撫、安也、一曰揗也；」又云：「拊、揗也；揗、摩也；」後世所稱撫循、即昔所稱拊揗；段謂此爲古今字。以手按物謂之拊揗、慰悅人亦謂之拊揗、益稷云：「予擊石拊石、」詩「拊我畜我、」左傳宣十二年云：「王巡三軍、拊而勉之、」是也。撫循、即拊揗也、其義亦同、曲禮「君撫僕之手、」儀禮鄉射禮「左右撫矢而乘之、」書「撫我則后、虐我則讎、」左氏文十二年傳「鎮撫其社稷、」是也。說文訓撫爲安、與揗實不分二義、葢相

拊揗即安、故廣韻云：「揗、手相安慰也。」經典撫拊通用、亦以此也。

憮、說文「愛也；」方言「哀也；」哀之即愛之之所由生、其義一也。愛與撫循義亦近、故憮訓撫。

敉、說文「撫也、」並引洛誥「亦未克敉公功」釋之。周禮小祝及男巫注並云：「敉、安也、」洛誥注亦訓敉爲安、是與撫之訓安同義。

爾雅學

故注云撫愛撫也注疏本注誤上、又上撫作憮、元本與此同。

敉義見書單疏本雪牕本同。注疏本作敉寧、因疏引書大誥敉寧字致誤疏中同。

撫敉撫也○釋曰皆憐撫也注疏本删上六字、憐改愛。

宋衞邠陶之間元本同。閩本監本毛本宋衞改東齊。

撫敉撫也誤。十行本雪牕本吳本皆作憮敉撫也。南昌本

撫愛撫也十行本雪牕本皆作憮愛撫也。

校勘記

敉撫也。注敉盌見書、今本敉半誤从女。釋文敉亡婢反、

郭敷靡反、孫敷是反。

校勘記訂補

撫敉撫也監本禾懷堂本毛本湘本上撫字作憮、注同。案方言憮哀也。說文憮、愛也。雖與撫義同、然此以撫釋憮字、則上字應作憮。釋文陸佃新義郝義疏邵正義均作憮。

注疏本正誤

注疏校勘札記

憮音武 敉音米 撫也

音圖・音

敉亡婢翻微明輕重交互出切、音弭。郭敷靡翻、孫敷是翻、亦用輕重交互出切、但敷微不外耳。案叔然景純兩家竝用輕重交互出切之法、可知爾時釋典早入震旦其法已傳、特知之者尠、至華嚴而始顯、齊梁閒方大行耳。

音略

憮、敉、撫也。

武 弭 撫

孫偘直音

憮、敉撫也

武 弭 府

直音校正

憮武 敉米 撫也 愛撫也

楊氏音訓

憮武 敉弭

干氏音釋

臞脙瘠也

臞、脙、瘠也。齊人謂瘠瘦爲脙。

郭注

臞脙瘠也。釋曰皆瘦瘠也。鄭玄周禮注云瘦臞腐敗。郭云齊人謂瘠瘦爲脙。

邢疏

臞瘠也

臞、瘦也。史記司馬相如傳索隱

犍爲注

臞瘠也

臞、肉之瘦也。文選謝靈運初去郡詩注

謝音

黃輯古義

臞脙瘠也

臞、瘦也。史記司馬相如傳司馬貞索隱

犍爲注

玉函山房輯佚

臞

瘦也。舍人注 史記索隱二十六

鈎沉

爾雅詁林　二　釋言

臞瘠也

舍人曰臞瘦也。史記司馬相如列傳索隱

注曰臞肉之瘦也。文選二十六謝靈運初去郡詩注

漢注

臞脙瘠也

舍人云臞、瘦也。史記索隱二十六卷　舊註云臞肉之瘦也。文選二十六卷註　、郭璞云齊人謂瘠爲脙。

一切注音

臞瘠也舍人曰臞、瘦也。史記司馬相如傳索隱　舊注臞、肉之瘦也。文選謝靈運初去郡詩注

古注斠

臞字又作癯，同。求俱反。脙音求。瘠秦昔反。

陸音義

臞脙瘠也

臞以有懼、脙以有求焉、即充無是也。

新義

臞脙瘠也郭云

齊人謂瘠瘦爲脙。

臞音瞿、脙音求。

鄭樵注

臞脙瘠也

舍人曰臞、瘦也。此見史記索隱。又按文選謝靈運初去郡詩注引爾雅注有云臞肉之瘦也。不著名氏。

郭璞曰、齊人謂瘠爲脙。

鄭樵曰、郭云齊人謂瘠瘦爲脙。臞音瞿脙音求、

古注合存

臞脙瘠也。臞音瞿、脙音求。〇此釋臞脙爲瘠之義也。註曰齊人謂瘠爲脙。

注疏參義

臞脙瘠也**註**齊人謂瘠爲脙**正義**瘠、說文作膌、瘦也。周禮大司徒云、其民皙而瘠。左氏襄二十一年傳云、瘠則甚矣、杜註、瘠、瘦也。臞者、史記索隱引舍人云臞、瘦也。文選註引舊註云臞肉之瘦也。說文云臞、少肉也。韓非解老云、子夏肉戠而臞。脙者、說文云齊人謂臞脙也。與郭註同。玉篇云、齊人謂瘠腹爲脙。

正義

臞脙瘠也齊人謂瘠瘦爲脙

瘠者、說文作膌、云瘦也。大司徒注瘠、臞也。通作瘷。說文以爲膌古文也。一切經音義二云瘠、古文𤻪、瘷、膌三形。又通作柴。易說卦云爲瘠、釋文瘠京荀作柴。臞者、說文云少肉也。史記司馬相如傳云形容甚臞、索隱引韋昭曰臞瘠也。舍人曰臞、瘦也。文選謝靈運初去郡詩注引爾雅舊注曰臞、肉之瘦也。通作癯。釋文臞、字又作癯。文選注臞與癯同。脙者、說文云齊人謂臞脙也。玉篇云齊人謂瘠腹爲脙。按瘠腹之義、玉篇當有所本。今驗蛷螋之蟲、腹甚瘠瘦、廣雅謂之蛷螋、博物志謂之蠷螋、與臞脙瘦聲義正同、臞脙雙聲、脙瘦疊韵也。

義疏

臞脙瘠也

脙者、說文云齊人謂臞脙也。玉篇云、齊人謂瘠腹爲脙。按瘠腹之義玉篇當有所本、今驗蛷螋之蟲、腹甚瘠瘦、廣雅謂之蛷螋、博物志謂之蠷螋、與臞脙瘦聲義正同、臞脙雙聲、脙瘦疊韻也。

念孫案、齊人謂瘠瘦爲脙、瘠瘦指人而言、非謂蛷螋也。蛷螋之蟲、自首至尾無獨肥之處、亦無獨瘠之處、何以謂蛷螋之腹甚瘠。今本玉篇作齊人謂瘠腹爲脙者、腹乃膄字之譌、膄、俗作𦟝、與腹相似而誤。膄即瘦字也。玉篇之注即本於郭注、非別有所本也。今因一脙字而牽合蛷螋、又因玉篇之膄訛作腹而謂蛷螋之腹甚瘠、此誤之又誤也。

郝注刊誤

臞脙瘠也舍人注臞、瘦也。郭注、齊人謂瘠瘦爲脙。臞、从䀠。瘦者惟見兩目也。求上云終、無瘠義。此葢以瞿求釋瘠容、非釋齊人言也。記、既殯、瞿瞿如有求而弗得。因瘠誤加肉耳。瘠从肉𦟝、見脊者瘦、因瘦又作瘷。

集解

臞脙瘠也 臞、少肉也、謂瘠瘦也、从肉瞿聲。字亦作癯。史記司馬相如傳形容甚臞、索隱引韋昭云瘠也。文選齊故安陸昭王碑文臞瘠改貌、注臞、瘠也。脙、齊人謂臞脙也、卽瘠也、从肉求聲、讀若休止。韓非解老子夏內戰而臞脙者、言子夏之形瘠也。呂覽任地棘者欲肥、肥者欲棘、注棘、瘠也。以棘爲之。瘠、說文本作膌、瘦也、从肉脊聲。或曰臞脙卽瞿求皃瘠也。禮記檀弓所謂既殯瞿瞿如有求而弗得是。

義證

臞脙瘠也 脙音求。

注 齊人謂瘠爲脙

郭注補正

臞瘠也

郭注齊人謂瘠瘦爲脙、而于臞字無訓。文選謝靈運初去郡詩注引尒疋舊注曰臞、肉之瘦也。說文臞少肉也。史記司馬相如傳云形容甚臞、索隱引韋昭曰臞瘠也。舍人曰臞、瘦也。通作癯。釋文臞字又作癯。文選注臞與癯同。均足吕補郭所未詳。

舊注攷證

臞脙瘠也

齊人謂瘠瘦爲臞脙 音衢求

希麟根本說一切有部毘奈耶破僧事廿卷音義引爾雅云臞脙瘠也、郭注云齊人呼瘠瘦爲臞脙、音衢求。樹枏案、齊人謂臞脙、見說文。今本蓋脫臞字、音衢求三字亦脫、據補。希麟根本說一切有部毘奈耶藥事十二卷音義引爾雅郭璞注又作齊人謂瘦爲臞音衢、落瘠脙二字。明注疏本脫瘦字。

郭注佚存補訂

臞脙瘠也

臞脙當係北風新臺籧篨二字之轉音、謂瘠瘦而不鮮也。

說詩

臞脙節註齊人謂瘠瘦爲脙 脫瘦字。

疏周禮註云瘦臞腐敗 臞誤瞿。注見地官屋人。

注疏正字

臞脙瘠也 瘠當作膌、隸變从疒。

匡名

臞音奇脙瘠也 瘠、說文作膌、瘦也。臞、少肉也。史記相如傳、形容甚臞。舍人云臞、瘠也。脙、齊人謂瘠爲脙。

啓蒙

瘠 膌 瘠。說文作膌。瘦也。

黃侃評本正名

臞、脙、瘠也。

說文肉部云：「膌、瘦也；从肉、脊聲；」膌、卽瘠字。人少肉則脊露、故字从脊。大雅「串夷載路、」箋云：「路、瘠也、天意去殷之惡、就周之德、文王則侵伐混夷以瘠之、」段云：「此讀路爲露也、瘠者露骨。」說文又云：「𤻎、古文膌、从疒束、」束者、木芒也；木芒形瘠、故取其義。

臞、說文肉部云：「少肉也；」文選注引爾雅舊注云：「臞、肉之瘦也。」爾雅釋文「臞字又作癯、同。」

脙、說文肉部云：「齊人謂臞、脙也、从肉、求聲、讀若休止。」汪篇「齊人謂瘠腹爲求、」郝云：「瘠腹之義、玉篇當有所本、今驗蛷蝬之蟲、腹甚瘠瘦、廣雅謂之蛷蝬、博物志謂之蠷蝬、與臞脙瘦聲義正同。臞、脙、雙聲；脙、瘦、疊韻也。」郝所稱蠷蝬、一名搜夾子、長二特西米突、行甚疾、捕之

爾雅詁林 二 釋言

則放射毒液以自保護。在野地、喜食蚜蟲芽捲蟲等、爲禾苗除害、亦益蟲也。但入屋室、則害幼蠶。

爾雅學

齊人謂瘠瘦爲腜 單疏本雪牕本同。注疏本脫瘦。

臞腜瘠也○釋曰 注疏本刪。

瘦臞腐敗 注疏本臞誤瞿。周禮塵人釋文臞其俱反。又作臞音衢。按賈疏本臞作臞。

校勘記

腜瘠也注齊人謂瘠爲腜。按疏瘠下當有瘦字。玉篇作齊人謂瘠腹爲腜。又類篇腹脊閒謂之脒、或作腜。是疏中瘦又當爲腹之誤。

注疏本正誤

十二上（二五）

一行臞腜瘠也（注）齊人謂瘠瘦爲腜○希麟《續音義》卷九「瘦瘠」條引此注作「齊人呼瘠瘦爲臞腜，音衢求。」今本注文「腜」上脫「臞」字及音。

宋監本校箋

臞音衢腜音求瘠也

音圖・音

腜音求。又說文讀若休咎。上聲

音略

臞、腜、瘠也。衢、求 籍

孫侶直音

臞瞿腜求瘠也

楊氏音訓

臞衢腜裘

干氏音釋

桄頍充也

桄、頍充也。皆充盛也。

郭注

桄頍充也

釋曰孫叔然本桄作光。書云光被四表。說文云頍是火光也。是皆充盛也。

邢疏

桄充也 釋文桄、孫作光。按爾疋、今文之學也。當本作桄、引書桄被四表。叔然通古文、因作光。

孫音注

黃輯古義

光頍充也光、古黃反。釋文桄、孫作光云云。

孫音注

玉函山房輯佚

桄充也 釋文桄 按尒疋今文之學也。當本作桄引書桄被四表。叔然通古文、因孫作光。定作光字。

桄或作橫。

漢注

桄頍充也 釋文二十八卷 桄、孫炎本作光。

郭璞云皆充盛也。

一切注音

桄充也 孫作光、古黃反。釋文

古注斠

桄孫作光、古黃反。頍古迥反。

陸音義

桄頍充也・

木之光以藏內一也、火光外見能頍而已。

新義

桄頍充也 桄、孫叔然本作光、是虞書云光被四表。充盛也。

鄭樵注

桄頍充也桄、孫本作光。

郭璞曰皆充盛也。

鄭樵曰桄、孫叔然本作光、是虞書云光被四表充盛也。

古注合存

桄頍充也。此釋桄頍爲充之義也。疏曰孫叔然本桄作光。說文云頍、火光也。皆充盛也。

注疏參義

桄頍充也 **註** 皆充盛也 **正義** 桄頍俱爲充也。釋詁云崇、充也。說文云桄、充也。此篇又釋義本爾雅。釋文云、孫本作光。堯典云、光被四表。周語云故能光有天下、韋昭註光、大也。淮南脩務訓設干木光於德、寡人光於勢、皆言充也。光通作橫、戴震曰、樂記號以立橫、鄭註橫、充也。孔子閒居篇以橫於天下、鄭註橫、充也。堯典古本必有作橫被四表者、橫被、廣被也。漢書王莽傳、昔唐堯橫被四表、後漢書馮異傳云橫被四表。高誘淮南註、橫讀桄車之桄、是其證。案祭義云溥之而橫於四海、淮南原道訓橫之而彌於四海、橫光聲相近、故漢人稱橫門爲光門、後世猶沿其舊矣。頻、光也。已見釋詁。通作耿、晉語云、其光耿於民、矣。

正義

桄頻充也　玉案、淮南原道訓橫四維而含隱陽、高誘注、橫讀桄車之桄。樂記鏗以立橫、鄭注橫、充也。故桄亦爲充。桄、孫本作光。書傳光、充也。文選西征賦注橫橋、橫音光。明堂位注橫距、橫音光。橫有光音、故後人用同音作正文、又誤加偏傍、遂失本字之義矣。

校議

桄頻充也 皆充盛也

充者、盈也、滿也。盈滿則實矣。故小爾雅云充、塞也。竟也。塞竟即肥賦、故方言云充、養也。養即長、故說文云充、長也、高也。高即崇、故釋詁云崇、充也。凡此諸義又皆爲充盛也。桄者、說文云充也。通作光。釋文桄、孫作光。書光被四表、傳云光、充。本爾雅爲訓也。淮南修務篇云、段干木光於德、寡人光於勢、亦以光爲充也。光之爲言廣也。廣光聲同、廣充義近。故詩敬之傳光、廣也。水經濟水注云光里、齊人言廣、音與光同、即春秋所謂守之廣里者也。光通作橫。橫廣俱从黃聲、黃从光聲、古讀橫廣竝如光。故樂記云號以立橫、孔子閒居云以橫於天下、鄭注竝云橫、充也。書之光被四表、後漢書作橫被四表。漢之橫門亦稱光門矣。一切經音義十四云桄、古文𣜹、橫二形、同音光。是其證也。頻者、釋詁云光也。光頻聲轉、故其義同。

義疏

桄　經文

阮云、釋文桄、孫作光、古黃反。按說文桄、充也。古文桄橫字通。

鄭注禮記樂記、孔子閒居、皆云橫、充也。此其證。尚書光被四表、今文作橫、古文作光、孔傳云光、充也。與孫叔然本合。　按桄充以疊韻爲訓、此古東陽相通之理。

經注集證

桄頻充也

桄、孫作光。郭注、皆充盛也。桄頻當爲光耿、亦專釋耿光耳。書光被四表、今文作橫被。記、溥之而橫乎四海。頻、从火頃。火煛百畝、充滿之也。絅衣亦爲熲衣、又爲褧衣、亦取其充美。詩、不出于頻。上云崇、充。此充又爲長滿。

集解

桄頻充也

桄、橫木也、从木光聲。正字爲光、實爲廣。廣、殿之大屋也。大屋而形必充盛。廣、光、桄通用字。書堯典光被四表、僞傳光、充也。皋陶謨帝光天之下、孫疏光同桄、充也。禮記樂記號以立橫、孔子閒居以橫於天下、注均云橫、充也。以橫爲之。頻、火光也、从火頃聲。引申爲充、謂火光之充盛也。禮絅衣一名頻衣、頻頻之或體、蓋因衣之充美而命名也。充、長也高也、从人育省聲。

義證

桄頻充也 頻俱永反

註 皆充盛也 補正 邢疏、孫叔然本桄作光。書曰光被四表。說文云頻、火光也。是皆充盛也。臣鎣按、桄字不見於經疏、謂孫叔然本作光、引書光被四表、臣謂經傳光只作明解、無訓爲充者、惟東晉孔傳云光、充也。亦不過襲桄充舊解、叔然本作光者、或緣書而改爾雅耳。蓋桄與橫古字同、漢書引書光被多作橫被。王莽傳昔唐堯橫被四表、馮異傳橫被四表、班固傳橫被六合、王褒頌化溢四表、橫表無窮、皆以桄爲橫之證。臣族兄臣震曰、爾雅釋言桄頻充也、釋文桄、孫作光古黃反。許氏說文解字桄字下云充也。蓋古字桄與橫通用、遂訛而爲光。樂記鐘聲鏗鏗以立號、號以立橫。鄭康成註云橫、充也。謂氣作充滿也。釋文橫古曠反。孔子閒居篇夫民之父母乎必達於禮樂之原、以致五至而行三無、以橫於天下。鄭註云橫、充也。疏不知其義出爾雅。史言堯之德橫被四表正如記所稱橫於天下、橫乎四海也。

郭注補正

桄熲充也

說文云桄、充也。桄從光得聲、光爲桄古文省。大雅蕩公劉思輯用光、鄭箋云用光大其道。周頌敬之學有緝熙于光明、毛傳云光、廣也。廣大皆充也。載見休有烈光、箋云休然盛壯。盛壯卽充義也。　熲者、小雅無將大車不出于熲、傳云熲光也。

說詩

桄熲節疏熲火光也 光、說文作光。

注疏正字

桄熲充也

引之謹案熲古讀若入戶奉扃之扃、小雅無將大車篇不出于熲、與冥爲韻、集韻扃熲並涓熒切、是其證也。熲扃同聲、故字亦相通。淮南俶眞篇曰處小隘而不塞、橫扃天地之閒而不窕。昭二十一年左傳注窕、細不滿也。主術篇曰橫扃四方而不窕。今本窕作竆、乃後人所改、辯見讀書雜志。橫扃者、充塞之謂。荀子賦篇曰充盈大宇而不窕、入郤穴而不偪、義與淮南同也。此文訓熲爲充、非訓爲灮、邢引說文熲火灮也、邵引釋詁熲灮也、皆失之。

述聞

桄熲充也　釋文云桄、孫作光。案堯典光被四表、傳光充也。正義曰釋言文。戴氏震曰、漢書王莽傳、後漢書馮異傳皆有橫被四表之文、此必本諸堯典古本。禮記樂記號以立橫、又孔子閒居以橫於天下、鄭注皆訓充、此亦取雅訓也。

匡名

桄熲音炯充也　充、詳釋詁。說文桄、充也。桄又作光。堯典光被四表。通作橫、後漢書馮異傳作橫被四表。鄭註橫、充也。　熲、釋詁光也。通作耿、晉語其光耿於民矣。

啓蒙

桄、光也。疏云孫叔然本桄作光、引尚書曰光被四表。

考異摘要

熲充也

疏曰說文云熲火光也

樾謹按、方言⿰扌熲、竟也。廣雅釋詁同。小爾雅廣詁充、竟也、⿰扌熲訓竟、充亦訓竟、是⿰扌熲充同義矣。此經熲字卽方言⿰扌熲字、疑⿰扌熲從熲、亦或從熲、古文又省手耳。邢氏依熲字本義爲說、失之。

平議

桄、熲、充也。

小爾雅「充、塞也、竟也。」並詳釋詁「充也」節。

桄、釋文「孫作光、」光、桄、通用、已見釋詁「光也」節。說文木部云：「桄、充也、」古曠切、訓充者、謂充拓之也。段云：「桄之字、古多假橫爲之、且部曰：『从几、足有二橫、』橫即桄字。今文尚書曰：『橫被四表、』孔子閒居曰：『以橫於天下、』鄭曰：『橫、充也、』樂記鄭注曰：『橫、充也、』皆即釋言之『桄、充也。』今文尚書作橫被、故漢書王莽傳、後漢書馮異傳、崔駰傳、皆作橫被；古文尚書作光被、與孫叔然爾雅合、某氏傳：『光、充也、』不誤。」如段說、是桄爲本字、橫、光、皆桄之假借也。戴震釋「光被四表」一語、遽謂「堯典古本、必有作橫被四表者；」其後錢大昕姚鼐段玉裁等、各爲之尋出數證。胡適對此極稱道之、謂「戴震是大膽的假設、小心的求證、所以漢學家的訓詁、有科學的價值。」

熲、釋詁「光也、」光既訓充、則熲亦有充義矣。俞樾云：「方言『⿰扌熲、竟也、」廣雅釋詁同、小爾雅廣詁「充、竟也。」擷訓竟、充亦訓竟、是擷充同義。此經熲字、即方言擷字、疑擷从頟、亦或从熲、古文又省手耳。」俞氏易字解經、意義較顯、爲兹存其義。

爾雅學

桄唐石經單疏本雪牕本同。釋文桄、孫作光古黃反。按說文桄、充也。與橫、闌木也連文。桄橫字通。鄭注禮記樂記孔子閒居皆云橫、充也。此其證。尚書光被四表、漢書王莽傳後漢馮異傳皆作橫被四表。蓋作桄作橫者爲今文、作光者爲古文。孔傳堯典云光、充也。與孫叔然本合。賈逵云古文讀應爾雅是爾雅本作光也。作桄者蓋李巡本。

桄熲充也○釋曰　注疏本刪

校勘記

孫叔然本恍作光　監本毛本湘本恍作桄。釋文云孫叔然本作桄則恍誤。

說文熲是火光也　監本毛本湘本無是字。案說文熲火光也。此是字當衍。

書云光被四表　注疏本云改曰、

注疏校勘札記

桄音光　熲充也

音圖・音

桄、孫作光、古黃翻。　錢竹汀宮詹云、漢書王莽傳唐堯橫被四表、後漢書馮異傳橫被四表、漢書王褒傳橫被無窮、班固西都賦橫被六合、蓋堯典光被字漢儒傳授本作橫矣。釋言桄熲充也、桄卽橫字。古文光爲炗、與黃相似、故橫或爲桄。

音略

光　烱

桄、熲充也。

孫偘直音

桄作光　熲耿　充也

楊氏音訓

桄古曠切又音光

干氏音釋

屢暱亟也

屢、暱、亟也。親暱者亦數、亟亦數也。

郭注

屢暱亟也　釋曰、亟猶數也。詩頌曰屢豐年。左傳曰諸夏親暱。親暱者恩信必數、故注云親暱者亦數。

邢疏

婁暱亟也　婁今本作屢、兹依釋文本。

郭璞云、親暱者亦數、亟亦數也。

一切注音

暱亟也

蕙心案、一切經音義引爾雅昵、亟也。

古注斠

婁本又作屢、同力住反。暱女乙反。亟墟記反。亦數色角反。

陸音義

婁○邢本作屢。

音義攷證

屢暱亟也

彼數于公卿之門者、以亟故、亦以暱故。

新義

屢暱亟也　亟、數也。暱者、謂相親愛則恩信必頻數。

鄭樵注

屢暱亟也

郭璞曰、親暱者亦數、亟亦數也。

鄭樵曰亟、數也。暱者、謂相親愛則恩信必頻數。

古注合存

屢暱亟也　亟音器。○此釋屢暱爲亟之義也。註曰、亟數也、親暱者亦數。

注疏參義

婁暱亟也　**註**　親暱者亦數亟亦數也　**正義**　鄭註少儀云、婁、亟數也。釋文云婁、又作屢。今經傳通作屢。益稷云、屢省乃成。暱者、左氏成十三年傳云、暱就寡人。暱本或作昵。衆經音義引爾雅云昵、亟也。親昵亦數也。

正義

屢暱亟也　親暱者亦數　亟亦數也

亟者、釋詁云、疾也、速也。速亦數也、言頻數也。禮少儀云亟見曰朝夕、吳語云而天祿亟至、鄭注及韋昭注

爾雅詁林　二　釋言

竝云亟數也。方言云亟、𢙎也。廣雅云亟、敬也。敬𢙎亦緣亟數而生也。屢者、釋詁與亟俱訓疾。屢婁字同、故釋言釋文云婁本又作屢。詩賓之初筵傳屢數也。桓箋屢亟也。正月及巧言箋又云屢數也。亦通作數。公羊宣十二年傳注屢往來爲惡言。釋文屢又作數、音朔。是數屢通。暱者、釋詁云近也。暱訓親近與亟訓𢙎敬義同。

義疏

屢暱亟也屢、又佁數。郭注、親暱者亦數、急亦數也。屢、郭本佁數、今佁屢、說文屢之省文。婁从女中毌古文从囧女空也。因爲重複之詞。語、事君數。記、趨趨以數。詩、屢舞僛僛。書、迪婁未同。暱、上云近。亟見上極。

集解

屢暱亟也屢、字本作婁、空也。从毋中女空之意也。正字爲數、實爲速。速、行之疾也。引申爲亟、速。數屢通用字。屢婁古今字。詩桓、屢豐年、一本作婁、箋亟也。書皋陶謨屢省乃成欽哉、孫疏屢本作婁亟也。暱、日近也、从日匿聲、或从尼聲。正字爲亟。亟暱疊韵、亟、敏疾也、从人从口从又會意从二、天地也。指事。人生天地間、手口並作、敏疾成事也。

義證

屢暱亟也

註親暱者亦數亟亦數也補正邢疏、親暱時恩信必數。

郭注補正

婁暱亟也

亟數也親暱者亦數

今本作、親暱者亦數亟亦數也。樹相案、此注二句蓋誤倒又衍一亦字。邢疏云、亟猶數也、親暱者恩信必數、故注云親暱者亦數。據邢所云、則注先言亟而後言暱明矣。元應超日明三昧經下卷舍利弗問經音義俱引爾雅、亟數也。今據刪亦字、二句互爲乙訂。

郭注佚存補訂

婁暱亟也

亟有二義、一亟數也、見鄭注禮記少儀、婁字之義。一亟愛也、見方言、暱字之義。婁通作屢。漢書屢均作婁、注云婁古屢字。詩小雅正月屢顧爾僕、巧言君子屢盟、賓之初筵屢舞僊僊傳箋竝云屢數也。角弓式居婁驕、釋文引王注亦云婁數也。荀子非相篇引作式居屢驕、楊倞注云屢讀爲婁。周頌桓屢豐年、箋云屢亟也。　暱者、小雅菀柳無自暱焉、傳云暱、近也。左傳杜注云暱、親也。親即愛也。近與愛義近。一切經音義引爾雅云昵、亟也。昵暱同字。

說詩

屢暱亟也屢、釋文作婁。音亟墟記切墟誤虛。

疏周頌曰屢豐年周誤詩。

婁古屢字暱亟墟記反也

注疏正字

郭曰、親暱者亦數色角反亟亦數也。引之謹案、亟與數同義、親暱與數異義、而云親暱者亦數、則鑿矣。今案婁爲亟數之亟、暱爲相親愛之亟。方言亟、愛也。東齊海岱之閒曰亟、自關而西秦晉之閒凡相敬愛謂之亟字或作悈。廣雅悈愛也。亟訓爲愛、相愛即相親暱、故云暱亟也。

述聞

婁暱亟也 釋文云：婁本又作屢、石經作屢。案屢俗字。見前 暱、一切經音義一又五又十又十九又廿一又廿九引作昵。案昵即暱字。見前

匡名

婁暱亟也 亟詳釋詁。說文婁、空也。註又爲數也。古有婁無屢。周頌婁豐年、箋婁、亟也。亟者數也。若小雅式居婁驕、箋婁、歛也。是摟之假借也。今通作屢。前漢公孫弘傳屢舉賢良、註屢、亟也。左成十三年傳暱就寡人。或作昵。昵、亟也。

啓蒙

婁、暱、亟也。

亟義已見釋詁「亟、疾也」節。亟爲疾也、頻也、方言云：「亟、愛也、東齊海岱之閒曰亟；」廣雅云：「亟、敬也、」王引之曰：「亟、或作悈、廣雅『悈、愛也；』」是亟又爲親愛之義也。爾雅兼此二義。

婁、釋文「本又作屢、同、」是陸所見本作婁、乃本字、故改從陸本。詩賓之初筵傳巧言箋並云：「婁、數也；」桓箋云：「屢、亟也；」義皆同。惟屢爲俗體字。

暱者、郭注「親暱者亦數、」左氏傳「宋公子鮑無日不數於六卿之門、」是數者即暱近也、故暱訓亟。衆經音義引爾雅暱作呢。王引之曰：「婁爲亟數之亟、暱爲相親愛之亟、」說尤道。

爾雅學

屢暱亟也○釋曰 注疏本刪。

親暱者恩信必數 注疏本者誤時。

亟虛記切 雪牕本墟記反、盧刻同。

校勘記

校勘記訂補

二行屢暱亟也(注)親暱者亦數亟亦數也○邢昺疏云：「亟猶數也。《詩·頌》曰：屢豐年，《左傳》曰：諸夏親暱，親暱者恩信必數，故注云親暱者亦數。」王樹枏謂今本注文二句蓋誤倒，據邢疏原注當先言「亟」，後言「暱」，「亟亦數也」，「亦」字爲衍文。

宋監本校箋

處 匿 唭

屢、暱、亟也。

孫偘直音

屢、暱亟也 慮 匿 器

直音校正

屢暱亟器也

楊氏音訓

靡罔無也

靡、罔、無也。

郭注

靡罔無也 釋曰：無、不有也。詩云靡神不舉、書曰罔有攸赦、皆是。

邢疏

靡罔無也

靡非而靡焉。罔亡而罔之。

新義

靡罔無也。此釋靡罔爲無之義也。

注疏參義

靡罔無也 少儀衣服在躬、不知其名爲罔、注罔、猶罔無知貌。

校議

靡罔無也 無者、說文作𣞤、云亡也。一切經音義六引聲類云：無、虛無也。通作无。易以无爲無。說文云奇字無通於无者。虛無道也。又通作亡。古有無字俱作亡。詩何有何亡、論語亡而爲有是也。又通作毋。史記魯世家引書無逸作毋逸、漢書車千秋傳引無偏無黨作毋偏毋黨是也。靡者、細也小也。皆與無義近。又訓盡也、空盡即虛無。故詩靡日不思、之死矢靡他、箋傳並云靡、無也。罔者从亡、亡亦無。易君子用罔、馬融王肅注並云罔、无也。書罔水行舟、史記夏紀作毋水行舟。罔有攸赦、殷紀作無有攸赦。罔古讀如莽。無古讀如模。靡罔無俱一聲之轉。小爾雅云：勿、蔑、微、曼、末、沒、無也。今人

爾雅詁林 二 釋言

言無有曰沒有、或曰末有、亦曰靡有、皆一義也。蔑以加、言無以加也。微管仲、言無管仲也。微、古讀如眉、勿、古讀如沒、是勿微曼末亦靡罔之聲轉。

義疏

靡罔無也 靡、从麻非。非、飛也。績麻飛散、故爲細靡、披靡、靡有之詞。周官、禁物靡。易、吾與爾靡之。詩通以靡爲無、書通以网爲無。网者時無加亾、則自有而無也。無見上𣞤、本茂豐蕃蕪之義、因爲蕪蕪葳無有、或亦加亾。

集解

靡罔無也 靡、無之詞也、从非麻聲。麻形甚小、更加以非、謂竝小物而無之、真無者也。許慎釋爲披靡、疊韵連語例耳。詩氓靡室勞矣、采薇靡室靡家、雲漢靡神不舉、蓼莪入則靡至、皇矣其德靡悔、箋均云靡、無。文選東京賦羣山靡餘、韋孟諷諫詩執憲靡顧、注均云靡、無也。孜工于人強著在內而摩其筋、注猶隱也、或曰借爲靡、無也。詩伐木微我弗顧、傳微、無也。論語微管仲、馬注微、無也。小爾雅廣詁曼、勿、無也。以摩微曼勿爲之。罔、庖犧所結繩以田以漁者也、从冂中象网交、亾聲。正字爲無、借爲亾。亾無罔雙聲。易大壯君子用罔、馬注罔、无也。書皋陶謨罔水行舟、史記作無。微子乃罔恆獲、史記作乃無維獲。詩民勞以謹罔極、抑罔敷求先王、箋均云罔、無也。史記匈奴傳爲其切當世之文而罔褒、索隱罔、無也。文選東京賦罔敢或貳、注罔、無也。易剝牀以足蔑貞凶、馬注蔑、無也。論語亾之命矣夫、漢書宣元六王傳作蔑之命矣夫、師古引論語作蔑、云蔑、無也。小爾雅廣詁末、沒、無也。以蔑末沒爲之。無、字本作𣠮、豐也、从林𣞤。今隸作無、借爲有亾之亾。

義證

靡罔無也

靡罔皆常義也。邶風泉水靡日不思、鄘風柏舟之死矢靡他、衛風氓靡室勞矣、小雅采薇靡室靡家、小旻國雖靡止、蓼莪入則靡至、北山王事靡盬、大雅皇矣其德靡悔、雲漢靡神不舉、傳箋竝云靡、無也。魯語引皇華曰每懷靡及、注亦云靡、無也。秦策引靡不有初、注云靡、无也。无無同字。罔者、大雅民勞以謹罔極、抑罔敷求先王、箋竝云罔、無也。小雅蓼莪昊天罔極、箋云我心無極。衛風氓士也罔極、極亦無極也、故疏云行無中正。凡詩中靡罔字不勝枚舉、故郭氏無注。

說詩

靡罔無也 罔乃网之或體、通作妄。禮記儒行今眾人之命儒也妄、注妄之言無也。元照案、當作亾。說文亾部𣞤、亾也可證。

匡名

靡、罔、無也。

罔、無也。罔無聲通同訓。罔即亡之借。

黃侃音訓

靡、罔、無也。

說文亾部云：「𣞤、亾也、从亾、𣞤聲。」段云：「此有無字之正體；而俗作無、無乃𣞤之隸變。𣞤之訓豐也、與無義正相反、然則隸變之時、昧於亾爲其義、𣞤爲其聲、有聲無義、殊爲乖繆。」考漢隸有無字、多作𣞤、是作𣞤者、皆譌體也。古多假亾爲無、如詩「何有何亾、」論語「亾而爲有、」是；亾之本義爲逃、用爲無、雙聲相借也。易用无爲無、此古文奇字、水經注謂「燕人謂無爲毛、」今江都泰興有此語、乃聲轉。

靡者、詩「靡日不思、」「之死矢靡他、」傳箋皆云：「靡、無也。」蓋方言云：「靡、滅也；」司馬相如上林賦張揖注：「靡、細也、」滅沒微末、故義爲無。

罔爲無、亦義之常行者。郝云：「罔、古讀如莽；無、古讀如模；靡、罔、無、俱一聲之轉。小爾雅曰：『勿、蔑、微、曼、末、沒、無也；』今人言無有曰沒有、或曰末有、亦曰靡有、皆一義也。蔑以加、言無以加也；微管仲、言無管仲也；微、古讀如眉；勿、古讀如沒；是勿微曼末、亦靡罔之聲轉。」

爾雅學

靡罔無也○釋曰注疏本刪。

校勘記

※

靡、罔、無也。

孫偘直音

靡（米上聲）、罔、無也

直音校正

爽差也爽忒也

爽差也。爽忒也。皆謂用心差錯不專一。

郭注

爽差也　爽忒也　釋曰廣異言也。爽謂差錯又爲忒變。孫炎曰忒變雜不一。郭云皆謂用心差錯不專一。詩衛風云女也不爽。大雅瞻卬云鞫人忮忒。

邢疏

爽忒也

忒變雜不一。詩正義十八之五又二十之二　邢疏

孫音注

黃輯古義

爽忒也

忒變雜不一。邢疏　詩大雅瞻卬正義又魯頌閟宮正義

孫音注

玉函山房輯佚

忒也

忒變雜不一。孫注　詩疏十八之五

鈎沉

爽忒也

孫曰忒變雜不一。詩正義十八之五又二十之二　邢疏

漢注

爽差也爽忒也

孫炎云忒變雜不一。詩正義十八之五卷又二十之二卷　郭璞云、皆謂用心差錯不專一。

一切注音

忒也　孫炎曰忒變雜不一。不一卽貳、貳卽差矣。

蕙心案貳者貣之譌。說文忒失常也。隸變作忒。禮月令、宿離不貣。不貣、不貣也。

古注斠

忒　他得反。或作代。

陸音義

爽差也

差別之弊其究如此故曰膠離朱之目而人始含其明矣。

爽忒也

差之究爲忒。

爽差也爽忒也　差、錯、忒、過也。

鄭樵注

爽差也爽忒也

孫炎曰忒變雜不一。

郭璞曰皆謂用心差錯不專一。

鄭樵曰差、錯、忒、過也。

古注合存

爽差也爽忒也。此釋爽爲差爲忒之義也。

注疏參義

孝經正義云、釋言爽差也。爽、忒也。轉互爲訓、故忒得爲差。

補注

爽差也爽忒也　皆謂用心差錯不專一

差者、說文作𢀩、云貳也。段氏注、貳作貣。按籀文𢀩从二、二謂心不一也。士或二三其德、所以過差也。故參差之字从二三。太玄廓云或生之差。范望注差、過差也。爽者、說文云明也、从㸚。㸚、几二爻也。二不專一、故又訓差。詩女也不爽、其德不爽、傳竝云爽差也。方言

爾雅詁林 二 釋言

云爽、過也。過亦差。謚法云爽、傷也。傷敗亦過差也。書云惟事其爽侮、老子云五味令人口爽、列子黃帝篇云昏然五情爽惑、並以爽爲差也。周語云實有爽德、又云言爽日反其信、韋昭注並云爽、貳也。依段注貳亦貳矣。爽又訓忒者、忒亦差也、廣異訓耳。老子云常德不忒、釋文引顧云忒爽也。漢書賈誼傳注爽忒也。忒說文作忒、云失常也。通作忒、云更也。更變亦失常。故詩鞫人忮忒、享祀不忒、傳箋並云忒變也。正義俱引孫炎曰忒變雜不一。不一卽貳、貳卽差矣。爾雅釋文忒或作忒、是忒忒通。又通作貸、易豫釋文忒京本作貸。月令云宿離不貸、又云無或差貸、呂覽貸俱作忒。又通作貣、書云衍忒、史記宋世家作衍貣。又通作貳。禮緇衣引詩其儀不忒、釋文忒本或作貳、音二。

義疏

爽差也爽忒也 孫注忒變雜不一。郭注皆謂用心差錯不專一。

爽、从效、大明也。書昧爽、謂人从窗牖中見天曉、故又爲差。書故有爽德、詩女也不爽。今書作傘、以爲雨器。差、从𠂢左、花葉不相值、有蹉又訾猜諸讀記、以是爲差。差等分別也。差沐于堂上、差擇也。易大差之差、蹉跌也。今又以爲差使字。忒有貳忒貣諸字、皆从弋、析木挂物易差失也。不差者爲必。說文忒更也、忒失常也。貣施也。貣从人求物也。貳副益也。書二衍忒、史記作貣、詩其儀不忒、記引作貳。又土貳其行、公羊傳我貳也、言垢膩、亦差忒也。月令宿離不貸、卽說文忒。

集解

爽差也 爽、明也。从㸚从大會意。篆文作爽从效。正字爲爽。周語晉侯爽二、注當爲貳。墨子非命上襲喪厥師、僞古文作用爽厥師、以喪爲爽也。喪、亾也。引申爲失。差忒亦有所失也。喪爽通用字。詩氓女也不爽、蓼蕭其德不爽、傳均云爽、差也。前漢書司馬相如傳何其爽與、張揖曰爽、差也。揚雄傳俱不見其爽、師古曰爽、差也。文選張景陽雜詩在約不爽、殷文仲南州桓公九井詩爽籟警幽律、楚辭大路遂爽存只、注均云爽、差也。差、貳也。差不相值也、从左从𠂢。引申爲誤也失也。

爽忒也 忒、更也、从心弋聲。盼更者多差失、故差又訓爲忒。書盤庚故有爽德、孫疏爽、差也、忒也。詩瞻卬鞫人忮忒、正義引釋言云、爽、忒也。禮記月令宿離不貸、又云無或差貸、則又以貸爲忒之借字矣。

義證

爽差也爽忒也

註皆謂用心差錯不專一〔補正〕邢疏、孫炎曰忒變雜不一。

郭注補正

爽差也爽忒也

皆謂用心差鎦不專一者也

唐殘本玉篇叕部爽下引爾雅郭璞曰、謂用心差錯不專一者也。今據補者也二字。

郭注佚存補訂

爽差也爽忒也

差忒一義。差、說文作𢀩、云貳也。忒、說文作忒、云失當也。孫炎云忒、變雜不一。不一卽貳。曹風鳲鳩其儀不忒、禮釋文云忒本或作貳。蓋通字也。爽者、詩衛風氓女也不爽、小雅蓼蕭其德不爽、毛傳並云爽、差也。爽又訓忒者、家語五帝德引其德不爽注云爽、忒也。大雅抑昊天不忒、鳲鳩其儀不忒、彼釋文及孝經鄭注並云忒差也。大雅瞻卬鞫人忮忒、魯頌閟宮享祀不忒、傳箋並云忒、變也。變與

爾雅詁林　二　釋言

爾雅詁林 二 釋言

爽義近。

說詩

爽差疏鞫人忮忒（鞫字監本誤。）

注疏正字

差忒也 釋文云忒或作忒。案說文心部忒、失常也、从心代聲。又忒更也、从心弋聲。則作忒爲正。

匡名

爽、差也。爽、忒也。 爽差同訓、猶瓺瑳同訓也。說文瓺、瑳垢瓦石、爽謂差錯、猶瓺厝義近也。說文厝、厲石也、引詩可以爲厝、今鶴鳴篇作錯、江賦云、夼溜溜所瓺錯、硤瓺同。 爽、差也、爽、忒也、與下文基、經也、基、設也一例。皆同上一字而異訓。 自此條盡濟益也條、凡有九例。

一同字兩訓不異。見上。

二特訓。如佴、貳也、劑、翦、齊也之類。

三同字異訓。如流、求也、流、覃也、替、廢、替、滅之類。

四因下字更舉一訓。如流、覃也、覃、延也、啜、茹也、茹、度也之類。

五連所訓而更舉一訓。如潛、深也、潛、深、測也之類。

六因下字而更訓其聲同之字。如憯、曾也、增、益也之類。

七聲同訓異。如薆、隱也、僾、唈也、兆、域也、肇、敏也之類。

八因下字而轉訓。如速、徵也、徵、召也、凌、慄也、慄、慼也之類。

九異字同訓。如甥、明也、茅、明也、尹、正也、皇、匡、正也之類。

黃侃音訓

爽差也。郭云謂用心差錯不專一。楷案、古人互訓之字有易其義不易其字之例、爽也差也錯也皆一聲之轉、互訓之字也。在人謂之爽、又謂之差、又謂之錯、在物亦可謂之爽、又謂之差、又謂之錯。說文瓺、磋垢瓦石也。廣雅瓺、差、錯、磨也。瓺與爽同。物有瑕疵須磨去謂之爽、謂之差、謂之錯、人有過失亦須磨去故亦謂之爽、謂之差、謂之錯。命意同也。王逸楚辭哀時命注差、失也。鄭注曲禮重蹉、跌也。蹉之於跌又如差之於失矣。

稗疏

爽、差也。爽、忒也。

易豫卦傳云：「四時不忒、」鄭注「忒、差也；」廣韻云：「忒、差也；」說文左部云：「差、貣也、」心部云：「忒、失常也、」段云：「貣者、忒之假借字、忒與忒、蓋一字；」或从忒訓差、或以差訓忒、差與忒義相通矣。月令「毋或差貸、」呂覽作「差忒；」詩大雅「昊天不忒、」箋云：「不差忒也；」是差忒且聯用矣。知差忒非有二義也。

爽、說文「明也、」段云：「明之至而差生焉。」是故呂覽君守篇注：「爽、差、過也、」方言亦云：「爽、過也；」詩「女也不爽、」「其德不爽、」毛傳竝云：「爽、差也：」是爽爲差之證也。忒亦差也、故爽又爲忒、漢書賈誼傳注云：「爽、忒也；」老子云：「常德不忒、」釋文引顧云：「忒、爽也；」是爽爲忒之證也。

爾雅學

爽差也爽忒也○釋曰注疏本刪。

校勘記

差初加切雪牕本差音初。

校勘記訂補

三行（注）皆謂用心差錯不專一○原本《玉篇》叕部引此注作「謂用心差錯不專一者也。」

宋監本校箋

爽差音初也爽忒也

音圖・音

爽差也。爽忒也。

孫侶直音

又

爽差也。

又

直音校正

爽差初加切也。爽忒也。

楊氏音訓

佴貳也

佴貳也。佴次爲副貳。

郭注

佴貳也　釋曰佴、次也。次即副貳之義。

邢疏

佴貳也

郭璞云、佴次爲副貳。

一切注音

佴而志反。

陸音義

佴貳也

長從之貳聽焉。

新義

佴貳也佴音餌。貳謂副貳。

鄭樵注

佴貳也

郭璞曰、佴次爲副貳。

鄭樵曰、佴音餌。貳謂副貳。

古注合存

佴貳也。佴音二。○此釋佴爲貳之義也。疏曰、佴次也。即副貳也。

注疏參義

靡罔無也爽差也爽忒也註皆謂用心差錯不專一佴貳也。註佴次爲副貳正義衛風氓云靡室勞矣、又云士也罔極、又云女也不爽、士貳其行、此釋之也。毛傳靡、無也。爽、差也。俱本爾雅。無說文作𣎴、亡也。奇字作无。谷風云、何有何亡。地官司市云亡者使有。亡與無古通用。益稷云罔水行舟。史記作無水行舟。靡罔皆義之常行者、故郭氏無註。忒說文作忒、失常也。周語云、實有爽德。月令云無或差貸。豫卦傳云四時不忒。鄭註忒、差也。是差忒義相通也。佴者、說文云佴、佽也。鄭註特牲饋食禮云次猶貳也。佽次音義同。註皆謂至專一。○正義大雅瞻卬云鞫人忮忒。疏引孫炎云、忒、變雜不一。郭註本孫炎、言差忒皆變雜不一也。○佴次爲副貳。○正義鄭司農註天官小宰云貳、副也。說文云貳、副益也。文選司馬子長報任少卿書云僕又佴之蠶室、注引如淳曰佴、次也。若人相次也。

正義

佴貳也佴次爲副貳

貳者、說文云副益也。周禮道僕掌貳車、王制七十有貳膳、孟子館甥於貳室、並以貳爲副也。貳又代也、相更代亦爲副益也。佴者、說文云佽也。佽亦次、故文選報任少卿書注引如淳曰佴、次也。詩決拾既佽、周禮繕人注作抉拾既次。佽又代也、與貳同義。佴之爲言猶亞也。亞、次也。亞佴之聲又相轉。

義疏

佴貳也郭注、佴次爲副貳。耳象人耳、有兩故爲副。弓弭亦似兩耳在末、因爲止也。日有抱珥。周官、刉珥又幾珥。墨子書佴所然也。貳从古文二、記數字故加弋。周官八則之貳、貳車九乘。

集解

佴貳也佴、佽也。从人耳聲。佽通作次、即副貳之貳。書顧命次輅在右塾之前、鄭注象輅之貳。儀禮特牲饋食禮酳亞獻尸、注亞、次也。次猶貳。墨子經上佴自作也。佴所然也。文選報任少卿書而僕又佴之蠶室、注佴、次也。猶貳也。貳、副貳也。从貝从弍會意。弍亦聲。周禮大行人貳車九乘。禮記王制七十貳膳。

義證

靡罔無也爽差也爽忒也佴貳也

孫注忒、變雜不一。邢疏、詩大雅瞻卬、魯頌閟宮正義。

注皆謂用心差錯不專一。佴次爲副貳。

釋文忒他得反。或作僨。佴而志反。

疏無、不有也。詩云靡神不舉、書曰罔有攸赦、皆是。廣異言也。爽謂差錯、又爲忒變。孫炎曰忒變雜不一。郭云皆謂用心差錯不專一。詩衛風云、女也不爽、大雅瞻卬鞫人忮忒。佴、次也。次即副貳之義。

鄭注差錯、忒過也。佴音餌。貳謂副貳。

正義衛風氓云靡室勞矣、又云士也罔極、又云女也不爽、士貳其行、此釋之也。毛傳靡、無也。爽、差也。俱本爾雅。無、說文作𣞤、亡也。奇字作无。谷風云何有何亡。地官司市云亡者使有。亡與無古通用。益稷云罔水行舟、史記作無水行舟。靡罔皆義之常行者、故郭氏無注。忒、說文作㤕、失常也。周語云實有爽德、月令云無或差貸。豫卦傳云四時不忒、鄭注忒、差也。是差忒義相通也。佴者、說文云佴、佽也。鄭注特牲饋食禮云次猶貳也。佽次音義同。「注一皆謂主專一。大雅瞻卬云鞫人忮忒、疏引孫炎云忒變雜不一。郭注本孫炎言差忒皆變雜不一也。佴次爲副貳。鄭司農注天官小宰云貳、副也。說文云貳、副益也。文選司馬子長報任少卿書云僕又佴之蠶室、注引如淳曰佴、次也。若人相次也。

義疏、無者、說文作𣞤云亡也。一切經音義六引聲類云無、虛無也。通作无。易以无爲無。說文云奇字無通於无者、虛無道也。又通作亡。古有無字俱作亡。詩何有何亡、論語亡而爲有是也。又通作毋。史記魯世家引書無逸作毋逸、漢書車千秋傳引無偏無黨作毋偏毋黨是也。靡者、細也小也。皆與無義近。又訓盡也、空盡卽虛無。故詩靡日不思、之死矢靡他、箋傳竝云靡、無也。罔者从亡、亡亦無。易君子用罔、馬融王肅注竝云罔、无也。書罔水行舟、史記夏紀作毋水行舟。罔有攸赦、殷紀作無有攸赦。罔古讀如莽、無古讀如模、靡罔無俱一聲之轉。小爾雅云勿蔑微曼末沒無也。今人言無有曰沒有、或曰未有、亦曰靡有、皆一義也。蔑以加言、無以加也。蔑微管仲、言無管仲也。微古讀如眉、勿古讀如沒、是勿微是沒亦靡罔之聲轉。 差者、說文作𢀩云貳也。段氏注貳作貣。按籀文𢀩从二、二謂心不一也。士或二三其德所以過差也。故𢀩差之字从二三。太玄廊云或生之差、范望注差過差也。爽者、說文云明也。从㸚 力几切。㸚、二爻也。二不專一、故又訓差。詩女也不爽、其德不爽、傳竝云爽差也。方言云爽過也。過亦差。謚法云爽傷也。傷敗亦過差也。書云惟事其爽侮、老子云五味令人口爽、列子黃帝篇云昏然五情爽惑、竝以爽爲差也。周語云實有爽德、又云言爽日反其信、韋昭注竝云爽貳也。依段注貳亦貣矣。爽又訓忒者、忒亦差也。廣異訓耳。老子云常德不忒、釋文引顧云忒、爽也。漢書賈誼傳注爽、忒也。忒、說文作㤕云失常也。通作忒云更也。更變亦失常。故詩鞫人忮忒、享祀不忒、傳箋竝云忒變也。正義俱引孫炎曰忒變雜不一。不一卽貳、貳卽差矣。爾雅釋文忒或作㤕、是㤕忒通。又通作貸。易豫釋文忒京本作貸。月令云宿離不貸、又云無或差貸、呂覽貸俱作忒。又通作貣。書云衍忒、史記宋世家作衍貣。又通作貳。禮緇衣引詩其儀不忒、釋文忒本或作貳、音二。 貳者、說文云副益也。周禮道僕掌貳車、王制七十有貳膳、孟子館甥於貳室、竝以貳爲副也。貳又代也、相更代亦爲副益也。佴者、說文云佽也。佽亦次、故文選報任少卿書注引如淳曰佴次也。詩決拾既佽、周禮繕人注作抉拾既次。佽又代也、與貳同義。佴之爲言猶亞也。亞、次也。亞佴之聲又相轉。

釋言集解後案

世榮案、四句明釋氓詩、邵說是也。然詩無佴字、佴貳字疑互易、貳卽士貳其行之貳。佴者、衈之叚字。穀梁僖十九年叩其鼻以衈社也、注衈者釁也、取鼻血以釁祭社器。是衈有汙義。公羊莊二十三年傳我貳也、注莊公有淫佚汙貳之行。廣雅釋言貳、汙也。王氏念孫疏證曰貳當作膩、是貳亦有汙義。以衈釋貳卽以汙釋貳、其作佴者、同聲相叚借也。自貳佴倒置而注家皆不得其解矣。守復案、王先生先謙曰、如此說則史公佴之蠶室、佴亦當爲汙義、於道大適矣。

郭注補正

佴貳也 佴、而志反。

註佴次爲副貳

佴貳也 說文云佴、佽也。佴佽以疊韵爲義。佽與次同。小雅車攻決拾既佽、箋云佽、謂手指相佽比也。周禮繕人注佽作次。次卽副貳之義。

說詩

靡罔無也爽差也爽忒也佴 音二 貳也 說文𣞤亡也。註此有無字之正體、而俗作無。𣞤乃蕃𣞤字。註豐也。隸變爲無、遂借爲有𣞤字與無義正相反、而蕃無乃借𣞤或借蕪爲之矣。靡、披靡也。註披當作柀。又與亡字無字皆雙聲、故謂無曰靡。衛風靡室勞矣。益稷罔水行舟、史記作無水行舟。無與亡古通用。邶風何有何亡。爽、明也、从㸚大。周禮實有爽德、毛云爽、差也。詳釋詁。月令無或差貸。忒、更也、从心弋聲。㤕、失常也。音義同。與差字亦通。豫卦四時不忒、鄭注忒、差也。佴、佽也。報任少卿書僕又佴之蠶室、猶云副貳之以蠶室也。貳、副益也。

啓蒙

佴、貳也。佴對轉為仍、廣雅重也。與佴同聲義有酳、集韻引字林重釀也、玉篇作䤈。

黃侃音訓

臞脙瘠也　桄頍充也　屢暱亟也　爽忒也　佴貳也

釋文臞字又作臞。釋言釋文 說文齊人謂臞脙也。肉部脙 舍人云臞、瘠也。引見史記索隱 孫叔然本桄作光。釋言釋文 鄭氏禮記注橫、充也。樂記注孔子閒居注同 釋文屢作婁。云本又作屢。釋言釋文 忒或作貣。釋言釋文 說文作忒、云失常也。心部忒 說文佴佽也。人部佴 鄭氏儀禮注次猶貳也。特牲饋食禮注

桄、充也。禮記注作橫、充也。孫叔然本桄作光。按光古通作橫。尚書堯典光被四表、漢書王莽傳後漢書馮異傳俱作橫被四表。橫又與桄通。高誘淮南注云、橫讀桄車之桄。

證異

佴、貳也。

說文貝部云：「貳、副也、益也、从貝、弍聲。」貳爲副者、說文云：「副、判也。」大雅云：「不坼不副。」曲禮云：「爲天子削瓜者副之。」此副之本義也。凡物副之則分爲二、稱此分離者謂之副；又由分而合、稱此合幷者亦謂之副；此訓詁之例也。鄭司農注周禮小宰云：「貳、副也。」段謂「周人言貳、漢人言副」也。道僕掌貳車、王制七十有副膳、孟子舘甥於貳室、此古之言貳者也、史記曰：「藏之名山、副在京師。」漢書曰：「臧諸宗廟、副在有司。」此後世之言副者也、貳之所以訓爲副者以此也。

佴、說文人部云：「佽也、从人、耳聲。」佽即次、詩「決拾既佽」、周禮膳人注作次。文選司馬子長報任少卿書云：「僕又佴之蠶室。」注引如淳曰：「佴、次也、若人相次也。」鄭注特牲饋食禮云：「次、猶貳也；」是猶云副貳之以蠶室也；故佴訓貳。

爾雅學

佴貳也○釋曰注疏本删。次即副貳之義閩本監本毛本義誤貳。元本闕。

校勘記

佴音二貳也

音圖・音

佴、而志翻音二。人志翻同。太史公報任安書云佴之蠶室。佴、諸本作茸字、顏監云茸、人勇翻音宂。訓推與訓貳異義。案說文云佴次也。此即貳義。墨子云佴所然也、此即推義。

音略

二 佴貳也。

孫侶直音

佴二貳也

楊氏音訓

佴貳

干氏音釋

劑翦齊也

劑翦齊也。南方人呼翦刀爲劑刀。

郭注

劑翦齊也 釋曰、皆爲齊截也。郭云南方人呼翦刀爲劑刀。釋器云金鏃翦羽謂之鍭。

邢疏

劑翦齊也 郭璞云南方人呼翦刀爲劑刀。

一切注音

劑即隨反。翦子踐反。

陸音義

劑翦齊也 郭云、南方人呼翦刀爲劑刀。

鄭樵注

爾雅詁林　二　釋言

剞𠜰齊也

郭璞曰、南方人呼𠜰刀爲剞刀。

鄭樵曰、郭云南方人呼𠜰刀爲剞刀。

古注合存

剞𠜰齊也 此釋剞𠜰爲齊之義也。註曰、南人謂𠜰刀爲剞刀。疏曰、皆謂齊截也。

注疏參義

周禮注聽賣買以質劑、釋文引爾雅、劑翦齊也。

毛傳翦、齊也。箋訓斷。正義云翦齊、釋言文。齊卽斬斷之義、故箋以爲斷、其義同也。

補注

剞𠜰齊也 註 南方人呼𠜰刀爲剞刀 正義 齊者、斷也。說文云剞、齊也。義本爾雅。又云翦、齊斷也。亦本爾雅爲義。天官小宰、聽賣買以質劑。剞者所以斷其不齊也。秋官之屬有𠜰氏、鄭註𠜰、斷滅之言也。魯頌閟宮云、實始翦商、毛傳用爾雅、鄭箋翦、斷也。註 南方至剞刀。 正義 說文繫傳引字書曰、𠜰、刀剞也。

正義

剞𠜰齊也 玉案、儀禮既夕云馬不齊髦、注齊翦也。集韻齊、子淺切、音翦。

郭注今呼貸飯爲饋、饋熟爲餾。 劉改飯爲飫、饋熟爲饋均熟、云据泂酌詩疏增改。

校議

剞𠜰齊也 南人呼𠜰刀爲剞刀 齊者、斷也。既夕記云馬不齊髦、鄭注齊、翦也。翦斷其義同。剞者、說文云齊也。玉篇云𠜰齊也。太玄永云其命剞也。范望注剞、剪絕也。周禮小宰云聽賣買以質劑、鄭注質劑謂兩書一札、同而別之、皆今之券書也。是亦取齊斷爲義也。翦者、說文作歬、云齊斷也。通作翦。詩實始翦商、毛傳翦、齊也。鄭箋翦、斷也。莊子人間世篇云且幾有翦乎、釋文翦崔本作前。是前翦通。又通作戩。說文引詩翦作戩、云滅也。滅亦斷絕之義、故周禮序官翦氏注翦、斷滅之言也。郭云南方人呼翦刀爲剞刀者、剞翦聲轉。釋文剞、卽隨反。釋名云翦、刀翦進也。所翦稍進前也。翦俗作剪。

義疏

剞𠜰齊也 郭注、南人呼𠜰刀爲剞刀。 此專釋周官剞字。剞从刀齊、故爲𠜰齊。𠜰从前。前从歬刀。以刀在歬截斷人行、因爲齊一也。聽賣買以質劑、以刀剖分爲約劑之信驗。

集解

剞𠜰齊也 剞𠜰齊也、从刀从齊會意。太玄永其命剞也、范注剞剪絕也。周禮小宰聽賣買以質劑、鄭司農說劑所以斷其不齊也。後漢書劉梁傳引春秋傳曰和如羹焉、酸苦以劑其味、注左傳劑作齊。周禮鬯人禜門用瓢齎、注齎讀爲齊。易旅得其資斧、今本作齊。說文鈇、利也、讀若齊。以齎資鈇爲之。翦、字本作𦏧、羽初生也、一曰矢羽。从羽歬聲。正字爲剞𠜰。剞𠜰齊斷也。今隸誤作剪。剞劗通用字。詩泮水實始翦商、傳翦、齊也。說文引詩作戩、云滅也。莊子人間世且幾有翦乎、釋文翦崔本作前。史記仲尼弟子宓子賤名不齊。孝文紀服臨皆無踐、服虔注踐、剪也。禮記曲禮不蚤揃、亦作翦。字林揃、搣也、亦斷也。以戩前踐揃爲之。或若翦之正字爲斷、與說文斷、截也。廣雅釋言云齊也。齊禾麥吐穗上平也。引申爲整也、一也。儀禮既夕記馬不齊髦。

義證

剞𠜰齊也

今南方人訏𠜰刀爲剞刀

慧琳正誣論四卷音義引爾雅云剞、齊也。今南方人呼𠜰刀爲剞刀。各本脫今字、據補。

郭注佚存補訂

剞𠜰齊也

說文云剞、齊也。从刀从齊會意。說詳訂經。 𠜰者、魯頌閟宮實始翦商、傳云翦、齊也。案此是翦勤之翦非翦齊之翦。說見釋詁。說文引作實始戩商。戩滅也。召南甘棠勿翦勿伐、釋文引韓詩作勿刬勿伐漢書王吉傳作勿鬋勿伐。刬、平也。鬋、斷也。皆齊義也。

說詩

翦齊也

家大人曰士喪禮記曰馬不齊髦鄭注齊、翦也。

述聞

劗翦齊也　翦、後漢書注八十下引作剪。案前後字本作歬从止从舟。歬从刀則爲𠝣从羽則爲翦此文當从刀爲𠝣、隸變翦剪涸爲一字、經典中剪字悉以翦代之。

匡名

劗音咨剪齊也　齊斷也　說文劗、齊也。郭註南方呼剪刀爲劗刀。周禮聽賣買以質劑。歬、齊斷也。魯頌實始剪商、箋剪、斷也。

啓蒙

劗翦齊也。既夕禮馬不齊髦注齊翦也。秦詛楚文文直劗楚師。

古義補

劗翦齊也

注曰南方人呼翦刀爲劗刀　疏曰皆爲齊截也

樾謹按、劗翦齊一聲之轉、其義皆通。然此經訓劗翦爲齊、非訓齊爲劗。翦則自當以齊字之義爲主、不當訓齊爲齊截以求合於劗翦二字也。劗者、周官小宰聽賣買以質劑、司農云質劑謂市中平賈今時月平是也。是質劑皆平也。說文齊部齊、禾麥吐穗上平也。齊爲平、劑亦爲平、故曰劑、齊也。翦者、說文羽部曰羽生也。羽初生必整齊。周官司裘疏引鄭康成尚書注曰毨、理也毛更生整理。然則翦之爲齊猶毨之爲理矣。翦亦通作踐。禮記文王世子篇不翦其類也、周官甸師注引作不踐其類也。是其證也。伐柯篇伐木篇並曰籩豆有踐、蓋謂其陳設之整齊、故毛傳曰踐、行列貌。鄭箋曰踐陳列貌。正與雅訓合矣。

平議

劗、翦、齊也。

說文亝部云：「亝、禾麥吐穗上平也、象形、」徐鍇曰：「生而齊者、莫如禾麥。」亝即齊、是齊本爲禾穗之齊、引伸爲凡齊平之義。同部又有𪗉篆云：「等也、」今齊行而𪗉亦不廢。

劑、說文刀部云：「齊也、」此用雅義也。天官小宰「聽買賣以質劑；」鄭大鄭曰：「質劑、謂市中平價、若今時月平、是也；」鄭曰：「長劵曰質、短劵曰劑；」是劵之稱劑、正取其爲齊平之義而稱之也。

翦與前義相通。說文刀部云：「前、齊斷也、从刀、歬聲、」此俗所謂剪字之本文。前、本爲刀名、因以爲斷物之名；物斷則齊、又以爲凡齊等之稱。古多假翦爲前、周禮序官翦氏注：「翦、斷滅之言也；」詩「勿翦勿伐、」傳云：「翦、去也；」又「實始翦商、」傳云：「翦、齊也；」此皆借翦爲前也。邵郝皆用前字以釋翦、前固有齊之義矣。然翦亦有齊義、實不必易字以解經。說文羽部云：「翦、羽生也；从羽、前聲、」羽生之義而从前者、段云：「羽初生、如前齊也；」徐謂：「生而齊者、莫如禾麥、」其實生而齊者、尤莫如羽毛、齊與翦、皆引伸爲凡齊平之義、蓋同一例也。俞樾亦云：「周官司裘疏引鄭康成尚書注曰：『毨、理也、毛更生整理；』然則翦之爲齊、猶毨之爲理矣。」此堯典「鳥獸毛毨」之注、以羽毛同類字爲證、尤不可易。蓋俞氏以爲「此經訓劑翦爲齊、非訓齊爲劑翦、自當以齊字之義爲主、不當訓齊爲齊截、以求合於劑翦二字、」此俞氏解釋齊翦二字、所以與邵郝皆微異也。

爾雅學

劗翦齊也〇釋曰注疏本删。

校勘記

𣂪即隨切　雪牕本劑从斤、誤。

校勘記訂補

爾雅詁林 二 釋言

斱卽隨切 監本汞懷堂本湘本毛本斱作劑，是。此誤。

釋器金鏃翦羽謂之鏃 監本毛本湘本器下有云字，邢疏例引書皆有云字。此脫。

注疏校勘札記

四行（注）南方人呼翦刀爲劑刀。○慧琳《音義》卷九十五引此注「南方人」上有「今」字。

宋監本校箋

劑、卽隨翻，音紫，音近照母之雖。周禮釋文子隨翻，同。詛楚文克劑楚師。姚寬西溪叢語引爾雅劑，翦也。遵爲翻，與卽隨同。此字一音在細翻、才詣翻，同齊，去聲。調劑之劑別爲一義。今俗讀如濟、非。

音略

稽咨 剪

劑翦齊也。

孫侶直音

讀咨 剪

劑、翦、齊也

直音校正

劑 卽隨切 翦 齊也

楊氏音訓

饙餾稔也

饙餾稔也。今呼餐飯爲饙，饙熟爲餾。

郭注

饙餾稔也 釋曰：稔、熟也。孫炎曰：蒸之曰饙，均之曰餾。郭云今呼餐飯爲饙，饙熟爲餾。說文云：饙，一蒸米也。餾，飯氣流也。然則蒸米謂之饙，饙必餾而熟之，故言饙餾稔也。大雅泂酌云：可以餴饎。饙餴音義同。

邢疏

饙餾稔也 釋文稔字又作䬴。按毛詩音義下、韻會二十六宥引孫正文作䬴。

烝之曰饙、均之曰餾。詩正義十七之三 毛詩音義下 韻會

孫音注

饙餾䬴也 釋文稔字又作䬴。按毛詩釋文引孫正文作䬴。

烝之曰饙、均之曰餾。詩大雅泂酌正義 詩釋文

黃輯古義

孫音注

饙餾

蒸之曰饙、均之曰餾。同經典釋文七

玉函山房輯佚

饙餾稔也 釋文稔字又作䬴。按毛詩音義下引孫正文作䬴

孫曰烝之曰饙、均之曰餾。詩正義十七之三 毛詩音義下

鈎沉

饙餾稔也

孫炎云蒸之曰饙、均之曰餾。詩正義十七之三卷 釋文八卷 郭璞云今呼餐者修飯爲饙、饙均熟爲餾。者修均三字據詩正義十七之三卷引增。者修當作音脩。

漢注

饙餾稔也 孫炎云蒸之曰饙、均之曰餾。詩泂酌釋文

一切注音

蕙心案：稔、詩泂酌釋文引爾雅作飪。說文飪、火孰也。飪、正字。稔、借字。邵氏正義謂郭注今呼餐飣爲饙、饙熟爲餾。詩疏引今呼餐者修、者修二字當作音修。

古注斠

饙 方云反。字又作餴，同。說文作餴、云脩飯也。饙餴皿或餴也。字書云一蒸米。餾 力又反。稔 字又作䬴、同。而審反。餐 音脩，又西九反，又所九反。一音孫。廣雅饙謂之餐也。蒼頡篇云餐、饙也。飰 字又作餅、俗作飯，同。符萬反。字林云飯食也。扶晚反。飤也。

陸音義

饙說文作饆云滫飯也○舊饆作饆下亦同又滫作脩今皆據本書改正。飰字又作餅俗作飯○注疏本飰作飯餅譌餅。

音義攷證

饙餾稔也報蒸曰饙復蒸曰餾稔熟也。

鄭樵注

饙餾稔也
孫炎曰蒸之曰饙均之曰餾。
郭璞曰今呼貸飯為饙饙熟為餾。
鄭樵曰報蒸曰饙復蒸曰餾稔熟也。

古注合存

饙餾稔也。饙音分餾音溜○此釋饙餾爲稔之義也。註曰今呼貸飯爲饙饙熟爲餾。疏曰稔熟也。孫炎曰蒸之曰饙均之曰餾。說文云饙一蒸米也。餾飯氣流也。詩洞酌云可以餴饎餴饙音義同

注疏參義

饙餾稔也【註】今呼貸飰爲饙饙均熟爲餾【正義】大雅洞酌云可以餴饎此釋之也。詩疏引孫炎曰蒸之曰饙均之曰餾。說文云餴滫飰也。餴或作饙。餾飰氣流也。釋名云饙分也衆粒各自分也。釋文引字書云饙一蒸米也。詩疏誤以字書爲說文舊疏復仍其誤。玉篇云饙半蒸飯也。釋文云稔字又作飪。說文云飪大熟也。餾飯氣蒸也。稔亦訓熟故饙餾爲稔也。【註】今呼至爲餾○【正義】詩疏引郭註云今呼餐者修飯爲饙饙均熟爲餾。者修二字當作音修舊係旁註混人正文。監本闕均字今据補。郭氏以餐飯爲饙、据時俗語也。廣雅云饙謂之餐。釋文引倉頡篇云餐饙也。孔疏蒸米謂之饙饙必餾而熟之、故言饙餾。

正義

饙餾稔也今呼餐飯爲饙饙熟爲餾稔者、飪之叚音也。說文飪大熟也。又孰云食飪也。引易曰孰飪。今易鼎文作亨飪。方言云飪熟也。通作腍。聘禮記云賜饔唯羹飪。鄭注古文飪作腍。詩楚茨傳亨飪之也、釋文飪本又作腍。又通作稔。稔穀熟也。釋文稔字又作飪。詩洞酌釋文引爾雅正作飪。說文亦饙餾飪三字連文、可證矣。饙者、說文作饆或作饙餴。

云脩飯也。郭云餐飯者、釋文引蒼頡篇云餐饙也。是餐脩同。又引字書云饙一蒸米。玉篇云半蒸飯。洞酌釋文引孫炎云蒸之曰饙均之曰餾。然則饙者半蒸之尚未熟、故釋名云饙分也衆粒各自分也。餾者說文云飯气蒸也。詩正義引作飯氣流也。蓋餾之爲言流也。飯皆烝熟則氣欲流、故孫炎云均之曰餾。郭云饙熟爲餾。詩正義引作饙均熟爲餾、義本孫炎。

義疏

饙餾飪稔腍也孫注、蒸之曰饙均之曰餾。郭注、今呼餐飯爲饙饙熟爲餾。上云墳大。因墳起復爲噴出。詩、可以饙饎。字又佮餴、飯始出熱氣也。餾从畱、義取气水如濡。濡飪者、飯之濡如羹之飪也。飪从王、與妊同、蓋果熟如妊、妊育、因爲凡熟之名。記腍祭、亦佮稔祭。左傳多稔字、經記唯用飪、腍。飯餾乃飪、故以釋饙。孫郭以饙餾同爲飪、非。

集解

饙餾稔也饙字本作餴、滫飯也。从食奔聲、或从賁聲。引申爲稔、謂滫飯熟也。詩洞酌可以饙饎、傳饙餾也。猶稔也。餾飯气蒸也、米一蒸曰饙、再蒸曰餾。从食畱聲。稔也者、謂再蒸而熟也。今楚俗呼再蒸麪包爲餾。經典餾通作滫、又或作餐。禮記內則堇荁枌榆免薨滫瀡以滑之、其相和而令如熟食柔滑之謂矣。稔穀熟也、从禾念聲。引申爲凡熟之熟。左昭十八傳、是昆吾稔之日也。或者正字爲飪與。詩洞酌釋文引爾雅饙餾飪也是。

義證

饙餾稔也饙方云反餾力又反

【註】今呼貸飰爲饙饙熟爲餾【補正】邢疏、孫炎曰蒸之曰饙均之曰餾。說文云饙、一蒸米也。餾、飯氣流也。然則蒸米謂之饙、饙必餾而熟之、故言饙餾稔也。大雅可以餴饎。饙餴音義同。臣鑒按、詩傳餴、蒸米一熟、而以水沃之乃再蒸也、最爲明白。

郭注補正

饙餾稔也

今評餈音脩飪爲饙饙熟爲餾

釋文云飪字又作餴俗作飯今各本俱作飯明注疏本餈誤餐元本誤攸詩大雅泂酌正義引郭璞曰今呼餈音脩飯爲饙饙均熟爲餾阮氏云注疏本音誤者山井鼎云宋音脩二字白書樹栴以爲此係郭璞自音唐殘本玉篇食部饙下引爾雅郭璞曰今呼脩飯爲饙又餾下引爾雅郭璞曰今呼飯熟爲餾也案今本饙熟爲餾當從顧本作飯熟爲餾而泂酌釋文引郭注則作餴熟爲餾饙餴同字蓋陸所據本作饙不作飯也 郭注佚存補訂

饙餾稔也

饙說文作餴云滫飯也或從賁作饙又或從奔作餴餾飯气蒸也詩正義引飯氣流也御覽引說文滫飯作饙飯玉篇云餔與餈同饙也餴半蒸飯廣韵云饙一蒸飯也孫炎云烝之曰饙均之曰餾大雅泂酌可以餴饎毛傳云餴餾也餴饙皆餴之或體也小雅楚茨或剝或亨傳云亨飪之也彼釋文云飪本又作脍說文云飪大孰也古文作肝又作恁稔者飪之假借也 說詩

饙餾節註今呼餈飯爲饙餈下誤從貝疏同飯釋文作飪即飯字

疏字書云饙一蒸米也字書誤說文從釋文校餾飯氣流也上當脫說文云三字氣流說文作氣蒸 注疏正字

饙餾稔也

郭曰今呼餈飯爲饙饙熟爲餾力又反引之謹案漢書律厤志曰留孰於酉孰古熟字留餾古同聲故義皆爲熟 述聞

饙餾稔也 釋文云饙字又作餴同說文作餴舊本誤餴饙餴竝同餴又云稔字又作飪案說文作飪从食壬聲从任非也又案飪正文稔通借 匡名

饙音分餾音溜稔也說文稔穀熟也引左傳鮮不五稔又賁郭註餈飯爲饙通作餴大雅可以餴饎傳餴餾也餾飯气流也郭註均熟爲餾 啓蒙

饙稔也 饙說文作餴餴之言歕也歕吹氣也餾稔也 廣雅餾爨也案飯熟曰餾穀疾熟曰稔聲義相近孫炎曰均之曰餾曰均之者餾之爲言勠也勠說文并力也 黃侃音訓

饙餾稔也

案古玉篇饙下餾下引經文後又引注爲饙之饙譌作飯饙熟亦作飯熟恐非餾下引飯氣蒸也飪下引大熟也與今本同惟气作氣爲俗據此知稔正字當作飪釋文稔字又作餁案即飪之異體 王仁俊日記

饙餾稔也

郭註今呼餈飯爲饙饙熟爲餾元慶按釋文稔字又作

飪。說文以饙餾飪三字厠食字之下、則稔固當作飪、而郭說疑卽本於說文。蒙謂稔飪同音、又皆訓爲熟、其義若相通而實則各自爲義。稔專訓五穀之熟、飪專訓肉食之熟。稔从禾、許君曰穀熟也。一切經音義、禾熟曰稔。穀每年一熟、故稔字又引伸爲年歲之年。左傳不可以五稔、國語鮮不五稔是也。飪从食、或从肉、古文飪作䏕、又作腍。許書以大熟釋飪字、釋熟字曰食飪也。經傳凡烹飪之飪皆作飪、如易鼎亨飪也之類、不一而足。飪與稔同音、古文腍與稔又皆从念得聲、故經訓或叚穀熟之稔爲食熟之飪。然則尒疋餴餾稔也、葢卽飪之叚音矣。詩泂酌可以餴饎、毛傳餴、餾也。餴卽饙字、餴與饙皆餴之或體。餾、許君云飯气蒸也、詩正義引作飯氣流也、段懋堂注說文本詩正義改作流、總之、氣蒸與氣流皆言飯熟之象。饙餾爲飯之熟、郝戶部釋之極詳、不復贅。王氏經義述聞引漢書律麻志留熟於酉、謂留餾古同聲、故義皆爲熟、似欲强合穀熟之說、恐亦未盡塙也。

蔣元慶日記

、餾、稔也。

釋文「稔字又作餁、同、」餁同飪、詩泂酌釋文引爾雅、正作飪。穀熟爲稔；說文食部云：「飪、大熟也、」特牲禮注云：「飪、熟也；」稔飪義同、故通用。飪之古文作䏕；故稔亦作腍、見楚茨釋文。

饙餾者、泂酌釋文引孫炎云：「蒸之曰饙、均之曰餾、」是也。饙之爲言分也、釋名「饙、分也、眾粒各自分也、」此指初蒸之時而言；故釋文引字林云：「一蒸米、」玉篇云：「半蒸飯、」其義皆通。餾之爲言流也、說文食部云：「餾、飯气流也、」流謂四流、卽孫所云「均之曰餾、」其義亦相通也。蒸之卽所以熟之、故饙訓稔；餾則飯大熟矣、其爲稔、宜也。饙、說文作餴、或體作餴、古語稱餈飯、說文段注欲以再蒸爲餾、未審。邵氏據詩疏補正郭注爲：「饙均熟爲餾、」詞義甚明、郝氏去均字、失之矣。

爾雅學

今呼餐飯爲饙單疏本雪牕本同。閩本監本毛本餐誤貸、疏中同。元本餐誤攸。釋文飦字又作餅、俗作飯、同。按玉篇餅飦並俗飯字。

饙餾稔也〇釋曰注疏本刪。

饙熟爲餾注疏本同。詩正義作饙均熟爲餾、因連引孫炎注均之日餾而誤衍耳。郭釋經稔爲熟、詩釋文引孫炎均之日餾引郭注餴熟爲餾可證。

校勘記

饙餾稔也。注今呼餐飯爲饙、饙熟爲餾。今本餐誤从攸下貝。釋文飦字又作餅、俗作飯。按說文飯从食反聲。玉篇餅飦俗字。是飯乃正體、釋文誤也。或據之以改今本、非是。又釋文餅亦餅之誤、又於熟爲餾上據詩疏增均字、然考詩泂酌釋文引郭云饙熟爲餾、恐疏是承孫炎均之曰餾而誤、其實郭本無均字也。又詩疏以饙、一蒸米也、餾、飯氣流也、爲說文、今說文本作餾、飯氣蒸也、釋文引一蒸米爲字書、此疏亦用其說而未考。

注疏本正誤

(注)饙熟爲餾〇原本《玉篇》食部「餾」下引作「飯熟爲餾也。」

宋監本校箋

饙音紛　餾音溜　稔也

音圖・音

饙方云翻、玉篇甫文翻、廣韻府文翻。音分。字又作餴、同。說文作餴。案此字當是非鬻交互出切、音奔。但廣韻已收饙餴於分字紐、則其傳訛已久矣。

音略

饙、餾，稔也。分溜注

孫佀直音

饙分餾溜稔也。稔熟也

楊氏音訓

饙分餾力救切

干氏音釋

媵將，送也

媵將，送也。左傳曰以媵秦穆姬。詩曰遠于將之。

郭注

媵將送也　釋曰，皆謂送行也。孫炎曰，將，行之送也。注云，左傳曰以媵秦穆姬者，案僖五年晉執虞公及其大夫井伯以媵秦穆姬。杜注云，秦穆姬，晉獻公女。送女曰媵，以屈辱之。云詩曰遠于將之者，邶風燕燕衞莊姜送歸妾之詩也。

邢疏

媵將送也　送女曰媵。將，行之送也。詩正義十九之三　後漢書十上李賢注　一切經音義　邢疏　戴埴鼠璞　韻會二十五徑同。

孫音注

黃輯古義

媵將送也　送女曰媵。後漢書陰皇后傳章懷太子注　將，行之送也。邢疏　詩周頌敬之正義　一切經音義　戴埴鼠璞

孫音注

玉函山房輯佚

將送也　將，行之送也。同戴埴鼠璞

鉤沉

媵將送也　孫曰，送女曰媵。將，行之送也。詩正義十九之三　後漢書十上李賢注　一切經音義　邢疏

漢注

媵將送也　孫炎云，送女曰媵。後漢書卷十注　將，行之送也。詩正義十九之三卷　戴埴鼠璞　郭璞云，左傳曰以媵秦穆姬。詩曰遠于將之。

一切注音

媵送也　孫炎曰，送女曰媵。後漢書皇后紀注

將　孫炎曰，將，行之送也。詩燕燕正義

古注斠

媵以證反、又繩證反。方言云媵、寄也記也送也。

陸音義

媵將送也　送女曰媵。將，赴送也。

鄭樵注

媵將送也　孫炎曰，送女曰媵。將，行之送也。上句見後漢書皇后紀注，下句見詩疏，合錄之。郭璞曰，左傳曰以媵秦穆姬。詩曰遠于將之。鄭樵曰，送女曰媵，將，赴送也。

古注合存

媵將，送也。媵音孕。○此釋媵將爲送之義也。註曰，左傳云，以媵秦穆姬。詩燕燕云，遠于將之。

注疏參義

媵將送也　**註**　左傳曰以媵秦穆姬。詩曰遠于將之

正義　說文云，送、遣也。籀文作遜。媵、說文作㑞，云送也。呂不韋曰，有侁氏以伊尹㑞女。後漢書註引孫炎云，送女曰媵，是也。將者，詩疏引孫炎云，將、行之送也。鄭風丰云，悔予不將兮。文子符言篇，來者不迎，去者不將，是也。又

爾雅詁林　二　釋言

燕禮云媵觚于賓、咸卦傳云媵口說也、天官小宰云裸將之事、公羊文十五年傳云筍將而來也、媵將俱訓爲送也。**註**左傳至將之。○**正義**以媵秦穆姬、僖五年傳文。遠于將之、邶風燕燕文。

正義

媵將送也　左傳曰以媵秦穆姬詩曰遠于將之

送者、說文云遣也、从倂省、籒文不省。荀子富國篇云送逆無禮、楊倞注送、致女。是送以致爲義。故漢書倉貨志應劭注送致也。媵者倂之叚音也。說文云倂、送也。引呂不韋曰有侁氏以伊尹倂女。通作媵。後漢書皇后紀注引孫炎曰送女曰媵。按本解以送女爲媵、經典凡送亦通曰媵。故易象傳云媵口說也。燕禮及大射儀云媵觚于賓、鄭注並云媵送也。方言云寄物爲媵、媵寄也。又云媵託也。託寄亦送致之義。又通作騰。燕禮注今文媵皆作騰。大射儀注古文媵皆作騰。公食大夫禮云衆人騰羞者、鄭注騰當作媵。易之媵口說、今作滕口說、亦其證矣。又通作揚、檀弓云杜蕢揚觶、鄭注禮揚作媵。揚舉也。媵送也。揚近得之。鄉飲酒義及射義揚觶、鄭注並云今禮揚皆作騰。燕禮媵觚、鄭注又云媵讀或爲揚、揚舉也。然則揚媵聲轉、騰聲近、騰揚之義又近、揚舉與媵送義亦近矣。將者、說文牂扶也。通作將。詩我將箋將猶奉也。聘禮記注將猶致也。義皆爲送。故詩百兩將之、周禮小宰裸將之事、傳注並云將送也。詩燕燕箋將亦送也。傳云將、行也。行與送義相成。凡送兼行而言。故公羊文十五年傳筍將而來也、蓋言筴與行而送來也。又凡將事將命亦言銜命受事行而傳送之也。故詩敬之正義引孫炎曰將、行之送也。

義疏

媵將送也　孫注、送女曰媵。郭注、左傳曰以媵秦穆姬。詩曰遠于將之。

媵、說文作倂、从人弁。送、从倂省、籒作遜、不省。知弁卽今送。作媵者、騰改从女耳。易、滕口說、本作媵。禮、媵爵者、古文作騰、又或作揚。媵女其一耳。字當作朕、从舟、送也。將、从寸、醬省。醬从酉肉爿之、因以送遠遺人、又加寸爲凡送之詞。書迪將其後。假借爲將帥名也。

集解

媵將送也　媵、字本作倂、送女也。从人弁聲。今字作媵。儀禮燕禮媵觚于賓、注媵送也。詩江有汜序美媵也、疏媵謂妾也。謂之媵者、以其從適以送爲名也。楚辭天問媵有莘之婦、注媵、送也。易咸媵口說也、虞注媵、送也。今作滕口說。儀禮大射儀注、古文媵皆作騰。公食禮衆人騰羞者、注騰當作媵。媵、送也。禮記檀弓杜蕢洗而揚觶、注禮揚作媵。揚舉也。媵、送也。說文賸、一曰送也。以媵騰揚賸爲之。將、帥也。从寸、醬省聲。正字爲薦、賓爲餞。餞、送去食也。引申爲凡送之偁。書堯典寅餞納日、僞傳餞、送也、是也。餞薦將通用字。詩鵲巢百兩將之、傳將、送也。燕燕遠于將之、箋將亦送也。周禮小宗伯以時將瓚果、鄭注將、送也。文選謝靈運初去郡詩於今廢將迎、注將、送也。莊子德充符不以翣資、李注資、送也。左文六傳盡具其帑與其器用財賄、親帥扞之、送致諸竟。十二傳不腆先君之敝器、使下臣致諸執事。說文致云送詣也。以資致爲之。送遣也。以辵倂省會意。籒文不省。荀子富國送逆無禮、注送、致女。左傳叔孫如齊致女、卽送女也。

義證

媵將送也

註左傳曰以媵秦穆姬、詩曰遠于將之。**補正**孫炎曰將、行之送也。鄭樵註云送女曰媵。將、赴送也。臣鑒按、屈原賦魚鱗鱗兮媵予。

郭注補正

媵將送也

媵、說文作倂、云送也。送从倂省、籒文不省、故訓互通。小雅我行其野、鄭箋云、不以禮嫁必無肯媵之。疏云凡送女適人者、男女皆謂之媵。僖五年左傳晉人滅虞、執其大夫井伯以媵秦穆姬。史傳稱伊尹有莘氏之媵臣。是送女者雖男亦名媵者、此不以禮嫁、其父母之家男子婦女皆無肯媵之故獨

爾雅詁林　二　釋言

來耳。案媵爲送、不但送女爲媵也。燕禮大射儀鄭注竝云媵、送也。將者、召南鵲巢百兩將之、邶風燕燕遠于將之、鄭風丰悔予不將兮、傳箋竝云將、送也。小雅楚茨大雅既醉爾殽既將、傳云將、行也。非也。將亦當訓爲送、謂頒胙以送群臣也。文王祼將于京、傳亦云將、行也。案周禮小宗伯以時將瓚祼、注云將、送也。猶奉也。小宰祼將之事、注云將、送也。此祼將字亦當如之。

說詩

媵　當作倂說文送也从人弅聲

小篆

媵將送也　說文女部無媵字、當作倂。說文人部倂、送也、从人弅聲。又通賸。說文貝部賸、物相增加也、从貝朕聲、一曰送也副也。

匡名

媵將送也　說文𨑫、遣也、从辵倂省聲。倂、送也。註今之媵字。左僖五年傳、以媵秦穆姬。邶風遠于將之、箋將、送也。

啓蒙

媵　倂　媵。說文作倂。送也。

黃侃評本正名

將、送也。將下文云資也、資亦送也、莊子德充符不以翣資、釋文引李注資、送也。

黃侃音訓

媵、將、送也。說文辵部云：「𨑫、遣也、从辵、倂省；遊、籀文不省。」𨑫今作送。漢書食貨志云：「送、致也。」

媵、古作倂。說文云：「倂、送也、」呂不韋曰：「有侁氏以伊尹倂女、」周易虞注、燕禮鄭注、九歌王注、竝云：「媵、送也、」後漢書皇后紀注引孫炎曰：「送女曰媵；」古說不同。郝謂「本解以送女爲媵、經典凡送亦通曰媵；」案媵之从女、乃後世之字、則送女之義、非本義也。方言「寄物爲媵、媵、寄也；」又云：「媵、託也；」是揚子亦不以媵爲致女也。段玉裁云：「送爲媵之本義、以姪娣送女、乃其一耑、」故媵之失其本義也久矣。

將、詩敬之正義引孫炎曰：「行之送也。」詩「百兩將之、」周禮小宰「祼將之事、」傳注竝云：「將、送也。」文子符言篇云：「來者不迎、去者不將、」將與迎對言、將即送也。聘禮記注云：「將、猶致也、」致亦爲送。

爾雅學

媵將送也○釋曰　注疏本刪。

校勘記

媵以正切　雪牕本以證反。盧刻同。

媵將送也。釋文媵、以證反、又繩證反。今本作以正切、誤。

校勘記訂補

廣韻正之盛切、在去聲第四十五證、諸應切、與媵同在四十七、則不得易證爲正明矣。

注疏本正誤

及其大夫并伯　監本毛本并作井、是。左傳僖五年正作井。此并字形近之譌。

注疏校勘札記

媵音映　將送也

音圖・音

燕禮鄭注媵讀或爲揚。案媵揚音近。喻母　媵、說文作倂、呂氏春秋有侁氏以伊尹倂　亦作媵。

音略

孕

媵將送也。

孫佁直音

媵孕　將送也

楊氏音訓

爾雅詁林　二　釋言

作造爲也

作造爲也。

郭注

作造爲也　釋曰、謂營爲也。皆見鄭風緇衣篇。

邢疏

造才早反。

陸音義

作造爲也

造爲而成之、作爲而起之。

新義

作造爲也。此釋作造爲爲之義也。疏曰、謂營作也。並見詩緇衣篇。

注疏參義

作造爲也

正義

說文云作、起也。造、就也。皆與爲義相通。穀梁僖二十年傳云作、爲也。禹貢云大陸既作、史記作大陸既爲。王風兔爰云尚無造、毛傳造、僞也。大雅思齊云小子有造、毛傳造、爲也。爲僞古通用。

正義

作造爲也　周禮膳夫卒食、以樂徹于造。注造、作。疏云造食之處。造與作同、故義得訓爲。

校議

作造爲也

爲者、行也、成也、施也、治也、用也、使也、皆不出造作二義。造作爲三字竝見詩緇衣篇。爲與僞古通用。凡非天性而人所造作者皆僞也。僞卽爲矣。作者說文云起也。起而動作卽爲之之義。書凡言作、史記俱訓爲。詩天作傳作生也。駧傳作始也。始與生亦皆爲之之義也。易離荀爽注作用也。詩常武箋作行也。周禮稻人注作猶治也。象胥注作使也。諸義又皆爲之訓也。作與詐古通用。月令注作爲詐僞。然則詐之通作也。亦猶僞之通爲。作僞二字俱从人、是皆人之所爲矣。造者、說文云就也。就猶成也、成亦爲之訓也。故詩小于有造、遭家不造、傳竝云造爲也。尚無造、傳又云造僞也。僞亦爲也。周禮膳夫及儀禮士冠禮禮記注竝云造

造、作也。作亦爲也。按玉篇爪部爲下引爾雅曰造作爲也。今本誤倒宜訂正。

義疏

佀造爲僞也佀爲郞上詐僞。造从告、告請欲有所爲。又爲僞、僞也。書乃別播敷造。又其有衆咸造。詩、造舟爲梁。

集解

作造爲也　作、起也。謂起而爲之也。从人从乍、乍亦聲。書禹貢大陸既作、史記作大陸既爲。詩緇衣敝予又改作兮、江漢作召公考、下武世德作求、皇矣帝作邦作對、箋均云作、爲也。楚辭天問啟代益作后、注作、爲也。禮記曲禮容無作、注顏色變也。上經詐、僞也。卽爲也。月令注所謂作爲爲詐僞是也。說文迮、迮迮起也。亦爲也。以作詐迮爲之。造、就也。从辵告聲。古文从舟作艁、正字爲作。作造雙聲。儀禮士冠禮記夏之末造也、注造、作也。禮記玉藻大夫不得造車馬、注謂作新也。易乾大人造也、鄭注造、爲也。書盤庚具有衆咸造、馬注造、爲也。詩緇衣敝予又改造兮、箋造、爲也。思齊小子有造、酌蹻王之造、傳均訓爲。兔爰尚無造、傳造、僞也。卽爲也。爲、母猴也、其爲禽好爪。爪、母猴象也。王育曰爪、象形也。正字爲僞。僞、作也。經典通以爲爲之。

義證

作造爲也

作者、大雅皇矣帝作邦作對、下武世德作求、江漢作召公考、鄭箋竝云作、爲也。皇矣作之屛之、疏亦以作爲爲。常武王舒保作、謂安然爲之也。桑柔作爲式穀、作爲一義、複語也。予豈不知而作、言予豈不知女所爲者。箋以作爲行、行卽爲也。　造者、鄭風緇衣敝子又改造兮、大雅思齊小子有造、周頌

爾雅詁林　二　釋言

閔予小子遭家不造、傳箋並云造、爲也。王風兔爰尚無造、傳云造、僞也。僞卽爲也。大雅大明造舟爲梁、傳云天子造舟。造亦爲也。 **說詩**

作造爲也　說文爲、母猴也。今借爲作爲之爲。禹貢大陸既作、史記作大陸既爲。誥、就也。王風尚無造、傳造、僞也。大雅小子有造、傳造、爲也。爲僞古通用。 **啓蒙**

作造爲也。緇衣敝予又改爲兮、敝予又改造兮、敝予又改作兮、同義並用。兔爰尚無爲、尚無造亦同此例。 **黃侃音訓**

作、造、爲也。
說文爪部云：「爲、母猴也。」魯公子爲、檀弓作公叔禺人、禺者母猴屬也、故公子名爲字禺。猴性敏捷、多變化、故假借爲作爲字。朋者古文鳳、鳳之飛也、羣鳥集焉、遂借以爲朋黨之朋；能者熊屬之物、能之爲獸也、堅中而彊、遂借以爲賢能之能；作爲字之借爲、亦猶是也。
作造、玉篇引爾雅作「造作、」郭謂「今本誤倒。」 **爾雅學**

作造爲也○釋曰注疏本刪。 **校勘記**

作造爲也　上聲 **孫侶直音**

餥餱食也
餥餱、食也。方言云、陳楚之間相呼食爲餥。 **郭注**

餥餱食也　釋曰、皆飯食也。注方言云陳楚之間相呼食爲餥者、案彼云、餥、飵、食也。陳楚之內相謁而食麥饘謂之餥、楚曰飵、凡陳楚之郊南楚之外相謁而飧或曰飵、或曰粘、秦晉之際河陰之間曰⿰食隱惡很切⿰食豈五很切。此眞秦語也。大雅公劉云、迺裹餱糧。 **邢疏**

餥餱食也
郭璞云、方言云陳楚之間相呼食爲餥。 **一切注音**

餥音非。餱音侯。呼或作評同。 **陸音義**

餥餱食也
粲、餐也。餥餱、食也。 **新義**

餥餱食也　方言云、陳楚之內相謁而食麥饘謂之餥。音非。餱、乾食。 **鄭樵注**

餥餱食也
郭璞曰方言云陳楚之間相呼食爲餥。
鄭樵曰、方言云陳楚之間相謁而食麥饘謂之餥。音非。餱、乾食。 **古注合存**

餥餱食也。餥音非。○此釋餥餱爲食之義也。疏曰陳楚之間相謁而食麥饘謂之餥。 **注疏參義**

餥餱食也 **註** 方言云陳楚之間相呼食爲餥 **正義** 釋名云、食、殖也。所以自生殖也。餥餱俱訓爲食。說文云餥、餱也。餱、乾食也。周書曰、峙乃餱糧。徐鍇繫傳云詩乾餱以愆、今人謂飯乾爲餱。案說文引書作峙、今本作峙乃糗糧。釋名又云、餱、候也。候人饑者以食之也。**註** 方言至爲餥。○ **正義** 方言云餥、食也。陳楚之內相謁而食麥饘謂之餥。說文云陳楚之間相謁食麥飯曰餥。與郭註所引字句微異。 **正義**

餥餱食也　方言云陳楚之間相呼食爲餥
食者、釋名云、食、殖也、所以自生殖也。食與飯異、故少牢饋食云尸又食、鄭注、或言食或言飯、食、大名。小數曰飯。食與糧異，故周禮廩人云則治其糧與其食，鄭注行道曰糧，謂糒也。止居曰食，謂米也。然則食兼乾濡二義，爾雅之食亦兼二名也。養者，方言云食也。陳楚之內相謁而食麥饘謂之養。郭注饘，糜也，音旃。是養爲濡食。說文云餱，乾食也。則亦爲乾食矣。麥饘者，荀子富國篇云夏日則與之瓜麮。注：麮，一切經音義十三引字書曰：麮，麥甘粥也。蒼頡篇云：麮，麥也。按今人煑大麥爲粥，夏日食之解暑，其遺象也。餱者，說文云乾食也。一切經音義七引字林云乾飯也。飯食亦通名耳。故詩伐木傳：餱，食也。公劉釋文：餱字或作糇，通作糗。書峙乃糗糧，說文引作峙乃餱糧，是餱糗通。糗、糒也。說文：糒，乾也。糗，熬米麥也。按今時碎大麥爲削麨，食之謂爲麨麪，即乾餱矣。釋名云：餱，候也，候人飢者以食之也。餱善止飢，夏月食之又解暑。

義疏

養糜餱糗食也　郭注：方言云陳楚之間相呼食爲養。餥、从非，荅本作屝。屨之屝。徒役之食，因爲菲薄。記：君子不以菲廢禮。亦作糜。糜，粥之糜，亦食之薄者也。字亦作糒。說文：養，餱也。餱，从侯，亦候館之食也。書峙乃餱糧，今作糗糧。糗，熬米麥芳臭。餱爲乾食，荅和水爲養，乾之爲餱也。

集解

養餱食也　養、餱也，即食也。从食非聲。字通作菲，謂食之薄。論語菲飲食是也。禮記問喪鄰里爲之糜粥。糜、糜之或體，亦薄食也。借糜爲之。餱，乾食也。从食侯聲。詩伐木乾餱以愆，傳餱，食也。公劉迺裹餱糧，箋訓食。文選思玄賦屑瑤蘂以爲餱兮，左太冲招隱詩秋菊兼餱糧，注餱，食也。食，一米也，从皀亼聲。或說亼皀也。

義證

養餱食也

註 方言云陳楚之間相呼食爲養 補正 臣鋆按：方言謂陳楚之間相謁而食麥饘謂之養。說文則曰陳楚之間相謁食麥飯曰養。徐鍇云：相謁相見後設麥飲以爲常禮，如今人之相見飲茶也。說文又云：餱，乾食也。此云養餱食也，大飯舉食之稱耳。

郭注補正

養餱食也

方言云陳楚之間相呼食爲養

釋文云：呼，或作評，同。下文今江東評大爲駔，則又云評，火乎反，或作呼，同。評呼二字前後不一。樹枏案：郭所自注凡評字皆用江東之語，其所引書則一仍其舊。方言本用呼字，故不復易之。今觀釋文分別出之可知。

郭注佚存補訂

養餱食也

養者，說文云餱也。餱者，說文云乾食也。無羊或負其餱，伐木乾餱以愆，毛傳云餱，食也。大雅篤公劉迺裹餱糧，鄭箋云乃裹糧食于橐囊之中。彼釋文云餱，食也。字或作糇。

說詩

養餱節疏　養餱、飵，食也　飵、音胙。監本下誤飵。　或曰𩛌　𩛌、音黏。誤從古。　秦晉之際河陰之間曰𩜾　下脫𩜾𩜾二字。秦晉誤秦魯。　此真秦語也　真、衍字。　大雅公劉云乃裹餱糧　乃、經作迺。

注疏正字

養音非餱食也　說文：食、亼米也，从皀亼聲。養、餱也。陳楚之間相謁食麥飯曰養。餱、乾食也。引書峙乃餱糧。

啓蒙

餱食也。餱與糇通言不別，析言有分。餱爲乾飯，故詩曰乾餱。糇則時熱亦謂之麨，名因於炒。玉篇糒糇也，或作麨。程瑤田說有未時之糇，未見其徵。

黃侃音訓

饕、餱、食也。

說文食部云：「食，亼米也。」段云：「集眾米而成食；引伸之，人用供口腹亦謂之食。」故本部又曰：「飯，食也。」

饕者，方言「饕，食也，陳楚之內，相謁而食麥饘謂之饕。」饘者，糜也，左傳云：「饘於是，粥於是，以餬余口。」說文饕義，與此不同。

餱，說文食部云：「乾食也。」小徐曰：「今人謂飯乾爲餱。」案小雅「或負其餱，」大雅「乃裹餱糧，」是餱者行道之人所用也。行道者宜用乾食，小雅云：「乾餱以愆，」是餱爲乾食無疑。

爾雅學

餥餱食也○釋曰注疏本刪。

注方言云注疏本刪注字。

或曰䬯注疏本䬯誤飴。

河陰之間曰𩟔惡恨切饐五恨切○注疏本音切改大字。

迺裹餱糧注疏本迺改乃。

校勘記

餥音非餱音侯食也

音圖・音

餥餱食也。非 侯

孫侃直音

餥非餱食也

楊氏音訓

餥匪又音非

干氏音釋

鞫究窮也

鞫、究、窮也。皆窮盡也。見詩。

郭注

鞫究窮也　釋曰皆窮盡也。大雅雲漢云鞫哉庶正，小雅節南山云以究王訩。

邢疏

鞫究窮也

郭璞云皆窮盡也。見詩。

一切注音

鞫居六反。字又作鞠，同。究音救。

陸音義

鞫究窮也

鞫，窮也。究，究而窮之。

新義

鞫究窮也窮，索盡之也。

鄭樵注

鞫究窮也鞫，鄭本作鞠。
郭璞曰，皆窮盡也。見詩。
鄭樵曰窮，索盡之也。

古注合存

鞫究窮也。此釋鞫究爲窮之義也。疏曰皆窮盡也。

注疏參義

鞫究窮也**註**皆窮盡也見詩**正義**窮也。**正義**說文窮，極也。鞫作竆，又通作鞠。盤庚云，爾惟自鞠自苦。墨子尚賢篇云，大用之天下則不究，小用之則不困。**註**見詩。**正義**大雅瞻卬云，鞫人忮忒。蕩云，靡屆靡究。

正義

鞫究窮也　史記酷吏傳訊鞫論報，言訊獄窮盡也。鞫與鞫同。

校議

鞫究窮也皆窮盡也見詩

窮者，說文云極也。小爾雅云竟也。竟極聲轉義同。又訓終也，巳也，窘也，困也，諸義又皆爲盡也。鞫者，竆之叚音也。說文云竆，窮也，从竆聲。竆與鞫同。鞫，窮理罪

爾雅詁林　二　釋言

人也。楚辭天問篇云皆歸䠶籟、王逸注籟、窮也。通作鞫。詩谷風傳及雲漢瞻卬箋竝云鞫、窮也。公劉傳鞫、究也。究亦窮也。又通作鞫。爾雅釋文鞫字又作鞠。詩南山及小弁傳竝云鞫、窮也。南山及節南山箋傳竝本釋詁云鞠盈也。盈與窮亦義相成也。究者、詩鴻鴈及蕩傳節南山箋竝云究、窮也。常棣傳究、深也。深亦窮也。逸周書文酌篇云維有永究、孔晁注究、終也。終亦窮也。究又畢也盡也竟也極也、皆窮之訓也。究聲與九近、陽窮於九、故列子天瑞篇云九變者、究也。究鞫窮俱一聲之轉。

義疏

鞫究窮也

郭注、皆窮盡也。見詩。

鞫、說文作簕、或作䊵、从夲人言。竹笞人使言、故爲窮究。又有鞫䊵籟鞫、經唯作鞫鞫、不用竹夲人義。但从匊米取盈義、因爲蹴鞠。又爲窮、窮即盈也。詩、昔育恐鞫。又鞫人忮忒。究、从宂九。九即究盡字也。加宂愈窮耳。詩、是究是圖。窮、从宂躳。躳、極也。

集解

鞫究窮也

鞫字本作簕、窮理皋人也。从夲从人从言竹聲。或省作䊵。詩公劉芮鞫之即、傳鞫究也。谷風昔育恐育鞫、傳鞫窮也。雲漢鞫哉庶正、瞻卬鞫人忮忒、箋均云鞫窮。前漢書張湯傳訊鞫論報、師古曰鞫窮也。詩南山曷又鞫止、小弁鞫爲茂草、傳均云鞫窮也。前漢書酷吏義縱傳縱一切捕鞫、師古曰鞫窮也。楚詞懷沙離慜而長鞫、文選西京賦俾幽死而莫鞫、注均云鞫窮。詩桑柔進退維谷、傳谷窮。說文趜、窮也、以鞫谷趜窮爲之。或者正字爲簕與䊵、鞫爲或蹋鞠字別。究、窮盡也、从穴九聲。詩鴻雁其究安宅、蕩靡屆靡究、傳均訓窮。管子宙合其處大也不究、列子天瑞九變者究也、注均云究窮也。窮、極也、从穴躳聲。引申爲竟也盡也。

義證

鞫究窮也

【註】皆窮盡也見詩【補正】邢疏、大雅鞫哉庶正。小雅以究王訩。

郭注補正

鞫究窮也

皆謂窮盡也見詩

慧琳開元釋教錄十六卷音義引郭注爾雅云、謂覈盡也。文選四子講德論注引爾雅究窮也、郭璞曰謂窮盡也。據補謂字。

郭注佚存補訂

鞫究窮也

鞫、說文作簕、云窮也。又云籟、窮理罪人也。今經典通作鞫。邶風谷風昔育恐育鞫、毛傳云鞫、窮也。蜀石經作昔育恐鞫、無下育字、言昔日育汝恐至於窮困、與爾顛蕩及與也。案無育字是。彼釋文云鞫、本又作諊。大雅雲漢鞫哉庶正、瞻卬鞫人忮忒、鄭箋竝云鞫、窮也。鞫通作鞠。大雅公劉芮鞫之即、漢地志作芮鞠。傳云鞠、究也。究亦窮也。齊風南山曷又鞠止、小雅小弁鞠爲茂草、傳竝云鞠、窮也。采芑陳師鞠旅、傳云鞠、告也。告亦窮究之義。節南山降此鞠訩、傳云鞠、盈也。案鞠訩謂窮訩也、毛用釋詁鞠盈爲訓、不如以釋言鞫究爲訓之爲得也。

說詩

鞫究窮也　釋文云鞫、又作鞠。詩（齊風南山）曷又鞠止、又（小雅小弁）鞠爲茂草、傳皆訓窮。元照案、說文（歪部）𥷚、窮也、从歪匊聲。又（宀部）𥨍、窮也、从宀𥷚聲、或从穴作𥩍。又（㚔部）𥫔、窮理辠人也、从㚔从人从言竹聲、或省作𥷚。則此三文皆可用、通借作鞫。其作鞫者、譌體。又案詩（邶風谷風）昔育恐育鞫、傳鞫窮也。釋文云本亦作諊。案諊亦譌體。

匡名

鞫究窮也　說文𥨍、極也。鞫通作鞠。盤庚爾惟自鞠自苦、傳鞠、窮也。究、窮也。大雅靡屆靡究、傳究、窮也。

鞫（當作𥷚）　𥨍　釋文。鞫字又作鞠。案說文。鞠蹋鞠也。𥫔窮理罪人也。𥨍窮也。當作𥨍。

啓蒙

鞫窮也。　鞫當作𥷚、谷風昔育恐育鞫、又云、以我御窮、此同義並用。谷風釋文又云鞫本亦作諊、此又𥷚之別字。

黃侃評本正名

鞫窮也。說文作𥷚、窮理罪人也。通作鞫。書盤庚爾惟自鞫自苦。戰國策事敗而爲鞫之。

黃侃音訓

古義補

鞫窮也

錦燧謹案、此釋詩谷風篇昔育恐育鞫、雲漢篇鞫哉庶正、瞻卬篇鞫人忮忒也。毛谷風傳、鄭雲漢瞻卬箋、並云鞫、窮也。與雅訓合。然鞫乃俗字、說文所無、據釋文云鞫本又作鞠、知古本爾雅从匊作鞠。詩芮鞫之即、漢書地里志引作芮鞠之即、可證鞫即鞠之俗體。惟鞠之本義訓爲蹋、鞠與窮義絕遠。鞠訓窮者、則又𥨍趜二字之假借也。說文宀部云𥨍、窮也。又走部云趜、窮也。是本字當作𥨍與趜。𥨍趜二字久廢、經典中每以鞠爲之、如盤庚中爾惟自鞠自苦、傳鞠、窮也。詩南山曷又鞠止、小弁鞠爲茂草、傳鞠、窮也、是也。鞠與趜並从匊聲、鞠或體作𥷚、又與𥨍並从𥷚聲、聲同故得通假。說文又有𥫔字、云窮理辠人也、與𥨍趜音義亦近。漢書張湯傳訊鞫論報、此鞫字又𥫔之俗體矣。

陸錦燧日記

鞫、究、窮也。

說文穴部云：「窮、極也；」小爾雅「窮、竟也；」其義同。

鞫者、𥨍之假借也。說文宀部云：「𥨍、窮也；」又㚔部曰：「𥫔、窮治辠人也、」故𥨍从𥫔聲、而亦訓窮；𥫔者、鞫之或體也。詩谷風傳及雲漢瞻卬箋、並云：「鞫、窮也、」公劉傳云：「鞫、究也、」究亦窮也。以上諸鞫字、皆𥨍之音假也。至南山小弁作鞠、傳云：「鞠、窮也、」此則鞫之誤字耳。

究、說文穴部云：「窮也、从穴、九聲。」詩鴻雁傳節南山箋並云：「究、窮也、」此皆釋言文。小雅常棣傳云：「究、深也、」深與窮、義同。釋詁「究、謀也、」皇矣傳用其訓、段氏以爲「皆窮義之引伸也。」

爾雅學

鞫究窮也〇釋曰　注疏本刪。

校勘記

鞫究　雪牕本鞫作鞠。

校勘記訂補

六行鞫究窮也（注）皆窮盡也〇「鞫」唐寫本作「鞠」。《文選》王褒《四子講德論》注引「《爾雅》：究，窮也。郭璞曰：謂窮盡也。」今本此注「皆」下脫「謂」字。

宋監本校箋

菊

鞫究窮也。

孫侶直音

滷矜鹹苦也

滷矜鹹苦也。滷、苦地也。

可矜憐者亦辛苦。苦即大鹹。

郭注

滷矜鹹苦也　釋曰、郭云滷苦地也者、謂斥滷可煮鹽者。左傳曰表淳滷。云可矜憐者亦辛苦者、小雅鴻鴈云爰及矜人、鄭箋云可憐之人謂貧窮者、是辛苦之人也。云苦即大鹹者、釋經之鹹也。鹹味極必苦、故以鹹爲苦也。

邢疏

滷矜鹹苦也

郭璞云滷、苦地也。可矜憐者亦辛苦。苦即大鹹。

一切注音

滷音魯。齡音矜、本又作矜。鹹音咸。粦力田反、本今作憐、同。

陸音義

齡○邢本作矜。粦○邢本作憐。

音義攷證

滷矜鹹苦也

滷、鹹也。矜、苦也。

新義

滷矜鹹苦也　滷、鹹滋味之苦。矜者、閔其辛苦也。

鄭樵注

滷矜鹹苦也

郭璞曰滷苦地也。可矜憐者亦辛苦。苦即大鹹。

鄭樵曰滷鹹滋味之苦。矜者、閔其辛苦也。

古注合存

滷矜鹹苦也。滷音魯○此釋滷以下爲苦之義也。註同。滷苦地也。可矜憐者亦辛苦。太鹹亦苦矣。

注疏參義

滷矜鹹苦也　**註**　滷苦地也可矜憐者亦辛苦苦即大鹹

正義　釋名云苦、吐也、人所吐也。滷、說文作鹵、西方鹹地也。東方謂之㡿、西方謂之鹵。玉篇云滷、苦地也。書曰海濱廣滷。本亦作斥。按今本禹貢作廣斥、與玉篇所引異。左氏襄二十六年傳云表淳鹵。矜者、廣雅云穡、矜、大也。是矜與鹵義同。釋文作齡、本又作矜。玉篇一云齡、苦也。鹹者、說文云鹹、銜也、北方味也。**註**可矜至大鹹。**正義**舊疏引小雅鴻雁云爰及矜人、毛傳云矜、憐也。苦即大鹹者、淮南地形訓、鍊苦生鹹。

正義

滷矜鹹苦也　滷苦地也可矜憐者亦辛苦苦即大鹹

苦者、對甘而言。月令云苦雨數來、苦雨亦對甘雨而言也。釋名云苦、吐也、人所吐也。書、炎上作苦。苦聲近鹽。鹽、苦鹽也。周禮鹽人云祭祀共其苦鹽、杜子春讀苦爲鹽、是鹽苦通矣。滷者、說文作鹵、云西方鹹地也。東方謂之㡿、西方謂之鹵。玉篇作滷、云苦地也。引書海濱廣滷。易說卦云、爲剛鹵。釋名云、地不生物曰鹵。鹵、爐也。如爐火處也。然則㡿鹵之地不生草木、其土苦惡、故曰苦矣。矜者、釋訓、憐也。矜、憐古音疊韵、矜本作矜、从令得聲、令古讀如憐也。矜訓苦、苦者、苦味近辛、故言矜、辛苦愁苦悲辛皆可矜憐也。然則苦有二義、味苦曰苦、矜憐其苦亦爲苦也。詩爰及矜人、毛傳、矜、憐也、居以凶矜、傳、矜、危也、危苦義近。爾雅釋文矜作齡、玉篇齡、苦也。按齡字非郭義、蓋俗作耳。鹹者、說文云鹹、銜也、北方味也。書、潤下作鹹。鹹極必苦、故淮南墜形篇云鍊苦生鹹。今驗海水鹹、賁鹽味苦、是其證矣。

義疏

滷（鹵）矜鹹苦也

矜一作齡。郭注、鹵苦地也。可矜憐者亦辛苦。苦即大鹹。鹹苦二味、不得以苦爲鹹、此苦當爲盬。盬、河東鹽池、从古者、故地不生艸木者。鹵、从西、象鹽形。易傳、爲剛鹵。字通作魯。記、魯人也。語參也。魯、魯猶鹵伏耳。矜、鹼、溓、鹻通用字、今作淋。攷工記謂之湅、以艸灰水涑之則成鹻。易傳、溓于陽也。春秋傳、孽公溓。今作鹻。从鹵咸、皆鹵則成鹹。書、潤下作鹹。監煮之乃成鹽也。

集解

滷矜鹹苦也　滷字本作鹵、西方鹹地也、从[illegible]

爾雅詁林　二　釋言

文西、小象鹽形。苦也者，謂鹹甚則苦耳。書禹貢海濱廣斥，玉篇引作滷，云苦也也。易說卦為剛鹵，謂苦惡而不生物地也。前漢書溝洫志終古舄鹵兮生稻粱、注鹵、鹹苦也。矜、字本作矜，矛柄也，从矛令聲。正字為憐。書多士肆矜，論衡引作哀憐。論語則哀矜而勿喜，論衡引作哀憐。以憐為矜也。憐，哀也。字亦作怜。引申為苦，謂辛苦而可哀也。矜、矜古今字，矜憐通用字。詩鴻雁爰及矜人，箋可憐之人、辛苦者，亦可憐也。小毖予其懲而毖後患，釋文懲，韓詩云苦也。以懲為之。鹹、北方味也，从鹵咸聲。引申為苦。周禮祭祀共苦鹽，淮南練苦生鹹，均是也。書洪範潤下作鹹、郝懿行說鹹、甚必苦。素問保命全形論鹽之味鹹，注謂鹽之味苦，浸淫而潤物者也。或者正字為醶與醰。醰，酒味苦也。醰、鹹、疊韻。苦、大苦苓也，从艸古聲。引申為凡苦之苦，如傳所謂甘苦倚嘗是。

滷苦也。案卽鹵字。西方鹹地之名。鹹味苦，故鹵有苦義。

義證

錢氏古義

滷苦也

郭注滷苦地也。說文作鹵，云西方鹹地也。繫傳臣鍇按，尔疋注云，齊有海濱廣斥也。玉篇滷下引書海濱廣滷，繫傳所引葢尔疋舊注。舊注本于書，郭氏不用此義，故不同也。

舊注攷證

滷矜鹹苦也　注滷苦地也可矜憐者亦辛苦苦卽大鹹

正曰、說文鹵部鹵、西方鹹地。重修玉篇鹵部滷、苦地。淮南墜形、鍊苦生鹹。說文云鹹地卽重修玉篇云苦地也。詩小雅鴻雁爰及矜人、毛傳矜、憐也。然則滷爲地之苦、而爾雅本矜作齡、齡又爲人之苦。重修玉篇鹵部齡、苦也。引申之則人之苦者可憐也。郭注乃謂可矜憐者亦辛苦、辛字疏複。

正郭

矜苦也　注可矜憐者亦辛苦

諍曰、意以辛苦者爲可矜憐、不得謂矜憐卽辛苦、殆失其訓。郝氏以味苦近辛傅會之、更涉於鑿。王氏引莊子愁其五藏矜其血氣、以爲矜其血氣猶孟子苦其心志、但於比附得之。矜究何以訓苦乎。按禮記王制老而無妻曰矜、詩何人不矜、後漢和帝紀注矜、病也。廣雅釋詁病、苦也。矜故有苦義、似較有據。

諍郭

滷齡鹹苦也

滷苦地也可矜憐者亦辛苦苦卽大鹹

釋文云、粦、力田反。此粦字葢傳寫誤脫去心旁、故校者云本今作憐同。據釋詁釋文云憐、力田反、則郭注本作憐也。

郭注佚存補訂

滷齡鹹苦也

苦有二義、一爲味苦之苦、滷鹹是也。一爲心苦之苦、矜是也。滷鹹義詳訂經。　齡與矜同。郭注作矜。而陸所據經文則作齡、廣雅云、齡、哀也。哀卽矜憐。

王氏引之云、莊子在宥矜其血氣以規法度、矜者苦也、猶孟子苦其心志。小雅鴻雁爰及矜人、傳云矜、憐也。何草不黃何人不矜、菀柳居以凶矜、巷伯矜此勞人、大雅桑柔寧不我矜、凡此皆哀憐之義、所謂心苦也。

說詩

滷矜鹹苦也　矜、釋文作矜。

爾雅詁林　二　釋言

注疏正字

註可矜憐者亦辛苦憐、釋文作𢡟、同。

疏鹹殊極必苦殊當味字誤。

述聞

矜苦也

引之謹案、莊子在宥篇曰、愁其五藏以爲仁義、矜其血氣以規法度。矜者、苦也。矜其血氣、猶孟子言苦其心志耳。爾雅直訓矜爲苦、而郭云可矜憐者亦辛苦、其失也迂矣。

匡名

滷䶢鹹苦也　滷漢書溝洫志蘇林注引作鹵。案鹵、从水旁、俗體。䶢、釋文云本又作矜。石經雪牕本皆作矜。案說文鹵部無䶢字。

滷音魯矜鹹苦也苦、詳釋草。

啓蒙

說文鹵、西方鹹地也、从㢴、西省、象鹽形。安定有鹵縣。東方謂之㡿、西方謂之鹵。禹貢海濱廣滷。本亦作斥。玉篇滷、苦地也。矜、矛柄也。註古借矜爲憐、故又借爲苦也。小雅爰及矜人、傳矜、憐也。郭註可矜憐者亦辛苦。鹹、銜也、北方味也。淮南子、鍊苦生鹹。

滷鹵　邢疏。郭云滷苦地也者。謂斥鹵之地可煮鹽者。案說文。鹵東方謂之㡿。西方謂之鹵。當作鹵。

䶢矜　釋文。䶢本又作矜。今本作矜、然訓苦之矜當作䶢、說文鰲藏魚也、南方謂之䰼、北方謂之鰲。釋文、矜作䶢。玉篇䶢苦也。皆此䶢字之變也。

黃侃評本正名

滷矜鹹、苦也。滷苦地也可矜憐者亦辛苦苦即大鹹。　苦即大鹹、然則矜亦有鹹義。故說文云、鰲藏魚也、南方謂之䰼、北方謂之鰲、藏魚、謂之䰼、猶鹹爲矜矣。又爲鰲、猶鹹爲鰲矣。說文鰲、鹹也、郭注矜憐、但舉其一耳。　滷、漢書溝洫志蘇林注引作鹵、說文洇亦从水鹵舟作瀨、而無滷字。

黃侃音訓

矜之爲苦、猶鹽之爲大苦也。訓苦之矜當作䰼、釋文矜作䶢、玉篇䶢、苦也、皆此矜字之變。

饋餾稔也　䭃將送也　鞫究窮也　滷矜鹹苦也

證異

釋文饋字又作餽、同。釋言說文作饍、云滫飯也。食部饍釋文稔字又作飪。釋文說文䭃作侇、云送也。呂不韋曰有侁氏以伊尹侇女。人部侇釋文鞫作鞫、字又作鞫同。釋言釋文說文究作竆、窮也。穴部竆滷作鹵、云西方鹹地。鹵部釋文矜作䶢、云本又作矜。釋言釋文廣雅矜作𪉕、云矜大也。釋言篇

古義補

鹹苦也。淮南地形訓鍊苦生鹹。

平議

矜苦也

注曰可矜憐者亦辛苦

樾謹按、矜通作鰥。禮記王制篇、老而無妻者謂之矜是也。釋詁曰鰥、病也。鰥訓病、故矜訓苦。廣雅釋詁曰病、苦也。是病與苦義通也。郭注失之迂矣。

考異摘要

矜，苦也。疏引小雅爰及矜人、詩本作矜、疏引作矜。按說文矜、憐也。皆从矛令。又集韻引爾雅作䶢。

滷、矜、鹹、苦也•

釋名「苦、吐也、人所吐也。」書「炎上作苦；」周禮鹽人云：「祭祀共其苦鹽、」杜子春讀苦爲盬、盬者、苦鹽也、是火作苦、鹽亦作苦也。

滷、郭注云：「苦地也、」玉篇同。說文滷作鹵、云「西方鹹地；」釋名「地不生物曰鹵；」然則鹵滷古通、滷爲苦地、故訓苦。

矜者、俞樾云：「通作鰥、」王制篇、『老而無妻者謂之矜、』是也。釋詁曰：『鰥、病也。』鰥訓病、故矜訓苦；廣雅釋詁云：『病、苦也、』是病與苦義通也。」經典鰥寡字多作矜、以鰥訓苦、義最確。

鹹者、郭注云：「苦即大鹹、」淮南墬形訓云：「鍊苦生鹹、」與郭義相合。說文云：「鹹、北方味也、」鹹訓苦、與鹽之訓苦同意。

爾雅學

矜唐石經雪窗本注疏本同。單疏本作矝。釋文鹷、音矜、本又作矜。按廣雅釋詁一鹷、哀也。玉篇鹵部鹷、苦也。皆本此經。益經作鹷、注作矜、後人轉寫亂之。

可矜憐者亦辛苦 單疏本雪窗本同。釋文𤕤、力田反、本今作憐同。按今當作又。

滷矜鹹苦也〇釋曰 注疏本删。

表淳鹵 元本同。閩本監本毛本鹵改滷。按左傳襄二十五年作鹵。

云可矜憐者亦辛苦者小雅鴻鴈云爰及矜人 注疏本矜作矝、毛詩作矜。

唐石經宋本同。按釋文矜、憐、憮、掩之也。疏引詩鴻鴈亦作矜。華嚴經音義卷上特垂矜念下引毛詩傳矜、憐也。又引說文字統矜、怜也。皆從矛令。矜憐聲相近、故說文毛傳皆云矜、憐也。鈕樹玉云漢隸字源矜字注引唐君頌不侮矜寡、詩序至于矜寡、史記有矜在民間曰虞舜、字皆從矛令。

校勘記

鹹味極必苦 注疏本味誤殊。

鹹苦也。疏鹹味極必苦、今本味誤作殊。

注疏本正誤

矜〇《釋文》作「𪉟」，音「矜」，云：「本又作矜。」

宋監本校箋

魯　咸
滷矜鹹苦也。

孫侶直音

滷魯矜鹹鹵咸苦也

楊氏音訓

滷魯鹵鹹咸

干氏音釋

干流求也流覃也覃延也

干、流、求也。詩曰：左右流之。流、覃也。覃、延也。皆謂蔓延相被及。

郭注

干流求也 釋曰、皆求取也。論語云子張學干祿。注詩曰左右流之、周南關雎文也。流是覃也覃延也 釋曰、轉相解也。皆謂蔓延相被及、水之流必相延及。詩周南云葛之覃兮。

邢疏

流覃也 釋文、覃本又作㝁。

㝁、古覃字。釋文

孫音注

流㝁也 釋文覃、本又作㝁字。按釋文則孫炎亦作㝁。

㝁古覃字。釋文

流㝁也㝁延也。㝁、古覃字同。釋文覃、本又作㝁。引孫叔然。

黃輯古義

流覃也 釋文覃、本又作㝁字。按釋文則孫炎亦作㝁。

孫曰㝁、古覃字。釋文

孫音注

玉函山房輯佚

干流求也

郭璞云、詩曰左右流之。

流覃也覃延也 釋文二十七卷 覃本又作㝁。

孫炎云㝁、古覃字。釋文二十九卷

郭璞云、皆謂蔓延相被及。

漢注

覃延也 孫叔然云古覃字同。釋文

一切注音

蕈心案、陸氏釋文云本又作㝁字、下引孫叔然說、據孫說則孫本必作㝁。

古注斠

覃 徒南反、本又作㝷字。叔然云古覃字同。 蔓 音萬。 莚 以戰反。相連不斷。又音延。本今作延。

陸音義

莚〇邢本作延。

音義攷證

干流求也

干求上流求之其流。

流覃也覃延也 延原本有水旁誤。

新義

干流求也 周南云左右流之。 流覃也覃延也 轉相訓釋、延及也。

鄭樵注

干流求也

郭璞曰、詩曰左右流之。

鄭樵曰、周南云左右流之。

流覃也覃延也 覃本又作㝷。孫炎云古覃字同。

郭璞曰、皆謂蔓延相被及。

鄭樵曰、轉相訓釋、延及也。

古注合存

干流求也。此釋干流爲求之義也。疏曰語云子張學干祿。詩關雎云左右流之。

流覃也覃延也。此釋流爲覃覃爲延之義也。注曰皆謂蔓延相被及也。

注疏參義

干流求也 **註** 詩曰左右流之 流覃也覃延也 **註** 皆謂蔓莚相被及 **正義** 干者、公羊定四年傳云以干闔廬、何休註、不待禮見曰干。孟子公孫丑篇、則是干澤也。荀子議兵篇、皆干祿蹈利之士。皆言求之亟也。流訓爲求、以聲相近爲義。流又訓覃、覃訓爲延、轉相訓也。樂記云、流而不息。大雅蕩云、覃及鬼方。**註** 詩引曰至彼及。〇 **正義** 左右流之、周南關雎文。葛覃疏引王肅云、葛生於此、延蔓於彼。廣雅云、蔓、長也。莚、偏也。釋文云、覃、本又作㝷。孫炎云古覃字同。

正義

干流求也　文選鄱陽上書注、爾雅奸、求也。奸與干同也。

校議

干流求也 詩曰左右流之 流覃也覃延也 皆謂蔓延相被及

求者、玉篇云用也見也索也。曲禮注求猶務也。檀弓注求猶索物。學記注求謂招來也。穀梁定元年傳求者、請也。按祈請竝訓求。說文祈求福也。求祈聲轉、故祈福即求福、祈雨即求雨矣。干者、說文犯也。犯與求其義相反而相近。故詩旱麓及假樂傳箋竝云干、求也。小爾雅云干、得也。得又緣求而生也。通作奸。漢書孔光及黃霸傳注竝云奸、求也。奸干俱訓犯、古字通用。故左氏成十六年傳奸時以動、釋文奸本或作干。是其證矣。流者、釋詁云擇也。擇與求義近。故詩關雎傳流、求也。流求曡韵。又流動、延移、亦會旁求之意。故訓求矣。流又訓覃者、說文云䨮、長味也。是覃有長義。覃與尋同、尋亦訓長。故方言云尋、長也。釋文覃、本又作㝷字。孫叔然云古覃字同。按㝷即尋字、孫炎以爲古覃字者、古讀覃尋聲近。釋草之蕁莸藩、孫炎以爲古蕁字、亦其證也。然則覃尋竝訓長、流有衍長之義。故又訓覃矣。覃又訓延者、延亦長、故釋詁云延、長也。郭云蔓延相被及者、葢覃有延義、延移亦相被及、故詩葛覃傳覃、延也。施移也。又流亦有移義、故考工記弓人及禮中庸注竝云流猶移也。然則流覃延三字轉相訓、其義同。

義疏

干流求也 郭注、詩曰左右流之。干、从倒入一止之、故爲干犯、因爲求也。詩、干祿豈弟。流、从子倒在𣲖中、故當求之、因以不可求者爲流。書乃流言記、有流矢。求、古裘字、从手持衣見毛也。寒必裘、故爲求索。

流覃也覃延也 郭注、皆謂蔓延相被及。覃、从鹵旱。鹵善浸潤、故爲流行。詩、葛之覃兮。字又作䢭、卽延也。詩、何誕之節兮。書、不少延。

集解

干流求

也 干、犯也。从反入从一、指事。正字為東。東、上云擇、故此又引申為求。說文則以迀為之。迀、東干通用字。詩旱麓干祿豈弟、傳干、求也。假樂干祿百福、箋干、求也。孟子公孫丑則是干澤也、注干、求也。前漢書尹翁歸傳又不可干以私、師古曰干、求也。離騷既干進而務入兮、楚詞惜誦欲儃佪以干傺兮、文選思玄賦欲巧笑以干媚兮、王命論而欲闇干天位者乎、注均云干、求也。左成十六傳奸時以動、釋文奸、本或作干。文選鄒陽上書吳王則無國而不可奸、漢書孔光傳以奸忠直、注均云奸、求也。以奸為之。流、字本作㶇、水行也。从㳅㐬、㐬、會意、㐬、突忽也。正字為求。求流疊韵。詩關雎左右流之、傳流、求也。文選思玄賦摎天道其焉如、注摎、求也。廣雅釋詁絿、求也。以摎絿為之。求、以手索取物也。从又从尾省意聲。

流覃也 水之流行必覃延。書堯典、流宥五刑。呂覽、審分覽流乎無止。

覃延也 覃、長味也。从㫗鹹省聲。正字為延。延、覃雙聲。詩葛覃葛之覃兮、傳覃、延也。後漢書袁安傳其仁心足以覃乎後昆、文選五等諸侯論害不覃及、注均云覃、延也。管子侈靡祀譚次祖、見本辟之若尊譚、注均云譚、延也。淮南天文火上蕁、水下流、注蕁讀葛覃之覃、延也。以譚蕁為之。延、長行也。从廴丿聲。今謂延長也。从丿延聲、若訓長行則是與延同字矣。

義證

流覃也覃延也

皆謂蔓莚相被及也

釋文云蔓莚、以戰反、又音延。舊校云、本今作延。樹枏案、慧苑華嚴經音義卷上引爾雅覃、延也。郭注、謂蔓莚相被及也。與陸本同。釋文凡蔓延字皆作莚。今本脫也字、據慧苑引補。

郭注佚存補訂

干流求也

干、求、常語也。大雅旱麓干祿豈弟、假樂干祿百福、傳箋竝云干、求也。　流者、周南關雎左右流之、傳云流、求也。

流覃也覃延也

流、水行也。見字林。水行未有不延及者、流亦移也、漢書禮樂志集注亦云流、移也。由此移彼、卽覃義也。移延一聲之轉。周南葛之覃兮、毛傳云覃、延也。大雅生民實覃實訏、傳云覃、長也。長卽延也。蕩覃及鬼方、亦延及鬼方也。

說詩

干流節疏論語云子張學干祿、脫論字。周南關雎文也、雎、監本誤從目。

流覃節註皆謂蔓延相被及、延、釋文作莚、後並同。

注疏正字

干流求也　文選鄒陽上書吳王曰則無國而不可奸、善曰、爾雅曰奸、求也。干與奸同。元照案、善所引當作干、故云干與奸同、今作奸者、傳刻之譌也。　㶇、省作流。見釋詁

流覃也　覃、釋文云本又作㝭、孫叔然云古覃字。元照案、說文艸部有蕁字、从艸㝭聲、或从爻作蕁、則爻可省而艸不可省。又案說文寸部㝭、繹理也、从工从口从彐从寸彡聲。㝭必㝭之譌。然㝭覃以音近通用、非古今字也。

匡名

干流求也　說文干、犯也。从一从反入。註犯、侵也。毛詩干旄干旌、假為竿字。論語子張學干祿、註干、求也。又辵部迀、進也。註干求字當作迀、干犯字當作奸。　周南左右流之、傳流、求也。

流覃也覃延也。郭註謂蔓莚相被及。樂記流而不息，註流覃也。大雅覃及鬼方。廣韻覃延也。舜典賞延於世。集韻延及也。

啓蒙

莚　延　釋文莚本今作延。案華嚴經音義卷上引爾雅覃延也。引郭注蔓莚相連及也。則經本作延。釋文今本所云莚本今作延者、指注中蔓莚字、非指經覃延字也。凡釋文今本所云本今作某者皆宋人以邢疏本校之之辭、非陸氏原語也。此條誤而又誤宜去。

黃侃評本正名

干、流、求也。穀梁定元年傳云：「求者、請也；」玉篇「求、索也。」干者、公羊定四年傳云：「以干闔廬、」何注「不待禮見曰干、」孟子公孫丑篇「則是干澤也、」皆以干爲求也。流者、詩關雎「左右流之、」傳「流、求也、」流求疊韻、故用以爲訓。「流、擇也、」已見釋詁、擇求義相成。

流、覃也。覃、延也。覃、說文𣆪部作覃、云「長味也；」故引伸爲凡長之義。大雅云：「實覃實吁、」傳云：「覃、長也。」流爲覃者、樂記云：「流而不息、」是流有衍長之義、故訓覃。爾雅釋文云：「覃、本又作𢾘字、孫叔炎曰：「古覃字同。」𢾘即尋字、方言云：「尋、長也、」是覃尋皆爲長義、故假尋爲覃也。郝云：「古讀覃尋聲近。」

覃又訓延者、郭注云：「皆謂蔓延相被及。」詩葛覃「葛之覃兮、」傳「覃、延也、」正義引王肅云：「葛生於此、延蔓於彼、」是覃者、延蔓之謂也。釋詁「延、長也、」廣雅「蔓、長也、」然則覃也、延蔓也、皆有長義、故覃訓延也。

爾雅學

干流求也○釋曰　注疏本刪。

論語云　注疏本脫論。

皆謂蔓延相被及　單疏本雪牕本同。釋文蔓莚、以戰反、相連不斷。又音延本今作延。按蔓莚字古皆從卄作莚、華嚴經音義卷上引爾雅覃、延也。引郭注謂蔓莚相被及也。與釋文同。此經作延注作莚之明證。釋草、蔨鹿藿、蘦大苦注蔓延生。釋文皆作蔓莚。毛詩旄丘傳曰如葛之蔓延相連及也。釋文蔓莚以戰反。又音延。芄蘭箋云恆蔓延於地。釋文云本或作蔓莚於地。

流覃也覃延也○釋曰　注疏本刪。

校勘記

八行（注）皆謂蔓延相被及○慧苑《華嚴經音義》上引此注「及」字下有「也」字。

宋監本校箋

干流求也流覃也覃延也　平聲

孫偘直音

佻偷也

佻偷也謂苟且。

郭注

佻偷也　釋曰、小雅鹿鳴云視民不恌是也。李巡曰佻偷薄之偷。郭云謂苟且。左傳趙孟曰吾儕偷食朝不謀夕、何其長也。杜注云言欲苟免目前不能念長久。是謂偷爲苟且也。

邢疏

佻偷也

佻偷薄之偷也。春秋正義四十五　邢疏

李注

佻偷也

偷苟且也。春秋正義四十五　郭同

孫音注

佻偷也

佻唐了反。釋文

郭音義

佻偷也

玉篇引爾雅作恌偷也。

衆家注

黃輯古義

佻偷也
佻、偷薄之偷也。邢疏、春秋昭十年正義

李注

佻偷也
偷、苟且也。春秋昭十年正義

孫音注

佻偷也。佻、廣了反。

郭音義

玉函山房輯佚

佻偷也
佻、偷薄之偷。李注 偷、苟且。孫注 並宋本春秋疏二十八

鉤沉

佻偸也
李曰佻、偸薄之偸也。春秋正義四十五、邢疏。上偸字當衍。
孫曰偸、苟且也。春秋正義四十五。郭同

漢注

佻偷也
李巡云佻、偷薄之偷也。孫炎云偷、苟且也。並左傳正義二十八卷 郭璞云、謂苟且。

一切注音

佻偷也
李巡曰佻、偷薄之偷也。左氏昭十年傳正義 孫炎曰偷、苟且也。同上
蕙心案、玉篇引爾雅作恌、薄也。

古注斠

佻 他堯反。郭唐了反。 偷 他侯反。

陸音義

佻 他雕反○官本作他調反、非。

音義攷證

佻偸也
天事造始、人事作終、作終、如造始、偸也。

新義

佻偷也。鹿鳴云視民不恌、恌即佻也。偷謂苟且。

鄭樵注

佻偷也
李巡曰佻、偷薄之偷也。
孫炎曰偷、苟且也。
郭璞曰、謂苟且。
鄭樵曰鹿鳴云視民不恌、恌即佻也。偷謂苟且。

古注合存

佻、偷也。此釋佻爲偷之義也。

注疏參義

佻偸也【註】謂苟且【正義】小雅鹿鳴云視民不恌、毛傳恌、偸也。恌偸二字俱从心、今本爾雅俱从人。說文徐鍇本引詩作不佻。佻、偸也。偸、薄也。佻字从人、偸字从心、當從之。左氏昭十年傳云佻之謂甚矣、疏引李巡云佻、偸薄之偸也。論語云則民不偸、包氏云不偸薄也。俱訓爲薄、與郭異。【註】謂苟且。【正義】左傳疏引孫炎云偸、苟且也。郭註本孫炎。

正義

佻偸也謂苟且
偸者、說文作愉、云薄也。大司徒云以俗教安則民不愉、鄭注愉謂朝不謀夕。通作偸。表記云安肆日偸。鄭注偸、苟且也。左氏昭十年正義引孫炎亦曰偸、苟且也。皆郭所本。偸又單訓苟、故晉語云人孰偸生、韋昭注偸、苟也。佻者、說文云愉也。引詩視民不佻。通作恌、今詩作視民不恌、毛傳恌、愉也。玉篇引爾雅亦作恌、偸也。今爾雅仍作佻。故左氏昭十年傳佻之謂甚矣、正義引李巡曰佻、偸薄之偸也。周語云而郤至佻天之功以爲己力、韋昭注佻、偸也。按佻猶侻也、佻侻皆輕也、輕薄義近。佻偸侻俱聲相轉。佻通作嬥、詩佻佻公子、韓詩作嬥嬥公子。

義疏

佻偸也李注佻偸薄之偸也。孫注偸苟且也。郭同。
佻从兆、兆、卽八也、重分、故薄、因爲輕佻。詩視民不恌、說文引作佻、愉也。心部愉、薄也。女部媮、黠巧也。俞爲刳舟、故苟且偸薄加心當爲愉悅、病愈。偸愉苟字當从女、或从人可

也。周官、則民不偷。从心。記安肆曰偷。从人。然則古文从心。

集解

佻偷也 佻偷也、从人兆聲。偷、薄也。謂偷薄也。詩鹿鳴視民不佻、今作恌、傳偷也。周語而郤至佻天以爲己力、注佻、偷也。偷、說文本作婾、巧黠也、从女俞聲。引申爲薄。左襄十三傳晉未可婾也、注婾、薄也。

義證

佻偷也

註謂苟且。補正臣鑒按當從李巡註曰佻偷薄之偷。屈原賦、予猶惡其佻巧。

郭注補正

佻偷也

謂苟且也

元應等目菩薩所問經上卷音義引爾雅佻、偷也。注云謂苟且也。今本脫也字、據補。

郭注佚存補訂

佻偷也

佻者、小雅鹿鳴視民不恌、毛傳云恌、愉也。恌與佻通。說文云佻、愉也。引詩作視民不佻。而玉篇引爾雅又作恌、偷也。段氏玉裁謂偷者愉之假字、說文無偷字。唐風山有樞他人是愉、鄭箋讀愉爲偷。是漢時已有偷字矣。案漢書地理志引詩他人是媮、文選西京賦鑑戒唐詩他人是媮、薛綜注引詩同。說文云媮、巧黠也。此偷字亦當作媮、與佻義不合。

說詩

佻偷也音佻音挑 釋文云、郭唐了切。疏視民不佻是也 佻、詩作恌。

注疏正字

佻偷也 說文佻、偷也、从人兆聲。案人部無偷字、當作愉。說文心部愉、薄也、从心俞聲。 佻、玉篇心部引作恌。案說文心部無恌字。正義曰、詩視民不恌、傳恌、愉也。恌愉二字俱从心、今本爾雅俱从人。說文引詩作不佻。佻、愉也。愉、薄也。佻从人、愉从心、當从之。

匡名

佻偷也 說文佻、愉也。引詩視民不佻、傳佻、愉也。偷、愉之俗字。偷、說文作愉、薄也。詳釋詁。後人製偷字从人、訓爲偷薄、爲苟且、爲偷盜。論語則民不偷、註偷、薄也。

偷 婾 說文。愉。薄也。佻。愉也。詩他人是愉。鄭箋愉讀曰偷。說文無偷。當作愉。又婾、巧黠也。亦通。

黃侃評本正名

佻偷也 說文無偷字、當作愉。薄也。或作婾。巧黠也。

黃侃音訓

佻偷也

錦燧謹案、偷乃俗字、說文所無、心部有愉字、云薄也。此偷之正字。周禮大司徒以俗教安則民不愉、猶从心旁作愉。今通行周禮注疏已譌作偷、幸有阮氏校勘記正之。自愉假爲愉樂之用、俗遂別製一偷字以當愉薄之愉、而愉之本義晦矣。女部又有婾字、云巧黠也。與愉音義俱近。佻訓偷者、釋詩鹿鳴篇視民不佻也。說文人部云佻、愉也。與雅訓合、又引詩曰視民不佻、今詩佻作恌。恌亦說文所無之俗字、竊謂愉字之所以从人旁者、正因每與佻字連文所致。佻字之所以从心旁者、又因每與愉字連文所致。二字偏旁互易，則各得其正矣。

陸錦燧日記

佻、偷也。

左傳正義引孫炎曰：「偷、苟且也；」表記「安肆曰偷，」鄭注亦云：「偷、苟且也。」周禮「則民不愉，」鄭注：「愉謂朝不謀夕，」此謂苟且偷生，即偷之義也。釋詁「愉、樂也；」段以此爲愉之本義。鄭注周禮之愉，爲愉之引伸義，竝云：「淺人別製偷字，从人，訓爲偷薄，訓爲苟且，訓爲偷盜，絕非古字。」然則詩山有樞、鄭箋云：「愉、讀曰偷；偷、取也；」此爲本無其字之假借矣。

佻者，玉篇引爾雅云：「恌、偷也；」小雅鹿鳴「視民不恌，」傳云：「恌、愉也，」引小雅則作佻、恌，經傳亦皆作恌。然說文人部云：「佻、愉也，」蓋所據本與爾雅同故也。左傳昭十年傳正義引李巡，亦作佻。佻者，苟且也。苟且者必輕，故離騷注曰：「佻、輕也。」左傳云：「楚師輕窕，」段謂「窕爲佻之假借字。」然則偷之爲苟且，又爲澆薄，爲偷竊者，其義亦一也；蓋苟且者必澆薄，而盜則澆薄之至（段語）者也。

爾雅學

佻偷也○釋曰 注疏本刪。

視民不恌是也 元本同。監本毛本恌作佻，與經合。左傳昭十年及說文玉篇皆引詩視民不佻。此從心蓋依今詩改。

校勘記

佻偷也。釋文佻、他雕反，郭唐了反。今本佻音挑，是僅收前音，於郭義未合。

注疏本正誤

（注）謂苟且○玄應《音義》卷五引「且」下有「也」字。

宋監本校箋

佻音挑偷也

音圖・音

佻音桃　案佻、音挑、又度了翻、音條上聲。今音桃、誤。直音音條、亦非。

直音正誤

挑條

佻偷也。

孫偘直音

佻挑偷也

楊氏音訓

佻條

干氏音釋

潛深也潛深測也

潛、深也。潛、深、測也。測亦水深之別名。

郭注

潛深也潛深測也　釋曰、轉相解也。詩曰潛雖伏矣，是深矣。潛深又爲測，郭云測亦水深之別名。

邢疏

潛深也潛深測也

郭璞云、測亦水深之用名。

一切注音

潛捷鹽反。深如字。又尸鴆反。測初力反。

陸音義

潛深也潛深測也　轉相訓釋。測、較水深淺。

鄭樵注

潛深也潛深測也

郭璞曰、測亦水深之別名。

鄭樵曰、轉相訓釋。測較水深淺。

古注合存

潛、深也。潛、深、測也。此釋潛爲深而又爲測之義也。註曰、測亦水深之別名。

注疏參義

潛深也潛深測也　註　測亦水深之別名　正義　廣韻云潛、水伏流也。小雅正月云潛雖伏矣。潛深又皆訓爲測。說文云測、所至也。玉篇云廣深曰測。淮南說林訓、以篙測江、篙終而以水爲測、惑矣。

正義

潛淀也潛淀測也　測亦水淀之別名

爾雅詁林　二　釋言

湥者、玉篇云邃也遠也。考工記梓人注湥猶藏也。藏伏卽潛之訓也。潛者、說文云藏也。書之沈潛、馬融注潛、伏也。易之潛龍、崔憬曰潛、隱也。方言云潛、亾也。亾隱伏藏其義又皆爲湥、故後漢書班彪傳注潛、湥也。方言又云潛、沈也。沈亦湥也。沈湥潛測俱聲相轉也。潛湥又爲測者、說文云測、湥所至也。淮南原道篇注、度湥曰測、是測兼度湥及湥所至之名。考工記弓人云漆欲測、測當訓湥。漆有幽湥之意也。淮南說林篇云以篙測水、篙終而以水爲測。測亦當訓湥、故郭此注以測爲水湥之別名是矣。高誘訓測爲盡、鄭注訓測爲清、似失之。

義疏

潛湥也潛湥測也 郭注、測亦水湥之別名。潛、从朁。兟、今尖字、加曰爲朁、曾之朁。加、增語言、因爲潛藏字。書沈漸、或作潛。詩潛雖伏矣。湥、从夾求穴、本以挨湥、因爲湥遠詞。易有漸卦、漸之進也。量而後入、故爲測。湥挨同字。易、挨頤索隱。語、如挨湯。周官有撢人、覃㝩同意。測、从則刀刻貝爲法則、水湥淺亦畫刻爲後則也。

集解

潛深也 潛、涉水也、从水朁聲。深也者、謂没深水以涉也。易乾潛龍勿用、崔憬：隱也。書沈潛剛克、馬注潛、伏也。後漢書班固傳並蹈潛織、文選海賦百川潛渫、注均云潛、深也。深、水名。正字爲探。今經傳於深淺字皆以深爲之。**潛深測也** 潛既訓爲深、又訓爲測、謂深之極也。詩正月潛雖伏矣、言深之至而難測也。書沈潛剛克、史記作沈漸。文選諷諫詩享國漸世、注没也。莊子胠篋知詐漸毒、崔注猶深害也。以漸爲之。深、水名、从水突聲。正字爲探。探、遠取之也。引申爲測。易探賾索隱、語如探湯、均是也。探深通用字。禮記窮高極遠而測深厚、注深厚、山川也。老子深矣遠也、注深、不可測也。書孔安國序研精覃思、釋文深也。漢書叙傳揚雄覃思、注覃、大也。深也。管子侈靡潭根之毋伐、注潭、深也。以覃潭爲之。測、深所至也、从水則聲。文選顏特進禓體詩測恩躋愉逸、注引爾雅測、深也。

義證

潛深也潛深測也

注、測亦水深之別名。

釋文潛、捷鹽反。深、如字、又尸鴆反。測、初力反。

疏轉相解也。詩曰潛雖伏矣、是深矣。潛深又爲測、郭云測亦水深之別名。

鄭注、轉相訓釋。測、較水深淺。

正義、廣韻云潛、水伏流也。小雅正月云潛雖伏矣。潛深又皆訓爲測、說文云測、所至也。玉篇云廣深曰測。淮南說林訓、以篙測江、篙終而以水爲測、惑矣。

義疏深者、玉篇云邃也遠也。考工記梓人注深猶藏也。藏伏卽潛之訓也。潛者、說文云藏也。書之沈潛、馬融注潛、伏也。易之潛龍、崔憬曰潛、隱也。方言云潛、亡也。亡隱伏藏其義又皆爲深。故後漢書班彪傳注潛、深也。方言又云潛、沈也。沈亦深也。沈深潛測俱聲相轉也。潛深又爲測者、說文云測、深所至也。淮南原道篇注度深爲測。是測兼度深及深所至之名。考工記弓人云漆欲測。測當訓深、漆有幽深之意也。淮南說林篇云以篙測水、篙終而以水爲測。測亦當訓深、故郭此注以測爲水深之別名是矣。高誘訓測爲盡、鄭注訓測爲清、似失之。

經義述聞、家大人曰、莊子田子方篇曰、上闚青天下潛黃泉。是潛爲測也。商子禁使篇曰深淵者知千仞之深、縣繩之數也。深淵、測淵也。列子黃帝篇曰、彼將處乎不深之淵、而藏乎無端之紀。不深、不測也。（張湛注深、當作涅、非是。）是深亦爲測也。

世榮案、如郝說則潛測爲深淺之深、如王說則潛深爲測度之測。孔氏廣森經學卮言說同郝氏。然爾雅以測訓潛深、不以深訓潛測、則王似得之。蓋上句以深淺之深訓潛、下句則以測度之測訓潛深、不必一義也。至測亦訓深、展轉相訓、古多此例、然雅訓實未之及。又案釋文深又尸鴆反、是以深爲審之叚字。說文宷部宷、悉也、知審諦也、从宀、从釆。篆文宷从番。呂覽察微注審、詳也。淮南說山注審、知也。廣爾雅釋詁三審、諟也。文選東京賦薛注審、度也。義竝與測相通。深淺之深、據說文本當作㴱、深乃叚借字。㴱深審古音同部、則上句叚深爲㴱、此句叚深爲審。尸鴆一音、訓測之義古人蓋已見及、益徵王說之不妄矣。

釋言集解後案

潛湥測也　注測亦水湥之別名

正曰、郭注以測訓水湥、於誼未當。王尙書經義述聞云、莊子田子方上闚青天下潛黃泉、是潛訓測

爾雅詁林　二　釋言

也。商子禁使、㴱淵者、知千仞之㴱、縣繩之數。㴱淵即測淵。削子黃帝彼將處乎不㴱之度、而藏乎無端之紀、不㴱即不測、是㴱亦訓測也。

正郭

潛深也潛深測也

深謂深邃之深。說文云潛、一曰藏也。小雅正月潛雖伏矣、周頌潛有多魚、傳云潛、糝也。小爾雅謂魚之所息謂之橬。橬、糝也。蓋亦魚潛伏之所。潛深爲測者、說文云潛、涉水也。涉水可以測其淺深。又曰測、深所至也。邶風匏有苦葉濟有深涉、深則厲、淺則揭、蓋水之淺深由測而知也。

說詩

潛深測也

家大人曰、莊子田子方篇曰、上闚青天下潛黃泉。是潛爲測也。商子禁使篇曰、深淵者知千仞之深、縣繩之數也。深淵測淵也。列子黃帝篇曰、彼將處乎不深之度而藏乎無端之紀、不深、不測也。張湛注深當作淫、非是。是深亦爲測也。

述聞

潛深也潛深測也俱詳釋水。小雅、潛雖伏矣。玉篇、廣深曰測。淮南子、以篙測江、篙終而以水爲測、惑矣。

啓蒙

潛深也

案慧琳音義一引爾雅潛、沈也深也。今爾雅無沈也之訓、蓋誤以方言爲爾雅耳。方言十、潛、沈也、可證。知本經無沈也一訓者。沈郎訓深、見漢書相如傳下集注及後漢書郭泰傳注。莊子外物慰暋沈屯、釋文引司馬注潛訓深、自無沈也之訓矣。

王仁俊日記

潛、㴱也。潛、㴱、測也。

玉篇「㴱、邃也、遠也。」考工記梓人注云：「㴱、猶藏也。」潛者、後漢書班彪傳注云：「潛、㴱也。」說文云：「潛、藏也、」方言云：「潛、沈也；」沈、藏、與㴱義同。

潛㴱又訓測者、此數字轉注也。漢書東方朔傳「以蠡測海、」淮南原道篇注云：「度㴱曰測、」是測與潛㴱異義。王念孫云：「莊子田子方篇曰：『上闚青天、下潛黃泉、』是潛爲測也。商子禁使篇曰：『㴱淵者知千仞之㴱、縣繩之數也、』㴱淵、測淵也；列子黃帝篇曰：『彼將處乎不㴱之度、而幾乎無端之紀、』不㴱、不測也；是㴱亦爲測也。」晉案說文水部云：「測、㴱所至也、」玉篇「廣㴱曰測、」段云：「呂覽高注云：『測、盡也、』此本義也、」然則測字之本義、謂㴱也；後世測度之義、乃引伸義耳。測爲㴱義、是形容詞、作測度解、爲動詞。此亦不過假借形容詞爲動詞而已。測爲㴱、而有測度之解；潛、㴱、皆㴱也、故引伸之而亦有測度之解、其例一也。

爾雅學

潛深也潛深測也○釋曰注疏本刪。

校勘記

潛深也。潛深、測也。譿

孫侶直音

潛深也潛深測也　測亦水深之別名

楊氏音訓

穀鞠生也

穀鞠、生也。詩曰穀則異室。

郭注

穀鞠生也　釋曰、皆生活也。注詩曰穀則異室者、王風大車篇文也。小雅蓼莪云母兮鞠我。

邢疏

爾雅詁林　二　釋言

穀鞫生也 郭璞云、詩曰穀則異室。

一切注音

鞫 居六反。

陸音義

穀鞫生也

穀生不窮、鞫生而窮焉。詩曰母兮鞫我。母不能不窮也。

新義

穀鞫生也 大車云穀則異室。蓼莪云母兮鞫我。

鄭樵注

穀鞫生也

郭璞曰、詩曰穀則異室。

鄭樵曰、大車云穀則異室。蓼莪云母兮鞫我。

古注合存

穀鞫生也。此釋穀鞫爲生之義也。註曰、詩大車云、穀則異室。疏曰、詩蓼莪云、母兮鞫我。

注疏參義

穀鞫生也 **註** 詩曰穀則異室 **正義** 釋詁云、穀、善也。此篇上文云、鞫、稺也。穀鞫又爲生也。說文云、穀、續也。言其生生不已也。釋詁又云、育、養也。鞫與育古字通。方言云、鞫、養也。陳楚韓鄭之間曰鞫。小雅蓼莪云、母兮鞫我。**註** 詩曰至異室。**正義** 王風大車文。

正義

穀鞫生也 詩曰穀則異室

生者、活也。說文云進也、象艸木生出土上。文選魏都賦注引劉瓛易義云、自無出有曰生。周禮太宰注、生猶養也。是生兼活也養也二義。爾雅之生亦猶是矣。穀者、釋詁云善也。釋言云祿也。善與生活義近、祿與生養義近、故詩穀則異室、自何能穀、傳箋竝云穀、生也。是皆以生活爲義也。小弁蓼莪四月皆言民莫不穀、箋竝云穀、養也。是皆以生養爲義也。穀字之訓二義盡之。今攷經傳、參以爾雅、穀蓋皆穀之叚借也。何以明之、說文云、穀、乳也。人及鳥生子曰乳。是乳訓生、穀訓乳。左氏宣四年傳、楚人謂乳穀。穀即穀字、故莊卅年傳鬭穀於菟、釋文引漢書敘傳穀作穀。論語公冶長篇集解姓鬭名穀。釋文穀本又作穀、是穀穀通。故荀子禮論篇云、臧穀猶且羞之。楊倞注、孺子曰穀。或曰穀讀爲鬭穀於菟之穀。穀、乳也。然則左傳乳穀本作乳穀。故荀子注及論語集解漢書敘傳竝作穀字。而左宣四年釋文缺載其穀音奴口反、此讀又失也。穀穀二字竝古豆反、與穀音近、說文穀穀俱从殸聲。又云穀、續也。續亦相生之義矣。鞫者、上文云稺也。稺養義近、故詩蓼莪傳鞫、養也。通作育。釋詁云育、長也。長養義皆爲生。又通作毓。大司徒云以毓草木、晉語云怨亂毓災、注竝以毓爲生也。毓與鞫聲近義同、故爾雅之鞫、稺、詩鴟鴞正義引郭璞曰、鞫一作毓。是毓鞫通。

義疏

穀鞫生也 鞫、一作毓。郭注、詩曰、穀則異室。穀、从殼、含生意者、𣪊穀亦是也。鞫、上云盈、窮、匊米亦所以養。書、自鞫自苦。又鞫人謀人之保居。生、从中出土。易傳、萬物資生。

集解

穀鞫生也 穀、百穀之總名、从禾殸聲。穀所以養人、即所以生人也。廣雅則以穀爲之。詩大車穀則異室、傳穀、生也。小宛自何能穀、箋穀、生也。文選思玄賦穀崑崙之高岡、注穀、生也。鞫、蹋鞫也、从革匊聲。正字爲育。育、養子使作善也。引申爲生、謂生養也。育鞫通用字。書盤庚鞫人謀人之保居、鄭注鞫、養也。詩蓼莪母兮鞫我、傳鞫、養猶生也。禮記樂記毛者孕鬻、注鬻、生也。周禮大司徒以毓草木、晉語怨亂毓災、注均訓生。廣雅釋詁腹、生也。以鬻毓腹爲之。生、進也。象艸木生出土上。从屮達土會意、進乎出也。引申爲生養之生。周禮大宰生以馭其福、注生猶養也。

義證

穀鞫生也

爾雅詁林　二　釋言

穀育生養二義、養亦生也。小雅小菀自何能穀、王風大車穀則異室、傳箋竝云穀、生也。小雅小弁蓼莪四月民莫不穀、甫田以穀我士女、傳箋竝云穀、祿也。祿亦所以養也。至黃鳥不我肯穀、四月曷云能穀、諸穀字皆當訓爲養。　鞠與育鬻毓字皆相通假。邶風谷風昔育恐育鞫、傳云育、生也。大雅生民載育傳竝云育、長也。長卽生養之義。上文鞠稺鳲鳩疏引郭璞曰鞠、一作毓。小雅蓼莪母兮鞠我、傳云鞠、養也。周頌思文帝命率育、箋云育、養也。蓼莪長我育我、谷風旣生旣育、育皆謂養也。

說詩

穀鞠生也　鞠當作育見前

匡名

穀鞠生也說文㞢、進也、如草木生出土上。　王風鞠則異室、傳穀、生也。小雅母兮鞠我、傳鞠、養也。

啓蒙

穀、生也。　釋天東風謂之谷風、孫炎云、谷風者、生長之風、是谷與穀通。老子谷神不死、河上本作浴、注浴、養也、是谷又與浴通。

鞠、生也。　蓼莪父兮生我、母兮鞠我、同義並用。

黃侃音訓

穀生也

錦燧謹案、此釋詩大車篇穀則異室、小宛篇自何能穀也。毛大車傳、鄭小宛箋、俱云穀、生也。蓋卽本諸爾雅、故與雅訓合。然據說文禾部穀之本訓爲百穀之總名、穀之訓生非其本義。竊謂穀乃㝅之假借字、穀㝅同从殸聲、故得通用。左氏莊公三十年傳鬭穀於菟、釋文引漢書敘傳作㝅、荀子禮論藏穀猶且羞之、注云穀或讀爲鬭穀於菟之穀、其碻證也。㝅訓生者、廣雅釋詁云㝅、生也。今本譌作穀。說文子部云㝅、乳也。乳與生義亦相彖。

陸錦燧日記

穀、鞠、生也。

說文生爲部首、云「生、進也、象艸木生出土上。」許書出訓進、故生亦爲進、取象形也。周禮太宰注云：「生猶養也。」

穀者、詩「穀則異室、」「自何能穀、」傳箋皆云：「穀、生也。」小弁蓼莪四月皆云：「民莫不穀、」箋竝云：「穀、養也、」養者、養生也。穀與㝅、古多通用、郝謂「穀、蓋㝅之假借。」說文云：「穀、續也、」續亦生生不已之意。

鞠、方言云：「養也、陳楚韓鄭之閒曰鞠。」小雅蓼莪云：「母兮鞠我、」傳亦謂「鞠、養也。」鞠之本義、說文訓蹋鞠；廣韻云：「今通謂之毬子；」故鞠毬爲古今字。上文云：「鞠、稺也、」本文云：「鞠、生也、」此蓋育之假借字、稺養生長竝同義。又見上「稺也」節。

爾雅學

穀鞠生也○釋曰注疏本刪。

注詩曰穀則異室者　注疏本刪注字。

校勘記

啜茹也

啜茹也。啜者拾食。

郭注

啜茹也　釋曰、說文云啜、嘗也。郭云啜者拾食。禮記檀弓云、啜菽飲水。大雅烝民云、柔則茹之。方言云茹、食也。吳越凡貪飲食者謂之茹。

邢疏

啜茹也

爾雅詁林　二　釋言

啜茹食也。左傳定四年正義 犍爲注

啜茹也
啜音銳。釋文 郭音義

啜茹也
啜豬芮反。釋文 顧音

啜茹也
啜丑衞尺銳二反。釋文 啜丑芮切。集韻七 施音

黃輯古義

啜茹也
啜茹食也。春秋定四年正義 犍爲注

啜茹也。啜音銳。郭音義

啜茹也。啜豬芮反。釋文 顧音

啜茹也。啜丑衞尺銳二反。釋文 丑芮切。集韻去聲十三祭啜字注 施音

玉函山房輯佚

啜
丑芮切。施音 影宋本集韵七 鈎沉

啜茹也
舍人曰啜、茹食也。春秋正義五十四 漢注

啜茹也
郭璞云、啜者拾食。施乾音啜、丑芮切。集韻七卷 一切注音

啜茹也。舍人曰啜、茹含也。左氏定四年傳正義 古注斠

啜常悅反。郭音銳、顧豬芮反、施丑衞尺銳二反。說文云啜嘗也。廣雅云食也。茹也音汝。食也。陸音義

啜茹也
所謂啜醢啜羹皆如之。新義

啜茹也方言云、吳越凡貪飲食者謂之茹。鄭樵注

啜茹也音銳郭啜、
舍人曰啜、茹食也。
郭璞曰、啜者拾食。
鄭樵曰、方言云、吳越凡貪飲食者謂之茹。古注合存

啜茹也此釋啜爲茹之義也。疏曰記檀弓云啜菽飲水詩烝民云柔則茹之。注疏參義

啜茹也註啜者拾食正義方言云茹、食也。吳越之間凡貪飲食者謂之茹。郭氏彼註云、今俗呼能麤食者爲茹。說文云啜、嘗也。釋名云啜、絕也。乍啜而絕於口也。檀弓云、啜菽飲水。禮運云茹其毛。是啜即茹也。

啜茹也啜音銳。後漢書窮棲茹菽、正義

啜茹也啜者拾食茹者、說文云云飤馬也。玉篇云飯牛也。而預而與而諸三切。方言云茹、食也。吳越之閒凡貪飲食者謂之茹。郭注、今俗呼能麤食者爲茹。漢書集注食菜曰茹。是茹爲人食之通名。說文玉篇但云飤馬飯牛、義未備也。證以詩言柔則茹之、又禮運云茹毛。孟子云茹草、莊子云不茹葷、並以茹爲食也。蓋雲翔爲余言今萊陽人謂牛噉長草曰茹、人噉生菜連莖葉吞之亦曰茹。然則茹爲吞咽之名。方言謂之貪食、郭注謂之麤食、其義與今俗語同矣。啜者、說文云嘗也。釋名云啜、絕也。乍啜而絕於口也。然則啜但訓食。郭云拾食者、校議

蓋取掇拾爲義、非爾雅之恉也。知者、左氏定四年正義引舍人曰啜、茹食也。是啜訓茹、茹訓食。趙岐孟子注以啜兼飲言、亦非。今閩粵人謂喫爲唼、登萊人謂喫爲撮。撮與唼俱啜聲之轉。

義疏

啜茹也　舍人注啜、茹食也。郭注、啜者拾食。

說文有二啜。从叕者云嘗、从窡者口滿食。口滿是也。因以不滿口亦爲啜、滿必叕連之。詩啜其泣矣、謂吞聲如食滿口也。茹从如、如女口亦不滿皃。因爲貪食。詩柔則茹之。記、茹其毛。易拔茅連茹。說文以茹爲飼馬、玉篇以爲飯牛是也。

集解

啜茹也　啜嘗也、从口叕聲。引申爲食也茹也。禮記檀弓啜菽飲水、孟子離婁徒餔啜也、啜當訓茹。茹、飲馬也、从艸如聲。引申爲凡食之偁。方言七、吳越之閒凡貪飲食者謂之茹。

義證

啜茹也

舍人注啜、茹食也。春秋定四年正義

注、啜者拾食。

音義啜音銳。釋文

施氏乾音啜、丑衞尺銳二反。釋文 丑芮切。集韻去聲十三祭叕字注

顧氏野王音啜、豬芮反。釋文

釋文啜、常悅反。郭音銳、顧豬芮反、施丑衞尺銳二反。說文云嘗也。廣雅云食也。茹也音汝。食也。

疏、說文云啜嘗也。郭云啜者拾食。禮記檀弓云啜菽飲水。大雅烝民云柔則茹之。

方言云茹、食也。吳越凡貪飲食者謂之茹。

鄭注、方言云吳越凡貪飲食者謂之茹。

正義、方言云茹、食也。吳越之間凡貪飲食者謂之茹。郭氏彼注云、今俗呼能齧食者爲茹。說文云啜、嘗也。釋名云啜、絕也、乍啜而絕於口也。檀弓云、啜菽飲水。禮運云、茹其毛。是啜卽茹也。

義疏、茹者、說文云飤馬也。玉篇云飯牛也。而預而與而諸三切。方言云茹、食也。吳越之間凡貪飲食者謂之茹。郭注今俗呼能齧食者爲茹。漢書集注食菜曰茹。是茹爲人食之通名。說文玉篇但云飤馬飯牛、義未備也。證以詩言柔則茹之、又禮運云茹毛、孟子云茹草、莊子云不茹葷、竝以茹爲食也。蓋雲翔爲余言今萊陽人謂牛噉長草曰茹、人噉生菜連莖葉呑之亦曰茹。然則茹爲呑咽之名。方言謂之貪食、郭注謂之齧食、其義與今俗語同矣。啜者、說文云嘗也。釋名云啜、絕也、乍啜而絕於口也。然則啜但訓食、郭云拾食者、蓋取啜拾爲義、非爾雅之恉也。茹者、左氏定四年正義引舍人曰啜茹食也。是啜訓茹、茹訓食。趙岐孟子注以啜兼飲言、亦非。今閩粵人謂喫爲唼、登萊人謂喫爲撮、撮與唼俱啜聲之轉。

吳氏經說三、啜、撮口細嘗也。字通歠。曲禮、毋歠醢歠。亦嘗其旨否之詞。說文歠、歠也。重文作吷、啜之同聲字。又案、啜亦卽曲禮毋嚃炙之嚃、嚃食炙聲也。彼注云嚃謂一舉盡臠、未的。說文無嚃。

世榮案、茹字、方言、說文、玉篇及方言郭注、文雖不同、要可以齧食概之。訓啜爲茹、則啜亦食之齧者。啜本訓嘗、而得訓爲齧食者、古人訓詁每以相反成義。釋名訓啜爲絕、正雅義、曲禮毋歠醢亦以有貪食之意。毋嚃炙注云一舉盡臠、義亦相合。說文無嚃、蓋嚃卽啜後出之俗字也。郝氏吳氏說竝詳塙、然泥於嘗字之訓、不敢質言齧食、反疑禮注未的、失之。又案、郭注云啜者拾食、似郭氏所據啜字作掇、然掇無呑咽之義、此經以茹釋啜、則啜爲正字、卽字或作掇亦啜之叚字、不當緣詞生訓也。

釋言集解後案

啜茹也　注啜者拾食

諍曰、郝氏據左傳定四年正義引舍人曰啜茹食也、謂郭云拾食蓋取掇拾爲義、非爾雅之恉也。按檀弓啜菽飲水、釋文云熬豆而食曰啜。孟子徒餔啜、趙岐注、徒食飲而已謂之餔啜也。皆無掇拾之義、注殊失之。

諍郭

啜茹也

茹食也　啜者拾食也

慧琳高僧傳九卷音義引郭注爾雅茹、食也。今本脫此注、據補。　元應佛本行集經七卷音義引爾雅啜茹也。郭璞曰啜者拾食也。舊雜譬喻經下卷音義引同。今本脫也字、據補。

郭注佚存補訂

爾雅詁林　二　釋言

嗞茹也

嗞者、釋王風中谷有蓷嗞其泣矣。毛傳云嗞、泣貌。四年左氏傳正義引舍人曰嗞茹食也。大雅烝民柔則茹之、茹謂食也。案毛傳訓嗞泣貌。猶今詩人言茹涕矣。

說詩

嗞茹也音茹如庶切（音誤。按音汝者食也、音如庶切者度也。嗞茹之茹當音汝。下茹虞之茹當音如庶切。義各異也。）疏吳越之間凡貪飲食者謂之茹（脫之間二字。）試式節疏皆見詩書者（皆當云字誤。）

注疏正字

嗞茹也說文嘬、嘗也、一曰喙也。檀弓、嗞菽飲水。郭註嗞者拾食。禮運茹其毛。是嗞即茹也。

啓蒙

嗞茹也、茹虞度也。嗞茹茹度相承義異。

黃侃音訓

嗞茹也

錦燧謹案、說文云茹、飤馬也。玉篇云茹、飯牛也。郝氏義疏謂茹爲人食之通名。說文玉篇但云飤馬飯牛、義未備也。竊謂郝說未碻。許書列文次弟以類相從、今列茹篆於莝萎䔩數字之上、說解莝云斬芻、（段注謂以鈇斬斷之。芻莝之音以莝飤馬也。）萎云食牛也、䔩云以穀萎馬置莝中。可知茹之本義碻爲飤馬、馬之所食惟艸、此茹之義故从艸也。引申之則爲凡物食艸之偁、玉篇謂茹訓飯牛是也。又引申之則爲人食蔬菜之偁、孟子所謂茹草是也。又引申之則爲凡食之偁、方言云茹、食也、吳越之間凡貪飲食者謂之茹是也。如郝云云、是誤以引申義爲本義、而轉以本義爲引申義矣、不亦傎乎。

陸錦燧日記

嗞、茹也。

說文艸部云：「茹、飤馬也、」玉篇「飯牛也、」此以食食物也。詩「柔則茹之、」禮運云：「茹其毛、」方言云：「茹、食也、吳越之間、凡貪飲食者謂之茹、」此以茹爲食物之通義也。

嗞、說文「嘗也。」檀弓「嗞菽飲水、」左氏定四年正義引舍人曰：「嗞、茹食也、」是嗞爲食物之通稱。郝謂「閩粵人謂喫爲㗐、登萊人謂喫爲撮、撮與㗐、俱嗞聲之轉。」

爾雅學

嗞茹也○釋曰注疏本刪。

校勘記

嗞茹也。釋文茹音汝。今本譌如庶切、是下茹虞度也之音誤刻於此。下茹虞度也、釋文方云茹、如庶反、注同。

注疏校勘札記

大雅蒸民云（監本毛本湘本蒸作烝是。）

注疏本正誤

十二下（二六）一行嗞茹也注嗞者拾食○慧琳《音義》卷九十引「郭注《爾雅》：茹食也。」今本注文無此語。又「嗞者拾食」、玄應《音義》卷二十引作「嗞者欲食也。」

宋監本校箋

嗞常悅翻音近歠。（禪母）郭音銳、（喻母）顧豬芮翻音綴。（知母）施丑衛（音傺 徹母）尺銳（音毳 穿母）二翻。詩釋文張劣翻音啜。（知母）羣經音義云通俗文作⿰口毳。

音略

爾雅詁林 二 釋言

拙銳汝

啜茹也。

孫偘直音

啜茹也（拙　穡）

直音校正

啜茹也（凡食飲含者謂之茹）

啜切茹如庶也

楊氏音訓

啜昌悅切　茹汝

于氏音釋

茹虞度也

茹、虞度也。皆測度也。詩曰、不可以茹。

郭注

茹虞度也　釋曰、皆謂測度也。注詩曰不可以茹者、邶柏舟文也。左傳曰、備豫不虞。

邢疏

茹虞度也

郭璞云、皆測度也。詩曰、不可以茹。

一切注音

茹虞 如庶反、注同。 度也 待各反、注及下同。

陸音義

茹虞度也

有虞宜度也、有如亦宜度也。

新義

茹虞度也 邶柏舟云、不可以茹。左傳曰、不備不虞。度、測度也。

鄭樵注

茹虞度也

郭璞曰、皆測度也。詩曰不可以茹。

鄭樵曰、邶柏舟云不可以茹。左傳曰不備不虞。度、測度也。

茹虞度也、度音鐸。○此釋茹虞爲度之義也。註曰、詩柏舟云、不可以茹。疏曰、左傳云、備豫不虞。

古注合存

茹虞度也 註 皆測度也詩曰不可以茹 正義 釋詁云、度、謀也。茹虞又爲度也。如與茹通。已見釋詁。虞者、西伯戡黎云、不虞天性、史記集解引鄭註云、不度天性。孫子云、以虞待不虞者勝。註 詩曰至以茹。○ 正義 邶風柏舟文。

注疏參義

正義

茹虞度也　玉案、少儀曰軍旅思險、隱情以虞、注、虞、度也。至茹之訓度、如玁狁匪茹及來咨來茹是也。若不可以茹、義當爲受、蓋監之受照、物來斯順受之、我心匪鑒、不可以順受、故往而愬之耳。大雅柔則茹之、剛則吐之、吐對茹爲言、不可以茹、即吐弃之義、不可以訓度也。

校議

茹虞度也 皆測度也詩曰不可以茹

度者、釋詁云、謀也。度本丈尺之名、詩予忖度之、忖即寸、寸度、言若以尺寸量度之也。左氏昭廿八年傳心能制義曰度、賈子道術篇云以人自觀謂之度、皆寸度之義也。茹者、釋詁云、如、謀也。如茹同。詩不可以茹、玁狁匪茹、來咨來茹、傳箋並云、茹、度也。虞者、詩有虞殷自天、無貳無虞、傳箋並云、虞、度也。晉語注虞、備也。太玄玄瑩注虞、憂也。憂與備其義亦皆爲度矣。

義疏

茹虞度也

茹如通用。郭注、皆測度也。詩曰不可以茹。凡如皆忖度詞也。虞从吳。矢口亦忖度之意。易傳、戒不虞。書、不虞天性。度、从又庶。庶而以又持之、是審度也。

集解

爾雅詁林　二　釋言

茹虞度也

茹即如。釋詁如度均釋謀，此茹又釋爲度，轉注耳。詩柏舟不可以茹，六月玁狁匪茹，臣工來咨來茹，傳箋均云茹度也。虞，騶虞，白虎黑文，尾長於身，仁獸，食自死之肉，从虍吳聲。正字為慮。慮，謀思也。度亦謀也。慮虞通用字。詩抑用戒不虞，文王有虞殷自天，傳均云虞度也。雲漢則不我虞，閟宮無貳無虞，箋均云虞度也。孟子離婁有不虞之譽，禮記少儀隱情以虞，左桓十一傳且日虞四邑之至也，成八傳其孰以我為虞，昭六傳始吾有虞於子今則已矣，韓非八姦不使擅進不使擅退群臣虞其意，文選長門賦步逍遙以自虞，注均云虞度也。或者正字為度，與度虞音韵。度，法制也，从又庶省聲。釋詁云謀也。詩爰究爰度。

義證

茹虞度也

茹者，邶風柏舟不可以茹，小雅六月玁狁匪茹，周頌臣工來咨來茹，傳箋竝云茹，度也。虞者，大雅抑用戒不虞，雲漢則不我虞，文王有虞殷自天，魯頌閟宮無貳無虞，傳箋竝云虞，度也。

說詩

茹虞度也　邶風不可以茹，傳茹，度也。西伯戡黎不虞天性，史記集解引作不度天性。

啓蒙

茹、虞，度也。

釋詁云：「度、謀也。」度本丈尺之名；故引伸爲量測之義。郝云：「詩『予忖度之、』忖即寸、寸度、言若以尺寸量度之也。」諡法云：「心能制義曰度、」謂裁度也。

茹與如通、如與度、釋詁竝云「謀也；」凡有所謀度者、必求其相肖、故如爲度。詩云：「玁狁匪茹、」茹、即度也。又見釋詁如猷二字下。

虞者、書大禹謨云：「儆戒無虞、」左氏桓十七年傳云：「疆埸之事、愼守其一、而備其不虞、」皆以虞爲度。西伯戡黎云：「不虞天性、」史記集解引鄭注作「不度天性、」是虞度義同。晉語云：「衛文公有邢翟之虞、」注云：「虞、備也；」備亦圖度也。

爾雅學

茹虞度也○釋曰　注疏本删。

注詩曰不可以茹者　注疏本删注字。

校勘記

茹虞度也。

孺　鐸

孫偘直音

茹虞度也　鐸

直音校正

茹虞度鐸也

楊氏音訓

茹如庶切

干氏音釋

試式用也

試式用也。見詩書。

郭注

試式用也　釋曰，皆任用也。注皆見詩書者，小雅大東云百僚是試，雨無正云庶曰式臧，商書盤庚云今予將試以汝遷，又云式敷民德之類是也。

邢疏

試式用也

郭璞云，見詩書。

一切注音

試式用也

詩曰，師干之試。新而用之爲試。

新義

試式用也

郭璞曰，見詩書。

古注合存

注疏參義

試式用也。此釋試式爲用之義也。疏曰、書盤庚云、今予將試以汝遷。又云、式敷民德。

試式用也 **註**見詩書 **正義**說文云、用、可施行也。試者、論語云、吾不試。式者、戰國策云、式於政不式於勇。高誘註、式、用也。**註**見詩書○**正義**小雅大東云、百僚是試。商頌長發云、帝命式于九圍。舜典云、明試以功。盤庚云、式敷明德。

正義

試式用也 見詩書

用者、說文云、可施行也。方言云、行也。行與由同、由亦用也。小大由之、言小大用之也。一切經音義七引蒼頡篇云、用、以也。以亦用也。雖不吾以、言雖不吾用也。通作庸。說文云、庸、用也。書五刑五用哉、後漢書梁統傳作五刑五庸哉。試者、說文云、用也。引虞書曰、明試以功。試又嘗也、驗也、其義亦皆爲用。故詩師干之試、論語吾不試、傳注竝云、試、用也。式者、說文云、法也。法制人所用、故法庸釋詁竝訓常、庸卽用也、言常用也。詩式微式微、式夷式已、傳竝云、式、用也。秦策云、式於政不式於勇、高誘注亦云、式、用也。方言云、由、式也。然則式亦由也、由亦用矣。

義疏

試式用也

式、从工弋。工立栻爲法式、因爲擬度之詞。詩、式微式微、式夷式已、式遄其行、皆詞也。下士之式古訓、是式法也。易傳、不可試也。書、今予將試以女遷。或以爲驗、或以爲嘗。明試以功、亦驗也。師干之試、法也。用、从卜中。易有用九用六。春秋傳、用者、不宜用也。郭注、見詩書。後反加言以爲用、不加言者爲擬度用也。

集解

試式用也 試、驗用也。从言式聲。易无妄不可試也。釋文試驗。一曰用也。書盤庚今予將試以汝遷。僞傳試、用。詩采芑師干之試、大東百僚是試、傳均訓用。禮記樂記兵革不試、緇衣刑不試而民咸服。文選恨賦試望平原、注均云試、用也。式、法也。从工弋聲。正字爲試。試式叠韵。說文則以己爲之。詩南有嘉魚嘉賓式燕以樂、角弓式居婁驕、民勞式遏寇虐、韓奕式燕且喜、思齊不聞亦式、泮水式固爾猶、小宛小明桑柔式穀、箋均云式、用也。後漢書鄭玄傳故宜式序注、式、用也。秦策式於政不式於勇、高注式、猶用。用、可施行也。从卜从中。中、古文作用。

義證

試式用也

皆見詩書

明注疏本刪皆字。

郭注佚存補訂

試式用也

此常義也。說文云試、用也。小雅采芑師干之試、毛傳云試、用也。大東百僚是試、用於百僚也。式者、邶風式微式微、小雅節南山式夷式已、傳竝云式、用也。南有嘉魚嘉賓式燕以樂、節南山式月斯生、角弓式居婁驕、大雅民勞式遏寇虐、蕩寇攘式內、魯頌泮水式固爾猶、小宛小明桑柔式穀、箋竝云式、用也。

說詩

試式用也 說文用、可施行也、从卜中。試、用也。論語吾不試、註試、用也。式、法也。註法作灋、荆也。引伸之爲式用也。周禮八灋、八則、九式、異其文。注則、亦法也。式謂用財之節度。盤庚式敷明德、註式、用也。

啓蒙

爾雅詁林 二 釋言

試式用也。試式同字並見。

試、式、用也。

說文用爲部首、云「用、可施行也、从卜中。」是會義字。眾經音義引倉頡篇云：「用、以也；」方言曰：「用、行也；」此皆常語。說文云：「庸、用也、」書「五刑五用哉、」後漢書梁統傳作「五刑五庸哉、」是庸、用、字義並通。

試者、莊子齊物論云：「嘗試用之、」廣雅云：「試、嘗也、」故无妄之「无妄之藥不可試也、」舜典之「明試以功、」皆嘗試也。說文云：「試、用也、」此用釋言文。嘗試而爲用者、用之義乃卜而後行也、卜亦嘗試之意、故試爲用。論語曰：「吾不試、」注「試、用也。」

式者、說文工部云：「法也、」書「百官承式、」天官太宰「以九式均節財用、」皆法式義也。引伸之則式爲用、郝云：「法制人所用、故『法、』『庸、』釋詁並訓『常、』言常用也。」商頌長發云：「帝命式于九圍、」秦策云：「式於政、不式於勇、」鄭箋高注並訓用。

黃侃音訓

爾雅學

見詩書　雪牕本注疏本同。單疏本作皆見詩書。

試式用也○釋曰　注疏本刪。

注皆見詩書者　注疏本刪注字。

二行試式用也(注)見詩書○邢昺疏引注文「見」上有「皆」字。

校勘記

誥誓謹也

宋監本校箋

誥誓謹也。皆所以約勒謹戒衆。

郭注

誥誓謹也　釋曰皆謹敕也。以大義諭衆謂之誥、集將士而戒之曰誓。尚書誥誓之篇是也。故郭云皆所以約勒謹戒衆也。

邢疏

誥誓謹也

郭璞云皆所以約勤謹戒衆。

一切注音

誥誓謹也

謹而信、非尚德之世。

新義

誥誓謹也　謹、敕約也。

鄭樵注

誥誓謹也

郭璞曰皆所以約勤謹戒衆。

鄭樵曰謹、敕約也。

古注合存

誥誓謹也、此釋誥誓爲謹之義也。

註曰皆以謹戒衆也。

注疏參義

誥誓謹也　註　皆所以約勤謹戒衆　正義　說文云謹、愼也。釋詁云誥、告也。誥誓又爲謹也。釋名云上勅下曰告。告、覺也、使覺悟已意也。誓者、說文云約束也。釋名云誓、制也、以拘制之也。秋官士師云、誓用之于軍旅、誥用之于會同。誥或作誥。大司寇云誥四方、鄭註誥、謹也。呂刑云、以誥四方。

正義

誥誓謹也　皆所以約勤謹戒衆

謹者、愼也、亦通作愼。詩謹爾侯度、左氏襄廿二年傳作愼爾侯度。謹與誡同義。說文云誡、敕也。誡謹一聲之轉。誥者、釋詁云告也。荀子大略篇云誥誓不及五帝、楊倞注誥誓以言辭相誡約也。漢書刑法志注誥、謹也。以刑治之令謹敕也。通作誥。大司寇及布憲注並云誥、謹也。刑法志注誥字或作誥。是誥誥通。誓者、說文云約束也。釋名云誓、制也、以拘制之也。拘制約束皆所以爲謹敕也。故曲禮云約信曰誓。文王世子云曲藝皆誓之、鄭注誓、謹也。皆使謹習其事。大戴禮子張問入官篇云故儀不正則民失誓、盧辯注誓、敕也。敕亦謹也。大射儀注、誓猶告也。是誓誥義同。

義疏

誥誓謹也　郭注、皆所以約勒謹戒衆。

告見上。又加言以別面告也。書有帝誥中䖒誥湯誥微子誥大誥康誥酒誥召誥雒誥誥多士康王之誥凡十一。有甘誓湯誓大誓牧誓粊誓秦誓。誓从言折。折斷之詞也。謹从墓。土堅謹。記塗之以謹塗。因爲禁愼。

誥誓謹也

集解

誥告也、从言告聲。引申爲謹、謂謹告也。書帝誥、湯誥、大誥、酒誥均是也。荀子大畧誥誓不及五帝、注誥誓、以言辭相誡約也。前漢書刑法志以刑邦國詰四方、師古曰詰、字或作誥、謹也。誓、以言約束也、从言折聲。引申爲謹。說文則以悊爲之。禮記文王世子曲藝皆誓之、注誓、謹也。書顧命恐不獲誓言嗣、孫疏誓、謹也。謹、愼也、从言堇聲。字亦作慬作懃。

義證

誥誓謹也

謹爲謹勅之謹。昭廿年左氏傳以謹無良、注云謹、勑愼也。大雅民勞以謹無良、以謹惛怓、謹字鄭箋謂以此勑愼無善之人。正義云謹愼俱是勑戒之言。勑戒與誥誓同義。荀子大略篇誥誓不及五帝、注云誥誓、以言辭相誡約也。書序作帝誥、史記殷本紀作作帝告。釋詁云誥、告也。大雅抑遠猶辰告、告之語言、告爾舊止、皆謂告誡也。誓者、說文云約束也。衛風氓信誓旦旦、誓卽誠約之義。

說詩

誥誓謹也

皆所以約勑戒衆也

今本作皆所以約勤謹戒衆。案、謹非勤謹之謹、此注葢有誤。希麟琳法師別卷上音義引爾雅云誥誓謹也。郭璞注云皆所以約勒戒衆也。樹柟案、勤勒二字皆勑字之譌。自勑誤爲勤、於是淺人遂增謹字以牽就之、而不知約勤謹戒衆之不辭也。今據希麟所引刪謹字補也字、勤勒二字以意定爲勑形之誤。

郭注佚存補訂

誥誓謹也

家大人曰、謹者、戒敕之謂。韓子十過篇知伯曰吾與二主約謹矣、外儲說左篇李悝警其兩和曰謹警敵人旦暮且至擊女、皆謂相戒敕也。鹽鐵論世務篇引詩云誥爾民人謹爾侯度、（明涂禎本如是與詩攺所引合・張之象本誥譌作詰）說苑脩文篇引詩云告爾民人謹爾侯度、誥告並與謹同義、故下文曰用戒不虞也。漢書刑法志以刑邦國詰四方、顏師古注曰詰、字或作誥、誥、謹也。文王世子曰曲藝皆誓之、鄭注誓、謹也。說文曰誓、約束也。周官大宰曰掌百官之誓戒、士師曰以五戒先後刑罰、一曰誓、二曰誥。或言謹、或言戒、或言約束、其義一也。引之謹案、楚語曰近臣諫、遠臣謗、輿人誦以自誥也。自誥、亦謂自戒敕也。

述聞

誥誓謹也 說文謹、愼也。郭註所以約勤謹戒衆。誥詳釋詁。誓、約束也。曲禮約信曰誓。秋官、誓用之於軍旅、誥用之於會同。

誓謹也。釋名云、誓制也、以拘制之也。誓制同聲、猶析制字通矣。制亦有謹義、孝經節制謹度。又與悊通、說文悊敬也。

啓蒙

誥誓謹也

黃侃音訓

注曰皆所以約勤謹戒衆

樾謹按、注中勤字衍文也。郭意蓋以約謹解經文謹字、韓子十過篇知伯曰吾與二主約謹矣、此約謹二字連文之證也。約謹猶約結也、謹與結一聲之轉、古亦通用。桓三年穀梁傳謹言而退、公羊傳作結言而退是也。此經曰誥誓謹也、謂誥誓所以約結其衆也。說文言部誓、約束也。即本之爾雅矣。

平議

誥、誓、謹也。

說文言部云：「謹、愼也、」此常義也。爾雅謹字有自謹謹人之別耳。王念孫引韓子十過篇云：「知伯曰：吾與二主約謹矣、」約謹、謂戒敕也。俞樾引穀梁桓三年傳云：「謹言而退、」公羊傳作「結言而退、」謹言者、亦謂約敕也。故爾雅本節郭注云：「皆所以約謹戒衆。」

誥誓者、荀子大略篇云：「誥誓不及五帝、」楊倞注「誥誓、以言辭相誡約也、」誡約、即謹誡也。王念孫引鹽鐵論世務篇引詩云：「誥爾民人、謹爾侯度、」誥、謹、對舉、誥亦謹也。王引之引楚語云：「近臣諫、遠臣謗、輿人誦、以自誥也、」謂「自誥、自戒敕也。」是鹽鐵之誥、謹人也；楚語之誥、自謹也。說文云：「誓、約束也；」文王世子曰：「曲藝者皆誓之、」鄭注「誓、謹也；」約束、即謹也。然則謹也、約謹也、誥也、誓也、戒敕也、約束也、其義一而已。故周禮士師云：「以五戒先後刑罰、一曰誓、二曰誥、」明乎誥誓之皆爲戒矣。

爾雅學

誥誓謹也○釋曰皆謹勑也注疏本刪上六字。閩本監本毛本勑改敕。

尙書誥誓之篇是也閩本監本毛本篇改類、元本此字實闕。

校勘記

皆所以約勤謹戒衆吳本約勒。

皆謹勑也監本湘本毛本勑作敕。案玉篇敕、本作勑。今相承作敕。後不悉出。

校勘記訂補

注疏校勘札記

誥誓謹也(注)皆所以約勒謹戒衆○《字鏡》卷十一末「誥」字下引《玉篇》注「郭璞曰：所以約謹戒衆也」，無「勒」字。希麟《續音義》卷十引郭注作「皆所以約勒戒衆也。」有「勒」，無「謹」。王樹枏謂「勒」為「勑」字之譌，「謹」字為淺人所增。案：郭注釋正文訓解，「謹」字蓋不誤。

宋監本校箋

誥誓謹也所以約謹勤戒衆

楊氏音訓

競逐彊也

競、逐彊也。皆自勉強。

郭注

競逐彊也　釋曰、皆自勉彊也。大雅抑篇云、無競維人。馳逐者、亦彊梁也。

邢疏

競逐彊也

郭璞云、皆自勉彊。

一切注音

強巨丈反、注同。本或作彊字。又其良反。

陸音義

強○邢本作彊。

音義攷證

競逐彊也

競爭先、逐自後逐之。

新義

競逐彊也強、勉強也。

鄭樵注

競逐彊也

郭璞曰皆自勉彊。

鄭樵曰彊、勉強也。

古注合存

競逐彊也、彊去聲。○此釋競逐爲彊之義也。註曰皆自勉彊也。

注疏參義

競逐彊也註皆自勉彊

正義 釋名云彊、畺也。大雅桑柔云職競用力、鄭箋競、逐也。左氏昭元年傳云諸侯逐進、杜註逐猶競也。皆言有力而彊也。說文云競、彊語也。

正義

競逐彊也皆自強勉

彊者、說文云弓有力也。釋名云彊、畺也。通作強。釋詁云強、勤也。學記云知困然後能自強也。鄭注自強修業不敢倦。法言五百篇云或性或強。李軌注強者習學以至也。競者、說文云彊語也、一曰逐也。从誩从二人。按二義俱本爾雅。以言故訓彊語、从二人故訓逐也。詩桑柔烈文傳及抑執競箋竝云競、彊也。職競用力、不競不絿、箋又云競、逐也。淮南原道及俶眞篇注亦云競、逐也。呂覽分職篇注競、進也。進亦逐也。離騷篇注競、竝也。竝亦彊也。通作倞、又通作勍。說文竝云彊也。又通作傹、周禮鍾師注引呂叔玉云繁遏執傹也。即執競之異文。又通作竟、逸周書度訓篇云揚舉力竟、即力競也。史記篇云竟進爭權、即競進也。水經江水注引之蓋傹省作竟、非誤也。今或改逸周書爲競、則非矣。逐者、說文云追也。追、逐也。逐與競同意、故左氏昭元年傳諸侯逐進、杜預注逐猶競也。漢書五行志晉灼注競走曰逐。後漢書馮異傳注逐、爭也。爭亦競矣。

義疏

競逐彊也郭注皆自強勉。此以競有二義、非以彊釋逐。彊讀強弱、亦非勉強也。說文競、彊語也、一曰逐也。从誩从二人。得雅義矣。詩無競、職競、競皆強義。不競不絿、則不逐也。逐、从豕辵。故爲追逐。

集解

競逐彊也

競、逐也、一曰彊語也。从二人从誩會意。引申爲凡事之彊。說文則以倞爲之。詩烈文抑無競維人、傳箋均訓彊。執競無競維烈、箋競、彊也。桑柔秉心無競、傳競、彊也。周書度訓揚舉力竟、即力競也。周禮鍾師注繁遏執傹也、傹爲競之異文、彊也。春秋考異郵景者強也。左僖二二傳勍敵之人、注勍、強也。說文勍云彊也。以竟傹景勍爲之。逐、追也。从辵从豚省會意。引申爲彊。左昭元傳諸侯逐進、注逐猶競也。彊也。詩長發不競不絿、競絿即競逐、謂不彊也。以絿爲之。彊、弓有力也、从弓畺聲。正字爲勥。勥、迫也、古文作勥。

義證

競逐彊也彊、巨丈反。

(註)皆自勉彊

郭注補正

競逐强也

强與彊古字通。說文云競、彊語也、一曰逐也。从誩从二人。大雅桑柔秉心無競、抑無競維人及周頌烈文無競維人、執競無競維烈、傳箋竝云競、彊也。桑柔職競用力、商頌長發不競不絿、箋云競、逐也。逐者、漢書食貨志、馮奉世集注竝云逐、競也。逐爲軸之假借。衛風考槃碩人之軸、傳云軸、進也。進與强義近。彼釋文云、鄭直六反。疏云箋以與陸爲韵、宜讀爲逐。逐與軸蓋古今字。

說詩

競逐強也

皆自勉強

仿宋本、單疏本、明注疏本皆作勉彊。雪牕本作強勉。樹枏案、釋文云強、巨丈反、注同。本或作彊字。蓋陸所據本作強不作彊。釋訓懋懋慔慔勉也、注云皆自勉強。釋文云強、其丈反。此注與彼注正同。

郭注佚存補訂

注疏正字

競逐彊也 彊、釋文作強。逐、毛本誤從豕。後並同。

競逐强也 強、釋文云本或作彊。案說文弓部彊弓有力也从弓畺聲。強乃蟲名。經典相承通用。

啓蒙

匡名

競逐彊也 說文彊弓有力也。引伸爲凡有力之稱。又假爲勥迫之勥。競、彊語也。一曰逐也。从誩从二人。大雅、職競用力。逐、追也。从辵豕省聲。左昭元年傳、諸侯逐進。

黄侃評本正名

彊 勥 郭注皆自勉彊。段氏玉裁云凡云勉彊者當用勥字。

黄侃音訓

競逐彊也。皆自強勉。 競彊同字並見。 彊兼彊盛、勉勥二義、二義亦濟通、郭注則勉強義、漢儒用爾雅多作彊盛義。強勉之強說文作勥、云迫也、彊勥古多通用。

流覃也覃延也 佻偷也 茹虞度也 競逐彊也

釋文覃本又作𡨊。孫叔然云古覃字、同。釋言釋文 延作莚、音延。云本今作延。釋言釋文

毛詩傳佻愉也。小雅鹿鳴傳 釋詁茹作如。度如謀也。彊、釋文作強、云本或作彊。釋言釋文

證異

競、逐、彊也。

說文彊、訓弓有力、引伸爲彊弱之義。勥訓迫、即勉強之強。今皆用強。釋文云：「彊、巨丈反、」是爾雅之彊、兼說文勥迫之義矣。

競、說文誩部云：「彊語也、从誩二人、一曰逐也。」誩爲競言、競从誩、故義爲彊語；段謂「競、古音讀如彊、」是競、彊、亦爲疊韻；故訓競爲彊也。彊語之義、引伸爲凡彊之詞、故詩桑柔烈文傳並云：「競、彊也。」許以競爲逐、商頌「不競不絿、」淮南原道注亦云：「競、逐也。」廣韻「爭、競也、」故競亦爭也、逸周書史記篇云：「竟進爭權、」竟進、即競進；竟、競、通用也。

逐、說文「追也、」追逐、與強迫同義，故訓彊。此勉強之義。昭元年左傳杜注云：「逐、猶競也、」是逐義又近競、故漢書五行志晉灼注云：「競走曰逐；」後漢書馮異傳注云：「逐、爭也；」競走也、爭也、皆競之義矣。

爾雅學

校勘記

競逐彊也 唐石經單疏本雪牕本同。釋文强、巨丈反、注同。本或作彊字。又其良反。按此蓋經作彊盛字、注用勉强字。

皆自勉彊 單疏本注疏本同。雪牕本作皆自强勉。按强勉猶彊勉也。漢書董仲舒傳事在彊勉而已矣、師古曰彊音其兩反。此當從雪牕本。古彊强通。

競逐彊也○釋曰 注疏本刪。

皆自勉彊也 元本同。閩本監本毛本彊改强。下彊梁同。

宋監本校箋

三行彊○唐寫本作「強」。《釋文》同。《釋文》云：「強，巨丈反。注同。本或作彊字。」

(注)皆自勉強○「強」，宋刻十行本作「彊」。邢昺疏同。

孫偘直音

強

競逐彊也。

直音校正

競逐彊也 強又上聲

楊氏音訓

競逐彊去聲也

禦圉禁也

郭注

禦、圉、禁也。禁制。

邢疏

禦圉禁也 釋曰、皆謂禁制。小雅常棣云外禦其務。養馬曰圉、亦所以禁制、故皆爲禁也。

爾雅詁林 二 釋言

禦圉禁也

禦圉未有而預防之也。一切經音義九又二十四

犍爲注　**黃輯古義**

禦圉禁也

禦圉未有而預防之也。一切經音義卷九又卷二十四

犍爲注　**玉函山房輯佚**

禦圉禁也

舍人曰禦圉未有而預防之也。一切經音義九又二十四

漢注

禦圉禁也

舍人云禦圉未有而預防之也。一切經音義九　郭璞云禁制

一切注音

古注斠

禦圉　禁也　舍人曰禦圉未有防預之也。一切經音義九

禦圉　本或作御　同俱魚呂反。

陸音義

禦圉禁也

競逐不及三王禦圉不及五霸。

新義

禦圉禁也禁制止也。

鄭樵注

禦圉禁也
舍人曰禦圉謂未有而預防之也。
郭璞曰禁制。
鄭樵曰禁制止也。

古注合存

禦圉禁也此釋禦圉爲禁之義也註曰禁制也疏曰詩常棣云外禦其侮養馬曰圉亦以禁制也

注疏參義

詩正義引李巡云圉守取之無所擇也解未明晰。

補注

禦圉禁也註禁制　**正義**　禦圉古字通大雅蒸民云不畏强禦漢書引作强圉桑柔云孔棘我圉鄭箋云圉當作禦管子輕重甲篇莫之能圉墨子辭過篇引先王作宮室之法曰邊足以圉風寒衆經音義引舍人云禦圉謂未有而預防之也。

正義

禦圉禁也禁制

禁者說文云吉凶之忌也玉篇云止也錮也呂覽離謂篇注禁法也淮南氾論篇注禁戒也戒與法亦止之義也禦者玉篇云禁也又當也小爾雅云抗也抗與當皆禁止之義文選西京賦云禁禦不若是禦亦禁也禦與篽同說文云篽禁苑也引春秋傳澤之自篽篽或作魰按左氏昭廿年傳澤之萑蒲舟鮫守之舟鮫卽舟魰之譌說文自篽亦舟篽之譌也通作御釋文禦本或作御詩亦以御冬毛傳御禦也言御禦同以禦亂兮大射儀注作以御亂兮又通作敔說文云敔禁也一曰樂器釋名云敔衙也衙止也所以止樂也一切經音義一云禦古文敔衙同又通作衙周禮田僕注衙還之使不出圍釋文衙本又作御石門頌云綏億衙彊卽禦彊也北海相景君碑云强衙改節卽彊禦也圉者逸周書寶典篇云不圉我哉孔晁注圉禁也諡法篇云威德剛武曰圉孔注圉禦也能禦亂患也一切經音義九引舍人曰禦圉未有而預防之也防亦禁止之義通作禦詩會是彊禦漢書敘傳作會是彊圉不畏彊禦王莽傳作不畏彊圉孔蕀我圉鄭箋圉當作禦管子輕重甲篇云守圉之國用鹽獨甚尹知章注圉與禦同又通作御詩我居圉卒荒韓詩外傳作我居御卒荒又通作敔樂記注謂柷圉也釋文圉本作敔又通作圄說文云圄所以拘罪人今作囹圄玉篇云圄禁囚也。

義疏

禦（御）圉

圄衙敔**禁也**舍人注：禦圉未有而預防之也。郭注：禁制。御，从彳卸。制車行止，因為凡行凡止之稱。加示則專止不行也。書越我御事，行事也。月令以御秋氣，止也。詩外御其務。書弗禦克奔。詩曾是彊禦，漢書引作彊圉。景君碑作衙圉，从口㚔。禁拘罪人，字又作圄。詩孔棘我圉。禁，从林示。祭壇有樹，禁止人行也。

集解

禦圉禁也 禦，祀也。从示，御聲。正字為御。御，使馬也。引申為制也、禁也。說文：篽，禁苑也。詩常棣外禦其侮，箋：禦，禁也。周禮司寤：禦宵行者，注：禦亦禁也。前漢書楊雄傳：禦自汧渭。師古曰：禦，禁也。文選長笛賦：不能自禦。長楊賦：淫荒田獵，陵夷而不禦也。注均云：禦，禁也。周禮田僕：衙還之使不出圍。釋文：衙，本又作御。石門頌：綏億衙彊。衙彊即禦彊。北海相景君碑：强衙改節。即彊禦也。釋名釋樂：衙，止也。禦亦止也。說文：敔，禁也。一曰樂器，以衙敔為之。圉，囹圉，所以拘罪人。从㚔，从口，會意。拘罪人者為即禁罪人也。周書寶典：不圉我哉。孔注：圉，禁也。前漢書貨殖傳：圉奪成家。著為雄桀。師古曰：圉謂禁守其人也。墨子辭過：邊足以圉風寒。畢注：圉，禁也。禮記月令：省囹圄。注：所以禁守繫著。以圄為之。或著圉之正字為御與。詩我居圉卒荒，韓詩作我居御卒荒。禁，吉凶之忌也。从示，林聲。引申為凡禁止之禁。

義證

禦圉禁也

禁制也圉音語

希麟根本說一切有部毘奈耶出家事一卷音義引爾雅云：禦圉禁也。郭注云：禁，制也。圉音語。今本刪也字及音，據補。

郭注佚存補訂

禦圉禁也

禦者，豳風常棣外禦其侮，鄭箋云：禦，禁也。秦風黃鳥百夫之禦，毛傳云：禦，當也。當即禁也。大雅緜予曰有禦侮，傳云：武臣折衝曰禦侮。禦與御同。邶風谷風亦以御冬，毛傳云：御，禦也。彼釋文云：御，魚據反，下同。禦也。一本下句以我御窮，即作禦字。齊風猗嗟以禦亂兮，大射儀注引作以御亂兮。二字古通用。故莊廿四年左氏傳御孫，漢書古今人表作禦孫是也。

圉亦與禦通。大雅蕩曾是彊禦，漢書敘傳作曾是彊圉。烝民不畏彊禦，漢書王莽傳作不畏彊圉。桑柔孔棘我圉，箋云：圉當作禦。又與御通。召旻我居圉卒荒，韓詩作我居御卒荒。禦圉同音，故列子禦寇，戰國策作圉寇是也。

說詩

禦圉節疏小雅常棣云常，監本誤棠。故皆為禁也毛本脫也字。

注疏正字

禦圉禁也　圉，釋文云：本或作御。元照案：圉又通圄，見釋詁。又通敔。說文支部：敔，禁也。从攴吾聲。又通篽。說文竹部：篽，禁苑也。从竹御聲。春秋傳曰：澤之目篽。

匡名

禦圉禁也 說文：禁，吉凶之忌也。曲禮：入竟而問禁。禦，祀也。今用為禁禦字。大雅：不畏强禦。漢書引則不畏强圉。大雅孔棘我圉，箋：圉當作禦。

啓蒙

爾雅詁林　二　釋言

禦圉禁也。禦圉同字竝見。禦圉音義皆同，實一字也。通作敔，又通作御。

黃侃音訓

禦、圉、禁也。

玉篇「禁、止也；錮也；」淮南氾論篇注云：「禁、戒也。」

禦者、敔之假借字。說文攴部云：「敔、禁也；」敔者樂器、木爲之、形如虎、所以止樂、故許云：「敔、禁也。」禦敔同音、故經典借禦爲之。玉篇「禦、禁也、當也、」小爾雅「禦、抗也、」皆借禦爲敔也。爾雅釋文「禦、本作御、」詩「我有旨蓄、亦以御冬、」此亦借御爲敔也。郝引周禮釋文云：「衙、本又作御、」石門頌云：「綏億衙彊、」北海相景君碑云：「強衙改節、」謂「禦、通作衙、」不知諸衙字、亦御之假借字也。

圉與敔亦同聲字、故古又借圉爲敔。謚法篇曰：「威德剛武曰圉、」孔注云：「圉、禦也、能禦亂患也；」墨子辭過篇云：「邊足以圉風雨；」眾經音義引舍人云：「禦圉未有而預防之也、」此皆禁之義也。詩「孔棘我圉、」鄭箋云：「圉、當作禦、」不知禦、圉、皆敔之假借也。郝引樂記注云：「謂祝圉也、」釋文云：「圉、本作敔、」此可爲借圉爲敔之證。

爾雅學

禦圉禁也○釋曰注疏本删。

故皆爲禁也元本閩本監本同，毛本脱也。

校勘記

小雅棠棣云監本同，毛本湘本棠作常。案經典引常棣或作常或作棠或作唐，音義俱同。邢疏前後如務侮也、飫私也下、引詩常棣俱作常，則此處不宜獨作棠，作常是。

注疏校勘札記

禦圉禁也。

語

孫佁直音

窒薶塞也

窒薶塞也。謂塞孔穴。

郭注

窒薶塞也　釋曰、皆謂埋塞孔穴。豳七月云穹窒熏鼠。大宗伯云以貍沈祭山林川澤是其類也。

邢疏

窒薶塞也

郭璞云、謂塞孔穴。

一切注音

窒豬乙反、又丁栗反。薶亡皆反。

陸音義

窒薶塞也

窒、塞其穴。薶、穴而塞之。

新義

窒薶塞也七月云、穹窒熏鼠。大宗伯云、以貍沈祭山林川澤。

鄭樵注

窒薶塞也

郭璞曰、謂塞孔穴。

鄭樵曰、七月云穹窒熏鼠。大宗伯云以貍沈祭山林川澤。

古注合存

窒薶塞也。薶音埋。○此釋窒薶爲塞之義也。疏曰皆謂埋塞也。詩七月云穹窒熏鼠。周禮大宗伯云以貍沈祭山林川澤

注疏參義

窒薶塞也註謂塞孔穴正義說文云窴、窒也。塞、閉也。鄭註禮記云塞猶實也。窒者、豳風七月云、穹窒熏鼠。東山云洒埽穹窒、毛傳鄭箋皆云窒塞也。說文繫傳引解嘲曰窒隙蹈瑕。薶者、說文云瘞也。釋天云祭地曰瘞薶是也。省作貍。大宗伯云、以貍沈祭山林川澤。通作埋。祭法云、瘞埋於泰折。

窒薶塞也謂塞孔穴

正義

塞者、窴之叚借也。說文云窴、窒也。通作塞。既夕記云瑱塞耳、鄭注塞、充窒。詩定之方中箋及祭義注竝云塞、充滿也。又通作𡫳。說文云𡫳、實也。引虞書曰剛而

㝥今書作塞。中庸云不變塞焉、鄭注塞猶實、實與充滿義近也。按塞、說文作𡫳、云隔也。與㝥窔異。今則同之。故玉篇云塞、蘇代切、隔也。又蘇得切、實也滿也。蔽也。皆其義也。窒者詩七月及東山傳箋竝云窒、塞也。廣雅云窒、滿也。論語云惡果敢而窒者、鄭注、魯讀窒爲室。今從古。按室、說文云實也。實即塞之訓也。實室窒三字聲近義通。一切經音義九云窒、古文懫同。懫訓止、與塞義亦近矣。薶者說文云瘞也。瘞薶互訓。義俱爲塞。故詩傳以塞爲瘞。爾雅以薶爲塞也。通作貍。周禮大宗伯以貍沈祭山林川澤、即爾雅之釋天云祭地曰瘞薶也。又通作埋。詩鳧鷖箋有瘞埋之象、釋文埋字亦作薶。祭法云、瘞埋於泰折祭地也。

義疏

窒薶塞也 郭注、謂塞孔穴。

窒、从穴至。塞其穴所至也。詩、穹窒熏鼠。語惡果敢而窒者。薶、从艸貍。貍藏艸、因爲瘞薶。今字作埋。周官以薶祭山林、謂坎牲而上塞之。又凡薶物、月令、掩骼薶胔。塞、从㝥土。禮記塞耳、即詩充耳。

集解

窒薶塞也 窒、塞止也。从穴至聲。易訟有孚窒、虞注窒、塞止也。詩七月穹窒熏鼠、傳窒、塞也。東山洒埽穹窒、箋窒、塞也。文選四子講德論二客雖蹇沮議何傷、注窒、塞也。論語惡果敢而窒者、馬注窒、塞也。鄭注、魯讀窒爲室。說文庢、礙止也。塞也。以室庢爲之。薶、瘞也。从艸貍聲。引申爲塞。字亦作埋。周禮大宗伯以薶沈祭山林川澤、言坎牲而上塞之也。禮記祭法瘞埋於泰折、祭地也。月令掩骼埋胔、埋均當訓塞。塞字本作塞、隔也。从土从㝥。正字爲㝥。㝥、窒也。从㠭从廾。經典通以塞隔之塞爲之。儀禮既夕記、填塞耳。

義證

窒薶塞也

註謂塞孔穴 補正 邢疏、幽詩、穹窒熏鼠。周禮、以貍沈祭山林川澤。

郭注補正

窒薶塞也

說文云㝥、窒也。塞、隔也。今經典通作塞。窒者、幽風七月穹窒熏鼠、毛傳云窒、塞也。東山洒掃穹窒、鄭箋云窒、塞也。 薶者、說文云瘞也。釋文云祭地曰瘞薶。薶通作埋。詩大雅雲漢上下奠瘞、彼釋文云瘞、埋也。鳧鷖箋云有瘞埋之象、彼釋文云埋、本作薶。

說詩

窒薶塞也 說文土部塞、隔也。非此義。當作㝥。說文㠭部㝥、窒也。从㠭从廾。 窒、說文同。

匡名

窒薶塞也 說文塞、隔也。从土㝥聲。又隔塞也。是爲轉注。俗用爲窒㝥字。而塞之義㝥之形俱廢矣。 窒、塞也。幽風穹窒熏鼠、傳窒、塞也。 薶、瘞也。釋名、葬不如禮曰薶。省作貍。大宗伯、以貍沈祭山林川澤。俗作埋。詳釋天。

啓蒙

窒、薶、塞也。

說文㠭部云：「㝥、窒也、」其隸體作寒、此填塞字之本字。心部云：「𡫳、實也、」與寒聲同義近。土部塞、訓隔、邊塞其本義也。今則以塞兼二義、而寒𡫳字皆廢矣。既夕記鄭注云：「塞、充窒、」詩定之方中箋云：「塞、充滿也、」此皆借塞爲寒也。

窒、說文穴部云：「㝥也。」豳風七月箋、東山傳、竝云：「窒、塞也。」廣雅云：「窒、滿也、」滿與充塞同義。眾經音義云：「窒、古文懫、同。」懫訓止、凡有所障者、必有所止、故止亦窒也。

薶、說文艸部云：「瘞也、从草、貍聲。」大宗伯「以貍沈祭山林川澤、」周禮借貍爲薶也。今作埋、乃俗字。薶瘞、即充塞其處也。

爾雅學

窒䆃塞也○釋曰注疏本刪。

校勘記

窒音只 䆃音埋 塞也

音圖・音

窒豬乙翻音近質。窒知質照又丁栗翻音同以端知隔標出切也。又左傳窒皇之窒直結翻、音近姪。窒屑姪質又徒結翻音同以定澄隔標出切也。後人往往分作四音。

音略

桎 薶

窒䆃塞也。

孫侶直音

姪 薶

窒䆃塞也

直音校正

窒豬乙切 䆃埋 塞也

楊氏音訓

䆃 薶

干氏音釋

黼黻彰也

黼黻彰也。黼文如斧、黻文如兩巳相背。

郭注

黼黻彰也 釋曰彰明也言文采著明也。注黼文如斧黻文如兩已相背者考工記云、白與黑謂之黼、黑與青謂之黻。釋器云、斧謂之黼。蓋半白半黑似斧刃白而身黑。黻謂以青黑線刺繡爲兩已字相背。黼取能斷、黻取善惡相背。

邢疏

黼黻彰也

孫炎云、黼文如斧形、蓋半白半黑似斧刃白而身黑。

黻謂刺繡爲己字相背、以青黑線繡。書正義五卷

郭璞云黼文如斧、黻文如兩己相背。

一切注音

黼字或作䋷同。音甫。白與黑曰黼、爲斧形。黻字或作紱同。音弗。青與黑曰黻。黻、戾也。巳音紀。

陸音義

黼黻彰也

象自粉米以上猶彰。

新義

黼黻彰也。黼文如斧形、刃白而身黑。黻文如兩巳相背、以青黑線刺繡、皆列於裳、所以彰其衣服。

鄭樵注

黼黻彰也

郭璞曰黼文如斧、黻文如兩巳相背。

鄭樵曰黼文如斧形、刃白而身黑。黻文如兩巳相背、以青黑線刺繡、皆列於裳、所以彰其衣服。

古注合存

黼黻彰也。此釋黼黻爲彰之義也。註曰、黼文如斧、黻文如兩巳相背。疏曰、考工記云、白與黑謂之黼、黑與青謂之黻。愚按虞書云、彰于五采、故約舉二者以明之。

注疏參義

黼黻彰也 註 黼文如斧黻文如兩巳相背 正義 益稷云黼黻、此釋之也。考工記云、白與黑謂之黼、黑與青謂之黻。說文云、黼、黑與白相次文。黻、白與青相次文。又云、彰、文彰也。廣韻云、彰、明也。言其繡文著明。故左氏桓元年傳云、火龍黼黻、昭其文也。註 黼文至相背。○ 正義 下篇釋器云、斧謂之黼。孫炎云、黼文如斧形、蓋半白半黑似刃白而身黑。黻謂刺繡爲巳字相背、以青黑線繡。郭註本孫炎。鄭註明堂位云、韍冕服之韠也。舜始作之、以尊祭服。禹湯至周增以畫文。是黻亦用畫文也。

正義

黼黻彰也 黼文如斧黻文如兩己相背

說文、彰、文彰也。廣雅云、彰、明也。通作章。書彰厥有常、史記夏紀作章其有常。孝經云、神明章矣、釋文章、本又作彰。推是而言、如考工記畫繢之事云、雜四時五色之位以章之、鄭注章、明也。周語云其飾彌章、韋昭注章、著也。鄭語云其子孫未嘗不章、韋注章、顯也。凡

爾雅詁林 二 釋言

此皆以章爲彰也。黼黻者、說文云黼、白與黑相次文。黻、黑與青相次文。本考工記爲說也、而不言所象爲何物。爾雅釋器但云斧謂之黼、於黻字仍無說。書益稷傳及左氏桓二年注郭氏此注並云黻、兩己相背。唯漢書韋賢傳集注紱畫爲亞文。亞、古弗字也。與舊說異。阮雲臺師曰、自古畫黻作亞形、明兩弓相背、非兩己相背也。兩弓相背、義取于物、與斧同類、兩己之己、何物耶。得非兩弓相沿之誤。與漢書師古注黻畫爲亞文。亞、古弗字。今俗本漢書及文選皆譌爲亞 此語必有師傳、非師古所創云云。今按以音義推之、黼从甫聲、其訓爲斧。黻从犮聲、其訓爲弗。又兩弓相並爲弜、其兩切 兩弓相背爲亞、似有意義。釋文黼黻或作黼黻、又云黻、戾也。戾卽弗字之意。師古之說蓋有徵矣。黼黻訓彰者、荀子富國及禮論篇並云黼黻文章。章卽彰矣。書益稷言黼黻、又言彰施、亦此義。

義疏

黼黻、彰也　郭注、黼文如斧、黻文如兩己相背。此釋書粉米黼黻、非黑白黑青之黼黻、乃繡汯也。今䌷錦戳紗凡彩綫皆可成章。禮有黼依、字亦作斧。黼从甫、甫从父、用、父字卽象斧形。顏師古說紱畫亞文、亞、古弗字。从犮但諧聲耳。詩有黻衣、舊說亦繡黻于裳。案大傳士山龍一章、視子男則黻衣、謂青章與。

集解

黼黻、彰也　黼、白與黑相次文。从黹甫聲。黻、黑與青相次文。从黹犮聲。繡於裳、彰也者、謂繡色白黑黑青之彰明也。書皋陶謨、黼黻絺繡、以五采彰施於五色、則非繢矣。詩采菽又何予之玄衮及黼、箋王之賜維用有文章者。彰、文彰。从彡从章、章亦聲。引申爲明。書所謂彰厥有常是。

義證

黼黻彰也　注黼文如斧黻文如兩己相背

諍曰、郝氏引阮文達說曰、自古畫黻作亞形、明兩弓相背、非兩己相背也。漢書師古注黻、畫爲亞文、亞、古弗字。必非師古所創。案黼文如斧、黻文如弓、皆取象於物、其義殊勝。惟注說本於孫炎、實漢以來舊說、其誤非始於宏農也。

靜郭

黼黻彰也

孫注、黼文如斧形、蓋半白半黑、似刃白而身黑。黻謂刺繡爲己字相背、以青黑綫繡。世柴案、此條馬輯不載。見經籍纂詁。未詳所出。據益稷正義似惟黼文五字爲釋器孫注、蓋字以下乃孔氏之文、馬於釋器輯存五字、當亦此意、而邵引孫注又與纂詁同、今姑補錄而附識其疑如此。

注、黼文如斧、黻文如兩己相背。

釋文、黼、字或作黼、同。音甫。白與黑曰黼、爲斧形。黻、字或作黻、同。音弗。青與黑曰黻、黻、戾也。己音紀

疏、彰、明也。言文采著明也。一注黼文如斧、黻文如兩己相背者、考工記云、白與黑謂之黼、黑與青謂之黻。釋器云、斧謂之黼。蓋半白半黑、似斧刃白而身黑。黻謂以青黑綫刺繡爲兩己字相背。黼取能斷、黻取善惡相背。

鄭注、黼文如斧形、刃白而身黑。黻、文如兩己相背、以青黑線刺繡。皆列於裳、所以彰其衣服。

正義、益稷云黼黻、此釋之也。考工記云、白與黑謂之黼、黑與青謂之黻。說文云黼、黑與白相次文。黻、白與青相次文。又云彰、文彰也。廣韻云彰、明也。言其繡文著明。故左氏桓元年傳云火龍黼黻昭其文也。「注」下篇釋器云斧謂之黼。孫炎云黼文如斧形、蓋半白半黑似刃白而身黑。黻謂刺繡爲己字相背、以青黑線繡。郭注本孫炎。鄭注明堂位云、韍冕服之韠也、舜始作之以尊祭服、禹湯至周增以畫文。是黻亦用畫文也。

義疏、說文彰、文彰也。廣雅云彰、明也。書彰厥有常、史記夏紀作章其有常。孝經云神明章矣、釋文章本又作彰。推是而言、如考工記畫繢之事云、雜四時五色之位以章之、鄭注章、明也。周語云其飾彌章、韋昭注章、著也。鄭語云其子孫未嘗不章、韋注章、顯也。凡此皆以章爲彰也。黼黻者、說文云黼、白與黑相次文。黻、黑與青相次文。本考工記爲說也、而不言所象爲何物。爾雅釋器但云斧謂之黼、於黻字仍無說。書益稷傳及左氏桓二年注郭氏此注並云黻、兩己相背。唯漢書韋賢傳集注紱畫爲亞文。亞、古弗字也。與舊說異。阮雲臺師曰、自古畫黻作亞形、明兩弓相背、非兩己相背也。兩弓相背、義取於物、與斧同類。兩己之己、何物耶。得非兩弓相沿之誤。與漢書師古注黻、畫爲亞文。亞、古弗字。今俗本漢書及文選皆譌爲亞 此語必有師傳、非師古所創云云。今按以音義推之、黼从甫聲、其訓爲斧。黻从犮聲、其訓爲弗。又兩弓相並爲弜、其兩切 兩弓相背爲亞、似有意義。釋文黼黻或作黼黻、又云黻、戾也。戾卽弗字之意。師古之說蓋有徵矣。黼黻訓彰者、荀子富國篇及禮論篇並云黼黻

爾雅詁林　二　釋言

文章。卽彰矣。書益稷言黼黻、又言彰施亦此義。

羣經平議、黼文如斧、其義易明。黻文如兩己相背、自來不得其說。然尙書益稷篇枚傳、桓二年昭二十五年左傳杜注、竝與郭同、則固先儒相承之舊說、兩己相背者、兩身相背也。禮記樂記篇鄭注曰躳猶己也。然則己與身同義矣。兩己猶兩人、說文北部北乖也。從二人相背。北從二人相背、兕從兩己相背、其意相近、故釋文曰黻戾也。戾與乖同也。人各有己、挾其己意而不相從、是爲兩己相背。古君臣之間、獻可替否、不爲苟同、故聖人特著其文。阮氏元謂是兩弓相背之誤、轉不如兩己之義精矣。

世榮案黼黻有數義、釋器斧謂之黼、書益稷傳黻爲兩己相背、左桓二年傳杜注黻兩己相戾、此經郭注、邵引孫注、及漢書韋賢傳集注、黻畫爲亞、亞古弗字也。此本義也。亞字、阮氏釋爲兩弓、俞氏復申兩己之說、蒙意阮說爲長。蓋叚物爲象、弓斧同類。且黼黻與輔弼聲近、說文弼字从弜、弜爲二弓、重文作𢐀、从弓弗聲。阮氏鐘鼎款識虎父丁鼎說弼弗通叚之義甚詳。考工記畫繢之事、白與黑謂之黼、黑與靑謂之黻。說文荀子富國注同。則與文章對言、以黼黻爲采色之名。文選射雉賦徐注黼、繡也。思玄賦注黻、黼也。釋名釋首飾黻紩也、畫黻紩文采於衣也。則與畫對言、以黼黻爲繡。周禮冪人、凡王巾皆黼。與上疏布、畫布對言。典絲、共其黼畫組就之事。黼與畫竝言。黼字疑皆訓繡、鄭注冪人云、四飲之酒皆畫黼。周尙武、其用文德則黻可。典絲云白與黑謂之黼、專指一形一色、似失之。皆非專指一形。詩采菽箋黼黻、絺衣也。太玄文注黼黻、祭祀之服。書顧命、黼裳者冕服之有文者也。漢書郊祀志下注黼黻、冕服也。則又以黼黻爲冕服之通名。非徒不止於形、幷不止於色、不止於繡、此皆引申義也。此經之義當指通名言之、蓋黼黻爲章采之二事、而卽可以概其餘、所謂以小名代大名、古書多有之說。詳俞氏樾古書疑義舉例。故釋之曰彰也。若爲益稷作訓、則日月以至粉米何一非彰、注家泥於其形、似非達詁。

釋言集解後案

黼黻彰也

註黼文如斧黻文如兩己相背

補正邢疏、彰、明也。言文采著明也。

郭注補正

黼黻彰也

說文云黼、白與黑相次文。黻、靑與黑相次文。小雅采菽玄袞及黼、毛傳云白與黑謂之黼。大雅文王常服黼冔、傳云黼、白與黑也。秦風終南黻衣繡裳、傳云黑與靑謂之黻。此皆以爲彰美也。荀子非相篇云、觀人以言美於、黼黻文章。說文文章之字作文彰。

說詩

黼黻節註黻文如兩已相背已、弓誤。詳尙書正字中。疏言文采著明也采、監本誤宲。云黼文如斧云誤一注二字。

注疏正字

黼黻彰也　釋文云黼黻字或作黼黻。案从黹者、俗體。彰、一切經音義二十三引作章。

匡名

黼黻彰也　說文彰、文彰也。黼、白與黑相次文。黻、黑與靑相次文。左桓元年傳、火龍黼黻昭其文也。

啓蒙

黼黻彰也。　黼黻取義於輔拂也。　黼黻在十二章之中、故曰彰也。廣雅山龍、彰也、與此同意。又考工記畫繢之事靑與赤謂之文、赤與白謂之章、白與黑謂之黼、黑與靑謂之黻、五采備謂之繡、祭義云、遂朱綠之、玄黃之、以爲黼黻文章、是則黼黻與文章通言不別、故此云黼黻彰也、下云袞黼也。

黃侃音訓

黼黻彰也

注曰黼文如斧黻文如兩己相背

樾謹按、黼文如斧、其義易明。黻文如兩己相背、自來不得其說。然尙書益稷篇枚傳、桓二年昭二十五年左傳杜注、竝與郭同、則固先儒相承之舊說、兩己相背者、兩身相背也。禮記樂記篇鄭注曰躳猶己也。然則己與身同義矣。兩己猶兩人、說文北部北、乖也。從二人相背。北從二人相背、兕從兩己相背、其意相近、故釋文曰黻、戾也。戾與乖同也。人各有己、挾其己意而不相從、是爲兩己相背。古君臣之閒、獻可替否、不爲苟同、故聖人特著此文。阮氏元謂是兩弓相背之誤、轉不如兩己之義精矣。

平議

黼、黻、彰也。

說文彡部云：「彰、彣彰也、从彡章、章亦聲、」此會意字。許書文字、爲迻遣之畫、即俗所作紋之正字、見文部。章者、樂竟爲一章、故从音十、見音部。今用文章字、皆當作彣彰；作文章者、假借也。毛所厰畫之文謂之彡、彣彰字皆从彡會意、故說文彣部云：「彣、䛐也、」呂覽注、淮南注、廣雅竝云：「彰、明也、」皆彣彰之本字本義也。考工記畫繢之事云：「雜四時五色之位以章之、」周語云：「其飾彌章、」則借章爲彰也。

黼黻者、說文黹部云：「黼、白黑與相次文；黻、黑與青相次文；」此引考工記文也。鄭注考工記云：「黼黻繡以爲裳、」注皋陶謨云：「畫者爲繪、刺者爲繡、」是黼黻者之繡采也。爾雅郭注云：「黼文如斧、黻文如兩已相背。」漢書韋賢傳集注云：「紱畫爲亞文、」阮元亦云：「自古畫黻作亞形、明兩弓相背、非兩已相背也。兩弓相背、義取於物、與斧同類；兩已之已何物耶、得非兩弓相沿之誤與。」案有虞之世、衣裳之文采、凡十二章；至周之時、以日月星辰畫旂、冕服爲九章、視虞制少有增損；要皆不外取形於物、且各以相從、不應於黻之一事、獨取已字之形。阮說是也。

爾雅學

黼黻彰也〇釋曰　注疏本刪

言文采著明也　閩本監本毛本下衍一字。元本實闕。

校勘記

黼黻彰也。注黻文如兩已相背。今文已誤作已。釋文已音紀。疏注云、今本誤作一注。

注疏本正誤

黻文如兩已相背　案已、弓字之譌。漢書韋賢傳師古曰、自古畫黻作亞形、明是兩弓相背也。阮元注紱、畫爲亞文。亞、古弗字也。兩弓相背、義取於物、與斧同類。釋文云黻、戾也。戾即弗字之義。師古之說蓋有徵矣。說見郝義疏。

注疏校勘札記

四行（注）黻文如兩已相背〇「已」、宋刻十行本作「己」、當據正。

宋監本校箋

黼音甫黻音弗彰也

音圖・音

黼、黻、彰也。

甫　弗

孫佁直音

膺身親也

膺、身、親也。謂躬親。

郭注

膺身親也　釋曰、服膺身先皆謂躬親也。

邢疏

膺身親也

郭璞云、謂躬親。

一切注音

膺於矜反。

陸音義

膺身親也

物疏而身親、面疏而膺親。

新義

膺身親也皆謂躬親。膺、服膺也。

鄭樵注

膺身親也。

郭璞曰、謂躬親。

鄭樵曰、皆謂躬親。膺、服膺也。

古注合存

膺身親也。此釋膺身爲親之義也。疏曰、服膺身先皆謂躬親也。

注疏參義

膺身親也。按、身親二字、注似連讀、疏仍別爲二。

補注

膺身親也 **註** 謂躬親 **正義** 少儀云執箕膺擖、鄭註膺、親也、弟子職作執箕膺揲。玉藻云弗身踐也、言弗親蒭也。

義疏

膺身親也 謂躬親

親者、說文云至也。祭義云其親也慤、鄭注、親謂身親。又云如親聽命、其義亦同。文王世子注、親猶自也。公羊莊卅二年傳注、親、躬親也。通作寴。說文云寴至也。汗簡云寴出尚書、是寴古親字矣。膺者、說文云胷也。胷與躬身義近、故竝訓親。少儀云執箕膺擖、鄭注膺、親也。通作應。釋詁云應、當也。當與親義亦近。應从心與膺从肉、其義又近也。身者、說文云躬也。躬身互訓、其義同。詩云弗躬弗親。呂覽孟春紀注、躬、親也。士昏禮記注、躬猶親也。樂記注、躬猶己也。己卽身。釋詁云身、我也。己與我皆親之之詞、亦卽身訓親之義也。

集解

膺身親也 郭注、謂躬親。此葢釋戎狄是膺、不以爲當、以爲身親也。膺、从鷹肉、因以爲胸。記執箕膺擸、謂當胸也。詩有鏤膺、鉤膺。親、从亲見。女摯也。因以爲親愛。又爲躬親也。

膺身親也 膺、字本作膺、从肉雁聲。引申爲親。禮記少儀執箕膺擖、注膺親也。身、躳也。象人之身、从人厂聲。人之最親者莫如身。詩、弗躳弗親。儀禮士昏記已躳命之、注躳猶親也。皆謂身之親耳。禮記曲禮弗身踐也、言弗親蒞也。或曰身出於親、故身可直爲親。禮記祭義身也者、父母之遺體也。哀公問身也者親之枝也。親、至也、从見亲聲。字亦作儭。廣雅釋詁親、近也。禮記大傳親者屬也。

義證

膺身親也

親、說文作寴、云至也。寴、古親字、今經典通作親。膺者、說文云胷也。胷爲膺、以胷當之、亦爲膺。魯頌閟宮戎狄是膺、毛傳云膺、當也。以胷當之、卽親當之也。秦風小戎之鏤膺、小雅采芑大雅崧高韓奕之鉤膺、疏謂在膺之飾。膺者、馬之胸也。與身同義。

說文云身、躬也。小雅節南山弗躬弗親、躬親一義、躬卽身也。身者、親之枝也。大雅烝民以保其身、周頌訪落以保明其身、所謂身體髮膚受之父母、不敢毀傷也。禮記祭義烖及其身、彼釋文云親本作身。又親謂親近之親、身猶身之也。釋詁云身、我也。我卽親之之辭。

說詩

膺身親也 親詳釋親 鄭註膺、親也。

說文膺、胷也。少儀執箕膺擖、玉藻弗身踐也、謂親踐也。

啓蒙

膺、身、親也。

祭義鄭注云：「親、謂身親；」公羊莊三十二年傳注云：「親、躬親也。」觀詩云：「弗躬弗親、」則身操其事之謂親、其義古矣。說文見部云：「親、至也、」宀部云：「寴、至也；」是親、寴、音義並同。至者、親密無閒之謂也。

膺、說文「胷也、」郝云：「胷與躬身義近、故並訓親。」少儀云：「執箕膺擖、」鄭注「膺、親也。」疏「當持箕舌、自鄉胷前。」

身、說文云：「躬也、」呂覽孟春紀注、「躬、親也；」是身亦親也。玉藻云：「弗身踐也、」言不親踐也。

爾雅學

膺身親也○釋日注疏本刪。

校勘記

應

膺身親也。

孫偘直音

愷悌發也

愷悌、發也。發、發行也。詩曰、齊子愷悌。

郭注

愷悌發也　釋曰、謂發明而行也。注詩曰齊子愷悌者、齊風載驅篇文也。毛傳云、言文姜於是樂易然。鄭箋云、此豈弟猶言發夕也。豈讀當爲闓、弟古文尚書以弟爲圛。圛、明也。然則郭云發、發行也。是用鄭箋爲說。

邢疏

愷悌發也

圛明發行。詩正義五之二

犍爲注

愷悌發也

闓明發行。詩正義五之一

李注

愷悌發也

闓明發行。詩正義五之一

孫音注

黃輯古義

闓悌發也　案、詩正義舍人等本愷作闓。

闓明發行。詩齊風載驅正義引舍人李巡孫炎郭璞

犍爲注

闓悌發也　今注疏本作愷

闓明發行。詩齊風載驅正義引舍人李巡孫炎郭璞

李注

闓悌發也　今注疏本作愷

闓明發行。詩齊風載驅正義引舍人李巡孫炎郭璞

孫音注

玉函山房輯佚

愷闓弟發也

闓明發行。舍人注　李注　孫注　並詩疏五之一

鈎沉

愷悌發也　按詩正義則舍人等本愷俱作闓。

舍人曰、闓明發行。詩正義五之二

漢注

愷悌發也

舍人李巡孫炎云、闓明發行。詩正義五之一卷　郭璞云、發、發行也。詩曰、齊子愷悌。

一切注音

憒發也　舍人曰、闓明發行。詩汝水正義　李巡孫炎郭璞注同。同上

蕙心案、據詩正義則郭注亦有闓明之語、今注祇引詩齊子愷悌、鄭箋豈當讀爲闓、古文尚書以弟爲圛、圛、明也。則闓明卽愷悌異文。

古注斠

愷苦亥反。悌徒禮反。

陸音義

愷悌發也

是直發爾、發夕則猶有羞惡之心焉。

新義

愷悌發也　發、行也。謂所行之行也。

鄭樵注

愷悌發也

舍人曰、闓明發行。注李孫同

古注合存

郭璞曰發發行也。詩曰齊子愷悌。

鄭樵曰發、行也。謂所行之行也。

愷悌發也。此釋愷悌爲發之義也。註曰發謂發行也。疏曰詩載驅云齊子愷悌。鄭箋云愷悌猶發夕也。

注疏參義

愷悌發也 註 發發行也。詩曰齊子愷悌。正義 愷當作闓。說文云闓、明也。悌當從古文尚書作圛。周禮疏引鄭註洪範云色澤而光明也。史記宋世家引作涕、蓋字本作圛、通作悌。史記本因形訛而作涕、今本尚書又因聲訛而爲驛。說文引書而爲之解曰圛升雲半有半無、與鄭義同也。詩疏引舍人李巡孫炎郭璞皆云闓明發行、案諸家以闓爲明是也。發訓爲行、以釋闓圛之義稍爲迂曲。商頌釋文引韓詩云發、明也。是發有明之義、故闓圛訓爲發也。齊風釋文又引韓詩云發、旦也。旦亦明也。註 詩曰至愷悌。正義 齊風載驅文。毛詩作豈弟。鄭箋豈弟猶言發夕也。豈讀爲闓、弟古文尚書以弟爲圛。圛、明也。郭註用鄭箋。

正義

愷悌發也 發發行也。詩曰齊子愷悌

發者、廣雅云開也。釋名云發、撥也。撥使開也。開則明、故詩長發釋文撥韓詩作發。發、明也。論語亦足以發、不悱不發、發俱訓明。發、又進也、行也。詩履我發兮、遂視既發、傳箋竝云發、行也。爾雅之發、則以開明爲義、不兼行進爲義也。愷悌者、闓圛之叚音也。說文云闓、開也。廣雅云闓、明也。圛者、說文引尚書曰圛圛升雲半有半無、讀若驛。今書洪範卽作曰驛、古文本作曰圛。史記集解引鄭注曰圛者、色澤而光明也。是圛訓明。曰圛、宋世家作曰涕、涕聲之叚借。故詩齊子豈弟、箋云豈讀當爲闓、弟古文尚書以弟爲圛。圛、明也。正義引舍人李巡孫炎郭璞皆云闓明發行、是諸家竝以闓明訓豈弟、與鄭義同、唯以發爲發行則異。今郭注但有發行之文而無闓明之語、以校正義所引、蓋有缺脫矣。愷悌訓發者、愷悌卽豈弟、經典豈弟訓樂易、此訓闓明、蓋經師舊說相傳謂然、故鄭箋云此豈弟猶言發夕也。然則發訓明不訓行、發夕猶旦夕也。釋文引韓詩云發、旦也。旦亦明也。故說文引禮旦明五通爲發明、詩小宛又云明發、其實皆一義耳。

義疏

愷悌發也 舍人注、豈弟、闓明也。發、行也。李孫同。郭注發、發行也。詩曰齊子愷悌。

愷悌、本作豈弟、加心爲別耳。鄭箋詩改爲闓圛。圛又作驛、又作涕、竝非正字。蓋豈弟、樂夷。人見明亦樂易、因以爲初曙之稱。詩豈弟多矣、獨齊詩當釋爲發也。

集解

愷悌發也 愷、樂也。从心豈聲。發也者、謂樂發而中節也。南風謂之愷風、以其發育萬物耳。或曰愷卽豈、發聲之詞。周語所謂豈繁多寵、是。悌字本作弟、韋束之次弟也。从古文之象。古文弟。从古文韋省聲。引申爲易、又爲順、謂順發而有次弟也。愷悌本各自爲訓、因疊韵而連語。詩載驅齊子豈弟、箋猶言發夕。其單用弟而位句首者、亦發聲詞也。史記五帝紀顧弟弗深考、孫吳傳君弟重射、均是也。發、射發也。从弓發聲。

義證

愷悌發也

註 發發行也。詩曰齊子愷悌。補正 邢疏、謂發明而行也。詩傳云言文姜於是樂易然。箋云此豈弟猶言發夕也。豈讀當爲闓、弟古文尚書以弟爲圛。圛、明也。郭用鄭箋爲說。臣鋆按、詩疏引舍人李巡孫炎俱云闓明發行。

郭注補正

愷悌發也。郭氏引詩齊子愷悌。案詩以愷悌與發夕對、正與此釋合。鄭箋云古文尚書以悌爲圛、卽用洪範曰圛事。圛本作悌、東漢時經賈逵奏定作圛。鄭以書合詩、郭以詩合雅、竝得之矣。然則愷讀爲闓、悌當改圛與。

錢氏古義

愷悌發也

發發行也詩曰齊子愷悌

詩齊風載驅正義引釋言云愷悌發也。舍人李巡孫炎郭璞云闓明發行。樹枏案、郭注但言發行、詩疏統引諸家故合言之耳。郝氏懿行據此謂郭注有脫缺非也。

郭注佚存補訂

愷悌發也

此專釋齊風載驅齊子豈弟。鄭箋云此豈弟猶言發夕也。豈讀當爲闓。弟古文尙書以弟爲圛。圛、明也。疏云箋以爲齊子愷悌文在魯道之下、則愷悌爲在道之事。若其心樂易、非獨在道爲然。且上云發夕、此當爲發夕之類、故云此愷悌猶發夕、言與其餘愷悌不同也。愷悌之義與發夕不類、故讀愷爲闓。易稱闓物成務。說文云闓、開也。古文尙書卽今鄭注尙書是也。無以悌爲圛之字、唯洪範稽疑論卜兆有五曰圛、注云色澤光明。蓋古文作悌、今文作圛。賈逵以今文校之、定以爲圛。故鄭依賈氏所奏、從定爲圛。於古文則爲悌、故云古文尙書以悌爲圛。圛、明也。上言發夕、謂初夜卽行、此言圛明、謂侵明而行。與上互相通也。釋言愷悌、發也。舍人李巡孫炎郭璞皆云闓明發行。郭璞引此詩云齊子愷悌、是闓亦爲行之義也。案詩言愷悌者不一、皆作豈弟。此釋爲發。蓋專就齊詩而言、鄭郭皆依經爲說、不從毛義。韓詩發夕云發旦也。齊風東方之日履我發兮、傳云發行也。商頌長發遂視卽發、箋云發行也。彼釋文引韓詩云發、明也。小雅小宛明發不寐、傳云發夕至明。蓋發兼行明二義。

說詩

愷悌節註發發行也 案詩載驅疏引李巡孫炎郭註皆云、闓明發行。 齊子愷悌 詩作豈弟。

注疏正字

愷悌發也 悌、說文心部新附字。 詩齊風載驅齊子豈弟、箋云豈弟猶言發夕也。豈讀爲闓。弟、古文尙書以弟爲圛。圛、明也。据鄭箋則豈弟當作闓圛。

匡名

愷悌發也 說文發、䠶發也。从弓癹聲。引伸爲凡作起之稱。郭註發、發行也。 齊風齊子愷悌、箋豈弟猶言發夕也。

啓蒙

愷悌 豈弟 詩作豈弟。說文有愷無悌。當从詩。當作闓圛、从詩載驅箋。

黃侃評本正名

愷悌發也。發、發行也。詩曰齊子愷悌。 悌通作闓、廣雅亦訓明、是則愷悌又俱爲明。愷與塏義近、說文塏、高燥也。又與暟義近、方言暟、照也。郝懿行云、愷悌者闓圛之段音。案圛之語原於尸、圛與弟、涕、悌諸字通、弟从尸聲。說文、尸、抴也、明也、象抴引之形、自抴之義言之則為行、自明之義言之則為明。與尸同聲者則有愷、倉頡篇慧十二。愷、明也。有弟、有涕、有悌、皆明也。聲轉為圛、與圛同聲者有曎、方言明也。有驛、方言見也。有斁、小爾雅明也。有燡、魯靈光殿賦注燡燡、光明貌。有奕、東京賦注奕奕、光明也。有疢、集韻引字林疢、火光也。圛訓明、故說文謂之升雲、訓行、故說文訓回行也。經傳豈弟皆有闓明之義、惟載驅之文始兼行義耳。明與行義相因、故奕圛驛繹皆兼明行二義。

黃侃音訓

愷、悌、發也。

郭注云：「發、發行也。」詩「履我發兮、」「遂視既發、」傳箋云：「發、行也；」但爾雅本節發字、不如此解。釋名云：「發、撥也、」廣雅云：「發、開也、」撥也、開也、皆明之義、故詩長發釋文云：「撥、韓詩作發、發、明也、」論語「亦足以發、」「不悱不發、」俱訓發爲明。

愷悌者、闓圛之假借字。愷、或作豈；悌、或作弟、涕、作驛；亦假借也。說文云：「闓、開也、」此與發之訓開正同、是以廣雅云：「闓、明也。」書洪範云：「曰驛、」史記宋世家作「曰涕、」驛者誤字、涕者假字。唯說文引書作「曰圛、」是爲正字、乃古文尚書文。史記集解引鄭注曰：「圛者、色澤光明也、」此圛字之正義；然則圛者亦明也。齊風載驅云：「齊子豈弟、」鄭箋云：「此豈弟、猶言發夕也、豈、讀爲闓、弟、古文尚書以弟爲圛、圛、明也；」如鄭說、是詩之豈弟、當爲闓圛、則爾雅之愷悌、亦當爲闓圛矣。鄭云「發夕」者、郝謂「發夕、猶旦夕、旦亦明也。」故詩箋之義、可爲爾雅之證。齊風正義引舍人李巡孫炎郭璞之說、皆云：「闓明發行、」其以闓明訓愷悌、是也；既以闓明訓愷悌、而又以行訓發、是令爾雅之文詞、上下不屬矣、此其失也。

爾雅學

愷悌發也○釋曰注疏本刪。

注詩曰齊子愷悌者注疏本刪注字。

校勘記

愷弟詩箋愷作闓音開。悌作弟。古文尚書作圛音亦。

音略

愷悌發也。凱 娣

孫偘直音

愷悌發也 發行也

楊氏音訓

髦士官也。

髦士官也。取俊士令居官。

郭注

髦士官也 釋曰、下云髦俊也。士者、男子之人大號。言取俊士令居官也。大雅棫樸云髦士攸宜是也。

邢疏

髦士官也

郭璞云、取俊士令居官。

一切注音

髦音毛。毛中之長豪曰髦。士之俊傑者、借譬爲名。令居力呈反。

陸音義

髦士官也

詩曰髦士攸宜、是之謂能官人。

新義

髦士官也

郭璞曰取俊士令居官。

古注合存

髦士官也、此釋髦士爲官之義也。疏曰、髦俊也。詩棫樸云、髦士攸宜。

注疏參義

髦士官也 玉案、髦音毛、毛中之長豪曰髦、士之俊杰借譬爲名。

校議

爾雅詁林 二 釋言

髦士官也 取俊士令居官

官者、說文云吏事君也。玉篇云宦也。古微書引春秋元命苞云、官之爲言宣也。周禮宰夫云掌小官之戒令、鄭注小官士也。士相見禮注居官謂士以下。祭法注官師、中士下士。然則官爲總名也。髦士者、釋文云毛中之長豪曰髦、士之俊傑者、借譬爲名。是髦士爲俊選之嘉稱。故下文云髦選也、俊也。選士俊士、司馬辨論官材、論定然後官之、故曰官也。

義疏

髦士官也 郭注、取俊士令居官。此釋詩烝我髦士。下云髦選也。髦从毛髟。毛之尤秀者。說文以爲髮、其一種耳。明農教凡民子弟、取其俊秀三升而官之、專所以拔寒畯。

集解

髦士官也 此以官釋髦士也。髦髮中豪者也。故豪士一偁髦士。髦士而得爲官、所謂論升俊選是也。詩甫田烝我髦士、儀禮士冠髦士攸宜均官也。官、吏事君也。从宀从𠂤。𠂤猶衆也。

義證

髦士官也

小雅甫田烝我髦士、大雅棫樸髦士攸宜、傳竝云髦、俊也。思齊譽髦斯士、彼釋文亦云髦、俊也。箋云士、卿士也。奉璋之儀峨峨然、故今俊士之所宜。士即官也。釋文云、毛中之長毫曰髦、士之俊傑者、借譬爲名。

說詩

髦士節疏士者男子之人大號 人大二字疑美字之誤。

注疏正字

髦士、官也。

說文𠂤部云：「官、吏事君也、从宀𠂤、𠂤、猶衆也、此與師同意。」玉篇云：「官、宦也。」

髦士者、釋文云：「髦音毛。毛中之長毫曰髦；士之俊傑者借譬爲名、」是髦士、爲俊傑之士也。大雅棫樸云：「髦士攸宜、」傳「髦、俊也、」箋「士、卿士也、」周禮宰夫云：「掌小官之戒令、」鄭注「小官、士也、」是士亦稱官矣。晉案古者政敎不分、求祿即以求學、故官、士、一而已矣。曲禮「宦學事師、」說文「仕、學也、」可爲明證。檢論上云：「古不仕則無所授書、自老聃寫書徵藏、以詒孔氏、然後竹帛下庶人。書布天下；功在仲尼。」即其說也。

爾雅學

髦士官也○釋曰 注疏本刪。

士者男子之人大號 注疏本同。浦鏜云人大二字疑美字之誤。

校勘記

下士髦俊也 毛本湘本士作云、此與監本作士、誤。

注疏校勘札記

髦 毛 **士官也。**

孫侶直音

髦 毛

干氏音釋

畯農夫也

畯農夫也。今之嗇夫是也。

郭注

畯農夫也

釋曰、田畯、一曰農夫。孫炎曰、農夫、田官也。皆謂主田大夫也。小雅甫田云田畯至喜、鄭箋云田畯、司嗇、今之嗇夫也。此注云今之嗇夫是也。然則田畯田官、在田司主稼穡、故謂之司嗇。漢及東晉亦有此官、謂之嗇夫、故鄭郭皆云今之嗇夫也。

邢疏

畯農夫也
農夫、田官也。詩正義八之一　邢疏

孫音注

黃輯古義

畯農夫也
農夫、田官也。邢疏　詩豳風七月正義

孫音注

玉函山房輯佚

畯農夫也
農夫田官也。孫注　詩疏八之一

鈎沉

畯農夫也
孫曰農夫、田官也。詩正義八之一　邢疏

漢注

畯農夫也
孫炎云農夫、田官也。詩正義八之一卷　郭璞云、今之嗇夫是也。

一切注音

畯子峻反、主田大夫、嗇夫也。嗇音色。

陸音義

畯農夫也
髦農中之選。畯士中之俊。農而能官、士而知稼穡。

新義

畯農夫也農夫、田官也。主農之大夫也。

鄭樵注

畯農夫也
孫炎曰農夫、田官也。
郭璞曰、今之嗇夫是也。
鄭樵曰農夫、田官也。主農之大夫也。

古注合存

畯農夫也。畯音俊。○此釋畯爲農夫之義也。註曰、今之嗇夫是也。疏曰、孫炎云農夫謂田官也。詩甫田云、田畯至喜。鄭箋云田畯、司嗇、今之嗇夫也。在田司主稼穡、故謂之司嗇。漢、晉皆有此官、故鄭、郭皆謂今之嗇夫。

注疏參義

髦士官也註取俊士令居官畯農夫也註今之嗇夫是也

正義 小雅甫田云、烝我髦士。又云田畯至喜。此釋之也。棫樸鄭箋、士、卿士也。奉璋之儀峩峩然、故今俊士之所宜。鄭氏以髦士爲卿士、是髦士卽官也。七月毛傳、田畯、田大夫也。疏引孫炎云、畯、農官也。案田畯亦謂之農卒、夏小正曰農卒均田。又謂之田、月令云、命田舍東郊。又謂之農大夫、周語云、命農大夫咸戒農用。又謂之農正、周語又云、農正再之。又謂之嗇夫、覲禮云、嗇夫承命。鄭註云、嗇夫蓋司空之屬。春秋傳曰嗇夫馳。故孫炎統云農官也。註取俊至是也。○正義 髦俊也。見下文。甫田鄭箋云、田畯、司嗇、今之嗇夫也。郭註本鄭箋。漢書百官公卿表、鄉有嗇夫、職聽訟、收賦稅。司馬彪續漢書百官志、鄉小者縣置嗇夫一人。註引風俗通云、嗇者省也。夫、賦也。言能消息百姓均其賦役。晉書百官志、郡國及縣、農月皆隨所領戶多少爲差、散吏爲勸農。縣萬以上、置四鄉、鄉置嗇夫一人。

正義

周禮疏云、田畯、農夫也。以其教農、故曰農夫。

注補

畯農夫也今之嗇夫是也

農者、一切經音義引說文云、農、耕人也。今本脫人字。春秋繁露云、農者、民也。莊子讓王篇釋文引李頤云、農農人也。爾雅之農夫、則謂農官耳。畯者、說文云、農夫也。本爾雅。畯不言田、省文也。農不言大夫、亦省文也。實則田畯是官名、大夫是爵號。故詩田畯至喜、毛傳田畯、田大夫也。田大夫卽農大夫。或疑爾雅農夫之閒當脫大字。據周語云、命農大夫咸戒農用、韋昭注農大夫、田畯也。以此爲證。今謂不然。古人文字不拘。故有稱農大夫者、周語是也。有稱農夫者、爾雅是也。有稱農父者、書酒誥是也。亦有稱農正者、周語云農正再之、韋昭注農正、后稷之佐田畯也。亦有單稱農者、郊特牲云饗農、鄭注農、田畯也。是皆農不必稱

爾雅詁林　二　釋言

大夫之證。猶之田畯亦單稱畯、爾雅此文是也。亦單稱田、月令云命田舍東郊、鄭注田謂田畯、主農之官是也。是又田畯二字不必兼稱之證。然則田畯卽農官、故詩七月正義引孫炎曰農夫、田官也。郭云今之嗇夫者、詩甫田箋田畯、司嗇、今之嗇夫也。是郭所本。嗇夫者、漢書百官公卿表及晉書百官志具有其文。

義疏

畯

農夫也孫注農夫、田官也。郭注今之嗇夫是也。田畯有三等、三公致仕爲鄉老、卿大夫致仕爲農大夫、士曰田畯、或曰士不得明農。公卿大夫通稱田畯、掌選俊士、因以名官。其實以其逡巡退老而名夋、因名所選爲夋士也。天子之所尊禮、人材之所出、故曰農大夫、又曰田大夫。

集解

畯農夫也　畯、田畯、農官也。亦稱田大夫。詩七月、田畯至喜。

義證

畯農夫也

註今之嗇夫是也。補正邢疏、孫炎曰農夫、田官也。皆謂主田大夫也。小雅田畯至喜、箋云田畯、司嗇、今之嗇夫也。然則田畯田官在田司主稼穡、故謂之司嗇。漢及東晉亦有此官、謂之嗇夫。

郭注補正

畯農夫也

說文云畯、農夫也。孫炎云農夫、田官也。考工記飭力以長地財謂之農夫。此言畯不言田畯者、猶之月令命田舍東郊、鄭注云田謂田畯、主農之官、亦單稱田是也。豳風七月田畯至喜、小雅甫田田畯至喜、傳箋竝云田畯、司嗇、今之嗇夫也。大田田畯至喜、疏云、田畯之官至喜樂其事。畯謂之農夫者、周頌噫嘻率時農夫、箋云率是主田之吏。甫田農夫之慶當亦謂主田之吏。

說詩

髦士官也畯農夫也官詳釋詁。小雅烝我髦士、傳髦俊也。說文𩬊髦髮也。以髮訓俊借譬爲名也。郭註取俊士令居官。畯、農夫也。小雅田畯至喜、箋田畯、司嗇、今之嗇夫也。

啓蒙

畯農夫也

引之謹案、畯長也。田畯、農之長。率人曰夫、若大夫之夫矣。凡經傳言準夫言牧夫言嗇夫言馭夫言膳夫言宰夫、皆率人之義。故郊特牲曰夫也者夫也、夫也者以知帥人者也。周頌噫嘻篇率時農夫、鄭箋以農夫爲主田之吏、義本爾雅也。下文曰髦選也、髦俊也、此文曰髦士官也、畯農夫也、皆出衆之稱、故皆以俊髦連言之。

述聞

畯農夫也　周禮注引春官篇章　一切經音義四引作田夫。

匡名

畯、農夫也。七月田畯至喜、嗟我農夫甫田田畯至喜、嗟我農夫、據此文是同義並用。

黃侃音訓

畯、農夫也。

詩七月正義引孫炎曰：「農夫、田官也。」王引之云：「率人曰夫、凡經傳言牧夫、言膳夫、言宰夫、皆率人之義。故郊特牲曰：『夫也者、扶也、夫也者、以知帥人者也。』」農夫、又稱農大夫農率農正、周語「命農大夫咸戒農用；」夏小正「農率均田；」周語又云：「農正再之；」是也。有單稱農者、郊特牲云：「饗農、」是也。

畯、王引之云：「長也。」爾雅謂爲農夫、即田官也。亦稱曰畯、稱田大夫稱田、詩「田畯至喜、」傳云：「田畯、田大夫、」月令「命田舍東郊、」鄭注云：「田謂田畯、主農之官、」是也。爾雅郭注謂「今之嗇夫」者、詩甫田箋云：「田畯司嗇、今之嗇夫、」此郭義也。漢書百官公卿表「鄉有嗇夫、職聽訟、收賦稅、」晉書百官志「鄉萬以上、置四鄉、鄉置嗇夫一人、」此嗇夫之制也。其名已見於覲禮、鄭注謂「嗇夫、蓋司空之屬。」

爾雅學

畯農夫也○釋曰注疏本删。

校勘記

畯音俊 農夫也

音圖・音

俊

畯農夫也。

孫侶直音

畯俊農夫也

楊氏音訓

蓋割裂也

蓋割裂也。蓋未詳。

郭注

蓋割裂也 釋曰割謂以刀裂之也。

邢疏

蓋割裂也

蓋舍人本作害。釋文

犍爲注

害割裂也 釋文蓋古害反。舍人本作害。

犍爲注

黃輯古義

蓋裂也 釋文蓋古害反。舍人本作害。

玉函山房輯佚

蓋割裂也 釋文二十八卷 蓋舍人本作害。

漢注

郭璞云蓋未詳

一切注音

蓋裂也 舍人本作害。釋文

古注斠

割、裂也、

一切經音義卷五十一手杖論「斷割」下引、據海印寺本白蓮社本及大正藏本頻伽藏本竝同。森案此引鄭注並無注文、與卷十七「遞互」下所引鄭注爾雅云「遞迭也」、亦標注而無注文者、正同、疑有譌奪、一云、慧琳引鄭注而無注文者、鄭注爾雅、猶言鄭注本爾雅也。

鄭玄注稽存

蓋古害反。舍人本作害。裂音列。

陸音義

蓋割裂也

裂裂使蓋焉。割割使蓋焉。若割地、亦其一隅。

新義

蓋割裂也 蓋未詳。

鄭樵注

蓋割裂也 蓋舍人本作害。郭璞曰蓋未詳。鄭樵曰蓋未詳。

古注合存

蓋割裂也、此釋蓋以下之義也、疏曰、謂以刀裂之也、愚按器用蓋裂象也、或云、蓋當爲萎、草書之誤、曲禮介者不拜、爲其拜而萎、蓋服張起不駃貼之貌、故爲裂也、

注疏參義

蓋割裂也 註 蓋未詳 正義 裂、說文作𠜾、分解也。割、剝也。剝、列也。君奭云、割申勸文王之德。鄭註緇衣云割之言蓋也。蓋割雙聲、義存乎聲。公羊襄二十七年傳云昧雉彼視、何休註昧、割也。昧蓋聲

爾雅詁林 二 釋言

之轉也。又顏師古漢書註云蓋、音公盍反。

正義

割裂也　釋文舍人本蓋作害。古文害與割通。如堯典洪水方割是也。緇衣注割之言蓋。顏師古漢書注蓋音公盍反、讀如割。蓋割同音故并訓爲裂。

校議

蓋割裂也蓋未詳　裂者、與列同。說文列分解也。廣雅云裂分也。內則云衣裳綻裂、釋文裂本又作列。莊子天下篇云道術將爲天下裂、是裂列俱以分解爲義也。蓋者、釋文云古害反、舍人本作害。是害蓋通。又與割同。割者、害也。釋名云害割也。如割削物也。說文云割剝也。从害聲。故割與害同。又與蓋同。見禮記緇衣注。是蓋割害三字以聲爲義也。阮雲臺師曰、害曷蓋末未古音皆相近、每加偏旁互相叚借。若以爲正字則失之。書呂荊云鰥寡無蓋、蓋卽害字之借。言堯時鰥寡無害也。孟子、謨蓋都君、兼言井廩亦當訓害也。害字與割音義最近、書堯典洪水方割、大誥天降割之類、皆害字之借也。害字與蓋亦近。爾雅釋文蓋、舍人本作害。書君奭云割申勸寧王之德、鄭氏緇衣注割之言蓋是也。盍與曷同音、故孟子時日害喪、害卽曷也。蓋與末未亦最近、故公羊襄廿七年傳曰昧雉彼視、何休注昧、割也。邵公之意若曰有渝盟者、視此割雉也。

義疏

蓋割裂也蓋、舍人本作害。郭注、蓋未詳。蓋从艸盇。害从丰、亦艸也。宮、與宮同意。宮中生艸爲害、以刀割之。說文以憲从害、取割義也。蓋害爲割裂、皆未詳所釋。

集解

蓋割裂也蓋苫也从艸从盇會意。正字爲丰實爲割。禮記緇衣周田觀文王之德、古文作割申勸寧王之德、注割之言蓋也。以蓋爲割也。割丰蓋雙

聲。令楚俗呼蓋裂木材者曰蓋匠、本雅訓也。書呂刑鰥寡無蓋、蓋卽裂也。與孟子離散同意。公羊襄二七傳昧雉彼視、注昧、割也。以昧爲之。或者正字爲解與。解、判也。引申爲裂。禮記經解魯語晉文公解曹地以分諸侯、均是解蓋一聲之轉。割、剝也。从刀害聲。字亦作刏。引申爲裂。周禮內饔割亨煎和之事、注肆解肉也。秦策必割地以交于王矣、注訓分猶裂也。詩緜爰契我龜、傳契開也。方言十二瘛、解也。楚辭惜誦令五帝以折中兮、注折猶分也。裂亦分也。以契瘛折爲之。裂、繒餘也。从衣列會意、列亦聲。正字爲𠛱。𠛱、分解也。與別畧同。今經傳於分𠛱字多以裂爲之。禮記內則衣裳綻裂、釋文裂本又作列。

義證

蓋裂也　陸德明經典釋文曰、舍人本蓋字作害。古文害與割通。如堯典洪水方割是也。依郭本蓋字說之、左氏襄公十四年傳乃祖吾離被苫蓋、蓋謂敝裂之衣。廣韻引通俗文蓋、張帛也。張而不弛、裂之道。

補郭

蓋割裂也釋文云蓋、舍人本作害。

(注)蓋未詳

郭注補正

割裂也補

滋然謹按、慧琳一切經音義五十一斷割注引鄭注尒疋割、裂也。與經文同。郭云未詳。說文割、剝也。从害聲。釋文、古害反、舍人本作害。釋名云害、割也。如割削物也。割从害聲、割害二字吕聲爲義。郭氏未檢鄭注耳。

舊注攷證

蓋割裂也

蓋者、害之假借。錢氏大昕云、鄭注緇衣云割之言蓋也。正義謂割蓋聲相近、聲相近者義得相借。舍人本作害。害與蓋字相通用。邶風泉水二子乘舟

不瑕有害、彼釋文云、毛如字、鄭音曷。曷與盍同。蓋從盍得音、故相通借也。小雅蓼莪四月我獨何害、大雅蕩枝葉未有害、召旻溥斯害矣、皆讀如字、與割同義、割從害得聲。廣雅云割、害也。書大誥天降割于我家、彼釋文云割、馬本作害。故竝訓爲裂也。

說詩

蓋割裂也

郭曰蓋未詳。錢曰、鄭注緇衣云割之言蓋也。正義謂割蓋聲相近。古者聲隨義轉、聲相近者義亦相借。尙書割申勸寧王之德、割有蓋義。爾雅蓋割同訓、蓋有割義、皆取同聲之轉也。引之謹案錢說是也。釋文曰蓋、舍人本作害。害與蓋字相通。呂刑曰鰥寡無蓋、謂鰥寡無害也。孟子萬章篇謨蓋都君、謂謀害舜也。害與割字亦相通。廣雅害、割也。堯典湯湯洪水方割、某氏傳割、害也。大誥天降割于我家、釋文割、馬本作害。割之爲蓋、猶害之爲蓋也。害割蓋三字聲氣竝相近、故並得訓爲裂。

述聞

葢割裂也　釋文云葢、舍人本作害。說文刀部𠛱、分解也。从刀𡿪聲。又衣部裂、繒餘也。从衣𠛱聲。今以列爲行列、而以裂爲列、二字之本義皆亾矣。此裂字當作列。

匡名

葢割裂也　裂、說文作𠛱、分解也。劌、剝也。註尙書借割爲害。釋言舍人本葢作害、害與割同也。鄭註緇衣、割之言葢也。葢與割同也。又故宋次道王仲至家所傳古文尙書曰、创申勸甯王之德。左襄十一年傳、未能操刀而使之割也。

啓蒙

裂　𠛱　說文。列。分解。禮內則。衣裳綻裂。釋文。裂。本又作列。案說文。裂。繒餘也。別一義。當作列。

𠛱裂義通。

黃侃評本正名

葢割裂也。　葢割同字竝見。

黃侃音訓

蓋。裂也。註云未詳。疏亦無解釋。按說文蓋、古害反、舍人本作害。呂刑鰥寡無蓋、蓋即害字之假借。

考異摘要

蓋割裂也

說文蓋苫也。案蓋裂之蓋當作害。說文害、傷也、从宀从口會意。言爲亂階從家起也。害訓傷、與分列之裂義實相成、蓋害疊均例得通、故舍人本蓋作害。邵氏引說文割、剝也、剝、列也。俊案割即从害聲、故與害同訓。

王仁俊日記

葢、割、裂也。

說文刀部云：「𠛱、分解也、从刀、𡿪聲。」裂、爲列之假借字。分解者、列之本義；引伸之爲行列之稱。內則云：「衣裳綻裂、」釋文「裂、本又作列、」此列裂通借之證。莊子天下篇云：「道術將爲天下裂、」廣雅「裂、分也、」此皆列之假借也。

葢者、釋文云：「古害反、舍人本作害、」是葢與害、聲相近、古通用。郝云：「呂刑云：『鰥寡無葢、』葢即害字之借、言堯時鰥寡無害也。孟子『謨葢都君、』兼言井廩、亦當訓害也。」王引之同。釋名云：「害、割也、如割削物也、」葢通害、害爲割、是與列之分解義同、故曰：「葢、裂也。」

割者、說文刀部：「剝也、」說文「剝从刀彔、彔、刻也、」即破裂之意、與列之訓分解正同。王引之曰：「堯典『湯湯洪水方割、』方、旁也、徧也、言洪水徧害下民也；大誥『天降割于我家、』釋文『割、馬本作害；』害與割亦相通。」禮緇衣鄭注云：「割之言葢也、」正義謂「割、葢、聲相近、」是割與葢又通矣。故王氏云：『害、割、葢、三字、聲義俱相近、故竝得訓爲裂。』

爾雅學

蓋割裂也　唐石經單疏本雪牕本同。釋文蓋古害反、舍人本作害。按書呂刑鰥寡無蓋、蓋即害字之借、言堯時鰥寡無害也。釋名害割也。書堯典洪水方割、大誥天降割之類、皆害字之借。割與蓋亦音相近。書君奭割申勸寧王之德、鄭注緇衣云割之言盍是也。

蓋割裂也○釋曰注疏本删。 校勘記

蓋割裂也。列 孫偘直音

邕支載也

邕支載也皆方俗語亦未詳。 郭注

邕支載也釋曰謝氏云邕字又作擁。釋云擁者護之載郭云皆方俗語亦未詳。 邢疏

邕支載也

邕字又作擁。擁者護之載。邢疏引謝氏云。釋文邕字又作擁。上脱謝字。 謝音

黄輯古義

邕支載也。邕字又作擁。擁者護之。邢昺疏 謝音

邕載也釋文謝氏云邕字又作擁。釋云擁者護之載。疏同 謝音

玉函山房輯佚

漢注

邕支載也

郭璞云皆方俗語亦未詳。謝氏云邕字又作擁。擁者護之載。邢昺疏二卷 一切注音

邕字又作擁。 陸音義

邕支載也

邕載物支載體言載在下言盇在上亦言之法。 新義

邕支載也謝氏云邕字又作擁。擁護支持皆載任之義。 鄭樵注

邕支載也

郭璞曰皆方俗語亦未詳

鄭樵曰謝氏云邕字又作擁擁護支持皆載任之義 古注合存

邕支載也。此釋邕支爲載之義也。註曰皆方俗語。疏曰謝氏云邕字又作擁。釋云擁者護之載也。愚按擁護支持皆慎於載之意。 注疏參義

邕支載也註皆方俗語亦未詳 正義 釋文邕字又作擁。舊疏引謝氏云邕字又作擁。釋云擁者護之載。案左氏襄二十五年傳云陳侯免擁社。謂載社主也。支與榰通。榰拄所以承載。詳見下文。王煦曰淮南齊俗訓云金之性沉托之于舟上則浮勢有所支也。 正義

邕支載也皆方俗語亦未詳 載者說文云乘也。釋名云戴也。戴在其上也。通作戴。詩載弁俅俅。此篇下文郭注引作戴弁俅俅。邕者釋文云又作擁。邢疏引謝氏云邕字又作擁。釋云擁者護之載也。支者邵氏正義云支與榰通。榰柱所以承載。詳見下文。 義疏

邕支載也邕一作擁。郭注皆方俗語亦未詳。邕、从邑川。圍擁之詞。因邕邕又爲和川邑無和義也。擁之亦非載。此釋詩惟塵邕兮。祇自疷兮。以疷爲支耳。 集解

邕支載也邕四方有水自邕成池者。从川从邑會意。正字爲擁。擁裹也。引申爲載。謂裹之即所以載之。禮記少儀侍投則擁矢。左襄二五傳陳侯免擁社均是也。說文則以閼爲之。閼擁邕通用字。禮記襍記甕甗。釋文盛醯醢之器。其取邕載義與。支去竹之枝也。从手持半竹會意。正字爲榰。前漢書項羽傳

枝梧、一作榰梧。以支爲榰也。榰、柱砥。謂載柱者、古用木今用石。易恒榰恒凶是也。廣雅則以跂爲之。跂榰支通用字。周語天之所支不可壞也、注支、柱也。越語皆知其貲財不足以支長久也、注支、堪也。載也。載、乘也、从車𢦏聲。引申爲載任之載。

義證

邕載也　說文解邕字曰、四方有水自邕城池者。釋以爲載、卽荀子水以載舟義也。陸氏釋文謂謝本邕字作擁。鄭樵曰、擁護卽載任之義。說文自邕城池城字疑傳寫訛類篇引說文作成池。

支載也　廣韻曰支、持也。持卽爲載。禮中庸、辟如天地之無不持載。二字橫竪說而其義同。大戴禮保傅篇、燕支地計衆不與齊均。支謂任土計稅義、又與周禮載師之載兩通。

補郭

邕支載也

【注】皆方俗語亦未詳【補正】邢疏、謝氏云邕、字又作擁。釋云擁者護之載。鄭樵註云、擁護支持皆有載任之義。

郭注補正

邕支載也

義詳訂經。　支者周語引周詩云、天之所支不可壞也、其所壞亦不可支也。竊疑此文當爲大雅皇矣上帝耆之之注。耆爲稽之古文省、耆、支也。言文王爲上帝所支載故爲憎其式廓也。憎爲增之假借。周頌式耆定爾功、傳云耆、致也。耆亦爲支、謂支柱也。

說詩

邕支載也

說文邕、四方有水自邕城池者。柏年案、城當依廣韻韻會作成。自邕當作自擁、轉寫之誤。詩思樂泮水箋、廱者、擁之以水。是也。四方有水自相擁載、故名邕。又借爲雝。說文雝、所以枝鬲者。枝亦載也。支者、周語天之所支不可壞也、注、柱也。越語皆知其貲財不足以支長久也、注、堪也。西周策魏不能支、注猶拒也。後漢書郭泰傳注、支猶持也。又通作榰。說文柱氐、古用木今以石。蓋訓柱、訓堪、訓拒、訓持、皆與戴義同。柱氐石所以載屋、故亦得爲載。支又通作跂。廣雅、載也。集韻擎、起物也。擎起物亦所以爲載也。

補釋

邕支節疏擁者護之載護監本誤。

注疏正字

支載也

郭曰未詳。邵曰、王煦曰淮南齊俗訓云、金之性沈、託之於舟上則浮、勢有所支也。家大人曰、道藏本淮南支作枝、載通作戴。支之言跂閣也。淮南說林篇、冠則戴跂之。今本跂譌作致。辯見讀書雜志。文子上德篇跂作枝、此云支載也。廣雅云跂、閣載也。其義一而已矣。

述聞

邕支載也　邕、釋文云字又作擁。

匡名

邕支載也　載詳釋天。　邕、又作擁。左襄二十五年傳、陳侯免、擁社。謂載社主也。　左定元年傳、天之所支。通作榰。疏謂擁護支持皆載任之義。

啓蒙

邕截也。邕截即擁戴。支載也。支通作庋、庪、攱、檀弓注閣、庋藏食物、内則注閣以板爲之、庪食物也、廣雅攱、載也、載攱也、史記梁孝王世家索隱引周成雜字攱、閣也、又引通俗文高置立攱棚曰攱閣。

黃侃音訓

禦圉禁也　䳄𪄀彰也　薶割裂也　邕支載也

釋文禦圉本或作御。（釋言釋文）䳄字或作䴋。𪄀字或作䎇。（釋言釋文）舍人本薶作害。（釋言釋文）說文裂作𠛱。（云分解也。刀部𠛱）謝嶠云邕又作擁。

釋言疏

禦圉禁也、釋文禦、本或作御。按禦圉古字通用。大雅桑民詩不畏彊禦、漢書王莽傳作彊圉。桑柔詩孔棘我圉、鄭箋圉當作禦。管子輕重甲篇莫之能圉、墨子辭過篇引先生作宮室之法曰邊足以圉風雨、義皆作禦。釋文禦、本或作御者、禦御字亦通。

證異

支載也。郭云方俗語、亦未詳。邵晉涵云、支與榰通。榰柱所以承載。楷案、玉篇庋、閣也。支即庋字。古無庋字、故以支爲之。記檀弓始死之奠其餘閣也與、鄭注閣庋藏食物。内則大夫七十而有閣、注閣以板爲之、庋食物也。又作庪。内則注之庋、釋文本作庪、云又作庋。檀弓注之庋、釋文亦云又作庪同。庪與庋一字、庋爲閣物之稱、故有截義。釋天祭山曰庪縣、李注、庪置几上、遥遥而眠之若縣。義亦與此合。又作攱。釋天釋文云庪又作攱。案史記梁孝王世家索隱引周成雜字云攱、閣也。又引通俗文云高置立攱棚云攱閣。

是攱與庋同。廣雅攱、載也。載、攱也。即本此。

稗疏

邕、支、載也。

說文車部云：「載、乘也；」引伸爲凡載物之義。釋名云：「載、戴也、戴在其上也。」郝云：「載、通作戴。」

邕者、釋文云：「邕、字又作擁。」邢疏云：「謝氏云：『邕、字又作擁、』釋云：擁者、護之載。」邵云：「左氏襄二十五年傳『擁社、』謂載社主也。」

支者、邵云：「王煦曰：『淮南齊物訓云：金之性沈、託之於舟上則浮、勢有所支也。』」此即謂有所載也。王念孫云：「道藏本淮南支作枝、載通作戴、支之言攱閣也；淮南說林篇『冠則戴攱之、』文子上德篇攱作枝；此云：『支、載也、』廣雅云：『攱、閣載也。』其義一而已矣。」是支亦作枝攱；載亦作戴。

爾雅學

邕支載也〇釋曰　注疏本删。

校勘記

擁

邕支載也。

孫侶直音

邕擁支載也

楊氏音訓

諈諉累也

諈諉、累也。以事相屬累爲諈諉。

郭注

諈諉累也　釋曰、謂相累及也。孫炎云楚人曰諈、秦人曰諉。郭云以事相屬累爲諈諉。

邢疏

諈諉累也

楚人曰諈、秦人曰諉。釋文　邢疏

孫音注

諈諉累也

諈、置睡反。諉、女睡反。釋文

郭音義

諈諉累也

諈、之睡反。諉音痿。釋文　諉、邕危切。類篇三上引謝嶠音

案邢疏作[氵喬]、與類篇異。

謝音

諈諉累也

諉、汝恚反。釋文

顧音

黃輯古義

諈諉累也

楚人曰諈、秦曰諉。釋文　邢疏

孫音注

諈諉累也。諈、置睡反。諉、女睡反。

郭音義

諈諉累也。諈、之睡反。諉音痿。釋文　邕危切。集韻上平聲五支諉字注　司馬光類篇卷三上

謝音

諈諉累也。諉、汝恚反。同上

顧音

玉函山房輯佚

諉

邕危切。謝嶠音　類篇三上

鈎沉

諈諉累也

孫曰楚人曰諈、秦曰諉。釋文　邢疏

漢注

諈諉累也

孫炎云楚人曰諈、秦人曰諉。釋文二十八卷　郭璞云以事相屬累爲諈諉。謝嶠音諉、邕危切。類篇三卷上

一切注音

諈諉累也　孫炎曰楚人曰諈、秦人曰諉。釋文　諈、郭置睡反。同上

蕙心案、列子釋文引爾雅作諈諉累去也。去字疑涉累字下半而譌。

古注斠

諈　謝之睡反、郭置睡反。諉　郭女睡反、顧汝恚反、謝音痿、孫云楚人曰諈、秦人曰諉。累也　本又作纍、劣僞反。字又作絫、同。注同。屬　之欲反。

陸音義

諈諉累也　孫炎云楚人曰諈、秦人曰諉。累、相屬付也。諈、竹睡反。諉、女睡反。

鄭樵注

諈諉累也　諈郭置睡反　諉郭女睡反

孫炎曰、楚人曰諈、秦人曰諉。

郭璞曰、以事相屬累爲諈諉。

鄭樵曰、孫炎云楚人曰諈、秦人曰諉。累、相屬付也。諈竹睡反、諉女睡反。

古注合存

諈諉累也。諈竹睡切、諉女諈切。○此釋諈諉爲累之義也。註曰以事相屬累爲諈。疏曰、謂相累及也。孫炎云、楚人曰諈、秦人曰諉。

注疏參義

諈諉累也　註　以事相屬累爲諈諉　正義　釋文引孫炎云、楚人曰諈、秦人曰諉。漢說文繫傳云諈諉、謂不能自決而以屬累於人也。漢胡建擅誅監軍從史云、執事不諉上是也。漢書註蔡謨云諉、託也。列子釋文引爾雅作諈諉累去也。疑傳寫之訛。

正義

爾雅詁林　二　釋言

誰諉累也　玉案、列子力命篇、誰諉、煩重貌。累依煩重爲訓、其義較顯。

校議

諈諉累也以事相屬累爲諈諉

累者、說文作纍、云綴得理也。玉篇云纍力隹切、繫也。又力僞切、延及也。累同纍、是纍爲正體、隸省作累。今讀累力僞切、纍力隹切、以爲二字、非矣。釋文累本又作纍、字又作絫、是絫纍又通矣。諈諉者、說文云諈諉、纍也、諉纍也、是諈諉連文及單文俱訓纍也。釋文引孫炎云、楚人曰諈、秦人曰諉。是諈諉疊韻二字義同。玉篇云諈託也、漢書賈誼傳注引蔡謨曰諉者、託也。是諈諉竝訓託、屬託與屬累義亦同。

義疏

諈諉累也 孫注、楚人曰諈、秦人曰諉。郭注、以事相屬累爲諈諉。

諉諈爲託、經無其文、此釋記佩垂佩委、或誤加言耳。累、綴也、从糸畾、畾而貫之、言佩玉之狀。

集解

諈諉累也 諈、言之長也、从言垂聲。引申爲累、字亦作種。廣雅釋種爲積、取累義也。書皋陶謨元首叢脞哉、脞即埜、鄭注叢聚小小之事亦謂累積。借埜爲之。諉、累也、从言委聲。引申爲累。前漢書胡建傳執事不諉上、師古曰諉、累也。周禮遺人掌邦之委積、注少曰委、多曰積。莊子知北遊是天地之委形也、司馬注委、積猶累也。以委爲之。累、字本作絫、增也。十黍之重也。或以累即纍字、益因絫纍聲近而致誤耳。

義證

諈諉累也諈置睡反　諉女睡反

注以事相屬累爲諈諉補正邢疏、謂相累及也。孫炎云楚人曰諈、秦人曰諉。

郭注補正

諈諉累也

以事相屬累爲諈諉也

慧琳集古今佛道論衡三卷音義引郭注爾雅云以事相囑累爲諈諉也。今據補也字。

郭注佚存補訂

諈諉累也

說詳訂經。

說詩

諈諉節音諉女睡切睡誤諈。

注疏正字

諈諉累也　釋文云累本又作纍、字又作絫。案說文云諈諉、累也。累字係傳譌。說文無累字、段氏玉裁曰、兩宋槧本趙氏葉氏兩影鈔宋本及類篇皆作纍。案古本當作絫、古重累土波聲累去聲字皆作絫。絫之隸變作累、纍者大索也。淺人絫纍不能分別、故譌爲纍耳。

匡名

諈諉音內**累也** 說文、絫、增也。隸變作累。累行而絫廢矣。諈、諉、累也。諈、累也。方言、楚人曰諈、秦人曰諉。前漢胡建傳、執事不諉上。

啓蒙

累　纍　釋文。累本又作纍字又作絫。段氏玉裁曰。凡增益謂之積絫。絫隸變作累。古書時見絫字。

諈諉累也之累當作纍、綴自理也。注云屢累屢綴義同。

黃侃評本正名

釋言諈、諉、累也。列子力命篇、眠娗、諈諉、勇敢、怯疑、四人相與游於世。張湛注云、諈諉、鈍滯也。殷敬順釋文云煩重也。承珙案、列子此篇所列凡四人者皆兩兩相反、此以眠娗與諈諉竝列。方言云眠娗、欺謾之語也。欺謾者多輕儇、正與鈍滯相反。郭注謂以事相屬累爲諈諉，蓋別一義。說文諉下云累也，諈下云諈諉，累也，正用爾雅文。

胡氏古義

諈、諉、累也。

釋文「累、本又作絫、字又作纍、同。」說文厽部云：「絫、增也；」隸變作纍；纍者大索也、與絫別。增益爲絫之本義；引伸而有屬絫之稱。諈諉者、釋文引孫炎云：「楚人曰諈、秦人曰諉；」郭注云：「以事相屬累爲諈諉。」案說文言部云：「諈、諈諉、絫也；諉、諈諉也；」說文繫傳云：「諈諉、謂不能自決而以屬累於人也。」累與屬累、皆今世所云相託。玉篇云：「諈、託也、」漢書注蔡謨曰：「諉者、託也、」是其義也。

爾雅學

諈諉累也○釋曰 注疏本刪。

校勘記

諉累也。釋文諉，郭女睡反。今本睡誤作諈。

注疏本正誤

累劣僞切諉女諈切 各本累，劣僞切，在諉女諈切下，釋文同。案經文累在諉下，附釋音不當在諉上，此誤倒。

注疏校勘札記

七行(注)以事相屬累爲諈諉○慧琳《音義》卷八十四引此注作「以事相屬累爲諈諉也。」

宋監本校箋

諈音墜 諉音內 累也

音圖・音

諈音墜，諉音內。案，諈音惴，女睡孃，汝恚日，㕦危影三，音今音墜音內竝非。直音上搥去聲、下汭逶二音合。

直音正誤

諈、謝之睡翻，音惴。照母字 搥去聲 郭置睡翻，同上。不必重出。諉、郭女睡翻，音搦孃母字 顧汝恚翻，日母字 音近芮 謝音逶，翻影母字 類篇謝邑危 列子寓言以諈諉爲人名。

音略

諈諉累也。 搥去聲 汭逶 纍

孫侶直音

諈諉累也 讀墜 委 去聲

直音校正

諈竹睡切 諉女諈切 累劣僞切 也

楊氏音訓

諈竹寘切 諉女恚切 又音逶

于氏音釋

漠察清也

漠察清也。皆清明。

郭注

漠察清也 釋曰：樊光云漠然清貌。察、明也。是皆清明也。

邢疏

漠清也 漠然清貌。邢疏 樊注

黃輯古義

漠察清也 漠然清貌。釋文 邢疏 樊注

玉函山房輯佚

漠 漠然清貌。樊注 二疏

鉤沉

漠清也 樊曰漠然清貌。釋文 邢疏

漢注

漠察清也 樊光云漠然清貌。釋文二十八卷 郭璞云、皆清明。

一切注音

漠清也 樊光曰漠然淸皃。釋文

古注斠

漠、清也、

漠、謂靜察也、

一切經音義卷八十九高僧傳一「惛漠」下引、據海印寺本、白蓮社本及大正藏本、頻伽藏本並同。

森案郭璞此條註云、「清明」董氏讀爾雅補記云、「鄭以靜察註漠者、元本鄭註當作『漠、謂靜也、』察是雅文、高密別有註釋、而慧琳引時已奪去、遂誤捏於上註耳、漢書賈誼傳「眞人恬漠、」顏師古註『漠、靜也』、正本鄭此註義』」

鄭玄注稽存

漠 音莫。樊光云漠然清貌。

陸音義

誣諑累也漠察清也若伯夷清矣伊尹累也。

新義

漠察清也 漠、清貌。清謂清明。

鄭樵注

漠察清也

樊光曰、漠然清貌。

郭璞曰皆清明。

鄭樵曰漠、清貌。清謂清明。

古注合存

漠察清也。此釋漠察爲清之義也。疏曰、樊光云漠然清貌。察、明也。

注疏參義

漠察清也【註】皆清明【正義】釋詁云、嗼、定也。察、審也。漠察又爲清、清、義相成也。楚詞遠遊云、漠虛靜以恬愉兮。詩疏引樊光云、漠然清貌。大戴禮記子張問入官篇、水至清則無魚、人至察則無徒。

正義

漠察清也 皆清明

清者、說文云、朖也、澂水之皃。文選思玄賦云、懲湨淈而爲清、舊注清、靜也。易彖上傳虞翻注清猶明也。是清兼明靜二義、靜猶淨也。方言云清、急也。急猶激也。故方言又云激、清矣。漠者、說文云清也。釋文引樊光云漠然清貌、音莫。漢書賈誼傳注漠、靜也。是漠爲靜之清矣。察者、審之清也。釋詁云察、審也。禮器注察猶明也。老子云俗人察察。河上公注察察、急且疾也。又與清急義合。

義疏

漠察清也 明。樊注、漠然清皃。郭注、皆清明。上言莫爲靜、定、又謨爲謀、皆取日入艸中意。又相反爲清也。此漠當爲謨、乃與察類。書謨明弼諧、又明清于單辭。皆察也。上云察、審。又云拭清。

集解

漠察清也 漠、北方沙漠也、从水莫聲。清也者、謂沙明而水清也。文選鵩鳥賦其人恬漠兮、注訓靜。漠猶清也。漢書賈誼傳注同。詩楚茨君婦莫莫、傳莫莫、言清靜而敬至也。左昭二八傳引詩莫其德音、說云德正應和曰莫、注莫然清靜。以莫爲之。察、覆審也、从宀祭聲。引申爲清。禮記中庸言其上下察也、注察猶著也。禮器五獻察、注察、明也。楚辭漁父安能以身之察察、注己清潔也。清、朖也、澂水之皃。从水青聲。引申爲明也、澄也。

義證

漠察清也

【註】皆清明【補正】邢疏、樊光云漠然清貌。

郭注補正

漠察清也

說文云、漠、一曰清也。漠從莫得聲、故相通用。小雅巧言聖人莫之、彼釋文云莫、又作漠。楚茨君婦莫莫、毛傳云清靜而敬至也。大雅皇矣求民之莫、板民之莫矣、傳竝云莫、定也。定與淸義近。察、詳訂經。

說詩

漢淸也

說文漢、北方流沙也、一曰淸也。栢年案、流沙者、塵埃澒洞之地。而有淸訓者、義相反而相成、與亂之爲治一例。也漢莫字通。郝疏及王氏述聞已詳言之。漢又通作穆。廣韻、淸也。賈誼傳眞人恬漢、注靜也。東方朔傳于是吳王穆然、注靜思貌。淸靜義同。

補釋

漢察淸也

樊曰、漢然淸貌。家大人曰、莊子知北遊篇曰、澹而靜乎、漢而淸乎。是漢爲淸也。昭二十八年左傳德正應和曰莫、杜注曰莫然淸靜。莫與漢通。大戴禮子張問入官篇曰、水至淸則無魚、人至察則無徒。邵有文選高唐賦曰、九竅通鬱精神察。今本察下衍滯字。辯見讀書雜志文選下。是察爲淸也。察訓爲淸、淸亦訓爲察。呂刑曰、明淸于單辭。明淸、明察也。故後漢書明帝紀曰、明察單辭。玉藻曰視容淸明、鄭注察於事也。

述聞

漢察淸也。淸詳釋詁。說文漢、北方流沙也、一曰淸也。楚詞、漢虛靜以恬愉兮、又安能以身之察察。大戴禮記、水至淸則無魚、人至察則無徒。

啓蒙

漢淸也。釋詁貉、靜也。又貉、嗼定也。漢與貉嗼竝通、餘已見前。

黃侃音訓

鄭注介雅云漢謂靜察也　卷八十九高僧傳一惛漢下引

案釋言漢察淸也、郭注皆淸明。是漢察竝有淸義。

釋文引樊光亦云漢然淸貌。鄭以靜察注漢者、元本鄭注當作漢、謂靜也。察是雅文、高密別有注釋、而慧琳引時已奪去、遂誤捉於上注耳。漢書賈誼傳服賦眞人恬漢、顏師古注漢、靜也。正本鄭此注義。釋詁謀也條亦有漢、邢疏引舍人曰心之謀也。非此義。鄭注必不隸彼。

董瑞椿補記

漢、察、淸也。

淸義已見釋詁「淸也」節。易象上傳虞注云：「淸、猶明也；」文選思玄賦注云：「淸、靜也。」漢、釋文「音莫、」樊光云漢然淸貌、」說文云：「漢、淸也。」莊子知北遊篇云：「漢而淸乎、」即以漢爲淸也。漢書賈誼傳注又云：「漢、靜也。」釋詁云：「貉、靜也、」貉通漢、故義同。察、釋詁「審也、」故郝云：「察者、審之淸也。」禮器注：「察、猶明也、」玉藻「視容淸明、」鄭注「察於事也、」是察與淸明、互相訓矣。邵引大戴禮云：「水至淸則無魚、人至察則無徒、」王念孫引呂刑「明淸于單辭、」後漢書明帝紀則云：「明察單辭、」此經史用察爲淸之證也。

爾雅學

漢察淸也〇釋曰　注疏本刪。

校勘記

庇庥廕也

庇、庥、廕也。今俗語呼樹蔭爲庥。

郭注

庇庥廕也　釋曰、舍人曰庇、蔽也。庥、依止也。郭云今俗語呼樹蔭爲庥。文七年左傳云、葛藟猶能庇其本根。

邢疏

庇庥蔭也

庇、蔽也。庥、依止也。春秋文十七年正義

犍爲注

庇廕也

庇、覆之廕也。一切經音義九

孫音注

庥蔭也

庥、許州反。釋文

郭音義

黃輯古義

庇庥蔭也

庇、蔽也。庥、依止也。

犍爲注

庛庥蔭也

庛覆之蔭也。一切經音義卷九

孫音注

庛庥許州反。

郭音義

玉函山房輯佚

庛庥茠蔭也

庛蔽也。茠依止也。舍人注宋本春秋疏十五

鈎沉

庛庥蔭也

舍人曰庛蔽也。茠依止也。春秋正義十六邢疏

孫曰庛覆之蔭也。一切經音義九

漢注

庛庥蔭也

舍人云庛蔽也。茠依止也。左傳正義十五卷 郭璞云今俗語呼樹蔭爲庥。

一切注音

庛庥蔭也 孫炎曰庛覆之蔭也。一切經音義九 舍人曰庛蔽也。茠依止也本或作休。左氏文十七年傳正義

庥郭許州反。釋文

古注斠

庛必寐反。又音祕。庥字又作休。虛求反。郭許州反。廕字亦作蔭。於鴆反。

陸音義

庛庥廕也 郭云今俗呼樹蔭爲庥。

鄭樵注

庛庥廕也庥郭許州反。

舍人曰庛蔽也。庥依止也。

孫炎曰庛覆之廕也。

郭璞曰今俗語呼樹蔭爲庥。

鄭樵曰郭云今俗呼樹蔭爲庥。

古注合存

庛庥廕也。此釋庛庥爲陰之義也。註曰今俗呼樹廕爲庥。疏曰文七年左傳云葛藟猶能庛其本根

注疏參義

庥、左傳正義引舍人注作茠。

補注

庛庥蔭也 **註** 今俗語呼樹蔭爲庥 **正義** 說文云蔭、艸陰地。言艸木之陰可休庛也。左氏文七年傳云、則本根無所庛廕矣。呂氏春秋懷寵篇則民知所庛矣、高誘註云庛、依蔭也。休者、說文云从人依木。休或从广。周南漢廣云、不可休思。左傳疏引舍人云庛、蔽也。茠、依止也。庥本或作茠、**註** 今俗至爲庥。○ **正義** 淮南精神訓云得茠樾下、高誘註茠、蔭也。衆經音義引孫炎云庛、覆之蔭也。

庥蔭也 戴東原曰、周南不可休思、釋言庥蔭也、卽其義。

校議

庛庥廕也 今俗語呼樹廕爲庥

廕者、蔭之或體也。說文蔭、艸陰地。玉篇引作草蔭地也。是蔭从艸、其實樹木之陰亦謂之蔭。故淮南說林篇云蔭不祥之木、人閒篇云蔭暍人於樾下。皆以樹陰爲蔭也。通作陰。詩既之陰女、箋以陰爲覆陰。釋文陰、鄭音蔭、覆蔭也。左氏昭元年傳趙孟視蔭、釋文蔭本亦作陰。又通作廕。爾雅釋文廕字亦作蔭、詩雲漢釋文蔭本亦作廕。庛者、說文云蔭也。表記注及考工記輪人注竝云庛、覆也。覆亦蔭。故一切經音義九引孫炎曰庛、覆之廕也。左氏文十七年正義引舍人曰庛、蔽也。蔽亦覆蔭也。方言云庛、寄也。寄託義亦同也。通作茈。雲漢釋文茈本亦作庛、又通作庀。周禮遂師釋文庛本又作庀。庥者、說文與休同、云息止也。从人依木。釋詁云休、息也。左傳正義引舍人曰茠、依止也。止息義皆爲蔭。淮南精神篇云得茠越下、高誘注茠、蔭也。三輔人謂休華樹下爲茠也。釋文庥字又作休。按作休爲正、茠俗聲也。

義疏

庛庥廕也 舍人注庛、蔽也。茠、依止也。孫注庛、覆之廕也。郭注、今俗語呼樹蔭爲庥。此皆加广以爲屋之茈蔭。舍人庥作茠、則皆加艸也。周官庛其委積。字本作庀、具也。詩、胡不

比焉。又不可休息。又既之陰女。皆不加广艸。

集解

庇庥廕也 庇，廕也。郎廕也。从广比聲。字亦作庀。禮記表記雖有庇民之大德。攷工輪人弓長六尺謂之庇軹。鄭注均云庇，覆也。左文七傳，公族公室之枝葉也。若去之則本根無所庇廕矣。周語曰以庇信。注庇猶廕也。文選頭陀寺碑文始立方丈茅茨以庇經象。注庇，廕。莊子人間世將芘其所賴。左文十七傳注，欲廕芘于楚。以芘爲之。庥字本作休。息止也。从人依木會意。或又从广。引申爲廕。詩所謂不可休息是也。前漢書外戚傳依松柏之餘休。師古曰休，廕也。淮南精神得休越下。高注休，廕。以嫭之或體庥爲之。廕字本作蔭。草陰地也。从艸陰聲。詩桑柔既之陰女。釋文陰，鄭音蔭，覆蔭也。

義證

庇庥廕也 【註】今俗語呼樹蔭爲庥【補正】邢疏，舍人曰庇，蔽也。庥，依止也。

郭注補正

庇庥廕也 今俗語評樹廕爲庥 倣宋本單疏本明注疏本作蔭。雪牕本作廕，與釋文同。

郭注佚存補訂

庇庥廕也 廕與陰通。大雅桑柔郎之陰女，箋以陰爲覆。彼釋文云陰，音蔭，覆蔭也。蔭廕皆從陰聲，義並同。庇通作芘。大雅雲漢箋云，我無所芘蔭處。彼釋文云芘，音秘，又必二反，本亦作庇。蔭，於鴆反，本亦作廕。說文云庇，蔭也。庥爲休之或體。說文云休，止息也。从人依木。或从广作庥。毛詩祇作休字。周南漢廣不可休息，謂休息於喬木之蔭下。大雅瞻卬休其蠶織，毛傳云休，息也。民勞汔可小休，鄭箋云休，止息也。休息者，庇廕引伸之義也。

說詩

庇庥節疏文十七年左傳云 文監本誤又。

注疏正字

庇庥廕也 庥，釋文云字又作休。案說文木部休，或从广作庥。左傳正義十二引作庥。案庥，經師增益字也。或加广或加艸皆非古字。說文蓐部薅或从休作茠。引詩以茠荼蓼。與此茠字似同而實不相涉。 廕，釋文云字亦作蔭。案說文庇，蔭也。广部無廕字。左傳正義十二廣韻十八尤華嚴經音義妙嚴品引皆作蔭。

匡名

庇庥蔭也 說文蔭，艸陰地。引伸爲凡覆庇之義也。庥，蔭也。左文七年傳，則本根無所庇廕矣。韓詩此邦是庥。本作休。周南不可休息。休詳釋詁。

啓蒙

庥廕 休蔭 釋文。庥字又作休。廕字亦作蔭。邢疏舍人曰。庥依止也。說文。庇蔭也。休。止息也。

黃侃評本正名

庇、庥、廕也。

釋文「廕、字亦作蔭、」作蔭者本字；廕、陰、皆其假借也。說文艸部云：「蔭、艸陰地、」引伸爲凡庇蔭之義。

庇、說文「蔭也。」左氏傳文十七年正義引舍人云：「庇、蔽也；」方言「庇、寄也；」考工記輪人注云：「庇、覆也；」皆蔭之義。郝謂「庇、通芘、又通庀。」

庥、釋文「字又作休；」說文木部云：「休、息止也、从人依木、庥、休或从麻。」段據釋詁「休、戾也、」及本篇「庥、廕也、」之文、謂「可證休、庥、同字。」

爾雅學

庇庥廕也○釋曰 注疏本删

今俗語呼樹蔭爲庥 單疏本注疏本同。雪牕本蔭作廕。按釋文廕字亦作蔭、依經當作廕。蓋以樹蔭義改從廾耳。釋詁注云疏蔭爆樂、釋文廕又作蔭同。

校勘記

庇庥廕也。 庇比去聲 庥休 廕陰去聲

孫侃直音

庇庥廕也 比去聲 休 陰去聲

直音校正

穀履祿也履禮也

穀、履、祿也。書曰、既富方穀。詩曰、福履將之。履、禮也。禮可以履行見易。

郭注

穀履祿也 釋曰、皆福祿也。孝經援神契云祿者録也、取上所以敬録接下、下所以敬録事上。注書曰既富方穀者、洪範文。云詩曰福履將之者、周南樛木文、也。履禮也 釋曰履又爲禮也。注禮可以履行見易者序卦云物畜然後有禮、故受之以履、韓康伯云履者禮也。

邢疏

穀履祿也

郭璞云書曰既富方穀。詩曰福履綏之。

履禮也

郭璞云、禮可以履行見易。

一切注音

穀履祿也

戩進未過穀生不窮所謂戩穀福祿未艾之詞。

履禮也

履而行之禮也。

新義

穀履祿也

郭璞曰、書曰既富方穀。詩曰福履將之。

履禮也

郭璞曰、禮可以履行見易。

古注合存

穀履祿也。此釋穀履爲祿之義也。註曰、詩樛木云、福履將之。愚按穀爲祿。語云三年學不至於穀是也。舊引書既富方穀爲証者、非。方穀之穀乃善也。

履禮也。此釋履爲禮之義也。疏曰、易序卦云、物畜然後有禮、故受之以履。韓康伯云履者禮也。

注疏參義

穀履祿也註書曰既富方穀詩曰福履將之履禮也註禮可以履行見易

正義 上文云穀、生也。穀又爲祿。論語云不至于穀是也。履祿福也、已見釋詁。履與祿義同。履又訓爲禮者、仲風燕居云、言而履之禮也。祭義云、禮者履此者也。商頌長發云率履不越、韓詩外傳作率禮不越。說文云、禮履也。註書曰至將之。正義 既富方穀、洪範文。福履將之、周南樛木文。見易。正義 序卦傳云物畜然後有禮、故受之以履、履者禮也、韓康伯云禮所以適時用也。故既畜則須用、有用須禮也。今本易孔疏以履者禮也四字爲韓註、李氏易傳則以四字爲傳文、郭氏云見易、不云見易註、是郭氏所見之本與李氏易傳同。舊疏据孔疏本仍以爲韓註、非也。

正義

穀履祿也書曰既富方穀詩曰福履將之履禮也禮可以履行見易

祿者、釋詁云福也、廣雅云善也、善與福同義。周禮天府注、祿之言穀也。孝經注倉廩爲祿、是祿兼二義。爾雅亦然也。穀者、上文云生也、釋詁云善也、善與祿義同、生與養義近。詩俾爾戩穀、蔌蔌方有穀、傳箋竝云穀祿也。孟子穀祿不平、趙岐注穀所以爲祿也、亦與此義合矣。履者釋詁與祿竝云福也。詩福履綏之、傳履祿也。履祿聲轉義同。說文云禮履也、所以事神致福也、亦與此義合。餘詳釋詁。○履訓禮者、祭義云禮者履此者也、仲尼燕居云言而履之禮也、坊記云履無咎言、皆以履爲禮也。詩履我卽兮、率履不越、傳竝云履、禮也。郭云見易者、序卦云履者禮也。履禮疊韵、履祿雙聲故古皆以爲訓。履禮字通、亦詳釋詁。

義疏

穀履祿也 郭注、書曰既富方穀、詩曰福履將之。上云穀生、故爲有祿。上二云履祿福、又通釋之。

履禮也 郭注、禮可以履行、見易。

集解

穀履祿也 穀百穀之總名、从禾𣪊聲。正字爲祿、祿穀疊韵。詩天保俾爾戩穀、傳穀、祿。孟子滕文公穀祿不平注、穀所以爲祿也。淮南人閒不穀親傷、注不穀、不祿也。詩正月蔌蔌方穀、蔌穀祿也。後漢蔡邕傳作速速方轂、注轂祿也。以轂爲之。履、足所依也、从尸从彳从夂、舟象履形。正字爲釐、釐家福也。食祿亦福也。釐履通用字。詩樛木福履綏之、傳履、祿。或者正字爲祿與。祿履雙聲。祿、福也、从示彔聲。詩既醉天被爾祿。周禮天府注、祿之言穀也。

履禮也 履禮疊韵、故禮爲履之正字。許慎訓禮爲履、由爾雅而轉注耳。易坤履霜堅冰至、鄭注履讀爲禮。序卦物畜然後有禮、故受之以履。詩東方之日履我卽兮、長發率履不越、傳均云履、禮也。禮記仲尼燕居言而履之禮也。

義證

穀履祿也

穀者、小雅天保俾爾戩穀、正月蔌蔌方有穀、傳箋竝云穀、祿也。凡詩之穀訓爲生爲養者、皆與祿義相近。履者、詩周南樛木福履綏之、傳云履、祿也。

履禮也

履者、禮也。履所以辨上下定民志、故曰禮也。齊風東方之日履我卽兮、商頌長發率履不越、毛傳竝云履、禮也。衛風氓體無咎言、釋文引韓詩體作履、禮記坊記亦作履無咎言、注云履、禮也。率履不越、韓詩及漢書蕭望之傳皆作率禮不越。履禮同義、故互相假也。

說詩

穀履祿也履禮也 祿履俱詳釋詁。小雅以穀我士女、箋穀養也。序卦受之以履。履者、禮也。說文禮、履也、所以事神致福也。

啓蒙

穀、祿也。 穀祿同字並見。穀有祿音、猶角有祿音。

履、禮也。 履禮聲通同訓。易履霜堅冰至、鄭讀履爲禮。詩率履不越、韓詩外傳作率禮不越、漢書蕭望之傳同。

黃侃音訓

穀、履、祿也。履、禮也。

釋詁「祿、福也、」廣雅「祿、善也、」周禮天府注云：「祿之言穀也、」孝經注云：「倉廩爲祿、」爾雅祿字、兼福善與祿養二義。穀、上文云：「生也、」孟子云：「穀祿不平、」趙岐注：「穀、所以爲祿也、」祿與生養義通。釋詁云：「穀、善也、」此與祿之訓善同意。履、釋詁與祿同訓福；詩「福履綏之、」傳云「履、祿也。」履又訓禮者、郭注云：「禮可以履行。」徐鉉曰：「五禮莫重於祭、故从示、豊者、其器也、」禮履韻疊、故說文云：「禮、履也、」即與爾雅爲互訓。又見釋詁「言、行也」解。

爾雅學

福履將之 單疏本雪牕本同。按此當如釋詁注引詩福履綏之。毛傳履、祿也。本此經。樛木詩一章福履綏之、二章福履將之。

穀履祿也○釋曰 注疏本刪。

履禮也○釋曰 注疏本刪。

注禮可以履行見易者 注疏本刪注字。

校勘記

爾雅詁林 二 釋言

釋言 福履將之 案此當如釋詁注引詩福履綏之。案古人引書不拘首見、此與猷肯可也引猷來無棄正同。彼校亦謂棄當作止、皆非也。

校勘記識語

隱占也

隱占也。隱、度。

郭注

隱占也 釋曰、占者、視兆以知吉凶也。必先隱度、故曰隱占也。

邢疏

隱占也

郭璞云、隱度。

一切注音

度大各反。

陸音義

隱占也

爲其隱也、故占之。春秋傳曰、不疑何卜。

新義

隱占也郭謂隱、度。

鄭樵注

隱占也

郭璞曰、隱、度。

鄭樵曰、郭謂隱、度。

古注合存

隱占也。此釋隱爲占之義也。註曰、隱、度也。疏曰、占者、視兆隱度以知吉凶也。

注疏參義

隱占也 註 隱度 正義 顏師古漢書註云、占謂自隱度其實定其辭也。盤庚云、尚皆隱哉。

正義

隱占也 郭注隱度 玉案禮少儀曰、隱情以虞。虞、猶度也。史記平準書引郭注、占自隱度也。

校議

隱占也隱度 占者、漢書陳遵傳云、口占書吏。集注、占、隱度也。口隱其辭以授吏也。占音之贍反。敘傳云大臣名家皆占數于長安、集注、占、度也。自隱度家之口數而著名籍也。然則占者億度之詞、與占候之義亦近。釋文無音、蓋讀如字。玉篇、占之鹽切、候也。候伺亦隱度之言。是占亦不必音之贍反矣。隱者、文選郭有道碑文注引劉熙孟子注曰、隱度也。管子禁藏篇注亦同。少儀云隱情以虞、鄭注隱、意也。思也。按意與億同、億、謂以意度之。故禮運云非意之也、鄭注意、心所無慮也。無慮亦隱度之義。然則意亦隱也。隱意聲轉字通、故左氏昭十年經云季孫意如、公羊作季孫隱如。

義疏

隱占也郭注 隱度。

㥯、从心𤔌。𤔌工爲穩、因爲藏隱、又爲自占之詞。今分隱穩爲二字。穩占猶用隱也。書尚皆隱哉、謂新遷自占田宅。占、从口卜、因爲佔踞。

集解

隱占也

隱、蔽也、从阜㥯聲。正字爲㥯、實爲意。意、志也。从心察言而知意也。从心从音會意。引申爲度也。占也。意、㥯、隱一聲之轉。禮記少儀隱情以虞、注隱、意也、思也。書盤庚尚皆隱哉、孫疏隱、占也。占、視兆問也。从卜从口會意。引申爲隱度之偁。文選曹子建求自試表占其王羈致北闕、應休璉百一詩所以占此土、注均引爾雅隱、占也。

義證

隱占也

註 隱度 補正 邢疏、古者視兆以知吉凶也、必先隱度、故曰隱占也。

郭注補正

隱占也

占自隱度也

史記平準書索隱引郭璞云占自隱度也。今本刪占自也三字、據補。唐殘本玉篇卜部占下引爾雅隱占也、郭璞曰隱度之也、文選求自試表注引爾雅曰占隱也、郭璞曰隱度之。

郭注佚存補訂

隱占也

隱、度也。見廣雅。度與占同義。隱與意相假借。隱之言意也。小雅正月曾是不意。意當訓爲意度。謂曾是不自度量乎。左氏傳季孫意如、公羊作隱如。隱意一聲之轉。

說詩

隱占也

廣雅隱度也。隱與偃古字通。莊子偃鼠飲河。偃鼠一名隱鼠。漢書古今人表徐隱王、師古曰即偃王也。柏年案、今人謂比物之長短高下廣狹曰偃、即所謂占也度也。

補釋

隱占也　文選注卅七引占隱也。

匡名

隱占也　郭註隱度。顏師古云占、謂自隱度、其實定其辭也。盤庚尚皆隱哉。

啓蒙

隱、占也。

邕案。隱當讀爲𩟺。占當讀爲䬯。䬯者𩟺䬯也。揚雄方言黨曉篇云。凡陳楚之郊、南楚之外相謁而餐或曰䬯。秦晉之際、河陰之間曰𩟺䬯。說文食部䬯下云。相謁食麥也。𩟺下云。秦人謂相謁而食麥曰𩟺䬯。蓋累言之曰𩟺䬯。單言則但曰𩟺。故爾雅曰。隱、占也。占釋隱。猶以䬯釋𩟺。乃相謁而食之謂。徐錯說文通釋云。人相謁相見後。設麥飯以爲常禮。如今人之相見飲茶也。是其義也。𩟺䬯兩字雖見說文。疑非古字。古蓋但借隱占爲之。隱占並借字。以義求之。則不可通矣。

校書

隱、占也。

漢書陳遵傳云：「遵召善書吏於前、治私書、馮几口占書吏、」集注「占、隱度也、口隱其辭以授吏也、」又敍傳云：「大臣名家、皆占數於長安、」集注「占、度也、自隱度家之口數而著名籍也；」然則占者計度之詞也。隱者、亦計度之義。左氏昭十年經云：「季孫意如、」公羊作隱如、意者、意度也、與隱同義、故隱、意、聲轉通用。文選郭有道碑文注引劉熙孟子注曰：「隱、度也、」少儀云：「隱情以虞、」鄭注「隱、意也、」故隱與占義同。

爾雅學

隱占也〇釋曰注疏本刪。

校勘記

十三上(二七)

一行隱占也(注)隱度〇原本《玉篇》卜部「占」下引此注作「隱度之也」，當據補。《文選》曹植《求自試表》注引作「隱度之」，亦有「之」字。《史記．平準書》《索隱》引郭璞云：「占，自隱度也」，即此注。「隱度」上又有「自」字。

宋監本校箋

史記索隱引郭注占自隱度也之瞻翻、則占字當讀去聲。釋文無音。

音略

逆迎也

逆迎也

郭注

逆迎也　釋曰謂迎迓、周書顧命云逆子釗于南門之外。

邢疏

逆迎也

逆未來而迎之。

新義

逆迎也此釋逆爲迎之義也、疏曰書顧命云、逆子釗于南門之外。

注疏參義

逆迎也　正義　春秋隱二年、紀裂繻來逆女。方言云、自關而東曰逆、自關而西曰迎。

正義

逆迎也　釋詁云：逆、迎也。迎者、說文云：逢也。迎、逆、御俱音轉字通、已詳釋詁。又與輅同。左氏僖十五年傳輅秦伯、宣二年傳狂狡輅鄭人、輅俱訓迎。輅御又疊韵字矣。逆者、迕之迎也。逆本違迕之名、而有逢迎之義、故以逆爲迎。考工記匠人云：逆牆六分。鄭注：逆、猶卻也。齊策云：故專兵一志以逆秦。高誘注：逆、拒也。拒與迎義相反者、逆對順言、故有拒意、逆以迎言、故有逢遇之意。詁訓有相反而相同者、此類是也。

義疏

逆迎也　逆、迎、逆。上云迎通用。並从干屰、不順也。因爲順詞。周官復逆。

集解

逆迎也　逆、迎、逆也。从辵屰聲。關東曰逆、關西曰迎。書禹貢同爲逆河。鄭注言相迎受。周禮宰夫萬民之逆、注：迎受王命者。小祝逆時雨、注：逆、迎也。小宰以逆邦國都鄙官府之法、注：逆、迎受之。周語行理以節逆之、注：逆、迎也。迎、逢也。从辵卬聲。詩大明親迎于渭、上經釋詁逆、迎也。

義證

逆迎也

釋詁云：逆、迎也。此又廣其義也。鄭風之丰、齊風之著、皆言失親迎之禮、親迎即所謂逆女也。荀子富國篇注云：逆、親迎也。又周頌般正義云：禹貢同爲逆河、入于海、下尾合爲逆河、言相迎受也。故王莽逆河作迎河。

說詩

爾雅詁林　二　釋言

逆迎也　說文：逆、迎也。註、今假以爲順屰之屰。逆行而屰廢矣。訓逢也。春秋隱二年、紀裂繻來逆女。

啓蒙

逆、迎也。

迎義已見釋詁。逆、考工記鄭注訓卻、齊策高注訓拒；今訓迎者、郝云：「逆對順言、故有拒意；逆以迎言、故有逢迎之意；訓詁有相反而相同者、此類是也。」

爾雅學

逆迎也○釋曰　注疏本刪

校勘記

憯曾也

憯、曾也。發語辭、見詩。

郭注

憯曾也　釋曰：憯猶言曾也。曾則也。皆發語辭。郭云見詩者、小雅節南山云：憯莫懲嗟。衛風河廣云：曾不崇朝之類是也。

邢疏

憯曾也

郭璞云、發語辭、見詩。

一切注音

憯七感反。

陸音義

憯曾也

凡言所更爲曾、於今之舒言昔之憯曾也。

新義

憯曾也　節南山云、憯莫懲嗟。

鄭樵注

憯曾也

郭璞曰、發語辭見詩。

鄭樵曰、節南山云憯莫懲嗟。

古注合存

憯曾也。憯音慘。○此釋憯爲曾之義也。疏曰，猶言曾也。詩節南山云，憯莫懲嗟，河廣云，曾不崇朝。

【注疏參義】

詩正義云，慘曾爾雅本或作憯曾，音義同。

【補注】

憯曾也【註】發語辭見詩【正義】憯，說文作朁，曾也。今作憯，但之憯，假借字也。說文又云，曾，語之舒也。【註】見詩。○【正義】大雅雲漢云，憯不知其故。蕩云，曾莫惠我師。

【正義】

憯曾也　說文朁，曾也。詩曰，朁不畏明。今詩作憯。又民勞疏云，慘曾，釋言文。詩釋文云，慘本亦作憯。憯與朁慘音義並同。

【校議】

憯曾也發語辭見詩　曾者，說文云，詞之舒也。蓋曾之言增。增者，重累。故其詞舒。曾猶嘗也。凡言嘗如是者，亦言曾如是。左氏昭十二年傳注，昆吾嘗居許地。釋文，曾，一本作嘗。是嘗曾通。曾又訓乃，趙岐孟子注，何曾猶何乃也。憯者，朁之叚音也。說文，朁，曾也。引詩朁不畏明。通作憯。詩民勞節南山十月之交傳箋並云，憯，曾也。又通作慘。民勞釋文，慘，本亦作憯。左氏昭廿年傳作慘不畏明。釋文，慘，曾也。慘憯聲同，憯曾聲轉。

【義疏】

憯曾也郭注發語辭見詩。　朁見潛。詩憯不畏明，左傳引作慘。曾从八从囪从曰，重窗故爲層累，加曰爲詞之更進。說文專爲詞舒，作字，非。

【集解】

憯曾也　憯，痛也。从心，朁聲。正字爲朁。朁，曾也。發語詞也。朁憯通用字。詩節南山憯莫懲嗟，十月之交胡憯莫懲，民勞憯不畏明。箋均訓曾。左昭二十傳引詩慘不畏明，釋文，慘，曾也。以慘爲之。曾，詞之舒也。从八从曰，四聲，與乃畧同。孟子趙注，何曾猶何乃也。

【義證】

憯曾也（憯七感反）

註發語辭見詩【補正】邢疏，小雅憯莫懲嗟，衞風曾不崇朝。

【郭注補正】

憯曾也　憯，說文作朁，云曾也，引詩朁不畏明。小雅節南山憯莫懲嗟，十月之交胡憯莫懲，彼釋文云，憯本或作慘。大雅民勞憯不畏明，彼釋文憯作慘，云本亦作憯。昭二十年左氏傳亦引作慘不畏明。毛傳並云，憯，曾也。雲漢憯不知其故，鄭箋云，曾不知爲政所失而致此害。憯亦訓曾，彼釋文云，憯，曾也。憯與慘同音字。

【說詩】

憯曾也　詩（小雅節南山）憯莫懲嗟，傳，憯，曾也。釋文云本或作憯。又（十月之交）胡憯莫懲，箋，憯，曾。釋文云亦作慘。又（大雅民勞）慘不畏明，傳，慘，曾也。正義曰，憯，曾，釋言文。爾雅本或作憯，曾音義同。左傳（昭廿年）慘不畏明，杜預注，慘，曾也。正義曰，釋言文也。元照案，說文（口部）噆，嗛也。又（心部）憯，痛也。慘，毒也。皆非此義，當作朁。說文（曰部）朁，曾也。从曰兓聲。詩曰，朁不畏明。後人從而增加偏旁爲噆、爲憯。又因憯之音義與慘相同，遂又譌作慘。

【匡名】

憯曾也　說文，朁，曾也。引詩朁不畏明。今本作憯不畏明，傳，憯，曾也。曾，詞之舒也。从八从曰，四聲。註、曾之言乃也。孟子，爾何曾比予於管仲，趙注，何曾，猶何乃也。後世用爲曾經之義。

【啓蒙】

憯曾也

錦燧謹案此釋詩節南山篇憯莫懲嗟、民勞篇憯不畏明、十月之交篇胡憯莫懲、雲漢篇憯不知其故也、節南山民勞篇毛傳、十月之交篇鄭箋、雲漢篇陸釋文並云憯、曾也。殆即本諸爾雅、故俱與雅訓合。惟說文心部云憯、痛也。是本義不訓曾。憯訓曾者、乃朁之假借字也。說文曰部云朁、曾也、引詩朁不畏明。今詩作憯、即可證憯之當讀爲朁矣。

陸錦燧日記

憯、曾也。

曾有二音二義、一音增、乃也、則也；一音層、曾經之曾也。說文八部云：「曾、詞之舒也；」淮南務修篇高注云：「曾、則也；」論語爲政篇釋文云：「曾、音增。」是故詩云：「曾是不意、」「曾是在位、」「曾是莫聽、」曾是者、乃是也。論語「曾是以爲孝乎」者、乃是以爲孝乎也；「曾謂泰山、不如林放乎」者、乃謂泰山不如林放乎也；「吾以子爲異之問、曾由與求之問」者、乃由與求之問也。曾爲乃、故「何曾」者、亦何乃也；公孫丑篇曰：「爾何曾比予於管仲」者、謂爾何乃比予於管仲也；趙注云：「何曾、何乃也、」是其義。此音增之曾之義也。昭十二年左傳注「昆吾曾居許地、」釋文云：「曾、一本作嘗、」此音層之曾之義也。王引之云：「玉篇『曾、子登切、則也；』又『才登切、經也。』廣韻同。是訓爲則者、乃曾是曾謂之曾　音子登切；訓爲經者、乃曾經之曾、音才登切。說文曾、當讀如增、而徐鉉音昨稜切、則誤讀如層矣。」王以徐音爲誤、說文段注亦云：「昨稜切、昨、當爲作。」然則曾之音、古多誤讀、不可不知辨別也。

憯音慘、此朁之假借字。說文曰部云：「朁、曾也；」詩民勞節南山十月之交傳箋竝同、此音增之曾。爾雅訓憯爲曾、郭注云：「發語詞；」故王引之云：「曾、朁、皆詞也、其字竝从曰、或言曾、或言朁、語之轉耳。」朁、或作慘、又或作噆、見詩及詩釋文、皆音假。

爾雅學

憯曾也○釋曰注疏本刪。

校勘記

憯音
傪曾也

音圖・音

傪
憯城
曾也。

孫侶直音

憯
憯曾也

直音校正

憯慘曾也

楊氏音訓

憯慘

干氏音釋

增益也

增益也。今江東通言增。

郭注

增益也　釋曰、謂饒益也。郭云今江東通言增。

邢疏

增益也

郭璞云今江東通言增。

一切注音

增益也

增嘗如此矣、又如此也。益嘗如彼矣、又如此也。詩曰、益之以霢霂。

新義

增益也

郭璞曰今江東通言增。

古注合存

增益也。此釋增爲益之義也。註曰、今江東通言增。

注疏參義

增益也註今江東通言增正義說文云、益、饒也。小雅天保云、以莫不增。說苑云、以一累壤增太山、不益其高。

正義

增益也今江東通言增

益者、說文云饒也、玉篇云加也、易繫辭云益德之裕也、是益以增多增長爲義也。增者、說文云益也、廣雅云加也重也累也爾雅釋訓云、增增、衆也。是皆增多增長之義。通作曾。說文會部云會、从曾省。曾、益也。詩曾孫篤之、箋曾、猶重也。離騷云曾欷歔余鬱邑兮、王逸注曾、累也。又通作層。招魂篇云層臺累榭、王逸注層、重也。魏大饗碑云蔭九增之華、蓋增卽層也。又通作譄。說文云譄、加也。又通作橧。禮運云夏則居橧巢、釋文橧本又作增。又作曾。今按、玉篇橧、才陵子登二切、卽曾增之音、橧巢與營窟對文、橧亦重累之義、然則橧依義當作增、與曾段借作橧耳。

義疏

增益也郭注今江東通言增。此曾之本義。禮曾祖曾孫皆是也。詩、以莫不增。益、从水皿。易有益卦。

集解

增益也

增、土之益也、从土曾聲。孟子告子、增益其所不能。說苑、以一累壤增大山不能益其高。詩天保以莫不增、言益多也。維天之命曾孫篤之、箋曾、猶重也。禮記禮運夏則居橧巢、釋文橧、又本作增、重也。楚辭招魂層臺累榭、注層、重也。說文譄加也、卽益也。以增曾層譄爲之。益、饒也、从水皿、皿益之意也。引申爲加也大也。易有益卦、繫詞益德之裕也。

義證

增益也

說文云增、益也。小雅天保以莫不增、鄭箋云增、多也。多卽益也。周頌維天之命曾孫篤之、箋云曾、猶重也。重亦益也。增曾二字古多通用。孟子曾益其所不能、彼釋文引張音云曾與增同。荀子注亦云曾作增。大雅皇矣憎其式廓、朱子云憎、當作增。增益常語也。

說詩

增益也說文增、益也。小雅、以莫不增。益、饒也、从水皿。皿益之意也。

啓蒙

增、益也。

說文皿部云：「益、饒也、从水皿、水皿、益之意也、」此會意也。增、說文土部云：「益也、」此即釋言文。又會部會篆下云：「會、从亼曾省、曾、益也、」此假曾爲增之字、如曾祖曾孫之曾、皆增之假借也。

爾雅學

增益也○釋曰　注疏本刪

校勘記

窶貧也

窶、貧也。謂貧陋。

郭注

窶貧也　釋曰、窶者、無禮也。貧者、無財也。由其無財以爲禮。郭云謂貧陋。邶風北門云、終窶且貧。

邢疏

窶貧也

郭璞云、謂貧陋。

一切注音

窶、貧也　求矩反。毛詩傳云、窶者、無禮。

陸音義

窶貧也

郭璞曰、謂貧陋。

古注合存

窶貧也、窶音巨。○此釋窶爲貧之義也。註曰窶謂貧陋也。疏曰、窶無禮也。貧、無財也。由無財爲禮、故云陋也。詩北門云、終窶且貧。

注疏參義

窶貧也謂貧陋

貧者、說文云財分少也。莊子讓王篇云無財謂之貧、是貧从財省會意。說文从貝从分。貝卽財、分卽少矣。寠者、說文云無禮居也。詩北門傳、寠者無禮也、貧者、困於財。一切經音義一引蒼頡篇云無財曰貧、無財備禮曰寠。又引字書云寠空也。類聚卅五引字林云寠貧空也。按寠从婁聲、婁訓空、故以空言聲兼意也。釋名云寠數猶局縮、皆小意也。小與貧近、故荀子堯問篇有寠小之言。小與空又與無禮居近也。詩云終寠且貧、是貧寠爲二。寠謂無財可以爲禮、貧幷無以自給、故言且以見意、實則貧寠是一、故書六極四曰貧、不言寠、從可知也。

義疏

寠貧也 郭注謂貧陋。寠从婁加宀、今皆加穴。詩終寠且貧、分寠貧爲二。貧从貝分、謂財少。寠从宀、謂屋中空。語屢空。又屢中。寠有虛實二義也。

集解

寠貧也 寠字本作寠。無禮居也。引申爲貧、謂貧居而無禮也。从宀婁聲。婁空也。詩北門終寠且貧、釋文、寠、貧也。禮記曲禮主人辭以寠、注寠貧也。貧、財分少也、从貝从分、分亦聲、古文作穷。

義證

寠貧也

寠謂貭陋也　慧琳四分尼羯磨一卷音義引郭注爾雅寠謂貭陋也。大唐西域記一卷音義引郭注爾雅云謂貭陋也。元應達磨多羅禪經上卷音義引爾雅寠貧也、郭璞曰貭陋也。樹柟案、詩毛傳謂寠者無禮、故郭注云貭陋、今本作謂貧陋、貧葢貭形相近之誤。今據補正。

郭注佚存補訂

寠貧也 寠者、說文云無禮居也。邶風北門終寠且貧、毛傳云、寠者、無禮也、貧者、困於財。一切經音義引倉頡篇云無財曰貧、無財備禮曰寠。

說詩

寠貧也 寠、一切經音義十二引作寠。案說文宀部寠、無禮居也、从宀婁聲。穴部無寠字。

匡名

寠　㝻　窶說文作寠。

黄侃評本正名

寠、貧也。　詩北門終寠且貧連言故此以貧釋寠。

黄侃音訓

寠、貧也。

說文貝部云：「貧、財分少也、从貝分、分亦聲。穷、古文从宀分。」是貧者、財不備之謂也。寠者、詩北門傳「無禮也。」說文云：「無禮居也。」倉頡篇云：「無財曰貧、無財備禮曰寠。」是貧、寠、有別、爾雅寠訓貧、渾言也。

爾雅學

寠貧也○釋曰注疏本删

校勘記

二行寠貧也注謂貧陋○玄應《音義》卷十二引郭注作「貭陋也」。慧琳《音義》卷六十四、卷八十二引並作「謂貭陋也」。王樹柟云：「案《詩毛傳》謂寠者無禮，故郭注云貭陋。今本作謂貧陋，貧蓋貭形相近之譌。」

宋監本校箋

寠音縷貧也

音圖・音

寠音縷　案寠求矩翻、衢上聲。今音縷、誤。

直音正誤

寠矩貧也。

孫侶直音

寠（音上屢）貧也。

直音校正

寠（巨）貧也

楊氏音訓

寠其矩切。

干氏音釋

薆隱也僾唈也

薆隱也。謂隱蔽。僾唈也。嗚唈短氣。皆見詩。

薆隱也 釋曰、愛郭即隱蔽也。

郭注

僾唈也 釋曰、孫炎曰心唈也。郭云嗚唈短氣皆見詩。大雅桑柔云亦孔之僾是也。

邢疏

僾唈也 心唈也詩正義十八之二 邢疏

孫音注

僾唈也 玉篇唈烏合切、㥏也、引爾雅。

衆家注

黃輯古義

僾唈也 心唈也。邢疏 詩大雅桑柔正義

孫音注

玉函山房輯佚

僾唈也 心唈也。孫注 詩疏十八之二

鉤沉

僾唈也 孫曰心唈也。詩正義十八之二 邢疏

漢注

薆隱也 郭璞云謂隱蔽

僾唈也 孫炎云僾、心唈也。詩正義十八之二卷。 郭璞云嗚唈短氣。皆見詩。

一切注音

僾唈也 孫炎曰、心唈也。詩桑柔正義。

蕙、心案、孫注心唈之唈當作悒。唈、悒之或體。

古注斠

薆僾皆音愛、烏槩反。唈烏合也。

陸音義

唈。邪 本作唈、說文止有邑字、與唈通用。此邑疑寫者作此變體、詩桑柔仍作唈。

音義攷證

薆隱也 薇生于有所愛記曰、莫知其子之惡。

僾唈也 況也永嘆非天性之愛。

新義

薆隱也 薆音愛、薆、郭即隱蔽也。 僾唈也 桑柔云、亦孔之僾。唈、嗚唈。

也

鄭樵注

薆隱也 郭璞曰、謂隱蔽。 鄭樵曰、薆音愛、薆障即隱蔽也。

爾雅詁林 二 釋言

僾唈也
孫炎曰、心唈也。
郭璞曰、嗚唈短氣。皆見詩。
鄭樵曰、桑柔云、亦孔之僾。唈、嗚唈也。

古注合存

薆隱也。薆音愛。○此釋薆爲隱之義也。疏曰、薆障卽隱蔽也。

僾唈也。僾音愛。○此釋僾爲唈之義也。註曰、嗚唈短氣。疏曰、詩桑柔云、亦孔之僾。

注疏參義

寠貧也 **註** 謂貧陋 薆隱也 **註** 謂隱蔽 僾唈也 **註** 嗚唈短氣皆見詩 **正義** 寠者、說文云、無禮居也。貧、財分少也。衆經音義引倉頡篇云、無財曰貧、無財備禮曰寠。曲禮云、主人辭以寠。薆者、方言云、掩翳薆也。離騷云、衆薆然而蔽之。漢書律歷志、昧薆于未。僾者、荀子禮論、僤詭唈僾不能無時至焉。楊倞註、唈僾、氣不舒憤鬱之貌。詩疏引孫炎云、僾、心唈也。**註** 嗚唈至見詩。○ **正義** 漢書成帝紀云、可爲於邑。顏師古註、於邑、短氣貌。嗚唈、當作於邑。皆見詩者、邶風北門云、終寠且貧。郭氏方言註引詩云、薆而不見。通作愛。大雅烝民云、愛莫助之、毛傳、愛、隱也。桑柔云、亦孔之僾。僾又與薆通。說文引詩作僾而不見。

正義

薆隱也　詩靜女曰愛而不見、韓詩曰愛隱也。方言注引此詩作薆。

校議

薆隱也 謂隱蔽 僾唈也 嗚唈短氣皆見詩

隱者、釋詁云、微也、玉篇云、不見也、匿也、皆藏伏翳蔽之義也。薆者、說文作⿱竹愛、云蔽不見也。玉篇云、隱也、蔽也、亦作薆。華嚴經音義上引珠叢云、薆、蔽也。離騷云、衆薆然而蔽之。方言注、薆、謂蔽薆也。引詩薆而不見。蓋薆而卽薆然、薆然又卽隱然矣。通作僾。廣韵云、僾、隱也。說文云、仿佛也。引詩僾而不見。又通作㤅。今詩作㤅而不見。說者因以㤅爲可㤅、非也。㤅卽僾之省。故廣雅云、㤅、僾也。詩㤅莫助之、傳㤅、隱也。是其證。○唈者、悒之或體也。說文、悒、不安也。文選長門賦云、舒息悒而增欷兮。李善注、悒、於悒也。一切經音義四引蒼頡篇云、悒悒、不舒之貌也。通作邑。漢書成帝紀贊云、言之可爲於邑。集注、於邑、短氣貌。文選與滿公玉書云、良增邑邑。李善注、邑邑、不樂也。又通作唈。玉篇云、唈、烏合切、嚘也。引爾雅。淮南覽冥篇云、孟嘗君爲之增欷歍唈、高誘注、歍唈、失聲也。按歍唈卽於悒、或作嗚唈、亦作嗚咽、竝字音小異耳。於嗚聲同、於悒、又卽悒悒、聲相變也。僾者、詩亦孔之僾、傳僾、唈。正義引孫炎曰、心唈也。荀子禮論篇云、愅詭唈僾而不能無時至焉、楊倞注、唈僾、氣不舒憤鬱之貌。然則唈僾卽僾唈也。爾雅古本當作僾悒、故孫炎云心悒、从邑旁心也。詩正義據爾雅今本作僾唈、故引孫炎云心唈、从邑旁口矣。荀子今本亦作唈僾、宋本則作悒僾可證。

義疏

薆隱也 郭注謂隱蔽。詩愛而不見、說文引作僾、玉篇引作薆。愛、从旡反欠。气逆因爲貪慕、又爲隱蔽。加心加夂加人加艸竹各隨所用。古文作㤅、今爲慨歎字。

僾唈也 悒咽 孫注心唈也。郭注嗚唈短气、皆見詩。此旡字正義也。詩、亦孔之僾、唈、从邑、但取音耳。當作咽喉嚘吞聲之詞。今通用於邑、歍唈、嗚咽也。

集解

薆隱也 薆、字本作⿱竹愛、蔽不見也、从竹愛聲。引申爲隱、竹善蔽隱物也。⿱竹愛薆古今字。離騷衆薆然而蔽之、言隱然而蔽之也。詩靜女愛而不見、烝民愛莫助之、傳愛隱也。以愛爲之。

僾唈也 僾、仿佛也。从人愛聲。正字爲旣。旣、小食也。从皀旡聲。旡、謂飲食氣屰不得息、故旣又釋爲唈。旣僾通用字。詩桑柔亦孔之僾、傳僾、唈。唈字本作噎、飯窒也。从口壹聲。荀子禮論愅詭唈僾、注、氣不舒憤鬱之皃。淮南覽冥爲之增欷歍唈、注、失聲也。

義證

薆隱也

註 謂隱蔽 **補正** 邢疏、薆障卽隱蔽也。

僾唈也

註嗚唈短氣見詩補正邢疏、孫炎曰心唈也。大雅亦孔之僾。

薆隱也。按、詩烝民愛莫助之。毛詩以愛爲隱、應卽此。

郭注補正

錢氏古義

薆隱也僾邑也

薆、說文作箋、云蔽不見也。僾、仿佛也。引詩作僾而不見。方言掩翳薆也、郭注引詩作薆而不見。案邶風靜女作愛而不見。毛傳云愛、蔽也。蔽卽隱也。愛爲僾薆之古文省。列子黃帝篇不偎不愛、彼釋文作不偎不僾。太玄萅萅之離、注云、萅萅猶薆、薆古蓋通用。大雅烝民愛莫助之、傳云愛、隱也。正義云愛隱、釋言文。桑柔亦孔之僾、傳云僾、唈也。案凡從愛之字、皆有隱蔽不見之義、䨠靉曖䁩皆從愛字得音。邑者、唈之變體。

說詩

薆隱也 案、大雅烝民疏、薆引作愛。

僾唈也 唈、釋文作邑。

註嗚唈短氣 嗚、監本誤鳴。

注疏正字

薆 惠徵君曰、烝民詩曰愛莫助之、傳曰愛、隱也。言隱微之際已所制人莫能助也。詩靜女曰愛而不見、韓詩曰愛、隱也。釋言曰愛隱也、毛韓義本此、郭氏不識字改爲薆。藩謂薆當从竹。

小箋

薆隱也 說文艸部無薆字、當作箋。說文竹部箋、蔽不見也。从竹愛聲。又通僾。說文人部僾、仿佛也。从人愛聲。詩曰僾而不見。兩字音義皆同。又省作愛。詩大雅烝民愛莫助之、傳愛、隱也。正義曰釋言文。

僾邑也 此僾字當作愛、說文夊部愛、行皃。从夊㤅聲。案、詩曰如彼遡風、亦孔之僾、言唈風而行向前也。歡愛字本作㤅、經典相承以愛代之、而愛之本義亾矣。 邑、譌體。石經作唈。說文口部無唈字、邑部唈、京兆藍田鄉、从邑口聲。音義皆與此異、此當从口邑聲也。徐養原曰、集韻唈、或省作邑。按當以邑爲正。漢書成帝紀贊言之可爲於邑、師古曰於邑短气皃。與郭注同。俗書加口、不覺與邑部唈字相犯。凡俗字有因增損偏旁而不覺相犯者、此及上莯字之類是也。

匡名

寠貧也薆隱也僾唈也 說文寠、無禮居也。徐云、階阼升降所以行禮、貧無禮、故先見於屋室。倉頡篇、無財備禮曰寠。邶風終寠且貧。貧、財分少也。郭註貧陋。疏、由其無財以爲禮、故謂貧陋。 史記相如傳、觀衆樹之蓊薆。通作愛。大雅愛莫助之、毛傳愛、隱也。 懮、仿佛也、引詩僾而不見。今作愛。大雅亦孔之僾、傳僾、唈也。淮南子、盂嘗爲之增欷歍唈。

啓蒙

箋 說文。箋。蔽不見也。段氏注云。字當从竹。竹善蔽。九歌曰。余處幽篁兮終不見天。是也。大雅。愛莫助之。毛曰。愛隱也。叚借字也。邶風。愛而不見。郭注方言作箋。而薆卽箋之譌。亦當从竹。

悒 說文。悒。不安也。段氏注云。大戴禮曰。君子終身守此悒悒。盧注。憂念也。倉頡篇曰。悒悒。不暢之皃也。其字古通作邑。俗作唈。爾雅云。僾。唈也。謂憂而不得息也。

黃侃評本正名

薆、隱也。薆又通作曖、張衡南都賦晻曖蓊蔚、思玄賦繽連翩兮紛暗曖。鄒漢勛說、說文無薆、而僾訓仿佛、即隱義也、鄒意此薆乃後人隨意以俗字羼改、案薆已見離騷、方言、非必俗字。僾唈也。僾正作旡、飲食气屰不得息曰旡、从反欠、古文作㒫、即㤅所从之聲、經典皆作僾、無作旡者矣。

黃侃音訓

薆隱也僾唈也

郭注薆、隱也、謂隱蔽。僾、唈也、謂嗚唈短氣。元慶按、邵正義及郝延引離騷衆薆然而蔽之。方言掩翳薆也、郇子楊注唈僾、气不舒憤鬱之皃爲證、釋薆僾二字極詳。竊謂薆僾二字本通、訓釋僾爲唈、乃僾之轉訓、薆之省文或作愛。詩蒸民章愛莫助之、毛傳訓愛爲隱是也。薆之異文即作僾、廣疋愛、僾也。廣韻僾、隱也。詩愛而不見、說文引作僾而不見是也。薆之本字則从竹不从艸、當作⿱竹愛。許君說文竹部⿱竹愛、蔽不見也是也。惟⿱竹愛與僾字可通用、故說文云僾、仿佛也。髣髴與隱蔽義近。此言僾唈也、乃專就詩大雅亦孔之僾爲說。詩桑柔章如彼遡風、亦孔之僾、毛傳遡、鄉。僾、唈。鄭箋使人唈然、如鄉疾風不能息也。其訓與尒疋合。段懋堂謂僾爲旡之叚借字。旡气逆不得息也。既以僾爲气逆不得息、故訓僾爲唈、此唈字乃譌字、其本字實當作邑。史記商君傳及尸子皆有邑邑之文、文選應璩與滿公謹避書良增邑邑、李注邑邑、不樂也。漢成帝紀贊言之可爲于邑、顏注于邑、短气貌。即此僾唈也之唈、其本字作邑、通作悒。若以他字代之、則當作噎、或作嗌、此數字皆與气逆不樂之義近。奚以知⿱竹愛之从竹不从艸也、曰尒疋本經後人竄易、从草从竹之字或因傳寫而誤、釋詁菿大也、據說文菿當从艸、塙無可疑、而邢延本竟从竹、即其證也。奚以知⿱竹愛之訓蔽、其字必从竹也、曰說文竹部籓箅二字皆訓蔽、籓、大箕也、一曰蔽也。箅、蔽也。皆就从竹取義。竹、許君云象形下垂者箁箬也。段氏注曰、竹善蔽、引九歌曰余處幽篁兮終不見天。則⿱竹愛惟从竹、故訓爲蔽、又可證矣。奚以知僾唈也之唈其本字當作邑也、曰說文口部無唈字、羼唈於邑部、注曰京兆藍田鄉、是唈爲地名、其他無徵矣。尒疋舊本唈或作⿱吅巴、嚴氏所輯尒疋匡名唈字正作⿱吅巴。竊謂⿱吅巴乃譌體、石經作唈、竊疑⿱吅巴乃邑之壞字、口字中缺誤爲二口、从二口、又不成字、乃加口於旁而爲唈。證漢書于邑之邑、文選邑邑之邑、其字固作邑不作唈也。邑之本義爲郡邑、似不得專作气逆解、曰此邑字其悒之省文乎。倉頡篇悒悒、不暢之皃也、可以證僾之義矣。邑爲悒之省文。又奚以知其通作噎通作嗌也、曰詩黍離章中心如噎、毛傳憂不能息也。說文噎、飯窒也。則噎字獨非气逆不得息之謂乎。郝義延謂于邑即於悒、或作嗚咽。按咽嗌爲雙聲字、嗌伊昔切、與悒聲近、轉於悒爲嗚嗌、又豈無據乎。然則薆隱也之薆、其字實作⿱竹愛、省之爲愛、通作爲僾。作薆者乃俗體也。僾唈也之唈、其字實作悒、省之則爲邑、叚他字則爲噎嗌。至从口从邑之唈、究不得援以釋僾字也。

蔣元慶日記

薆隱也

錦燧謹案、薆乃⿱竹愛之譌、艸竹形近易溷、笑譌作芺、鼓譌作箌、俱其例也。說文無蔆字、竹部籓云蔽不見也、與隱義相蒙。又說文人部云僾、仿彿也。與籓義相通、詩以愛爲之。大雅愛莫助之、毛傳云愛、隱也是也。爾雅爲釋詩而作、疑三家詩有同爾雅作籓莫助之者。愛之本義訓爲行皃、經典中又假愛爲惠㤅義用、而籓僾㤅諸字俱廢矣、而愛之本義亦晦矣。

陸錦燧日記

僾唈也。段玉裁說文注云、此謂僾爲㤅之假借字。㤅飲食屰氣不得息也。楷案、說文僾、仿佛也、引詩曰僾而不見。是僾之訓唈非本字、詩桑柔亦孔之僾傳用此。小徐引詩僾作㤅、云㤅唈也、氣咽也。依徐說是以僾爲㤅之假借字、然說文㤅訓惠、引申之無唈義、段說得之。

稗疏

蔆、隱也。

釋詁「隱、微也；」玉篇云：「不見也、匿也。」蔆者、籓之隸體。說文竹部云：「籓、蔽不見也；」从竹者、段注「竹善蔽、」是也。大雅「愛莫助之、」傳云：「愛、隱也、」此正用雅訓、唯愛爲籓之假借字耳。說文人部云：「僾、仿佛也、从人、㤅聲、詩曰：僾而不見。」仿佛與蔽不見之義相近、故蔆僾通用。許所引詩、是邶風文、毛詩作愛。郭注方言引作「蔆而不見、」釋之曰：「蔆而、即蔆然、」此二字通用之證。

僾、唈也。

漢書成帝紀贊云：「言之可爲於邑、」集注「於邑、短氣貌。」文選與滿公主書云：「良增邑邑、」李善注「邑邑、不樂也。」唈即邑、故爾雅郭注云：「嗚唈、短氣」也。荀子禮論篇云：「恈詭唈僾而不能無時至焉、」楊倞注「唈僾、氣不舒憤鬱之貌、」郝謂「唈僾、即僾唈也。」大雅桑柔云：「如彼遡風、亦孔之僾、」傳云：「僾、唈也、」箋云：「使人唈然如鄉疾風、不能息也、」此皆本之雅訓。

僾、非唈也、何以訓唈、說文旡部段注云：「旡爲正字、僾爲假借字；以僾从㤅聲、㤅从旡聲、可得其同音假借之理。或問：『釋言毛詩傳唈字、當作何字、』曰：此即旡字也。『僾、旡也、』此即『壺、瓠也』之例、謂壺即瓠之假借也。」案說文旡篆云：「㱃食屰气不得息曰旡、」段讀於未切、其義與爾雅及詩傳箋之僾、唈別、而唈之聲轉、又輾轉之音旡　故皆旡爲僾之正字也。其說與前微異、因並存之。

爾雅學

蔆隱也唐石經單疏本雪牕本同。釋文、蔆僾皆音愛。按、亦作愛。詩烝民愛莫助之、毛傳愛、隱也。本此經而字作愛、可證。

蔆隱也〇釋曰　注疏本删。

僾唈也〇釋曰　注疏本删。

校勘記

僾唈也。釋文、唈烏合反。今本音義同。按廣韻合、當作荅。

又釋文本唈从卬下巴、恐非六書之義。

注疏本正誤

蔆音愛隱也　僾音愛唈也

音圖·音

蔆僾皆音愛、烏慨翻。大雅愛莫助之、傳引蔆隱也、蔆與愛通。方言又作薆、引詩薆而不見、廣韻从竹作籓、亦孔之僾傳引僾唈也。

音略

愛

愛　媕邑

蔆隱也、僾唈也。

孫侶直音

蔆愛隱也、僾愛 讀廣入聲唈也

直音校正

薆（愛）隱也（謂隱蔽）僾（愛）唈（烏合切）也（嗚唈短氣）

楊氏音訓

薆愛　僾烏代切　唈烏答切

干氏音釋

基經也基設也

基經也。基業所以自經營。基設也。亦爲造設。

郭注

基經也基設也　釋曰基、墻下止也。又詁爲始作事謀始必經綸也。郭云基業所以自經營。基又爲造設。

邢疏

基經也　郭璞云基業所以自經營。

基設也　郭璞云亦爲造設。

一切注音

基經也基設也

經而始之設而堂構之。

新義

基經也經營其始。基設也設、陳也。

鄭樵注

基經也　郭璞曰、基業所以自經營。鄭樵曰、經營其始。

基設也　郭璞曰、亦爲造設。鄭樵曰、設陳也。

古注合存

基經也基設也此釋基爲經又爲設之義也。註曰、基業以自經營亦爲造設。疏曰、基墻下土也。又詁爲始作事謀始必經綸也。

注疏參義

基經也註基業所以自經營基設也註亦爲造設

正義　釋詁已云基始也謀也、此又廣其義也。康誥云、周公初基、言始經營也。賈誼書禮容篇云基者、經也。釋名云基、據也、在下物所依據也。基又爲造設、大雅公劉云、止基迺理。晉語云、猶無基而厚墉也。

正義

基經也自經營　基業所以基設也造設　亦爲

經者、理也歷也。考工記輈人注、經亦謂順理也。詩靈臺傳、經度之也。楚語注、經謂經度之、立其基址也。是皆以理爲義也。釋名云經、徑也。小爾雅云經、過也。文選魏都賦注、直行爲經、是皆以歷爲義也。爾雅之經主前義亦包後義也。鬼谷子抵巇篇云、經起秋豪之末、注云經始也。始即基之訓也。基者、釋詁云始也謀也、俱與經理義近。故賈子禮容篇云基者經也。書周公初基、基謂經度之也。正義引鄭注基訓爲謀、謀亦經度之義。詩經始靈臺、經始即初基也。周語云自后稷之始基靖民、始基亦即初基。韋昭注基訓爲始、非也。通作期。士喪禮注、古文基作期。士虞禮記注、古文朞皆作基。按朞說文作稘、云復其時也。然則朞者周而復始、經歷一月謂之朞月、經歷一年謂之朞年、基之訓經亦其義矣。基經雙聲。○設者、說文云施陳也。陳列施設俱與經理義近。禮容篇云基者、勢也。形勢與造設義亦近。

義疏

基經也郭注基業所以自經營。基、上云始。經、从巠。巠、古文作巠。从上巛在一下水脈也。織、從絲象之、故爲經。經始、因爲經常。書、周公初基。詩、經之營之。基惎其設也郭注亦爲造設。設、从言殳、使人施陳之詞。凡經言其皆設詞也。易、其亾其亾。書、我其試哉。詩、其鳴喈喈。又書未就予惎、說文引來就惎惎。

集解

基經也基牆始也，从土其聲。正字為紀。詩終南有紀有堂，傳紀基也。以基為紀也。紀別絲也。引申為經，謂別絲而織之也。紀基通用字。書洛誥周公初基，基當訓經，謂經度之。賈子禮容，基者經也。或者基之正字為經與。經基雙聲。經織也，从糸巠聲。引申為常也理也。詩靈臺經之營之。**基設也**基之正字為諆。諆謀也。謂設謀也。經典通作其。書堯典我其試哉，言設事以試舜也。詩摽有梅其實七兮，周禮梅為籩實，其實謂設實也。設，施陳也，从言从殳會意。殳使人也。與般署同。

義證

基經也基設也

基有二義，一謂經理之基，一謂經始之基。釋詁云基謀也。周頌昊天有成命夙夜基命宥密。禮記孔子閒居基作其，注云其謀也。謀與經義近，所謂經理也。釋詁云基始也。鬼谷子抵巇篇經起秋毫之末，注云經始也。小雅南山有臺邦家之基，傳云基本也。本即始也。大雅靈臺經始靈臺，楚語注云經謂經度之，立其基址也，所謂經始也。設亦經理之義也。

說詩

基經也基設也郭註基業所以自經營。康誥周公初基。說文經織也。大雅止基迺理。晉語猶無基而厚墉也。郭註亦為造設。設施陳也。

啓蒙

基經也。基設也。經設義近而小別，而基訓兼之，故別出一條。與爽差爽忒同。

黃侃音訓

基經也 說文基築牆之始也。訓經之基乃叚字，其本字當作紀。說文紀絲別也，經織也。絲別與織一義相承，故古人經紀多連言。禮月令毋失經紀是也。詩秦風終南有紀有堂，傳紀基也。小爾雅廣言同。國語晉語蔽兆之紀，注紀經也。用雅義。基从其聲，紀从巳聲，古音通。

王仁俊日記

基經也 郭注基業所以自經營

案注近鑿。詩終南有紀有堂，傳紀基也。言紀為基之借字也。疑此文之基乃紀之借字。國語晉語蔽兆之紀，注云紀經也。

董瑞椿日記

基、經也。基、設也。

左氏昭二十五年傳「以經二物、」注云：「各治其物、」是經者治也、理也、邵引大雅公劉云：「止基迺理、」基亦理也；謂不理營造而理耕作也、故基有經義。賈誼書禮容篇云：「基者、經也、」此用雅義也。邵引康誥「周公初基」以釋經、此基字亦始初之義、不可作經營解、詳見釋詁「基、始也」節。

基又為設者、郭注云：「亦為造設、」此謂創造也。古訓始之字、多兼造作之義、作、為也、而詩駉傳則云：「作、始也、」此始字有創作之義也。釋詁云：「基、始也；」此云：「基、設也；」其例正同、大誥云：「予有後、弗棄基、」基、兼作室菑田言、謂弗棄父考所創設也。

爾雅學

基經也基設也○釋曰基牆下止也注疏本刪上八字，止作土。按說文基牆始也。玉篇址基也。廣韻基址也。然則此止當為址，合止字土字始得之。

校勘記

祺祥也祺吉也

祺祥也。謂徵祥。祺吉也。祥吉之先見。

郭注

祺祥也祺吉也 釋曰、舍人曰、祺、福之祥、謂徵祥也。祥即吉之先見者也、故又爲吉。大雅行葦云、壽考惟祺。

邢疏

祺祥也
祺、福之祥。詩正義十九之一 祺祥之祥、謂徵祥也。
邢疏

犍爲注

祺祥也
詩云、維周之祺。曰 詩正義十九之一引某氏

禎祥也
詩維周之禎、傳禎、祥也。正義引釋言文。

衆家注

黃輯古義

祺祥也
祺、福之祥。邢疏 詩周頌維清正義

犍爲注

祺祥也
詩云、維周之祺。詩周頌維清正義引某氏 引詩作禎、宋本疏作祺。

樊注

玉函山房輯佚

祺禎祥也
禎、福之祥也。舍人注 詩云、維周之禎、某注 詩疏十九之一

鈎沉

祺祥也
舍人曰、祺、福之祥。詩正義十九之一 邢疏

某氏曰、詩云維周之祺。詩正義十九之一 舊譌禎今從宋本

漢注

祺祥也 祺當作禎、詩維清傳禎、祥也。正義云釋言文。
舍人云禎、福之祥也。 某氏云、詩云維周之禎。並詩正義十九之一卷
郭璞云、謂徵祥。
祺吉也
郭璞云、祥、吉之先見。

一切注音

祺祥也舍人曰祺、福之祥也 某氏注引詩云維周之祺。詩清廟正義

古注斠

祺 音其、下同。先見 賢遍反。

陸音義

祺祥也祺吉也
詩所謂成其福祿主此焉。祺或作祺。宜作禥字

新義

祺祥也祺吉也 祥吉之先兆

鄭樵注

祺祥也
舍人曰、祺、福之祥。邢疏本作祺祥之祥似誤、今依周頌維清篇疏所引錄之。
郭璞曰、謂徵祥。
祺吉也
郭璞曰、祥、吉之先見。
鄭樵曰、祥、吉之先兆。

古注合存

祺、祥也。祺、吉也。此釋祺爲祥而又爲吉之義也。註曰、祥、謂禎祥、吉之先見者也。疏曰、詩行葦云、壽考維祺。

注疏參義

詩維周之禎、毛傳云禎、祥也。正義云釋言文。舍人曰、祺、福之祥。某氏曰、詩云維周之禎。定本集注祺字作禎。按今本

爾雅仍作祺。

補注

祺祥也[註]謂徵祥祺吉也[註]祥吉之先見[正義]釋詁云、祥、善也。釋名云、吉、實也、有善實也。祺祥也、當作禎祥也。周頌維清毛傳云禎、祥也。疏以爲釋言文、引舍人曰禎、福之祥、某氏曰詩云維周之禎、定本集註祺字作禎。按說文云禎、祥也。祺、吉也。所据爾雅與毛傳同。士冠禮云、壽考維祺。

正義

祺祥也　周頌維清毛傳曰禎、祥也。疏以爲釋言文、引舍人曰禎福之祥也。某氏曰詩曰、維周之禎。據此祺當作禎。

校議

祺祥也謂徵祥祺吉也謂吉之先見祥者、釋詁云善也。說文云福也。賈子大政篇云祥者、福之榮也。按榮謂先見其徵應、若草木之有華榮也。士虞禮記注祥吉也。漢書五行志云祥猶禎也、禎吉亦福善之義也。祺者、士冠禮云壽考維祺、鄭注祺祥也。詩維周之禎、傳禎祥也。正義引釋言文、是禎本作祺、釋文亦作祺、云祥也。爾雅同。故正義又引舍人曰祺、福之祥、某氏曰詩維周之祺。臧氏據本改定本集注祺字作禎、釋文亦引徐云本又作禎、與崔本同。然則今詩作禎、盖據徐邈及崔靈恩集注所改、釋文正義俱作祺、今正義亦作禎則誤矣。臧氏琳經義雜記十一云唐石經作禎、故今本多作禎。說文禎、祥也、崔盖本此、今注疏本作禎則非。○吉者、說文云善也。釋名云實也、有善實也。文選東京賦注吉、福也。周禮大祝云吉祝、鄭衆注祈福祥也。然則吉包福善二義、與祥同訓、故逸周書武順篇云禮義順祥曰吉。是吉卽祥矣。祺旣訓祥、又言吉者、盖祥之一字本兼吉凶二義、書序云、亳有祥桑穀、此以妖怪爲祥也。周語云、襲于休祥、此以福善爲祥也、故申釋之。

義疏

祺祥也舍人注、祺、福之祥。舊注、詩云維周之祺。郭注、謂徵祥。因釋祺而類及之也。崔靈恩詩本祺作禎、因或改此作禎祥、非也。其爲設詞、祥亦先見、故曰祺祥。祺吉也郭注、謂吉之先見。吉从士口、求福之詞也。凡祭曰吉、禮卜曰求、吉亦豫祝之詞。禮、壽考維祺。周官、一曰吉祝。

集解

祺祥也祺、吉也、謂吉祥也、从示其聲。籀文作禥。詩維清維周之祺、傳祺、祥也。儀禮士冠壽考維祺。荀子非十二子儼然壯然祺然、注均云祺、祥也。祥、福也、一曰善也、从示羊聲。祺吉也祺、福之吉也。詩行葦壽考維祺、傳祺、吉也。吉、善也、从士从口會意。周禮大祝云吉祝。

義證

祺吉也

[註]祥吉之先見[補正]邢疏、舍人曰祺祥之祥、謂徵祥也。祥卽吉之先見者也、故又爲吉。

郭注補正

祺吉也

謂吉之先見

各本皆作祥吉之先見、邢疏亦云祥卽吉之先見者也。今從雪牕本。

郭注佚存補訂

祺祥也祺吉也

周頌維清維周之禎、毛傳云禎、祥也。彼釋文作祺、云祺、音其。爾雅同。徐云本又作禎、與崔本同。正義云禎、祥、釋言文。舍人曰祺、福之祥。某氏曰詩云維周之祺、定本集注祺字作禎。案毛傳釋詩皆本爾雅、今作禎祥者、毛所見詩及爾雅必作禎、不作祺。

今大雅行葦壽考維祺、傳云祺、吉也。不引祺祥之訓、據此尤可證毛所據爾雅作禎祥也。祺吉也、與鄭所見本不同、祥吉一也、皆常語也。

說詩

祺祥節疏祺福之祥 福誤祥。 謂徵祥也 上當脫郭云二字。

注疏正字

祺祥也 正義云當作禎祥也。周頌維清傳禎、祥也。云云元照案、周頌維周之祺、釋文曰之祺、音其、祥也、爾雅同。徐云本又作禎、音貞、與崔本同。毛傳祺、今本誤禎祥也、正義曰祺今本誤禎祥、釋言文。舍人曰祺、福之祥。某氏曰詩云維周之祺、今本誤禎据山井鼎攷文校正定本集注祺字作禎。蓋詩作禎者、崔靈恩集注如此而定本從之、陸不遵用。自毛詩石經寫作禎相承不改、遂改竄孔疏以致舛誤難讀、邵氏欲据以改爾雅、殆攷之猶未審也。

祺吉也 說文同。

匡名

祺祥也祺吉也 說文、祺、吉也。引詩維周之祺、今本作禎。大雅壽考維祺。祥、福也。祺祥當作禎祥、中庸必有禎祥、疏本有今異曰禎、本無今有曰祥。舜典、惠廸吉。吉、善也。

啓蒙

祺祥也。 詩維清維周之禎、傳禎祥也、正義引釋言文、是祺一本作禎、說文亦作禎祥也。儀禮疏祺、祥也、荀子成相注祺、祥也、不引爾雅、疑賈楊所見爾雅皆作禎祥也。

黃侃音訓

祺、祥也。祺、吉也。

郭注云：「祥、謂徵祥。」左傳昭十八年疏云：「祥者、善惡之徵；」徐鍇亦云：「祥、詳也、天欲降以禍福、先以吉凶之兆、詳審告悟之也。」祺者、士冠禮云：「壽考維祺、」鄭注「祺、祥也。」說文又云：「禎、祥也、」與祺同義、經典因有改祺爲禎者、實誤。祺既訓祥、又訓吉者、郝云：「祥之一字、本兼吉凶二義、故中釋之、」是祺之爲吉、別乎凶徵之稱也。逸周書武順篇云：「禮義順祥曰吉；」文選東京賦注云：「吉、福也；」說文云：「吉、善也；」然則吉之爲福、賢者之福也。

爾雅學

祥吉之先見 注疏本同、雪牕本作謂吉之先見。

祺祥也祺吉也○釋曰 注疏本刪。

祺福之祥 元本同閩本監本毛本福誤祥。

校勘記

其

祺祥也。

孫侶直音

兆域也肇敏也

兆、域也。謂塋界。肇、敏也。書曰、肇牽車牛。

郭注

兆域也 釋曰、謂塋墓界域也。孝經曰、卜其宅兆。廣雅云兆、葬地也。士喪禮云筮宅家人營之。鄭注云宅葬居也。然則筮得吉兆、經營之以爲界域也。 肇敏也 釋曰、謂敏疾也。注書曰肇牽車牛者、周書酒誥文也。

邢疏

兆域也 郭璞云、謂塋界。

肇敏也 郭璞云、書曰、肇牽車牛。

一切注音

兆 廣雅云葬地也。本又作兆、音同。 塋 音營。

陸音義

兆域也

有域乃可兆焉。

肇敏也　肇敏敏自前肇之振古、古自後振焉。

新義

兆域也　塋域。**肇敏也**　酒誥云肇牽車牛。

鄭樵注

兆域也　郭璞曰、謂塋界。鄭樵曰塋域。**肇敏也**　郭璞曰、書曰肇牽車牛。鄭樵曰、酒誥云肇牽車牛。

古注合存

兆域也　此釋兆爲域之義也。疏曰、謂塋墓界域也。士喪禮云、筮宅冢人營之。鄭注云、宅謂葬居也。蓋筮得吉兆、營爲冢之界域也。

肇敏也　此釋肇爲敏之義也。疏曰、謂敏疾也。書酒誥云肇牽車牛。

注疏參義

兆域也　註　謂塋界。正義　春官小宗伯云兆五帝於四郊、鄭註兆爲壇之營域。左氏文十八年傳云則姦兆也、杜註兆、域也。尚書大傳云兆十有二州、鄭註兆、域也。大雅生民云以歸肇祀、孔疏肇宜爲兆。說文兆作垗、域作或、或又从土。註謂塋界。正義　士喪禮云兆南北面、鄭註兆、域也、所營之處。廣雅云宅兆營域葬地也。又樂記云綴兆舒疾、鄭註云兆、其營域也。是舞者位外之界亦稱爲兆也。

肇敏也　註　書曰肇牽車牛　正義　釋詁云肇、始也謀也。肇又訓爲敏、廣雅云敏、亟也。註　書曰至車牛　正義　酒誥文。

正義

兆域也　謂塋界　**肇敏也**　書曰肇牽車牛

正義

域者、說文作或、云邦也、或又从土。玉篇云域、居也、封也。詩蘞蔓于域、傳域、營域也。周禮典祀注域、兆表之塋域。廣雅云塋域、葬地也。按塋營通、域本邦之界限、不獨葬地有域、故漢書禮樂志云躋之仁壽之域、集

注域界也。是凡界稱域矣。兆者、垗之叚借也。說文云垗、畔也、爲四時界祭其中、引周禮曰垗五帝於四郊。通作兆。今小宗伯垗作兆、鄭注、兆爲壇之營域。樂記云行其綴兆、士喪禮云兆南北面、鄭注竝云兆、域也。又通作肇、書肇十有二州、大傳作兆十有二州、鄭注兆、域也、爲營域以祭十二州之分星也。詩以歸肇祀、鄭箋肇、郊之神位也。后稷肇祀、表記作后稷兆祀、鄭注兆四郊之祭處也。詩肇域彼四海、肇當作兆、兆域正天下之經界。敏者、說文云疾也。肇者、釋詁云謀也、謀敏古音相近。中庸人道敏政、鄭注敏、或爲謀。是謀敏通。詩肇敏戎公、釋文引韓詩云肇、長也。長有敏意。肇之言猶趙也、穆天子傳云天子北征趙行、郭注趙、猶超騰也。超騰與敏疾義近。詩其鎛斯趙、傳趙、刺也。按肇、擊也。擊刺與敏疾義又近。

義疏

兆域也　郭注謂塋界。兆本龜坼、因爲畺界。域从或、或加土。或即國也。後以四境內爲國。戈守一口爲或、因又以或爲有、而分或域爲二矣。書兆十有二州、東晉本作肇。詩肇域、鄭云當作兆。**肇敏也**　郭注書曰肇牽車牛。此釋詩肇敏戎功。即兆敏也。肇謀敏審常訓耳。兆敏者、開拓疆土之詞。

集解

兆域也　兆、今文作𠧞、灼龜坼也、从卜兆象形。引申爲域、謂龜文之有域耳。說文則以垗爲之。禮記樂記行其綴兆、儀禮士喪兆南北面、注均云兆、域。周禮小宗伯卜葬兆、注墓塋域也。文選魯靈光殿賦遂因魯僖公基兆而營焉、注兆、域也。尚書大傳兆十有二州、今虞書作肇、鄭注兆、域也。以肇爲之。域字本作或、邦也、从口从戈以守一、會意。一、地也。或又从土作域。引申爲有也界也。詩葛生蘞蔓于域。**肇敏也**　謂謀擊人也、詩所謂肇敏戎公是也。敏、謀聲近、敏亦謀也。書酒誥肇牽車牛、遠服賈、孫疏肇、敏也。禮記中庸人道敏政、鄭注敏或爲謀。

義證

爾雅詁林　二　釋言

兆域也

〔注〕謂塋界〔補正〕邢疏、孝經曰、卜其宅兆。廣雅云、兆、葬地也。士喪禮云、筮宅冢人營之、鄭註云、宅、葬居也。然則筮得吉兆、經營之以爲界域也。

郭注補正

兆域也肈敏也

兆與肈通。大雅生民以歸肈祀、正義云、肈宜爲兆。后稷肈祀、禮記表記作后稷兆祀。商頌玄鳥肈域彼四海、箋云、肈、當作兆。王畿千里之內、其民居安乃後兆域正天下之經界。亦以兆爲域、不僅塋域謂之兆也。　肈敏者、大雅江漢肈敏戎公、傳云、肈謀、敏疾也。竊以爲肈敏複語一義、如顚倒思子、顚亦倒也、明昭有周、昭亦明也、以及踴躍用兵碩大且卷、如此者不可枚舉。甚有連用三字一義以成文者、如儀式刑文王之典、儀卽式、式卽刑也。詩正義云、地官師氏三德有敏德、是敏爲識解之疾也。與謀義近、中庸人道敏政、鄭注云、敏、或爲謀。　謀敏一聲之轉。

說詩

兆域也注謂塋界（塋、監本誤塋、疏同。）

注疏正字

兆域也　兆、釋文云本又作垗。案、說文土部垗、畔也、爲四時界祭其中、周禮曰垗五帝於四郊、从土兆聲。今周禮作兆。　說文戈部或、邦也、从口从戈以守一、一、地也。或从土作域。

匡名

兆域也　說文作𡊅、畔也、引周禮垗五帝於四郊。今周禮作兆。孝經、卜其宅兆而安措之。引伸之義也。或、邦也、从口戈以守其一、一、地也、又从土。徐鉉曰、今俗作疑或之或。

肈敏也　酒誥肈牽車牛、傳、肈、敏也。說文𢻻、疾也。

啓蒙

兆　垗　釋文、兆、本又作垗。說文垗、畔也。爲四時畍祭其中。周禮曰、垗五帝於四郊。案今周禮作兆。垗正字、兆借字。

黃侃評本正名

兆、域也。謂塋界。　詩肈域連言、故此以域釋兆。箋云肈當作兆、正據此經。　詩斂蔓于域、傳域營域也、是塋與營通、此塋引申爲凡營域、不止墓地也。

肈、敏也。　肈正作劭、勉也、韓詩訓長、則正作卲、高也、卲劭同聲義亦相近。　詩江漢肈敏連言、故此以敏釋肈。

黃侃音訓

釋言、兆、域也。兆與肈同。詩商頌元鳥篇肈域彼四海、箋、肈當作兆。疏言正天下之經界以四海爲兆域是也。郭邢專以塋地言之、義未備。

讀雅筆記

諈諉累也　庪庥廕也　㬠曾也　兆域也

謝嶠本諉音矮。（釋言釋文）　釋文、庥字又作休。廕字亦作蔭。（釋言釋文）　說文作㬠、曾也。（㬠日部）　釋文、兆、本又作垗。（釋言釋文）

證異

肇敏也

釋言肇敏也。郭注、書曰肇牽車牛。頤煊案、詩江漢肇敏戎功、毛傳肇謀、敏疾。鄭箋今謀女之事乃有敏德。

爾雅詁林　二　釋言

是以肇爲敏也。肇、又通作窕。下文窕肆也、大戴禮夏小正、貍子肇肆。肆亦疾也、與敏同義。

讀爾雅錄

肇敏也

樾謹按、釋詁肇始也、肇爲始、故爲敏、始猶先也。敏猶速也、呂氏春秋辯土篇其生也必先、高誘注曰先、猶速也。肇之爲敏、猶先之爲速矣。方言佻、疾也、佻與肇聲亦相近。詩生民篇后稷肇祀、禮記表記引作后稷兆祀、卽其例矣。

平議

兆域也

錦燧謹案、此釋詩烈祖篇肇域彼四海也。詩作肇、爾雅作兆者、肇兆古通、詩生民后稷肇祀、禮記表記引作后稷兆祀、是其明證。此詩鄭箋云肇當作兆、疑齊魯韓三家本有作兆者、故鄭君據之。許書無肇字、肇乃肈之隸變、說文支部云肈、擊也。又卜部云兆、灼龜坼也、古文作兆。然則肇固非本字、而兆亦仍是假字也。今訓域者、乃垗字之假借、周禮小宗伯兆五帝於四郊、說文垗下引作垗。孝經兆其宅、釋文云兆、字書作垗。俱兆垗通用之證。說文土部云垗、畔也、爲四時界祭其中。畔與域義同。又案釋文云兆、本又作垗、是陸所見本卽有作垗者。

陸錦燧日記

兆、域也。

說文戈部云：「或、邦也、从口、戈目守其一、一、地也。域、或或从土。」邑部邦訓國、是「或邦也」者、猶云：或、國也。蓋或國在周時爲古今字、後加口而爲國、又加土而爲域、此所謂孳乳相生之義、段說如此。自邦或之義廢、而域字行、域乃用爲界畔之義。周禮大司徒「以天下土地之圖、周知九州之地域、」莊子秋水篇云：「汎汎乎若四方之無窮、無所畛域、」是也。土地之界畔爲域、於是塋地之界畔亦爲域、春官冢人「掌公墓之地、辨其兆域、」詩「蘞蔓于域、」傳云：「域、塋也」是也。爾雅之域、謂塋域也。兆、說文土部作垗、云「畔也、爲四畔界祭其中、从土、兆聲。」畔者、田界、兆者、分也、即四圍積土以爲界畔也。周禮小宗伯「兆五帝於四郊、」鄭云：「兆爲壇之塋域、」亦其義。古亦假肇爲垗、大雅「以歸肇祀、」商頌「肇域彼四海、」即假肇爲域也。

肈、敏也。

說文「敏、疾也。」爾雅郭注引酒誥云：「肇牽車牛、」肇、亦敏也、故訓敏。釋詁「肇、始也、」又訓敏者、俞樾云：「始、猶先也、呂氏春秋辯土篇『其生也必先、』高注云：『先、猶速也、』是肇始之中、即有敏速之意矣。」

爾雅學

兆域也　唐石經雪牕本同。釋文兆、兆本又作垗。按依說文垗正字也兆假借字也。

兆域也○釋曰　注疏本刪

肇敏也○釋曰　注疏本刪

注書曰肇牽車牛者　注疏本刪注字

校勘記

兆域也　謂塋界

肇敏也

楊氏音訓

挾藏也浹徹也

挾藏也。今江東通言挾。浹徹也。謂霑徹。

郭注

挾藏也　釋曰、謂隱藏物也。郭云、今江東通言挾。史記秦有挾書之律。浹徹也　釋曰、言澤潤浹洽相霑徹也。

邢疏

浹徹也

浹音接。釋文

郭音義

黃輯古義

浹徹也、浹音接。

郭音義

玉函山房輯佚

挾藏也 郭璞云、今江東通言挾。

浹徹也 郭璞云、謂霑徹。

一切注音

浹徹也。郭音接。釋文

古注斠

挾戶牒反。浹子協反、郭音接。徹直列反。霑竹廉反。

陸音義

挾藏也 史記、秦有挾書之律。郭云、今江東通言挾。浹徹也 謂通潤也。

鄭樵注

挾藏也 郭璞曰、今江東通言挾。鄭樵曰、史記秦有挾書之律、郭云今江東通言挾。浹徹也浹郭音接 郭璞曰、謂霑徹。鄭樵曰、謂通潤也。

古注合存

挾藏也。挾音叶。○此釋挾爲藏之義也。註曰、藏、今江東通言挾。疏曰、史記云、秦有挾書之律。浹徹也。浹音接。○此釋浹爲徹之義也。疏曰、言浹洽霑徹也。

注疏參義

挾藏也 **註** 今江東通言挾 浹徹也 **註** 謂霑徹 **正義** 挾、說文作匧、藏也。今作篋。士冠禮云同篋、鄭註隋方曰篋是也。浹者、天官釋文、挾本作浹。楊倞荀子註、挾讀爲浹。大雅大明云使不挾四方、毛傳挾、達也。釋名云達、徹也、言不使通達於四方也。**註** 今江至霑徹。**正義** 方言云挾護也。漢書惠帝紀除挾書律、應劭云挾、藏也。楊倞荀子註浹、周洽也。玉篇云浹、適也洽也。

正義

挾藏也 今江東通言挾 浹徹也 謂霑徹 藏者、懷也、說文作褱、云藏也。學記云藏焉脩焉、鄭注藏謂懷抱之。按藏古書作臧、後人通俗爲藏耳。挾者、說文云俾持也、玉篇云懷也持也、廣韵云藏也護也。漢書惠帝紀云除挾書律、應劭注挾、藏也。通作俠、說文云褱、俠也。褱俠猶褱藏。左氏隱九年經云挾卒、公穀作俠卒、是俠挾通。又與匧同、匧或作篋。說文云匧、藏也。○徹者、說文云通也。小爾雅云達也、爾雅釋訓注徹亦道也。道達義俱爲通也。浹者、古無正文、俗挾與接爲之、接亦通達之義、故小爾雅云接、達也。廣雅云接、徧也。周徧亦霑洽之義。此皆以接爲浹也。以挾爲浹者、詩使不挾四方、毛傳挾、達也。釋文挾子協反。周禮大宰及大司馬竝云挾日而斂之、釋文挾子協反。字又作浹、越語云浹日而令大夫朝之、韋昭注從甲至甲日浹、浹帀也。淮南原道篇云不浹于骨髓、高誘注浹、通也。漢書禮樂志云於是教化浹洽、集注浹徹也。唯荀子書浹俱作挾、儒效篇云盡善挾洽之謂神、挾洽即浹洽也。禮論篇云方皇周挾、周挾即周浹也。故楊倞注竝云挾讀爲浹。與詩及周禮合、爲它書所未見。

義疏

挾篋莢藏也 郭注今江東通言挾。夾、从大挾二人。書、懷爲夾。二伯夾輔故曰分陝、因爲挾持藏弃之稱。記、入學鼓篋。又莢爲筴。臧、从戕臣。被戕而自屈伏、故爲臧匿。善者必臧、因爲臧善。而加艸爲藏隱也。詩、受言藏之。浹徹也 郭注謂霑徹。浹即挾也。周官、浹日而斂之。字又作挾。詩、使不挾四方。今以爲浹洽字。徹、古文从彳攴鬲。葢徹俎字。因爲畢事之稱。又爲通也。从育、則未聞其說。

集解

挾藏也 挾、俾持也、从手夾聲、正字爲夾。夾、持也。引申爲藏、謂持物而藏之也。夾挾通用字。前漢書惠帝紀除挾書律。應劭曰挾、藏也。禮記學記入學鼓篋。謂藏物之器。篋卽匧。說文云藏也。莊子人閒世作鼓筴。左隱九經挾卒。公穀作俠卒。說文褎俠也。褎俠猶褎藏。以匧筴俠爲之。藏字本作莊。草整齊也。从艸壯聲。經典或以爲裝之借字。裝裹也。引申爲載物之偁。禮記學記藏焉修焉。

浹徹也

浹字本作挾。俾持也。正字爲帀。周禮大宰挾日而斂之。音義挾字又作浹。手本作帀。荀子禮論方皇周挾。注挾、帀也。史記作房皇周浹。索隱周浹猶周帀。以帀爲挾也。帀周也。从反㞢而帀也。引申爲徹。挾浹古今字。挾帀通用字。詩大明使不挾四方。傳挾達也。淮南原道不浹于骨髓。注浹、通也。前漢書禮樂志於是教化浹洽。集注浹徹也。徹通也。从彳从攴从育。古文中从鬲。今謂徹从彳从散省會意。散者。檄也。有疏通之誼。古文从鬲省。鬲育聲相近。左昭二傳徹命于執事。

義證

挾藏也

註今江東通言挾【補正】邢疏謂隱藏物也。史記秦有挾書之律。

浹徹也

註謂霑徹【補正】邢疏謂潤澤浹洽相霑徹也。

郭注補正

挾藏也

今江東通言挾 謂懷意也

元應僧祇經十五卷音義引爾雅挾藏也。注云今江東通言也。謂懷意也。今本脫謂懷意也四字。據補。

郭注佚存補訂

挾藏也浹徹也

挾與浹同。集韻云浹、通作挾。周禮太宰釋文云挾字又作浹。大雅

大明使不挾四方。毛傳云挾、達也。達卽徹也。韓詩外傳作使不俠四方。俠之爲言挾也。見漢書季布傳集注。周禮太宰挾日而斂之。司農注云從甲至甲謂之挾日。越語挾日作浹日。斂卽藏也。說文無浹字。皆以挾爲之。

說詩

挾藏也 挾當作匧。說文匚部匧、臧也（今本誤藏）。从匚夾聲。或从竹作篋。藏說文艸部新附字。臣鉉等案漢書通用臧字。从艸後人所加。

浹徹也 錢少詹曰說文無浹字。當作挾。詩使不挾四方。釋文有子燮子協二音。卽此浹也。毛訓挾爲達。漢儒諱徹爲通。通達義同。荀子儒效篇盡善挾洽之謂神。楊倞注挾讀爲浹。

匡名

挾藏也浹音接徹也 挾。說文作匧。藏也。或从竹。前漢惠帝紀除挾書令。又挾達也。大雅使不挾四方。前漢禮樂志教化浹洽。玉篇浹、通也。郭註謂霑徹。左成十六年傳徹七札焉。徹通也。

啓蒙

藏 臧 說文無藏。漢書通作臧。

藏卽葬之後出字。懷藏字皆當作臧

浹 挾 阮氏校勘記。釋文。浹。子協反。郭音接。錢大昕曰說文無浹字。當作挾。詩使不挾四方。毛傳。挾。達也。漢儒諱徹爲通，通達義同。案爾雅當本作挾。徹也與上挾藏也同字異訓。詩釋文。挾子燮反。與郭音接正合。正義曰、挾者周匝之義。周禮所謂浹日。周禮釋文挾日。字又作浹。凡挾作浹者。皆淺人所改。

正當作帀

黃侃評本正名

挾藏也。浹徹也。 浹古字亦作挾，此條乃基經基設之比，而藏與徹義迥異，與經設義近者又不同。臧庸說爾雅本作挾徹也，與上挾藏也同字異訓。然浹字見國語淮南漢書，何獨不可見爾雅，臧說未是。郝漢勛說說文無浹，而周官經挾日即浹日，郝意此浹乃後人隨義以俗字羼改，故異文案郝說亦非。 藏匿字正當作葬，浹之正文當作帀。

黃侃音訓

挾、藏也。

說文艸部藏、是新附字、徐鉉云：「漢書通用臧字、」是後世加艸爲藏也。說文衣部云：「褱、一曰藏也、」學記鄭注云：「藏、謂懷抱之。」

挾、說文手部云：「俾持也；」段云：「俾持、謂藏匿之持。」廣韻「挾、藏也、持也；」漢書惠帝紀應劭注云：「挾、藏也；」是挾藏同義。

浹、徹也。

說文「徹、通也；」小爾雅「徹、達也；」達亦通也。浹者、錢大昕云：「說文無浹字、當作挾；」惟作挾、亦非正字、其音爲子協切。郝謂「唯荀子書浹俱作挾、與詩及周禮合。」段謂「古文禮挾、皆作接、」大雅大明云：「使不挾四方、」傳「挾、達也、」達、即徹也。周禮太宰「挾日而斂之、」干本作帀日；左傳作浹；浹、亦帀、周帀、即通達。故淮南原道篇高注云：「浹、通也、」漢書禮樂志云：「浹、徹也。」荀子儒效篇「盡善挾洽之謂神、」禮論篇云：「方皇周挾、」楊倞注並云：「挾讀爲浹；」是挾洽、即浹洽也、周挾、即周浹也。其以接爲浹者、義亦通、小爾雅云：「接、達也、」廣雅云：「接、徧也；」是接亦通達周洽之義矣。

爾雅學

挾藏也○釋曰 注疏本刪

浹徹也 唐石經雪牕本同。釋文浹子協反，郭音接。詹事錢大昕云，說文無浹字，當作挾。詩使不挾四方，毛傳挾，達也。漢儒諱徹爲通，通達義同。按爾雅當本作挾徹也，與上挾藏也同字異訓。詩釋文挾子燮反，與郭音接正合。正義曰挾者，周匝之義。周禮所謂浹日，周禮釋文挾日字又作浹。凡挾作浹者，皆後人所改。

浹徹也○釋曰 注疏本刪。

校勘記

挾音叶藏也 浹音接徹也

音圖·音

叶 挾藏也。浹徹也

孫偘直音

叶 挾藏也。浹徹 接

直音校正

挾叶藏也浹接徹也

楊氏音訓

替廢也替滅也

朁廢也。朁滅也。亦爲滅絕。

郭注

替廢也替滅也 釋曰替謂廢已也。小雅楚茨云子子孫孫勿替引之是也。替又爲絕滅。

邢疏

替廢也

替去之廢也。一切經音義九

李注

黃輯古義

朁廢也

朁去之廢也。一切經音義卷九

李注

玉函山房輯佚

朁廢也

李曰替去之廢也。一切經音義九

漢注

替廢也替滅也

李巡云替去之廢也。一切經音義九 郭璞云亦爲滅絕。

一切注音

朁廢也李巡曰替去之廢也。一切經音義九

古注斠

爾雅詁林 二 釋言

替廢也替滅也

替廢也、其究爲滅。

新義

替滅也 郭璞曰亦爲滅絕。

替廢也 李巡曰替、去之廢也。

古注合存

普廢也、普滅也 此釋替爲廢爲滅之義也。

注疏參義

普廢也普滅也 註 亦爲滅絕也 正義 說文云、普、廢、一偏下也、或作普、或作替。衆經音義引李巡云普、去之廢也。少牢饋食禮云勿替引之。左氏僖二十四年傳云、王替隗氏。普又訓爲滅者、大雅召旻云、胡不自替。

正義

普廢也普滅也 亦爲滅絕

廢者、釋詁云舍也、舍謂廢置不用、故又訓退也罷也止也、已詳釋詁。普者、說文云廢、一偏下也、通作替。詩勿替引之、胡不自替、離騷云謇朝誶而夕替、毛傳及王逸注竝云替、廢也。晉語云薦可而替否、韋昭注替、去也。去亦廢、故一切經音義九引李巡曰替、去之廢也。釋詁云替、止也。止亦廢。又云替、待也。待亦止之廢也。滅者、釋詁云盡也絕也。晉語注滅、除也。除去與廢止義近。替又訓滅者、魯語云令德替矣、晉語云君之家嗣其替乎、韋昭注竝云替滅也。

義疏

普廢也普滅也 李注、替、汰之廢也。郭注、亦爲滅絕。上云替止、又云替待、皆从自生義、此廢滅則从止爲義。詩胡不自替、廢也、替殄聲轉、故爲絕滅、上云滅盡。

集解

普廢也 普、廢、一偏下也、从竝白聲、俗作替。詩楚茨勿替引之、召旻胡不自替、傳均云替、廢。離騷朝誶而夕替、文選東京賦恐皇統之見替、褚淵碑文永監崇替、注均云替、廢也。廢、屋頓也、从广發聲、引申爲弛也舍也。禮記學記、教之所由廢也。

普滅也 普、上釋爲廢、此又釋爲滅、謂廢止者絕滅耳。魯語令德替矣、晉語君之家嗣其替乎、韋注均云替、滅也。或者正字爲殄與。滅、盡也、从水威聲。上經云滅、絕也。

義證

普廢也普滅也

註 亦爲滅絕 補正 邢疏、小雅勿替引之。

郭注補正

替廢也替滅也

亦爲滅絕

元應阿毗達磨俱舍論十七卷音義引爾雅替滅也、謂滅絕也。

郭注佚存補訂

普廢也普滅也

廢滅一義、說文云普、廢、一偏下也、从竝白聲、或从曰作普、或从兟作朁。經典皆作替。小雅楚茨勿替引之、大雅召旻胡不自替、毛傳竝云替、廢也。又訓滅者、與廢一也。韋昭注魯語云替、滅也。

說詩

朁滅也

邵曰、大雅召旻云胡不自朁。引之謹案、召旻傳曰朁、廢也、箋曰女何不自廢退、使賢者得進。則不得訓朁爲滅也。今案魯語令德朁矣、晉語君之家嗣其朁乎、韋注並曰朁、滅也。桓二年左傳兄其朁乎、亦當訓爲滅。

述聞

普廢也 說文竝部普、廢、一偏下也、从竝白聲、或从曰作普、或从

爾雅詁林 二 釋言

㪉从白作𣅀臣鉉等曰今俗作替非是。

匡名

𣅀廢也𣅀滅也　說文𣅀、廢也、一偏下也、从竝白聲、或从曰、或从兟从曰。鉉曰今俗作替非是。左僖二十四年傳王替隗氏、註替、廢也。大雅胡不自替。郭註亦爲滅絶。

啓蒙

替　𣅀　詳釋詁。

黃侃評本正名

𣅀、廢也。𣅀、滅也。

廢、釋詁云：「舍也。」𣅀者、眾經音義九引李巡云：「去之廢也。」邵引左氏僖二十四年傳云：「王替隗氏、」言廢隗氏也。故大雅召旻傳離騷王逸注、竝云：「替、廢也；」釋詁謂「替、止也、」止亦廢之義。

𣅀又訓滅者、釋詁云：「滅、盡也、絶也。」王引之引魯語「令德替矣、」晉語「君之冢嗣其替乎、」韋注竝云：「替、滅也、」是𣅀有滅義也。

爾雅學

替廢也替滅也○釋曰注疏本刪。小雅楚茨云注疏本云上衍篇。

校勘記

六行替廢也替滅也○宋刻十行本「替」並作「替」。

宋監本校箋

釋詁替訓待、釋言替訓廢、石經竝作替、唐元度九經字樣云𣅀替竝从上說文下隸省。廣韻替、說文本作𣅀。案說文𣅀从竝白聲、或从曰作𣅀、或从兟作𣅀、替乃𣅀之隸省也。石經作替、其來久矣、自徐寶臣以替爲俗、楊升菴又僞造郭逸音義、白首字學、不知普替之分之說、既譌竝爲並、復以爲必當作𣅀、不可作替、何其謬也。唐初已作替俗改作頣、見顏氏匡謬正俗。

音略

剔

𣅀、廢也。𣅀、滅也。

孫侶直音

𣅀同替下　廢也𣅀滅也

楊氏音訓

速徵也徵召也

速徵也、徵召也。易曰、不速之客。

郭注

速徵也徵召也　釋曰、轉相解也、皆謂呼召。注易曰不速之客者、需卦上六爻辭也。

邢疏

速徵也徵召也

郭璞云、易曰、不速之客。

一切注音

速徵也徵召也

君命召、不俟駕行矣。

新義

速徵也徵召也　展轉訓釋以明義。

鄭樵注

速徵也徵召也

郭璞曰易曰不速之客。

鄭樵曰展轉訓釋以明義。

古注合存

速徵也徵召也　此釋速爲徵又爲召之義也。註曰、易需爻云、不速之客。

速徵也徵召也　註　易曰不速之客　正義　鄉飲酒禮云、主人遫賓。又云徵唯所欲。左氏宣九年傳、王使來徵聘。皆言召也。註　易曰至之客。○　正義　需上六爻辭釋文引馬融云速召也。

注疏參義

速徵也徵召也　易曰不速之客

正義

徵者、求也。說文云召也。召求義近。呂覽達鬱篇云桓公樂之而徵燭、漢書五行志云徵褰與襦、高誘注及顏師古集注竝云徵求也。速者疾之徵也。文選思玄賦云速燭龍令執炬兮、舊注速、徵也。徵亦召、故詩何以速我獄、以速諸父、傳竝云徵召也。鄉飲酒及鄉射禮速賓注同。召者、說文云評也。呂覽分職篇云令召客者、酒酣、高誘注召、請也。請猶徵也。經典徵訓召者、周禮司市云成賈而徵儥、縣正云縣之政令徵比、典祀云徵役于司隸、及鄉飲酒鄉射禮云徵唯所欲、鄭注竝云徵、召也。凡左傳徵會徵聘徵師之類、其義亦同。召猶招也、說文招、手呼也。儛譊然則召以口評、招以手評、故楚辭招魂序云以手曰招、以言曰召。詩匏有苦葉傳、招招、號召之貌。號召亦評召也。招又求也致也、竝與召義同。

義疏

速徵也郭注、易曰不速之客。　上云速、疾、徵、虛。禮、速賓。詩以速諸父、謂卽日徵之。禮、徵唯所欲。

徵召也以刀召、从刀口、則與叨同。召人而以刀、必不至矣。文當从人口、加手爲招、加言爲詔。詩、招招舟子。周官、詔王馭羣臣。

集解

速徵也速、疾也、从辵束聲、籀文敕聲。引申爲徵。禮速賓、詩何以速我獄、均是也。易需有不速之客、馬注速、召也。詩伐木以速諸父、箋速、召也。書康誥乃其速由、孫疏速、徵也。文選思玄賦速燭龍令執炬兮、舊注速、徵也。徵、求而召也、从微省从壬會意。史記貨殖傳故物之徵貴。

徵召也承上而釋徵爲召、明速亦得釋爲召也。周禮司市以賈量成價而徵儥、縣正縣之政令徵比、典祀徵役于司隸、儀禮鄉射徵唯所欲、鄭注均云徵、召也。左宣九傳王使來徵聘、周語且夫兄弟之怨不徵於它、丈選陸士衡緩聲歌北徵瑤臺女、注均云徵、召也。召、評也、从口刀聲。以言曰召、以手曰招。論語君命召。

義證

速徵也徵召也

徵召一聲之轉。說文云徵、召也。召、評也。以言曰召、以手曰招。文選思玄賦注云速、徵也。周禮司市縣正、注云徵、召也。皆本爾雅。召南行露何以速我獄、小雅伐木以速諸父、傳箋竝云速、召也。齊風東方未明自公召之、召卽徵也。召通

作招、邶風匏有苦葉招招舟子、傳云號召之貌。

說詩

速徵節疏轉相訓也訓誤解。易曰不速之客者需卦上六文辭也脫之字。需卦誤需文。

注疏正字

速徵也徵召也　徵說文同。

匡名

速徵也徵召也鄉飲酒禮主人速賓、左宣九年傳王使來徵聘、皆言召也。說文召、評也。

啓蒙

速、徵也。徵、召也。　速徵徵召相承義同、此轉相訓而俱通。

黃侃音訓

速、徵也。徵、召也。

徵者、周禮天官宰夫「掌百官府之徵令。」呂覽達鬱篇注、史記貨殖傳注竝云：「徵、求也。」速爲徵者、郭引易曰：「不速之客、」邵引鄉飲酒禮云：「主人速賓、」速者皆徵也。郝云：「速者、疾之徵也。」徵又訓召者、楚辭招魂序云：「以手曰招、以言曰召、」故說文云：「召、評也、」呂覽分職篇：「召、請也。」左氏宣九年傳云：「王使來徵聘、」周語云：「唯官是徵、」皆徵召也。說文又云：「徵、召也、」鄭注周官司市典祀竝同；皆用雅訓。

爾雅學

速徵也徵召也〇釋曰　注疏本刪。

注易曰不速之客者　注疏本刪注之二字。

需卦上六爻辭也　監本毛本同、湘本六作九。案易文正作六、作九誤。

校勘記

注疏校勘札記

琛寶也

爾雅詁林　二　釋言

琛、寶也。詩曰、來獻其琛。

琛寶也 釋曰謂珍寶也。舍人曰美寶曰琛。注詩曰來獻其琛者魯頌泮水文也。邢疏

郭注

琛寶也

美寶曰琛。詩泮水正義又釋文 御覽八百二 邢疏

犍爲注

琛寶也 琛、舒金反。釋文

郭音義

黃輯古義

琛寶也

美寶爲琛。詩魯頌泮水正義 邢疏 太平御覽卷八百二 詩釋文

犍爲注

琛寶也、琛、舒金反。

郭音義

玉函山房輯佚

琛寶也

美寶曰琛。舍人注 御覽八百二

鈎沉

琛寶也

舍人曰、美寶爲琛。詩正義二十之一 毛詩音義下 邢疏 御覽八百二

琛寶也

舍人云、美寶曰琛。釋文七卷 詩正義二十之一卷 太平御覽八百二卷 郭璞云詩曰、來獻其琛。

漢注

琛寶也舍人曰、美寶曰琛。詩泮水正義 舊注琛、質也。文選思玄賦注 郭舒金反。釋文

一切注音

蕙心案、舊注琛、質也、郝氏義疏云質與寶異、琛質之訓與爾雅又乖。攷廣韵賝賮也、琛與賝通。質或賮之譌。

古注斠

琛 勑金反、郭舒金反。

陸音義

琛寶也 琛深藏之寶。

新義

琛寶也 郭琛舒金反 舍人曰、美寶曰琛。郭璞曰、詩曰、來獻其琛。

古注合存

琛寶也、此釋琛爲寶之義也。

注疏參義

琛寶也 註 詩曰來獻其琛 正義 說文云、寶、珍也。詩疏引舍人云、美寶曰琛。註 詩曰至其琛。正義 魯頌泮水文。

正義

琛寶也 木華海賦、天琛水怪。天琛自然之寶。

校議

琛寶也 詩曰來獻其琛。寶者、說文云珍也。珍、寶也。通作保、又作葆。易繫辭云聖人之大寶曰位、釋文寶孟作保。書無墜天之降寶命、史記魯世家作無墜天之降葆命。留侯世家集解徐廣曰史記珍寶字皆作葆。又通作宲、亦作琛。書云陳寶、說文引作陳宲。寶器、穆天子傳作琛器矣。琛者、詩泮水傳寶也。正義及釋文引舍人曰美寶曰琛。莊氏述祖說琛字古無正文、當依說文作珍。余按琛字見詩與金相韵、若作珍則失韵、其說非也。玉篇琛別作賝、廣韵賝、賮也。與玉篇異。文選思玄賦云獻環琨與琛縭兮、舊注琛質也。質與寶異、琛質之訓與爾雅又乖、疑未能定也。

義疏

琛寶也 舍人注、美寶曰琛。郭注、詩曰來獻其琛。琛寶卽掾俘、上皆訓取者也。此專釋詩獻琛、卽歸寶皆取於敵者。寶从缶、說文以爲聲非也、當从匋、古包字。苞玉貝者、取之他人爲寶、己所守爲宲。孚字一字、因爲俘矣。

集解

琛寶也 詩獻琛、左傳歸俘、公穀歸寶、字異而義同。琛字本作探、遠取之也、从手罙聲、與俘字同義。寶、珍也、經典或以爲保及俘之借字。文選吳都賦其琛賂則琨瑤之阜、海賦天琛水怪、顏延年應詔讌曲水詩

航琛越水注、均云琛寶也。或曰琛即珍字。攷詩金琛相韵、若作珍則失韵矣。

義證

琛寶也

舍人注、美寶爲琛。詩魯頌泮水正義、詩釋文、邢疏、太平御覽卷八百二。

注、詩曰、來獻其琛。

音義、琛、舒金反。釋文

釋文、琛、勑金反、郭舒金反。

疏、謂珍寶也。舍人曰美寶曰琛。詩曰來獻其琛者、魯頌泮水文也。

正義、說文云、寶、珍也。詩疏引舍人云美寶曰琛。「注」魯頌泮水文。

義疏、寶者、說文云珍也。珍、寶也。通作保、又作葆。易繫辭云聖人之大寶曰位、釋文寶孟作保。書無墜天之降寶命、史記魯世家作無墜天之降葆命。留侯世家集解徐廣曰史記珍寶字皆作葆。又通作宲、亦作瑶。書云陳寶、說文引作陳宲。寶器穆天子傳作瑶器矣。琛者、詩泮水傳寶也。正義及釋文引舍人曰美寶曰琛。莊氏述祖說琛字古無正文、當依說文作珍。余按琛字見詩與金相韻、若作珍則失韻、其說非也。玉篇琛別作賝、廣韻賝、賮也。與玉篇異。文選思玄賦云獻環琨與琛縭兮、舊注琛質也。質與寶異、琛質之訓與爾雅又乖、疑未能定也。

世榮案、琛當爲琳之或體。說文玉部琳、美玉也。古每以寶玉通稱、正與此經及毛傳舍人義合。林聲㓝聲字本同部、林聲之字如綝郴字讀皆如琛、則琛爲琳之或體無疑。思玄賦舊注質字則寶之譌文耳。錢氏大昭說文統釋引碧落碑創亘徒琛、謂琛深古通用字、又引兄大昕曰爾雅綝善也、綝與琛同。說文有綝無琛、綝當讀爲來獻其琛之琛、琛者玉之善也。是以深綝爲琛字。然深字从水、綝字从糸、皆非琛之本字、自以琳爲正字、深綝則同聲相叚字也。

釋言集解後案

琛寶也 琛舒金反

註詩曰來獻其琛。補正邢疏、舍人曰美寶曰琛。

郭注補正

琛寶也

此釋魯頌泮水來献其琛。毛傳云琛、寶也。疏引舍人曰美寶曰琛。說文無琛、御覽引說文有琛字。

說詩

琛寶也音琛敕金切 釋文云、郭舒金切。

注疏正字

琛

說文新附字、鈕君匪石云疑珍之别體。俗珍或作珎、形似而誤。凡經典中字、許君不應遺、或所見本不同、或經典爲後人所改。

小篆

琛寶也 琛、說文王部新附字。類篇六下貝部引作賝、尤俗。

匡名

琛寶也 說文、寶、寶也。魯頌來獻其琛傳琛、寶也。寶珍也、从宀王貝缶聲。

啓蒙

琛 珍 說文。。寶也。。寳珍也。二字互訓。莊氏述祖云琛字古無正文、當依說文作珍。以綝从林聲例之、琛即琳之異體也。爾雅琛、寶也。探、試也。文相連、疑詩古文即借探字爲之。莊述祖說琛即珍、以參从㐱聲例之、未爲甚謬。郝懿行遽以爲失韻、亦非也。

黃侃評本正名

琛、寶也。 琛即琳字、疑詩古文即假探字爲之、故此與下文探試也相連。郝漢勛說、琛探應同文、唐韻探音他含切、琛音丑林切、古透徹二母音同、而覃韻之字悉從侵韻流轉、則琛探之音亦同也。陳玉澍說、从手之字往往變而从王、說文無珙、玉篇有之、云大璧、左傳老子拱璧字作拱、拱之變爲珙、猶探之變爲琛矣。探从罙聲、罙从求省聲、小徐本。同聲有賝、說文一曰載質也、賝訓質與文選注訓琛爲質者同義、琛訓質猶賝訓質也。或謂質爲贄之譌、恐非。 詩泮水來獻其琛、元龜象齒、大賂南金、故此總以寶釋琛。 莊述祖說、琛字古無正文、當依說文作珍、以參从㐱聲例之、義亦可從。鈕樹玉說、俗珍作珎、形似而誤、案深字草書作㴱、知琛亦有時而誤、莊鈕說信可從也。

黃侃音訓

琛、寶也。

說文宀部云：「寶、珍也；从宀玉貝、缶聲。寚、古文寶省貝。」此會意兼

爾雅詁林 二 釋言

諸聲字。史記珍寶字皆作葆；廣韻謂「古文作琗；」又通保。琗、邢疏引舍人云：「美寶曰琗、」郭注引魯頌泮水云：「來獻其琗、」傳「琗、寶也。」說文無琗字。

爾雅學

琛寶也○釋曰 注疏本删。

注詩曰來獻其琛者 注疏本删注字。

校勘記

琛敕金切 雪牕本敕金反盧刻同。

校勘記訂補

琛寶也。釋文、琛敕金反。今本敕誤作救。

注疏本正誤

琛音珍寶也

音圖・音

琛音珍 案、琛敕金翻、音郴、徹今音珍知誤。直音不誤。

直音正誤

琛、敕金翻、音郴、徹母郭舒金翻、式針翻同。黃公紹韻會音深。審母

棽深

音略

琛寶也

孫侶直音

琛敕金切 寶也

楊氏音訓

探試也

探試也。刺探、嘗試。

郭注

探試也 釋曰、試謂嘗之也。論語云見不善如探湯。郭云刺、探嘗試。

邢疏

探試也 郭璞云刺探、嘗試。

一切注音

探吐南反。 刺七赤反。

陸音義

探試也 郭璞曰刺探、嘗試。

古注合存

探試也。此釋探爲試之義也。註曰刺探嘗試也。疏曰語云見不善如探湯。

注疏參義

探試也 **註** 刺探嘗試 **正義** 釋詁云探、取也。探又爲試也。多方云探天之威、舊疏引論語云、見不善如探湯。

正義

㨝試也 刺㨝嘗試 試者、上文云用也。此訓嘗試。廣雅云試、嘗也。秦策云臣請試之、高誘注試、猶嘗視也。然則易无妄云不可試也、試亦嘗矣。釋文訓試爲驗、驗與嘗近、嘗與用亦近矣。㨝者、釋詁云取也、又訓刺。㨝刺亦采取之義、刺㨝猶伺㨝也。故軍中閒諜用以㨝取敵情謂之㨝子。然則㨝之言占也、試之言伺也、方言云占伺視也。占與覘同、伺與覗同、皆竊視之意。試與弑古通用。石經公羊㒸碑云何隱爾試也、試即弑矣。白虎通云、弑者試也。釋名云弑、伺也、伺閒而後得施也。並與㨝試義近。

義疏

㨝試也 郭注刺㨝嘗試。廣㨝之義也。上云試、用、用必審試、因爲欲取不取之詞。語、見不善如㨝湯。

集解

探試也 此承上而廣探之義。探、遠取之也。引申爲試。謂不敢遽取、而姑嘗試之耳。論語見不善如探湯是也。試、用也。用必審慎、因爲嘗試之詞。易无妄、不可試也。秦策、臣請試之。

義證

探試也

刺探嘗試

慧琳辯正論序音義引爾雅嘗試取其意也。樹柟案、取其意也四字當亦郭注原文。

郭注佚存補訂

探試也

說文云探、遠取之也。與撢同。遠取即探取也。撢下云探也。探從罙得聲。商頌殷武、罙入其阻、謂探入其險阻之地也、所謂嘗試也。廣雅云試、嘗也。

說詩

探試也 說文、探、遠取之也。詳釋詁。又訓爲試、論語、見不善如探湯。

啓蒙

探試也。探試古雙聲。

探、試也。

郭注云：「刺探、嘗試。」嘗試義見前「試、用也」節。郝云：「刺探、猶伺探、故軍中間諜、用以探取軍情、謂之探子。」釋詁謂「探、取也、」伺探則必先伺視之而後取、故探又爲試。

黄侃音訓

爾雅學

探試也○釋曰注疏本删。

校勘記

貪

探試也。

孫偘直音

髦選也髦俊也

髦選也。俊士之選。髦俊也。士中之俊、如毛中之毦。

郭注

髦選也髦俊也　釋曰、廣異言也。毛中之長毫曰髦。士之俊選者借譬爲名焉。故郭云士中之俊如毛中之髦。

邢疏

髦選也

郭璞云俊士之選。

髦俊也

郭璞云、士中之俊如毛中之髦。

一切注音

選也宣戀反。

陸音義

探試也髦選也

試乃可選也、所謂譽髦如此。孔子曰、如有所譽者、其有所試矣。

新義

髦選也郭云、俊士之選。髦俊也郭云、士中之俊如毛中之髦。

鄭樵注

髦選也

郭璞曰、俊士之選。

鄭樵曰、郭云俊士之選。

髦俊也

郭璞曰、士中之俊如毛中之髦。

鄭樵曰、郭云士中之俊如毛中之髦。

古注合存

髦選也髦俊也。此釋髦爲選又爲俊之義也。註曰、俊士之選。如毛中之髦也。疏曰、長毫曰髦。

注疏參義

髦選也【註】俊士之選。髦俊也【註】士中之俊如毛中之髦

【正義】上文云髦士官也。此申釋之也。說文云髦、髮也。俊、才過千人也。白虎通義引禮別名記曰、十人曰選、百人曰俊。王制云、命鄉論秀士、升之司徒、曰選士、司徒論選士之秀者、而升之學、曰俊士、鄭註、可使習禮者。孔疏內則二十而冠、始學禮。此升於大學者曰選俊之人、年以二十、故可習禮。按士冠禮云、髦士攸宜。選士俊士猶言髦士也。

正義

髦選也俊士之選。髦俊也士中之俊如毛中之髦

選者、說文云擇也、玉篇云數也、廣雅云入也。逸周書常訓篇云、夫民羣居而無選。孔晁注、選、行也。漢書武帝紀云、知言之選、應劭注、選、善也。然則選之言善、謂德行道藝可入成均充選數、故王制云、命鄉論秀士、升之司徒、曰選士、白虎通引禮別名記曰、十人曰選、言材過十人也。髦者、上文云髦士、官也。釋文、毛中之長豪曰髦。然則髦之言豪也。在毛謂之豪、在士謂之選、故選士曰髦士、亦曰豪士矣。○俊者、禮別名記曰、百人曰俊。說文云、俊、材過千人也。書、俊乂在官、馬、鄭注竝云、材德過千人爲俊。鶡冠子能天篇云、德萬人者謂之俊、不同者、百千萬雖爲數懸殊、要皆才德出衆之稱、故書克明俊德、鄭注、俊德、賢才兼人者。是其義俱通矣。王制云、司徒論選士之秀者、而升之學、曰俊士。通作儁、左氏莊十一年傳、得儁曰克、釋文、儁、本或作俊。髦又訓俊者、詩甫田、棫樸傳及士冠禮注竝云、髦、俊也。

義疏

髦選也髦俊雋也郭注、俊士

爾雅詁林　二　釋言

之選。士中之雋、如毛中之髦。上云髦士官、嫌三升乃爲髦、故明五士同名也。秀士升司徒曰選士、再升學曰俊士。樂正升之司馬曰進士。司馬官之曰髦士。選从巽、巽从丌弜象樂縣之形。故爲揀擇俊取田畯則退老卿大夫之稱伀雋、取鳥肥、非也。

集解

髦選也

髦俊也　上髦釋官此釋爲選俊明髦可爲五士之通偁。周禮秀士升司徒者曰選士、司徒論選士之秀而升諸學曰俊士、既升學而統於樂正者曰造士、樂正論造士之秀而升諸司馬者曰進士、司馬論進士之賢告王而錫以官乃爲髦士。髦、从髟毛、髮也、即漢書所謂壯髮遝遣也、从辵从巽、經典或以爲東及善之借字。俊、材過千人也、从人夋聲、字亦作儁。均士之美偁故可通釋。經傳髦字釋爲選、多釋爲俊。詩甫田烝我髦士、傳髦俊也。棫樸髦士攸宜、傳髦俊也。士冠禮注同。後漢書順帝質帝贊時髦允集。邊讓傳拔髦秀於蓬萊。文選閒居賦故髦士投紱、辨命論英髦秀達、注均云髦俊也。本雅訓而云然耳。

義證

髦俊也　註士中之俊如毛中之髦補正釋文、毛中之長毫曰髦士之俊傑者借譬爲名。

郭注補正

髦俊也　士中之俊、如毛中之髦。

慧琳大唐内典錄四卷音義引郭注爾雅云士中之俊、如毛中之毫髦也。

郭注佚存補訂

髦選也髦俊也　髦者小雅甫田大雅棫樸傳箋竝云髦、俊也。思齊

譽髦斯士、謂選斯士也。禮記王制云、命鄉論秀士、升之司徒、曰選士。司徒論選士之秀者、而升之學、曰俊士。禮別名記云、十人曰選、百人曰俊。

說詩

髦選也　引之謹案、士之選謂之髦。烝我髦士、髦士攸宜是也。選士亦謂之髦、譽髦斯士是也。譽髦斯士、選斯士也。譽與古字通、與者語詞耳。說見毛詩。

述聞

髦選也髦俊也　大雅、髮士攸宜。郭註俊士之選。說文、䢾、遣也、从辵巺。巺、遣之巺亦聲。一曰擇也。白虎通十人曰選、百人曰俊。俊、才過千人也。王制、命鄉論秀士、升之司徒、曰選士。司徒論選士之秀者、而升之學、曰俊士。

啓蒙

髦、選也。俊士之選。髦、俊也。　選俊義同、故注云俊士之選。

黄侃音訓

髦、選也。髦、俊也。

選俊皆才德兼人之稱。白虎通引禮別名記云：「十人曰選、百人曰俊；」繁露爵國篇云：「千人者曰俊；」說文及書馬鄭竝同；鶡冠子云：「德萬人者謂之俊。」陳立謂「選、俊、皆才德出衆之美稱、亦無定名、故說各不同。」王制云：「命鄉論秀士、升之司徒、曰選士；司徒論選士之秀者、而升之學、曰俊士；」孔疏「此升於大學者、曰選俊之人、」髦爲選者、前引陸氏說：「毛中之長豪曰髦、」爵國篇又以十人爲豪、然則選士者、豪士也、亦即髦士矣。俊爲選士之尤者、故泛言之亦稱髦也。

爾雅學

髦選也髦俊也○釋曰注疏本刪士之俊選者借譬爲名焉故郭云士中之俊如毛中之髦

校勘記

注疏本作士之俊選者是也。刪借譬以下一十七字。

去聲 髦選也。髦俊也。

孫偘直音

毛 髦選也

直音校正

俾職也

俾、職也。使供職。

郭注

俾職也 釋曰、俾詁爲使、言任使供職也。

邢疏

俾職也

俾、方寐反。釋文

沈集注

黃輯古義

俾職也

俾、方寐反。同上。

沈集注

玉函山房輯佚

俾職也

郭璞云、使供職。

一切注音

俾 必爾反、沈方寐反。

陸音義

髦俊也俾職也

俊所聽也。俾使之而已。

新義

俾職也 郭云、使供職。

鄭樵注

俾職也

郭璞曰、使供職。

鄭樵曰、郭云、使供職。

古注合存

俾職也、此釋俾爲職之義也、俾詁爲使言任使供職也、

注疏參義

俾職也 **註** 使供職 **正義** 釋詁云、俾、使也從也。俾又爲職、義相成也。君奭云、罔不率俾。漢書武紀云、莫不率俾、顏師古註、言皆循其貢職而可使也。

正義

俾職也 使供職

職者、釋詁云主也。周禮掌固云民皆有職焉、鄭注職、謂守與任。考工記云、國有六職、百工與居一焉、然則職不必居官也、凡事也業也、主者皆謂之職、大宰以入職任萬民、任卽任使之義也。俾者、釋詁云使也從也。從順使令皆與職義近、以從順爲職、職之卑者也。以使令爲職、職之尊者也。通作比、詩克順克比、樂記引作克順克俾、鄭注俾、當爲比、聲之誤也、擇善從之曰比。按比訓從則與俾同、故古字通、非誤也。荘易比與師對、比卽俾也、師猶尸也。釋詁云尸、職主也。

義疏

俾職也 郭注使供職。上云俾、使。職、主。此釋使亦得爲主也。書、莫不率俾、文王俾服。

集解

俾職也 俾、門侍人也、从人卑聲。上經引申爲使爲從、此又引申爲職、謂使以順從爲職耳。書君奭罔不率俾、孫疏俾、職也。職、記徽也、从耳戠聲。釋詁云職、常也主也。

義證

俾職也

注、使供職。

沈氏旋集注、俾、方寐反。釋文

釋文俾、必爾反、沈方寐反。

疏俾詁爲使、言任使供職也。

鄭注、郭云使供職。

正義、釋詁云俾、使也從也。俾又爲職、義相成也。君奭云、罔不率俾。漢書武紀云莫不率俾、顏師古注、皆循其貢職而可使也。

義疏、職者、釋詁云主也。周禮掌固云民皆有職焉、鄭注職謂守與任。考工記云、國有六職、百工與居一焉、然則職不必居官也、凡事也業也、主者皆謂之職、大宰以九職任萬民、職卽任使之義也。俾者、釋詁云使也從也。從順使令皆與職義近、以

從順爲職、職之卑者也。以使令爲職、職之尊者也。通作比。詩克順克比、樂記引作克順克俾、鄭注俾當爲比聲之誤也、擇善從之曰比。按比訓從則與俾同、故古字通、非誤也。在易比與師對、比卽俾也、師猶尸也。釋詁云尸、職主也。世榮案、職字當從訓主之義。詩綠衣俾無訧兮、漸漸之石俾滂沱矣、此卽釋之俾無訧兮、與秦誓亦職有利哉相似、猶云職無過兮、卽下章云實獲我心也。俾滂沱矣、言月離于畢主雨、傳曰月離陰星則雨是也。毛公於邶風用釋詁使也之訓、於小雅亦未明引此文、致鄭箋曲傳使字、不免牽合、當據雅訓正之。俾之訓職、義頗難曉、說文人部俾、益也、一曰俾門侍人。段氏玉裁於一曰之義注謂未聞、而謂訓使訓職皆由益義引申、朱氏駿聲則謂訓使訓職皆由侍人之義引申、朱說近是、然亦未憭。蒙謂說文當以俾門爲句、俾卽訓職、職門者侍人、與穀梁襄二十九年傳閽門者也寺人也正合、則俾之訓職、許書固有明文矣。守恆案、王先生先謙曰、此說精甚。又曰、俾門侍人、故俾字从人卑、此形聲兼會意字。

釋言集解後案

俾職也

俾、使也。職者、大雅卷阿維君子使、媚于天子、使謂職也。大雅皇矣克順克比、樂記作克順克俾、鄭注俾當爲比聲之悞也。比與俾通。漸漸之石俾滂沲矣、論衡變動作比滂沲矣。比、輔也、輔亦與職義近。又小雅大東職勞不來、職亦當訓爲俾、謂俾之勞而不來也。小雅巧言職爲亂階、職亦俾也、言無拳無勇使之爲亂階也。

說詩

俾職也

郝疏、俾與比通。栢年案、俾又與庀通。周禮春官大胥比樂官、鄭大夫讀比爲庀、訓具。廣韻通作庀。左氏襄十九年傳官庀其司、庀府庫、庀刑器、十年傳庀羣司、杜注並云具也。又二十五年傳子木使庀賦、注庀、治也。具治皆主職之意也。

補釋

俾職也 俱詳釋詁。君奭罔不率俾、言循職也。

啓蒙

俾職也。俾職與紕織聲同、俾與下紕聲亦同、職與下飾聲亦同。俾从卑聲、卑賤也、執事也、執事與職義亦近。

黃侃音訓

俾、職也。

周禮掌固云：「民皆有職焉、」鄭注「職、謂守與任。」任者、任其事也、職任爲職、任其事亦爲職、責任爲任、任其事亦爲任也。

俾、釋詁「從也。」從與任、意相成、詩「黽勉從事、」禮「任事、然後爵之、」從事、卽任事也。論語「可使從政也與、」從政、亦任政也。漢官制有從事、從事史、周禮有職金、職方氏、同爲任事之稱也。爾雅俾與職皆動詞、皆任事之義也。

爾雅學

俾職也○釋曰注疏本刪

校勘記

紕飾也

紕飾也。謂緣飾。見詩。

郭注

紕飾也 釋曰、注謂緣飾見詩者、鄘風干旄云素絲紕之是也。

邢疏

紕飾也

紕、方寐反。釋文

郭音義

紕飾也

紕、房彌反。釋文

謝音

黃輯古義

紕飾也。紕、方寐反。

郭音義

紕、飾。紕、房彌反。釋文

謝音

玉函山房輯佚

紕飾也

郭璞云謂緣飾見詩。

一切注音

紕飾也郭方寐反。釋文

紕婢寐反謝房彌反。郭音方寐反。飾申職反。緣悅面反。

陸音義

古注斠

紕飾也

記曰審一以定和比物以飾節。

新義

紕飾也千旄云素絲紕之。

鄭樵注

紕飾也紕郭方寐反。

郭璞曰、謂緣飾見詩。

鄭樵曰、千旄云、素絲紕之。

古注合存

紕飾也紕音避。○此釋紕爲飾之義也。註曰謂緣飾也。疏曰詩干旄云素絲紕之。

注疏參義

紕飾也註謂緣飾見詩正義玉篇云、紕、冠緣邊飾也。雜記云紕以爵韋六寸是也。註見詩。○正義鄘風干旄云素絲紕之、毛傳紕、所以織組也。疏引家語云、總紕於此、成文於彼。

正義

紕飾也謂緣飾見詩

飾者、論語鄉黨篇皇侃疏引鄭注云飾、謂純緣也。玉篇云純、之閏之允二切、緣也。緣、於絹切、邊緣也。紕者、玉篇云必二扶規二切、冠緣邊飾也。按緣邊之飾衣冠皆有之、故玉藻云縞冠素紕、鄭注紕、緣邊也。紕讀如埤益之埤。是冠緣邊曰紕也。雜記下云紕以爵韋六寸、鄭注、在旁曰紕。深衣云純袂緣純邊、鄭注緣邊、衣裳之側。既夕記注、飾裳在幅曰綼。按在幅即裳之邊側。釋文、綼音毗支反。綼即紕也。是衣裳緣邊俱曰紕也。郭云見詩者、素絲紕之、毛傳紕、所以織組總紕於此、成文於彼。鄭箋縫紕旌旗之旒縿或以維持之。是毛鄭說紕義異、要爲緣飾之義則同、故爾雅總云紕飾也。

義疏

紕飾也郭注謂緣飾見詩。紕、从比。比、次也。詩、素絲紕之。記、縞冠素紕。飾、从人食巾。古拭字也。因以爲華飾。

集解

紕飾也紕、氐人𦇧也、从糸比聲。比、密也。引申爲飾、所謂紕緣是也。詩干旄素絲紕之、禮記玉藻縞冠素紕、襍記紕以爵韋六寸、均謂爲飾。飾、刷也、从巾从人食聲、一曰緣飾。論語、君子不以紺緅飾。

義證

紕飾也紕方寐反

註謂緣飾見詩補正邢疏、鄘風素絲紕之。

郭注補正

紕飾也

玉篇云紕、飾也。此釋鄘風干旄素絲紕之。毛傳云紕、所織組也、總紕於此成文於彼、願以素絲紕組之法御四馬也。鄭箋云、素絲者以爲縷、以縫紕旌旗之旒縿或以維持之。毛鄭各持一說、或以御馬或以緣旗、其爲飾則一也。

說詩

紕飾也說文紕、氐人𦇧也。註、氐人所織毛布也。郭註謂緣飾。假借字也。鄘風素絲紕之、傳紕、所以織組也。

啓蒙

紕、飾也。紕通作埤、說文增也。又通作裨、鄭語注裨、益也。增益與飾義近。

黃侃音訓

紕、飾也。

郭注云：「謂緣飾。」

紕者、玉篇「冠緣邊飾也、」玉藻「縞冠素紕、」鄭注云：「紕、緣邊也、紕讀如埤益之埤；」是紕之言埤也、埤益於冠緣之飾也。既夕記注云：「飾裳在幅曰綼、」綼即紕也。是衣裳之緣亦謂之紕。

爾雅學

紕飾也○釋曰注謂緣飾見詩者注疏本删上六字

校勘記

紕音備飾也

備毗

音圖・音

紕飾也

孫侶直音

紕（讀備）飾也

直音校正

紕避飾也

楊氏音訓

紕毗

干氏音釋

淩慄也慄慼也

淩慄也淩懔戰慄慄慼也戰慄者憂慼

郭注

淩慄也慄慼也　釋曰轉相解也埤蒼云㥄慄也郭云淩懔戰慄則淩㥄音義同慄又爲慼郭云戰慄者憂慼秦風黃鳥云惴惴其慄

邢疏

淩慄也釋文淩樊注作淩

黃輯古義

淩力膺反冰凜也釋文

樊注

淩慄也釋文淩樊注作夌

夌力膺反夌冰凜也釋文

樊注

淩慄也釋文淩樊注作夌力膺反

玉函山房輯佚

樊曰夌冰凜也釋文

漢注

淩慄也慄慼也

樊光云夌冰凜也釋文二十八卷郭璞云淩懔戰慄戰慄者憂慼

一切注音

淩慄也樊光注作夌冰凜也力膺反釋文

古注斠

作㥄埤蒼云㥄慄也樊注作夌冰凜也力膺反慄音栗懔舊音遠其據反亦謂戰慄反慼字又作戚七歷反

陸音義

淩力升反案郭注意當作㥄埤蒼云㥄慄也樊本作夌○舊作㥄爲作陵㥄慄爲淩慄案郭注云淩懔本之西京賦百禽㥄遽語當從立心爲是宋本埤蒼㥄正從立心陸意即承郭注爲說則兩字皆當作㥄爲是淮南兵略訓諸侯莫不慴㥄鶡冠子獨知篇登高者下人代之㥄皆是㥄字又案羽獵賦虎豹之淩遽字又從冫

音義攷證

淩慄也

淩始凝之時慄戰之時

慄慼也

窮乾之上九慼坤之上六

新義

淩慄也淩埤蒼作㥄是

鄭樵注

淩慄也淩樊注作夌冰凜也

郭璞曰淩懔戰慄

鄭樵曰淩埤蒼作㥄是

慄慼也

郭璞曰戰慄者憂慼

古注合存

淩慄也慄慼也淩音淩○此釋淩爲慄又爲慼之義也註曰淩懔戰慄憂慼也

注疏參義

爾雅詁林 二 釋言

凌慄也【註】淩懅戰慄慄感也【註】戰慄者憂感【正義】釋文引樊光註作夌冰凜也。當從之。天官夌人鄭註云夌、冰室也。夌栗以聲相近爲義。釋文又引埤蒼云淩、慄也。與今本同。釋詁云慄、懼也。慄又爲感、義相成也。莊子人間世云、吾甚慄之。【註】淩懅戰慄。○【正義】懅當爲遽。廣雅云遽、畏懼也。

【正義】

凌慄也淩懅戰慄慄慼也戰慄者憂慼

慄者、凓之叚借也。說文云凓寒也。通作栗。詩二之日栗烈。傳栗烈、寒氣也。凌者、夌之叚借也。說文滕、或作凌。仌出也。引詩納于滕陰。今詩作凌陰。毛傳凌陰、冰室也。爾雅淩慄古本作凌凓。故釋文引樊注作凌冰凜也。凜亦寒。樊光蓋以冰凜釋凓字、凜凓凌俱一聲之轉。漢書揚雄傳云馳閶闔而入凌兢、集注入凌兢者、亦寒涼戰栗之處也。與樊光義合。郭所據本凌作淩、凓作慄、故釋文云淩、力升反。又云郭注淩當作倰、埤蒼云倰、慄也。然則郭本淩慄即埤蒼之倰慄。其注云淩、懅亦當爲倰遽。楊雄傳云虎豹之凌遽、集注凌、戰栗也。遽、惶也。文選西京賦云百禽倰遽、薛綜注倰、猶怖也。並郭所本。○慄慼者、當作栗蹙。亦叚借也。釋名云蹙、遒也。遒、迫之也。詩小明及召旻傳並云蹙、促也。促迫皆急疾之意、故燕禮記云凡公所辭皆栗階、鄭注栗、蹙也。謂越等急趨君命也。聘禮云栗階升、鄭注栗階趨君命尚疾不連步。公食大夫禮云賓栗階升不拜、鄭注栗實栗也。不拾級連步趨主國君之命。然則儀禮栗階凡三見、鄭俱以栗爲疾速、其栗蹙之故文唯燕禮注一見、明其餘同是爾雅慄慼即栗蹙故鄭據以釋經。郭氏緣詞生訓而云戰慄者憂慼、失之矣。今訂正。

【義疏】

凌淩慄凓也樊注淩、冰凜也。凓亦寒。郭注淩遽戰慄。凌本作滕、从仌朕、送冰臧之室。周官有凌人。詩二之日納于滕陰。又二之日凓列。故以互釋。栗从卤木、象栗莱、因爲戰栗。慄栗慼蹙也郭注戰慄、者憂慼。栗又通蹙、但以聲近。禮栗階升、注蹙也。又云

實栗不連步、其說栗迂曲。記又作歷階、厤義亦未協、蹴亦無義。蓋連之聲轉耳。戚从尗戉。尗、小也。加足加心同耳。

凌慄也【集解】凌字一作滕、仌出也、从仌朕聲、或从仌夌聲。引申爲慄、謂寒氣而使人栗也。詩七月三之日納于凌陰、又二之日栗烈、蓋可互文見義耳。慄、字本作凓、寒也。从仌栗聲。素問瘧論乃作寒凓字。通作栗。

慄感也慄、字本作凓、寒也。正字爲栗、實爲歷。歷、過也。引申爲感、謂人行過也。慄凓古今字。凓栗歷通用字。儀禮燕禮記凡公所辭皆栗階、鄭注栗蹙也。禮記則作歷階。感字本作慼、憂也、从心戚聲、經典或以爲蹴之借字。蹴、行平易也、字亦作踧、作蹙。詩蹴蹴周道。

【義證】

凌慄也慄感也

樊注凌作凌凌、力膺反、冰凜也。釋文

注淩懅戰慄、戰慄者憂感。

釋文淩力升反。案、郭注意當作倰。埤蒼云、倰慄也。樊注作凌、冰凜也、力膺反。慄音栗懅音遽、其據反。亦謂戰慄也。感字又作戚、七歷反。

疏轉相解也。埤蒼云倰、慄也。郭言淩懅戰慄、則淩倰音義同。慄又爲感。郭云戰慄者憂感、秦風黃鳥云惴惴其慄。

鄭注淩、埤蒼作倰是。

正義、釋文引樊光注作凌冰凜也。當從之。天官凌人鄭注云凌、冰室也。凌慄以聲相近爲義。釋文又引埤蒼云淩、慄也。與今本同。釋詁云慄、懼也。慄又爲感、義相成也。莊子人世間云、吾甚慄之。「注」淩懅戰慄。懅當爲遽。廣雅云遽、畏懼也。

義疏、慄者、凓之叚借也。說文云凓寒也。通作栗。詩二之日栗烈。傳栗烈、寒氣也。凌者、夌之叚借也。說文滕、或作凌。仌出也。引詩納于滕陰。今詩作凌陰。毛傳凌陰、冰室也。爾雅淩慄古本作凌凓、故釋文引樊注作凌冰凜也。凜亦寒。樊光蓋以冰凜釋凓字、凜凓凌俱一聲之轉。漢書揚雄傳云馳閶闔而入凌兢、集注入凌兢者亦寒涼戰栗之處也。與樊光義合。郭所據本凌作淩、凓作慄、故釋文云淩、力升反。又云郭注淩當作倰、埤蒼云倰慄也。然則郭本淩慄即埤蒼之倰慄其注云淩懅亦當爲倰遽。揚雄傳云虎豹之凌遽、集注凌、戰栗也。遽、惶也。文選西京賦云百禽倰遽、薛綜注倰、猶怖也。並郭所本。慄慼者、當作栗蹙、亦叚借也。釋名云蹙、遒也、遒迫之也。詩小明及召旻傳並云蹙、促也。促迫皆急疾之意、故燕禮記云凡公所辭

爾雅詁林 二 釋言

皆栗階、鄭注栗蹙也。謂越等急趨君命也。聘禮云栗階升、鄭注栗階趨君命尙疾不連步。公食大夫禮云賓栗階升不拜、鄭注栗實栗也。不拾級連步趨主國君之命。然則儀禮栗階凡三見、鄭俱以栗爲疾速、其栗慼之文唯燕禮注一見、明其餘同。是爾雅慄慼卽栗蹙、故鄭據以釋經。郭氏緣詞生訓而云戰慄者憂慼、失之矣、今訂正。

盧氏文弨鍾山札記、今本釋文及疏皆以郭注意作陵、埤蒼作淩、此竝誤也。案淮南兵略訓諸侯莫不慴㥄、鶡冠子備知篇登高者下人代之㥄、張平子西京賦百禽㥄遽、竝从立心。陸德明謂郭注意作㥄、故引埤蒼之㥄爲證、豈有一作陵一仍作淩之理。至樊光本作淩、如揚子雲羽獵賦虎豹之淩遽、與㥄可通用。

錢氏大昕荅問、此當從樊光義、慄當爲凓。詩二之日栗烈、說文作凓瀨、凓瀨者、冰寒也。

經義述聞家大人曰、此仍當從郭義。釋文不言各本有作淩者、則舍人李孫本皆作淩可知、且不言樊本作淩而言樊注作淩、則正文仍作淩可知。又慄爲戰慄之慄、各本皆無異文、不當改慄爲凓也。古者謂戰慄爲㥄。淮南兵略篇曰諸侯莫不慴㥄、說苑善說篇曰登高臨危目不眴而足不陵、漢書揚雄傳馳閶闔而入淩兢、服虔注曰淩兢恐懼貌。見文選甘泉賦注 又虎豹之淩遽、顏師古注曰淩、戰慄也。遽、惶也。張衡西京賦百禽㥄遽、薛綜注曰㥄猶怖也。遽促也。㥄淩淩古通用。據遽古通用。此皆郭注㥄、慄戰慄之證、埤蒼訓㥄爲慄、義亦本於爾雅。慼讀爲蹙、慄與栗通。孟子引書夔夔齋栗、趙注曰敬愼戰懼也。桓六年左傳嘉栗旨酒、杜注曰栗、謹敬也。哀公問孔子蹴然辟席、鄭注曰蹴然、敬貌。蹴與蹙同 是栗與蹙皆敬謹之義也。漢書楊惲傳不寒而栗、顏師古注曰栗、竦縮也。小雅節南山篇蹙蹙靡所騁、鄭箋曰蹙蹙、縮小之貌。又儀禮古文縮字皆作蹙、是栗與蹙皆局縮不申之義也。燕禮記凡公所辭皆栗階、鄭注曰栗、蹙也、謂越等急趨君命也。訓栗爲蹙、正用爾雅之文。廣雅曰、迫蹙急也。是栗與蹙皆急迫之義也。栗蹙同義、故訓栗爲蹙。作慼者、叚字耳、非謂憂慼也。慼與蹙古聲相近、慼通作戚、小雅小明篇自詒伊戚、與與蹙蔌宿覆爲韻、餘見唐韻正。故蹙通作慼。禮器不然則已蹙、釋文蹙本又作慼、是其證也。郭誤以慼爲憂慼之慼、而曰戰慄者憂慼、則迂迴而失其本指矣。

世榮案、說文水部淩、水出臨淮、从水夌聲。是淩無訓慄之義。陸氏謂郭注意當作㥄、引埤蒼㥄慄也以證、然㥄慄皆不見於說文、此錢氏所以有取樊氏之說、而邵郝竝從之也。但以下句覩之、則戰慄之訓自不可易、故王氏非之。蒙謂經文字作淩、然實淩之叚字、其義則當用郭氏㥄據戰栗之訓。㥄懅皆後出之字、古止用淩遽。羽獵賦虎豹之淩遽、西京賦百禽㥄遽可證。㥄卽淩之引申、故不見說文。冰爲凝之正文、以冰凜釋淩、亦寒涼戰栗之意。樊郭義無大異、卽凓亦从戰栗之栗得聲、戰栗凓瀨義自相貫、則兩說固可竝存也。

釋言集解後案

淩慄也慄音栗

注淩懅戰慄

慄感也

注戰慄者憂感 補正 邢疏埤蒼云㥄慄也郭言淩則淩㥄音義同。

郭注補正

懍感也　注戰懍者憂感

正曰、孟子離婁上音義丑桌丁云義當作懍古字俗用。禮記禮器不然則已蹙、釋文蹙本夾作感。王尙書經義述聞云感讀爲蹙。儀禮燕禮記凡公所辭皆桌階、鄭注桌蹙也、謂越等急趨君命也。訓桌爲蹙、卽用爾雅文也。漢書楊惲傳不寒而桌、顏注桌竦縮也。儀禮古文縮皆作蹙、是桌之訓蹙有竦縮之誼也。郭誤爲憂慼之慼、失其本指矣。

正郭

慄感也

戰慄者憂感

慧琳集古今佛道論衡四卷音義引郭注爾雅云戰慄憂感也。

郭注佚存補訂

淩慄也慄感也

詩豳風七月三之日納于凌陰、毛傳云凌陰冰室也。彼釋文云凌力證反、又音陵。說文作媵、或从夌作凌、云仌出也、引詩納于媵陰。案樊本作凌、與說文合。凌與凌通。慄者凓之假借。說文云凓寒也、省作栗。詩二之日栗烈、傳云栗烈寒氣也。凌慄聲又轉爲冽、小雅大東有冽氿泉、傳云冽寒意也。曹風下泉冽彼下泉、傳云冽寒也。凌慄者蓋謂寒也。慄慼之慄、亦省作栗。（史記齊悼惠世家殷戰而栗。）此釋秦風黃鳥惴惴其慄、傳云慄懼也。箋云、臨視其壙、皆爲之悼慄。悼慄卽慼也。釋文云慼字又作戚。慼从戚、故相通用。小雅小明自詒伊戚、傳云戚憂也。憂與慄義近。郝氏謂慄慼當作栗蹙、亦假借也。小明及召旻詩竝云蹙、促也。儀禮栗階凡三見、鄭俱以栗爲疾速、唯燕禮注云栗蹙也。爾雅慄慼卽栗蹙、故鄭據以釋經。案郝說本之王氏經義述聞。

說詩

凌、慄也。疏埤蒼云㥄慄也。（㥄誤凌。）

注疏正字

凌慄也

郭曰、凌懍戰慄。釋文曰、案郭注意當作㥄（今本㥄譌作陵、下引埤蒼㥄慄也、又譌作凌、今據明葉林宗影宋本釋文改。）埤蒼云㥄慄也。樊注作凌、冰凜也。錢曰、此當從樊炎義、慄當爲凓。詩二之日栗烈、說文作凓瀨。凓瀨者、冰寒也。家大人曰、此仍當從郭義。釋文不言各本有作凌者、則舍人李孫本皆作凌可知。且不言樊本作凌而言樊注作凌、則正文仍作凌可知。又慄爲戰慄之慄、各本皆無異文、不當改慄爲凓也。古者謂戰慄爲㥄、淮南兵略篇曰諸侯莫不慴㥄、說苑善說篇曰登高臨危目不眴而足不陵。漢書楊雄傳馳閶闔而入凌兢、服虔注曰凌兢恐懼貌也。（見文選甘泉賦注。）又虎豹之凌遽、顏師古注曰凌戰栗也。遽、惶也。張衡西京賦百禽㥄遽、薛綜注曰㥄猶怖也。遽、促也。（㥄凌、凌陵古通用。懍遽古通用。）此皆郭注凌懍戰慄之證。埤蒼訓㥄爲慄、義亦本於爾雅。

慄慼也

引之謹案、慼讀爲蹙。慄與栗通。孟子引書夔夔齋栗、趙注曰、敬愼戰懼也。桓六年左傳嘉栗旨酒、杜注曰栗謹敬也。哀公問孔子蹴然辟席、鄭注曰蹴然敬貌。（蹴與蹙同。）是栗與蹙皆敬謹之義也。漢書楊惲傳不寒而栗、顏師古注曰栗竦縮也。小雅節南山篇蹙蹙靡所騁、鄭箋曰蹙蹙縮小之貌。又儀禮古文縮字皆作蹙、是栗與蹙皆局縮不申之義也。燕禮記凡公所辭皆栗階、鄭注曰栗蹙也、謂越等急趨君命也。訓栗爲蹙、正用爾雅之文。廣雅曰、迫蹙急也。是栗與蹙皆急迫之義也。栗蹙同義、故訓栗爲蹙。作蹙者、借字耳、非謂憂慼也。慼與蹙古聲相近、（慼通作戚、小雅小明篇自詒伊戚、與奧燠菽宿覆爲韻、餘見唐韻正。）故蹙通作慼。禮器不然則已蹙、釋文蹙本又作慼、是其證也。郭誤以蹙爲憂慼之慼、而曰戰慄者憂慼、則迂回而失其本指矣。

述聞

凌慄也　釋文云凌、案郭注意當作陵。（盧本改㥄）埤蒼云凌、（盧本改㥄）慄也。樊注作凌、冰凜也。錢少詹曰、此當從樊義、慄當爲凓。詩二之日栗烈、說文作凓瀨。凓瀨者、冰寒也。說文心部無慄字。

慄慼也　慼、釋文云字又作戚。案說文（心部）慽、慐（今本誤）也、从心戚聲。戚、義異。

名匡

爾雅詁林 二 釋言

淩慄也慄慼也 漢書揚雄傳、虎豹之淩。郭註淩懔戰慄。莊子、吾甚慄之。郭註戰慄者憂慼。說文、㓕、頁、心也、或作慼。

啓蒙

淩慄　淩凓　釋文淩。樊注作淩。冰凓也。則樊本當作淩凓。

慄　㮚　詳釋詁。

黃侃評本正名

淩慄也。淩懔戰慄。慄、慼也。戰慄者憂慼。　淩慄、慄慼相承義近、此如脊姈、脊疥、斛鞮、挑歒及約救二說之比。　說文木至西方戰栗、是慄亦以栗爲語根。　廣雅遽、畏、懼也、然則注之懔即遽也。

黃侃音訓

淩慄也

錦燧謹案、淩乃凌之同聲假借字、凌乃𠗊之或體。說文云𠗊、仌出也。引詩曰納於𠗊陰。今詩从或體作凌、雅訓卽釋此詩。疑三家有作淩者、否則此經淩字非凌之同聲假借、卽凌之隸變致譌矣。慄字說文所無、據外編當作栗、然栗爲栗木、非其義、此葢凓之假借字也。說文曰凓、寒也、詩曰二之日凓冽。今詩作栗烈、其明證矣。

坿駁段氏說文𠗊字注一則

段氏注云𠗊、仌出者、謂仌之出水文棱棱然。豳詩三之日納于凌陰、傳曰凌陰、冰室也。此以冰釋凌、以室釋陰、非謂𠗊爲仌室也。燧案、段說非是。據周禮凌人鄭注明云凌、冰室也、安得謂𠗊非仌室乎。卽說文攷之許亦以凌爲冰室也。說解所謂冰出者、出乃窋之省文、許君卽本毛傳爲說、故曰仌窋、窋室義同也。洵如段說必說解曰仌出水也、文義乃明、今但曰仌出也、豈許君故作歇後語以令人猜測乎、吾知其必不然也。藏冰之處掘地爲之故曰陰、以室訓陰、果有證乎。

陸錦燧日記

淩、慄也。

郭注云：「淩懔戰慄。」釋文云：「淩、案郭注意當作倰。埤蒼云：『倰、慄也；』樊注作『淩、冰凓也。』慄、音栗；懔、舊音遽、亦謂戰栗也。」錢大昕云：「此當從樊光義、慄當爲凓。詩『二之日栗烈、』說文作凓瀨、凓瀨者、冰寒也。」據樊注及錢說、則爾雅本文、應作「淩、凓也。」凓者、說文仌部云：「凓、凓冽、寒皃、」豳風七月傳云：「凓冽、寒氣也、」春秋繁露謂煗寒爲熏凓；五經文字仌部亦有凓字。淩者、豳風云：「三之日納于淩陰、」傳云：「淩陰、冰室也。」毛以冰訓淩、以室訓陰也；（本段玉裁）是以天官有淩人、謂冰人也；（鄭注、淩、冰室也、誤。）樊注謂淩爲冰凓、凓者、寒也。然則凓與淩皆从仌。凓爲寒、淩亦爲寒、故爾雅曰淩、凓也。

慄、慼也。

慄慼者、栗蹙之假借也。王引之云：「慼與蹙古聲相近、小雅小明篇：『自詒伊戚、』與奧、蹙、菽、爲韻、故慼通作蹙。禮器『不然則已蹙、』釋文『蹙、又作慼、』是其證也。慄與栗通、孟子引書『夔夔齊栗、』趙注『敬愼戰懼也、』桓六年左傳『嘉栗旨酒、』杜注曰：『栗、謹敬也；』哀公問『孔子蹴然辟席、』鄭注曰：『蹴然、敬貌；』是栗與蹙、皆敬謹之義也。（蹴與蹙同）漢書楊惲傳『不寒而栗、』顏師古注曰：『栗、竦縮也、』小雅節南山『蹙蹙靡所騁、』鄭箋云：『蹙蹙、縮小之貌、』又儀禮古文縮字皆作蹙、是栗與蹙、皆局縮不申之義也。燕禮記『凡公所辭、皆栗階、』鄭注曰：『栗、蹙也、謂越等急趨君命也、』訓栗爲蹙、正用爾雅之文。」郭注解經、用憂慼義、未是。

爾雅學

淩懔戰慄 單疏本雪牕本同。釋文、淩、郭注意當作倰。埤蒼云、倰、慄也。按陸謂注意當作倰、則字不作倰矣。或謂注當作倰、非。下注云强梁淩暴、亦用水旁字。

淩慄也慄慼也〇釋曰 注疏本刪。

倰慄也 元本同。閩本監本毛本倰誤淩。

郭云淩懅戰慄注疏本云誤言

校勘記

十三下（二八）一行淩慄也〇「淩」，唐寫本作「夌」．

宋監本校箋

淩音淩慄也

音圖・音

淩直音音寍 棨淩來寍泥大謬。

直音正誤

寍 栗 戚

淩慄也。慄感也。

孫侶直音

淩慄也 當作淩栗

直音校正

淩慄也 戰慄也

楊氏音訓

淩陵感戚

干氏音釋

鐲明也茅明也明朗也

鐲明也。鐲清明貌。茅、明也。左傳曰、前茅慮無。明朗也。

郭注

鐲明也茅明也明朗也　釋曰、郭云鐲、清明貌。樊光云、鐲除垢穢使令清明。茅亦明也。舍人曰茅、眛之明也。注左傳云前茅慮無者、宣十二年傳文也。杜注、慮無如今軍行前有斥候蹹伏、皆持以絳及白爲幡、見騎賊舉絳幡、見步賊舉白幡、備慮有無也。茅明也或曰時楚以茅爲旌識。明即融朗也。

邢疏

茅明也

茅、眛之明也。左傳宣十二年正義　邢疏

犍爲注

鐲明也

鐲除垢穢使令清明。邢疏

明朗也

詩云高朗令終、日月光明。春秋正義四十三

樊注

茅明也

茅、眛之明也。邢疏　春秋宣十二年正義

犍爲注

鐲明也

鐲除垢穢使令清明。邢疏

明朗也

詩云高朗令終、日月光明。春秋昭五年正義

樊注

黃輯古義

茅明也明朗也

茅、眛之明也。同宋本春秋疏十七

詩云高朗令終。樊注　宋本春秋疏二十七

鈎沉

玉函山房輯佚

鐲明也

樊曰、鐲除垢穢使令清明。邢疏

茅明也

舍人曰茅、眛之明也。春秋正義二十三　邢疏

明朗也

樊曰、詩云高朗令終、日月光明。春秋正義四十三

漢注

鐲明也 樊光云、鐲除垢穢使令清明。邢昺疏二卷 郭璞云、鐲清明貌。

茅明也 舍人云、茅、昧之明也。左傳正義十七卷 郭璞云、左傳曰前茅慮無。

明朗也 樊光云詩云高朗令終。左傳正義二十七卷

一切注音

鐲明也 樊光云、鐲除垢穢使令清明。邢疏

茅明也 舍人曰茅、昧之明也。左氏宣十二年傳正義

明朗也 樊光曰詩云高朗令終、日月光明。左傳昭五年正義

古注斠

鐲古玄反。又音圭。

陸音義

鐲明也 茅之明道也、鐲事而已。此通下條爲一條傳寫者誤分爲二

茅明也 知柔之勝剛明也、所謂前茅慮無以柔慮無。

明朗也 明之朗以有艮也。

新義

鐲明也潔而明也。茅明也左傳前茅慮無。

鄭樵注

鐲明也 樊光曰、鐲除垢穢使令清明。郭璞曰、鐲、清明貌。

鄭樵曰、潔而明也。

茅明也 舍人曰茅昧之明也。郭璞曰、左傳曰前茅慮無。鄭樵曰、左傳前茅慮無。

明朗也 樊光曰、詩云高朗令終。

古注合存

鐲明也、茅明也、明朗也。此釋鐲茅皆爲明而又爲朗之義也。註曰鐲清明貌。疏曰、樊光云、鐲除垢穢使清明也。愚按記云縮酌用茅、明酌也、是茅明也之義。舊引左傳前茅慮無爲証者非。

注疏參義

記云、縮酌用茅明酌也。是茅明也之義。舊引左傳前茅慮無者、非。姜上均說 按二文可兼引。

補注

鐲明也註鐲清明貌 茅明也註左傳曰前茅慮無 明朗也 正義說文云明、照也。眼、明也。鐲者、多方云不鐲蒸、其大德、杜註鐲、明也。舊疏引左氏襄十四年傳云惠公鐲清明。茅者、左傳疏引樊光云、鐲除垢穢使令年傳云、明而未融。淮南原道訓新而不朗、高註朗明也。左傳疏引舍人云茅、昧之明也。明者、昭五年傳云、詩云高朗令終。註左傳至慮無 正義宣十二年傳文。杜註云茅、明也。或曰時楚以茅爲旌識。

正義

茅明也 玉案茅與蒙通、故訓爲明昧之明見左疏引舍人注。今郭注引前茅慮無、誤矣。

校議

鐲明也鐲清明貌 茅明也左傳曰前茅慮無 明朗也 明者、說文云照也。周語注顯也。祭義注明、猶潔也。鐲者、說文云馬鐲也、引明堂月令曰腐艸爲鐲。今月令鐲作螢。是鐲爲蝨之明也。方言云病愈或謂之鐲。郭注鐲亦除也。是鐲爲除之明也。周禮宮人云除其不鐲、鄭注鐲猶潔也。是鐲爲潔之明也。故書云不鐲烝、左氏襄十四年傳云惠公鐲其大德、馬融及杜預注竝云鐲明也。爾雅邢疏引樊光云、鐲除垢穢使令清明。是樊注亦兼潔除爲義矣。通作圭。詩吉鐲爲饎、韓

詩作吉圭爲饎、士虞禮記注及周禮蜡氏注亦竝作圭、云圭、潔也。孟子圭田注同。然則圭蠲聲轉義同。○茅者、郭引左氏宣十二年傳云前茅慮無、杜預注茅、明也。正義引舍人曰茅、昧之明也。杜注又引或曰時楚以茅爲旌識、然則茅旌亦取顯明爲義、故朝會以茅蕝表位、祭祀用菁茅縮酒、菁亦明也。所以郊特牲云縮酌用茅、明酌也、是皆茅訓明之義也。齊語云首戴茅蒲、韋昭注茅、或作萌。按古讀明若芒、萌亦若芒、萌茅明竝雙聲字也。○明訓朗者、詩旣醉傳朗、明也。左氏昭五年傳正義引樊光云高朗令終、日月光明。楚語云其聖能光遠宣朗、淮南原道篇云新而不朗、韋昭及高誘注竝云朗、明也。

義疏

蠲圭**明也**　郭注蠲、清明皃。蠲、說文以爲从益目、非也。蓋本作濁、加皿爲蠲、實卽蜀字耳。水濁則生蜀、以皿盛之、蠲去而水変清不壞矣。周官除其不蠲。書不蠲烝。詩吉蠲爲饎、韓詩作圭、今又通用圭。

茅明也　舍人注茅、昧之明也。郭注、左傳曰前茅慮無。記曰縮酌用茅、明酌也。以茅濾醴、與蠲同、用因以茅爲明、反之則霚霿皆爲昏也。

明朗也　樊注、高朗令終、日月光明。此申上二明、皆非。光乃朗也、朗从月良。水清爲朖。

集解

蠲明也　蠲、馬蠲也、从虫益聲、目勹象形。正字爲圭、實爲佳。佳、善也、引申爲明。佳圭蠲通用字。周禮宮人除其不蠲、注蠲猶潔也。書多方不蠲烝、馬注蠲明也。詩天保吉蠲爲饎、周禮蜡氏注引作圭、云潔也。左襄十四傳惠公蠲其大德、注蠲明也。明字一作朙、照也、从月从囧會意。古文從日月。禮記祭義注明猶潔也。書洪範、視日明。

茅明也　茅、菅也、从艸矛聲、正字爲明。明茅雙聲。禮記郊特牲縮酌用茅、明酌也。左宣十二傳前茅慮無、注茅、明也。或以爲霧之借字、益非。

明朗也　承上而明蠲明茅明之明、非日月照明之明、乃朗也。朗、善而明也、从月良聲。詩旣醉高朗令終、傳朗、明也。楚語其聖能光遠宣朗、淮南原道新而不朗、注均云明、朗也。蓋本此而轉注耳。

義證

蠲明也茅明也明朗也

舍人注茅、昧之明也。邢疏、春秋宣十二年正義。

樊注蠲、除垢穢使令清明。邢疏　詩云、高朗令終、日月光明。春秋昭五年正義

注、蠲、清明貌。　左傳曰前茅慮無。

釋文蠲古玄反、又音圭。

疏、郭云蠲、清明貌。樊光云、蠲除垢穢使令清明。茅亦明也。舍人曰茅、昧之明也。左傳云前茅慮無者、宣十二年傳文也。杜注、慮無如今軍行則有斥候蹹伏、皆持以絳及白爲幡、見騎賊舉絳幡、見步賊舉白幡、備慮有無也。茅明也、或曰時楚以茅爲旌識、明卽融朗也。

鄭注、潔而明也、左傳前茅慮無。

正義、說文云明、照也。朖、明也。蠲者、多方云不蠲烝、釋文引馬注蠲、明也。左氏襄十四年傳云惠公蠲其大德、杜注蠲、明也。舊疏引樊光云、蠲除垢穢使令清明。茅者、左傳疏引舍人云茅、昧之明也。明者、昭五年傳云明而未融。淮南原道訓新而不朗、高注朗、明也。左傳疏引樊光云詩云高朗令終。「注」左傳至慮無、宣十二年傳文。杜注云茅、明也。或曰時楚以茅爲旌識。

義疏、明者、說文云照也。周語注顯也。祭義注明猶潔也。蠲者、說文云馬蠲也、引明堂月令曰腐草爲蠲。今月令蠲作螢、是蠲爲蟲之明也。方言云病愈或謂之蠲、郭注蠲、亦除也。是蠲爲除之明也。周禮宮人云、除其不蠲。鄭注蠲、猶潔也。是蠲爲潔之明也。故書云不蠲烝、左氏襄十四年傳云惠公蠲其大德、馬融及杜預注竝云蠲、明也。爾雅邢疏引樊光云、蠲除垢穢使令清明、是樊注亦兼潔除之義矣。通作圭、詩吉蠲爲饎、韓詩作吉圭爲饎、士虞禮記注及周禮蜡氏注亦竝作圭、云圭、潔也。孟子圭田注同。然則圭蠲聲轉義同。　茅者、郭引左氏宣十二年傳云前茅慮無、杜預注茅、明也。正義引舍人曰茅、昧之明也。杜注又引或曰時楚以茅爲旌識、然則茅旌亦取顯明爲義、故朝會以茅蕝表位、祭祀用菁茅縮酒、菁亦明也。所以郊特牲云縮酌用茅、明酌也。是皆茅訓明之義也。齊語云首戴茅蒲、韋昭注茅、或作萌。按古讀明若芒、萌亦若芒、萌茅明竝雙聲字也。　明訓朗者、詩旣醉傳朗、明也。左氏昭五年傳正義引樊光云、高朗令終、日月光明。楚語云其聖能光遠宣朗、

爾雅詁林　二　釋言

淮南原道篇云新而不朗韋昭及高誘注竝云朗明也。羣經平議左傳前茅慮無杜注雖訓茅爲明而又云或曰時楚以茅爲旌識當以或說爲長未足以證雅訓也。舍人以爲昧之明疑讀茅爲霿其說亦迂曲。今按茅明也與蠲明也兩文相連竝取明潔之義禮記祭統篇明薦之而已矣中庸篇齊明盛服鄭注竝曰明猶潔也。周禮宮人職除其不蠲鄭注曰蠲猶潔也。然則蠲之訓明猶訓潔矣。茅亦潔也詩靜女篇鄭箋云茅白潔白之物也。茅爲潔故亦爲明正與蠲同義。郊特牲篇曰縮酌用茅明酌也即爲此經之塙證矣。

世榮案蠲爲有明之蟲引申之爲明朗之稱此由本義引申也。蠲與捐聲同相段故蠲有除義此段借也。由二義引申之皆可訓潔三義竝通。以下二句比類觀之似以訓朗訓潔之義爲主蓋茅可訓潔訓朗（朗即由潔引申）而不可訓除下又以朗也訓明則蠲茅之明訓朗潔不訓除矣。然爾雅文簡義博每以一言而貫數解郝疏竝列三說於義亦得。

釋言集解後案

蠲明也

註蠲清明貌〔補正〕邢疏樊光云蠲除垢穢使令清明。

茅明也

註前茅慮無〔補正〕邢疏舍人曰茅昧之明也。左傳云前茅慮無杜註慮無如今軍行前有斥候蹹伏皆持以絳及白爲旌見步賊舉降幡見步賊舉白幡備慮有無也。茅明也或曰時楚以茅爲旌幟。

明朗也

〔補正〕臣鑾按春秋疏引樊註云詩云高朗令終。

郭注補正

茅明也　注左傳曰前茅慮無

正曰左宣十二年傳前茅慮無杜注茅明也正義茅明釋言文舍人曰茅昧之明也。昧讀如左僖二十四年傳目不辨五色之章爲昧之昧即說文目部昧目不明之昧也。依舍人注茅昧之明則茅讀爲眊孟子離婁上胷中正則眸子瞭焉胷中不正則眸子眊焉趙注瞭明也眊者蒙蒙目不明之貌。蓋目眊較瞭則瞭明故趙注眊訓不明目眊較昧則眊猶明故舍人注訓眊爲昧之明說文目部眊目少精也。是即舍人注所謂昧之明也。郭注引左傳乃沿杜注之誤如其說則前明慮無不辭已甚當依杜注或說解之。

正郭

茅明也　注左傳曰前茅慮無

評曰俞氏平議云杜注雖訓茅爲明又云或曰時楚以茅爲旌識當以或說爲長未足證雅訓據詩靜女箋茅潔白之物也引郊特牲縮酌用茅明酌也爲塙證案茅訓潔上文蠲亦訓潔故並訓明義正相貫非注說所及也。

靜郭

蠲明也茅明也明朗也

蠲茅明一聲之轉。蠲樊光云蠲除垢穢使令清明。小雅天保吉蠲爲饎毛傳云蠲潔也。蠲通作圭韓詩作吉圭鄭注周禮蜡氏云圭潔也。潔謂明潔也。茅亦取潔白之義郭注引左氏傳前茅慮無杜注云茅明也舍人云茅昧之明也義不可解。召南野有死麕白茅包之傳云白茅取潔清也。朗者大雅既醉高朗令終傳云朗明也。昭五年左氏傳正義引樊光云高朗令終亦引此詩爲證。

說詩

茅明也

郭注引左傳前茅慮無、杜注茅、明也。柏年案、舍人注茅、昧之明也。則茅以聲借爲霚爲霿、霚霿皆昏昧晦冥之義、而有明訓者、亦相反爲訓之例也。霿又通作蒙、洪範曰、蒙、傳幽闇也。蒙、史記正作霿。

補釋

鐲明也茅明也明朗也 郭註鐲、清明皃。左襄十四年傳惠公鐲其大德、註鐲、明也。

說文、朙照也、从月囧。

左宣十二年傳前茅慮無、杜註茅、明也。

左昭五年傳、明而未融。大雅高朗令終。朖、明也。

啓蒙

鐲、明也。茅、明也。明、朗也。　鐲明、明朗相承義同。茅明、明朗相承訓同。鐲茅同訓明、而鐲不可爲茅、故別出一條。　鐲與圭聲通、則亦與烓義近、方言烓、明也。說文烓讀若同、則亦與炯通、說文炯、光也。又與熲通、說文熲、火光也。　鐲、說文爲蠲也、引明堂月令曰、腐艸爲蠲。是蠲以明得名。　舍人云、茅、昧之明也、蓋讀茅爲霚霿也、而訓明者、相反爲義。案茅自有明義、無庸讀爲霚霿也。

黃侃音訓

挾藏也　浹徹也　淩慄也　慄慼也　鐲明也

說文挾作匧藏也（匸部匧）　儀禮作篋（士冠禮）　周禮釋文挾本作浹（太宰職釋文）　玉篇浹通也（水部浹）　埤蒼作悽慄也（郭注悽當作悽　釋言釋文）　慼字又作戚（釋言釋文）　鐲古辛反又音圭（釋文）

鐲明也釋文、鐲古辛反、又音圭。按、鐲古通作圭。小雅天保詩吉鐲爲饎、周禮蜡氏注儀禮士虞禮注皆引作吉圭。呂覽孟夏紀云臨飲食必鐲絜、高誘注云鐲、讀曰圭。

證異

問、釋言茅明也、郭注引左傳前茅慮無、茅何以有明訓。曰、左宣十二年傳杜注茅、明也、卽本尒疋文。竊謂茅是昧之假、昧之訓明、猶亂之訓治、存之訓徂之例。今傳疏引舍人云茅、昧之明也可證。古讀茅如貿、成公元年王師敗績于茅戎、公穀作貿戎。

詁答問

茅明也

注曰、左傳曰前茅慮無。　疏曰、舍人曰茅、昧之明也。

樾謹按、左傳前茅慮無、杜注雖訓茅爲明、而又云或曰時楚以茅爲旌識、當以或說爲長、未足以證雅訓也。舍人以爲昧之明、疑讀茅爲霚、其說亦迂曲。今按、茅明也與鐲明也兩文相連、竝取明潔之義、禮記祭統篇明薦之而已矣、中庸篇齊明盛服、鄭注竝曰明猶潔也。周官宮人職除其不鐲、鄭注曰鐲、猶潔也。然則鐲之訓明猶訓潔矣。茅亦潔也、詩靜女篇鄭箋云茅、潔白之物也。茅爲潔、故亦爲明、正與鐲同義。郊特牲篇曰縮酌用茅、明酌也、卽爲此經之塙證矣。

平議

茅明也。舍人云茅、昧之明也。郭云、左傳曰前茅慮無。楷案、茅與茂同音、故有明義。漢書禮樂志桐生茂豫、顏師古注茂豫、美盛而光悅也。言草木皆通達而生、美悅光澤、以光澤釋茂、以美悅釋豫也。光與明同義、說文光、明也。舍人云昧之明者、則讀茅爲眊、廣雅眊眊、思也。洪範思曰睿、睿作聖。鄭注大傳心明曰聖、是眊引申之有明義也。

稗疏

鐲、明也。茅、明也。明、朗也。

說文云：「明、照也、」周語注「明、顯也、」祭義注「明、猶潔也。」鐲者、除也、潔也。方言郭注云：「鐲亦除也。」周禮宮人云：「除其不

爾雅詁林　二　釋言

蠲、」鄭注「蠲、猶潔也、」爾雅邢疏引樊光云：「蠲除垢穢、使令淸明、」是樊以除穢爲明潔矣。故書馬融注左氏襄十四年傳杜注竝云：「蠲、明也。」說文虫部蠲篆下引「腐艸爲蠲、」今月令作「腐草爲螢；」淮南高注亦云：「一曰螢火、」是蠲本爲蟲名、爲有明光之蟲也。蠲之古音如圭、故韓詩借蠲爲圭字。

茅爲明者、詩靜女箋云：「茅、絜白之物也、」以茅爲絜白之物、故有明義、郊特牲云：「縮酌用茅明酌也、」俞樾以爲「此經之塙證。」左氏宣十二年傳「前茅、」杜注云：「茅、明也、」或曰：「時楚以茅爲旌識、」以茅爲識、亦所以昭其明也。觀縮茅、前茅之制、則茅之爲明、必爲古義。郝謂「古讀明若芒、茅明竝雙聲、」此亦茅明相訓之所由來也。

明又爲朗者、左傳昭五年正義引樊光云：「詩云：高朗令終、」詩旣醉傳云：「朗、明也；」淮南高注同、故明爲朗也。

爾雅學

蠲明也茅明也明朗也○釋曰注疏本刪注左傳云注疏本刪注字

校勘記

蠲明也。涓圭

孫偘直音

蠲明也涓

直音校正

蠲涓明也茅明也茅昧之明也

楊氏音訓

蠲涓又音圭

干氏音釋

猷圖也猷若也

猷圖也周官曰以猷鬼神祇。謂圖畫。猷若也詩曰寔命不猷。

郭注

猷圖也猷若也

釋曰、猷、謂圖畫、又爲若、若、如也。注周禮曰以猷鬼神祇者、春官凡以神仕者掌三辰之法、以猶鬼神示之居、辨其名物是也。注詩曰寔命不猷者、召南小星文也。

邢疏

猷圖也

郭璞云、周官曰以猷鬼神祇。謂圖畫。

猷若也

郭璞云、詩曰寔命不猷。

一切注音

猷圖也

鬼神可猷也、土地可圖也、人可畫也。

猷若也

畫或如之。

新義

猷圖也春官以猷鬼神示之居。謂圖畫也。

猷若也小星云實命不猷。

鄭樵注

猷圖也

郭璞曰、周官曰以猷鬼神祇。謂圖畫。

鄭樵曰、春官以猷鬼神示之居。謂圖畫也。

猷若也

郭璞曰、詩曰寔命不猷。

鄭樵曰、小星云寔命不猷。

古注合存

猷圖也猷若也。猷猶同。○此釋猷爲圖而又爲若之義也。註曰、周官云以猷鬼神祇、謂圖畫也。詩小星云、寔命不猶

注疏參義

猷圖也**註**周官曰以猷鬼神祇謂圖畫猷若也**註**詩曰寔命不猷**正義**釋詁云、圖、猷謀也。此又申釋之也。小雅白華云之子不猶、鄭箋猶、圖也。禮記儒

行云猶將不忘百姓之病也、鄭註猶、圖也。猷又訓爲若。若、如也。論語云吾猶人也。**註**周官至圖畫。○**正義**春官凡以神仕者掌三辰之法、以猶鬼神示之居、鄭詁猶、圖也。郭氏引之於義亦通。釋名云圖、度也。畫其品度也。○詩曰至不猷。○**正義**召南小星文。又猷通作由、孟子云由反手也、趙岐注云其易若反手耳。

猷圖也 周官曰以猷鬼神祇謂圖畫 **猷若也** 詩曰寔命不猷 **正義**

圖者、釋詁云謀也、廣雅云畫也、周禮小宰鄭衆注圖、地圖也。按圖謂模寫其形象也。猷者、釋詁云謀也、謀亦圖也。猷與猶同、詩猶之未遠、傳猶、圖也。小旻白華抑訪落般箋並同。周禮凡以神仕者、以猶鬼神示之居、小行人云猶犯令者、儒行云猶將不忘百姓之病也、鄭注並云猶、圖也。此皆圖謀、郭引周禮作圖畫、於義亦通。○若者、如也。考工記梓人云毋或若女不寧侯、公羊莊四年傳則襄公得爲若行乎、鄭及何休注、並云若如也。若如古通用。有司徹云若是以辯、鄭注、今文若爲如。如若雙聲字也。猷訓若者、猷如釋詁並云謀也、如卽若也、猷之爲若、亦如如之爲若也。詩小星鼓鐘傳並云猶、若也。郊特牲云猶明清與醆酒於舊澤之酒也、內則云子弟猶歸器、鄭注並云猶若也。猶若亦雙聲字。**義疏**

猷圖也 郭注周官曰以猷鬼神祇謂圖畫。上云猶謀此皆以犬在右分二字也。詩已分猶猷而實通用。**猷若也** 郭注詩曰實命不猷。此釋猷爲圖畫之義猶若同用畫之是似之也。**集解**

猷圖也 釋詁猷圖均釋謀、此猷復釋圖、轉注耳。經典多作猶。詩板猶之未遠、傳猶、圖也。抑遠猶辰告、白華之子不猶、訪落繼猶判渙、般允猶翕河、箋均云猶、圖也。周禮凡以神仕者、以猶鬼神示之居、小行人猶犯令者、禮記儒行猶將不忘百姓之病也、注均云猶、圖也。**猷若也** 猷上釋爲圖、此又釋爲若、以猷之正字爲若耳。若猷雙聲。詩小星寔命不猶、鼓鐘其德不猶、傳均云猶、若也。禮記郊特牲猶明清與醆酒於舊醳之酒也、內則子弟猶歸器、注均云猶、若也。若、擇菜也。經典或以爲如之借字。考工梓人、毋或若女不寧侯。或者猷之正字爲似與。**義證**

猷圖也 注周官曰以猷鬼神祇謂圖畫

諍曰、傳注訓猷爲圖者、皆爲圖謀、注獨解爲圖畫鬼神祇、其意殊新。然周禮如小宰聽閭里以版圖、內宰書版圖之法、冢人辨其兆域而爲之圖、皆爲圖畫、無有作猷者、不應歧異以猷爲圖畫義、無可徵、則猷之訓圖仍以圖謀之義爲正。**諍郭**

猷圖也

周官曰、以猷鬼神祇謂圖畫。

諸本皆作周官、惟單疏本作周禮、阮氏云郭注多引作周禮凡十二見、惟此及釋天講武注作周官。

猷若也

詩曰寔命不猷

仿宋本寔作實。**郭注佚存補訂**

猷圖也猷若也

郭注圖畫謂之猷、圖謀亦謂之猷。釋詁猷圖皆訓謀。猷與猶同、亦通作由。小雅巧言秩秩大猷、楊統碑作秩秩大繇。繇、古由字。大雅常武王猶允塞、抑遠猶辰告、韓詩外傳猶並作猷。猷猶由古皆通用。小雅小旻白華不我告猶、大雅板猶之未遠、抑遠猶辰告、周頌訪落繼猶判奐、般允猶翕河、傳箋並

爾雅詁林 二 釋言

云猶、圖也。圖、謀也。小雅常棣是究是圖、傳云圖、謀也。猷亦訓謀、小雅采芑克壯其猶、巧言爲猶將多、大雅文王厥猶翼翼、板爲猶不遠、桑柔秉心宣猶、常武王猷允塞、魯頌泮水式固爾猶、傳竝云猶、謀也。猷若者郭注引詩寔命不猷、今詩召南小星作寔命不猶。小雅鼓鐘其德不猶、傳竝云猶若也。

說詩

猷圖節註周官曰以猷鬼神祇祇誤祇、據之祇、周禮作示、猷作猶。詩曰寔命不猷猷毛詩作猶疏凡以神仕者掌三辰之法法、周禮作灋。餘並同。

注疏正字

猶若也

郭曰、詩曰寔命不猶。引之謹案猶爲若似之若、又爲若或之若。內則曰子弟猶歸器衣服裘衾車馬、則必獻其上而後敢服用其次也。鄭注曰猶若也。襄十年左傳曰猶有鬼神於彼加之言若有鬼神也。

述聞

猷圖也猷若也　猷卽猶字

匡名

猷圖也猷若也猷與猶通。小雅之子不猶、鄭箋猶、圖也。召南實命不猷、傳猷、若也。論語吾猶人也、猶人若人也。

啓蒙

猷、圖也。周官曰、以猷鬼神祇謂圖畫。　猷若也。　圖有圖謀、圖畫二義、猷亦兼之。　周頌般允猶翕河、箋猶、圖也、信案山川之圖而次序祭之、是以圖為圖畫之圖、周禮春官凡以神仕者、掌三辰之法以猶鬼神祇之居、注謂布祭衆寡與其居句、序官疏掌三辰之法、當處置神之位次、案處置位次亦當案圖為之、與詩箋信案山川之圖而次序祭之義同。

黃侃音訓

猷、圖也。猷、若也。

圖、若、猷、之義、已見釋詁「猷、謀也」節。圖、釋詁云：「謀也；」猷者、猶之別體、宜作猶、小雅白華云：「之子不猶、」鄭箋「猶、圖也；」此圖謀之義也。周禮小宰鄭注云：「圖、地圖也；」又春官「以猶鬼神示之居、」言畫寫其居、此圖寫之義也。圖字古兼此二義、故謀事稱圖、規事稱畫、而圖寫亦稱圖畫；猶字亦兼此二義、故曰：「猶、圖也。」猷爲若者、論語「聽訟吾猶人也、」卽謂若人也。詩小星「寔命不猶、」傳云：「猶、若也、」郭注引詩作猷。

爾雅學

周官曰雪牕本注疏本同單疏本作周禮曰。按郭注多引作周禮。凡釋詁釋宮釋器釋天旌旂釋丘釋草釋畜共十二見皆作周禮、惟此及釋天講武注作周官。

猷圖也猷若也〇釋曰注疏本刪。

注周禮曰以猷鬼神祇者注疏本刪注字。

注詩曰寔命不猷者注疏本刪注字。

二行注周官曰〇邢昺疏引注「周官」作「周禮」.

宋監本校箋

校勘記

猷同猶圖也猷若也

楊氏音訓

偁舉也稱好也

偁舉也書曰偁爾戈。稱好也物稱人意亦爲好。

郭注

偁舉也　釋曰、謂與舉也。注偁爾戈者周書牧誓文也。　稱好也　釋曰、謂美好。郭云物稱人意亦爲好。

邢疏

偁舉也

爾雅詁林 二 釋言

郭璞云、書曰偁爾戈。

稱好也

郭璞云、物稱人意亦爲好。

漢注

偁舉也

悳心案、文選注引爾雅稱舉也。案說文偁、揚也。揚與舉義同、字當作偁、故郭注引書曰偁爾戈。

古注斠

稱赤證反。好呼報反。又如字、注同。

陸音義

稱尺證反○案、此音稱好也之稱、上文偁舉也。自從立人讀如字、官本乃將稱字音係於偁下、誤也。

音義攷證

偁舉也

舉之而稱偁也。

稱好也

緇衣所謂好兮、蓆兮、好言服之而稱、蓆言大而安焉。

新義

偁舉也偁、適作稱。稱好也稱、適好也。

鄭樵注

偁舉也

郭璞曰、書曰偁爾戈。

鄭樵曰、偁通作稱。

稱好也

郭璞曰、物稱人意亦爲好。

鄭樵曰、稱適好也。

古注合存

偁舉也、稱好也、偁古稱字。○此釋偁爲舉而又爲好之義也。註曰、書牧誓云偁爾干。物稱人意、亦爲好也。

注疏參義

偁、注引書偁爾干。稱作偁、戈作干、當是古文、故鄭云通作稱。

補注

偁舉也註書曰偁爾戈稱好也註物稱人意亦爲好。正義說文云、偁、揚也。玉篇引左傳云、禹偁善人、今本左傳作稱。文選註引爾雅作稱舉也。士相見禮云聞吾子稱贄、左氏襄三年傳云稱解狐、又云解狐得舉、是稱卽舉也。稱又爲好、謂美好也。周語云、君子不自稱也。

註書曰偁爾戈○正義牧誓文、今本偁作稱。

正義

偁舉也　玉案、聘禮大夫西面賓稱面、鄭注稱、舉也。稱與偁同。

校議

偁舉也書曰偁爾戈稱好也物稱人意亦爲好

舉者、說文作擧、从手與聲、云對舉也、則與昇同。昇、共舉也。舉與動義近、故訓起也、拔也、用也、行也。又訓言也。雜記云過而舉君之諱則起、鄭注舉猶言也。按舉訓言、則與稱說同義。又爲銓衡之名。小爾雅云兩有半曰捷、倍捷曰舉、是舉與稱又俱爲器名矣。偁者、爯之叚借也。說文云、爯、幷舉也。通作偁、說文偁、揚也、揚亦舉、故釋訓云偁偁、舉也。又通作稱。書敢行稱亂、史記殷紀作敢行舉亂。士相見禮云聞吾子稱贄、聘禮云賓稱面、檀弓云言在不稱徵、鄭注竝云稱、舉也。葢稱舉俱兼言行二義、凡稱述、稱道皆言之類也、稱量、稱度皆行之類也、舉義亦同。○好者、說文云美也、徐鍇曰子者男子之美稱、會意。玉篇云好、呼道切、美也。又呼導切、愛好也。釋文亦兼二音、與玉篇同。以愛好爲義音、詩好是正直、箋好猶與也、與卽舉字之聲與、舉古字通也。以美好爲義者、詩緇衣之好、傳好猶宜也。宜卽稱之訓也。稱者、漢書刑法志云一物失稱、集注稱、宜也。荀子禮論篇云貧富輕重皆有稱者也、楊倞注稱謂各當其宜。按今俗語謂之廝稱、亦謂之爲恰好。故考工記輪人云欲其肉稱也、鄭注肉稱、弘殺好也。輿人云謂之參稱、鄭注稱猶等也。然則稱以等爲義、稱等與物適平、然後爲好。後世有稱又有等子、二者竝爲衡器之名矣。郭云物稱人意亦爲好者、釋文稱、尺證反是矣。然好字既兼二音、稱字亦有二讀、如祭義云國人稱願然曰幸哉有子如此、是稱爲嘉美之詞、又當音尺陵反矣、釋文蓋失之。

義疏

偁舉也 郭注書曰偁爾戈。爯从爪冓、偁人爲舉也。舉、从五手、不成字、因與加手別之。稱好也 郭注物稱人意亦爲好。爯加禾、今秤字也。攷工記、欲其肉稱也。此下云肉倍好、好倍肉。孔爲好、邊爲肉、有孔乃可稱也。

集解

偁舉也 偁、揚也、从人爯聲。爯、幷舉也、故偁可直釋爲舉。書湯誓敢行稱亂、史記作舉。牧誓稱爾戈、偽傳稱、舉也。儀禮士相見聞吾子稱贄、聘禮賓稱面、檀弓言在不稱徵、鄭注均云稱、舉也。左宣十一傳禹稱善人、注稱、舉也。前漢書食貨志取倍稱之息、師古曰稱、舉也。孟子滕文公又稱貸而益之、文中子魏相如有王者出、三十年而後禮樂可稱也、周語天道成命者而稱昊天翼其上也、文選東京賦元祀惟稱、西征賦阻關谷以稱亂、注均云稱、舉也。借稱爲之。舉、對舉也、从手與聲、謂兩手舉之、引申爲企望之偁。呂覽順說莫不延頸舉踵。

稱好也 稱、銓也、从禾从爯會意、爯亦聲、今秤字也。秤必有好乃可適用、故稱又引申爲好。攷工輪人欲其肉稱也、注稱、宏殺好也。好、美也、从女子會意、經典或以爲孔之借字。攷工玉人好三寸、注璧孔也、或者稱之正字爲偁與。偁、揚也、與美好義近。論語君子疾沒世而名不稱。文選雪賦侔色揣稱、注稱、好也。

義證

偁舉也稱好也。案、許慎以偁爲古稱字、是偁舉之字應作偁、稱好之字應作偁。

錢氏古義

偁好也 注物偁人意亦爲好

正曰、王尚書經義述聞云周禮考工記輪人欲其肉偁也、鄭注肉偁、宏殺好也。是即爾雅㠯偁訓好

也。禮記樂記寬裕肉好、肉偁猶言肉好也。荀子禮論使死生終始莫不偁宜而好善、偁與好對舉、詁亦同也。郭注物偁人意亦爲好、則失之迂矣。

正郭

稱舉也

書曰稱爾戈

今本經注皆作偁。案釋文云、稱尺證反。陸氏所據本上下兩稱字蓋皆作稱、書牧誓亦作稱。

稱好也

物稱人意亦爲好也

慧苑華嚴經音義下卷引爾雅曰稱好也、郭璞注云事稱人意皆好者也。元應維摩詰所說經上卷音義引爾雅稱好也、注云物稱人意美善好也。引與今本微異、今據補也字。

郭注佚存補訂

偁舉也稱好也

偁舉義詳訂經。稱好者、好謂宜也。鄭風緇衣之宜兮、緇衣之好兮、好與宜對言、毛傳云好、猶宜也。宜者、稱之謂也、曹風候人彼其之子、不稱其服、鄭箋云、其人無德、不能稱其尊服。不稱言不宜也。齊風還揖我謂我好兮。好、即稱也。

說詩

偁舉也注書曰偁爾戈 偁、書作稱。

注疏正字

稱好也

釋文、稱、尺證反。引之謹案、考工記輪人進而眡之、欲其肉稱也、鄭注曰、肉稱、宏殺好也。是稱爲好也。肉稱猶言肉好、樂記曰寬裕肉好是也。鄭注肉肥也、史記樂書集解引王肅注曰、肉好言音之洪美。荀子禮論篇曰使死生終始莫不稱宜而好善、義亦同也。論衡逢遇篇曰形佳骨嫺、皮媚色稱。定賢篇曰骨體嫺麗、面色稱媚。稱皆謂好也。爾雅直訓稱爲好、而郭云物稱人意亦爲好、則失之迂矣。邵引周語君子不自稱也、乃稱譽之稱、尤非此義。

述聞

偁舉也　尙書正義曰、稱舉、釋言文。案、說文人部偁、揚也、从人爯聲。又禾部稱、銓也。義異。又通爯、說文冓部爯、幷舉也、从爪冓省。

匡名

偁舉也稱好也　說文、偁、揚也。註、揚者、飛舉也。自稱行而偁廢矣。牧誓、稱爾戈。左襄三年傳、稱解狐。又解狐得舉。是舉即舉也。舉、對舉也、从手與聲。稱又爲好、周語君子不自稱也、好、美也、會意。

啓蒙

偁舉也。書曰偁爾戈。　稱好也。　郝漢勛說、郭注偁爾戈今尚書亦作稱、蓋古本一字、後人遺義以俗義屛改、故異文。案即作偁亦未爲不可、然釋文不出偁、信可疑也。

黃侃音訓

稱好也　郭注物稱人意亦爲好　案、稱直訓好、非物稱人意爲好。考工記輪人進而眡之、欲其肉稱也、鄭注肉稱宏殺好也。樂記寬裕肉好、肉稱肉好其義一也、故稱好之訓不煩隔一義以釋之也。

包錫咸日記

偁舉也稱好也　錦燧謹案、說文云爯、幷舉也。此爯舉之爯也。又云偁、揚也。此偁讐之偁也。又云稱、銓也。此稱量之稱也。經典中俱以稱爲之。書牧誓稱爾戈、呂覽孟春不可以稱兵、皆爯之假也。禮記射義旄斯稱道不亂者、左氏宣公十一年傳禹稱善人、皆偁之假也。淮南子時則訓角斗稱、小爾雅衡有半謂之稱、此稱之本義。與引申義也。此經偁舉也之偁、當讀爲爯、稱好也之稱、當讀爲偁。

陸錦燧日記

偁、舉也。

說文手部云：「舉、對舉也、从手、與聲。」此與舁同意。雜記「舉君之諱、」鄭注「舉、猶言也。」

偁者、說文人部云：「偁、揚也、从人、再聲、」此偁舉、偁謂之字。今通用稱、故文選注引爾雅、即作稱矣。書牧誓曰：「稱爾戈、」爾雅郭注引作偁、左傳云：「禹稱善人、」玉篇引作偁、古字之尙存者也。檀弓云：「言在不稱徵、」鄭注云：「稱、舉也、」此稱謂之稱、亦訓舉也。

稱、好也。

釋文云：「稱、尺證反；好、呼報反、又如字；」是陸於好字兼二音。說文云：「好、美也、」玉篇云：「好、美也；」又云：「愛好也、」今好字亦兼此二義。稱爲好者、王引之引論衡逢遇篇云：「形佳骨嫺、皮媚色稱、」定賢篇云：「骨體嫺麗、面色稱媚、」以爲「稱、皆謂好也。」郝引考工記輪人云：「欲其肉稱也、」鄭注「肉稱、弘殺好也、」此稱之爲好也。

爾雅學

偁舉也　唐石經單疏本雪牕本同。釋文音下稱、好也、尺證反。此偁字不出音、盖本作稱。李善注文選陸士衡演連珠引爾雅稱舉也、郭注引書偁爾戈、今尙書作稱。

偁舉也〇釋曰　注疏本刪。

注偁爾戈者　注疏本刪注字。

稱好也〇釋曰　注疏本刪。

偁好也　十行本雪牕本吳本皆作稱好也。

校勘記

爾雅詁林　二　釋言

校勘記訂補

物偁人意亦爲好 各本偁作稱。

三行偁舉也○阮元《校勘記》云：「《釋文》音下稱好也，尺證反，此偁字不出音，蓋本作稱。李善注《文選·陸士衡演連珠》引《爾雅》稱舉也。郭注引書：偁爾戈，今尚書作稱。」案：「偁」唐石經同。今所見唐寫本《爾雅》白文「偁」作「稱」。

(注)物稱人意亦爲好○玄應《音義》卷八引此注作「物稱人意，美善好也」。慧苑《華嚴經音義》卷下引作「事稱人意，皆好者也」。與今本不盡同。

宋監本校箋

稱本字平聲

去聲 耗又如字

孫偘直音

偁舉也。稱好也。

楊氏音訓

偁同稱舉也·稱好也·

干氏音釋

偁稱

坎律銓也

郭注

坎律銓也。易坎卦主法、法律皆所以銓量輕重。

邢疏

坎律銓也 釋曰、謂銓量也。樊光曰、坎卦水也。水性平、律亦平、銓亦平。郭云易坎卦主法者、說卦云坎爲水、水平、故主法。云法律皆所以銓量輕重者、白虎通云、水之爲言準也。律歷志云、繩直生準、準正則平衡而鈞權矣。又曰權衡者、衡、平也。權、重也。衡所以任權而均物平輕重也。本起於黃鍾之重、一龠容千二百黍、重十二銖、兩之爲兩。兩者、兩黃鍾律之重。是法律皆所以銓量輕重也。

黃輯古義

樊注

坎律銓也

坎卦水也、水性平、律亦平、銓亦平也。春秋正義二十三　邢疏

坎律銓也

坎卦水也、水性平、律亦平、銓亦平也。邢疏　春秋宣十二年正義

玉函山房輯佚

樊注

坎律銓也

坎卦水也、水性平、律亦平、銓亦平也。同宋本春秋疏十七

鈎沉

坎律銓也

樊曰、坎卦水也、水性平、律亦平、銓亦平也。春秋正義二十三

漢注

邢疏

坎律銓也

一切注音

樊光云、坎卦水也、水性平、律亦平、銓亦平也。左傳正義十七卷

郭璞云、易坎卦主法、法律皆所以銓量輕重。

古注斠

坎律銓也。樊光曰、坎卦水也、水性平、律亦平、銓亦平也。左氏宣十二年傳正義

陸音義

坎字又作欿、苦感反。銓七全反、銓即稱。

新義

坎律銓也

坎爲律爲銓、然則易所謂爲水爲溝瀆之類、使以比貫類從、可推而已。

鄭樵注

坎律銓也 郭云易坎卦主法律、皆所以銓量輕重。

古注合存

坎律銓也

樊光曰、坎卦水也、水性平、律亦平、銓亦平也。

郭璞曰、易坎卦主法、法律皆所以銓量輕重。

鄭樵曰、郭云易坎卦主法、律皆所以銓量輕重。

注疏參義

坎律銓也。此釋坎律爲銓之義也。疏曰、謂銓量也。樊光云、坎卦水也、水性平、律亦平、銓亦平也。

正義

坎律銓也 **註** 易坎卦主法、法律皆所以銓量輕重 說文云銓、衡也。文選註引倉頡篇云銓、稱也、注曰銓、所以稱物也。易釋文引九家易云坎爲律、樂記云律小大

之稱、比終始之序。律訓爲銓度、猶比訓爲比次也。褚先生補史記樂書作類大小之稱。按太史公易經傳之字俱本雅訓、易律爲類、於雅訓無徵、少孫䂓史遷爲疏矣。鄭註以律爲六律、亦於雅訓偶有不檢也。**註**易坎至輕重。**正義**左傳疏引樊光云、坎卦水也、水性平、律亦平、銓亦平也。此郭註所本。按左氏宣十二年傳云川壅爲澤、有律以如巳也、杜註云、坎爲川。又晉書郭璞傳、璞上疏曰坎爲法象、刑獄所麗、是坎卦主法、易家之舊說也。

坎律銓也 易坎卦主法法律皆所以銓量輕重

正義

銓者、說文云衡也、廣韵云量也、次也、度也。文選文賦注引蒼頡篇曰銓、稱也。聲類曰銓、所以稱物也。廣雅稱謂之銓。吳語云無以銓度天下之衆寡。通作硂、廣雅云硂、度也。廣韵硂同銓。是矣。坎者、水也。水主法者、左氏宣十二年杜預注、坎爲法象。說文云法、刑也、平之如水、从水。考工記輪人云水之以眡其平沈之均也。權之以眡其輕重之侔也。然則水主均平、權知輕重、水卽坎也、權亦銓也。銓衡所以取平、故坎訓銓矣。律者、上文云述也。釋詁云常也、法也、法也。法律同類、故易集解師坎下竝引九家注、坎爲法律。淮南覽冥篇注又云律度也。蓋律度銓衡竝主法之器、故展轉相訓。左宣十二年傳正義引樊光曰、坎卦水也、水性平、律亦平、銓亦平也。

義疏

坎欥**律**聿**銓**詮**也** 樊注、坎卦、水也。水性平、律亦平、銓亦平也。郭注、易坎卦主法、法律皆所以銓量輕重。坎卦傳云陷不得平也。此爲誤字、蓋自漢以來以其欠稱而望文說之。說文欥、詮詞也。引詩欥求厥寧、本此釋也。律、聿通用。詩聿懷多福、聿亦詞也。詮、从言全、具也。言得此乃具。

集解

坎律銓也 坎、陷也。从土欠聲。正字爲欥。欥、詮詞也、卽銓詞也。欥、坎通用字。詩文王有聲遹求厥寧、說文引遹作欥、卽此經所謂坎也。漢書敘傳欥中龢爲庶幾兮、欥其用法亦銓詞也。律、均布也。从彳聿聲、正字爲聿。聿、所以書也。經典多借爲助語之詞、亦所謂銓詞者也。詩縣聿來胥宇、左昭二六傳聿懷多福、均以聿爲銓詞也。毛傳訓自、杜注訓惟、蓋失之矣。銓、衡也。从金全聲。經典或以爲詮之借字。詮、具也。从言全、謂言詞得之乃具也。

義證

坎律銓也

〔註〕易坎卦主法、法律皆所以銓量輕重〔補正〕邢疏、樊光曰坎卦水也、水性平、律亦平、銓亦平。春秋疏引此多也字

郭注補正

坎律銓也　注易坎卦主法法律皆所㠯銓量輕重　正曰、左宣十二秊傳有律㠯如己也、正義、釋言坎律銓也、樊光曰坎卦水也、水性平、律亦平、銓亦平也。周易坎卦㠯字詁命名、說文土部坎陷也、詁本彖傳。禮記檀弓其坎深不至于泉、卽知深坎自有泉水。坎九五坎不盈、祇既平。坎之水性既平卽止、不復盈滿上溢、坎正所㠯平水、坎爲水之平、猶律爲音之平、銓爲物之平也。郭改樊注而云坎主法、乃坎卦之取象、非坎字之本詁、竟係爾雅爲釋易而作矣。王尙書經義述聞駁郭固是、株連於樊則非也。

正郭

坎律銓也

易坎卦主法、法律皆所以銓量輕重也。

元應四分律一卷音義引爾雅律銓也、法律所以銓量輕重也。今據補也字。

郭注佚存補訂

爾雅詁林　二　釋言

坎律銓也

說詩訂經。

說詩

坎律銓也

郭注、易坎卦主法、法律皆所以銓量輕重。柏年案、展轉爲訓、義殊迂回。今謂坎當作欥、銓當作詮、皆以形近致誤。欥聿字通。說文欥、詮詞也、从欠从曰、曰亦聲。詩曰欥求厥甯。今詩欥作聿。漢書敘傳欥中龢爲庶幾兮、顏注欥、古聿字、皆其證。律者、上文述也。敘述詮詞義本無二。亦通作聿。律本从聿聲、說文聿、所以書也、楚謂之聿、吳謂之不律。是律聿皆謂筆、故釋名云筆、述也。詩正義引爾雅作聿述也。是欥聿律字通。

補釋

坎銓也

樊曰、坎卦、水也。水性平、銓亦平也。見宣十二年左傳正義 郭曰、易坎卦主法、法所以銓量輕重。引之謹案、爾雅非釋易之書、不得旁涉卦象。且水性雖平、然書傳無訓水爲銓者、況爲水之坎乎。法雖銓量輕重、然書傳無訓法爲銓者、況主法之坎乎。樊郭二家之注皆曲說也。今案坎當爲次、字形相佀而誤。李善魏都賦注引杜預左傳注曰、銓、次也。盖哀三年傳外內以悛、杜注悛、次也。悛字本又作銓、故李善引之也。廣韵銓悛並此緣切 玉篇云、硂、亦作銓、次也。廣韵同。銓可訓爲次、次亦可訓爲銓、故曰次銓也。

述聞

坎律銓也　坎、釋文云、字又作欿。案欿字似非。

匡名

坎律銓也　說文銓、稱也。註稱、各本作衡、今正。稱即今秤字。稱錘以金爲之、故从金。坎、陷也。註陷者高下也。以高入下則平也。律、均布也。註律者所以范天下之不一而歸於一、故曰均布也。樊光云、

坎、水也。水性平、律亦平、銓亦平也。郭註坎卦主法、法律皆以銓量輕重。

啓蒙

坎銓也。坎聲轉為科、孟子盈科而後進、科即坎也、科程也、程亦法也。又轉為浣、淮南齊俗而求之乎浣準、注浣準、水望之平。

黃侃音訓

郭氏不知字誤

釋言坎律銓也、注云、坎主法、法律皆所以銓量輕重。按坎無銓字之義、坎當為欥、形相近而譌。說文欥、詮詞也。班固幽通賦、欥中龢為庶幾兮。顏師古注欥、古聿字也。文選欥作聿。蓋欥即曰之異文、古曰字通作聿。豳風曰為改歲、漢書食貨志作聿為。小疋見晛曰消、韓詩作聿消。大疋予曰有奔走二句、王逸楚辭章句引作聿是也。律有詮具之義、中庸上律天時、鄭注律、述也。述天時謂編年四時具也。古聿字或作遹、孫炎曰、遹、古述字。說文聿、所以書也、楚謂之聿、吳謂之不律、燕謂之弗、釋器不律謂之筆、不為發聲。律即聿、遹即述也、故鄭于禮記訓為述、郭以坎主法律為解、殆未知其字有舛誤耳。

讀雅筆記

坎律銓也。承珙案、坎疑欥字之誤、銓當爲詮。說文、欥、詮詞也、从欠从曰、曰亦聲。詩曰欥求厥甯。今毛詩作遹求厥甯。古字欥曰遹聿互通。詩疏引爾雅聿曰述也、今爾雅作律遹述也。豳風曰爲改歲、漢書作聿爲。小雅見晛曰消、釋文

引韓詩作聿消。荀子亦作聿消大雅予曰有先後、予曰有奔走、玉逸楚辭注並引作聿有。蓋吹正字省作曰字、適聿並同聲假借。漢書叙傳吹中和爲庶幾兮。文選作聿。聿與律同。故律與吹同訓爲詮。說文詮具也、字通作譔。漢書蕭該音義云、字林譔音詮。又通作撰。論語異乎三子者之撰。釋文云鄭作僎。讀曰詮。尚書大傳夗罪罰一千饌。漢書食貨志作撰。蕭望之刻傳、張敞曰甫刑之罰小過、赦薄罪贖有金選之品。應劭曰選音刷。史記周本紀其罰百率。徐廣曰率、音刷。索隱云舊本率亦作選。周禮職金疏引尚書歐陽夏侯說亦云其罰百率據此譔僎諸字音本近詮撰選等字、音又近率、太平御覽引春秋元命包云律之爲言率也。白虎通義同顏氏家訓書證篇云率字自有律音。然則律之訓詮、非獨其義、古聲蓋亦相近。

胡氏古義

問、釋言坎律銓也、或謂坎爲吹之誤、銓爲詮之誤、其說是否。曰、吹聿古曰字、皆辭也、據或說須改字矣。郭注易坎卦主法、法律皆所以銓量輕重、其意甚明。考九家易坎爲律、逸象坎爲罪爲獄爲輕爲法爲平爲則、與律義近、銓亦訓衡、又何疑於字之誤乎。況律通述也已見前矣、或說甚非。

詁答問

坎律銓也

注曰、易坎卦主法、法律皆所以銓量輕重。

樾謹按、爾雅釋字義、不當以易義附會、郭注非也。坎當讀爲科、孟子離婁篇盈科而後進、趙注以爲盈滿科坎、盡心篇不盈科不行、注亦曰科、坎也。蓋坎科一聲之轉、其義相通。說文禾部科、程也、從禾從斗。斗者、量也。然則科字正有銓量之義、坎律猶科律也。廣雅釋水曰科、坑也。科即坎之叚字。此經曰坎銓也、坎即科之叚字。王氏引之疑坎爲次之誤、亦未免不求之聲而求之形矣。

平議

釋言坎律銓也

尒疋釋言坎律銓也。郭注易坎卦主法、正義引樊光曰坎卦、水也。水性平、律亦平、銓亦平也。雖則皆據易九家註有坎爲法律一語、竊疑此非雅例、義過迂曲。自有經傳訓詁以來、其粘合不切未有若是之甚者。假如所云凡爲可以取象於坎者、其在九家正復何限、且非特坎而已也、推之八卦皆是、苟皆以是爲義太通融恐反多窒礙矣。故 本朝阮宮保元經傳釋辭序謂是吹聿詮也以此三字爲皆形訛、自云錢辛楣宮詹大昕極韙其語、則似以爲獨推另文。孔魄哉延慮無之言間也語、邵編修晉涵據說文云或言之間也、以之言爲詞之間、與此正復相類、而修祜則竊疑以爲坎或爲次、當以字形相涉左偏偶贅一直筆因而訛爲坎字耳。查廣韻銓字正有次也之訓、義較切實、惟說文刑部刑、罰辠也从井从刀、易曰井法也。今易雖無其文、然因有此說、而井坎法律各相爲類、後之學者不無援此而愈不敢謂坎律之無因、然如劉洪乾象術推卦用事日有求坎卦各加大餘六小餘百三之語、錢宮詹潛研堂集以求坎卦爲當作次卦、次之譌坎有明證矣。又其專以法律爲義、則以有下律字預埋胸中之故、殊不知律爲律度爲律呂、正不專主法律言也。至愚所以謂坎爲次者、銓有次義、律亦有次義、樂記律小大之稱、比終始之序、邵氏正義亦謂律訓爲銓度、猶比訓爲比次也。又褚少孫補史記樂書作類大小之稱。經傳中凡言倫類猶云倫次、亦古讀類如律。曹子建七啟類與日韻、集韻類戍劣切、是褚先生引樂記正用同聲字以代訓詁、如史公例並可、知類與比與律與銓皆爲次義、鄭康成注禮以律爲六律亦非也。

是條早出、嗣見經義述聞乃知有先得我心者。

曾學加尚

坎、律、銓也。

銓者、說文金部云：「稱也、（依段本）从金、全聲；」禾部云：「稱、銓也、从禾、再聲；」二字爲轉注。廣韻云：「銓、量也、次也、度也、」吳語云：「無以銓度天下之衆寡、」此假名詞爲動詞之用法。然則銓者、權衡之總名、又爲計其多寡輕重長短高下之詞也。

坎者、科之假借字。俞樾云：「離婁篇『盈科而後進、』趙注以爲『盈滿科坎、』蓋科坎一聲之轉。說文禾部云：『科、程也、从斗；斗者、量也。』科字正有銓量之義。廣雅『釋水曰科坑也、』科即坎之假字；此經曰：『坎、銓也、』坎即科之假字、」晉案科者、說文云：「程也、」廣韻云：「科、程也、條也、品也、」孟子「盈科、」段玉裁以爲「盈等。」程者、荀卿曰：「程者、物之準也、」漢書如淳注曰：「程者、權衡丈尺斗斛之平法也、」然則科程者、科條也、準則也、等級也、其動詞用法、漢書「光祿歲以此科第郎從官、」是也。故科與銓量義相同、亦所以計夫事物之輕重高下也。爾雅所以云「科、銓也。」

律者、王制云：「有功德於民者、進地進律、」注應氏曰：「律者、爵命之等、加地而進之、所以示勸；」古者國家之法令、亦謂之律、管子云：「律者、所以定分止爭也；」此與科條、程法同義。是律者亦關於等級之高下、分義之輕重者也、故曰律、銓也。南史齊東昏傳紀云：「請刪省律科、」是律與科本同類、可並稱、故爾雅連類釋之。

爾雅學

坎律銓也○釋曰 注疏本刪

校勘記

坎律銓也 王引之曰、坎當丈字之譌、李善魏都賦注引杜預左傳注曰銓、丈也。哀三年傳外內以悛、杜注悛、丈也。悛本又作銓。案以坎爲丈、於銓義可通、於律義究不可通。釋詁、律、常也法也、說文銓、衡也、廣韻量也度也。律度銓衡皆立法之器、故宣十二年傳杜注云坎爲法象、而正義又引樊光云坎卦、水也、水性平、律銓亦有平義。王氏疑坎爲丈、似未可從。

注疏校勘札記

四行(注)皆所以銓量輕重○玄應《音義》卷十四引「重」下有「也」字。

宋監本校箋

釋文云、坎字又作欿、銓即稱。郭注左傳杜注宣十二年晉書郭璞傳並云坎爲法象。阮芸臺中丞云坎律字訛、當爲吹聿。說文吹、从欠从曰、詮詞也、引詩吹求厥甯。班固幽通賦、吹中龢爲庶幾兮、顏注、吹古聿字也。文選作聿。

音略

詮

坎律銓也。

孫偘直音

坎律銓也 銓量也

楊氏音訓

銓 此緣切

干氏音釋

矢誓言也

矢誓也。相約誓。

郭注

矢誓也 釋曰相約誓也。鄘柏舟云、之死矢靡它。

邢疏

矢誓也

郭璞云、相約誓。

一切注音

矢誓也

誓激而後發、一往不反、如矢且直、然後可誓。

新義

矢誓也 鄘柏舟云、之死矢靡它。

鄭樵注

矢誓也

郭璞曰、相約誓。

鄭樵曰、鄘柏舟云、之死矢靡它。

古注合存

矢誓也 此釋矢爲誓之義也。

注疏參義

矢誓也 註 相約誓 正義 晉彖傳云矢、得也。虞翻曰矢、古誓字。鄘風柏舟云、之死矢靡也。

矢誓也 相約誓

正義

誓者、上文云謹也、說文云約束也、釋名云誓制也、以拘制之也。曲禮云約信曰誓、周禮典命注誓、猶命也。

大射儀注、誓猶告也。告命皆謂以言相約結信、故易晉象傳虞翻注、誓、信也。詩云信誓旦旦、亦其義也。矢者、釋詁云陳也、陳布與約信義近、故論語夫子矢之、釋文引孔鄭繆播皆云矢、誓也、蔡謨云矢陳也。陳誓義近。易晉象傳矢得勿恤、集解引虞翻注、矢、古誓字。然則矢誓古通用、書云出矢言、卽出誓言矣。釋文引馬融注以爲盤庚誥、誥誓義同。

義疏

矢誓也 郭注相約誓。上云矢、陳。誓、謹。因爲約信詞也。詩永矢勿諼、一人之誓。書出矢言、衆人之誓。不用牲、但陳詞也。

集解

矢誓也 矢、弓弩所發矢也、从入象鏑栝羽之形、正字爲誓。誓矢一聲之轉。易晉象傳矢得、虞注矢古誓字。詩柏舟之死矢靡他、傳矢誓。考槃永矢弗諼、箋矢誓。論語夫子矢之、孔鄭均云矢誓也。誓以言約束也、上云謹也、从言折聲。禮記曲禮約信曰誓。

義證

矢誓也 ．

矢者、鄘風柏舟之死矢靡他、衛風考槃永矢弗諼、毛傳竝云矢、誓也。矢、古誓字、易注見虞氏。今案、大雅大明矢于牧野、矢亦當訓爲誓、矢于牧野卽牧誓也。

說詩

矢誓也 鄘風之死矢靡他。傳、矢、誓也。

啓蒙

矢誓也。 矢誓聲通同訓。

黃侃音訓

矢、誓也。 易晉傳虞翻注云：「矢、古誓字、」此與釋詁「于、於也、」同例。鄘風「之死矢靡他、」書「出矢言、」論語「夫子矢之、」皆用古字也。

爾雅學

矢誓也〇釋曰 注疏本刪。

之死矢靡它 詩作它。元本閩本監本同。毛本它改他。按唐石經毛

校勘記

舫舟也

舫舟也 竝兩船。

郭注

舫舟也 釋曰、謂竝兩船。釋水曰大夫方舟。

邢疏

舫舟也。舫音方。

謝音

舫舟也。舫甫汸反。釋文

施音

玉函山房輯佚

舫舟也 郭璞云、竝兩船。

一切注音

舫 方訪反。又音方。併 步頂反。字又作竝。

陸音義

併 、邢本作竝。

音義攷證

舫舟也 郭謂竝兩船。

鄭樵注

舫舟也 郭璞曰竝兩船。鄭樵曰、郭謂竝兩船。

古注合存

舫舟也 竝兩船

說文云舟、船也。釋名云、船、又曰舟、言周流也。通作周。詩舟人之子、箋舟當作周。考工記總目云作舟以行水、鄭注故書舟作周。鄭衆云周當爲舟。漢修堯廟碑云委曲舟帀、韓勅後碑云舟口牆域、竝以舟爲周。周訓帀徧、與方訓旁行、其義又同矣。舫者、方之叚音也。詩云不可泳思、不可方思。又云方之舟之、泳之游之、具有成文。故爾雅此及下條分釋之、蓋謂方本訓泭、亦舟之類、故卽云方舟也。泳本訓潛、亦游之類、故卽云泳游也。此皆爾雅釋言之意。郭氏未達、以爲竝兩船者、蓋據釋水之方舟爲併兩船、而欲移注此文、不

思彼云大夫方舟、則方舟二字連讀、此加也字、分釋則別爲兩義、郭欲一之、葢爲失矣。通作舫、文選贈蔡子篤詩云舫舟翩翩、李善注舫與方同。按古讀方若旁、亦若謗、釋水之方舟當讀若謗、謗倂聲轉也。此文當讀若旁舟、周流旁行也。書方行天下、卽旁行也。 義疏

舫

方汸舟也 郭注竝兩船。方本象倂船形、後皆用爲四方方術方正、因釋其義。詩、方之舟之。一單一倂也。又不可方思。下云方泭、皆相通。 集解

舫舟也 舫舟、師也。

从舟从方會意、方亦聲、正字爲方。方、倂船也、卽倂舟也。詩所謂方之舟之是也。方舫通用字、史記張儀傳舫船載卒、索隱竝兩船也。文選贈蔡子篤詩舫舟翩翩、李注、舫與方同、舟也。舟船也、象形。易繫辭傳刳木爲舟。詩柏舟汎彼柏舟。 義證

舫舟也 注竝兩船

評曰、郝氏謂蓋據釋水之方舟爲倂兩船、不思彼方舟二字連讀、郭欲一之、失矣。於方字義猶未明。按說文方、倂船也、是以方爲倂船之倂。於何證之、釋水、天子造舟、諸侯維舟、大夫方舟、士特舟。造言造作、維言繫維、特又言其單、單言之皆不得爲船。方之祇言倂可知、故詩方之舟之、箋獨訓方爲泭、卽下文舫泭也、此舫卽爲泭。庶人乘泭、散言之亦可言舟、易言舟楫之利、以濟不通、當合貴賤而言也、故亦以舟釋之。注合竝兩舟三字解舫字、豈舟亦爲竝兩舟乎、知其不可通矣。 靜郭

舫舟也

倂兩舟也

今本作並兩船。唐殘本玉篇舟部舫下引爾雅郭璞曰倂兩舟也。慧琳大般若波羅蜜多經三百九十八卷音義引爾雅郭璞曰倂兩舟曰舫也。元應四分律二卷音義引爾雅郭璞曰並兩舟也。樹枬案、顧野王元應慧琳俱作兩舟、是唐以上本作舟不作船。釋文云、倂字又作並、作倂者是、與顧野王慧琳合。釋水大夫方舟、注亦作倂。其作兩船者、緣彼注而誤也。今本脫也字、據補。 郭注佚存補訂

舫舟也泳游也

邶風谷風方之舟之、泳之游之、毛傳云舟、船也。鄭箋云方、泭也、潛行爲泳。方泭見下文。釋文引孫炎云方木置水中爲泭筏也。方者舫之省文。周南漢廣不可方思、不可泳思、傳云方、泭也、潛行爲泳。案、郭注舫、倂兩船。其釋釋訓大夫方舟、亦云倂兩船。釋文云、方或作舫。說文云方、倂船也、象兩舟省總頭形。倂船爲方之本義、凡相倂皆曰方。召南鵲巢維鳩方之、方之亦謂倂之也。泳游二字對言則異、單言則同。 說詩

舫舟也註竝兩船 竝、釋文作倂。

疏謂竝兩船也 脫也字。 注疏正字

舫舟也 說文下入方、併船也、象兩舟省總頭形、或从水作汸。又舟部舫、船師也、从舟方聲。此當作方、通借用舫。

泳游也

匡名

舫、舟也。竝兩船。 詩谷風方之舟之連言、故此以舟釋舫。散言則舫與舟異、通言則不分、故爾雅云舫舟也。郭注云竝兩船者、仍以本義釋之也。說文方、併頭船也。 舫又與榜通、說文引月令舫人、月令注云、今月令漁師為榜人、史記子虛賦張注引月令曰命榜人、又與枋通。見下。 下云舫、泭也、泭亦并木以渡、其事相類、故予之一名。

黃侃音訓

舫舟也

錦燧謹案、此釋詩漢廣篇不可方思、谷風篇方之舟之也。爾雅作舫、疑本諸三家、或齊魯韓本方有作舫者。舫从方聲、古每相假、本經舫泭也、釋文舫亦作方。文選贈蔡子篤詩舫舟翩翩、李注舫與方同、俱方舫通用之證。說文云方、併船也。舫、舟師也。是方爲本字、舫乃假借字。攷說文匚部云匚、受物之器、象形、讀若方。是匚乃方圓之方、自經典假方爲之而匚字遂廢而不用、卽方之本義亦晦矣。方舟之方則又假舫字爲之、而舫之本義亦晦矣。舫爲舟師、漢書司馬相如傳榜人歌注、船長也、則又假榜爲舫。說文云榜、所以輔弓弩、然則榜之本義亦晦矣。

陸錦燧日記

舫、舟也。

說文舟部：「舫、船也、」部首云：「舟、船也、」爾雅謂舫爲舟者、漢言船、古言舟也。釋名云：「船又曰舟、言周流也。」舟又通作周、考工記總目鄭注云：「故書舟作周、」是也。郝云：「古讀方若旁、此文讀若旁、旁行也、書『方行天下、』即旁行也」。舟爲周、周訓帀徧、與力訓旁行、其義又同矣。郝以舫爲方之假音；段云：「其字不誤。」

爾雅學

竝兩船 雪牕本注疏本同。釋文併字又作竝。按釋水大夫方舟、注亦云併兩船。此作竝、非。

舫舟也○釋曰 注疏本刪

校勘記

五行舫舟也(注)竝兩船○原本《玉篇》舟部「舫」下引此注作「併兩舟也」。案：釋水「大夫方舟」注，「竝」亦作「併」。

宋監本校箋

訪方

舫方舟也。

孫侶直音

舫放方舟也

直音校正

舫方敷亮切。又音方。

干氏音釋

泳游也

泳游也 潛行游水底。

郭注

泳游也 釋曰、謂潛行游水底也。邶谷風云、泳之游之。

邢疏

泳游也

郭璞云、潛行游水底。

一切注音

泳音詠 底丁禮反。

陸音義

泳游也 游、浮水而不溺也。

鄭樵注

泳游也

郭璞曰、潛行游水底。

鄭樵曰游浮水而不溺也。

古注合存

爾雅詁林 二 釋言

舫舟也、泳游也。此釋舫爲舟、泳爲游之義也。註曰、舫、竝兩船也。泳、潛行也。疏曰、大夫方舟。詩谷風云、泳之游之。

注疏參義

舫舟也 註 竝兩船 泳游也 註 潛行游水底 正義 釋水云、大夫曰方舟。又曰、潛行爲泳。詳見下。說文引明堂月令云、舫人、習水者。邶風谷風云、泳之游之。秋官萍氏云、禁川游者。

正義

泳游也 潛行游水底

游者、汓之叚音也。說文云、汓、浮行水上也。汓或从囚聲作泅。列子說符篇云、人有濱河而居者、習於水、勇於泅。通作游。禮緇衣云、故大人不倡游言。鄭注、游猶浮也。列子黃帝篇云、能游者可教也。詩蒹葭傳、順流而涉曰遡游。周禮萍氏云、禁川游者。竝以游爲浮水之名也。泳者、釋水云、潛行爲泳。郭注、水底行也。必知泳爲水底行者、黃帝篇云、彼中有寶珠、泳可得也。商丘開復從而泳之、旣出、果得珠焉。據開得珠不容浮行水上、故知泳爲潛行水底也。潛則非浮、而云泳游也者、方言云、潛、沈也。楚郢以南或曰潛。潛又游也。郭注、潛行水中、亦爲游。此言與爾雅合矣。說文又云、古或以汓爲㴾。㴾、沈也、讀若沬。然則汓又爲沒、沒謂沈入水中、與潛行水底之義又合。

義疏

泳游也 郭注、潛行游水底。

此因釋詩而見通例。潛行爲泳、浮行爲游、而詩不必分、猶懷哉懷哉、悠哉悠哉、重言之耳。

永已象水、又加水、非也。游从㫃、爲旒字、當作汓。

集解

泳游也 泳、潛行水中也、从水永聲。引申爲游、通釋之耳。

詩谷風、泳之游之、游泳對文、則泳亦游也。與悠哉悠哉之爲重言例同。游、旌旗之流也、从㫃汓聲。汓、浮行水上也。故經典多以游爲泳游之游。詩蒹葭、遡游從之。列子黃帝、能游者可教也。

義證

舫舟也泳游也

注、竝兩船。　潛行游水底。

施氏音舫、甫訪反。釋文

謝氏音舫、音方。釋文及校勘記。世榮案、以上二條盧刻釋文不著、施謝文亦不同、考證亦未辨論、未詳馬氏何本、今姑據錄而存其疑云。

釋文舫方訪反。又音方。併步頂反、字又作竝。泳音詠。底丁禮反。

疏、謂竝兩船。釋水曰、大夫方舟。　謂潛行游水底也。邶谷風云、泳之游之。

鄭注、游、浮水而不溺也。

正義、釋水云、大夫曰方舟。又云、潛行爲泳。詳見下。說文引明堂月令云、舫人、習水者。邶風谷風云、泳之游之。秋官萍氏云、禁川游者。

義疏、說文云、舟、船也。釋名云、船、又曰舟、言周流也。通作周。詩舟人之子、箋、舟當作周。考工記總目云、作舟以行水。鄭注、故書舟作周。鄭衆云、周當爲舟。漢修堯廟碑云、委曲舟帀。韓勑後碑云、舟口牆域。竝以舟爲周。周訓帀徧、與方訓旁行、其義又同矣。舫者、方之叚音也。詩云、不可泳思、不可方思。又云、方之舟之、泳之游之。具有成文。故爾雅此及下條分釋之。蓋謂方本訓泭、亦舟之類、故即云方舟也。泳本訓潛、亦游之類、故即云泳游也。此皆爾雅釋言之意。郭氏未達、以爲竝兩船者、蓋據釋水之方舟爲併兩船、而欲移注此文、不思彼云大夫方舟、則方舟二字連讀、此加也字、分釋則別爲兩義。郭欲一之、蓋爲失矣。通作舫。文選贈蔡子篤詩云、舫舟翩翩。李善注、舫與方同。按古讀方若旁、亦若謗。釋水之方舟、當讀若謗、併聲轉也。此文當讀若旁舟、周流旁行也。書方行天下、即旁行也。　游者、汓之叚音也。說文云、汓、浮行水上也。汓或从囚聲作泅。列子說符篇云、人有濱河而居者、習於水、勇於泅。通作游。禮緇衣云、故大人不倡游言。鄭注、游猶浮也。列子黃帝篇云、能游者可教也。詩蒹葭傳、順流而涉曰遡游。周禮萍氏云、禁川游者。竝以游爲浮水之名也。泳者、釋水云、潛行爲泳。郭注、水底行也。必知泳爲水底行者、黃帝篇云、彼中有寶珠、泳可得之。商丘開復從而泳之、既出、果得珠焉。據開得珠不容浮行水上、故知泳爲潛行水底也。潛則非浮、而云泳游也者、方言云、潛、沈也。楚郢以南或曰潛。潛又游也。郭注、潛行水中、亦爲游。此言與爾雅合矣。說文又云、古或以汓爲㴾。㴾、沈也。讀若沬。然則汓又爲沒、沒、沈入水中、與潛行水底之義又合。

世榮案、郭氏之說乃舫、泳字本義、非此經意也。釋言此文正爲詩漢廣作訓。舫即方後出字、說文方部、方、併船也、象兩舟省總頭形。重文汸云、方或从水。實則舫亦

爾雅詁林　二　釋言

方之或體、故郭此注及玉篇廣韻皆曰竝兩船。一切經音義二引通俗文、連舟曰舫。史記張儀傳索隱、舫謂竝兩船也、皆與方同訓。由併船引申之、則併木亦謂之舫、此經下文舫泭也、詩漢廣毛傳谷風鄭箋方泭也是也。又引申之則以舫亦舟類、卽謂舟爲舫。此經及漢廣經文說文舟部舫船也、明堂月令曰舫人、舫人習水者、此從段氏玉裁依韻會所訂本廣雅釋水舫船也是也。泳游之義亦同此例、釋水詩漢廣毛傳谷風鄭箋竝曰潛行爲泳、與說文水部汓浮行水上也游爲汓之叚字郝說自壞其義各別、此泳之本義也、單言之則不必潛行亦可曰泳、此經及漢廣經文漢書司馬相如傳下集注引孟康泳浮也、此引申義也、谷風以方舟泳游、四者析言則方泳當用泭也潛行之訓、對文則別也、漢廣單言方泳則當用此經之訓、散文則通也。毛公以泭也潛行訓漢廣與谷風不別、蓋覗雅義爲疏。許君析舫字、別隸舟部用此經爲義、於造文本意亦似未究其原。段氏取泭義屬方以合毛傳、船義屬舫以合說文、曲爲分別於此經義訓實未通貫。郭注皆得本義而不合經意。邢邵依違郭氏無所發明。郝氏引據最詳、然於漢廣谷風兩義比而同之失同毛傳、又謂舟聲同周、周旁義近更失迂曲、旁諺併竝聲皆相轉、必謂此經當讀若旁、釋水當讀若諺義、雖無害未免以後世之見上律古人。方舫乃古今字、詩用古文、雅用今文、謂舫爲方叚、亦所未安、故謹理而董之。

釋言集解後案

舫舟也泳游也 說文、舫、船師也。引明堂月令曰、舫人、習水者。邶風、方之舟之。又泳之游之。

啓蒙

泳游也。谷風泳之游之連言、故以游釋泳。

黃侃音訓

泳游也

錦燧謹案、此釋詩漢廣篇不可泳思、谷風篇泳之游之也。游乃汓之假借字、說文水部云、汓、浮行水上也、从水从子會意。㫃部云、游、旌旗之流也、从㫃汓聲。是游卽从汓得聲、故汓可假游爲之。詩蒹葭遡游從之、傳、順流而涉曰遡游。本經釋水、順流而下曰泝游。列子黃帝能游者可教也、釋文、浮水曰游。淮南子脩務訓游川水注、渡也。其本字皆當作汓、自游行而汓遂廢矣。

陸錦燧日記

泳、游也。

游者、汓之假借字。說文水部云：「汓、浮行水上也、泅、汓或从囚聲、」此本字也。經典多借游爲汓、禮緇衣云：「故大人不倡游言、」鄭注「游、猶浮也、」即以游爲浮也。

泳者、釋水云：「潛行爲泳、」說文水部亦云：「泳、潛行水中也、」今訓泳爲游者、郝云：「方本訓泭、亦舟之類、故即云：『方、舟也、』泳本訓潛、亦游之類、故即云：『泳、游也；』此皆爾雅釋言之意。」說文汓篆下又云：「古文或目汓爲沒字、」段云：「此古文小篆之別、」是游亦有潛水之義矣；方言云：「潛、沈也；潛、又游也、」泳本爲潛水、泳可訓游、故潛亦可訓游、其義一也。

爾雅學

泳游也○釋曰 注疏本刪。潛行游水底 單疏本雪牕本同。葉鈔釋文底作底。

校勘記

泳 詠

干氏音釋

迨及也

迨及也。東齊曰迨。

郭注

迨及也 釋曰、謂相及也。注東齊曰迨者、方言文也。

邢疏

迨及也 郭璞云、東齊曰迨。

一切注音

迨 音待

陸音義

迨及也 迨猶以爲急迨也。逮樛木之事。及小星之事。迨摽有梅之事。

新義

迨及也
郭璞曰、東齊曰迨。
古注合存

迨及也此釋迨爲及之義也。
注疏參義

迨及也註東齊曰迨。正義下文逮及也、迨、或體字也。小雅伐木云迨我暇矣。註東齊曰迨。正義方言文。
正義

迨及也　方言、迨遝及也、東方曰迨、關之東西曰遝、或曰及。
校議

迨及也東齊曰迨及者、釋詁與逮俱云與也。此篇下文又云逮及也。逮與迨同。通作隶、說文云隶、及也。又通作隸、說文隸、及也、引詩曰隸天之未陰雨。今詩隸作迨。摽有梅匏有苦葉伐木俱作迨字。方言云、迨、及也。東齊曰迨。蓋隸逮別作迨矣。
義疏

迨及也郭注東齊曰迨。說文無迨詩迨我暇矣、迨天、殆其、吉兮、迨冰未泮今文也。七月作殆及。
集解

迨及也迨字本作隸、行之及也、从隶枲聲。或作迨。詩摽有梅迨其吉兮、伐木迨我暇矣、箋均云迨、及也。匏有苦葉迨冰未泮、傳迨、及。鴟鴞迨天之未陰雨、說文引作隸。毛傳迨、及也。孟子注同。公羊傳二二傳請迨其未畢濟而擊之、注迨、及也。前漢書敘傳盍孟晉以迨羣兮、服虔曰迨、及也。詩七月殆及公子同歸、殆及即此經迨及。淮南氾論出百死而紿一生、注紿、至也、猶及也。禮記文王世子釋文、蓋及也。以殆紿蓋爲之。及、逮也、从又从人會意。
義證

迨及也　迨說文作隸、云隸及也、引詩隸天之未陰雨。今豳風鴟鴞作迨天之未陰雨。毛傳云迨、及也。召南摽有梅迨其吉兮、邶風匏有苦葉迨冰未泮、小雅伐木迨我暇矣、傳箋並云迨、及也。豳風七月殆及公子同歸、傳云殆、及與也。殆即迨也、古通用。
說詩

迨及也　說文辵部無迨字、當作隸。說文隶部隸、及也、从隶枲聲。詩曰隸天之未陰雨。今詩作迨。
匡名

迨及也小雅迨我暇矣、箋迨、及也。
啓蒙

迨
隸　說文。隸。及也。引詩隸天之未陰雨。
作隶逮隸俱通
黃侃評本正名

迨、及也。迨作隶逮隸俱通。七月迨及公子同歸連言、故此以及釋迨。迨與下文二逮聲轉。迨今曰遝、俗字作搭。
黃侃音訓

迨、及也。下文云：「逮、及也；」釋詁及、逮、俱訓與；說文隶、隸、俱言及、方言云：「迨、及也、東齊曰迨、」說文引詩「隸天之未陰雨、」今詩皆作迨、段氏以爲俗體。
爾雅學

迨及也○釋曰　注疏本刪
校勘記

迨及也　待
孫侶直音

冥幼也

冥幼也。幼稚者冥昧。
郭注

冥幼也　釋曰、謂幼少也。郭云幼稚者冥昧。小雅斯干云噦噦其冥。
邢疏

爾雅詁林　二　釋言

冥，幼也。詩正義幼爾疋亦或作窈。

冥、深闇之窈也。詩正義十一之二 孫音注

冥，幼也 詩曰、噦噦其冥。詩正義十一之二引某氏曰 衆家注

黄輯古義

冥，幼也 詩曰、噦噦其冥。詩小雅斯干正義引某氏 樊注

冥，窈也 詩正義幼爾雅亦或作窈

冥、深闇之窈也。詩小雅斯干正義 孫音注

玉函山房輯佚

宜，窈也 冥、深闇之窈也。孫注 詩云、噦噦其冥。某注 並詩疏十一之二 鈎沉

冥，幼也 詩正義幼爾疋亦或作窈

孫曰、冥深闇之窈也。詩正義十一之二

某氏曰、詩曰噦噦其冥。詩正義十一之二 漢注

冥，幼也 詩正義十一之二卷云幼爾雅亦或作窈。

某氏云詩曰噦噦其冥。孫炎云、冥、深闇之窈也。並詩正義十一之二卷 郭璞云幼稺者冥昧。一切注音

冥，幼也 孫炎曰、冥、幽闇之窈也。詩斯干正義 某氏曰、詩曰噦噦其冥。同上

蕙心案、幼蓋窈之省、幼亦通幽、幽窈義同。文選思𤣥賦歎逝賦李善注引說文云、冥、窈也、今本說文作、冥、幽也。李善所引說文、又或爾雅之譌、郭注訓作幼稺、非是。

古注斠

冥 覓經反字林亡經亡定二反。陸音義

冥，幼也 郭云、幼稺者冥昧。鄭樵注

冥，幼也幼孫本作窈 孫炎曰、冥、深闇之窈也。郭璞曰、幼稺者冥昧。鄭樵曰、郭云幼稺者冥昧。古注合存

冥，幼也 此釋冥爲幼之義也 註曰幼稺者冥昧。注疏參義

詩正義云、冥幼、釋言文。爾雅本或作窈。孫炎曰、冥、深闇之窈也。某氏曰、詩曰噦噦其冥、爲冥窈。補注

冥，幼也 註 幼稺者冥昧 正義 冥、深闇之窈也。幼本作窈。詩疏引孫炎云、某氏云、詩曰噦噦其冥。說文云冥、幽也。窈、深遠也。案、幼、幽聲近義通、故大戴禮記誥志篇云、幽、幼也。說文義本爾雅。

正義

冥，幼也 幼稚者冥昧

幼者、窈之叚音也。說文云、窈、深遠也。詩關睢傳、窈窕、幽閒也。窈窕疊韵、窈之言幽、幽窈雙聲也。通作窅。史記項籍紀集解徐廣曰、窈、一作窅。又通作杳。文選西都賦云、又杳篠而不見陽。杳篠、即窈窕也。故李善注窈與杳同。又通作幼。窈从幼聲、因省作幼、故詩斯干釋文、幼本或作窈。正義云、幼、爾雅亦或作窈。是窈爲正體、幼爲借聲。大戴禮誥志篇云、幽、幼也。亦以聲同爲義。郭注以幼稚爲言、蓋失之矣。冥者、說文云、幽也。幽亦幼、故斯干傳、冥、幼也。幼亦窈、故正義引孫炎曰、冥、深闇之窈也。又引某氏曰、詩曰噦噦其冥、爲冥窈於義實安。然則毛傳之冥幼、即冥窈審矣。且冥窈連文經典非一、老子云、窈兮冥兮、其中有精、莊子在宥篇

爾雅詁林　二　釋言

云至道之精窈窈冥冥、史記項籍紀云窈冥晝晦、文選魏都賦云雷雨窈冥而未半、皆爾雅冥窈之正文也。文選舞賦云獨馳思乎杳冥、李善注杳冥、謂遠而出冥也。莊子逍遙遊篇釋文引簡文注窅冥無極、故謂之冥。說文云窅窅冥也。皆爾雅冥窈之異文也。史記司馬相如傳云紅杳渺以眩湣兮、索隱引晉灼云杳渺、深遠。楚辭湘君篇云美要眇兮宜修、王逸注要眇、好貌。按要眇卽杳渺、蓋意態深遠之貌、杳渺又卽窈冥。冥渺一聲之轉。

義疏

冥幼窈**也**　孫注冥、深闇之窈也。日注、詩曰噦噦其冥。郭注、幼稚者冥昧。冥卽冂也、以其似冂几而加日六。六爲十六日、迂曲矣。此專釋斯干、以冥對正。正爲長、則冥爲幼、蓋頌王之詩惡穴字。幼幽聲同、故取幼釋之。

集解

冥幼也　冥、幽也、从日从六冂聲。日數十、十六日而月始虧幽也。引申爲幼、謂幼稚者冥昧耳。詩斯干噦噦其冥、傳冥窈也。若以冥正對文而論、則正爲長而冥爲幼。幼、小也、上經云稚也。从幺从力會意。禮記曲禮人生十年曰幼。

義證

冥幼也

樊注、詩曰曦曦其冥。詩小雅斯干正義引某氏

孫注、窈作幼冥、深闇之窈也。詩小雅斯干正義

釋文冥覓經反、字林亡經亡定二反。

注幼稺者冥昧。

疏謂幼少也。郭云幼稺者冥昧。小雅斯干云噦噦其冥。

鄭注、郭云幼稺者冥昧。

正義幼本作窈。詩疏引孫炎云冥、深闇之窈也。某氏云詩曰噦噦其冥。說文云冥、幽也。窈、深遠也。案幼幽聲近義通。故大戴禮記誥志篇云幽、幼也。說文義本爾雅。

義疏幼者、窈之叚音也。說文云窈、深遠也。詩關睢傳窈窕、幽閒也。窈窕疊韻、窈之言幽、幽窈雙聲也。通作窅。史記項籍紀集解徐廣曰窈一作窅。又通作杳。文選西征賦云又杳窱而不見陽、杳窱卽窈窕也。故李善注窈與杳同。又通作幼。窈从幼

聲、因省作幼、故詩斯干釋文幼本或作窈。正義云幼、爾雅亦或作窈。是窈爲正體、幼爲借聲。大戴禮誥志篇云幽、幼也。亦以聲同爲義。郭注以幼釋爲言、蓋失之矣。冥者、說文云幽也。幽亦幼、故斯干傳冥、幼也。幼亦窈、故正義引孫炎曰冥、深闇之窈也。又引某氏曰詩噦噦其冥爲冥窈。於義實安。然則毛傳之冥幼卽冥窈審矣。且冥窈連文、經典非一。老子云窈兮冥兮其中有精、莊子在宥篇云至道之精窈窈冥冥、史記項籍紀云窈冥晝晦、文選魏都賦云雷雨窈冥而未半、皆爾雅冥窈之正文也。文選舞賦云獨馳思乎杳冥、李善注杳冥、謂遠而出冥也。莊子逍遙遊篇釋文引簡文注窅冥無極、故謂之冥。說文云窅窅冥也。皆爾雅窈冥之異文也。史記司馬相如傳云紅杳渺以眩湣兮、索隱引晉灼云杳渺、深遠。楚辭湘君篇云美要眇兮宜修、王逸注要眇、好貌。按要渺卽杳渺、蓋意態深遠之貌。杳渺又卽窈冥。冥渺一聲之轉。

世榮案、郭云幼稺者冥昧、蓋以冥音近蒙。易序卦傳、蒙者蒙也、物之稺也。此郭氏所本、非竟緣詞生訓也。然用冥爲幼、經典實未之見、自以樊孫之義爲正、洪氏頤煊說同鄭氏、而遜其賅洽、今不錄。

釋言集解後案

冥幼也

[註]幼稺者冥昧[補正]臣鋆按、詩疏引孫炎註幼作窈、元冥、深闇之窈也。臣謂當從之。

郭注補正

冥幼也　注幼稚者冥昧

正曰、詩小雅斯干噦噦其冥、毛傳冥幼也。釋文幼、王如字、本或作窈、崔音杳。正義冥幼、釋言文。王肅云、少者闇昧噦噦然。傳本或作冥窈、爾雅亦或作窈。孫炎曰冥、深闇之窈。某氏曰詩云噦噦其冥、爲冥窈。臧明經拜經日記云、毛傳幼也、當從釋文正義所見或本作窈也。崔靈恩集注音杳、謂室之深窈。深窈者多闇而斯室則窈而明、故鄭箋云噦噦、明貌。王肅作幼訓少者非也。漢樊光習三家詩、今

注爾雅冥窈而引詩噦噦其冥、是魯韓與毛𢍰吕冥爲窈、孫叔然申毛傳夾是窈字、故云渷闇之窈。王肅好與鄭難、因改傳吕誣毛、晉郭景純鮮通古誼、不從樊孫而從王肅、雖曰陀於不知夾渷違盇闕之誼矣。洪州倅讀書叢錄云、文選思𢆯賦李注引說文冥窈也、老子窈兮冥兮、莊子在宥窈窈冥冥、皆誼本爾雅。

正郭

冥幼也　注幼稺者冥昧

諍曰、邵氏郝氏洪氏皆謂幼本作窈、詩疏引孫炎云冥、深闇之窈也。斯干噦噦其冥、毛傳冥、幼也。釋文幼本或作窈。塙有證據。案注義迂曲、若分用之解冥爲幼稺、解幼爲冥昧、均不可通、當據孫說以訂正之。

靜郭

冥幼也

冥者、小雅斯干噦噦其冥、毛傳云冥、幼也。彼釋文云幼、本或作窈。正義云幼者、爾雅亦或作窈。孫炎云冥、深闇之窈也。某氏曰詩云噦噦其冥、謂冥爲冥窈。案說文云窈、深遠也。卽周南關雎窈窕淑女之窈。傳云窈窕、幽閒也。幽者、冥也。邶風靜女燮云、猶貞女在窈窕之處。窈爲正字、幼爲借字。孫炎及某氏均作窈。窈從幼得聲、故音義皆相通、引申之爲幼稺之幼。郭注云幼稺者冥昧、與童蒙同義。幼又通作幽、大戴禮誥志篇云幽幼也一聲之轉。斯干幽幽南山、傳云幽幽、深遠也。

說詩

冥幼也　冥、毛本誤從宀。後並同。幼。小雅斯干疏曰亦或作窈。孫炎云冥、深闇之窈也。

注疏正字

冥幼也　幼、一切經音義入引作窈。案詩小雅斯干噦噦其冥、傳冥、幼也。釋文云本或作窈。正義引孫炎云深闇之窈也。是孫本作窈矣。

匡名

冥幼也　小雅噦噦其冥、傳冥、幼也。

啓蒙

冥、幼也、　幼有幼稚、窈幽二義、冥亦同也。

黃侃音訓

冥幼也

冥幼也。郭注幼稺者冥昧。頤煊案詩斯干噦噦其冥、毛傳冥幼也。釋文幼本或作窈。正義爾雅亦或作窈、孫炎曰冥、深闇之窈。與郭本異。說文冥、幽也。文選思玄賦歎逝賦李善注引說文冥窈也。老子窈兮冥兮、莊子在宥篇至道之精窈窈冥冥、素問從容論吾問子窈冥、皆義本於爾雅。

讀爾雅録

冥幼也

錦燧謹案、詩斯干噦噦其冥、毛傳云冥、幼也。與爾雅合、是雅訓卽釋此詩、然幼非長幼之幼、乃窈之假借字也。說文幺部云幼、小也。又穴部云窈、深遠也。二字音近義別。經典中多以窈冥連文、如老子云窈兮冥兮、素問云吾問子窈冥、史記項羽紀云窈冥晝晦、莊子云至道之精窈窈冥冥、據此可知幼爲假字矣。又案、正義引孫炎曰、冥深闇之窈也、是叔然本卽作窈。郭本作幼、故以幼稚者冥昧釋之、是望文生訓、誤以假字爲本字也。

陸錦燧日記

爾雅詁林 二 釋言

冥幼也。孫云、深闇之窈也。郭云、幼稺者冥昧。楷案、二說不同、近儒皆從孫說、然郭說亦未可厚非也。冥有幼稺義、故凡从冥之字皆有小義。說文覭、小見也。溟、小雨溟溟也。嫇、嫇、小人貌。陸璣詩疏螟蛉、桑上小青蟲也。玉篇猽、小豚也。皆可爲冥爲幼稺之義證。詩斯干噦噦其冥、傳用此、王肅陸德明孔穎達皆同郭說。釋文云幼、本或作窈。孔疏云、幼、爾雅亦或作窈。孔所說葢淺人依附孫說而爲之、孫讀幼爲窈、未必所據之本作窈也、否則釋文何以不與詩並載其異乎、彼袒從孫說者皆一偏之見耳。

稗疏

冥、窈也。

小雅斯干傳云：「冥、幼也、」釋文云：「本或作窈；」正義引孫炎云：「冥、深闇之窈也；」是孫本爾雅幼作窈、毛傳亦作窈、可知矣。說文云：「窈、深遠也、」又云：「冥、幽也、」葢幽窈雙音、故以聲爲義。老子云：「窈兮冥兮、」莊子在宥篇「至道之精、窈窈冥冥、」史記項籍紀「窈冥晝晦、」皆用爾雅冥窈之文也。

爾雅學

冥幼也○釋曰 注疏本刪

校勘記

幼稺者冥昧 各本稺作稚

校勘記訂補

冥幼也 案幼爲窈之假音、義仍爲窈、故詩斯干釋文云幼、本或爲窈。文選思元賦李善注引說文冥、窈也。老子冥兮窈兮、義皆本於爾雅。郭注訓幼爲幼稺、殊非。

注疏校勘札記

幼、詩釋文王如字、本或作窈、崔靈恩音杳。案、正、長也、冥、幼也、詩句相對、故王肅讀如字。

音略

明

冥幼也。

孫偘直音

降下也

郭注

降下也。

邢疏

降下也。釋曰、召南草蟲云、我心則降。

陸音義

降下 古巷反。下音如字、一讀降、音户江反。下音户嫁反。

注疏參義

降下也。傭均也。傭音容。○此釋降爲下、傭爲均之義也。疏曰、詩草蟲云、我心則降。節南山云、昊天不傭。

正義

降下也 正義 穀梁莊三十一年傳云、降、猶下也。堯典云、釐降二女于嬀汭、史記作飭下二女于嬀汭。

義疏

降下也 下、降、釋詁並云落也。此云降、下也、轉相訓。釋文、降、古巷反、一音户江反。按、降、古户紅反、下、户古反。降下一聲之轉。

集解

降下也 降 上云降、落。此爲降閨邑之降。書、不降我。記、降德於衆兆民。皆不可爲落也。下、从丨在一下。

義證

降下也 釋詁

降下均訓落、此云降下也、轉注耳。書堯典釐降二女于嬀汭、史記作飭下二女于嬀汭。微子之命天毒降災荒殷邦、史記降作下。禹貢是降丘宅土、史記作於是民得下丘居土。金縢無墜天之降寶命、鄭注降下也。詩草蟲我心則降、傳降下也。雲漢維嶽降神、旱麓福祿攸降、閔予小子陟降庭止、玄鳥降而生商、箋均云降下也。禮記曲禮容若降等、魯語民和而後神降之福、注均云降下也。前漢書司馬相如傳登降施靡、師古曰降、下也。楚辭湘夫人帝子降兮北渚、文選東京賦降至尊以訓恭、注均云降、下也。下字本作丅、底也、指事。

降下也

說文、降、下也。大雅旱麓福祿攸降、公劉復降在原、崧高維嶽降神、商頌玄鳥降爾生商、長發湯降不遲、殷武天命降監、傳箋竝云降、下也。大雅生民天降嘉種、疏云降者、從上之辭、從上亦下也。此降音古巷反者也。召南草蟲我心則降、小雅出車我心則降、傳箋竝云降、下也。草蟲降與蟲螽忡韻、出車降與蟲螽忡戎韻、此降音戶江反者也。 說詩

降下也 堯典釐降二女于嬀汭、史記作飭下二女于嬀汭。 啓蒙

降下也。 穀梁莊三十一傳降猶下也堯典釐降二女于潙汭、史記以降為下。 黃侃音訓

降、下也。

下、降、釋詁竝云：「落也、」穀梁莊三十一年傳云：「降、猶下也、」郝云：「降、古戶紅反；下、戶古反、降下一聲之轉。」 爾雅學

降下也○釋曰注疏本刪 校勘記

降下也 缸古音洪 孫侶直音

傭均也

傭均也。齊等。 郭注

傭均也 釋曰、謂齊等也。小雅節南山云、昊天不傭。 邢疏

傭均也 郭璞云、齊等。 一切注音

傭敕恭反。均音鈞。 陸音義

傭均也 戰功尙多、民功取均而已。 新義

傭均也 節南山云、昊天不傭。敕容反。 鄭樵注

傭均也 郭璞曰、齊等。鄭樵曰、節南山云、昊天不傭。敕容反。 古注合存

傭均也 註 齊等也。 正義 說文云傭、均直也。均、平徧也。小雅節南山云、昊天不傭。 正義

傭均也 荀子非相篇進此而不傭。說文、傭均直也。 校議

傭均也 齊等 均者、釋詁云易也。說文云平徧也。按、均之言勻也、旬者所用以旋轉調勻、故均又訓調也同也。詩秉國之均、此卽俗匀爲言、故毛傳均、平也。六轡旣均、亦俗匀爲比、故傳云均、調也。通作鈞、又通作旬、旬亦徧也。傭者、說文云均也直也。詩昊天不傭、傳傭、均也。通作庸、釋文傭、韓詩作庸。庸、易也、易亦均也。公羊莊卅二年傳庸得若是乎、何休注庸、猶傭。傭無節目之辭。魏都賦云超百王之庸庸、李善注庸、謂凡常無奇異也。是庸有均義。玉篇傭、恥恭切、均也直也。又音庸、賃也。傭與鴻聲義近、故考工記摶身而鴻、鄭注鴻、傭也。傭亦均。鄭意蓋以龍蛇之屬、其身摶圜前後均等、故訓鴻爲傭、義本爾雅。 義疏

傭均也 齊等。 郭注 上云庸、常。均、易。此釋詩昊天不傭、韓作庸。

傭均也 集解 傭、均直也、从人庸聲、引申為均。詩節南山昊天不傭、傳傭、

爾雅詁林 二 釋言

均也。韓詩作傭。均、平徧也、从土匀聲。上經云易也。

義證

傭均也　謂齊等也

慧琳方廣大莊嚴經序品六卷、佛說大乘造像功德經下卷音義俱引郭注爾雅曰傭謂齊等也。希麟新華嚴經十六卷音義引爾雅曰鏞均也、郭注云謂齊等也。今據補謂也二字。

郭注佚存補訂

傭均也

說文云、傭均直也。此釋小雅節南山昊天不傭。毛傳云傭、均也。彼釋文引韓詩作庸。下文昊天不平、不平謂不均。傳釋秉國之均云、均、平也。不平猶不傭也。

說詩

傭均也　說文、傭均直也。小雅昊天不傭、傳傭均也。

啓蒙

傭均也。詩秉國之均、又昊天不傭是同義並用。

黃侃音訓

傭、均也。說文土部云：「均、平偏也、」平徧者、平而周帀、謂無所不平也。古多假旬鈞爲均。傭者、說文云：「均也、（依段本）直也、」玉篇同。詩「昊天不傭、」傳「傭、均也；」釋文云：「傭、韓詩作庸、」庸者、易也、亦謂平易也；釋詁云：「均、易也、」其義正同。

爾雅學

傭均也〇釋曰　注疏本刪

傭均也。釋文傭敕恭反。今本恭誤作容。

校勘記

注疏本正誤

六行傭均也（注）齊等〇慧琳《音義》卷三十三引郭注「謂齊等也」・此脫「謂也」二字。

宋監本校箋

傭音容均也

音圖・音

踵

傭音容　案傭、敕恭翻音蹱字雖有容音此處當讀徹母。直音音蹱亦非、蹱从童、徹母字、踵从重、照母字。

直音正誤

傭均也

孫侶直音

傭均也　讀平聲

直音校正

傭容均也

楊氏音訓

傭容

干氏音釋

強暴也

強暴也。強梁淩暴。

郭注

彊暴也　釋曰、彊梁者好凌暴於物。詩序云、彊暴之男。

邢疏

彊暴也　郭璞云、彊梁淩暴。

一切注音

暴　字又作虣同、蒲報反。

陸音義

彊暴也　郭璞曰、彊梁淩暴。

古注合存

爾雅詁林　二　釋言

彊暴也 **註** 彊梁淩暴 **正義** 說文云、㬥、疾有所趣也。大雅蕩云、曾是彊禦、毛傳、彊梁禦善也。

正義

强暴也 强梁淩暴

暴者、說文作㬥。云疾有所趨也。玉篇作㬥。云㬥、猶耗也、猝也。今作暴。穀梁宣二年傳而暴彈之。范甯注暴、殘暴。通作虣。釋文、暴字又作虣同。蒱報反。周禮序官胥師注司虣、禁暴亂。文選蕪城賦注引字書云、虣、古文暴字。强者、一切經音義六引蒼頡篇云、强、健也。健捷與猝暴義近。通作彊。詩蕩傳云彊禦、彊梁禦善也。彊梁即麤暴。

義疏

强暴也 郭注彊梁淩暴。上云啓、彊。㬥、樂。詩不畏彊禦、謂㬥迕也。㬥从日出拱米、加本為疾。

集解

强暴也 强、蚚也。从虫弘聲。正字為彊。彊、弓有力也。引申為㬥。彊强通用字。詩載芟侯彊侯以、傳彊、强力也。蕩曾是彊禦傳、彊梁。均有麤暴之意。㬥字本作㬥疾有所趣也、今省作暴。穀梁宣二傳、而暴彈之。

義證

俅戴也

註詩曰戴弁俅俅 〔補正〕 邢疏、謂頭戴也。

郭注補正

強暴也

強梁淩暴

明注疏本強梁作彊梁、邢疏亦作彊。

郭注佚存補訂

强暴也

注疏本作彊、唐石經作强、强與彊同。大雅蕩曾是彊禦、毛傳云、彊梁禦善也。烝民不畏彊禦、疏云、不畏懼於彊梁禦善之人。周頌載芟侯彊侯以、傳云彊、彊力也。暴、說文作㬥。

說詩

彊暴也 彊石經摩改作強。見前 暴、釋文云字又作虣。案、虣俗字。說文本部㬥、疾有所趣也。从日出本廾之。此彊㬥字。又日部㬥、晞也。从日从出从廾从米。古文作𣋡。此㬥曬字。俗作曝。

匡名

彊暴也 大雅曾是彊禦傳、彊梁禦善也。郭註、彊梁淩暴。說文㬥疾有所趣也、从日出夲廾之。註與日部暴字義別、凡暴疾暴虐字从此。

啓蒙

強、暴也。

說文本部云：「㬥、疾有所趨也。」其義為疾。強者、蒼頡篇云：「強、健也；」詩蕩傳云：「彊梁、」郭云：「健捷、」與猝暴義近、彊梁、即麤暴、故訓強為暴也。

爾雅學

強 雪牕本同。單疏本注疏本作彊。唐石經先作彊、後改强。按注云彊梁淩暴、疏引詩序彊暴之男、則字當從彊。上文競逐彊也、疏云馳逐者亦彊梁、可互證。石經原刻是。

强梁淩暴 雪牕本同。注疏本强作彊。疏云彊梁者好淩暴於物。淩、字從冫、非。五經文字云淩水名。經典或以為侵陵字。

彊暴也〇釋曰 注疏本刪

校勘記

彊強暴也。

孫侶直音

㣇肆也肆力也

㣇肆也。輕㣇者好放肆。肆力也。肆、極力。

郭注

窕肆也肆力也　釋曰、窕、輕也。肆、放也。輕窕者好放肆。肆又爲極力。

邢疏

窕肆也

郭璞云、輕窕者好放肆。

肆力也

郭璞云、肆、極力。

一切注音

窕吐彫反。好放呼報反。

陸音義

彊暴也窕肆也

暴男子之彊。窕婦人之肆。

肆力也

是致是附德也、是伐是肆力也。

新義

窕肆也輕窕放肆。肆力也郭云、肆、極力。

鄭樵注

窕肆也

郭璞曰、輕窕者好放肆。

鄭樵曰、輕窕放肆。

肆力也

郭璞曰、肆極力。

鄭樵曰、郭云肆極力。

古注合存

彊暴也、窕肆也、肆力也。此釋彊爲暴、窕爲肆之義、而又轉肆爲律也。註曰、彊梁者凌暴、輕窕者放肆、肆謂極力也。

注疏參義

窕肆也 **註** 輕窕者好放肆 肆力也 **註** 肆極力 **正義** 說文云窕、深肆極也。衆經音義引字書云佻、輕也。左氏成十六年傳云、楚師輕窕。大戴禮記王言篇、布諸天下而不窕。肆又爲力者、文十二年傳云使輕者肆焉。

正義

肆力也　玉案、疑力當訓強、士爲力之力。

郭注毛麓所以爲䩻　韓奕疏引郭璞曰麓音貍

校議

窕肆也輕窕者好放肆**肆力也**肆極力

肆者、說文云極陳也。陳之爲言伸也、伸有展放之意、故肆又訓放也縱也。縱有舒長之意、故肆又訓長也、緩也。緩長有直遂之意、故肆又訓直也遂也。是皆從陳義而生也。凡陳設必有區域、故縣鐘磬全爲肆、周禮小胥所言是也。市廛貨物所居亦爲肆。論語百工居肆是也。是又從陳義而推也。窕者下文云閒也。閒有寬意、與深遠義近、故說文云窕、深肆極也。旣言深又言肆者、義本爾雅。言肆又言極者、肆之至極、極卽力也、是說文以一句兼釋二義。郭云輕窕者好放肆、蓋讀窕爲佻、釋文因之而云窕、吐彫反、此皆誤矣。唯說文與爾雅義合、今據以訂正。○肆又訓力者、力猶極也。說文肆、極陳也。窕、深肆極也。皆以極肆連言、可知肆有極義。故小爾雅云肆、極也。左氏昭十二年傳昔穆王欲肆其心、周語云藪澤肆旣、晉語云肆侈不違、呂覽仲春紀云無肆掠、淮南俶眞篇云無所肆其能也、注皆訓肆爲極。極卽盡力之義、故說文以肆爲極、爾雅以肆爲力、其義同。力極之聲又近。

義疏

窕肆也郭注輕窕者好放肆。　說文、窕、深肆也。下云、肆、力也。又云窕、閒也。則此窕非窃窕、郭以輕窕說之、非也。窃窕連文、又非字義、郝釋亦非。此今指字。从穴兆者、兆象石坼文、𠛱山石成穴爲遂。遂肆同字、非訓肆爲力。

肆力也承上申窕爲肆之意、肆無力訓、恌之異文耳。

集解

窕肆也窕深肆極也、从穴兆聲。詩關雎、窈窕淑女。窈窕連文、窈爲幽深、而窕爲肆長、故窈窕一釋爲幽空。肆、字本作肆、極陳也、从長隶聲、引申爲長。詩崧高其風肆好。

肆力也承上而明肆有正段二義耳。上以肆釋窕本義也、此以力釋肆、明以肆爲恣之借字焉。恣、縱也、引申爲力、謂極力也。恣肆通用字。書大誥肆哉、孫疏肆、力也。論語古之狂也肆、包注、極意敢言之也。文選東京賦𠩆廣孔肆、注肆、勤也。陸士衡赴洛詩肆目眇不及、注肆、盡也。肆均有力之意。力、筋也、象人筋之形、引申為務也勤也。書盤庚若農力穡。

義證

窕肆也　注輕窕者好放肆

正曰、王尚書經義述聞云、輕窕者好放肆、則輕窕非放肆、爾雅何㠯直訓窕為肆、蓋窕肆者皆謂深之極也。說文穴部窕、深肆極也。是極穴之深為窕也。淮南兵略山高尋雲、谿肆無景、高注肆、極也。是極谿之深為肆也。

肆力也　注肆極力

正曰、王尚書經義述聞云、訓肆為力不當加極字、肆與肄同。詩邶谷風既詒我肄、毛傳肄、勞也。淮南主術事力勞而無功、又泰族夙興夜寐而勞力之、力與勞同誼。若改郭注極力為勞力則得矣。

正郭

窕肆也　注輕窕者好放肆

諍曰、以窕為輕窕、本成十六年左傳楚師輕窕而言、不知輕窕則易震盪、安能放肆、說殊不然。郝氏據說文肆、極陳也。窕、深肆極也。輾轉引伸、意未明了。案窕既訓深肆極、則肆義已該。肆从長而訓極陳、陳設極即有深遠意、故窕即訓肆。輕窕非窕之本義、宜不能通矣。

諍郭

窕肆也肆極也

說文云窕、深肆極也。周南關雎窈窕淑女、傳云窈窕、幽閒也。正義云窈窕者、謂淑女所居之宮形狀窈窕然。箋言幽閒深宮是也。肆者、深之極也。淮南兵畧訓谿肆無景、注云肆極也。肆極者、極讀如廣雅憜極之極、謂勞之甚也。肆與肄通、小雅甫田箋云、以道藝相講肄。彼釋文云肄、本作肄。鄭注聘禮記云古文肆為肄。肄肆二字古多互用。此釋邶風谷風既詒我肄、毛傳云肄、勞也。周禮大司寇上功利力、注云力、勤。力勤即勞也。詩釋文云肄、爾雅作勩、以世反。釋詁云勩、勞也。小雅雨無正莫知我勩、傳云勩、勞也。爾雅釋文云勩、字亦作肄。肄勩肆三字音義皆同。余釋窕為深、肆為肄、自喜獨得、及閱經義述聞、即釋窕為深、肆為肄、與余正同。後人著書往往不能出前人範圍、甚哉其難也。

說詩

窕肆也

窕、通作佻、讀若挑。庸人據唐石經以為窕肆之窕从宀、窕閒之窕从內、今本皆作窕、誤甚。說文無窕字、窕訓深肆極也、義本爾雅。窕乃窕之俗體耳。以不誤為誤、何哉。且謂玉篇廣韵脫窕字、則近于妄矣。

小箋

窕隸也（隸俗作肆）

郭曰輕窕者好放隸。家大人曰、輕窕者好放隸、則輕窕非放隸也。爾雅何以直訓窕為隸乎。予謂窕隸皆謂深之極也。說文窕、深隸極也。從穴兆聲。是極深為窕也。昭十二年左傳注曰隸、極也。（周語晉語注及呂覽淮南各篇注並同）淮南兵略篇山高尋雲霓、谿深隸無景、（今本脫霓深二字見讀書雜志）高注曰隸、極也。極谿之深不見景、是極深為隸也、故曰窕隸也。

肄力也

郭曰肄、極力。引之謹案、爾雅訓肄爲力不當加極字以釋之、今案肄與肆同。邶風谷風篇既詒我肆、毛傳曰肆、勞也。字本作勩、小雅雨無正篇莫知我勩、釋詁及毛傳並曰勩、勞也。此訓爲力者、力亦勞也、淮南主術篇曰民貧苦而忿爭、事力勞而無功、泰族篇曰夙興夜寐而勞力之、是力與勞同義。大雅烝民篇威儀是力、箋曰力、猶勤也。勤亦勞也。窕肄也、肆力也、肆與肄聲相近、故連而及之。凡釋言篇中如憯曾也、增益也、茇隱也、僾唈也、兆域也、肇敏也之屬、皆以聲相近而并及之、肆肄古字通、故又借肄爲肆矣。周官小宗伯肄儀爲位、故書肄爲肆。玉藻肆束及帶、注肆、讀爲肄。曲禮大夫與士肄、內則請肄簡諒、文四年左傳臣以爲肄業及之也、釋文並作肆。

述聞

窕肆也　窕、石經作宨从宀。案左傳襄廿六年楚師輕窕、釋文从宂、石經亦从宀。攷之說文玉篇五經文字宀部皆無宨字、廣韻廿九篠亦無之。羣經音辨三宂部窕、輕也、引楚師輕窕。至集韻始分窕宨爲二、窕、徒了切、引說文深肆極也、一曰閑也。宨土了切、引爾雅肆也。類篇宀部亦同此恐爲石經所誤。爾雅訓窕爲肆、說文引窕爲深肆極也、其義正同、安得別有从宀之宨乎。

肆肄之隸變

匡名

窕肆也肆力也　說文、窕、深肆極也。郭註輕窕者好放肆。窕又通佻、輕也。左成十六年傳楚師輕窕。文十二年傳使輕者肆焉。郭註肆、極力。力、筋也、象人筋之形。治功曰力、能禦大災。

啓蒙

窕、肆也。肆、力也。　窕肆、肆力相承義異。　肆兼放肆深肆二義、窕亦然。肆如用本義、則力當讀爲协、說文材十人也。又說、力與勞聲轉、釋詁舍人注勞、力極也。肆者文選東京賦厥庸孔肆、薛綜注肆、勩也。通作篹、釋詁篹、勤也。又通作勩、釋詁勩、勞也。又通作肄、詩既詒我肄、傳肄、勞也。勤勞無不用力、故又以力爲勞矣。

窕、石經作宨从宀、詩大明疏引釋言宨肆及郭注輕宨者好放肆、皆从宀、集韻類篇宨土了切、引爾雅肆也、案宨即窕之省。左成十六襄二十六楚師輕窕釋文从穴、石經从宀、臧庸以从宀爲是謬甚。

黃侃音訓

窕、肆也。

說文「肆、極陳也。」玉篇「肆、放也。」左氏昭三十二年傳注「肆、展放也。」梓材「越厥疆土、于先王肆。」傳云：「能遠拓其界壤、則于先生之道遂大。」是肆又爲寬大矣。

窕者、說文穴部云：「窕、深肆極也、从穴、兆聲、讀若挑。」深肆極者、謂深遠寬大達於極至也。王念孫云：「窕肆者、皆謂深之極也。淮南兵略篇『山高尋雲霓、谿深肆無景。』高注『肆、極也。』極谿之深不見景、是極深爲肆也。」段玉裁則云：「窕與窘、爲反對之辭。淮南兵略訓云：『入小而不偪、處大而不窕。』墨子尙賢中『此道也、大用之天下則不窕、小用之則不困。』荀卿子曰：『充盈大宇而不窕、入郤穴而不偪。』凡此皆可證窕之訓寬肆。左傳曰：『楚師輕窕。』此窕義之引伸、寬然無患謂之輕窕。」如段說、是窕者、即寬肆之謂、此爾雅所以訓窕爲肆也。

肆、力也。

王引之云：「肆與肄同、邶風谷風篇『既詒我肄。』毛傳曰：『肄、勞也。』字本作勩、小雅雨無正篇『莫知我勩。』釋詁及毛傳竝曰：『勩、勞也。』此訓爲力者、力亦勞也；淮南主術篇曰：『民貧苦而忿爭、事力勞而無功。』大雅烝民箋曰：『力、猶勤也。』勤、亦勞也。」是肆者、肄之假借字、故訓肆爲力也。

爾雅學

窕唐石經單疏本雪牕本同、注疏本作宨、注及疏並此。元本經作宨。按、葉鈔釋文宨、肆也、吐彫反。宨、閑也、郭徒了反、與唐石經皆畫然有別。玉篇廣韻脫窕字、今本皆作宨、誤甚。詩大明正義引釋言及郭注作宨。集韻二十九篠於宨下引爾雅肆也謂輕宨放肆。類篇宀部宨下引爾雅肆也、此其證。左傳成十六年楚師輕宨、釋文勑彫反、依義當作宨。

窕肆也肆力也○釋曰　注疏本刪

校勘記

爾雅詁林　二　釋言

宛肆也○宛，宋刻十行本同。《釋文》作「宛」，唐寫本同，當據正。注「宛」字同。

宋監本校箋

掉上聲　宛肆也。

孫偘直音

挑　宛肆也

直音校正

肆力也　極力也

楊氏音訓

宛他彫切、又徒了切。

干氏音釋

俅戴也

俅戴也。詩曰、戴弁俅俅。

郭注

俅戴也　釋曰、謂頭戴也。注詩曰戴弁俅俅者、周頌絲衣文也。

邢疏

俅戴也

郭璞云、詩曰戴弁俅俅。

俅戴也　孫炎曰、詩曰戴弁俅俅。

一切注音

蕙心案、毛詩戴作載、傳云載、戴也。載戴古通。

古注斠

俅音求　弁音卞

陸音義

俅戴也

吾有求焉則戴爾矣。

新義

俅戴也　絲衣云、戴弁俅俅。

鄭樵注

俅戴也　郭璞曰、詩曰、戴弁俅俅。

鄭樵曰、絲衣云戴弁俅俅。

古注合存

俅戴也。俅音求。○此釋俅爲戴之義也。詩絲衣云、戴弁俅俅。

注疏參義

俅戴也**註**詩曰戴弁俅俅**正義**俅、說文作絿。釋訓云、俅俅、服也。轉相訓也。**註**詩曰至俅俅。○**正義**周頌絲衣文。毛詩戴作載。鄭箋載、戴也。釋名云、載、戴也。在其上也。

正義

俅戴也詩曰戴弁俅俅　戴者、說文云、分物得增益曰戴。釋名云、戴、載也。載之於頭也。通作載。經典載戴通用。詩載弁俅俅、郭引亦作戴矣。俅者、說文云、冠飾皃。引詩戴弁俅俅。所引正與郭合。服亦戴也。釋訓云、俅俅、服也。郭注謂戴弁服。釋文、俅本亦作絿。

義疏

俅戴也　俅、亦作絿。郭注詩曰戴弁俅俅。求旣象裘、因爲戴也。疊字無取單文之例。下云俅俅服、是釋絲衣、此即求加人耳。詩自求多福、易童蒙求我、皆戴也。戴載通用。立戈爲𢦏、加車加異、隨事爲義。異从丗丌、已有感戴之意。

集解

俅戴也　俅、冠飾皃。从人求聲。正字爲捄。捄、盛土於梩中也。引申爲戴、謂載土也。詩縣捄之陾陾、箋謂載土。箋所以釋捄爲捊耳。戴、分物得增益也。从異𢦏聲。經典或以爲載之借字。

義證

俅戴也

注詩曰、戴弁俅俅。

釋文俅音求　弁音卞

疏謂頭戴也。注詩曰戴弁俅俅者、周頌絲衣文也。

鄭注絲衣云、戴弁俅俅。

正義俅、說文作絿。釋訓云、俅俅、服也。轉相訓也。「注」周頌絲衣文、毛詩戴作載。鄭箋載、戴也。釋名云、載、戴也。在其上也。

義疏戴者、說文云分物得增益曰戴。釋名云戴、載也。載之於頭也。通作載、經典載戴通用。詩載弁俅俅、郭引亦作戴矣。俅者、說文云冠飾皃、引詩戴弁俅俅。所引正與郭合。服亦戴也、釋訓云俅俅服也。郭注謂戴弁服。釋文、俅本亦作絿。世榮案爾雅文簡義古、凡狀物者皆曰也、俅戴也、卽俅戴皃、與說文冠飾皃文異而義同。

釋言集解後案

俅戴也

詩曰戴弁俅俅

此葢引三家之詩、玉篇貝部亦引詩戴弁俅俅。雪牕本監本作載、從毛詩改也。

郭注佚存補訂

俅戴也

此釋周頌絲衣載弁俅俅。鄭箋云載、猶戴也。載戴古多通用、故郭注引作戴弁俅俅。說文云俅、冠飾也、詩曰弁服俅俅。字或作頍、玉篇頁部引詩作戴弁頍頍。詩釋文云俅、說文作絿。案今說文作俅不作絿。絿者、說文云急也、義別。釋文、恐有誤。

說詩

俅戴也註詩曰戴弁俅俅 戴、監本從經文作載。音義云如字、又音戴。

注疏正字

俅戴也 正義云俅、說文作絿。元照案、說文人部俅、冠飾皃、引詩戴弁俅俅。其糸部絿字訓急、引詩不競不絿。與此無涉、邵氏誤引。

匡名

俅戴也 郭註引詩戴弁俅俅。戴、詳釋訓。毛詩作載。箋載、戴也。

啓蒙

俅、戴也。詩曰戴弁俅俅。 詩戴俅連言、故此以戴釋俅。 俅戴疊韻。

黃侃音訓

坎律銓也　舫舟也　冥幼也　俅戴也

釋文坎字又作欿 釋言釋文 釋文作方舟 大夫方舟 孫炎本作冥窈也云冥深闇之窈也 引見斯干詩疏 說文作冥幽也 冥部 絿作俅 系部絿 毛詩戴作載 周頌絲衣詩

冥幼也、說文作冥幽也。按、幼幽聲相近、窈亦通、大戴禮誥志篇云、幽幼也。戴、周頌作載。按、載戴古字通。

證異

俅、戴也。

郭注引周頌絲衣云：「戴弁俅俅、」毛詩戴作載、鄭箋云：「載、戴也、」釋名「戴、載也、載之於頭也。」經典載戴多通用。

俅者、說文人部云：「俅、冠飾皃、」與雅義合。

爾雅學

戴弁俅俅 單疏本元本閩本毛本同。雪牕本監本戴改載。按毛詩絲衣載弁俅俅、箋云、載猶戴也。葢古文作載、今文作戴。韓魯詩當有作戴者、玉篇頁部引詩戴弁俅俅可證。

俅戴也〇釋曰 注疏本刪

校勘記

七行俅戴也〇「戴」，唐寫本作「載」．「戴」「載」古書通用．今《詩．絲衣》「戴弁俅俅」，字作「載」．

宋監本校箋

俅戴也。

求

孫侶直音

俅 求 戴也·

楊氏音訓

瘞幽也

瘞幽也。幽亦薶也。

郭注

瘞幽也 釋曰、皆謂薶藏。

邢疏

瘞幽也

郭璞云、幽亦薶也。

一切注音

瘞 於例反。又於計反。或作瘗同。 薶 莫皆反。

陸音義

爾雅詁林　二　釋言

瘞 或作陸同。○瘞當作瘞，說文從土疾聲。陸俗字，舊更譌陸，今改正。

音義攷證

瘞幽也

若騎箕尾發爲昭明在上也。

新義

瘞幽也 幽、藴藏也。

鄭樵注

瘞幽也

郭璞曰、幽、亦藴也。

鄭樵曰、幽、藴藏也。

古注合存

瘞、幽也。瘞音意。○此釋瘞爲幽之義也。註曰、瘞亦藴也。

注疏參義

瘞幽也 註 幽亦藴也 正義 釋詁已云、瘞、幽微也、此重言之。說文云、瘞、幽藴也。

正義

瘞幽也 郭注、幽亦藴也。上云瘞幽微。此專釋禮祭地曰瘞。

集解

瘞幽也 瘞、幽藴也、从土疾聲、引申為幽、謂幽微也。詩燕燕其心塞淵、傳塞瘞與幽闇義同。借塞為之、幽、隱也、从山中从幺、會意、幺亦聲、下經云深也。

義證

瘞幽也

幽、亦藴也。

雪牕本藴改埋。

郭注佚存補訂

瘞幽也

說文云瘞、幽藴也。釋天孫云瘞者、翳也、既祭瘞藏地中也。翳者、幽也。瘞幽一聲之轉。邶風燕燕傳云塞、瘞也。塞與幽義近。此釋大雅雲漢上下奠瘞。釋文云瘞、埋也。埋之地中不見天日、故曰幽。釋詁云瘞幽微也。

說詩

瘞幽也 釋文云、瘞、瘞或作陸。盧學士曰瘞當作瘞、說文从土疾聲。陸俗字、舊本陸譌陸。

匡名

瘞幽也 已詳釋詁。

啓蒙

瘞、幽也。

郭注云「幽、亦藴也。」又見釋詁「瘞、幽微也」節。

爾雅學

瘞幽也○釋曰 注疏本刪

幽亦藴也 注疏本同。雪牕本藴改埋、係俗省。按釋文邢疏皆作藴。

校勘記

翳意

瘞、幽也。

孫偘直音

瘞意幽也

直音校正

瘞意幽也

楊氏音訓

氂罽也

氂罽也。毛氂所以爲罽。

郭注

氂罽也 釋曰、毛氂所以爲罽。舍人曰、氂謂毛罽也。胡人續羊毛而作衣。然則罽者織毛爲之、若今之毛氍毹、以衣馬之帶鞅也。

邢疏

氂罽也

氂、謂毛罽也、胡人續羊毛作衣。書禹貢正義 邢疏

詩正義十八之四引氂謂毛也、罽、胡人續羊毛而作。

犍爲注

氂罽也 釋文、氂、李本作毳。

毳呂銳反。釋文

李注

爾雅詁林 二 釋言

氂罽也

毛氂爲罽。書正義六

孫音注

氂罽也

氂、音貍。詩疏引郭璞云、見邵氏爾雅正義。

郭音義

黃輯古義

氂罽也

氂所謂毛罽也、胡人續羊毛而作衣。邢疏　書禹貢正義引無氂所二字。詩大雅韓奕正義引作氂謂毛也、罽、胡人續羊毛而作。

犍爲注

氂罽也

毛氂爲罽。書禹貢正義。

孫音注

玉函山房輯佚

氂罽也

氂謂毛罽也。舍人注　毛氂爲罽。孫注　並書疏六

鉤沉

氂罽也釋文氂李本作毳昌銳反

舍人曰、氂謂毛也。罽、胡人續羊毛而作。書正義六　詩正義十八之四　邢疏　按、書正義作謂毛罽也、胡人續羊毛而作衣。今從詩正義。舍人義多兩訓、如崇充也、曰戚大充盛。庶侈也、曰庶衆也。陊多也、隍壑也、曰隍城池也。壑溝也。訓例最古。

孫曰、毛氂爲罽。書正義六

漢注

氂罽也釋文二十八卷　氂李巡本作毳

舍人云、氂毛罽也、胡人續羊毛而作。孫炎云、毛氂爲罽。並書正義六卷　郭璞云、毛氂所以爲罽、氂音貍。氂音貍三字從詩正義十八之四卷引增。

一切注音

氂罽也、舍人曰、氂謂毛罽也、胡人續羊毛作衣。書禹貢正義　孫炎曰、毛罽爲氂。同上　李本作毳、昌銳反。釋文　郭璞云、氂音貍。詩大車正義

古注斠

氂力知反。又力才反。李本作毳、昌銳反。　罽居例反。

陸音義

氂罽也　罽者織毛爲之、若今之毛氍毹、以衣馬之帶鞅也。

鄭樵注

氂罽也氂李本作毳

舍人曰、氂所謂毛罽也、胡人續羊毛而作衣。

孫炎曰、毛氂爲罽。

郭璞曰、毛氂所以爲罽。

鄭樵曰、罽者織毛爲之、若今之毛氍毹、以衣馬之帶鞅也

古注合存

氂罽也。氂音離。罽音計。○此釋氂爲罽之義也。註曰、毛氂所以爲罽。疏曰、罽者織毛爲之、若今氍毹、以衣馬之帶鞅也

注疏參義

氂李巡作毳

周禮注、樊及纓皆以五采罽飾之、疏引爾雅。

補注

氂罽也 註 毛氂所以爲罽 正義 廣雅云、毦、罽也。釋文引李巡本氂作毳。先鄭司服註云、毳、罽衣也。後鄭註巾車云、樊與纓皆以五色罽飾之。註 毛氂至爲罽。○ 正義 詩疏引郭璞云、氂音貍。舍人云、氂毛罽也、邊人續羊毛而作。書疏引孫炎云、毛氂爲罽。七月鄭箋云、褐、毛衣也。太平御覽引韋輝光問云、毲者之所服也、今罽亦用爲之。詩孔疏云、罽者、織毛爲之、若今之毛氍毹、以衣馬之帶鞅也。

正義

氂罽也毛氂所以爲罽

罽者、䋃之叚借也。說文云、䋃、西胡毳布也。又云、紕、氐人䋃也。通作罽。王會篇、伊尹四方令曰、正西紕罽爲獻。後漢書西南夷傳、冉駹夷、其人能作旄氈斑罽。蓋罽之有文者稱斑矣。氂者、毳之譌文也。說文毳、獸細毛也。周禮司服注引鄭衆云、毳、罽衣也。然則鄭以毳

爾雅詁林　二　釋言

爲罽衣、許以纈爲毳布、證以釋文云、氂、李本作毳、昌銳反、可知爾雅古本氂罽作毳罽矣。毳衣如菼、經有成文、故此釋之。今本毳作氂。氂、說文以爲犛牛尾、非可作罽。經典借爲豪氂之氂、又以爲毛氂、故一切經音義九引三蒼云、氂、毛也。書禹貢正義引舍人曰、氂、謂毛罽也、胡人續羊毛作衣。又引孫炎曰、毛氂爲罽。詩韓奕正義引郭璞云、氂音貍。又引舍人與書正義小異。舍人所以知罽爲羊毛作者、據內則云羊泠毛而毳氈。一切經音義二引三蒼云、毳、羊細毛也。又引字林義同。然則羊毛細者稱毳、舍人所據爾雅本正作毳、與李巡同、唯郭本誤作氂、有氂音貍三字可證。正義引舍人及孫炎亦作氂、蓋因郭本作氂致誤耳。

義疏

氂罽也

氂者、毳之譌文也。說文、毳、獸細毛也。周禮司服注引鄭衆曰、毳、罽衣也。然則鄭以毳爲罽衣、許以纈爲毳布、證以釋文云、氂、李本作毳、昌銳反、可知爾雅古本氂罽作毳罽矣。毳衣如菼、經有成文、故此釋之、今本毳作氂。氂、說文以爲犛牛尾、非可作罽。經典借爲豪氂之氂、又以爲毛氂、故一切經音義九引三蒼云、氂、毛也。書禹貢正義引舍人曰、氂、謂毛罽也、胡人續羊毛作衣。又引孫炎曰毛氂爲罽。詩韓奕正義引郭璞云氂音貍。又引舍人與書正義小異、舍人所以知罽爲羊毛作者、據內則云羊泠毛而毳氈。一切經音義二引三蒼云毳、羊細毛也。又引字林義同。然則羊毛細者稱毳、舍人所據爾雅本正作毳、與李巡同、唯郭本誤作氂、有氂音貍三字可證。正義引舍人及孫炎亦作氂、蓋因郭本作氂相涉致誤。念孫案、氂字之訓非一、說文不能盡載。說文訓氂爲犛牛尾、非謂氂之必不可訓罽也。詩書正義並引舍人曰、氂謂毛罽也、則舍人本之作氂甚明、乃因舍人注內有羊毛二字、遂謂舍人本必作毳不作氂、是誣舍人也。書正義引孫炎曰毛氂爲罽、此卽郭注所本、則孫本之作氂又甚明。乃云唯郭本誤作氂、是誣景純而並誣叔然也。又謂正義引舍人及孫炎亦作氂、蓋因郭本作氂相涉致誤、則又誣及孔沖遠矣。若舍人本孫本皆作毳、則作毳者不獨李巡矣、釋文何以言李本作毳乎。李本作毳、祇可兼存其說、奈何舉其一而廢其三乎。

郝注刊誤

氂罽也 舍人注、氂謂毛罽也。孫注、毛氂爲罽。郭同。氂卽毛也、以犛牛加犛。犛非古字、犛牛亦當爲毛牛。周官有旄舞。罽从网厕。厕古文銳、从厂剡。銳者网幪之、故爲氊毯之稱。

集解

氂罽也 氂、犛牛尾也。从犛省、从毛、會意、毛亦聲。罽也者、謂毛氂所以爲罽也。淮南說山、馬氂截玉。周禮旄人、樂師有旄舞、旄卽氂也。罽、魚网也、从网厕聲、正字爲纈。纈、西胡毳布也。纈罽叠韵。

義證

氂罽也 氂力知反　罽居例反

註 毛氂所以爲罽 補正 邢疏、舍人曰氂、所謂毛罽也。

郭注補正

氂罽也

毛氂所以爲罽 氂音貍

詩韓奕正義引釋言云、氂、罽也。郭璞曰、氂音貍。今本脫此三字、據補。

郭注佚存補訂

氂罽也

郭及舍人孫炎皆作氂、李巡作毳。大雅韓奕疏引郭璞云氂音貍。舍人云氂、謂毛也。㲉、胡人績羊毛而作。書疏引孫炎云毛氂爲㲉氉者。說文云㒼、西胡氉布也。王風大車氉衣如璊、說文引作氉衣如𧝮、云以氉爲㲉也。

說詩

氂㲉也疏氂所謂毛㲉也。所、衍字。　北人績羊毛而作衣而、衍字。以衣馬之帶鞅也疑

注疏正字

氂㲉也　氂、釋文云李本作氉。　說文网部㲉、魚网也、从网㲉聲。非此義也、當作㒼、說文糸部㒼、西胡氉布也、从糸㲉聲。

匡名

氂音貍㲉也　說文犛部氂、犛牛尾也、从犛省从毛。郭註、毛氂所以爲㲉。李巡本氂作氉、鄭註氉、㲉衣也。

啓蒙

氂㲉也。釋文、氂、李本作氉。承珙案、說文、氉、細毛也。㒼、西胡氉布也。又云璊、以氉爲㒼。周禮掌皮共其氉毛爲氈、注云氉毛、毛細縟者。氈與㲉略同、皆以氉爲之。若氂則說文訓犛牛尾、漢書注云毛之強曲者爲氂牛、不如李巡本作氉爲是。又一切經音義引三蒼字林並以氉爲羊細毛、周禮內饔禮記內則並云羊泠毛而氉。詩正義引舍人注云、氂謂毛也、㲉、胡人績羊毛而作氂、舍人亦當同李本作氉。作氂者、傳寫誤耳。

胡氏古義

氂㲉也

錦燧謹案、爾雅爲釋詩而作、其爲今詩所無者、非三家之異文、卽叔孫輩所增益者也。然亦有後人誤改者。毛詩無氂字、此經釋文云、氂、李本作氉、是氂當作氉。葢釋詩大車篇氉衣如菼也。說文犛部云、氂、犛牛尾也。莫交切又部首云氉、獸細毛也。此芮切二字音義俱別、惟氂氉皆可織以爲㒼、其用則同、故氂氉二字引申之俱可訓爲㒼、此經當依李巡作氉㲉也爲是、知非三家異文而決爲誤改者。毛韓齊魯之異、皆音同音近、音轉字不外假借一類、若氂之與氉、其音絕遠、故知爲後人所改也。㲉乃㒼之假借字、說文糸部云㒼、西胡氉布也、从糸㲉聲。至㲉之本義訓爲魚网、與㒼義別。

陸錦燧日記

氉、㲉也。

郭本作氂、㲉也；釋文「氂、李本作氉；」郝云：「氂者、氉之譌文；氂、說文以爲犛牛尾、非可作㲉；」故據以訂正。

㲉者、㒼之假借字。說文糸部云：「㒼、西胡氉毛也、从糸、㲉聲。」此爲本字本義。周禮司服注引鄭衆云：「氉、㲉衣也、」與許義通。詩七月疏云：「㲉者、織毛爲之、若今之毛氍毹、」後漢書西南夷傳云：「冉駹夷、其人能作旄氊斑㲉、」是㲉爲毛褥之類、斑㲉爲㲉之有文者也。衆經音義引三蒼云：「氉、羊細毛也；」此與禹貢正義所引舍人云：「氂、謂毛氉也、胡人績羊毛作衣、」相同、必爲舍人所本；唯舍人注之氂字、爲後人所改竄耳。

爾雅學

氂㲉也○釋曰　注疏本刪

氂謂毛㲉也　注疏本氂下衍所

校勘記

八行氂罽也(注)毛氂所以爲罽○《詩·韓奕》《正義》引「《釋言》」云：「氂，罽也。郭璞曰：氂音貍。」今本郭注無此語。

宋監本校箋

氂音離㲉也

離　計

音圖·音

氂㲉也

孫侶直音

直音校正

䗘，𠪨也。（讀離詁。）

楊氏音訓

䗘離𠪨訏也。

干氏音釋

䗘，䗘居例𠪨切。

郭注

烘，燎也。煁，烓也。

烘燎也。謂燒燎。煁烓也。今之三隅竈。見詩。

邢疏

烘燎也煁烓也　釋曰：舍人曰：烘，以火燎也。煁，烓竈也。郭云：烘，謂燒燎。煁，今之三隅竈也。然則烓者，無釜之竈，其上燃火謂之烘。本爲此竈上以燃火照物，若今之火爐也。注云見詩者，小雅白華云：樵彼桑薪，卬烘于煁。是也。

犍爲注

烘燎也煁烓也

烘，以火燎也。煁，烓竈也。詩白華正義　邢疏

孫音注

烘燎也

烘音恭。釋文　詩小雅白華卬烘于煁。釋

郭音義

烘燎也

烘，巨凶反。釋文

煁烓也

烓音恚。釋文

沈集注

烘燎也

烘，火公反。釋文

顧音

烘燎也煁烓也

烘，火公反。烓，口井烏攜二反。釋文　詩白華釋文引下七字

黃輯古義

烘燎也煁烓也

犍爲注

烘，以火燎也。煁，烓竈也。詩小雅白華正義　邢疏

孫音注

烘燎也。烘音恭。釋文

郭音義

烘燎也。烘，巨凶反。

煁烓也。烓音恚。

沈集注

烘燎也

烘，火公反。釋文引沈顧

顧音

烘燎也。烘，火公反。釋文引沈顧

煁烓也。烓，口井烏攜二反。釋文

玉函山房輯佚

鈎沉

煁烓也

煁，烓竈也。舍人注　詩疏十五之二

烘燎也

烘，以火燎也。舍人注　詩疏十五之二

漢注

烘燎也煁烓也

舍人曰：烘，以火燎也。煁，烓竈也。詩正義十五之二　邢疏

孫曰：烘音恭。釋文

一切注音

烘燎也

舍人云：烘，以火燎也。詩正義十五之二卷　郭璞云：謂燒燎。

煁烓也

舍人云：煁，烓竈也。詩正義十五之二卷　郭璞云：今之三隅竈。見詩。

烘燎也 舍人曰、烘、以火燎也。詩白華正義 郭巨凶反。孫音恭。釋文

烘烓也 舍人曰、煁、烓竈也。詩白華正義 郭音恚。釋文

古注斠

烘 沈顧火公反、郭巨凶反、孫音恭。字林巨凶甘凶二反。 燎 力皎反、又力召力弔二反。 煁 市針反。 烓 郭音恚、字林口穎反、說文云、行竈也。顧口井烏攜二反。 隅 音虞。 竈 則到反。

陸音義

烓 字林口穎反。○案、詩釋文引作口頴反。

音義攷證

煁烓也 怒火也。竈怒在內、烓怒上達。

新義

烘燎也煁烓也 白華云、卬烘於煁。煁、三隅竈、市針反。

鄭樵注

烘燎也 烘、孫音恭、郭巨凶反。

舍人曰、烘、以火燎也。

郭璞曰、謂燒燎。

煁烓也 烓郭音恚

舍人曰、煁、烓竈也。

郭璞曰、今之三隅竈、見詩。

鄭樵曰、白華云、卬烘於煁。煁、三隅竈、市針反。

古注合存

烘燎也煁烓也 煁音忱、烓音頃。○此釋烘爲燎煁爲烓之義也。註曰、煁、今之三隅竈也。疏曰、舍人云、烘以火燎也。烓者、無釜之竈、其上燃火謂之烘、若今之火爐也。詩白華云、卬烘于煁。

注疏參義

詩釋文、烘、孫炎音恭。

補注

烘燎也 註 謂燒燎。 煁烓也 註 今之三隅竈見詩 正義 說文云、烘、尞也。煁、烓也。烓、行竈也。燎當從說文作尞。詩疏引舍人云、烘、以火燎也。煁、烓竈也。孔疏云烓者、無釜之竈、其上然火謂之烘、本爲此竈上亦然火照物、若今之火爐也。註見詩。○ 正義 小雅白華云、卬烘于煁。

正義

烘燎也 謂燒燎。 煁烓也 今之三隅竈見詩。

燎者、說文云、放火也。廣雅云、燒也。燒燎義同。在野曰野燒、在庭曰庭燎、其義一耳。烘者、詩卬烘于煁、傳、烘、燎也。正義引舍人曰、烘、以火燎也。釋文、烘、火東反、徐又音洪。說文巨凶甘凶二反、孫炎音恭。爾雅釋文郭巨凶反、餘音略同。今按烘从共聲、孫音是也。今讀火東反矣。○烓者、說文云、行竈也。从圭聲、讀若同。玉篇口同、烏圭二切。釋文引顧與玉篇同。郭音恚、字林口穎反。詩釋文又口弭反。詩正義云、烓者、無釜之竈、其上然火謂之烘、本爲此竈上亦然火照物、若今之火爐也。按此火爐蓋如今燒炭所用、郭云三隅竈者、蓋如今之風爐、形如筆筩、缺其上口爲三角、以受風、謂之風竈、形制大小隨人所爲、舟車皆可攜帶、故說文謂之行竈也。又今登萊人謂竈爲鼾鑪烓、其音正作口穎切、此古音矣。煁者、說文云、烓也。玉篇云、竈也。詩白華傳、煁、烓竈也。正義引舍人與毛傳同。

義疏

烘燎也 舍人注、烘、以火燎也。郭注謂燒燎。尞从慎火、以祭天。制字又加火爲凡燎。禮有庭燎。說文以火田、說爲放火。此釋詩卬烘于煁。烘从共火、則燎爲附火、非燒燎也。附火又當稍遠、因爲遼遠。

煁烓也 舍人注、煁、烓竈也。郭注、今之三隅竈、見詩。煁从甚、蓋以煁質取義。烓从圭、說文云、行竈、讀若同。迥遠與遼同義、攜以行遠者。从圭但取聲同。

集解

烘燎也 烘、尞也、即燎也。从火共聲。詩白華卬烘于煁、傳、烘、燎也。燎、放火也、从火尞聲。書盤庚、若火之燎于原。

煁烓也 煁、烓竈也、从火甚聲、如今之風爐無釜竈也。詩白華卬烘于煁、傳、煁、烓竈也。烓、行竈也、从火圭聲、讀若同。

義證

爾雅詁林 二 釋言

烘燎也

註謂燒燎補正邢疏舍人曰烘、以火燎也。

煁烓也煁市針反　烓音恚

註今之三隅竈見詩補正邢疏舍人曰煁烓竈也。然則烓者無釜之竈其上燃火謂之烘本爲此竈上以燃火照物若今之火爐也。小雅云卬烘于煁。臣鋆按、說文云烓行竈也。行竈其上無釜也義亦通。

郭注補正

烘燎也

謂燒燎

仿宋本脫謂字。

煁烓也

今之三隅竈也、見詩。

詩白華正義引釋言云煁烓也、郭璞曰今之三隅竈也。據補也字。

郭注佚存補訂

烘燎也煁烓也

此釋小雅白華卬烘于煁。毛傳云烘、燎也。煁、烓竈也。說文云烘、尞也。說文云烘、以火燎也。煁烓、灶也。

廣韵云、烓煁行竈。

說詩

烘燎也釋文云、烘、郭巨凶切。煁烓也音烓頃釋文云、郭音恚。

疏此竈上以燃火照物燃、監本作然。

注疏正字

烘燎也　說文火部烘尞也。又燎放火也。此當作尞、經典相承以燎代之。

煁烓也　說文同。

匡名

烘燎也煁烓也　說文、烘尞也。郭註謂燒燎。燎放火也。煁、烓也。烓、行竈也。郭註今之三隅竈。小雅卬洪于煁、傳煁、烓竈也。註行竈非爲飲食之竈、若今大鑪、僅可炤物、自古名之曰烓、亦名之曰煁。

啓蒙

煁、烓也。今之三隅竈見詩。　郭云三隅竈者、說文融三足鍑也、鬲三足釜也、有柄喙、烓爲三隅竈、猶融爲三足鍑、鬲爲三足釜也。烓之爲言圭也、圭者銳上、故爲三角之名、說文讀若同、則與炯光也。熲火光也。並通。烓之讀爲同、猶耿之从烓省聲也。　鬲又通鐫、鐫罌也、罌俗作鐺、亦三足而似鼎。玉篇鑴銅器三足有耳者也、又天官書小三星隅置曰觜觿、是凡同此聲者皆有三角義。

黃侃音訓

烘、燎也。

說文火部云：「尞、柴祭天也、」引伸爲燒義。燎篆云：「放火也、」此爲火田字；經典相承皆用燎。又烘篆云：「烘、尞也；」小雅白華「樵彼桑薪、卬烘於煁、」正義引舍人云：「烘、以火燎也。」

煁、烓也。

烓者、白華正義云：「無釜之竈、若今之火爐、」故說文稱行竈。郝云：「蓋如今燒炭所用。」說文火部云：「煁、烓也。」段云：「或假諶爲之、春秋傳裨諶字竈、知諶即煁字也。」

爾雅學

烘燎也煁烓也〇釋曰注疏本刪

若今之火鑪也元本同閩本監本毛本鑪改爐

校勘記

燒燎十行本雪牕本吳本並謂燒燎

校勘記訂補

爾雅詁林　二　釋言

煁烓也。釋文烓、郭音恚、字林口穎反。今本音頃、是用字林音、非郭義。【注疏本正誤】

燒燎監本、永懷堂本、毛本、湘本燒上有謂字、此脫、据邢義疏宜補入。（注今之三隅竈○《詩·白華》《正義》引此注「竈」下有「也」字。）【注疏校勘札記】

煁音針 烓音頃 也【宋監本校箋】

烘直音音洪 案烘有曉羣見三母音、無匣母音、今音洪誤。【音圖·音】

煁音針 案煁市針翻、音諶、禪今音針、照大謬。【直音正誤】

烘沈顧火公翻、忽平聲。曉母郭巨凶翻、音窮。羣母孫音恭。見母字林巨凶上見甘凶恭郎音二翻。烓郭音恚、字林口穎翻、音頃。顧口井頃郎音烏攜音如支韻之倭二翻。【音略】

烘燎也。煁烓也。【直音校正】孫侶直音

洪蒸 料燎 諶 頃

烘洪蒸燎料也。

煁忱烓頃也無釜之竈【楊氏音訓】

烘呼東切 煁諶 烓頃又淵畦切【干氏音釋】

陪朝也

陪朝也。陪位爲朝。【郭注】

陪朝也 釋曰、臣見君曰朝、朝之列位必陪重、是陪位爲朝也。【邢疏】

陪朝也 郭璞云、陪位爲朝。【一切注音】

陪蒲回反。朝也直遥反、注同。【陸音義】

陪朝也 陪大夫也。朝坐燕與。詩曰、以無陪無卿。【新義】

陪朝也郭云、陪位爲朝。【鄭樵注】

陪朝也 郭璞曰、陪位爲朝。鄭樵曰、郭云陪位爲朝。【古注合存】

陪朝也。朝音潮○此釋陪爲朝之義也。註曰、陪位爲朝。疏曰、臣見君曰朝、朝之列位必陪重也。【注疏參義】

陪朝也註陪位爲朝【正義】說文云、陪、重土也。通作陛。玉篇云、陛、天子階也。賈誼書云、陛九級者、堂高大幾六尺矣。陛者、朝之列位也。【正義】

陪朝也陪位爲朝 朝者、曲禮云、天子當宁而立、諸公東面、諸侯西面、曰朝。白虎通云、朝者、見也。大宗伯云、春見曰朝。鄭注、朝猶朝也、欲其來之早。然則朝兼朝旦爲義也。文選古意酬到長史溉登瑯邪城詩云、金溝朝灞滻。李善注、小水入大水曰朝。說文作淖、云、水朝宗于海。是朝又取水淖爲義也。陪者、說文云、重土也。玉篇云、貳也、隨也、加也、助也、益也。是陪有加益之義。朝亦所以助益人君、如土壤增崇於山、細流益潤於海、故參乘曰陪乘、加鼎曰陪鼎、侍朝曰陪位、皆其義矣。陪培通。【義疏】

陪朝也 郭注陪位爲朝。否、唾不受也、从否。因以相對爲陪、字亦作倍。詩、時無倍無側。又以無陪無卿。禮、主人倍答拜焉、謂兩人相鄉拜也。䩕、从倝舟、謂日出行舟、因爲早旦。【集解】

陪朝也

陪、重土也、从阜音聲。朝也、皆以朝爲重之借字耳。禮記曲禮自稱曰陪臣某、左僖十二傳陪臣敢辭服、魯語士有陪乘、注均云陪、重也。莊子逍遙遊而後乃今培風、釋文培、重也。以培爲之。朝字本作翰、旦也、从倝舟聲。經典或以爲重之借字、重朝雙聲。

義證

陪朝也

注陪位爲朝。

釋文陪蒲回反。朝直遙反、注同。

疏臣見君曰朝、朝之列位必陪重、是陪位爲朝也。

鄭注郭云陪位爲朝

正義說文云陪、重土也。通作陛。玉篇云陛、天子階也。賈誼書云陛九級者、堂高大幾六尺矣。陛者、朝之列位也。

義疏朝者、曲禮云天子當宁而立、諸公東面、諸侯西面曰朝。白虎通云、朝者、見也。大宗伯云春見曰朝、鄭注朝、猶朝也、欲其來之早。然則朝兼朝旦爲義也。文選古意酬到長史溉登琊邪城詩云金溝朝灞滻、李善注小水入大水曰朝。說文作淖、云水朝宗于海。是朝又取水淖爲義也。陪者、說文云重土也。玉篇云武也隨也加也助也益也。是陪有加益之義、朝亦所以助益人君、如土壤增崇於山、細流益潤於海、故參乘曰陪乘、加鼎曰陪鼎、侍朝曰陪位、皆其義矣。陪培通。

羣經平議陪者、部之叚字。凡偏旁从邑者隸變作阝、與从𨸏者相混、但有在左在右之分、而古人又往往不拘。敦煌長史武班碑領校秘鄭、鄭即陾也。李翕析里橋郙閣頌、王氏念孫謂郙即廣雅陠、衺也之陠。然則部之爲陪也、亦猶是矣。朝廷之位各有部署、文選西京賦薛綜注曰署位也。部訓朝、猶署訓位矣。

世棨案陪疑附之叚字、朝即朝會之朝。詩蕩釋文陪本作培。莊子逍遙遊釋文培、本作陪。左氏襄二十四年傳部婁無松柏、說文𨸏部附字云附、婁小土山也。春秋傳曰附婁無松柏。陪之通部、俞說已詳。是陪培部附竝以聲近義通。左氏定四年傳、分之土田陪敦、吳氏夌雲謂與閟宮土田附庸語正合、陪讀與附同、教當爲𦫵字之譌也。是也。以朝訓陪者、陪爲臣附之附、朝會亦相臣附。孟子梁惠王欲辟土地朝秦楚、公孫丑武丁朝諸侯有天下、與滕文公惟臣附于大邑周義竝相近。考工記梓人不屬于王所、故抗而射女、鄭注、屬猶朝會也。孟子告子一不朝則貶其爵、再不朝則削其地、三不朝則六師移之、與梓人義合。是不朝即爲不附、故以朝釋陪即以朝釋附也。

釋言集解後案

陪朝也

注陪位爲朝〔補正〕邢疏、臣見君曰朝、朝之列位必陪重、見陪位爲朝也。

郭注補正

陪朝也

陪者、大雅蕩以無陪無卿、毛傳云陪、貳也。疏云陪貳謂副貳、王者則三公也。郭注云陪位爲朝。

說詩

陪朝也 說文、隝、重土也、通作陛、升高階也。玉篇、陛、天子之階。是朝之列位也、故曰朝。

啓蒙

陪朝也

注曰、陪位爲朝。疏曰、臣見君曰朝、朝之列位必陪重、是陪位爲朝也。

樾謹按陪者、部之叚字。凡偏旁從邑者、隸變作阝、與從𨸏者相混、但有在左在右之分、而古人又往往不拘。敦煌長史武班碑、領校秘鄭、鄭即陾也。李翕析里橋郙閣頌、王氏念孫謂郙即廣雅陠、衺也之陠。然則部之爲陪亦猶是矣。朝廷之位各有部署、文選西京賦薛綜注曰署位也。部訓朝、猶署訓位矣。

平議

陪、朝也。

俞樾云：「陪者、部之假字。凡偏旁從邑者、隸變作阝、與從阜者相混、而古人又往往不拘、李翕析里橋郙閣頌、王念孫謂『郙、即廣雅陠、衺也之陠』；」然則部之爲陪、亦猶是矣。朝廷之位、各有部署、文選西京賦薛綜注曰：『署、位也；』部訓朝、猶署訓位矣。」鄰本字也、而隸變作隣、俞以陪爲部、亦其例也。

爾雅學

陪朝也〇釋曰注疏本刪

校勘記

十四工(二九)一行(注)陪位爲朝〇原本《玉篇》阜部「陪」下引此注「朝」下有「也」字.

宋監本校箋

曹

陪朝也。

孫偘直音

陪朝也 潮

直音校正

陪朝潮也 陪位爲朝

楊氏音訓

康苛也

康苛也。謂苛刻。

郭注

康苛也 釋曰、注謂苛刻。案苛者、毒草名、爲政刻急者取譬焉。禮記、孔子曰苛政猛於虎。苛名康者、以康安也。苛刻者、心安之。左傳曰州吁阻兵而安忍其類也。

邢疏

康苛也

郭璞云、謂苛刻。

一切注音

苛 音何

陸音義

康苛也

苛生于安忍。

新義

康苛也 苛謂苛刻。

鄭樵注

康苛也 郭璞曰、謂苛刻。鄭樵曰、苛謂苛刻。

古注合存

康苛也 苛音何。〇此釋康爲苛之義也。註曰謂苛刻也。疏曰苛、毒草名。政苛刻者似之。記孔子云苛政猛於虎。愚按舊訓康安也。左傳云州吁阻兵而安忍。是心安於苛也。此訓似曲。考六書正譌康米穀皮也。借爲康樂字。蓋去穀皮以爲米。亦煩苛之義。

注疏參義

康之爲苛、亦猶亂爲治、故爲今、徂爲存、擾爲馴之類。疏引州吁阻兵安忍殊鑿。

補注

康苛也 **註** 謂苛刻 **正義** 說文云、苛、小艸也。釋器云、康謂之蠱。康苛皆細小之物、故假借以爲煩碎之名。淮南主術訓、狡躁康荒、不愛民力。

正義

康苛也 謂苛刻

苛者、說文云小艸也。按苛爲小艸、故又爲細也煩也重也。又擾也、一切經音義十六引國語賈逵注云、苛、猶擾也。通作荷。經典多借荷爲苛、如晏子春秋諫上篇云、執法之吏、並荷百姓、漢街彈碑云、吏無荷擾之煩。皆以荷爲苛也。康者、釋器云、康謂之蠱。康亦細碎、與苛擾義近、聲又相轉。

義疏

康苛也 郭注、謂苛刻。葢詩無已太康之異說。又成王不敢康。康荒同意也。苛从艸可。記、無荷政。字亦作荷。荷、荷重縈也。苛、小艸。賈逵云擾。

集解

康苛也 康、穀皮也、从米庚聲。

引申爲苛、謂康形之細苛也。詩昊天有成命、成王不敢康、謂不敢苛。或着康之正字爲苛與。苛、小艸也、从艸可聲。引申爲暴也、虐也。楚語、彌其百苛。

義證

爾雅詁林　二　釋言

康苛也

注、謂苛刻。

釋文苛 音何。

疏、苛 音何。苛者、萻草名、爲政刻急者取譬焉。禮記、孔子曰苛政猛于虎。苛名康者以康安也。苛刻者、心安之。左傳曰州吁阻兵而安忍其類也。

鄭注、苛謂苛刻。

正義、說文云、苛小艸也。釋器云、康謂之蠱。康苛皆細小之物、故叚借以爲煩碎之名。淮南主術訓、狡躁康荒、不愛民力。

義疏、苛者、說文云小艸也。按苛爲小艸、故又爲細也煩也重也。又擾也、一切經音義十六引國語賈逵注云苛、猶擾也。通作荷。經典多借荷爲苛、如晏子春秋諫上篇云、執法之吏竝荷百姓、漢街彈碑云、吏無荷擾之類、皆以荷爲苛也。康者、釋器云、康謂之蠱。康亦細碎、與苛擾義近聲又相轉。

羣經平議、康苛當作抗荷、皆同音叚借字也。後漢書班彪傳尊無與抗、李賢注曰、抗讀曰康。然則康亦可讀爲抗矣。禮記明堂位篇崇坫康圭、鄭注曰、康讀爲亢龍之亢、卽其例也。苛與荷古字通、晏子春秋諫上篇執法之吏竝荷百姓、漢街彈碑吏無荷擾之煩、彼荷字卽是苛、知此苛字卽是荷矣。詩百祿是何、卽負荷之本字、釋文曰本亦作苛、是古字通也。抗舉與負荷其義相近、故曰抗荷也。郭以本字讀之、訓爲苛刻、而邢疏乃以安忍之義曲爲之說、無論迂迴難通、且經傳康字無作苛刻解者、爾雅何以橫發此訓乎。或謂經文本是康苛、若作抗荷則兩字俱易、恐涉臆說。然下文奘駔也、釋文引孫炎樊光本作將且也、抗荷之爲康苛、亦猶將且之爲奘駔、同音叚借不必泥其形矣。

世榮案、康苛以聲近相通、則苛字之義、皆康字所有、引申則爲苛刻、叚借則爲負荷。俞說與郭注不相妨也。惟邢邵不求之聲而求之義、似近迂曲。俞謂經傳康無訓苛、則亦未然、蟋蟀之無已大康、康字卽當訓苛。蓋職思其居、職思其外、職思其憂三句憂深思遠、正所謂大康者。章末二句乃進以中禮之儉、與序所云儉不中禮、欲其及時以禮自虞樂者正合。毛公訓康爲樂、則戒而非閔矣、當以此經之訓正之。

釋言集解後案

康苛也

註謂苛刻補正邢疏、康安也。苛刻者、心安之。州吁阻兵而安忍其類。臣鑒按、註疏義俱未允。

郭注補正

康苛也　注謂苛刻

諍曰、疏云苛刻者心安之、兩字仍各自爲義、知康不得爲苛刻也。俞氏平議據漢書及禮注讀康爲抗、據晏子春秋漢街彈碑讀苛爲荷、謂抗舉與負荷其義相近、較以苛爲小草因解康爲細碎、其說殊優。

靜郭

康苛也

此釋唐風蟋蟀、無已太康。序云、晉僖公儉不中禮、故作是詩以閔之。無已太康謂無太苛刻也、康爲苛、非康樂之康、詩人之意謂不可太儉、應思其所居之事、而又恐勸其行樂不能節之以禮、故又曰好樂無荒。若訓康爲樂、則既云無太康樂、而又云好樂無荒、其意不亦複乎。康與糠通。糠爲穀皮、細碎之物、與苛細義近。釋器云、康謂之蠱。

說詩

康苛也

郭云謂苛刻、失之。郝疏及俞氏平議皆以苛爲荷、俞氏又以康爲抗、不知爾雅所釋之字有假借、而釋之之字必用正字及本義也。柏年案康之訓苛、亦以相反爲訓。釋詁、康安也、靜也。苛、史記酈生陸賈列傳、好苛禮。國語晉語內無苛慝、注苛、煩也。又云以皐落翟之朝夕苛我邊鄙、注苛、擾也。一切經音義引說文煩擾也、煩擾者正與安靜相反。又康苛一聲之轉、與苦之爲快同例。郝氏又引釋器康謂之蠱、云康亦細碎、與苛擾義近、以意附

爾雅詁林　二　釋言

會、迂曲難通。

補釋

康

𣝣、糠之省文。

小箋

康苛也 釋器、康謂之蠱。說文、苛、小艸也。此以細小之物借爲煩碎之名。郭註謂苛刻。

啓蒙

康苛也 上云康、靜也、安也、或曰相反為義。今案康之訓苛、字當作殃、劾、伉。殃、迫也。劾、彊也。伉、健也。引申為苛刻。擾亦有安擾義。然則苛亦同之。康訓為苛用安擾義。 康者穅之省、穅亦細物也。

黄侃音訓

康苛也

注曰謂苛刻。 疏曰、苛名康者、以康安也、苛刻者心安之。左傳曰州吁阻兵而安忍其類也。 樾謹按、康苛當作抗荷、皆同音叚借字也。後漢書班彪傳尊無與抗、李善注曰、抗讀曰康。然則康亦可讀爲抗矣。禮記明堂位篇崇坫康圭、鄭注曰、康讀爲亢龍之亢。卽其例也。苛與荷古字通、晏子春秋諫上篇執法之吏竝荷百姓、漢街彈碑吏無荷擾之煩、彼荷字卽是苛、知此苛字卽是荷矣。詩元鳥篇百祿是何、何卽負荷之本字、釋文曰本亦作苛、是古字通也。抗舉與負荷其義相近、故曰抗荷也。郭以本字讀之、訓爲苛刻、而邢疏乃以安忍之義曲爲之說、無論迂迴難通、且經傳康字無作苛刻解者、爾雅何以橫發此訓乎。或謂經文本是康苛、若作抗荷則兩字俱易、恐涉臆說。然下文奘駔也、釋文引孫炎樊光本作將且也、抗荷之爲康苛、亦猶將且之作奘駔、同音叚借、不必泥其形矣。

平議

康苛也 案此卽相反爲訓之例。釋詁、康、安也。說文、苛、小艸也。引申爲苛刻之苛。康之訓苛、猶毒之訓厚、亂之訓治矣。

王仁俊日記

康苛也 郭注謂苛刻。邵氏正義曰、說文苛、小草也。釋器曰康謂之蠱。康苛皆細小之物、故假借以爲煩碎之名。孚吉按、郭以苛爲苛刻、康與苛刻義固不能相受、邵以康苛皆細小之物、亦未免望文生義。今按康苛一聲之轉、苛之言可也。康、樂也。可亦樂也、故以相詁。廣雅厭愜哿可也、是可爲快意愜心之稱。詩正月哿矣富人、哀此惸獨、哿與哀相對爲文。哀者、憂悲。哿者、歡樂也、言樂矣。彼有屋之富人、哀哉此無祿之惸獨也。雨無正哀哉不能言、匪舌是出、惟躬是瘁、哿矣能言、巧言如流、俾躬處休。哿與哀亦相對爲文、言哀哉不能言之人其身困瘁、樂矣能言之人身處於安也。哿與可通、卽與苛通、哿矣猶言康哉也。昭八年左傳引詩哿矣能言、杜注哿、嘉也。嘉亦歡樂之意、故禮運以嘉魂魄、鄭注嘉、樂也。王肅注家語問禮篇亦云嘉、善樂也。然則苛康義本相同、後人不通假借之義、於假借字則仍以本字釋之、故愈穿鑿而愈支離耳。

爾雅詁

康、苛也。

邕案。康當讀爲唐。漢書司馬相如傳奏陶唐氏之舞。顏師古注云。陶唐當爲陰康。傳寫字誤耳。案。陰陶字誤。康唐並諧庚聲。例得通借。不得云誤。苛卽訶字。玉篇止部云。⿱止可古文訶。案。⿱止可當作⿱大可。卽苛之俗體。說文敘所謂苛之字止句是也。然則訶苛同字。說文口部云。唐、大言也。言部云。訶、大言而怒也。唐、訶並有大言之義。故以苛釋康。以苛釋康。猶以訶釋唐矣。

又案。上文云。陪、朝也。解者亦少確義。鬯竊謂說文、部云。咅、相與語唾而不受也。陪當讀爲咅。相與語唾而不受者。謂人有嘲己唾而不受曰咅也。今俗語猶然。然則咅與嘲義實相因。說文無嘲字。則古但借朝爲之。以朝釋陪。猶以嘲釋咅耳。咅、嘲也。唐、訶也。二句皆屬語言拒斥爲義。故雅文類次之。今案。說文口部有㖃字。云語相訶歫也。是㖃與訶義合。苛與㖃形似。則苛或卽㖃之譌字。亦未可知。

校書

康、苛也。

俞樾云：「康苛、當作抗荷、皆同音假借字也。後漢書班彪傳『尊無與抗、』李善注曰：『抗、讀曰康、』然則康亦可讀爲抗矣；禮明堂位『崇坫康圭、』鄭注曰：『康、讀爲亢龍之亢、』即其例也。苛與荷、古字通、晏子春秋諫上篇『執法之吏、並荷百姓、』漢衡彈碑『吏無荷擾之煩、』彼荷字即是苛、知此苛字、即是荷矣、詩玄鳥篇『百祿是何、』何、即負荷之本字、釋文云：『本亦作苛、』是古字通也。抗舉與負荷、其義相近、故曰抗、荷也。」晉案小雅云：「大侯執抗、」禮文王世子云：「周公抗世子法於伯禽、」抗者、舉也；漢書酈食其傳師古注云：「荷、與苛同、」亦苛荷通用之證。俞氏求義於聲、視諸說爲長。

爾雅學

康苛也○釋曰注疏本刪

校勘記

其類也 湘本其上有是字。此與監本毛本脫。

注疏校勘札記

康苛也。何

孫偘直音

康苛何也 請苛刻

楊氏音訓

樊藩也

樊藩也。謂藩籬。

郭注

樊藩也 釋曰、孫炎曰樊圃之藩也。郭曰謂藩籬。藩以細木爲之。齊風東方未明云、折柳樊圃。小雅青蠅云營營青蠅止于榛。毛傳云榛、所以爲藩是也。

邢疏

樊藩也

樊、圃之藩也。詩正義五之一又十四之三 邢疏

樊藩也 樊、圃之藩也。邢疏詩齊風東方未明正義又小雅青蠅正義。

孫音注

黃輯古義

樊藩也 樊、圃之藩。孫注 詩疏十四之三

孫音注

玉函山房輯佚

樊藩也

孫曰、樊、圃之藩也。詩正義五之一又十四之三 邢疏

鈎沉

樊藩也

孫炎云、樊、圃之藩也。詩正義五之一卷又十四之一卷 郭璞云、謂藩籬。

漢注

樊藩也 孫炎曰、樊、圃之藩也。詩青蠅東方未明正義

一切注音

樊音煩 藩方元反 籬力支反

古注斠

陸音義

樊藩也

園爲其援之也故口原本作口誤之。樊爲其兆之也故楙之。

新義

樊藩也 藩籬也

鄭樵注

樊藩也

孫炎曰、樊、圃之藩也。郭璞曰、謂藩籬。鄭樵曰、藩籬也。

古注合存

樊、藩也。此釋樊爲藩之義也。註曰藩謂藩籬。疏曰樊以細木爲之。詩東方未明云、折柳樊圃。

注疏參義

樊藩也 註 謂藩籬 正義 樊、說文作楙、引詩云、營營青蠅止於楙、漢書戾太子傳引作止于藩。

樊藩古字通。註 謂藩籬。正義 詩疏引孫炎云樊、圃

之藩也。莊子養生主云、不蘄畜乎樊中。太宗師云、吾願游乎其藩。

正義

樊藩也 謂藩籬

藩者、詩价人維藩、傳藩、屏也。一切經音義廿引蒼頡篇云、藩、蔽也。易大壯馬融注、藩、籬落也。通作蕃。詩四國于蕃、蕃卽藩字之省。故大司徒九曰蕃樂、杜子春讀蕃樂爲藩樂、大司馬蕃畿卽職方之藩服矣。樊者、棥之叚借也。說文云、棥、藩也。通作樊。詩折柳樊圃、止于樊、傳竝云、樊、藩也。正義引孫炎曰、樊、圃之藩也。按樊又訓邊也、旁也、崖也、皆從藩籬之義而生也。止于樊、說文引作止于棥、漢書昌邑王傳作止于藩、史記滑稽傳作止于蕃、竝同聲通借字。

義疏

樊藩也 孫注樊、圃之藩也。郭注謂藩籬。樊棥加扳交木使人不可闌入、才可扳援而已。詩止于樊、說文引作棥。藩从潘、通作蕃。說文藩、屏也。又籓、一曰蔽。番爲獸足、禁其蹂踐、以艸竹樊之、或周水、故藩蕃籓潘一也。後分蕃茂、潘淅、藩屏、籓箕、則潘籓从播取義、藩不宜从潘。

集解

樊藩也 樊、鷙不行也、从廾从棥。棥、圃之藩也。故樊可釋爲藩。詩東方未明折柳樊圃、傳樊、藩也。又青蠅止于樊、說文引作棥、云藩也。漢書昌邑王傳作止于藩。文選月賦長自邱藩、注樊、藩也。藩、屏也、从艸潘聲。易大壯、羝羊觸藩。

義證

樊藩也

〔註〕謂藩籬〔補正〕邢疏、孫炎曰、樊、圃之藩也。

郭注補正

樊藩也

謂藩籬也

詩東方未明正義引郭璞曰、謂藩籬也。文選月賦注引爾雅樊藩也、郭璞曰藩籬也。今本脫也字、據補。

郭注佚存補訂

樊藩也

樊者、齊風折柳樊圃、小雅青蠅止于樊、毛傳竝云樊、藩也。孫云、樊、圃之藩也。說文作棥。青繩止于棥、漢書昌邑王傳及論衡商蟲篇作止于藩、史記滑稽傳作止于蕃、東方未明釋文云、藩、本作蕃。蕃藩古多通用。大雅崧高四國于蕃、與板价人維藩、傳箋竝訓爲屏藩。

說詩

樊藩也 說文𠬞部樊、鷙不行也、从𠬞从棥、非此義、當作棥。說文爻部棥、藩也、从爻从林。詩曰、營營青蠅止于棥。

匡名

樊藩也 說文、棥、藩也、从爻林。引詩止于棥。漢書引作止于蕃。又藩、屏也。屏藩與藩籬義相通也。

啓蒙

樊、藩也。 樊藩同字聲通同訓。

黃侃音訓

瘞幽也 鷢罽也 烘燎也 陪朝也 樊藩也

釋文瘞或作瘗〔同釋言釋文〕 李巡本鷢作毳〔呂銳反釋言釋文〕 周禮注毳罽衣也〔先鄭司服注〕 說文作烘䙴也〔火部烘〕 郭注陪位爲朝〔釋言注〕 說文樊作棥〔爻部棥〕 漢書樊作藩〔戾太子傳引青蠅詩〕 史記樊作蕃〔滑稽列傳引青蠅詩〕

證異

樊藩也

錦燧謹案、此釋詩東方未明篇折柳樊圃、青蠅篇止于樊也。毛傳俱云樊、藩也。說文棥下引詩作止于棥、漢書昌邑王傳引詩作止于藩、史記滑稽傳引詩作止于蕃。竊謂棥聲番聲潘聲同在段書弟十四部、古每通用。說文云棥、藩也。樊、鷙不行也。藩、屏也。蕃、艸茂也。是棥爲本字、樊藩蕃三者皆假借字、此蓋以假字釋假字例也。【陸錦燧日記】

樊、藩也、說文艸部云：「藩、屏也；」爻部云：「棥、藩也、从爻林。」衆經音義引蒼頡篇「藩、蔽也、」屏亦蔽也。詩疏引孫炎云：「樊、圃之藩也。」許書蕃訓「艸茂、」樊訓「鷙不行；」古用蕃、樊者、皆音假也。樊、藩、古亦通借。【爾雅學】

樊藩也〇釋曰注疏本刪【校勘記】

(注)謂藩籬〇《詩·東方未明》引此注「籬」下有「也」字.【宋監本校箋】

樊、藩也。翻【孫侶直音】

樊藩也【直音校正】

賦量也

賦、量也。賦稅所以評量。【郭注】

賦量也　釋曰、謂賦稅也。郭云、賦稅所以評量。方言云、平均賦也。燕之北鄙、東齊北郊凡相賦斂謂之平均。是平量也。【邢疏】

賦量也　郭璞云、賦稅所以評量。【一切注音】

賦量也

量音良音亮　一以評音病【陸音義】

量天之所賦、亦人之所賦。【新義】

賦量也　量其所入。【鄭樵注】

賦量也　郭璞曰、賦稅所以評量。鄭樵曰、量其所入。【古注合存】

賦量也、此釋賦爲量之義也。註曰賦稅所以評量。疏曰燕之北鄙東齊北郊凡相賦斂謂之平均。【注疏參義】

賦量也【註】賦稅所以評量【正義】周官閭師云、以時徵其賦。鄭註司市云量豆區斗斛之屬。左氏昭三年傳云、齊舊四量。【註】賦稅至評量。【正義】方言云、平均賦也、燕之北鄙、東魯北郊、凡相賦斂謂之平均。廣雅云賦、稅也。說文云量、稱輕重也。【正義】

賦量也　賦稅所以評量

量者、說文云稱輕重也。玉篇力姜力尙二切、釋文亦具二音。周禮序官量人注、量、猶度也。禮運月以爲量、鄭注量、猶分也。華嚴經音義上引國語賈逵注、量、分齊也。賦者、說文云斂也。詩烝民傳賦、布也。呂覽分職篇注賦、予也。方言云賦、與操也。是賦兼取予、其義則皆爲量也。故魯語云賦里以入而量其有無。然則賦斂賦稅即爲量入、賦布賦予即爲量出、賦之爲言撫也。撫揣料量、郭注但以賦稅爲言、失之。【義疏】

郭注賦稅所以評量。　賦、从武貝。軍用也。與敷傳同用。書敷奏以言、亦作賦。量、从日重省。日有輕重、故當量度。詩、明命使賦。【集解】

賦量也

賦量也　賦、斂也、从貝武聲。字亦作財。引申爲量晉。

語賦里以入而量其有無是也。書禹貢厥賦惟上上錯、周禮大宰以九賦斂財賄、均謂量而賦之。量、稱輕重也、从重省良聲、引申爲凡量之量。禮記王制量入以爲出。少儀事君者量而後入。

義證

賦量也

注、賦稅所以評量。

釋文量音良、一音亮。以評音病。

疏謂賦稅也。郭云、賦稅所以評量。方言云、評均賦也。燕之北鄙東齊北郊凡相賦斂謂之平均是評量也。

鄭注、量其所入。

正義周官閭師云、以時徵其賦。鄭注司市云量豆區斗斛之屬。左氏昭三年傳云、齊舊四量。「注」方言云平、均賦也、燕之北鄙、東齊北郊、凡相賦斂謂之平均。廣雅云賦、稅也。說文云量、稱輕重也。

義疏量者、說文云稱輕重也。玉篇力姜力尚二切、釋文亦具二音。周禮序官量人注、量猶度也。禮運月以爲量、鄭注量猶分也。華嚴經音義上引國語賈逵注、量分齊也。賦者、說文云斂也。詩烝民傳賦、布也。呂覽分職篇注賦、予也。方言云賦與操也。是賦兼取予、其義則皆爲量也。故魯語云賦里以入而量其有無。然則賦斂賦稅卽爲量入、賦布賦予卽爲量出。賦之爲言撫也。撫揣料量。郭注但以賦稅爲言、失之。

世榮案、左氏襄二十五年傳賦車兵徒兵甲楯之數、杜注、使器仗有常數。是賦爲量也。上云賦車籍馬、杜氏無注、其義亦同、與上子木使庀賦量入脩賦義異。說文貝部賦、从貝武聲。止戈爲武、是武有限量之義、故賦亦可訓量。郝氏以撫釋賦似近迂曲。

釋言集解後案

賦量也　注賦稅所以評量

評曰、郝氏引烝民傳賦、布也。呂覽注賦、予也。謂賦斂賦稅爲量入、賦布賦予爲量出、義亦迂曲。案禮運月以爲量、鄭注量、猶分也。而賦則十分取一、皆有分量、故以賦爲量解爲所以評量、是無定分矣、其可通乎。

靜郭

賦量也

賦稅所以評量也

慧琳大般涅般經廿九卷音義引郭璞曰賦所以平量也。今本脫也字、據補。

郭注佚存補訂

賦量也

大雅烝民明命使賦、毛傳云賦、布也。竊謂賦者、賜之土田使收其地賦、故曰明命使賦。下文賦政于外、始訓賦爲布量者。治賦之法、多寡宜合其度、故云量也。廣雅釋言云、平均賦也。量者、所以使之平均也。

說詩

賦量也說文、賦、斂也。論語、可使治其賦也。左昭三年傳、齊舊四量。量、稱輕重也。謂賦斂當平均也。

啓蒙

賦量也。此釋魯語之文、賦之言箕也。

黃侃音訓

賦、量也。

說文「量、稱輕重也、」周禮序官量人注「量、猶度也。」郝云：「說文『賦、斂也；』呂覽注『賦、予也；』是賦兼取予、其義則皆量也；故魯語云：『賦里以入而量其有無。』然則賦斂賦稅、即爲量入、賦布賦予、即爲量出。」郝意蓋以賦之爲量、乃量之賦也。

爾雅學

賦量也〇釋曰注䟽本刪

平均賦也此。注䟽本平改評按下云凡相賦斂謂之平均本

宋監本校箋

校勘記

二行（注）賦稅所以評量〇玄應《音義》卷十四引「評」作「平」、「量」下有「也」字。

賦量也。（良量）

孫偘直音

賦量也（貝兆）

直音校正

粻糧也

粻糧也。今江東通言粻。

郭注

粻糧也 釋曰謂糧食也。郭云今江東通言粻。王制云、五十異粻。

邢疏

粻糧也

郭璞云今江東通言粻。

一切注音

粻音張，字林又文庚反。糧音良。

陸音義

粻字林又丈庚反。○丈舊作文、今定作丈。

音義攷證

粻糧也

量而食之、乃可長也。

新義

粻糧也 王制云、五十異粻。

鄭樵注

粻糧也

郭璞曰、今江東通言粻。

鄭樵曰、王制云五十異粻。

古注合存

粻糧也。此釋粻爲糧之義也。註曰、今江東通言粻。疏曰、王制云、五十異粻。

注疏參義

粻糧也 **註** 今江東通言粻 **正義** 說文云、糧、穀也。粻、別體字。大雅崧高云、以峙其粻。

正義

粻糧也 詩大雅、以峙其粻。書費誓、峙乃糗糧。

校議

粻糧也 今江東通言粻

糧者、說文云穀也。詩乃裹餱糧。又爲乾食之名、故周禮廩人注、行道曰糧、謂糒也。是糧爲總名、通作粮。玉篇云、粮同糧。公劉釋文糧、本亦作粮。論語釋文糧、鄭本作粻、是粻糧又通矣。粻者、詩以峙其粻、王制云五十異粻、箋注並云粻、糧也。雜記云載粻、鄭注粻、米糧也。是粻亦兼二義。通作餦。集韵、餦與粻通。方言云、餅或謂之餦餛。（餦誧）是乾食亦名粻。

義疏

粻糧也 郭注今江東通言粻。粻字書所無、或作餦、長涂所齎、从食近之。書峙乃餱粻、今作糗糧。詩以峙其粻、蓋熟食也。糧即量加米。

集解

粻糧也 粻字本作張、施弓弦也、从弓長聲。其釋糧者、蓋因張爲食廚散也。張粻古今字。詩崧高以峙其粻、箋粻、糧。禮記王制五十易粻、注粻、糧也。襍記載粻、注粻、米糧也。論語鄭本在陳絕粻、今作糧。糧、穀食也、从米量聲、字亦作粮。詩公劉迺裹餱糧。

義證

粻糧也（粻音張）

註 今江東通言粻

郭注補正

粻糧也

今江東通言粻

希麟新譯十地經二卷音義引爾雅粻糧也、郭注今江東通呼粮爲粻。與今本微異。

郭注佚存補訂

粻糧也

此釋大雅崧高以峙其粻。毛傳云粻、糧也。

說詩

粻糧也

粻、說文新附字。或云即糧字之別體、不知所本。說文食部饑字下熬稻粻餭也，又餭字下引周書曰峙乃餱粻。據此則說文有此字，疑傳寫奪去耳。禾部有䅥稈字，粻餭或是䅥稈之誤。

小箋

粻糧也　粻、說文米部新附字。

匡名

粻糧也　說文、糈食米也。大雅以峙其粻，箋粻、糧也。糧、穀也。

啓蒙

粻　張　說文。饑。熬稻粻餭也。案御覽八百五十二引作張餭。顏注急就篇云。饑古謂之張皇。是粻古止作張。

正作餰、饋也。引申爲糧義。

黃侃評本正名

粻糧也　粻正作餰、饋也、引申為糧義。　粻糧同字、文選思玄賦餐沆瀣以為粻、後漢書張衡傳粻作糧、注糧或為粻。　江藩說、說文食部饑字下熬稻粻餭也、又餱字下引周書曰、峙乃餱粻、此則說文有粻字、疑傳寫脫去。今案費誓作峙其糇糧、蓋說文糧下脫一古文也。

黃侃音訓

粻、糧也。

糧者、乾食之名、亦爲總名。大雅崧高云：「以峙其粻、」王制云：「五十異粻、」箋注並云：「粻、糧也。」唯粻爲說文新附字、故邵氏以爲「糧之別體字。」

爾雅學

粻糧也〇釋曰謂糧食也　注疏本刪上五字、元本糧食作粻食、閩本監本毛本遂誤作粻食。

校勘記

張

粻、糧也。

孫侶直音

粻　張

干氏音釋

庶侈也庶幸也

庶、侈也。庶者衆多爲奢侈。庶、幸也。庶幾僥倖。

郭注

庶侈也庶幸也　釋曰、富庶者多奢侈。郭云、庶者衆多爲奢侈。書曰、祿不期侈。庶又爲幸望、郭云、庶幾僥倖。僥者、求見親御也。幸與倖通用之。

邢疏

庶侈也

庶、衆也。侈、多也。詩爲豆孔庶正義

犍爲注

庶侈也

庶、豐多也。詩正義十三之二

孫音注

庶胗也　今注疏本作侈、詩正義引舍人爾雅作胗。

黃輯古義

庶、衆也。胗、多也。詩小雅楚茨正義

犍爲注

庶侈也

庶、豐多也。詩小雅楚茨正義

孫音注

玉函山房輯佚

庶侈也

庶、衆也。侈、多也。舍人注　庶、豐多也。孫注　並詩疏十三之二

鉤沉

庶侈也　按詩楚茨爲豆孔庶、箋庶、胗也。正義云、釋言文、引舍人尒疋庶胗也爲證。釋文胗字又作侈。

舍人曰、庶、衆也。胗、多也。詩正義十三之二

孫曰、庶、豐多也。詩正義十三之二

漢注

庶侈也

舍人云、庶、衆也。侈、多也。孫炎云、庶、豐多也。並詩正義十三之二卷　郭璞云、庶者衆多爲奢侈。

庶幸也

郭璞云、庶幾僥倖。

一切注音

爾雅詁林　二　釋言

庶侈也 舍人曰、庶、衆也。䏧、多也。詩楚茨正義 孫炎曰、庶、豐多也。同上

古注斠

蕙心案、舍人本䏧也、楚茨詩維豆孔庶、鄭箋庶、䏧也。訓本爾雅。作䏧者、必爾雅古本。

侈也 昌氏反。又尸氏反。 幾 音機。 僥 古堯反。 倖 胡耿反。與幸通用。

陸音義

庶侈也

若左氏魯僖公之頌庶矣。

庶幸也

庶幸也。庶幾尚也。

新義

庶侈也庶幸也 侈謂富庶之庶。幸謂庶幾之庶。

鄭樵注

庶侈也 舍人曰、庶、衆也。侈、多也。孫炎曰、庶、豐多也。郭璞曰、庶者、衆多爲奢侈。鄭樵曰、侈謂富庶之庶。

庶幸也 郭璞曰、庶、幾僥倖。鄭樵曰、幸謂庶幾之庶。

古注合存

庶侈也庶幸也。此釋庶爲侈、又爲幸之義也。註曰、庶多爲奢侈、庶幾爲僥倖。

詩正義云、庶、䏧、釋言文。舍人曰、庶、衆也。䏧、多也。孫炎曰、庶、豐多也。云、䏧。然則䏧亦肥多之義。按今本䏧作侈。

注疏參義

補注

庶侈也 **註** 庶者衆多爲奢侈。庶幸也 **註** 庶幾僥倖 小雅

正義

楚茨云、爲豆孔庶、鄭箋庶、䏧也。釋文云、䏧又作侈。詩疏引舍人云、庶、衆也。侈、多也。孫炎云、庶、豐多也。按、釋詁已云、庶、衆也。庶、又訓侈、廣衆字之義也。上文云、庶、幾尚也。此又訓幸、庶尚字之義也。詩疏引說云、庶、

幸也。與爾雅同。小爾雅云、非分而得謂之幸。左氏襄十九年傳云、小國幸於大國。

正義

庶侈也 庶者衆多爲奢侈 **庶幸也** 庶幾僥倖

侈者、說文云、奢也、玉篇云、泰也、集韻引字林云、汰也。汰亦泰、泰即大、侈泰即侈大也。通作移。延移與侈大義近。又俱从多聲也。庶者、釋詁云、衆也。衆多即侈泰、故公羊成十年傳、婦人以衆多爲侈也。楚語云、不陳庶侈。通作䏧。詩爲豆孔庶、箋、庶、䏧也。正義引舍人曰、庶、衆也。䏧、多也。又引孫炎曰、庶、豐多也。釋文、䏧字又作侈。○幸者、說文作𡴘、云吉而免凶也。晉語云、德不純而福祿並至謂之幸。小爾雅云、非分而得謂之幸。華嚴經音義上引韵圖云、幸、賴也。又引公羊傳劉兆注、幸、遇也。遇偶賴利亦與僥倖義近。庶又爲幸者、說文云、钦、𡴘也。钦猶覬也。覬亦幾也、庶幾皆僥倖之意。

義疏

庶侈 䏧 **也** 舍人注、庶、衆也。䏧、多也。孫注、庶、豐多也。郭注、庶者衆多爲奢侈。詩、爲豆孔庶。 **庶幸也** 郭注、庶幾僥倖。上云庶幾尚、即覬幸也。幸、从夭屰、吉而免凶也、因謂凡冀、爲幸。今因以爲寵幸之詞。書、予惟曰庶有事。論、好學不幸。

集解

庻

侈也 庶、屋下衆也、从广炗、會意、引申爲侈、謂侈多也。詩楚茨爲豆孔庶、箋庶、䏧也。即侈也。侈、掩脅也、从人多聲。經典或以爲多之借字。楚語不陳庶侈。

庶幸也 庶上釋爲侈、此又釋爲幸、覬之借字耳。詩素冠庶見素冠兮、傳、庶、幸也。抑庶無大悔、江漢王國庶定、箋均云庶、幸也。幸字本作𡴘、吉而免凶也、从屰从夭、隸變作幸。晉語德不純而福祿並至謂之幸。

義證

庶侈也

[註]庶者衆多爲奢侈[補正]臣鍌 按、詩疏引舍人註云、庶、衆也。侈、多也。孫炎註云、庶、豐多也。

郭注補正

爾雅詁林 二 釋言

庶侈也　注庶者眾多爲奢侈

正曰、侈訓奢侈、始未知侈爲胗之俗。詩小雅楚茨爲豆孔庶、鄭箋庶胗也、肉物肥胗美也。正義庶胗、釋言文。舍人曰、庶眾也、胗多也。孫炎曰、庶豐多也。豐胗夾肥多之義、鄭孫及舍人本侈皆作胗、訓爲肥胗。自郭本行而諸本俱廢、而爾雅釋文又不載異本、此特古誼之黍存者耳。　正郭

庶侈也　注庶者衆多爲奢侈

評曰、錢氏邵氏郝氏皆据詩爲豆孔庶。鄭箋庶胗也。疏引舍人云庶衆也、胗多也。孫炎曰庶、豐多也。以明侈本作胗不得爲奢侈。案、奢侈非美名、雖有多意而解詩爲豆甚奢侈便失其義。侈爲胗之叚、胗雖不見於鄦書、字从肉多、自有多義、足糾其失。　静郭

庶幸也

庶幾僥倖也

文選潘安仁悼亾詩注引郭璞爾雅注曰庶幾徼幸也。元應佛本行集經六卷音義引同。今據增也字。　郭注佚存補訂

庶侈也庶幸也

小雅楚茨爲豆孔庶、毛傳云庶羞也。鄭箋云庶胗也。疏云庶胗也、釋言文。舍人曰庶眾也、胗多也。孫炎曰庶、豐多也。然則豐胗亦肥多之義、爾雅既有此釋、且以爲俎孔碩類之宜爲肉甚肥胗故亦傳

也。彼釋文云胗字又作侈。胗侈皆從多得聲、故俱訓多、鄭及舍人孫炎皆作胗。召南摽有梅求我庶士、齊風雞鳴無庶予子憎、小雅天保以莫不庶、小明我事孔庶、大雅生民庶無罪悔、卷阿既庶且多、抑庶人之愚傳箋並云庶眾也。眾與侈義俱近。

庶幸者、檜風素冠庶見素冠兮、大雅抑庶無大悔、江漢王國庶定傳箋並云庶幸也。今案無庶予子憎庶當訓幸、言幸無予子憎也。庶無罪悔庶亦當訓幸、言幸無罪悔也、與庶無大悔同義、箋俱訓爲眾非也。王風兔爰正義引易說云庶幸也。　說詩

庶侈也衆、小雅楚茨疏侈引作胗、舍人云、庶、衆也、胗、多也。　注疏正字

庶侈也　詩小雅楚茨爲豆孔庶、箋庶胗也。正義曰庶胗也、釋言文。釋文曰、胗字又作侈。案說文肉部無胗字。

庶幸也　說文夭部𡴘吉而免凶也、从屰从夭、隸變作幸、遂與从大从羊之幸字相溷。幸、尼輒切。　匡名

庶侈也庶幸也

庶詳釋詁。說文、侈掩脅也、一曰奢也。郭註庶者衆多爲奢侈。小雅爲豆孔庶、是以侈釋衆義也。左襄十九年傳、小國幸於大國、是幸即上文庶幾之意也。　啓蒙

庶幸也。上文庶幾尚也義同。　黃侃音訓

庶侈也、舍人云庶眾也、侈多也。郭云庶者眾多爲奢侈。楷

案庶、眾常訓、已見釋詁、不當迂曲其辭、復以侈字釋之。郭謂眾多爲奢侈、然眾多自眾多、奢侈自奢侈、其義迴隔、不得謂奢侈卽眾多也。案詩楚茨爲豆孔庶、箋庶、胗也。祭祀之禮、后夫人主其籩豆、必取肉物肥胗美者也。胗與侈同、故孔疏云釋言文。釋文云、胗字又作侈。疏引舍人注亦作胗、蓋順箋文耳。今改正。然說文無胗字、侈訓掩脅、又訓奢、皆與庶義不近。胗與侈當皆爲㢋字之假音。廣雅、㢋、大也。說文庶、屋下眾也。凡訓眾字多有大義、已詳上。說文席、从庶省。而應劭漢書賈誼傳注席、大也。是庶亦有大義之證。以其皆从广、於屋取義、故爾雅卽以㢋釋庶也。爲豆孔庶、猶言爲俎孔碩耳。詩中自有字異義同之例。鄭云肥胗、亦猶云博碩肥腯耳。孔疏未能明其旨、舍人說、郭說亦不通假借之理。

稗疏

庶、侈也。庶、幸也。

說文「侈、奢也、」玉篇「泰也、」郝云：「泰、卽大、侈泰、卽侈大。通作移、延移與侈大義近、又俱从多聲也。」

庶者、釋詁「眾也、」眾與侈大義相近。詩「爲豆孔庶、」箋云：「庶、胗也、」正義引舍人曰：「庶、眾也；胗、多也、」是古爾雅侈本或作胗；但說文無胗。

幸、說文夭部作𡴘、云「吉而免凶也、」隸變作幸。小爾雅云：「非分而得之謂之幸、」邵氏引襄十九年傳云：「小國幸於大國、」是其義也。庶爲幸者、上文云：「庶幾、尚也、」說文「尚、庶幾也、」是庶亦尚之義矣。詩兔爰云：「我生之初尚無爲、（箋云：庶幾於無所爲、謂軍役之事。）我生之後、逢此百罹、」尚無爲者、庶無爲也、亦幸無爲也。又云：「我生之初、尚無庸、（箋云：庸、勞也。）我生之後、逢此百凶、」尚無庸者、庶無庸也、亦幸無庸也、卽說文所謂「吉而免凶」也。是尚卽庶、庶卽幸、故爾雅曰：「庶、幸也。」詩疏引是說、亦云：「庶、幸也、」正與爾雅同。

爾雅學

庶侈也庶幸也〇釋曰　注疏本刪

校勘記

三行（注）庶幾僥倖〇原本《玉篇》广部「庶」下引此注作「庶幾，徼幸也」。《文選》潘岳《悼亡詩》注引同。案：「僥倖」與「徼幸」字通。今本「倖」下脫「也」字。

宋監本校箋

侈、昌氏翻、音齒。又尸氏翻、音矢。詩箋作胗、釋文昌紙翻、卽音齒、何沈都可翻、音哆。多上聲。

音略

齒

庶侈也。

孫侶直音

上聲

庶侈也。

直音校正

筑拾也

筑拾也。謂拾掇。

郭注

筑拾也　釋曰拾謂拾掇。金滕云、凡大木所偃、盡起而築之。馬融云、起其木、拾其禾。

邢疏

筑拾也

郭璞云、謂拾掇。

一切注音

筑音竹　掇丁活反。說文云拾取。

陸音義

筑拾也

筑拾琴瑟之餘。

新義

筑拾也。金滕云、凡大木所偃、盡起而築之。馬融謂起其木拾其禾也。

鄭樵注

筑拾也

郭璞曰、謂拾掇。

爾雅詁林　二　釋言

爾雅詁林 二 釋言

鄭樵曰、金縢云、凡大木所偃盡起而築之。馬融謂起其木拾其禾也。

筑拾也。筑音竹。○此釋筑爲拾之義也。註曰、謂拾掇也。疏曰、金縢註云、凡大木所偃盡起而筑之。馬融云、起其本、拾其禾。

古注合存

筑拾也【註】謂拾掇【正義】說文云、拾、掇也。掇、拾取也。金縢云、凡大木所偃、則起而筑之。疏引鄭註云、禾爲木所偃者、起其木、拾其下禾、乃無所亡失也。今本尚書筑作築。

注疏參義

正義

筑拾也 謂拾掇

拾者、說文云、掇也。掇、拾取也。匡謬正俗云、拾者、猶言一一拾取。按射著臂韝以斂衣、遂弦謂之爲拾、亦取收拾爲義也。筑者、書云、盡起而築之。釋文及正義引馬鄭王皆云、築、拾也。史記魯世家集解引馬融曰、禾爲木所偃者、起其木、拾其下禾。通作筑。金縢釋文、築本亦作筑。又通作督。小爾雅云、督、拾也。又省作叔。說文云、叔、拾也。詩九月叔苴、毛傳同。

義疏

筑（築、叔）拾也 郭注謂拾掇。筑、从巩工、凡堅擣之、加竹爲琴筑、加木爲築擣。書而築之、本作筑。詩九月叔苴、字作叔。又築之登登則擣築也。拾从手合、掇也。

集解

筑拾也 筑、以竹曲五絃之樂也。从竹从巩。巩、持之也。會意。正字爲叔。叔、手之拾也。詩九月叔苴是也。叔筑通用字。書金縢盡起而築之、馬注築、拾也。小爾雅廣詁督、拾也。借築督爲之。拾、掇也。从手合聲。左昭三傳無備而官辦者、猶拾瀋也。

義證

筑拾也

筑、通作築。書金縢釋文云、築本亦作筑。馬鄭皆云、築拾也。此當釋豳風七月九月築場圃。禮內則疏云、拾、收斂之意也。竊謂築場圃爲收拾場圃以待禾稼之納、今時猶然。箋謂築堅亦收拾之義。郝云、築亦作筑、又通作督、又省作叔。說文云、叔拾也。詩九月叔苴、毛傳同。

說詩

筑拾也疏盡起而筑之 筑、監本依經文作築。

注疏正字

筑拾也 金縢、凡大木所偃、則起而筑之。今作築。鄭註、築拾也。說文、拾、掇也。掇、拾取也。

啓蒙

筑、拾也。

說文「拾、掇也；掇、拾取也。」書金縢「凡大木所偃、盡起而築之。」釋文「築、本亦作筑。」疏引鄭註云：「禾爲木所偃者、起其木、拾其下禾、乃無所亡失也。」是筑爲拾也。

爾雅學

筑拾也○釋曰 注疏本刪

盡起而築之 注疏本築改筑。按書釋文、築音竹、本亦作筑。馬云、築、拾也。單疏本引書不隨經改字、故足據。

校勘記

筑（竹）拾也。

孫侶直音

筑（竹）拾也（謂拾掇）

楊氏音訓

筑 竹

干氏音釋

奘駔也

奘駔也。今江東呼大爲駔、駔猶麤也。

郭注

奘駔也 釋曰、皆謂大也。秦晉謂大爲奘。郭云、今江東呼大爲駔、駔猶麤也。

邢疏

奘駔也 釋文、駔在魯反、又子朗反。沈集注本作將且、音同。孫樊二本並作將且而無奘駔。沈集衆本合爲一字。按釋文則郭本作奘駔、樊孫本作將且、將音樊有大義、即奘字之異文。駔字從且得音，故可省作且。廣雅釋言亦作將且也，與樊孫本正同。沈不識字，以將且合一作奘䶌也，既違樊孫之本，又背郭氏之義。

樊注

奘駔也 釋文：駔，在魯反，又子朗反。沈集本作⿱將且，音同。孫樊二本並作將且，而無奘駔。沈集衆本合爲一字。按釋文則郭本作奘駔，樊孫本作將且。將音奘，有大義，即奘字之異文。駔字从且得音，故可省作且，如麤駔字皆有麤音而並从且，可證也。廣雅釋言亦作將且也，與樊孫本正同。沈不識字，以將且合一作奘⿱將且也，既違孫樊之本，又背郭氏之義。

孫音注

奘駔也。 釋文：駔，沈集注本作⿱將且，音同。孫樊二本並作將且而無奘駔，沈集衆本合爲一字。

沈集注

將且也。 今注疏本作裝駔，釋文云孫樊二家並作將且。

樊注

黃輯古義

將且也。 今注疏本作奘駔，釋文云孫樊二家並作將且。

孫音注

奘⿱將且也 ⿱將且子朗反。釋文：駔在魯反，又子朗反。沈集注本作⿱將且，音同。孫樊二本並作將且，而無奘駔。

沈集衆本合爲一字。

沈集注

玉函山房輯佚

奘駔也 釋文：駔，在魯反，又子朗反。沈集注本作⿱將且，音同。孫樊二本並作將且而無奘駔。沈集衆本合爲一字。按釋文則郭本作奘駔，樊孫本作將且。將音奘，有大義，即奘字之異文。駔字从且得音，故可省作且，如狙駔祖字皆有麤音而並从且可証也。廣雅釋言亦作將且也，與樊孫本正同。沈不識字，以將且合一作奘⿱將且也，既違樊孫之本，又背郭氏之義。

漢注

奘駔也 釋文二十八卷奘駔，樊光孫炎本作將且也，沈旋集衆家本合爲一字，作⿱將且，音子朗反。

郭璞云：今江東呼大爲駔，駔猶麤也。

一切注音

奘駔也 孫炎樊光本并作將且，而無奘駔。釋文

蕙心案：郭本作奘駔。奘者，壯之異體。郭注：駔猶麤也。麤亦作麆。麆駔聲同義通。

古注斠

徂朗反，秦晉謂大爲奘。**奘** **駔** 在魯反，又子朗反。沈集注本作⿱將且，音同。孫樊二本並作將且，而無奘駔。沈集衆本合爲一字。**誶** 火乎反，或作呼同。

陸音義

誶○邢本作呼。

音義攷證

奘駔也

駔見壯大，若九方皋相馬，得其精微而遺其麤粗。案說文：麤粗本兩字，後人通用，非。說見盧氏弨鍾山札記。

新義

奘駔也 郭云：今江東呼大爲駔，駔猶麤也。徂朗反。

鄭樵注

奘駔也 奘駔，樊孫二本並作將且。郭璞曰：今江東呼大爲駔，駔猶麤也。鄭樵曰：郭云今江東呼大爲駔，駔猶麤也，徂朗反。

奘駔也。 奘藏上聲，駔粗同。○此釋奘爲駔之義也。註曰：今江東呼大爲駔，駔猶麤也。

古注合存

注疏參義

奘駔也 **註** 今江東呼大爲駔，駔猶麤也 **正義** 說文云：奘，駔大也。左氏昭二十二年傳云：陳大夫蠶壯而頎。**註** 今江至麤也。○

正義 方言云：秦晉之間凡人之大謂之奘，或謂之壯。玉篇云：駔，猶麤也。與郭註同。釋文引孫炎樊光本作將且也。小雅谷風云：將恐將懼。鄭箋：將，且也。

正義

奘駔也 今江東呼大爲駔，駔猶麤也

此有二本，郭本作奘駔也，說文奘，駔大也，奘與壯同。釋詁云：壯，大也。此皆郭義所本。樊光孫炎本並作將且也。將且皆未定之詞，故秦策云城且拔矣，呂覽音律篇云陽氣且泄，淮南時則篇云雷且發聲，高誘注並云且，將也。且既訓將，將亦訓且，故詩方將萬舞，將恐將懼，箋並云將，且也。燕燕及箳笁丰楚茨文王既

·醉烝民敬之傳竝云、將、行也。樛木那烈祖箋竝云、將、猶扶助也。行與助有趑趄之意、趄且古字通、古讀且、七余切。將且聲轉、故同義同訓。檀弓云夫祖者且也、鄭注且、未定之辭。是亦以且爲將。且音七余切、今讀七也切、非古音矣。此皆樊孫所本、郭氏不從、據奘駔別本爲之作注。但奘駔理新而於經典無會、將且習見而爲經典常行。廣雅亦作將且、所據蓋即樊孫之本、唯沈旋集注作奘𩣡也、合將且爲一字、猶依郭本奘字、意在兩存、則誤甚矣。賴有釋文備列諸家、今得依以申明古義、用祛疑惑焉。

義疏

奘駔也

此有二本、郭本作奘駔也、說文奘、駔大也、奘與壯同。釋詁云壯、大也、此皆郭義所本。樊光孫炎本並作將且也。將且皆未定之詞、故秦策云城且拔矣、呂覽音律篇云陽氣且泄、淮南時則篇云雷且發聲、高誘注並云且、將也。且既訓將、將亦訓且、故詩方將萬舞、將恐將懼、箋並云將、且也。燕燕及簡兮丰楚茨文王既醉烝民敬之傳並云將、行也。樛木那烈祖箋並云將、猶扶助也。行與助有趑趄之意、趄且古字通。古讀且七余切、將且聲轉、故同義同訓。檀弓云夫祖者且也、鄭注且、未定之辭。是亦以且爲將。且、音七余切、今讀七也切、非古音矣、此皆樊孫所本、郭氏不從、據奘駔別本爲之作注。但奘駔理新而於經典無會、將且習見而爲經典常行、廣雅亦作將且、所據蓋即樊孫之本、唯沈旋集注作奘𩣡也、合將且爲一字、猶依郭本奘字、意在兩存、則誤甚矣。賴有釋文備列諸家、今得依以申明古義、用祛疑惑焉。

念孫案、方言云秦晉之間凡人之大謂之奘、或謂之壯。說文之奘、駔大也、皆本爾雅。且釋文之孫樊二本並作將且、則舍人李巡本之作奘駔可知、奈何謂郭氏不當據別本作奘駔乎。又謂廣雅作將且、所據蓋即樊孫之本、此尤非也。廣雅者、所以補爾雅之未備也、若爾雅本作將且、則爲雅之補贅矣。

郝注刊誤

奘駔也·經文

郝云奘與壯同。釋詁云壯、大也。此郭義所本。據釋文、樊光孫炎本並作將且也。　錢大昕養新錄云、經典不見奘字、當從孫樊本。詩方將萬舞、將恐將懼、箋皆訓將爲且、是鄭所見爾雅與孫樊本同。潘克溥云、詩亦恐之將、將訓大。且字借義甚多、與阻徂趄蛆組等字皆通。將訓且、則且讀如字、將訓大、則且音徂、與駔音同而通二義可兼會也。奘將形近、駔且音同、故譌奘駔與。　按駔字釋文在魯反、又子朗反、據說文从馬且聲、自當以在魯爲正、子朗是其轉音、今相承以後一音讀駔、儈之駔、實則皆一聲之轉耳。

經注集證

奘將駔且也　郭注今江東呼大爲駔、駔猶麤也。　此當从樊孫本作將且。經典無奘字、周官駔圭璋、又無奘義、郭本誤。

集解

奘駔也　奘、駔大也、即粗大也、从大从壯、壯亦聲。易有大壯、謂大而駔、借壯爲之。駔、壯馬也、六書故引作奘馬。从馬且聲。經典或以爲粗之借字、或曰奘駔、樊光孫炎本作將且、則奘乃發聲之詞。詩谷風將恐將懼。

義證

奘駔也　奘、徂朗反。釋文云、沈集注本作𩣡、音同。孫樊二本並作將且而無奘駔、沈集家本合爲一字。

註今江東呼大爲駔駔猶麤也

郭注補正

奘駔也　注今江東呼大爲駔駔猶麤也

正曰、釋文孫樊二本並作將且而無奘駔。錢詹事養新錄云、詩邶簡兮方將萬舞、鄭箋將、且也。詩小雅谷風將恐將懼、鄭箋將、且也。鄭所見本作將且、與孫樊二本並同。郭本作奘駔誤矣。

正郭

奘駔也

今江東呼大爲駔駔猶麤也

釋文、呼、火乎反、或作呼、同。樹柟案、下文號謼也、郭注云今江東皆言謼。郭注全書蓋皆用江東之語作呼、幸有此一處未經改易、故陸特出之。前後呼字俱據此改正。

郭注佚存補訂

奘駔也

說文云奘、駔大也。奘通作壯。釋詁云壯、大也。方言云秦晉之間凡人之大謂之奘或謂之壯。小雅采芑克壯其猶、毛傳云壯、大也。駔與粗通、粗亦大也、見廣雅釋詁。釋文云奘駔、孫樊二本作將且。釋詁云將、大也。周南樛木福履將之、鄭風溱洧伊其將謔、豳風破斧亦孔之將、小雅正月亦孔之將、巧言爲猶將多、周頌我將我享、臣工將受厥明、商頌長發有娀方將、傳箋並云大也。烈祖我受命溥將、將亦大也。將亦訓壯、小雅北山鮮我方將、傳云將、壯也。且者、駔之省文、凡從且得音者、如駔粗麆等字、皆有麤大之義、引伸之爲語詞將且也。邶風簡兮方將萬舞、小雅谷風將恐將懼、箋並云將、且也。齊風雞鳴會且歸矣、且亦將也。沈氏誤將將且二字合而爲一作奘䖒也、與樊郭義均刺謬。

說詩

奘駔也註今江東呼大爲駔（呼釋文作謼爲 毛本疏內誤謂）音駔音祖（祖誤 祖）

黃侃音訓

奘駔也　釋文云、駔、沈集注本作䖒、孫樊二本並作將且、而無奘駔、沈集眾本合爲一字。錢少詹曰、經典不見奘字、當從樊孫本。徐養原曰、說文馬部駔、壯也。戴侗引唐本作奘。又大部奘、駔大也。並與爾雅同。似不必從樊孫本。若以不見經典爲疑、則爾雅之不見經典者多矣。元照案、詩邶風簡兮方將萬舞、箋將、且。又小雅谷風將恐將懼、箋將、且也。正用此訓。孔疏但据郭本、故不云釋言文也。沈本駔作䖒、䖒不成字。

匡名

奘駔也　說文、奘、駔、大也。郭註今江東呼大爲駔、駔猶麤也。

啓蒙

奘駔也

說文、駔、牡馬也。牡字乃壯字形近而誤。李善文選注引牡作壯是也。壯即奘字、釋詁壯、大也。說文奘、大也。戴侗引唐本、駔、奘馬也、是也。六書故引唐本說文不盡可信、此條尚是、故段氏亦引之。駔訓奘者、說文奘、駔大也。樊孫本作將且也者。將本經釋詁大也、駔訓大、从且聲、故亦有大義。嚴氏元照所引詩簡兮谷風箋用將且訓、外如論衡知實將者且也、又國策秦策注、呂覽音律注、蕩兵注、又振亂注、愛士注皆曰且、將也。又漢書郊祀志上集注、又淮南時則雷且發聲注、且猶將也。是樊孫本郭本文異而義則同也。佗日擬輯樊孫李郭諸本異文作爲疏證、依馮氏登府三家詩異文疏證之例。至沈氏集注本駔作𪏆者、乃譌合成文耳。

王仁俊日記

奘駔也

錦燧謹案、奘光孫炎本作將且也、與郭本異。據說文、奘从大从壯、壯亦聲。壯从爿聲。將从寸醬省聲。醬从肉从酉爿聲。是奘將同聲、故得通假。奘、說解云駔大也。將、說解云帥也。則郭用本字、樊孫用假字矣。然經文當从樊孫本作將者爲是。蓋爾雅本釋詩、毛詩中無奘字、而將字屢見、如樛木篇福履將之、破斧篇亦孔之將、正月篇亦孔之將、我將篇我將我享、長發篇有娀方將、毛傳並云將、大也。溱洧篇伊其將謔、巧言篇爲猶將多、臣工篇將受厥明、鄭箋並云將、大也。北山篇鮮我方將、毛傳云將、壯也。凡九見本字、皆當作奘、而俱假將爲之、則爾雅之亦必作將可知。又說文士部云壯、大也。與奘音義俱同。駔、樊孫本作且者、且乃駔之省假。說文云且、薦也。駔、壯馬也。駔爲馬壯之偁、引申之則爲凡物壯大之偁。

陸錦燧日記

奘駔也。樊孫本作將且、錢大昕養新錄云、經典不見奘字、當從樊孫本。楷案、廣雅將且也、此用樊孫本。說文奘、駔大也。駔、奘馬也。六書故引唐本如此皆與郭本合、是古本爾雅本有此、二本不當偏從一家爲是。

稗疏

奘、駔也。郭註云：「今江東呼大爲駔、駔、猶麤也。」釋文云：「奘、徂朗反、秦晉謂大爲奘；駔、在魯反、又子朗反、孫樊二本、並作將且、而無奘駔。」是郭本爾雅作奘駔、樊孫本作將且矣。說文馬部云：「駔、牡也、」壯、譌字也、徐養原謂「戴侗引唐本作奘；」大部云：「奘、駔大也、从大壯、壯亦聲、」是許書與郭本同。將且二字、經典常用、邶風「方將萬舞、」箋云：「將、且也：」小雅谷風「將恐將懼、」箋亦云：「將、且也。」將訓且、則且亦訓將、秦策、呂覽音律篇、高誘並云：「且、將也、」是也。郝云：「將、且、皆未定之詞、古讀且、七余切、將且聲轉、故同義同訓、」是將且與奘駔、立義亦同；唯音與說文釋文有別耳。

爾雅學

今江東呼大爲駔 單疏本雪牕本同。釋文、評、火乎反、或作呼、同。按說文評召字在言部、呼吸字在口部、此當從陸本。

駔猶麤也 單疏本注疏本同。雪牕本麤作麁俗字。

奘駔也○釋曰 注疏本刪

校勘記

奘駔也 釋文駔在魯反、又子朗反。沈集注本作𪏆、音同。孫樊二本並作將且、而無奘駔、沈集衆本合爲一字。

今本作音柤、誤、柤、側加反、或祖字之譌。

注疏本正誤

奘駔也 孫樊二本作將且也。案經典無奘字、詩方將萬舞、將恐將懼、箋皆訓將爲且、正用此文、是鄭所見本與孫樊同、郭所注本誤矣。說見錢大昕養新錄。

注疏校勘札記

音圖・音

奘駔音粗也

直音正誤

駔音粗 案、駔有在魯徂上聲子朗臧上聲兩音、今音粗、誤。

音略

奘徂朗翻、藏上聲。駔在魯翻、徂上聲。廣韻徂古翻同。又子朗翻、音藏上聲。沈集注本作𪏆音同。孫樊二本並作將且、而無奘駔、沈集衆本合爲一字。奘駔雙聲。

同藏上聲駔叉音祖
奘駔也。
孫侶直音

奘駔也 並讀如上聲 粗上聲
直音校正

奘藏上聲駔粗也 皆謂大也
楊氏音訓

奘徂朗切 駔子朗切
干氏音釋

集會也

集會也。
郭注

集會也　釋曰、說文云集、若羣鳥在林木之上、故曰集、指事也。故經典通謂聚會爲集。
邢疏

集會也
三以上爲會、遇偶而已。春秋傳曰遇者、一君出一君要之也。
新義

集會也、此釋集爲會之義也、疏曰、說文云、集若羣鳥在林木之上、經典通謂聚會爲集、
集會也 正義 釋詁云會、合也。說文云集、若羣鳥在林木之上。左氏襄二十六年傳云、幸而集、晉國賴之。
注疏參義

集會也
正義

會者、釋詁云合也。公羊隱元年傳、會猶最也。月令及樂記注、會、猶聚也。聚最古字通、皆合衆之詞。諸侯相見曰會、亦合衆之稱也。集者、說文以爲雧字之省、云羣鳥在木上也。集从雥、雥三隹也。會从亼、亼三合也。故會集其義同。詩小毖箋集會也。小旻及大明傳竝云集、就也。成就與會合義近、集就與聚最聲又相轉。
義疏

集會也 集、从三隹在木上。會、从亼、曾。曾、高也。書后式典集庶邦。
集解

集會也 集、字本作雧、羣鳥在木上也、从雥、雥三隹也。引申爲會。詩小毖予又集于蓼、箋集、會也。周語極之所集曰聲、注集、會也。楚語古者民人不襍、注襍、會也。以襍爲之。會合也、从亼、从增省、古文作给。
義證

集會也
補正 邢疏、說文云集、若羣鳥在林木之上、故曰集、指事也。故經典通謂聚會爲集。
郭注補正

集會也
說文云雧、群鳥在木上也。雧或省。隹在木上爲集。大雅大明其會如林、會朝清明、人衆爲會、與鳥衆爲集義正相合。周頌小毖予又集于蓼、鄭箋云集、會也。小雅黍苗我行既集、集亦會也、此常語也。
說詩

集會也 集、釋文作集。
疏說文云集若羣鳥在林木之上 說文作雧、羣鳥在木上也。上從三隹、故曰羣鳥。
注疏正字

集會也　正義云、說文云集、若羣鳥在林木之上。元照案、非此義也、當作亼。說文五下亼、三合也、从亼一、象三合之形、讀若集。

爾雅詁林　二　釋言

經典相承以集代亼。匡名

集會也 說文,雧,羣鳥在木上也。左襄二十六年,幸而集。廣韻,集,會也。釋詁,會,合也。啓蒙

集會也

邢疏引說文云集,若羣鳥在林木之上,經典通謂聚會爲集。邵氏晉涵據邢叔明無異詞。元慶按,鳥在木云云,乃集之本義,此集會也之集,則固亼之叚字也。自集字專行而亼字廢。凡經典會集之集,無有作亼者,實則集字專指棲鳥說,凡訓會合之集,皆當作亼,經典相承爲集,無一非叚借也。集爲雧之或體,說文雧字葢與喿字同意,木上有三口則爲鳥之羣鳴,木上有三隹則爲鳥之羣棲。雧又與㠯同義,㠯,許君云鳥在巢上也,弓爲鳥形,囟爲巢形,㠯乃象形字,雧乃會意字,微有不同耳。今㠯或作栖,喿譌作噪,雧省作集,並後出字。喿之轉訓爲一切呼譟,㠯字義引伸之爲東西,至雧字墧肙亼字在,集字嫥指鳥說明矣。亼,說文爲部目字,叔重云三合也,从入一,象三合之形,讀若集。凡合僉舍等字及倉字食字皆从此,此數字皆有會聚之義,至會字本从亼,古文佮佮,亦从亼。惟从亼,故訓之爲合也。集音同亼者,葢集从雥得聲,雥亦有羣聚之意,故皆叚亼音,一讀徂合切,一讀秦入切也。然則經典何以無亼字,曰尒疋爲六經之通釋,漢儒而下,箋注皆墧遵尒疋,尒疋字作集,則亦相沿爲集而不復深辨矣。叚集爲亼,疑自尒疋始也。又凡說文讀若之字,祇定其音,於義未必合,然疋有通行讀若之字,而後人忘其本字者,如言部詟讀若籌,今則詟厚之詟竟作籌,無有作詟者矣。蚰部蚰讀若昆,今則蚰蟲之蚰竟作昆,無有作蚰者矣。此類不可枚舉。亼字猶是例也。若謂會集本作集,爲鳥在木上引伸之訓,據此則亼字可廢。亼字廢而會合等字皆無所統屬矣。人知會聚之義爲鳥集之轉訓,不知集之音即根於亼字,是猶飲水而忘其源也。故疋之郝疋謂集从雥,雥,三隹也。會从亼,亼,三合也。故會集其義同,而不言集即爲亼,未知何故也。蔣元慶日記

集會也

錦燧謹案,嚴氏匡名云,集當作亼,經典相承以集代亼。竊謂說文集从三隹,亼爲三合,凡言三者極其眾也。眾鳥會於木上曰集,凡眾之所會曰亼,是集亼並有會聚義,音同而義亦相近,經典中通以集爲之,而亼字廢矣。詩鴇羽篇集於苞栩,小毖篇予又集於蓼,此當如字讀之。若書允征篇辰弗集於房,則亼之假借也。又詩小口篇是用不集,大明篇天命既集,毛公並以就釋之。集就一聲之轉,此集字則又即就之假借字矣。陸錦燧日記

集、會也。釋詁「會、合也、」義已見前。集者、說文雥部云:「雧、羣鳥在本上也、从雥木。集、雧或省。」此集之本義;引伸爲凡聚集之稱、故與會同義。詩小毖箋云:「集、會也、」用雅義也。爾雅學

集會也(釋曰 注疏本刪 校勘記

舫泭也

舫、泭也。水中簰筏。

郭注

舫泭也　釋曰、孫炎曰舫、水中爲泭筏也。郭云、水中簰筏。方言云、泭謂之簰、簰謂之筏。筏、秦晉之通語也。周南漢廣云、不可方思。論語云、乘桴浮于海。注云、桴、編竹木大曰栰、小曰桴是也。舫方泭桴音義同。

邢疏

舫泭也　釋文、舫、樊本作訪。泭、樊本作柎。按爾疋音義柎誤作坿、今從毛詩音義上寫正。

訪、符方反。釋文

樊注

舫泭也　方、木置水中爲柎栰也。詩正義一之三、毛詩音義　按詩音義則孫本同、樊作柎。

孫音注

舫泭也　泭、音孚、字或作𣻕同。釋文　木曰簰、竹曰筏、小筏曰泭。詩廣漢釋文引郭云

郭音義

舫泭也　泭、音附。釋文詩南有喬木、傳、方、泭也。釋文

沈集注

舫泭也　舫、音方。釋文

謝音

舫泭也　舫、甫訪反。釋文

施音

枋柎也　釋文舫、樊本作坊。泭、樊本作柎。

枋、符方反。釋文

樊注

黃輯古義

舫柎也　今注疏本作泭、詩釋文引孫炎作柎。

方木置水中爲柎栰也。詩周南漢廣正義　詩釋文　邢疏引作泭筏、依釋文正義。

孫音注

舫泭也　泭、音孚、字或作𣻕同。

郭音義

舫泭也　泭、音附。釋文　毛詩釋文

沈集注

玉函山房輯佚

舫泭也　方木置水中爲泭筏也。同經典釋文五

舫泭也　釋文舫、樊本作訪、符方反。泭、樊本作柎。按尒疋音義柎誤作坿、今從毛詩音義上寫正。

孫音注

鈎沉

孫曰、方木置水中爲柎栰也。詩正義一之三、毛詩音義、邢疏　詩音義則孫本同、樊作柎。

漢注

舫泭也　釋文五卷泭、樊光本作柎、又二十八卷舫、樊光本作坊、泭、樊光本作坿。

孫炎云、舫、木置水中爲泭筏也。釋文五卷　郭璞云、水中簰筏、木曰簰、竹曰筏、小筏曰泭。簰音皮佳反、泭筏同音伐。木曰下二十字從釋文五卷引、增或云音義文。

一切注音

舫泭也　孫炎曰、方、水中爲泭筏也。詩漢廣正義　樊本作坊。

蕙心案、孫作方是也。釋水云大夫方舟、詩方之舟之、皆作方。方舫古今字。樊本作坊、蓋枋之譌。枋又舫之借字。

泭也　樊本作坿。釋文　郭曰、木曰簰、竹曰筏、小筏曰泭。同上

蕙心案、說文泭、編木以渡也。釋文引郭注與今本郭注異、必郭氏音義中語。泭坿聲通。

古注斠

舫 謝音方、詩亦作方、施甫訪反、樊本作坊、符方反、又音方。泭也 郭音孚、字或作㳺同。樊本作坿、沈音附。䉛 皮佳反、本又作簰同。筏 音伐、方言云泭謂之䉛、䉛謂之筏、秦晉通語。

陸音義

舫泭也 漢廣云、不可方思。論語云、乘桴浮於海。舫即方、泭即桴也。方言云泭謂之䉛、䉛謂之筏、秦晉之通語也。泭、編竹木大曰栰、小曰泭。

鄭樵注

舫泭也 舫、樊本作坊、泭樊本作坿、一云作柎、郭音孚。孫炎曰、舫水中為泭筏也。此見詩疏及邢疏、又詩釋文引孫炎云、方木置水為柎栰也、與此小異。

郭璞曰、水中䉛筏。

鄭樵曰、漢廣云不可方思。論語云乘桴浮於海。舫即方、泭即桴也。方言云泭謂之䉛、䉛謂之筏、秦晉之通語也。泭、編竹木大曰栰、小曰泭。

古注合存

舫泭也。泭音孚。○此釋舫為泭之義也。註曰、水中簰筏也。疏曰方言云、泭謂之簰、簰謂之筏。詩漢廣云、不可方思。語云、乘桴浮於海。註曰、桴編竹木為之、大曰栰、小曰桴。舫方泭桴音義並同。

注疏參義

按詩釋文、孫炎曰方、木置水為柎栰也。今疏引之作舫、水中為泭栰也。互異。

舫泭犍為文學作坊坿。

補注

舫泭也 註 水中簰筏 正義 上文已云舫、舟也。舫又為泭、廣異名也。說文云泭、編木以渡也。邶風谷風云、方之舟之。齊語云、方舟設泭。楚詞九章云、乘氾泭以下流。註 水中簰筏。正義 詩釋文引孫炎云、方、木置水中為泭筏也。又引郭璞云、木曰簰、竹曰筏、小筏曰泭。簰音皮佳反、泭筏同音伐。樊光爾雅本作柎。方言云、泭謂之簰、簰謂之筏、筏秦晉通語也。韋昭國語註云、方、併也。編本曰泭、小泭曰桴。舫方泭桴音義同。釋文又引樊光本舫作坊、泭作坿。

正義

舫附也 玉案、漢廣疏云、方泭、釋言文。舫當作方。

校議

舫泭也 水中簰筏 泭者、說文云編木以渡也。方言云泭謂之簰、簰謂之筏。筏、秦晉之通語也。楚辭惜往日篇注、編竹木曰泭。楚人曰泭、秦人曰撥也。按撥即筏字。詩漢廣釋文引郭云木曰簰、竹曰筏、小筏曰泭。不同者泭筏簰皆同類、其竹木隨地所宜耳。釋文、泭本亦作游、又作桴、或作柎、並同。又引樊光爾雅本作柎。今爾雅釋文樊本作坿、坿即柎字之誤矣。舫者、亦方之叚借也。上訓舟、此訓泭者、泭舟同類。釋水云士特舟、庶人乘泭。齊語云方舟設泭、皆其義也。詩不可方思、方之舟之、傳箋並云方、泭也。正義引孫炎云方、水中為泭筏也。爾雅釋文方、樊本作坊。坊蓋枋字之誤。枋與舫同、見史記張儀傳索隱。

義疏

舫泭也 柎 孫注、舫、水中為柎筏也。郭注、水中簰筏。木曰簰、竹曰筏。舫當作方、泭同桴。

集解

舫泭也 舫、舟師也、从舟从方會意。正字為泭、泭舫雙聲。詩漢廣不可方思、傳方、泭也。谷風方之舟之、箋方、泭也。皆方為之。泭、編木以渡也、从水付聲。論語乘泭浮于海、今本作桴。

義證

舫泭也

樊注、舫泭作坊坿。坊、符方反、又音方。釋文。世榮案、馮輯坊俱作枋、無又音方三字。坿作柎、今據釋文補改。

孫注、詩釋文引作柎 方木置水中為柎栰也。詩周南漢廣正義、詩釋文、邢疏引作泭筏、依釋文正義。

注、水中簰筏。

音義、泭音孚、字或作游同。釋文

沈氏集注、泭、音附。詩釋文

施氏音、舫、甫訪反。釋文

謝氏音、舫、音方。釋文

釋文、舫 謝音方、詩亦作方、施甫訪反、樊本作坊、符方反、又音方。泭 郭音孚、字或作游同。樊本作坿、沈音附。簰 皮佳反、本又作簿同。筏 方言云、泭謂之簰、簰謂之筏、秦晉通語。

爾雅詁林 二 釋言

疏、（泭音孚）孫炎曰舫水中爲泭筏也。郭云水中簰筏。方言云泭謂之簰、簰謂之筏、筏秦晉之通語也。周南漢廣云不可方思。論語云乘桴浮于海、注云桴編竹木大曰栰、小曰桴是也。舫方泭桴音義同。

鄭注、漢廣云、不可方思。論語云、乘桴浮於海。舫卽方、泭卽桴也。方言云泭謂之簰、簰謂之筏、秦晉之通語也。泭、編竹木大曰栰小曰泭。

正義、上文已云舫、舟也。舫又爲泭、廣異名也。說文云泭、編木以渡也。邶風谷風云、方之舟之。齊語云方舟設泭。楚詞九章云乘氾泭以下流。「注」詩釋文引孫炎云方、木置水中爲泭筏也。又引郭璞云、木曰簰竹曰筏小筏曰泭。簰音皮佳反、泭筏同音伐。樊光爾雅本作柎。方言云、泭謂之簰、簰謂之筏。筏秦晉通語也。韋昭國語注云、方併也。編木曰泭小泭曰桴。舫方泭桴音義同。釋文又引樊光本舫作坊、泭作坿。

義疏、泭者、說文云編木以渡也。方言云泭謂之簰、簰謂之筏。筏、秦晉之通語也。楚辭惜往日篇注、編竹木曰泭。楚人曰泭、秦人曰撥也。按撥卽筏字。詩漢廣釋文引郭云木曰簰、竹曰筏、小筏曰泭。不同者泭、筏簰皆同類、其竹木隨地所宜耳。釋文、泭本亦作𣹰。又作桴、或作柎、竝同。又引樊光爾雅本作柎。今爾雅釋文、樊本作坿。坿卽柎字之誤矣。舫者、亦方之叚借也、上訓舟此訓泭者、泭舟同類。釋水云士特舟、庶人乘泭、齊語云方舟設泭、皆其義也。詩不可方思、方之舟之、傳箋竝云方、泭也。正義引孫炎云方、水中爲泭筏也。爾雅釋文方、樊本作坊、坊蓋枋字之誤。枋與舫同。見史記張儀傳索隱。

世榮案此舫字卽詩方之舟之之方、與不可方思義別、說詳前舫舟也句。樊本作坊坿、字皆从土疑別本異義。說文土部坿、益也。呂覽孟秋注坿、猶培也。坊字不見說文、禮坊記疏、坊字或土旁爲之、或阜旁爲之、古字通用也。是坊卽防字。說文𨸏部防、隄也。周語注防、障也。楚辭初放注防、蔽也。隄防障蔽與培益義相成、故坊亦可訓坿、樊注義蓋如是。郝氏謂皆字誤、亦似未然、惟坊坿經傳無徵、自以郭義爲得、卽有異本亦同聲相叚、不當別爲之說。

釋言集解後案

舫泭也

〔註〕水中簰筏〔補正〕邢疏孫炎曰舫水中爲泭筏也。

郭注補正

舫泭也

水中簰筏也木曰簰竹曰筏小筏曰泭

詩漢廣釋文引郭璞云水中簰筏也。又云木曰簰、竹曰筏小筏曰泭。今本脫木曰簰十字、據補。

郭注佚存補訂

舫泭也

舫泭一聲之轉。說文云泭、編木以度也。周南漢廣不可方思、邶風谷風方之舟之、傳箋竝云方、泭也。方者、舫之省文、漢廣釋文引郭云木曰簰、竹曰筏、小筏曰泭。簰筏泭亦一聲之轉、皆同物也。釋文云泭或作𣹰者、與桴同音、古皆通用。樊光本作坊坿義別、據釋文云樊本作柎、與孫本同、爾雅釋文誤也。坊亦枋字之誤。

說詩

舫泭也註水中簰筏（簰毛本誤篺。）疏簰謂之筏（下、衍一筏字。）

注疏正字

舫泭也　釋文云舫、詩亦作方。案方字是。（見上）　又云泭字或作𣹰。案𣹰俗字。　又云樊本作坊坿。元照案、說文𨸏部防、隄也、从𨸏方聲、或从土作埅。又土部坿、益也、从土付聲。（與附婁字別、經典相承以代坿。）詩（召南漢廣）不可方思、傳方、泭也。（又谷風方之舟之、箋方、泭也。）　正義曰、方泭、釋言文。釋文云樊本作柎。（與爾雅釋文所引樊本異、）案說文木部無柎字。

匡名

啓蒙

舫，泭也。上云舫，舟也。又爲泭。說文泭，編木以渡也。楚詞，乘氾泭以下流。

舫，泭也。水中簰筏。 說文橃，海中大船也。與泭泭或作游，見廣韻。聲轉，異物而同用，語皆原於浮。論語乘桴浮於海，桴即橃也，而與編木之桴同字，舟謂之橃，泭謂之筏，聲義正同。 應音三云，筏通俗文作䑺，韻集作橃，編竹物浮于河以運物也。南土名簰，北人名筏。案簰之言排比也，泭之言比附也，橃之言癶也，从癶止相背。 簰，後漢書岑彭傳作箄，云乘枋箄，枋即舫也，箄即簰也。

黃侃音訓

粻，糧也　庶，侈也　筑，拾也　奘，駔也　舫，泭也

說文糧穀也無粻新附有米部糧　鄭氏詩箋庶䏧也釋文䏧又作侈楚茨詩箋及釋文

尚書筑作築金縢金縢作筑疏引、　方言秦晉之間凡人之大謂之奘或謂之壯方言一

孫炎樊光本作將且也無奘駔也三字釋言釋文　鄭氏詩箋作將且也小雅谷風詩詩箋　沈旋集注本作[illegible]合將且爲一字音同駔釋言釋文

謝嶠舫音方釋言釋文　樊光本作坊釋言釋文　釋文泭字或作游同釋言

樊光本作坿釋言釋文

奘駔也，孫樊本皆作將且也。按奘與將近、駔與且近，二字因形近而異。鄭氏谷風箋亦作將且也，則是漢本原作將且、沈旋集注又合將且爲[illegible]、幾成字妖矣。

證異

舫泭也釋文，舫、樊本作坊，符方反。泭、樊本作坿，沈音附。詩周南釋文云，泭本亦作游、又作桴、或作柎，竝同。其下引方言及孫炎郭璞爾雅注云云。末又云樊光爾雅本作柎。承珙案此柎字蓋坿之誤，當從爾雅釋文引樊本作坿。詩釋文既云本或作柎，則作柎者非樊本可知，後不應又云樊本作坿也。樊本坊，符方反，蓋讀坊爲防，義同隄防。禮記經解猶防止水，釋文坊本又作防。月令完隄防，釋文防本作坊。坿者，呂氏春秋坿牆垣，周書時訓解同高誘注云坿，讀如符，猶培也。漢書賈讓曰繕完故隄增卑倍卽培字薄。樊以坊爲坿，當卽此義，與孫郭本文義皆異，沈旋音附似亦同樊本。

胡氏古義

方、泭也。周南「不可方思、」邶風「方之舟之、」傳竝云：「方、泭也、」毛用釋言文訓詩也。泭者、釋水云：「大夫方舟、士特舟、庶人乘泭、」公羊傳注同。說文水部云：「泭、編木目渡也、从水、付聲。」方言「泭謂之簰、簰謂之筏、筏、秦晉之通語也、」廣韻云：「大曰簰、曰筏、小曰泭、」是泭者、簰筏之古稱、竹木蘆葦、皆可爲之。今江蘇概呼爲簰。方者、說文方部云：「併船也、象兩舟省、總頭形、」此卽大夫方舟之訓也。然則併船爲方、編竹木亦爲方；以方之字形爲連兩舟、故許以併船釋之、用其本義也；方爲泭、其引伸義也。論語「乘桴浮于海、」假桴爲泭也；亦假柎游爲之。方、今本作舫、段以爲俗人所改、故據以易之。釋文曰：「舫；樊本作坊；泭、樊本作坿、」郝云：「坊、蓋枋字之誤、枋與舫同；坿卽柎字之誤。」

爾雅學

水中簰筏注疏本簰作簰、單疏本作簰、後剜改作簰。按葉鈔釋文作簰、引方言泭謂之簰、簰謂之筏、與此合。○按廣韻集韻有簰箄字無簰字。

校勘記

舫泭也○釋曰注疏本刪

校勘記訂補

水中簰筏十行本無筏字

舫泭也注、水中簰筏。釋文簰、皮佳反、本又作簿同。今本

注疏本正誤

簰牛誤从才。

宋監本校箋

四行(注)水中簰筏〇「簰」，《釋文》作「簰」，邢昺疏同。

音圖・音

舫泭音孚也

舫洀、樊光本作坊坍。舫、謝音方、施音訪。甫妄翻 洀、郭音孚、三國志注音敷同字或作游同。沈音附。

音略

孚洀 舫洀也。

孫侶直音

舫洀也孚

直音校正

水中簰筏 舫洀孚也

楊氏音訓

洀 敷

干氏音釋

洵均也洵龕也

洵均也。謂調均 洵龕也。未詳。

郭注

洵均也洵龕也 釋曰、李巡曰洵、偏之均也。郭云謂調均。大雅桑柔云、菀彼桑柔、其下侯旬。毛傳云、旬言陰均也。然則洵旬音義同。洵又爲龕、未詳。

邢疏

洵均也

洵偏之均也。詩正義十八之二 邢疏

李注

洵均也洵龕也

洵音巡。釋文

郭音義

洵均也洵龕也

洵音荀。釋文

謝音

洵均也

詩云菀彼柔桑其下侯洵。詩正義十八之二引釋言云某氏引此詩

衆家注

黄輯古義

洵均也

詩云菀彼桑柔、其下侯洵。詩大雅桑柔正義引釋言云某氏引此詩

樊注

洵均也

洵、偏之均也。邢疏詩大雅桑柔正義

李注

洵均也。洵、音巡。並同上

郭音義

洵均也。洵、龕也。洵、音荀。下句倣此。

謝音

玉函山房輯佚

洵均也

洵、偏之均也。李注 詩云其下侯洵。某注 並詩疏十八之二

鈎沉

洵均也

李曰、洵、偏之均也。詩正義十八之二 邢疏

某氏曰詩云菀彼桑柔、其下侯洵。詩正義十八之二引釋言云某氏引此詩

漢注

洵均也詩正義十八之二卷引作旬均也

李巡云、洵、偏之均也。某氏云、詩云其下侯旬。並詩正義十八之二卷

郭璞云謂調均。

洵龕也

郭璞云未詳。

一切注音

洵均也 李巡曰、洵、偏之均也。某氏引詩云、其下侯洵。詩桑柔正義 郭音巡。釋文

古注斠

洵郭音巡、注同。謝音荀、下句放此。龕苦南反。字或作含、本今作龕。

陸音義

爾雅詁林　二　釋言

得聲、然合字亦從合省、究以從合爲是。

龕本今作龕。○今邢本亦從合、案九經字樣作龕、從今。

音義攷證

洵均也 桑柔云、菀彼桑柔、其下侯旬。毛傳云、旬、言陰均也。洵即旬也。

洵龕也 未詳。

鄭樵注

洵均也 洵郭音迴

李巡曰、洵、徧之均也。

郭璞曰、謂調均。

鄭樵曰、桑柔云菀彼桑柔、其下侯旬。毛傳云、旬言陰均也。洵即旬也。

洵龕也

郭璞曰、未詳。

鄭樵曰、未詳。

古注合存

洵均也洵龕也 洵舊作旬、今按如字。龕音湛。○此釋洵爲均而又爲龕之義也。註曰謂調均也。疏曰詩桑柔云菀彼桑柔其下侯旬、毛傳云旬言陰均也。洵旬音義同。龕未詳。愚按洵渦中水也。渦水回也。有龕之象。則洵不必作旬。蓋如字。與又洵信也。誠信則均平。亦叩字也。舊說殆非。

注疏參義

洵均也、某氏引詩其下侯旬、見詩正義。

補注

洵均也 註 謂調均 洵龕也 註 未詳 正義 上文云、僃、均也。洵、又爲均也。鄭註地官均人云、旬、均也。易坤爲均、今書亦有作旬者。詩疏引李巡云、洵、偏之均也。某氏引詩云其下侯旬、洵旬音義同。釋詁云、洵、信也。洵又爲龕也。逸周書祭公解云、周克龕紹成康之業、言能信繼也。

正義

洵均也洵龕也 玉案、曾語無洵涕、注謂洵涕無聲而出涕也。無聲出涕有含忍之義。釋文云、龕或作含。故訓爲龕。

校議

洵均也 謂調均 洵龕也 未詳 均者、已詳上文。洵者、旬之叚借也。說文云、旬、徧也。徧卽均、故又云均、平徧也。十日爲旬、旬之言宣也。宣徧亦見上文。詩來旬來宣、傳旬、徧也。其下侯旬、傳旬、言陰均也。易雖旬无咎、管子侈靡篇云旬身行、注皆以旬爲均也。旬均古通用、故內則云旬而見、鄭注、旬當爲均聲之誤也。易說卦坤爲均、今亦或作旬也。周禮均人注亦同茲說。今按雖旬无咎釋文旬、荀作均、亦其證矣。通作洵。詩洵直且侯、傳洵、均也。桑柔正義云某氏引此詩、李巡曰洵、徧之均也。又通作詢、尚書大傳云詢十有二變、鄭注詢、均也。○洵又訓龕者、借洵爲恂。恂、信也。借龕爲堪、堪、任也。言信可堪任也。此義本錢氏荅問、今依用之。釋文龕字或作含、本今作龕。按龕上从今、卽含字之省、含亦聲。今說文从含聲誤。宜訂正。龕或作含者、方言云、鋡龕受也、齊楚曰鋡、揚越曰龕。受、盛也。猶秦晉言容盛也。然則容受與堪任義近、釋文作含與方言合。

義疏

洵均也 李注洵、偏之均也。郭注謂調均。洵龕也 郭注未詳。蓋釋詩于嗟洵兮、以洵爲堪、與龕同也。龕从今、與𢦟同。上云𢦟殺克。書西伯既龕黎。蓋遠伐曰𢦟。

集解

洵均也 洵、遍水出也。从水旬聲。正字爲均。均、洵疊韻。詩羔裘洵侯且直、傳洵、均。桑柔其下侯旬、傳言陰均也。周禮均人公旬用三日、馬注旬、均也。禮記內則旬而見、注當爲均。尚書大傳詢十有二變、鄭注詢、均也。以旬詢爲之。均、平徧也、从土勻聲。周禮小司徒乃均土地。

洵龕也 洵上、釋爲均、此釋爲龕、明正字爲恂耳。恂、信心也、引申爲龕。恂洵通用字。詩靜女洵美且異、傳洵、信也。龕猶諶、亦信也。龕、龍皃。从龍今聲。正字爲𢦟。實爲諶。書西伯既𢦟黎、東晉本作戡。郭璞引作堪。龕諶堪疊韻。諶、誠諦也。釋詁云信也。字亦通忱。

義證

洵龕也 上云洵均也。詩桑柔正義引文及李巡註曰、偏之均也。龕者、受也。揚雄方言、揚越言龕。受猶秦晉言容盛也。以疆域言曰均偏、以民物言曰龕受、實則

俱包含衆多之義、故此相承釋之。釋文曰龕字或作含。易文言含萬物而化光。含與龕同義通用。補郭

洵均也

注謂調均。補正 邢疏、李巡曰洵、徧之均也。大雅菀彼桑柔其下侯旬、傳云旬、言陰均也。洵旬音義同。

洵龕也

注未詳。補正 臣鑾按、龕、釋文云字亦作含。郭注補正

洵均也洵龕也

洵均者、鄭風羔裘洵直且侯、毛傳云洵、均也。洵通旬。旬均二字古多通用。大雅雲漢來旬來宣、傳云旬、徧也。徧卽均也。桑柔其下侯旬、傳云旬、言陰均也。洵又與詢通。大雅皇矣詢爾仇方、箋云詢、謀也、非也、當據爾雅訓爲龕。龕、取也。法言重黎篇劉龕南陽、注云龕、取也。劉龕猶虔劉、謂殺伐之也。釋文云、龕本今作龕。龕從今聲、猶戡黎之戡亦從今也。龕正字從合者、失其聲。說詩

洵龕也

上文洵均也、各家注皆以爲旬字。栢年案、此則當讀本字。說文洵、過水出也。過、水流回旋之貌。龕、釋文字或作含。釋名、含合也。是水流所合之處爲洵。又洵恂古音同在眞韻、龕諶古音同在侵韻。洵龕也、聲轉爲恂諶也。又洵酌同在十二部、洵龕也、又可轉爲酌含也。說文酌、少少飲也。以酒潔口僅含之而已。此二義亦並可通。補釋

龕

洵均也、注謂調均。釋文、字或作含。予謂肴饌五味調均則嗛之有味矣。含嗛也。小箋

洵均也 詩大雅桑柔其下侯旬、傳云旬、言陰均也。正義曰、釋言云旬均也。某氏引此詩。案說文云訇、徧也。均、平徧也。則正當作旬、假借用洵。

洵龕也 龕、釋文云字或作含本今作龕。石經雪牕本皆从今作龕。案九經字樣雜辯部云龕龍皃也。從龍從今聲、作龕訛。段氏玉裁曰、說文龍部龕龍皃。从龍合聲。凡宋本及集韻類篇皆同、汲古閣本亦如此、後刻改作龕、合聲改爲含聲、絕無所本。依九經字樣、則當从今聲作龕、正與古音合。匡名

洵均也洵龕也 上文傭、均也、洵亦爲均。李巡云洵、徧之均也。大雅其下侯旬、鄭註旬均也。

釋詁、洵、信也。又爲龕。逸周書周克龕紹成康之業、言能信繼也。啓蒙

洵、均也洵、龕也。釋文龕字或作含、九經字樣作龕、以龕爲譌。今本說文亦从合、玉篇从今。今案合讀爲咸、與洵訓均義近。黃侃音訓

釋言、洵龕也。龕與戡同、又與堪同。讀雅筆記

問、釋言洵龕也、郭未詳、邵氏正義引逸周書祭公解周克龕紹成康之德、言能信繼也、其說然乎。曰、邵氏引逸書訓龕爲繼、非也。龕古借以爲堪字、六朝造像造佛一堪屢見、一堪卽一龕、則龕卽堪、與洵義合矣。詁答問

洵。均也、疏云大雅其下侯句、又云洵旬音義同。考異摘要

洵均也。李云洵、徧之均也。郭云謂調均。楷案、洵从旬、洵郎旬之假借、旬與均古通用。詳郝疏。以聲得義、不當以一義說之也。詩江漢來旬來宣、傳旬、徧也。說文同。又云均、平徧也。此訓爲徧者也。李說是也。詩羔裘洵直且侯、傳洵、均也。陳奐疏引皇皇者華傳均調也、以說之。此訓爲調者也。郭說亦是也。小爾雅廣雅並云旬、治也。鄭注周禮均人、旬均也、讀如營營原隰之營、今詩信南山作畇畇原隰。傳云畇畇、墾解貌。墾解亦治義。夏小正農率均田、傳均田者、始除田也。除亦治也。則旬與均又並訓治矣。

稗疏

洵、均也。洵、龕也。

均義已見上「均也」節。洵爲均、借洵爲旬也。說文「旬、徧也、」詩「來旬來宣、」傳同、鄭注地官均人云：「旬、均也；」故詩桑柔正義引李巡曰：「洵、徧之均也。」旬與均古竝通用。

洵又爲龕者、洵龕、爲恂堪之假借字也。恂者、方言云：「信也、」詩「洵美且仁、」借洵爲恂、洵亦信也、堪者、任也、錢大昕云：「信與堪、義相因、信其堪斯任也。」是恂堪皆信也、故曰：「洵、堪也。」郘引逸周書祭公解云：「周克龕紹成康之業、」言周信堪繼先業也。

爾雅學

龕注疏本同、唐石經雪牕本作龕、當據以訂正。單疏本此頁係明人補刻、不足據。按釋文龕、苦南反、字或作含、本今作龕。今本多誤、九經字樣云龕龍兒也、從龍從今聲。作龕訛。玉篇龕若含切、龍兒也、受也、盛也、字皆從今。

洵均也洵龕也○釋曰　注疏本刪

苑彼桑柔　閩本監本毛本苑改菀。按葉鈔釋文詩桑柔作苑、單疏本補刻作菀非。今據元本訂正。

洵又爲龕未詳　閩本監本毛本龕作龕、單疏本補刻同、今據元本訂正。

校勘記

洵均也。洵龕也。巡　堪

孫侶直音

洵龕堪也

楊氏音訓

龕堪

干氏音釋

逮遝也

逮遝也。今荊楚人皆云遝。音沓。

郭注

逮遝也　釋曰、亦謂相及。方俗語異爾。郭云今荊楚人皆云遝。

邢疏

逮遝也

遝、徒荅反。釋文

孫音注

逮遝也

遝、徒荅反。釋文

郭音義

黃輯古義

逮遝也、遝、徒荅反。釋文引孫郭

孫音注

逮遝也、遝、徒荅反。釋文引孫郭

郭音義

玉函山房輯佚

逮遝也

孫曰、遝、徒荅反。釋文

漢注

逮遝也

郭璞云、今荊楚人皆云遝。

一切注音

遝也　孫郭徒答反。釋文

古注斠

逮音代、一音大計反、下同。遝孫郭徒荅反。沓與上同。亦徒荅反。

陸音義

沓與上同、亦徒荅反。○嘉靖閩吳元恭翻刻宋板郭注單行本、今荊楚人皆云遝、下有音沓二字、陸氏故有此一音、注疏本無之、遂幷刪釋文。

音義攷證

逮遝也

逮、尾相及。遝、目相及。

新義

逮遝也 遝猶言遝至也。

鄭樵注

逮遝也 遝、孫郭徒荅反。郭璞曰、今荊楚人皆云遝。鄭樵曰、遝猶言遝至也。

古注合存

逮遝也 遝音沓。○此釋逮為遝之義也。註曰、今荊楚人皆云遝。疏曰、謂相及也。

注疏參義

逮遝也 註 今荊楚人皆云遝 正義 說文云、遝、迨也。玉篇云迨、遝、行相及也。方言云關之東西曰遝、或曰及。與下文逮及也義同。

正義

逮遝也 莊子鏑矢復沓、注、矢去復注沓。沓與遝同。

校議

逮遝也 今荊楚人皆云遝音沓 遝者、說文云迨也。玉篇云迨遝、行相及。方言云遝、及也、關之東西曰遝、或曰及。然則遝逮俱訓及、逮遝聲又相轉。釋文云遝、孫郭徒荅反、又云沓、與上同、亦徒荅反。今按、宋雪窗本及明吳元恭本郭注遝下俱有音沓二字、今本則無、據釋文則唐以前本有之、今補。

義疏

逮遝也 郭注今荊楚人皆云遝音沓。上云逮、與。此為追及也。詩荓云不逮。眔見上鰥。

集解

逮遝也 逮唐逮及也、从辵隶聲、引申為遝。遝亦及也。詩桑柔莽云不逮、公羊哀十四傳祖之所逮聞也、漢石經作遝聞。遝、迨也。謂行相及。

義證

逮遝也 孫氏音、遝徒荅反。釋文

注、今荊楚人皆云遝、音沓。

音義、遝、徒荅反。釋文

釋文、逮音代、一音大計反、下同。遝孫郭徒荅反。沓與上同、亦徒荅反。

疏、遝音沓 亦謂相及、方俗語異耳。郭云今荊楚人皆云遝。

鄭注、遝猶言遝至也。

正義說文云遝、迨也。玉篇云迨、遝、行相及也。方言云關之東西曰遝、或曰及。與下文逮及也義同。

義疏遝者、說文云迨也。玉篇云迨遝、行相及。方言云遝、及也、關之東西曰遝、或曰及。然則遝逮俱訓及、逮遝聲又相轉。釋文云遝、孫郭徒荅反、又云沓、與上同、亦徒荅反。今按宋雪窗本及明吳元恭本郭注遝下俱有音沓二字、今本則無、據釋文則唐以前本有之、今補。

世榮案、遝字亦通眔。周吳彝王呼史戊冊命吳司旃眔叔金、阮氏元釋曰、叔通淑、命司旃兼職郭國所貢之善金、眔及也、即遝字之省。

釋言集解後案

逮遝也 遝徒荅反

註今荊楚人皆云沓補正邢疏亦謂相及、方俗語異耳。

郭注補正

逮遝也

今荊楚人皆云遝音沓

倣宋本雪聰本有音沓二字、明注疏本刪、釋文云沓、與上同、亦徒荅反。是陸本有音沓二字。

郭注佚存補訂

逮遝也、註、今荊楚人皆云遝。遝、釋文作沓。

注疏正字

逮遝也 說文遝、迨也。迨、遝也。玉篇迨遝、行相及也。

啓蒙

逮遝也。逮下文云及也、遝及義同。逮與遝一聲之轉。遝今作搭。故此下云逮及也、方言云、迨遝及也、迨逮亦聲轉。遝亦作沓、漢書禮樂志騎沓沓,注沓沓,疾行也,疾行亦相及之義。又說文眔,目相及也,遝,語相及也,聲義並相近。

黃侃音訓

逮遝也

邵氏引說文遝,迨也。方言遝,及也。俊案,遝逮古今字,相通互訓。禮中庸所以逮賤也,釋文遝下本又作逮。漢石經公羊碑祖之所遝聞,隸釋云遝板本作逮。劉寬碑未遝誅紂,州輔碑遝事和熹,遝即今逮字。本經多以古字解今字,如粻即糧今字,說文有糧無粻,粻新坿字而釋言粻,糧也。說文夸與荂同,而釋艸以夸解荂,皆其例。

王仁俊日記

逮、遝也。

遝、郭注云:「今荊楚人皆云遝、音沓;」說文云:「遝、迨也、」廣韻遝迨、訓行相及;方言云:「遝、及也、關之東西曰遝、或曰及;」是逮、遝、皆及也、逮、遝、聲又相轉、故逮訓遝。

爾雅學

今荊楚人皆云遝音沓 雪牕本同。注疏本刪下二字,釋文沓,與上同,亦徒荅反。

逮遝也○釋曰 注疏本刪

校勘記

逮遝也 釋文,遝孫郭徒荅反。下又云沓,與上同,亦徒荅反。按,今本經注皆無沓字,而釋文有音,或注末郭有音沓二字,故陸釋之。

注疏本正誤

逮遝音沓也

沓

音圖・音

逮遝也。

孫侶直音

逮遝沓也 亦謂相及

楊氏音訓

遝沓

干氏音釋

是則也

是則也。是事可法則。

郭注

是則也 釋曰:是不非也,則法效也。郭云是事可法則,言不非之事乃可爲人法則。

邢疏

是則也

說文引爾雅徥,則也。

衆家注

黃輯古義

是則也

郭璞云,是事可法則。

一切注音

是則也

蕙心案,說文彳部徥,徥行皃。引爾雅徥則也。是本借字,郭注是解作事,非也。

古注斠

是則也 則,法則。

鄭樵注

是則也

郭璞曰,是事可法則。

鄭樵曰,則法則。

古注合存

是則也,此釋是爲則之義也。疏曰,是,不非也,則,法也,有是無非,乃可爲人法則。

注疏參義

是則也 註 是事可法則 正義 說文引爾雅作徥,則也。徥,行皃,今本作是。釋名云:是,嗜也,人嗜樂之也。釋詁云:則,法也。

正義

是則也 是事可法則

則者,釋詁云,法也。是者,徥之叚音也。說文云,徥,徥行皃。引爾雅曰,徥,則也。詩好人提提,釋訓作媞媞,與此義合。方言云,徥,行也。又云,自關而西秦晉之間凡細而有容謂之嫛,或曰徥。說文云,嫛,媞也。是媞徥古字通。然則儀容行動俱謂之徥,容止可法,故謂之則,正與下文威則也同義。徥从是聲,因省作是,郭蓋未檢方言說文、故緣詞生訓耳。

義疏

是則也 郭注是事可泫則。說文引作徥則也、郝說以詩好人提提書顧諟。

集解

是則也 是直也从日正會意。引申為則、謂正直之可則也。詩閟宮邦國是有、箋是有猶常有也。則亦常也、說文引爾雅徥則也、以徥為之。則、鼎畫物也。上經云泫也常也。

義證

是則也

注、是事可法則。

疏是不非也。則法效也。郭云是事可法則、言不非之事乃可爲人法則。

鄭注則、法則。

正義說文引爾雅作徥則也。徥行皃今本作是釋名云是、嗜也、人嗜樂之也。釋詁云、則法也。

義疏則者、釋詁云法也。是者徥之叚音也。說文云徥徥行皃。引爾雅曰徥則也。詩好人提提、釋訓作媞媞、與此義合。方言云徥行也。又云自關而西秦晉之閒凡細而有容謂之嫢、或曰徥。說文云嫢、媞也。是媞徥古字通。然則儀容行動俱謂之徥、容止可法、故謂之則、正與下文威則也同義。徥从是聲、因省作是、郭蓋未檢方言說文、故緣詞生訓耳。

世榮案、是則皆承上語詞、王氏引之經傳釋詞云、是猶則也、引大戴禮王言篇敎定是正矣、家語作正教定則本正矣。鄭語曰若更君而周訓之是易取也、韋注更以君道導之則易取、卽雅義也。經典是字此類甚多、故雅釋之訓爲法則似近迂曲。說文彳部引雅乃言徥之得叚爲是、不與上行皃相貫、段氏玉裁注此偁爾雅說叚借是也、郝氏連屬讀之似亦未是。

釋言集解後案

是則也 注是事可法則

諍曰、邵氏郝氏皆据說文徥徥行貌、引爾雅曰徥則也、以明是本作徥。案徥爲行貌、可訓爲法則者、字从行是會意。若作是必增事字始有所指、注未得其恉也。

諍郭

是則也 是說文作徥、云徥徥行皃、引爾雅曰徥則也。是者徥之省文。郝云詩好人提提、釋訓作媞媞、與此義合。案說文是從日正。是、正也。易未濟有孚失是、虞注云是、正也。荀子勸學篇注云是謂正道。曹風鳲鳩正是四國、正是國人、是亦正也。正是二字當爲複文、言爲四國國人之則也。又案是則皆語詞也、王氏引之云大戴王言篇教定是正矣、家語作教定則本正矣。鄭語曰若更君而周訓之、是易取也、韋注曰更以君道導之、則易取。是亦則也。

說詩

是則也 說文彳部徥徥行皃、从彳是聲。爾雅曰徥、則也。

匡名

是則也 說文徥、行貌。引爾雅徥則也。今作是、郭註是事可法則。

啓蒙

是則也

按、爾雅以是則也與畫形也相次、蓋皆分畫之義。說文則、等畫物也、从刀从貝。貝古之物貨也。是則義爲分畫物貨之差等。是者提之假借字。禮記牛羊之肺離而不提心、注云提猶絕也。說文提、挈也。提通作折。檀弓吉事欲其折折爾、注引詩云好人提提、以提提明折折、是提卽折也。又按說文哲、知也。本草知母一名蝭母、是提與知通。提之爲折、猶知之爲哲也。禮記折九箇、注折斷分之也。是是與則皆分畫之義、故以相詁。郭注是事可法則、望文生訓、失之迂矣。

爾雅詁

是則也。郭云、是事可法則。楷案、郭說非也、是與則皆語詞。

爾雅詁林 二 釋言

大戴禮王言篇教定是正矣。家語作政教定則本正矣。鄭語若更君而周訓之。是易取也。韋昭注。更以君道導之。則易取。是皆訓是爲則也。說文。徥徥行皃。引爾雅曰徥則也。此釋假借之例。

稗疏

是、則也。王引之云：「是、猶則也。大戴禮王言篇云：『教定是正矣、』家語作『政教定則本正矣；』鄭語曰：『若更君而周訓之、是易取也、』韋注云：『更以君道導之、則易取。』」今案禹貢云：「桑土既蠶、是降丘宅土、」謂桑土既蠶、則降丘宅土也；詩葛覃云：「維葉莫莫、是刈是濩、」謂維葉莫莫、則刈則濩也；此皆是訓則之證、故曰：「是、則也。」釋經者以說文徥篆下引爾雅文、以爾雅之是爲徥、然徥則二字相訓、穿鑿傅會、終不可通。蓋古本爾雅作徥者、不過假徥爲是、許引之者、段所謂「此偁爾雅說叚借、」是也。觀今本爾雅釋文、於是字無音讀、則陸氏讀是字爲如字、可知矣。

爾雅學

是則也○釋曰 注疏本刪

是不非 監本毛本下衍也、補刻亦剜擠也字、茲據元本閩本訂正。

校勘記

畫形也

畫形也。畫者爲形象。

郭注

畫形也 釋曰、郭云畫者爲形象。考工記云畫繢之事、土以黃、其象方、天時變、火以圜、山以章、水以龍、鳥獸蛇。是畫者爲形象也。

邢疏

畫形也

郭璞云、畫者爲形像。

一切注音

畫 胡卦反。

陸音義

是則也畫形也

是者則也、畫者其形似爾、故曰古之人與其不可傳也死矣、然則公之所讀者、古人之糟粕已。

新義

畫形也 謂形容其象。

鄭樵注

畫形也

郭璞曰、畫者爲形像。

鄭樵曰、謂形容其象。

古注合存

畫形也、畫俗作畫。○此釋畫爲形之義也。疏曰、考工記云繪畫之事、土以黃、其象方、天時變、火以圜、山以章、水以龍、鳥獸蛇、是畫者爲形象也。

注疏參義

畫形也 **註** 畫者爲形像 **正義** 說文云、形、象形也。考工記云、畫繢之事。釋名云、畫、挂也、以五色挂物上也。

正義

畫形也 畫者爲形象

形者、說文云象形也。釋名云、形、有形象之異也。按容色體貌皆形之類、形謂表見、故又訓見也。畫者、釋名云繪也、以五色繪物象也。說文云畫介也、象田四介、聿所以畫之。按畫繪之事、起於古之畫井經田、古者山川域地皆有圖畫。周禮一書、言圖非一。遂人云以土地之圖經田野、造縣鄙形體之灋、鄭注形、謂制分界也。然則田有界畫以覩縣鄙之形體、地有圖畫以寫天下之形勢、物有圖畫以盡萬物之形容、此皆畫訓形之義也。

義疏

畫形也 郭注畫者爲形象。畫、从聿田四界、因刻識以圖爲畫也。周官皆畫其象焉。形、从开彡、立而飾之。

集解

畫形也 畫界也。从田凵、象田四界。聿所以畫之。引申爲凡形之形。周禮司常皆畫其象焉、謂畫其形。形、象形也。从彡幵聲。易曰雷雨之動滿形。禮記樂記、在天成象、在地成形。

義證

畫形也

圖畫者所以爲形象也

慧琳大般若波羅蜜多經三百八十一卷音義引爾雅畫形象也、郭璞曰圖畫者所以作形象也。樹枬案、慧琳所引經文象字涉注文而衍、今本刪圖所以也四字、據補。明注疏本象改像。

郭注佚存補訂

畫形也說文、畫、界也。从聿象田四界、聿所以畫之。引伸爲繪畫字。考工記、畫繪之事。郭註畫者爲形像。形、象形也。

啓蒙

畫、形也。

形者、說文云：「象形也、」畫者、說文畫部云：「畫、介也、从聿、（依段本增。）象田四介、聿所㠯畫之、」此畫之本義；引伸爲繪畫字。說文畫、胡麥切；爾雅釋文胡卦反；然其義一也。郝云：「繪畫之事、起於古之畫井經田、古者山川、域地、皆有圖畫、周禮一書、言圖非一、遂人云：『以土地之圖、經田野、造縣鄙形體之法、』鄭注『形、謂制分界也。』然則田有界畫、以觀縣鄙之形體；地有圖畫、以寫天下之形勢；物有圖畫、以盡萬物之形容、此皆畫訓形之義也。」如郝說、是繪畫也、分畫也、皆爲形之義而無別也。

爾雅學

畫者爲形象 單疏本雪牕本同。注疏本象改像。

畫形也○釋曰 注疏本刪

畫繢之事 元本同。閩本監本毛本繢改繪。

校勘記

畫形也。今本畫音畫、按畫乃畫之俗體字、不可云音、當用釋文胡卦反爲是。

注疏本正誤

畫音畫 監本毛本同。湘本畫作化、正字通、畫、俗畫字、作化是。

注疏校勘札記

六行（注）畫者爲形象○慧琳《音義》卷五引「《爾雅》：畫形象也，郭璞曰：圖畫者所以作形象也。」

宋監本校箋

話

畫形也。

孫侶直音

賑富也

賑富也 謂隱賑富有。

郭注

賑富也 釋曰、皆豐財也。郭云、謂隱賑富有。

邢疏

賑富也

郭璞云、謂隱賑富有。

一切注音

賑富也

蕙心案、文選魏都賦注引爾雅、賑、振也。

古注斠

賑 之忍反、又之人之刃二反。字林云、富也、刃引反。

陸音義

賑富也

以其餘振之。子曰、孰謂微生高直、或乞醯焉、乞諸其鄰而與之。

新義

賑富也 郭氏謂隱賑富有。

鄭樵注

賑富也

郭璞曰、謂隱賑富有。

鄭樵曰、郭氏謂隱賑富有。

古注合存

賑富也、此釋賑爲富之義也。賑濟也、富猶善人是富之富。

注疏參義

爾雅詁林 二 釋言

賑富也 **註** 謂隱賑富有 **正義** 說文云富、備也、一曰厚也。西京賦云鄉邑殷賑、薛綜註殷賑謂富饒也。魏都賦云同賑大內、李善註引爾雅。說文繫傳云賑、振也。振起之也。

正義

賑富也 謂隱賑富有

富者、說文云備也、一曰厚也。論語顏淵篇集解及皇侃疏並云富、盛也。按富从畐聲、有盛滿之義也。賑音、說文云富也。郭云隱賑富有。隱與殷同、殷訓衆盛、故文選西京賦云鄉邑殷賑、薛綜注殷賑謂富饒也。蜀都賦云邑居隱賑、劉逵注隱盛也、賑富也。羽獵賦云殷殷軫軫、李善注殷軫盛貌也。是殷軫即隱賑音轉字變。又爲賱賰、璘尹珷玉篇云賱賰富有也。是皆疊韵之字、其義即存乎聲也。

義疏

賑富也 郭注謂隱賑富有。賑从辰。上云震動以施財爲振、因爲富厚之稱。易、震不于其躬、于其鄰、即富以其鄰也。富从宀畐。盛厚也。

集解

賑富也 賑、富厚也。从貝辰聲。文選西京鄉邑殷賑、注殷賑謂饒富也。蜀都賦邑居隱賑、劉注賑富也。景福殿賦富賑山邱、注賑、富也。易震不于其躬于其鄰、謂富於其鄰。文選藉田賦震震填填、注盛也、猶富也。羽獵賦殷殷軫軫、殷軫即殷賑富也、注故釋爲盛皃。左僖五傳均服振振、注亦云振振、盛皃。以震軫振爲之。富、備也、一厚也。从宀畐聲。易家人富家大吉。

義證

賑富也 謂隱賑富有也

元應增一阿含經四十八卷音義引爾雅賑富也、謂隱賑富有也。今據補也字。

郭注佚存補訂

賑富也 說文同。

名匡

賑富也 說文、賑、富也。西京賦鄉邑殷賑、註殷賑、謂富饒也。富、備也、一曰厚也。

啓蒙

賑、富也。

富者、說文「備也。」賑、郭注云：「隱賑、」魏都賦云：「邑居隱賑、」劉逵注「隱、盛也、賑、富也。」隱賑又即殷賑、西京賦云：「鄉邑殷賑、」薛綜注「殷賑、謂富饒也、」是也。

爾雅學

賑富也〇釋曰 注疏本刪

(注)謂隱賑富有〇慧琳《音義》卷九七引此注「有」下有「也」字。

校勘記

宋監本校箋

賑音振富也

音圖・音

軫震

賑富也

孫佁直音

軫 賑富也

直音校正

局分也

局分也謂分部。

郭注

局分也 釋曰、郭云謂分部。成十六年左傳云離局姦也、杜注云、遠其部曲爲離局。

邢疏

局分也

郭璞云、謂分部。

一切注音

局彊六反。分也符問反。注同。

陸音義

局分也

其分則有局矣、故曰楚人亡弓、孔子聞之曰忘其楚、而可矣。老子聞之曰忘其人而可矣。

新義

局分也謂分域。

鄭樵注

局分也

郭璞曰、謂分部。

鄭樵曰、謂分域。

古注合存

局分也。分去聲。○此釋局爲分之義也。註曰、謂分部也。疏曰、成十六年左傳云、離局姦也。杜註云、遠其部曲爲離局。

注疏參義

局分也文選注作近也

補注

局分也註謂分部也。**正義**曲禮云左右有局、鄭註局、部分也。左氏成十六年傳云、離局姦也。

正義

局分也謂分部

分者、說文云別也。淮南本經篇云各守其分、高誘注分、猶界也。禮運注分、猶職也。樂記注分、猶部曲也。皆有分別之義也。局者、說文云促也、从口在尺下、復局之。一曰博所以行棊。按局促卽守分位之意、博局亦有分限、故曲禮云左右有局、鄭注局、部分也。詩正月傳局、曲也。釆綠傳局、卷也。卷曲亦局促也。小爾雅及廣雅竝云局、近也。迫近亦局促也。

義疏

局分也郭注謂分部

集解

局从口在尺下。記左右有局。分从刀八、別也。

局分也局促也、从口在尺下復局之。引申爲分、謂尺所以分部而使之局促也。禮記曲禮左右有局注局、部分也。分、別也、从八从刀會意。刀所以分別物也。禮記月令日夜分。

義證

局分也。郭氏謂是分部。按古者有行棋曲道謂之局、此卽是與。康成注禮記左右有局、各司其局、謂之部分。部分卽分部。郭蓋本康成說。

錢氏古義

局分也、音分、符問切。符誤部。

注疏正字

局分也 文選注二四十引局近也。

匡名

局分也曲禮左右有局、註部分也。說文、局促也、从口在尺下、復局之。一曰博所以行棊、象形。

啓蒙

局、分也。

說文八部云：「分、別也、從八刀、刀目分別物也。」梁啓超擬改之、作「分、別也、从八从刀、八亦聲。」蓋許於分字祇說會意、梁則以爲分亦从八得聲。故其言曰：「中國之字、什之九屬於聲系、例如『八』字、說文云：『八、別也、象分別相背之形。』八字發音、與別與背同、於是凡從八之字、非徒衍八字形也、亦衍八字聲。錢大昕發明『古無輕脣音』之例；知『分』字古讀如『奔；』『釆』字古讀如『班；』『平』字古讀如『兵、』皆用『B』母發音、與『八』字正同、由是知凡衍『分聲』之字、一面既從『八』字衍形、一面又從『八』字衍聲、形聲合而其義益著。其從分字衍出者、如平均分配爲頒、亦爲攽、文質相半爲份、（論語孔注）財分而少爲貧、（說文）研米使分散爲粉、（釋名）目黑白分爲盼、（說文）草初生其香分布爲芬、（說文）分而不理爲棼爲紛、此亦衍『八形』『八聲』而衍其義者也。事物交互錯雜、而其語原皆同出於一。」此舉分字以明聲系也。爾雅分字、釋文云：「符問反；」既以一聲衍爲數字、則分字不必有數音矣。淮南高注「分、猶界也、」樂記注「分、猶部曲也。」

局者、曲禮「左右有局、」鄭注云：「局、部分也；」左氏成十六年傳云：「離局、姦也、」離局、謂遠其部局。軍中之行列、六卿之官次、皆有分別、與分定者無殊、故曰：「局、分也。」

爾雅學

局分也○釋曰郭云謂分部 注疏本刪

分符問反 南昌本闕。雪牕本有此四字、盧刻同、并云注同。

校勘記

局分也釋文、分符問反。今本符作部、當緣注謂分部而誤。

校勘記訂補

局分去聲也

楊氏音訓

注疏本正誤

懠怒也

懠怒也。詩曰、天之方懠。音薺。

郭注

懠怒也 釋曰、舍人曰懠怒聲也。郭云詩曰天之方懠者、大雅版篇文也。

邢疏

懠怒也

懠、怒聲也。詩板正義 邢疏

犍爲注

黃輯古義

懠怒也

懠怒聲也。邢疏 詩大雅板正義

犍爲注

玉函山房輯佚

懠怒也

懠、怒聲。舍人注 詩疏十七之四

鈎沉

懠怒也

舍人曰懠、怒聲也。詩正義十七之四 邢疏

漢注

懠怒也

舍人云、懠、怒聲也。詩正義十七之四卷 郭璞云詩曰、天之方懠。懠音薺。

一切注音

懠怒也 舍人曰、懠、怒聲也。詩板正義

古注斠

懠 才計反

陸音義

懠怒也

雖怒猶霽也、敬天之怒于是爲甚。

新義

懠怒也 版云、天之方懠。

鄭樵注

懠怒也 舍人曰、懠、怒聲也。郭璞曰、詩曰、天之方懠。

鄭樵曰、版云、天之方懠。

懠怒也。懠音穧。○此釋懠爲怒之義也。註曰、詩板篇云、天之方懠。疏曰、舍人云、懠、怒聲。

古注合存

懠怒也 註 詩曰天之方懠 正義 說文云、怒、恚也。詩疏引舍人云、懠、怒聲。註 詩曰至方懠。○ 正義 大雅板文。毛傳用爾雅。釋文云、懠、疾怒也。

注疏參義

正義

懠怒也 詩曰天之方懠

怒者、說文云恚也。匡謬正俗云、怒字古讀有二音。按古音不分上去二音、實一音也。懠者、詩板傳云怒也。正義引舍人曰懠、怒聲也。舍人知怒爲聲者、素問五運行大論云、其志爲怒。王砯注怒直聲也。是怒亦有聲、然非通義。

義疏

懠怒也 舍人注 懠、怒聲也。郭注、詩曰天之方懠。上云、齌、疾。疾亦怒也。怒从奴。女執事者奴弱則怒之。怒、恚也。

集解

懠怒也 懠、字本作齌。炊餔疾也、从火齊聲。引申為怒。離騷反信讒而齌怒是也。齌懠古今字。詩板天之方懠、傳懠怒也。怒、恚也、从心奴聲。周語、怨而不怒。

義證

懠怒也

[註]詩曰天之方懠[補正]邢疏、舍人曰懠、怒聲也。

郭注補正

懠怒也

詩曰天之方懠音薺

倣宋本雪牕本有音薺二字、明注疏本刪。

郭注佚存補訂

懠怒也 大雅板「天之方懠」，毛傳云懠、怒也。

說詩

懠怒也 說文心部無懠字，當作齌。離騷云反信讒而齌怒。

匡名

懠怒也 大雅天之方懠，詩疏、懠、怒聲。說文、怒、恚也。

啓蒙

懠 齌 說文。齌炊餔疾也。錢氏荅問云齌即天之方懠之懠。薛氏傳均云。離騷反信讒而齌怒。王注疾怒。據此知釋文訓懠爲疾怒，蓋亦有所本矣。

黃侃評本正名

懠怒也。 懠正作齌。

黃侃音訓

懠、怒也。
說文云：「怒、恚也。」懠者、郭注引大雅板云：「天之方懠、」傳云：「懠、怒也。」說文無懠；有齌字、云「炊餔疾、」釋詁「齊、疾也、」即齌之假借。詩釋文云：「懠、疾怒也、」似亦以懠爲齌之音假也。

爾雅學

天之方懠音薺 雪聰本同，注疏本刪下二字。

懠怒也○釋曰 注疏本刪

郭云詩曰天之方懠者大雅版篇文也 閩本監本毛本郭改注、版篇改板之、元本作郭云、版篇二字實闕。按詩上帝板板、釋訓作版版。後漢書董卓傳注、文選辨命論注、皆引詩上帝版版。

校勘記

天之方懠音薺 十行本無音薺。

校勘記訂補

詩曰天之方懠音薺 監本毛本湘本懠下附釋音、有懠才細切四字。

注疏校勘札記

懠音齊怒也

音圖·音

嚌 懠怒也。

孫偘直音

懠劑怒也

直音校正

懠穧怒也

楊氏音訓

懠才詣切

干氏音釋

僁聲也

僁聲也。謂聲音。

郭注

僁聲也 釋曰、郭云謂聲音、言聲音僁僁然也。

邢疏

僁聲也

僁音與稧契同。釋文

郭音義

僁聲也

僁私秩反。釋文

施音

僁聲也、僁音與契同。釋文

郭音義

僁聲也、僁私秩反、字又作佾。

施音

黃輯古義

玉函山房輯佚

僁聲也

郭璞云、謂聲音。

一切注音

僁 音屑、蟋草聲也。郭音與稧契同、施私秩反、字又作佾。

陸音義

僁字又作佾○舊佾字人旁楔糊、官本遂作屑。

音義攷證

僁聲也

師曠曰、南風不競、多死聲、楚必無功、是之謂僁。

新義

僁聲也 言聲響僁僁然也、音屑。

鄭樵注

僁聲也 僁郭音與楔契同

郭璞曰、謂聲音。

鄭樵曰、言聲響僁僁然也、音屑。

古注合存

僁聲也、僁音屑。○此釋屑爲聲之義也。疏曰、謂聲音僁僁然也。

注疏參義

僁聲也 註 謂聲音 正義 玉篇云、僁、小聲也。廣韻云、僁、動草聲、又鷙鳥之聲。通作屑。漢書武帝紀云、屑然如有聞。

正義

僁聲也 謂聲音

聲亦音也、通作磬。大射儀注、古文聲爲磬。按說文聲从殸聲、殸、籀文磬也。僁者、說文云、聲也、讀若屑。玉篇云、僁、小聲也。字書佾同。釋文云、僁、動草聲也、字又作佾。廣韵同、又鷙鳥之聲。又僁僁、呻吟也。龍龕手鑑一作佾佾、呻吟也。今按、說文玉篇但言聲、廣韵乃有鷙鳥動草呻吟之說、今竝未聞。佾即屑之或體、屑从㣇聲、與僁从悉聲音本相近、郭讀音契則聲轉矣。通作屑、漢書武帝紀云、著見景象、屑然如有聞、屑即僁也。祭義云、肅然必有聞乎其容聲。肅僁聲亦相轉。

義疏

僁佾聲也 郭注謂聲音。僁、說文讀若屑。采、心無義、尸㣇故有聲。書屑有辭。聲从耳、磬、磬爲聲之主。

集解

僁聲也 僁、小聲也、从人悉聲。悉、詳盡也。謂盡力而有聲也。書多古屑有辭。屑即僁、謂辭之聲。聲、音也、从耳殸聲。禮記樂記、聲成文謂之音。

義證

僁聲也 僁與稧契同。

註謂聲音 補正 邢疏、言聲音僁僁然也。

郭注補正

僁聲也 注謂聲音

正曰、錢詹事潛研堂集云、說文人部僁、聲也、讀若屑。漢書武帝紀天地況施著見景象、屑然如有聞。屑即僁之俗字、郭注未解僁即屑之本字而漫謂聲音、釋文又引動草聲釋之、誤矣。

正郭

僁聲也

僁、當作⿰米悉、說文⿰米悉、糳散之也。謂散米之聲也。

小箋

僁聲也 說文同 釋文云、字又作偦。案說文僁讀若屑、舊本必有作屑者、後人從而加偏旁耳。

匡名

僁聲也 說文、僁、聲也。通作屑。漢書武帝紀、屑然如有聞。郭註謂聲音。

啓蒙

洵均也 洵龕也 是則也 懠怒也 僁聲也

周禮注作旬均也 地官均人注 釋文龕字或作含 釋言釋文 本今作龕

從今釋言釋文 說文引作徥則也 云徥行貌 彳部徥 舍人云懠怒聲 引見大雅板詩疏

釋文僁音屑 動草聲 釋言釋文 字又作佾 釋言釋文

證異

僁、聲也。釋文僁、音屑。按僁通作屑、漢書武帝紀、屑然如有聞。

僁、聲也。說文人部云：「僁、聲也；从人、悉聲、讀若屑。」玉篇「僁、小聲也；」段玉裁所謂「動作屑屑聲」者是也。許謂僁讀若屑、則字亦通屑、漢書武帝紀云：「屑然如有聞、」屑即僁也。爾雅釋文云：「僁、動草聲也、字又作佾。」廣韻云：「鷙鳥之聲、」又云：「僁僁、呻吟也。」

爾雅學

僁聲也○釋曰 注疏本刪

校勘記

謂聲音 十行本音聲

校勘記訂補

傁音屑聲也　**音圖・音**

傁音屑，郭音與稧契同，施私秩翻，音悉質屑韻異，字又作㑊。　**音略**

屑

傁聲也。　**孫偘直音**

傁屑聲也　**楊氏音訓**

傁屑　**干氏音釋**

葵揆也揆度也

葵揆也。詩曰，天子葵之。揆度也。商度。　**郭注**

葵揆也揆度也　釋曰，轉相解也，皆謂商度。注詩曰天子葵之者，小雅采菽文也。鄘風定之方中云，揆之以日。　**邢疏**

揆度也

揆，商度也。一切經音義九　孫音注　**黃輯古義**

揆度也

揆，商度也。一切經音義卷九　孫音注　**玉函山房輯佚**

揆度也

孫曰，揆，商度也。一切經音義九　**漢注**

葵揆也

郭璞云，詩曰，天子揆之。

揆度也

孫炎云，揆，商度也。一切經音義九　郭璞云，商度。　**一切注音**

揆度也　孫炎曰，揆，商度也。一切經音義九　**古注斠**

葵求維反。揆其水反。度也徒各反、注同。　**陸音義**

葵揆也

能揆日向焉。

揆度也

葵天子之事，茹諸侯之事。　**新義**

葵揆也采菽，天子葵之。揆度也。商度。　**鄭樵注**

葵揆也

郭璞曰，詩曰，天子揆之。

鄭樵曰，采菽天子葵之。

揆度也

孫炎曰，揆，商度也。

郭璞曰，商度。

鄭樵曰，商度。　**古注合存**

葵，揆也，揆，度也　葵揆音義同，度音鐸。○此釋葵爲揆，又爲度之義也。註曰，詩采菽云，天子葵之，度，商度也。

注疏參義

葵揆也**註**詩曰天子揆之揆度也**註**商度**正義**上文云、茹、虞、度也，揆又爲度也。葵、揆，以聲爲義。說文云，揆，葵也。衆經音義引孫炎云，揆，商度也。大雅板云，則莫我敢葵。禹貢云，三百里揆文教。大戴禮記文王官人篇，推其往言以揆其來行。**註**詩曰至揆之。○**正義**小雅采菽文，今本作葵之。　**正義**

葵揆也　路史皇人之言曰，立權以聚財，葵財以施智　**校議**

葵揆也詩曰天子葵之揆度也商度

揆者，說文云，葵也。按此雖本爾雅，但爾雅本爲解經，經有葵字，乃揆之叚借，故此釋云，葵，即揆也，亦如甲狎幕暮之例。至於說文本爲訓義，不主叚借，當言揆度，而言揆葵，則義反晦矣，疑此許君之失也。葵者，詩天子葵之，則我莫敢葵，傳箋並云，葵，揆也。○度者，釋詁云謀也。經典揆俱訓度、一切經音義九引孫炎曰揆、商度也。

義疏

葵揆也 郭注詩曰天子葵之。癸从癶矢。立而發矢當揆度也。古文作𤼨、蓋象草形。葵芹類以和羹。揆度用之、後加手爲揆度字。

揆度也 孫注揆、商度也。郭注商度。

集解

葵揆也 葵、𤼨菜也、从艸𤼨聲、正字爲揆。揆葵疊韵。詩采菽天子葵之、傳葵、揆也。板則莫我敢葵、箋葵、揆也。揆、度也。从手癸聲。許慎訓爲葵者、以葵爲揆之借字耳。

揆度也 承上而明葵雖釋揆、實釋度耳。書堯典納于百揆、孫疏揆、度也。詩定之方中揆之以日、傳揆、度也。孟子離婁其揆一也、離騷皇覽揆余于初度兮、文選王元長策秀才文揆務分司、注均云揆、度也。度、法制也、从又庶省聲。上經云謀也。

義證

葵揆也 釋文云、葵、求維反。

註詩曰、天子揆之。

郭注補正

葵揆也

詩曰天子葵之

明注疏本作揆之、誤。

郭注佚存補訂

葵揆也

揆度也

葵者、小雅采菽天子葵之、大雅板則莫我敢葵、傳箋並云葵、揆也。揆者、鄘風定之方中揆之以日、傳云揆、度也。說文云揆、葵也。此葵字爲後人妄改、許必不能以假借字作正字也、戴侗引唐本作度也。揆從癸、說文云癸、冬時水土平可揆度也。旣以揆爲度、則葵爲誤字可知矣。揆葵俱從癸、故互相假。釋言終葵椎、廣雅作柊揆。采菽之葵、郭注引作揆、蓋皆以同聲相假也。

說詩

葵揆也 註詩曰天子葵之。葵誤揆。

注疏正字

葵揆也揆度也 小雅天子葵之、傳葵、揆也。故郭註引作天子揆之。說文揆、度也。註、各本作葵、今正。度者、法制也。禹貢、三百里揆文教。孫炎云揆、商度也。

啓蒙

葵揆也。揆、度也。 葵揆、揆度相承義同

黃侃音訓

葵揆也

錦燧謹案、此釋詩采菽篇天子葵之、板篇則莫我敢葵也、傳箋與雅訓合。說文云揆、葵也。是爾雅以本字詁假字、洨長以假字詁本字、至葵之本訓則爲菜名、與揆度之揆音同而義別。

埘駁段氏說文揆字注一則

段氏注云、各本作葵也、今依六書故所據唐本正。燧案、其說非是、許君說解固有用假借字者、如于下云於也、而于爲烏之古文、以於訓于亦以假字詁本字、不得謂于爲孝烏也。愉下云薄也、而薄訓林薄、以薄訓愉、蓋借薄爲泊、不得謂愉爲林薄也。此必漢時多假葵爲揆、故許卽以葵詁揆、與於之詁于、薄之詁愉、正是一例、何必據不足信之書以改亂許氏原本耶。

陸錦燧日記

葵、揆也。揆、度也。

葵、揆、以聲爲義；此以正字釋假借字也。小爾采菽云：「天子葵之、」大雅板云：「則莫我敢葵。」傳箋竝云：「葵、揆也。」揆爲度者、說文手部云：「揆、度也、」段注云：「度者、法制也、」因以爲揆度之度。釋詁云：「度、謀也、」眾經音義引孫炎曰：「揆、商度也。」

爾雅學

天子葵之 單疏本雪牕本元本同。閩本監本毛本葵改揆。按、單疏本及元本疏引詩天子葵之、揆之以日、二字畫然有別。

葵揆也葵度也○釋曰 注疏本刪

校勘記

法詩曰天子葵之者 監本毛本同、湘本作注是。

注疏校勘札記

葵上聲　鏵

葵揆也揆度也。

孫侶直音

揆度鏵也

楊氏音訓

逮及也

逮及也。

郭注

逮及也 釋曰、亦謂相及也。大雅桑柔云、荓云不逮。

邢疏

逮及也。此釋逮爲及之義也。

注疏參義

逮及也 **正義** 說文、逮、及也。又云隶、及也。又云隸、及也。詩曰、隸天之未陰雨。逮隶隸音義同。

正義

逮及也 遝爲追及、逮又爲及時汲汲之詞。

春秋傳、祖之所逮聞也。亦作遝聞。

集解

逮及也 逮上釋爲遝、此釋爲及、明遝亦及也。詩桑柔荓云不逮、箋逮、及也。禮記王制恤孤獨以逮不足、大學菑必逮夫身、樂記恐不逮事也、晉語乃逮於讒、注均云逮及也。

前漢書宣元六王傳累世不可逮、師古曰逮、及也。後漢書張皓傳雖追前失悔之何逮、梁商傳宜早託竟以止逮捕之煩、文選東京賦逮至顯宗、長楊賦逮至聖人、文賦文不逮意、注均云逮及也。及逮也、从又从人會意。

義證

逮及也 說文云隶、及也。逮、唐逮、及也。逮從隶、故聲義皆同。大雅桑柔荓云不逮、鄭箋云使不及門及即逮也。

說詩

逮及也 說文、逮、及也、或作迨。及、逮也、从又人。又隶、及也。隸、及也。引詩隸天之未陰雨。今作迨。

啓蒙

逮、及也。說文唐逮、及也、又隶、及也、又隸、及也、又及、逮也。

黃侃音訓

逮及也○釋曰 注疏本刪

校勘記

惄飢也

惄飢也。惄然、飢意。

郭注

惄飢也 釋曰、李巡云惄宿不食之飢也。郭云惄然飢意。周南汝墳云惄如調飢、毛傳云惄、飢意也。鄭箋釋云惄、思也。然則惄之爲訓本爲思耳、但飢之思食意又惄然、故又以爲飢。惄是飢之意、非飢之狀、故郭及毛傳皆言飢意、鄭箋以爲思義相接成也。

邢疏

惄飢也

惄宿不食之飢也。詩正義一之三　邢疏

李注

黃輯古義

惄飢也

惄宿不食之飢也。邢疏　周南汝墳詩正義

李注

玉函山房輯佚

惄飢也 惄、宿不食之飢也。李注 詩疏一之三

鉤沉

惄飢也 李曰、惄、宿不食之飢也。詩正義一之三 邢疏

漢注

惄飢也 李巡云、惄、宿不食之飢也。詩正義一之三卷 郭璞云、惄然、飢意。

一切注音

惄飢也 李巡曰、惄、宿不食之飢也。詩汝墳正義

古注斠

惄本又作愵 同奴歷反。

陸音義

惄飢也 以意逆志、惄可謂飢矣。

新義

惄飢也 汝墳、惄如調飢。惄、飢貌。

鄭樵注

惄飢也 李巡曰、惄、宿不食之飢也。郭璞曰、惄然、飢意。鄭樵曰、汝墳惄如調飢。惄、飢貌。

古注合存

惄饑也。惄音溺。○此釋惄爲饑之義也。註曰、惄然饑意。疏曰、詩汝墳云、惄如調饑。毛傳云、惄饑意也。鄭箋云、惄思也。惄本爲思、但饑之思食、意又惄然、故以惄爲饑也。

注疏參義

惄飢也 註 惄然飢意 正義 釋詁云、惄、思也。惄又訓飢、義相成也。說文云惄、飢餓也。詩曰惄如朝飢。詩疏引李巡云、惄、不飽之飢也。註 惄然飢意。○ 正義 汝墳毛傳云惄、飢意也。郭註本毛傳。

正義

惄飢也 惄然飢意 惄者、釋詁云思也、說文云憂也、憂思義同。又訓飢者、蓋言憂思之意迫切如飢耳。故詩汝墳傳云惄、飢意也。意卽思、故箋云惄、思也。說文以惄爲飢餓、餓蓋意字之誤、本於毛傳也。正義引李巡曰、惄、宿不食之飢也、蓋本毛傳朝飢、而於詩及爾雅意又失也。知者、詩有二惄、惄焉如擣、毛亦訓思、可知飢非惄之本義。

義疏

惄飢也 李注 惄、宿不食之飢也。郭注 惄然飢意。 惄从叔、上云叔、拾。飢者、拾叔佐糧、因爲慼慼之詞。詩、惄焉如擣。飢从食几、在几、不得食、故爲飢餓也。

集解

惄飢也 惄、飢餓也、从心叔聲、謂手拾尗以備食也。詩汝墳惄如朝飢、傳惄、飢意也。飢、餓也、从食几聲、與饑別字、亦作飪。詩衡門可以樂飢。

義證

惄飢也 惄奴歷反 註 惄然飢意 補正 邢疏、李巡云惄、宿不食之飢也。周南云惄如調飢、傳云惄、飢意也、箋云惄、思也。惄之爲訓本爲思耳、飢之思食、意又惄然、是飢之意也。

郭注補正

惄飢也 周南汝墳惄如調飢、毛傳云惄、飢意也。說文云惄、飢餓也。詩曰惄如朝飢。詩疏引李巡曰惄、不飽之飢也。案飢卽不飽、不飽之飢、語殊不詞。

說詩

惄飢也 疏周南汝濆云 濆、當依毛本作墳。

注疏正字

惄飢也 釋文云惄本又作愵。案、叔俗書作尗。

匡名

惄饑也 說文、惄、饑餓也。周南惄如調饑、傳惄、飢意也。飢、餓也。

啓蒙

惄飢也。汝墳惄如調飢連言，故此以飢釋惄。

黃侃音訓

惄、飢也。說文心部云：「惄、飢餓也、一曰憂也；」段云：「餓字當作意。」義疏云：「惄、釋詁云：『思也、』又訓飢者、蓋憂思之意、迫切如飢耳。詩汝墳箋云：『惄、思也；』詩有二惄、『惄焉如擣、』毛亦訓思、可知飢非惄之本義。」案方言亦云：「惄、溼、憂也、」汝墳傳云：「惄、飢意也；」是惄之本義、必爲憂思、段郝之言是也。爾雅不言飢意、渾言之耳。

爾雅學

惄飢也○釋曰　注疏本刪

校勘記

溺

惄飢也。

孫偘直音

惄溺飢也

楊氏音訓

眕重也

眕、重也。謂厚重。見左傳。

郭注

眕重也　釋曰、注云謂厚重見左傳者、隱三年衛大夫石碏曰、夫寵而不驕、驕而能降、降而不憾、憾而能眕者鮮矣、杜注云、如此者少也、降其身則必恨、恨則思亂、不能自安自重是也。

邢疏

眕重也

郭璞云、謂厚重。見左傳。

一切注音

眕之忍反。

陸音義

眕重也　安重也、左傳憾而能眕者鮮矣。

鄭樵注

眕重也

郭璞曰、謂厚重。見左傳。

鄭樵曰、安重也、左傳憾而能眕者鮮矣。

古注合存

眕重也　眕音軫。○此釋眕爲重之義也。疏曰、隱三年左傳云、憾而能眕者鮮矣。杜註、憾恨則思亂、鮮能自安重也。

注疏參義

眕重也 註 謂厚重見左傳 正義 眕通作疹。詩釋文引韓詩胡寧疹我以旱、云重也。重、直容切。註 見左傳。○ 正義 隱三年傳云憾而能眕者鮮矣、杜註憾則思慮、不能自安自重。說文云眕、目有所恨而止也。

正義

眕重也　玉案、左傳憾而能眕者鮮矣、疏曰、釋言眕重也。說文眕、目有所恨而止也、徐鍇曰、爾雅眕重也、目

厚意也、支允反。

校議

眕重也　謂厚重見左傳

眕者、說文云目有所恨而止也。玉篇作目有所限而止、限謂隔閡、故耳有所限謂之重聽、目有所限今謂之蒙視、蒙亦重矣。重者、重也累也。郭引左氏隱三年傳憾而能眕者鮮矣、杜預注恨則思亂、不能自安自重。經典眕字唯此一見。通作疹、詩雲漢釋文、瘨韓詩作疹、耻各反、云重也。按疹、籀文眕字、一切經音義六引三蒼云眕、腫也。腫與重聲義同。

義疏

眕疹瘨重也　郭注謂厚重見左傳。眕、从目㐱。說文有二㐱、一从几一从人、後分別加之耳。新生羽自有稠重之義、凡加偏旁無二㐱也。詩㐱髮如雲、卽稠髮。記、袗絺綌、卽重葛。禮袗玄謂重玄。郭以眕比本義釋之、又以重爲厚重、郝引釋文韓詩疹我饑饉、疹、重也、皆非也。又三蒼云眕、腫。詞家言珍重竝通。

集解

眕重也　眕、目有所恨而止也、从目㐱聲。正字爲鎮。鎮、博壓也、引申爲重。魯語子以君命鎮撫敝邑、楚語而鎮其浮、均是也。鎮眕通用字。左隱三傳憾而能眕者鮮矣、注訓安重。詩雲漢胡寧瘨我以旱、韓詩作疹、毛傳重也。楚詞抽思軫石崴嵬、軫石謂重石。以瘨軫爲之。重、厚也、从壬東聲。

義證

眕重也 眕之忍反

註謂厚重見左傳 補正 邢疏左傳憾而能眕者鮮矣」

郭注補正

眕重也

邵云眕通作㐱詩釋文引韓詩胡盍㐱我以旱云重也大雅雲漢㐱作𤺊郝云㐱籀文𠩺字一切經音義六引三蒼云胗腫也腫與重聲義同。

說詩

眕重也 正義云眕通作㐱詩大雅雲漢胡甯瘨我以旱釋文引韓詩作㐱云重也案說文疒部無㐱字。

匡名

眕重也說文眕目有所恨而止也左隱三年傳憾而能眕者鮮矣註憾則思慮不能自安自重通作㐱釋文引韓詩胡甯㐱我以旱㐱毛詩作瘨。

啓蒙

眕重也 重有安重加重二義左氏之眕安重義也郭注引左氏隱三年傳憾而能眕者鮮矣韓詩之㐱加重義也詩雲漢釋文瘨韓詩作㐱耿吝反云重也。

黃侃音訓

眕重也

案說文眕目有所恨而止也與重之義殊不相涉竊謂此眕字乃珍之叚借廣雅釋詁三珍重也又案杜子春周禮典瑞注珍或爲鎮鎮訓重亦見廣雅釋詁三注疏僅引左傳爲證尚非訓重之本字或疑珍鎮訓重皆不見說文不知說文珍寶也鎮博壓也爲珍鎮之本義訓重即其引申義也。

董瑞椿日記

眕重也郭云謂厚重見左傳楷案眕與珍同音故有重義廣雅珍重也通作鎮周禮典瑞杜注珍或爲鎮鎮亦重大司樂鄭注四鎮山之重大者韋昭周語注鎮重也珍之通作鎮猶㐱之通作瘨郝疏引雲漢詩釋文瘨韓詩作㐱重也㐱亦與珍音同說文駗馬載重難行也亦與珍音義同」

稗疏

眕、重也。

眕者、說文「目有所恨而止也、」段謂「許語、葢古左傳說。」左傳隱三年云：「憾而能眕者鮮矣、」杜注「恨則思亂、不能自安自重、」是眕者止也、重亦止也。

爾雅學

眕重也○釋曰注云謂厚重注疏本刪上七字。

校勘記

眕雪牕本作眕。

校勘記訂補

眕音軫重也

音圖・音

軫 去聲

眕重也

孫偘直音

眕軫重也 謂厚重

楊氏音訓

眕軫

干氏音釋

獵虐也

獵虐也 凌獵暴虐。

郭注

獵虐也 釋曰獵謂從禽也必暴害於物故云虐郭云凌獵暴虐。

邢疏

獵虐也

郭璞云陵獵暴虐。

一切注音

獵虐也
獵追而殺之虐矣。

新義

獵虐也　獵必暴害禽獸。

鄭樵注

獵虐也
郭璞曰、凌獵暴虐。
鄭樵曰、獵必暴害禽獸。

古注合存

獵虐也。此釋獵爲虐之義也。注曰凌獵暴虐也。

注疏參義

獵虐也【注】凌獵暴虐【正義】古者以殺爲虐、書呂刑惟作五虐之刑、墨子尚同篇引作惟作五殺之刑。左氏宣十五年傳云、虐我伯姬。獵訓爲虐、與釋詁獮殺也義同。

正義

獵虐也　凌獵暴虐　虐者、說文云殘也。殘兼暴害賊惡諸義。獵者、畋獵逐禽、亦爲殘害於物也。邵氏正義云古者以殺爲虐。書呂刑惟作五虐之刑、墨子尚同篇作惟作五殺之刑。左氏宣十五年傳、虐我伯姬。獵訓爲虐、與釋詁獮殺也義同。

義疏

獵虐也　郭注、凌獵暴虐。獵从鼠、甾、古文囟。鼠、鼠足善伏藏者。犬以捕之。因爲暴虐。上云戲、謔。獵非正田、亦戲取也。月令田獵罝罘對言、周官有田無獵、記百姓田獵、不分公私也。

集解

獵虐也　獵放獵逐禽也。从犬巤聲。引申爲虐。詩伐檀不狩不獵。禮記月令執弓挾矢以獵。獵均有虐殺之意。或者正字爲歷。歷、過也。謂過虐也　如儀禮無獵獲。荀子不獵禾稼。是虐殘也。从虍、虎足反爪人也。書呂刑惟作五虐之刑曰法。

義證

獵虐也

凌獵暴虐也

慧琳舍利弗悔過經、希麟大乘瑜伽千鉢文殊大教王經音義俱引郭注爾雅云凌獵暴虎也。虎字譌、據增也字。

郭注佚存補訂

獵虐也

郭注云凌獵暴虐。案詩言獵事甚多而獵字惟魏風伐檀不狩不獵一見。不教而殺謂之虐、虐謂殺也。獵取禽獸而殺之、故亦謂之虐。

說詩

獵虐也

家大人曰、吳語曰今大夫國子與其衆庶以犯獵吳國之師徒、韋注獵虐也。（今本虐譌作履、辯見吳語）襄十八年左傳曰、陵虐神主。楚辭九歌曰、凌余陳兮躐余行。（躐與獵通）凌獵猶凌虐也、故郭云凌獵暴虐。

述聞

獵虐也　白虎通、四時之田、總名爲獵、謂取獸也。郭註凌獵暴虐。說文、虐、殘也。左宣十五年傳、虐我伯姬。呂刑惟作五虐之刑、墨子引作五殺之刑。

啓蒙

獵、虐也。

郭注云：「凌獵暴虐。」王念孫云：「吳語曰：『今大夫國子興其衆庶、以犯獵吳國之師徒、』韋注『獵、虐也；』襄十八年左傳曰：『陵虐神主、』楚辭九歌云：『淩余陳兮躐余行、』（躐與獵通）淩獵、猶淩虐也；故郭云：『淩獵暴虐。』」邵云：「古者以殺爲虐、書呂刑『惟作五虐之刑；』墨子尚同篇引作五殺。左氏宣十五年傳云：『虐我伯姬、』獵訓爲虐、與釋詁『獮、殺也、』義同。」今案說文虍部云：「虐、殘也、从虍爪人、虎足反爪人也、」虐既爲殘、則兼暴虐殺虐之義、二說實一義也。

爾雅學

獵虐也○釋曰 注疏本刪

校勘記

淩獵 雪牕本倭獵

校勘記訂補

十四下（三〇）

一行（注）淩獵暴虐○慧琳《音義》卷七引「淩」作「陵」，又「虐」下有「也」字。

宋監本校箋

鬣 獵虐也

孫侶直音

土田也

土田也。別二名。

郭注

土田也 釋曰、別地之二名也。白虎通云、中央者土、土主吐含萬物、土之爲言吐也。釋名云、土已耕者曰田。田者填也、五稼填滿其中也。

邢疏

土田也 郭璞云、別二名。

一切注音

別二 彼列反。

陸音義

土田也 禮、天子之卿之田視伯、孟子言卿受地視侯、則地有不皆田故也、所謂三分去一蓋如此。

新義

土田也 土已耕者曰田。

鄭樵注

土田也 郭璞曰、別二名。鄭樵曰、土已耕者曰田。

古注合存

土、田也。此釋土爲田之義也。疏曰、釋名云、土已耕曰田。田者、填也。不稼填滿其中也。

注疏參義

土田也 **註** 別二名。**正義** 說文云、土、地之吐生萬物者也。田、陳也。樹穀曰田。釋名云、土、吐也。能吐生萬物也。已耕者曰田。田、填也、五稼填滿其中也。大雅崧高云、徹申伯土疆、言通治其田之疆界也。

正義

土田也 玉案、一切經音義引爾雅曰田土也。此云土、田也。注疏別二名、似今本脫去田土也一名。

校議

土田也 別二名

田者、說文云陳也、樹穀曰田。一切經音義一引蒼頡篇云、田、種禾稼也。釋名云、已耕者曰田。田、填也、五稼填滿其中也。土者、釋名云、土、吐也、能吐生萬物也。然則土爲田之大名、田爲已耕之土、對文則別、散則通也。

義疏

土田也 郭注別二名。土、从二、象地、丨象物出、地之能生者也。樹穀曰田、象成畝形。周官土地對言、書詩土田對言、禮后土主田事也。

集解

土田也 土、地之吐生萬物者。

二象地之下地之中、丨物出形也。引申爲田、詩所謂土田附庸是也。易彖傳百穀草木麗乎土、書禹敷土、周禮大司徒辨十有二土之名物、田均統於土之內。田、陳也。樹穀曰田。象四口十、阡陌之制也。書禹貢厥田惟中中。

義證

土田也

土田一義、大雅江漢錫山土田、崧高徹申伯土田、瞻卬人有土田、魯頌閟宮土田附庸、土田二字皆連言。說文云土、地之吐生萬物者也。田、陳也、樹穀曰田。

說詩

爾雅詁林 二 釋言

土田也、疏、土已耕者曰田。已誤田。

注疏正字

土田也 一切經音義三十引田、土也。

匡名

土田也 說文、土、地之吐生物者也。大雅徹申伯土疆、謂治其田之疆界也。田、陳也、樹穀曰田、象四口十。阡陌之制也。

啓蒙

土、田也。詩人有土田、土田山川連言、故此以田釋土。

黃侃音訓

土、田也。

說文田部云：「田、敶也、樹穀曰田；象形、口十、阡陌之制也。」段云：「田、古音陳、以疊韻爲訓、」錢大昕嘗謂「古讀舌上音、皆爲舌頭音、」古讀陳如田、即所舉一例、胡適謂「此係錢氏之一大發明。」

土者、說文土部云：「地之吐生萬物者也、二、象地之上地之中、丨、物出形也。」土生萬物、田以植穀、故訓土爲田；郝云：「土、田、對文則別、散則通也。」

爾雅學

土田也〇釋曰 注疏本刪

土巳耕者日田 元本巳字空闕、閩本監本毛本改作田。

校勘記

土田也疏土巳耕者曰田、今本巳誤作田。

注疏本正誤

土田也〇玄應《音義》卷十三引「《爾雅》：田，土也。」《輔行記》五之四引「《爾雅》：田者，地也。」與此不同。

宋監本校箋

戍遏也

戍遏也、戍守所以止寇賊。

郭注

戍遏也 釋曰遏止也。郭云、戍守所以止寇賊。春秋公子買戍衞。

邢疏

戍遏也

郭璞云、戍守所以止寇賊。

一切注音

戍式喻反。寇苦候反。

陸音義

戍遏也

戍遏之而已。

新義

戍遏也遏止寇人。

鄭樵注

戍遏也

郭璞曰、戍守所以止寇賊。鄭樵曰、遏止寇人。

古注合存

戍遏也註戍守所以止寇賊正義說文云戍、守邊也、从人持戈。釋詁云遏、止也。王風揚之水云不與我戍申、毛傳戍、守也。

正義

戍遏也戍守所以止寇賊

遏者、釋詁云止也。一切經音義一引蒼頡篇云遏、遮也。按遮謂遮迾守之、與戍義正同。戍者、說文云守邊也、从人持戈。詩揚之水、傳戍、守也。守有止定之義、又有遮迾之義、皆與遏同意。

義疏

戍遏也郭注戍守所以止寇賊。

戍、从人荷戈、與伐同文。詩、我戍未定。遏、上云止。春秋不卒戍。

集解

戍遏也 戍、守邊也、从人持戈。守邊所以遏寇也。詩揚之水不與我戍申、采薇我戍未定、戍均有遏義。遏止也、从辵曷聲。詩民勞、式遏寇虐。

義證

戍遏也戍式喻反

註戍守所以止寇賊

郭注補正

戍遏也

說文云、戍、守邊也、從人持戈。小雅采薇序、遣戍役也。王風揚之水、不與我戍申、傳箋竝云戍、守也。守卽遏止之義。釋文引韓詩云戍、舍也。舍亦止也。

說詩

戍遏也 說文戍、守邊也、从人持戈。王風、不與我戍申。郭註戍、守所以止寇賊。釋詁遏、止也。大雅以遏徂莒、今作按、傳按、止也。

啓蒙

戍、遏也。

釋詁「遏、止也；」蒼頡篇云：「遏、遮也。」戍者、說文戈部云：「戍、守邊也；从人持戈。」王風揚之水傳云：「戍、守也。」戍守與遮蔽義同、故戍訓遏。

爾雅學

戍遏也○釋曰注疏本刪

校勘記

樹 戍遏也。

孫侶直音

讀樹 戍遏也

直音校正

戍庶 遏也

楊氏音訓

師人也

師人也。謂人衆。

郭注

師人也 釋曰師、衆也。周禮大司馬、二千五百人爲師。故郭云謂人衆。

邢疏

師人也 郭璞云、謂人衆。

一切注音

師人也 軍、車也。則師、人也。

新義

師人也 衆人曰人。

鄭樵注

師人也 郭璞曰、謂人衆。鄭樵曰、衆人曰人。

古注合存

戍遏也、師人也。戍音庶。○此釋戍爲遏、師爲人之義也。註曰、戍守所以止寇賊。師謂人衆也。疏曰、遏、止也。

注疏參義

師人也 **註** 謂人衆 **正義** 釋詁云師、衆也。師、又爲人也。鄭志答趙商云、師者衆之通名。故人多云焉。

正義

師人也 謂人衆 人者、統詞也。對衆而言則人爲寡詞、周語云、人三爲衆、是也。對寡而言則人爲衆詞、穀梁莊十七年傳人者衆辭是也。爾雅此義卽本之穀梁。師者、釋詁云衆也。二千五百人爲師、是師爲人衆之稱。

義疏

師人也 郭注謂人眾。 師、从𠂤帀。易有師卦。傳云眾也。春秋傳、將卑師少稱人。人、古文仛儿、籒文仛人、皆象形。

集解

師人也 二千五百人為師。从帀从𠂤、眾意也。引申為人。公羊隱五傳、將卑師眾、稱師。將卑師少、稱人。則師亦可稱人也。人天地之性最貴者也、象臂脛之形。春秋隱二、鄭人伐衛。

義證

師人也

師人者、人者眾也。小雅采芑師干之試、大雅文王殷之未喪師、韓奕韓師所宅傳箋竝云師、眾也。小雅節南山不宜空我師、箋云、困窮我之眾民。大雅常武整我六師、箋云整齊六軍之眾。凡詩之言六

師王師、皆謂軍之眾也。故郭注云謂人眾。【說詩】

師人也

引之謹案、人者衆也。春秋隱四年、衞人立晉。公羊傳曰其稱人何、衆立之之辭也。穀梁傳曰衞人者、衆辭也。粊誓曰人無譁、鄭注人謂軍之士衆。荀子儒效篇曰塗之人百姓、積善而全盡、謂之聖人。謂塗之衆百姓也。又王制王霸議兵三篇並曰、下之人百姓、亦謂下之衆百姓也。史記鄒陽傳人無不按劍相眄者、漢書人作衆。是人卽衆也。釋詁曰師、衆也。此曰師、人也。其義一而已矣。故郭曰謂人衆。【述聞】

師人也 釋詁、師、衆也。又爲人。謂人多所以成衆也。【啓蒙】

師、人也。

釋詁「師、衆也。」人者、春秋隱四年「衞人立晉、」公羊傳云：「其稱人何、衆立之辭也；」穀梁傳云：「衞人者、衆辭也；」是人亦衆也。王引之云：「荀子儒效篇曰：『塗之人百姓積善而全盡、謂之聖人、』謂塗之衆百姓也；又王制王霸議兵三篇、竝曰：『下之人百姓、』亦謂下之衆百姓也。」【爾雅學】

師人也〇釋曰 注疏本刪【校勘記】

硈鞏也

硈鞏也。硈然堅固。【郭注】

硈鞏也 釋曰、謂牢固。易文言云、確乎其不可拔。又革卦初九云鞏用黃牛之革。若如此說、硈苦學切當從告、說文別有硈苦八切石堅也。字雖小異、其義則同。【邢疏】

硈鞏也

郭璞云、硈然堅固。【一切注音】

硈苦角反。鞏九勇反。【陸音義】

硈鞏也 硈、苦八反、堅石也。鞏、固也。【鄭樵注】

硈鞏也

郭璞曰、硈然堅固。

鄭樵曰、硈苦八反、堅石也。鞏、固也。【古注合存】

硈鞏也 硈音甲〇此釋硈爲鞏之義也。註曰、硈然堅固。疏曰、易革卦云、鞏用黃牛之革。硈當從告、苦學切。說文云硈、苦八切、石堅也。字雖小異、義則同。【注疏參義】

硈、疏從釋文音苦角切、卽確乎其不可拔之確字。說文別有硈苦八切、石堅也。義雖小異、其字則同。鄭音苦八切、誤。【補注】

硈鞏也【註】硈然堅固【正義】說文云、硈、堅石也。确、礐石。徐鉉云、今俗作確、非是。易文言確乎其不可拔。說文作寉、云高至也。案、硈、确義同、通轉作確。鞏者、高而固也。釋詁云鞏、固也。詳見釋。【正義】

硈鞏也 硈然堅固

硈者、釋文云苦角反、則當作硞。但說文硞、石聲、與鞏義遠。硈訓石堅、則與鞏近。釋詁劼鞏竝云固也、釋文劼或作硈、古黠反、是劼硈通、疑此作硈是也。【義疏】

硈劼鞏也 郭注硈然堅固。上云劼鞏固。此重出。【集解】

硈鞏也 硈、石堅也、从石吉聲。此釋鞏者、因上經鞏硈均釋固而轉注耳。易文言確乎其不可拔、謂鞏固而不可拔、借寉之或字確為之。鞏、以韋束也、所以固物。【義證】

硈鞏也 硈苦角反

【註】硈然堅固【郭注補正】

硈鞏也

硈然堅固

爾雅詁林 二 釋言

今本作硈。邢疏云硈當從告。釋文云硈苦角反。據釋文音切，則陸氏所見本葢作硞，而今本亦改爲硈矣。說文硞，石聲，從石告聲，苦角切。今據陸音訂正。

郭注佚存補訂

硈鞏也

釋詁云，劼鞏固也。釋文云劼或作硈。案硈爲結之假借。曹風鳲鳩心如結兮，毛傳云言執一則用心固。是以固爲結也。檜風素冠我心藴結兮。豳風東山親結其縭。小雅都人士我心苑結。結亦同此義。南都賦結根竦本。今人謂堅固曰結實。硈劼同假注云結猶固也。結爲之。

說詩

硈鞏也疏說文別有硈格八切 格誤苦。

小箋

硈

釋文音苦角反，當作硞。

注疏正字

硈鞏也

郭曰，硈然堅固。釋文硈，苦角反。邢曰，硈，苦學切，當從告。說文別有硈，苦八切，石堅也。邵仍依舊本作硈。說文硞，石聲，從石告聲。段氏若膺注曰，爾雅邢疏剖別甚精。釋文苦角反，故邢曰苦學切。四覺韵字多從屋韵轉入，告聲古音在屋韵，是以硞轉入覺韵。據陸氏反語，則知陸本作硞不作硈。玉篇廣韵皆曰，硞，苦角切。硈，恪八切。集韵類篇克角一切內亦有硞無硈，皆可證。而釋文注疏唐石經皆譌作硈，則與陸氏苦角之音不合矣。且硞與鞏音相近，以尤韵與東韵近，而硈與鞏不相關也。硞斷無苦角之音，硈斷無苦八之音，此一定之音理。江賦曰，幽䃭積阻，礐硞礐確。礐硞疊韵也，古音在屋部，礐確亦疊韵也，古音在藥部。學者不知古音不可與讀古者此也。五經文字曰，硈，口八反，又苦角反，見爾雅。知張時爾雅已誤，而張於硈下列口八苦角二反，是不知古音也。或曰何不正音之苦角爲苦八，而謂正文字誤乎。曰音義積古相傳，陸氏多從舊，當陸時字固未誤也。引之謹案告吉二字經傳中往往譌溷。告字從牛，隸書牛字或作𠂒，故告字或作吉，與吉相似，傳寫往往互譌。緇衣引尹吉曰云云，鄭注，吉當爲告。姤象傳后以施命誥四方，釋文誥，鄭作詰。漢書刑法志詰四方，師古曰詰，字或作誥。廣韻硞苦角切，固也。集韻鞏也，並與爾雅合，今依段說訂正。

述聞

硈鞏也

釋文云硈，苦角反。五經文字石部云硈，口八反，又苦角反，見爾雅。邢疏云硈當從告。說文別有硈，石堅也。案說文硞，石聲，從石告聲，苦角反。段氏玉裁曰，据說文知硈字必硞之譌，非告聲不得有苦角反也。元照案硈訓石堅，堅鞏義同，以音求之則當爲硞，以義求之則當爲硈。陸張二書字皆爲硈，而音皆爲硞，殊不可解也。

匡名

硈鞏也 說文，硈，石堅也。釋詁，鞏，固也。郭註，硈然堅固。

啓蒙

葵揆也 逮及也 憖飢也 眕重也 硈鞏也

說文，揆，葵也。手部揆。逮，及也。辵部逮。又云，隶，及也。隶部。又云，隸，及也。隶部隸引詩隸天之未陰雨。釋文，憖本又作慭。釋言釋文。毛詩傳，憖，飢意也。汝潰傳。韓詩作疹，重也。引見雲漢詩釋文。說文，硈，堅石也。硞，磬石也。石部。

逮、隶、隸、迨音義同。

證異

硈、鞏也。

注、疏本硈作硈、釋文云：「硈、苦角反。」邢昺云：「硈當從告。」如邢說、是硈爲誤字、當作硞矣。段玉裁說文石部硞注云：「據陸氏反語、則知作硞不作硈。廣韻玉篇皆曰：「硞、苦角切；硈、恪八切。」集韻類篇克角一切內、亦有硞無硈、皆可證。而釋文注疏唐石經、皆譌作硈、則與陸氏苦角之音不合矣。」今考廣韻四覺苦角切下云：「硞、固也；」陸氏既云「苦角切、」自是用四覺之硞、若用硈、則入黠韻矣。廣韻既訓硞爲固、固即鞏也。王引之竝引集韻云：「硞、鞏也；」是各書硞之字義、正與爾雅相合。

爾雅學

硈唐石經單疏本雪牎本同。釋文硈苦角反。邢疏云、硈當從告、說文別有硞石堅也字異義同。按說文硞石聲從石告聲苦角切。段玉裁云、據說文知爾雅硈必硞之誤非告聲不得苦角切也。五經文字硈口八反又苦角反見爾雅蓋張氏所見本始誤從吉矣。

校勘記

硈鞏也〇釋曰　注疏本刪

硈苦學切　當從告　注疏本音切改大字下同

二行硈鞏也(注)硈然堅固〇「硈」、《釋文》苦角反。邢昺疏云：「硈、苦學切，當從告。」案邢說是也。原本《玉篇》石部「硞」下引《爾雅》字正作「硞」。「硞」音苦學反。又引郭注「固」字下有「也」字。

宋監本校箋

硈音恰鞏也

音圖・音

硈音恰　案硈苦角翻、音㱿。今音恰、母同韻異。覺洽。

直音正誤

硈劫鞏拱也。

孫偘直音

硈冊鞏也謂牢固

楊氏音訓

硈恪八切

干氏音釋

弃忘也

弃、忘也。

郭注

棄忘也　釋曰、心遺忘。小雅谷風云、棄我如遺。

邢疏

棄丘異反。忘亡音。

陸音義

棄忘也　孔子曰、以不教民戰、是謂棄之。

新義

棄忘也。此釋棄爲忘之義也。疏曰、遺忘也。詩谷風云、棄予如遺。

注疏參義

棄忘也　**正義**　說文云、忘、不識也。棄、捐也。周南汝墳云、不我遐棄。秦風晨風云、忘我實多。

正義

棄忘也　忘者、說文云不識也。不識卽今云不記得。棄者、說文云捐也。捐棄與遺忘義近。忘猶亾也、棄猶去也。去亾義又同。經典棄訓忘者、如詩將安將樂、女轉棄予、言忘安樂相忘也。又云棄予如遺、對上寘予于懷而言、忘我之甚如遺失物也。故下遂言忘我大德、以結上二章。傳箋或失之。又左氏昭十三年傳南蒯子仲之憂其庸可棄乎、亦以棄爲忘也。

義疏

棄忘也　棄、从拱𦍌倒子、古文从廾去。詩、不我遐棄。通以遺忘爲捐棄也。忘、从亾。亾、入隱也。

集解

棄忘也　棄、捐也、从廾从𦍌从㐬。引申爲忘。詩汝墳不我遐棄、谷風棄予如遺、棄均訓忘。忘、不識也、从心从亾、會意、亾亦聲。詩假樂不愆不忘、說苑作亾。

棄忘也

義證

棄有捐義有忘義。魏風陟岵猶來無棄、正月乃棄爾輔、棄謂捐也。周南汝墳不我遐棄、謂不忘遠也。

小雅谷風女轉棄予、謂忘我大德也。實則捐與忘一義也。

說詩

棄忘也、疏、棄予如遺。予誤我。

注疏正字

棄忘也 棄、石經作弃、案說文華部棄、从廾从華从充、古文作弃、籒文作棄。

匡名

棄忘也 說文、棄、捐也、从廾、推華棄也。从充。充、逆子也。籒文作棄。小雅棄予如遺、箋謂棄如遺忘也。忘、不識也。秦風、忘我實多。

啓蒙

棄、忘也 谷風女轉棄予忘我大德連言、故此以忘釋棄。

黃侃音訓

棄、忘也。

說文云：「忘、不識也、棄、捐也、」捐棄與遺忘義通。邵引周南汝墳云：「不我遐棄、」秦風晨風云：「忘我實多；」郝引左氏昭十三年傳云：「南蒯子仲之憂、其庸可棄乎、」謂「亦以棄爲忘也。」

爾雅學

棄忘也○釋曰 注疏本刪

棄我如遺 注疏本同。浦鏜依詩改作棄予、云我字誤。按文選郭泰機答傅咸一首棄我忽若遺、李注引毛詩曰、將安將樂、棄我如遺。又新序雜事五引詩棄我如遺、是未可據今詩改也。

校勘記

嚻閑也

嚻閑也 嚻然閑暇貌。

郭注

嚻閑也 釋曰嚻然、閑暇貌。

邢疏

囂閑也 郭璞云、囂然、閑暇貌。

一切注音

囂 五刀反、又許嬌反。

陸音義

囂 五刀反、舊上刀反、譌、今從宋本正。

音義攷證

嚻閑也 所謂選徒嚻嚻。

新義

嚻閑也 郭云、嚻然、閑暇貌。五刀反。

鄭樵注

嚻閑也 鄭本作囂閒。

郭璞曰、囂然、閑暇貌。

鄭樵曰、郭云囂然、閑暇貌。五刀反。

古注合存

嚻閑也 嚻囂同、此釋嚻爲閑之義也。囂囂無欲自得之貌。

注疏參義

嚻閑也 註 囂然閑暇貌 正義 孟子云、人知之亦囂囂、人不知亦囂囂、趙岐註、囂囂然自得之志無欲之貌也。

正義

嚻閑也 嚻然閑暇貌。

閑者、閒之叚借也。經典遊閒燕閒及閒習閒暇通叚爲閑、故詩十畝之閒、釋文、閒本亦作閑。史記畱侯世家云、良嘗閒從容步遊下邳圯上、索隱曰閒、閑字也。嚻者、說文云聲也。詩選徒囂囂、左氏成十六年傳在陳而囂、合而加囂、又甚囂且塵上、並以囂爲聲也。軍中無聲好整以暇、唯選數車徒囂囂有聲然、仍閒暇整齊、是囂爲聲之閒也。故爾雅釋以嚻閑、嚻閑又一聲之轉。釋文、囂許嬌反、此音是也。又五刀反、非矣。五刀乃敖字之音、應在釋訓、釋文此囂讀如字。

義疏

嚻閑也 郭注、囂然、閑暇皃。囂从㗊頁、人眾但見頭聞聲㗊㗊也。詩、選徒囂囂。疊字本不取義、偶合字意也。閑从門中有木、闌也。田事聚眾刈闌爲閑、因爲嫺習。

集解

嚻閑也 嚻聲也、气出頭上、从㗊从頁會意。頁亦首也。引申爲閑、謂車馬閑習而有聲也。詩車攻選徒嚻嚻、周禮司虣禁其鬥嚻者、則嚻然有聲均因閑習乎事而然。閑闌也、从門中有木會意。經典或以爲還欄之借字、詩駟驖四馬既閑。荀子脩身多見曰閑。

義證

囂閑也

注、囂然閑暇貌。

釋文囂五刀反。又許嬌反。盧氏文弨考證、五刀反、舊丘刀反、譌、今從宋本正。

疏、囂丘刀切。

鄭注、郭云、囂然、閒暇貌。五刀反。

正義、孟子云人知之亦囂囂、人不知亦囂囂、趙岐注、囂囂然自得之志無欲之貌也。

義疏、閑者、閒之叚借也。經典遊閒及閒習閒暇通叚爲閑、故詩十畝之閒釋文閒、本亦作閑。史記留侯世家云、良嘗閒從容步遊下邳圯上、索隱曰閒閑字也。囂者、說文云聲也。詩選徒囂囂、左氏成十六年傳在陳而囂、合而加囂、又甚囂且塵上、竝以囂爲聲也。軍中無聲好整以暇、唯選數車徒囂囂有聲然、仍閒暇整齊、是囂囂爲聲之閒也。故爾雅釋以囂閑、囂閑又一聲之轉。釋文囂、許嬌反、此音是也。又五刀反、非矣。五刀乃敖字之音、應在釋訓、釋文此囂讀如字。

世榮案、囂之訓閑、以聲得義、邵引孟子證之是也。至說文訓聲、則囂之本義、正與訓閑相反、不可合而一之。郝引車攻左傳以明聲卽爲囂、似近傅會。許嬌五刀古人自有兩音、亦不必是此非彼也。

釋言集解後案

囂閑也

小雅車攻選徒囂囂、毛傳囂囂聲也、非也。詩既云徒御不驚、又云有聞無聲、則囂囂不得訓聲明矣。若選徒之時、士眾讙譁、不唯與下有聞無聲相抵、亦尙復有軍律耶。孔疏曲爲之說曰、選數車徒不爲讙譁、唯數者有聲囂囂然、亦可謂强爲之辭矣。

爾雅囂閑正釋此詩、傳箋獨不取此何耶。大雅板聽我囂囂、傳云囂囂猶警警、亦非。囂囂、無事之貌、謂我就爾謀、爾聽我之言、若無事者、卽誨爾諄諄聽我藐藐也。朱子謂囂囂、自得不肯受言之貌是也。無事與自得皆閑義也。孟子囂囂然、趙注囂囂然、自得之志無欲之貌。至十月之交讒口囂囂、箋云囂囂眾多貌、與此義別。

說詩

囂閑也

郝疏、軍中無聲好整以暇、唯選數車徒囂囂有聲然、仍閒暇整齊、是囂囂爲聲之閒也。柏年案、此亦相反爲訓也。詩讒口囂囂本喧闐不安之貌、與閒之訓暇逸不相侔。囂、左傳在陳而囂、合而加囂、甚囂且塵上矣、湫隘囂塵、皆是。又閑亦可爲衆多喧闐之意、詩桑者閑閑兮、傳閑閑然男女無別往來之貌。箋、古者一夫百畝、今十畝往來者閑閑然、削小之甚。然則詩意謂地狹而人稠、以閑閑狀往來者之多、與囂義合也。

補釋

嚻閑也、註、嚻然、閑暇貌。嚻、監本誤從頁。

注疏正字

嚻閑也 說文、嚻、聲也、气出頭上、从㗊頁。孟子人知之亦囂囂、註、人自得無欲、如气上出悠閒也。郭註囂然閑暇貌。閑、闌也、引伸爲防。閑古多爲清閒字、又借爲嫺習字。

啓蒙

嚻、閑也。車攻選徒嚻嚻、傳嚻嚻聲也、惟數車徒者爲有聲、下云蕭蕭馬鳴、悠悠旆旌、傳言不讙譁也、下又云有聞無聲、傳有善聞而無讙譁之聲、合此三傳觀之、知爾雅囂閑釋此詩也。孟子萬章上囂囂然曰、注囂囂然自得之志、無欲之貌也、又盡心上人知之亦囂囂、注囂囂自得無欲之貌。案正字當作敖。

黃侃音訓

囂閑也。郭云囂然閑暇貌。楷案閑暇無囂然之狀、此說非也。釋文囂、五刀反、又許嬌反。五刀之音如敖、此音甚是。古敖囂二字通用、故左傳莫敖、淮南脩務訓作莫囂、此囂字正敖字之假音。敖者大也、詩碩人傳敖敖長貌。高誘呂覽任數篇注長大也、是也。閑亦大也、詩殷武旅楹有閑、文選魏都賦注引韓詩章句閑大也、是也。囂又通作謷、詩十月之交讒口囂囂、釋文引韓詩作謷謷、謷亦从敖字也。謷亦有大義、莊子德充符篇謷乎大哉、是也。

稗疏

嚻、閑也。

郝云：「閑者、閒之假借；囂閑一聲之轉。」說文訓囂爲聲；玉篇訓譁；今訓閑者、孟子云：「人知之、亦囂囂、人不知、亦囂囂、」趙注「囂囂然、自得之志、無欲之貌、」無欲而自得、即閒暇義也。

爾雅學

囂閑也○釋曰囂然閑暇貌注疏本刪

校勘記

囂巨力切　雪聰本嚻五刀反、盧刻同。

校勘記訂補

(注)囂然閑暇貌○原本《玉篇》「囂」字下引「貌」下有「也」字.

宋監本校箋

嚻音驍閑也

音圖・音

同囂
嚻、閑也

孫偘直音

嚻同囂閑也　閑暇貌

楊氏音訓

嚻　囂

干氏音釋

謀心也

謀心也　謀慮以心。

郭注

謀心也　釋曰謀慮以心。

邢疏

謀心也

郭璞云謀慮以心。

一切注音

謀心也

書曰謀及乃心。

新義

謀心也　心有所度也。

鄭樵注

謀心也

郭璞曰謀慮以心。

鄭樵曰心有所度也。

古注合存

謀心也　註　謀慮以心　正義　說文云、人心土藏、扗身之中。釋名云、心纖也、所識纖微無物不貫也。洪範云、謀及乃心。管子心術篇心也者、智之舍也。

正義

謀心也　謀慮以心

心者、釋名云心纖也、所識纖微無物不貫也。白虎通云心之爲言任也。管子心術篇云心者、智之舍也。然則智藏於心、心任於思、思與智、即謀慮所從出矣。謀者、說文云慮謀思也。本釋詁文。洪範云、聰作謀。此云謀心也者、論衡超奇篇云心思爲謀。謀心思於易、並屬坎。

義疏

爾雅詁林　二　釋言

謀心也 郭注、謀慮以心。此駁洪範五行家說、以耳聽爲謀者也。以聖屬心、故改睿爲容、今以聖从耳。又古者聖聽同字、睿爲濬、濬通、亦謀類也。風又主聲、謀爲心則聰作謀、當爲聰作聖、睿作謀、蓋今古文異說、博士說心爲火藏。

集解

謀心也 謀、慮 難也、从言某聲。心也者、謂謀必由心出也。論衡所謂心思爲謀是也。書洪範聰作謀、謂臣謀由心、而君聽謀由聰也。心、人心土藏在身之中、象形。

義證

謀心也 注謀慮以心

正曰、王尚書經義述聞云、說文心部恖容也。廣雅釋詁心容也。心亦恖也。楚辭九章糾恖心以爲纕兮、憐恖心之不可懲兮、是心與恖同誼也。釋詁惟慮謀也、惟慮恖也、靖謀也。方言一、靖恖也。是恖與謀亦同誼也。郭誤爲身心之心、失之矣。

正郭

謀心也

說文云慮、謀思也。心之官則思、思從囟從心、一者兼之始能思。說文解思爲容、廣雅釋心爲容、心即思也。論衡云心思爲謀 衛風氓來即我謀、小雅十月之交不即我謀、小旻謀猶回遹、謀臧不從、或哲或謀、巷伯謀欲譖人、大雅文王有聲詒厥孫謀、板我即爾謀、桑柔爲謀爲毖、皆常語也。

說詩

謀心也

引之謹案心者、思也。洪範五事五曰思、漢書五行志作五曰思心。今本無心字、乃後人依古文尚書刪之、辯見讀書雜志。又曰思心之不容、是謂不聖。說文曰思、容也。廣雅曰心、容也。心亦思也。楚辭九章曰、糾思心以爲纕兮、編愁苦以爲膺。思心同義愁苦同義 又曰、憐思心之不可懲兮。呂氏春秋精諭篇曰、勝書能以不言說而周公旦能以不言聽、紂雖多心弗能知矣。言紂雖多思慮、不能知周之伐己也。高注紂多惡周之心失之 徐廣史記五帝紀音義引墨子曰、年踰五十則聰明心慮不徇通矣。心慮即思慮、是心與思同義。釋詁曰惟慮謀也、又曰惟慮思也、又曰靖謀也、方言曰靖思也。是思與謀亦同義。爾雅訓謀爲心、心即思也。郭誤以爲身心之心而釋之曰謀慮以心、則迂回而失其本指矣。

述聞

謀心也 洪範謀及乃心。說文心、人心土藏在身之中。象形。博士說以爲火藏。

啓蒙

謀、心也。此釋書謀及乃心。心思通言不別、謀既訓思、故謀亦訓心。

黃侃音訓

謀、心也。

管子心術篇云：「心者、智之舍也。」謀爲心者、王引之云：「心者、思也、楚辭九章曰：『憐思心之不可懲兮：』徐廣史記五帝紀音義引墨子曰：『年踰五十、則聰明心慮不徇通矣、』心慮即思慮、是心與思同義。釋詁曰：『惟、慮、謀也、』又曰：『惟、慮、思也、』是思與謀亦同義。爾雅訓謀爲心、心即思也。」王以心字解爲思慮、故與謀義同。

爾雅學

謀心也○釋曰謀慮以心 注疏本刪。按此二節疏與注同、疑郭氏無注、後人以邢疏當之。或據疏作釋曰云云。不言注云、然考經注本注疏本並有此注、知邢疏襲用注語耳。如下文幕暮也、注及疏皆云幕然暮夜、宜緩也注及疏皆云謂寬緩可證。又此節疏後元本閩本分二卷下。

校勘記

獻聖也

獻、聖也。諡法曰、聰明睿智曰獻。

郭注

獻聖也、釋曰、郭云諡法曰聰明睿智曰獻。諡法者、周書篇名也。
邢疏

獻聖也
郭璞云、諡法曰、聰明睿智曰獻。
一切注音

獻聖也
記曰、仁義接賓主有事俎豆有數曰聖。
新義

獻聖也 謂聖者也
鄭樵注

獻聖也
郭璞曰、諡法曰聰明睿智曰獻。
鄭樵曰、謂聖者也。
古注合存

謀、心也、獻、聖也。此釋謀爲心、獻爲聖之義也。註曰、謀慮以心。諡法、聰明睿知曰獻。
注疏參義

獻聖也 註 諡法曰聰明睿智曰獻 正義 益稷云、萬邦黎獻。說文云、聖通也。白虎通義引禮別名記云、萬傑曰聖。註 諡法至曰獻。
正義 逸周書諡法解文。睿智本或作叡哲。諡法解又云、知質有聖曰獻、揚善賦簡曰聖、敬賓厚禮曰聖。
正義

獻聖也 諡法曰聰明睿智曰獻
白虎通云、聖者、通也、道也、聲也。詩凱風傳、聖、叡也。洪範五行傳云、心之不容是謂不聖。獻者、莊子大宗師篇釋文引向秀注、獻、善也。論語八佾篇集解引鄭注、獻、猶賢也。賢善皆與聖近、故賈子道術篇云、且明且賢、此謂聖人。諡法云、稱善賦簡曰聖、聰明叡哲曰獻。蔡邕獨斷叡哲作睿智。郭注本此。
義疏

獻聖也 郭注諡法聰明睿智曰獻。　獻、从犬、鬳。飲燕以犬爲牲、因以爲賢知之稱。書、萬邦黎獻。般獻臣。聖、从耳呈、古聽字。
集解

獻聖也 獻、宗廟犬名羹獻。犬肥者以獻之。从犬从鬳會意、正字爲賢。賢、多才也、引申爲聖、通釋之耳。賢獻通用字、書酒誥予惟曰、汝劼毖殷獻臣、孫疏獻聖也。聖、通也、从耳呈聲。詩凱風母氏聖善。
義證

獻聖也
注、諡法、聰明睿智曰獻。
疏、郭云諡法曰聰明睿智曰獻。諡法者、周書篇名也。
鄭注、謂聖者也。
正義、益稷云萬邦黎獻。說文云、聖通也。白虎通義引禮別名記云、萬傑曰聖。「注」逸周書諡法解文。睿智本或作叡哲。諡法解又云知質有聖曰獻、揚善賦簡曰聖、敬賓厚禮曰聖。
義疏、白虎通云、聖者、通也、道也、聲也。詩凱風傳、聖、叡也。洪範五行傳云、心之不容是謂不聖。獻者、莊子大宗師篇釋文引向秀注、獻、善也。論語八佾篇集解引鄭注、獻、猶賢也。賢善皆與聖近、故賈子道術篇云、且明且賢、此謂聖人。諡法云、稱善賦簡曰聖、聰明叡哲曰獻。蔡邕獨斷叡哲作睿智。郭注本此。
世榮案、禮記中庸稱至聖爲能聰明睿智、與獨斷引諡法正同、故郭氏據以釋雅。
釋言集解後案

獻聖也
諡法曰聰明睿智曰獻
諡法解智作哲。
郭注佚存補訂

獻聖也
獻聖一義。小雅小宛人之齊聖、箋云中正通知之人。邶風母氏聖善、傳云聖、叡也。諡法云聰明叡哲曰獻。又云知質有聖曰獻。蓋獻卽聖也。
說詩

獻聖也、註、聰明睿知曰獻。知、諡法解作哲。
注疏正字

獻聖也 益稷萬邦黎獻、傳獻、賢也。爾雅訓聖。說文聖、通也。賢聖雖不同、然散文亦通也。
啓蒙

獻、聖也。白虎通云：「萬傑曰聖；」詩凱風傳云：「聖、叡也。」獻者、莊子大宗師篇釋文引向秀注云：「獻、善也、」凱風云：「母氏聖善：」謚法曰：「聰明睿哲曰獻、」是獻者、聖也。

爾雅學

聰明睿智曰獻單疏本雪牕本同。浦鏜云、謚法解智作哲。

獻聖也○釋曰注疏本删

校勘記

里邑也

里邑也。謂邑居。

郭注

里邑也 釋曰謂邑居也論語云里仁爲美王制云凡居民量地以制邑。

邢疏

里邑也

里、居之邑也。春秋正義三十

李注

黃輯古義

里邑也

里、居之邑也。春秋襄九年正義

李注

玉函山房輯佚

里邑也

里、居之邑也。同宋本春秋疏二十一

鉤沉

里邑也

李曰、里、居之邑也。春秋正義三十

漢注

里邑也

李巡云、里、居之邑也。左傳正義二十一卷

郭璞云、謂邑居。

一切注音

里邑也 李巡曰、里、居之邑也。左襄公九年傳正義

古注斠

里邑也

鄰不爲邑邑口而卩之。鄰、吝也。

新義

里邑也。謂邑居。

鄭樵注

里邑也

李巡曰、里、居之邑也。

郭璞曰、謂邑居。

鄭樵曰、謂邑居。

古注合存

里邑也。此釋里爲邑之義也。註曰、謂邑居也。疏曰、王制云、凡居民量地以制邑。

里邑也 註 謂邑居 正義 大戴禮記王言篇、三百步爲里、千步爲井。說文云里、居也。釋名云、五鄰爲里、居方一里之中也。四井爲邑、邑猶俋也、邑人聚會之稱也。左傳疏引李巡云里、居之邑也。大雅韓奕云于蹶之里、孔疏、周禮五鄰爲里。以五鄰必同居、故以里爲名。

注疏參義

里邑也謂邑居

說文云邑、國也。釋名云邑、猶俋也、邑人聚會之稱也。小司徒注、四井爲邑、方二里。初學記引尚書大傳五里爲邑、管子小匡篇六軌爲邑不同者以周禮九夫爲井、準之四井則三十六軌爲邑、以管子五家爲軌計之、六軌則三十家。故齊語云制鄙三十家爲邑也。然論語又云十室之邑、千室之邑、蓋邑爲通名、大不過千室、小不過十家、其中容有畸零、十與千擧成數耳。里者、說文云居也。御覽一百五十七引風俗通云里者、止也。止卽居、故左氏襄九年傳正義引李巡云里、居之邑也。遂人云五鄰爲里、里二十五家也。小匡篇云十軌爲里、里五十家也。古微書引論語讖考文云古者七十二家爲里。公羊宣十五年傳注、一里八十戶。雜記注引王度記云百戶爲里、管子度地篇亦云百家爲里。是里數不同亦猶邑名靡定、古者邑里通名、故詩于蹶之里、傳云里、邑也。里宰云掌比其邑之衆寡、鄭注邑、猶里也。是邑里通。

正義

里邑也 李注里、居之邑也。郭同。周官五鄰

義疏

爲里、遂中制也。公羊說一里八十戶、王度記百戶爲里。詩、于蹶之里、悠悠我里、皆謂采邑。邑从口卪。節制四境之內。

集解

里邑也　里、居也、从田从土會意、引申爲邑謂邑居也。詩韓奕于蹶之里、傳里、邑也。邑、國也、从口。先王之制、尊卑有大小、从卪會意。周禮里宰掌比其邑之衆寡、注、猶里也。

義證

里邑也

里者、邑人聚會之稱也。大雅韓奕于蹶之里、毛傳云里、邑也。鄭風將仲子無踰我里、小雅十月之交悠悠我里、傳箋竝云里、居也。里居卽聚會之邑。

說詩

里邑也　案、左傳疏引李巡曰、里、居之邑也。

注疏正字

里邑也

別二名、與土田同例。

小箋

里邑也　說文、里、居也。大雅于蹶之里、傳里、邑也。釋名、四井爲邑。李巡云里、居之邑也。邑、國也。左傳凡邑有宗廟先君之主曰都、無曰邑。

啓蒙

里、邑也。

周禮里宰鄭注云：「邑、猶里也；」大雅韓奕傳云：「里、邑也；」左氏襄九年傳正義引李巡云：「里、居之邑也。」周禮論語之邑、或云三十家、或云十室；其數皆不同、故邑里爲通稱也。

爾雅學

里邑也○釋曰　注疏本刪

校勘記

襄除也

襄、除也。詩曰不可襄。

郭注

襄除也　釋曰、謂除去也。注詩曰不可襄者、鄘風牆有茨文也。

邢疏

襄除也

郭璞云、詩曰不可襄也。

一切注音

襄　曰羊反、或而羊反。

陸音義

襄除也

襄、卻而除之也。漢令曰解衣耕謂之襄。蓋織者曰進、耕者曰退。

新義

襄除也　鄘風云、不可襄也。

鄭樵注

襄除也

郭璞曰、詩曰不可襄也。

鄭樵曰、鄘風云不可襄也。

古注合存

襄除也、此釋襄爲除之義也。註曰、詩墻有茨云、不可襄也。

注疏參義

襄除也　註　詩曰不可襄也。正義　釋詁云襄、因也。又爲除。說文云漢令解衣耕謂之襄。耕芸所以除草也。小雅出車云玁狁于襄、毛傳用爾雅。註　詩曰至襄也。○正義　鄘風墻有茨文。

正義

襄除也　詩曰不可襄也

玉篇云除、去也、開也。曲禮注除、治也。周禮典祀注、修除芟埽之。是除又兼埽除芟除爲義也。襄者、謚法云辟地有德曰襄、辟卽開除之義。說文引漢令解衣而耕謂之襄、耕亦芟除之義、故詩牆有茨及出車傳竝云襄、除也。通作攘、離騷云忍尤而攘詬、詩車攻序外攘夷狄、史記龜策傳西攘大宛、竝以攘爲除也。龜策傳集解徐廣曰攘、一作襄。是襄攘通。爾雅釋文、襄或而羊反、而羊卽攘字之音。

義疏

襄除也郭注詩曰不可襄也。襄今通用攘。除、从余𠂤、家內階也。常埽除、因爲除去之詞。

集解

襄除也襄、解衣耕也、从衣𤕦聲、正字爲孃。穰、桼裂已治者、古以爲彗、因又引申爲除。穰襄通用字。詩牆有茨不可襄也、出車玁狁于襄、傳均云襄除也。左僖四傳攘公之瑜、注攘、除也。以攘爲之。除、殿陛也、从阜余聲、經典或以爲祛之借字。詩蟋蟀日月其除、傳去也。小明日月方徐、傳、除陳生新也。

義證

襄除也

詩曰不可襄也

仿宋本脫也字。

郭注佚存補訂

襄除也

鄘風牆有茨不可襄也、小雅出車玁狁于襄、毛傳竝云襄、除也。釋文云襄或而羊反、則讀爲攘。史記龜策傳西攘大宛、徐廣云攘一作襄。大雅皇矣攘之剔之、鄭箋云岐周之地險隘多樹木、乃競除而自居處。是亦以攘爲除也。

說詩

襄除也 襄無除義當作禳說文示部禳磔禳祀除癘殃也从示襄聲

匡名

襄除也說文䙴漢令解衣耕謂之襄註引伸之爲除去鄘風不可襄也傳襄除也除殿陛也註殿謂宮殿殿陛謂之除因之凡去舊更新皆曰除取拾級更易之義也

啓蒙

襄、除也。

除者、曲禮注云：「治也；」周禮典祀注云：「修除芟埽之。」襄者、說文云：「漢令解衣而耕謂之襄、」鄘風牆有茨云：「不可襄也、」毛傳「襄、除也。」襄與攘通、小雅出車云：「玁狁于襄、」史記龜策傳「西攘大宛、」攘即襄也、放集解徐廣云：「攘、一作襄。」

爾雅學

不可襄陳本同。雪牕本注疏本作不可襄也。

襄除也〇釋曰注疏本刪

校勘記

四行(注)詩曰不可襄〇《詩·鄘風·牆有茨》云：「牆有茨，不可襄也。」此「襄」下脫「也」字。

宋監本校箋

振古也

振古也詩曰、振古如茲。猶云久若此。

郭注

振古也 釋曰言久故也。注詩曰振古如茲猶言久若此者、案周頌載芟云匪今斯今、振古如茲。毛傳云振自也。鄭箋云振亦古也。言脩德行禮莫不獲報乃古古而如此所由來者久非適今時是也。

邢疏

振古也

郭璞云詩曰振古如茲、猶云久若此。

一切注音

振古也

所謂振古如茲、古古如此。

新義

振古也載芟振古如茲、箋云、振亦古也。

鄭樵注

振古也

郭璞曰詩曰振古如茲、猶云久若此。

鄭樵曰載芟振古如茲、箋云、振亦古也。

古注合存

振古也此釋振爲古之義也。註曰詩載芟云振古如茲、猶云久若此。愚按詩傳訓振古爲極古、二字連文、此則言振爲古之意、

注疏參義

振古也【註】詩曰振古如茲，猶云久若此。【正義】振爲發語詞，詩與古字連文，其義亦相近也。【註】詩曰至如茲。【正義】周頌載芟文。鄭箋，振亦古也。

正義

振古也　詩振古爲斯，鄭注以爲古古如此。

校議

振古也　詩曰振古如茲，猶云久若此。

古者，釋詁云故也，故有久舊之義。振者，聲近塵，釋詁云塵，久也。久故與古義近。詩載芟傳振，自也。自有始義，亦與古近。箋云振亦古也，皆本爾雅，故正義云毛義與鄭不殊。郭云久若此者，本詩南有嘉魚箋云烝，塵也。塵然猶言久如也。

義疏

振古自也　郭注，詩曰振古如茲，猶云久若此。振，上云懼，又云富，辰時通用，不得爲古，毛詩傳云振自是也。鄭時已誤爲古，因据以改毛，蓋失之。

集解

振古也　振，擧救也，从手辰聲。正字爲塵。塵，鹿行揚土也。引申爲古，謂土故則爲塵也。塵振通用字。詩載芟振古如茲，箋振亦古也。古，識前言者也，从十口。上經云故也。

義證

振古也

注、詩曰振古如茲，猶云久若此。

疏、言久故也。注詩曰振古如茲，猶言久若此者，案周頌載芟云，匪今斯今，振古如茲。毛傳云振，自也。鄭箋云振亦古也。言脩德行禮，莫不獲報，乃自古而如此，所由來者久，非適今時是也。

鄭注、載芟振古如茲，箋云，振亦古也。

正義、振爲發語詞，詩與古字連文，其義亦相近也。「注」詩曰至如茲，周頌載芟文、箋振亦古也。

義疏、古者，釋詁云故也，故有久舊之義。振者，聲近塵，釋詁云塵，久也，久故與古義近。詩載芟傳振，自也。自有始義，亦與古近。箋云振亦古也，皆本爾雅，故正義云毛義與鄭不殊。郭云久若此者，本詩南有嘉魚箋云烝，塵也。塵然猶言久如也。

經義述聞、周頌載芟傳曰，振，自也。箋曰，振亦古也。言脩德行禮，莫不獲報，乃古古而如此，所由來者久矣，非適今時。引之謹案，古古如此，殊爲不辭。蓋爾雅本作振自也，自字古文作𦣹，形與古相似，因譌爲古。爾雅之振自也，正釋詩之振古如茲。毛傳之振自也，卽本於爾雅。韋昭注晉語、如淳注漢書高紀竝云振，起也。凡事之所起，卽事之所自，故振又訓爲自。振古如茲猶甫田之自古有年也。鄭所見爾雅自字始譌作古，故據以易傳。郭從鄭義，故曰振古如茲猶云久若此，不知爾雅古字乃自字之譌。古古如茲，固不若自古如茲之文從字順也。今訂從毛傳。

世榮案、古疑故之叚字，其義爲變，故从古聲。釋詁古，故也。是古與故通。穀梁傳每有故也之文，與正也爲對。俞氏樾謂故者，變也。引荀子王霸楊注，故，事變也。以正范注，是故有變義。經典振字多訓動，呂覽知士高誘注，動，變也。是振亦有變義。振故也，猶云振變也。左氏昭十八年傳振除火災，卽此義。杜注釋振爲棄，似失之。

釋言集解後案

振古也

此釋周頌載芟振古如茲，毛傳云振，自也。鄭箋云振亦古也。正義云毛雖有此訓，其義與鄭不殊。案自者，由後溯前之辭，古義亦如此，自來由古來也，故正義謂與鄭不殊也。

說詩

振古也，疏乃古古而如此。古古誤自古。

注疏正字

振古也

郭曰，詩曰振古如茲，猶云久若此。周頌載芟傳曰振，自也。箋曰振亦古也。言脩德行禮，莫不獲報，乃古古而如此，所由來者久，非適今時。引之謹案，古古如此，殊爲不詞。蓋爾雅本作振自也，自字古文作𦣹，形與古相似，因譌爲古。爾雅之振自也，正釋詩之振古如茲。毛傳之振自也，卽本於爾雅。韋昭注晉語、如淳注漢書高紀並云振，起也。凡事之所起，卽事之所自，故振又訓爲自。振古如茲猶甫田之言自古有年也。鄭所見爾雅本自字始譌作古、故據之以易傳、郭從鄭義故曰振古如茲猶云久若此、不知爾雅古字乃自字之譌。古古如茲、固不若自古如茲之文從字順也、今訂從毛傳。

述聞

振古也 說文、振、舉救也、一曰奮也。周頌振古如茲、箋、振、亦古也。

啓蒙

振、古也。詩振古連言、故此以古釋振。或破古為自、須知振猶言塵、不必破字。

黃侃音訓

振、古也。 郭注引詩「振古如茲、」此周頌載芟文。毛傳云：「振、自也；」鄭箋云：「振、亦古也。」王引之云：「爾雅本作『振、自也、』自字古文作𦣹、形與古相似、因譌為古。詩『振古如茲、』毛傳云：『振、自也、』即本於爾雅、韋昭注晉語、如淳注漢書高紀、並云『振、起也、』『凡事之所起、即事之所自、故振又訓為自、振古如茲、猶甫田之『自古有年』也。鄭所見爾雅本、自字始譌作古、故據之以釋易傳。」王用傳義、訓振古為自古、比鄭義為長。詩疏謂「毛義與鄭不殊、」殊不爾。故爾雅之古字、亦自之譌也。

爾雅學

振古也○釋曰 注疏本刪

乃古古而如此 注疏本古古改自古

校勘記

振古也 王引之曰、說文自、古文作𦣹、與古形相似、因譌為古。邢疏引詩毛傳云振自也、是毛傳釋振即本之爾雅。韋昭注晉語、如淳注漢書高紀、並云振起也。是事之所起、即事之所自、故振又訓為自。鄭箋訓振為古者、鄭所見爾雅本已譌為古矣。說見經義述聞。

注疏校勘札記

懟怨也

懟怨也。

郭注

懟怨也 釋曰謂怨恨。左傳曰以死誰懟。

邢疏

懟 直類反

陸音義

懟怨也 懟以有所對。詩曰弁彼鸒斯、歸飛提提。

新義

懟怨也。懟音隊。○此釋懟為怨之義也。

注疏參義

懟怨也 正義 說文云、怨、恚也。大雅蕩云、彊禦多懟。穀梁莊三十二年傳云力盡則懟。范注懟、恚恨也。

正義

懟怨也 對从丵口寸以節之。懟仇同義、因為怨也。詩、聽言則對。怨、从夗。夗、宛、怨同用。

集解

懟怨也

懟、心之怨也、从心對聲。穀梁莊三一傳力盡則懟。釋文懟怨也。孟子萬章以懟父母、趙注訓怨。漢書外戚傳懟以手自擣、注懟怨怒也。文選洞簫賦戾者聞之而不懟、長笛賦惆悵怨懟、嘆逝賦懟瓊蘂之無徵、注均云懟怨也。怨恚也、从心夗聲、古文作命。禮記大學舉而不能先命也。命蓋命之借字焉耳。

義證

懟怨也 懟直類反。

郭注補正

懟怨也

此釋大雅蕩彊禦多懟。鄭箋云、反任彊禦眾懟為惡者。眾懟即眾怨也。下句流言以對、對亦懟也、避重韵故用假借之字。阮氏元謂桑柔進退維谷、谷即上句不胥以穀之穀字、以避重韵故易為谷、谷亦善也。桑柔聽言則對、對亦應訓為懟、與誦言如醉為對文、謂聽言則懟怨、誦言則如酒醉、不以為意、傳以為對答、失其義矣。

說詩

懟怨也 大雅彊禦多懟。說文懟、怨也。怨、恚也。

啓蒙

懟怨也。廣雅懟恨也。與憝亦通。廣雅憝、怨也。康誥傳說罔不憝云、人無不怨之者。與諄亦通。方言諄憎所疾也。

黃侃音訓

懟、怨也。

說文云：「怨、恚也；」穀梁莊三十一年傳云：「力盡則懟、」范注「懟、恚恨也；」是懟怨同義。

爾雅學

懟怨也○釋曰注疏本刪

校勘記

懟音對怨也

音圖・音

懟怨也

孫偘直音

隊

懟隊怨也

楊氏音訓

懟隊

干氏音釋

縭介也

縭介也。縭者繫、介猶閡。

郭注

縭介也　釋曰、郭云縭者繫、介猶閡。以釋水云縭、緌也。緌、繫著則介閡也。

邢疏

縭介也

補、羅也。介、別也。釋文、李孫顧舍人本竝云

犍爲注

縭介也釋文、李孫顧舍人本竝云、補、羅也。介、別也。

李注

縭介也釋文李孫顧舍人本竝云補、羅也。介、別也。

孫音注

縭介也釋文李孫顧舍人本竝云補、羅也。介、別也。

顧音

補羅也介別也今注疏本縭介也、釋文引李孫顧舍人本竝云。

黃輯古義

李注

補羅也介別也今注疏本縭介也、釋文引李孫顧舍人本竝云。

補羅也介別也今注疏本縭介也、釋文引李孫顧舍人本。

孫音注

補羅也介別也釋文、縭介也、李孫顧舍人本竝云補羅云云。

顧音

玉函山房輯佚

縭介也釋文李孫顧舍人本竝云補羅也介別也。

漢注

懟怨也縭介也釋文二十九卷李巡孫炎顧舍人本竝云補羅也介別也。

郭璞云縭者繫也介猶閡。

一切注音

縭介也　李孫舍人本并云補、羅也。介、別也。釋文

蕙心案、說文無補字、李孫舍人本之補疑絲之譌。

離羅一聲、離又縭之借字。

古注斠

縭力知反。介也音界李孫顧舍人本竝云補羅也、介別也。閡五代反。

陸音義

縭介也

縭婦人之介。詩曰無感我帨兮。

新義

懟怨也縭介也說文謂縭以絲介履。

鄭樵注

縭介也縭舍人本作補李孫竝同

舍人曰、補羅也。介、別也。李孫注同

郭璞曰、縭者繫也。介猶閡。

鄭樵曰、說文謂縭以絲介履。

古注合存

縭介也。縭音離○此釋縭爲介之義也。注曰、縭者、繫也。介猶閡也。疏曰、釋水云縭、緌也。緌繫者、則介閡也。

注疏參義

縭、犍爲文學作補。注云補、羅也。介、別也。鄭云、說文謂縭以絲介履。

補注

縭介也【註】縭者繫也介猶閡也。【正義】說文云、縭、以絲介履。豳風東山云、親結其縭。釋器云、縭、緌也。又重見釋水篇。釋文引李孫顧舍人本並云縭、羅也。介、別也。【正義】

縭介也 鄭樵注本引說文縭謂以絲介履。【校議】

縭介也 縭者繫介猶閡

介者、說文云、畫也。文選魏都賦注引韓詩章句云介界也。是介訓界畫、卽分別之義也。縭者、說文云、以絲介履也。介字義本爾雅、亦取分限爲義也。釋文引李孫顧舍人本並云縭、羅也。介、別也。按、字書無縭字。集韵補、或作縭、與爾雅不合。今以縭訓羅、推之疑縭卽縭之譌、縭猶離也。離羅聲轉而義亦同、故方言云羅謂之離、離謂之羅。然則離訓爲羅、介訓爲別、正與李孫顧舍人之義合矣。臧氏琳經義雜記廿五以縭爲縛字之譌、束縛有羅維意。郭義亦通蓋所傳本異也。【義疏】

縭介紒也 李注、縭、羅也。介、別也。郭注、縭者、繫介猶閡。縭从离。詩親結其縭。禮、庶母送女施鞶。下云縭緌也。以將離因名縭、委佩又曰緌也。介、結通用字。冠禮、主人紒而迎賓。彼謂結髮、男冠女昏、成人之始、故取以號焉。說文以縭爲絲介履。【集解】

縭介也 縭以絲介履也、从糸离聲。周禮屨人所謂繶絇是也。詩東山、親結其縭。縭以五采繩爲之、今香纓也。蓋亦取介別之義。或者正字爲椸與、椸落也、字亦作籬、故椸落一稱籬落、所以界物。介畫也、从八从人會意。八者分也。因又引申爲別。經典或以爲界之借字焉。【義證】

縭介也 【註】縭者繫也介猶閡【補正】釋文云、李孫顧舍人本並云、縭、羅也。介、別也。【郭注補正】

縭介也 注縭者繫也介猶閡

正曰、注本疑有脫字。釋文李孫顧舍人本並云縭、羅也。介、別也。郝戶部義疏云、字書無縭字、縭卽縭之譌、縭猶離也。方言七、羅謂之離、離謂之羅。然則離訓羅、介又訓別也。謹按、說文八部、介畫也。從八從人、人各有介。八、別也、象分別相背之形。故介有分別之誼。【正郭】

縭介也 縭者繫也介猶閡

倣宋本單疏本雪牕本元本脫也字、今從明注疏本。【郭注佚存補訂】

縭介也

說文云、縭、以絲介履也。豳風東山親結其縭、毛傳云縭、婦人之褘也。毛與說文異義。案、縭與離通、文選女史箴施衿結縭注云縭與離古字通。而介與分古字亦相通用、莊子庚桑楚介尙離山、彼釋文云、介、本作分。女子既嫁、與父母分離。縭者、分離之意、故結縭以繫屬之、以介釋縭、介卽分也。

舍人云、介、別也。別卽分離之義。【說詩】

縭介也疏郭云縭者繫也脫也字。緌繫著則介閡也著毛本誤者。【注疏正字】

縭介也 釋文云、李孫顧舍人本並云縭、羅也。介、別也。臧氏琳曰、字書無䋠字、集韻以爲補或作䋠、義不合、盎縛之譌。說文、縛、束也。束縛有羅維意。元照案、䋠疑卽捕字、捕鳥以羅。

匡名

縭介也 豳風、親結其縭。說文、縭、以絲介履也。

縭介也 號諕也 遻寤也 頫題也 猷肯可也

啓蒙

李巡孫炎顧野王舍人本並作䋠羅也介別也 釋言釋文 說文作號呼也 号部號 害寤也 宀部害 莊子釋文引作遻忤也 達生篇釋文 孫炎本遻作迕 釋言釋文 頫字又作定 釋言釋文 毛傳作定題也 麟趾詩傳 釋文肯或作古肎字 釋言釋文 說文可肎也 口部可

縭、介也。李巡孫炎顧野王舍人本並作䋠、羅也。介、別也。按、䋠字書作無、䋠疑是補字之譌。遻寤也、說文遻作害、孫炎本遻作迕、莊子釋文引爾雅遻作遻、寤作忤。按遻與害、遻迕、寤與忤音義並同。

證異

縭介也。說文、縭、以絲介履也。周禮屨人注、舄屨有絇、有繶、有純。有者飾也。又赤繶黃繶、注、以赤黃之絲爲下緣。

縭、介也。

古義補

郭注云：「介、猶閡、」左思吳都賦「寒暑隔閡於邃宇；」說文云：「介、畫也。」隔閡者、別之也、介畫、分別隔之也、縭者、說文云：「以絲介履、」郝云：「介字義本爾雅、」謂以絲分畫於履以爲飾也。是縭亦分別之義、故訓縭爲介。爾雅釋文云：「李孫顧舍人本並云：『䋠、羅也、介、別也、』」與郭本異；臧琳謂「字書無䋠字。」

爾雅學

縭者繫單疏本雪牕本元本同。閩本監本毛本下有也。

縭介也。釋曰注疏本刪

綏繫著則介閡也注疏本著誤者

校勘記

五行(注)縭者繫，介猶閡○原本《玉篇》糸部「縭」下引此注作「縭者繫也，介猶閡也。」今本刪落「也」字。

宋監本校箋

縭音離介也

音圖・音

縭力知翻、音離。釋文云、李孫顧舍人並云、䋠羅也。介別也。案此所云舍人乃顧野王也、朱氏經義考引之混於犍爲舍人、非。又釋訓甍甍作雄雄、佗佗作它它、夢夢訰訰煩懣亂也、並顧舍人說、經義考混於犍爲舍人。又脫騀踖善墜蹶一條。

離

音略

縭、介也。

孫侶直音

縭離介也介猶閡

楊氏音訓

縭離

干氏音釋

號諕也

號諕也。今江東皆言諕。

郭注

號諕也 釋曰、謂叫諕也。小雅賓之初筵云、載號載呶。郭云、今江東皆言諕。

邢疏

號諕也

衆經音義引爾雅、號、呼也、大呼也。邵氏正義

衆家注

號諕也一切經音義七引爾雅云、號、呼也、大呼也。

郭璞云、今江東皆言諕。

黃輯古義

一切注音

號户羔反、又胡到反。諕也火故反、又如字、又作呼。

陸音義

號諕也

見虎而号爲號、見虎而言爲諕。

新義

號謼也叫謼。

鄭樵注

號謼也 郭璞曰、今江東皆言謼。鄭樵曰、叫謼。

古注合存

號謼也、號平聲謼呼同。○此釋號爲謼之義也。

注疏參義

號謼也註今江東皆言謼正義說文云、號、呼也。謕、號也。謼、呼謼也。衆經音義引爾雅云、號、呼也、大呼也。釋名云、以其善惡呼名之也。魏風碩鼠云、誰之永號。春官雞人、夜嘑旦謼。呼嘑音義同。

正義

號謼也今江東皆言謼

謼者、說文云、評、謼也。通作嘑。說文、嘑、唬也。周禮雞人云、夜嘑旦。又通作虖。說文、虖、哮虖也。按、哮虖猶號謼也。又通作呼。曲禮云城上不呼。釋文、呼、號叫也。詩蕩釋文、呼、崔本作謼。爾雅釋文、謼、又作呼。號者、詩碩鼠傳、呼也。說文同。通作號。說文云、號、號也。又通作唬。冀州從事郭君碑云卜商唬咷、郎易云號咷也。

義疏

號評也郭注今江東皆言謼

号从口丂气礙而疾出之聲。加虎者、驚呼也。詩、誰之永號。易先號咷後號咷。嘑呼評謼皆當作乎、乎从兮厂、語稽遲之意。因爲疾呼。說文、呼、外息也。嘑、唬也。唬、嗁聲。郎號異文。評、召也。謼、評也。虖、哮也。凡六文各隨所用。經皆用乎呼、史用虖。

集解

號謼也

號、大呼也、即大謼也。从号从虎。詩碩鼠誰之永號傳號呼也。蕩是號是呼。箋醉則號呼相傚。左宣十二傳號申叔展、注呼之。楚語乃號令於三軍、韋注號、呼也。謼、評也、从言虖聲、經典多以呼爲之。

義證

號謼也

此釋大雅蕩式號或呼。彼釋文云呼、崔本作謼、一本作或號式呼。釋文云謼、又作呼。當是三家詩有作謼者。號謼一義、亦猶上文泳游也釋泳之游之、振古也釋振古如茲、肇敏也釋肇敏戎功之義。魏風碩鼠誰之永號、小雅賓之初筵載號載呶、傳並云號、呼也。北山或不知叫號傳云叫呼、號召也。

說詩

號謼也音謼火故切 故誤胡。

注疏正字

號謼也 謼釋文云字又作呼、一切經音義二一引作呼。案說文言部謼評謼也、从言虖聲。又口部呼外息也、从口乎聲。是呼爲通借字。說文同。

匡名

號謼也說文、號嘑也。註以說文律之、謼呼皆假借字。號嘑者如今云高叫也。引伸之爲名號爲號令。號號也、號評也。犬嘷也。義皆通。魏風誰之永號郭註今江東皆言謼。

啓蒙

號、謼也 蕩式號式呼連言、故此以謼釋號。

黃侃音訓

號、謼也。

說文言部云：「謼、評也；（從段）評、召也、」此召呼之義、即古呼字；今通用呼以代之。又口部云：「嘑、號也、」此號嘑字、周禮雞人云：「夜嘑旦以嘂百官、」此用古字也。爾雅之謼、乃嘑之音假。詩蕩云：「式號式呼、」崔本作謼、正與爾雅同用假借字。

號、說文号部云：「嘑也、」與「嘑、號也」爲轉注。段云：「號嘑者、如今云『高叫也、』引伸爲名號、爲號令。」又号篆云：「痛聲也、」此嚎哭字；故古嚎号與噱號、字義均別；今字用號、而号廢矣。**爾雅學**

今江東皆言謼單疏本雪牕本同釋文音經謼又作呼。

號謼也○釋曰注疏本刪 **校勘記**

謼也雪牕本譯注同。**校勘記訂補**

號謼也(注)今江東皆言謼○原本《玉篇》号部「號」下引「《爾雅》：號，呼也。郭璞曰：今江東皆言號也。」與今本不同。**宋監本校箋**

號謼呼音也

毫　呼 **音圖・音**

號謼也 **孫偘直音**

號平聲謼同呼也 **楊氏音訓**

謼荒故切。又音呼。**干氏音釋**

凶咎也

凶咎也。**郭注**

凶咎也　釋曰、謂咎惡也、通見詩書。**邢疏**

咎求九反。**陸音義**

凶咎也、此釋凶爲咎之義也。**注疏參義**

凶咎也【正義】說文云、凶、惡也。咎、災也。釋名云、凶、空也、就空亡也。王風兔爰云、逢此百凶。左氏宣十二年傳云、必有大咎。**正義**

凶咎也釋凶本義。上云訩盈、此上云咎病、又爲凶也。易凶咎對文、他經皆通。**集解**

凶咎也凶、惡也、象地穿交陷其中也、指事。引申爲咎、謂凶惡者必得過咎耳。易凶咎對文、則凶亦咎也。咎、災也、从人从各、會意。上經云、病也。**義證**

凶咎也

王風兔爰逢此百凶、鄭箋云百凶者、王構怨連禍之凶。衛風氓體無咎言、箋云無凶咎之辭。小雅十月之交日月告凶、菀柳居亦凶矜、凶亦謂凶咎也。凶與訩通。節南山降此鞠訩、傳從釋言訩訟也之訓。案、降此鞠訩與降此大戾相對爲文、戾即咎也、應用凶咎也之訓。昭三十二年左氏傳必受其凶、漢書律歷志作必受其咎。**說詩**

凶咎也說文、凶、惡也。王風、逢此百凶。左宣十二年傳、必有大咎。咎、詳釋詁。**啓蒙**

凶、咎也。說文云：「凶、惡也；咎、災也；」災、惡、義同、咎怨字、許作𢘽。**爾雅學**

凶咎也○釋曰注疏本刪 **校勘記**

苞稹也

苞稹也。今人呼物叢緻者爲稹。**郭注**

苞稹也　釋曰、郭云今人呼物叢緻者爲稹。孫炎曰、物叢生曰苞、齊人名曰稹。唐風鴇羽云集于苞栩、毛傳云苞稹、鄭箋云稹者根相迫迮梱緻、亦謂叢生也。**邢疏**

苞稹也

物叢生曰苞、齊人名曰稹。詩正義六之二　書正義六　邢疏

孫音注

苞稹也　稹、振眞二音。釋文

郭音義

苞稹也　稹之忍反。釋文

謝音

黃輯古義

苞稹也　物叢生曰苞、齊人名曰稹。邢疏　書禹貢正義　詩唐風鴇羽正義

孫音注

苞稹也、稹、振眞二音。

郭音義

苞稹也、稹之忍反。

謝音

玉函山房輯佚

苞稹也　物叢生曰苞、齊人名曰稹。孫注　詩疏六之二

鈎沉

苞稹也　孫曰物叢生曰苞、齊人名曰稹。詩正義六之二　書正義六　邢疏

漢注

苞稹也　孫炎云、物叢生曰苞、齊人名曰稹。詩正義六之二卷　郭璞云、今人呼物叢緻者爲稹。

一切注音

苞稹也　孫炎曰、物叢生曰苞、齊人名曰稹。書禹貢正義　稹、郭振眞二音。釋文

古注斠

苞　捕茅反。　稹　謝之忍反、郭振眞二音。　緻　直吏反。

陸音義

苞稹也　包者其眞也、故曰鑿一竅、七日而混沌死。

新義

苞稹也　郭云、今人呼物叢緻者爲稹。

鄭樵注

苞稹也　稹郭振眞二音　孫炎曰、物叢生曰苞、齊人名曰稹。郭璞曰、今人呼物叢緻者爲稹。鄭樵曰、郭云今人呼物叢緻者爲稹。

古注合存

苞稹也。此釋苞爲稹之義也。註曰、今物叢緻者爲稹。疏曰、孫炎云、物叢生曰苞。詩鴇羽云、集于苞栩。毛傳云、苞稹也。鄭箋云、稹者、根相逼迮梱緻也。

注疏參義

苞稹也　註　今人呼物叢緻者爲稹　正義　釋詁云、苞、豐也。苞、又爲稹、增成其義也。禹貢云、草木漸苞。釋文引馬融云、相包裹也。考工記云、稹理而堅。註　今人至爲稹。　正義　詩疏引孫炎云、物叢生曰苞、齊人名曰稹。郭註本孫炎。害風鴇羽鄭箋、稹者、根相迫迮梱致也。

正義

苞稹也　今人呼物叢緻者爲稹　稹者、說文云穜概也。引周禮曰稹理而堅。考工記注、稹、致也。詩鴇羽箋、稹者、根相迫迮梱致也。致與緻同、稹與縝同、故聘義云縝密以栗、鄭注縝、緻也。鴇羽釋文、稹、本又作縝。苞者、釋詁云豐也、是豐之稹也。鴇羽傳苞、稹也、正義及書禹貢正義竝引孫炎曰、物叢生曰苞、齊人名曰稹、文選六代論注引易鄭注云苞植也、植卽稹之形譌耳。

義疏

苞稹縝也　孫曰、物叢生曰苞、齊人名曰稹。郭注、今人呼物叢緻者爲稹。包象胞胎、因爲包裹。或又加艸、詩如山之苞。上云、苞、豐。易繫于苞桑。稹从眞、顚之異文也。禾顚茂密。說文引周禮稹理而堅。記、縝密以栗。

集解

苞稹也　苞、苞艸也、从艸包聲。引申爲稹。說文以勹爲之。易否繫于苞桑。鄭注苞植也、蓋稹之形譌。詩鴇羽集於苞栩傳苞稹也。書禹貢草木漸苞、正義云物叢生曰苞、齊人名曰稹。稹、穜概也、从禾眞聲、所謂稠比是也。考工輪人、稹理而堅。

義證

苞稹也　注今人呼物叢緻者爲稹補正邢疏孫炎曰物叢生曰苞、齊人名曰稹。

郭注補正

苞稹也　唐風鴇羽集于苞栩、毛傳云苞、稹也、鄭箋云稹者、根相迫迮梱致也、檜風下泉浸彼苞稂、大雅生民實方實苞、傳竝云苞、本也、本謂根相迫迮、鄭箋云苞亦茂也。茂與稹義亦近。

說詩

苞稹也　釋文云、稹、郭振真二音。

疏稹者根相迫迮梱緻　迫誤逼、緻誤緻。

注疏正字

苞稹也　詩唐風鴇羽傳苞稹也。釋文云本又作縝。盧本作稹、案說文糸部無縝字。

匡名

苞稹也　禹貢、草木漸苞。孫炎云、物叢生曰苞、齊人名曰稹。郭註、今人呼物叢緻者爲稹。說文、稹穜概也、引周禮稹理而堅。

啓蒙

苞稹也　說文、多、稠髮也、詩曰、多髮如雲、今鄘風君子偕老作鬒髮、今鬒亦與稹義近。　苞又與葆通、廣雅葆、本也、漢書武五子傳頭如蓬葆、顏注草叢生曰葆。

黃侃音訓

苞稹也　苞包皆段借、正作勹。說文勹、裹也。

古義補

苞、稹也。

詩鴇羽正義引孫炎曰：「物叢生曰苞、齊人名曰稹。」詩「鬒髮如雲、」鄭注髮之密者稱鬒、草木之密者稱稹、其義一也。考工記云：「稹理而堅、」「稹、致也：」聘義云：「縝密以栗、」縝者、稹之假借、此與稠同例。禾木多爲稠、、引伸之、凡多者皆得稱稠；草木密爲稹、於是他物之密緻者、亦稱稹也。釋詁「苞、豐也、」草木叢密則豐矣。

爾雅學

苞稹也〇釋曰　注疏本刪

毛傳云苞稹　元本閩本監本同。毛本下增也。

根相迫迮梱緻　注疏本誤作逼迮梱緻。按、此與正義本同、定本緻作致。

校勘記

稹、謝之忍翻音軫。郭振眞二音。考工記稹理之稹、司農讀爲眞祭之眞。

音略

包　整直

苞、稹也。

孫侶直音

包　簡上聲

苞稹也

直音校正

苞稹也　今人呼物叢緻者爲稹。

楊氏音訓

逜寤也

逜寤也　相干寤。

郭注

逜寤也　釋曰逜、謂相干也。寐而覺之曰寤。郭云、相干寤。

邢疏

逜寤也　釋文、孫五字作午。

午、吾補反。釋文

孫音注

遻寤也 莊子達生篇釋文引爾雅、遻、忤也。 衆家注

午寤也 釋文、遻、五故反。孫本吾字作午。 黃輯古義

午寤也、午、吾補反。釋文、遻、五故反、孫本吾字作午云云。 孫音注

遻寤也 釋文、孫本吾字作午。按、釋文遻寤作午吾。

孫曰、午、吾補反。釋文 玉函山房輯佚

遻寤也 釋文二十七卷引爾雅云、遻、迕也。二十九卷遻孫炎本作迕。

郭璞云、相干寤。 漢注

遻寤也 孫本遻字作午。釋文 一切注音

蕙心案、莊子釋文引爾雅、遻、忤也。 古注斠

遻寤也 孫炎曰、遻作午、吾補反。釋文

按、吾補反三字乃孫炎爾雅音、因補入。 古注斠補

遻 五故反、孫本吾字作午。吾補反。寤 五故反。 陸音義

遻寤也 方其夢時、周與蝶了不相干。 新義

遻寤也 寐覺

日寤 鄭樵注

遻寤也 遻孫本吾字作午吾補反

郭璞曰、相干寤。

鄭樵曰、寐覺曰寤。 古注合存

遻寤也。遻音悟。○此釋遻爲寤之義也。疏曰、遻、謂相干也。寤而覺之曰寤。 注疏參義

遻寤也 註 相干寤 正義 遻、說文作𢓜、寤也。本又作遌。莊子達生篇遻物而不慴、釋文引爾雅云、遻、忤也。郭璞云、相干寤、是陸氏所見爾雅本有作遻忤者矣。然惟於莊子釋文引之、而爾雅釋文轉闕而不載、祇云孫本遻作迕。案、哀公問云迕其衆以伐有道、釋文引王肅云、違也。荀子富國篇云午其軍、楊倞註午、讀爲迕。釋名云、寤、忤也、能與物相接忤也。 正義

遻寤也 玉案、文選班孟堅幽通賦云上聖寤而弗𢓜、曹大家以寤爲迕。鄭康成注禮噫沸寤之聲、寤亦迕也。集韻迕亦作寤、釋文遻又作迕、說文遻又作𢓜、荀子迕又爲午、釋名寤又訓忤、然則寤並與違忤同訓。若引以証莊公寤生之寤、與趙汸難產之說最合。 校議

遻寤也 寤相干

寤者、臧氏琳以爲牾之段借也。牾者、說文云逆也。通作迕、一切經音義七引聲類云、迕、逆不遇也。又通作牾、史記漢書注竝云牾逆也、皆牾之通借也。遻者當作午、釋文孫本遻字作午、此葢古本。證以說文云午、牾也、五月陰气午逆、陽冒地而出、是午爲牾逆。孫炎義與說文同、故臧氏經義雜記六本此爲說。又引史記鄭世家、以爲寤生者謂牾逆難生久不得下、故驚武姜也。然則寤之言牾、因其牾逆、故名之曰寤生、遂惡之。左傳與史記義尤合矣。

遻寤 午也 郭注、相干寤。 義疏

此當作寤遻也、寤从吾、吾卽語、寤、語如有所遇、故曰干遻。說文無遻有牾、今作迕、忤。詩、寤寐求之。禮、牾受之吾。午与逆、御、迎聲近通用。 集解

遻寤也 遻字本作午、毌也、从丁毌、一一其物也。正字爲牾、牾𢓜也、寤亦𢓜也。午遻古今字、午牾通用字。禮記哀公問午其衆以伐有道、荀子富國

午其軍、午皆逆也。儀禮既夕梧受，疏梧郎逆也，以梧為之。寤，寤覺而有言也，从㝱省吾聲。經典或以為梧之借字。左隱元傳莊公寤生，謂足先見而逆生耳，杜注失之。或者遌郎客與。

義證

遌寤也

此釋詩寤字。周南關雎寤寐求之，衛風考槃獨寐寤歌，陳風澤陂寤寐無爲，檜風下泉愾我寤嘆，傳箋並云寤，覺也。邶風終風寤言不寐，疏云言我寤覺而不能寐。邶風柏舟寤辟有摽，疏云寤覺之中，亦以寤爲覺也，此經遌寤二字誤倒，本以遌釋寤，非以寤釋遌也，與全經體例不合。一切經音義二云覺而有言曰寤。隱元年左氏傳莊公寤生，杜注云寐寤而莊公已生。謂覺而已生也。遌與悟通。說文云悟，覺也。一切經音義四云悟古文作牾遻迕三形，孫本遌作迕。

說詩

遌寤也　釋文云，孫本吾字作午。言遌作迕，寤作忤也。莊子釋文達生引此作遻忤也。元照案，說文山部[宀吾]，寤也，从宀吾聲。與遻晤二字皆通用。見釋詁。說文辵部無遌迕二字，心部無忤字。

匡名

遌寐也　說文，㝱，寤也。㝱，寐覺而有言曰寤，一曰晝見而夜㝱也。左隱元年傳莊公寤生，註寤寐而生莊公。

啓蒙

遌寤　午悟　釋文遌孫本吾字作午。說文午牾也。寤者悟之叚借。當作午牾。

此同字並見之例作午牾并許客寤遻無不可也

黃侃評本正名

遌寤也。此同字並見之例。作午牾，并逆、客、遻皆通。

黃侃音訓

遌寤也

遌，寤也。郭注相干寤。頤煊案，釋文孫本遌字作午，郭注干當是午字之譌。禮記哀公問午其衆以伐有道，釋文引王肅本作迕。荀子富國篇午其軍，楊倞注午讀爲迕。

讀爾雅錄

遌寤也

案說文，覺而有言曰寤，則此經訓寤之遌，其本字當爲悟。悟，覺也。今爲遌者，玉篇悟重文作𢘓、蕬一變爲𢘓，再變爲遌也。說文無遌字。臧氏琳以寤爲牾叚，欲訂遌寤爲遻忤，失之。

董瑞椿日記

遌、寤也。

釋文「孫本遌字作午；」臧琳云：「寤者、牾之叚借；」郝云：「遌、當作午。」案說文云：「午、牾也、」依諸家說、則爾雅之遌寤、本作午牾、與說文同矣。牾者、說文云：「逆也、」是午亦逆也。邵引荀子富國篇云：「午其軍、」楊倞注「午讀爲迕、」衆經音義引聲類云：「迕、逆不遇也、」迕爲逆、則午亦爲逆矣。爾雅借寤爲牾、左傳史記亦同。經義雜記又引史記鄭世家以爲「寤生者、謂牾逆難生、久不得下、故驚武姜、」是証以左傳及史記、則寤者即牾逆之義也。

爾雅學

遌寤也○釋曰　注疏本刪。

寐而覺之曰寤　注疏本覺下衍寤。

校勘記

相于寤　十行本雪牕本吳本相干寤。

校勘記訂補

遌寤也注相于寤　永懷堂本同。監本毛本湘本于作干是。

注疏校勘札記

遌音悟　寤也

音圖·音

寤

遌、寤也。 孫偘直音

遌悟寤也 楊氏音訓

遌誤 干氏音釋

顁題也

顁、題也。題、額也。詩曰、麟之定。 郭注

顁題也。釋曰、皆謂額也。注詩曰麟之定者、周南麟之趾文也。 邢疏

題題也 郭璞云、題、額也。詩曰、麟之定。 一切注音

顁 丁佞反。字又作定。注同。 題 徒兮反 麟 力仁反 陸音義

顁題也 以正在上、股肱承焉、所謂國是取定於我。 新義

顁題也 詩云、麟之定。題即定也、題、額也。 鄭樵注

題題也
郭璞曰、題額也。詩曰、麟之定。
鄭樵曰、詩云、麟之定。題即定也。題、額也。 古注合存

顁題也。顁音訂、詩作定。○此釋顁爲題之義也。註曰題額也。詩麟趾云麟之定。 注疏參義

顁題也 註 題額也。詩曰、麟之定。 正義 釋文云、顁本又作定。毛傳、定、題也。說文云、題、額也。徐鉉云、今俗作額。 註 詩曰麟之定。 正義 周南麟趾文。 正義

顁題也 題額也詩曰麟之定

題者、說文云額也。莊子馬蹏篇云、齊之以月題。釋文引司馬崔云、題、馬額上當顱如月形者也。題顛聲轉、故詩麟趾傳釋文題、本作顛矣。顁者、即下文云顛頂也。顛頂顁又一聲之轉。釋文、顁字又作定。詩釋文、定、字書作顁。今按、作定爲正。 義疏

顁題也 郭注、題額也。詩曰麟之定。定是皆从正、正面故爲顁。又通作顛。說文頁部有題無顁、非。 集解

顁題也 顁字本作定、安也、从宀从正會意。定字爲項。項顛也。引申爲題、小爾雅所謂顛額也是也。定顁古今字、定項通用字。詩麟趾麟之定、傳定、題也。題、額也、从頁是聲。禮記王制、雕題交趾。 義證

顁題也。古無顁字、當依詩作定。 錢氏古義

題題也 題額也詩曰麟之題 今本作麟之定。釋文云、題丁佞反。字又作定。注同。是陸所據郭本經注皆作題。題者三家今文、定者毛詩古文。詩麟之趾正義引郭璞曰、謂額也。彼釋文引郭璞注爾雅、額也。無謂字。 郭注佚存補訂

題題也 此釋周南關雎麟之定。毛傳云、定、題也。釋文云、題、又作定。與詩同。詩釋文亦云、定、字書作題。 說詩

顁題也、音顁、丁佞切。丁佞誤了淚。 注疏正字

顁題也 顁、釋文云字又作定。詩正義一之三曰、定、題、釋言文。案、

說文頁部無頴字

匡名

頴題也。頴又作定。周南麟之定、傳定、題也。說文、顗、頟也。頟、頴也。徐鉉云、今俗作頟。

啓蒙

頴 定　釋文頴字又作定。詩麟之定傳定題也。

黃侃評本正名

頴題也　正作頊

頴　正作頊。

黃侃音訓

定、題也。

今本定作頴、釋文云：「頴、字又作定、」郝云：「作定爲正。」案周南麟趾云：「麟之定、」傳「定、題也、」詩正義云：「定、題、釋言文、」又說文無頴、故改作定。題者、說文「頟也。」詩傳「定、題也、」一本作「顛也；」段云：「亦與爾雅無不合、蓋禽獸橫生、以頟爲頂。」題之本義爲頟；引伸爲凡居前之詞。定者、頂之假借字。定題古雙聲。

爾雅學

頴題也○釋曰注疏本刪

校勘記

題了淩切雪牕本丁佞反盧刻同

校勘記訂補

頴題也、釋文頴、丁佞反、字又作定、今本丁誤作了、佞誤作淩。

注疏本正誤

頴了淩切毛本同。永懷堂本及釋文作丁佞切。

注疏校勘札記

六行頴題也（注）題頟也詩曰麟之定○《釋文》云：「頴、丁佞反、字又作定、注同。」據此、陸氏所據郭注本注文「定」字疑亦作「頴」。

宋監本校箋

頴音定題也

音圖・音

訂叜聲。頴題也。

孫偘直音

頴定題也

直音校正

頴訂題定也　頟也

楊氏音訓

頴訂又作定。

干氏音釋

猷肯可也

猷肯、可也。詩曰、猷來無弃。肯今通言。

郭注

猷肯可也　釋曰皆堪可也。注詩曰猷來無棄者、魏風陟岵文也。肯今通言者、邶風終風云惠然肯來是也。

邢疏

猷肯可也

郭璞云詩曰、猷來無棄。肯、今通言

一切注音

肯　苦等反。或作古冐字、字林作冐、竝同。

陸音義

肯或作古肎字字林作冐竝同○肎、舊亦作冐、譌、今改正。或以冐亦改爲肎、此未必然。此云竝同、若皆作肎字、何竝之有。今字林書不傳、姑仍其舊可也。

音義攷證

猷肯可也

肯、甚可也。猷、僅可之詞。春秋傳曰求車猶可也。

新義

猷肯可也　陟岵云、猷來無棄。

鄭樵注

猷肯可也

郭璞曰、詩曰、猷來無棄。肯、今通言。

鄭樵曰、陟岵云、猷來無棄。

古注合存

猷肯可也。此釋猷肯爲可之義也。註曰、詩陟岵云、猷來無棄、肯今通言。疏曰、詩終風云、惠然肯來。

注疏參義

猷肯可也 註 詩曰猷來無棄。肯今通言 正義 上文云猷若也、猷又爲可也。說文云、可、肎也。肯可以聲轉爲義。唐風杕杜云、噬肯適我。註 詩曰至無棄。○ 正義 魏風陟岵文。

正義

猷肎可也　詩曰猷來無棄。肎今通言　可者、說文云肎也。按、意所善曰可、故檀弓云夫子曰可也、鄭注善其能廉。意已盡亦曰可、故少儀云卽席曰可矣、鄭注可猶止也。然則可兼意盡未盡二義。凡言可矣、意已盡之詞也。或言可也、意未盡之詞也。論語期月而已可也、皇侃疏可者未足之辭。是未足之辭、亦得言可、但意猶未盡耳。猷者上文云若也、釋詁云已也。已訓止、則與可訓止近。若訓善、又與可訓善近。猷與猶通、故詩猶來無止、之子不猶、傳竝云猶、可也。公羊文六年宣八年傳竝云猶者何通可以已也穀梁傳云、猶之爲言可以已也。又云、猶者可以已之辭也。是皆猶訓可之證、亦猶兼已若二義之證。猶者意未盡、又與可訓未足之義合矣。肎者、春秋宣四年經云、公及齊侯平莒及郯、莒人不肎。不肎卽不可也。詩惠然肎來、噬肎適我、箋竝云肎、可也。齊策云客肎爲寡人來靖郭君乎、高誘注亦云肎、猶可也。可之言快也、快意卽可意。快可肎俱一聲之轉。

義疏

猷肯可也　郭注、詩曰猷來無棄。肯、今通言。

集解

上云猶圖、故爲許可。肯从骨省、骨閒肉相屬可食者。詩惠然肯來。可从口丂、許與之詞。

猷肯可也　猷字一作猶、玃。猷从犬酋聲。正字爲宜。宜、所安也。引申爲可。猷宜通用字。詩陟岵猶來無止、白華之子不猶、傳均云猶、可也。肯、字本作肎。肎、骨肉閒肎肎著也、从肉从冎省會意。正字爲可。可肯雙聲。詩終風惠然肯來、有杕之杜噬肯適我、箋均云肯、可也。穀梁宣三傳、不肯者可以肯也。齊策客肯爲靖郭君來寡人乎、注肯猶可也。可宜也、从口从丂、會意、丂亦聲。禮記玉藻士竹木象可也、疏可者通許之詞。

義證

猷肯可也

猷與猶同。郭注引詩猷來無棄、今魏風陟岵作猶來無棄、毛傳云猶、可也。小雅白華之子不猶、傳亦云猶、可也。　肯者、說文云可、肯也。唐風有杕之杜噬肯適我、邶風終風惠然肯來、鄭箋竝云肯、可也。魏風碩鼠莫我肯顧、小雅黃鳥不我肯穀、角弓莫肯下遺、雨無正莫肯夙夜、莫肯用訊、肯皆可也。不我肯顧與不可與處對文、是肯可一義也。

說詩

猷肯節註詩曰猷來無棄　猷、毛詩作猶。

注疏正字

猷肯可也　詩小雅白華之子不猶、傳猶、可也。　釋文云肯、或作古肎字。案肎、隸變作肯、非古今字。　又云字林作胃。案胃、譌體。

匡名

猷肯可也　上文猷若也、又爲可。郭註引詩猷來無棄。唐風噬肯適我。說文、可、肎也、从口丂、丂亦聲。箋、肯、可適之也。肯可以聲轉爲義。

啓蒙

猷、肎、可也。

說文云：「可、肎也。」郝云：「可、兼意盡、未盡二義。」

猷與猶通、詩「猶來無止、」「之子不猶、」傳竝云：「猶、可也。」

肎、郭注云：「今通言。」唐風杕杜「噬肎適我、」箋云：「肎、可也、」此與說文爲互訓。春秋宣四年云：「公及齊侯平莒及郯、莒人不肎、」謂不可也。

爾雅學

猷來無棄　單疏本雪牕本同。按、棄當作止。詩陟岵首章猶來無止、毛傳猶可也、與郭義同。二章猶來無棄。

猷肯可也　○釋曰皆堪可也　注疏本刪上六字。堪誤肯。元本此字闕。

校勘記

猷來無棄　十行本猷作猶。

校勘記訂補

務侮也

務侮也。詩曰外禦其侮。

郭注

務侮也 釋曰謂輕侮也。注詩曰外禦其侮小雅常棣文也。

邢疏

務侮也 郭璞云詩曰、外禦其侮。

一切注音

侮亡甫反。

陸音義

務侮也 事爲戲則務爲侮矣。

新義

務侮也疑侮爲敏。

鄭樵注

務侮也 郭璞曰、詩曰、外禦其務。鄭樵曰、疑侮爲敏。

古注合存

務侮也。此釋務爲侮之義也。註曰詩常棣云、外禦其侮。疏曰謂輕侮也。

注疏參義

務侮也。郭引外禦其侮。鄭云、疑侮爲敏。

補注

務侮也詩曰外禦其侮

侮者、說文云傷也。傷當作偒、偒、輕也。玉篇云侮、慢也。方言云秦晉之閒罵奴婢曰侮。然則侮人而以奴婢遇之、輕慢之甚也。務者、侮之叚音也。詩外禦其務、左氏僖廿四年傳及周語竝作外禦其侮、是侮俗爲務。故詩常棣箋本爾雅云務侮也、明務卽侮字、非以侮訓務也。經典此例極多、如爾雅甲狎、幕暮之類皆是。

義疏

務侮也郭注、詩曰、外禦其侮。上云務强、來、彊我是侮也。侮、古文从毋、禁止詞。篆从每、屮盛上出、象侵侮也。

集解

務侮也務、趣也、从力敄聲。正字爲侮、侮務一聲之轉。詩常棣外禦其務、左傳二四傳及周語皆作侮、箋亦云務、侮。或者、正字爲敄、與敄、彊也、人、而彊我則是侮也。侮、傷也、从人每聲。禮記曲禮、不侵侮。

義證

務侮也

〔註〕詩曰外禦其務〔補正〕鄭樵註云、疑侮爲敏。

務、侮也。按詩常棣外禦其務、左氏傳正作侮、是務有侮義。

郭注補正

務侮也

錢氏古義

詩曰外禦其侮

仿宋本單疏本雪牕本元本作侮、明注疏本作務。

樹枏案、郭所引蓋三家詩、春秋內外傳亦引詩作外禦其侮。注疏本改從毛、非也。

郭注佚存補訂

務侮也

此釋豳風常棣外禦其務。鄭箋云、務、侮也。僖二十四年左氏傳引作外禦其侮。鴟鴞、或敢侮予。說文云侮、傷也。

說詩

務侮也註外禦其務務、監本誤侮、下同。

注疏正字

務侮也 徐氏養原曰、邶柏舟受侮不少、三家本蓋或有作務者。又云、爾雅釋經、於詩尤詳。其始蓋依經釋義、後儒增修、遂紊其次。惟此章舊式猶存、自此句至幕暮也、與經文次第皆合。

匡名

務侮也 說文、務、趣也。小雅外禦其務、箋務侮也。左僖二十四年傳引詩作外禦其侮。㑄、傷也。鍇曰、偒、慢易字也。

啓蒙

務侮也 務侮聲轉字通。

黄侃音訓

務、侮也。玉篇云：「侮、慢也。」方言「秦晉之閒、罵奴婢曰侮。」務者、鄭注引小雅常棣云：「外禦其務、」左氏僖二十四年傳引詩、作「外禦其侮、」周語引此詩亦作侮。郝云：「務者、侮之叚音、」常棣箋本爾雅云：『務、侮也、』明務即侮字、非以侮訓務也。爾雅此例如「甲狎、幕暮」之類皆是。

爾雅學

外禦其侮 單疏本雪牕本元本同。閩本剜改侮爲務、監本毛本承之。按毛詩外禦其務、箋云務侮也、本此經、言務爲侮之假借也。故郭注引詩以證務義之爲侮、雖有春秋內外傳引詩外禦其侮、而此注必當同毛作務矣。

務侮也○釋曰 注疏本刪

校勘記

貽遺也

貽遺也。相歸遺。

郭注

貽遺也。釋曰、謂相歸遺。詩云、貽我握椒。

邢疏

貽遺也

郭璞云、相歸遺。

一切注音

貽以之反。遺也唯季反、注同。歸巨位反。

陸音義

貽遺也 饋遺。

鄭樵注

貽遺也 郭璞曰、相歸遺。鄭樵曰、饋遺。

貽遺也 遺唯季反。○此釋貽爲遺之義也。註曰、相歸遺也。愚按靜女云、遺我彤管。

古注合存

務侮也 註 詩曰、外禦其務。貽遺也 註 相歸遺

正義 務侮、貽遺俱以聲爲義。小雅常棣云、外禦其務、左氏僖二十四年傳引詩作外禦其侮、周語引此詩亦作侮。貽者、周頌思文云、貽我來牟。

注疏參義

正義

貽遺也 相歸遺

遺者、說文訓亾、經典以爲饋遺字。曲禮云、凡遺人弓者。楚辭湘君篇云、將以遺兮下女、釋文及王逸注竝云、遺、與也。詩北門傳、遺、加也。加亦與也。貽者、詒之或體也。說文云、詒、遺也。詩雄雉、天保傳及谷風、小明、思文有駁箋、又梓人及表記注竝云、詒、遺也。文王有聲箋、詒猶傳也。傳付亦遺與也。適作台、釋詁云、台、予也。台卽詒、予卽與也。別作貽、詩雄雉及靜女釋文竝云、貽本作詒。斯干釋文又云、詒本作貽。蓋貽詒二字經典通用、實則詒爲正體、貽乃別體耳。

義疏

貽（詒）遺也 郭注、相歸遺。

貽遺正字。从言爲欺紿正字。詩皆作貽。說文無貽、非也。今詩自詒伊阻、貽我彤管、二字錯出一篇之中、寫者亂之。遺从貴辵、以所貴行遺人、亦以遺貴人。因爲遺忘之稱也。

集解

貽遺也 貽、字本作詒、相欺詒也、从言台聲。正字爲遺、實爲饋、饋、餉也。古者遺物於人、尊之曰獻、通行曰饋。饋遺詒通用字。詒貽古今字。詩雄雉自詒伊阻、天保詒爾多福、傳均云詒、遺也。谷風既詒我肄、小明自詒伊戚、箋均云詒、遺也。左昭六傳叔向使詒子產書、禮記表記引詩詒厥孫謀、攷工梓人詒女曾孫、注均云詒、遺也。書金縢公乃爲詩以貽王、鄭本作怡。詩鴟鴞序作遺。詩思文貽我來牟、前漢書楚元王傳引作飴我釐麰、師古曰、飴、遺也。上經云台、予也。猶遺也。以怡飴台爲之。遺、亾也、从辵貴聲。經典多以爲饋之借字。周禮遺人掌邦之委積。禮記曲禮、凡遺人弓者。

義證

貽遺也

謂相歸遺也

元應五分律十五卷音義引爾雅貽遺也注云謂

相歸遺也。希麟琳法師別卷中音義引爾雅云貽、遺也，郭注云相歸遺也。今據補謂也二字。

郭注佚存補訂

貽遺也 周頌思文貽我來牟，鄭箋云貽、遺也。陳風東門之枌貽我握椒，箋云女乃遺我一握之椒。邶風靜女貽我彤管，美人之貽，毛傳云又能遺我以古人之法。彼釋文云貽本又作詒，遺也。貽詒通字。谷風既詒我肄，雄雉自詒伊阻，小雅天保詒爾多福，小明自詒伊戚，魯頌有駜君子有穀詒孫子，傳箋並云詒、遺也。雄雉釋文云貽本亦作詒。小雅斯干無父母詒罹，箋云爾無遺父母之憂，彼釋文亦云詒本又作貽，遺也。大雅文王有聲箋云詒猶傳也，傳與遺義亦近。

說詩

貽遺也 徐養原曰 釋雄雉 左傳正義十八引作詒。案詩天保小雅詒爾多福、斯干無父母詒罹，箋無遺父母之憂。又自詒伊戚小明，箋詒、遺也。又貽我來牟周頌思文，箋貽遺。釋文云字又作詒。又攷工記梓人詒女會孫，注詒、遺也。元照案：說文言部詒、相欺詒也，一曰遺也，从言台聲。貽，貝部新附字。

匡名

貽遺也 說文：貽、贈遺也。周頌貽我來牟，註貽、遺也。貨亡也。引伸之爲失也、加也、贈也。

啓蒙

貽遺也 古玉篇引貽作詒，疑爲樊孫本。古玉篇所引爾雅不盡郭本，如舫泭也，泭作柎，爲樊本之例。當以作詒者爲正。說文：詒、遺也。

王仁俊日記

貽 詒 詩雄雉及靜女釋文皆云貽本作詒。斯干釋文又云詒本作貽。是貽與詒通。貽蓋詒之別體。

說文詒一曰遺也

黃侃評本正名

詒、遺也。

嚴元照云：「左傳正義引作詒；貽、說文新附字。」故改正。遺者，說文訓亾；古借用爲饋遺字。說文言部云：「詒、一曰遺也。」詩雄雉天保傳及谷風小明思文有駜箋、竝云：「詒、遺也。」周頌之「貽我來牟」，乃別字也。古或借台爲詒。

爾雅學

貽遺也○釋曰 注疏本刪。

校勘記

七行（注）相歸遺○玄應《音義》卷十五引此注作「謂相歸遺也」。

宋監本校箋

貽遺音位也

音圖・音

貽遺也。 位

貽遺也 讀位

孫偘直音

直音校正

貽遺唯季切也

楊氏音訓

貿買也

貿買也。廣二名。

郭注

貿買也 釋曰貿市也，又爲買。郭云廣二名。詩云抱布貿絲。

邢疏

貿買也

郭璞云廣二名。

一切注音

貿茂音。

陸音義

貽遺也貿買也

貿有無相資，貽遺之而已。

新義

爾雅詁林 二 釋言

爾雅詁林 二 釋言

貿買也 郭璞曰：廣二名。

古注合存

貿買也。此釋貿爲買之義也。疏曰：詩氓篇云：抱布貿絲。

注疏參義

貿買也 郭注：廣二名。貿从古酉、當从古卯。開門用貝、是買易也。詩抱布貿絲。買、从网貝、則商賈之事。

集解

貿買也 貿易財也、从貝丣聲。引申爲買。詩氓抱布貿絲、傳貿買也。買市也、从网貝會意。孟子公孫丑、而罔市利。禮記曲禮、買妾不知其姓則卜之。

義證

貿買也

廣二名

慧琳陰持入經下卷音義貿下引郭注爾雅云、廣易名也。大唐內典錄一卷音義貿下亦引郭注爾雅云、廣易也。與今注異。

郭注佚存補訂

貿買也疏貿市也 貿、監本誤。

注疏正字

貿買也 徐養原曰釋蚔。

匡名

貿買也〇釋曰 注疏本刪

校勘記

八行貿買也〇「買」、唐寫本作「賈」。

宋監本校箋

茂

貿買也。

孫偘直音

賄財也

賄財也。

郭注

賄財也 釋曰、財帛摠名賄。周禮冢宰職云、商賈阜通貨賄。鄭注云、布帛曰賄。

邢疏

賄 火罪反

陸音義

賄財也

才之也。故有之謂之賄、未有無悔者也。

新義

賄財也。此釋賄爲財之義也。詩氓篇云、以我賄遷。

注疏參義

賄財也。詩云、以我賄遷。周禮太宰鄭注、布帛曰賄。止此一字、便見詩人體物之工。

補注

貿買也 註 廣二名 賄財也 正義 衛風氓云抱布貿絲、又曰以我賄遷。此釋之也。上文已云貿市也、貿又爲買、義相成也。地官司市云以量度成賈而徵儥、鄭註儥、買也。說文云、財、人所寶也。廣雅云、財、貨也。鄭註周禮云、金玉曰貨、布帛曰賄。

正義

賄財也

財者、說文云人所寶也、玉篇云所以資生者。納財謂倉穀也、貨也、賂也。大宰以九賦斂財賄、鄭注財、泉穀也。坊記先財而後禮、注財、幣帛也。然則財賄實泉帛穀粟之通名矣。賄者說文及詩氓傳並云、財也。玉篇、贈送財也。聘禮注、賄、予人財之言也。然則經典言賄實兼財贈二義。爾雅但云財者、財賄通名。贈人以財亦爲賄也。

義疏

賄財也 賄从有、周官以九賦斂財賄、才始生有已積也、禮在聘而賄、謂贈客以國所有、詩以我賄遷、謂用財於與國、財人所寶。

集解

賄財也 賄、贈送財也、从貝有聲。字亦作[illegible]。詩氓以我賄遷、傳賄、財。儀禮聘禮賄用束紡、注賄、予人財之言也。晉語以賄滅親、身不定矣、文選景福殿賦就海孽之賄賂、注均云賄、財也。儀禮賄在聘于賄、注古文賄皆作悔。財也以悔為之財人所寶也从貝才聲。周禮大宰、以九賦斂財賄。

義證

貿買也賄財也

此釋衛風氓抱布貿絲、以我賄遷。貿義見前貿市也。郭注云廣二名、市與買義相成也。賄者、毛傳云財也。鄭箋云我以所有財遷徙就女也、亦以賄為財也。財謂之賄、以財賄人亦謂之賄。

說詩

賄財也　說文同

匡名

貿買也賄財也　貿詳上。說文、貿、市也、从网貝。引孟子登壟斷而网市利。周禮聽賣買以質劑。賄、財也。財、人所寶也。衛風、以我賄遷。繫辭、何以聚人曰財。

啓蒙

賄、財也。

說文云：「財、人所寶也；」玉篇「納財、謂食穀也、貨也、賂也；」大宰「以九賦斂財賄、」鄭注「財、泉穀也、」是財者、各物之通稱。賄、說文「財也、」與爾雅同、此名詞；聘禮注云：「賄、予人財之言也、」此借為動詞之用也。假借者在用法之別、乃為一義；不必如郝所云「兼財贈二義」也

爾雅學

賄財也〇釋曰注疏本删

校勘記

悔

賄、財也。

孫侶直音

甲狎也

甲、狎也。謂習狎。

郭注

甲狎也　釋曰、謂狎習也。衛風芄蘭云、能不我甲。左傳曰、水懦民狎而翫之。

邢疏

甲狎也

郭璞云、謂習狎。

一切注音

狎　平甲反。

陸音義

甲狎也　芄蘭云、能不我甲。

鄭樵注

甲狎也

郭璞曰、謂習狎。鄭樵曰、芄蘭云、能不我甲。

甲、狎也。此釋甲為狎之義也。疏曰、謂狎習也。詩芄蘭云、能不我甲。愚按詩傳云、甲長也。與此不同。此以上四條皆釋衛風之文。

古注合存

甲狎也　註　謂習狎　正義　衛風芄蘭云能不我甲、釋文云狎。韓詩作狎。書多方云甲于內亂、釋文引鄭王皆以甲為狎。音義相兼也。

注疏參義

正義

甲狎也　謂習狎

狎者、釋詁云、習也。甲者、詩芄蘭傳、甲、狎也。言甲卽狎字。釋文甲、韓詩作狎。是韓用本字、毛叚借也。

義疏

甲狎也　郭注謂習狎。甲象人頭腔、見則識其人、因加犬為狎。習犬尤易習也。詩、能不我甲。凡此皆但釋用本字之見於經者以起例。

集解

甲狎也　甲、東方之孟陽气萌動、从木戴孚甲之象。大一經曰、人頭空為甲、甲象人頭。正字為狎。狎甲疊韻。書多方因甲于內亂、孫疏甲、狎也。詩芄蘭、能不我甲。韓作狎、毛傳亦云甲、狎也。狎、犬可習也、从犬甲聲。上經云、習也。禮記檀弓、狎則入哭。

義證

甲狎也

註謂習狎補正邢疏、衛風、能不我甲。

郭注補正

甲狎也

此釋衛風芄蘭能不我甲。毛傳云、甲、狎也。鄭箋曰、彼釋文云、韓詩作狎。甲蓋狎之假借。

說詩

甲狎也疏水懦弱（脫弱字、懦監本誤濡。）

注疏正字

甲狎也徐養原曰釋芄蘭

匡名

甲狎也甲、釋文、韓詩作狎、義詳釋詁。郭註謂習狎。

啓蒙

甲狎也　甲狎以正釋段。

黃侃音訓

甲、狎也。

郭注云：「謂習狎、」釋詁云：「狎、習也。」甲者、衛風芄蘭傳云：「甲、狎也；」釋文「甲、韓詩作狎；」郝云：「傳言甲即狎字、是韓用本字、毛用假借也。」書多方「甲于內亂、」釋文引鄭王、皆以甲爲狎。

爾雅學

甲狎也〇釋曰　注疏本刪

水濡民狎而翫之　注疏本同。浦鏜依今左傳作水懦弱、云脫弱字。按偶少一字、亦可不補。

校勘記

菼騅也菼薍也

菼騅也菼薍也。詩曰、毳衣如菼。菼草色如騅、在青白之間。

郭注

菼騅也菼薍也　釋曰廣異言也。注詩曰毳衣如菼者、王風大車文也。毛傳云、菼騅也、蘆之初生者也。鄭箋云菼薍也、以傳解菼色、未辨草名、故定之也。郭云菼草色如騅在青白之間者、以釋畜云蒼白雜毛騅故也。

邢疏

菼騅也

詩王風大車疏引爾雅騅字从鳥、陸氏釋文騅字从馬。邵氏正義

衆家注

黃輯古義

菼騅也菼薍也（騅、今本及釋文本並從馬作騅、茲依詩正義四之一卷改、與說文鄭志說合。）

郭璞云、詩曰、毳衣如菼。菼草色如騅在青白之間。

一切注音

菼（字又作𦽟、他敢反、或待感反。）騅（章誰反、如騅馬色也。）薍（五患反。）毳（昌銳反。）

陸音義

菼騅也

騅在青白之間、亦在青黑之間。

菼薍也

所謂葭菼揭揭義在薍也。

新義

菼騅也菼薍也　大車毳衣私菼毛云菼騅也、蘆之初生者、鄭云菼薍也、名騅異皆指一物焉。

鄭樵注

菼騅也菼薍也

郭璞曰、詩曰、毳衣如菼。菼草色如騅在青白之間。

鄭樵曰、大車毳衣如菼毛云菼騅也、蘆之初生者、鄭云菼薍也、名騅異皆指一物焉。

古注合存

菼騅也菼薍也　騅音追薍音頑。〇此釋菼爲騅又爲薍之義也。註曰、詩大車云毳衣如菼。菼草色青白如騅。疏曰毛傳云、菼騅也。鄭箋云、菼薍也。以傳解草色、未辨草名、故定之也。釋畜云蒼白雜毛曰騅。

注疏參義

菼騅也菼薍也註詩曰毳衣如菼菼草色如騅在青白之間

正義王風大車云、毳衣如菼。此釋之也。說文云、雚之初生、一名薍、一名騅。鄭箋云、菼薍也、毳衣

之屬衣繢而裳繡皆有五色其青者如鵻說文繫傳云此帛色名染之如生菼色如今人所染麥綠也蓋菼亦名爲鵻非獨其色也案詩疏引爾雅及郭註鵻字俱从鳥陸氏釋文騅字从馬今從詩疏詳見釋艸。

菼騅也 **正義** 玉案詩中谷有蓷釋文爾雅云騅也又云騅音隹又大車疏引鄭答張逸曰鵻鳥青非草名薍亦青故其青者如鵻然則經註鵻字並當从鳥作鵻。

校議

菼騅也菼薍也 詩曰毳衣如菼菼草色如騅在青白之間

菼薍見釋草此云騅者說文云菼雚之初生一曰薍一曰騅詩大車傳菼騅也箋云菼薍也皆本爾雅騅釋文从馬旁云如騅馬色也詩正義从鳥旁鄭志荅張逸云鵻鳥青非草色薍亦青故其青者如鵻是荅正義所本馬瑞辰說鄭君據毛傳本作鵻从鳥旁不从馬旁釋文蓋據爾雅改毛傳也。

義疏

菼騅也菼薍也

菼薍見釋草此云騅者說文云菼雚之初生一曰薍一曰騅詩大車傳菼騅也箋云菼薍也皆本爾雅。

念孫案校勘記以菼薍也爲後人所加是也當從之。

郝注刊誤

菼薍也 經文

阮云菼薍也三字爲釋草文誤入潘克溥云按菼騅也但言其色菼薍也注先明其爲草故下乃云菼草色如騅是菼薍也爲注文而誤爲經文據釋文薍字可知觀下華皇也注亦引釋草葟華榮益明。

經注集證

菼騅也菼薍也 郭注詩曰毳衣如菼菼艸色如騅在青白之間此釋菼騅爲薍不入釋艸者非二名但取萑色耳。

隹色黃黑而云蒼白以其淺黃似白也菼从炎謂葉剡利不宜以騅釋之唯詩如菼但取騅色恐是別菼故仍明其即薍此訓詁家相傳於字義外展轉求之。

集解

菼騅也 菼萑之初生名也从艸炎聲字一作䓍騅也者謂菼色蒼白如騅耳詩大車毳衣如菼傳菼騅也說文引作䌃蓋以䌃帛亦蒼白色也騅馬蒼黑襍色也从馬隹聲騅色蒼黑取以狀菼色之蒼白者以騅淺黑似白也**菼薍也** 萑之初生一曰騅一曰薍則菼又名薍矣釋艸所謂菼薍是也詩碩人葭菼揭揭傳菼薍也大車毳衣如菼箋菼薍也薍剡也从艸亂聲所謂荻葦是也未秀爲菼至八月秀爲萑。

義證

菼騅也菼薍也

說文繫傳萑薍也徐鍇引尔疋注云鵻類也此舊注也菼薍見釋艸郭注詩曰毳衣如菼菼草色如騅在青白之間其字从馬不从鳥此云騅者說文云菼萑之初生一曰薍一曰鵻詩大車傳菼騅也釋文从馬旁云如騅馬色也詩正義从鳥鄭志荅張逸云鵻鳥青非艸色薍亦青故其青者如鵻蓋正義所本郝蘭皋謂馬瑞辰乃據毛傳本作鵻釋文蓋據尔疋改毛傳作騅今按舊注从毛郭氏折衷二說而左右其詞當㠯舊注爲是。

舊注攷證

菼騅也

菼薍也詩曰毳衣如菼菼草色如騅在青白之間

菼薍也三字舊本皆作經文。樹枬案菼薍在釋草此處不應複出詩大車毳衣如菼傳云菼騅也箋云菼薍也、正義云菼騅釋言文、菼薍釋草文。據此則唐孔氏所據爾雅釋言中尙無菼薍也三字。此蓋郭注引釋草以釋此經、後人誤書入經中、遂至前後複見、今爲訂正之。詩正義引經注騅俱作騅。

郭注佚存補訂

菼騅也菼薍也

王風大車毳衣如菼、毛傳云菼騅也、蘆之初生者也、鄭箋云菼薍也、毛衣之屬衣繢而裳繡皆有五色焉、其青者如鵻。彼釋文云鵻本亦作萑音隹。案、詩作鵻從鳥、爾雅作騅從馬。鄭謂青者如鵻、郭謂菼草色如騅在青白之間、皆非也。騅鵻皆爲萑之假借、故詩釋文云本亦作萑也。萑爲正字。此釋詩毳衣之色、與釋草菼薍專言草者不同、非重複也。說文云、菼萑之初生、一曰薍、一曰鵻。案、一曰鵻蓋本爾雅爲說、實則鵻爲萑之假字、非萑之初生又名鵻也。然據此足證毛所見爾雅鵻字從鳥不從馬、故說文從之。鄭志答張逸亦作鵻不作騅。詩正義云、菼騅、釋言文。

說詩

菼騅也騅、案王風大車疏引此作鵻、疏引毛傳菼騅同。

注疏正字

菼騅也菼薍也

阮雲臺尙書云、詩大車毳衣正義曰菼騅釋言文、菼薍釋艸文、分引甚明。菼薍也句乃後人竄人。

小箋

菼騅也徐養原曰釋大車。　菼釋文云字又作菿。案說文艸部菿、萑今本誤藋。之初生、一曰薍、一曰騅、从艸剡聲。或从炎作菼。　騅釋文石經皆从馬。詩王風大車毳衣如菼、傳菼騅也。正義曰菼騅釋言文。彼釋文亦从鳥。邵氏正義定从鳥旁、與今本說文相符。案郭注曰草色如騅、在青白之間、與釋畜蒼白雜毛騅義合。郭本恐不从馬。馬鳥偏旁易溷、未易遽定也。

菼薍也　臧氏鏞堂曰、此係釋草文也。詩毳衣如菼、傳菼騅也、箋菼薍也。正義曰菼騅釋言文、菼薍釋草文、分析最明。郭注云云亦係菼騅之注、釋文薍字之音或係後人竄入。　又曰、篇中同字異訓相比而出者在薆隱也以下、稱好也以上、隸此非其次。

匡名

菼騅也菼薍也菼、詳釋艸。王風毳衣如菼傳菼騅也、箋菼薍也。

啓蒙

菼騅也。菼薍也。　阮元、臧庸、嚴元照說、詩大車疏菼騅釋言文、菼薍釋草文、分析最明、菼薍句乃後人竄入。案阮說非、詩疏欲連葭蘆引之、故引釋草耳、且釋文已有薍字也。

黃侃音訓

菼騅也菼薍也

錦燧謹案、此釋詩大車篇毳衣如菼也。毛傳菼騅也、蘆之初生者也。釋文云、菼字又作菿。說文艸部云、菿、萑之初生、一曰薍、一曰騅、从艸剡聲。菼剡或从炎、是菼菿同字、菼卽菿之或體。今經典中俱用菼、無作菿者。騅、釋文石經皆从馬。詩大車疏云菼騅釋言文、則孔所見本从鳥、疑或樊孫本如是。說文鳥部云、騅、祝鳩也。馬部云、騅、馬蒼黑襍毛也。二字各有本訓、俱與菼義遠。郭注謂草色如騅、然草之色如騅者多矣、何獨名於菼乎。竊謂此經騅字乃萑之形近假借、猶賡假作庚、雍假作讙之例。（說詳前賡續也條下）說文、萑、薍也。析言之則薍之初生者曰菼、薍之已秀者曰萑。以萑訓菼、以薍訓萑、則渾言之也。菼薍也三字乃衍文也。阮氏校勘記據詩疏菼騅釋言文菼薍釋草文、謂此係釋草文誤入。蒙謂阮說是矣、然猶未究其所以誤入之故。竊據下文華皇也郭注引釋草葟華榮云云、疑此處菼薍也三字、亦是景純引釋草文以釋經文之菼騅也。不知何時誤以注文羼入經文、遂與釋草篇重出矣。

陸錦燧日記

菼、騅也。郭云、菼草色如騅、在青白之間。釋文騅、如騅馬色也。楷案、郭陸騅字皆从馬旁作。詩大車傳、菼騅也。箋菼薍也、毳衣之屬衣繢而裳繡皆有五色、其青者如騅。鄭志、騅鳥青、非草名、薍亦青、故其青者如騅。說文、𦽏、萑之初生、一曰薍、一曰騅。字皆从鳥旁作。竊謂二作皆非也。騅與騅皆假借字、其正字當作萑。蓋騅與騅象萑色而爲名、非萑象騅與騅色而爲名也。說文艸部萑字當爲訓菼之本字。（與萑字別）自許君誤解爲艸多貌、而色名之字遂屬之騅、故馬部云騅、馬蒼黑色也、糸部云緂、帛騅色也。郭陸沿其誤、遂以菼騅爲如騅馬。而不知許君菼騅字恰又本毛傳作騅、鄭志已解爲如騅鳥。是騅騅二字本通用、而說者已不能一定其說矣。蒙謂騅騅之名、其取義或因乎萑之色、而萑之名義則并不在乎色也。何也、說文菼爲或體字、其正篆作𦽏、訓萑之初生。初生者必銳、故其字从剡。剡者、銳也。廣雅剡、銳也、是也。說文銳字之古文亦从剡作㓹。𦽏又名薕、則萑亦取銳義可知。顏師古漢書禮樂志注、菼者今俗所謂蒹錐也。然則𦽏之言剡也、萑之言錐也。錐亦銳也。說文錐、銳也是也。二字名異而義同。詩大車傳之騅、釋文本作萑。則今本毛傳之作騅、或後人依箋說而改之、亦未可知。而要之此萑字正可謂正字之僅存者。可據之以訂說文之誤矣。朱駿聲說文通訓定聲乃謂即萑之誤字。萑誤爲萑、因又爲騅耳、何其疏也。

菼、薍也。阮元爾雅注疏校勘記云此係釋草文誤入。郭氏言菼草色如騅云云、本上文菼騅也之注而在此下可證。詩大車傳菼騅也、箋菼薍也。正義曰、菼騅釋言文、菼薍釋草文、分晰甚明。楷案、阮訂此條非正文甚是、但謂釋草文誤入亦未確。此當是郭注語。經言菼騅、注言菼薍、正如鄭箋申毛傳之例耳。

稗疏

菼、騅也。菼、薍也。

郭注云：「詩曰：『毳衣如菼。』菼、草色如騅、在青白之間。」釋文云：「菼、字又作薊、他敢反。騅、如騅馬色也。」說文艸部云：「薊、雚之初生、一曰薍、一曰騅；菼、薊或从炎。」蓋炎者、雚也；已秀爲雚、未秀爲菼、爲薍爲騅、皆今人所謂荻也。爾雅之菼騅、則言其色。郭所引詩、乃王風大車文、其傳云：「菼、騅也。」箋云：「菼、薍也、毳衣之屬、衣繢而裳繡、皆有五色、其青者如騅。」鄭言如鵻者、謂如鵻鳥之青色。鵻、詩傳箋作騅。菼又訓薍者、鄭志卷上荅張逸云：「鵻鳥青、非草色；薍亦青、故其青者如鵻。」鄭意如此。段云：「薍、言其形細莖稹密。」臧琳云：「菼、薍也、係釋草文。詩傳『菼、騅也；』箋『菼、薍也。』正義曰：『菼騅、釋言文；菼薍、釋草文。』分析最明。郭注云云、亦係菼騅之注、釋文薍字之音、或係後人竄入。」臧據詩疏及爾雅注以爲說也、今釋草篇有「菼薍」二字。

爾雅學

菼薍也　唐石經雪牕本同。釋文薍五患反。按此係釋草文誤入。郭氏言菼草色如騅云云、本上文菼騅也之注、而在此下可證。詩大車毳衣如菼毛傳菼騅也、箋云菼薍也。正義曰菼雛釋言文、菼薍釋草文、分析最清。釋文薍字音亦後人竄入。

菼騅也菼薍也〇釋曰　注疏本刪。

未辨草名　元本同。閩本監本毛本辨改辯。

校勘記

菼薍也　釋文薍五患反。案此係釋艸文誤入。郭氏言菼艸色如騅云云、本上文菼騅也之注、而在此下可證。詩大車正義曰菼鵻釋言文、菼薍釋艸文、分析最清。釋文薍字音亦後人竄入。

案此兩見非誤入也。菼騅言其色、菼薍言其物、相兼乃足。鶼鶼比翼、釋地釋鳥兩見、與此同。釋艸蘆菼名類相從、故郭注彼詳此略、而此則注屬下句、正可明二菼爲一、不能證爲無也。詩正義兼引葭蘆菼薍、意主蘆菼一物、取證毛傳也。謂釋文音後人竄入、亦無據。

校勘記識語

菼騅也菼薍也〇「騅」，唐寫本作「萑」，蓋誤。《釋文》云：「騅，章誰反，如騅馬色也。」又王樹枏謂「菼薍也」三字當係注文，誤竄入正文。王云：「菼薍在《釋草》，此處不應複出。《詩·大車》毳衣如菼，《傳》云：菼騅也。《箋》云：菼薍也。《正義》云：菼騅，《釋言》文；菼薍，《釋草》文。據此則唐孔氏所據《爾雅·釋言》中尚無菼薍也三字。此蓋郭注引《釋草》以釋此經，後人誤書入經中，遂至前後複見。」

宋監本校箋

菼音剡騅也菼薍音亂也

音圖·音

菼音冉　案菼有透毯定澹兩音、今讀曰冉誤。

直音正誤

薍五患翻、音鴈。此吳音字也。類篇又盧玩翻、音亂、宋人不知吳音、遂增音亂。五音集韻又訓小蒜、根曰薍子、別爲一義。

音略

毯　錐　綰亂

菼騅也。菼薍也。

孫偘直音

菼薍也　讀綰去聲

直音校正

菼騅追也菼薍同綰也　菼草色如騅在青白之間

楊氏音訓

菼毯　薍五患切

干氏音釋

粲餐也

粲、餐也。今河北人呼食爲餐。

郭注

粲餐也 釋曰、謂餐食也。郭云、今河北人呼食爲餐。鄭風緇衣云還子授子之餐兮、鄭箋云自館還在采地之都、我則設餐以授之、愛之欲飲食之。

邢疏

粲餐也 釋文、餐、字林作飱。

飱素昆反。釋文

謝音

粲餐也

餐七丹反。釋文

施音

黄輯古義

粲餐也、餐素昆反。

謝音

粲餐也、餐七丹反。上並同

施音

玉函山房輯佚

粲餐也

郭璞云、今河北人呼食爲粲。

一切注音

粲七旦反。飱謝素昆反。

說文云餔也、字林云水澆飯也。本又作餐、施七丹反、字林作飡、云吞食。

陸音義

飡本又作餐、字林作飱〇邢本作餐、舊飡字從歹、陸引字林作飱、則正文飡字本從夕食可知。

音義攷證

粲餐也

食粲爲餐、詩先不素餐兮以此。

新義

粲餐也 緇衣云、還予授子之粲兮。

鄭樵注

粲餐也

郭璞曰、今河北人呼食爲粲。

鄭樵曰、緇衣云、還予授子之粲兮。

古注合存

粲餐也。餐音孫〇此釋粲爲餐之義也。註曰、今河北呼食爲粲。疏曰、詩緇衣云、還予授子之粲兮。

注疏參義

粲餐也 今河北人呼飡爲餐

說文云、餐吞也。飡、餔也。是二字義別。郭本作餐。釋文作飡、故云飡本又作餐、字林作飡、云吞飡。然吞是餐之訓、而以詁飡則非。詩緇衣釋文亦云、餐、飡也。此皆非矣。粲者、漢書惠帝紀注應劭曰、坐擇米使正白爲白粲。是粲爲米名、非飡名。爾雅以粲爲餐、明其設備、蓋據詩言授子之粲、卽謂與之以飡、知者詩言素餐猶素飡耳。

義疏

粲餐也

郭注、今河北人呼食爲餐。粲从𣦼。舂穀二十斗、唯殘六斗餘米、貴人之食也。因以飯爲餐、餐不皆粲、从粲生耳。詩予授子之粲兮、謂致委積。

集解

粲餐也 粲、精米也。舂穀二十斗、唯殘六斗餘米者曰粲、从米𣦼聲。正字爲餐。餐粲疊韻。詩緇衣還予授子之粲兮、傳粲、餐也。餐吞也、从食𣦼聲。引申爲食。詩伐檀、不素餐兮。

義證

粲飱也

今河北人評食爲飱

釋文云、飱本又作餐。據此則陸所據郭本經注俱作飱。今各本皆從又本作餐、明注疏本作粲。

郭注佚存補訂

粲飱也

案、釋文既引字林以飱爲水澆飯、而下又云字林作飧、云吞食、是複矣。應是字林作餐、說文云餐吞也。此釋鄭風緇衣還予授子之粲兮。毛傳云、粲、餐也。陸本作飱、與毛不合。阮云、說文飱、餔也、從夕食、餔日加申時食也。餐、吞也、從食𣦼聲。爾雅作飱爲

爾雅詁林 二 釋言

正字、毛傳作餐爲假借字、故陸本不從。又作粲者、潔白米也。漢書惠帝紀注應劭曰、坐擇米使正白爲白粲。鄭風羔裘三英粲兮、唐風綢繆見此粲者、皆取潔白之義、故假爲之。

說詩

粲餐也 餐釋文作飡。

注疏正字

粲飡也 徐養原曰、釋緇衣。釋文云、飡、盧本改飡。本又作餐、字林作飡。案說文食部、飡餔也、从夕食。又餐吞也、从食奴聲、或从水作湌。从歺者夕之譌。石經單疏本皆作餐。

匡名

粲餐也。 粲餐以正釋段。

黃侃音訓

粲、餐也。郝懿行云漢書惠帝紀注應劭曰、坐擇米使正白爲白粲、是粲爲米名、非食名。爾雅以粲爲餐、明其假借。蓋據詩授子之粲、卽謂與之以食。楷案詩緇衣傳、粲餐也。疑此因毛傳增入、非毛傳用此文也。何則、鄭注記緇衣云、言此衣緇衣者、賢者也、宜長爲國君。其衣敝、我願改制、授之以新衣。是三家說讀粲爲粲衣服之粲、訓爲新、與上文語意一綫、其義校此爲優、故疑非爾雅原文。

稗疏

粲、餐也。

此謂粲爲餐之假借字也。說文食部云：「餐、呑也；」段云：「引伸之爲人食之；又引伸之爲人所食。」鄭風「使我不能餐兮、」魏風「彼君子兮、不素餐兮、」皆引伸義、即義之假借也。鄭風「還予授子之粲兮、」此字之假借也。故爾雅云：「粲、餐也。」飡與餐、音義皆殊、餐作飡者非。

爾雅學

粲餐也 唐石經單疏本雪牕本同。釋文飡、謝素昆反、說文云餔也、字林云水澆飯也。本又作餐、施七丹反、字林云呑食。按說文飡餔也、从夕食。餔日加申時食也。餐呑也、从食奴聲。湌餐或从水。荟爾雅作飡爲正字、毛詩傳作餐爲假借字、此當從陸本。

今河北人呼食爲餐 單疏本雪牕本元本同。閩本監本毛本餐改粲。

校勘記

粲餐也○釋曰 注疏本刪。

粲餐也、釋文飡、謝素昆反、本又作餐、施七丹反。是用謝音當作飡、用施音廼作餐。今本字旣作餐、不用施音而云音孫、非也、宜辨之。

注疏本正誤

十五上（三一）一行粲餐也○唐寫本「餐」作「飡」。

宋監本校箋

粲餐音孫也 燦 孫

音圖・音

粲餐也。

孫侶直音

燦 孫同飧 粲・餐也

直音校正

粲餐孫也

楊氏音訓

餐孫

干氏音釋

渝變也

渝、變也。謂變易。

郭注

渝變也 釋曰、謂變易也。詩曰赦命不渝。

邢疏

渝變也

渝、舍人本作繻。釋文

犍爲注

黃輯古義

爾雅古林 二 釋言

玉函山房輯佚

漢注

⿰赤需變也

釋文、渝、舍人作⿰赤需。

渝變也

釋文、渝、舍人作⿰赤需。

犍爲注

一切注音

渝變也

釋文二十九卷渝舍人本作⿰赤需

郭璞云、謂變易。

古注斠

渝變也

舍人作⿰赤需。釋文

渝

音揄、舍人作⿰赤需同。

陸音義

新義

渝變也

俞之而變。春秋傳曰其盟渝也。

古注合存

渝變也

渝舍人作⿰赤需

郭璞曰、謂變易。

注疏參義

渝變也、

此釋渝爲變之義也。詩羔裘云、舍命不渝。

補注

渝、犍爲文學作⿰赤需。玉篇⿰赤需、又作渝。

義疏

渝變也

謂變易

說文云、變、更也。渝、變汙也。詩羔裘傳及板箋竝云、渝、變也。通作輸。廣雅云、輸、更也。更亦變也。左氏隱六年經、鄭人來渝平、傳云更成也。公羊穀梁渝竝作輸。傳云、輸、墮也。墮壞亦變更之義。爾雅釋文渝、舍人作⿰赤需。⿰赤需蓋渝之或體、見玉篇。

集解

渝變也

郭注、謂變易。

渝、剢空、故爲改易。詩舍命不渝。春秋輸平、左傳作渝平。變从攴䜌、扑變者使不戀也。書於變、本作於蕃。

渝變也

渝、變污也。从水俞聲。詩羔裘舍命不渝、傳渝變也。左桓元傳渝盟無享國、杜注渝、變也。穀梁莊十九傳其不日數渝惡之也、疏渝、變。文選束晳補亡詩湼而不渝、陸士衡皇大子宴令賦詩黃暉既渝、幽通賦曷渝色兮、注均云渝、變也。左隱六經鄭人來渝平、注更成也、公羊穀梁均作輸。傳輸墮也。猶變也、以輸爲之。變、更也、从攴䜌聲。易繫詞、一闔一闢謂之變、化而裁之謂之變。

義證

渝變也

鄭風羔裘舍命不渝、毛傳云渝變也。大雅板敬天之渝、鄭箋亦云渝變也。舍人作⿰赤需。⿰赤需字見玉篇渝之異體。

說詩

渝變也、疏詩曰舍命不渝。

上當有鄭風羔裘四字。舍、監本誤敓。

注疏正字

渝變也

徐養原曰

釋羔裘。

釋文云渝、舍人作⿰赤需。元照案⿰赤需疑羔裘如濡之異文、然不宜訓變。舍人亦未必作變也。說文赤部無⿰赤需字。

匡名

務侮也 甲狎也 荄離也 粲餐也 渝變也

左傳引常棣詩務作侮僖廿四年傳 毛詩傳甲狎也芄蘭詩傳 釋文荄字又作菞釋言釋文 釋文離作騅章誰反、云如騅馬色也。釋言釋文 餐作飧云本又作餐釋言釋文

舍人本渝作⿰赤需釋言釋文

荄離也、王風大車詩正義引爾雅及郭注離字從鳥、注疏本及釋文離字並從馬、邵從詩疏作鵻。

證異

渝、變也。

說文云：「變、更也。渝、變汚也。」鄭風毛傳、易虞注、左傳杜注、並云：「渝、變也。」春秋隱六年「鄭人來渝平、」公穀作輸、是渝輸古通。

爾雅學

爾雅詁林 二 釋言

渝變也○釋曰 注疏本刪。

敖命不渝 元本監本同、誤也。閩本毛本改作舍命、按箋云舍猶處也。

校勘記

榆

渝變也。

孫偘直音

宜肴也

宜肴也。詩曰、與子宜之。

郭注

飲酒之肴也。注詩曰與子宜之者、鄭風女曰雞鳴文也。

宜肴也 釋曰、謂肴饌也。李巡曰、

邢疏

宜肴也

宜飲酒之肴也。詩正義四之三 邢疏

李注 黃輯古義

宜肴也

宜飲酒之肴也。邢疏 詩鄭風女曰雞鳴正義

李注 輯 玉函山房輯佚

宜肴也

宜飲酒之肴也。李注 詩疏四之三

鉤沉

宐肴也

李曰、宐飲酒之肴也。詩正義四之三 邢疏

漢注

宜肴也

李巡云、宜飲酒之肴也。詩正義四之三卷 郭璞云、詩曰、與子宜之。

一切注音

宜肴也 李巡曰、宜飲酒之肴也。詩女曰雞鳴正義

古注斠

肴 音爻。

陸音義

宜肴也

撰之以物宜。

新義

宜肴也 郭氏引雞鳴云、與子宜之。

鄭樵注

宜肴也

李巡曰、飲酒之肴也。

郭璞曰、詩曰與子宜之。

鄭樵曰、郭氏引雞鳴云、與子宜之。

古注合存

宜肴也。此釋宜爲肴之義也。註曰、詩雞鳴云、與子宜之。疏曰、李巡云、謂飲酒之肴饌也。愚按詩傳云、宜者、和其所宜也。

注疏參義

宐肴也 詩曰、與子宐之

肴者、說文云、啖也。玉篇云、俎實、又啖肉也。按肴从肉、故訓啖肉、知說文啖下脫肉字。初學記廿六引說文作肴、雜肉也。此葢別本。廣雅云、肴、肉也。通作殽、經典殽肴通用。詩禮記公羊釋文詳矣。宐者、詩與子宐之、傳宐、肴也。正義引李巡曰、宐、飲酒之肴也。今按周禮食醫凡會膳食之宐、是膳肴稱宐。宐肴聲又相轉。此與粲餐同意。竝釋詩言、非達詁也。

義疏

宜肴也 李注、宜、飲酒之肴也。郭注、詩曰、與子宐之。 宐上云事。肴从月爻、肉之已盛者。通作殽。

集解

宜肴也 宜、所安也、从宀之下一之上、多省聲。飲食所以安人、故宜可引申爲肴。詩女曰雞鳴與子宜之、傳宜、肴也。或者正字爲餚與。餚、當鼎也。以爲肴者、肴、啖也、从肉爻聲。一曰雜肉也。晉語飲而無肴。

義證

宜肴也

註詩曰與子宜之 補正 邢疏李巡曰飲酒之肴也。

宜肴也

郭注補正

此釋鄭風女曰雞鳴與子宜之之宜。毛傳云宜肴也。宜肴一聲之轉。大雅鳧鷖公尸來燕來宜、傳云宜宜其事也。宜當與此經同。宜肴者、鄭箋謂所弋之鳧鴈、我以爲加豆之實與君子共肴也。共肴者、謂宜於肴也。凡物得當曰宜、故肴亦得名宜。下句宜言飲酒、承上宜字而言、謂治嘉肴以飲酒也。言、語詞也。又案自貿買以下至憓悅也皆承詩之篇章次弟而下、故爾雅大都爲釋詩而作。

說詩

宜肴也徐養原曰、釋女曰雞鳴。

匡名

宜、肴也。

說文肉部云：「肴、啖也、」郝謂：「啖下脫肉字、」是也。俎實爲肴、見玉篇；豆實爲肴、見毛傳；凡非穀而食曰肴、見鄭箋。肴或作殽、非古也。宜者、郭注引詩女曰鷄鳴云：「與子宜之、」毛傳「宜、肴也。」詩正義引李巡云：「宜、飲酒之肴也；」

爾雅學

宜肴也○釋曰 注疏本刪

校勘記

夷悅也

夷悅也。詩曰我心則夷。

郭注

夷悅也 釋曰謂喜悅也。注詩曰我心則夷者、召南草蟲文。

邢疏

夷悅也。

郭璞云詩曰、我心則夷。

一切注音

恞 本又作夷音同。

陸音義

恞○邢本作夷。

音義攷證

夷悅也

夷亦悅也、言有積次爾。

新義

夷悅也 艸蟲云、我心則夷。

鄭樵注

夷悅也

郭璞曰、詩曰、我心則夷。

鄭樵曰、艸蟲云、我心則夷。

古注合存

夷悅也。此釋夷爲悅之義也。註曰詩草蟲云我心則夷愚按詩風雨云云胡不夷此以上四條皆釋鄭風之文。

注疏參義

粲餐也 註 今河北人呼食爲粲。渝變也 註 謂變易。宜肴也 註 詩曰與子宜之。夷悅也 註 詩曰我心則夷 正義 鄭風緇衣云、還予授子之粲兮。羔裘云、舍命不渝。女曰雞鳴云、與子宜之。風雨云、云胡不夷。此釋之也。毛傳俱用爾雅。釋文引舍人本渝作𦁐。詩疏引李巡云、宜、飲酒之肴也。註 今河至爲粲。正義 粲餐音相近、語有輕重耳。釋名云、餐、乾也、乾入口也。釋文本作飧、引字林云、水澆飯也。釋名云、飧、散也、投水於中解散也。○ 註 詩曰至則夷。正義 召南草蟲文。

正義

夷悅也詩曰我心則夷

悅者、釋詁怡悅竝云、樂也。怡、猶夷也。夷者、詩云胡不夷、旣夷旣懌、亦不夷懌、傳箋竝云夷、悅也。楚辭九懷篇注、夷、喜也。喜亦悅也。郭引詩我心則夷。此夷毛傳訓平、以上章已云我心則說、故此變爲平。實則和平亦悅懌也。夷釋文作恞、俗。

【義疏】

夷悅也 郭注、詩曰、我心則夷。夷从大、持弓必平直。因爲和說。悅从兌、兌从人、㕣、易有兌卦。㕣从口、上水半見、山閒沮洳澤地也。因爲喜悅、又爲辭說、加言加心以別之。

【集解】

夷悅也 夷、東方之人也、从大从弓、會意。弓所持也。正字爲台、實爲怡。怡、和也。引申爲悅字、亦作悅。怡台夷通用字。詩風雨云胡不夷、那亦不夷懌、傳均云夷、說也。節南山既夷既懌、箋夷、說也。楚辭怨思心鞏鞏而不夷、王逸注夷、說也。書金縢公乃爲詩以貽王、鄭本作怡、說也。盤庚不惕予一人、孫疏惕、悅也。詩何人斯我心易也、傳易、悅也。以貽惕易爲之。悅字本作說、釋也。一曰談說也。經典或以爲兑之借字。

【義證】

恞悅也 〔註〕詩曰我心則夷〔補正〕臣鍌按、恞今本作夷、從釋文本作恞。

【郭注補正】

恞悅也 鄭風風雨云胡不夷、毛傳云夷說也。釋文云、恞本又作夷。恞與詩不合、宜從又本。小雅節南山既夷既懌、商頌那亦不夷懌、傳箋竝云夷、悅也。

【說詩】

夷悅也 夷、釋文作恞。

【注疏正字】

恞悅也 徐養原曰 釋風雨。恞、釋文云本又作夷。案說文心部無恞字、

石經以後各本無作恞者。悅當作說。見釋詁。

【匡名】

粲餐也渝變也宜肴也夷悅也 說文、䅑、稻重一䄷、爲粟二十斗、爲米十斗曰毇、爲米六斗大半斗曰粲。鄭風還予授子之粲兮、傳粲、餐也。餐、吞也。渝、變也。鄭風舍命不渝、註渝、變也。變、更也。又與子宜之、傳宜、肴也。肴、啖也。大雅爾肴既馨。鄭風云胡不夷、註夷、悅也。

【啓蒙】

恞 夷 正作夷 釋文恞本又作夷。案郭注引詩我心則夷當作夷。

【黃侃評本正名】

夷悅也。 夷正作夷。草蟲我心則說、我心則夷、同義並用

【黃侃音訓】

夷、悅也。 詩「云胡不夷、既夷既懌、亦不夷懌、」傳箋並云：「夷、悅也、」夷字、古亦訓平、郝云：「和平、亦悅懌也。」

【爾雅學】

夷悅也 唐石經單疏本雪牕本同。釋文恞本又作夷、音同。按、玉篇心部恞悅也、本此經作恞。注引詩作夷、亦異文之證。

【校勘記】

夷悅也〇釋曰 注疏本刪 **召南草蟲文** 毛本同。湘本蟲下衍篇字。

【注疏校勘札記】

顛頂也

顛、頂也。 頭上。

【郭注】

顛頂也 釋曰謂頭上也。詩曰、有馬白顛。

【邢疏】

顛頂也 郭璞云頭上。

【一切注音】

顛 丁田反。

【陸音義】

爾雅詁林 二 釋言

顚頂也　造形上極無非倒者、據天下莫大于秋毫、而泰山爲小。

新義

顚頂也頭上。

鄭樵注

顚頂也　郭璞曰、頭上。鄭樵曰、頭上。

顚頂也。此釋顚爲頂之義也。疏曰詩車鄰云、有馬白顚。

古注合存

顚頂也　玉篇曰、山頂曰顚。楚詞悲回風、處嶋蜺之顚。

注疏參義

校議

顚頂也頭上　項者、說文云顚也。顚、頂也。方言云顚、頂上也。按、上謂頭上、頭上卽顚頂。顚頂雙聲、義亦互訓。

義疏

顚頂也郭注頭上。　顚从眞、古文眞从人化一、僊眞變形、故爲顚。倒因爲頭上之稱。詩有馬白顚。頂从丁人成丁乃爲點首。

集解

顚頂也　顚頂上也、从頁眞聲。詩采苓首陽之顚、謂首陽之頂。齊語班序顚毛、注顚頂也。後漢書蔡邕傳爾有務世公子誨於華顚胡老、注顚頂也。華顚謂白首也。頂顚也、从頁丁聲。或从首、擂文作𩕹。易大過過涉滅頂、虞注首也。

義證

顚頂也　說文云、顚頂也。秦風車鄰有馬白顚、毛傳云白顚、的顙也。顙卽頂也。唐風采苓、首陽之巓。巓與顚同。首陽之顚謂首陽之頂也。

說詩

顚頂也、疏詩曰有馬白顚。上當有秦風車鄰四字。

注疏正字

顚頂也徐養原曰釋車鄰。　說文同。

匡名

顚、頂也。

說文云：「顚、頂也；頂、顚也。」顚頂雙聲、亦互訓。顚引伸爲凡物之頂、秦風「有馬白顚、」傳曰：「白顚、的顙也、」馬以顙爲頂也。唐風「甫陽之顚、」又以山頂爲顚也。段云：「顚爲最上、倒之則爲最下、故大雅傳曰：『顚、仆也；』論語馬注曰：『顚沛、僵仆也；』廣雅曰：『顚、末也。』」

爾雅學

顚頂也〇釋曰　注疏本删

校勘記

耋老也

耋老也八十爲耋。

郭注

耋老也　釋曰、耋鐵也。孫炎曰老人面如鐵色。郭云八十爲耋。詩秦風車鄰云逝者其耋、毛傳云八十曰耋。易離卦云大耋之嗟、鄭注云年踰七十。僖九年左傳曰伯舅耋老、服虔云七十曰耋。此及詩傳言八十曰耋者、耋有七十八十無正文也。詩以仕者七十致事、仕者慮已之耋、欲得早致事、故以爲八十。此用詩傳爲說、故與之同。

邢疏

耋老也

年六十稱也。左傳正義十三

犍爲注

耋老也

耋他結反、鐵也、老人面如生鐵色。詩正義六之三

孫音注

釋文、邢疏　按耋與鐵同詩驖漢

地理志作驖戴。

黃輯古義

耋老也

年六十稱也。春秋僖九年正義

犍爲注

耋老也

耋鐵也、老人面如生鐵色。邢疏 詩秦風車鄰正義

耋老也、耋他結反。釋文

孫音注

玉函山房輯佚

耋老也

舍人曰、年六十稱也。春秋正義十三

孫曰、耋他結反、鐵也、老人面如生鐵色。詩正義六之三 釋文

邢疏 按耋與鐵同詩駟鐵漢地理志作四臷

漢注

耋老也

孫炎云、耋老人面如鐵色也。釋文二十九卷 詩正義六之三卷引云耋者色如生鐵

郭璞云、八十爲耋。

一切注音

耋老也 孫炎曰、耋者色如生鐵。詩車鄰正義 舍人云、年六十稱也。左氏僖九年傳正義 孫他結反、云老人面如鐵色。釋文

古注斠

耋 田結反、孫他結反、云老人面如鐵色。

陸音義

耋老也

禮七十有不得謝者。

新義

耋老也 八十爲耋。

鄭樵注

耋老也 耋孫他結反

舍人曰、年六十稱也。

孫炎曰、老人面如鐵色。此見釋文及邢疏、又詩秦風車鄰疏引孫炎曰、耋者色如生鐵。

郭璞曰、八十爲耋。

鄭樵曰、八十爲耋。

古注合存

耋老也。耋音迭。○此釋耋爲老之義也。註曰、八十曰耋。疏曰、詩車鄰云、逝者其耋。

注疏參義

耋老也 八十爲耋

老者、說文云考也、釋名云朽也。獨斷云、老、謂久也、舊也、壽也。耋者、詩車鄰傳耋、老也、八十曰耋。正義引孫炎曰、耋者、色如生鐵、爾雅釋文引作老人面如鐵色。釋名云、耋、鐵也、皮膚變黑色如鐵也。按、耋、說文及釋名俱本毛傳以爲八十、易釋文引馬融注及詩正義引左傳服虔注竝云七十曰耋、左傳正義又引舍人云年六十稱也。杜預僖九年注從服虔、何休宣十二年注從舍人、是耋無正訓。故有六十七十八十之異、要爲老壽之稱則同。故爾雅以耋爲老、曲禮云七十曰老。

義疏

耋老也 舍人注、年六十稱也。孫注、耋者色如生鐵。郭注、八十爲耋。耋、从老至。服虔以爲年七十。易、大耋之嗟。詩、逝者其耋。老从人毛化。記、七十曰老。

集解

耋老也

耋、年七十也、从老省至聲。字亦作耊。曲禮七十曰老。耋从老至、則年至老矣。許慎謂爲八十、非也。詩車鄰逝者其耋傳耋、老也。公羊宣十二傳使帥一二耋老而綏焉。前漢書孔光傳犬馬齒耋、今本作臷、注老也。老、考也、七十之偁、从人毛匕會意。論語、及其老也。

義證

耋老也

註 八十爲耋 補正 邢疏、耋、鐵也、孫炎曰、老人面如鐵色。

郭注補正

耋、老也。郭氏云八十曰耋。按、此乃曲禮正文。毛君以之傳詩、許君本之解字者是也。詩秦風傳、八十曰耋。說文解字、八十曰耋、九十曰耄。曲禮、人生十年曰幼學、二十曰弱冠、三十曰壯有室、四十曰強而仕、五十曰艾服官政、六十曰耆指使、七十曰老而傳、八十曰耋、九十曰耄、七年曰悼、悼之與耄、有罪不加刑焉、百年曰期頤。此是古本、今本則脫曰耋二字。然其說互有殊異、有以六十爲耋者、公羊傳何

休注六十稱耋七十稱老是也。有以七十爲耋者、易大耋之嗟康成注、年踰七十、左傳伯舅耋老服虔注七十曰耋是也。白虎通德論又以八十爲耋、九十爲悼。釋名又以七十爲耋、九十爲台背。雖義有異同、並不得正旨、要當以古本記爲正。毛許郭三家俱得之矣。

錢氏古義

耋老也　秦風車鄰逝者其耋、毛傳云耋、老也、八十曰耋。正義云、易雜卦云大耋之嗟、注云年踰七十、僖九年左傳云伯舅耋老、服虔云七十曰耋、此言八十曰耋者、耋有七十八十、無正文也。案說文云八十曰耋。

說詩

耋老也　陸氏新義耋作耄、顧氏廣圻曰此釋秦風逝者其耋、審其上下文可知新義誤也。

匡名

耋、老也。說文老部云：「老、考也。」耋、老部作𦒊、云「年八十曰𦒊、从老省、至聲。」段謂「今人或不省、非也。」禮記古本云：「八十曰耋、九十曰耄、」邵謂「今本脫曰耋二字；」毛傳亦云：「八十曰耋。」古稱亦不盡同。

爾雅學

耋老也○釋曰　注疏本刪

伯舅耋老、服虔云、七十曰耋。注疏本云改日、元本閩本脫下八字。

校勘記

耋老也、釋文作耋、今本誤作老下至。按、說文耋从老省从至、於文、不當有匕也。

注疏本正誤

耋音迭老也

音圖・音

耋老也。迭

孫侶直音

耋迭老也

楊氏音訓

輶輕也

輶輕也。詩曰、德輶如毛。

郭注

輶輕也　釋曰、謂輕微也。注詩曰德輶如毛者、大雅烝民文。

邢疏

輶輕也　郭璞云、詩曰、德輶如毛。

一切注音

輶由久反、又餘周反。

陸音義

輶輕也　輶有猶之輕也。中庸曰、毛猶有倫、無聲無臭、至矣。

新義

輶輕也　烝民云、德輶如毛。

鄭樵注

輶輕也　郭璞曰、詩曰、德輶如毛。鄭樵曰、烝民云、德輶如毛。

古注合存

輶輕也、此釋輶爲輕之義也。詩駟驖云、輶車鸞鑣。

注疏參義

輶輕也　詩曰德輶如毛

輕輶、說文並云輕車也。詩駟鐵及烝民傳箋並云、輶、輕也。文選幽通賦注引曹大家曰、輶德、德輶而易行也。

義疏

輶輕也郭注、詩曰、德輶如毛。酋無輕義。古有遒人、行求列國之詩、乘輕車、因以輶爲輕。輕从車巠、車經行如水流、是輕也。

集解

輶輕也輶、輕車也、从車酋聲。

詩駟鐵、輶車鸞鑣、傳輶、輕也。烝民德輶如毛、箋輶、輕也。前漢書敘傳迺輶德而無累、師古曰輶、輕也。文選吳都賦輶軒蓼擾、赭白馬賦飛輶軒以戒道、注均云輶、輕也。輕、輕車也、从車巠聲。引申爲凡輕之輕。周禮車僕、輕車之萃。孟子梁惠王權然後知輕重。

義證

輶輕也

秦風四鐵輶車鸞鑣、毛傳云輶、輕也。鄭箋云輕車、驅逆之車也。大雅烝民德輶如毛、傳云輶、輕也。

說詩

輶輕也、音輶、音猶。猶誤酋。

注疏正字

輶輕也徐養原曰釋騶驖

匡名

輶、輕也。

說文車部輕輶二篆、並云「輕車也、」故輶訓輕。周禮「輕車之萃、」鄭云：「輕車、所用馳敵致師之車也、」是輕本車名；引伸之爲輕重之輕。大雅「德輶如毛、」箋云：「輶、輕也、」文選幽通賦注引曹大家云：「輶德、德輕而易行、」此輶之引伸義。秦風駟鐵云：「輶車鑾鑣、」傳「輶、輕也、」此乃本義也。

爾雅學

輶輕也〇釋曰注疏本刪

校勘記

輶輕也、釋文輶、由久反、又餘周反。今本輶音酋、非是。按、廣韻輶以周切、又易受移授二切。酋、自秋切。二字不得同音、或酉字之訛。

注疏本正誤

輶音酋　案、輶有酉由兩音、今音酋誤。

直音正誤

酋由

輶、輕也。

孫偘直音

由

輶、輕也

直音校正

俴淺也

俴淺也。詩曰、小戎俴收。

郭注

俴淺也　釋曰、謂淺近。注詩曰小戎俴收者、秦風小戎文也。

邢疏

俴淺也俴、本或作踐。詩東門之墠傳、踐、淺也。正義云、釋言文。

郭璞云、詩曰、小戎俴收。

一切注音

俴慈踐反。

陸音義

俴淺也秦風云、小戎俴收。

鄭樵注

俴淺也

郭璞曰、詩曰、小戎俴收。

鄭樵曰、秦風云、小戎俴收。

古注合存

俴淺也。俴音踐。〇此釋俴爲淺之義也。註曰、詩小戎云、小戎俴收。愚按此以上四條、皆釋秦風之文。

注疏參義

顛頂也 **註** 頭上耋老也 **註** 八十爲耋輶輕也 **註** 詩曰德輶如毛俴淺也 **註** 詩曰小戎俴收 **正義** 秦風車鄰云、有馬白顛。又云、逝者其耋。駟鐵云、輶車鸞鑣。小戎云、小戎俴收。此釋之也。毛傳俱用爾雅。俴、本或作踐。鄭風東門之墠云、有踐家室。毛傳踐、淺也。疏以爲釋言文。**註** 頭上。〇 **正義** 方言云、顛、頂上也。齊語云、班序顛毛。墨子修身篇華髮隳顛。〇八十爲耋。〇 **正義** 郭註本毛傳。案、禮記古本云、八十曰耋、九十曰耄、七年曰悼、悼與耄有罪不加刑焉。今本脱曰耋二字。毛傳說文俱用禮記古本。鄭氏易註云年踰七十、王肅云八十曰耋、皆是也。馬融易註云七十曰耋、何休公羊註云六十稱耋、皆異文。詩疏引孫炎云、耋老人面如鐵色也。詩曰至如毛。〔正義〕大雅烝民文。文選註引曹大家云、輶德、德輕而易行。說文以輶爲輕車也。

正義

俴淺也 詩秦風俴駟孔羣註駟馬皆以淺薄之金爲甲、欲馬易旋習也。

校議

俴淺也 詩曰小戎俴收

淺者、說文云不深也。俴者、詩小戎傳箋竝云、淺也。管子參患篇云、甲不堅密與俴者同實、尹知章注俴、謂無甲單衣者。又云將徒人與俴者同實、尹注俴、單也。按、單薄亦淺略也。小戎釋文引韓詩云、駟馬不著甲曰俴駟、是管子注所本。通作踐。詩有踐家室、傳踐淺也。又通作翦。既夕禮云緇翦、鄭注翦淺也、今文翦作淺。又聲轉爲竊。釋獸云虎竊毛謂之虦貓、郭注竊淺也。今按、不獨此也、釋鳥說諸鳸之名、有竊藍竊黃竊脂竊丹、竝以竊爲淺也。

義疏

俴淺也 收。郭注詩曰、小戎俴收。俴淺俱从戔、戔卽殘、殘餘因爲淺薄。或加人、或加足。詩有踐家室、傳亦云淺、是也。

集解

俴淺也 俴人之淺也、从人戔聲。詩小戎小戎俴收、傳俴淺。又俴駟孔羣、箋俴淺也。東門之墠有踐家室、傳踐淺也。儀禮既夕禮緇翦、注翦淺也。今文翦爲淺。廣雅釋言竊淺也。以踐翦竊爲之。淺、不深也、从水戔聲。詩韓奕鞹鞃淺幭。

義證

俴淺也 秦風小戎俴收、毛傳云俴淺也。案俴收者、指兵車前軫至後軫、其深較淺於乘車、兵車主馳突、淺收取其便利也。自顚頂也至俴淺也、悉依秦風篇什之次弟而釋之。

說詩

俴淺也 案、鄭風東門之墠篇傳云、踐、淺也。則俴亦作踐字。

注疏正字

俴淺也 釋小戎。徐養原曰 說文同。俴通踐、詩鄭風東門之墠有踐家室傳踐、淺也。正義曰、踐淺釋言文。

匡名

顚頂也耋老也輶輕也俴淺也 說文顚、頂也。頁、顚也。秦風有馬白顚。耋、年八十曰耋。秦風逝者其耋。論語不知老之將至。輶、輕車也。大雅德輶如毛、箋輶、輕也。輕、輕車也。秦風小戎俴收、或作踐。鄭風有踐家室、毛傳踐、淺也。

啓蒙

俴淺也 錦燧謹案、此釋詩小戎篇小戎俴收也。毛傳鄭箋竝云、俴、淺也。說文人部云、俴、淺也。與雅訓傳箋竝合。許君列俴篆於儚儔侜之次。儚、惛也。儔、翳也。侜、有廱蔽也。俱就人之識見言之。故偏旁从人、以是而推、其必識見之淺者曰俴。水部云、淺、不深也。偏旁从水、蓋謂水之不深。此俴淺二字之專義也。引申之則淺爲凡淺之偁、渾言之則俴亦爲凡淺之偁。經典中或假踐字爲之、詩有踐家室、毛傳云踐、淺也、是也。或又假翦字爲之、儀禮既夕緇翦、鄭注云翦、淺也、是也。或又假竊字爲之、本經釋獸虎竊毛謂之虦貓、及釋鳥竊藍竊黃竊脂竊丹諸句、郭注云竊、淺也、是也。至三字之本義、則說文足部云踐、履也、羽部云翦、羽初生也、米部云盜自中出曰竊。俱與淺義不相蒙。

陸錦燧日記

俴、淺也。

淺、說文水部云：「不深也。」考工記借帴爲淺。俴者、詩小戎云：「小戎俴收、」傳箋竝云：「俴、淺也。」小戎釋文又引韓詩云：「駟馬不著甲曰俴駟、」管子參患篇尹注云：「俴、單也、」是單薄亦謂之俴。郝云：「俴、通作踐、又通翦。」

爾雅學

俴淺也○釋曰 注疏本刪

校勘記

詩曰小戎俴 十行本雪牕本吳本小戎俴收。

校勘記訂補

俴淺也釋文、俴慈䏁反、按、俴當爲慈演切、䏁說文瞬式閏切、釋文誤、附正於此。

注疏本正誤

詩曰小戎俴○收 監本永懷堂本○在收下、此誤擠於收上。

注疏校勘札記

俴音踐淺也

音圖・音

踐

俴淺也。

孫侃直音

俴踐淺也

楊氏音訓

俴在演切

干氏音釋

絢絞也

絢絞也。糾絞繩索。

郭注

絢絞也　釋曰、謂糾絞繩索也。李巡曰、絢繩之絞也。豳七月云、宵爾索絢。

邢疏

絢絞也

絢、繩之絞也。

李注

黃輯古義

絢絞也

絢、繩之絞也。邢疏　詩豳風七月正義

李注

玉函山房輯佚

絢絞也

絢、繩之絞也。同　詩疏八之一

鉤沉

絢絞也

李曰、絢、繩之絞也。詩正義八之一　邢疏

漢注

絢絞也

李巡云、繩之絞也。詩正義八之一卷　郭璞云糾絞繩索。

絢絞也　李巡曰、絢、繩之絞也。詩七月正義

古注斠

一切注音

絢徒刀反。絞古卯反。糾吉黝反。索悉各反。

陸音義

絢絞也　絞縷爲繩。

鄭樵注

絢絞也　李巡曰、絢繩之絞也。郭璞曰、糾絞繩索。鄭樵曰、絞縷爲繩。

絢絞也。此釋絢爲絞之義也。注曰、糾絞繩索也。疏曰、詩七月云、宵爾索絢。

古注合存

注疏參義

絢絞也　糾絞繩索

絞、本切直之義、又爲繩索之名。喪服傳云絞帶者繩帶也、是繩爲絞。絞者交也。雜記疏云兩股相交謂之絞、是其義也。絢者、詩宵爾索絢正義引李巡曰絢、繩之絞也、是絢爲繩。方言云車紂或謂之曲絢、郭注絢亦繩名、是也。此注糾絞失之。

義疏

絢絞也

李注、綯、繩之絞也。郭注、糾絞繩索。綯从匋、今沙包、與包同。用作艸屋者、必以繩包之。匋。因謂之絞、从交糸。

綯絞也 綯字本作緧、馬紂也、从糸酋聲。引申爲絞。緧綯古今字。詩七月宵爾索綯、傳綯、絞也。孟子注同。絞、縊也、从交从糸會意。禮記襍記疏、兩股相交謂之絞。

集解　義證

綯絞也

【注】糾絞繩索【補正】邢疏、李巡曰、綯、繩之絞也。

郭注補正

綯絞也　注糾絞繩索

譚曰、郝氏引喪服傳、絞帶者繩帶也。方言云車紂或謂之曲綯、郭注、綯亦繩名。此注糾絞、失之。邵氏王氏同、其說是也。

靜郭

綯絞也

糾絞繩索也

希麟根本說一切有部毘奈耶藥事廿卷音義引爾雅云、綯、絞也。郭注云、糾繩索也。唐殘本玉篇糸部綯下引亦有也字、據補。

郭注佚存補訂

綯絞也

豳風七月宵爾索綯毛傳云、綯、絞也。絞亦繩也、兩股相交謂之絞。見雜記疏。

說詩

綯絞也

郭曰、糾絞繩索。引之謹案、綯絞卽是繩索、非謂糾絞繩索也。辯見前宵爾索綯下。

述聞

綯絞也 徐養原曰釋七月。 說文糸部無綯字。

匡名

匋 [illegible] 王氏念孫讀書雜志云。凡从匋从舀之字多相通。小雅。綯索也。綯卽宵爾索綯之綯。案說文無綯。亦無緇。儀禮士昏禮釋文緇髮本又作𦃃同。當作緧說文緧緧繆也引申訓絞訓索

黃侃評本正名

綯絞也。說文筊、竹索也。廣雅綯筊、索也。漢書溝洫志搴長筊兮湛美玉、臣瓚注竹葦絙謂之筊。墨子辭過古之民未知爲衣服時、衣皮帶茭、筊茭並與絞同。綯當作緧、說文緧、緧繆也、引申訓絞、訓索。綯又與緧通、小爾雅緧、索也、索爲綯、猶編絲繩爲條、綯之言條也。綯糾聲亦相近、說文梮讀若丩、此其比也。說文無綯字、當借緧、緧繆也。又與紂近、馬緧也。又與鞧近、說文紛馬尾韜也、韜卽馬紂、小爾雅之緧卽韜之別字。又案綯卽紂之後出字。

黃侃音訓

綯絞也

錦熾謹案、此釋詩七月篇宵爾索綯也。毛傳云綯、絞也、與雅訓合。郭注云、糾絞繩索。蒙謂如景純說是、索爲實字、絞爲虛字、必詩云宵爾綯索、其義始通。今云宵爾索綯、疑索爲虛字、綯爲實字、方與上晝爾于茅句一律。趙岐注孟子曰、晝取茅草夜索以爲綯、可據以證郭注之誤。凡字必兼動靜兩義、索綯亦然。廣雅釋詁曰、紉紆絿索也。楚辭離騷紉秋蘭以爲佩、王逸注曰紉、索也。淮南子氾論篇緂麻索縷、高誘注曰索、切也。此皆非繩索之索、乃索字虛用之證也。廣雅釋器曰、綯、繩索也。方言曰、車紂自關而東、周洛韓鄭汝潁之間或謂之曲綯。郭璞注曰、綯亦繩名、引詩曰宵爾索綯、與爾雅注自相矛盾。此乃綯字實用之證也。雅訓毛傳訓綯爲絞者、絞亦繩名、急就篇曰纍繘繩絞索紡纑、卽其明證。說文無綯字、以音義求之、其虛用者當作

紹。説文云、紹、繼也、一曰緊糾也。其實用者當作絛。説文云、絛、扁緒也。

陸錦燧日記

綯、絞也。

禮喪服傳云：「絞帶者、繩帶也；」豳風七月「宵爾索綯、」正義引李巡云：「綯、繩之絞也、」郭注方言云：「綯亦繩名、」是絞與綯皆繩也。王引之亦云：「絞綯、即是繩索。」絞、説文入交部、云「縊也、」段謂「古曰絞曰縊者、謂兩繩相交、非獨謂經死；」其説是也。論語「直而無禮則絞、」「好直不好學、其蔽也絞、」鄭注云：「絞、急也；」蓋繩與繩相交、則易急切；無禮不學之直、即急切之直；亦即繩索之引伸義也。

爾雅學

綯絞也〇釋曰注疏本刪

校勘記

謂糾繩索也監本毛本湘本糾下有絞字、此脫、据郝義疏宜補入。

注疏校勘札記

四行(注)糾絞繩索〇原本《玉篇》糸部「綯」下引此注「索」下有「也」字。

宋監本校箋

綯陶音絞也

音圖・音

陶狡

綯絞也

孫佖直音

綯陶絞也

楊氏音訓

綯陶

干氏音釋

訛化也

訛化也詩曰、四國是訛。

郭注

訛化也、釋曰匡正之化也。注詩曰四國是訛者、豳風破斧文。

邢疏

訛化也

郭璞云詩曰、四國是訛。

一切注音

訛化也

訛化而或訛。詩曰、四國是遒。遒、固也、不復訛矣。

新義

訛化也破斧云、四國是訛。

鄭樵注

訛化也

郭璞曰、詩曰四國是訛。

鄭樵曰破斧云、四國是訛。

古注合存

訛化也、此釋訛爲化之義也、註曰詩破斧云、四國是訛。

注疏參義

訛化也書平秩南訛注訛化也。

校議

訛化也詩曰四國是訛

化者、説文云敎行也。華嚴經音義上引珠叢云、敎成於上而易俗於下謂之化。今按、化與匕同。説文云、匕、變也从到人。然則化亦變易舊形之義也。訛者、吪之或體也。説文云、吪、動也。動作與變化義近、故詩四國是吪、傳吪、化也。通作訛。節南山箋、訛、化也。又通作譌。方言云譌、化也。郭注譌、化聲之轉也。

義疏

訛化也郭注、詩曰、四國是訛。圖、説文、吪、動也。譌、僞也。囮、譯也。詩有吪有訛、皆云化也。今多以訛譌同爲僞、僞言、由詩譌言吪言相錯見。許愼皆以爲僞、不知吪言流言變易扇動非詐僞之義也。化从二人顚倒、爲敎化正字。變匕字但从倒人耳。

集解

訛化也訛、字本作吪、動也。从口化聲。正字爲化、化吪叠韵。書堯典平秩南訛、僞傳訛、化也。詩破斧四國是吪、傳吪、化也。節南山式訛爾心、箋訛、化也。化教行也、从匕从人匕亦聲。禮記中庸、變則化。

義證

訛化也

注詩曰四國是訛 補正 邢疏匡正之化也。 郭注補正

訛化也

豳風破斧四國是吪、毛傳云、吪化也。吪與訛同。郭注引作四國是訛、小雅節南山式訛爾心、鄭箋云訛化也。又通作譌。無羊或寢訛訛、傳云訛動也。彼釋文云、韓詩作譌。譌覺也、覺與動一義也。沔水民之訛言、正月民之訛言、箋竝云訛僞也。僞卽譌也、說文作民之譌言。王風兔爰尚寐無吪、傳云吪、動也。彼釋文云、吪本亦作訛。一切經音義十二云訛、古文蔿譌吪三形。動爲變動、與變化義近。 說詩

訛化也

柏年案訛化字通。史記天官書鬼哭若呼其人逢俉化言、漢書天文志正作訛言、是其證。訛从化聲、又从口作吪。詩尚寐無吪、傳吪亦動也。動化義近。 補釋

訛化也、註四國是訛。訛、毛詩作吪。 注疏正字

訛化也 徐養原曰 釋破斧。訛字釋文無音、石經亦殘闕。說文無訛字、當作吪。詩豳風破斧四國是訛、釋文曰又作吪。正義本作吪。傳吪化也、正義曰釋言文。 匡名

訛 譌 詳釋詁。 黃侃評本正名

訛、化也。 訛化聲通同訓。 訛化字通、漢書天文志與人逢遻訛言、史記天官書作逢俉化言。訛又與蔿通、方言蔿、化也。又與僞通、九歎若青蠅之僞質兮、注僞猶變也、案變亦化也。又與爲通、堯典平秩南僞、史記作南爲。 黃侃音訓

吪、化也。

豳風破斧「四國是訛、」釋文云：「又作吪、」正義曰：「本作吪；」詩傳「吪、化也、」正義曰：「釋言文；」是爾雅固作吪矣、故改從吪。吪爲化者、破斧傳既訓吪爲化、小雅節南山云：「式吪爾心、以畜萬邦、」箋云：「吪、化；畜、養也、」方言亦云：「譌、化也、」譌亦吪之誤字也。釋詁云：「吪、動也、」郝云：「動作與變化義近、」故又訓化。 爾雅學

訛化也○釋曰 注疏本刪 校勘記

跋躐也疐跲也

跋躐也。詩曰、狼跋其胡。疐跲也。詩曰、載疐其尾。 郭注

跋躐也疐跲也 釋曰、李巡曰、跋前行曰躐、跲卻頓曰疐。注詩云狼跋其胡、載疐其尾者、豳風狼跋文也。說文云、跋蹎、都年切。跲躓、竹二切。躓卽疐也。然則跋與疐皆是顚倒之類。以跋爲躐者、謂跋其胡而倒躓耳。毛傳云、老狼有胡、謂頷下垂胡、進則躐其胡謂躐胡而前倒也、退則跲其尾謂卻頓而倒於尾上也。 邢疏

跋躐也疐跲也

跋前行曰躐、跲卻頓曰疐。詩正義八之三 李注

跋躐也

跋音貝、又補葛反。釋文

疐跲也、

跲音甲。釋文 郭音義

黃輯古義

跋躐也疐跲也

跋前行曰躐、跲卻頓曰疐。邢疏詩豳風狼跋正義

李注

跋躐也、跋音貝、又補葛反。

疐跲也、跲、其業反、又居業反、又音甲。

郭音義

玉函山房輯佚

跋躐也疐跲也

跋前行曰躐、跲卻頓曰疐。李注詩疏八之三

鈎沉

跋躐也疐跲也

李曰、跋前行曰躐、跲卻頓曰疐。詩正義八之三 邢疏

漢注

跋躐也

李巡云、跋前行曰躐。詩正義八之三卷 郭璞云、詩曰、狼跋其胡。

疐跲也

李巡云、跲卻頓曰疐。詩正義八之三卷 郭璞云、詩曰、載疐其尾。

一切注音

跋躐也 李巡曰、跋前行曰躐、跲卻頓曰疐。詩狼跋正義

郭音貝。釋文

蕙心案、跋者蹎之假音、故郭音貝是也。

疐跲也 跲、郭音甲。釋文

古注斠

跋蒲末反。郭音貝。又補葛反。躐力輒反。狼音郎。疐竹利反。又得異反。又竹季反。說文云、礙足不行、與躓同。跲其業反。又居業反、郭又音甲。廣雅云、跲、我也。

陸音義

跲 廣雅云、跲代也。○代舊作我、譌、今據宋本正。

音義攷證

跋躐也疐跲也 豳風云、狼跋其胡、載疐其尾。躐、前倒。跲、却倒。

鄭樵注

跋躐也 跋郭音貝

李巡曰、跋前行曰躐。

郭璞曰、詩曰、狼跋其胡。

疐跲也 跲郭音甲

李巡曰、跲卻頓曰疐。

郭璞曰、詩曰、載疐其尾。

鄭樵曰、豳風云、狼跋其胡、載疐其尾。躐前倒、跲後倒。總釋上句。

古注合存

跋獵也疐跲也。疐音致。○此釋跋為獵、疐為跲之義也。註曰、詩豳風云、狼跋其胡、載疐其尾。愚按以上三條皆釋豳風之文。

注疏參義

綯絞也**註**糾絞繩索。訛化也**註**詩曰四國是訛。跋躐也**註**詩曰狼跋其胡。疐跲也**註**詩曰載疐其尾**正義**豳風七月云、宵爾索綯、破斧云四國是吪、狼跋云狼跋其胡、載疐其尾、此釋之也。毛傳俱用爾雅。方言云、車紂自關而東周洛韓鄭汝潁而東謂之緧、或謂之曲綯。郭氏彼註云、綯亦繩名。詩疏引李巡云、綯、繩之絞也。堯典云、平秩南訛。方言云、譌、化也。訛譌吪音義同。說文云、跋、蹎跋也。躓、跲也。詩曰、載躓其尾。疐當作躓。詩疏引李巡云、跋前行曰躐、跲卻頓曰疐。學記云不躐等也、孔疏躐謂踰越。中庸云言前定則不跲、鄭註跲、躓也。

跋躐也 疐給也 左氏宣十五年傳杜回躓而顛說文引詩載躓其尾疐卽躓也當作躓

校議

正義

跋躐也詩曰狼跋其胡**疐跲也**詩曰載疐其尾 躐者、獵之或體也。獵有從旁陵獵之義。不陵節之謂遜、反遜為獵。獵、猶捷也。捷、行出前也。跋者、蹎之叚音也。說文云、蹎、步行獵跋也。獵卽躐、跋卽蹎也。說文、跋、蹎也。一切經音義十五引聲類云、狼蹎、顛蹎也。顚卽

蹎、跙亦跋、是詩之狼跋卽狼跙。俗作狼狽、誤矣。爾雅跋當讀爲跙、釋文跋蒲末反、非也。又云郭音貝、是郭正讀跋爲跙、臧氏琳經義雜記廿九論之詳矣。○跲者、說文云躓也、中庸注同。玉篇跲、渠劫居業二切。釋文、郭又音甲。廣雅云、跲、代也。更代與疐義近。疐者、躓之叚音也。說文躓跲也、引詩載躓其尾。通作疐。說文、疐礙不行也。詩正義引李巡曰、跋前行曰躐、跲卻頓曰疐。

義疏

跋躐也疐跲也 李注、跋前行曰躐、跲卻頓曰疐。郭注、詩曰狼跋其胡、載疐其尾。

跋从犮、曳犬足也。郝說卽跙字。跋、蹎也。狼跋卽狼狽、蹎跋卽顚沛。躐、說文佁邋、搚也。鼠、長毛。足乏之故跙。跙、今佁躐。疐从叀止冂、引之疐礙不行也。今佁滯。殢、詩一佁躓。跲从足合、合不行也。

集解

跋躐也

跋、蹎跋也、从足犮聲、正字爲犮。犮、走犬也、引申爲躐。說文則以跙爲之。蹎犮跋通用字。詩狼跋其胡、傳跋躐。躐字本作獵、放獵逐禽也。从犬巤聲。經典或以爲歷之借字、歷獵躐雙聲。

疐跲也

疐礙不行也。从叀、引而止之也。从冂、與牽同意。正字爲躓。躓、足之跲也。躓疐通用字。詩狼跋載疐其尾、終風願言則疐、傳均云疐跲也。跲躓也、从足合聲。禮記中庸、言前定則不跲。

義證

絢絞也訛化也跋躐也疐跲也

李氏巡注、絢、繩之絞也。跋前行曰躐、跲卻頓曰疐。邢疏、詩豳風七月、狼跋正義。

注、糾絞繩索。詩曰、四國是訛。詩曰、狼跋其胡。詩曰、載疐其尾。

音義、跋音貝、又補葛反。跲、其業反、又居業反、又音甲。釋文

釋文、絢、徒刀反。絞、古卯反。糾、吉黝反。索、悉各反。跋、蒲末反、郭音貝、又補葛反。獵、力輒反。狼、音郎。疐、竹利反、又得異反、又竹季反。說文云、礙、足不行、與躓同。跲、其業反、又居業反、郭又音甲。廣雅云、跲、代也。考證、代舊作我、譌、今據宋本正。

疏、絢音陶。謂糾繩索也。李巡曰、絢、繩之絞也。豳風七月云、宵爾索絢。匡正之化也。注、詩曰四國是訛者、豳風破斧文。躐音獵、疐音致、跲其業切。李巡曰、跋前行曰躐、跲卻頓曰疐。注、詩云狼跋其胡、載疐其尾者、豳風狼跋文也。說文云、跋、蹎。丁千切。跲、躓。竹二切。躓卽疐也。然則跋與疐皆是顚倒之類。以跋爲躐者、謂跋其胡而倒躓耳。毛傳云老狼有胡、謂頷下垂胡、進則躐其胡、謂躐胡而前倒也、退則跲其尾、謂卻頓而倒於尾上也。

鄭注、絞、縷爲繩。 破斧云、四國是訛。 豳風云、狼跋其胡、載疐其尾。跋前倒、跲後倒。

正義、豳風七月云、宵爾索絢、破斧云、四國是吪、狼跋云、狼跋其胡、載疐其尾、此釋之也。毛傳俱用爾雅。方言云、車紂、自關而東周洛韓鄭汝潁而東謂之緻、或謂之曲綯。郭氏彼注云、綯亦繩名。詩疏引李巡云、絢、繩之絞也。堯典云、平秩南訛。方言云、譌、化也。譌訛吪音義同。說文云、跋、蹎跋也。躓、跲也。詩曰、載躓其尾。疐當作躓。詩疏引李巡云、跋前行曰躐、跲卻頓曰疐。學記曰、不躐等也。孔疏、躐謂踰越。中庸云、言前定則不跲。鄭注、跲、躓也。

義疏、絞本切直之義、又爲繩索之名。喪服傳云、絞帶者、繩帶也、是繩爲絞。絞者、交也。雜記疏云、兩股相交謂之絞、是其義也。絢者、詩宵爾索絢正義引李巡曰、絢、繩之絞也。是絢爲繩。方言云、車紂或謂之曲綯。郭注、綯亦繩名、是也。此注糾絞失之。

化者、說文云、敎行也。華嚴經音義上引珠叢云、敎成於上而易俗於下謂之化。今按化與匕同。說文云、匕、變也。从到人。然則化亦變易舊形之義也。訛者、吪之或體也。說文云、吪、動也。動作與變化義近、故詩四國是吪、傳吪化也。通作訛。節南山箋、訛、化也。又通作譌。方言云、譌、化也。郭注、譌、化聲之轉也。 躐者、獵之或體也。獵有從旁陵獵之義。不陵節之謂遜、反遜爲獵。獵猶捷也。捷、行出前也。跋者、跙之叚音也。說文云、跙、步行獵跋也。獵卽躐、跋卽跙也。說文跋、蹎也。一切經音義十五引聲類云、狼跙、顚跙也。顚卽蹎、跙亦跋、是詩之狼跋卽狼跙、俗作狼狽、誤矣。爾雅跋當讀爲跙、釋文跋蒲末反、非也。又云郭音貝、是郭正讀跋爲跙、臧氏琳經義雜記廿九論之詳矣。跲者、說文云躓也、中庸注同。玉篇跲、渠劫居業二切。釋文、郭又音甲。廣雅云、跲、代也。更代與疐義近。疐者、躓之叚音也。說文躓跲也、引詩載躓其尾。通作疐。說文、疐礙不行也。詩正義引李巡曰、跋前行曰躐、跲卻頓曰疐。

世榮案、絞字本有虛實兩義。說文交部、絞、縊也。从交从糸。是絞爲兩股相交之名、此虛用之義也。引申之則相交而成、卽謂之絞。儀禮喪服傳絞帶者繩帶也、禮記雜記上疏兩股相交則謂之絞、此實用之義也。絢字不見於說文、雷氏浚說文外編疑是綯字、謂說文綯、糾也。一曰緊糾也。訓緊糾、經典未見、而與絞義合、召聲匋

巠亦不隔。是郭以糾絞訓絢、卽許君後義。絢字廣雅雖有繩也之訓、然豳風與索字連文、則釋絢爲絞、自以虛用之詁爲長。（索字亦兼虛實兩義、然常語則實用爲多。此經釋絢字不釋索字、則索爲常語明矣。）此郭氏所以與方言異訓也。郝氏訓絞爲繩索之名、本於王氏引之。其說雖辨、然徒以于茅索綯對文、故力更舊說。實則古人文法不同、後世律體語有倒順、不必銖兩悉稱也。 釋言集解後案

疐跲也

註詩曰載疐其尾 補正 邢疏李巡曰、跋前行曰躐、跲却頓曰疐。 郭注補正

跋躐也疐跲也

豳風狼跋其胡、載疐其尾、毛傳云、跋、躐也。疐、跲也。老狼有胡、進則躐其胡、退則跲其尾。漢書楊雄傳集注引張晏云、跋、蹎也。文選羽獵賦注引韋昭云、跋、蹎也。蹎躓皆與躐義同。疐與躓通。說文云、躓、跲也。引詩狼躓其尾。又云、疐、礙不行也。邶風終風願言則嚏、傳亦云、嚏、跲也。彼釋文云、疐本又作嚏、又作疐、劫也。鄭作嚏、音都麗反。本又作跲。案毛傳原作疐、故云跲也。與王肅本同。鄭破字爲嚏、故曰讀當爲不敢嚏咳之嚏。若鄭原作嚏、則不煩改讀矣。嚏爲嚏之俗體。劫與跲音義皆同。 說詩

跋躐也（跋、釋文云、郭音貝。又補葛切。） 疐跲也音跲其業切（釋文云、郭又音甲。） 注疏正字

跋躐也 徐養原曰、釋狼跋。 說文足部無躐字。臧氏琳曰、跋當作䟺。說文、䟺、步行獵跋也。从足貝聲。跋訓爲蹎、非此義。說文獵跋也、亦當作獵䟺。釋文云、跋、郭音貝。是明知跋爲䟺之假借矣。跋䟺聲相近、躐當作獵。

疐跲也 釋文云、疐、說文云、礙足不行、與躓同。臧氏琳曰、說文躓、跲也。从足質聲。詩曰載躓其尾。又跲、躓也。从足合聲。則此當作躓。以聲近假借作疐、其義不同。下文疐仆也、亦當作躓。故郭注曰頓躓倒仆。乃陸云疐與躓同、孔云躓卽疐也、皆誤合爲一字。又案說文（叀部）疐、礙不行也。陸引有足字者、以意增之耳。 匡名

絢絞也訛化也跋躐也疐跲也 豳風宵爾索綯、鄭箋、夜作絞索以待時用。

堯典平秩南訛、註訛化也。通作吪。豳風四國是吪、傳吪化也。說文𠤎、教行也。从匕人、人亦聲。跋、蹎跋也。豳風狼跋其胡、傳跋、躐也。學記不躐等也。疐當作躓。說文躓、跲也。引詩載躓其尾。今作疐、傳疐、跲也。跲、躓也。李巡云、跋前行曰躐、跲卻頓曰疐。 啓蒙

躐（擸） 說文。䟺。步行獵跋也。無躐字。 正作邋、擸也、擸、摺也、一曰拉也。皆有剌癶之意。跋卽癶之後出字也。

跋、躐也。躐者邋之或體、邋、擸也、擸、摺也、拉也、皆有剌癶之意。 黃侃評本正名

夷悅也 耋老也 俴淺也 訛化也 跋躐也 疐跲也 黃侃音訓

釋文夷作恞（云本又作夷。釋言釋文） 耋作耊（釋言釋文） 毛詩傳作踐淺也（東門之墠傳） 吪化也（豳風破斧傳） 方言譌化也（方言三） 說文跋蹎跋也（足部） 躓跲也（足部躓引詩載躓其尾） 證異

跋、躐也。疐、跲也。

釋文云：「跋、郭音貝、」跋者、蹎之假借、故郭音貝。躐者、獵之假借也。此臧琳說。說文足部云：「蹎、步行獵跋也、」獵、今之躐字、踐也、不誤；跋、亦當作蹎、此與「獵、跋也」之跋、同爲假借字。詩「狼跋其胡、」即踐其胡也。郝云：「狼跋、即狼蹎、俗作狼狽、誤矣。」

疐者、躓之假借；跲者、釋文云：「郭音甲。」說文足部云：「躓、跲也、从足、質聲、詩曰：載躓其尾、」是許所據三家詩作躓、乃本字也。爾雅釋文云：「疐與躓同、」非也。

爾雅學

跋躐也疐跲也〇釋曰注疏本删

跋蹎丁千切 跲躓竹二切〇注疏本音切改大字。

謂領下垂胡注疏本領改頷

校勘記

疐石經作疐

跋躐也疐跲也今本跋半誤从丿下友躐半誤从巛下

冂风疐下誤从疋。

校勘記訂補

注疏本正誤

跋躐音獵也疐音致跲音結也

音圖・音

跲音結　案當云音劫葉不當云音結肩韻非直音不誤

直音正誤

跋卜末翻音撥、又蒲末翻音拔。郭音貝、又補蒿翻、與卜末翻同。疐竹利翻音致、本母出切、與竹季翻同、又丁四翻端知隔標出切、與得異翻同。說文云、與躓同。跲、其業翻音笈、又居業翻音劫。郭音甲。下文疐仆也、都麗翻一音致、案都麗翻因寘韻無端母字、竟用本母出切讀如霽韻之柢、其誤始於六朝矣。

音略

跋魆躐獵也。疐致、跲甲劫也。

孫侶直音

跋魆躐獵也。疐致、跲劫也、

直音校正

跋躐獵也疐致跲其葉切也

楊氏音訓

疐至跲夾、又巨業切。

干氏音釋

烝塵也

烝塵也。人衆所以生塵埃。

郭注

烝塵也　釋曰、孫炎云、烝、物久之塵。小雅南有嘉魚云、烝然罩罩。郭云、人衆所以生塵埃。

邢疏

烝塵也

烝、物久之塵。詩正義十八之二　邢疏

孫音注

烝塵也

烝、物久之塵。邢疏　詩大雅桑柔正義

孫音注

黃輯古義

玉函山房輯佚

烝塵也

烝、物久之塵。孫注　詩疏十八之二

鈎沉

烝塵也

孫曰、烝、物久之塵。詩正義十八之二　邢疏

漢注

烝塵也

孫炎云、烝、物久之塵。詩正義十八之二卷　郭璞云、人衆所以生塵埃

一切注音

烝塵也

孫炎曰、烝、物久之塵也。詩桑柔正義

古注斠

烝之仍反。埃音哀。 陸音義

烝塵也

烝塵也 郭云、人衆所以生塵垢。 鄭樵注

亦久所以生塵埃、是故聖人不積。 新義

烝塵也
孫炎曰、烝物久之塵。
郭璞曰、人衆所以生塵埃。
鄭樵曰、郭云人衆所以生塵垢。 古注合存

烝塵也。此釋烝爲塵之義也。註曰、人衆所以生塵埃。疏曰、詩南有嘉魚云、烝然罩罩。愚按此及下條、乃釋詩常棣烝也無戎之文。其三章云、每有良朋、況也永歎、四章云、每有良朋、烝也無戎、況烝二字、詩傳皆云語辭。又一說況或作怳、蓋不決爲語辭也。此釋烝爲塵、蓋亦謂塵俗紛然無相助佐者。與註疏所釋似曲。 注疏參義

烝不引烝在栗薪、見鄭箋詩正義云、倉兄填兮之填音塵。孫炎曰烝、物久生塵、則塵爲久義。古者塵填字同、故填得爲久。 補注

烝塵也・玉案、常棣詩毛傳、烝、填也。東山詩毛傳、烝、寘也。鄭箋古聲填塵寘同。疏云、烝、寘、釋言文。彼作塵。夫寘填之爲塵、猶田之爲陳耳。郭注及叔然之訓並非。 校議

烝塵也 人衆所以生塵埃

塵者、釋詁云、久也。通作塡。詩倉兄塡兮、傳、塡、久也。又通作寘。寘與塡同也。烝者、釋詁云、衆。此云塵者、詩南有嘉魚箋、烝、塵也。塵然猶言久如也。東山箋、烝、塵也、傳、烝、寘也。常棣傳又云、烝、塡也。鄭箋、古聲塡寘塵同。東山箋亦云、古者聲寘塡塵同也。是寘塡俱塵之叚音、烝塵亦語聲轉。然則烝塵二字以聲爲義、不須訓詁。詩桑柔正義引孫炎曰、烝、物久之塵。郭注申之而云人衆所以生塵埃、均爲失矣。 義疏

烝塵也 孫注、烝、物久之塵。郭注、人眾、所以生塵埃。詩烝在栗薪。烝然罩罩。上云烝君、烝眾、此又爲塵、久也。詩我取其陳字、已作陳、陳久生塵、以塵爲正。 集解

烝塵也 烝、火气上行也。从火丞聲。正字爲仍。仍、因也。引申爲塵。謂因陳而積久也。仍烝通用字。詩東山烝在栗薪、箋、烝、塵也。南有嘉魚烝然罩罩、箋、烝、塵也。塵、鹿行揚土也。从麤土。會意。上經云久也。 義證

烝塵也
註人衆所以生塵埃 補正 邢疏、孫炎曰、烝、物久之塵。
烝塵也。郭氏以爲人眾所以生塵埃者、非也。詩東山烝在桑野、毛云烝、寘也。鄭云古者聲寘填塵同。常棣烝也無戎、毛云烝、填也。鄭云古者聲寘填塵同。據此是烝之訓塵、塵有寘義。孫炎曰物色之塵、克以當之矣。 郭注補正

烝塵也 注人眾所㠯生塵埃 錢氏古義

正曰、郭注不解塵與陳同、而誤爲塵埃之塵、季有毛鄭舊讀與孫注合、可據㠯訂其誤。詩豳東山烝在桑野、毛傳烝、寘也。鄭箋久處桑野、古聲寘填塵同。小雅常棣烝也無戎、毛傳烝、填也。鄭箋久也、猶無相助已者、古聲填寘塵同。大雅桑柔倉兄填兮、毛傳填、久也。正義、釋言烝、塵也。孫炎曰烝、物久之塵。豳東山釋文、寘填塵依字皆是田音。陳完奔齊、㠯國爲氏、而史記謂之田氏、是古田陳聲同。王尙書經義述聞云、此塵字或作寘、又作填、皆讀與陳同、非塵埃之塵、乃物久之陳也。釋詁塵久也、孫彼

注塵、居之久、夾讀塵與陳同。而郭彼注夾誤爲塵垢矣。書盤庚中陳于茲、正義引孫注自久則生塵、㠯下特遷就郭注㠯申明之、非孫注原文有如是者。邵編修正義謂景純之誤本於叔然、殆讀古未審與。

正郭

烝塵也　注人衆所以生塵埃

詩曰、其失與塵久之塵爲塵垢同、辨見前。

靜郭

烝塵也

豳風東山、烝在桑野、烝在栗薪。烝在桑野者、毛傳云、烝、窴也。鄭箋云、蠋蜎蜎然特行久處桑野有似勞苦者、古者聲窴塡塵同。然烝在栗薪者、箋云、烝塵栗析也、言君子又久見使析薪於事尤苦也、正義云傳訓烝窴也、故轉窴爲久、而釋詁云塵久也、乃作塵字、故箋辨之古者窴塡塵三字音同可假借而用之故也。毛訓烝爲窴者窴與塡同、大雅桑柔倉兄塡兮、傳云塡久也。彼釋文云、塡音塵。正義云、孫炎曰烝物久之塵、則塵爲久義。古者塵塡字同、故塡得爲久。小雅常棣烝也無戎、傳云烝塡也。箋云、雖有善同門來久也猶無相助已者、古者塡窴塵同。彼釋文云、塡依字音田、與窴同。又依古聲音塵。塵、久也。南有嘉魚烝然罩罩、箋亦云烝塵也塵然猶言久如也。竊謂此詩烝字宜從烝衆之訓、不宜以烝塵爲釋。案自綢繆也至烝塵也、皆釋豳風之辭。

說詩

烝塵也

郭曰、人衆所以生塵埃。家大人曰、郭訓烝爲衆、衆與塵埃不同義、故曲爲之說、曰人衆所以生塵埃、其失也鑿矣。豳風東山篇烝在桑野、毛傳曰烝窴也、鄭箋曰蠋蜎蜎然特行久處桑野有似勞苦者、古者聲窴塡塵同也。小雅常棣篇烝也無戎、毛傳曰烝塡也。箋曰、當急難之時、雖有善同門來久也、猶無相助己者、古聲塡窴塵同。是塵訓爲久、非謂塵埃也。故孫注曰、烝、物久之塵。其意蓋曰此塵字非塵埃之塵、乃物久之塵也。釋詁曰、塵、久也。孫彼注曰、塵居之久、義與此注同。而郭彼注亦誤以爲塵埃矣。又案盤庚失于政、陳于茲、正義曰、釋詁云塵久也、孫炎曰塵居之久、久則生塵矣、古者塵陳同也、故陳爲久之義。自久則生塵以下、皆孔氏申明上文之詞、非孫注原文也。孔爲郭注所惑、故有久則生塵之說、非孫義也。邵氏誤以久則生塵矣五字爲孫注、又未解此注物久之塵四字之義、而以爲物久則生塵、遂謂景純之誤本於叔然、何讀古之不審也。

述聞

烝塵也徐養原曰釋常棣。詩豳風東山烝在桑野、傳烝、窴也。箋云、古者聲窴塡塵同也。又小雅常棣烝也無戎、傳烝、塡。箋云、古聲塡窴塵同也。塵本从䴥、隸省从鹿。

匡名

烝塵也

說文、烝、火气上行也。無塵義。當讀爲坋。說文、坋、塵也。淮南齊俗訓高注、堁坋、塵也。又變寫作坌。廣雅釋詁、坌、塵也。案、坋者正字、烝者叚字。段氏六書音均表丞聲在弟六部、分聲在十三部、二部古合均字爲多、故从丞从分字例得通叚。如六部古合均列文字本音在十三部、而離騷以均勝陵字、十三部古合均列冰字本音在六部、而離騷以均門字可證。

烝、塵也。

釋詁云：「塵、久也、」烝、亦久也。詩桑柔正義引孫炎云：「烝、物久之塵、」此孫氏釋爾雅釋言之文；故王念孫曰：「其意蓋謂此塵字，非塵埃之塵、乃物久之塵也。」豳風東山云：「烝在桑野、」箋以爲久處桑野；小雅常棣云：「烝也無戎、」箋亦以爲久；義疏所以謂「烝、塵、亦語聲轉、二字以聲爲義、不須訓詁也。」郝又云：「登萊人謂時之久者，或曰烝日、或曰鎮日、或曰塵日；謂年亦曰烝年、鎮年、塵年、皆古音也；」今蘇地亦有此語。

郭注本節云：「人衆所以生塵埃、」是以烝爲衆、以塵爲塵埃也、大誤。王氏云：「盤庚『失于政、陳于茲、』正義曰：『釋詁云：『塵、久也、』孫炎曰：『塵、居之久、』久則生塵矣、古者塵、陳、同也、故塵爲久之義。』自久則生塵以下、皆孔氏申明上文之詞、非孫注原文；孔爲郭注所惑、故有久則生塵之說、非孫義也。邵氏誤以『久則生塵矣』五字爲孫注、遂謂景純之注、本於叔炎、何讀古之不審也。」邵氏之失、郝疏亦同、緒言謂研究訓詁、第一步在觀察、王念孫於觀察方面即已不苟、誠不可及也。

王仁俊日記

爾雅學

烝塵也〇釋曰注疏本刪

小雅南有嘉魚云注疏本脫云。

校勘記

烝塵也人衆所以生塵埃。

楊氏音訓

戎相也

戎相也。相佐助。

郭注

戎相也。釋曰戎相也。如字、一云相助也。息亮切。故注云相佐助也。

邢疏

戎相也

戎、如升反。釋文

沈集注

戎相也

戎、如勇反。釋文

顧音

黃輯古義

拔相也

拔、如升反。釋文戎如字本或作拔。引沈云云。

沈集注

拔相也拔如勇反釋文、升、如字、本或作拔。下引顧音。

顧音

玉函山房輯佚

戎相也

郭璞云相佐助。

一切注音

戎如字、本或作拔。顧如勇反。沈如升反。相也如字、又息亮反。

陸音義

戎相也

詩曰烝也無戎。言雖有戎事猶無相。

新義

戎相也。相助

鄭樵注

戎相也

郭璞曰、相佐助。

鄭樵曰、相助也。

古注合存

戎相也。相去聲。〇此釋戎爲相之義也。註曰相佐助也。

注疏參義

戎相也相佐助

相者、釋詁云導也、勴也。戎者、詩烝也無戎、傳戎、相也。爾雅釋文戎本或作拔、顧如勇反。是拔與搣音義同。搣有翼戴之義、與相義亦近。

義疏

戎相也郭注相佐助。戎从戈甲、因爲相助。詩、烝也無戎。

集解

戎

相也

戎、兵也、从戈从甲會意。正字爲從。從、隨行也。引申爲相。說文則以从爲之。从從戎通用字。書盤庚乃不畏戎毒于遠邇、孫疏戎、相也。詩常棣烝也無戎、傳戎相也。相、省視也、从目从木會意。上經云勴也、道也。

義證

戎相也　戎、釋文云本或作搣。案說文無搣字、諸本亦無作搣者。

匡名

戎相也、郭注云相佐助。釋文戎、如字、本或作搣。顧如勇反、沈如升反。相、如字、又息亮反。承珙案、玉篇、搣、如勇切、推車也。廣雅、搣、推也。說文作軵、云推車令有所付也、讀若茸。高誘注淮南讀亦同。集韻引爾雅作搣。沈旋音如升反者、當讀作扔。廣韻扔、引也。老子攘臂而扔之、釋文扔、引也。類篇以扔搣戎三字竝如蒸切。推與引皆有佐助義。又扔與仍同。春秋桓五年仍叔、穀梁作任叔、釋草戎叔謂之荏叔、是戎仍任三字亦通。任舉亦於助義爲近。

胡氏古義

烝塵也戎相也

郭曰人衆所以生塵埃。又曰、相佐助。邢疏引孫炎曰、烝、物久之塵。元慶按、尒疋釋訓專釋詩、釋言兼及詩者亦不尟。此條烝塵也戎相也、堉指小疋烝也無戎說、故毛傳烝塡戎相也義、卽本於尒疋。景純善引詩、而此獨缺如者、疑一時失檢、至謂人衆所以生塵埃、則更迂遠矣。故邵二雲郝蘭皋王伯申諸家皆辨郭註之非。詩常棣章烝也無戎、謂久無助我也。烝之訓久、鄭箋明言之矣。塵亦訓久、上文釋詁云塵久也、非其證乎。古聲塡窴塵同、其說始於鄭君。故詩常棣毛傳烝塡也、東山毛傳烝窴也、南有嘉魚鄭箋烝塵也、又倉兄塡兮傳塡久也。邵正義郝疋及經義述聞皆詳引之。竊謂塡窴塵之訓久、皆係陳之叚音。上文釋詁塵久也、郝曰塵者陳之叚音也。說文田、陳也。畝者从田十久、取陳久之義也。畝爲晦之或體、从久者乃其得聲。以是證陳久之義、恐不盡合。然詩我取其陳、史記平準書陳陳相因、固皆謂陳爲久也。塵塡窴及烝皆訓爲久者、疑皆陳之叚音、而實則義存乎聲也。此條烝塵也、自指詩烝也無戎說、否則烝下何卽羼以戎相也乎。至孫叔然曰烝物久之塵、邵郝皆指爲妄、高郵王氏獨韙之、則其說究與景純有別也。

蔣元慶日記

戎、相也。

釋詁：「相、勴也、」勴者、輔助也。戎者、小雅常棣云：「烝也無戎、」傳云：「戎、相也、」鄭箋亦以戎爲相助。郝云：「爾雅釋文『戎、本或作搣、顧如勇反、』是搣與搑、音義同、搑有翼戴之義、與相義亦近。」

爾雅學

戎相也〇釋曰戎相也如字注同一云相助也息亮切〇注疏本刪上八字音切改大字。

校勘記

戎、如字、或本作搣。顧、如勇翻、音宂。沈、如升翻、音仍。

音略

戎、相也。平去二音。

孫偘直音

戎相去聲也

楊氏音訓

饫私也

饫私也。宴飲之私。

郭注

饫私也 釋曰、孫炎曰、饫非公朝私、飲酒也。郭云、宴飲之私。小雅常棣云飲酒之饫、毛傳云饫私也。不脱屨升堂謂之饫、鄭箋云私者圖非常之事若議大疑於堂則有饫禮焉、聽朝爲公。周語曰、王公立饫。

邢疏

饫私也

饫非公朝、私飲酒也。詩正義九之二 邢疏

孫音注

黃輯古義

饫私也

饫非公朝、私饫邢疏無飲字飲酒也。邢疏 詩小雅棠棣正義

孫音注

玉函山房輯佚

饫私也

饫非公朝、私飲酒也。同 詩疏九之二

鈎沉

饫私也

孫曰、饫非公朝、私私饫飲酒也。詩正義九之二 邢疏

漢注

饫私也

孫炎云、饫非公朝私飲酒也。詩正義九之二卷 郭璞云、宴飲之私。

一切注音

饫私也、孫炎曰、饫非公朝、私飲酒也。詩常棣正義

饫於庶反

陸音義

古注斠

饫私也

饫私恩也、饗公義也。

新義

饫私也 郭云、宴飲之私。

鄭樵注

饫私也

孫炎曰、饫非公朝、私飲酒也。

郭璞曰、宴飲之私。

鄭樵曰、郭云、宴飲之私。

古注合存

饫私也。此釋饫爲私之義也。疏曰、饫非公朝之燕私飲酒也。詩常棣云、飲酒之饫。

注疏參義

饫私也 宴飲之私

私者厶之叚借也。說文引韓非曰、蒼頡作字、自營爲厶。通作私。方言云、私、小也。凡物小者謂之私。然則私有纖嗇之意、對公爲小也。饫者、說文作醧、云私宴歓也。文選注引薛君韓詩章句曰、飲酒之禮、下跣而上坐者謂之宴。賺澍能者飲、不能者已、謂之醧。賺澍通作饫。說文鋈、燕食也。詩飲酒之饫、傳饫私也。不脱屨升堂謂之饫。正義引孫炎曰、饫非公朝私飲酒也。馬瑞辰曰饫有二義。周語云、王公立饫則有房烝、親戚宴饗則有餚烝。又云、饫以顯物、宴以合好。此立饫之饫、與燕異禮者也。爾雅云饫私也、說文鋈燕食也、韓詩作醧、此饫私之饫與燕異名同實者也。饫私即楚茨所云備言燕私、傳謂燕而盡其私恩者耳。毛傳饫私也、本爾雅爲義。又云不脱屨升堂謂之饫、本周語立饫爲說、葢廣異義也。箋云、私者圖非常之事、若議大疑於堂則有饫禮焉。是以饫私即爲立饫、誤矣。

義疏

饫私也

孫注、饫非公朝、私飲酒也。郭注、宴飲之私。詩飲酒之鋈、說文鋈燕食也、韓詩作醧。辥云、能者飲、不能者已、謂之醧。國語云、王公立饫。鋈从芺、醧从區、皆有私燕之意、國語之言無據。

集解

饫私也

饫、字本作鋈、燕食也、从食芺聲。今字作饫、正字爲醧。醧、私宴飲也。引申爲私。醧饫通用字。詩常棣飲酒之饫、韓詩作醧、毛傳私也。晉語繹

不盡飫則退、注飫燕安私飲也。私禾也、从禾厶聲、經典或以爲厶之借字。賈子道術、兼覆無遺謂之公、反公爲厶。

義證

飫私也

註宴飲之私〔補正〕邢疏、孫炎曰飫非公朝私飲酒也。小雅飲酒之飫、傳云飫私也、不脫屨升堂謂之飫。箋云私者、圖非常之事、若議大疑於堂則有飫禮焉、聽朝爲公。周語曰、王公立飫。

郭注補正

戎相也飫私也

小雅常棣烝也無戎飲酒之飫、毛傳云戎相也。鄭箋云、當急難之時、雖有善同門來久也、猶無相助已者。助即相也。　飫者、傳云私也、不脫屨升堂謂之飫。箋云、私者圖非常之事、若議大疑於堂則有飫禮焉、聽朝爲公。正義引孫炎曰、飫非公朝私飫飲酒也。小雅楚茨備言燕私、即此義也。說文云饌、燕食也。又云醧、私宴歙也。韓詩作醧、與飫通字。

說詩

飫私也疏私飫飲酒也（脫飫字、從詩疏校。）

注疏正字

飫私也

錦燧謹案、此釋詩常棣篇飲酒之飫也。毛傳云、飫私也、不脫屨升堂謂之飫。然飫私皆假借字、據文選魏都賦注引韓詩飲酒之醧、飫醧聲轉通假字。說文食部云饌、燕食也。又酉部云醧、私宴歙也。聲亦近而微別。以私爲訓、則當以醧爲本字、蓋毛用假字、韓用本字也。說文厶部云厶、姦衺也、韓非曰蒼頡作字自營爲厶。又八部公字下云、韓子曰、背厶爲公。是公私之私當作厶。私者、說文禾部云禾也、其義經典罕見、惟詩駿發爾私、毛傳云民田也、用私之本義。其外俱爲厶之假借、私行而厶廢矣。

陸錦燧日記

飫、私也。

私者、說文引韓非曰：「蒼頡作字、自營爲厶、」是厶爲本字、經典相承用私。詩「雨我公田、遂及我私、」私者對公而言也。

飫者、醧之假借字。說文酉部云：「醧、宴厶歙也、（依段本）从酉、區聲。」宴與燕同、小雅楚茨「諸父兄弟、備言燕私、」傳云：「宴而盡其私恩、」是醧者私宴也、故爾雅云：「飫、私也、」郝氏引馬瑞辰云：「飫有二義、周語云：『王公立飫、則有房烝、親戚宴饗、則有餚烝、』此立飫之飫、與燕異禮者也。爾雅云：『飫、私也、』說文『饌、燕食也、』韓詩作饇、此飫私之飫、與燕異名同實者也。」馬說分別立飫與飫私、審矣；段玉裁饇篆下言之尤詳、段云：「宴私之飲謂之醧、見韓詩、魏都賦張載注云：『韓詩曰：賓爾籩豆、飲酒之醧、能者飲、不能者已、謂之醧、』徐堅初學記引韓詩說曰：『跣而上坐者、謂之宴、能飲者飲、不能飲者已、謂之醧、』韓數典獨詳。」又引詩湛露傳及周語而釋之曰：「飫之禮大於宴醧。故飫主於敬、宴醧主於和；飫必立成、宴醧必坐、飫在晝、宴在夜、飫必屨而升堂、宴醧必跣；飫公之至者、不得云私、宴醧主飲酒以親親、故曰宴私。」段說所云宴醧、皆馬所謂飫私、但飫字爲假借耳。馬所引說文饌字之訓；段所不取、詩角弓傳云：「饇、飽也、」段云：「饇即飫、此飫之本義、」意以爲此饌字、非周語立成之飫、及詩飫私之飫、亦非爾雅之飫也。

爾雅學

飫私也○釋曰　注疏本刪

飫非公朝私飲酒也　注疏本同。詩常棣正義私下衍飫字、浦鏜反據以補此、誤甚。

校勘記

六行(注)晏飲之私○「晏」當作「宴」。

宋監本校箋

於
飫、私也。

孫侶直音

孺屬也

孺、屬也。謂親屬。

郭注

孺屬也　釋曰、李巡云、孺、骨肉相親屬也。常棣云和樂且孺、毛傳云九族會曰和、孺、屬也。鄭箋云屬者昭穆相次序。

邢疏

孺屬也

孺骨肉相親屬也。詩正義九之二　邢疏

李注

黃輯古義

孺屬也

孺、骨肉相親屬也。邢疏　詩小雅常棣正義

李注

玉函山房輯佚

孺屬也

孺、骨肉相親屬也。李注　詩疏九之二

鈎沉

孺屬也

李曰、孺、骨肉相親屬也。詩正義九之二　邢疏

漢注

孺屬也

李巡云孺、骨肉相親屬也。詩正義九之二卷　郭璞云謂親屬。

一切注音

孺屬也　李巡曰、孺、骨肉相親屬也。詩常棣正義

古注斠

孺　如戍反、本今作儒。　屬　雜欲反。

陸音義

孺　○邢本作孺。

音義攷證

孺屬也　常棣云、和樂且孺。屬、親也。

鄭樵注

孺屬也

李巡曰、孺、骨肉相親屬也。

郭璞曰、謂親屬。

鄭樵曰、常棣云、和樂且孺。屬、親也。

古注合存

孺屬也。此釋孺爲屬之義也。註曰、謂親屬也。疏曰、李巡云、孺者骨肉相親屬也。詩常棣云、和樂且孺。愚按詩傳云、孺者如小兒之慕父母。言其切也。舊訓儒爲屬。未楚此以上四條、皆釋常棣之文。

注疏參義

烝塵也〔註〕人衆所以生塵埃。戎相也〔註〕相佐助。飫私也〔註〕宴飲之私。孺屬也〔註〕謂親屬〔正義〕小雅常棣云、烝也無戎。又云、飲酒之飫。又云、和樂且孺。此釋之也。毛傳烝、塡也。豳風東山云、烝在桑野。毛傳烝、寘也。鄭箋、古聲塡寘塵同、是烝訓爲塵。聲義相兼也。戎、飫、孺之訓、毛傳俱用爾雅。詩疏引孫炎云、飫非公朝、私飲酒也。李巡云、孺、骨肉相親屬也。〔註〕人衆至塵埃○〔正義〕詩疏引孫炎云、烝物久之塵。郭註本孫炎。按孫炎昧於古音、後世望文生義、寔昉於孫炎。古者聲同聲近者、其義即存乎聲、無俟彊爲傅合也。○宴飲之私。○〔正義〕說文云、鉃、燕食也。案周語云、王公立飫則有房烝、親戚宴饗則有殽烝。又曰、飫以顯物、宴以食好、是飫禮與燕禮異。周語又云、王公之有飫禮、將以講事成禮、建大德、昭大物。毛傳云、不脫屨升堂謂之飫。鄭箋云、飫者圖非常之事、若議大疑於堂、則有飫禮焉。聽朝爲公。

正義

孺屬也　曲禮、大夫妻曰孺人。大夫之妻曰孺、言屬于夫、不敢自專也。

校議

孺屬也

謂親屬

屬者、說文云連也、釋名云續也、恩相連續也。孺者、詩

和樂且孺、傳孺屬也。正義引李巡曰、孺骨肉相親屬也。曲禮云大夫曰孺人、鄭注孺之言屬。

義疏

孺屬也　李注、孺骨肉相親屬也。郭注、謂親屬。

孺从需、幼子需人者、因爲親屬之稱。詩、和樂且孺。屬从蜀尾。蜀蠶類、尾屬於身、故爲連屬。

集解

孺屬也　孺、乳子也、从子需聲。正字爲屬。屬孺叠韵。詩常棣和樂且孺、傳孺、屬也。禮記曲禮大夫曰孺人、注孺之言屬。或者正字爲繻。與繻、繪采色、謂采色之屬於衣。屬、連也。从尾蜀聲。書禹貢涇屬渭汭。

義證

烝塵也戎相也飫私也孺屬也

孫注、物久之塵。（邢疏詩小雅常棣正義。）飫非公朝私飫（邢疏無飫字。）飲酒也。（邢疏詩小雅常棣正義。）

李注、孺骨肉相親屬也。（邢疏詩小雅常棣正義。）

注、人衆所以生塵埃。相佐助。宴飲之私。謂親屬。

沈氏集注、（戎作拭。）拭如升反。（釋文。）

顧氏音、（戎作拭。）拭如勇反。（釋文。）

釋文烝、（之仍反。）埃（音哀。）戎（如字。本或作拭。顧如勇反、沈如升反。）相（息亮反。）飫（於庶反。）孺（如戍反。）屬（雖欲反。）

疏、孫炎曰、烝、物久之塵。小雅南有嘉魚云、烝然罩罩。郭云、人衆所以生塵埃。（相如相、字。注同。）一云相助也。（息亮切。）故注云相佐助也。　孫炎曰、飫非公朝私飲酒也。郭云、宴飲之私。小雅常棣云、飲酒之飫。毛傳云、飫、私也、不脫屨升堂謂之飫。鄭箋云、私者、圖非常之事、若議大疑於堂、則有飫禮焉、聽朝爲公。周語曰、王公立飫。　李巡云、孺骨肉相親屬也。常棣云、和樂且孺。毛傳云、九族會曰和、孺屬也。鄭箋云、屬者、昭穆相次序。

鄭注、郭云、人衆所以生塵垢。　相助也。　郭云、宴飲之私。　常棣云、和樂且孺、屬親也。

正義、小雅常棣云、烝也無戎、又云、飲酒之飫、又云、和樂且孺、此釋之。毛傳、烝、塡也。豳風東山云、烝在桑野。毛傳、烝、窴也。鄭箋、古聲塡窴塵同。是烝訓爲塵、聲義相兼也。戎飫孺之訓、毛傳俱用爾雅。詩疏引孫炎云、飫非公朝私飲酒也。李巡云、孺骨肉相親屬也。「注」人衆至塵埃。詩疏引孫炎云、烝、物久之塵。郭注本孫炎。按、孫炎昧於古音、後世望文生義、實昉於孫炎。古者聲同聲近者、其義即存乎聲、無俟彊爲轉合也。宴飲之私。說文云、餸、燕食也。案周語云、王公立飫、則有房烝、親戚宴饗、則有殺烝、又曰、飫以顯物、宴以食好。是飫禮與燕禮異。周語又云、王公之有飫禮、將以講事成禮、建大德、昭大物。毛傳云、不脫屨升堂謂之飫。鄭箋云、飫者、圖非常之事、若議大疑於堂、則有飫禮焉、聽朝爲公。

義疏、塵者、釋詁云久也。通作塡。詩倉兄塡兮、傳塡久也。又通作窴、窴與塡同也。烝者、釋詁云衆。此云塵者、詩南有嘉魚箋、烝、塵也。塵然猶言久如也。東山箋、烝、塵也。傳烝、窴也。常棣傳又云烝、塡也。鄭箋、古聲塡窴塵同。東山箋亦云、古者聲窴塡塵同也。是窴塡俱塵之叚音、烝塵亦語聲轉。然則烝塵二字以聲爲義、不須訓詁。詩桑柔正義引孫炎曰、烝、物久之塵。郭注申之而云人衆所以生塵埃、均爲失矣。

相者、釋詁云、導也、勴也。戎者、詩烝也無戎、傳戎、相也。爾雅釋文、戎本或作拭、顧如勇反。是拭與搣音義同。搣有翼戴之義、與相義亦近。　私者、厶之叚借也。說文引韓非曰、蒼頡作字、自營爲厶。通作私。方言云、私、小也、凡物小者謂之私。然則私有纖嗇之意、對公爲小也。飫者、說文作䬼、云私宴歓也。文選注引薛君韓詩章句曰、飲酒之禮、下跣而上坐者謂之宴。（東都賦注。）能者飲、不能者已、謂之醧。（魏都賦注。）通作飫。說文、餸、燕食也。詩飲酒之飫、傳飫、私也、不脫屨升堂謂之飫。正義引孫炎曰、飫非公朝私飲酒也。馬瑞辰曰、飫有二義、周語云、王公立飫、則有房烝、親戚宴饗、則有烝。又云、飫以顯物、宴以合好。此立飫之飫、與燕異禮者也。爾雅云、飫、私也、說文、餸、燕食也、韓詩作醧、此飫私之飫、與燕異名同實者也。飫私即楚茨所云備言燕私、傳謂燕而盡其私恩者耳。毛傳飫、私也、本爾雅爲義。又云不脫屨升堂謂之飫、本周語立飫爲說、蓋廣異義也。箋云、私者、圖非常之事、若議大疑於堂、則有飫禮焉。是以飫私即爲立飫、誤矣。　屬者、說文云、連也。釋名云、續也、恩相連續也。孺者、詩和樂且孺、傳孺、屬也。正義引李巡曰、孺骨肉相親屬也。曲禮云、大夫曰孺人、鄭注、孺之言屬。

經義述聞、家大人曰、郭訓烝爲衆、衆與塵埃不同義、故曲爲之說曰、人衆所以生塵埃、其失也鑿矣。豳風東山篇、烝在桑野、毛傳曰、烝、窴也。鄭箋曰、蠋蜎蜎者、特行久處桑野、有似勞苦者、古者聲窴塡塵同也。小雅常棣篇、烝也無戎、毛傳曰、烝、塡也。箋曰、當急難之時、雖有善同門來久也、猶無相助己者、古聲塡窴塵同。是塵訓爲久、非謂塵垸也。故孫注曰烝物久之塵。其意蓋曰此塵字非塵垸之塵、乃物久之塵也。釋詁曰塵久也、孫彼注曰塵居之久義與此注同。而郭彼注亦誤以爲塵垸矣。又案盤庚失于政陳于茲、正義曰釋詁云塵久也、孫炎曰塵居之久、久則生塵矣、古者塵陳同也、故陳爲久之義。自久則生塵以下、皆孔氏申明上文之詞、非孫注原文也。孔爲郭注所惑、故有久則生塵之說、非孫義也。邵氏誤以久則生塵矣五字爲孫注、又未解此注物久之塵四字之義、而以爲物久則生塵、遂以爲景純之誤本於叔然、何讀古之不審也。

世榮案、塵之訓久、明見釋詁。郭氏不用者、蓋以此四句明釋常棣、則訓烝爲久不如訓烝爲衆義長、而塵之訓衆不得其說、故強爲之辭。實則訓久之塵乃陳之叚字、訓衆之塵乃嗔闐之叚字也。塵塡賓音竝近陳、書盤庚正義曰、古者塵陳同也。陳有久義、故同聲相叚皆可爲久。而賓塡與嗔闐又同一聲。說文口部嗔盛气也、引詩振旅嗔嗔。門部、闐盛皃。郭注釋天、闐闐、羣行聲。曰盛曰羣、則有衆義、故同聲相叚亦可爲衆。東山傳烝、賓也、桑柔箋塡、久也、此訓久者也。常棣傳烝、塡也、此訓衆者也。而其音皆可叚爲塵、故此經以塵字總釋之。蓋此四句雖竝見常棣、而以塵訓烝、實非指一詩、并不專一義。毛公能達此意、故東山、常棣傳以賓塡訓烝、即此經之以塵訓烝、雖聲同文同而義實各異。康成則知有訓久之塵、而遺訓衆之塵、故於常棣嘉魚詩義不免迂曲。孫叔然弊亦同此。郭氏頗悟其失、而未明通叚、故緣詞生訓、又於此經塵字專主衆義、舉此廢彼、適與孫氏各得一偏。邵王郝氏知古聲之同、而於塵兼衆義不敢質言、但云以聲爲義、不須訓詁、則於詩中諸烝字未能當名辨物、均未能無失矣。相與助、釋詁同訓爲勴、則相即助也。助與戎一聲之轉、常棣以戎與侮韻、蓋讀戎爲助、故可訓相。

釋言集解後案

孺屬也

注謂親屬。補正 邢疏、李巡云、孺、骨肉相親屬也。

郭注補正

孺屬也

小雅常棣和樂且孺、毛傳云孺、屬也、鄭箋云、屬者以昭穆相次序。正義引李巡曰、孺、骨肉相親屬也。

以上三條竝釋常棣。

說詩

孺屬也 孺、釋文作孺。

疏常棣云和樂且孺 上當有小雅二字。

孺屬也 孺、毛本誤儒。

屬者以昭穆相次序 脫以字。

注疏正字

孺屬也 孺、釋文云本今作孺。案、孺俗體。

匡名

烝塵也戎相也飫私也孺屬也 豳風烝在桑野、傳烝、寘也。箋古者聲寘塡塵同也。郭註、人衆所以生塵。小雅、祇自塵兮。小雅烝也無戎、傳戎、相也。餕、燕食也。孫炎云、飫非公朝私飲酒也。說文厶、禾也。厶爲公私之私。小雅和樂且孺。孺、乳子也、一曰輸也。李巡云、孺、骨肉相親屬也。

啓蒙

孺、屬也。

說文尾部云：「屬、連也、」史記信陵君傳云：「平原君使者、冠蓋相屬於魏、」屬、聯屬也；地官「月吉、則屬其州之民讀邦灋、」注「屬、猶合聚也、」合聚亦聯屬也。孺者、小雅常棣云：「和樂且孺、」傳云：「孺、屬也；」正義引李巡云：「孺、骨肉相親屬也。」鄭注曲禮：「大夫曰孺人、」云「孺之言屬、」此皆雅義也。

爾雅學

孺屬也〇釋曰 注疏本删

校勘記

茹蜀

孺屬也。

孫侶直音

孺屬也 謂親屬

楊氏音訓

幕暮也

幕、暮也。幕然暮夜。

郭注

邢疏

幕暮也 釋曰、幕然暮夜也。

陸音義

幕音莫。

新義

幕暮也

幕、㵕天明者。

鄭樵注

幕暮也郭云幕然暮夜。

古注合存

幕暮也 郭璞曰、幕然暮夜。 鄭樵曰、郭云、幕然暮夜。

注疏參義

幕暮也。此釋幕爲暮之義也。註曰、幕然暮夜。

正義

幕暮也**註**幕然暮夜**正義**幕訓爲暮、以聲近爲義也。左氏昭十三年傳云、以幕蒙之。方言云、幕、覆也。說文云、莫、日且冥也、从日在茻中。暮當從說文作莫。

正義

幕暮也幕然暮夜 暮者古字作莫。說文云、莫、日且冥也。按、莫有二讀、說文之莫音慕故切、爾雅之莫當音慕各切。左氏莊廿八年傳、狄之廣莫。小爾雅云、莫、大也。宋咸注、莫府言大也。莫府卽幕府矣。幕者、說文云、帷在上曰幕。覆食案亦曰幕。方言云、幕、覆也。釋名云、幕、幕絡也、在表之偁也。又云、𧹞鬴曰莫。莫、幕也、貧者著衣可以幕絡絮也。然則釋名以莫爲幕、爾雅以幕爲莫、其義正同。幕絡、新序雜事二作莫絡、古字通用。推是而言、詩維葉莫莫、莫莫猶幕幕也。內則注皺謂皮肉之上魄莫也。魄莫猶幕絡也。是爾雅古本作幕莫、聲義相兼。今本作幕暮、傳寫誤改。郭氏望文生義、以幕爲暮夜、聲義俱乖矣。

義疏

幕莫也郭注、幕然暮夜。 幕、从莫巾、張幠如日暮也。郝說維葉莫莫、莫本作幠幠。今按、此上皆釋小雅、益三家本作歲亦幕止。

集解

幕暮也 帷在上曰幕、从巾莫聲。在旁曰帷。字亦作𢅏。一曰覆食案亦曰幕。周禮幕人掌帷幕幄帟綬之事、左昭十三傳以幄幕九張行、莊二八傳楚幕有烏、穀梁定十傳舞於魯君之幕下、帷幕之幕也。易井收勿幕、禮記檀弓布幕衞也、綃幕魯也、莊子則陽解朝服而幕之、覆幕之幕也。均有冥莫不明之狀。廣雅幎之訓覆、其此謂與。暮字本作莫、日且冥也、从日在茻中會意。經典或以爲冪之借字。冪卽幎字也。周禮所謂幎人是。或者幕之正字爲蓦與。蓦、宋也、謂夜宋蓦也。此經故釋爲莫耳。

義證

幕暮也 注幕然暮夜

諍曰、郝氏据小爾雅莫大也、宋咸注莫府言大也、莫府卽幕府、新序莫絡卽釋名言幕絡、聲義相通、因以暮爲莫。按暮夜字古皆作莫、从日在草中會意、不得復加日字。此必因以莫訓幕與幕同音、遂加日作後出之暮。注卽望文生訓、義殊未安。

諍郭

幕暮也

此經應作莫幕也、乃釋小雅采薇歲亦莫止。案以上諸條皆係依詩之篇章次第蟬聯而下、常棣後卽接采薇、故知此經爲釋歲亦莫止之辭。說文云、莫、日且冥也。鄭箋云、莫、晚也。彼釋文云、莫、音暮、本或作暮。此乃後人不知莫卽暮字、而據詩或本改爲暮、又與幕字互倒。且上下文皆係釋詩、今詩中有莫無幕、故知其爲誤倒也。正義云、集本定本暮作莫、古字通用也。爾雅釋文不出暮字、蓋以暮字常見無别音、其誤自唐時已然矣。齊風不夙則莫、大雅小明歲聿云莫、雲漢方社不莫、皆作莫不作暮。彼釋文云、莫音暮。周頌臣工維莫之春。彼釋文云、莫音暮、本或作暮。暮者、方言云覆也。覆蓋不見天日、與日暮相似、故曰莫幕也。

說詩

幕暮也 徐養原曰、宋薇歲亦莫止、三家本蓋有作幕者。 莫、从日在茻中、隸變又加日作暮。

匡名

幕暮也 郭註、幕然暮夜。說文、莫、日且暮也。从日在茻中。

啓蒙

幕暮也。幕然暮夜。幕暮以聲為訓。幕之言蒙、蒙無所見、故云暮夜。幕聲轉為冂、冃、冃。

黃侃音訓

幕暮也、郭云幕然暮夜。郝懿行云、釋名云、煑繭曰莫、莫幕也、貧者著衣可以幕絡絮也。釋名以莫爲幕、爾雅以幕爲莫、其義正同。是爾雅古本作幕莫、聲義相兼、今本作幕暮、傳寫誤改。楷案、幕者、募字之假音也。故訓暮。說文、募、宋也。廣雅、募、靜也。暮正宋靜之時、故其字卽从夕。聲之靜曰㗛嘆、人之死曰宋募。說文、㗛、嘆也。募、死宋募也。時之暮曰宋募、其義一也。郭以幕然狀暮夜固非、郝改暮爲莫亦未是。

稗疏

幕、暮也。

幕、邵郝皆以爲當作莫。說文茻部云：「莫、日且冥也、从日在茻中、茻亦聲。」引伸爲莫無廣莫之義。左氏莊二十八年傳云：「狄之廣莫、」小爾雅云：「莫、大也、」宋咸注「莫府、言大也。」幕者、說文巾部云：「帷在上曰幕、」故方言云：「幕、覆也。」幕、亦稱幕絡、釋名云：「幕、幕絡也、在表之偁也。」幕絡、新序雜事作莫絡、是莫、幕、聲義俱同、詩「維葉莫莫、」郝云：「莫莫、猶幕幕、」其說是也。

爾雅學

幕暮也〇釋曰 注疏本刪

校勘記

幕暮也。《方言》云：「幕覆也。」《釋名》云：「幕，幕絡也，在表之偁也。」又云：「煑繭曰莫。莫，幕也。貧者著衣可以幕絡絮也。」郝懿行《爾雅義疏》云：「是《爾雅》古本作幕莫，聲義相兼。今本作幕暮，傳寫誤改。」郭氏望文生義，以幕爲暮夜，聲義俱乖矣。」

宋監本校箋

莫

幕暮也。

孫侶直音

幕 莫

干氏音釋

煽熾也熾盛也

煽熾也熾盛也。互相訓、煽義見詩。

郭注

煽熾也熾盛也 釋曰、轉相解也、皆燮寵熾盛也。注煽義見詩者、小雅十月之交云豔妻煽方處。

邢疏

煽熾也熾盛也 盛、釋文本作晠。

郭璞云、互相訓、煽義見詩。

一切注音

煽音扇。熾昌至反。 晠市正反、本作盛同。

陸音義

晠〇邢本作盛。

音義攷證

煽熾也熾盛也

煽、風也。熾、火也。

新義

古注合存

煽熾也熾盛也

郭璞曰、互相訓、煽義見詩。

注疏參義

煽熾也熾盛也。此釋煽爲熾盛之義也。疏曰、詩十月云、豔妻煽方處。

正義

煽熾也熾盛也 註 互相訓煽義見詩

正義 煽、說文作偏、熾盛也。煽訓爲熾、熾又訓盛、義相成也。註 見詩。○正義 小雅十月之交云、豔妻煽方處。漢書谷永傳引魯詩云、閻妻扇方處。列子黃帝篇扇赫百里。是偏爲本字、扇爲省字、煽或體字也。魯頌閟宮云、俾爾昌而熾。

義疏

煽熾也熾盛也 互相訓煽義見詩

熾者、說文云盛也。詩六月傳同。煽者、偏之或體也。說文偏、熾盛也。引詩豔妻偏方處。通作扇。漢書谷永傳注引魯詩作閻妻扇方處。又通作煽。毛詩十月之交傳、煽、熾也。是煽訓熾、熾訓盛、說文簡略、故總曰偏、熾盛也。

集解

煽熾也熾盛也

煽、从扇、本戶扇、而爲扇風之扇。崔豹說舜作扇。詩豔妻煽方處、說文引作偏、魯詩作扇、是也。熾、从戠、戠本表識、借爲赤戠字、火赤是盛也。詩玁狁孔熾。盛从成皿、取齍盛爲盛大也。

義證

煽

熾也 煽字本作偏、熾盛也、从人扇聲。詩十月之交豔妻煽方處、傳煽、熾也、魯詩以扇爲之。熾、盛也、从火戠聲。古文作㦰。考工鐘氏、三月而熾之。

熾盛也 承上而明熾非火盛乃火盛之引申義耳。詩六月玁狁孔熾、傳熾、盛也。文選解嘲、二老歸而周熾、言熾盛也。盛、黍稷在器中以祀者也、从皿成聲。經典或以爲戴之借字。禮記中庸官盛任使、疏謂官之盛大。取戴訓大之義耳。

說詩

煽熾也熾䁟也

煽者、說文作偏、云熾盛也、引詩豔妻偏方處。今小雅十月之交作豔妻煽方處、毛傳云煽、熾也。彼釋文云處、一本作熾。熾、盛也。漢書谷永傳引魯詩作閻妻扇方處。煽扇皆偏之假借。熾者、說文云盛也。小雅六月玁狁孔熾、毛傳云熾、盛也、魯頌閟宮俾爾熾而昌、疏云使汝得福熾盛而昌大、是亦以熾爲盛也。䁟爲盛之異體。

注疏正字

煽熾也熾盛也 盛釋文作䁟云本又作盛

盛 釋文或作䁟。䁟當作賊、皿字倒書于旁、非日字也。卽盛字。見方言。

小箋

煽熾也 煽、說文火部新附字、當作偏。說文人部偏、熾盛也。从人扇聲。詩曰豔妻偏方處。

匡名

熾䁟也 釋文云、䁟本作盛。案說文人部熾、盛也。正用此訓。日部無䁟字、諸本亦無作䁟者。

啓蒙

煽熾也熾盛也 說文、偏、熾盛也、引詩豔妻偏方處。今作煽、傳煽、熾也。漢書引魯詩作扇、魯頌、俾爾熾爾昌。熾、盛也。

煽 偏 說文。偏熾盛也。引詩豔妻偏方處。

䁟 盛 釋文。䁟本作盛。同。

凡盛美字正作丁、說文丁字注云丁壯成實。通作成、就也。漢書丁年卽盛年、丁壯卽盛壯。

黃侃評本正名

煽、熾也。熾、盛也。煽熾、熾盛相承義同。盛引申為盛大、猶豐引申為豐盛、不必改字而可通。盛通作丁、說文丁、丁壯成實、漢書丁年即盛年、丁壯即盛壯。又通作成、就也。

黃侃音訓

烝塵也　戎相也　孺屬也　煽熾也　熾盛也

毛詩傳烝塡也（小雅常棣傳）又作烝寘也（豳風東山傳）釋文戎本或作拔

釋言釋文孺作孺（云本今作孺、釋言釋文。）說文煽作傓（云熾盛也、詩曰、豔妻傓方處。人部傓）

魯詩作扇（閻妻扇方處。見漢書谷永傳。）引釋文盛作晠（云本作盛同。釋言釋文。）

烝塵也、毛傳云烝、塡也。又云、烝、寘也。鄭氏詩箋云、古聲塡寘塵同。

證異

煽、熾也。熾、盛也。

說文云：「傓、熾盛也；熾、盛也。」煽者、傓之或體；省作扇；魯詩作閻、傓之假借也。

爾雅學

熾盛也　唐石經單疏本雪牕本同。釋文、晠市正反、本作盛同。按釋詁美也、注皆美盛之貌。釋文盛或作晠同。玉篇晟、明也。廣韻晟、熾也。集韻云或作晠。

煽熾也熾盛也○釋曰　注疏本删

豔妻煽方處　閩本監本同。毛本豔改艷、元本此字闕。

校勘記

七行煽熾也○「煽」唐寫本作「扇」。

宋監本校箋

晠市正翻、音盛。本一作盛同。今本作盛、石經同。

音略

扇　熾

煽、熾也。熾、盛也。

孫佁直音

扇志　煽熾也、

直音校正

煽　扇

干氏音釋

柢本也

柢本也。謂根本。

郭注

柢本也　釋曰、謂根本也。周禮典瑞云、四圭有邸。鄭司農云於中央爲璧、圭著其四面、一玉俱成。即引此文云邸本也。圭本著於璧、故四圭有邸、圭末四出故也。又曰、兩圭有邸。後鄭云、僢而同邸。皆謂本也。柢邸音義同。

邢疏

柢本也

柢音帝。釋文

謝音

柢本也

周禮春官典瑞四圭有邸鄭注引爾雅曰、邸、本也。

衆家注

黃輯古義

柢本也。柢音帝。並同上。

謝音

玉函山房輯佚

柢本也　鄭註周禮典瑞引作邸、本也。

郭璞云、謂根本。

一切注音

柢本也

蕙心案、周禮典瑞云圭有邸、鄭注引爾雅、邸、本也。

古注斠

柢　謝音帝。

陸音義

柢本也　柢音帝、謂根本。

鄭樵注

柢本也
郭璞曰、謂根本。
鄭樵曰柢音帝、謂根本。

古注合存

柢本也、柢音帝。○此釋柢爲本之義也。疏曰周禮典瑞云。圭有邸。又云。兩圭有邸。邸柢音義同。

注疏參義

柢本也 註 謂根本 正義 說文云、柢、木根也。木下曰本。士虞禮云、載猶進柢。鄭註、柢、本也。或作邸。春官典瑞云、四圭有邸。鄭註引爾雅云、邸、本也。本又作氐。小雅節南山云、維周之氐。毛傳、氐、本也。

正義

柢本也 謂根本

本者、說文云木下曰本。醢人注昌本、昌蒲根是矣。柢者、說文云木根也。士喪禮云進柢、士虞禮記云載猶進柢、鄭注竝云柢、本也、今文柢爲胝。泉府云買者名從其抵、鄭注抵、實柢字、柢、本也。通作邸。典瑞云、四圭有邸。鄭注引爾雅曰、邸、本也。按釋器云、邸謂之柢。郭注、根柢皆物之邸。邸即底、通語也。又通作氐。詩維周之氐、傳氐、本也。周語云、本見而草木節解。韋昭注、本、氐也。是氐柢同。亢氐二星之間名曰天根、正以此也。聲轉爲杜、方言云、杜、根也、東齊曰杜。

義疏

柢 氐邸 本也 郭注、謂根本。氐、从氏一、山下地、爲低底字、故爲本底。詩維周之氐、禮進柢、周官、四圭有邸。又買者各從其抵。本从木下一、象根入地下。

集解

柢本也 柢、木根也、从木氐聲。引申爲本。老子所謂深其根固其柢是也。儀禮士喪進柢、士虞禮記載猶進柢、鄭注均云柢、本也。前漢書敘傳形氣發於根柢兮、師古曰、柢、本也。文選何敬宗遊仚詩根柢無凋落、注柢、本也。周禮泉府買者各從其抵、注抵、本也、典瑞四圭有邸、鄭注引爾雅曰、邸、本也。詩節南山維周之氐、傳氐、本也。以抵邸氐爲之。木下曰本、从木、一在其下、指事。古文从木从品。

義證

柢本也

柢與氐同。小雅節南山維周之氐、毛傳云氐、本也。

鄭注周禮典瑞引爾雅曰、邸、本也。邸與柢通。釋器云、邸謂之柢。

說詩

柢本也疏圭末四出故也 末誤本。

注疏正字

柢本也 周禮春官典瑞四圭有邸、先鄭引爾雅曰、邸、本也。詩小雅節南山維周之氐、傳氐、本也。即用此訓。而正義不云釋言文。又士喪禮士虞禮記皆有進柢之文、注皆訓本。

匡名

柢本也 說文、柢、木根也。或作邸。春官四圭有邸、鄭註、邸、本也。又作氐。小雅維周之氐、傳氐、本也。朩、木下曰本。

啓蒙

柢本也。柢聲轉爲椓、廣雅椓、株也、廣韻椓、木本也。

黃侃音訓

柢本也。老子、是謂深根固柢。通作氐。詩節彼南山、維周之氐、傳氐、本也。釋天、天根氐也。戴侗曰、凡本命根爲氐、旁根爲根。通曰本、故二十八宿氐謂之本、又謂之天根。

古義補

柢，本也。

說文木部云：「朩、木下曰朩；从木从丅；」此於形得義也。後人皆作本。又云：「柢、木根也；从木、氐聲；」此根柢字之本文。士喪禮、士虞禮、鄭注竝云：「柢、本也。」儀禮今文之胝、周禮之抵、邸、詩及周語之氐、皆柢之音假。說文氐部云：「氐、至也、」小徐本又有「本也」二字、其實至爲氐之本義也。

爾雅學

柢本也○釋曰 注疏本刪。

圭末四出故也 注疏本末誤本。

校勘記

周禮其瑞云 監本毛本湘本其作典、据周禮作典瑞是。此誤。 **注疏校勘札記**

柢音帝本也 **音圖・音**

底

柢、本也。 **孫侶直音**

柢帝本也 **楊氏音訓**

柢帝 **干氏音釋**

窕閒也

窕閒也 窈窕閒隙。 **郭注**

窕閒也 釋曰、窈窕閒隙也。詩周南關雎云、窈窕淑女。毛傳云、窈窕幽閒。鄭箋云、幽閒深宮、皆謂淑女所處之宮形狀窈窕然。 **邢疏**

窕閒也

窕、舍人本作跳、云跳者躍之間。釋文 **犍爲注**

窕閒也

窕、徒了反。釋文 **郭音義** **黃輯古義**

跳閒也 釋文、窕、舍人本作跳。

跳者、躍之閒。釋文 **犍爲注**

窕閒也。窕、徒了反。上並同 **郭音義** **玉函山房輯佚**

窕跳閒也

跳者、躍之間。舍人注 釋文二十九 **鈎沉**

窕閒也 釋文、窕、舍人本作跳。

舍人曰、跳者、躍之閒。釋文 **漢注**

窕閒也 釋文二十八卷 窕、舍人本作跳。

舍人云跳者、躍之閒。釋文二十八卷 郭璞云、窈窕閒隙。 **一切注音**

窕閒也 舍人本作跳、云跳者、躍之間。 郭徒了反。釋文 **古注斠**

窕 郭徒了反。舍人本作跳、云跳者 躍之間。 閒也 音閑或如字。 窈 音杳。 隙 去逆反。 **陸音義**

窕閑也 關雎窈窕淑女、毛云窈窕幽閒也。 **鄭樵注**

窕閒也 窕、郭徒了反。舍人本作跳。

舍人曰、跳者、躍之閒。

郭璞曰、窈窕閒隙。

鄭樵曰、關雎窈窕淑女、毛云窈窕幽閒也。 **古注合存**

窕閒也。閒音閑。(一)此釋窕爲閒之義也。疏曰、詩關雎云、窈窕淑女、毛傳云、幽閒也。鄭箋云、幽閒深宮也。皆謂淑女所處之宮。形象窈窕然。愚按詩傳、言淑女有幽閒貞靜之德、蓋借形之詞、而毛鄭則但就字言其所處耳。 **注疏參義**

窕、犍爲文學作跳、注云跳者、躍之閒。按此閒字讀如字。釋文音閑、然終當從去聲讀。 **補注**

窕閒也 **註** 窈窕閒隙 **正義** 周南關雎云窈窕淑女、毛傳窈窕幽閒。郭氏註方言云、窕言閑都也。釋文引舍人本作跳、云跳者、躍之閒。釋名云、跳、條也、如草木枝條務上行也。 **正義**

窕閒也 郭注窈窕閒隙 案郭氏注方言云、窕言閑都。此亦當與同訓。 **校議**

窕閒也 窈窕閒隙

閒者、釋文音閑、或如字。蓋因郭注閒隙、故存此音、郎實非也。閒、暇也、靜也、寬也。齊語云、處士使就閒燕、韋

爾雅詁林 二 釋言

昭注閒燕、猶淸淨也。楚辭招魂篇云像設君室靜閒安些、王逸注空寬曰閒淸靜寬閒也。是皆閒音閑之義也。宨者、上文云肆、是渫肆之閒也。詩關雎傳窈宨、幽閒也。毛蓋以窈爲幽、宨爲閒、皆本爾雅。鄭箋幽閒處渫宮、亦申毛義。唯有正義誤會鄭箋以爲幽閒渫宮、亦猶郭注誤會爾雅以爲窈宨閒隙、胥失之也。王照圓詩經小記云、窈、意之幽也。宨、心之閒也。其說是矣。爾雅釋文宨、舍人本作跳、云跳者、躍之閒。此則師授之異、不可通於今本及毛詩。

義疏

宨閒也 舍人本宨作跳。郭注謂窈宨閒隙。毛詩傳以窈宨爲幽閒。此上云冥窈、則宨閒釋義不宜在此。舊本作跳、則上帝甚蹈之異文。作蹈、與慆滔諂義同、疑也。作跳宨恌則爲閒隙、閒大疑也。

集解

宨閒也 宨、深肆極也、从穴兆聲。引申爲閒。詩關雎窈宨淑女、傳窈宨、幽閒也。墨子尚同是故大用之治天下不宨、注宨閒也。閒、隙也、从門中見月會意。引申爲淸靜寬閒之偁。

義證

宨閒也　注窈宨閒隙

正曰、窈宨閒隙、古訓無徵。錢宮詹潛研堂集云、詩周南關雎窈宨淑女、毛傳窈宨、幽閒。窈訓幽則宨當訓閒。王尙書經義述聞云、司馬法嚴位凡戰之道、力欲宨、气欲閒。又云、擊其倦勞、避其閒宨。

正郭

宨閒也　注窈宨閒隙

諍曰、郝氏據詩關雎傳窈宨幽閒也、毛蓋以窈爲幽宨爲閒、皆本爾雅、以訂其失。按、邵氏引郭注方言曰、宨言閑都也。能得其義。此易爲閒隙、誤矣。

諍郭

宨閒也

窈宨閒隙

慧琳集沙門不拜俗議四卷音義引郭注爾雅、窈、幽靜也。令經無窈字、疑此上經 注俱有脫文。

郭注佚存補訂

宨閒也

周南關雎窈宨淑女、毛傳云窈宨、幽閒。蓋以幽釋窈、閒釋宨也。舍人本作跳、云跳者、躍之閒、乃釋鄭風子衿佻兮達兮、以跳爲佻、非此義也。

說詩

宨閒也

郭曰、窈宨閒隙。此注誤。邢曰、詩周南關雎云窈宨淑女、毛傳云窈宨、幽閒。邵曰、郭氏注方言云、宨言閑都也。此注不誤。家大人曰、郭說迂曲、邢邵說是也。宨爲幽閒之閒、又爲閒暇之閒。司馬法嚴位篇云、凡戰之道、力欲宨、氣欲閒。又云、擊其倦勞、避其閒宨。

述聞

宨閒也　宨、釋文云、舍人本作跳。

匡名

宨閒也 周南窈宨淑女、毛傳窈宨、幽閒。

啓蒙

宨閒也。窈宨閒隙。　閒兼閒暇、閒隙二義、然閒暇之義本由閒隙引申、故郭但云閒隙、而閒暇之義自見其中矣。廣雅宨、寬也、亦閒隙之義、故荀子賦篇充盈大宇而不宨、字變作庣、說文偏旁有、漢書律歷志旁庣焉、注不滿之處也。

黃侃音訓

宨閒也　前脫釋言二字一行

案、廣雅釋詁一、宨、好也。揚子方言云、宨、美好也。又云、宨、言閑都也。詩周南關雎窈宨淑女、傳云窈宨、幽閒。司馬法嚴位篇云、凡戰之道、力欲宨、氣欲閒。是宨有閒誼。郭注云窈宨閒隙、恐非。

王頌淸日記

窕、閒也。

邵引關雎云：「窈窕淑女、」毛傳「窈窕、幽閒、」郝云：「毛蓋以窈爲幽、窕爲閒、皆本爾雅、」此幽閒之閒也。王引之云：「窕爲幽閒之閒、又爲閒暇之閒、司馬法嚴位篇云：『凡戰之道、力欲窕、氣欲閒、』又云：『擊其倦勞、避其閒窕、』」此閒暇之閒也。郝云：「窕者、上文云：『肆、』是滚肆之閒也。」晉按楚辭招魂篇王逸注云：「空寬曰閒、」以寬釋閒、最確；幽閒、閒暇、滚肆、皆寬之義。

爾雅學

窕釋文、唐石經單疏本注疏本同。雪牕本及此本作窕、訛、今訂正。

窕閒也○釋曰　注疏本刪。

校勘記

窕閒也○《釋文》「閒」音「閑」，云：「或如字。」唐寫本「閒」作「閑」。

宋監本校箋

窕徒了翻、調上聲。舍人本作眺。閒、釋文音閑、或如字。案、郭注閒隙、則當讀去聲。讀如字及音閑、竝非、

音略

悼上聲　閑

窕閒也。

孫佀直音

掉上聲　閒

窕閒也

直音校正

窕閒閑也

楊氏音訓

淪率也

淪率也。相率使。

郭注

淪率也　釋曰、謂相牽率。郭云、相率使。小雅雨無正云、無淪胥以鋪。

邢疏

淪率也

郭璞云、相率使。

一切注音

淪率也

淪其理也、惟而見罔焉毒矣。此句爲罹毒也注文、傳寫者誤綴於此。

新義

淪率也　謂相牽率。雨無正云、淪胥以鋪。

鄭樵注

淪率也

郭璞曰、相率使、

鄭樵曰、謂相牽率。雨無正云、淪胥以鋪。

淪率也。此釋淪爲率之義也。疏曰、謂相牽率也。詩雨無正云、無淪胥以鋪。

古注合存

淪率也 註 相率使 正義 小雅雨無正云、淪胥以鋪。毛傳用爾雅。漢書敘傳註、晉灼曰、齊魯韓詩作薰。薰、帥也。淪薰聲相近、帥卽率字。

注疏參義

正義

淪率也　詩淪胥以鋪箋言牽率相引而偏得罪、蓋本此爲訓。

校議

淪率也相率使

率者、當讀如律。史記老莊申韓傳云大抵率寓言也。正義曰率、猶類也。然則率律聲同、律類聲轉、古皆通用。凡言相類、或云晉律、或云一律、或云大率、是其聲義俱通矣。淪者、詩淪胥以鋪、無淪胥以亾、無淪胥以敗、傳箋竝云淪率也。淪或爲勳、後漢書蔡邕傳注作勳胥以痡。勳、帥也。漢書敘傳注晉灼曰齊魯韓詩作薰。薰、帥也。是三家作薰、毛作淪。淪薰古音相近、皆有普徧之義、故其字通。淪率雙聲、淪薰疊韵也。

義疏

淪綸論率繂律曰也郭注相率使。侖从亼冊、故爲倫理。率、捕鳥竿、象絲网。與律同用、因爲率先字。又以同聲與曰同用也。詩、淪胥以鋪。又、言綸之繩。

集解

淪率也　淪、小波也、从水侖聲。正字爲倫。倫、輩也。引申爲

率謂大率也。倫淪通用字。詩抑無淪胥以亡、傳淪率也。小旻無淪胥以敗、箋淪率也。雨無正淪胥以鋪、後漢書蔡邕傳注作勳胥以痛。漢書敘傳注晉灼曰齊魯韓詩作薰、薰帥也、即率也。以勳或薰爲之。率捕鳥畢也。象絲網上下其竿柄也。經典或以爲律及類之借字。禮記祭義其率用此與、或者淪之正字爲率與。率淪雙聲。

義證

淪率也

小雅雨無正淪胥以鋪、小旻無淪胥以敗、大雅抑無淪胥以亡、傳箋並云淪、率也、謂相率以敗亡也。漢書敘傳注引晉灼云齊魯韓詩作薰、薰、帥也。後漢書蔡邕傳注作勳胥以痛、勳、帥也。勳即薰字也。

說詩

淪率也疏無淪胥以鋪字。無衍

注疏正字

淪率也 正義曰、詩小雅雨無正淪胥以鋪、傳淪率也。漢書敘傳注晉灼曰、齊魯韓詩作薰、薰、帥也。淪薰聲相近、帥即率字。

匡名

淪率也 小雅淪胥以鋪、傳淪、率也。說文、率、捕鳥畢也。註、此篆本義不行、經傳多借用之。如釋詁率、自也、循也、以淪訓率。郭註、謂相率使。

啓蒙

淪率也

錦燧謹案、此釋詩雨無正篇淪胥以鋪、小口篇無淪胥以敗、抑篇無淪胥以亡也。毛公雨無正抑傳、鄭君小口箋並云淪、率也、俱與雅訓合。說文水部云淪、小波爲淪。是淪之本訓、與率義遠。淪訓率者、乃倫之假借字也。說文人部云倫、輩也。禮記曲禮儗人必於其倫、鄭注云倫、猶類也。倫類猶言倫輩、是倫有類義。史記老莊申韓傳云大抵率寓言也、正義曰率猶類也。然則俗所謂大率者、即所謂相類也。倫訓類、率亦訓類、故知淪爲倫字之假借。

陸錦燧日記

淪、率也。

率者、史記老莊申韓傳正義云：「猶類也；」亦稱大率。淪者、詩雨無正云：「淪胥以鋪、」傳用爾雅文釋之。淪、漢書敘傳注晉灼云：「齊魯韓詩作薰、薰、帥也、」帥即率也。郝云：「淪率雙聲；淪薰疊韻。」

爾雅學

淪率也○釋曰 注疏本刪。

無淪胥以鋪 注疏本同。浦鏜云無衍字。

校勘記

淪率也 謂相率率。

楊氏音訓

罹毒也

罹毒也 憂思慘毒。

郭注

罹毒也 釋曰、釋詁云罹憂也。郭云憂思慘毒。小雅小弁云、我獨于罹。

邢疏

罹毒也

郭璞云、憂思慘毒。

一切注音

罹力知反。憂思息吏反。慘七感反。

陸音義

罹毒也

詩曰、逢此百罹。百憂百凶、毒不必憂凶、有憂之大者。

新義

罹毒也 慘毒。

鄭樵注

懼毒也

郭璞曰：憂思慘毒。

鄭樵曰：慘毒。

古注合存

懼毒也。此釋懼爲毒之義也。註曰憂思慘毒也。

注疏參義

懼毒也 **註** 憂思慘毒 **正義** 釋詁云：懼，憂也。懼，又爲毒也。王風兔爰云：逢此百罹。

正義

懼毒也 憂思慘毒

毒者，廣雅云：痛也，惡也，苦也。懼者，釋詁云：憂也。憂苦義相成。

義疏

懼（羅離）**毒也** 郭注：憂思慘毒。詩：我獨于罹。字从羅省从心。又以音近作離。毒从生毐，古文作蓟。蓟即䓟眅之䓟也。本爲厚大，因以爲毒害痛毒。

集解

罹毒也 罹，字本作離。離，黃倉庚鳥也。正字爲羅。羅以絲罟鳥也。上經引申爲憂，此又引申爲毒，憂毒義相成也。羅罹離通用字。詩兔爰逢此百罹。罹當訓毒。毒，厚也。害人之艸往往而生，从屮从毒。古文作蓟。引申爲痛苦之詞。易噬嗑噬腊肉遇毒。吳語毒逐於中原柏舉。

義證

懼毒也

王風兔爰逢此百懼，小雅斯干無父母詒懼，小弁我獨于懼，傳箋並云：懼，憂也。皆用釋詁文。憂與毒義相近。兔爰斯干釋文皆云：懼本作離。兔爰雉離于罦，漢書注作雉懼于罦。小雅四月亂離瘼矣，家語作亂懼瘼矣，是也。

說詩

罹毒也 羅本从維，後人因維惟互用，遂改羅爲罹，而并異其音。羅爲魯何反，罹爲力知反，無所本也。

匡名

罹毒也 王風逢此百罹。郭註：憂思慘毒。說文：毒，厚也，害人之艸往往而生，从屮毒聲。註：毒兼善惡，猶祥兼吉凶，臭兼香臭也。列子亭之毒之，皆謂厚民也。

啓蒙

羅 罹 詳釋詁。

黃侃評本正名

罹、毒也。

釋詁云：「罹、憂也；」廣雅云：「毒、痛也、苦也、」其義相類。

爾雅學

罹毒也○釋曰 注疏本刪。

校勘記

離

罹、毒也。

孫侶直音

檢同也

檢同也 模範同等。

郭注

檢同也 釋曰：檢，模範也。郭云模範同等。說文云：書署也。

邢疏

檢同也

檢，居檢反。釋文

李注

檢同也

檢，居儉反。釋文

郭音義

黃輯古義

檢同也

檢，居儉反。釋文引李郭

李注

檢同也。檢、居儉反。釋文引李郭

郭音義

玉函山房輯佚

檢同也。釋文、檢、李郭居儉反。

漢注

檢同也

郭璞云、模範同等。

一切注音

檢同也 李郭居儉反。釋文

古注斠

檢 李郭居儉反。 模 亡胡反。

陸音義

檢同也

爲其同也、故檢之弇仁也、檢義也。

新義

撿同也 撿、範模也。所出必同。

鄭樵注

檢同也 檢、李郭居儉反。

郭璞曰、模範同等。

鄭樵曰、檢、範模也、所出必同。

古注合存

檢同也。此釋檢爲同之義也。註曰、模範同等也。

注疏參義

檢同也 註 模範同等 正義 涵同也。小雅巧言云、譖始既涵、鄭箋、涵同也。史記司馬相如傳云、上咸五、徐廣云、咸、一作函。是鄭君所見爾雅本作涵、郭本作檢、聲之轉也。註 模範同等。○ 正義 文選註引倉頡篇云、檢、法度也。釋名云、檢、禁也、禁閉諸物使不得開露也。

正義

檢同也 模範同等

同者、其也、俱也、皆也、詩車攻傳、齊也、吉日箋、聚也、說文合會也。聚亦合會之義、皆俱共卽齊之義也。檢者、禁也、局也、又法度也、皆無同義。錢氏荅問云、檢、當爲僉、郭本譌作檢。今按、小爾雅云、僉、同也、是其證。邵氏正義引詩僭始旣涵、鄭箋涵同也。今按、釋文涵、鄭音咸、韓詩作減、从咸聲、咸訓爲同、是鄭所本。下文又云、

弇、同也。弇、蓋也。弇檢聲義又近。洪頤煊引孟子狗彘食人食而不知檢、漢書食貨志引檢作斂。隸釋任伯嗣碑姦軌檢手、檢卽斂字也。

義疏

檢僉斂同也 郭注、模範同等。僉、从二人亼吅。書、僉曰。又、斂時五福。从木者、書署也。經無其字。同从冂口、合會也。

集解

檢 檢、書署也、从木僉聲。正字爲僉。僉、皆也。引申爲同。僉檢通用字。書堯典僉曰於鯀哉、又僉曰伯夷、均可訓同。廣雅釋詁、兼、同也。以兼爲之。

同也 同合會也、从冂从口、會意。易卦有同人。

義證

檢同也 注模範同等

正曰、錢詹事潛研堂集云、檢讀爲僉、書舜典僉曰伯禹作司空、僞傳四岳同辭而對、是僉爲同也。郭注檢訓模範同等、淺矣。

正郭

檢同也 注模範同等

諍曰、郝氏據錢氏荅問云檢當爲僉、以郭本作檢爲譌。案、釋文云李郭居儉反、是李巡本亦作檢、檢必非譌。竊謂說文律、均布也、周語律所以立均出度也、故釋詁云律、法也。陽律爲律、陰律爲同、統言十二律則同直爲律。同之爲律、猶同之爲檢。倉頡篇云檢、法度也、義亦相類。注以檢爲模範、未爲失也、特不知同亦爲模範、而非同等之謂耳。

諍郭

檢同也

檢爲僉之假借。釋詁云、僉、皆也、皆卽同也。邵云、小雅巧言云、譖始既涵、鄭箋、涵、同也。史記司馬相如

傳云上咸五、徐廣云咸一作函。是鄭君所見爾雅本作涵。郭本作檢、聲之轉也。今案詩釋文云、涵、毛音含、鄭音咸、韓詩作減。減少也。咸同也。鄭謂羣臣之言不信與信盡同之不別也。說太迂曲、不如毛傳訓涵爲容、謂亂之初生、王數數含容之也。竊謂僭卽譖之假借。亂之初生、王於讒譖之言、始而含容之、亂既生而又信之也。邵引之作檢同之證、非詩義矣。愚謂若依邵氏從鄭君涵同之說、應援周頌載芟艮耜實函斯活爲證。實函斯活、謂所播之穀一時同活也。

說詩

檢同也　錢少詹曰、檢當爲僉、堯典僉曰、傳云同辭而對、是僉爲同也。郭本譌爲檢、因以模範同等說之、淺陋之甚。

匡名

檢同也　說文、檢、書署也。玉篇檢、法度也。釋文、檢、禁也。郭註、模範同等。爾雅本檢或作涵。小雅譖始既涵、箋、涵、同也。

啓蒙

檢　僉　說文。檢書署也。僉皆也。當作僉。小爾雅。僉同也。是其證。

黃侃評本正名

檢同也

檢、同也。頤煊案、孟子梁惠王土狗彘食人食而不知檢、漢書食貨志引孟子作而不知斂。隸釋任伯嗣碑姦軌檢手、檢卽斂字。考工記梟氏侈弇之所由興、弇謂鍾口狹、狹卽斂也。故檢弇皆訓爲同。

讀爾雅録

檢同也

郭曰、模範同等。邢延、檢模範也。元慶按、注延釋檢字本義、於同字解似猶未明。邵二雲謂詩巧言章僭始既涵、鄭箋涵、同也、涵與檢係聲之轉。洪氏頤煊讀書叢録謂孟子狗彘食人食而不知檢、漢書食貨志引孟子作而不知斂、是檢卽斂字。錢詹事畣問曰、檢當爲僉、書堯典僉曰伯禹作司空、傳曰四岳同詞而對、是僉爲同也。郝氏義疏據衆說而並存之。竊謂錢氏之說是也。洪氏以檢爲斂似可據、然斂仍訓收、不訓同也。邵氏以檢爲涵之轉音。詩僭始既涵、涵字與下讒字合韻、讀平聲。檢、釋文李郭皆居儉反。涵字卽據鄭君讀爲咸、與檢聲相去尚遠。且涵檢字體又殊、邵說恐亦未合。錢氏曉徵以檢爲僉、小介疋曰僉、同也、不已足證乎。同、說文合會也。孟子未同而言、趙注未同志未合也。詩吉日獸之所同、鄭箋同、聚也。是同本訓爲合會矣。僉字从亼、合會皆从亼、審造字之初、卽可識其同義。僉當訓爲合會、殆無可疑。尚書虞書多僉字、如僉曰於、僉曰伯夷、詢謀僉同之類、僉統訓爲皆。若直訓爲同、則詢謀僉同爲詢謀同同、固不詞矣。然詩七月同我婦子、鄭箋同、猶俱也。廣疋釋詁、同皆也。是同亦訓爲皆、與僉不又一例乎。郭本介疋檢字斷係僉字之譌。或檢从僉聲、亦得叚借未可知也。

蔣元慶日記

檢同也

錦燧謹案、郭注云模範同等、其說迂曲。錢氏答問謂檢當爲僉。竊謂錢說得之。說文木部云、檢、書署也、从木僉聲。是檢之本訓與同義遠、以聲从僉、故即可爲僉之假借。說文亼部云、僉、皆也、从亼从吅从从、會意。

陸錦燧日記

檢、同也。

錢大昕云：「檢、當爲僉、堯典『僉曰、伯禹作司空；』傳云：『四岳同辭而對、』是僉爲同也。郭本僞爲檢。」

爾雅學

檢同也〇釋曰注疏本刪。

校勘記

檢同也 錢氏答問曰、檢當僉之譌。郝義疏曰、小爾雅云僉、同也。檢則禁也、局也、未聞有同義、作僉是。

注疏校勘札記

八行(注)檢範同等〇「範」當作「笵」。

宋監本校箋

郵過也

郵、過也。道路所經過。

郭注

郵過也 釋曰、郵謂郵亭。過經過也。郭云道路所經過。郊特牲云郵表畷。

邢疏

郵過也

尤、怨人也。文選賈誼弔屈原文注

犍爲注

郵過也

列子楊朱篇釋文引爾雅、尤過也。

衆家注

尤過也 列子楊朱篇矜清之郵、殷敬順釋文引爾雅尤、過也。文選注引舍人注作尤、則殷用舍人本也。

黃輯古義

尤、怨人也。文選賈誼弔屈原文注

犍爲注

玉函山房輯佚

郵過也

舍人曰尤、怨人也。文選六十賈誼弔屈原文注。按、列子楊朱篇矜清之郵、殷敬順釋文引尒疋尤、過也。是郵尤通。郵讀作郵驛字、誤也。讀之者遂不知其郵、變郵過也。

漢注

郵過也

郭璞云道路所經過。

一切注音

郵過也 犍爲舍人爾雅注尤怨人也。文選弔屈原文注 蕙心案、據舍人注爾雅古本當作尤。列子楊朱篇釋文引爾雅正作尤、過也。尤當作訧。詩俾無訧兮、毛傳訧、過也。尤訧通用。作郵借字也。

古注斠

郵、過也

郵、道路過也。一切經音義卷八十三大唐慈恩寺三藏法師玄奘傳序「郵駿」下引、據海印寺本、白蓮社本及大正藏本、頻伽藏本竝同。

森案、郭璞此條注云「道路所經過」、董氏讀爾雅補記云「郭注正本鄭注」、又案說文、「郵、竟上行書舍」、段玉裁注云「經過與過失、古不分平去、故經過曰郵、過失亦曰郵、爲尤訧之假借字」、是郵字本訓經過、假借爲過失之義、顧炎武忽郵本訓、故其日知錄有「郭注望文生訓」之譏、而不知郭亦有所本也。

鄭玄注稽存

郵音尤。過古卧反。

陸音義

郵過也

郵在垂，不在中。

新義

郵過也 郭云道路所經過

鄭樵注

郵過也

郭璞曰、道路所經過。按、文選賈誼弔屈原文云般紛紛其離此尤兮、亦夫子之過也。李善注引犍爲舍人爾雅注曰、尤、怨大也。孫爾雅無尤字。古字尤與郵通。漢書賈誼傳載、弔屈原文尤作郵、顏師古注云郵、過也。用此釋言文爲訓。然則文選注所引舍人注疑即爲此句、釋與郭義異而理亦通。

鄭樵曰、郭云道路所經過。

古注合存

郵過也。此釋郵爲過之義也。郵尤古字通、故釋爲過。舊謂郵亭爲道路所經過者非。

注疏參義

亭林云、郵過也注道路所經過、是以爲郵傳之郵、恐非古人以尤爲郵。詩賓之初筵是曰既醉不知其郵、禮記王制郵罰麗於事、國語夫郵而效之罪又甚焉、家語芾而麛裘投之無郵、漢書成帝紀天著變異以顯朕郵、五行志后妾當有失節之郵、賈誼傳般紛紛其罹此郵兮亦夫子之故也、谷永傳封氣悖亂咎徵著郵、外戚傳班婕妤賦猶被覆載之厚德兮、不廢捐于罪郵、敘傳正諫舉郵、是皆過失之義。列子魯之君子迷之郵者、則又以爲過甚之義。文選注盧諶贈劉琨詩春同尤良、用乏驥騄、李善引杜氏左傳注郵無恤王良也、尤與郵古字通。按亭林此說正可與注竝存、以郵元兼兩義也。

補注

郵過也 **註** 道路所經過 **正義** 上文云、逸僁過也。郵亦爲過失也。小雅賓之初筵云不知其郵、王制云郵罰麗于事、晉語云言無郵、又云郵而效之、郵又甚焉、註皆云過也。通作尤。包咸論語註云、尤、過也。**註** 道路所經過。**正義** 郊特牲云郵表畷、鄭註引詩云爲下國畷郵、孔疏云若郵亭屋宇處所。孟子、速於置郵而傳命。郭氏以郵爲郵亭、過爲經過、於義亦通。

正義

郵過也 案詩不知其郵、漢書以顯朕郵、皆過失之義。列子魯之君子迷之郵者、又爲過甚之義。文選劉琨詩春同尤良、用乏驥騄、李善引左傳杜註郵無恤、王良、尤與郵古字通。郭氏以爲郵傳之郵、恐非此說。見顧甯人日知錄。

校議

郵過也 道路所經過

過者、上文云逸僁過也。過謂失誤、凡非議人及罪責人亦爲過也。郵者、古本作尤。文選弔屈原文注引犍爲舍人爾雅注曰、尤、怨人也。列子楊朱篇釋文引爾雅亦作尤、過也。是皆郵本作尤之證。故詩載馳傳及四月箋、又洪範五行傳注及論語爲政篇包咸注竝云、尤、過也、俱本爾雅。通作郵。詩賓之初筵箋及王制注、又晉語楚語注竝云、郵、過也、是皆借郵爲尤。郭緣詞生訓、以郵爲郵驛之郵、誤矣。然郵固借聲、尤字亦非正體、依說文、尤當作訧。詩俾無訧兮、傳訧、過也。唯此爲正。說文訧、罪也、引周書曰報以庶訧、今呂刑訧作尤。載馳釋文尤、本亦作訧。緑衣釋文訧、本或作尤。是尤訧古通用。

義疏

郵（尤、訧）**過也** 郭注道路所經過。

郵、从邑垂。境上行書舍。詩不知其郵。又許人尤之。又俾無訧兮。皆相通用。

集解

郵過也 郵境上行書舍也、从邑垂聲。正字爲訧、訧辠也。引申爲過、詩緑衣俾無訧兮是也。經典多以郵爲之。詩賓之初筵不知其郵、箋郵過。禮記王制郵罰麗于事、晉語言無郵、注均云郵過也。前漢書外戚傳哀褒閻之爲郵、師古曰郵、過也。詩載馳許人尤之、傳尤、過也。四月莫知其尤、箋尤、過也。論語則寡尤、包注尤、過也。前漢書叙傳正諫舉郵，師古曰郵與尤同，過也。詩蟋蟀日月其慆，傳慆過，以尤慆為之。過，度也，从辵咼聲。引申為過失過誤之偁。

義證

郵過也

[註]道路所經過[補正]　臣鎣按，過謂過失、過甚也。郵尤通。經史以郵代尤者不能悉數，若郵之本義，說文謂境上行書之舍。應邵風俗通義謂漢改郵為置，曰舍，曰置。不過為驛傳之止居之所，經過乃其事，非其義也。王制之郵表畷，亦田間舍也。顧炎武書，釋言篇郵過也，註通路所經過，是以為郵傳之郵。恐非。古人以尤為郵。詩賓之初筵，是曰既醉，不知其郵。禮記王制，郵罰麗于事。國語夫郵而效之，郵又甚焉。家語帝而龐褻，投之無郵。漢書成帝記天變著異，以顯朕郵。五行志后妾當有失節之郵。賈誼傳般紛紛其離此郵兮，亦夫子之故也。谷水傳，封氣悖亂，咎徵著郵。外戚傳班倢伃，威猶被覆載之厚德兮，不廢捐於罪郵。敘傳，議苑扞偃，正諫舉郵。皆是過失之義。列子魯之君子迷之郵者，則又以為過甚之義。

郭注補正

郵過也，郭氏謂道路所經過，說或是。然不如合韋昭晉語言無郵注為當。郵者與訧同。故周書報以廣訧，詩俾無訧，凡言訧皆郎郵也。詩又或省為尤。左傳尤而效之，郎郵而效之。亦由晉語是郵之過，非必道路經過之過矣。

錢氏古義

郵過也　補

滋然謹按，慧琳一切經音義八十三郵駿注引

鄭注尒疋云，郵，道路過也。郭注云道路所經過，亦本鄭義

舊注攷證

郵過也　訓道路所經過

正曰，道路經過，郵訓為過，設道路憩息，亦可訓郵為息乎。古傳注中用爾雅郵過舊訓者甚多，從未見有讀郵為郵驛之郵者。列子楊朱矜清之郵，殷敬順釋文，爾雅尤，過也。文選賈誼弔屈原文李注，犍為舍人爾雅注，尤，怨人也。詩小雅賓之初筵不知其郵，鄭箋，禮記王制郵罰麗于事，鄭注，晉語言無郵，郵而效之，韋注，訓郵為過，皆讀郵為尤，與舍人注合。蔣生敬時云郵讀愆尤之尤，過為過失之過

正郭

郵過也　注道路所經過

評曰，郵可經過，而經過不得為郵，殆失之矣。案詩不知其郵，箋，禮郵罰麗于事注並云郵過也，郵之為過失，經有明證。郝氏據列子楊朱篇釋文引爾雅作尤過也，明郵通作尤。又引詩俾無訧兮，傳訧過也，說文訧罪也，明郵與尤均為訧之叚字，安得以郵亭經過為說。邵氏以為亦通，可謂曲為迴護矣。

靜郭

郵過也

郵道路所經過也

慧琳集古今佛道論衡四卷音義引郭注爾雅云，郵，道路所經過也。廣弘明集廿七卷音義引亦有也字。今據補。

郭注佚存補訂

郵過也

此釋小雅賓之初筵不知其郵。鄭箋云、郵過也。彼釋文云、郵音尤，亦與尤通。高注云、郵字與尤同。禮記郊特牲郵表畷，彼釋文云郵、本亦作尤。文選弔屈原文注引犍爲舍人爾雅注曰尤、怨人也。列子揚朱篇釋文引爾雅亦作尤、過也。蓋爾雅別本有作尤者。鄘風載馳許人尤之、小雅四月莫知其尤，傳箋竝云尤、過也。

說詩

郵過也

郭注、道路所經過。柏年案、郭氏之誤、辨正者衆、茲復引漢書以證之。成帝紀天著變異以顯朕郵、五行志是月后妾當有失節之郵、谷永傳則卦氣悖亂咎徵著郵、外戚傳班倢伃賦哀褒閻之爲郵、又不廢捐于罪郵、班固叙傳正諫舉郵、皆當爲過失之義。

補釋

郵過也　顧氏絳曰古人郵尤通用、郵是過失之義、郭以道路所經過解之、非是。許氏宗彥曰、文選注六十引舍人爾雅注云、尤、怨人也。殷敬順列子釋文楊朱引爾雅曰尤、過也。顧說甚當。元照案、詩小雅賓之初筵不知其郵、箋云郵、過。正義不云釋言文、殆習於郭注而不察耳。　郵通尤。詩鄘風載馳無我有尤、箋云無過我也。又小雅四月莫知其尤、箋尤、過也。又通訧。詩邶風綠衣俾無訧兮、傳訧、過也。釋文曰本或作尤。又載馳許人尤之、傳尤、過也、釋文曰本亦作訧。元照案說文、言部訧、辠也、从言尤聲、周書曰報以庶訧。辠過義同、則正文當作訧、尤省文、郵通借。

匡名

郵過也郭註道路所經過。孟子、速於置郵而傳命。又過爲過失。小雅、不知其郵。通作尤。論語言寡尤、註尤、過也。

啓蒙

郵過也。道路所經過。　過兼過失、經過二義、郵亦然、郭注但舉一偏耳。然過失義亦由經過引申、顧炎武以郭爲非、是亦但曉一偏也。郵者、說文云、境上行書舍也、廣雅驛也、文選長笛賦序爲督郵、注郵、過也、引申爲過失之過。

黃侃音訓

柢本也　窕閒也　淪率也　檢同也　郵過也

周禮注引作邸、本也。春官典瑞注　舍人本窕作誂。云誂者、躍之間。釋言釋文　漢書注作薰帥也。叙傳晉灼注引三家詩　鄭氏詩箋引作涵、同也。小雅巧言箋　包咸論語注作尤、過也。爲政篇注

淪、率也。小雅雨無正詩淪胥以鋪、毛傳云淪、率也。漢書注引三家詩淪作薰、云薰、帥也。按、淪與薰聲近、率與帥字同。

檢、同也。鄭箋引作涵、同也。按史記司馬相如傳云上咸五、咸、一作函、是鄭君所見爾雅本作涵。郭本作檢、聲之轉也。

郵、過也。論語注作尤、過也。按郵尤古字通用。

證異

鄭注尒雅郵、道路過也。卷八十三大唐慈恩寺三藏法師玄奘傳序郵驗下引。案、釋言郵過也郭注道路所經過、正本鄭注。文選六十賈誼弔屈原文般紛紛其離此尤兮、李善注引犍爲舍人爾雅注曰尤、怨大也。漢書賈誼傳載此文尤作郵、顏注郵、過也。然則爾雅此條、舍人本作尤、今作郵者、乃依鄭注本。詩小雅賓之初筵篇不知其郵、鄭箋郵、過、禮王制篇郵罰麗於事、鄭注郵、過也、蓋竝引雅以箋注也。

董瑞椿補記

鄦過也

錦燧謹案、此釋詩賓之初筵篇不知其鄦也。鄭箋云鄦、過也、與雅訓合。說文邑部云、鄦、竟上行書舍、从邑垂。垂、邊也。段氏謂經過與過失、古不分平去、故經過曰鄦、過失亦曰鄦。蒙謂段說未允、鄦爲置鄦之專義、鄦訓過者乃訧之假借字也。說文言部云、訧、辠也。辠與過義同。綠衣俾無訧兮、毛傳訧、過也、此用本字。或省假尤字爲之。詩載馳許人尤之、四月莫知其尤、禮記不尤人、論語則寡尤、以義求之、皆訧之假借字也。至尤之本義、則說文乙部云尤、異也。與過失義不相蒙。

陸錦燧日記

鄦、過也。

說文「訧、辠也」引周書呂刑曰：「報以庶訧；」今書訧作尤。載馳釋文云：「尤、本亦作訧、」是訧、尤、古通用。文選弔屈原文注引犍爲舍人爾雅注云：「尤、怨人也、」列子楊朱篇釋文引爾雅、作「尤、過也、」是古本爾雅鄦本作尤、益可證矣。左傳云：「尤而效之、」晉語則云：「鄦而效之、」注「鄦、過也、」鄦尤古亦通用、故爾雅假鄦爲尤耳。小雅賓之初筵云：「不知其鄦、」箋云：「鄦、過也、」即用爾雅之字也。

鄦過也○釋曰注疏本刪。

校勘記

十五下（三二）

一行（注）逍路所經過○慧琳《音義》卷九十九引郭注「過」下有「也」字．

宋監本校箋

戉依注去聲

鄦過也

孫侶直音

遜遯也

遜遯也。謂逃去。

郭注

遜遯也　釋曰、謂逃去也。春秋莊元年夫人姜氏孫于齊、公羊傳曰孫者何、孫猶孫也、內諱奔謂之孫。穀梁傳曰孫之猶言爲孫、諱奔也。

邢疏

遜遯也　釋文遯字又作遁

遁逃去也。詩正義八之三

孫音注

黃輯古義

遜遁也　釋文、遯字又作遁、

遁、逃去也。詩豳風狼跋正義

孫音注

玉函山房輯佚

遜遯也

孫炎云、遁、逃去也。詩正義八之三卷

郭璞云、謂逃去。

一切注音

遜遯也　孫炎曰、遁、逃去也。詩狼跋正義

蕙心案、說文、遜、遁也。遯與遁通、孫本作遁。

古注斠

遯　字又作遁、又作遂同。徒頓反、

陸音義

遜遯也

孫炎曰、遁、逃去也。

郭璞曰、謂逃去。

古注合存

遜遯也．此釋遜爲遯之義也．疏曰．春秋莊元年夫人孫于齊．公羊傳云．孫者何．猶遜也．內諱奔謂之遜．

遜遯也 **註** 謂逃去也。**正義** 說文云、遜、遁也。遁、遷也、一曰逃。遯、逃也。豳風狼跋云公孫碩膚、鄭箋、孫當讀如公孫于齊之孫、孫之言孫遁也。公羊莊元年傳云、孫猶孫也、內諱奔謂之孫。鄭氏易註云、遯者逃去之名。詩疏引孫炎云遁、逃去也。遁與遯通。本亦作遂。漢書匈奴傳云、遂逃竄伏。敘傳述贊云、攜手遂秦。

正義

遜遯也 謂逃亾

遯與遁同、說文竝云逃也、玉篇云退還也、隱也。經典遁遯通。易下經釋文遯字又作遂。爾雅釋文與易同、遯又作遁矣。遜者、說文云遁也。遁作孫、詩公孫碩膚、箋孫讀當如公孫于齊之孫、孫之言孫遁也。正義引孫炎曰遁、逃去也。

義疏

遜 孫遯遁也 孫注、遯、逃太也。郭注、謂逃太。遜、从孫子之子也、故爲退讓。春秋、公孫于齊。書未有遜事。遯、从辵豚。易有遯卦。

集解

遜遯也 遜、遁也、即遯也。从辵孫聲。書微子吾家耄遜于荒、謂遯於荒。堯典序將遜于位、僞傳遜、遁。春秋莊元年夫人孫于齊。公羊傳孫者何、孫猶孫也、注孫猶遁也。詩狼跋公孫碩膚、箋孫當讀如公孫于齊之孫、孫之言孫遁也。以孫爲之。遯、逃也、从辵豚聲。字亦作遂。經典多借用遁。

義證

遜遯也 孫古、遯作遁。 遁、逃去也。詩豳風狼跋正義

注、謂逃去。

釋文、遯。字又作遁、又作遂同。徒頓反。

疏、謂逃去也。春秋莊元年夫人姜氏孫于齊公羊傳曰孫者何、孫猶遜也、內諱奔謂之孫、穀梁傳曰孫之爲言猶孫、諱奔也。

正義、說文云、遜、遁也。遁、遷也、一曰逃也。遯、逃也。豳風狼跋云公孫碩膚、鄭箋孫當讀如公孫于齊之孫、孫之言孫遁也、公羊莊元年傳云孫猶孫也、內諱奔謂之孫。鄭氏易注云、遯者、逃去之名。詩疏引孫炎云遁、逃去也。遁與遯通、本亦作遂。漢書匈奴傳云遂逃竄伏。敘傳述贊云、攜手遂秦。

義疏、遯與遁、說文竝云逃也、玉篇云退還也、隱也、經典遁遯通。易下經釋文遯字又作遂。爾雅釋文與易同、遯又作遁矣。遜者、說文云遁也。通作孫。詩公孫碩膚、箋孫當讀如公孫于齊之孫、孫之言孫遁也。正義引孫炎曰遁、逃去也。

世榮案遯字當從孫氏作遁、其訓爲逃去則非。遯字本訓爲逃、遁字本訓不爲逃也。遜遁卽逡巡之異文。文選注引郭氏爾雅注逡巡、卻去也、與說文遁遷也義近。或作逡循、又作逡遁、竝見下逡退也郝疏。與遜遁竝同聲叚借字、遜孫古今字。狼跋箋孫遁、卽此經遜遁。公穀莊元年傳猶孫則竝當作遜、蓋傳以今字釋古字也。訓爲逃去、則與奔同義、不成爲諱矣。遜遁本重言形況字、單言之卽可互訓、爾雅說文每有此例。故以遁釋遜。

釋言集解後案

遜遯也

謂逃去

雪牕本作謂逃亡。

郭注佚存補訂

遜遯也

說文云、遜、遯也。邵云、詩豳風狼跋云公孫碩膚、鄭箋云孫當讀如公孫于齊之孫、孫之言孫遁也。案、詩正義云、古之遜字借孫爲之、遜遁、釋言文、孫炎曰、遁、逃去也、周公攝政七年遜遁避成功之大美。

釋文謂遯、字又作遁、蓋孫炎本如此作。

說詩

遜遯也疏孫猶遜也 遜公羊傳作孫 孫之爲言猶孫也 脫也字

注疏正字

遜遯也 遯、釋文云字又作遁、又作遂。案、遂字說文所無、漢書有之。

匡名

遜遯也 說文、遜、遁也。春秋昭十一年公孫於齊、公羊莊元年傳內諱奔謂之孫、註孫、遁也。遜、逃也。

啓蒙

遜、遯也。遯亦作遂、漢書匈奴傳遂逃竄伏、叙傳攜手遂秦、師古曰、並古遁字。

黄侃音訓

遜遯也

錦燧謹案、說文云、遜、遁也。遁遯義同、說文並云逃也。是雅訓義與許同。詩中無遜字、狼跋篇公孫碩膚、鄭箋云孫讀如公孫於齊之孫、孫之言遜遁也。高密先從馬融治三家詩、後乃箋毛、故箋中多齊魯韓遺說、是必三家用本字作遜、毛用假字作孫、故鄭箋如是云云。然則爾雅之遜、乃釋三家詩之公遜碩膚也。

陸錦燧日記

遜、遯也

鄭注云：「謂逃去、」說文「遜、遯也；遯、逃也。」是遜遯同義。豳風狼跋「公孫碩膚、」箋云：「孫當讀如『公孫于齊』之孫、孫之言孫遁也、」孫爲遜之省文。鄭氏易注云：「遯者、逃去之名。」郝云：「遯、又通作遂。」

爾雅學

謂逃去 注疏本同。雪牎本作謂逃亡。

遜遯也○釋曰 注疏本刪。

孫猶孫也 注疏本下孫改遜。

孫之猶言爲孫 元本同。監本毛本及穀梁傳作孫之爲言猶孫。閩本爲言二字剜改。段玉裁云此本誤。

校勘記

謂逃去 雪牎本逃亡。

校勘記訂補

斃踣也僨僵也

斃踣也、前覆。僨僵也。却偃

郭注

斃踣也僨僵也　釋曰前郤顛倒之名也、斃又謂之踣、皆前覆也。檀弓云射之斃、鄭注云斃仆也。然則又爲仆、僨謂之僵、皆郤偃也、左傳曰、鄭伯之車僨於濟。

邢疏

僨僵也

背踣意也。左傳隱三年正義

犍爲注

斃踣也 春秋正義左氏音義孫炎注文踣俱作仆。

前覆曰仆。春秋正義五十五　左氏音義六

孫音注

斃踣也

斃、步計反。釋文

郭音義

獘踣也

左傳定八年正義引釋言云斃仆也。

衆家注

黄輯古義

僨僵也

背踣意也。春秋隱三年正義

犍爲注

斃仆也 今注疏本作踣、春秋正義引作仆。

前覆曰仆。春秋定八年正義　左氏釋文

孫音注

斃踣也、斃、步計反。釋文

郭音義

玉函山房輯佚

踣也

前覆曰踣。李注　宋本春秋疏二

鈎沉

斃踣也 春秋正義左氏音義孫炎注文踣俱作仆、

孫曰、前覆曰仆、春秋正義五十五　左氏音義六

僨僵也

漢注

舍人曰、背踣意也。春秋正義三

斃踣也　孫炎云、前覆曰踣。左傳正義三十四卷文二十卷引作前覆曰仆　釋　郭璞云

前覆

僨僵也

舍人云、僨背踣意也。左傳正義三卷　郭璞云、卻偃。

一切注音

斃踣也　孫炎云、前覆曰仆。左氏定八年傳正義

古注斠

蕙心案、左氏傳定八年正義引釋言云斃仆也、證以孫注、是爾雅古本作仆。

陸音義

獘字亦作弊、又作斃。婢世反、又婢設反、郭步計反。踣蒲北反、又音赴、或孚豆蒲候二反。前覆芳服反。

僨甫問反。僵居良反。

音義攷證

獘又作斃○獘下從犬、舊從大、譌。今改正。邢本作斃、近遂互易釋文。

新義

斃踣也

斃獘而死。

僨僵也

僵而死、僨也。

鄭樵注

斃踣也僨强也　前覆曰踣、却偃曰强。

古注合存

斃踣也斃郭步計反

孫炎曰、前覆曰踣。此見左傳隱元年疏又定八年疏引釋言文及此注踣並作仆

郭璞曰、前覆、

鄭樵曰、前覆曰踣。

僨僵也

舍人曰、皆踣意也、

郭璞曰、卻偃。

鄭樵、曰、却偃曰僵。

注疏參義

斃踣也、僨僵也。踣仆同、僵殭同。○此釋斃爲踣僨爲僵之義也。註曰、斃踣、前覆也、僨僵、卻偃也。左傳云、鄭伯之車僨於濟。

補注

左傳正義引前覆曰踣、又引前覆曰仆、俱孫炎說。按踣與仆同。

僨僵也。鄭作强、傳寫之誤。

正義

斃踣也註前覆　僨僵也註卻偃

正義　踣本或作仆。說文云、仆、頓也。左氏隱元年傳云、必自斃、疏引釋言云斃踣也、孫炎云、前覆曰踣。定八年傳云與一人俱斃、疏引釋言云、斃仆也、孫炎云、前覆曰仆、踣仆字同。前覆者不能起、故兼覆亡之義。宣十五年傳云、有以國斃、襄十一年傳云、踣其國家。僨者、隱三年傳云、鄭伯之車僨於濟、疏引舍人云、背踣意也。案說文云、偃、僵也、吳越春秋云、迎風則偃、背風則仆。孔疏云、仆是前覆、偃是卻倒。是僵爲仰偃也。釋名云、仆、踣也、頓踣而前也。僵、正直畺然也。

正義

斃踣也前覆　僨僵也卻偃

踣者、說文云、僵也、引春秋傳晉人踣之、眡鑲十又云、趙、僵也、讀若匐、是趙踣同。爾雅之踣古本作仆、說文云、仆、頓也。釋名云、仆、踣也、頓踣而前也。釋木釋文、踣或作仆、是仆踣古字通。弊者、說文云、頓仆也。或作斃、檀弓及表記注並云、斃、仆也。左氏定八年傳正義引釋言云、斃仆也、又引孫炎云、前覆曰仆。釋文引同。是皆爾雅古今踣作仆之證。釋文、獘字亦作弊、玉篇弊、俗獘字。○僵者、說文云、僨也。僨、僵也。釋名云、僵、正直畺然也。然則僵仆皆顛頓之名、但細分之、仆是前覆、僵爲卻偃。僨弊亦然。故左氏隱三年傳鄭伯之車僨于濟、正義引舍人曰、背踣意也。

按背踣謂仰仆、即卻偃之意。

義疏

斃踣仆也　孫注、前覆曰仆、郭注前覆。

斃从犬敝、敝象衣敗、人仆衣亦敗、因爲从斃。記、得正而斃焉。踣从足音。與仆同用、

僨僵也 舍人注、僨、背踣意也。郭注、卻偃。賁奔皆从卉。賁奔互用。人奔則易仆。詩鶉之賁賁、鵲之彊彊、彊即僵也。僵从人畺、越疆亦易踣。

獘踣也 獘頓仆也、从犬敝聲。或从死作斃。引申為踣。禮記檀弓射之獘一人、謂踣一人。晉語、吾不與皆斃主。斃踣也。踣僵也。周禮掌戮云、踣諸市。左襄十一傳、踣其國家。

集解

僨僵也 僨人之僵也、从人賁聲。晉語重僨可疾。注、僨僵也。大戴禮曾子制言、衡塗而僨。盧辯云、僨僵也。呂覽愼小、明日有人僨南門之外。表者仕長大夫。文選張景陽七命、應封豨僨馮豕、注均云、僨僵也。禮記射義、賁軍之將、注猶覆敗也。大學此謂一言賁事、釋文賁本又作僨。左襄二四傳、象有齒以焚其身、服虔曰、焚讀曰僨、僨僵也。列子仲尼、先巫奔佚、注僵仆也。以賁焚奔為之。僵、僨也、一曰偃也、从人畺聲。卻偃曰僵、前覆曰仆。

義證

獘踣也 踣 前覆也

慧琳起世因本經四卷續高僧傳廿七卷音義俱引郭注爾雅云、踣、前覆也。文選七命注引同。今據補。

僨僵也 卻偃

仿宋本雪牕本卻作却。

郭注佚存補訂

獘踣也僨僵也 說竝詳訂經。踣與仆同。釋木釋文云、踣、或作仆。

說詩

斃踣也 斃、釋文作獘。

疏檀弓云射之斃 射、毛本誤躬。 鄭註云斃仆也 註、誤箋。

注疏正字

獘踣也 釋文云、獘、盧本改从犬。字亦作弊、又作斃。案、光収亣大等字隸變皆作廾、獨不宜施於犬字。俗人不知獘當从犬、故亦變而為廾也。斃即獘之或體。 左傳正義定八年引釋言云、斃、仆也。案、檀弓上吾得正而斃焉、注斃仆也、釋文仆、蒲北反。則其音與踣同。踣亦有赴音、見釋文。 踣又通⿺走咅。說文、走部、⿺走咅、僵也、踣亦訓僵。从走咅聲讀若匐。

僨僵也 說文同

匡名

斃踣也僨僵也 左隱元年傳必自斃、註斃仆也。仆、僵也。說文踣僵也、引左傳晉人踣之。左隱三年傳、鄭伯僨於濟。僨、僵也。僵、僨也。偃、亦僵也。

啓蒙

獘、踣也。前覆。僨、僵也。卻偃。 下文疐仆也、字與踣通。若依郭義、則為前覆。若依說文、訓踣為僵。又李巡注上文疐路也、云路卻頓曰疐、則又為卻偃。固知二者亦通名。廣雅曰偃仆僵也、下注曰頓躓倒仆、斯皆通言。 說文偃、僵也。定八年左傳、顏高奪人弱弓、籍邱子鉏擊之、與一人俱斃、偃且射子鉏、中頰殪。注斃、仆也。疏、吳越春秋云、迎風則偃、背風則仆。仆是前覆、偃是卻倒。此顏高被擊而仆、轉而仰射子鉏死、言其善射也。案此對文有別、散文則不殊。故說文踣亦訓僵、秦策云頭顱僵仆、是皆通言也。

黃侃音訓

獘、踣也。僨、僵也。

說文犬部云：「獘、頓仆也、从犬、敝聲。斃、獘或从死。」段云：「謂前覆也。」踣者、左氏隱元年傳正義引孫炎云：「前覆曰踣、」是與獘同義、故爾雅郭注云「前覆。」踣、仆、古通用、定八年左氏傳疏引釋言云：「斃、仆也、」孫炎云：「前覆曰仆、」是爾雅古本亦作仆。仆者、說文人部云：

「仆、頓也、」段云：「頓者、下首也、以首叩地、謂之頓首、引伸爲前覆之詞。」

僵、說文人部云：「偃也、」與同部「偃、僵也」互訓。段云：「玄應引『僵、却偃也、仆、前覆也。』案僵謂仰倒。」僨者、左氏隱三年傳「鄭伯之車僨于濟、」疏引舍人曰：「背踣意也、」背踣、亦仰倒也、與僵同義、故爾雅郭注云「卻僵」也。

斃、踣、仆、頓之爲前覆也、僨、僵、偃之爲仰倒也、各說類如此解；獨說文踣、趞二字、又皆訓僵、自亂其例、左傳注或亦如此、未知何故。段云：「散文則通、」是或然歟。

爾雅學

斃踣也 單疏本雪牕本同。斃字唐石經闕。釋文獘字亦作斃、又作斃。○案從大與從廾一也、後人訓死者改爲斃。

却偃 雪牕本同。單疏本注疏本却作卻。○案卻却正俗字。

斃踣也僨僵也○釋曰前卻顚倒之名也 注疏本刪上八字、倒改覆。元本此字實闕。

射之斃鄭注云 注疏本射誤躲、注誤箋。元本注字實闕。

校勘記

卻偃 十行本仰偃。

校勘記訂補

僨僵也注卻偃。今本偃誤从亻。

僨僵也、疏檀弓曰斃之斃按檀弓無此文。

注疏本正誤

斃踣也（注）前覆○「斃」、《釋文》作獘，云：「字亦作斃，又作斃。」「踣」、《左傳》定公八年《正義》引作「仆」。又注文作「前覆也」，「覆」下有「也」字。《文選·七命》注引同。

宋監本校箋

斃音弊 踣也 僨音糞 僵音姜 也

音圖·音

斃匐赴　糞　姜

斃踣也。僨僵也。

孫侶直音

斃踣仆同也。僨糞僵僵同也。

楊氏音訓

斃毗祭切 踣匐 僵姜

干氏音釋

畛殄也

畛殄也 謂殄絕。

郭注

畛殄也 釋曰、謂殄絕也。周頌載芟云徂隰徂畛、毛傳曰畛場也。地官遂人云十夫有溝、溝上有畛、則畛謂地畔之徑路也。至此而易之、故以畛爲場。易則地絕、故得爲殄。

邢疏

畛殄也

郭璞云、謂殄絕。

一切注音

畛之引反、又之人反。 殄大典反。

陸音義

畛殄也

有畛則有殄、有畛則有障。

新義

畛殄也 殄、絕也、疆畛所以絕界。

鄭樵注

畛殄也

郭璞曰、謂殄絕。

鄭樵曰殄、絕也、疆畛所以絕界。

古注合存

畛、殄也。此釋畛爲殄之義也。疏曰、詩載芟云、徂隰徂畛。毛傳云、畛、場也。地官遂人云、溝上有畛。畛、謂地畔之徑路也。易畛爲場、則地絕、故爲殄也。

注疏參義

畛殄也【註】謂殄絕【正義】上文已云畛、致也、釋詁云殄盡
也、畛又訓殄、以聲轉爲義皆假借字
也。下文障畛也、
爲畛字本義。

正義

畛殄也 謂殄絕。

紾者、釋詁云盡也。畛者、田界之盡也。上文云、畛、致也。致與盡義亦近。畛紾俱从㐱聲、又以聲爲義也。

義疏

畛殄也郭注謂殄絕。詩徂隰徂畛、田界故取斷絕爲義、不用㐱本義。

集解

畛殄也 畛、井田閒陌也。从田㐱聲。正字爲殄。殄畛疊韻。穀梁隱五傳誅不填服、填卽畛殄也。後漢書五行志惟金沴木注、沴殄也。借填沴爲之。殄、盡也。从歺㐱聲。

義證

畛殄也

註謂畛絕補正鄭樵註云殄、絕也。疆畛所以絕界。

郭注補正

畛殄也

畛爲㐱之假借。詩小雅雲漢胡寧瘨我以旱、毛傳云瘨、病也、彼釋文云韓詩作疹。小宛哀我填寡傳云填、盡也、彼釋文亦云韓詩作疹。疹與瘨填同聲、疹與疷亦同聲。無將大車祇自疷兮、文選思元賦云思百憂以自疹、以疹易疷、注云疹、疾也。疹之爲疷、亦猶曲禮注畛之爲祇也。殄者、大雅瞻卬邦國殄瘁、傳云殄、盡也、毛釋填亦爲盡。填疹互假、則疹亦盡也。桑柔不殄心憂、鄘風蘧除不殄、大雅緜肆不殄厥慍、傳箋並云殄、絕也。思齊肆戎疾不殄、傳云害人者不絕之而自絕也、絕卽盡也。瘨與疹互假。大雅召旻瘨我饑饉、傳亦云瘨、病也、彼釋文云瘨、沈又音殄、是瘨殄又同也。王氏念孫謂畛爲珍、殄爲腆、失之。

說詩

畛殄也疏畛埸也 埸、毛本誤場、下同。

注疏正字

畛殄也

畛訓爲殄、叚借也。邢昺曰以畛爲埸、何異于王安石之字說、可謂不經之談矣。

小箋

畛殄也

郭曰、謂殄絕。邢曰、周頌載芟云徂隰徂畛、毛傳曰畛、埸也、則畛謂地畔之徑路也。至此而易之、故以畛爲埸、易則地絕、故得爲殄。邵曰、上文云畛、致也。釋詁云殄、盡也。畛又訓殄、以聲轉爲義、皆假借字也。家大人曰、畛無殄絕之義、邢曲爲之說、非也。邵以爲假借字、近之、然未言何字之假借。予謂畛、珍聲相近、蓋卽珍之借字。殄、腆聲相近、卽腆之借字也。釋詁曰、珍、美也。儒行席上之珍以待聘、鄭注曰珍、善也。士昏禮記辭無不腆、燕禮寡君有不腆之酒、聘禮不腆先君之祧、注並曰腆、善也。廣雅曰腆、美也。是珍腆同訓爲善、又同訓爲美、而珍與腆古聲亦相近。說苑脩文篇曰、使某奉不珍之琮、不珍之屨、不珍卽不腆、故曰珍腆也。邶風新臺篇籧篨不殄、箋曰殄當作腆、腆、善也。燕禮注曰、古文腆皆作殄。是腆殄古字通。大雅雲漢篇不殄禋祀、錢氏荅問亦以殄爲腆。

述聞

啓蒙

畛殄也上文畛、致也、又訓殄、郭註謂殄絕。畢命餘風未殄、殄詳釋詁。

黃侃音訓

畛、殄也。此詩傳輈朝之義、然畛亦有竟義、說文井田閒陌也、竟絕義亦相通。

眕、殄也。

邵云：「眕訓殄、皆假借字也。」王念孫云：「珍、殄、聲相近、䔲即珍之借字、殄、腆、聲相近、即腆之借字也。釋詁曰：『珍、美也、』儒行『席上之珍以待聘、』鄭注曰：『珍、善也。』士昏禮記『辭無不腆、』燕禮『寡君有不腆之酒、』注竝曰：『腆、善也、』廣雅云：『腆、美也。』是珍、腆、同訓爲善、又同訓爲美。而珍與腆、古聲亦相近、說苑修文篇曰：『使某奉不珍之琮、』不珍、即不腆、故曰：『珍、腆也。』邶風新臺篇『籧篨不殄、』箋曰：『殄、當作腆、』燕禮注云：『古文腆皆作殄、』是腆殄古字通。」

郭注依原字爲訓、多迂曲、故王用假借字釋之。

校勘記 爾雅學

眕殄也〇釋曰 注疏本刪。

注疏本正誤

眕殄也、疏眕殄埸也。今本埸誤作場。

注疏校勘札記

謂眕絕也 監本毛本湘本眕作殄、是。

注疏校勘札記

軫 塡上聲

眕殄也。

孫侶直音

曷盍也

曷盍也 盍、何不。

郭注

曷盍也 釋曰、郭云盍何不也。論語曰盍各言爾志。

邢疏

曷盍也 郭璞云盍、何不。

一切注音

曷盍也 盍 戶臘反。

陸音義

詩曰曷不肅雝、甚言之之詞。于嗟乎騶虞、雖甚言之、猶不足乎、綏詞也。于嗟麟兮、至矣。

新義

曷盍也 郭璞曰、盍、何不。

曷盍也、此釋曷爲盍之義也。註曰、盍、何不也。

古注合存

曷盍也 **註** 盍、何不 **正義** 曷盍聲近義同。廣雅云、曷盍何也。

注疏參義

正義

曷盍也 盍何不

盍者、廣雅云何也、玉篇云何不也、通作蓋、檀弓云子蓋言子之志於公乎、鄭注蓋皆當爲盍、盍、何不也。今按、蓋从盍聲、古字通用。故秦策云蓋可忽乎哉、蓋郎盍也。又通作闔、管子小稱篇云、闔不起爲寡人壽乎。莊子天地篇云夫子闔行邪、釋文闔本亦作盍。闔亦从盍得聲也。曷者說文云何也。詩內曷字箋竝訓何。通作害。詩害澣害否、不瑕有害、傳箋竝云害何也。菀柳及長發傳竝云曷、害也。經典多以害爲曷。故書時日曷喪、孟子作時日害喪。書大誥凡言曷、漢書翟方進傳竝作害。詩葛覃釋文、害與曷同。廣雅云害曷盍何也。害曷盍俱一聲之轉。

義疏

曷盍 害蓋 也 郭注、盍、何也。上云曷、止、盍从大血、亦止之也。詩曷月予還歸哉。

集解

曷盍也 曷、何也、从日匃聲。引申爲盍。盍亦何也。書盤庚女曷弗告朕、孫疏曷盍也。詩葛覃害澣害否、傳害、何也。左昭九傳則戎焉取之、注焉猶何也。呂覽貴因謁至、注謁、何也。素問示從容論又安足以明之、注安猶何也。詩日月胡能有定、禮記中庸君子胡不慥慥爾、胡郎曷盍也。以害焉謁安胡爲之盍覆也、从皿大从一。經典借爲發聲之詞、與何同用。記檀弓子蓋言子之志於公乎、莊子天地夫子闔行邪、則蓋闔又爲盍之借字矣。

義證

曷盍也

曷盍、常語也。曷與何同。詩召南何彼襛矣曷不肅雝、邶風綠衣曷維其已、雄雉曷云能來、王風君子于役曷至哉、唐風鴇羽曷其有所、有杕之杜曷飲食之、小雅四月曷云能穀、小明曷云其還、漸漸之石曷其沒矣、大雅雲漢曷惠其寧、傳箋並云曷、何也。王風揚之水曷月予還歸哉、箋云何月我得歸還見之哉。齊風南山曷又懷止、箋云何弗來爲乎、亦以曷爲何也。又與害通。周南關雎害澣害否、傳云害、何也、彼釋文云害與曷同。邶風泉水不瑕有害、箋云害、何也。二子乘舟不瑕有害、箋云有何不可而不去也、彼釋文云害、鄭音曷。小雅四月苑柳曷予靖之、傳云曷、害也、盇亦何也。見廣雅。通作蓋。大雅緜虞芮質厥成、傳云西伯仁人也盇往質焉、正義作蓋往質焉、云家語作盇、盇謂何不也。小雅黍苗蓋云歸哉、蓋即盇、盇謂盇不也。箋云蓋猶皆也、非是。又案泉水二子乘舟兩言不瑕有害、害應讀爲我獨何害之害、猶言不遐有愆、不瑕有害、謂不遠即有禍害。鄭以害爲何、不辭。

說詩

曷盍也

郭曰盍何不。家大人曰盍之爲何不、常訓也、而又訓爲何、故廣雅曰、盍何也。楚辭九歌盍將把兮瓊芳王注曰盍、何也、言靈巫何持乎、乃復把玉枝以爲香也。（今本作盍何不也、不字乃後人所加。注言靈巫何持、則訓盍爲何明矣。而今本文選所載王注又改何持爲何不持、以從五臣之謬解。蓋後人但知盍爲何不、而不知其又訓爲何、故紛紛妄改耳。）管子霸形篇仲父盍不當言、謂何不讜言也。（當言即讜言、說見廣雅疏證讜善也下。）戒篇盍不出從乎、君將有行、尹知章注曰君將有行、何不出從乎、盍何也。（今本作盍何不也、不字亦後人所加。後廱篇作公將有行、胡不送公、胡不即盍不。）莊子盜跖篇盍不爲行、釋文曰盍何也。勸何不爲德行。（今本作盍何不也、不字亦後人所加。）又莊子養生主篇曰善哉技蓋至此乎、言技之善何至於此也。秦策曰勢位富貴蓋可忽乎哉、言何可忽也、（褚少孫續史記三代世表曰、豈可以忽乎哉、）管子小稱篇曰闔不起爲寡人壽乎、莊子徐無鬼篇曰闔不亦問是已、闔不、何不也、蓋闔並與盍同。曷之爲何、常訓也、而又訓爲何不。湯誓曰時日曷喪、唐風有杕之杜曰中心好之曷飲食之、曷皆謂何不也。（說者皆訓爲何、失之。）曷爲何而又爲何不、盍爲何不而又爲何、聲近而義通也。故爾雅曰曷盍也。學者失其義久矣。（曷盍聲近而義通、故月令之鶡旦、釋文作曷旦、坊記作盍旦。）

述聞

曷盇也 說文、曷、何也。通作害。周南害澣害否、傳害何也。害者、曷之假借、訓盇亦假借也。訓止是以曷爲遏、已詳釋詁。

廣雅、曷盇何也。

啓蒙

曷、盍也。

郝云：『盍者、廣雅云：『何也』玉篇云：『何不也。』通作蓋、檀弓云：『子蓋言子之志於公乎、』鄭注『蓋、皆當爲盍。』今按蓋从盍聲、古字通用、故秦策云：『蓋可忽乎哉、』蓋即盍也。又通作闔、管子小稱篇云：『闔不起爲寡人壽乎、』莊子天地篇云：『夫子闔行邪、』釋文『闔、本亦作盍、』闔亦从盍得聲也。曷者、說文云：『何也、』詩內盍字、箋並訓何。經典多以害爲曷。廣雅云：『害、曷、盍、何也、』害、曷、盍、俱一聲之轉。」案郝訓曷爲何、然亦訓何不、詩有杕之杜曰：「中心好之、曷飲食之、」書湯誓曰、「時日曷喪、」曷字皆訓何不、不宜訓何。王念孫曰：「曷爲何、而又爲何不；盍爲何不、而又爲何；聲盡而義通也。」是以爾雅之曷、盍、蓋、皆兼何與何不二義。

爾雅學

曷盍也。○釋曰注疏本刪。

校勘記

二行曷盍也(注)盍何不○唐寫本作「過合也」，誤．又注「何不」下邢昺疏引有「也」字．

宋監本校箋

虹潰也

虹潰也。謂潰敗。

郭注

虹潰也 釋曰：潰敗亂也。大雅抑篇云「實虹小子」，召旻云「蟊賊內訌」。

邢疏

虹潰也 釋文 虹、李本作降。

降、下江反。釋文

李注

虹潰也 釋文顧作訌，音同。

顧音

虹潰也

詩大雅抑實虹小子、召旻蟊賊內訌、毛傳俱云潰也。疏俱以爲釋言文。說文繫傳引爾雅注云潰散也。邵氏正義

衆家注

黃輯古義

降潰也 釋文、虹、李本作降。

降、下江反。釋文

李注

訌潰也。訌、音洪。釋文、虹音洪，顧作訌，音同。

衆家注

玉函山房輯佚

虹潰也 釋文、虹、李本作降、下江反。

虹潰也 釋文二十九卷虹、李巡本作降，顧野王本作訌。

漢注

舊註云潰散也。易正義八卷

郭璞云謂潰敗。

一切注音

虹潰也 李本作降、下江反。釋文 爾雅注云潰散也。

易繫傳正義

蕙心案：虹與訌通，詩蟊賊內訌，傳云：訌，潰也。李以降爲訌，禹貢曰北過降水，水經河水注云：水不遵其道曰降，亦曰潰。又說文：洚，水不遵道。玉篇：洚，潰也。是降洚音皆如訌，虹爲訌之借字。易引爾雅注，舊注也。

古注斠

虹 音工。顧作訌、音同。李本作降、下江反。潰 戶內反。

陸音義

虹潰也 抑云實虹小子，召旻云蟊賊內訌、訌虹通。

鄭樵注

虹潰也 虹、李本作降。郭璞曰、謂潰敗。按：說文、虹、讀也。讀、中止也。司馬法云、師多則人讀。繫傳引爾雅注云潰散也、義與此同。鄭樵曰、抑云實虹小子、召旻云蟊賊內訌、訌虹通、

古注合存

虹潰也。潰音會。○此釋虹爲潰之義也。註曰潰敗亂也。詩召旻云蟊賊內虹。

注疏參義

疏以虹通作訌，引抑篇實虹小子、召旻蟊賊內訌。本陳顧氏野王說，見釋文。

補注

虹潰也 註 謂潰敗 正義 大雅抑云實虹小子，召旻云蟊賊內訌、毛傳俱云潰也，疏俱以爲釋言文。釋文云、顧本作訌、李本作降。說文云、訌、讀也。讀、中止也。司馬法云、師多則人讀。繫傳引爾雅注云潰、散也。

正義

虹潰也 謂潰敗

郭注謂潰散 說文繫傳引此註云潰散也

校議

潰者，說文云漏也。文選西都賦注引蒼頡篇云潰，旁決也。詩召旻傳潰潰，亂也。虹者訌之叚借也。說文云訌，讃也，引詩曰蟊賊內訌。今召旻傳作訌，潰也。抑傳又作虹，潰也。爾雅釋文虹，李本作降，下江反。今按降，古讀若洪。水經河水東北過黎陽縣南注云尚書禹貢曰北過降水，不遵其道曰降，亦曰潰。說文云洚，水不遵道。玉篇胡公胡江二切，又洚潰也。胡公卽虹字之音，是洚與降同。故李巡以降爲訌，鄭注以洚爲降。說云訌讃之讃云中止也。與潰字之義亦近。

義疏

虹潰也 虹，李作降。

郭注，謂潰敗。 虹从虫工。工象虹形。字亦作訌，與降同用。詩，實虹小子。又蟊賊內訌。潰从貴。臾，艸器易敗者也。

集解

虹潰也 虹，蝃蝀也，狀似虫，从虫工聲。正字爲訌。訌，讃也，卽潰也。訌虹通用字。詩召旻蟊賊內訌，抑實虹小子，傳均云虹，潰也。文選幽通賦周賈盪而貢憤兮，注貢，憒也。以貢爲之。或者虹之正字爲洚，與水經河水注不遵其道曰洚，亦曰潰。禹貢洚水，因其潰決而名耳。潰，漏也，从水貴聲。經典或以爲讃之借字。詩召旻無不潰止。

義證

虹潰也

【註】謂潰敗。【補正】邢疏，大雅寔虹小子、蟊賊內訌。釋文云虹，顧作訌，音同。李本作條。

郭注補正

虹潰也 大雅抑彼童而角，實虹小子，毛傳云虹，潰也。案禮記內則擇日翦髮爲鬌，男角女羈。謂童子始畜之髮，男曰角，女曰羈。今人猶謂童子所留不翦之髮曰羈角，此雅訓之僅存者。彼童而角，實虹小子者，謂童孩無知之人，實潰亂國政之小子耳。小子卽童而角者也。大雅召旻無不潰止，箋云潰，亂也。毛傳謂童羊之無角者，而角自用也。鄭更以童羊譬皇后，愈失愈遠矣。朱子集注猶言其誤，豈皆未讀禮耶。釋文云，虹，顧作訌。大雅召旻蟊賊內訌，傳云訌，潰也。虹爲假字，李本作降，與虹同音。

說詩

虹潰也 虹，釋文云顧作訌，李本作降。案說文，言部訌，讃也，从言工聲。詩曰蟊賊內訌。詩傳訌，潰也。疏云訌潰釋言文。則訌爲正文，虹降皆古文假借。 潰當作讃。

匡名

虹潰也 大雅實虹小子，或作訌。大雅蟊賊內訌，說文訌，讃也。

啓蒙

虹，潰也。謂潰敗。 潰兼潰敗、潰散二義，郭但舉一偏。 訌虹又與鬨義近，說文鬭也。孟子趙注鬨，鬭也。呂覽愼行作鬩，注鬭也。

黃侃音訓

虹潰也。釋文云，虹，音洪，顧作訌，音同，李本作降，下降反。承珙案，說文訌，讃也，引詩蟊賊內訌。讃，中止也，引司馬法曰師多則人讃。依顧本作訌，則讃當从言作。召閔箋云，訌，爭訟相陷人（羣經音辨人作入）之言也。說文，洚，水不遵道也，一曰下也。水經河水注云，不遵其道曰降，亦曰潰。孟子引書曰洚水警予，洚水者，洪水也。古降字讀爲洪，洚降字通。依李本則潰當从水。說文繫傳引爾雅注云潰，散也。顧李字異而義皆可通。今本作虹，則假借字。毛詩實虹小子，亦借字也。

胡氏古義

虹潰也

錦燧謹案，此釋詩抑篇實虹小子也。毛傳云虹，潰也，與雅訓合。說文虫部云虹，螮蝀也，狀似虫。是虹之本義，與潰絕遠。虹訓潰者乃訌之假借字也。說文言部云，訌，讀也。召旻篇蟊賊內訌，傳云潰也。經典中訌字祇此一見。又案，釋文云虹，顧作訌，李本作降，是陸所見爾雅別本即有作訌者。李作降者，降亦訌之同部通假字也。

陸錦燧日記

虹、潰也。

虹者、訌之借字。大雅召旻「蟊賊內訌、」傳云：「訌、潰也；」抑傳又云：「虹、潰也；」是虹即訌矣。說文云：「訌、讀也、讀、中止也、」中止、亦潰之意、故司馬法云：「師多則人讀、」即潰亂也。

爾雅學

虹潰也唐石經雪牕本同。釋文，虹音洪，顧作訌，音同，李本作降，下江反。按，毛詩抑實虹小子，傳虹，潰也。召旻蟊賊內訌，傳訌，潰也。說文，訌，讀也，从言工聲。詩曰蟊賊內訌。蓋虹，假借字。訌，正字。虹訌皆工聲。陸德明作虹，與抑合。顧野王作訌，與召旻合。陸顧本皆郭本也。李巡本作降，古降與虹音同，亦是假借字。

虹潰也」釋曰注疏本刪。

召旻云注疏本脫云。

謂潰敗十行本雪牕本吳本謂潰敗，南昌本誤。

校勘記

校勘記訂補

虹潰也。釋文，潰，乎內反。今本潰音會，誤。按，廣韻，會，黃外切，又音儈，古外切，在十四泰。潰，胡對切，在十八隊。泰獨用，隊代同用，二音不得同也。

注疏本正誤

虹潰也（注）謂潰敗〇虹，《釋文》同，云：「顧作訌，音同。」案：原本《玉篇》言部「訌」，胡東反，引《爾雅》郭注「謂潰敗也」。是顧本作「訌」，不作「虹」。注文「敗」下有「也」字。

宋監本校箋

虹潰音會也

降會

音圖・音

虹潰也。

孫偘直音

洪隆二音 會

虹潰也

直音校正

虹潰會也

楊氏音訓

隌闇也

隌闇也。隌然冥貌。

郭注

隌闇也。釋曰，謂冥昧也。郭云，隌然冥貌。

邢疏

隌闇也

郭璞云隌然冥貌。

一切注音

隌字林或作晻，同。烏感反。闇音暗。冥莫定反。

陸音義

虹潰也隌闇也

虹潰而已闇或隌之。

新義

隌闇也隌然冥昧貌，音晻。

鄭樵注

隌闇也

郭璞曰，隌然，冥貌。

鄭樵曰，隌然，冥昧貌，音晻。

古注合存

注疏參義

陪闇也。陪音唵。○此釋陪爲闇之義也。註曰，陪然冥貌。

陪闇也 註 陪然冥貌 正義 玉篇云、陪與晻同。荀子不苟篇是姦人將以盜名於晻世者也。錢詹事曰陪當爲陰。論語高宗諒陰、鄭註訓陰爲闇、蓋據此文。古書陰與音通、春秋傳鹿死不擇音是也。

正義

陪闇也 陪然冥貌

闇者、說文云閉門也、玉篇云幽也、廣韵云冥也、玉篇與暗同。陪者、玉篇與晻同。釋文、陪字林或作晻、同、烏感反。一切經音義十二又以晻陪二形爲古文暗字、皆非也。陪於經典無見、疑陰之別體也。錢氏荅問云、陪本當爲陰。論語高宗諒陰、鄭訓陰爲闇、說文亦訓陰爲闇、皆據此文。古書陰與音通、左傳鹿死不擇音是也。本借音爲陰、後人妄加阜旁、景純不援引經典而望文生義、由於未通六書之旨。

義疏

陪陰晻闇也 郭注、陪然、冥皃。陪、字林作晻。經音義以陪爲古暗字。錢大昕說爲陰、語高宗諒陰、音有陰義。音不可見、暗但聞音、隔門聞音亦不見也。

集解

陪闇也 陪、字本作音、聲也。从言含一。此作陪者後人誤加耳。正字為陰。左文十七傳鹿死不擇音、注茠陰之處。以陰為音也。陰、地之闇也、所謂山北水南是也。音陪古今字、音陪陰通用字。論語高宗諒陰、鄭注訓闇、禮記喪服四制亦作諒闇。闇、閉門也、从門音聲。經典或以為暗之假借。禮記祭義夏后氏祭其闇。

義證

陪闇也 注陪然冥貌

正曰、陪讀爲陰。論語憲問高宗諒陰、後漢書張禹傳李注引論語鄭注諒陰作諒闇。說文阜部、陰、闇也。古字陰與音通。左文十七年傳鹿死不擇音、杜注音茠蔭是也。此陪字當卽鹿死不擇音之音、後人又加阜旁耳。景純不援引經典、繇於未通音讀之故。

正郭

陪闇也 注陪然冥貌

評曰、邵氏郝氏並据錢氏荅問云、陪本當爲陰。論語高宗諒陰、鄭訓陰爲闇、說文亦訓陰爲闇、皆據此文。古陰與音通、左傳鹿死不擇音是也。本借音爲陰、後人妄加阜旁、是不特得陪之義、幷得其形聲。注不過因闇爲幽冥、而以爲陪然冥貌、解如未解也。

靜郭

陪闇也

陪然冥貌

慧琳高僧傳十卷音義引爾雅、陪暗也、郭璞云陪然冥闇也。與今本異。

郭注佚存補訂

陪闇也

陪當爲湆之假借。小雅大田有湆萋萋、毛傳云湆、雲興貌。彼釋文云湆本作弇、漢書作黤、呂覽務本篇作有晻淒淒、注云晻、陰雨也。晻與闇同。見漢書五行志注。陪從音、故與闇同訓。凡從奄從弇之字古皆通用。

說詩

陪闇也 釋文云陪字林或作晻、案說文日部晻、不明也、从日奄聲。說文阜部無陪字、錢少詹曰當爲陰、論語高宗諒陰、鄭訓陰爲闇、說文亦訓陰爲闇、皆据此文。古書陰與音通、左傳鹿死不擇音是也。本借音爲陰，後人妄加阜旁。

匡名

陪闇也。郭註：陪，然，冥貌。曲禮：孝子不服闇。說文：闇，閉門也。註借以爲幽暗字。

陪 音 說文陰闇也。古書陰與音通，左傳鹿死不擇音是也。蓋本以音爲陰，後人誤加阝旁。

啓蒙

此錢大昕說。此謬。陪即陰之別字，當从錢大昕。然从音聲者有窨、罯、黯、湆，義皆相近。

黃侃評本正名

陪闇也。陪闇同字。陪闇暗晻皆同一音，又與陰音義同。从音聲者有窨，地室也；有罯，覆也；有黯，深黑也；有湆，幽溼也。義皆相近。錢大昕以陪爲陰之別字，後人加阜旁。案謂陪爲陰之別字可也，以爲後人加阜旁，亦無明據。

黃侃音訓

陪闇也。郭云：陪然，冥貌。錢大昕爾雅荅問云：陪本當爲陰，論語高宗諒陰，鄭訓陰爲闇，說文亦訓陰爲闇，皆據此文。古書陰與音通，左傳鹿死不擇音是也。本借音爲陰，後人妄加阜旁。景純不援引經典而望文生義，由於未通六書之旨。楷案：陪者，晻字之假音也；闇者，暗字之假音也。釋文：陪，字林或作晻。玉篇陪與晻同，闇與暗同，皆其證。說文：晻，不明也。廣雅：晻，冥也。郭注非，不可從。

稗疏

陪、闇也。

玉篇「闇，幽也。」廣韻「闇，冥也。」是幽冥爲闇。陪，錢大昕云：「說文無之，本當爲陰，論語『高宗諒陰』，鄭訓陰爲闇，說文亦訓陰爲闇，皆據此文。古書陰與音通，左傳『鹿死不擇音』是也。本借音爲陰，後人妄加阜旁。」如錢說，是爾雅蓋用音字，音爲陰之借字，後人加阜爲陪字也。

爾雅學

陪闇也○釋曰 注疏本刪。

校勘記

陪闇也。釋文：闇音暗，今本暗誤作陪。按廣韻陪烏感切，與釋文同。釋文陪，字林或作晻，同烏感反。今本作陪，音晻字，雖不同，然音尚可通。在上聲四十八感，暗烏紺切，在去聲五十三勘，二字不可相音也。

注疏本正誤

陪闇也 錢大昕曰：說文無陪字，本當爲陰，論語高宗諒陰，鄭訓陰爲闇，說文亦訓音爲闇，皆據此文。陰與音古通，左傳鹿死不擇音是也。爾雅本借音爲陰，後人妄加旁阝耳。

闇音陪 監本毛本同。湘本陪作暗，据釋文作暗是。

陪闇也（注）陪然冥貌　○原本《玉篇》阜部「陪」下引注文作「陪陪然冥貌也」，今本脫一「陪」字。慧琳《音義》卷九十引《爾雅》：「陪，暗也。」郭璞云：「陪然冥闇也。」與《玉篇》及今本不同。

注疏校勘札記

陪音晻闇也

宋監本校箋

音圖・音

陪，字林或作晻，同烏感翻，音黯。楊倞荀子注：晻與暗同。是字有上去兩聲也。廣韻於金翻，音音。

音略

晻　暗

陪、闇也。

孫侶直音

陪晻闇暗也

楊氏音訓

陪烏感切

干氏音釋

䵑膠也

䵑、膠也。膠黏䵑。

郭注

䵑膠也 釋曰：膠黏䵑也。方言云：䵑、𪏮，黏也。齊魯青徐自關而東或曰䵑，或曰𪏮。

邢疏

鬱氣也

鬱盛氣也。

李注

𥎊膠也

𥎊音馹。釋文

郭音義

𥎊膠也。𥎊音馹。同上

郭音義

黃輯古義

玉函山房輯佚

𥎊膠也

郭璞云、膠黏𥎊。

一切注音

𥎊膠也 郭音馹。釋文

古注斠

𥎊字又作𥎊、同。女乙反、郭音馹。膠音交。黏女廉反。字林云相著也。字書云糊也。

陸音義

𥎊膠也

刃之也、故膠之。莊子曰、不斲惡用膠。

新義

𥎊膠也 𥎊、女乙反。

鄭樵注

𥎊膠也 𥎊郭音馹

郭璞曰、膠黏𥎊。

鄭樵曰、𥎊、女乙反。

古注合存

𥎊膠也。𥎊音暱。○此釋𥎊爲膠之義也。註曰膠黏𥎊也。

𥎊膠也 註 膠黏𥎊 正義 釋詁云、膠、固也。說文引春秋傳云、不義不䵒。䵒或作𥎊、言不義者不能堅固。故左傳下文云、厚將崩。今本作不暱、杜註訓暱爲親、則與厚將崩之文詞不相屬矣。𥎊通作昵、故又作暱。考工記弓人相膠之法云、凡昵之屬不能方、杜子春云、昵或爲𥎊、𥎊粘也。方言云、𥎊粘也、齊魯青徐自關而東或曰𥎊。

注疏參義

𥎊膠也 膠黏

膠者、釋詁云固也。固之言黏也。黏訓黏也、黏者當作

正義

昵。說文云膠、昵也。昵與暱同。釋詁云暱、近也。暱近與膠固義近。聲借爲𥎊。說文𥎊䵒同云黏也。引春秋傳曰不義不䵒。今左氏隱元年傳䵒作暱。考工記弓人注杜子春引作不義不昵、云昵或爲𥎊。是𥎊昵通。

義疏

黎膠也 郭注、膠黏𥎊。 黎从刀割黍。說文以爲從利黍、非也。上云黎眾。書、厥土青黎。膠固見上。記、膠以爲和。

集解

𥎊膠也

𥎊字本作黎、㢈粘也。从黍古文利省聲。引申爲膠。𥎊黎古今字。書禹貢厥土青黎、謂土色青而質膠。史記以纚爲之、膠昵也。作之以皮、可以固物。或曰𥎊乃䵒之重文。䵒𥎊粘也、猶膠也。左隱元傳不義不暱、說文引作䵒、蓋因暱膠義近故耳。周禮杜子春注引作昵。

義證

𥎊膠也 注膠黏𥎊

諍曰、阮氏校勘記云雪牕本作膠黏、無𥎊字、別附音切云𥎊、女乙反、注與音相連、今本蓋因此衍𥎊字。又云案、黏𥎊雙聲字、未必𥎊爲衍也。竊謂注例凡增字申經字者、如上文隱占也注隱度、禦圉禁也注禁制、畛殄也注謂殄絶、虹潰也注謂潰敗均申一字、即有申二字者、如下文闍臺也注城門臺亦非黏合闍字、此𥎊爲衍文無疑。

靜郭

𥎊膠也

膠黏𥎊也

雪牕本作膠黏、脫𥎊字。希麟續開元釋教錄上卷音義引爾雅云𥎊、膠也、郭注云膠黏𥎊也、今據補也字。

郭注佚存補訂

𥎊膠也

釋文云翻字又作䵒者、說文云翻黏也。䵒亦訓黏、引春秋傳云不義不䵒、今隱元年左氏傳作不義不暱。考工記弓人杜子春讀爲䵒翻昵暱皆同字不義不昵云昵、或爲翻、也。小雅菀柳無自暱焉毛傳云暱、近也。近與膠義近。

說詩

翻膠也疏方言云翻𣝖黏也 𣝖、誤從文旁作。下曰𣝖、同。

注疏正字

翻膠也 釋文云翻字又作䵒。案說文䵒或作翻。

匡名

翻膠也 說文、䵒、黏也。引左傳不義不䵒。或从刃。方言、翻、黏也。郭註、膠黏翻。䵒、昵也。徐鉉曰、昵黏也。

啓蒙

翻、膠也。 膠之爲言交也、翻昵暱之言尼也、尼從後近之也、故暱亦訓近。方言翻𣝖、黏也、廣雅𣝖䵒、黏也䵒猶日也、䵒也、昜亦从日、𣝖猶女也、黏猶因也、入也、此皆鄙言、文致以爲雅語矣。

黄侃音訓

遜遯也 㱸踣也 虹潰也 陪闇也 翻膠也

釋文、遯字又作遁、釋言釋文又作遂。釋言釋文說文、遜遁也。定部遜釋文

㱸作斃、釋言釋文字亦作獘、云字又作斃。釋言釋文左傳正義引作斃仆也。

定八年傳正義 顧野王本虹作訌、音同。言釋文 李巡本虹作降。下江反。釋言

釋文字林陪或作晻。釋言釋文 翻字又作䵒。釋言釋文

遜、遯也。釋文、遯、字又作遁、又作遂。按漢書匈奴傳、遂逃竄伏。叙傳述贊云、攜手遂秦。翻、膠也。釋文、翻字又作䵒。按說文黍部引春秋傳曰不義不䵒、䵒或作翻、今本作不暱。暱或作昵。考工記弓人相膠之法凡昵之屬不能方、杜子春云昵、或爲翻。是䵒、正字。翻、或體字。通作暱。

證異

翻、膠也。

釋詁「膠、固也、」說文「膠、昵也、」暱近與固箸義近。說文黍部云：「䵒、黏也、春秋傳曰：『不義不䵒、』翻、䵒或从刃、」方言云：「翻、黏也、齊魯青徐自關而東、或曰翻、」是翻者、黏也。許所引春秋傳、今左傳作「不義不暱、」邵云：「言不義者不能堅固、」是與膠固義同矣。故曰：「翻、膠也。」

爾雅學

膠黏翻注疏本同。雪牕本作膠黏、無翻字、別附音切云翻女乙反、注與音相連、今本益因此衍翻字。○按黏翻雙聲字、未必翻爲衍也、

翻膠也○釋曰注疏本刪、

翻𣝖黏也注疏本𣝖誤𣝖、一或日𣝖同、釋文云、翻字又作𣝖、𣝖亦𣝖之誤。玉篇𣝖而與切黏也、

校勘記

翻膠也釋文、翻字又作𣝖、同女乙反、郭音䵒。按字書無黍半从攵之字、當作䵒。玉篇、䵒女栗切、翻、同上。方言、翻𣝖、黏也。翻本亦作䵒、是釋文誤。又今本疏引方言音𣝖黏也及或曰𣝖、皆誤作𣝖。玉篇𣝖而與切方言音汝。

注疏本正誤

三行（注）膠黏翻○ 希麟《音義》卷十引「翻」下有「也」字。

宋監本校箋

翻音暱膠也

音圖・音

翻、字又作𣝖、同、女乙翻、音暱、尼入聲。郭音䵒。考工記注、昵或作樴、杜子春讀爲不義不昵之昵、或爲翻。康成轉爲脂膏膱敗之膱。釋文昵女乙翻、又音職。翻、女乙翻、劉沈竝音刃。膱音職。

音略

暱交

䵒膠也。孫侃直音

䵒暱膠也。楊氏音訓

䵒暱 干氏音釋

孔甚也

孔、甚也。郭注

孔甚也 甚則隙生焉。新義

孔甚也 孔从乞子。嘉美之意。甘匹則有子，故湛樂甚美也。書、孔壬。詩、亦孔之醜。又、亦已大甚。集解

孔甚也 孔、通也。从乙从子、會意。正字為戡，實為甚。孔堪甚雙聲。書皋陶謨巧言令色孔壬，禹貢九江孔殷，僞傳均云孔，甚也。詩汝墳父母孔邇，小戎俴駟孔羣，傳均云孔，甚也。采薇玁狁孔棘，卷阿亦孔之厚矣，既醉威儀孔時，小明我是孔庶，箋均云孔，甚也。儀禮士冠爰字孔嘉，禮記孔子閒居內恕孔悲，左襄八傳謀夫孔多，注均云孔，甚也。甚，尤安樂也。从甘匹。匹，偶也。會意。引申為甚，重甚多之詞。公羊宣十五傳，嘻甚矣憊。義證

孔甚也 周南汝墳父母孔邇，唐風羔裘孔武有力，秦風小戎俴駟孔羣，小雅鹿鳴德音孔昭，采薇玁狁孔棘，蓼蕭孔燕豈弟，何人斯其心孔艱，小明我事孔庶，楚茨祀事孔明，賓之初筵飲酒孔偕，大雅既醉威儀孔時，卷阿亦孔之厚矣，抑昊天孔昭，魯頌閟宮路寢孔碩，傳箋竝云孔，甚也。小雅十月亦孔之哀，亦孔之痗，小旻亦孔之卭，楚茨孔惠孔時，大雅崧高其詩孔碩，瞻卬孔填不寧，魯頌泮水戎車孔博，孔淑不逆，孔亦甚也，皆常語也。說詩

厥其也

厥、其也。郭注

厥其也 其之矣厥也，列子曰，有指不至。新義

孔甚也厥其也 此釋孔為甚厥為其之義也。注疏參義

孔甚也厥其也 正義 禹貢云六府孔修，史記作六府甚修。堯典云厥民析，史記作其民析。正義

厥其也 厥、从厂欮。瘚、气逆也。故為發聲。其、上云始，亦發聲也。書禹貢皆用厥，史記厥皆釋為其。集解

厥其也 厥、發石也。从厂欮聲。經典通借為發聲及語助詞。書堯典厥民析，史記作其。餘厥多同。詩瞻卬懿厥哲婦，生民厥初生民，箋均云厥，其也。周禮鄉大夫厥明，儀禮特牲禮厥明夕，禮記表記引大甲無越厥命

以自覆，周語緝熙，亶厥心，注均云厥，其也。其字一作箕，簸也，从竹甘。象形，下其丌也。經典亦多借為發聲及助語之詞。禮記中庸殘其位，書微子若之何其。

義證

厥其也

厥其一聲之轉。大雅生民厥初生民，瞻卬懿厥哲婦，鄭箋竝云厥，其也。文王有聲遹求厥寍，遹觀厥成，箋云又述行終其安民之道，又述行多其成民之德，亦以厥爲其也。緜虞芮質厥成，文王蹶厥生，生民厥聲載路，周頌桓保有厥土，克定厥家，厥皆訓其，亦常語也。

說詩

厥其也　說文箕，籀文作𠀠。徐氏養原曰，說文廾部畀字注云杜林以爲麒麟字，意古厥其字本作畀，秦以後始以籀文箕字代之。

匡名

孔甚也厥其也　禹貢六府孔修，史記作六府甚修。說文，甚，尤安樂也。註，尤甘也，引伸凡殊尤皆曰甚。堯典厥民析，史記作其民析。厥，發石也。註，發石故从厂，引伸之凡有撅發皆曰厥。訓其，假借也。假借盛行，而本義廢矣。

啓蒙

戛禮也

戛禮也。謂常禮。

郭注

孔甚也厥其也戛禮也　釋曰孔甚厥其通見詩書。釋詁云，戛，常也，故郭云謂常禮。

邢疏

戛禮也　郭璞云，謂常禮。

戛 居八反。

陸音義

一切注音

戛禮也　擊樂也，戛以止之禮也。

新義

戛禮也　郭氏謂常禮。

鄭樵注

戛禮也　郭璞曰，謂常禮。鄭樵曰，郭氏謂常禮。

古注合存

戛禮也　此釋戛爲禮之義也。註曰，戛謂常禮。疏曰，釋詁云，戛，常也。愚按戛之言法，禮猶法也。舊謂戛爲常禮者，蓋禮法爲秩然有常與。

注疏參義

戛禮也　**註**　謂常禮　**正義**　釋詁云，戛，常也。常又訓禮者，天官鄭註，禮經常所秉，禮法常所守也。

正義

戛禮也　謂常禮

戛者，釋詁云常也。秩亦常也。禮爲天秩，秩爲天常，故周禮大宰注，禮經常所秉，禮法常所守也。

義疏

戛禮也　郭注，謂常禮。上云戛，常古楷字，故又爲禮。然此禮當爲札，艸隸礼札相似而誤。書戛擊鳴球。字亦作揩。札之使作聲。

集解

戛禮也 戛上釋為常。此釋為禮，謂常禮耳。書康誥不率大戛是也。或者正字為楷，與禮、履也，所以事神致福也。从示从豊會意。書堯典、修五禮。 **義證**

戛禮也 釋詁云戛常也，常即禮也。戛當為夏之假借。周頌思文陳常於時夏，謂陳綱常之道於時王之禮。儀禮士喪禮夏祝，注云：夏祝，祝習禮者也。時邁肆于時夏，亦謂陳時王之禮也。鄭謂時夏為樂歌，非也。大雅皇矣不長夏以革，夏亦禮也，謂不變更長用之禮也。 **說詩**

戛禮也 釋詁，戛，常也。康誥不率大戛，疏謂楷模之常禮，言人當法守也。 **啓蒙**

戛禮也 案說文云，戛，戟也。引申之不能訓禮。蒙謂戛乃楷之假字。戛楷雙聲，例得叚借。書益稷戛擊鳴球，禮明堂位作揩擊，是叚戛為楷之證。禮儒行後世以為楷，孔疏楷法式也。法式亦禮也，故訓戛為禮。 **楊賡元日記**

戛、禮也。 郭注云：「謂常禮。」釋詁、「戛、常也、」戛訓禮者、邵引天官大宰注云：「禮經常所秉、禮法常所守也。」 **爾雅學**

孔甚也厥其也戛禮也○釋曰 注疏本刪。 **校勘記**

釋訓云戛常也 監本同。毛本湘本訓作詁。案此文見釋詁，作訓誤。 **注疏校勘札記**

劫甲 戛禮也。 **孫侶直音**

劫 戛禮也 **直音校正**

戛禮也 謂常禮。 **楊氏音訓**

闍臺也

闍臺也。 城門臺。 **郭注**

闍臺也 釋曰謂城門臺也。鄭風云出其闉闍，毛傳云闍，曲城也。闍城臺也。 **邢疏**

闍臺也 積土如水渚，所以望氣祥也。毛詩音義上 押韻釋疑一。 孫音注 **黃輯古義**

闍臺也 積土如水渚，所以望氣祥也。詩釋文 孫音注

闍臺也。闍音都。詩釋文引鄭郭。 郭音義 **玉函山房輯佚**

闍臺也 積土如闍，所以望祥氣。孫注 押韵釋疑 **鈎沉**

闍臺也 孫曰，積土如水渚，所以望氛祥也。毛詩音義上 **漢注**

闍臺也 孫炎云，積土如闍，所以望祥氣。押韻釋疑一卷 郭璞云，城門臺。 **一切注音**

闍臺也 孫炎云，積土如水渚，所以望氛祥也。詩釋文 **古注斠**

闍丁胡反。

陸音義

闍臺也 鄭風云、出其闉闍。闍、城門臺。

鄭樵注

闍臺也

郭璞曰、城門臺。

鄭樵曰、鄭風云出其闉闍城門臺。

古注合存

闍臺也、闍音都。○此釋闍爲臺之義也。註曰、闍城門臺。疏曰、詩出其東門云、其出闉闍。

注疏參義

闍臺也、與釋宮重出。

補注

闍臺也 註 城門臺 正義 釋宮云、闍謂之臺。詳見下。

正義

闍臺也 釋宮、闍謂之臺。

校議

闍臺也 城門臺

臺者、門臺也。禮器云、不臺門。古者天子諸侯門皆有臺、城門亦然也。闍者、說文云、闍、闉闍也、城內重門也。爾雅以爲臺者、門有臺也。故詩出其東門傳、闍、城臺也。釋文引孫炎云積土如水渚所以望氣祥也。郭義本毛傳。詳見釋宮闍謂之臺。

義疏

闍臺也 孫注、積土如水渚、所以望氣祥也。郭注、城門臺。闍、从者。者、从自旅。眾息者合力堵禦之意。故爲停儲止堵。臺从至高屮。屮者、上通之義。

集解

闍臺也 闍、闉闍也、从門者聲。曲城曰闉、城臺曰闍、即城隅也。詩出其東門出其闉闍、傳闍、城臺也。鄭箋則謂借爲都。臺、觀四方而高者、从至从之从高省、會意。禮記月令可以處臺謝。

義證

闍臺也

註 城門臺 補正 臣鑒按、押韻釋疑引孫炎註云、積土如闍、所以望祥氣。

郭注補正

闍臺也

鄭風出其東門、出其闉闍、毛傳云闍、曲城也。曲城者、門之外副城、回曲以障門者也。義詳釋宮闍謂之臺下。

說詩

闍臺也、闍臺已詳釋宮。

啓蒙

闍、臺也。

郭注云「城門臺」者、鄭風云：「出其闉闍、」傳云：「闍、曲城、闍、城臺也、」此郭所本。說文門部云：「闉、闉闍、城曲重門也。」城曲、即曲城、許合言之、毛分釋之也。

爾雅學

闍臺也○釋曰 注疏本删。

校勘記

闍音都臺也

音圖·音

闍臺也。爾雅口訓 先了閒府君課孫利親讀爾雅時所記云、與闍謂之臺釋宮重出。都遮蛇三音。

音略

都

闍臺也

孫偘直音

闍都臺也城門臺

楊氏音訓

闍都

干氏音釋

囚拘也

囚拘也 謂拘執。

郭注

囚拘也 釋曰、謂拘執也。月令云、挺重囚。左傳曰南冠而縶者、楚囚也。縶則拘執也。

邢疏

囚拘也

郭璞云、謂拘執。

一切注音

拘音俱。

陸音義

囚拘也

有所拘則囚矣。

新義

囚拘也

郭璞曰、謂拘執。

古注合存

囚拘也。此釋囚爲拘之義也。

注疏參義

囚拘也 **註** 謂拘執

正義 說文云、囚、繫也、从人在口中。左氏僖二十八年傳云乃拘宛春於衛、史記晉世家作乃囚宛春於衛。

正義

囚拘也 謂拘執

拘者、說文云止也。按、止如晉人止公之止。止、猶執也。說文、執、捕罪人是也。囚者、說文云繫也。詩泮水傳及周禮序官掌囚注竝云、囚、拘也。樂記云釋箕子之囚、史記殷本紀作釋箕子之拘、集解徐廣曰拘、一作囚。是囚拘通。古讀拘如鉤。易說卦云艮爲拘、虞翻注拘、舊作狗、亦其例。是囚拘以聲近爲義也。

義疏

囚拘也 郭注、謂拘執。

囚从人在口。詩在泮獻囚、以俘爲囚也。拘从句。丩、相糾繚。

集解

囚拘也 囚、繫也、从人在口中、會意。引申爲拘。詩泮水在泮獻囚、傳囚、拘也。周禮秋官掌囚注囚、拘也。禮記樂記釋箕子之囚、史記作拘。史記晉世家乃囚宛春於衛、左僖二八傳作拘。拘、止也、从手句會意、句亦聲。易說卦傳艮爲拘。隨、拘係之。

義證

囚拘也

說文云、囚、繫也、從人在口中、繫卽拘也。魯頌泮水在泮獻囚、毛傳云囚、拘也。

說詩

囚拘也 說文、囚、繫也、从人在口中。拘、止也。左僖二十八年傳乃拘宛春於衛、史記作乃囚宛春於衛。

啓蒙

囚、拘也。

說文口部云：「囚、繫也、从人在口中。」句部云：「拘、止也、从手句、句亦聲。」郝謂「止讀如『晉人止公』之止、」是止與繫同義、即拘與囚同義也。左氏僖二十八年傳云：「乃拘宛春於衛、」史記晉世家作「乃囚宛春於衛、」是囚、拘、古竝通用。

爾雅學

囚拘也○釋曰 注疏本刪。

校勘記

囚拘也。俱

孫侶直音

攸所也

攸所也。

郭注

攸所也

始舍之圉圉焉、少則洋洋焉、攸然而逝。

新義

攸所也。此釋攸爲所之義也。詩韓奕云、爲韓姞相攸。

注疏參義

攸所也 **正義** 所、所居。禹貢陽鳥攸居、史記作陽鳥所居。大雅韓奕云、爲韓姞相攸。

正義

攸所也　詩大雅爲韓姞相攸注擇可嫁之所也。

校議

攸所也

所者、一切經音義二引三蒼云處也。所又語詞、所之言、是也。故公羊文十三年傳注、黨、所也。所猶是、齊人語也。所又與許同。文選在郡臥病詩云良辰竟何許、李善注許、猶所也。按詩伐木許許、說文引許許作所所、是其證。所許聲近、所是聲轉也。攸者、經典俱訓所、通作逌。說文作卣、云气行皃、讀若攸。按漢書之攸多借逌爲之、如地理志鄠水逌同、九州逌同、五行志彝倫逌敘、彝倫逌斁、竝以逌爲攸也。地理志注逌、古攸字。

義疏

攸所也

攸、見上悠。書九州攸同、班固引作逌。所从斤。處、止。故爲指斥。

集解

攸所也

攸、行水也。从攴从人从水省、會意。經典多借爲助語之詞。易坤君子有攸往、釋文攸、所。書洪範我不知其彝倫攸敘、史記作所。多方乃爾攸聞、馬注攸、所也。詩皇矣攸馘安安、傳攸、所也。靈臺麀鹿攸伏、旱麓福祿攸降、箋均云攸、所也。儀禮士冠髦士攸宜、左昭二六傳未有攸底、孟子滕文公有攸不惟臣、注均云攸、所也。書多方不克終日勸于帝之迪、馬本迪作攸、曰所也。漢書地理志陽鳥逌居、禹貢作攸、史記作所。五行志彝倫逌敘、彝倫逌斁、洪範均作攸。所也、以逌爲之。所、伐木聲也、从斤户聲。經典借爲助語之詞。禮記檀弓高四尺所、疏所、是不定之辭。後人多用許字、書牧誓爾所弗勖、鄭注所、言且也。

攸所也

疏易曰利有攸往。

義證

正義、禹貢陽鳥攸居、史記作陽鳥所居。大雅韓奕云爲韓姞相攸、義疏、所者、一切經音義二引三蒼云處也。所又語詞所之言是也。故公羊文十三年傳注、黨、所也。所猶是齊人語也。所又與許同。文選在郡臥病詩云良辰竟何許、李善注許猶所也。按詩伐木許許、說文引許許作所所、所是其證。所許聲近、所是聲轉也。攸者、經典俱訓所、通作逌。說文作卣云气行皃、讀若攸。按漢書之攸多借逌爲之、如地理志鄠水逌同、九州逌同、五行志彝倫逌敘、彝倫逌斁、竝以逌爲攸也。

地理志注、逌古攸字。

世榮案、所與許古通、而許之聲轉近攸、攸有所義者、借攸爲許也。

釋言集解後案

攸所也

小雅蓼蕭萬福攸同、大雅皇矣攸馘安安、靈臺麀鹿攸伏、旱麓福祿攸降、韓奕韓姞相攸、魯頌泮水淮夷攸服、傳箋竝云攸、所也。小雅斯干風雨攸除、鳥鼠攸去、君子攸躋、君子攸寧、甫田攸介攸止、大雅鳧鷖福祿攸降、泂酌民之攸歸、民之攸塈、箋竝訓攸爲所、常語也。

說詩

攸、所也。

眾經音義引三蒼云：「所、處也、」公羊文十三年傳注云：「黨、所也、所猶是齊人語也、」此常用之所。文選在郡臥病詩「良辰竟何許、」李善注云：「許、猶所也、」留侯世家「父去里所、復還、」此以所爲許字之用也。成二年左傳云：「能進不能退、君無所辱命、」王引之以此等所字爲語助、無解；然亦代名詞也。

攸、經典俱訓爲所、多爲代名詞所字之用法。漢書之攸、多借用逌字、如五行志「彝倫逌敘、」乃攸字也。

爾雅學

攸所也。所以足爲正字。所有于是于何二義。

黃侃音訓

攸所也

禹貢陽鳥攸居、史記作陽鳥所居。說文、所伐木聲也。此所字之本義也。用爲處所者、假借字也。又攸、行水也、从攴人水省。註當作行水攸攸也、水安行爲攸、故凡可安爲攸、攸攸所以訓所也。

啓蒙

展適也

展適也 得自申展皆適意。

郭注

佽所也展適也 釋曰易曰利有攸往郭云得自申展皆適意也。

邢疏

展適也

郭璞云得自申展皆適意。

一切注音

展適也 謂適當。

鄭樵注

展適也

郭璞曰得自申展皆適意。鄭樵曰謂適當。

古注合存

展適也 **註** 得自申展皆適意 **正義** 左氏莊二十七年傳云天子非展義不巡守。又檀弓云展墓而入、猶曲禮言適墓也。

正義

展適也 得自申展皆適意

適者一切經音義一引三蒼云悅也廣雅云善也。善與悅皆快適之意。展者釋詁云信也本以誠信爲訓亦兼屈信之義。古屈伸字皆借信爲之故展又訓伸也舒也。方言云舒勃展也。舒亦自伸適之義。舒伸適

義疏

展適也 郭注得自申展皆適意。展上云信。適上云往。又俱一聲之轉。

集解

詩展我甥兮適我願兮皆如意之詞。

展適也 展轉也从尸襄省聲引申爲適謂展轉而自如也。禮記檀弓展墓而入猶曲禮之言適墓。文選謝靈運七里瀨詩晨積展遊眺注展適也。適之也从辵啇聲。上經云如也。

義證

展適也

得自申展者皆適意也

邢疏引郭云得自申展者皆適意也。今據補者也二字。

郭注佚存補訂

展適也

展信常語也。而屈伸之伸古又以信爲之故云適也適即伸也。邶風雄雉展矣君子鄘風君子偕老展如之人兮齊風猗嗟展我甥兮小雅車攻展也大成、展皆謂誠信而亦可以展適之義詁之。

說詩

展適也

引之謹案周官肆師展犧牲鄭注曰展省閱也檀弓展墓而入鄭注曰展省視之。邵謂展墓猶曲禮言適墓又引左氏莊二十七年傳天子非展義不巡守皆失之。是省視謂之展也。又案文王世子曰適饌省醴適展也適饌猶言視具內則曰佐長者視具是也適與省同義故鄭注曰親視其所有。正義曰天子親適陳饌之處省視醴酒案陳饌之處謂之饌爲不詞矣。是省視謂之展亦謂之適也。爾雅直訓展爲適而郭云得自申展皆適意則失之迂矣。

述聞

展適也 俱詳釋詁。檀弓展墓而入猶曲禮言適墓也。

啓蒙

展適也

注曰得自申展皆適意

樾謹按展之言展轉也。展轉則有相嬗之義故訓爲適乃適齊適楚之適非調適之適也。下文云逡退也。

一切經音義九及文選東都賦注竝引郭注曰、逡巡、卻去也。展轉之爲適、猶逡巡之爲退。重言之曰逡巡、單言之則止曰逡。逡、猶逡巡也。重言之曰展轉、單言之則止曰展。展、猶展轉也。儀禮鄉射禮注曰少退、少逡遁也。聘禮注曰三退、三逡遁也。逡遁、卽逡巡。鄭君以退爲逡遁、卽本爾雅之文。郭氏未達此例、而云得自申展皆適意、則失之迂矣。

平議

展、適也。王引之云：「周官肆師『展犧牲、』鄭注云：『展、省閱也、』檀弓『展墓而入、』鄭注曰：『展、省視之、』是省視謂之展也。文王世子曰：『適饌省醴、』適、展也、適饌、猶言視具、內則曰：『佐長者視具、』是也；適與省同義、故鄭注曰：『親視其所有；』是省視謂之展、亦謂之適也。」他說多迂曲。

爾雅學

攸所也展適也〇釋曰 注疏本刪。

得自申展者皆適意也 注疏本脱者也字。

校勘記

五行(注)得自申展皆適意〇邢昺疏引「意」下有「也」字。

宋監本校箋

鬱氣也

鬱氣也 鬱然氣出。

郭注

鬱氣也 釋曰鬱然氣出也、謂鬱烝之氣也。

邢疏

鬱氣也

鬱、盛氣也。一切經音義卷二一又卷二十

李注

玉函山房輯佚

鬱氣也

李曰、鬱盛氣也。一切經音義二一又二十

漢注

鬱氣也

李巡云、鬱、盛氣也。一切經音義二一 郭璞云、鬱然氣出。

一切注音

鬱氣也 李巡曰鬱盛氣也 一切經音義二一

古注斠

展適也鬱氣也

今日之所、前日之拘也。今日之鬱、前日之展也。

新義

鬱氣也

李巡曰、鬱、盛氣也。

郭璞曰、鬱然氣出。

古注合存

展適也鬱氣也 此釋展爲適、鬱爲氣之義也。註曰申展適意也、鬱然氣出貌。

注疏參義

鬱、氣也、不引左傳鬱攸從之。

補注

鬱氣也 **註** 鬱然氣出 **正義** 詩釋文引韓詩云、鬱隆烔烔、衆經音義引李巡云、鬱、盛氣也。

正義

鬱氣也 鬱然氣出 氣與气同、鬱與鬱同。鬱本香草、以爲鬱鬯、其氣芬芳、故以氣言之。一切經音義二一引李巡曰、鬱、盛氣也。詩雲漢釋文引韓詩云、鬱隆烔烔。素問至眞要大論云、諸氣膹鬱。左氏定二年傳鬱攸從之、杜預注鬱攸火氣也。是皆鬱爲盛氣之義。

義疏

鬱氣也 李注、鬱、盛气也。郭注、鬱然气出。

鬱、从林鬱。鬱从臼缶彡鬯冂之。今唯用鬱。詩、鬱彼北林。周官有鬱人。韓詩、鬱隆烔烔。記、鬱者氣之清明者也。鬱、芳艸也。

集解

鬱氣也 鬱木叢也、从林鬱省聲。此釋氣者、說文之鬱字耳。今唯用鬱而鬱廢。鬱、芳艸也。引申爲氣、記所謂鬱者氣之清明者也、是也。詩雲漢熅隆蟲蟲、韓詩作薀鬱烔烔、氣也。左定二傳鬱攸從之、注大氣也。漢書王褒傳不苦盛暑之鬱燠、注熱氣也。氣、饋客之芻米也、从米气聲。經典或以爲气之借字。禮記月令以達秋氣。

義證

鬱氣也

秦風晨風鬱彼北林、毛傳云鬱、積也、謂鬱積之氣。考工記函人鄭司農注、惌讀爲宛彼北林之宛。蓋本三家詩。禮記内則免爲宛脾、注云宛或作鬱。小雅都人士我心菀結、箋云菀、積也。菀宛同字。大雅雲漢蘊隆蟲蟲、釋文引韓詩作鬱隆烔烔。蘊鬱一聲之轉、蘊亦積也。

說詩

菀結、亦作蘊結、亦作鬱結、聲義皆同。

鬱氣也 氣當作气。說文气部气、雲气也、象形。又米部氣、饋客芻米也、从米气聲。春秋傳曰齊人來氣諸侯。或从既作槩、或从食作餼。經典相承以氣代气。

匡名

鬱气也 說文、鬱、木叢者、从林鬱省聲。秦風鬱彼北林、傳鬱、積也。郭註、鬱然气出。ㄟ、雲气也、象形。

啓蒙

鬱氣也

錦燧謹案、詩中鬱字僅秦風一見、毛傳以積訓之、與雅訓不合。蒙謂爾雅之鬱、蓋釋韓詩鬱隆烔烔也。大雅雲漢篇蘊隆蟲蟲、釋文引韓詩蘊作鬱。蘊鬱一聲之轉、通假字也。然蘊鬱皆非本字。蘊即薀之俗體。說文艸部云薀、積也、蓋謂百草之叢積也。又林部云、鬱、木叢生也。俱與氣義不相蒙。鬱訓氣者、乃鬱之假借字也。鬱字从鬱省聲、故可假鬱作鬱。說文鬯部云、鬱、芳艸也。引申之、則芳艸有氣、故鬱有氣義。周禮鬱人、禮記鬱尊、皆當作鬱。今通以鬱爲之、鬱行而鬱廢矣。氣乃气之假借字。說文云气、雲氣也、氣、饋客之芻米也、二字義別。自經典中假氣爲气、而气字廢矣。而氣之本義亦晦矣。於是芻米之氣遂別製槩字、餼字以當之。故許書以槩餼爲氣之或體也。實則槩猶屬形聲字、餼則既从米又从食、複衍無義、其爲後出字無疑矣。

陸錦燧日記

鬱氣也。李云、鬱、盛氣也。郭云、鬱然氣出。邢疏云、謂鬱蒸之氣也。楷案、鬱者、凡爲氣之稱。故火氣謂之鬱。定二年左傳鬱攸從之、杜注鬱攸、火氣也。文選江賦氣滃渤以霧杳、時鬱律其如烟、李善注鬱律、烟上皃。廣韻鬱、煙氣、鬱與鬱同。是也。暑氣亦謂之鬱。詩雲漢蘊隆蟲蟲、釋文引韓詩作鬱隆烔烔。漢書王褒傳不苦盛暑之鬱燠、顏師古注鬱、熱氣也。是也。雲氣亦謂之鬱。漢武內傳帝於尋眞之臺、七月七日夜見西王母乘紫雲輦來至、雲氣勃鬱、盡爲香氣。是也。瑞氣亦謂之鬱。後漢書光武紀望氣者蘇伯阿遙望見春陵、郭曰氣佳哉鬱鬱蔥蔥然。是也。祲氣亦謂之鬱。後漢書

爾雅詁林　二　釋言

崔駰傳氛霓鬱以橫厲兮、李賢注霓日旁之氣。是也。山氣亦謂之鬱。左思吳都賦嶰澳鬱岪、劉逵注鬱岪、山氣暗昧之狀。是也。怒氣亦謂之鬱。文選舞賦或有宛足鬱怒、李善注鬱怒、氣遲留不發也。是也。香氣亦謂之鬱。司馬相如上林賦芬芳漚鬱、郭彼注香氣盛也。是也。臭氣亦謂之鬱。記內則鳥皫色而沙鳴鬱、鄭注鬱、腐臭也。臭與殠同。說文殠、腐氣也。是也。

稗疏

鬱、氣也。

說文氣作气。鬱者、郝云：「與鬱同、鬱本香草、以爲鬱鬯、其氣芬芳、故以氣言之、」郝說本春官鬱人。眾經音義引李巡云：「鬱、盛氣也、」此爾雅舊注。左氏定二年傳云：「鬱攸從之、」杜云：「鬱攸、火氣也。」

爾雅學

鬱氣也○釋曰注疏本刪。

校勘記

宅居也

宅、居也。

郭注

宅居也　釋曰、謂居處也。大雅文王有聲云宅是鎬京。

邢疏

宅居也

宅所居也、彼居之者直寄焉爾。

新義

宅、居也、此釋宅爲居之義也。

注疏參義

宅居也　正義　說文云、宅、所託也。釋名云、宅、擇也、擇吉處而營之。堯典云宅嵎夷、史記作居郁夷。

正義

宅居也

居者、說文作凥、云處也。玉篇、凥、與居同。宅者、說文云所託也。釋名云、宅、擇也、擇吉處而營之也。玉篇云、人之居舍曰宅。宅皆訓居。說文訓託者、託宅俱从乇聲。故士相見禮注、今文宅或爲託。是託宅通、又通作度。方言云、度、凥也。詩度之薨薨、爰究爰度、傳竝云度、居也。書何度非及、史記周紀作何居非其宜。是皆度訓居之證。古書宅多作度。故書宅西縫人注作度西。詩宅是鎬京、坊記作度是鎬京。此維與宅、論衡初稟篇作此惟予度。是皆宅作度之證。宅度古同聲、度居聲又近。

義疏

宅居也　宅、从乇。艸根有託而生、故爲居宅。書宅嵎夷、今文作度。禮宅者謂客寄也。居踞同字、蹲也。凥、尸得几、処也。然則家爲凥、宅爲踦。

集解

宅居也　宅所託也、从宀乇聲。古文作𡧝、或作厇。引申爲居。書禹貢是降丘宅土、史記作於是民得下丘居土。堯典宅嵎夷、宅南交、史記宅均作居。詩皇矣此維與宅、閟宮遂荒徐宅、傳均云宅居也。文王有聲宅是鎬京、箋宅居也。前漢書敘傳西土宅心、劉德曰宅居也。文選西京賦然而四海同宅、歎逝賦哀緣情而來宅、顏延年車駕幸京口侍遊蒜山詩宅道炳星緯、注均云宅居也。詩緜度之薨薨、皇矣爰究爰度、傳均云度居也。書呂刑何度非及、史記作何居非其宜、以度爲之。居蹲也、从尸从古。經典或以爲凥之借字。禮記有仲尼燕居、孔子閒居。

義證

宅居也

居、說文作凥、云處也。大雅皇矣此維與宅、文王有聲宅是鎬京、魯頌閟宮遂荒徐宅、傳箋竝云宅、居

爾雅詁林　二　釋言

也。宅、通作度。此維與宅論衡初稟篇作此維予度。宅是鎬京。禮記坊記作度是鎬京。大雅緜度之薨薨、皇矣爰究爰度、傳並云度、居也。漢書韋元成傳注引臣瓚云古文宅度同。

說詩

宅居也　宅、通度。詩緜大雅度之薨薨、傳度、居也。又皇矣爰究爰度、傳度、居也。即用此訓。

匡名

宅居也　說文、宀、所託也。堯典宅嵎夷、史記作居郁夷。居、蹲也。蹲為蹲踞字、今用為凥處字、而凥字廢矣。

啓蒙

宅、居也。

居、說文尸部蹲踞字；几部云：「凥、処也、」此居處之古字。自後世作踞、遂以居為居處字、而凥廢矣。爾雅以宅為居、許書於家屋字、並訓為居也。宅、說文云：「所託也、」玉篇云：「人所居舍曰宅。」郝云：「說文訓託者、託、宅、俱从乇聲、故士相見禮注『今文宅或為託、』是託宅通。」宅、度、古同聲、故宅又通度。

爾雅學

宅居也○釋曰注疏本刪。

校勘記

休慶也

休、慶也。

郭注

休慶也　釋曰、謂嘉慶也。商頌曰何天之休。

邢疏

休、慶虛虯反下注同

陸音義

休慶也、此釋休為慶之義也。

注疏參義

休慶也　正義　說文云、慶、行賀人也。士冠禮云、承天之休。

正義

休慶也　慶者、說文云行賀人也。詩慶既令居、祭統云作率慶士、箋注並云慶、善也。月令注、慶謂休其善也。休者、釋詁云美也。美善義同、故廣雅云、休、善也。休與休同。周語云、晉國有憂未嘗不戚、有慶未嘗不怡。又云、為晉休戚、是休訓慶也。韋昭注以慶為福、休為喜、其義亦近。

義疏

休慶也　慶賞。慶、从心夂鹿、以皮幣賀人　上云休、美。詩對揚王休、謂受嘉禮。

集解

休慶也　休、息止也、从人依木會意。正字為喜、喜、樂也。引申為慶。喜休通用字。書康誥聞于上帝、帝休、孫疏休、慶也。周語其何德之修、而少光王室、以逆天休、注休、慶也。慶、行賀人也、从心从夂會意。吉禮以鹿皮為贄、故從鹿省。詩皇矣則篤其慶、禮記祭統作率慶士。

義證

休慶也

幽風破斧亦孔之休、小雅民勞以為王休、江漢對揚王休、周頌訪落休矣皇考、商頌長發荷天之休、傳箋並云休、美也。美與慶義近。周頌絲衣胡考之休、箋云此得壽考之休徵、休即慶也。小雅菁菁者莪我心則休、休當訓慶、謂慶幸也。破斧民勞長發休字均當用爾雅休慶之訓。

說詩

休慶也疏商頌曰何天之休　商頌下當有長發二字。

注疏正字

休慶也士冠禮承天之休。註休慶也。說文慶、行賀人也、从心从夊、吉禮以皮爲贄、故从鹿省。月令行慶施惠。註慶、謂休其善也。

啓蒙

休、慶也。

說文心部云：「慶、行賀人也；从心夊、从鹿省；吉禮以鹿皮爲摯、故从鹿省。」祭統注云：「慶、善也。」休者、釋詁云：「美也、」廣雅云：「烋、善也、」烋與休同、是休、慶、同爲美善之義。

爾雅學

休慶也○釋曰注疏本刪

校勘記

休慶也釋文、休、虛虯反、下注同。按下祈叫也注、祈祭者、叫呼而請事。無休字。而經注俱有叫字。釋文於叫下僅云古弔反、無注同字。則此當爲其誤耳、故附正之。

注疏本正誤

祈叫也

祈叫也祈祭者、叫呼而請事。

郭注

所叫也 釋曰、祈、猶禱也、求也。春官大祝掌六祝之辭、以祈福祥、求永貞。郭云、祈祭者、叫呼而請事。

邢疏

祈叫也

祈、爲民祈福叫告之辭也。一切經音義九

孫音注

黃輯古義

祈叫也

祈、爲民祈福叫告之辭也。一切經音義卷九

孫音注

玉函山房輯佚

祈叫也

孫曰、祈、爲民求福叫告之辭也。一切經音義九

漢注

祈叫也

孫炎云、祈、爲民求福叫告之詞也。周禮疏二十五卷 一切經音義九

郭璞云、祈、祭者、叫呼而請事。

一切注音

叫古弔反。呼火故反。

陸音義

祈叫也

祈、叫也。禱或默焉。

新義

祈叫也郭云、祈祭者、叫呼而請事

鄭樵注

祈叫也

孫炎曰、祈爲民求福叫告之詞也、

郭璞曰、祈祭者叫呼而請事。

鄭樵曰、郭云祈祭者、叫呼而請事。

祈叫也。此釋祈爲叫之義也。註曰、祈祭者、叫呼而請事。

古注合存

祈叫也**註**祈祭者叫呼而請事**正義**釋詁云、祈、告也、祈又爲叫也、說文云、叫、嘑也。大雅雲漢云、祈年孔夙。衆經音義引孫炎云、祈、爲民求福叫告之詞也。

注疏參義

祈叫也祈祭者叫呼而請事

正義

叫者、說文云嘑也。詩北山傳、叫、號呼召也。叫與訆通、又與嘂通。說文嘂訆竝云、大呼也。祈者、釋詁云告也、又訓叫者、叫告義同、故一切經音義九引孫炎曰、祈、爲民求福叫告之辭也。大祝注、祈、嘄也。嘄卽叫、

義疏

祈叫也孫注、祈、爲民求福叫苦之辭也。郭注、祈、祭者、叫呼而請事、

集解

祈叫也 祈，求福也。从示斤聲。引申爲叫，謂求福必叫告乎神也。周禮大祝掌六祈，注，祈，嗚也。即叫也。叫，嘑也。从口丩聲。字亦作詨、作嗚。詩北山，或不知叫號。北山經，鶕其鳴自詨。

義證

祈叫也 小雅甫田，以祈甘雨，鄭箋云，以求甘雨。大雅行葦，以祈黃耇，箋云，祈，告也。孫炎云，祈，爲民求福叫告之辭。孫蓋兼求告二義言之。雲漢，祈年孔夙，正義云，月令孟春祈穀于上帝，孟冬祈來年於天宗，是也。

說詩

祈叫也 大雅，祈年孔夙。孫炎云，祈，爲民求福叫告之詞。說文，叫，嘑也。

啓蒙

祈、叫也。

祈、釋詁云：「告也；」叫、說文口部云：「嘑也、」嘑與告、義近。故眾經音義引孫炎云：「祈、爲民求福；叫、告之辭也。」郝引周禮大祝注云：「祈、嘄也、」嘄即叫字。

爾雅學

祈叫也○釋曰注疏本刪

六行祈叫也○「叫」當作「叫」，宋刻十行本不誤，注「叫呼」亦當作「叫呼」。

校勘記

濬幽深也

宋監本校箋

濬、幽、深也。 濬亦深也

郭注

濬深也 舍人注，濬，下之深也。書舜典正義

古注斠補

濬音峻

陸音義

濬幽深也

幽、自深。濬、使之深。

新義

濬幽深也 舍人曰，濬，下之深也。郭璞曰，濬亦深也。

古注合存

濬幽深也 註 濬亦深也 正義 說文云，㕡、深通川也。古文作濬。書疏引舍人云，濬，下之深也。鄭氏易恒初六云，濬恒，象曰，始求深也。商頌長發云，濬哲維商。廣雅云，濬，智也。釋詁云，幽，微也。幽又爲深也。小雅伐木云，出自幽谷。

正義

濬幽㴱也 濬亦㴱也 㴱者，玉篇云，邃也，遠也。濬者，說文作㕡，云，㴱通川也、引虞書曰，㕡畎澮距川。或作濬，古文作濬。書濬哲文明，正義引舍人曰，濬，下之㴱也。通作浚。詩莫浚匪泉，傳，浚，㴱也。穀梁莊九年傳，浚洙者，㴱洙也。幽者，釋詁云，微也。微有㴱藏之意，故詩伐木傳，幽，㴱也。斯干傳，幽幽，㴱遠也。

義疏

濬浚**幽㴱也** 舍人注，濬，下之㴱也。郭注，濬亦㴱也。郭注明濬非幽㴱，讀爲濬幽俱訓㴱耳。睿㕡同字，从𣦵谷，掘通之也。幽从山丝，丝微入山，則更㴱微。書聰作睿，詩濬哲維商。易入于幽谷。濬又通浚。易浚恆，傳始求㴱也。

集解

濬幽深也 濬字一作㕡，深通川也。从谷从𣦵。𣦵，殘地阬坎意也。引申爲凡深之偁。書洪範聰作睿是也。詩長發濬哲維商，傳濬，深。前漢書景十三王傳聰明睿知曰叡，師古曰，睿，深也。易恆浚恆，侯果注，浚，深也。詩小弁莫浚匪泉，傳浚，深也。穀梁莊九傳浚洙者深洙也。以浚爲之。幽，隱也。从山中从丝會意。引申爲深。易困入於幽谷。詩伐木出自幽谷，傳幽，深也。禮記郊特牲幽陰之義也，注幽，深。前漢書兒寬傳幽贊聖意，師古曰，幽，深也。深，水名，从水𥦗聲。經典或以爲探之借字。

義證

濬幽深也

註濬亦深也 補正 邢疏舍人曰、濬、下之深也。 郭注補正

濬幽深也

濬亦所以深之也

唐殘本玉篇水部浚下引爾雅郭璞曰、浚亦所以深之也。慧琳大唐三藏元奘法師本傳八卷音義引同。樹枏案、顧野王慧琳所據本作浚、浚與濬同。今本刪節、義殊不圓、據以補訂。 郭注佚存補訂

濬幽深也

說文云、睿、深通川也。睿或從水作濬。濬、古文睿。商頌長發濬哲維商、毛傳云、濬、深也。濬通作浚。小雅小弁莫浚匪泉、傳云、浚、深也。 幽者、小雅伐木出自幽谷、傳云、幽、深也。斯干幽幽南山、傳云、幽幽、深遠也。 說詩

濬幽深也 說文、谷部㕡、濬通川也、从谷从𣦵。或从水作濬。古文作濬。又通叡。說文、𣦵部叡、濬明也、通也。从𣦵从目从谷省。古文作睿。 匡名

濬幽深也 說文、睿、深通川也、从𣦵谷。𣦵、殘也。谷、阬坎意也。引書容畎澮距川。或从水。恒卦濬恒、象曰始求深也。釋詁、幽、微也。又訓爲深。小雅出自幽谷、註、幽、深也。 啓蒙

幽深也。 幽與窈窅杳並通。廣雅幽、窈俱訓深也。窈與窅字又通。列子力命窈然無際。莊子知北遊窅然難言。楚辭九歌注、杳、深也。 黃侃音訓

濬幽深也

郭注、邢疏僅釋濬字、而不及幽字。郭曰、濬、亦深也。味亦字、疑郭註上文已有脫誤、然今不可考矣。舍人曰、濬、下之深也。叔明據書濬哲文明孔傳以釋尒疋。邵正義引說文及鄭易濬恆、商頌濬哲維商、證濬字、至釋幽字則曰釋詁幽微也、幽又爲深也、詩云出自幽谷。郝義疏與邵說合、而又謂濬通作浚、詩莫浚匪泉、毛傳浚、深也。元慶按、諸家釋濬字皆極塙。下云哲智也、則此濬字專指詩濬哲維商、書濬哲文明、說濬爲睿之古文。說文、睿、深通川也。从𣦵谷。𣦵、殘也。谷、阬坎意也。段懋堂曰、谷取阬坎之意。阬坎、深意也。至郝曰濬通浚者、易浚恆、象曰始求深也。浚鄭作濬、書益稷濬畎澮距川、史記夏本紀作浚畎澮、並足取證。至如幽之訓深、邵郝皆謂幽訓微、微得訓深、竊謂不僅此也。詩斯干章幽幽南山、毛傳幽幽、深遠也。易說卦傳幽贊於神明而生蓍、王注及陸釋文孔正義皆曰深也。禮郊特牲幽陰之義也、鄭君注幽、深也。荀子王制無幽閒隱僻之國、楊倞注幽、深也。文選思元賦纚幽蘭之秋華兮、古注幽、深也。李善證楚辭曰結幽蘭之亭亭。皆足爲據。正不獨出自幽谷、幽幽南山已也。郭氏邢氏於幽字義無釋、故復就邵郝諸說所未及者而詳言之。 蔣元慶日記

濬、幽、深也。

玉篇云：「深、邃也、遠也。」濬者、說文谷部云：「睿、深通川也。」古文作濬。深通川者、深而通之也。鄭氏易初六云：「濬恒、」象曰：「始求深也。」幽者、小雅伐木云：「出自幽谷、」傳云：「幽、深也。」

爾雅學

濬幽深也。今本濬半誤从虍下睿、注與疏同。

注疏本正誤

濬幽深也(注)濬亦深也○原本《玉篇》水部「浚」下引《爾雅》郭注作「浚亦所以深之也」。今本注文有脫落。慧琳《音義》卷十九引注作「浚深也」，又卷八十三引作「浚上所以深之也。」「浚」與「濬」為一詞，顧野王所據《爾雅》郭本蓋作「浚」。

宋監本校箋

峻

濬、幽、深也

孫偘直音

哲智也

哲、智也。

郭注

濬幽深也哲智也　釋曰舍人曰濬下之深也哲大智也郭云濬亦深也。虞書舜典云濬哲文明孔安國云舜有深智言其智之深所知不淺近也。

邢疏

濬幽深也哲智也

濬、下之深也。哲、大知也。書舜典正義 邢疏

犍為注

濬幽深也哲智也

黃輯古義

濬、下之深也。哲、大智也。邢疏 書舜典正義

李注

玉函山房輯佚

濬深也哲智也

舍人曰、濬、下之深也。哲、大智也。書正義三 邢疏

漢注

濬幽深也哲智也

舍人云、濬、下之深也。哲、大智也。書正義三卷 郭璞云、濬亦深也。

古注斠

哲智也　舍人曰、哲、大智也。書舜典正義

一切注音

哲智也

舍人曰、哲、大智也。

古注合存

濬幽深也。哲智也。此釋濬哲之義也。疏曰書舜典云、濬哲文明、孔安國云、言舜有深智也。

注疏參義

哲智也　正義 方言云、哲、知也。齊宋之間謂之哲。書疏引舍人云、哲、大智也。大雅瞻卬云、哲夫成城。鄭箋哲、多謀慮也。

正義

哲智也　智者、說文作𥏼、云識詞也。釋名云、智知也、無所不知也。哲者、說文方言並云知也。書舜典正義引舍人曰、哲、大智也。知智古字通。智哲聲相轉。經典哲亦多作智。

義疏

哲智也　舍人注、哲、大知也。哲从口折。古文作嚞、从三吉、即吉也。書哲民維刑、折服用哲。明作哲當用吉也。智、从知于自。古文从于北、知識詞也。

集解

哲智也　哲、言之智也、从口折聲。書皋陶謨知人則哲、史記作智。詩瞻卬哲夫成城、傳哲、知也。下武世有哲王、箋哲、知也。書大誥弗造哲、王莽擬之曰予未遭其明悊。洪範明作哲、王肅本作悊、注智也、史記作智。呂刑折民為刑、馬注折智也。釋文馬鄭王皆音悊。墨子引作悊。漢書刑法志引作悊。詩抑靡哲不愚、釋文哲、本又作悊。亦作悊智也。以折悊為之。智字本作𥏼。

識詞也。从白从亏从知會意。引申爲有識之偁。荀子注引孟子然後智生於憂患。

義證

哲智也 小雅小旻或哲或謀、鄭箋云其心性猶有知者、有謀者、彼釋文云知、音智。大雅下武世有哲王、毛傳云哲、知也、彼釋文云知、音智。抑靡哲不愚、傳云國有道則知、彼釋文云知、音智。喆、本作哲、智也。烝民旣明且哲、箋云旣能明曉善惡、且又是非辨知、辨知、卽智也。瞻卬哲夫成城、傳云哲、知也、彼釋文云知、音智。商頌長發濬哲維商、箋云深知乎維商家之德也、彼釋文云知、音智。

說詩

哲智也 說文、白部、智从白从亏从知。隸變省亏。一切經音義廿二引作知。詩大雅瞻卬哲夫成城、傳哲、知也、左傳正義九廿云哲知、釋言文也。說文、口部、哲、知也。

匡名

哲智也 說文、悊、知也。或从心。古文从三吉。皋陶謨、知人則哲。衞、識書也。註、此與矢部知音義皆同、故二字多通用。

啓蒙

哲、智也。 釋名云：「智、知也、無所不知也。」哲者、舜典正義引舍人云：「大智也。」方言云：「哲、知也、齊宋之間謂之哲。」大雅瞻卬箋云：「哲、多謀慮也。」多謀慮、亦智也。

爾雅學

濬幽深也哲智也○釋曰 注疏本刪。

校勘記

弄玩也

弄玩也

郭注

弄玩也 釋曰、謂玩好也。小雅斯干云載弄之璋、鄭箋云玩以璋者、欲其比德焉。

邢疏

弄玩也、此釋弄爲玩之義也。疏曰詩斯干云載弄之璋。

注疏參義

弄玩也 正義 玉篇云、玩、戲也。小雅斯干云載弄之璋。左氏襄四年傳云、愚弄其民。

正義

弄玩也 弄从廾玉。詩、載弄之璋。玩、弄也。亦作翫。玩、翫皆从元、因始而習之、又因弄从玉貝。

集解

弄玩也 弄、玉之玩也、从廾持玉會意。詩斯干載弄之璋、左僖九傳夷吾弱不好弄、均謂玩弄。玩、弄也、从玉元聲。或从貝作貦。周禮大府、以供玩好之用。

義證

弄玩也 此釋小雅斯干載弄之璋、載弄之瓦。鄭箋云、玩以璋者欲其比德焉。

說詩

弄玩也 說文同。

匡名

弄、玩也。 玉篇云：「玩、戲也。」襄四年左氏傳云：「愚弄其民。」愚弄、即玩戲也。

爾雅學

弄玩也 左襄四年傳、愚弄其民。說文、弄、玩也、从廾持玉。玩、弄也。或从貝。

啓蒙

玩弄也○釋曰 注疏本刪。

校勘記

爾雅詁林 二 釋言

尹正也皇匡正也

尹、正也。謂官正也。皇、匡、正也。詩曰四國是皇。

郭注

尹正也皇匡正也　釋曰、正長也。郭云、謂官正也。言爲一官之長也。周書君陳曰、尹茲東郊。皇君威之正、匡救諫之正。孝經云、匡救其惡。注詩曰四國是皇者、豳風破斧文也。

邢疏

弄玩也

尹正也

郭璞云、謂官正也。

皇匡正也

郭璞云、詩曰四國是皇。

一切注音

尹正也皇匡正也

尹、正之而已。皇、匡而正之。

新義

尹正也。正長也。皇匡正也。破斧云、四國是皇。

鄭樵注

弄玩也

尹正也

郭璞曰、謂官正也。

鄭樵曰、正、長也。

皇匡正也

郭璞曰、詩曰四國是皇。

鄭樵曰、破斧四國是皇。

古注合存

尹、正也。皇、匡、正也。此釋尹爲正、皇爲匡正之義也。註曰、尹、謂官正也。詩破斧云、四國是皇。疏曰、書君陳云、尹茲東郊。是官正也。皇、君威之正。匡、諫救之正。孝經云、匡救其惡。愚按詩

傳云、皇、匡也。則皇爲匡正之義。註疏引豳風孝經、分釋皇匡二字、似鑿。

注疏參義

尹正也註謂官正也皇匡正也註詩曰四國是皇正義說文、正、是也。是、直也。小雅都人士云、謂之尹吉。毛傳用爾雅。左氏定四年傳云、周公相王室、以尹天下。皇者、漸漸之石云、不皇朝矣。鄭箋用爾雅。皇、匡聲相近。襄十四年傳云、過則匡之。周官大司馬之屬有匡人。鄭注、主正諸侯。註謂官正也。○正義皋陶謨云、庶尹允諧。鄭註用爾雅。○詩云至是皇。○正義豳風破斧文。詩考引董氏云、齊詩作匡。賈公彥引以爲据。是皇讀如匡也。

正義

尹正也謂官正也皇匡正也詩曰四國是皇

正者、釋詁云、長也。長亦君、故廣雅云、正、君也。詩傳箋並云、正、長也。是正兼官長君長二義。尹者、說文云、治也。治亦董正之義。故詩都人士傳及書益稷鄭注並云、尹、正也。廣雅以尹爲官、官之正也。說文从尹爲君、君之正也。君尊所以尹正天下者也。故經典君尹二字通。○又言正者、釋詁云、董、督、正也。說文云、正、是也。士冠禮注、正猶善也。玉藻注、正、直方之閒語也。是正又兼直方二義。皇者、君之正也。釋詁皇爲君、又爲美、美善同意、君尹同尊、皆正之義。故詩漸漸之石箋、皇、王也。王即君、君即正矣。匡者、玉篇云、方正也。方直皆正之訓。故詩六月箋及夏官序官匡人注並云、匡、正也。匡皇聲近、故詩破斧傳、皇、匡也。詩考引董氏云、皇、齊詩作匡。是匡皇同。毛傳以皇爲匡、本於齊詩、其義互相證明也。

義疏

尹正也郭注、謂官正也。皇匡正也郭注、詩曰四國是皇。

尹从又丿。古文作𠂈、象手有所治。書百寮庶尹、官之長也。正、上云長。皇有始大二義、無正義。以聲近匡、故借作皇。齊詩四國是匡、是正字也。匡即匚、匚即方也。加㞷無義、亦取音耳。

集解

尹正也 尹、治也、从又丿。握事者也。引申爲正、謂官正也。書皋陶謨庶尹允諧、鄭注尹、正也。詩都人士謂之尹吉、傳尹、正也。禮記曲禮輔曰尹祭、文選西京賦鏡以京尹、韋孟諷諫詩庶尹群后、述韓英盧奕傳猶丙尹江湖、注均云尹、正也。左昭元傳引其封疆、注引、正也。墨子親士分議者延延、延延即尹尹也。以引延爲之。正、是也、从止一、以止。經典或以爲政之借字。呂覽順民湯克夏而正天下、注正、治也。皇匡正也 皇、大也、从自。自、始也。始王者三皇、大君也。會意。匡字爲匡、實爲匚。匚、受物之器。古槃字也。所以正物。匡、匚皇通用字。詩破斧四國是皇、傳皇、匡也。穆天子傳皇我萬民、謂正萬民。文選韋孟諷諫詩斯惟皇士、注皇、正也。吳語爲萬人以爲方陳、注正曰方。前漢書武帝紀方聞之士、注方、正。以方爲之。匡、飯筥也。从匚、㞷聲。字亦作筐。正字爲匚。匚、匡疊韻。詩六月以匡王國、箋匡、正也。周禮夏官匡人、鄭注匡、正也。晉語匡困資無、注匡、正也。論語一匡天下、馬注匡、正也。前漢書武五子傳以陳其愚忠、在匡君安社稷也、游俠傳禁網疏闊、未之匡改也、師古均曰匡、正也。

義證

尹正也。曲禮輔曰尹祭、康成亦以尹爲正。

錢氏古義

尹正也　注謂官正也

評曰、尹有二義、說文云治也、定四年左傳周公相王室以尹天下是也。引伸之、尹天下之官即爲尹、書庶尹允諧是也。義皆爲正。下文皇匡正也、專指匡正之正說。此正兼匡正正長二義、故別言之。注从引伸義、謂官正、轉失本義、義殊未備。

諍郭

尹正也皇匡正也

小雅都人士謂之尹吉、毛傳云尹、正也。皇者、豳風破斧四國是皇、傳云皇、匡也、箋云此四國誅其君罪、正其民人而已。正義云傳以皇爲匡、箋又轉爲正。讀詩記引齊詩皇作匡。小雅漸漸之石不皇朝矣、箋云皇、正也。必不能正荆舒、使之朝於王。下文不皇出矣、謂不能正之令出使聘問於王。不皇他矣、謂不能正之令其守職、不干王命。案此皇謂暇也、宜讀如不遑將毋之遑。借皇爲之、猶皇恤我後之皇也。不皇言東征之勞、謂不遑朝、不遑出、不遑他也。箋增文以成其說、殊失其義。周頌烈文繼序其皇之、此皇字宜訓正、不應訓美。謂念此戎功、實所以正其不正者、故勉之以繼序其皇。桓皇以閒之、箋訓皇爲君、非也。王肅謂用美道代殷定天下、訓皇爲美、亦非也。皇應從皇正之訓、皇者、謂得天下以正、以正道代之也。

皇匡同聲相假。小雅六月以匡王國、箋云匡、正也。楚茨既匡既敕、朱子集注云匡、正也。論語一匡天下、論衡作一正天下。

說詩

尹正也皇匡正也　左定四年傳周公相王室以尹天下、註尹、正也。豳風四國是皇、傳皇、匡也。論語以匡天下、註匡、正也。說文匡、飲器、筥也。註、匡之引伸假借爲匡正、葢正其不正爲匡也。

啓蒙

尹、正也。謂官正也。　正有官正、君正二義、尹亦然。

皇匡、正也　皇匡同字並見。　說文匡、飯器也、筥也、或作筐。詩采蘋傳方曰筐、匡有方義方正義近、引申訓正。

黃侃音訓

皇匡正也

錦燧謹案、此釋詩破斧篇四國是皇、六月篇以匡王國也。毛破斧傳云、皇、匡也。鄭六月箋云、匡、正也。愚謂皇匡皆匚之假借。匚、受物之器、象形、讀若方。乃令方圓之本字、故引申之有正義。

陸錦燧日記

尹、正也。皇、匡、正也

釋詁「正、長也，」廣雅「正、君也；」說文「正、是也。」君長義同。是字兼方正、方直之義。

尹爲正者、郭注云：「謂官正、」官正、猶官長也。皋陶謨「庶尹允諧、」左傳「楚令尹、」「方城外之縣尹、」皆官正也。說文云：「尹、治也、」治者、正之之謂。左氏定四年傳云：「周公相王室以尹天下、」正天下也。故小雅都人士傳、書益稷鄭注、並云：「尹、正也。」皇、釋詁云：「美也、」與尹之訓善同意。皇、亦君也、左氏傳「君氏卒、」穀梁作尹氏、以君尹義同、故通用；君與皇、皆尹正天下者也、故君訓尹、皇訓正。

匡者、左氏襄十四年傳云：「過則匡之、」周禮大司馬之屬有「匡人、」皆正之謂、豳風破斧「四國是皇、」齊詩作匡、匡、皇、皆正也。

爾雅學

尹正也皇匡正也〇釋曰 注疏本刪。

校勘記

尹正也 十行本君正也。

校勘記訂補

皇君成之正 監本毛本湘本成作威。

注疏校勘札記

服整也

服整也。服御之令齊整。

郭注

服整也 釋曰、謂整治也。郭云、服御之令齊整。周南葛覃云、服之無斁。

邢疏

服整也

郭璞云、服御之令齊整。

一切注音

整之領反。之令力呈反。

陸音義

服整也

葛覃曰、服之無斁。

新義

服整也 服御必整齊。

鄭樵注

服整也

郭璞曰、服御之令齊整。

鄭樵曰、服御必整齊。

古注合存

服整也。此釋服爲整之義也。註曰、服御之令整也。

注疏參義

服整也 註 服御之令齊整 正義 說文云、服、用也。整、齊也。魏風葛屨云好人服之、鄭箋向可使整治之。

正義

服整也 服御之令齊整

整者、說文云齊也。文選東京賦注、整、理也。服者、釋詁云事也。事之整也。詩服之無斁、好人服之、鄭箋並云服、整也。按整之言治也、今俗猶言整治、箋義亦以整爲治。郭以服御爲言、失之。

義疏

服整也 郭注服御之令整齊。 服、上云事。詩好人服之、箋云、整也。整从敕正、正之俗書。

集解

服整也 服用也。一曰車右騎所以舟旋、从舟𠬝聲。𠬝治也。故服又引申為整。詩葛覃服之無斁、葛屨好人服之、箋均云服整也。整、齊也、从攴从束从正、正亦聲。禮記月令整設于屏外。文選東京賦乃整法服、注整理也。

義證

服整也　注服御之令齊整

疋曰、詩周南葛覃服之無斁、鄭箋服整也、整治之無厭倦。魏葛屨好人服之、鄭箋服整也、好人尚可使整治之。王尚書經義述聞云、服者艮之假。說文又部艮、治也。故葛覃葛屨鄭箋竝訓服爲整治也。郭注、服御之令齊整。則服御非齊整明矣。

正郭

服整也　注服御之令齊整

諍曰、齊整仍不得爲服御。王氏以服爲艮之借字。說文艮、治也。經傳作服與整治之義正合。注不知服爲艮之叚、即以服御釋之、乃支離不成義矣。

諍郭

服整也

周南葛覃服之無斁、鄭箋云服整也。魏風葛履好人服之、箋云服整也、尚可使整治之。小雅采芑服其命、服謂整其命服也。

說詩

服整也

邢曰謂整治也、引周南葛覃云服之無斁。邵引魏風葛屨云好人服之、鄭箋並曰服整也。引之謹案邢邵說是也。郭曰服御之令齊整、則服御非齊整也。爾雅何以訓服爲整乎、又案服者艮之借字也。說文曰艮、治也。經傳通作服。治亦謂整治也、故葛覃葛屨箋並云整治。

述聞

服整也　魏風好人服之、鄭箋尚可使整治也。說文、整、齊也、从攴从束从正。

啓蒙

服、整也。服御之令齊整。　整、東整治、齊整二義、郭但舉其一耳。

黃侃音訓

服、整也。

服爲整者、疏云：「謂整治也。」邢引周南葛覃「服之無斁、」邵引魏風葛屨「好人服之、」箋竝云：「服、整也。」王引之云：「爾雅何以訓服爲整乎、服者、艮之借字、說文曰：『艮、治也、』經傳通作服。治、亦整治也、故葛覃葛屨箋、竝云整治。」艮字見說文又部、王說是矣。惟舟部服字、『从舟、艮聲、』服即服、亦兼會意、故服有艮義也。

爾雅學

服整也○釋曰　注疏本刪。

校勘記

聘問也

聘問也　見穀梁傳。

郭注

聘問也　釋曰、問謂存省之。對而言之、則聘問異。周禮大行人云時聘以結諸侯之好、閒問以諭諸侯之德。又曰凡諸侯之邦交歲相問也、殷相聘也。聘禮云小聘曰問、是異也。散而言之、皆謂相存省、故此云聘問也。注見穀梁傳者、案隱九年春天王使南季來聘、穀梁傳曰南氏姓也、季字也、聘問也、是其事。

邢疏

聘問也

郭璞云、見穀梁傳。

一切注音

聘問也

聘、問而已。若有言、則以束帛、如享禮。

新義

聘問也

郭璞曰、見穀梁傳。

古注合存

聘問也、此釋聘爲問之義也。疏曰、對文則聘問異、周禮大行人云時聘以結諸侯之好、閒問以諭諸侯之德、歲相問也、殷相聘也。聘禮云、小聘曰問、是皆異也。散文則通、故云聘問也。

注疏參義

聘問也　**註**見穀梁傳　**正義**小雅采薇云、靡使歸聘。荀子大略篇、聘、問也。**註**見穀梁傳○**正義**隱九年天王使南季來聘傳云、聘、問也。周官大宗伯云、時聘曰問。曲禮云、諸侯使大夫問於諸侯曰聘。

正義

聘問也　玉案、周禮占夢云季冬聘王夢、鄭註聘、問也。

校議

聘問也見穀梁傳

問者說文云訊也。詩女曰雞鳴傳問道也。按道謂道說猶今問候人道萬福道勝常也。聘者說文作娉云問也通作聘云訪也。訪亦問故詩靡使歸聘傳聘問也。郭引穀梁隱九年傳同。

義疏

聘問也

郭注見穀梁傳。聘从由丂來往輕俠之意。加耳故為問。禮有聘篇。傳小聘曰問。詩靡使歸聘。問从口門賓主之詞。因為凡問荅之名。

集解

聘問也 聘訪也从耳甹聲。引申為問聘禮所謂小聘曰問是也。詩釆薇靡使歸聘傳聘問也。穀梁隱九傳聘問也。荀子大畧篇同。禮記內則聘則為妻注聘問也。說文以娉為之。問訊也从口門聲周禮大宗伯時聘曰問。詩泮水淑問如皋陶。

義證

聘問也

說文云聘訪也。聘問也。今經典通以聘為娉。小雅釆薇靡使歸聘毛傳云聘問也。常語也。

說詩

聘問也 說文耳部聘訪也从耳甹聲又女部娉問也从女甹聲

匡名

聘問也 說文聘訪也。曲禮諸侯使大夫問於諸侯曰聘。問訊也。

啓蒙

聘、問也。

說文云：「問、訊也、」聘、作娉、云「問也。」周禮大宗伯云：「時聘曰問、」曲禮云：「諸侯使大夫問於諸侯曰聘、」穀梁隱九年傳云：「天王使南季來聘、」是聘者、古者天子諸侯之通問也。

爾雅學

聘問也○釋曰注疏本刪。

以諭諸侯之德注疏本諭改喻。

校勘記

愧慙也

愧慙也。

郭注

愧慙也 釋曰謂慙恥也。小爾雅云不直失節謂之慙。慙愧也。面慙曰戁心慙曰恧體慙曰逡。方言云梅惬音匿赧愧也晉曰梅或曰惬。秦晉之間凡愧而見上謂之赧梁宋曰惬。又云㥏音腆恧女六切慙也。荊揚青徐之間曰㥏若梁益秦晉之間言心內慙矣。山之東西自愧曰恧趙魏之間謂之聅。音密亦音祕。

邢疏

愧慙也

莊子釋文引爾雅作怍慙也。

衆家注

黃輯古義

愧慙也 釋文二十九卷引作怍慙也。

一切注音

愧慙 九位反。本亦作媿。小爾雅云不直失節謂之慙。慙愧也。面慙曰戁心慙曰恧體慙曰逡。方言云梅惬赧慙也。晉曰梅或曰惬。秦晉之間凡愧而見上謂之赧。梁宋曰惬。又云㥏恧慙也。荊揚青徐之間曰㥏若梁益秦晉之間言心內慙矣山之東西自愧曰恧趙魏之間謂之聅。惬音匿。㥏音腆。恧女六反。聅音密亦音祕。

陸音義

愧慙 方言云挴惬赧愧也晉曰挴又云㥏恧慙也○舊挴作悔、愧也作慙也、㥏作倎、下同。今俱依本書改正。

音義攷證

愧慙也 此釋愧為慙之義也。

注疏參義

愧慙也 正義 說文云媿慙也。或作愧。小爾雅云不直失節謂之慙。莊子釋文引爾雅作怍慙也。

正義

愧慚也 愧本作媿。女事鬼承祭不習禮多慚愧也。或从恥省則以恥愧為一字。心鬼多愧。詩尚不愧于屋漏。慚从心斬。斬截。因為斷絕沮止之詞。

集解

愧慚也愧字一作媿。女事鬼不習禮而慚也。从女鬼聲。或作愧。禮記䏈義所以媿屬之也。儒行小則如愧。表記不以人之所不能者愧人。詩抑尚不愧于屋漏。均謂慚辱。秦策狀有歸色。高注歸當作媿。媿慚也。以歸為之。慚字本作慙。媿也。从心斬聲。斬，截也。心如截則媿色形。

義證

愧慙也

補正 邢疏小爾雅云、不直失節謂之慙。慙、愧也。面慙、曰𩒹。心慙曰恧。體慙曰逡。

郭注補正

愧慚也 補

滋然謹按、慧琳一切經音義二十四挫恧注引鄭注尔疋云、心愧曰恧。郭氏無注。方言、恧慚也。

郭注引小尔疋曰、心愧爲恧。今本小尔疋作心慚曰恧。愧與恧同義故尔疋無恧字。

舊注攷證

愧慙也

心愧曰恧

慧琳集古今佛道論衡一卷音義引郭注爾雅云、心愧曰恧。四卷音義引郭注爾雅云、心慙爲恧。樹枏案、釋文引小爾雅心慙曰恧、方言注引小爾雅心愧爲恧、慧琳所引當是此下注文。今以引與方言注同者補訂。

郭注佚存補訂

愧慚也

愧、說文作媿、云慙也。大雅抑尚不愧于屋漏、彼釋文作媿。鄭箋云、不慙媿於屋漏。唐石經與鄭陸本同。小雅何人斯不愧于人、彼釋文亦作媿、云或作愧。正義云、是不慙愧於人、亦不畏懼於天也。亦常語也。

說詩

愧慙也疏方言云悔慱赧愧也（愧、誤慙。）又云惧恧慙也（惧、誤）典。下同。

愧慙也 說文同。愧、釋文云本亦作媿。案說文、女部媿或从耻省作愧。

注疏正字

愧慙也說文、媿慙也。慙、媿也。小雅、不愧于人。仲虺之誥、惟有慙德。

匡名

愧 媿 釋文。愧本亦作媿。

愧卽媿重文、皆說文所有。此條宜去。

啓蒙

愧慙也○釋曰 注疏本刪。

梅慱音 赧慙也 注疏本音匿改大字、別附於後。監本毛本梅改悔、元本閩本亦作梅。下晉日梅同。○按方言作梅、从手、是也。

黃侃評本正名

惧音恧 女六切 慙也 注疏本惧誤慄、下同。音切改大字。○按唐人疏內間出雙行小字、邢氏用其法。趙魏之間謂之䀿 音密亦音祕 ○注疏本音切改大字。

校勘記

愧慙也疏、方言曰悔慱赧愧也、晉曰悔、或曰慱、秦晉之間凡愧而見上謂之赧、梁宋曰慱。今本悔誤作悔、赧誤从皮、愧誤作慙。釋文本誤同。類篇悔、毋罪切、慙也。

注疏本正誤

殛誅也

殛誅也。書曰、鯀則殛死。

郭注

殛誅也 釋曰、謂誅責。注書曰鮌則殛死者、周書洪範文。

邢疏

殛誅也

詩致天之届、鄭箋届、極也。罰極紂於商郊牧野。正義届、極、釋言文。釋言又云、極、誅也。

段玉裁說文注。

衆家注

黄輯古義

殛誅也

郭璞云、書曰鯀則殛死。

一切注音

殛誅也

蕙心案、詩菀柳後予極焉、鄭箋極、誅也、正義極、誅也、釋言文。詩致天之届、鄭箋届、極也、釋言文。釋言又云、極、誅也。兩據正義所用、則古本爾雅有作極者。極、借字也。

古注斠

極、誅也、

毛詩小雅菀柳「後予極焉」、鄭箋云「極、誅也」、孔疏云『「極、誅」釋言文』。孫氏讀書脞錄續編據此謂鄭爾雅本作「極、誅」、與今本作「殛、誅」異。森案段玉裁說文解字註謂「爾雅殛作極」、是。其說云、洪範「鯀則殛死」、釋文「殛本又作極」、多方「我乃其大罰殛之」、釋文「殛本又作極」、左傳昭七年「昔堯殛鯀於羽山」、釋文「殛本又作極」、魯頌「致天之届、于牧之野」、箋云「届、極也」、引書「鯀則殛死」、又云、天所以罰、極紂于商郊牧野」、正義云『「届、極」釋言文。釋言又云「極、誅也」、武王致天所罰、誅紂於牧野、定本集註皆云「殛紂於牧野」、殛是殺、非也』、小雅「後予殛焉」、毛曰「極、至也」、鄭曰「極、誅也」、正義云『「極、至」釋詁文、「極、誅」釋言文』。合魯頌、小雅兩箋、兩正義觀之、則釋言之為「極、誅」甚明、今爾雅作「殛、誅也」、蓋誤。郝懿行爾雅義疏云「極為正字、殛為假借字」。

鄭玄注稽存

殛紀力反。鯀古本反。

陸音義

愧慙也殛誅也

愧、愧其心。愧德也。殛、刑也。

新義

殛誅也

郭璞曰、書曰鯀則殛死。

古注合存

殛誅也。此釋殛為誅之義也。疏曰、謂誅責也。

注疏參義

殛誅也 註 書曰鯀則殛死 正義 說文云、殛、殊也。殊、死也。漢令云、蠻夷長有罪當殊之。匡繆正俗引應劭釋云、殊之者、死也。漢書高帝紀云、赦天下殊死以下、如淳曰、死罪之明白也。左傳曰、斬其木而弗殊。韋昭云、殊、死、斬刑。顏師古曰、殊、絶也、異也、言其身首離絶而異處也。今本作誅也。按說文、誅、責也、與殛異義、當作殊也。註 書曰至殛死○正義 洪範文。

正義

殛誅也 案說文殛、殊也。顏師古曰、殊、絶也、言身當離絕。今本作誅義與殊同。疏謂誅責誤矣。

校議

殛誅也 書曰鯀則殛死

誅者、說文云討也、曲禮注罰也、大宰注責讓也。今按誅有二義。左氏莊八年傳誅屨於徒人費、襄卅一年傳誅求無厭、此皆以責讓爲義也。易雜卦云明夷誅也、釋文引荀云誅、滅也、陸韓云傷也、秦策云使復姚賈而誅韓非、此皆以殺戮爲義也。以殺爲義、則誅與殊同。殛者、說文云殊也、引虞書曰殛鯀于羽山。段氏玉裁說文注謂爾雅殛當作極。今略採其說云、尙書鯀則殛死、釋文殛本作極。我乃其大罰殛之、釋文殛本作極。毛詩致天之屆、鄭箋屆、極也。罰極紂於商郊牧野、正義屆極、釋言文。釋言又云、極、誅也。武王致天所罰、誅紂於牧野。定本集注極皆作殛。殛是殺、非也。據此箋疏可證爾雅是極非殛。又菀柳後予極焉、鄭箋極、誅也、正義曰極誅、釋言文、此又一證。又周禮八柄廢以馭其罪、鄭注廢、放也、舜極鯀于羽山是也。又昭七年左傳昔堯殛鯀於羽山、釋文殛、本又作極。此又兩證。又魏志武帝紀致屆官渡、裴注引鴻範鯀則極死作極、可證。又鄭志荅趙商鯀放居東裔、非誅死、鯀而左傳說流四凶族投諸四裔而已、舜實未嘗殺鯀、而鯀死於放所、作極鯀者爲正、殛爲叚借字。極、窮也。窮與誅義相足。說文曰誅、討也。討不必殺之。

義疏

殛(極)**誅**(殊)**也** 郭注、書曰、鯀則殛死。

殛从亟歺、殊也。極、上云至。亟二云速。書、極鯀于羽山。詩、後予極焉。誅、殊皆从朱。斲木心見朱、因爲誅殺、殊絕。又因誅討爲誅求、殊絕爲殊尤。

殛誅也 殛、殊也、从歺亟聲。正字爲極。極、棟也。引申爲至遠之詈。人而投於遠方、放之亦誅之也。詩後予極焉、箋極、誅是也。極殛通用字。書堯典殛鯀于羽山、馬注殛、誅也、非刑之也。湯誓天命殛之、僞傳訓誅。越語乃可以致天地之殛、注殛、誅也。誅、討也、从言朱聲。周禮大宰、誅以馭其過。禮記曲禮、齒路馬有誅。或者殛讀如本字。誅

集解

與殊通、謂殺與。荀子仲尼文王誅四、注誅者、討伐殺戮之名。

義證

殛誅也

殛者、說文云殊也、引虞書曰殛鯀于羽山。殊誅同是死罪、故相通借。殛與極通。小雅菀柳後予極焉、鄭箋云極誅也、正義云極誅、釋言文。段氏玉裁云、爾雅殛當作極。尙書鯀則殛死、我乃其大罰殛之、彼釋文竝云殛本作極。周禮八柄注作舜極鯀于羽山。魯頌閟宮致天之屆、箋云屆、極也。天所以罰極紂於商郊牧野。正義云屆極、釋言文。釋言又云、極、誅也。(闕本誤改極作殛。)然則此極又轉爲誅、定本集注皆云極紂於牧野。此乃釋菀柳極字、後人改爲殛也。

說詩

殛誅也

說文、殛、殊也、許本雅訓、是古本作殊也。殊誅古字通。

殛通作極。詩菀柳後予極焉、箋云極誅也。

小箋

殛誅也　正義曰、說文殛、殊也、殊、死也、爾雅今本作誅。案說文誅訓責、與殛義異、當作殊。元照案、郭注引書鯀則殛死。馬融曰誅也、越語乃可以致天地之殛、韋昭曰殛、誅也、皆用此訓。左傳(僖卅八年)明神殛之、杜預曰殛、誅。正義曰釋言文、是爾雅自作誅、與說文異、不可据說文以改爾雅也。且如湯誓天命殛

之亦誅責之謂、豈曰殊死之哉。徐氏養原曰、鯀則殛死、因殛而死也、卽以殛爲責何不可。　殛通極。詩、小雅菀柳後予極焉、箋極誅也、正義曰極誅、釋言文。

匡名

殛誅也　說文、殛、殊也。孟子殛鯀于羽山、集註殛、誅也。殊、死也。胤征以干先王之誅。

啓蒙

殛、誅也。　釋文殛本作極、極之言鞫也、窮也、罄也。　邵晉涵執說文而謂誅當作殊、段玉裁泥鄭義而謂殛必作極、此皆偏也。

黃侃音訓

問釋言殛、誅也、郭引書鯀則殛死、詩菀柳後予極焉、箋極、誅也、正義云釋言文、與今介疋異何也。曰、極是假字、鯀則殛死釋文亦作極。魯頌致天之届、箋届、極也、一作殛。知二字古通、介疋作殛、爲後改之誤。邵氏正義未及引此。誅也當作殊也。說文、殛、殊也。殊、死也。誅、責也、與殊異義。

詁答問

殛殊（作誅非。）也。春秋傳斷其末而不殊、書天命殛之、傳明神殛之、越語乃可以致天地之殛、皆當訓殊。以殊為殊異、而取誅代之耳。

古義補

殛、誅也。

說文言部云：「誅、討也；討、治也、从言寸、」段注「寸、法也、」曲禮注云：「誅、罰也、」是依法令以討罰其罪謂之誅。左傳莊八年云：「誅屨於徒人費、」襄三十一年云：「誅求無厭、」此即太宰注所云：「誅、責讓也、」與誅、討義亦同。易雜卦云：「明夷、誅也、」秦策云：「誅韓非、」郝氏以此爲殺戮。

殛者、說文歺部云：「殛、殊也、」又云：「殊、死也、」段注云：「凡漢詔云殊死者、皆謂死罪、死罪者、身首分離、故曰殊死；引伸爲殊異。」是殛者、殺戮之謂也；與誅字異解。段以爲爾雅之殛、當作極、非殊殺之義。魯頌閟宮「致天之届、于牧之野、」箋云：「届、極也、天所以罰極紂於商郊牧野；」正義云：「届、極、釋言文、釋言又云：『殛、誅也、』武王致天所罰、誅紂於牧野、定本集注皆云：『極紂於牧野、』極、是殺、非也。」小雅「後予極焉、」傳云：「極、至也、」箋「極、誅也；」正義云：「極、至、釋詁文；極、誅、釋言文。」據此則爾雅作「極、誅也、」有明證矣。是以堯典「殛鯀、」爲極之假借、左傳曰：「流四凶族、」楚辭王注云：「堯長放鯀於羽山、絕在不毛之地、」鄭志答趙商云：「鯀非誅死、鯀放居東裔、至死不得反於朝、」此殛鯀之解也。段說如此。然則殛者極之借字、極者、罰也、多方云：「我乃其大罰殛之、」釋文云：「殛、本又作極、」罰、極、同義聯用、故爾雅云：「極、誅也、」謂誅罰也。

爾雅學

殛唐石經單疏本雪牕本同。釋文、殛、紀力反。段玉裁云、殛經注皆作極。按、詩菀柳後予極焉、箋云極、誅也、正義曰極誅釋言文。閟宮致天之届、箋云届、殛也。殛紂於商郊牧野、釋文届極紀力反、下同。正義曰届極、釋言文、釋言又云極、誅也。此經作極之證。書洪範鯀則殛死、釋文殛、紀力反、本或作極音同。周禮太宰之職、注殛鯀於羽山、葉鈔釋文極紀力反。此注作極之證。爾雅釋文當與毛詩周禮同作極、唐石經作殛非。書釋文作殛蓋開寶所改。陸氏原本當亦作極。

殛誅也○釋曰注疏本刪。

校勘記

殛（音亟）誅也

音圖・音

急

殛誅也。

孫偘直音

殛（紀力切）誅也

楊氏音訓

克能也

克能也。

郭注

克能也

克商可也、克段不可也。

新義

克能也、此釋克爲能之義也、

注疏參義

克能也 正義 釋詁云、克、勝也。克又爲能也。堯典云克明俊德、史記作能明馴德。豳風伐柯云匪斧不克、穀梁隱元年傳云克者何、能也。

正義

克能也 克、上云勝。易、弗克攻。書克皆爲能。能、从己、以、用也。獸有能者、因加肉、以、象之。能而又同用、故又佁耐。

集解

克能也 克肩也、象屋下刻木之形。引申爲能。書洪範二曰剛克、鄭注克能也。堯典克明俊德、克諧以孝烝烝、史記均作能。詩南山匪斧不克、傳克、生民克禋克祀、箋克能也。禮記表記引書君陳未見聖若己弗克見、注克能也。能、熊屬、足似鹿。从肉㠯聲。能獸堅中、故偁賢能、而强壯偁能傑也。周禮大宰、四曰使能。字亦多以而以耐爲之。

義證

克能也

此常語也。齊風南山豳風伐柯匪斧不克、大雅生民克禋克祀、蕩鮮克有終、周頌思文克配彼天、魯頌泮水克明其德、傳箋竝云克能也。他若小雅采芑克壯其猶、正月既克有定、如不我克、大雅文王王國克生、皇矣其德克明、克明克類、克長克君、克順克比、雲漢后稷不克、烝民民鮮克舉之、周頌雝克昌厥後、武克開厥後、桓克定厥家、魯頌泮水克廣德心、閟宮克咸厥功、傳箋以常語多不釋、其非能義。若小雅小宛飲酒温克、大雅桑柔如云不克、傳箋竝云克、勝也、勝亦與能義近。

說詩

克能也節註翌日乃瘳 翌、尚書作翼。

注疏正字

克能也 釋詁、克、勝也。克又爲能。堯典克明俊德、史記作能明馴德。穀梁元年傳、克者何、能也。說文、能、熊屬、足似鹿。从肉㠯聲。能獸堅中、故偁賢能、而彊壯偁能傑也。註此四句發明假借之恉。賢能能傑之義行而本義幾廢矣。

啓蒙

翌明也

翌明也。書曰翌日乃瘳。

郭注

克能也翌明也 釋曰、克能通見書傳。注書曰翌日乃瘳者、周書金縢文。

邢疏

克能也翌明也

郭璞云、書曰翌日乃瘳。

乃瘳 勅留反。 陸音義

一切注音

翌明也

今日爲主、明日翌之。

新義

翌明也 金縢云、翌日乃瘳。

鄭樵注

翌明也 郭璞曰、書曰翌日乃瘳。鄭樵曰、金縢云翌日乃瘳。

古注合存

翼明也。此釋翼、爲明之義也。

注疏參義

翌明也 註 書曰翌日乃瘳也。 正義 說文云、朚、翌也。轉相訓明。古音近芒。朚明古通用。

翌明也 【注】書曰至乃瘳○【正義】金縢文。今本翌作翼。漢書載三統歷引周書武成篇若翌日癸巳。

【正義】

翌明也 書曰翌日乃瘳

翌者，昱之叚音也。說文云，昱，明日也。玉篇作日明。通作翌。廣韻，翌，明日也。漢書武帝紀云翌日親登嵩高，應劭注翌，明也。書王翼日乃瘳，郭引翼作翌。越翼日癸巳，漢書律曆志作若翌日癸巳。

【義疏】

翌明也 郭注書曰翌日乃瘳 翌卽翊飛皃此當作昱翼昱从日立立位湆同字日出湆事故爲明晨之稱書翼日借用異加羽因又借翊合昱翼爲一字

【集解】

翌明也 翌字本作翊飛皃从羽立聲正字爲昱昱明日也昱翌通用字前漢書武帝紀翌日親登嵩高應劭曰翌明也律曆志引周書武成若翌日癸巳亦謂明日書金縢王翼日乃瘳史記翼作明以翼爲之明照也从日月會意日月每日往來故引申爲今日稱次日之暑

【義證】

翌明也 翌爲明日之明亦爲明顯之明說文作昱云明日也齊風東方未明明爲日之明亦卽翌日之明故說文昱明日玉篇作日明也翌與翼同漢書百官公卿表左內史更名左馮翊取詩有馮有翼以命之續漢郡國志注云翼明也大雅文王厥猶翼翼翼翼猶明明也故束晳補亡詩作顯猷翼翼卽本此廣雅釋訓云翼翼明明也

【說詩】

翌明也 郭曰書曰翌日乃瘳引之謹案翌爲明日之明又爲昭明之明皋陶

謨夙夜浚明有家史記夏本紀作蚤夜翊明有家作翊者蓋今文尚書也翊與翌同翊亦明也古人自有複語耳續漢書郡國志左馮翊注引決錄注曰翊明也

【述聞】

翌明也 尚書武成傳翼明也。正義曰，翼明，釋言文。金縢篇同。又顧命正義曰，釋言云翼明也。元照案說文羽部，翊，飛皃，非此義，疑當作昱。說文日部，昱，明日也，从日立聲。又明部，𣊫，翌也，从明亾聲。翌字疑誤。

【匡名】

翌明也 金縢翌日乃瘳，今作翼，傳翼日，明日也。說文，𣊫，翌也。

【啓蒙】

翌，明也。明通作𣊫，說文𣊫，翌也。翌爲明日之明，亦爲光明之明，二義相因。通作翼，重言曰翼翼，廣雅翼翼、顯顯，明也。

【黃侃音訓】

翌、明也。說文日部云：「昱、日明也、从日、立聲。」段云：「太玄曰：『日以昱乎晝、月以昱乎夜、』注云：『昱、明也、』日無日不明、故自今日言、下一日謂之明日、亦謂之昱日。」翌者、昱之假借也。爾雅郭注引書金縢云：「翌日乃瘳、」今書則翼、同音相假也。漢書武帝紀「翌日、親登嵩高、」應劭注云：「翌、明也、」即釋言文。王引之以爲翊亦與翌同。

【爾雅學】

翌明也 克能也翌明也○釋曰 注疏本刪。注書曰翌日乃瘳者 注疏本脫者。

【校勘記】

翼
翌明也

【孫侶直音】

翌（翼）明也

【楊氏音訓】

翌弋

【干氏音釋】

訩訟也

訩訟也言訩譊。

郭注

訩訟也 釋曰多爭訟。郭云言訩譊。譊即讙譊。小雅節南山云降此鞫訩。

邢疏

訩訟也

郭璞云言訩譊。

一切注音

訩譊 音凶、許容反。說文作詾、同。譊即讙字。

陸音義

訩訟也

訩訟之終也。董仲舒曰周室之衰亡、推讓之風而有爭田之訟。據此節南山蓋刺訟之詩也。

新義

訩訟也

郭璞曰言訩譊。

古注合存

訩訟也、此釋訩爲訟之義也。

註曰、訩者、言訩譊也。

注疏參義

訩訟也 註 言訩譊。正義 訩、說文作詾、或省作訩、說也。訟、爭也。小雅節南山云、以究王訩。

正義

訩訟也言訟譊

訟者、說文云爭也。易訟釋文、言之於公也。然則訟之爲言猶公也。史記呂后紀云未敢訟言誅之、訟言猶公言也。訩者、說文作詾、或省作訩、云訟也。詩降此鞫訩、不告于訩、傳箋竝云訩、訟也。釋詁云訩、盈也。盈謂發言盈庭、亦爭訟之義。通作匈。荀子天論篇云、君子不爲小人匈匈也輟行、楊倞注匈匈、喧譁之聲、與訩同。又通作兇。素問移精變氣論云、巃工兇兇。按、訩說文或作說、是素問兇卽說之省、荀子匈亦詾之省矣。訩訟以聲爲義也。

義疏

訩訟也 郭注、言訟譊。訩、上云盈。書嚚訟、史記釋爲頑凶、故又爲訟。訟、公言、因爲爭也。

集解

訩訟也

訩、說也、从言凶聲。引申爲訟。詩節南山降此鞫訩、傳訩、訟也。泮水不告于訩、箋訩、訟也。書堯典嚚訟可乎、史記作頑凶、正義訟也。前漢書高帝紀天下匈匈、荀子天論君子不爲小人匈匈也輟行、注諠譁之聲、與訟義同。以凶匈爲之。訟、爭也、从言公聲。易有訟卦。

義證

訩訟也

註言訩譊 補正 釋文云、譊卽讙字。

郭注補正

訩訟也

言訩譊也

唐殘本玉篇言部詾下引爾雅郭璞曰、言爭訟也。與今本不同。今據補也字。

郭注佚存補訂

訩訟也

訩、說文作詾、訟也。或省作訩、云訟也。小雅節南山降此鞫訩、以究王訩。魯頌泮水不告于訩、傳箋竝云訩、訟也。訩訟同聲。

說詩

訩訟也疏降此鞫訩 鞫中誤從言。

注疏正字

訩訟也 說文言部詾、訟今本誤說也、从言匈聲。或省作訩、或从兇作說。

匡名

訩訟也小雅以究王訩，箋訩，訟也。説文作詾，訟也。或作訩，作説。訟，爭也，一曰歌訟。

啓蒙

訩訟也。易林履之蒙訟爭凶凶，荀子解蔽聽漠漠而以爲哅哅，楚辭九章聽波聲之洶洶，楊雄羽獵賦洶洶旭旭，李注鼓動之聲也，義並與詾同。

黃侃音訓

訩、訟也。

訟者、說文「爭也。」易訟釋文云：「訟、言之於公也、」史記呂后紀云：「未敢訟言誅之、」郝謂「訟言、猶公言也。」訩、說文作詾、或省作訩、云「訟也。」詩「降此鞫訩、不告於訩、」毛鄭並云：「訩、訟也。」訩、或作說、郝云：「通作匈、兇；兇、匈即說、詾之省。」

爾雅學

訩訟也○釋曰 注疏本删。

譊郎讙譊 注疏本脫下譊。

降此鞫訩 浦鏜改鞫爲鞫，云從言，誤，按，說文本從言，鞫爲蹋鞠字，義別。唐石經毛詩鞫皆作鞫，惟采芑節南山蓼莪誤作鞫。此引節南山作鞫，可以補正唐石經之誤，不當反據俗本毛詩改也。

校勘記

降此鞫訩 監本毛本同。湘本訩下有是也二字。案邢疏多有此例，此當脫。

注疏校勘札記

十六上（三三）

一行訩訟也（注）言訩譊○「譊」，《釋文》作「譊」，宋刻十行本同。原本《玉篇》言部「譊」下云：「《蒼頡篇》訟聲也。」是字當作「譊」。又原本《玉篇》言部「詾」下引此條郭注作「言爭訟也」，與《釋文》及今本不同。

宋監本校箋

訩、訟也。凶

孫侶直音

晦冥也

晦，冥也。

郭注

冥也 亡定反。

陸音義

晦，冥也。此釋晦爲冥之義也。

注疏參義

晦冥也 **正義** 冥，窈也，已見上文。晦，又爲冥也。穀梁莊十五年傳云，晦，冥也。易隨象傳云，君子以嚮晦入宴息。

正義

晦冥也 冥者，上文云幼也，說文云幽也。易豫釋文引馬云，冥，昧也。詩斯干箋，冥，夜也。晦者，說文云月盡也。月盡則光闇昧，故詩酌傳，晦，昧也。昧則幽昏，故風雨傳，晦，昏也。昏昧皆冥之義，故公穀僖十五年傳並以晦爲冥也。冥讀如字，釋文亾定反。

義疏

晦冥也 晦从日毎聲。毎厚蔽日，故爲昏晦。因爲月盡之名，易，不明晦。春秋，甲午晦。冥，上云窈也。

集解

晦冥也 晦，月盡也，从日每聲。引申爲冥。易象上傳君子以嚮晦入宴息，翟元注晦，冥也。公羊僖十五年己丑晦，成十六年甲午晦，傳晦者何，冥也。魯語晦而休，楚辭靈懷聲阿容以晦光兮，注均云晦，冥也。老子澹兮其若海，海即晦冥也。文選王元長曲水詩序侮食來王，注引周書曰東越侮食。侮，冥也，夜也，謂正食以夜也。以海侮爲之。冥，幽也，从日从六冖聲。易豫，冥豫。

義證

晦冥也 冥昧也

慧琳寶星經二卷釋門系錄五恐怖世經音義俱

引郭注爾雅云、冥、昧也。當是此下注文、據補。

郭注佚存補訂

晦冥也

鄭風風雨如晦、毛傳云晦、昏也。周頌酌遵養時晦、傳云晦、昧也。昏昧皆冥義也。亦常語也。

說詩

晦冥節註已復於事而逡　案、外傳無復字。逡作竣。

注疏正字

晦冥也　春秋僖十五年己卯晦、公羊穀梁皆云晦、冥也。說文、冥、窈也、从日六从一。日數十、十六日而月始虧、冥也、一亦聲。註、窈、各本作幽、引伸爲凡闇昧之稱。

啓蒙

晦、冥也。

上文云：「冥、窈也、」說文云：「冥、幽也、」易豫釋文引馬云：「冥、昧也。」晦者、說文又云：「月盡也、」詩泂酌傳云：「晦、昧也、」風雨傳云：「晦、昏也；」月盡、亦昏昧之義。公穀僖十五年傳並以晦爲冥。

爾雅學

二行晦冥也○「冥」當作「冥」

宋監本校箋

命

晦冥也。

孫侶直音

晦冥去聲也

直音校正

奔走也

奔走也。

郭注

奔走也

走者、說文云趨也。釋名云、疾趨曰走。走、奏也、促有所奏至也。奔者、說文云走也。釋名云、奔、變也、有急變奔赴之也。按、釋宮云中庭謂之走、大路謂之奔、是奔走異。經典則同、故呂覽權勳篇云齊王走莒、走卽奔也。晉語云見王必下奔、奔卽走也。說文奔走字皆从夭、故奔走同意。

義疏

奔走也　奔、見上僨。易、渙奔。書、奔走。走从夭止、趨也。

集解

奔走也　奔、疾走也、从夭賁省聲。禮記大傳逡奔走、左昭三一傳將奔走之、春秋出奔者弗延克奔、皆謂走也。夏小正玄駒賁、傳走于地中也。書立政綴衣虎賁、僞傳以勇力事王。孟子虎賁三千人、丁音先儒言如猛虎之奔。按、卽甲士也。漢書百官表衛士旅賁、注言爲奔走之任也。詩緜予曰有本奏、本、一本作奔走也。以賁本爲之。走、趨也、从夭止。夭止者、屈也。釋名、疾趨曰走。

義證

奔走也

說文云奔、走也。王風大車畏子不奔、周頌淸廟駿奔走在廟、或單言奔、或連言奔走、皆一義也。亦常語也。

說詩

奔、走也。　詩駿奔走在廟連言、故此以走釋奔。

黃侃音訓

奔、走也。

說文走部云：「走、趨也、从夭止、夭者、屈也；」夭部云：「奔、走也、从夭、卉聲、與走同意、俱从夭。」凡人行疾、則足屈亦疾、故走从夭止、奔亦從夭也。釋名云：「徐行曰步、疾行曰趨、疾趨曰走。奔、變也、有急變奔赴之也；」釋宮奔、走、亦異解。爾雅訓奔爲走、許用其義、渾言之也。春秋言出奔者、皆謂出走。

爾雅學

逡退也

逡退也。外傳曰、已復於士而逡。

郭注

晦冥也奔走也逡退也

釋曰、冥謂闇冥。見公羊傳。奔、大走也。左傳曰、車馳卒奔。逡、却退也。注外傳曰已復於事而逡者、齊語管仲對桓公辭也。韋昭曰、已、畢也。逡、伏退也。此國語也、而謂之外傳者、韋昭曰、左丘明采錄前世穆王以來、下訖魯悼智伯之誅、邦國成敗、嘉言善語、陰陽律呂、天時人事逆順之數、以爲國語。其文不主於經、故號曰外傳也。

邢疏

逡退也

逡巡、却去也。文選注引郭爾雅注。今本闕。見邵氏爾雅正義。

郭音義

逡退也

逡、文選東京賦注引爾雅作踆。邵氏正義

衆家注

黃輯古義

晦冥也奔走也逡退也

郭璞云、逡巡、却去也。外傳曰、已復於事而逡。逡巡却去也、據文選一卷東都賦註引增。

一切注音

逡七旬反。外傳直戀反。下左傳皆同。已復韋昭云、已、畢也。復芳福反。

陸音義

奔走也逡退也

退、乃有逡焉。卽奔、顛沛矣。春秋傳曰、自是奔之齊。

新義

逡退也 郭璞曰、外傳曰、已復於事而逡。

古注合存

逡退也 外傳曰已復於事而逡

退者、說文作復、云卻也。檀弓注、去也。鄉射禮注、少退、少逡遁也。聘禮注、三退三逡遁也。玉藻注、俛逡遁而退、箸屨也。遁皆與巡同。鄭俱本爾雅爲訓也。逡者、說文云復也。復卽復字、形近而譌。玉篇、逡、巡也、退也、卻也。廣韵、逡巡、退也、皆用爾雅、可證矣。方言云、逡、循也。循與遁古音同。遁有去義、故或言逡遁、或言逡循、又言逡巡、竝古字叚借、皆言卻退不進也。漢鄭固碑云、逡遁退讓、正與此合。山陽太守祝穆後碑云、鄉黨逡逡、今論語作恂恂、亦退讓之義也。齊語云、有司已於事而竣、韋昭注、竣、退伏也。文選東京賦云、已事而踆、薛綜注、踆、退也。是踆竣皆逡之叚借。

義疏

逡踆撙退也 郭注、逡巡、卻去也。外傳曰、已復於事而逡。夋、見上駿。記、逡奔、奔正。又撙節退讓。退、从彳、復、从日、夊。或从內。古文从退。

集解

逡退也 逡、復也。从辵夋聲。引申爲退、謂進退也。禮記大傳逡奔走、亦謂進退。詩清廟則作駿。漢鄭固碑逡遁退讓。史記游俠傳逡逡有退讓君子之風。齊語有司已於事而竣、注竣、退伏也。文選東京賦已事而逡、薛注竣、退也。祝穆碑鄉黨逡逡、今論語作恂恂。劉修碑作遜遜、皆退讓之意。以竣遜恂爲之。退字本作復、卻也。一曰行遲也。从彳从日从夊。今變作退。儀禮鄉射賓少退、注少逡遁也。

義證

逡退也

逡巡卻退也 外傳曰已復於事而逡

元應大智度論十七卷音義引爾雅、逡、退也、郭璞曰、逡巡却退也。文選東都賦注引郭璞爾雅注曰、逡巡却去也。樹柟案、今本脫此五字。邵氏晉涵據文選注補、今據元應所引補。齊語作有司已於事而竣、說文竣下引國語作有司已事而竣、阮氏元謂復字衍。今案、釋文出已復、葢陸所據本有復字。

郭注佚存補訂

逡退也

逡、爲遵之假借。方言云、逡、循也。逡、循、不進也。見後漢書隗囂傳注。逡循卽遁循。周頌酌、遵養時晦。毛傳謂遵率、非也。遵、退也、謂退養時晦也。言武王之師不遽伐紂、先退讓而養其晦、至純熙可伐之時、始用大衆之助而伐之也。養晦謂武王、非謂紂也。遵循與逡遁音同、故義得相通。周南汝墳遵彼汝墳、鄭風遵大路兮、毛傳竝云遵、循也。豳風遵彼微行、疏亦訓遵爲循。說文云後、卻也、一曰行遲也。詩之言遵皆有行遲之意、故曰逡退也。方言云、退、緩也。

說詩

逡、退也。

說文彳部云：「復、卻也、从彳日夊。退、古文从辵。」其步小、日夊夊然以行、是退卻也、爲會意。逡、文選注引爾雅作踆、踆逡古通用、玉篇云：「逡、巡也、退也、卻也、」用雅義也。逡巡或作逡遁、逡循、皆字之假借。

爾雅學

逡逿也。上林賦注引廣雅逡巡卻退也、字又作逡遁、遵遁、逡巡、遁逡循、蹲循、遁巡、並同。

黃侃音訓

濬幽深也　皇匡正也　愧慙也　訩訟也　逡退也

說文濬作容、深通川也。古文作濬。谷部容。董氏云齊詩皇作匡。見三家詩考

說文愧作媿、慙也。媿或作愧。女部媿。莊子釋文引作怍、慙也。讓王篇

說文訩作詾。或省作訩、說言部詾也。釋文　文選注引作踆退也。東京賦注　國語注作竣退伏也。齊語注已於事而竣注

證異

已復於事而逡單疏本雪牎本同。按齊語有司已於事而竣凡六見、無復字。此蒙上文鄉長復事引之、有司卽鄉長也。說文竣下引國語曰有司已事而竣、則今本於字亦當衍。一切經音義卷九引爾雅、逡、退也。郭氏曰、逡巡、卻退也。文選東都賦注引郭注曰、逡巡、卻去也、今本無此五字。爾雅正義據文選注補。

晦冥也奔走也逡退也〇釋曰注疏本刪。

校勘記

逡逿也。按文選東都賦注引郭璞爾雅注曰逡巡却去也。今本無之。當在外傳曰之上。

注疏本正誤

逡退也（注）外傳曰已復於士而逡〇玄應《音義》卷九引「《爾雅》：逡，退也。郭璞曰：逡巡却退也。」《文選．東都賦》注引郭璞《爾雅》注：「逡巡却去也」。今本脫此五字。又注「外傳曰：已復於士而逡」，本《國語．齊語》作「有司已於事而竣」，無「復」字．此注「士」當作「事」．宋刻十行本不誤．

宋監本校箋

逡、七旬翻、音踆、淸母字也。今通讀精母、駿平聲　非。文選注引注逡巡、却去也。今本無。

音略

平聲

逡退也。

孫偘直音

逡存退也

楊氏音訓

逡七倫切

干氏音釋

疐仆也

疐仆也。頓躓倒仆。

郭注

疐仆也　釋曰即前文跲與踣也。郭云頓躓倒仆。

邢疏

仆也　前覆曰仆。經典釋文二十同

鈎沉

疐仆也　郭璞云、頓躓倒仆。

一切注音

疐 都麗反。一音致。仆也 音赴。頓蹪 音致。

陸音義

疐仆也 有難而退，疐也。自非周公，未有不仆者也。

新義

疐仆也 郭璞曰：頓蹪倒仆。

古注合存

奔走也，逡退也，疐仆也。此釋奔爲走，逡爲退，疐爲仆之義也。註曰：齊國語云：已復于事而逡。頓蹪，倒仆也。疏曰：奔，大走也。逡，却退也。疐，仆。即前文疐跲也，獘踣也是也。

注疏參義

奔走也逡退也 註 逡巡却去也。外傳曰：已復於事而逡。

疐仆也 註 頓蹪倒仆 正義 奔、逡、疐皆言行止之容也。說文云：走，趨也。奔者，皆出走也。逡，文選註引爾雅作踆，逡、踆古通用。禮記註引詩云：逡奔走在廟。鄉射禮云：賓少退。鄭註：少逡遁也。山陽太守祝睦後碑云：鄉黨逡逡，朝廷便便。蓋漢世論語異文。逡逡，言退讓也。疐，跲也。獘，仆也。已見上文。註 逡巡至而逡。○ 正義 郭引外傳，今齊語作有司已事而竣。韋註：竣，退伏也。說文引國語亦作有司已於事而竣。逡、竣音義同。文選註引郭璞爾雅註云：逡巡，却去也。監本闕，今据補。

正義

疐仆也郭註頓蹪倒仆 說文引詩載蹪其尾，今作疐。

疐與蹪同，故郭氏以爲頓蹪。

校議

疐仆也 頓、蹪倒仆

上文云疐跲也、獘踣也。踣與仆、疐與蹪，俱聲義同。釋文仆音赴，亦踣之聲變。

義疏

疐仆也 郭注：頓蹪倒仆。上云疐跲，爲牽引，又爲偃仆也。詩：願言則疐。記：士疐之。仆，从卜。古文从丨乀，象偃伏之形。

集解

疐仆也 疐，礙不行也。引申爲仆，以偃仆亦礙於行也。禮記曲禮：士疐之，謂削瓜而仆去其帝。仆，頓也，从人卜聲。前覆曰仆，後仰曰偃。

義證

疐仆也 疐音致。

註 頓蹪倒仆

郭注補正

疐仆也 頓蹪倒仆也

希麟大寶廣博樓閣善住祕密陀羅尼經下卷音義引爾雅曰：疐仆也。郭注云：頓蹪倒仆也。今據補也字。慧琳大集須彌藏經上卷音義引郭注爾雅云：疐頓猶倒仆也。

郭注佚存補訂

疐仆也

疐義見前疐跲也。訓疐爲仆，又廣其義。

說詩

疐仆也 疐當作蹪。見上。

匡名

奔走也逡退也疐仆也 大雅：予曰有奔走。說文：逡，復也。郭註：逡巡，却去也。禮大傳：逡奔走。武城作駿。玉篇：逡，退却也。疐仆，已見上文。

啓蒙

疐仆也 應音十七引廣雅蹪頓也，說文仆頓也，是蹪與疐通。

黃侃音訓

疐、仆也。

上文云：「疐、跲也；」此言蹪訓仆、仆跲義同。

爾雅學

頓蹪倒仆 單疏本、雪牕本同。按此經作疐，注作蹪，爲經注異文之明證。釋文疐蹪各爲音。

疐仆也○釋曰 注疏本刪。

校勘記

疐仆也。今本疐下誤从疋。

注疏本正誤

㚄仆也。赴
㚄致仆赴也

孫詒直音

楊氏音訓

亞次也

亞次也。

郭注

亞次也

亞于元爲亞。有善而惡亞之。莊子言跖。以爲柳下季之弟如此。

新義

亞次也。此釋亞爲次之義也。

注疏參義

亞次也

正義

亞、說文引賈侍中說以爲次弟也。特牲饋食禮云、亞獻尸。左氏文六年傳云、爲亞卿焉。

正義

亞次也　左氏襄十九年傳云、圭嬀之班、亞宋子而相親也。

校議

亞次也

次者、說文云、不前不精也。玉篇云敘也近也。敘近皆次弟之義。特牲饋食禮亞獻尸、注次猶貳也。按次从二聲。二與貳同。其義又爲副貳矣。亞者說文引賈侍中說、以爲次弟也。經典亞皆訓次。通作惡。易繫辭云而不可惡也。釋文惡、於嫁反、荀作亞。亞、次也。尚書大傳云王升舟入水、鼓鐘惡、觀臺惡。鄭注惡讀爲亞。亞、次也。

義疏

集解

亞次也　亞象人局背、故爲次弟。禮、亞獻尸。路下四亞之。易、而不可亞也。字或作惡。書大傳亞皆作惡。次从欠二、古文作𠧟。

亞次也　亞、醜也。象人局背之形。正字爲敘。敘、次弟也。敘、亞通用字。儀禮特牲饋食亞獻尸、注次、猶貳也。書牧誓亞旅、僞傳亞、次也。前漢書敘傳斯非其亞、與師古曰亞、次也。易繫辭言天下之至嘖而不可惡也、荀本作亞、云次也。尚書大傳王升舟入水鼓鐘觀惡、臺惡、鄭注惡讀爲亞、亞次也。禮記襍記盧堊室之中。釋名、堊、亞也、次也。以惡堊爲之次、不前不精也、从欠从二會意。古文作𠧟、象茅蓋屋次弟之形。書顧命次輅。周禮追師、爲副編次。

義證

亞次也

說文亞、引賈侍中說以爲次第也。小雅節南山瑣姻亞、毛傳云兩壻相謂曰亞、正義云釋名兩壻相謂曰亞者、言每一人取姊、一人取妹、相亞次也。又並來女氏則姊夫在前、妹夫在後、亦相亞也。

說詩

亞次也　說文、亞、醜也、象人局背之形。又以爲次弟也。左文六年傳爲亞卿焉、註亞、次也。𣲵、不前不精也。註、前當作𡧖、不𡧖不精、皆居次之意也。

啓蒙

亞、次也。

說文次部云：「次、不前不精也。」亞、說文引賈侍中說以爲次弟也。左氏文六年傳云：「爲亞卿焉、」言次卿也。郝云：「亞、通作惡、」引易繫辭云：「而不可惡也、」釋文「惡、於嫁反、荀作亞、亞、次也。」

爾雅學

諗念也

諗、念也。相思念。

郭注

亞次也諗念也　釋曰、亞下次也、通見書傳。諗者相思念也。小雅四牡云、將母來諗。

邢疏

亞次也諗念也

郭璞云、相思念。

一切注音

諗音審。相思念也。說文式荏反。

諗念也 以其言念之。

新義

諗念也 四牡云、將母來諗。

鄭樵注

諗念也

郭璞曰、相思念。鄭樵曰、四牡將母來諗。

古注合存

諗、念也。諗音審○此釋諗爲念之義也。註曰、諗者相思念也。詩四牡云、將母來諗。愚按詩傳云、諗、告也。蓋因思念而請告與

注疏參義

諗念也 註 相思念 正義 釋詁云、念、思也。小雅四牡云、將母來諗。魯語云、使吾無忘諗。

正義

諗念也 相思念

諗者詩四牡傳念也、箋云告也、說文云深諫也。引春秋傳辛伯諗周桓公。覼二諫告與念不同者念爲心中諷誦、與諫告之義相足成。故以告諫爲念也。說文諗从念聲、念从今聲、是念古音奴枕切、與諗聲近、今奴店切、則與諗聲較遠。

義疏

諗念也 郭注、相思念。从今心。心念往事也。詩將母來諗、加言爲告所念。

集解

諗念也 諗深諫也、从言念聲。正字爲念。

念諗疊韵。詩四牡將母來諗、傳諗念也。念常思也、从心今聲。

義證

亞次也諗念也 諗音審。

註 相思念

郭注補正

諗念也

小雅四牡將母來諗、毛傳云、諗、念也。

說詩

諗念也 說文諗、深諫也。註、深諫者、言人之所不能言也。小雅將母來諗、傳諗念也。

啓蒙

諗念也、

諗念同文並見 諗與恁通。後漢班固傳注引說文恁念也。文選典引蔡注恁思也。亦與念同意。

黃侃音訓

諗、念也、

說文言部云：「諗、深諫也、」引春秋左氏傳「辛伯諗周桓公、」此諗之本義。郝謂「說文諗从念聲、是念古音奴枕切、與諗聲近。」諗又訓念者、段云：「謂諗爲念之同音假借也。」小雅「將母來諗、」傳云：「諗、念也、」魯語云：「使吾無忘諗、」謂念而不忘也。

爾雅學

亞次也諗念也○釋曰 注疏本刪。

校勘記

通見書 監本毛本湘本書下有傳字。是、此脫。

注疏校勘札記

諗音審念也

音圖・音

審

諗念也。

孫侶直音

諗沈念也

楊氏音訓

諗審

干氏音釋

屆極也

屆極也 有所限極。

郭注

爾雅詁林 二 釋言

屆極也 釋曰、有所限極也。大雅瞻卬云「靡有夷屆」。

邢疏

屆極也 郭璞云、有所限極。

一切注音

屆音戒。

陸音義

屆極也、若無極也、豈有屆哉。

新義

居極也 謂至云。

鄭樵注

居極也 郭璞曰有所限極 鄭樵曰謂至云

古注合存

屆極也 註 有所限極 正義 釋詁已云極、艐至也、屆即艐之異文。小雅小弁云、不知所屆。

正義

屆極也 有所限極 極者、釋詁云至也。至亦極也。屆者、釋詁作艐而訓至。說文云屆、極也、本此爲訓。詩內屆字傳箋或訓至、或訓極、至極其義同也。屆亦僣爲戒、詩旣戒旣平、傳戒、至也。至即極、戒即屆矣。屆極一聲之轉。

義疏

屆極也 郭注、有所限極。屆、从尸凷。凷、土墣。尸臥塊上、行不便也。詩、則靡所屆。極、上云至。

集解

屆極也 屆、行不便也。从尸凷聲。正字爲界。界、竟也。引申爲極。釋詁格極皆訓至、以格即屆也。格屆界通用字。詩節南山君子如屆、傳屆極。蕩靡屆靡究、瞻卬靡有夷屆、箋均云屆、極也。極、棟也。引申爲至遠之詞。經典或以爲殛之借字。詩閟宮致天之屆、箋屆、殛也。然則屆其解之借字與。

義證

屆極也 注有所限極 正曰、此極字即上文殛誅也之殛。詩小雅菀柳後子極焉、鄭箋極、誅也、正義釋言文。古字極與殛通。書洪範鯀則殛死、釋文殛本或作極。詩魯頌閟宮致天之屆、鄭箋屆、極也、正義釋言文。鄭讀極爲殛。殛誅與屆極同詁。郭注見殛訓殛、見極訓極、音讀通叚失之太疏。

正郭

屆極也 說文云、屆、一曰極也。釋詁云極艐至也。小雅節南山正義引作屆極至也。艐屆同字。小雅采菽君子所屆、節南山君子如屆、大雅蕩靡屆靡究、瞻卬靡有夷屆、魯頌閟宮致天之屆、傳箋並云屆、極也。小雅小弁不知所屆及節南山箋並云屆、至也。至亦極也。

說詩

屆極也疏大雅瞻卬云 卬經作仰、卬古字。

注疏正字

屆極也 詩閟宮致天之屆、箋云屆、殛也。殛紂于商郊牧野、正義曰屆極、釋言文。訓屆爲殛、古義也。注有所限極、陋矣。

小箋

屆極也 極通殛。詩魯頌閟宮致天之屆、箋屆、殛也、正義曰屆殛、釋言文。釋文作極。

匡名

屆極也 說文、屆、行不便也。一曰極也。詳釋詁艐字。小雅不知所屆、箋屆、至也。至即極也。

啓蒙

爾雅詁林 二 釋言

屆、極也。極亦與殛通、詩閟宮致天之屆箋屆極也。十行本。極附于商郊牧野、疏屆極、釋言文。是此極與上文殛通。屆與釋詁之艐異體。

黃侃音訓

屆極也。魯頌閟宮致天之屆、箋云屆、殛、武王繼大王之事、至受命致大平、天所以罰殛紂于商郊牧野、疏云屆殛、釋言文。釋言又云、殛、誅也。然則此殛又轉爲誅。承珙案、小雅菀柳後予極焉、箋云極、誅也、疏云極誅、釋言文。是鄭本爾雅極誅也、屆殛也。今爾雅則作殛誅也、屆極也。二字互異、蓋殛極聲同、亦多借用。爾雅屆極也、借極爲殛、仍當從鄭箋罰殛之義。郭注云有所限極、誤矣。

胡氏古義

屆、極也。

屆、說文亦訓極、極者、釋詁云：「至也、」是極之義同；故詩內屆字、傳箋或訓極、或訓至。釋詁云：「艐、至也、」艐與屆爲二字、義見釋詁。

爾雅學

屆極也〇釋曰 注疏本刪。

大雅瞻卬云 注疏本卬改仰。

校勘記

屆極也。今本屆下誤从由。

注疏本正誤

戒

屆、極也。

孫偘直音

弇同也弇蓋也

弇同也。詩曰奄有龜蒙。弇蓋也。謂覆蓋。

郭注

弇同也弇蓋也 釋曰廣異言也。注詩曰奄有龜蒙、魯頌閟宮文。言弇覆同爲已有、弇又爲蓋謂覆蓋也。易曰、惡積而不可揜。弇奄揜音義同。

邢疏

弇蓋也 弇、覆。詩正義二十之二

孫音注

黃輯古義

弇蓋也 弇、覆。詩魯頌閟宮正義

孫音注

玉函山房輯佚

弇蓋也

弇、覆。蓋亦覆之義。同詩疏二十之二。

鉤沉

弇蓋也

孫曰、弇、覆也。詩正義二十之二

弇同也

郭璞云、詩曰奄有龜蒙。

漢注

弇葢也

孫炎云、弇、覆也。葢亦覆之義。詩正義二十之二卷 郭璞云謂覆葢

一切注音

弇蓋也 孫炎曰、弇、覆也。詩閟宮正義

古注斠

弇 於簡反、音揜。 謂覆 敷救反

陸音義

弇同也弇蓋也

爲其同也故弇之。

新義

弇同也弇葢也 謂覆葢。易曰、惡積而不可揜。揜弇同。

鄭樵注

弇同也 鄭本無此句。

郭璞曰、詩曰奄有龜蒙。

弇蓋也

孫炎曰、弇、覆。

郭璞曰、謂覆蓋。

鄭樵曰、謂覆蓋。易惡積而不可揜。

古注合存

屆、極也。弇、同也。弇、蓋也。此釋屆爲極、弇爲同爲蓋之義也。注曰、極者有所限極也。疏曰、詩瞻仰云、靡有夷屆。閟宮云、奄有龜蒙、言弇覆同爲已有也。奄弇音義同

注疏參義

爾雅詁林 二 釋言

弇同也【註】詩曰奄有龜蒙**弇蓋也**【註】謂覆蓋【正義】釋名云、蓋、加也、加物上也。奄本訓蓋、轉訓爲同、義相成也。周頌執競云奄有四方、毛傳奄、同也。奄與弇通。詩疏引孫炎云弇、覆也、蓋亦覆之義。易彖傳云、剛弇也。又通作掩。盤庚云、予不掩爾善。【註】詩曰至龜蒙。【正義】魯頌閟宮文。鄭箋、奄、覆也。說文以奄爲大有餘也、故又爲同也。

正義

弇同也詩曰奄有龜蒙**弇蓋也**謂覆蓋

同者、上文云、檢、同也、此云弇同者、弇訓覆蓋、與同義近、故又爲同也。洪頤煊引考工記鳧氏侈弇之所由興、弇謂鍾口歛、歛卽檢、故檢弇皆訓同矣。通作奄。詩奄有四方、傳奄、同也。又通作掩。方言云、掩、同也。文選高唐賦云越香掩掩、李善注掩、同也。○蓋者、說文作盇、云覆也。通作蓋。玉篇云掩也。釋名云蓋、加也、加物上也。弇者、說文云蓋也。詩閟宮正義引孫炎曰、弇、覆蓋亦覆之義。按釋魚說龜云前弇諸果、後弇諸獵、是弇爲覆蓋也。通作奄。上文云蒙荒奄也、郭注奄奄覆也。又通作掩。文選懷舊賦注引埤蒼云掩、覆也、說文作揜、覆也。禮器云豚肩不掩豆、聘義云瑕不揜瑜、俱以揜爲覆蓋也。又與盦同。說文盦、覆蓋也。玉篇云於含切、是盦弇聲義同。奄訓蓋者、墨子曰、周公旦非關叔辭三公、東處於商蓋。韓非子曰、周公旦將攻商蓋、辛公甲曰不如服衆小以劫大、乃攻九夷而商蓋服矣。商蓋卽商奄也。以奄訓蓋、因而假奄爲蓋、見段氏說文注郁篆下。

義疏

弇奄**同也**郭注、詩曰弇有龜蒙。此明弇奄通用、弇爲正字也。弇从廾合、故爲同。奄从大申、故爲蓋。詩但用奄、周官禮記又以侈孫注弇、揜字爲弇。奄有、當作弇有也。**弇蓋也**覆。郭注、謂覆蓋。明弇可統奄也。合廾自有蓋義、後又加手爲揜、取掩斂字。記不掩豆、又不揜瑜、二字互用、皆取揜覆、覆蓋。字又作盇、盦也。

集解

弇同也弇、奄蓋也、从廾从合會意。古文从廾从日、在穴中。引申爲同、謂合同而以蓋耳。詩執競奄有四方、傳奄、同也。方言、掩、同也。借奄掩爲之。同、合會也、从冂从口會意。亼口爲合、冂口爲同。**弇蓋也**弇、上釋同、此釋蓋。明蓋乃本義、同則引申義耳。經典多作揜掩。禮記檀弓廣輪揜坎、禮器豚肩不掩豆、均謂覆蓋。蓋、苫也、从艸从盇會意。苫所以覆屋者。左襄十四傳被苫蓋。

義證

弇同也

【註】詩曰奄有龜蒙【補正】臣鑾按、此奄有龜蒙當在下註謂覆蓋之下。

郭注補正

弇同也

詩曰奄有龜蒙

釋文不出奄字、經注當皆作弇。郭蓋引三家詩、而後人依毛詩改作奄也。今本經文弇字亦有誤作奄者。

郭注佚存補訂

弇同也弇蓋也

弇與奄同。周頌執競奄有四方、毛傳云奄、同也。大雅皇矣奄有四方、傳又云奄大也、大亦同也。周頌臣工奄觀銍艾、鄭箋云奄、久也、正義引王肅云奄、同也。　弇又訓蓋者、說文云、弇、蓋也。魯頌閟宮奄有龜蒙、奄有下國、傳箋竝云奄、覆也。覆卽蓋也。大雅韓奕奄受北國、傳云奄、撫也。撫與覆義亦近。弇

爾雅詁林　二　釋言

又通作掩。說文云、掩、覆也。

說詩

弇同也 弇、尚書疏引作奄。

注疏正字

弇同也弇蓋也 詩周頌執競奄有四方、傳奄、同也、正義曰奄同、釋言文。又云奄、蓋也。尚書正義大禹謨曰奄同、釋言文。 弇蓋說文同。

匡名

弇同也弇蓋也 弇、與奄通。周頌奄有四方、毛傳奄、同也。釋天、弇日爲蔽雲。通作掩。盤庚予不掩爾善、傳掩、蔽也。郭註、謂覆蓋。說文、弇、蓋也。

啓蒙

弇同也。弇蓋也。 弇及釋器圜弇上、釋天弇日與釋鳥以翼右掩左之掩異體。

黃侃音訓

弇同也

錦燧謹案、郭注云、詩曰奄有龜蒙。是景純所見爾雅作奄不作弇、作弇者殆樊孫本也。今毛詩同郭注作奄、或三家異文有作弇者。說文云奄、覆也、又云弇、蓋也、二字音義俱近。然奄从大从申會意、弇从廾从合會意、合與同義同、是弇爲本字、奄爲假字。執競篇奄有四方、毛傳云奄、同也、亦當爲弇之假借。弇又通俺。說文人部、俺、大也。繫傳曰、按詩俺有龜蒙、是大有之也。然則小徐所見詩有作俺者、蓋弇之通假字也。

陸錦燧日記

弇、同也。弇、蓋也。

說文廾部云：「弇、蓋也、从廾、合聲、」弇訓同者、段云：「古奄弇同用、」說文大部云：「奄、覆也、大有餘也；」周頌執競云：「奄有四方、」傳云：「奄、同也、」是奄有同意、故弇通奄而亦訓同也。奄訓蓋、此爲奄之本義、許故用之以立訓。奄以大申二字會意；說文謂「申、展也、」故奄爲覆蓋之義。前引執競詩疏引孫炎云：「奄、覆也、」覆蓋義同。蓋、郝云：「說文作葢、云『覆也。』」

爾雅學

奄同也 陳本同。唐石經單疏本雪牕本注疏本皆作弇。此與下文弇蓋也異字、蓋據注誤改。當訂正。

奄有龜蒙 單疏本雪牕本注疏本同。按奄當依經作弇。說文廾部、弇、蓋也。大部、奄、覆也。爾雅蒙荒奄也、即說文大部字。爾雅弇同也弇蓋也、即說文廾部字。閟宮上言泰山巖巖魯邦所至、故此言同有龜山蒙山也。葢毛詩假借作奄、魯韓詩作弇。

校勘記

弇同也弇蓋也 釋曰注疏本刪。

弇奄揜音義同 注疏本脫奄。

注疏校勘札記

弇又爲蓋謂覆蓋也易曰惡積而不可弇奄揜音義同 湘本爲上有訓字。監本毛本不可弇、弇字作揜。湘本可下又多一揜字。案、湘本是。不可揜下仍當有弇奄掩音義同六字。此本可下脫揜字、誤。毛本以弇爲揜致脫揜下弇字、亦誤。

宋監本校箋

三行弇同也（注）詩曰奄有龜蒙○「弇」，唐寫本及石経同，宋刻十行本作「奄」。案《釋文》不出「奄」字，是舊本正文及注均作「弇」。

揜

孫偘直音

弇同也。弇蓋也。

楊氏音訓

弇奄同也弇蓋也

郭注

恫痛也

恫、痛也。詩曰、神罔時恫。

恫痛也 釋曰、謂痛傷。注詩曰神罔時恫、大雅思齊文。王肅云、文王之德能上順祖宗、安寧百神、無失其道、無所怨痛。

邢疏

恫痛也 匡謬正俗云、今痛而呻者、又引爾雅郭音呻恫音通、亦音恫、字或作侗。

郭音義

黃輯古義

恫痛也 郭璞云、詩曰神罔時恫。

一切注音

恫痛也 郭音、呻恫音通、亦音恫、字或作侗。釋文

古注斠

恫音通。

陸音義

恫痛也 心于所同則痛矣。孟子曰、越人彎弓而射之、則己談笑而道之、此無他、疏之也。

新義

恫痛也 郭璞曰、詩曰神罔時恫。

古注合存

恫痛也。恫音通。○此釋恫爲痛之義也。

注疏參義

恫痛也 **註** 詩曰神罔時恫 **正義** 說文云、恫痛也、一曰呻吟也。盤庚云、乃奉其恫。匡謬正俗云、郭景純音呻恫、今痛而呻者、江南俗謂之呻恫、太原俗謂恫喚、關中俗謂之呻喚、此以痛而呻吟、其義一也。**註** 詩曰至時恫。**正義** 大雅思齊文。

正義

恫痛也 詩曰神罔時恫 痛者、說文云病也、廣雅云慯也。慯與傷同。方言注、痛怨痛也。恫者、說文云、痛也、一曰呻吟也。匡謬正俗云、今痛而呻者、江南俗謂之呻恫、太原俗謂恫喚、云通喚、此亦以痛而呻吟、其義一也。又引爾雅郭音呻恫音通、亦音恫、字或作侗。所引郭音義之文也。說文引詩作神罔時恫、云侗大皃、與郭音同義異。詩思齊傳本爾雅。桑柔云哀恫中國、史記燕世家云百姓怨恫、皆以恫爲痛也。桑柔釋文、恫本又作痌。痌、蓋恫之或體、見玉篇。

義疏

恫痛也 郭注、詩曰神罔時恫。書恫瘝乃身。同、無痛義。痛、从甬。甬出故痛。以聲近通用。

集解

恫痛也 恫、心和同也、从心同聲。正字爲痛。痛恫疊韻。書盤庚乃奉其恫。僞傳恫、痛也。康誥恫瘝乃身、鄭注訓痛。詩思齊神罔時恫、傳恫、痛也。桑柔哀恫中國、箋恫、痛也。史記燕世家百姓恫怨、索隱恫猶痛也。後漢和殤帝紀朕寤寐恫矜、文選思玄賦恫後辰而無及、注均云恫、痛也。周禮大祝四曰振動、杜注讀爲哀慟之慟、慟即恫痛也。北海相景君碑驚慟傷懷、武榮碑戚哀悲慟、郭仲奇碑悲慟剝裂、慟皆痛也。說文、侗、痛也、以動慟侗爲之。痛、病也、从疒甬聲。引申爲哀悼詞。廣雅故云痛、慯。字一作𤺋。武榮碑𤺋乎我君、黃鳳碑𤺋乎切惻、李翊夫人碑𤺋感路人、吳仲山碑滅𤺋奈何、均是。許慎以之釋恫者、蓋以恫爲痛之借字耳。

義證

恫痛也 說文云、恫、痛也。大雅思齊神罔時恫、毛傳云恫、痛也。說文引詩作神罔時侗、云侗大皃、與毛異。晉語引作神罔時恫。桑柔哀恫中國、鄭箋云恫、痛也。

說詩

恫痛也　說文同。

匡名

恫痛也大雅、神罔時恫。說文、痌、痛也、一曰呻吟也。痌病也。

啓蒙

恫、痛也。

說文「痛、病也；恫、痛也、一曰呻吟也。」匡謬正俗云：「今痛而呻者、江南俗謂之呻喚、關中俗謂之呻恫、太原俗謂恫喚、云通喚、此亦以痛而呻吟、其義一也。」大雅思齊傳用爾雅訓。

爾雅學

恫痛也〇釋曰注疏本刪。

校勘記

四行(注)謂曰神罔時恫〇宋刻十行本「謂」作「詩」，「罔」作「罔」，當據正。「神罔時恫」，《大雅·思齊》文。

宋監本校箋

通

恫痛也。

孫偘直音

恫·通痛也·

楊氏音訓

恫通

干氏音釋

握具也

握具也。謂備具。

郭注

握具也　釋曰、主持辦具也。郭云、謂備具。李本作幄。釋云、居位處之具也。秦風權輿云、夏屋渠渠。鄭箋云、屋具也。義其同乎。

邢疏

幄具也　釋文、李本作幄。

幄、居處之具也。

李注

幄具也　釋文、握、李本作幄。

黃輯古義

幄、居位處之具也。釋文 邢疏

李注

握具也　釋文二十九卷、握、李巡本作幄。案本或作屋。詩權輿箋屋具也。正義云、釋言文。

玉函山房輯佚

李巡云、幄居位處之具也。釋文二十九卷　郭璞云、謂備具。

握具也　李本作幄。釋文

一切注音

蕙心案、詩夏屋、鄭箋屋具也、正義云釋言文。則字亦作屋。

幄具也　李巡曰、幄居位處之具也。邢疏

古注斠

按、釋文云、李本作幄、邢疏所引正是李本。

古注斠補

屋、具也、

毛詩秦風權輿「夏屋渠渠」、鄭箋云「屋、具也」、孫氏讀書脞錄續編據此謂鄭爾雅本作「屋具」、與今本作「握具」異、

森案陸德明爾雅音義云「握、李本作幄」、是爾雅古有屋、幄、握三本也、幄與屋通、屋又與握通、釋名釋床帳「幄、屋也、以帛衣板施之形如屋也」、周易萃傳「一握為笑」、陸氏音義引鄭云『握當讀為「夫三為屋」之屋、蜀才同』、說文「臺古文屋」、朱氏說文假借義證云「此古文臺字、實握之古文」、錢謂淮南子有「臺簡」、即握簡、蓋借屋為握、其作臺者、形似而誤也」、王筠說文句讀云「握之古文臺、蓋从人从臺省聲」、握屋固通用、然不可輒謂為一字也。」

鄭玄注稽存

握　李本作幄、云居位處之具也。郭云、謂備具。

陸音義

握具也 權輿云夏屋渠渠，箋云屋具也。握卽屋字。

鄭樵注

握具也 握，李本作幄。

李巡曰：居位處之具也。

郭璞曰：謂備具。

鄭樵曰：權輿云夏屋渠渠，箋云屋具也。握卽屋字。

古注合存

握具也。此釋握爲具之義也。註曰謂備具也。疏曰謂握持辦具也。李本作幄，釋云居位之處之具也。詩權輿云夏屋渠渠，鄭箋云屋具也。愚按疏云握持者，如此經字釋之也。李本則以手爲巾。今考夏屋器名，當從詩作屋爲正。

振訊也 此釋振爲訊之義也。註曰振者奮迅。疏曰謂振訊去塵也。曲禮云振書端冊。愚按註義訊當作迅，疏作如字，義無所屬。

注疏參義

握疏引夏屋本詩箋，鄭從之，故云握卽屋字。李巡本作幄。按此當引詩握粟出卜，李郭鄭竝誤。

補注

握具也 註 謂備具 正義 屋，具也。孔疏以爲釋言文。今本作握。釋文云李本作幄，云相位處之具也。釋名云幄屋也，以帛衣板施之，形如屋也。

正義

握具也 玉案：權輿鄭箋云屋，具也。疏以爲釋言文。今本作握。釋文云李本作幄。釋名幄，屋也，以帛衣板施之形如屋也。屋與幄通，當依李本作幄。桒孫案：此不必依李本作幄。幄與屋通，易一握爲笑，釋文又作屋。握又與幄通，周禮巾車職曰翟車貝面組總有握，註有握則無蓋矣，如今輧車是也。是握亦可作幄矣。

校議

握具也 具謂備

具者，釋詁云供峙共，具也。握者，釋文引李本作幄，云居位處之具也。今按幄，說文作楃，云木帳也。釋名云帳，張也。然則張施陳設與供具義近。通作屋。詩夏屋箋：屋，具也。正義云釋言文。又通作握，易萃云一握爲笑，釋文引鄭云握當讀爲夫三爲屋之屋。周禮巾車云組總有握，釋文握，劉音屋，馬本作幄。是幄握屋俱古字通。

義疏

握（屋幄）具也 郭注、謂備具。

握，李作幄。楃，木帳也。木才往往互亂。周官掌帷幙幄帟，字又从巾。屋从尸至。尸至張幄次，因謂居室爲屋。詩、尙不愧于屋漏。又、夏屋渠渠，則以屋爲具。具从𠬞貝，共置也。

集解

握具也 握，搤持也，从手屋聲。正字爲楃。楃，木帳也。引申爲具，謂供帳也。字亦作幄。幄楃握通用字。詩權輿夏屋渠渠，箋屋具也。借屋爲之。具，供置也，从廾从貝省，會意。禮記祭統官備則具備。

義證

握具也

李注、握作幄。幄，居位處之具也。釋文邢疏

注、謂備具。

釋文、握，李本作幄，云居位處之具也。郭云謂備具。

疏、握持辦具也。郭云謂備具。李本作幄，釋云居位處之具也。秦風權輿云夏屋渠渠，鄭箋云屋，具也。義其同乎。

正義、秦風權輿云夏屋渠渠，鄭箋云屋，具也。孔疏以爲釋言文。今本作握。釋文云李本作幄，云相位處之具也。釋名云幄，屋也，以帛衣板施之，形如屋也。

義疏、具者，釋詁云供峙共，具也。握者，釋文引李本作幄，云居位處之具也。今按幄，說文作楃，云木帳也。釋名云帳，張也。然則張施陳設與供具義近。通作屋。詩夏屋箋，屋，具也。正義云釋言文。又通作握。易萃云一握爲笑，釋文引鄭云握當讀爲夫三爲屋之屋。周禮巾車云組總有握，釋文握，劉音屋，馬本作幄。是幄握屋俱古字通。

世榮案、握具也句隸釋言，不隸釋器。作屋作握，乃引申之義；作幄則段借之字。釋名以帛衣板之說，不可爲此經訓也。供具全具義相因而有別，備具則兼有二義。此經自當專以全具爲訓。廣雅釋詁二、具，備也。文選東京賦薛注、具，足也。荀子正名注、具，全也。屋訓爲具者，屋主於覆蓋、見穀梁文十三年經范注。覆蓋則有全備之意，故屋可訓具。權輿箋云言君始於我厚，設禮食大具以食我。大具猶甚備也。小司徒注引司馬法夫三爲屋，賈疏屋具也，具出穀稅。是亦取全備之義。夫三爲屋猶人三爲衆也，皆是經埼證。司烜氏邦若屋誅注引先鄭屋誅爲夷三族，亦以全具訓屋。邢疏云握持辦具，緣詞生訓。郝引釋詁說文釋名諸訓，雜入供具，似均失之。

釋言集解後案

握具也

註謂備具、補正邢疏李本作幄、釋云居位處之具也、秦風夏屋渠渠箋云屋具也、義其同乎。鄭樵註云握即屋字。 郭注補正

握具也 注謂備具

正曰、釋文、握李本作幄、云居位處之具。詩秦權輿於我乎夏屋渠渠鄭箋屋具也、言君始於我厚設禮食大具、呂食我、鄭云厚設禮食大具、即李云居位處之具之幄也。鄭所見本與李本握並作幄、而詩釋文正義爲王肅所惑、屋讀如字、不讀爲幄。郭注又師法王肅宜、其不解屋握與幄同也。 正郭

握具也

秦風權輿於我乎夏屋渠渠鄭箋云屋具也。考工記匠人注亦云、屋具也。疏云屋具、釋言文、當是別本有作屋者。陳風東門之枌貽我握椒傳箋均無釋、而握持握具義俱得通。李本作幄者、屋爲幄之省文、古亦通用。大雅抑尙不愧于屋漏、傳云屋小帳也。 說詩

握具也 握、釋文云李本作幄。案詩秦風權輿夏屋渠渠箋屋具也、正義曰屋具、釋言文。此作握假借字。說文巾部無幄字。 匡名

握具也鄭註、握即屋字。秦風夏屋渠渠箋屋、具也。郭註、謂備具。 啓蒙

握 屋 詩。夏屋渠渠。鄭箋。屋具也。當作屋。李巡作幄。依說文當作楃。 黃侃評本正名

握、具也。 握李巡作幄依說文當作楃。 黃侃音訓

問、釋言握具也、郭注謂備具、此即秦風夏屋渠渠鄭箋屋具也之握。邢昺云李本作幄、蓋同音通字。案箋禮食大具其意勤勤然、始則大具今則無餘、故詩人譏之、此義爲古。而正義引崔駰七依說宮室之美云夏屋渠渠、王肅本之、何也。曰、康成檀弓夏屋注、以爲今之門廡其形旁廣而卑、與箋詩異。王肅好爲鄭難、故其說相反如此。此當以尒疋之義爲長。或以夏屋即食柤、猶閟宮之大房、亦非。或以鐘鼎彝器、方屋形、室形、俎豆禮器、因以取象則屋即簋之類也。 詁答問

握具也

陸元朗曰、握、李本作幄、云居位處之具也。郭云、謂備具。邢疏及邵郝俱引秦風權輿章夏屋渠渠鄭箋爲說、郝戶部又謂幄握屋俱古字通。元慶按、握賣作屋、鄭君所見尒疋固作屋不作握也。周禮匠人九夫爲井、鄭注三夫爲屋。屋、具也。詩夏屋箋屋、具也。音義屋如字、具也。孔正義、屋具、釋言文。是鄭君本尒疋以釋詩禮、至爲塙切、其字固不作从手之握也。詩抑章尙不愧於屋漏、鄭箋屋、小帳也。是屋可通作幄矣。故李黃門尒疋本屋字作幄、洵非無據。說文無幄字、幄、木部作楃、木帳也。疑郭本尒疋實作楃具也、木旁誤爲手旁、則相沿作握矣。握本訓持、即持字亦無有訓爲具者、是以知其誤也。易萃卦一握爲笑、鄭君曰握當讀爲三夫爲屋之屋、是段握爲屋亦可、然一握祇言其小、未必直訓爲具也。周禮春官巾車有握、釋文握、劉音屋、賈馬皆作幄。鄭注有握、則此

無蓋矣。按此有握之握亦當作楃、至握持之握固無有訓爲帳、亦無有訓爲具者也。周禮巾車之握字、斷係楃字之譌。尒疋釋言之握字、斷係屋字之誤。李本作幄、郭本實作楃、皆可與屋字通。木旁誤作扌者、疑隸體傳寫之譌也。唐初作釋文時、已沿其失矣。郝義疏據易萃卦釋文、卽謂握與幄屋可通、恐未必也。

蔣元慶日記

握具也

錦燧謹案、毛詩無握訓具者、小宛篇握粟出卜、爲握持之握、非其義也。權輿篇於我乎夏屋渠渠、箋云屋具也。疑三家與文有作握者、爾雅蓋釋三家詩之夏握也。鄭君先通三家詩、知夏屋之卽爲夏握、故箋從雅訓、以具釋之。說文手部云、握搤持也。又尸部云、屋居也。屋訓具者、具爲器具之具。屋所以居人、器所以居物、亦一義引申也。然則作握者、乃屋之假借字。釋文云、握、李本作幄。幄乃楃之俗體。許書楃訓木帳、是楃亦屋之假借也。權輿一詩皆言飲食之事、以夏屋爲大器、義始相貫。王肅以爲所居之屋、其說未是。渠乃鉅之假借字。說文金部云、鉅大剛也。引申之爲凡大之偁。形容之辭、每累言之、是渠渠者、卽承上夏字而言、極形其大也。張氏廣雅釋訓云、渠渠盛也。盛與大義亦相棠。鄭箋謂渠渠猶勤勤也、言君始於我厚設禮食大具以食我、其意勤勤然、其釋夏屋則得矣、其釋渠渠二字似猶未安。

陸錦燧日記

握、具也。

㽞案。握從手。具從収。収卽手也。說文手部握下出古文作𡱿。案𡱿當作𡱫。篆文於斷筆每連之。如𡱫𡱿爲尗啬之類。然則握亦從収矣。握具並從収。握聲具聲又疊韻。形聲並同。則義必通矣。以具訓握。則知具之義卽握義也。乃握字之義至今不變。而具字之義已從其引伸之義爲本義。說文収部云。具、共置也。共置實卽由握義引伸之。引伸義行而本義晦。於是又有㮂字。廣雅釋詁云。㮂、舉也。蓋㮂卽具之後出字。陸釋云。握李本作幄。是借字。李云。居位處之具也。非也。

校書

握、具也。

詩夏屋箋云：「屋、具也、」正義云：「釋言文、」是爾雅本作屋；各本作握、蓋譌寫。周禮巾車有握、幕人有幄、段以爲皆誤字也。說文木部云：「楃、木帳也、」釋名云：「幄、屋也、以帛衣版施之、形如屋、」此許所以云木帳也。然則爾雅本字當作楃；或作屋者、亦假借也。木帳又訓具者、釋名云：「帳、張也、」郝謂「張施陳設、與供具義近、」是也。爾雅釋文云：「握、李本作幄；」許書無幄、段既以周禮之幄爲誤、則爾雅作幄者亦誤矣。

爾雅學

握具也○釋曰注疏本刪。

主持辦具也。元本同。閩本剜改作握持、監本毛本承之。

校勘記

振訊也

振訊也。振者奮迅。

郭注

振訊也 釋曰謂振訊去塵也。郭云振者奮訊。曲禮曰振書端書。

邢疏

訊也音信。

陸音義

握具也振訊也

具所握也卽振冤滯在訊而已。具未也、振精神之運。

新義

振訊也 訊當作迅、謂奮迅。

鄭樵注

振訊也

郭璞曰、振者奮迅。

鄭樵曰、訊當作迅、謂奮迅。

古注合存

振訊也、此釋振爲訊之義也。註曰振者奮迅、疏曰謂振訊去塵也、曲禮云、振書端冊愚按註義訊當作迅、疏作如字、義無所屬。

注疏參義

訊注不引毛傳振羽。訊、鄭云當作迅、謂奮迅。補注

振訊也註振者奮迅正義文選註引韓詩云、振、奮也。廣雅云、奮、振也。奮、訊也。左氏昭十八年傳云振除火災、孔疏所以振訊除去火災也。正義

振訊也振者奮迅 訊者、迅之叚借也。振者、說文云奮也。文選甘泉賦注引韓詩章句同。振奮即振訊、故廣雅云奮、振也、又云奮、訊也。訊即迅、故樂記注奮迅也。管子勢篇云大周之先可以奮信、信亦迅也。迅爲正體、信訊俱叚音。故詩雄雉七月釋文及樂記公羊莊八年釋文竝云、訊本作迅。迅訓疾、疾有奮厲之意、與振動義近。振迅之聲又近也。義疏

振訊也郭注振者奮迅 振、上云動。蟲鳥動爲凡。詩六月沙雞振羽。凡疾飛也。从飛而羽不見。加言、加辵又各爲義。集解

振訊也 振、舉救也。从手辰聲。正字爲迅。迅、疾也。訊、亦疾也。廣雅則以奮爲之。奮迅振通用字。詩七月莎雞振羽傳訓振訊。左昭十八傳振除火災疏振、訊。或者正字爲䟴與。訊、問也。从言凡聲。經典或以爲迅之借字。前漢書揚雄傳、猋駭雲訊。義證

振訊也 [註]振者奮迅[補正]邢疏謂振訊去塵也。郭注補正

振訊也 振者奮迅 單疏本迅改訊。樹枏案、注以迅明訊之假借。文選注引韓詩云、振、奮也。郭本韓詩爲義。廣雅、奮、訊也。

昭十八年左氏傳振除火災孔疏云所以振訊除去火災也。詩雄雉七月釋文竝云、訊本作迅。郭注佚存補訂

振訊也 振、奮也。奮、訊也。見廣雅 訊與迅通字。邶風雄雉鄭箋云奮訊其形貌。釋文云、訊、本作迅。豳風七月六月莎雞振羽、毛傳云莎雞羽成而振訊之。周頌振鷺于非、魯頌有駜振振鷺、振字亦當訓訊。文選甘泉賦注引韓詩章句云、振、奮也。奮亦訊也。說詩

振訊也疏曲禮曰振書端書 端書、誤端冊。注疏正字

振訊也 訊通作迅。小箋

振訊也 家大人曰廣雅振訊動也。豳風七月曰六月莎雞振羽、毛傳莎雞羽成而振訊之。莊八年公羊傳注振訊士衆。邢引曲禮振書端書、邵引左氏昭十八年傳振除火災、皆未確。述聞

振訊也說文、振、舉救之也、一曰奮也。註、凡振濟當作此字、俗作賑非也。豳風沙雞振羽傳謂羽成而振訊之也。啓蒙

振訊也 訊及釋詁之迅疾也又釋獸二迅字異體。振與釋詁振清也之振異體。黃侃音訓

振、訊也。

訊者、迅之假字、郭注「振者奮迅、」即以訊爲迅也。振、說文云：「奮

也、」文選甘泉賦注引韓詩章句同。廣雅云：「奮、振也；奮、訊也、」樂記注云：「奮、迅也、」是振、奮、迅、並同義。振迅同義、故古亦聯用、王念孫引豳風「六月莎雞振羽、」傳云：「莎雞羽成而振訊之、」莊八年公羊傳注云：「振訊士衆、」皆是。振訊又作「振信、」管子勢篇云：「大周之先、可以振信、」郝云：「信、亦訊也。」

爾雅學

振者奮迅 雪牕本注疏本同。單疏本迅改訊、與經同。

振訊也○釋曰 注疏本刪。

郭云振者奮迅 注疏本迅下衍也。

振書端書 按此用曲禮文也。單疏不誤、注疏本作端冊、誤也。

注疏本正誤

振訊也疏、曲禮曰振書端冊。按今本冊字誤、當作書。否則端字誤、當作倒、方與曲禮合。

校勘記

振、訊也。 信

孫偘直音

閲恨也

閲恨也。相怨恨。

郭注

閲恨也 釋曰郭云相怨恨。孫炎本作很、解云相很戾。小雅常棣云兄弟閲于牆、毛傳云閲很也。很者忿爭之名。曲禮曰、很無求勝。以字形異濫、故釋者致殊、於義兩解得之。

邢疏

閲恨也

相怨恨。春秋正義十五 郭同

李注

閲恨也釋文、恨、孫炎作很。

相很戾也。春秋正義十五 釋文 邢疏

孫音注

閲恨也

左傳僖二十四年正義引釋言恨作狠。

衆家注

黃輯古義

閲恨也

相怨恨。春秋僖二十四年正義

李注

閲很也 釋文、恨、孫本作很。邢疏引孫炎作狠。春秋正義引孫炎經注皆作很。

相很邢疏作狠。戾也。釋文 邢疏 春秋僖二十四年正義

孫音注

閲很也。很音戶墾反。釋文、恨也孫炎作很云云。

玉函山房輯佚

閲恨也釋文、恨孫炎作很。春秋正義李巡本作恨。

李曰、相怨恨。春秋正義十五 郭同

孫曰、相很戾也。春秋正義十五引孫注經文正作很。釋文 邢疏

漢注

閲恨也釋文二十九卷、恨孫炎本作狠。

李巡云、閲、相怨恨也。左傳正義十二卷

孫炎云、相狠戾也。

釋文二十九卷 左傳正義十二卷 郭璞云、相怨恨。

一切注音

閲恨也 孫炎本作很、云相很戾也。 李巡本作恨、云閲、相怨恨也。傳正義左氏僖二十四年很、孫音戶懇反。釋文

左傳正義引釋言亦作閲很。郭注相怨恨、從李注也。

詩常棣傳、閲、很也。曲禮很毋求勝、鄭注很、閲也。毛鄭俱從很、蓋古義如此、與孫說同。

古注斠

閲呼歷反。恨也孫炎作很、云相很戾也。很、音戶墾反。

陸音義

鬩○鬩當從門。陛凡從門者皆從門、石經亦然。

音義攷證

鬩恨也

鬩、小恨也。門內之事。

新義

鬩恨也

鬩恨也恨、孫本作很。

李巡曰、相怨恨。

孫炎曰、相很戾也。

郭璞曰、相怨恨。

古注合存

鬩恨也、鬩音隙。○此釋鬩爲恨之義也。註曰謂相怨恨、疏曰鬩、孫炎本作很、謂很戾也。詩常棣云兄弟鬩于墻、毛傳云很也、曲禮云、很無求勝、以字形異、故釋者兩解。

注疏參義

鬩恨也 **註** 相怨恨 **正義** 恨、左傳疏引孫炎本作很、云相很戾、當從之。小雅常棣云兄弟鬩于墻、毛傳鬩、很也。周語云兄弟讒鬩、韋註鬩、很也。酒誥云厥心疾很。曲禮云、很毋求勝。杜預左傳註以爲訟爭貌、是也。**註** 相怨恨。 **正義** 左傳疏引李巡云、鬩、相怨恨也。是李本作恨。郭註從李巡。

正義

鬩恨也　戴東原曰、釋言鬩恨也、郭氏曰相怨恨。鄭康成註小雅兄弟鬩于牆、鬩、很也。註曲禮很無求勝、很、鬩也。二字轉註、義出爾雅也。

校議

鬩恨也相怨恨

恨者、當作很。玉篇云、很、戾也。詩、訟也。一切經音義三引國語注、很、違也。違戾其義同。鬩者、說文云、鬩、恆訟也。引詩兄弟鬩于牆。从門从兒。兒、善訟者也。詩常棣傳鬩、很也。曲禮注很、鬩也。是毛鄭俱作很。爾雅釋文引孫炎亦作很、云相很戾也。很音戶懇反。左氏僖廿四年傳正義引釋言亦作鬩很、又引李巡本作恨、云相怨恨。郭注從李巡。今按、恨很聲近、義雖相成、但作很於義爲長。郭從李、非也。

義疏

鬩很恨也　也。孫注、相很戾也。郭注、相怨恨。鬩从兒門。詩兄弟鬩于牆。很、不聽从也。从𠤎。𠤎、匕目、反目也。易有艮卦、傳止也。加彳一加心耳。

集解

鬩恨也　鬩恒訟也。从門从兒。會意。兒善訟者也。引申爲恨、通爲很。詩常棣兄弟鬩于牆、傳鬩很也。周語兄弟讒鬩、侮人百里、注鬩很也。恨、怨也。从心艮聲。與很通用。很、不聽從也。一曰盭也。書酒誥厥心疾很。曲禮很毋求勝、注很鬩也。

義證

鬩恨也

註相怨恨**補正**邢疏、孫炎本作狠、解云相狠戾。小雅兄弟鬩于牆、傳云鬩、狠也。狠者忿呼之名。曲禮曰、狠無求勝。以字形異、濫、故釋者致殊、于義兩解得之。臣鎣按、當從孫本作狠。曲禮註亦云狠鬩也。

郭注補正

鬩悁也　注相怨悁

正曰、郭注不解悁卽佷之僞、故訓爲怨悁。釋文、悁、孫本作佷、云相佷戾也。左僖二十四季傳杜注、鬩、訟爭貌。正義、釋言鬩佷也、孫炎云相佷戾也、李巡本作悁、注云相怨悁、㠯心相怨悁、是爲訟爭貌也。正義李巡二字、當是郭璞之譌。詩小雅常棣兄弟鬩于牆、毛傳鬩、佷也。李巡注俱用毛傳、不應改佷爲悁。而郭注改佷爲悁、卽宗左傳杜注、正義故引之㠯釋杜也。

正郭

鬩恨也　**注相怨恨**

諍曰、阮氏挍勘記及郝氏義疏、皆據詩常棣鬩很也、以證釋文引孫炎恨作很、爲長。案曲禮注很亦訓鬩、是毛鄭所據爾雅皆作很。注从李巡作恨、義雖**可通、不若傳注之有證也**。

諍郭

閱恨也

小雅常棣兄弟鬩于牆、毛傳云鬩很也。孫炎亦作很。恨爲很之假借。僖二十四年左氏傳正義引釋言亦作鬩很。杜注謂訟爭皃而引李巡本則作恨。此郭注所本也。說文云鬩、恒訟也。很爲正字、恨爲假字。

說詩

閱恨也疏孫炎本作很很、誤狠。後並同。小雅常棣云常、毛本誤棠。很無求勝無當依禮記作毋。

注疏正字

閱恨也

郭曰、相怨恨。陸曰、恨孫炎作很、云相很戾也。錢曰、恨乃很之譌、見詩毛氏傳。而郭乃以相怨恨爲說、誤矣。邵說與錢略同。又曰、左傳疏僖二十四年引李巡云、鬩相怨恨也。是李本作恨、郭注從李。家大人曰、錢邵說是也。鬩訓爲很、故其字從鬥、非謂相怨恨也。然很與恨古字亦通。晏子春秋雜篇曰、君歡然與子邑、子必不受以恨君何也。恨與很同。吳語今王將很天而伐齊、韋注很、違也。新序節士篇曰、嚴恭承命、不以身恨君。漢書匈奴傳曰、右賢王與漢吏相恨。外戚傳曰、貴人獨不可一見上屬託兄弟邪、何爲恨上如此。恨並與很同。孫本作很、正字也。李郭本作恨、借字也。但不當訓爲怨恨耳。

述聞

閱恨也　盧學士曰、閱當从鬥、陸凡从鬥者皆从門、石經亦然。

釋文云、恨、孫炎作很、云相很戾。左傳正義十五曰、釋言云鬩很也、孫炎云相很戾、李巡本作恨、注云相怨恨。　詩小雅常棣兄弟鬩于牆、傳鬩、很也、正義曰很者忿爭之名。孔氏習於郭本、故不云釋言文、又曲禮上很毋求勝、注很、鬩也。

匡名

閱恨也　說文䦨、恒訟也。引詩兄弟鬩于牆、傳鬩、很也。恨、怨也。史記豈嘗有所恨乎。

啓蒙

閱恨也

恨當讀爲很。說文、很、盭也。盭古戾字、婁見漢書。戾則鬩、故曰鬩很也。詩小雅兄弟鬩于牆、傳鬩很也。曲禮很毋求勝、注很、鬩也。釋文云、恨、孫炎作很、云很戾。左傳疏引釋文鬩、很也、孫炎云相很戾、然則孫本正作很矣、作恨者李本耳、至閱鬩互用者、盧氏文弨曰、陸凡从鬥者皆从門、石經亦然、是也。

王仁俊日記

鬩、很也。

玉篇「很、戾也、諍也、訟也。」眾經音義引國語注云：「很、違也、」違戾爲很、故釋文引孫炎云：「相很戾也。」詩訟爲很、故小雅常棣正義云：「很者、忿爭之名也。」鬩者、說文云：「恒訟也、詩曰：『兄弟鬩于牆、』从鬥兒、兒、善訟者也。」鬩與很義同、故訓鬩爲很也。爾雅本節釋文云：「恨、孫炎作很；」小雅常棣傳云：「鬩、很也、」曲禮注云：「很、鬩也、」是孫本爾雅作很、不作恨、毛鄭所據亦作很、可知矣。左氏僖二十四年正義云：「釋言云：『鬩、很也、』李巡本作恨、注云：『相怨恨、』」是今爾雅作恨者、乃沿襲李郭之誤也。錢大昕以恨爲誤字、邵亦取用很戾義、故據以訂正。

爾雅學

閱恨也　監本作閱恨。案康熙字典門部不収閱字、今从鄭樵注。

石經考文提要

鬩恨也釋文唐石經單疏本雪牕本同。釋文、恨孫炎作很、云相很戾也。李巡本作恨、注云相怨恨。按詩常棣兄弟鬩于牆毛傳鬩很也。本此經。是當從孫叔然本。李巡本作恨、誤也。郭氏據李本兼用其義失之。○按廣雅很、恨也。是其義通也。

鬩恨也○釋曰注疏本刪。

小雅常棣云元本閩本監本同。毛本常改棠。

忿爭之名注疏本爭誤呼。

校勘記

相怨狠十行本雪牕本吳本相怨恨。

鬩恨也疏孫炎本作很解云相很戾、又毛傳云、鬩很也、很者忿呼之名。曲禮曰很無求勝、今本很皆誤从忄。

校勘記訂補

注疏本正誤

五行閱恨也(注)相怨恨○「閱」當從「門」作「鬩」。又「恨」，《釋文》云：「孫炎作很，云相很戾。」阮元《校勘記》云：「《春秋》僖二十四年《正義》曰：《釋言》云：鬩很也，孫炎云：相很戾也。李巡本作恨，注云：相怨恨。按《詩·常棣》兄弟鬩于牆，《毛傳》：鬩，很也，本此經，是當從孫叔然本。」

宋監本校箋

鬩音吸恨也

音圖·音

鬩、恨也。虩

孫侶直音

鬩隙恨也

楊氏音訓

鬩許激切

干氏音釋

越揚也

越揚也。謂發揚。

郭注

越揚也

郭璞云、謂發揚。

一切注音

越揚也

揚雖越可也。詩曰、淑問如臯陶。

新義

越揚也

郭璞曰、謂發揚。

古注合存

越揚也**註**謂發揚**正義**周語云汩越九原、晉語云夫人美于中、必播于外而越于民、韋註俱云越、揚也。樂記云、越于聲音。

正義

越揚也謂發揚

揚者說文云飛舉也。易揚于王庭、鄭注揚、越也。越者踰也。踰、舉足、故爲揚。聘義云叩之其聲清越以長、鄭注越猶揚也。周語云汩越九原、又云以揚沈伏而黜散越、韋昭注竝云越、揚也。詩對越在天、對越卽對揚猶云對揚王休也。鄭箋對訓配、越訓於、似失之。又干戈戚揚傳揚、鉞也。揚鉞卽揚越、本爾雅爲訓也。越鉞聲同、越揚聲轉、鉞字古止作戉、與越通用。明堂位云越棘大弓、越卽戉也。鄭注以爲國名、恐非。

義疏

越揚也郭注、謂發揚。越从辵戉。辵而用鉞揚舉之、因謂越爲揚。詩、干戈戚揚、揚、戉也。又、對越在天、對揚也。揚从手昜。舉手障日。

集解

越揚也

越、渡也。从走戉聲。引申爲揚、謂飛揚而過渡也。禮記聘義叩之其聲清越以長、注越猶揚也。詩清廟對越在天、猶言對揚。周語汩越九原、又以揚沈伏而黜散越、文選西都賦聲激越營厲天、注均云越、揚也。揚、飛舉也。从手昜聲。禮記檀弓杜蕢洗而揚觶。易夬揚于王庭。詩公劉干戈戚揚、傳揚、戉也。孟子趙注因之、則又借越爲戉矣。

義證

越揚也

越、猶揚也。（見鄭注聘義。）郝云、詩周頌清廟對越在天、對越即對揚、猶云對揚王休也。鄭箋、對訓配、越訓於、失之。案大雅公劉干戈戚揚、傳云揚、鉞也。越之爲揚、猶鉞之爲揚也。

說詩

越揚也

郭曰、謂發揚。邵曰、周語云汩越九原、（案汩越皆治也、說見周語。）晉語云夫人美於中必播於外而越於民、韋注俱云越、揚也。家大人曰、周語以揚沈伏而黜散越、淮南俶真篇暴行越智於天下、高韋注並曰越、揚也。夬彖辭揚于王庭、鄭注曰揚、越也。揚越一聲之轉、故發揚之轉爲發越、（司馬相如上林賦、衆香發越。）飛揚之轉爲飛越、（劉琨勸進表、精爽飛越。）播揚之轉爲播越、（昭三十年左傳、將焉用是播揚焉。二十六年傳、茲不穀震盪播越。）激揚之轉爲激越、（王風揚之水傳、揚、激揚也。班固西都賦、聲激越。）清揚之轉爲清越、（聘義、叩之其聲清越以長、注越猶揚也。荀子法行篇作叩之其聲、清揚而遠聞。）故大斧謂之鉞、亦謂之揚。（大雅公劉篇干戈戚揚、傳揚、鉞也。）

述聞

越揚也

說文、越、度也。郭註、謂發揚。樂記、越于聲音。韋註、越、揚也。揚、飛舉也。

啓蒙

越揚也　說文娍、輕也、娍越同音、輕揚同義。說文又云、䟃、輕足也、義亦相近。

黃侃音訓

越、揚也。

郭注「謂發揚。」說文「揚、飛舉也。」越者、說文走部云：「度也、从走、戉聲；」此與走部訓踰之「越、」音義俱同。聘義云：「叩之其聲清越以長、」鄭注「越、猶揚也；」晉語「夫人美於中、必播於外而越於民、」韋注云：「越、揚也。」古多借越爲粵、尚書之粵、盡作越。郝云：「鉞字、古止作戉、與越通用。」

爾雅學

對遂也

對、遂也。（詩曰、對揚王休。）

郭注

越揚也對遂也　釋曰、揚謂稱美、郭云謂發揚。遂者、因事之辭。注詩曰對揚王休者、大雅江漢文。

邢疏

對遂也

郭璞云詩曰對揚王休。

一切注音

對遂也

彼以其位、我以吾所聞、可以遂矣。

新義

對遂也　江漢云、對揚王休。

鄭樵注

對遂也

郭璞曰、詩曰對揚王休。

鄭樵曰、江漢云對揚王休。

古注合存

越揚也、對遂也。此釋越爲揚、對爲遂之義也。注曰、謂發揚也。詩江漢云、對揚王休。疏曰、揚謂稱美也、遂者、因事之詞

注疏參義

愚按對爲遂者、因命而遂有所對也。但味本文釋對越二字、註乃釋對揚之義耳。

對遂也 **註** 詩曰對揚王休 **正義** 大雅蕩云流言以對、毛傳對、遂也。祭統云對揚以辟之、鄭註對、遂也。**註** 詩曰至王休。**正義** 大雅江漢文。

正義

對遂也 詩曰對揚王休 遂者、申也、進也、達也、通也、俱與對荅義近。文選注引春秋孔演圖宋均注云、遂、道也。道亦進達之意。閒居賦注引聲類云、遂、從意也。穀梁傳云、遂、繼事也。繼從與當對之義又近矣。對者、詩以對于天下、對揚王休、流言以對、毛傳竝云對、遂也。祭統云對揚以辟之、鄭注亦云對、遂也。對遂古音相近、以聲爲義也。廣韻云對揚也、對訓揚所未詳。

義疏

對遂也 郭注 詩曰對揚王休。因釋越而類及之。對上云合、對揚則爲遂也。遂、从㒸。八豕爲㒸、與肆同意、通用。㒸、从意也。遂、亾也。肆、上云陳。

集解

對遂也 對字本作對。䜿無方也。从口从丵从寸會意。引申爲遂。詩皇矣以對于天下、蕩流言則對、江漢對揚王休、傳均云對、遂也。禮記祭統對揚以辟之、注對、遂也。遂、亾也、从辵㒸聲。經典或以爲㒸之借字。㒸、从昌也。

義證

對遂也 大雅皇矣以對于天下、江漢對揚王休、蕩流言以對、毛傳竝云對、遂也。桑柔聽言則對、亦猶流言以對、謂聽人言則遂、我誦言則如醉也。

說詩

對遂也 說文、對、䜿無方也。从丵口从寸。或从士、漢文帝以爲責對而面言、多非誠對、故去其口以从士也。大雅對揚王休、傳對、遂也。

啓蒙

對、遂也。

說文辵部遂篆云：「亡也、」與遺亡、遺亡之「遺」「遺」字竝列。廣韻云：「遂、達也、進也、從志也、」段謂「皆引伸之義。」文選閒居賦注引聲類云：「遂、從意也；」穀梁傳云：「遂、繼事也；」郝謂「與當對之義近。」對者、大雅蕩云：「流言以對、」祭統云：「對揚以辟之、」毛傳鄭注竝云：「對、遂也。」郝謂「對、遂、古音相近、以聲爲義也。」

爾雅學

越揚也對遂也〇釋曰注疏本刪。

校勘記

燬火也

燬、火也。詩曰、王室如燬。燬、齊人語。

郭注

燬火也 釋曰、李巡曰、燬一名火、孫炎曰方言有輕重故謂火爲燬、郭云燬齊人語。方言云、⿰火果(呼隗切)火也、楚轉語也、猶齊言⿰火尾(音毀)火也。注詩曰王室如燬者周南汝墳文。

邢疏

燬火也 燬一名火。詩正義一之三 邢疏 釋文作燬一音火。李巡誤作李尋。

李注

燬火也 方言有輕重故謂火爲燬也。詩正義一之三 邢疏 釋文

孫音注

燬火也

燬音賀。詩周南汝墳傳、燬、火也。釋文

郭音義

黃輯古義

燬火也

燬、一名火。詩周南汝墳正義 邢疏

李注

燬火也

方言有輕重、故謂火爲燬也。釋文 邢疏 詩周南汝墳正義

孫音注

燬火也。燬、音貨。詩釋文

郭音義

玉函山房輯佚

燬火也

燬、一音火。李壽 釋文二十九

鉤沉

燬火也

李曰、燬一名火。詩正義一之三 邢疏、釋文作一音火、與孫說合。

孫曰、方言有輕重、故謂火爲燬也。詩正義一之三 釋文 邢疏

漢注

燬火也

李巡云、燬一名火。孫炎云、方言有輕重、故謂火爲燬也。並釋文二十九卷 詩正義一之三卷 郭璞云、詩曰王室如燬。燬齊人語

一切注音

燬火 李巡云、燬一名火。孫炎云、方言有輕重、故謂火爲燬。詩汝墳正義 郭云、燬齊人語。釋文

古注斠

燬音毀 李壽云燬一音火 孫炎云方言有輕重故謂火爲燬 郭云燬齊人語

陸音義

燬火也

非成物之火

新義

燬火也 方言有輕重故謂火爲燬。郭氏謂燬、齊人語。

鄭樵注

燬火也

李巡曰、燬、一名火。按釋文引李巡云、燬一音火。詩周南疏及邢疏並作名火。當是名、非音也。

孫炎曰、方言有輕重、故謂火爲燬。

郭璞曰、詩曰王室如燬。燬、齊人語。

鄭樵曰、方言有輕重故謂火爲燬。郭氏謂燬、齊人語。

古注合存

燬火也。燬音毀。○此釋燬爲火之義也。詩汝墳云、王室如燬。

注疏參義

詩釋文燬、郭璞又音貨。

補注

燬火也 **註** 詩曰王室如燬燬齊人語 **正義** 詩疏引李巡云、燬、一名火。孫炎云、方言有輕重、故謂火爲燬也。後漢書註引韓詩薛君章句云、燬、烈火也。**註** 詩曰至人語。○ **正義** 周南汝墳云、王室如燬、說文引作如㷄。㷄火也、燬火也、音義同。方言云、煤、火也、楚轉語也、猶齊言㷄火也。詩釋文云、齊人謂火曰燬、或曰楚人名曰燥、齊人曰燬、吳人曰㷄、此方俗訛語也。案、燬本作烜、秋官有司烜氏。

燬火也 詩曰王室如燬燬齊人語

正義

火者、古讀如喜。左氏襄卅年傳、或叫於宋大廟曰、譆譆出出、鳥鳴於亳社、如曰譆譆。譆譆卽火、火之聲也。詩七月流火與九月授衣韵、是皆火讀如喜之證。又讀如毀。說文燬火互訓、明其聲同。釋名云、火、化也、消化物也、亦言毀也、物入中皆毀壞也。詩七月流火與八月萑葦韵、是皆火讀如毀之證。二讀實一聲之轉也。今音又轉爲呼果切。故詩汝墳釋文引郭璞燬又音貨、是今音矣。詩正義引李巡云、燬、一名火。爾雅釋文引作燬、一音火。孫炎云、方言有輕重、故謂火爲燬。此皆以音讀爲訓、於義亦通。燬、說文引作焜、字異音同。方言云、煤、㷄隗火也。楚轉語也、猶齊言焜火也。周禮序官司烜氏注、烜讀如衛侯燬之燬。是燬烜同。說文以烜爲爟之重文、與鄭異。

義疏

燬火也李注、燬一名火。孫注、方言有輕重、故謂火爲燬。郭注、詩曰王室如燬。燬、齊人語。火篆象二炷炎上。毀、見上。火毀物、又加火爲火名也。說文、火、燬也。燬、火也。又引王室如焜。

集解

燬火也燬、火毀物也、从火毀聲。引申爲火。晉書溫嶠傳至牛渚磯燬犀角而照之、燬、火也。詩汝濆王室如燬、傳燬、火也。韓詩作焜、薛君章句云、烈火也。魯作㷄。說文及後漢書列女傳引詩皆作焜。周禮司烜氏、故書作燬、疏燬、火之別名也。火、南方之行也。炎而上、象形。許慎釋爲燬者、本此而轉注耳。

義證

燬火也

注詩曰王室如燬燬齊人語補正邢疏、李巡曰、燬、一名火。孫炎曰、方言有輕重、故謂火爲燬。

郭注補正

燬火也

說文云、火、燬也。燬、火也。周南汝墳王室如燬、毛傳云、燬、火也。彼釋文云、齊人謂火爲燬、郭璞又音貨、字書作焜、說文同、一音火尾反、或云楚人名曰煤、齊人曰燬、吳人曰焜、此方俗訛語也。後漢書周磐傳注引薛君章句曰、焜、烈火也。韓詩蓋作焜、焜燬音義皆同。列女傳作王室如毀、毀省文。周禮秋官序官司烜氏疏云、燬、火之別名也。

說詩

燬火也說文、火、焜也。焜、火也。引詩王室如焜。今作燬。傳、燬、火也。燬焜實一字。燬篆後人所增。

啓蒙

燬、火也。火燬焜煤一語變易。說文雖異字、實同字也。見於爾雅者、尚有竝併、翿纛、菑當、苗蓨、茉莉、華荂、蛸蠰。見於說文者、則不違屈指矣。說文所謂轉注、周禮注所謂變易。

黃侃音訓

注以方言証經

汝墳本南國之詩、而郭注引王室如燬、謂燬齊人語、是以方言証經、非謂言燬者盡齊人也。

讀雅筆記

弇同也　弇蓋也　握具也　閱恨也　燬火也

毛詩傳作奄、同也。周頌執競傳　孫炎云、弇、覆也。執競詩正義　鄭氏詩箋云、奄、覆也。魯頌閟宮詩箋 李巡本握作幄。云、居位處之具也。釋言釋文 鄭氏詩箋作屋具也。秦風權輿箋 孫炎本恨作很。云、相很戾也。釋言釋文 毛詩傳作鬩很也。小雅常棣傳韋昭周語注同 李巡云、燬一名火。引見汝墳詩正義 說文作焜、火也。火部 方言、煤、火也。方言十

燬火也、說文作焜火也、方言作煤火也。按方言、煤、火也、楚轉語也、猶齊言焜火也。詩釋文云、齊人謂火曰燬、或曰楚人名曰煤、齊人曰燬、吳人曰焜。邵氏謂燬本作烜、秋官有司烜氏。鄭注云、烜讀如衞侯燬之燬。

證異

燬、火也。

詩汝墳正義引李巡云：「燬、一名火；」孫炎云：「方言有輕重、故謂火爲燬；」此以音爲訓也。郝云：「火者古讀如喜、左氏襄三十年傳『或叫於宋太廟曰：譆譆出出、鳥鳴於亳社、如曰譆譆、』譆譆、即火火之聲；詩『七月流火、』與『九月授衣』韻、是皆火讀如喜之證。又讀如毀、說文燬火互訓、明其聲同；詩『七月流火、』與『八月萑葦』韻、是皆火讀如毀之證。二讀實一聲之轉。今音又轉爲呼果切、故詩汝墳釋文引郭璞燬又音貨、是今音矣。」

爾雅學

燬火也〇釋曰 注疏本刪。

煤呼隗切 火也 注疏本音切改大字下焜字音同。

校勘記

燬音毀。李巡一音火。詩釋文云、郭璞又音貨。呼臥翻 玉篇作焜、音毀。說文同。一音火尾翻、音虺。與燬紙尾之別。

音略

燬、火也。毀

孫佸直音

燬毀火也

楊氏音訓

懈怠也宣緩也

懈怠也、宣、緩也。謂寬緩。

郭注

懈怠也 釋曰、謂惰慢也。大雅烝民云、夙夜匪懈。宣緩也 釋曰、謂寬緩也。

邢疏

懈怠也

懈者、極也。怠者、嬾也。一切經音義十八

眾家注

黃輯古義

懈怠也 懈者、極也。怠者、嬾也。釋元應一切經音義

沈集注

玉函山房輯佚

懈怠也

注曰、懈者、極也。怠者、嬾也。一切經音義十八

漢注

懈怠也

沈旋集註云、懈者、極也。怠者、懶也。一切經音義十八

宣緩也

郭璞云、謂寬緩。

一切注音

懈怠也宣緩也 郭云、謂寬緩。

鄭樵注

懈怠也 此句眾家無注、眾經音義引集注有云、懈者極也、怠者嬾也、

宣緩也

郭璞曰、謂寬緩。

鄭樵曰、郭云謂寬緩。

古注合存

懈怠也宣緩也 此釋懈爲怠、宣爲緩之義也。註曰、緩謂寬緩也。愚按宣之言散、寬緩猶言散緩也。

注疏參義

懈怠也宣緩也 **註** 謂寬緩 **正義** 說文云、怠、慢也。緩、綽也。釋名云、懈、解也、骨節解緩也。緩、浣也、斷也、持之不急則動搖浣斷自放縱也。懈通作解。商頌殷武云、稼穡匪解。左氏昭元年傳云、於是乎節宣其氣。眾經音義引集註云、懈者、極也、怠者、嬾也、

正義

懈怠也宣緩也 謂寬緩

懈怠宣緩並以聲爲訓也。懈怠、郭氏無注、一切經音

義十八引集注云、醙纀皾遊有懈者極也、怠者蟵也。今按、極謂疲劇也。懈怠與賣苔聲近、今登萊人謂儯惰爲賣苔。匡謬正俗云、怠懈之字通有苔音。是也。懈解古字通、故易序卦云、解者緩也。廣雅云、懈、緩也。是懈怠與宣緩義同。○緩者、說文云綽也。釋名云緩、浣也、斷也、持之不急則動搖浣斷自放縱也。是緩有縱弛之義。下文云舒緩也、寬綽也、其義同。宣者說文作絙、云緩也。樂記云、其聲嘽以緩。嘽字亦叚音。說文作繟、云帶緩也。又云、緩偏緩也。音義皆相近。宣無緩義、經典亦無此訓。宣與絙俱从亘聲。爾雅蓋借宣爲絙矣。

義疏

宣緩也

宣者、說文作絙、云緩也。樂記云、其聲嘽以緩。嘽字亦假音。說文作繟、云帶緩也。又云、緩、偏緩也。音義皆相近。宣無緩義、經典亦無此訓。宣與絙俱從亘聲、爾雅蓋借宣為絙矣。

念孫案、說文綎、系綬也、絙、緩也、二文相連、則緩乃綬字之譌。玉篇、絙、胡官切、絙綬也。是其證。

郝注刊誤

懈怠也

沈旋集注、懈者、極也。怠者、嬾也。懈、从解、刀判牛角。易有解卦。開解則怡悅、因惰慢也。詩、不解于位。怠怡一字、後分二義。

宣緩也

郭注、謂寬緩。上云宣、徧、因爲寬緩也。詩赫兮烜兮、韓詩作宣。說文引作愃、云寬嫺兒。緩綽俱从素、素、白緻繒。爰引之則縱緩也。宣爰古通用。若萱蘐諼諠愃煖亘有緩意也。

集解

懈怠也

懈、心之怠也、从心解聲。孝經夙夜匪懈、鄭注懈怠也、詩作匪解。禮記襍記三日不怠、三月不解。易襍卦傳解緩也。猶怠也。以解為之。怠慢也、从心台聲。與怡別。禮記檀弓吉事雖止不怠、注怠、惰也。

宣緩也

宣、天子宣室也、从宀亘聲。正字為翫。翫、習猒也。引申為緩。翫宣通用字。詩淇奧赫兮宣兮、說文引作愃、云寬閒心腹兒。蓋本此宣緩以為義也。緩字一作䋫、綽也。从素爰聲。或从糸。周禮典同正聲緩、穀梁僖二八傳緩書也。

義證

懈怠也

大雅烝民夙夜匪解、韓詩外傳作夙夜匪懈。假樂不解于位、韓奕夙夜匪解、周頌桓天命匪解、商頌殷武稼穡匪解、彼釋文並云解、音懈。蓋古文作解、今文作懈也。

宣緩也

宣為諠之假借。衛風淇澳終不可諼兮、毛傳云諼、忘也、禮記大學引諼作諠。忘與緩義近、緩諼俱從爰聲、義亦相通也。

說詩

懈怠也（怠、孝經疏引作惰。）

疏夙夜匪懈（懈、經作解、音懈。）

注疏正字

宣緩也

宣、通作愃。愃、說文寬嫺（嫺當作憪。說文、憪、愉也。）心腹貌。詩曰、赫兮愃兮。寬憪卽郭注所謂寬緩。

小箋

懈怠也　說文同。

宣緩也　說文、素部䋫、从素爰聲、或从糸作緩、

匡名

懈怠也宣緩也　說文、懈、怠也。通作解。大雅、夙夜匪解。怠、慢也。左昭八年傳於是節宣其气、註宣、緩也。

啓蒙

宣綏也郭注云謂寬綏承珙案列子力命篇嘽咺憋懯張湛注云嘽咺迂緩也憋懯急速也樂記其聲嘽以緩嘽咺猶嘽緩也咺本从宣省聲衛風赫兮咺兮釋文咺韓詩作宣禮記大學赫兮喧兮釋文云本亦作咺張湛列子注引鄭元禮記注云咺寬綽貌案今本禮記鄭注無之蓋有脱佚說文緩綽也說文心部愃寬嫺心腹貌引詩赫兮愃兮寬嫺亦有緩義韋昭國語注云寬緩也

胡氏古義

宣緩也郭云謂寬緩郝懿行云說文絙緩也宣無緩義經典亦無此訓宣與絙俱从亘聲爾雅蓋借宣爲絙矣楷案宣者愃字之省借也說文愃寬閒心腹貌引詩曰赫兮愃兮今詩淇澳作咺釋文引韓詩作宣是宣愃通用之證寬閒與緩義同故郭注亦云謂寬緩郝謂經典無此訓疏矣

稗疏

懈、怠也。

說文云：「怠、慢也。」釋名云：「懈、解也、骨節解緩也。」蓋懈、解、古通、湯序卦云：「解者、緩也、」廣雅「懈、緩也、」商頌殷武云：「稼穡匪解、」即匪懈也。匡謬正俗云：「懈怠之字、通有苦音、」郝云：「懈怠與賣苦聲近、今登萊人謂懈惰爲賣苦。」

宣、緩也。

郭注「謂寬緩、」說文「緩、綽也、」是緩者、寬綽也。古詩云：「衣帶日以緩、」謂衣帶之寬也。宣者、上文云：「徧也、」詩之宣字、多用此義、徧者、周徧也、周徧、亦寬大之意。

爾雅學

懈怠也○釋曰注疏本删。

宣緩也○釋曰謂寬緩也注疏本删。

校勘記

謂隋慢大雅烝民云夙夜匪懈十行本作注。南昌本作疏上句作謂怠慢也。

校勘記訂補

謂寬緩十行本作遲緩。宣緩也注

遇偶也

郭注

遇偶也。偶爾相值遇。

邢疏

遇偶也　釋曰郭云偶爾相值遇春秋隱八年春宋公衛侯遇于垂穀梁曰不期而會曰遇。

衆家注

遇偶也

文選注兩引爾雅並作偶遇也一切經音義二亦引作偶遇也郝氏義疏

一切注音

遇偶也

郭璞云偶爾相值遇

黃輯古義

遇偶也　郭璞云遇值也文選注郭云偶爾相值者矣一切經音義

古注斠

蕙心案文選注兩引爾雅作偶遇也一切經音義二一亦引作偶遇也釋名耦遇也二人相對偶也然則爾雅古本作偶遇也此兩引郭注當出音義

新義

遇偶也　集會也遇偶也

鄭樵注

遇偶也偶爾相值

遇偶也此釋遇爲偶之義也疏曰隱八年穀梁云不期而會曰遇

注疏參義

遇偶也　註　偶爾相值遇　正義　文選註引爾雅偶遇也衆經音義亦引作偶遇也春官云

冬見曰遇、鄭註遇、偶也。穀梁隱八年傳云、不期而會曰遇。曲禮云諸侯未及期相見曰遇。**註**偶爾相値遇。**正義**文選註引郭璞云、遇、値也。衆經音義引郭註、偶爾相値者矣。與今本微異。

正義

遇偶也　詩東門之池傳曰晤遇也、箋曰晤猶對也。疏引釋言云、遇偶也。然則傳以晤爲遇亦有對偶之義是也。

校議

遇偶也偶爾相値遇

偶者、偶爾、言不常也。遇者、逢也、言不期而相値。逢遇已見釋詁。又訓偶者、偶遇聲同也。大宗伯注、遇、偶也。欲其若不期而偶至。文選注兩引爾雅並作偶遇也。一切經音義二亦引作偶遇也。釋名云、耦、遇也。二人相對遇也。耦與偶同。然則爾雅古本或作偶遇、但偶遇遇偶二義俱通。遇偶俱从禺聲、古音在侯部、是二字聲義同。

義疏

遇偶也經文

阮云、據文選注一切經音義所引、俱云偶遇也、注作偶爾相値、値卽釋經之遇、今本經文誤倒、注衍遇字。潘克溥云、偶爾相値遇、蓋言偶而相値爲遇、正釋遇爲偶也。阮云注衍遇字、恐非是。

經注集證

遇偶也郭注、偶爾相値遇。禺、从由内、母猴也。愐不相値、故爲偶遇。詩邂逅相遇、又爲知遇。易遇主于巷、相人偶之詞也。偶爲俑人、因爲偶然、亦借爲配耦字。

集解

遇偶也遇、逢也、从辵禺聲。引申爲偶、謂不期而偶遇也。穀梁隱八傳不期而會曰遇、禮記曲禮諸侯未及期相見曰遇、均謂偶遇。鄭注周禮冬見曰遇、同偶相人也、从人禺聲。偶人所以殉葬、非常見之事、故引申爲偶然之詞。

義證

遇偶也　注偶爾相値遇

詳曰、阮氏挍勘記引文選注引爾雅偶遇也、郭氏曰偶爾値也。一切經音義引字林偶合也、引爾雅偶遇也、郭氏曰偶爾相値者矣。偶得下引爾雅偶遇也、郭氏曰偶爾相値也。以爲唐以前爾雅作偶遇也、說固可信。以注爲作偶爾相値、値卽釋經之遇、今本衍遇字、非是。案注例、如佴貳也注佴次可副貳、慄慼也注戰慄者憂慼、宼肆也注輕宼者好放肆類、皆復舉經字。觀曲禮諸侯未及期相見曰遇、鄭注偶爾相値遇、注說亦有所本。阮氏所引注說、文皆參差、不足據也。

諍郭

偶遇也

偶爾相値也

文選讓宣城郡公表注引爾雅曰偶遇也、郭氏曰偶爾値也。與山巨源絕交書注引爾雅曰偶遇也、郭璞曰偶値也。元應大般涅槃經二一卷音義引爾雅偶遇也、郭璞曰偶爾相値者矣。大智度論二一卷音義引爾雅云偶遇也、郭璞曰偶爾相値也。慧琳大方廣如來藏經音義引爾雅云偶遇也、郭注云偶値也。樹相案今本經文作遇偶也、注作偶爾相値遇。據唐人所引、則今本遇偶二字誤倒、注亦衍一遇字。謹據刪補。

郭注佚存補訂

遇偶也

詩鄭風野有蔓草、邂逅相遇、毛傳云邂逅、不期而會、不期而會卽偶也。小雅巧言遇犬獲之、遇、亦偶爾相遇也。王風中谷有蓷遇人之艱難矣、此遇字應釋爲配偶之偶、疏謂人指其夫。文選讓宣城郡公表與山巨源絕交書注竝引爾雅作偶遇也、一切經音義卷二卷九亦引作偶遇也、釋名云、耦、遇也。耦與偶通。蓋誤倒。爾雅釋詩之遇、非釋偶也。

說詩

遇偶也疏穀梁傳曰不期而會曰遇（脫傳字。）

注疏正字

遇偶也 文選注兩引（三十八、四十三）一切經音義、兩引（二、九）又皆作偶遇也。

匡名

遇偶也 俱詳釋詁。曲禮諸侯未及期相見曰遇。漢書、偶人無時。郭註、偶爾相值遇。

啓蒙

遇、偶也。遇偶同字、作偶遇者、是以正釋叚。偶遇音通、史記殷本紀為偶人、索隱曰偶音寓、孟嘗君傳見木偶人、索隱曰、偶音遇、又天官書氣相遇者、索隱曰遇音偶。

黃侃音訓

遇偶也

錦燧謹案、此釋詩野有蔓草篇邂逅相遇也。說文云、遇、逢也。遇訓偶者、遇偶同從禺聲、偶即遇之假借字、乃雅訓之以假字詁本字也。至偶之本義、則說文云相人也、與遇逢義遠。又案、文選注兩引爾雅竝作偶遇也、一切經音義二亦引作偶遇也、然雅訓所以釋詩、以邂遘相遇句證之、知爾雅無作偶遇也者。李善元應所引未知其果據何本也。

陸錦燧日記

遇、偶也。

郭注「偶爾相值遇。」釋詁「遇、見也、」說文「遇、逢也；」今又云偶者、謂不期之逢見也。穀梁隱八年傳云：「不期而會曰遇；」曲禮云：「諸侯未及期相見曰遇、」是古有此義矣。大宗伯注云：「遇、偶也、」與爾雅同。惟文選注兩引爾雅、均云：「偶、遇也、」眾經音義二亦引作「偶、遇也、」是古本爾雅、或與郭本異。

爾雅學

遇偶也 唐石經單疏本雪牕本同。按文選讓宣城郡公表偶識量己注引爾雅曰偶遇也。郭氏曰偶爾值也。與山巨源絕交書偶與足下相知注引爾雅曰偶遇也。一切經音義卷二偶成下引字林偶合也、引爾雅偶遇也、郭氏曰偶爾相值者矣。卷九偶得下引爾雅偶遇也、郭氏曰偶爾相值也。據此知唐以前爾雅作偶遇也。郭注作偶爾相值、值即釋經之遇、今本經又誤倒。注衍遇字。

遇偶也〇釋曰 注疏本刪。

校勘記

七行遇偶也（注）偶爾相值遇〇阮元《校勘記》云：「《文選．讓宣城郡公表》：偶識量己，注引《爾雅》曰：偶，遇也，郭氏曰：偶爾值也。《與山巨源絕交書》：偶與足下相知，注引《爾雅》曰：偶，遇也。《一切經音義》卷二偶成下引《字林》：偶合也，引《爾雅》：偶遇也，郭氏曰：偶爾相值者矣。卷九偶得下引《爾雅》：偶遇也，郭氏曰：偶爾相值也。據此知唐以前爾雅作偶遇也，郭注作偶爾相值。值即釋經之遇。今本經又誤倒，注衍遇字。」案阮元據李善《文選》注及玄應《音義》定《爾雅》「偶」、「遇」二字誤倒是也。《萬象名義》及《字鏡》亦云：「偶，遇也」。

宋監本校箋

曩曏也

曩曏也 國語曰、曩而言戲也。

郭注

曩曏也 釋曰、在今而道既往或曰曩或曰曏。書大傳云、曏之取於囿中、勇力之取也。注國語曰曩而言戲也者、案晉語驪姬與優施謀飲里克酒、乃歌曰、暇豫之吾吾、不如鳥烏、人皆集於苑、已獨集於枯。里克笑曰、何謂苑、何謂枯。優施曰、其母爲夫人、其子爲君、可不謂苑乎。其母既死、其子又有謗、可不謂枯乎、枯且有傷。優施出、里克辟奠、不餐而寢、夜半召優施曰、曩而言戲乎、如有所聞之乎。是也。

邢疏

曩鄉也

郭璞云、國語曰曩而言戲也。

一切注音

曩本亦作曏。乃黨反。鄉也許亮反、音向。

陸音義

曩鄉也

莊子曰、證曏今故。證來爲曏、證見爲今、證往爲故。

新義

曩鄉也

郭璞曰、國語曰曩而言戲也。

古注合存

曩鄉也註國語曰曩而言戲也正義釋詁云、曩久也。說文云、鄉不久也。郭氏云以曩爲鄉。義有反覆旁通。蓋曩本訓久、反覆旁通、又爲不久也。左氏襄二十四年傳云、曩者志入而已。檀弓云、曩者爾心或開予。士相見禮云、鄉者吾子辱使某見。皆言不久也。註國語至戲也。○正義晉語里克之辭。今本國語作曩而言戲乎、韋昭註曩向也。

正義

曩鄉也國語曰曩而言戲也

鄉者、說文云不久也。玉篇云少時也。莊子秋水篇云證鄉今故。釋文引崔注、鄉、往也。華嚴經音義下引珠叢云、鄉、謂往時也。曩者、說文云鄉也。釋詁云久也。爾雅以曩爲久、說文以鄉爲不久、其義兩通。故檀弓云曩者爾心或開予、是曩爲未久之詞。文選北征賦云豈曩秦之所圖、是曩爲久詞。其義則皆爲鄉也。郭引晉語文。韋昭注曩向也。北征賦注亦云曩猶向時也。向與鄉音義同。又作嚮、或作鄉、並古字通也。曩之聲轉爲乃。趙策蘇秦謂趙王曰秦乃者過柱山、漢書曹參傳云乃者我使諫君也。集注乃者猶言曩者、是曩乃聲轉義同也。乃與適迺又通。說文云適往也。一切經音義十八引蒼頡篇云迺往也。往與鄉其義同。鄉爲曩日、亦爲往日、往鄉曩俱字之疊韵。

義疏

曩鄉也郭注、國語曰曩而言戲也。曩上云久、記曩者、又鄉者、皆不久之詞。字又作晌。日照向不久也。向、北出牖。字一作鄉。

集解

曩鄉也曩上釋爲久、此又釋爲鄉、謂久由不久而成耳。禮記檀弓曩者爾心或開予、猶士相見之云鄉者也。鄉不久也、从日鄉聲。晉語曩而言戲乎、注向也、則又以向爲鄉之借字矣。

義證

曩鄉也

國語曰曩而言戲也

今晉語也作乎。

郭注佚存補訂

曩鄉也

說文云曩鄉也。小雅庭燎夜鄉晨、彼釋文云鄉字又作鄉、說詳訂經。

說詩

曩鄉也註曩而言戲也也、國語作乎。

注疏正字

曩鄉也　說文同。釋文云曩本亦作曏。案曏別體字。

匡名

曩鄉也說文、曩、鄉也。檀弓曩者爾或開予、韋昭云曩、向也。左僖二十八年傳、鄉役之三月。鄉、不久也。郭註詳釋詁。

啓蒙

曩、鄉也。

說文日部云：「鄉、不久也、春秋傳曰：鄉役之三月。」又云：「曩、鄉也。」玉篇「鄉、少時也、」與許說同。釋詁訓曩爲久；此節訓曩爲鄉、知曩又有不久之義矣、故兩釋之。此與釋詁之「肆、故也、肆、故、今也、」同例。郝氏謂「其義皆爲鄉、」尚未分曉。左氏襄二十四年傳云：「曩者志入而已、」檀弓云：「曩者爾心或開予、」邵云：「皆言不久也；」文選北征賦云：「豈曩秦之所圖、」郝云：「曩爲久詞；」皆是也。郝又云：「趙策『秦乃者過柱山、』曩、乃、聲轉義同。一切經音義引蒼頡篇云：『迺、往也、』往、曩、鄉、俱字之疊韻。」鄉、或作鄉、向；今人言一晌、半晌者、段玉裁謂「皆鄉之俗。」

爾雅學

曩而言戲也。單疏本雪牎本同。按國語晉語作曩而言戲乎。也與邪古通。論語子張問十世可知也，也義作邪。說詳顏氏家訓。

曩鄉也○釋曰　注疏本刪。

注國語曰　注疏本刪注字。

人皆集於苑　元本同。閩本監本毛本苑改菀。按明道本國語作菀，與此合。下同。

如有所聞之乎是也　注疏本如有作抑有。據國語改。按如當讀而。

校勘記

七行（注）國語曰曩而言戲也○今《國語·晉語》「也」作「乎」。

宋監本校箋

曩音囊鄉音響也

音圖·音

曩上聲向

曩鄉也

孫偘直音

曩上聲向　曩鄉也

直音校正

曩鄉向也

楊氏音訓

鄉向

干氏音釋

偟暇也

偟暇也。詩曰不遑啓處。

郭注

偟暇也　釋曰謂閒暇。注詩曰不遑啓處者，小雅四牡文。

邢疏

偟暇也

閒暇無事也。左傳襄八年正義

犍爲注

偟暇也　春秋正義　李巡注偟作遑。

偟閒暇也。春秋正義三十九

李注

遑暇也　今注疏本作偟。春秋左傳杜預注遑，暇也。正義云皆釋言文，下引舍人注。

閒暇無事也。春秋襄八年正義

犍爲注

黄輯古義

遑暇也　注疏本作偟。春秋正義引爾雅作遑。

遑閒暇也。春秋襄二十九年正義

李注

偟暇也　春秋正義引舍人李巡注偟俱作遑。

舍人曰閒暇無事也。春秋正義三十

李曰遑閒暇也。春秋正義三十九

玉函山房輯佚

偟暇也　郭璞云詩曰不遑啟處。

漢注

偟暇也　舍人曰閒暇無事也。春秋襄八年正義

按春秋正義引舍人李巡注偟皆作遑。

一切注音

偟暇也　李巡曰遑閒暇也。左氏襄二十九年傳正義

古注斠補

蒠心案：偟遑字通。郭注引詩曰不遑啟處，字從李本。

古注斠

偟音皇。不遑音皇、呼王反或作偟通作皇。

陸音義

偟暇也

皇暇之時也。傳曰三皇步五帝驟。

新義

偟暇也　偟亦作遑，見詩。

鄭樵注

偟暇也【註】詩曰不遑啓處【正義】偟、本作皇。表記引詩云、皇恤我後。左氏昭十七年傳云、社稷之不皇。通作遑、別體作偟。【註】詩曰至啓處。【正義】小雅四牡文。【正義】

偟暇也　書無逸曰不遑暇食、孔穎達曰遑亦暇也。楊子法言偟乎不偟、注言忠孝之人不暇問傴人無益之事也。【校議】

偟暇也詩曰不遑啟處

暇者、說文云閑也。與閒同。左氏襄八年正義引舍人曰、閒暇無事也。通作假。書須夏之子孫、詩皇矣箋須夏作須假、釋文假、戶嫁反、本又作暇、正義引書多方鄭注、夏之言暇也。詩昭假遲遲、箋亦以假為暇矣。偟者、經典通作遑、皆皇之或體也。皇與假俱訓大、又俱為暇、其義實相足成。後人見經典皇暇之皇皆作遑、遂以遑為正體、遑變作徨、又省作偟、反以皇為通借、殊不知書云則皇自敬德、表記云皇恤我後、皇皆訓暇。又左氏襄廿五年傳皇恤我後、昭七年傳社稷之不皇、襄廿六年及哀五年傳不敢怠皇、是皆遑作皇之證。襄廿九年正義引李巡曰遑、閒暇也、詩殷其靁釋文遑本或作偟、爾雅釋文亦云遑或作偟、通作皇、是陸德明亦不知皇為本字矣。暇古讀如戶、偟暇一聲之轉。【義疏】

偟（遑）**暇也**　舍人注、閒暇無事也。李注遑、閒暇也。郭注、詩曰不遑啟處。偟偟遑、說文並不收。經唯用遑、从皇、大也。假、亦大也。閒、亦大也。因大得暇。書、不遑暇食。暇、从日叚。假日為閒日也。【集解】

偟暇也　偟字本作皇、大也。引申為暇、謂寬大也。經典加亻、加辵、均後起字也。書無逸則皇自敬德、鄭注訓暇。禮記表記皇恤我後、今詩谷風作遑。箋、遑、暇。殷其雷莫敢或遑、傳遑暇也。小弁不遑假寐、杕杜征夫遑止、殷武不敢怠遑、箋均云遑、暇也。前漢書楊雄傳未皇苑囿之麗、游獵之靡也。儒林傳未皇庠序之事也、師古均云皇、暇也。或者正字為曠、實為廣。與暇、閒也。从日叚聲。書無逸、不敢自暇自逸。【義證】

偟暇也

詩曰不遑啟處

釋文云、遑、或作偟、通作皇。【郭注佚存補訂】

偟暇也

偟與徨遑皇古皆通用。詩多作遑、亦作皇。召南殷其靁莫敢或遑、邶風谷風遑恤我後、小雅四牡不遑啟處、杕杜征夫遑止、采薇不遑啟處、小弁不遑假寐、何人斯亦不遑舍、商頌殷武不敢迨遑、傳箋並云遑、暇也。小雅出車不遑啟居、疏云不得閒暇跪處也。殷其靁釋文云、遑本作偟。谷風遑、禮記表記作皇。殷武遑、襄三十六年左氏傳作皇。郭注詩不遑啟處、釋文云遑或作偟、通作皇。小雅漸漸之石不皇朝矣、不皇出矣、不皇他矣、皆應訓遑。箋謂皇、王也、非是。【說詩】

偟暇也

郭注不遑啟處、郝氏以皇爲正字、偟與遑爲或體、是也。

柏年案周憬功勳銘憯寒慄兮不皇計、漢書哀帝紀末皇寧息皇皆本字。揚子法言忠臣孝子偟乎不偟注偟、暇也。張表碑匪偟時榮則固以偟爲皇矣。

補釋

偟暇也　當作皇。从人、从彳、从辵皆別體。

匡名

偟暇也　揚子、忠臣孝子偟乎不偟。通作遑。小雅不遑啟處。傳、遑、暇也。說文、暇、閒也。

啓蒙

偟　皇　注不遑。釋文或作偟。通作皇。暇夏聲通。閒憪聲通。則皇本訓大。而引申爲皇暇。無可疑也。

黃侃評本正名

偟、暇也。詩曰、不遑啟處。書不遑暇食連言、故此以暇釋遑。左氏襄八年注遑、暇也、疏云皆釋言文、下引舍人注、是舍人作遑。注不遑、釋文或作偟、通作皇、案暇夏聲通、閒憪聲通、則皇本訓大而引申為皇暇無可疑也。

黃侃音訓

偟暇也

錦燧謹案、此釋詩殷其靁篇莫敢或遑、谷風篇遑恤我後、四牡篇不遑啟處、采薇篇不遑啟居、杕杜篇征夫遑止、小弁篇不遑假寐也。傳箋俱云遑、暇也、與雅訓合。詩殷其靁釋文云、遑、本或作偟。又四牡釋文云、遑或作偟。是遑偟古通用。今毛詩俱作遑、則作偟者乃齊魯韓之異文、雅訓葢釋三家詩之偟也。惟說文人部無偟字、據書無逸則皇自敬德、鄭注云皇、暇也、禮記表記皇恤我後、鄭注云皇、暇也、知古祇作皇。辵人偏旁皆爲漢經師所增益、其正字當作皇矣。說文云、皇、大也。大與暇義相因。

陸錦燧日記

偟、暇也。

說文云：「暇、閑也、」閑與閒同。左氏襄八年正義引舍人云：「閒暇無事也。」古或借「夏」「假」爲暇、見詩皇矣箋、釋文、正義。偟、本作皇；通作遑、作偟者、郝以爲後變作遑、省作偟、邵以偟爲別體。左氏襄二十九年正義引李巡云：「遑、閒暇也、」即本之雅訓也。書云：「則皇自敬德、」表記引詩云：「皇恤我後、」左氏昭七年傳云：「社稷之不皇、」皇者、暇也。

爾雅學

偟暇也〇釋曰　注疏本删。

注詩曰不遑啟處者　注疏本删注字。

小雅駟牡文　元本同。閩本監本毛本駟改四。按儀禮既夕禮疏引鄭駁異義云、小雅駟牡騑騑、王氏詩考引之、未可據今本輕改。

校勘記

偟（皇音）暇也

音圖・音

皇

偟、暇也。

孫侶直音

與　玩　讀同[illegible]聲

愌、忨也。愒、貪也。

直音校正

偟（皇）暇也

楊氏音訓

偟　黃

干氏音釋

宵夜也

宵、夜也。

郭注

宵夜也　釋曰、舍人曰、宵、陽氣消也。詩云、肅肅宵征。書曰、宵中星虛

邢疏

宵夜也

宵、陽氣消也。書堯典正義　釋文　邢疏

犍爲注

黃輯古義

宵夜也

宵、陽氣消也。釋文　邢疏　書堯典正義

犍爲注

玉函山房輯佚

宵陽氣消也。舍人注　釋文二十九

鉤沉

宵夜也　舍人曰宵、陽氣消也。書正義二　釋文　邢疏

漢注

宵夜也　舍人云、宵陽氣消也。釋文二十九卷　書正義二卷

宵夜也　舍人云宵、陽氣消也。書堯典正義　釋文

一切注音

古注斠

宵　音消。舍人云陽氣消也

陸音義

曩、鄉也、偟、暇也、宵、夜也。鄉音向、偟、遑同○此釋曩偟宵之義也。註曰、晉國語云、曩而言戲、詩四牡云、不遑啟處、疏曰、詩小星云、肅肅宵征。

注疏參義

周禮注云、夜是明之首、不通於前。宵是昏之末、不通於後。惟夜中之時正一名耳。

補注

宵夜也　正義　說文云、夜、舍也、天下休舍也。書疏引舍人云、宵、陽氣消也。堯典云宵中星虛、史記作夜中星虛。召南小星云、肅肅宵征。秋官司寤氏云禁宵行者、鄭註宵、定昏也。

正義

宵夜也　說文云、夜、舍也、天下休舍也。又云、宵、夜也。司寤氏注宵、定昏也。書堯典正義及爾雅釋文並引舍人曰、宵、陽氣消也。

義疏

宵夜也　舍人注、宵陽氣消也。　宵、从肖、骨肉相繼、因爲繼續之詞。故加宀爲夜也。夜从亦夕。夕而待掖、是夜闇無所見、人定以後雞鳴以前時也。詩、肅肅宵征。

集解

宵夜也　宵、少夜也、从宀、宀下冥也、肖聲。書堯典宵中、史記作夜、詩七月宵爾索綯、

傳宵、夜。穀梁襄三十傳宵不下堂、左桓九傳鄖人宵潰注均云宵、夜。夜舍也、天下休舍也、从夕亦省聲。周禮司寤氏禁宵行者夜遊者。雞人夜嘑旦、注雞鳴時。

義證

宵夜也　[補正]邢疏舍人曰宵陽氣消也。

郭注補正

宵夜也　召南小星肅肅宵征、豳風七月宵爾索綯、毛傳並云宵、夜也。

說詩

宵夜也　說文宵、夜也。堯典、宵中星虛、史記作夜中星虛。夜、舍也、天下休舍。从夕亦省聲。

啓蒙

宵、夜也。　說文「夜、舍也、天下休舍也。」又云：「宵、夜也。」爾雅釋文及堯典正義均引舍人云：「宵、陽氣消也。」

爾雅學

宵夜也○釋曰　注疏本刪。

校勘記

消　宵夜也

孫偘直音

懊忨也愒貪也

懊忨也。謂愛忨。愒貪也。謂貪羨。

郭注

懊忨也愒貪也　釋曰、皆謂愛忨貪羨也。昭元年左傳云主民翫歲而愒日、杜注云翫愒皆貪也。

邢疏

懊忨也　郭璞云、謂愛忨。

愒貪也　郭璞云、謂貪羨。

一切注音

愌忨烏報反。下五館反。愒苦蓋反。杜預注左傳云、忨愒皆貪也。

陸音義

愌忨也 爲其奧也、故忨之。家語曰、此吾東家丘也。

愒貪也 忘其有曷之者、徒見金是也。

新義

愌忨也 謂愛忨。音玩。

鄭樵注

愌忨也 郭璞曰、謂愛忨。鄭樵曰謂愛忨音玩、

愒貪也 郭璞曰、謂貪羨。

古注合存

愌忨也、愒貪也。忨音玩、愒音慨。○此釋愌、爲忨、愒爲貪之義也。註曰、謂愛忨貪羨也。疏曰、昭元年左傳云、主民翫歲而愒日。

注疏參義

愌忨也註謂愛忨 愒貪也註謂貪羨 正義 說文、忨、貪也。春秋傳曰忨歲而㵣日。釋名云、貪、探也、探入他分也。玉篇云、愌、貪也。忨、貪也、愛也。愒、貪羨也。案、說文引春秋傳左氏昭元年傳文、今本作翫歲而愒日。忨翫、愒㵣、音義同。

正義

愌忨也謂㤅忨 愒貪也謂貪羨

忨者、說文云貪也。引春秋傳忨歲而㵣日、左氏昭元年傳文。晉語作忨日而㵣歲。韋昭注以忨愉㵣遲爲訓、其說未明。杜預注謂翫愒皆貪、是也。翫與忨、愒與㵣、竝古字通。易繫辭云所樂而玩者、釋文引馬云玩、貪也、鄭作翫。易翫玩竝忨之叚音矣。愌者、玉篇云於六切、貪也。忨、五亂切、貪也、㤅也。是忨愌聲相轉。○貪者、說文云欲物也。釋名云、貪、探也、探取入他分也。愒者、說文以爲憩字、其引左氏作㵣、云欲歠也。欲歠欲物、其義俱爲貪也。玉篇愒、居例切、貪羨也。按居例乃憩字之音。愒本㵣之通假、當苦葛切。爾雅釋文愒苦蓋反、此音是矣。

義疏

愌忨也 郭注、謂愛忨。愌、經典說文俱無、今用愌懆。忨、說文云貪、以爲與玩翫同、亦無徵也。奧从米、卄、卷字也。加宀爲室、奧室中辦事處、因爲隩隈燠𤎩。記故人以爲奧也、謂依之愛之。忨亦愛也。反之則爲懊恨、怨恨。

愒憩渴貪也 郭注、謂貪羨。詩、汔可小愒。上云憩息、因借爲渴。詩苟無飢渴、渴爲貪欲也。貪从今、今、及也。及貝、欲物也。

集解

愌忨也 愌字本作奧、宛也、室之西南隅。从宀、弄聲。經典多借爲𥨍字。禮器所謂燔柴於奧是也。奧爲食物始熟之所、又主夏祭、故可引申爲忨。禮記禮運故人以爲奧也、注猶主也。蓋本此經愌忨以爲義也。忨、貪也、从心、元聲。經典或以爲元之借字。上經元、始也、又首也、引申均有主義。故人主亦偁爲元首。或者愌忨即奧脘。禮記內則鴇奧、注脾肶也。謂借爲㙛奧、爲胃之厚處。胃屬土、故名字亦變作膜㙛。蒼膜、鳥胃也。脘、胃府也、从肉、完聲。素問通評論胃之募也、注中脘、胃募也。

愒貪也 愒、息也、从心、曷聲。正字爲㵣、㵣、欲歠也。引申爲貪。經傳多以渴、以愒爲之。左昭元傳翫歲而愒日、晉語正作㵣。詩雲漢箋時旱渴雨、謂貪雨也。貪、欲物也、从貝、今聲。引申爲凡貪之貪。詩桑柔民之貪亂。

義證

愒貪也

註謂貪羨 補正 邢疏、左傳翫歲而愒日、杜註忨愒皆貪也。

郭注補正

愒貪也

愒謂貪羨也

慧琳廣弘明集五卷音義引郭注爾雅云、愒謂貪羨也。樹枏案、今本注文皆從删省、唐時當有足本及删本兩者並行於世。故見於唐人所引者與今本互有異同。如上文謂發揚、謂寬緩、謂愛忨之類、皆係删省而無他引可證。以慧琳所引此注推之、則謂發揚當作越謂發揚也、謂寬緩當作宣謂寬緩也、謂愛忨當作懊謂愛忨也。必如此詁釋、始知所解者爲何字。漢唐以來傳注皆如此。

郭注佚存補訂

懊忨也愒貪也

郭注云懊謂愛忨。小雅菀柳、無自暱焉。不尙愒焉。懊暱一聲之轉。懊愛猶暱愛也。懊者、暱之假借、故郭注謂愛忨也。 愒與憩同。說文云、愒息也。玉篇云、愒貪羨也。案貪者、貪圖安息之義、非欲物之貪也。說文、貪、欲物也。大雅民勞汔可小愒、傳云愒息也。

說詩

懊

詩秦風無衣安且懊兮、或云郎懊字。

懊忨也

小箋

郭曰、謂愛忨。引之謹案鄭語曰、申呂方彊、其隩愛大子、亦必可知也。隩與懊同。愛懊一聲之轉。愛之轉爲懊、猶僾與曖之轉爲奥。釋名曰、懿僾也、言奥僾也。老子曰、道者萬物之奥、王弼注奥猶曖也、可得庇蔭之辭。皆其例也。愛懊忨並一聲之轉、或言隩愛、或言愛玩、其義一也。玩與忨同。

述聞

懊忨也　說文心部無懊字。

匡名

懊忨也愒貪也郭註、懊、謂愛忨。愒、謂貪羨。說文、忨、貪也。愒、息也。訓貪乃潡字之假借。左昭元年傳忨歲而愒日、今作翫歲而愒日。

啓蒙

懊　奥　懊古止作奥。奥玩雙聲。奥玩亦非正雙聲。懊正當作欲。

愒　潡　左氏昭元年傳。翫歲而愒日。杜注。翫愒貪也。說文引作忨歲而潡日。說文、潡、欲歛也。

黃侃評本正名

懊、忨也。　懊正當作欲。

愒、貪也。　愒、說文作潡、欲歛也。

黃侃音訓

懊忨也

案懊字當作奥。說文奥宛也、正與此二字同音。後人加心作懊、遂非說文所有。又與鬱聲轉。文選含哀懊咿、猶言含哀鬱伊也。

一說也字衍文、古本與下文合爲一條、其文曰懊忨愒貪也。故玉篇訓懊忨皆爲貪。若如今本則顧野王何以不訓懊爲忨乎。觀邢疏皆謂愛忨貪羨及引杜預左傳注忨愒皆貪等語、可見邢昺所據之本尙無此也字。自淺人見與上下文字各爲訓之例不合、遂任意竄入亦未可知。

董瑞椿日記

懊、忨也。

說文「忨、貪也、春秋傳曰：『忨歲而潡日』」；玉篇云：「忨、貪也、愛也。」許所引傳、左氏昭元年傳文、今本作「翫歲而愒日；」易繫辭「所樂而玩者、」釋文云：「馬云：『玩、貪也、』鄭作翫；」玩、翫、皆忨之音假。懊、玉篇云：「貪也、」是與忨義同、故爾雅訓懊爲忨。

愒、貪也。

說文「貪、欲物也；」釋名「貪、探也、探取入他分也。」愒、釋文云：「苦蓋反、」玉篇云：「愒、貪羨也、」昭元年左氏傳「愒日、」注亦訓愒爲貪。許引左傳「愒日」作「㵣日、」㵣者、說文云：「欲歠也。」是愒本作㵣、其本義爲欲歠、引伸之爲凡貪欲之義也。

爾雅學

懊忨也愒貪也〇釋曰　注疏本刪。

校勘記

八行愒貪也(注)謂貪羨〇慧琳《音義》卷九十七引此注作「愒謂貪羨也。」

宋監本校箋

愒(音喝)貪也

音圖・音

愒苦蓋翻音嘅。案字尚有去例、音憩邱謁揭二翻。說文引春秋傳作㵣。

音略

興　玩

懊忨也

孫偘直音

懊(烏報切)忨(玩)也(謂愛忨。)愒(慨)貪也

楊氏音訓

懊(奥)忨(玩)愒(五蓋切)

干氏音釋

榰柱也

榰柱也。(相榰柱。)

郭注

榰柱也　釋曰、郭云相榰柱也。說文云、榰、柱砥、古用木、今以石。字書云、柱、屋之敧。

邢疏

榰柱也　榰柱、舊本從手作搘拄。茲依廣韻一卷引改正。

郭璞云、相榰柱。

一切注音

搘拄也

蕙心案、廣韵引爾雅、榰柱也。俗从手。榰古通支。國語韋注支拄也、義本爾雅。

古注斠

搘(音枝。說文作榰。)拄也(音注。說文作柱皆從木旁。)

陸音義

榰柱也　案、唐石經宋本郭注作榰从木。俗本从手旁、非。陸氏釋文亦作榰、當以爲正。

歆而榰之有主道焉。彼所謂相扶持之爾。

新義

榰柱也　榰音枝。說文云、榰柱砥、古用木、今以石。

鄭樵注

搘拄也(鄭本從說文作榰柱。)

郭璞曰、相榰柱。

鄭樵曰、榰音枝。說文云榰、柱砥、古用木、今以石。

古注合存

搘拄也、搘音枝、拄音注。〇此釋搘爲注之義也、疏曰、說文云、榰柱砥、古用木、今用石、字書云、拄屋之敧也、愚按、搘者、今人云搘搘拄掌也。

注疏參義

榰柱也 **註** 相搘拄 **正義** 榰、通作支。周語引周詩、云天之所支、不可壞也、其所壞亦不可支也、韋註支、柱也。說文云、榰柱砥、古用木、今以石。廣韻引爾雅榰柱也。俱從木。俗本俱從手、今改正。

正義

搘拄也　案說文榰柱二字並从木、

校議

榰柱也(相榰柱)

柱者、說文云楹也。玉篇訓楹者音雉縷切、訓塞者音株主切。塞謂樘塞、即榰柱之義也。榰者、說文云柱砥、古用木、今以石。玉篇云、榰柱也。釋文榰柱作搘拄、俱从手旁、非也。榰通作支、周語云天之所支、不可壞也。韋昭注支、柱也。又通作枝。莊子齊物論篇釋文引司馬云枝、柱也。然則枝柱猶言枝梧、省作支吾、皆相撐持之義也。榰柱之聲又相轉。

義疏

榰支枝柱也 郭注、相榰柱。榰、从耆。耆指通用。手指拄物者。易榰恒、亦作振恒。振抵也。字亦作支枝。將傾者枝撐之、榰柱砥則承載之也。柱、从主、楹也、榱桷之主。

集解

榰柱也 榰柱底也、从木耆聲。

易恒振恒、一作榰恒、柱也。莊子齊物師曠之枝策也、司馬注枝、柱也。史記項羽紀莫敢枝梧、瓚曰小柱曰枝。周語天之所支、不可壞也、注支、柱也。以枝支爲之。柱、楹也、从木主聲。儀禮喪服傳、翦屛柱楣。

義證

揩拄也

相揩拄

釋文云、揩、音枝、說文作榰。拄、音注、說文作柱、皆從木旁。榰 柱 案、唐石經仿宋本單疏本雪牕本元本閩本皆同說文木旁作。監本毛本手旁作、與釋文同。注云相揩拄、則郭所據本蓋從手。

郭注佚存補訂

揩拄也

大雅皇矣上帝耆之、耆、爲揩之古文。揩通作支。周語引周詩、云天之所支、不可壞也、韋注云支、柱也。上帝耆之、即天之所支也義。毛傳云耆、老也、非是。毛不破字、故義多固執。

說詩

揩拄也疏說文云揩拄砥 揩拄當從監本、依說文並從木。

注疏正字

揩柱也 釋文云說文作榰柱、皆從木旁。案、說文手部無揩拄二字。石經作榰柱。廣韻支五一切經音義十六五經文字木部所引皆作榰柱。

匡名

榰柱也 榰柱、義見扞註。前漢書枝梧、一作榰梧、通作支。周語天之所支、不可壞也、韋註支、柱也。說文、柱、楹也。

啓蒙

揩拄 榰柱 釋文揩拄。說文作榰柱。皆从木旁。案廣韻正引作榰柱。

黃侃評本正名

榰柱也。榰、柱砥。尚書大傳士大夫有石材、庶人有石承、注石猾材、柱下質也。石承、當柱下而已。不出外為飾。

古義補

榰、柱也。

郭注「相榰柱、」謂相支持也。說文「榰、柱氏、古氏木、今目石、」又云：「柱、楹也、」此榰柱之本義。皆名詞也。假借爲動詞、則榰爲支持、柱爲撐柱、義皆同。周語云：「天之所支、不可壞也、其所壞、亦不可支也、」韋注云：「支、柱也、」支即榰之假字；韓愈王適墓銘云：「鼎也不可以柱、」不可柱、即謂不可支；此即郭所謂「相榰柱、」乃動詞用法也。廣韻引爾雅、亦作榰柱；莊子齊物論釋文作枝柱、假借字也；作揩拄者誤。

爾雅學

榰柱也 監本作揩拄。案說文、榰、柱砥、古用木。羣經音辨、柱、支也。康熙字典木部榰字下引此經。今从唐石經、鄭樵注本、至善堂九經本。

石經考文提要

榰柱也 唐石經單疏本雪牕本元本閩本同。石經考文提要引至善堂九經本亦作榰柱。五經文字木部引爾雅、榰柱也。監本毛本作揩拄、非。按釋文作榰柱、云說文作榰柱、皆從木、然則今本從手、據釋文改也。按郭注云相揩拄義當從手、若經字、則本從木。

榰柱也○釋曰 注疏本刪。

校勘記

十六下（三四）

一行榰柱也(注)相榰柱○「榰柱」，唐寫本從「手」，作「揩拄」。〈釋文》同。《釋文》云：「楮音枝。《說文》作楮。柱音注，《說文》作柱，皆從木作。」案《五經文字》木部引「《爾雅》：楮，柱也」，亦從「木」。

宋監本校箋

楮音枝柱也

音圖・音

楮音支，柱音注。說文皆从木作楮柱，石經同。

音略

枝　注

揩柱也。

孫偘直音

揩枝柱注也

楊氏音訓

楮支

干氏音釋

裁節也。

裁節也。

郭注

裁節也 正義 釋名云，節，有限節也。論語云，不知所以裁之。通作財。泰象傳云后以財成天地之道，鄭註財，節也。釋文財，苟作裁。

正義

裁節也 節者，止也，有儉省之意。故賈子道術篇云，費弗過適謂之節。釋名云，節，有限節也。裁者，制也，有減損之義。易云后以財成天地之道，鄭注財，節也。釋文財，苟本作裁。

義疏

裁節也 裁初同字。上云始，又爲制也。易后以裁成，又作財成。節，从竹，卽。卽，卪皀也。皀，飲食卪制之。節，竹約。易有節卦。

裁節也 裁，制衣也，从衣𢦏聲。引申爲節。易泰象傳后以裁成天地之道，鄭本作財，云節也。節，

集解

竹約也，从竹，卽聲。經典或以爲卪之借字。易襍卦傳，節，止也。禮記仲尼燕居，樂也者，節也。

義證

裁節也 說文裁，制衣也。制，裁也。二字爲轉註。論語不知所以裁之。通作財。泰卦后以財成天地之道，註財，節也。節，竹約也。註，約，纏束也。竹節如纏束之狀，引伸爲節省、節制、節義。字又假借爲符卪字。

啓蒙

曩，曏也　偟，暇也　懊，忨也　楮，柱也　裁，節也

釋文曩，本亦作曏。釋言釋文　韋昭國語注曩，向也。晉語二注　釋文偟，音皇。釋言釋文　注引詩作遑。釋言注　玉篇懊，貪也。心部懊　說文揩柱作楮柱。木部楮　韋昭國語作支柱也。周語下注　鄭氏易注財，節也。泰卦象傳注　揩柱也，廣韻引爾雅楮柱也，俱從木。釋文皆從手，而引說文並從木。

證異

裁、節也。

釋名「節、有限節也。」裁與財同。論語「不知所以裁之、」易泰象傳云：「后以財成天地之道、」鄭注「財、節也；」裁之、財成、皆有減損之意、亦有限制之義也。

爾雅學

並併也

並，併也。詩曰，並坐鼓瑟。

郭注

裁節也並併也 釋曰，易泰卦云后以財成天地之道。裁財音義同，並併古今字。注詩曰並坐鼓瑟者，秦風車鄰篇文。

邢疏

裁節也並併也 郭璞云，詩曰並坐鼓瑟。

一切注音

併必頂反。

陸音義

爾雅詁林　二　釋言

爾雅詁林 二 釋言

裁節也並併也

裁有餘、併不足。

新義

竝併也 郭璞曰、詩曰竝坐鼓瑟。

裁節也、並、併也、併評上聲。○此釋裁爲節並爲併之義也。疏曰、易泰卦云、后以財成天地之道、財裁音義同、並併古今字通、詩車鄰云、並坐鼓瑟。

古注合存

竝併也註詩曰竝坐鼓瑟正義鄭註儀禮云、今文竝皆爲併。禮運云竝于鬼神、鄭註、竝併也。註詩曰至鼓瑟○正義秦風車鄰文。

注疏參義

竝併也 詩曰竝坐鼓瑟

併者、并也。竝者、比也。說文併竝互訓、二字音同、經典通用。故儀禮注、今文竝皆爲併。又云、古文竝皆作併。

正義

義疏

竝併也 郭注、詩曰竝坐鼓瑟。竝、从二立。併、从人并。并已从二人、从幵又加人、非也。禮經今文作併、古文作竝。

集解

竝併也 竝、併立也、从二立會意。今隸作並。儀禮鄉射並行、注並併也。公食二以竝、注竝併也、今文作併。禮記禮運竝於鬼神、注竝併。併、竝也、从人并聲。與竝不同。相合爲竝、相對爲併。

義證

裁節也竝併也

註詩曰竝坐鼓瑟補正邢疏、易后以財成天地之道、裁財音義同、竝併古今字。

郭注補正

並併也。按、古並併字通。少牢饋食禮皆二骨以並、注並併也、今文並作併。公食大夫禮二以並北陳、注今文並爲併。士喪禮二人以並。今文並爲併。是並有併義。

錢氏古義

竝併也

併竝經典多通用。今文竝皆作併。見儀禮注。又通作並。

並、併也。

秦風車鄰、並坐鼓瑟。齊風還並驅從兩肩兮、箋云

說詩

竝併也 說文同。

匡名

竝併也說文、竝、併也。併、竝也。秦風、竝坐鼓瑟。

啓蒙

竝併也。竝併從說文則爲一語變易、從禮注則爲以今釋古、邢疏竝併古今字是也。

黃侃音訓

竝、併也。

說文併竝二字互訓。鄭注儀禮云：「今文竝、皆爲併、」是併與竝義通、字亦通矣。禮運鄭注云：「竝、併也、」秦風車鄰云：「竝坐鼓瑟、」竝坐、即併坐也。

爾雅學

裁節也並併也○釋曰注疏本刪。

校勘記

竝上聲併也

直音校正

卒既也

卒既也既、已。

郭注

卒既也 釋曰、皆謂盡已也。

邢疏

卒既也

郭璞云既、已。

一切注音

卒子忽反。

陸音義

卒既也
既盡而復。莊子曰、方死方生。庶人曰死、見死而已。

新義

卒既也。既、盡也。

鄭樵注

卒既也
郭璞曰、既、已。
鄭樵曰、既、盡也。

古注合存

卒既也【注】既、已。【正義】卒、已也、終也。已見釋詁。卒又爲既、廣其義也。穀梁桓三年傳云、既者、盡也。
鄭註既、已也。聘禮云既圖事、

正義

卒既也 既、已
既者、如春秋日食既之既。公穀桓三年傳並云、既、盡也。詩汝墳傳、既、已也。鄉飲酒禮注、既、卒也。卒者、釋詁云盡也。

義疏

卒既也 郭注既、已 上云、卒、終。禮拜卒爵、記云拜既爵。既、从皀旡。

集解

卒既也 卒字本作卒。隸人給事者、从衣从一。正字爲訖。訖、止也。引申爲盡也、既也。周書皇門訖亦有卒注、訖、既也是也。訖卒通用字。儀禮鄉射坐卒爵、猶記云拜既爵也。既、小食也。从皀旡聲。經典或以爲汔之借字。春秋桓三年日有食之既、公穀均云盡也。

義證

卒既也
釋詁云、卒、終也。終、卽既也。王氏念孫釋詩終風且暴爲既風且暴、終溫且惠爲既溫且惠。釋詁又云、卒、盡也。盡亦既也。桓三年穀梁傳云、既者、盡也。
邶風日月畜我不卒、豳風七月何以卒歲、小雅節南山卒勞百姓、蓼莪我獨不卒、鄭箋並云卒、終也。節南山國既卒斬、楚茨禮儀卒度、桑柔稼穡卒痒、傳箋並云卒、盡也。

說詩

卒既也 釋詁、卒、已也、終也。又訓既。穀梁三年傳、既、盡也。說文、既、小食也。註、此與口部嘰音義皆同、引伸之爲盡也、已也。

啓蒙

卒、既也。
公穀桓三年傳並云：「既、盡也、」詩汝墳傳云：「既、已也。」卒者、釋詁云：「已也、終也、」是卒與既同義、故鄉飲禮酒注云：「既、卒也。」

爾雅學

卒既也〇釋曰 注疏本刪。

校勘記

懆慮也
懆慮也。謂謀慮也。
懆慮也、釋曰、郭云謂謀慮也。字書作悰。

郭注

邢疏

懆慮也
郭璞云、謂謀慮也。

一切注音

懆 音囚。字書作悰。

陸音義

懆慮也
君子思不出其位。

新義

懆慮也 懆音囚。

鄭樵注

懆慮也
郭璞曰、謂謀慮也。
鄭樵曰、懆音囚。

古注合存

懆慮也、懆音叢。〇此釋懆爲慮之義也。註曰、謂謀慮也。疏曰、懆字書作悰。

注疏參義

慒本音因。說文从心曹聲。自疏誤與悰合爲一、唐韻以下遂有悰音。

補注

慒慮也 註 謂謀慮也 正義 說文云、慒慮也。玉篇云、慒、謀也、慮也、釋文云、字書作悰。

正義

慒慮也 謂謀慮也

慮者、釋詁云謀也、思也。慒者、說文云慮也、玉篇云謀也、又慮也。釋文云、慒、音因、字書作悰。按、玉篇慒字雖有因音、又徂冬切、即悰字之音。然玉篇旣本說文、別出悰字云樂也、一曰慮也、是悰慒字異音義同、說文則二字異矣。

義疏

慒（悰慽）慮也 郭注、謂謀慮也。慒、从曹。兩造在廷東治事者。書兩造具備、聲轉作慽。記孔子慽然。又、君子胡不慥慥爾。慮、上云謀思、又爲慮因之詞、故从虍。

集解

慒慮也 慒、謀慮也、从心曹聲。書禮通作造。呂刑兩造具備、大司寇以兩造禁獄訟、是也。詩通作猶。采芑克壯其猶、板爲猶不遠、均是也。慮、謀思也、从思虍聲。

義證

慒慮也

註謂謀慮也 補正 邢疏、字書作悰。

郭注補正

慒慮也 說文同。釋文云、慒、音四、字書作悰。案、說文慒與悰義異。集韻十八尤云或作惆、類篇心部引爾雅作惆。案說文無惆字、以音近轉从四耳。

匡名

慒慮也 說文、慒、慮也。郭註、謂謀慮也。

啓蒙

慒、慮也。

郭注「謂謀慮也、」此與釋詁慮字義同。慒者、說文「慮也、」玉篇「慒、謀也、慮也、」皆雅義也。釋文云：「慒、音因、字書作悰；」郝謂「悰、慒、字異、音義同、說文則二字異。」

爾雅學

慒慮也○釋曰注疏本刪。

校勘記

慒（音因）慮也

音圖·音

慒說文本音因、从心曹聲。釋文字書作悰、音賓。

音略

四

慒慮也。

孫偘直音

慒（叢）慮也

楊氏音訓

慒（似由切）

干氏音釋

將資也

將資也。謂資裝。

郭注

將資也 釋曰、行所資也。郭云、謂資裝。

邢疏

將資也

郭璞云謂資裝

一切注音

將資也

資之也、故將之。鴟冠子曰、不提生于不器。

新義

將資也 鵲巢云百兩將之、將、資裝也。

鄭樵注

將資也　郭璞曰、謂資裝。

鄭樵曰、鵲巢云百兩將之、將資裝也。

古注合存

將資也、此釋將爲資之義也。註曰謂資裝。疏曰、行所資也

注疏參義

將資也 **註** 謂資裝 **正義** 上文云、將、送也。將又爲資也。召南鵲巢云百兩將之。聘禮云問幾月之資、鄭註資行用也。說文云資、貨也。

正義

將資也　鄭樵註、鵲巢云百兩將之、將資裝也。

校議

將資也 謂資裝

資者、齎之叚音也。說文云、齎、持遺也。外府注、齎、行道之財用也。掌皮注、齎、所給予人以物曰齎。小祝注、齎、猶送也。莊子列禦寇篇云、萬物爲齎送。是齎訓送、與將義同。將者、上文云送也。送即持遺之義、將、齎又一聲之轉。齎通作資。外府注、鄭衆云齎或謂資。典婦功及典枲注並云、故書齎爲資。莊子德充符篇云不以翣資、釋文引李云資、送也。是俗資爲齎、其證甚明。爾雅之資、亦齎之通俗。郭訓資裝、與將義遠矣。

義疏

將資齎也 李注、資送也。郭注、謂資裝。將、上云送。詩百兩將之、謂嫁所齎。周官幣齎、事齎、受齎、故書皆作資、亦齊音義並同也。

集解

將資也　將帥也、从寸醬省聲。正字爲餞、餞、送食也。引申爲資餞、將通用字。周禮大史及將幣之日、謂其資幣。資、貨也、从貝次聲。經典或以爲齎之借字。周禮幣齎、事齎、受齎、故書均作資。莊子德充符不以翣資、李注送也。

義證

將資也　注謂資裝

諍曰、將無資裝義、殆失其指。郝氏據周禮外府鄭衆注齎、或爲資、典婦功及典枲注並云故書齎爲資、以資爲齎之叚。又引莊子萬物爲齎送、又不以翣資、李注資、送也、與上文將訓送合。案楚語若資東陽之盜注賂也、賂有送義、當注云謂資送、於義方合。

諍郭

將資也

上文云、將、送也。此又廣其義、以將爲資。郭注云謂資裝、是也。郝氏仍訓將爲送、是與上複矣。案小雅楚茨大雅既醉爾殽既將、文王祼將于京、毛傳並云將、行也。小雅鹿鳴承筐是將、傳云所以行幣帛也。將、亦行也。無將大車箋云、將猶扶進也、扶進即行也。資謂行資、資與齎同。齎、行道之財用也。漢書袁盎傳悉以其裝齎、顏師古云裝齎所齎衣物自隨也。曹參傳趣治行、師古云治行、急修行裝也。古謂治裝爲治行、易旅得其資斧、謂行資也。

說詩

將資也 郭註、謂資裝。召南百兩將之、說文、資、貨也。

啓蒙

將、資也。謂資裝。　資有資裝、資送二義、注但舉一偏。廣雅齎、裝也、齎與資同。聘禮記問幾月之資、注資行用也、古文資爲齎。裝與將同、故此注云謂資裝。　將上文云、送也、資送義同。廣雅資、操也、釋言。操亦持也。　將、詩傳燕燕簡兮并。行也、資、孝經鄭注行也、將資同訓行、與送近、皆由持遺義引申。

黃侃音訓

將資也

錦燧謹案、資乃齎之假借字。周禮外府鄭注引鄭眾云齎或爲資、又典婦功及典枲注並云故書齎爲資、俱資齎通假之證。說文云、齎、持遺也。將者、將之假借字也。說文云、將、扶也。扶持義同、是將之訓資猶將之訓齎也、將之訓齎猶扶之訓持也。由持遺引申之、則有送義。將、齎也、猶云將、送也。此葢釋詩鵲巢篇百兩將之、燕燕篇遠于將之、丰篇悔予不將兮也。毛鵲巢傳、鄭燕燕丰箋俱云、將、送也、並與雅訓合。

陸錦燧日記

將資也。郭云、謂資裝。楷案、資裝與將義不相近、疑此爲下文將齊也之異文而誤衍於此也。古从齊从次之字多通用。說文齍或作粢、餈或作𩟄。釋蟲蠐螬、方言作蠀螬。詩牆有茨、說文引茨作薺。鄭眾周禮外府注齎或爲資、顏師古漢書禮樂志注薺、禮經或作資、又作茨、皆其證。

稗疏

將、資也。

將、上文云：「送也。」資者、郝云：「齎之叚音、」是也。周禮外府注鄭眾云：「齎或謂資、」典枲注云：「故書齎爲資、」儀禮少牢饋食禮注云：「今文資作齎、」是資與齎、古通用矣。莊子德充符篇釋文引李云：「資、送也、」與將義同。

爾雅學

將資也〇釋曰 注疏本刪。

校勘記

將資也 謂資裝

楊氏音訓

黹紩也

黹紩也 今人呼縫紩衣爲黹。

黹紩也 釋曰、謂縫刺也。郭云、今人呼縫紩衣爲黹。鄭注司服云、黼黻希繡、希讀爲黹、謂刺繡也。

邢疏

郭注

黹紩也 郭璞云、今人呼縫紩衣爲黹。

一切注音

黹 致耻反、 紩也 音扶。郭云今人呼紩衣爲黹。 縫 奉容反。

陸音義

黹紩也 失會而後黹。

新義

黹紩也 郭云、今人呼縫紩衣爲黹。黹音絺。一作黹致耻反。

鄭樵注

黹紩也

郭璞曰、今人呼縫紩衣爲黹。

鄭樵曰、郭云今人呼縫紩衣爲黹。

古注合存

黹紩也 黹音止、紩音秩。〇此釋黹爲紩之義也。註曰、今人呼縫紩衣爲黹。疏曰、謂縫刺也。鄭註司服云、黼黻絺繡爲黹、謂刺繡也。

注疏參義

黹紩也 註 今人呼縫紩衣爲黹 正義 說文云、黹、箴縷所紩衣。紩、縫也。益稷云絺繡、疏引鄭註云、絺讀爲黹、黹紩也。尚書詳解引鄭註云、畫與紩皆有六、畫以爲繪施之於衣、紩以爲繡施之於裳。又鄭註春官司服云、希讀爲絺、或作黹。 註 今人至爲黹。〇 正義 說文云、縫、以鍼紩衣也。呼縫衣爲作箴黹、至今猶然。

正義

黹紩也 今人呼縫紩衣爲黹

紩者、說文云縫也、廣雅云納也。急就篇注、納刺謂之紩。按今時亦呼縫紩爲納也。方言云、紩衣謂之褸、秦謂之緻。又云、敝而紩之謂之襤褸。又云其敝者謂之緻。郭注、緻、縫納敝故名之也。然則緻與紩同矣。黹者、說文云箴縷所紩衣。又云、𧝓紩衣也。玉篇、黹或作𧝓。

是䋎黹同。俗作絺。書云絺繡，鄭注絺讀爲黹，黹，紩也。司服注引作希繡，云希，讀爲絺，或作黹。

義疏

黹紩也 郭注，今人呼縫紩衣爲黹。黹，从丵，㡀，象箴縷縫紩。書作希繡，亦作絺。紩，从糸，失。失，从手，乙，與失太公異意。

集解

黹紩也 黹，箴縷所紩衣，从㡀丵省。與䋎各同。書皋陶謨絺繡，鄭注絺讀爲黹，紩也。周禮司服自希冕而下，注希讀爲絺，或作黹。以希爲之。紩，縫也，从糸失聲。凡鍼功曰紩。急就篇鍼縷補縫綻紩。

義證

黹紩也 黹，致恥反。紩音秩。

注今人呼縫紩衣爲黹

郭注補正

黹紩也

今人評縫紩衣爲黹 釋文引郭云，今人呼紩衣爲黹。唐殘本玉篇黹部黹下引爾雅黹紩也，郭璞曰今人呼紩衣爲黹。所引皆脫縫字。釋文云，縫，奉容反。蓋陸本有也。黹爲黹之譌體。雪牕本亦作黹。

郭注佚存補訂

黹紩也

說文云，黹，箴縷所紩衣。黹與絺相假借。書益稷絺繡，鄭注云絺讀爲黹，黹，紩也，謂刺也。周禮司服注引作希繡，云希讀爲絺，或作黹。周南葛覃，爲絺爲綌。絺借爲黹，黹成則爲絺，虛實並用也。小雅采菽玄衮及黼，箋云黼，黼黻，謂絺衣也。彼釋文云，絺，本又作黹。正義云，絺謂刺之，言此黼黻絺刺之於衣。絺黹音義皆同。

說詩

黹紩也 黹，當依監本作黹。

注疏正字

黹紩也 說文七下，黹，箴縷所紩衣。从㡀，丵省。又通䋎。說文衣部，䋎，紩衣也。从衣，从黹，黹亦聲。

匡名

黹紩也 說文，黹，箴縷所紩衣，从㡀，丵省。紩，縫也。急就篇註，納刺謂紩。郭註，今人呼縫紩衣爲黹。

啓蒙

黹、紩也。說文糸部云：「紩、縫也：縫、目鍼紩衣也。」二字爲轉注。廣雅「紩、納也、」急就篇注云：「納刺謂之紩、」郝云：「今時亦呼縫紩爲納也。」黹、說文部首云：「鍼縷所紩衣也；」又衣部云：「䋎、紩衣也；」二義相同。段引方言注「緻、縫納敝故之名、」謂「緻即䋎字、黹爲鍼刺、䋎爲縫敝衣、」分黹䋎爲二義 然玉篇云：「黹、或作䋎、」是二字通用矣。周禮司服、「希冕、」鄭注引書「希繡、」又云：「希讀爲黹、」是鄭本書經不作絺繡、絺爲字之誤也。說文多云希聲、而無希篆、段云：「希者、古文黹也、从巾、上象繡形。」

爾雅學

黹紩也 監本作黹紩。案康熙字典黹部引此經。別有黹，說文、華盛也，詩彼黹維何。今从武英殿本、唐石經、鄭樵注本、至善堂九經本。

石經考文提要

黹紩也 唐石經作黹，單疏本作黹，毛本作黹。按說文，黹，箴縷所紩衣。玉篇廣韻皆作黹。黹黹同。今釋文、監本閩本作黹，雪牕本作黹，元本作黹，此本舊作黹，皆訛。今訂正。石經考文提要引至善堂九經本亦作黹。

黹紩也○釋曰 注疏本刪。

黼黻希繡希讀爲黹 注疏本希誤絺，又脫希讀二字。元本繡誤綉。

校勘記

二行「黹紩也」（注）「今人呼縫紩衣為黹」○原本《玉篇》糸部「紩」下引注「呼」上有「亦」字，黹部「黹」下引無「亦」字、「縫」字。案：當有「縫」字。

宋監本校箋

黹音止紩音秩也

音圖·音

黹致恥翻。音徵，宮徵之徵，知母字。鄭氏注書絺讀為黹，陟里翻。音同。注周禮以絺或作黹為字誤。二說互異。

音略

止 扶

黹、紩也

孫品直音

讀止 扶

黹、紩也

直音校正

黹止紩秩也 謂縫制也。

楊氏音訓

黹陟几切 紩秩

干氏音釋

遞、迭也。更迭。

郭注

遞迭也 釋曰：李巡曰：遞者更迭間厠相代之義。邶柏舟云「胡迭而微」。

邢疏

遞迭也

遞者、更迭間厠相代之義。書正義五 邢疏

李注

遞迭也 遞者、更迭。邢疏 書益稷正義

遞迭也大藏十七引鄭注云云，此指鄭本也。

黄輯古義

李注

玉函山房輯佚

玉函山房輯佚續編

遞迭也

遞者、更迭間厠相代之義。李注 書疏五

鈎沉

遞迭也 李曰：遞者、更迭。書正義五 邢疏

漢注

遞迭也

李巡云、遞者、更迭間厠相代之義。書正義五卷 郭璞云、更迭。

一切注音

遞迭也 李巡曰、遞者、更迭。書益稷正義

古注斠

遞迭也

俊按：慧琳音義十七引鄭注爾雅遞迭也，此指鄭君所注耳。文選舞賦注用雅訓，易訟虞注、晉書音義下皆曰、迭遞也。此又互相訓也。

漢注輯佚

遞、迭也、

一切經音義卷十七善住意天子經中「遞互」下引、據海印寺本、白蓮社本及大正藏本、頻伽藏本竝同。

森案董氏讀爾雅補記云、「此引鄭註而無註文者、鄭註爾雅、猶言鄭註本爾雅也。」

遞、更易也、

一切經音義卷七十七大周刊定衆經目錄、十一「遞更」下引、據海印寺本、白蓮社本及大正藏本、頻伽藏本竝同。

森案郭璞此條註云、「更迭」、董氏讀爾雅補記云、玄應經音義十六「遞相」下又十七「遞為」下、又二十二「遞相」下、竝引郭璞此註、作「謂更易也」、與鄭註同、惟卷一「遞相」下引『爾雅「遞迭也」謂更易也』、

不標其註是鄭是鄭竊謂以更易註遞者自是鄭義郭以更迭註遞則用李巡義邢疏引李巡此註遞者更迭間厠相代之義亦引見書益稷孔疏是也玄應三引鄭註皆以更易註遞蓋誤混於鄭註耳。

鄭玄注稽存

遞音悌他計反一音待結反迭也待結反音姪。更迭音庚。

陸音義

遞迭也迭更也。

鄭樵注

遞迭也　李巡曰遞者更迭。郭璞曰更迭。鄭樵曰迭更也。

古注合存

遞迭也註更迭正義說文云遞更易也迭更迭也書疏引李巡云遞者更迭呂氏春秋蕩兵篇遞興遞廢說卦傳云迭用柔剛。

正義

遞迭也更迭　迭者說文云更迭也文選西都賦云更盛迭貴通作佚方言云更佚代也穀梁文十一年傳兄弟三人佚宕中國范甯注佚猶更也遞者說文云更易也書益稷正義引李巡云遞者更迭呂覽蕩兵篇云遞興遞廢西京賦云遞宿迭居是遞迭同遞迭雙聲亦兼疊韵。

義疏

遞迭也李注遞者更迭郭注更迭。遞从辵虒上云禠福與隨通用易有隨卦隋與隓同委蕤沓遞相接續迭从失亦相代也。

集解

遞迭也遞更易也从辵虒聲若今驛遞引申為迭齊策六國之遞甚也呂覽遞興遞廢均是也易訟終朝三褫之侯果注解也褫本為奪衣其訓解者蓋依此經遞迭以為義也文選西京賦遞宿迭居注遞迭也迭更遞也从辵失聲易說卦傳剛柔迭用詩日月胡迭而微。

義證

遞迭也

註更迭補正邢疏李巡曰遞者更迭間厠相代之義。

郭注補正

遞迭也補

滋然謹按慧琳一切經音義七十七遞更注引鄭注尔疋云遞更易也說文遞更易也書益稷正義引李巡注尔疋云遞者更迭與鄭注異郭注亦止更迭二字義本李巡故不用許鄭說。

遞迭也

遞謂更迭也迭音徒結反

舊注攷證

慧琳大乘入楞伽經一卷音義引郭注爾雅云遞謂更易也元應瑜伽師地論一卷僧祇比邱尼戒本音義俱引爾雅遞迭也郭璞曰謂更易也慧琳得無垢女經發覺淨心經上卷音義引同元應俱舍論四卷音義引爾雅遞迭也郭璞曰遞更易也。

慧琳大寶積經二卷音義引同。元應大方廣佛華嚴經十四卷音義引爾雅、遞迭也、謂更易也。迭音徒結反。文選上林賦注引郭璞曰、遞迭也、徒結切。

樹 栂 案、元應慧琳俱作更易也、今據元應慧琳補遞謂也三字、據元應李善補迭音徒結反五字。

郭注佚存補訂

遞迭也

遞迭同待結反、音義皆同。邶風柏舟、胡迭而微。彼釋文云迭、韓詩作载、音同、云载常也、與毛傳訓同。案、迭遞也。正義云、今日何爲與月更迭而虧傷乎。更迭卽遞義也。

說詩

遞迭也疏邶風柏舟云 脫風字。

注疏正字

矧况也。說文、矢部矤、况也詞也从矢引省聲、隸變不省。

匡名

遞迭也 說文、遞、更易也。呂氏春秋遞與遞廢註遞迭也。迭、更迭也。說卦傳迭用柔剛。

啓蒙

遞迭也 文選舞賦於是合場遞進、注用雅訓。易訟卦傳迭用剛柔虞注、又晉書音義下皆曰迭、遞也。此諸家所未及者。

又案、慧琳音義十七引鄭注爾雅遞迭也、疑指康成所注本、或鄭係郭字之誤。鄭君自有爾雅注、見周禮大宗伯疏、史記五帝紀索隱引。

王仁俊日記

鄭注、爾雅遞迭也。卷十七善住意天子經中遞互下引。

鄭注、尒雅云遞、更易也。卷七十七大周刊定衆經目錄十一遞更下引。

案、釋言、遞迭也。郭注、更迭。玄應經音義十六僧祇比邱尼戒本遞相下、又十七俱舍論四遞爲下、又二十二瑜伽師地論一遞相下竝引郭璞此注作謂更易也、與鄭注同。惟卷一大方廣佛華嚴經十四遞相下引爾雅遞迭也、謂更易也。不憭其注是鄭是郭。竊謂以更易注遞者、自是鄭義。郭以更迭注遞、則用李巡義、邢疏引李巡此注遞者、更迭閒厠相代之義亦引見書益稷孔疏是也。玄應三引郭注、皆以更易注遞、蓋誤捉於鄭注耳。至慧琳兩引此鄭注、而前引無注文者、鄭注爾雅猶言鄭注本爾雅也。

董瑞椿補記

遞、迭也。

說文「迭、更迭也；遞、更易也。」義本爾雅。說卦傳云：「迭用剛柔；」呂氏春秋蕩兵篇云：「遞興遞廢；」益稷正義引李巡云：「遞者更迭；」故迭遞同義。郝云：「遞、迭、雙聲、亦兼疊韻。」迭通佚。

爾雅學

更迭 雪牕本注疏本同一切經音義卷一卷十六卷十七卷二十二四引皆作謂更易也

遞迭也○釋曰 注疏本删

校勘記

三行遞迭也(注)更迭○玄應《音義》卷十七引「《爾雅》：遞，迭也。注曰：謂更易也。」慧琳《音義》卷十六引同。《釋文》所據本作「更迭」，不作「更易」。

宋監本校箋

遞音悌、地他。訛作計翻。一音待結翻。音迭。

音略

悌

遞迭也

孫侶直音

遞 悌

干氏音釋

矧況也

矧況也。辭況。

郭注

矧況也 釋曰說文云矧況辭從矢取辭之所之如矢也郭云譬況謝氏云志譬況是也

邢疏

矧況也邢疏引謝氏云志譬況是也。

謝音

黃輯古義

矧況也志況譬。邢昺疏

謝音

玉函山房輯佚

矧況也邢疏謝氏曰志譬況是也。

漢注

矧況也 郭璞云譬況。謝氏云志譬況。邢昺疏二卷

一切注音

矧詩忍反。辟況本亦作譬同。

陸音義

辟況○邢本作譬又況從冫非。

音義攷證

矧況也

弖用矣矢可知也。矧、況可知也。

新義

矧況也 郭璞曰譬況。

古注合存

遞迭也矧況也此釋遞爲迭矧爲況之義也疏曰遞者更迭間厠相代之義詩柏舟云胡迭而微說文云矧況辭也從矢取辭如矢也愚按矧況加進之辭詩桑柔云況亂斯削況滋也舊單云譬況義似未盡

注疏參義

矧況也**註**譬況**正義**說文云矧況也詞也从矢取詞之所之如矢也舊疏引謝氏云志譬況小雅伐木云矧伊人矣。

正義

矧況也 譬況

況者兄之叚音也詩倉兄塡兮傳兄滋也職兄斯引傳兄兹也常棣出車傳箋又云況兹也是況兄兹滋俱音義同古字通用況訓爲滋滋訓爲益旣已如是況又如是即爲滋益之詞又爲譬況者凡譬況之詞皆於此詞之外有所增益故也古讀兄爲荒與況同音白虎通云兄者況也況父法也管子大匡篇云兄與我齊國之政也修華嶽碑云兄乃盛德皆以兄爲況也故詩常棣釋文況或作兄桑柔釋文兄音況本亦作況陸德明旣知兄本作況而於常棣況或作兄又以爲非葢不知毛詩古文況俱作兄常棣出車二詩作況由人妄改陸氏習其讀而妄其義也兄旣通況又通皇故書云無皇曰漢石經作無兄曰尙書大傳云皇于聽獄乎鄭注皇猶況也是皆音同叚借字耳矧者弞之或體也說文云弞況詞也从矢引省聲今經典通作矧不省玉篇又作敓亦或體字也經典凡矧俱訓況廣雅云矧長也方言云弞長也長與益義近矧之訓爲長亦猶兄之訓爲長矣況之訓爲益亦猶兄之訓爲滋矣是皆古義之展轉相通也。

義疏

矧況兄皇也 郭注、譬況。矧从矢引。說文云篆省作弞。今不用弞也。矢詞引進之。書、矧曰。詩、矧設多。又況从兄加水無義。詩即用兄。況也永歎、本亦作兄也。又僕夫況悴、佮況。易、況于人乎。書無皇曰、則皇自敬德、亦佮兄。

集解

矧況也 矧字本作弞況詞也从矢引省聲从矢取詞之所之如矢也與矣同意弞矧古今字書大誥矧亦惟卜用矧今卜并吉漢書作況詩伐木矧伊人矣傳矧況也賓之初筵矧敢多又抑矧可射思箋均云矧況也況寒水也从水兄聲經典或以爲兄之借字蓋取滋益之義詩常棣況也永歎釋文本作兄書無逸無皇曰漢石經作無兄曰尚書大傳皇于聽獄乎鄭注皇猶況也則又以皇爲況之借字矣。

義證

矧況也

辟況

今本作譬況。釋文云、辟、本亦作譬。樹枬案、古譬況字多作辟。

郭注佚存補訂

矧況也

矧、說文作矤、云況也。從矢引省聲。今經典皆不省、作矧。小雅伐木矧伊人矣、賓之初筵矧敢多、又大雅抑矧可射思、傳箋並云矧、況也。詩凡況字多作兄。小雅常棣況也永歎、彼釋文云況或作兄。大雅桑柔倉兄塡兮、彼釋文云兄、音況、本亦作況。召旻職兄斯引、傳云況、茲也。此常語也。監本毛本況作況、不體。

說詩

矧況也註譬況釋文譬作辟。

疏說文云矧況辭從矢取辭如矢也說文作矤、況也、辭也。从矢、取詞之所之如矢也。

注疏正字

矧況也說文、矤、況詞也、从矢引省聲、从矢、取詞之所之如矢也。小雅矧伊人矣傳矧、況也。況本作兄。大雅倉兄塡兮、傳兄滋也。小雅況也永嘆傳況茲也。茲與滋義同。毛詩本皆作兄、後改从水、又譌作況。兄之本義訓益、許所謂長也。許不云茲者、言長可賅長幼之義也。

啓蒙

矧、況也。

郝云：「況者、兄之叚音也。詩『倉兄塡兮、』傳『兄、滋也、』『職兄斯引、』傳『兄、茲也、』常棣出車傳箋又云：『況、滋也、』是況、兄、滋、茲、俱音義同、古字通用。況訓爲滋、滋訓爲益；既已如是、況又如是、即爲滋益之詞。又爲譬況者、凡譬況之詞、皆於此詞之外、有所增益故也。古讀兄爲荒、與況同音、詩常棣釋文『況或作兄、』桑柔釋文『兄、音況、本亦作況、』陸德明既知兄本作況、而於常棣況或作兄、又以爲非、蓋不知毛詩古文況、俱作兄、常棣出車二詩作況、由人妄改、陸氏習其讀而忘其義也。」晉案郝氏以況爲增益之義、譬況之況、亦增益義、其言是矣。以此知況字、古本作兄、說文云：「兄、長也、」長者、不短之謂也、生長之謂也；不短也、生長也、皆增益之意、此兄之本義也。後人易兄爲況、與易茲爲滋同、蓋由不明乎兄與茲之字、皆有滋長之義所致耳。其說又詳見釋親篇「男子先生爲兄」節。說文水部況字、義別。

矧者、說文「矤、況詞也、从矢、引省聲；」經典相承作矧、不省。晉案廣雅云：「矧、長也、」方言「矤、長也、」此與說文兄訓長同意、亦爲滋長之義。矤、兄、義同、故爾雅云：「矧、況也。」

爾雅學

譬況單疏本雪䆫本同、釋文辟況本亦作譬、同。按古譬況字多作辟。此當從陸本。

矧況也○釋曰注疏本刪。

取辭之所之如矢也注疏本脫之所之三字。

校勘記

(注辟況○「辟」、宋刻十行本作「譬」、當據正。

宋監本校箋

稟廩也

稟廩也。或說云即倉廩所未詳。

郭注

稟廩也　釋曰廣雅云廩倉也、則稟廩皆囷倉之別名。孫炎云廩藏穀鮮絜也。舍人云稟少鮮也。郭云或說云即倉廩所未詳。

邢疏

廩廯也　廯、藏穀鮮絜也。釋文　邢疏

孫音注

廩廯也　卽倉廩。郭注或說云

廩廯也　或說云卽倉廩。郭注

郭音義

黃輯古義

廩廯也　廩、少鮮也。釋文　邢疏

犍爲注

廩廯也　廯、藏穀鮮絜也。釋文　邢疏

孫音注

玉函山房輯佚

廩廯也　郭注、或說云卽倉廩。

舍人曰、廩、少鮮也。釋文　邢疏

孫曰、廯、藏穀鮮絜也。釋文　邢疏

漢注

廩廯也

舍人云、廩、少鮮也。孫炎云、廯、藏穀鮮絜也。並釋文二十九卷

郭璞云、或說云卽倉廩所未詳。

一切注音

廩廯也　舍人云、廩、少鮮也。孫炎云、廯、藏穀鮮絜也。

釋文

蕙心案、經典無廯字。孫炎言鮮絜、舍人言少鮮、皆以廯爲鮮。廯从广、或涉廩字而譌。

古注斠

廩力錦反廯也息淺反。廣雅云、廯、倉也。孫炎云、廯、藏穀鮮絜也。舍人云、廩、少鮮也。郭云或說云卽倉廩所未詳。

陸音義

廩廯也　取之如單鮮故也。

新義

廩廯也　廣雅云、廯、倉也。

鄭樵注

廩廯也　舍人曰、廩、少鮮也。

孫炎曰、廯、藏穀鮮絜也。

郭璞曰、或說云卽倉廩所未詳。

鄭樵曰、廣雅云廯、倉也。

古注合存

廩廯也。廯先上聲。○此釋廩爲廯之義也。疏曰、廣雅云、廯、倉也。廩廯蓋百囷倉之別名。孫炎云、廯、藏穀鮮潔也。舍人云、廩、少鮮也。

注疏參義

廩廯也註或說云卽倉廩所未詳

正義　說文云、亩、穀所振入、宗廟粢盛、倉黃亩而取之、故謂之亩。亩、或作廩。釋名云、廩、矜也、寶物可矜惜者投之其中也。文選註引月令章句云、穀藏曰倉、米藏曰廩。釋文引孫炎云、廯、藏穀鮮絜也。舍人云、廯、少鮮也。廣雅云、廯、倉也。

正義

廩廯也　或說云卽倉廩所未詳

廯者、玉篇云倉也、廩也。廩者、說文作亩、云穀所振入、宗廟粢盛、蒼黃亩而取之、故謂之亩。或从广、廩。是廩爲或體。經典俱作廩。詩豐年傳、廩、所以藏盛之穗也。地官序官廩人注、盛米曰廩。按毛云藏穗、鄭云藏米。二說不同、要爲倉之總名。故豐年釋文、廩、倉也、是矣。爾雅釋文引舍人云、廩、少鮮也。孫炎云、廯、藏穀鮮潔也。是孫炎及舍人俱以廯爲鮮、或取鮮少、或取鮮潔、可知古本廯止作鮮。後人淺俗妄以意作廯耳。郭云未詳、蓋以經典無廯字故也。若作鮮、鮮訓少也。廩亦少意。故公羊文十三年傳羣公廩、何休注、廩者連新於陳上、財令半相連爾。鄭氏易注引作羣公濂。濂猶廉也、廉亦少意、是廩爲鮮少之名。釋名云、廩、矜也。矜惜亦少之義、與舍人合。然則廩訓爲鮮、其證明矣。

義疏

廩鮮廯也　舍人注、廩、少鮮也。孫注、廩、藏穀鮮絜也。郭注、或說云卽倉廩所未詳。亩、象藏穀。亩、或从广、稟、倉藏食穀、亩藏粢盛。詩、亦有高廩、春秋傳、羣公廩、注、連新於陳上。鄭引廩作濂、亦謂褸也。鮮見上。加广、亦倉廩之名。羣公雖減殺、不宜食陳米。藉田百畝、豈儉於米。蓋盛者天子之制、壽者二伯之制、廩則諸侯之常耳。

集解

㢈廯也

㢈字一作㐭、穀所振入、宗廟粢盛、蒼黃㐭而取之、故謂之㐭。从入回、或从广禀。引申爲廯、謂穀蒼黃之穛入耳。詩豐年亦有高㢈。釋文倉也。公羊文十三傳羣公㢈、注㢈者、連新於陳上、財令半相連爾。鄭氏易注引作羣公溓、溓猶兼穛也。廯字本作鮮、魚名、从魚羴省聲。經典或以爲羼之借字。羼羊相廁也、从羴在尸下。尸、屋也。引申爲凡羼穛之偁。顏氏家訓典籍錯亂、皆由後人所羼是。

義證

㐭廯也

註或說云卽倉㐭所未詳（補正）邢疏、廣雅云廯、食也。則㐭廯百囷倉之別名。孫炎曰、廯、藏穀鮮絜也。舍人曰、㐭、少鮮也。

郭注補正

㐭廯也

㐭、說文作㐭、云穀所振入、宗廟粢盛、蒼黃㐭而取之、故謂之㐭。或從广禀。今經典通作㐭。周頌豐年亦有高㐭、毛傳云㐭、所以藏齍之穗也。彼釋文云、㐭、倉也。孫炎云、廯、藏穀鮮絜也。舍人云、㐭、少鮮也。郭云、或說云卽倉㐭。

說詩

㢈廯也疏則㢈廯百囷倉之別名 百、疑者、或皆字之誤。

注疏正字

㐭廯也

說文無廯字。通作鮮。春秋公羊文公十有三年傳曰羣公㐭何、注㐭者、連新於陳上。新謂新穀也、陳謂陳穀也。鮮有新義。儀禮士昏禮腊必用鮮、疏曰腊用鮮者、取夫婦日新之義、今猶以明潔爲新鮮。㐭訓鮮者、取藏新穀之義爾。

小箋

㐭廯也

釋文廯、息淺反。廣雅曰、廯、倉也。孫炎云、廯、藏穀鮮絜也。舍人云、㐭、少鮮也。郭云、或說云卽倉㐭、所未詳。引之謹案、說文無廯字、自漢以前亦無謂倉㐭爲廯者。舍人本作鮮、訓㐭爲少鮮、是也。文十三年公羊傳羣公㐭何、注曰㐭者、連新於陳上、財令半相連爾。疏曰、㐭謂全是故穀、但在上少有新穀、財得相連而已、故謂之㐭。㐭者、希少之名。以上公羊疏也。少與鮮同義、故爾雅訓㐭爲鮮也。鄭注易坤卦引公羊傳作羣公溓。見小雅采薇正義。溓音廉、今本溓譌作慊、依毛詩注疏校勘記改。溓之言廉也、廉亦約少之名。大元有少以象謙卦、其詞曰、物溓然能自韱。溓然者、約少之貌、義與㐭同也。然則㐭者鮮少之名、故訓㐭爲鮮。作廯者、因㐭字而誤加广耳。廣雅訓廯爲倉、卽因此而誤。若爾雅以廯爲倉、則當在釋宮、不當在釋言矣。藏穀鮮絜之注、又從爲之辭。景純言未詳、蓋不信叔然之說也。

述聞

㐭廯也 說文下五㐭、从亠回、象屋形。或从广从禾作㐭。广部無廯字。

匡名

㐭廯也 說文、㐭、穀所振入、宗廟粢盛、倉黃㐭而取之、故謂之㐭。从入、象屋形、中有戶牖。或从广禾。周頌、亦有高㐭。文選註、穀藏曰倉、米藏曰㐭。孫炎曰、癬、藏穀鮮潔也。

啓蒙

廯 𪊲 釋文。廣雅云廯、倉也。孫炎云廯藏穀鮮潔也。舍人云㐭少鮮也。王氏經義述聞云。舍人本是也。文十三年公羊傳羣公㐭。疏曰。㐭者。希少之名。少與鮮同義。故爾雅訓㐭爲鮮也。

依孫字當作𪊲、依舍人字當作尟。

黃侃評本正名

㢈廯也。 廯依孫炎字當作𪊲、依舍人字當作尟。

黃侃音訓

㐭廯也

㐭廯也。釋文、孫炎云廯、藏穀鮮絜也、舍人云㐭、少鮮也。頤烜案，孫炎以鮮爲絜，舍人以鮮爲少，本皆作稟鮮也。郭意同於孫炎舍人，故注云或說云卽倉廩，所未詳。引其義未改其字，本亦當作鮮。公羊文十三年傳羣公稟，疏稟者希少之名。詩采薇正義引鄭易注，嫌讀如羣公溓之溓。溓亦是希少之義，皆與舍人注合。

讀爾雅錄

稟、鮮也。

釋文引孫炎云：「鮮、藏穀鮮絜也。」又引舍人云：「稟、少鮮也。」二義雖殊、皆用鮮字、是爾雅必作鮮、不作廯也。稟者、說文云：「亩、穀所振入、宗廟粢盛、蒼黃亩而取之、故謂之亩。或从广禾。」經典皆用或體稟。稟訓鮮者、卽舍人鮮少之義也。公羊傳「羣公稟」、何注云：「稟者、連新於陳上、財令半相連爾。」疏云：「稟者、希少之名。」郝云：「釋名云：『稟、矜也、矜惜亦少之義。』」是稟本有鮮少之義也。稟與溓通、易坤卦鄭注引公羊作「羣公溓」。王引之云：「溓之言廉也；廉亦約少之名。」鄭引公羊、不作稟而作溓、則爾雅作鮮、其義爲少、亦其證也。王氏又云：「作廯者、因稟字而誤加广、廣雅訓廯爲倉、卽因此而誤。若爾雅以廯爲倉、當在釋宮、不當在釋言矣。」此說是也。

爾雅學

稟廯也○釋曰　注疏本刪。

則稟廯皆困倉之別名　注疏本皆誤亩。

校勘記

稟廯也疏則稟廯者困倉之別名。今本者誤作亩。

注疏本正誤

稟廯也　王引之曰：說文無廯字，自漢以前亦無謂倉爲廯者。疏引舍人云：稟，少鮮也。是爾雅本作稟鮮也。公羊傳公稟，何休注曰：稟者，連新於陳上，財令半相連爾。疏云：稟謂全是故穀，但在上少有新穀，財得相連而已，故謂之稟。稟者，希少之名。少與鮮同義，故爾雅訓稟爲鮮也。作廯者因稟字而誤加广耳。廣雅訓稟爲倉，卽因此而誤。若爾雅以廯爲倉，當在釋宮，不當在釋言矣。

注疏校勘札記

廩廯之○「廩」，宋刻十行本作「稟」，當據正。注同。

宋監本校箋

廩廯音侁也

音圖・音

稟、廯也。先上聲

孫偘直音

稟廯聲先上也。廯倉也

楊氏音訓

廯息淺切

干氏音釋

逭逃也

逭逃也。亦見禮記。

郭注

逭逃也　釋曰：謂逭逃。商書太甲云：自作孽，不可逭。注亦見禮記者，案緇衣云：子曰：小人溺於水，君子溺於口，大人溺於民，皆在其所褻也。下云：太甲曰：天作孽，可違也；自作孽，不可以逭。

邢疏

逭逃也　行相避逃謂之逭。書正義八

樊注

黃輯古義

逭逃也

行相避逃謂之逭　書太甲中正義

樊注

玉函山房輯佚

逭逃也

行相避逃謂之逭，亦行不相逢也。樊注　書疏八

鈎沉

逭逃也

樊曰：行相避逃謂之逭。書正義八

漢注

逭逃也

樊光云：行相避逃謂之逭，亦行不相逢也。書正義八卷

郭璞云：亦見禮記。

一切注音

逭逃也　樊光云行相避逃謂之逭。書太甲正義

古注斠

逭音換

陸音義

逭逃也

見兆而去，有官守者當如此。故孔子去魯，不脫冕而行。王文公曰，謝事而去，如射之行矣。

新義

逭逃也太甲云，自作孽，不可逭。

鄭樵注

逭逃也

樊光曰，行相避逃謂之逭。

郭璞曰，亦見禮記。

鄭樵曰，太甲云自作孽不可逭。

古注合存

逭逃也。逭音換。○此釋換爲逭之義也。疏曰，書太甲云，自作孽，不可逭。

注疏參義

樊光云，行相逃謂之逭。

補注

逭逃也〔註〕亦見禮記〔正義〕書疏引樊光曰，行相避逃謂之逭，亦行不相逢也。〔註〕亦見禮記。○〔正義〕緇衣引太甲云，自作孽，不可以逭。梅賾所上古文尚書取之，郭氏見梅賾本，故云亦見禮記。

正義

逭逃也　案，緇衣釋文云，不可以踰，本又作逭。

校議

逭逃也亦見禮記

說文云，逃，亾也。逭，逃也。書大甲正義引樊光云，行相避逃謂之逭。郭云見禮記者，緇衣引太甲文，鄭注用爾雅。

義疏

逭逃也樊注，行相避逃謂之逭。郭注，亦見禮記。

逭，从官辵，謂棄事辵匿者。或从兆，藿。藿，雀跳而厺也。記引書不可以逭。逃，从兆，分別背辵。亦作跳。

集解

逭

逃也逭行相逃避也，从辵官聲。或作𨗨。禮記緇衣引大甲云，自作孽，不可逭。今書僞傳云，逭，逃也。逃，亡也，从辵兆聲。穀梁文七傳以是爲逃軍也。

義證

逭逃也

〔註〕亦見禮記〔補正〕臣鍪按，書疏引樊註云，行相避逃謂之逭，亦行不相逢也。

郭注補正

逭逃也　注亦見禮記

正曰，禮記緇衣、太甲曰，自作孽，不可㠯逭，爲王肅僞作古文太甲篇所襲取。郭云亦見禮記，不云見禮記者，意中有僞古文太甲篇在也。僞書盛行於江左，景純侶不得辭其咎。

正郭

逭逃也

逭謂更易也　亦見禮記

慧琳廣弘明集十卷音義引郭注爾雅云，逭，謂更易也。樹枏案，更易與逃義不相屬。郭盖先釋逭字之義，而後引禮記以證逭之爲逃，故加亦字以明逭之有二義也。

郭注佚存補訂

逭逃也案，尚書疏引樊光云，行相避逃謂之逭。

注疏正字

逭逃也　說文同。

匡名

逭逃也說文，逭，逃也。太甲自作孽不可逭。傳，逭，逃也。逃，亡也。

啓蒙

逭、逃也亦見禮記。郭云亦者、亦書太甲文。

黃侃音訓

逭、逃也。

郭注「見禮記、」緇衣引太甲云：「自作孽、不可逭、」此郭所本。書疏引樊光云：「行相避逃謂之逭、」即行不相遇也。說文「逃、亡也；逭、逃也；」即用釋言文。

爾雅學

逭逃也○釋曰謂逭逃注疏本刪上五字。逭字元本同、閩本監本毛本改遯。

校勘記

四行逭逃也○「逭」，唐寫本作「涫」。

宋監本校箋

逭音換逃也

音圖・音

逭逃也。換

孫侶直音

逭換逃也

楊氏音訓

逭換

干氏音釋

訊言也。相問訊。

郭注

訊言也　釋曰訊問以言也。郭云、相問訊、詩云執訊獲醜。

邢疏

訊言也

郭璞云、相問訊。

一切注音

訊言也

郭璞曰、相問訊。

古注合存

訊言也。此釋訊爲言之義也。註曰、相問訊也。疏曰、訊問以言也。

注疏參義

訊言也**註**相問訊**正義**說文云、訊、問也。相問以言也。曾子事父母篇、弗訊不言。

正義

訊言也相問訊　言者、對語之稱。則直言曰言、對訊之稱則相問爲言。廣雅云、言、問也。曲禮君言不宿於家、鄭注言、謂有故所問也。聘禮若有言、鄭注有言、有所告請若有所問也。家人云言、鑾車象人、鄭衆注言、言問其不如濾度者。是皆言訓問之證。釋名云、言、宣也、宣彼此之意也。然則自言與問人通謂之言矣。訊者、說文云問也。經典訊多訓問、問亦言也。故詩出車箋及小司寇司刺注並云、訊、言也。出車傳又云、訊、辭也。辭與言同。然則訊言卽訊問。詩執訊獲醜、卽執言而問也。小司寇用情訊之、卽以言推問也。司刺訊羣臣、亦訊言訪問也。玉篇廣韵並云、誶、言也。誶訊聲轉、古字通用。已詳釋詁誶告也下。

義疏

訊誶言也郭注相問訊。凡疾問訊、周官用情訊之、詩執訊獲醜皆謂訊罪。又爲凡言也。詩誶予不顧、亦作訊。

集解

訊言也訊問也、从言卂聲。引申爲言、謂訊鼻而使之自言耳。周禮小司寇用情訊之、禮記王制以訊馘告、均是也。詩出車執訊獲醜、箋訊、言也。言、直言也、从口䇂聲。

義證

訊言也

相問訊也

唐殘本玉篇言部誶下引釋詁誶告也、又引此注、相問誶也。今據補也字。

郭注佚存補訂

訊言也

言、問也。見廣雅、非言語之言。小雅出車執訊獲醜箋、云訊、言也、執其可言問所獲之眾以歸。大雅皇矣執訊連連、箋云訊、言也、執所生得者而言問之。是以言爲問也。小雅正月訊之占夢、傳云訊、問也。雨無正莫肯用訊、箋云訊、告也。陳風墓門歌以訊之、傳云訊、告也、彼釋文引韓詩云訊、諫也。告諫與問同義。訊本作誶。訊予不顧、楚詞章句作誶予不顧。正月皇矣釋文竝云、訊、又作誶。誶與訊同。訊又作誶、誶爲訊之古文。

說詩

訊言也疏詩云執訊獲醜詩云、當作小雅出車云。

注疏正字

訊言也

家大人曰、言非言語之言、乃言問之言、言即問也。故郭曰、相問訊。廣雅曰、言、問也。聘禮曰、若有言則以束帛。鄭注有言、有所告請、若有所問也。曲禮曰君言不宿於家、鄭注言謂有故所問也。曾子問曰、召公言於周公、鄭注爲史佚問。哀公問曰寡人願有言然冕而親迎不已重乎、願有言、願有問也。昭二十五年左傳曰叔孫氏之司馬鬷戾言於其衆曰、若之何、言於其衆、問於其衆也。史記倉公傳曰臣意言王曰才人女子豎何能、言王、問王也。周官小司寇曰用情訊之、鄭注訊、言也、用情理言之、冀有可以出之者。言之、問之也。言與問同義、故或謂之言問。漢書賈誼傳曰臣聞聖主言問其臣而不自造事。言亦問也。連稱言問者、古人自有複語耳。顏師古注欲發言則問其臣、分言問爲二義、失之。周官冢人言鸞車象人、注鄭司農云、言、言問其不如法度者。大祝言甸人、注鄭司農云甸人主設複梯、大祝主言問其具梯物。小雅出車篇執訊獲醜、鄭箋曰訊、言也、執其可言問所獲之衆以歸。大雅皇矣篇執訊連連、箋曰訊、言也、執所生得者而言問之。皆以言問二字連文、言與問訊同義、故曰訊、言也。而邢疏云訊問以言、邵云相問以言、又引曾子事父母篇弗訊不言、則皆誤以言爲言語之言矣。

述聞

訊言也說文、訊、問也。曾子事父母篇、弗訊不言。

啓蒙

訊言也。相問訊 言又與唁聲義近、昭二十五年穀梁弔失國曰唁、唁亦問矣。

黃侃音訓

訊、言也。

說文「訊、問也；」經典訊字多訓問、爾雅訊訓言、言亦問也、故郭注云：「相問訊。」詩出車箋及小司寇司刺注竝云：「訊、言也、」亦謂問也、廣雅「言、問也、」曲禮「君言不宿於家、」鄭注云：「言、謂有故所問也、」史記倉公傳云：「臣意言王曰：『才人女子豎何能？』」是君言、即君問、言王、即問王也。王引之云：「言與問同義、故或謂之言問。漢書賈誼傳曰：『臣聞聖主言問其臣、而不自造事、』周官冢人注云：『言、言問其不如濩度者、』皆以言問二字連文。」此動詞複用之例也。

爾雅學

訊言也○釋曰 注䟽本刪。

校勘記

訊言也（注）相問訊○「訊」，唐寫本作「誶」．案：原本《玉篇》言部「誶」音息悖反．注云：「《周禮》：用情誶之，鄭玄曰：誶告也．《爾雅》亦云．郭璞曰：相問誶也．」案「相問誶也」即此條注文．據此可知顧氏所據《爾雅》郭注本「訊」亦作「誶」．

宋監本校箋

間俔也

間、俔也。左傳謂之諜、今之細作也。

郭注

間俔也 釋曰反 間、一名俔、今之細作也。注左傳謂之諜者、案桓公十二年云使伯嘉諜之、杜注云諜伺也。兵書謂之反閒也。案說文云，諜軍中反閒也。謂詐爲敵國之人，入其軍中，伺候閒隙，以反報其主。又鄭注周禮掌戮云，諜謂姦寇反閒者。　**邢疏**

切注音　閒俔也　郭璞云，左傳謂之諜，今之細作也。

閒音諫。俔也胡典反。之諜徒協反。杜預注左傳云，諜，伺也。說文云，軍中反閒也。　**陸音義**

訊言也閒俔也　閒以見之爲閒。訊不必見也，以其言訊之。　**新義**

閒俔也　閒，諜。一名俔，胡典反，今謂細作是。　**鄭樵注**

閒俔也　郭璞曰，左傳謂之諜，今之細作也。鄭樵曰，閒，諜。一名俔，胡典反，今謂細作是。　**古注合存**

閒俔也　閒音諫，俔賢上聲。○此釋閒爲俔之義也。註曰，閒，左傳謂之諜，今之細作也。疏曰，桓十二年使伯嘉諜之，杜註云，諜，伺也。兵書謂之反間，謂佯爲敵人，入伺其軍中，候間隙以反報其主也。　**注疏參義**

閒俔也【註】左傳謂之諜，今之細作也【正義】說文云，俔，聞見也。爲間者密有所聞見，故謂閒爲俔。孫子云，事莫密于閒。齊策云，乃縱反閒于燕。【註】左傳謂之諜。○【正義】襄十一年傳云，胥諜曰齊師遁，謂以所見聞來告也。周官掌戮云，掌斬殺賊諜而搏之。鄭註，諜謂姦寇反閒者。說文云，諜，軍中反閒也。

正義

閒俔也　郭注左傳謂之諜今之細作也　玉案，左傳註曰，諜曰遊偵，亦謂之閒。諜閒與偵義同，今俔或偵字之譌。古今韻會引此註云，左傳謂之諜，今謂之細作，亦曰遊偵。今本蓋脫去末句。　**校議**

閒俔也　左傳謂之諜今之細作也　俔者，說文云，譬諭也，一曰閒見。本爾雅爲訓也。詩俔天之妹，韓詩俔作磬，云譬也。又說文所本矣。閒者，釋詁云，代也。閒謂空隙，居其中則爲閒，代出其外則爲閒。見閒見猶言不常見也。凡譬況之詞，必取非常所見，故云，罕譬而諭。方言謂之代語，說攷說文謂之閒見，其義一也。郭訓閒爲諜，非矣。閒俔雙聲疊韵。覵、覸爾雅釋詩，當俔在閒上，今本誤倒耳。　**義疏**

閒俔也　郭注、左傳謂之諜，今之細作也。此當作俔閒，郝云，誤倒，是也。詩俔天之妹，韓詩作磬，說文譬也。記見以蕭光，見以夾甒，鄭說皆當爲覸，本此爲說也。見無禨義，故釋爲閒。

閒俔也　閒，隙也，从門中見月。會意。正字爲俔，俔閒疊韵。詩車舝閒關車之舝兮，傳訓閒爲設。蓋取閒俔以爲義也。俔，譬喻也，謂設詞也。一曰閒見，詩大明俔天之妹，傳俔譬也。韓詩作磬，亦同。或者閒俔即瞯視，與孟子所謂王使人瞯夫子是也。　**集解**

義證

閒俔也

注，左傳謂之諜，今之細作也。

釋文，閒音諫。俔也胡典反。之諜陡協反。杜預注左傳云，諜，伺也。說文云，軍中反閒也。

疏，閒音諫，俔胡典切。反閒一名俔，今之細作也。注左傳謂之諜者，案桓十二年云使伯嘉諜之，杜注云，諜，伺也。兵書謂之反閒也。案說文云，諜，軍中反閒也。謂佯爲敵國之人，入其軍中，伺候閒隙，以反報其主人。鄭注周禮掌戮云，諜謂姦寇反閒者。

鄭注，閒，諜。一名俔，胡典反，今謂細作是。

正義，說文云，俔，聞見也。爲閒者密有所聞見，故謂閒爲俔。孫子云，事莫密于閒。齊策云，乃縱反閒于燕。「注」左傳謂之諜。襄十一年傳云，胥諜曰齊師遁，謂以所見聞來告也。周官掌戮云掌斬殺賊諜而搏之、鄭注諜謂姦寇反間者。說文云諜、軍中反間也。

義疏、俔者、說文云譬諭也、一曰間見、本爾雅爲訓也。詩俔天之妹、韓詩俔作磬、云譬也。又說文所本矣。間者、釋詁云代也。間謂空隙、居其中則爲間、代出其外則爲間。見間見猶言不常見也。凡譬況之詞、必取非常所見、故云、罕譬而諭、方言謂之代語、見方言十。說文謂之間見、其義一也。郭訓間爲諜、非矣。間俔雙聲疊韻。俔、牽遍反、見詩釋文。

爾雅釋詩、當俔在間上、今本誤倒耳。

世榮案間、諜一名俔、其說無徵、以非常所見傅合譬諭說甚迂曲。爾雅固多釋詩、不見於詩亦正不少。說文一曰每多別義、間見猶云偶見、不與上文相屬也。間卽釋詁訓代之間、代卽方言代語之代、與俔訓譬諭同義。故以俔訓間以訓詩則當曰俔間、不訓詩則不倒、亦可譬諭爲俔之本義、代非間之本義、釋言所釋多非本義、則作間俔乃其宜也。或曰俔从見聲、俔見本古今字、例得通用。間俔卽說文間見、乃雙聲疊韻形況之字。重言之則曰間見、亦可曰見間、單言之則可曰間、亦可曰見、其義則爲偶然之意。史記陳涉世家又間令吳廣之次近所旁叢祠中、索隱引服虔間音中間之間。留侯世家良嘗間從容步游下邳圯上、索隱間、閑字也。二音不同、實則一義。穀梁成八年傳見一稱也、范注是更見一稱。又有雜廁之意。釋詁孫炎注間廁之代也。儀禮聘禮記注、間猶代也。偶則不純、故偶與雜義相因。左莊十年傳又何間焉、疏間謂間雜。此單用間字者。禮記祭義見以蕭光。此單用見字者。說文之一曰間見、祭義見間以俠甒、此重用而顚倒出之者。此經之以俔釋間、猶遜遯連文而以遯釋遜、振訊連文而以振釋訊、楮杜連文而以杜釋楮也。鄭君注禮於見及見間皆讀爲覸而訓以雜、然覸字不見於說文、可知爲漢時俗書、卽合間見二字成之。許君知古有間見之語、又知字或用俔、故坿其說於俔字之下而不出覸字、此許勝於鄭也。段氏玉裁注說文正間字之誤、又知許義本於釋言、其識固卓然、牽於雅亦釋詩、致疑爾雅原文倒奪、則千慮之失矣。竝存之以廣異義。釋言集解後案

間俔也俔胡典反

註左傳謂之諜、今之細作也。補正邢疏、左傳杜註云諜、伺也。兵書謂之反間。郭注補正

間俔也

大雅大明俔天之妹、毛傳云俔、磬也。彼釋文云韓詩作磬、磬、譬也。說文云俔、譬諭也、一曰間見、詩曰俔天之妹。正義云、如今俗語譬諭物云磬作然也。

此係釋詩、俔字應作俔間也、傳寫者誤倒耳。釋詁云、間、代也。俔者以譬諭之辭代正言也。說詩

間俔也間詳釋詁。說文、俔、諭也、一曰間見。郭註、左傳謂之諜。諜、軍中反間也。爲間者密有所間見。故謂間爲俔。孫子事莫密于間是也。啓蒙

間、俔也。左傳謂之諜、今之細作也。廣雅間、覘、諜、驛也。覘卽偵也、窺也、說文諜、軍中反間也、俔訓間見、卽瞯之義。廣雅瞯、視也。字亦作覸、然則俔亦窺視之義、故亦釋間、廣雅謂之驛者、驛猶傳也。黃侃音訓

間俔也

錦燧謹案爾雅爲釋詩而作、疑間俔二字今本誤倒、乃釋詩大明篇俔天之妹也。說文人部云、俔譬喻也、一曰間見。韓詩俔天之妹作磬天之妹、云譬也、是韓雖用假字作磬、而義仍讀爲俔。俔訓間者、卽許書一曰間見之謂、或齊魯家之遺說乎。陸錦燧日記

間、俔也。說文人部云：「俔、一曰間見。」段云：「若言不可多見而間見之。爾雅無見字、容爾雅原文、今有倒奪。」晋案間者、不常也、俔者、不常見也、俔有間之義、而間無見之義、故爾雅當云：「俔、間見；」或云：「俔、間也、

」其詞始備。段說未嘗不是、但不可因大雅有「俔天之妹」之語、以爲俔當在閒上也。

爾雅學

閒俔也○釋曰注疏本删。謂詐爲敵國之人元本詐作詳、閩本監本毛本遂改佯。又鄭注周禮掌戮云注疏本又誤人。

校勘記

閒音諫俔也

音圖・音

俔注不引詩俔天之妹。案俔、韓詩作磬、故音牽遍翻、牽去聲、以同音也。訓譬喻、徐又下顯翻、非。案爾雅閒俔之俔胡典翻、賢上聲、下顯翻同。訓反閒、字同而音義各異。

音略

閒諫俔賢上聲也

孫偘直音

閒諫俔賢上聲也左傳謂之諜。

楊氏音訓

俔胡典切

干氏音釋

沄沆也

沄沆也水流漭沆。

郭注

沄沆也　釋曰說文云沄轉流也一曰沆郭云水流漭沆漭沆水大貌

邢疏

沄沆也　郭璞云水流漭沆。

一切注音

沄音云。沆也胡黨反。說文云、沄、轉流也、一曰沆。漭沆莫廣反、一音莫郎反、大水貌。

陸音義

沄沆也水流漭沆。

鄭樵注

沄沆也

郭璞曰、水流漭沆。

鄭樵曰、水流漭沆。

古注合存

沄沆也沄音云、沆杭上聲。○此釋沄爲沆之義也。註曰、水流漭沆。疏曰、說文云、沄、轉流也、一云、沆漭、大水貌。愚按諸釋互異。蓋水大則有轉流者與、

注疏參義

沄沆也**註**水流漭沆**正義**說文云、沄、轉流也。沆、莽沆、大水也。春秋繁露山川頌、水則源泉混混沄沄。楚詞九思云、流水兮沄沄。

正義

沄沆也水流漭沆

說文云、沆、莽沆、大水也。風俗通云、沆者、莽也、言其平望莽莽無涯際也。一切經音義七引通俗文云、水廣大謂之漭沆也。沄者、說文云、轉流也、讀若混。楚辭哀歲篇云、流水兮沄沄、王逸注、沄沄、沸流。按沸流卽轉流。沄讀若混、亦與沆爲雙聲。

義疏

沄沆也郭注水流漭沆。沄从云、古雲字、轉流也。經無沄、溳。詩昬姻孔云、又、不云自中、不云自頻、傳以云爲曰。蓋用此沄言中濆不復沄流也。沆从亢、古頏字。亢抗舉則沆涌流、蓋三家說。

集解

沄流也沄轉流也、从水云聲。引申爲流、楚辭所謂流水兮沄沄是也。經典或通作云員。詩正月昬姻孔云、傳云旋也。呂覽圜道雲氣西行云云然、

注云云運也則與沄訓轉義近。詩正月員於爾幅傳員益也、玄鳥景員維河傳員均也、則與沄釋沆義近。沆、莽沆大水也。从水亢聲。亢高也、亦極也、易乾所謂亢龍是。

義證

沄沆也

釋文引說文云轉流也、一曰沆。今說文脫一曰沆三字。沆者、本爾雅爲說也。說文沄讀若混。說詳訂經。

說詩

沄沆也註水流漭沆（漭、監本誤。）

注疏正字

沄沆也說文沄、轉流也。楚詞流水兮沄沄。郭註、水流漭沆。沆、莽沆、大水也。

啓蒙

沄沆也。郭云水流漭沆。楷案沄者、澐字之假音也。雲字之古文作云、故假沄爲澐。說文澐、江水大波謂之澐。又云沆、莽沆、大水也。澐與沆皆爲水大義、故以爲釋。郭云水流漭沆、是也。說文沄、轉流也、一曰沆。從釋文引。其轉流乃沄字之義、一曰說則本於此、而不知此乃澐字之假借也。許君此說未免太少區別矣。

稗疏

沄、沆也。

說文云：「沆、漭沆、大水也。」眾經音義七引通俗文云：「水廣大謂之漭沆。」沄者、楚辭九思云：「流水兮沄沄、」王逸注「沄沄、沸流、」亦水大貌。故說文云：「沄、轉流也。」

爾雅學

沄沆也○釋曰注疏本刪。

五行（注）水流漭沆○「漭」，宋刻十行本作「漭」，當據正。

校勘記

沄（音云）沆（音杭）也

宋監本校箋

沄沆也。（云　杭上聲）

音圖・音

沄（云）沆（杭上聲）也（沆水大貌）

孫偘直音

沄雲沆胡朗切

楊氏音訓

干氏音釋

干扞也

干、扞也。相扞衛。

郭注

干扞也　釋曰

郭云相扞衛。孫炎曰干盾自蔽扞。周南兔罝云公侯干城、言公侯以武夫自固、爲扞蔽如盾、爲防守如城然。

邢疏

干扞也

干楯所以自蔽扞也。（書正義四之二　詩正義　毛詩音義上）邢疏無所以二字。

孫音注

干扞也

黃輯古義

干楯所以自蔽扞也。邢疏　書大禹謨正義、詩周南兔罝正義　詩釋文

孫音注

玉函山房輯佚

干扞也

干盾所以自蔽扞。孫注　經典釋文五

鈎沉

干扞也

孫曰、干楯所以自蔽扞也。書正義四　詩正義一之二　毛詩音義上　邢疏

漢注

干扞也

孫炎云、干楯所以自蔽扞也。釋文五卷　郭璞云、相扞衞。

一切注音

干扞也

孫炎曰、干楯所以自蔽扞也。詩采芑釋文

古注斠

扞　戶旦反

陸音義

干扞也

干有扞而已。無和難之事、無制難之事。

新義

干扞也　自扞衞。

校議

干扞也

孫炎曰、干盾所以自蔽扞也。此從詩周南釋文。諸經疏無所以二字。

郭璞曰、相扞衞。

鄭樵曰、自扞衞。

古注合存

干、扞也、扞捍同。○此釋干爲扞之義也。註曰、相扞衛也。疏曰、詩兔罝云、公侯干城、言公侯以武夫爲扞衛、如干盾防守城池然、

注疏參義

干扞也 註 相扞衞 正義 干扞以聲爲義。周南兔罝云、公侯干城。釋之曰、此公侯之所以扞城其民也。文六年傳云、親帥扞之、杜註扞、衞也。釋文引孫炎云、干盾自扞蔽。

正義

干扞也　相扞衞

扞者、說文云忮也。玉篇云衞也、與捍同。華嚴經音義下引聲類扞作捍。通作斁。書汝多修扞我于艱、說文引作斁我于艱、云斁、止也。止、有禁禦之義、與衞義同也。干者、戰之叚借也。說文云、戰、盾也。經典借作干。詩兔罝采芑傳竝云、干、扞也。公矦干城、左氏成十二年傳引又曰此公矦之所以扞城其民也。書正義及詩釋文竝引孫炎曰、干楯所以自蔽扞也。說文云、盾、所以扞身蔽目。是孫義所本。

義疏

干扞也　孫注、干楯所以自蔽扞也。郭注相扞衞。干、从倒入、一、犯之。因以禦人來犯之器爲干。書、比爾干。詩、干城。字又作斁。斁又作扞禦字。書修扞我、說文引作斁。斁、止也。今多用捍。

集解

干扞也　干、犯也。从反入从一、指事。引申爲扞、謂因人犯而執器自扞耳、所謂干盾是也。說文則以戰爲之。詩采芑師干之試、傳干、扞。兔罝公侯干城、左傳引而釋之曰、此公侯之所以扞城其民也。扞、忮也、从手干聲。字亦作捍。經典或以爲斁之借字。斁、止也。書文侯之命斁我于艱、今本作扞。

義證

干扞也

註相扞衞 補正 邢疏、孫炎曰干盾自蔽扞、

郭注補正

干扞也

周南兔罝公侯干城、毛傳云干、扞也、箋云諸侯可任以國守扞城其民。正義引孫炎曰、干盾自蔽扞也。小雅采芑師干之試、傳云干、扞、箋云其士卒皆有佐師扞敵之用。皆本爾雅。

說詩

干扞也　說文、扞、忮也。註、忮當作枝。枝持字古書用枝、亦用支。許之字例則當作榰。許之榰柱、他書之搘拄也。周南公侯干城傳、干、扞也。左成十二年傳引詩而釋之曰、此公侯之所以扞成其民也。文六年傳、親卒扞之。廣韻扞下曰、以手扞、又衛也。玉篇扞、衛也。又作捍。祭法能捍大患、魯語作扞。

啓蒙

干、扞也。說文攴部云：「𢼛、止也、从攴、旱聲。」段云：「𢼛、扞、古今字。」許云止者、玉篇云：「扞、衛也、」止與衛義相成。干者、說文戈部云：「𢧀、盾也、」此干戈之本字、後世皆假干爲之。說文云：「盾、所以扞身蔽目；」書正義及詩釋文並引孫炎曰：「干楯所以自蔽扞、」左氏成十二年傳引兔罝「公侯干城、」而釋之曰：「此公侯之所以扞城其民也；」此皆以干爲扞、故爾雅曰：「干、扞也。」詩兔罝采芑傳並用雅訓以釋詩、而段乃云：「干爲扞之假借字、」恐未必然。

爾雅學

干扞也○釋曰　注疏本刪。

校勘記

干扞之○「扞」、唐寫本作「抗」、蓋因上文「沆」字而誤。

宋監本校箋

干、扞也。　翰

孫紹直音

干、扞捍也

楊氏音訓

扞侯幹切

干氏音釋

趾足也䠊刖也

趾、足也。足、脚。䠊、刖也。斷足。

郭注

趾足也䠊刖也　釋曰、易云、賁其趾。趾則足也、亦謂之脚。䠊一名刖、斷足刑也。呂刑云剕罰五百、孔安國云刖足曰剕。鄭注司刑云刖、斷足也。周改臏作刖。䠊剕音義同。

邢疏

䠊刖也　斷足曰刖也。書正義十九　春秋正義九　邢昺校元行沖孝經正義六

李注

黄輯古義

䠊刖也　斷足曰刖也。書呂刑正義　春秋莊十六年正義　孝經三才章邢昺疏

李注

玉函山房輯佚

刖也　斷足曰刖。李注　宋本春秋疏八

鈎沉

䠊刖也　李曰、斷足曰刖也。書正義十九　春秋正義九　邢昺校元行沖孝經正義六

漢注

䠊刖也　李巡云、斷足曰刖。書正義十九卷　左傳正義九卷　郭璞云、斷足。

古注斠

䠊刖也　李巡曰、斷足曰跀。書呂刑正義

一切注音

趾音止。䠊本亦作剕、同。扶味反、又技遠反。刖足曰剕。刖也音月。鄭注周禮云、斷足也。

陸音義

趾足也　老子曰知足不辱知止不殆此之謂也。

䠊刖也　月滿則闕、失知止之義矣。詩曰、四牡騑騑、騑騑行不止貌。

新義

趾足也　䠊刖也　䠊秩味反。斷足曰刖。

鄭樵注

趾足也　郭璞曰、足、脚。
䠊刖也　李巡曰、斷足曰刖。
郭璞曰、斷足。
鄭樵曰、䠊扶味反。斷足曰刖。

古注合存

趾、足也。䠊、刖也。䠊音廢。〇此釋趾爲足、䠊爲刖之義也。註曰、足、脚也。刖、斷足也。疏曰、易賁卦云、賁其趾。呂刑云、剕罰五百。孔安國云、刖足曰剕。

注疏參義

趾足也 註 足脚　䠊刖也 註 斷足 **正義** 釋名云、足、底也。趾、止也、言行一進一止也。說文趾作止、云止、下基也、象艸木出有址、故以止爲足。易鼎卦云、鼎折足、鄭註無事曰趾、陳設曰足。䠊、尚書作剕、呂刑云、剕罰五百。刖、說文作跀、云䠊、跀也。跀、斷足也。書疏引李巡云、斷足曰刖。

正義

趾足也　玉案、士昏禮曰、皆有枕北止、鄭註止、足也。釋名云、趾、止也。說文趾亦作止。古今韻會引郭註云、腳脛曲戾相交、所以謂雕題交阯。此註不知所據何本。

校議

趾足也 足脚 䠊刖也 斷足
釋名云、足、續也、言續脛也。廣雅云、滿也、止也、即玉切、又將喻切、云添物也。按、添物與滿止義亦相成。故老子上云、常德乃足、河上公注足、止也。趾者、說文作止、云下基也、象艸木出有趾、故以止爲足。士昏禮云北止、鄭注止、足也。古文止作趾。海內經云渠股豚止、漢書禮樂志云獲白麟爰五止、皆以止爲趾也。老子下云、知足不辱、知止不殆。詩相鼠釋文引韓詩云止節、亦即止足之義。經典止趾通用。故釋名云趾、止也。言行一進一止也。趾足聲相轉。〇刖者、跀之段借也。說文云、跀、斷足也。或从兀作𧿹。刖、絕也。經典俱借刖爲跀。故書呂刑正義引李巡云、斷足曰刖也。莊子養生主篇釋文引崔云、𧿹、斷足也。䠊者、說文云跀也、讀若匪。通作剕。釋文、䠊、本亦作剕。經典俱以剕爲䠊。蓋或體字也。

義疏

趾 止 阯 足也　郭注、足、腳。說文以爲象艸木出。止象足。詩、麟之趾。

䠊 剕 腓 刖 跀 𧿹 也　足。李注、斷足曰刖。郭注、斷足。䠊从非。象事。易咸其腓、从肉。書剕辟、从刀。各以義加之。刖从月、月闕也。或从兀、亦象事。

集解

趾足也　趾、字本作止、下基也、象艸木出有址、故以止爲足。止、趾古今字。儀禮士昏北止、注止、足也。古文止作趾。詩麟趾麟之趾傳止、足也。文選長笛賦秋潦漱其下趾兮、潘安仁河陽縣作詩落英隕林趾、注均云、趾、足也。足、人之足也、在下、从止口。易說卦傳、震爲足。

䠊刖也　䠊、跀也、从足非聲。刖也者、因刖爲跀之借字耳。字亦作剕。書呂刑、剕罰之屬五百。又曰、刖辟之屬五百。刖、絕也、从刀月聲。經典或以爲跀之借字。跀、斷足之刑也。周以前去膝骨曰臏、至周改爲跀而斬足止。

義證

䠊刖也
註 斷足 補正 釋文云、本亦作剕。

郭注補正

趾足也
足腳也
慧琳大唐三藏元奘法師本傳二卷音義趾下引

郭注爾雅亦脚也。樹枏案、此注當作趾亦脚也。今本删改。

跳刖也 謂斷足也

希麟新大方廣佛華嚴經十二卷音義引爾雅曰、跳、刖也。郭注云謂斷足也。今據補。

郭注佚存補訂

趾足也

趾、說文作止、云下基也。古文趾皆作止。豳風七月四之日舉趾、毛傳云民無不舉足而耕矣。是以趾爲足也。周南麟之趾、彼釋文云止本亦作趾。

跳刖也

說文云、跳、跀也。跀、斷足也。刖者、跀之假借。說詳訂經。

說詩

跳刖也疏易云賁其趾（易下當有賁卦初九四字。）刖斷足刑也（足、誤人。）

注疏正字

趾足也 說文二上止、下基也。象艸木出有址、故以止爲足。足部無趾字。詩麟之止、釋文作止。士昏禮北止、注曰止足也。古文止作趾。漢書刑法志斬左止、斬右止、師古曰止、足也。

跳刖也 跳、釋文云、本亦作剕。尚書正義（呂刑）引作剕。案、說文（足部）跳、跀也。从足非聲、讀若匪。跀、斷足也。从足月聲。或从兀作䟿。刀部無剕字。刖訓絕、通借耳。

匪名

趾足也跳刖也 趾、說文作止。止、下基也。象艸木出有阯、故以止爲足。註此引伸假借之法。玉藻、足容重。說文、跳、跀也。跀、斷足也。通作剕。呂刑剕罰五百、傳剕、斷足也。李巡云、斷足曰刖。刖、絕也。註凡絕皆稱刖、故剿云刖鼻。經以刖爲斷、是假刖爲跀也。

啓蒙

趾（止） 詩。麟之止。釋文。止本亦作趾。毛傳。止足也。

刖（跀） 刖。說文作跀。跀正字。刖借字。

黃侃評本正名

竝併也 慒慮也 衛鉄也 廩廯也 趾足也 跳刖也

儀禮注、今文竝皆爲併。（聘禮注）釋文、慒、字書作悰。（釋言釋文）說文作慒、慮也。（心部慒）鄭氏書注、絺、讀爲衛、鉄也。（引見益稷正義）說文㐭作亩（亩部穀所振入宗廟粢盛倉黃亩而取之故謂之亩）亩或從广從禾作廩。（亩部廩）廣雅廯倉也。（釋言釋文）孫炎云、廯、藏穀鮮絜也。（釋言釋文）舍人云、廩少廯也。（釋言釋文）釋名、趾、止也。（言行一進一止也。釋形體）說文趾作止。（云止、下基也、象艸木出有址、故以止爲足。止部）尚書跳作剕。（呂刑篇）說文刖作跀。（云跳、跀也。足部跳）

證異

趾足也

錦熺謹案、此釋詩麟之趾篇麟之趾七月篇四之日舉趾也。毛公麟之趾篇傳云趾足也、與雅訓合。說文無趾字。詩舉趾漢書食貨志引作舉止。左氏桓公十三年傳舉趾高、漢書五行志引作舉止高。易賁賁其趾、釋文趾本作止。艮艮其趾、釋文荀本作止。夬壯于前趾、釋文趾荀本作止。噬嗑屨校滅止、釋文止本作趾。繫辭履校滅止、釋文止、本作趾。儀禮士昏禮北止、鄭注古文止作趾。禮記內則奉席請何止、釋文止、本作趾。以此歷證之、知趾字古祇作止、趾字之足旁乃漢儒所增益。說文云止、下基也、象艸木出有阯、故以止爲足。是止有足義矣。

陸錦燧日記

趾、足也。

說文止部云：「止、下基也、象艸木出有阯、故目止爲足；」段云：「士昏禮『北止、』注『止、足也、古文止爲趾、』許从今文、故不錄趾字、」是趾爲古文止字、趾之爲足、乃由艸木之足、引伸爲人足、蓋假借義也。詩麟之趾傳云：「趾、足也、」即釋言文。引伸之、則趾足二字、皆有止住之義、釋名云：「趾、止也、」曲禮「清衽何趾、」乃問趾之所止也。廣雅云「足、滿也、止也、」老子上河上公注云：「足、止也、」老子下云：「知足不辱、知止不殆、」足、止、對用、此皆足之有止義也。

䠊、刖也。

說文「䠊、跀也。跀、斷足也；趴、跀或从兀。」是䠊、跀、爲本字。經典俱以刖爲䠊、以刖爲跀、呂刑云：「刖罰五百、」正義引李巡云：「斷足曰刖。」

爾雅學

趾足也䠊刖也○釋曰注疏本𠛬。䠊一名刖斷足刑也注疏本足誤人。元本一字實闕、閩本監本毛本改𠛬。

校勘記

趾足也(注)足脚○慧琳《音義》卷八十三引「郭注《爾雅》：亦脚也」。王樹枏謂此注當作「趾亦脚也」。

宋監本校箋

䠊音費刖也

音圖・音

止 趾足也。䠊刖也。肥去聲 月

孫侶直音

趾足也䠊廢刖也

楊氏音訓

䠊扶沸切 刖月

干氏音釋

襄駕也

襄駕也書曰懷山襄陵。

郭注

襄駕也 釋曰、謂乘駕也。鄭風大叔于田云兩服上襄、注書曰懷山襄陵、堯典文。

邢疏

襄駕也

郭璞云、書曰懷山襄陵。

一切注音

襄駕也

襄卻也、不窮其馬者也。

新義

襄駕也堯典云、懷山襄陵。

鄭樵注

襄駕也

郭璞曰、書曰懷山襄陵。

鄭樵曰、堯典云懷山襄陵。

襄駕也。此釋襄爲駕之義也。註曰、書堯典云、懷山襄陵。疏曰、謂乘駕也。

古注合存

襄駕也註書曰懷山襄陵正義上文云、襄除也。襄又爲駕也。說文云、駕、馬在軛中。鄭風大叔于田云兩服上襄、毛傳上駕者言爲衆馬之最良者也。註書曰至襄陵。○正義堯典文。

注疏參義

襄駕也書曰懷山襄陵

正義

駕者、加也。玉篇云上也、廣雅云䄠也、小爾雅云淩也。淩與陵、䄠與乘同。左氏昭元年傳猶詐晉而駕焉、杜預注駕猶陵也。然則駕取乘陵之義、乘陵亦加上之言、不獨馬在軛中稱駕矣。襄者、驤之叚借也。說文云、驤、馬之低仰也。玉篇云、驤、駕也、超也、低卬也。廣韵云、驤、馬騰躍、又速也、低昂也、馳駕也。是襄駕之襄、當作驤、省作襄。故詩兩服上襄、終日七襄、鄭箋並云、襄、駕也。史記趙世家正義云、襄、舉也、上也。文選西京賦注、襄、謂高也。高、上舉、皆駕之義。卽驤字之訓、故文選琴賦云參辰極而高驤、李善注驤、與襄同。

義疏

襄駕也

郭注、書曰懷山襄陵。襄上云、因。因而加之。詩、終日七襄。兩服上襄。今用驤。駕、馬在軛中。因爲駕陵。

集解

襄駕也 襄、解衣耕也。从衣𤔔聲。正字爲驤。驤、馬之低卬也。引申爲駕。驤襄通用字。詩大叔于田兩服上襄、大東終日七襄、箋均云襄、駕也。前漢書地理志堯遭洪水褱山襄陵、師古曰襄、駕也。駕、馬在軛中、从馬加聲。經典或以爲加之借字。

義證

襄駕也

說文云襄駕馬在軛中。鄭風大叔于田兩服上襄、小雅大東終日七襄、鄭箋並云襄、駕也。

說詩

襄駕也 鄭風兩服上襄、箋襄、駕也。說文、駕、馬在軛中。註言以車加於馬也。

啓蒙

襄、駕也。

說文「駕、馬在軛中。」引伸之爲駕陵之義、玉篇云：「駕、止也；」廣雅云：「駕、桀也；」左氏昭元年傳云：「猶詐晉而駕焉、」杜注「駕、猶陵也；」皆其義也。襄者、驤之假字、文選琴賦云：「參辰極而高驤、」李善注「驤與襄同、」是驤襄古通用。說文「驤、馬之低仰也、」玉篇「驤、駕也、超也、」借襄爲之、其義同。故爾雅郭注引堯典云：「懷山襄陵、」襄陵者、超陵也。

爾雅學

忝辱也

襄駕也○釋曰 注疏本刪。

校勘記

忝辱也。

郭注

忝 他簟反。

陸音義

忝辱也

心不逮天忝矣。莊子曰盡有天。

新義

忝辱也。此釋忝爲辱之義也。疏曰詩小宛云、無忝爾所生。

注疏參義

忝辱也

說文云、辱、恥也。釋名云、辱、衄也、言折衄也。堯典、否德忝帝位。小雅小宛云、無忝爾所生。

正義

忝辱也

忝、从天心、而音轉如占。疑卽恧篆文之誤也、而耐通用、故爲慚恥。詩、無忝爾祖、辱从辰寸。說文云、失農時戮之爲恥。

集解

忝辱也 忝、大辱也。从心天聲。天、大也。或謂爲恧之誤文、非也。書堯典否德忝帝位、孫疏忝、辱也。詩小宛無忝爾所生、傳忝、辱也。周語不忝前人、文選閒居賦忝司空大尉之命、沈休文學省愁卧詩纓佩空爲忝、注均云忝、辱也。辱、恥也、从寸在辰下。謂失農時而被上戮。論語遠恥辱也。

義證

忝辱也

說文云、忝、辱也。小雅小宛無忝爾所生、毛傳云忝、辱也。

說詩

忝辱節疏掿時燠若 掿、經作哲。

注疏正字

忝辱也　說文同。

匡名

忝辱也　說文、丟，辱也。小雅無忝爾所生，傳：忝，辱也。辱、恥也，从寸在辰下。失耕時於封畺上戮之也。辰者，農之時也，故房星爲辰，田候也。

啓蒙

忝、辱也。堯典「否德忝帝位、」小雅小宛「毋忝爾所生、」皆辱也。

爾雅學

燠煖也

燠煖也　今江東通言燠。

郭注

忝辱也燠煖也　釋曰：忝、謂恥辱也。詩曰：無忝爾所生。燠、溫也。洪範云：哲時燠若。郭云：今江東通言燠。

邢疏

燠煖也　燠、溫煖也。書洪範正義

犍爲注

黃輯古義

燠煖也　燠、溫處也。邢疏　書洪範正義

犍爲注

玉函山房輯佚

燠煖也　舍人曰：燠、溫煖也。書正義十二

漢注

忝辱也燠煖也　舍人云：燠、溫煖也。書正義十二卷　郭璞云：今江東通言燠。

一切注音

燠煖也　舍人曰：燠、溫煖也。書正義十二

古注斠補

燠　於六反。

陸音義

燠煖也　舍人曰：燠、溫煖也。郭璞曰：今江東通言燠。

古注合存

燠煖也　此釋燠爲煖之義也。詩無衣云：安且燠兮。

注疏參義

燠煖也　註　今江東通言燠。正義　書疏引舍人云：燠、溫暖也。說文云：燠、熱在中也。煖、溫也。洪範云：哲時燠若。疏引鄭註：燠、火氣也。唐風無衣云：安且燠兮。穀梁桓十四年傳云：時燠也。

正義

燠煖也　今江東通言燠　煖者，說文與煗並云溫也。玉篇云：煗、煖同。又暵、暖同。葢即煗煖之或體。又云：煖、乃管切，煖、火園切，分爲二音，非也。煖从爰聲，煗从耎聲，二字音同，與燠相轉。今讀煗乃管切，燠於六切，其音遂不復通矣。燠者，說文云：熱在中也。詩無衣傳：燠、煖也。小明傳：奧、煖也。奧與燠同。書云燠若，史記宋世家作奧若。洪範正義引舍人曰：燠、溫煖也。

義疏

燠（奧）煖（煊、煗）也　舍人注：燠、溫煖也。郭注：今江東通言燠。上云：燠、悗。此以居奧生溫煖義也。書：時燠，史記作奧。詩：日月方奧。又：安且燠兮。煖、煗、煊，今竝从日。日、火皆所以取熱，爰火，故煖火耎，亦煖火宣，亦煖。麻家有宣亥，漢有宣室，皆煊也。

集解

燠煖也　燠、熱在中也，从火奧聲。奧、內也，引申爲煖。詩無衣安且燠兮，傳：燠、煖也。禮記內則問衣燠寒，釋文：燠、暖也。後漢書明帝紀春不燠沐，文選頭陀寺碑文桂深冬燠，注均云：燠、暖也。書堯典厥民隩，馬注：隩、煖也。史記作燠。詩小明日月方奧，傳：奧、煖也。老子道者萬物之奧，釋文：奧、煖也。以隩、奧爲之。煖、溫也，从火爰聲。禮記王制七十非帛不煖。

義證

燠煖也　說文云：燠、熱在中也。煖、溫也。唐風無衣安且燠兮、毛傳云、燠、煖也。彼釋文云奧、本又作燠、於六反。當是陸所見毛本作奧、故先出奧字。小雅小明日月方奧、傳云奧、煖也。奧者、燠之省文、古通用。書洪範曰燠時燠若、史記宋微子世家作曰奧時奧若。

說詩

燠煖也　燠省作奧。詩唐風無衣安且奧兮、傳奧、煖也。釋文云本又作燠。又小雅小明日月方奧、傳奧、煖也。正用此訓。又通隩。堯典厥民隩、馬融云煖也。

匡名

燠煖也　說文、燠、熱在中也。唐風安且燠兮、傳燠、煖也。𤎖、温也。孟子、輕煖不足以體與。

啓蒙

燠、煖也。說文火部云：「煖、盈也、从火、爰聲、」又云：「㬮、盈也、从火、奧聲、」煖、況袁切；㬮、乃管切；今人讀煖與㬮音同。燠者、說文「熱在中也、从火、奧聲。」段云：「以奧會意、此舉聲以見意也。」蓋說文奧、烏到切、故因聲見義、其意爲熱在中也。燠義得於奧、故亦得假奧爲燠、小雅小明云：「日月方奧、」傳「奧、煖也；」洪範「燠若、」史記宋世家作「奧若；」皆其證。玉篇「㬮、煖、同；㬮、暖、同；」不知煖與㬮異音、暖、㬮、則煖、㬮之或體也。

爾雅學

忝辱也燠煖也○釋曰注疏本刪。

校勘記

燠音郁　煖也

音圖・音

燠煖也。

孫偘直音

燠於六切　煖也

楊氏音訓

塊堛也

塊、堛也。土塊也。外傳曰枕甴以堛。

郭注

塊堛也　釋曰、塊者、結土也。說文云塊、俗甴字也。甴一名堛。郭云土甴也。注外傳曰枕甴以堛　釋曰、案吳語吳王夫差既許越成、乃大戒師徒、將以伐齊。申胥進諫曰、昔楚靈王不君、其臣箴諫不入、乃築臺於章華之上、闕爲石郭、陂漢以象帝舜。罷弊楚國以間陳蔡、不脩方城之內、踰諸夏而圖東國。三歲於沮汾以服吳越。其民不忍饑勞之殃、三軍叛王於乾谿。王親獨行、屏營仿偟於山林之中、三日乃見其涓人疇。王呼之曰、余不食三日矣。疇趨而進、王枕其股以寢於地。王寐、疇枕王以墣而去之。王覺而無見、乃匍匐將入於棘闈、棘闈不納也。乃入芋尹申亥氏焉。是其事也。說文云墣、四角切亦塊也。今注云枕甴者、字之誤也。甴當作王。又外傳作墣、郭云以堛者、蓋亦理同、或所見本異也。

邢疏

塊堛也

堛、土塊也。儀禮疏十三

孫音注

黃輯古義

瑰堛也

堛、土塊也。儀禮既夕禮賈公彥疏

孫音注

玉函山房輯佚

塊堛也

孫曰、堛土塊也。儀禮疏十三

漢注

塊堛也

孫炎云、堛、土塊也。儀禮疏十三卷　郭璞云、土甴也。外傳曰枕王以堛。舊本作土塊也、外傳曰枕甴以堛。茲據邢昺疏及吳語改。

一切注音

塊堛也　孫炎曰、堛、土塊也。儀禮既夕疏

古注斠

塊本作甴。說文云、塊、俗甴字也。甴、一名堛。　堛也孚逼反。

陸音義

塊堛也

堛、實也。見壞皆空、無塊也。

新義

塊堛也。土塊也。一名堛。

鄭樵注

塊堛也 孫炎曰、堛、土塊也。郭璞曰、土塊也、外傳曰枕凷以堛。鄭樵曰、土塊也、一名堛。

古注合存

塊堛也。堛音逼。○此釋塊爲逼之義也。疏曰、塊者結土也。說文云塊俗凷字也。凷一名堛。郭云土凷也。

注疏參義

塊堛也【註】土塊也。外傳曰枕凷以堛【正義】說文云、凷、墣也。或作塊。堛、凷也。墣、塊也。墣與堛通。既夕禮云、垼用塊。左氏僖二十三年傳云、野人與之塊。淮南說林訓、以土勝水者、非以一墣塞江也。又人間訓云、塘漏若鼷穴、一墣之所能塞也。【註】土塊至以堛。○【正義】儀禮疏引孫炎云、堛、土塊也。郭註本孫炎。舊疏述郭註云、土凷也。吳語云、疇枕王以墣而去之。今引作枕凷以堛、於義難通。蓋郭註本作土凷也、傳寫者改凷作塊以通俗。郭註本作枕王以堛、傳寫者又王誤爲凷也。

正義

塊堛也 土塊也。外傳曰枕凷以堛 堛者、說文云凷也。凷、墣也。凷或从鬼作塊。又云、墣、凷也。墣或从卜作圤。吳語云、涓人疇枕王以墣、郭引墣作堛。堛墣義同。注作凷字、形之誤也。既夕記疏引孫炎云、堛、土塊也。

義疏

塊堛垼也 孫注、堛、土塊也。郭注、土塊也、外傳曰枕王以堛。塊本作凷。今墼也、以土實凵中成之。禮記、枕凷。堛从土畐。畐、實之也。禮作垼、甸人爲垼、以墼作竈也。說文作坄。

集解

塊堛也 塊、字一作凷、墣也、从土、一屈象形。即今墼也。或作塊。引申爲堛。儀禮喪服傳寢苫枕塊、釋文塊土也。漢書賈山傳曾不得蓬顆蔽冢而託葬焉、注顆謂土塊。堛亦土塊也。以顆爲之。堛、凷也、謂堅土、从土畐聲。畐、實也。禮通作垼。儀禮士喪爲垼於西牆下、既夕記垼用塊、均謂用墼。說文則以坄爲之。

義證

塊堛也

土塊也外傳曰枕王以堛

邢疏本作土凷也。樹枏案、元應出曜經十四卷音義引爾雅、塊、堛也、土塊也。慧琳文殊師利菩薩問菩提經論上卷音義引郭注爾雅云、土塊也。所引俱作塊字、與今本同。既夕記疏引孫炎云、堛、土塊也。郭蓋本孫炎。今本作枕凷以堛。樹枏案、吳語作枕王以墣。邢疏云、枕凷者字之誤也、凷當作王。又外傳作墣、郭云以堛者、蓋亦理同、或所見本異也。今謂王字因經文塊本作凷、相涉致誤、據吳語改正。

郭注佚存補訂

塊堛也疏郭云土凷也 凷、監本誤由。 棘圍不納也 也字、當在上王覺而下。 無見 墣匹角切亦塊也 匹、誤四。亦、衍字。

注疏正字

塊堛也 釋文云、塊本作凷。說文云、塊俗凷字也。案今本說文土部凷或从鬼作塊、未嘗云俗。

匡名

塊堛也 說文、凷、墣也、从土凵。凵屈象形。或从鬼。堛、凷也。左襄二十三年傳、野人與之塊。

啓蒙

塊 凷 釋文塊本作凷。說文塊俗凷字。塊凷皆說文所有。此條宜去。

黃侃評本正名

爾雅詁林 二 釋言

塊、塩也。

塊、阮氏校勘記云：「唐石經單疏本、雪牕本同、」徐鉉本說文土部云：「凷、墣也、塊、或从鬼、」是塊爲凷之或體也。釋文引說文云：「塊、俗凷字、」不足信；儀禮喪服篇云：「寢苫枕塊、」鄭注「塊、塩也、塊、本又作凷、」不謂爲俗體也。左氏僖二十三年傳云：「野人與之塊、」莊子大宗師云：「大塊載我以形；」此經子之用塊、可爲證明者也。塩者、說文「凷也、」儀禮既夕記疏引孫炎云：「土塊也。」說文又有墣篆、亦訓塊、吳語「枕王以墣、」爾雅郭注引作㙇。

爾雅學

塊唐石經單疏本雪牕本同。釋文塊本作凷。說文云塊俗凷字也。凷一名塩。邢疏引郭云土凷也。葢經作凷注作塊後人轉寫亂之。

枕凷以塩單疏本雪牕本同。按疏云凷當作王。此葢因經文塊作凷相涉致誤。

塊塩也○釋曰 注疏本刪。

○注外傳曰枕凷以塩○釋日 注疏本刪釋日。

屛營仿偟於山林之中 元本同。閩本監本作傍偟毛本作傍偟。按國語明道本作仿宋公序補音作傍。今本葢據補音改。

墣四角切亦塊也 注疏本音切改大字匹誤四。

凷當作王 元本王誤上。閩本監本毛本誤土。

校勘記

塊塩也。注枕凷以塩疏凷當作王。今本王誤作土。

注疏本正誤

塊塩音逼也

音圖・音

去聲 偪 塊、塩也

孫侶直音

塊塩逼也 土塊也

楊氏音訓

塩 偪

干氏音釋

將齊也

將齊也 謂分齊也。詩曰或肆或將。

郭注

將齊也 釋曰、郭云、謂分齊也。詩曰或肆或將者、小雅楚茨文。毛傳云、肆陳將齊也、或陳于牙、或齊其肉。王肅云、分齊其肉所當用也。

邢疏

將齊也 郭璞云、謂分齊也、詩曰或肆或將。

一切注音

齊也 才細反。郭云、謂分齊。王肅云、分齊其肉、所當用也。分如字。

陸音義

將齊也 能齊之、則能將之。將齊之肆肆焉。

新義

將齊也 楚茨云、或肆或將。

鄭樵注

將齊也 郭璞曰、謂分齊也、詩曰或肆或將。鄭樵曰、楚茨云或肆或將。

古注合存

將齊也。此釋將爲齊之義也。註曰謂分齊也。詩楚茨云、或肆或將。疏曰、毛傳云、肆、陳、將、齊也。王肅云、分齊其肉所當用也。

注疏參義

將齊也 註 謂分齊也詩曰或肆或將 正義 上文云、將、資也。將又爲齊也。齊通作齎、與資義同。鄭註聘禮云、古文資作齎。天官外府云共其財用之幣齎。先鄭云齎、或爲資。今禮家定齎作資。後鄭註、齎資同耳。其字以齊次爲聲、從貝變易古字亦多或。齎行道之財用也。說文云、齎、持遺也。

疏 詩曰至或將。 正義 小雅楚茨文。毛傳、或陳于牙、或齊其肉。疏引王肅云、分齊其肉所當用也。

正義

將齊也謂分齊也詩曰或肆或將

齊者、少儀注、和也。亨人注、齊、多少之量。酒正注、齊者、每有祭祀以度量節作之。文選長笛賦注、齊、分限也。然則齊有限節之義。又有和調之義、故食醫所掌食飲羹醬、皆謂之齊。齊之爲言劑也。劑亦兼調劑分劑二義、故漢書藝文志云百藥齊和、集注齊與劑同。是矣。將者、上文云資也。又訓齊者、齊資與將俱以聲轉爲義。詩或肆或將、傳將、齊也。正義及爾雅釋文並引王肅云、分齊其肉所當用也。又既齊既稷、釋文齊、鄭音資、一音才細反、謂分齊也。皆與郭義合。

義疏

將齊也郭注、謂分齊也。詩曰或肆或將。上云將資、音同、有二義也。

集解

將齊也將、帥也、从寸醬省聲。正字為戕。戕、槍也。引申為齊。易小過從或戕之、書盤庚汝有戕、均是也。戕將通用字。詩楚茨或肆或將、傳將齊也。易姤女壯、虞注壯、傷也。豐自藏也、馬鄭皆作戕、云傷也。齊也以壯或藏為之。或者將之正字為剪與、剪將雙聲。齊、禾麥吐穗上平也。象形。上經云、劑翦、齊也。

義證

將齊也

郭注云、齊、分齊也。引詩或肆或將。案小雅楚茨或肆或將、毛傳云將、齊也、或陳于牙、或齊其肉。王肅云、分齊其肉所當用也。又、既齊既稷、彼釋文云王申毛如字、整齊也、鄭音資、一才細反、謂分之齊也。正義云、齊與資古今字異、資訓取、齊爲減取、非訓齊爲減取也。

說詩

將齊也郭註、謂分齊也。小雅或肆或將傳肆、陳、將、齊也。或陳於牙或齊其肉。齊通作齎。說文、齎、特遺也。

啓蒙

將齊也。謂分齊也詩曰或肆或將。　上文云將資此云將齊、齊資齎聲義同、然則齊有齎送、分齊二義、注但舉一偏。

黄侃音訓

將、齊也。

郭注云：「謂分齊也。」釋文云：「齊、才細反。」小雅楚茨云：「或肆或將、」傳云：「將、齊也；」正義引王肅云：「分齊其肉所當用也；」此郭義所本。齊即劑之假借字、郝氏謂「劑兼調劑分劑二義、」是也。周禮食醫「凡食齊、眡春時、羹齊、眡夏時、」此調劑之齊也；文選長笛賦注云：「齊、分限也、」此分劑之齊也。將之爲齊、即分劑之義。

爾雅學

將齊也○釋曰　注疏本刪。

校勘記

將齊也疏、或陳于互。按周禮牛人共其牛牲之互注、互若今屠家縣肉格。廣韻、互、俗作㸦。今本互誤作牙。

注疏本正誤

七行將齊也○此上宋刻十行本有「塊堛也」一條及注文「土塊也《外傳》曰：枕由以堛」十字。注疏本同。案：《國語・吳語》「枕王以墣」，「由」當為「王」字之誤。

宋監本校箋

將齊音濟也

音圖・音

餬饘也

餬饘也糜也。

郭注

餬饘也　釋曰、郭云、糜也。下云鬻糜、郭云淖糜。然則餬饘鬻糜相類之物、稠者曰糜、淖者曰鬻。餬饘是其別名。昭七年左傳云、饘於是、鬻於是、以餬余口。

邢疏

餬饘也

郭璞云、糜也。

一切注音

陸音義

餬戶吳反。說文云、寄食也。饘之然反。糜也靡爲反。粥之稠者曰糜。

新義

餬饘也

可以彌物、信則如之。

鄭樵注

餬饘也。饘、糜也。

古注合存

餬饘也　郭璞曰、糜也。鄭樵曰饘、糜也。

餬、饘也。餬音乎。饘音旃。○此釋餬爲饘之義也。註曰、糜也。疏曰、稠者曰饘。淖者曰鬻。昭七年左傳云、饘于是、鬻于是、以餬余口。

注疏參義

餬饘也註糜也正義糊。內則云、饘酏。左氏昭七年傳云、饘於是、鬻於是、以餬余口。鐘鼎款識載叔夜鼎銘云、用饘用羹。孔疏云、今人以薄粥塗物謂之餬紙、餬帛、則餬者、以鬻食口之名。

正義

餬饘也糜也

饘者、說文云糜也。糜訓糁、與鬻別。而亦以爲鬻之通名。說文鬻鍵互訓、鬻即粥字、今讀若周、此古音也。說文饘云、周謂之饘、宋謂之餰。𩚀𩛷𩞦𩝲餰與鍵同。鍵是鬻之稠者。內則釋文、饘、厚粥也。然則爾雅之饘、當作鍵矣。餬者、鬻之叚音也。說文、鬻、鍵也。鬻鍵即餬饘。說文餬訓寄食、與饘義別。玉篇鬻、或作糊、糊即餬之或體、是餬鬻通。

義疏

餬饘也說文、𩜬、寄食也。饘、糜也、周謂之饘、宋謂之餬。左昭七年傳、饘於是、鬻於是、以餬余口。

啓蒙

餬饘也。餬之言蔫胡、饘之言摶也。

黃侃音訓

餬饘也郭注、糜也。胡

爲夏后氏桼盛之器、因加食爲饘名也。此字唯見左傳、僩所不引記饘酏酒醴。鬻𩞁飦鍵同用。饘字从亶、厚粥也。餬亦作鬻或作糊、今云𥻦糊、粉麥爲之。

集解

餬饘也餬、寄食也。从食胡聲。正字爲鬻。鬻、鍵也。引申爲饘糰。

義證

ㄎ所謂饘鬻之食是也。鬻餬通用字。左隱十一傳而使餬其口於四方、注餬、鬻也、即饘也。說文宋謂之餬、周謂之饘、是餬饘一也。饘、糜也、从食亶聲、謂粥之厚者。左昭二七傳、饘于是。

餬饘也

餬亦糜也饘音之然反

元應修行道地經五卷音義引爾雅餬、饘也、郭璞曰、即糜也、饘音之然反。慧琳續高僧傳六卷音義引爾雅云、餬、饘也。郭璞注云、餬亦糜也。樹枏案、說文饘糜也、餬爲寄食、而爾雅以餬饘爲訓、故郭云亦糜。今本刪餬亦二字、而訓釋晦矣。謹據補訂。

郭注佚存補訂

餬、饘也。

說文食部云：「饘、糜也、从食、亶聲、周謂之饘、宋謂之餰。」（從段）內則釋文云：「饘、厚粥也、」正考父鼎銘曰：「饘於是、粥於是、以餬余口。」

餬者、玉篇「鬻、或作糊、」糊、即餬之或體。說文䰜部云：「鬻、鍵也、从䰜、古聲、」鍵者、鬻之或體、又䰜篆云：「鬻、鍵也、」然則餬者粥也。餬爲饘、爲厚粥、均之粥也、故爾雅云：「餬、饘也。」前引說文「宋謂之餰、」餰亦鬻之或體。

爾雅學

饘之然反 雪牕本有此四字，盧刻同。南昌本闕。

校勘記訂補

餬饘也(注)糜也○原本《玉篇》食部「餬」下引此注作「卽糜也」。玄應《音義》卷八引同。今本「糜」上脫「卽」字。「糜」，宋刻十行本作「糜」，誤。

宋監本校箋

餬饘音占也。

音圖・音

餬胡、饘旃也。

孫侶直音

餬乎饘旃也 麋也

楊氏音訓

啓跪也

啓跪也小跽。

郭注

啓跪也 釋曰、謂跪拜也。小雅四牡云、不遑啓處。郭云、小跽。說文曰、跽、長跽也。莊子云、擎跽曲拳、臣之禮也。

邢疏

啟跪也 啟小跪也。春秋正義三十又三十九

李注

啟跪也 跪、巨几反。詩小雅四牡箋釋文

郭音義

黃輯古義

啓跪也 啓小跪也。春秋襄八年正義又二十九年正義

李注

玉函山房輯佚

啟跪也 啟、小跪也。宋本春秋疏二十同

鈎沉

啓跪也 李曰、啓小跪也。春秋正義三十又三十九

漢注

啟跪也 李巡云、啟小跪也。左傳正義二十卷 郭璞云小跽

一切注音

啟跪也 李巡云、啟小跪也。左氏襄八年傳正義

蕙心案、釋文跪作跽。

古注斠

跪求委反。小跽渠几反。說文云、長跪也。莊子云、擎跽曲拳、臣之禮也。

陸音義

啓跪也 李巡曰、啓小跪也、郭璞曰、小跽、

古注合存

啟跪也 此釋啟爲跪之義也。註曰、啟小跽也。疏曰、詩四牡云、不遑啟處。郭云小跽。說文云、長跪也

注疏參義

左傳正義引李巡云、啟小跪也。

補注

啓跪也 **註** 小跽 **正義** 左傳疏引李巡云、啓小跪也。小雅四牡云、不遑啓處。說文云、跪、拜也。跽、長跪也。釋名云、跪、危也、兩膝據地、體危隉也。起、啓也、啓、一舉體也。案劉熙所謂啓一舉體、卽郭云小跽也。

正義

啟跪也 郭註小跽 滑稽傳髡帣韝鞠𦝫、徐廣曰、𦝫與跽同、謂小跪也。

校議

啟跪也小跽

跪者、說文云、拜也、釋名云、跪、危也、兩膝隱地、體危阢也。玉篇及文選月賦注竝引聲類云、跪、跽也。啟者、跽之叚音也。說文云、跽、長跪也。史記滑稽傳云、帣韝鞠𦝫、集解徐廣曰、𦝫與跽同、謂小跪也、索隱曰、𦝫、音其紀反、與跽同音、謂小跪、是𦝫卽跽也。經典借作啟、詩四牡、采薇傳、箋竝云、啟、跪也。左氏襄八年及廿九年正義竝引李巡曰、啟、小跪也。是郭所本、注小跽、亦當作小跪。釋名云、起、啟也。啟、一舉體也。按一舉體卽小跪之義。

義疏

啟跽跪也

爾雅詁林 二 釋言

李注、啟、小跪也。郭注、小跽。詩、不遑啟處。啟、開也、謂箕坐自安。因以跽爲長跪、長即張也。又以跪不坐爲長、跪从危、危高、即長也。云小跪則非。小跪無所謂不遑。

集解

啟跪也 啟、教也、从攴启聲。正字爲跽。跽、長跪也。字亦作䠊、作䠫。史記范睢蔡澤傳秦王跽而請、滑稽傳帣鞲鞠䠫、均是也。跽啟通用字。詩四牡不遑啟處、傳啟跪。晉語引詩注同。采薇不遑啟居、箋啟跪也。跪、拜也、从足危聲。禮記曲禮、授立不跪。

義證

啓跪也

〔註〕小跪〔補正〕邢疏謂跪拜也。小雅、不遑啓處。

郭注補正

啟跪也

說文云跪、拜也。郭云啟、小跪也、義本李巡。小雅四牡不遑啟處、采薇不遑啟居、毛傳竝云啟、跪也。出車不遑啟居傳已見前、故毛鄭不復釋也。

說詩

啟跪也 小雅不遑啟處傳、啟、跪也。說文、跪、拜也。

啓蒙

啟、跪也。小跽 啟跪一聲之轉。廣雅啟、跽也。詩不遑啟居、居即踞也。踞、跪、跽異、長跽也。啟居義皆相近。跪訓危者、對言則跪與踞有敬肆之異、散言亦同也。

黃侃音訓

啓、跪也。

說文足部云：「跪、所以拜（從段）也；」段云：「係於拜曰跪、」故云所以拜也。釋名釋姿容云：「跪、危也、兩膝隱地、體危陧也。」

啓者、左氏襄八年及二十九年正義、竝引李巡曰：「啓、小跪也；」釋名釋言語云：「起、啓也、啓、一舉體也、」一舉體、即小跪也。詩四牡采薇傳箋、竝用釋言云：「啓、跪也、」此渾言之耳。小跪亦稱跽、釋名云：「跽、忌也、見所敬忌、不敢自安也、」跪、亦稱長跽、說文云：「跽、長跽（從段）也、」段云：「人安坐則形弛、敬則小跪聳體、若加長焉、故曰長跽、」郝則謂啓者跽之段音。

爾雅學

啟跪也〇釋曰 注疏本刪。

校勘記

小跪 十行本雪聰本吳本並小跽。盧刻同。

校勘記訂補

啓跪也 棨聲

孫偘直音

矏密也

矏密也 謂緻密。

郭注

矏密也 釋曰、郭云謂緻密。

邢疏

矏密也 郭璞云、謂緻密。

一切注音

矏密也

蕙心案、經典無矏字。釋訓緜緜、孫注云詳密也。緜音近矏、矏密音近、矏密當即緜密之異體。

古注斠

矏 武延反、郭云、謂緻密。謂緻 之侍反。一音智。又音至。

陸音義

矏密也

夫所謂密亦在徼也。

新義

矏密也 矏、武延反。密、謂密緻。

鄭樵注

矏密也

郭璞曰、謂緻密。

鄭樵曰、矏、武延反。密、謂密緻。

古注合存

矏密也〔註〕謂緻密也。〔正義〕說文云、矏、目旁薄緻宀宀也。緻、密也。廣韻云、矏、密緻皃。

正義

矏密也 謂緻密

密者、緻也。說文云緻密也。釋名云密、蜜也、如蜜所塗無不滿也。矏者、說文作矏、云目旁薄緻宀宀也。按、薄緻謂文理緻密、宀宀猶緜緜。說文云緜聯微也。釋訓孫炎注、緜緜言詳密也。文選洛神賦注緜緜密意也。是緜密即矏密、俱雙聲字。

義疏

矏 緜 密也

郭注、謂緻密。詩緜緜翼翼、如緜故密。矏、目邊薄文、蓋猗嗟名兮之異文。密、上云靜、下云山如堂者密。

集解

矏密也

矏、目旁薄緻宀宀也。从目𦣻聲。引申為密、謂緻密也。詩常武緜緜翼翼、謂其緜密。文選洛神賦注、故云緜緜密意也。借緜為之。密、山如堂者、从山宓聲。經典或以為比之借字。易小畜密雲不雨。

義證

⿰目旁密也

說文云、⿰目旁、目旁薄緻宀宀也。⿱宀旁下云、宀宀不見也。⿱宀旁下云、⿱宀旁⿱宀旁不見也。集韵類篇韵會俱引宀宀作⿰目旁⿰目旁。⿰目旁、通作緜。詩大雅載芟、緜緜其麃。釋訓云、緜緜麃也。孫炎云、緜緜、言詳密也。文選洛神賦注、緜緜密意也。⿰目旁緜音義皆同。

說詩

⿰目旁密也 說文、矏、目旁薄緻宀宀也。郭註、謂緻密。廣韻、⿰目旁、密緻皃。

啓蒙

矏密也 密正作蔑。

黃侃音訓

⿰目旁密也

錦燧謹案、詩中無⿰目旁字。緜篇緜緜瓜瓞、傳云緜緜、不絕貌。葛藟篇緜緜葛藟、傳緜緜、長不絕之貌。緜⿰目旁聲近、疑三家詩有作⿰目旁者、雅訓蓋釋三家詩之緜也。說文云、緜聯微也。微密義同。案、許書說解多連篆文讀。如離注黃倉庚也、參注商星也、遂注燧候表也、昧注爽旦明也、肸注蠁布也、鮁注鮁魚出東來、鶴注鳴九皋、蕢注茅蕢也、敳注[illegible]田也。以此證之、知古本說解祗作聯連也三字。緜聯疊韻字、猶緜密也。或以說解聯微二字釋緜字、非。或于說解再加一緜字、亦非。

陸錦燧日記

矏、密也。

密、說文「緻密也。」矏、說文目部云：「目旁薄緻宀宀也、从目、𦣻聲。」段注：「薄緻者、南人稱目旁肉厚者爲肉胞眼、故以肉薄而腠理緻密者爲目好。」段云：「矏、宀、疊韻、宀宀、微密之貌、矏、蓋即方言之顲、引伸爲凡密之偁。」郝云：「宀宀、猶緜緜、文選洛神賦注『緜緜、密意也。』是緜密即矏密、俱雙聲字。」

爾雅學

⿰目旁密也〇釋曰 注疏本刪。

校勘記

眠

⿰目旁密也。

孫偘直音

⿰目旁 眠 密也

楊氏音訓

⿰目旁 眠

干氏音釋

開闢也

開闢也 書曰闢四門。

郭注

開闢也 釋曰、注書曰闢四門、虞書舜典文。

邢疏

開闢也

郭璞云、書曰闢四門。

一切注音

爾雅詁林　二　釋言

闢本亦作僻。婢亦反、又甫亦反。

鄭樵注

開闢也

郭璞曰、書曰闢四門。

古注合存

瞻密也開闢也。瞻音眠○此釋瞻爲密開爲闢之義也。
註曰。密謂緻密也。書舜典云闢四門。

開闢也**註**書曰闢四門**正義**說文云闢開也。開張也。費誓云東郊不開。石經初刻作不闢**註**書曰闢四門。○**正義**說文引虞書開四門从門从𢆉音義同。省作辟。禮運云辟於其義、鄭註辟、開也。

注疏參義

正義

開闢也 郭注、書曰闢四門。開从門幵。毋門有干倚之防、其自闔也。因爲凡開闢之詞。書大、不克開。詩、克開厥後。闢从門辟。書作闢从扱。通以辟爲開。辟、㳒也、明也。

集解

開闢也 開張也、从門从幵。引申爲闢。書君奭大不克開、詩武克開厥後、老子天門開闔、書序東郊不開、均謂開闢。闢、門之開也、从門辟聲。易繫辭、闢户謂之乾。詩召旻日辟國百里、則闢又與辟通矣。

義證

開闢也

開闢常語也。周頌良耜以開百室、開即闢也、謂闢百室以貯穀也。故下文接之曰百室盈止、百室猶倉儲也。釋文云闢本亦作辟者、詩作辟。大雅皇矣啟之辟之、彼釋文云辟、婢亦反、正義云平治其地、必開拓使廣、故言啟之闢之。是以辟爲闢也。

說詩

開闢也 闢、釋文云本亦作辟。案辟、省文。

匡名

開闢也說文、開、張也。闢、開也。虞書、闢四門。

啓蒙

開、闢也。

闢、或省作辟、禮運云：「辟於其義、」鄭注「辟、開也。」

爾雅學

開闢也○釋曰注書曰 注疏本删上六字。

校勘記

侅

開、闢也。

孫偘直音

袍襺也

袍襺也左傳曰、重襺衣裘。

郭注

袍襺也 釋曰、玉藻云纊爲繭、緼爲袍。鄭玄云衣有著之異名也。纊謂今之新緜、緼謂今之纊及舊絮也。然則繭是袍之別名、謂新緜著袍者也。注左傳曰重繭衣裘者、襄二十一年傳云楚子使薳子馮爲令尹、遂以疾辭、方暑、闕地下冰而牀焉、重繭衣裘、鮮食而寢是也。

邢疏

袍襺也

郭璞云、左傳曰重襺衣裘。

袍包毛反。襺古典反、本亦作繭、絲衣也。禮玉藻云纊爲襺、緼爲袍、鄭注云衣有著之別名也。重襺直龍反。衣裘於旣反。

一切注音

袍繭也案郭注本繭有衣旁。釋文云本亦作繭。

陸音義

袍襺也玉藻云、纊爲襺、緼爲袍。纊、新綿、緼、舊絮、亦可通名、皆謂綴綿絮於衣也。

新義

鄭樵注

袍襺也

郭璞曰、左傳曰重襺衣裘。

鄭樵曰、玉藻云纊爲襺、緼爲袍。纊、新綿、緼、舊絮、亦可通名、皆謂綴綿絮於衣也。

古注合存

袍襺也。襺音繭。○此釋袍爲襺之義也。註曰、襄二十一年左傳云、重襺衣裘。疏曰、玉藻云、纊爲襺、緼爲袍、鄭註云、衣有著之別名也。纊謂今之新綿，緼謂今之舊絮。

注疏參義

詩正義云：純著新綿爲襺，雜用舊綿爲袍，雖著有異名，其制度是一，故曰袍襺也。

補注

袍襺也 **註** 左傳曰重襺衣裘 **正義** 說文云：以絮曰襺，以緼曰袍。釋名云：袍，丈夫著下至跗者也。袍，苞也，苞內衣也。秦風無衣云：與子同袍。鄭註毛傳用爾雅。襺省作繭。玉藻云：纊爲繭，緼爲袍。鄭註：衣著之異名也。纊謂之新綿也，緼謂今纊及舊絮也。雜記云：子羔之襲也，繭衣裳。釋名云：繭，幕也，貧者著衣可以幕絡絮也。詩疏：襺是袍之別名，謂新綿著袍者也。**註** 左傳至衣裘 ○ **正義** 襄二十一年傳文。

正義

袍襺也 襺衣裘 左傳曰重襺者，說文云：袍，衣也。以絮曰襺，以緼曰袍。引春秋傳盛夏重襺，左氏襄廿一年傳文也。今左傳及經典俱省作繭。玉藻云：纊爲繭，緼爲袍。鄭注：繭、袍，衣有著之異名也。爾雅釋文：襺，本亦作繭，緜衣也。袍者，釋名云：袍，丈夫著下至跗者也。袍，苞也，苞內衣也。婦人以絳作衣裳，上下連，四起施緣，亦曰袍，義亦然也。方言云：褒明謂之袍。按古人以袍爲裏衣，故喪大記云袍必有表不禪。鄭注：袍，褻衣。詩與子同袍，與與子同澤對，箋亦云澤，褻衣。然則袍襺俱私褻之服，左傳言重襺衣裘，亦非禪服。公羊哀十四年傳涕沾袍，蓋謂霑溼裏衣。何休注以袍爲衣前襟，誤矣。

義疏

袍襺也

公羊哀十四年傳涕沾袍，蓋謂霑溼裹衣。何休注以袍爲衣前襟，誤矣。

念孫案：涕沾袍之袍，乃裒之假音。玉篇：裒與袍同，又步報切，衣前襟也。然則涕沾袍即涕沾襟，非衣敝緼袍之袍也。論衡指瑞篇之反袂拭面，泣涕沾襟，是其證。何注不誤。

郝注刊誤

袍襺也 郭注，左傳曰重襺衣裘。袍，从衣包，長衣包身褻服也。記：纊爲繭，緼爲袍。又子羔襲繭衣。謂以纊裏身不見首足如蠶繭，非以絲著衣也。詩與子同袍，語衣敝緼袍，蓋長中衣之屬。繭外象形，內从虫糸會意。蠶衣也。

集解

袍襺也 袍襺衣外服也。

从衣包聲。禮記玉藻纊爲繭，緼爲袍，則袍亦襺也。詩無衣與之同袍，傳：袍，襺也。襺，袍衣也。从衣从繭會意。禮記襍記子羔之襲繭衣，謂以纊包身而如蠶繭耳。

義證

袍襺也 **註** 左傳曰重襺衣裘 **補正** 鄭樵註云：玉藻纊爲繭，緼爲袍。纊新綿，緼舊絮，亦可通名，皆謂綴綿絮於衣也。

郭注補正

袍襺也

釋文云：襺本亦作繭，緜衣也。引禮玉藻纊爲襺，緼爲袍。今玉藻襺作繭。秦風無衣與子同袍，毛傳云：袍，襺也。下文與子同澤，澤爲襗之假借，鄭箋云：襗，褻衣，近污垢。褻衣，袍澤也。見論語注。蓋袍亦褻衣，故與澤對言。喪大記袍必有表不禪，注云：袍，褻衣也。

說詩

袍襺也疏纊爲襺 襺，記作繭。魯襄公二十一年傳云 魯，當案字誤。

注疏正字

袍襺也 說文同。釋文云、襺、本亦作繭。案、說文糸部繭、蠶衣也。義異、以音同省借耳。

匡名

袍襺也 說文袍、襺也。秦風與子同袍傳袍、襺也。襺、袍衣也。

袍、襺也。玉藻繭袍連言、故此以襺釋袍。襺之言繭也、廣雅襺、絖也。說文繭、蠶衣也。淮南繆稱寢關曝纊、注纊、繭也。是則繭本纊之名、因之以纊著衣亦謂之襺矣。玉藻纊為繭、縕為袍、案纊今之新緜、縕謂今纊及舊絮也。繭袍對言有殊、通言不分、故爾雅以袍為襺矣。

啓蒙

鬻、糜也。糜字亦作餈、孟子滕文公注餰、餈粥也。糜作餈。鬻字林亦作粥、云淖糜當作糜。也、案糜鬻轉音為粻、廣雅粻、饘也。玉篇作糜、粥、粖也。又轉為䊮、說文涼州謂粥為䊮、或作粖、廣雅粖、饘也。鬻本音武悲、鬻熊即羋熊、其讀之六、余六反者、並當作鬻、說文鬻、鬻也。鬻有之六音者、猶育子通作胄子。羣書皆以鬻為鬻、改作屋韻之音、而鬻遂廢矣。

黃侃音訓

袍、襺也。

說文衣部云：「袍、襺也。」秦風傳同、此皆釋言文、乃渾言也。說文襺篆云：「目絮曰襺、目縕曰袍。」段注云：「許經謂紼；紼、亂枲也、亂枲即亂麻。」此袍與襺析言也。郝云：「古人以袍為裏衣、故喪大記云：『袍必有表不禪』、鄭注『袍、褻衣』、詩『與子同袍』與『與子同澤』對、箋亦云：『澤、褻衣』。」然則袍襺俱私褻之服。釋名云：「袍、丈夫著下至跗者也、袍、苞也、苞、內衣也。」今人以袍為外衣之稱、蓋起於漢、是劉熙時已有此稱矣。

爾雅學

袍襺也〇釋曰 注疏本刪。

玉藻云纊為繭 此與今禮記同。注疏本作纊為襺、與釋文引玉藻合。

纊謂今之新緜 注疏本緜改綿、下同。

然則襺是袍之別名 此本舊作繭、係剜改。今據注疏本訂正。此舉經中襺字必當從衣。

注左傳曰重襺衣裘者 單疏本此頁自襺字起以下補刻極劣。此襺字空闕、蓋據今左傳作繭剜改也。按注疏本此作襺、與下引左傳文作繭不同、今訂正釋文標注重襺衣裘。

襄二十一年傳云 注疏本衍作魯襄公。

重繭衣裘 元本同。閩本監本毛本繭改襺。

校勘記

袍襺也 釋文襺、古典反。今本古誤作吉。

注疏本正誤

袍襺戠音也

音圖・音

繭

袍、襺也

孫侶直音

袍襺繭也

楊氏音訓

襺 繭

干氏音釋

障畛也

障、畛也。謂壅障。

郭注

障畛也 釋曰、郭云謂壅障。一名畛、左傳曰、封畛土略。

邢疏

障畛也

郭璞云謂壅障。

一切注音

障知亮反、說文云隔也、又界也、蔽也、亦作鄣。畛之忍反、田間道。謂壅於勇反。

陸音義

障畛也

其礙也以有畛域。

新義

障畛也 左傳曰、封畛土畧。

鄭樵注

障畛也

郭璞曰、謂壅障。

鄭樵曰、左傳曰封畛土畧。

古注合存

障，畛也。此釋障爲畛之義也。疏曰：謂壅障也。一名畛。左傳云：封畛土畧。

注疏參義

障，畛也。**註** 謂壅障。**正義** 周頌載芟云：徂隰徂畛。說文云：障，隔也。畛，井田間陌也。案地官遂人云：十夫有溝，溝上有畛。是障者所以隔水也。莊子齊物論爲是而有畛也。釋文謂封域畛陌也。

正義

障，畛也。謂壅障。

畛者，說文云：井田間陌也。文選東京賦注引宋衷太玄經注：畛，界也。詩載芟傳：畛，埸也。埸障聲義近也。障者，說文云：隔也。釋文又界也。然則障畛皆有界限之義，界限所以隔別也。文選北征賦注引蒼頡篇云：障，小城也。按城垣爲限，與田陌爲界，其義亦近。障畛又一聲之轉。

義疏

障畛也

詩載芟傳、畛、場也。場障聲義近也。金錄案：載芟傳畛、易也。釋文易、本又作場、音亦、非場字也。

郝注刊誤

障畛也 郭注、謂壅障。障、从𨸏章。章、竟也。春秋傳曰、無障谷、謂爲之畛域。

集解

障畛也 障、隔也、从𨸏章聲。引申爲畛。禮記月令無有障塞、公羊僖三傳無障谷、障均訓畛。畛、井田間陌也、从田㐱聲。小爾雅云、界也。

義證

障畛也 說文云、障、隔也。釋文云、障、界也。隔與界音義皆同。此釋周頌載芟徂隰徂畛。鄭箋云、畛謂舊田有徑路者。文選東京賦注引太玄宋注云、畛、界也。陌畛之上皆有徑路界限、故與障同訓界也。據釋詩之例、應畛在上、障在下、傳寫者誤倒耳。

說詩

障畛也 釋文云障亦作鄣。案說文、𨸏部障、隔也、从𨸏章聲。又邑部鄣、紀邑也、从邑章聲。二字音同義異。隸變𨸏邑偏旁皆作阝、故障亦作鄣、而不知一轉移間已非。

匡名

障畛也 說文、障、隔也。畛、井田間陌也。左昭元年傳障大川、註障、畛也。周頌徂隰徂畛、箋畛謂舊田有經路者。

啓蒙

塊塩也 餬饘也 開闢也 袍襺也 障畛也

說文作凷墣也。凷、或从鬼作塊。（土部凷）饘、糜也。周謂之饘、宋謂之糊。（食部）

饘 釋文闢、本亦作辟。（釋言釋文）襺、本亦作𧜓。（釋言釋文）障、亦作鄣。（釋言釋文）

塊塩也、說文作凷墣也。按凷正字、塊或體字。墣與塩字通。注引外傳枕凷以塩、今本吳語作疇枕王以墣。凷字蓋王字之誤。墣卽塩、音義同。說文墣塩皆訓塊也。

證異

障畛也○釋曰 注疏本刪。

校勘記

十七上（三五）一行障畛也。「障」，唐寫本作「鄣」。

宋監本校箋

障、畛也。

畛者、說文「井田閒陌也。」周頌載芟云：「徂隰徂畛；」地官遂人云：「十夫有溝、溝上有畛、」是界田爲畛、界水亦爲畛、故文選東京賦注引宋衷大玄經注云：「畛、界也。」障者、說文「隔也；」釋文云：「界也、」是界隔爲障。晉按爾雅原文、當爲「畛、障也、」此以障訓畛、不當以畛訓障也。

爾雅學

障、畛也。章去聲

孫偘直音

障之亮切

干氏音釋

靦姡也

靦姡也。面姡然。

郭注

靦姡也　釋曰、郭云面姡然。孫炎曰、靦人面姡然。說文曰、靦面見人。姡面靦也。然則靦與姡皆面見人之貌。詩云有靦面目。

邢疏

靦姡也

靦、擅也、一曰面貌也。謂自專之貌。釋文

犍爲注

靦姡也

姡、姡猶獪也、凡小兒多詐謂之姡。釋文

李注

靦姡也

靦人面姡然也。方言云、楚鄭或謂狡獪爲姡、姡猶獪也、凡小兒多詐謂之姡。釋文 邢疏引

靦人面姡然。

孫音注

黃輯古義

靦姡也

靦、擅也、一曰靦貌也。謂自專擅之貌。釋文

犍爲注

靦姡也

靦人面姡然也。方言云、楚鄭或謂狡獪爲姡、姡猶獪也、凡小兒多詐謂之姡。釋文引孫李。

李注

靦姡也

靦人面姡然也。方言云、楚鄭或謂狡獪爲姡、姡猶獪也、凡小兒多詐謂之姡。釋文引孫李。邢疏引首句作孫炎曰。

孫音注

玉函山房輯佚

靦姡也

靦、擅也、一曰面貌也。謂自專擅之貌。舍人注　靦、人面姡然也。李注　並釋文二十九

鈎沉

靦姡也

舍人曰、靦、擅也、一曰靦貌也。謂自專擅之貌。釋文

孫曰、靦、人面姡然也。方言云、楚鄭或謂狡獪爲姡、姡猶獪也、凡小兒多詐謂之姡。釋文 邢疏 按釋文本作孫李云、今以孫叔然注尒疋多引方言、故從孫。

漢注

靦姡也

舍人云、靦、擅也、一曰面貌也。謂自專擅之貌。李巡孫炎云、靦、人面姡然也。並釋文二十九卷　郭璞云、面姡然。

一切注音

靦姡也　孫李云、靦、人面姡然也。並釋文

古注斠

靦他典反。舍人云、檀也、一曰面貌也、謂自專檀之貌。姡戶刮反、又戶括反。孫李云、靦人面姡然也、方言云楚鄭或謂狡獪爲姡、姡猶獪也、凡小兒多詐謂之姡。郭注言黠也。獪音古外反、又音史。

陸音義

姡郭注言黠姡也○郭注舊脫姡字、今據方言注補。

音義攷證

靦姡也
其胏肝難知姡也。

新義

靦姡也 姡然面見人貌、音滑。

鄭樵注

靦姡也
舍人曰、靦擅也。李巡曰、靦人面姡然也。孫注同。郭璞曰、面姡然。鄭樵曰、姡然面見人貌、姡音滑。

古注合存

靦姡也、靦天上聲姡音郭○此釋靦爲姡之義也。註曰、面姡然。疏曰、說文云、靦面見人也。姡面靦也。詩何人斯云、有靦面目。犍爲舍人云、靦擅也。

注疏參義

文選注階因也、麗附也、摟牽也、翕舉也、演廣也、斠酌也、今本俱闕。蓋因小爾雅廣雅諸書而誤、否則傳寫之誤也。

補注

靦姡也 註 面姡然 正義 說文云、靦面見也、詩曰有靦面目。姡面醜也。繫傳云、凡人所視瞻、心實見之、故有別識、無恥之人、面見之而已、心實否也。國語、范蠡曰、雖靦然人面、實禽獸也。釋文引舍人云、靦擅也、一曰面貌也、謂自專擅之貌。孫炎李巡云、靦人面姡然也。方言云、秦晉之間曰獪、或曰姡。郭氏彼註云、言黠姡也。今建平郡人呼狡爲姡。方言又云、姡娗也、或謂之猾。案說文引詩小雅何人斯文。詩疏引說文靦面見人、姡面靦也、與今本字句微異。繫傳所引國語、今吳語作余雖靦然而人面哉、吾猶禽獸也。韋註、靦面目之皃也。

正義

靦姡也 面姡然

婚者、說文云、面醜也。醜蓋靦字形譌。詩何人斯正義引作面靦、是也。方言云、婚、娗也。婚娗聲轉。又云、婚獪也。獪婚亦聲轉也。靦者詩傳用爾雅。說文云面見也、詩正義引作面見人、無也字。若依舍人注、說文面見當爲面皃、亦字形之誤也。越語云余雖靦然而人面哉、韋昭注靦面目之貌。是靦爲面皃。故釋文引舍人云、靦擅也、一曰面貌也、謂自專擅之貌。玉篇云、靦慙貌、又引埤蒼𩈄同靦。亦見說文。又引字書䩄䩄並靦之或體也。靦訓姡者、釋文引孫李云、靦人面姡然也。方言云、楚鄭或謂狡獪爲姡、姡猶獪也、凡小兒多詐謂之姡、是李孫義同。所引方言、臧鏞堂爾雅漢注定爲孫引也。

義疏

靦姡也
方言云、楚鄭或謂狡獪爲姡、姡猶獪也、凡小兒多詐謂之姡。是李孫義同。所引方言、臧鏞堂爾雅漢注定爲孫引也。
念孫案、方言姡字自是狡獪之義、非爾雅靦姡也之姡。引方言者、乃陸德明、非孫炎也、臧君誤認耳。

郝注刊誤

靦姡也 舍人注、靦、面皃也。孫注、靦、人面姡然也。郭注、靦、面姡然。 靦、从見、面好皃。詩、有靦面目。姡、从𠯑。𠯑塞有羞斂之意。今一云靦腆。

集解

靦姡也
靦面見也、从面見、會意、見亦聲。引申爲姡。詩何人斯有靦面目、傳靦姡也。姡面靦也。見詩正義。今說文作面醜、蓋面靦之誤耳。

義證

靦姡也
註 面姡然 補正 邢疏、孫炎曰、靦、人面姡然。說文曰、靦、面見人。姡、面靦也。然則靦與姡皆面見人之貌。詩云、有靦面目。臣鍌按、春秋疏引舍人註、靦、擅也、一曰面貌、謂自專擅之貌。

郭注補正

靦姡也

面姡然也姡音户刮反

希麟琳法師別卷上音義引爾雅云、靦、姡也。郭云、面姡然也、姡、音戶刮反。今據補。

郭注佚存補訂

靦姡也

說文云、靦、面見也、詩曰有靦面目。姡、皃醜也。案小雅何人斯有靦面目、毛傳云靦、姡也。疏引說文云靦面見人、姡面靦也、與今本說文異。王氏懷祖訂作靦人面見也。又據詩正義訂作姡、面靦也。舍人云、靦、擅也、一曰面貌也、謂自專擅之貌。經典中無以靦爲擅者、方言以姡爲狡猾、乃別是一義、與此不同。

說詩

靦姡也疏靦面見也姡面醜也上也字誤人。醜、誤靦。姡、說文作婚。詩云有靦面目詩下當有小雅何人斯五字。

注疏正字

靦姡戶刮、戶括二反。也

舍人曰、靦、擅也、釋文曰、謂自專擅之貌。家大人曰、諸書無訓靦爲擅者、擅字疑有誤。一曰面貌也。孫李並曰、靦、人面姡然也。郭義與孫李同。家大人曰、今人以靦爲面慙貌、非也。說文、靦、人面皃也。今本人面皃譌作面見。案、舍人曰、靦、面貌也。孫李亦曰、靦、人面姡然也。越語注曰、靦、面目之貌。是靦爲人面貌也。小雅何人斯正義引說文、靦、面見人、亦是人面皃之譌。說文繫傳及段氏注皆誤解靦字。今訂正。姡、面靦也、爾雅訓靦爲姡、說文訓姡爲面靦、其義一也。今本面靦譌作面醜。何人斯釋文引說文、姡、面醜也、亦後人據誤本說文改之。今據何人斯正義及邢疏所引訂正。又案、說文嫙、好也、齌、材也、姡、面靦也、嬥、直好皃、姡字在嫙齌嬥之閒、則其義亦與好相近。故何人斯箋曰、姡、然有面目、則非面醜明矣。姡即孫李所云人面姡然也。然則靦與姡皆人面之貌、而非面慙貌明矣。小雅何人斯篇爲鬼爲蜮則不可得有靦面目、視人罔極、毛傳曰靦、姡也。鄭箋曰、使女爲鬼爲蜮也、則女誠不可得見也、姡然有面目、女乃人也、人相視無有極時、終必與女相見。是靦爲人面目之貌、故對鬼蜮言之。若以靦爲面慙、則與詩意相遠矣。又越語余雖靦然而人面哉、吾猶禽獸也、韋注曰靦面目之貌。是靦爲人面目之貌、故對禽獸言之。若以靦爲面慙、則又與靦然人面之文不合矣。又後漢書樂成靖王黨傳安帝詔曰萇有靦其面而放逸其心、意亦與越語同、言萇雖靦然人面而放逸其心、實與禽獸無異。下文風淫于家娉取人妻是其事也。李賢不達、乃云靦姡也、言面姡然無媿、則誤解靦字、幷誤解姡字矣。又案方言慙、慙也、荊揚青徐之閒曰慙。此與有靦面目之靦異義。而左思魏都賦曰有靦瞢容、神蘂形茹、任昉彈曹景宗奏曰惟此人斯、有靦面目、玉篇亦曰靦、慙皃、則皆誤以靦爲慙矣。總之靦爲人面目之貌、或以爲慙、或以爲無媿、皆非也。自後人誤解靦字、而詩之有靦面目、國語之靦然人面、爾雅之靦姡也、義皆不可通矣。又案方言曰、獪、楚鄭或曰姡。又曰、姡、獪也、江湘之閒凡小兒多詐而獪或謂之姡。郭彼注皆曰、言黠姡也。方言姡字自是黠姡之義、非爾雅靦姡也之姡。而釋文引之以釋爾雅、誤矣。臧氏用中爾雅漢注又以引方言者爲孫炎注、則誤之又誤也。

述聞

靦姡也說文、靦、面見也。小雅有靦面目、傳靦、姡也。姡、面醜也。

啓蒙

靦姡也。詩小雅何人斯正義引說文、靦、面見人。姡、面靦。今本說文靦面見也、無人字。姡面醜也、釋文亦云姡面醜也。承珙案、醜靦二字形近易誤、要當以詩疏所引說文爲是。詩有靦面目、亦但言其以面見人耳。國語范蠡曰余雖靦然而人面哉、韋注云靦、面目之貌。釋文引舍人注亦云、靦、一曰面貌、謂自專擅之貌。是靦然猶云儼然人面也。後漢書樂成王傳安帝詔曰有靦其面而放逸其心、廣雅亦云姡靦也、廣韻十三末姡下亦訓靦也、十五鎋下又云姡面醜、則兼取釋文、恐非古義。

胡氏古義

靦、姡也。

王念孫曰：「今人以靦爲面慙貌、非也。說文『靦、人面皃也；（今本譌作面見、案舍人曰：『靦、面貌也；』孫李亦曰：『靦、人面姡然也；』是靦爲人面貌也。）姡、面靦也、』即孫李所云人面姡然也。（爾雅訓靦爲姡、說文訓姡爲面靦、其義一也。今本靦面、誤作面醜、何人斯箋曰：『姡然有面目、』則姡非面醜。）然則靦與姡、皆人面之貌、而非面慙貌、明矣。小雅何人斯傳曰：『靦、姡也、』越語『余雖靦然而人面哉、吾猶禽獸也。』韋注曰：『靦、面目之貌；』是靦爲人面之貌、故對禽獸言之。又案方言『㥏、慙也、』此與『有靦面目』之靦異義、而左思魏都賦、玉篇、則皆誤以靦爲㥏矣。又案方言『姡、獪也、』郭彼注曰：『言黠姡也、』方言姡字、自是黠姡之義、非爾雅『靦、姡也』之姡。」是王不以靦姡二字爲慙皃、而以人面之皃釋之也。

爾雅學

靦姡也〇釋曰 注疏本刪。

姡面靦也詩正義同。今說文作面醜也、係淺人所改。浦鏜反據以改此、誤甚。爾雅靦姡也。說文、姡面姡也。轉相訓。

校勘記

靦他典反 雪牕本有、盧刻同。南昌本闕。

校勘記訂補

靦姡也釋文、姡戶刮反、又戶括反。今本姡音滑、非是。按、廣韻姡、戶括切在十三末、又下刮切在十五鎋。滑、戶八切在十四黠、又戶骨切在十一沒。四音無一同者、則姡不可以滑音明矣。

注疏本正誤

靦姡也〈注〉面姡然〇案：《釋文》云：「姡戶刮反，又戶括反。孫李云：靦，人面姡然也。」郭注本孫炎、李巡，此注當作「人面姡然也」。

宋監本校箋

靦音腆 姡音滑 也

姡、戶刮翻音猾。又戶括翻音活。方言狡獪爲姡。

音圖・音略

靦腆 姡滑 也。

孫侃直音

靦天上聲 姡滑 也 面姡然。

楊氏音訓

靦腆 姡活

干氏音釋

鬻糜也

鬻、糜也。淖糜。

郭注

鬻糜也春秋正義引經文與孫郭注俱作糜。

鬻、淖糜也。春秋正義十六又四十四 左氏音義五

孫音注

黃輯古義

鬻糜也

鬻淖糜也 春秋僖二十八年正義 左氏釋文

孫音注

玉函山房輯佚

鬻糜也

淖糜。孫注 經典釋文十九

鉤沉

鬻糜也 春秋正義引經文與孫郭注俱作糜。

孫曰、鬻、淖糜也。春秋正義十六又四十四 左氏音義五

漢注

鬻糜也

孫炎云、鬻、淖糜也。釋文十九卷 郭璞云淖糜。

一切注音

鬻糜也　孫炎云、鬻、淖糜也。左氏僖二十八年傳正義

古注斠

鬻之六反。字林亦作粥、云淖糜也。又與六反。淖奴孝反、又丈卓反。字林云、濡甚也。

陸音義

鬻糜也　糜、郭本作糜、然可通用。案、釋文引字林云、淖糜也。糜不分之名、儒行曰、粥粥若無能也。

新義

鬻糜也

孫炎曰、鬻、淖糜也。

郭璞曰、淖糜。

古注合存

鬻糜也。此釋鬻爲糜之義也。莊曰、淖糜也。

注疏參義

鬻糜也 註 淖糜 正義 說文云、鬻、饘也。糜、糝也。釋名云、粥、濯於糜、粥粥然也。糜、煮米使糜爛也。左傳釋文引孫炎云、鬻、淖糜也。月令云、行糜粥飲食。呂氏春秋高誘註、今八月比戶賜高年鳩杖粉粢。

正義

鬻糜也淖糜　糜者、說文訓糝、糝、以米和羹、一曰粒也。蓋以米和羹爲糝、以米煑鬻爲糜、糜鬻通名。故釋名云、糜、煑米使糜爛也。粥淖於糜、粥粥然也。鬻者、經典省作粥、而訓糜。玉篇粥、糜也、既夕禮云歠粥、鄭注粥糜也、粥皆鬻字之省。左氏僖廿八年昭七年正義及釋文並引孫炎云、鬻、淖糜也、是郭所本。上文餬饘、郭云糜也、此云淖糜、然則四者同類而異名、稠者曰糜、淖者曰鬻、今俗語猶然也。又左傳正義俱連引餬饘鬻糜二文、今隔別者或傳書者誤分之。

義疏

鬻糜也　孫注、鬻、淖糜也。郭注、淖糜。鬻从鬲米、相傳爲竹音、非也。楚芊姓亦云鬻姓、是鬻糜同矣。月令行糜粥、則粥爲二種、散文不分也。糜从麻、磨米麥爲粉。粥从鬲、煑米麥爲飽。禮食粥不食糜。糜、行糧也。

集解

鬻糜也　鬻、饘也、从鬻米聲。引申爲糜。儀禮既夕歠粥、注粥糜也。禮記月令行糜粥、是鬻亦糜也。糜、糝也、从米麻聲。粥之稠者、字亦作饘。禮記問喪、鄭里爲之饘粥。

義證

鬻糜也　釋文云、鬻、字林亦作粥。案、鬻从鬻米聲、在鬻部、鬻與鬲音義同、省而爲鬻則可通、省而爲粥則不成字。今俗書皆從字林。　糜左傳正義十六引作糜、恐譌。

匡名

鬻糜也　說文、鬻、鍵也。俗作粥。月令、行糜粥飲食。糜、糝也。黃帝初作糜。註、以米和羹謂之糝。若專用米粒謂之糝糜、亦謂之鬻、亦謂之饘。釋名、糜、煑米使糜爛也。粥、淖於糜、粥粥然也。引伸爲糜爛字。

啓蒙

鬻、糜也。

糜者、釋名云：「煑米使糜爛也。」段本說文米部云：「糜、糝糜也。」注謂「專用米粒爲之、謂之糝糜。」鬻者、釋文「鬻、字林亦作粥、云『淖糜也、』『淖、字林云：「濡甚也；」』」昭七年左傳釋文亦引孫炎云：「鬻、淖糜也。」釋名鬻作粥、云「粥淖於糜、粥粥然也。」郝云：「稠者曰糜、淖者曰鬻、」是糜鬻同類、故云：「鬻、糜也。」

爾雅學

鬻糜也　唐石經雪牕本注疏本同。單疏本無此經及疏、因并釋於上文餬饘也下。放此不重出。

校勘記

鬻糜也　據阮校此及上經文及疏皆補入。疏既無釋、似不必空補此三字。

注疏校勘札記

鬻音祝糜也

音圖・音

祝米

鬻糜也。

孫偘直音

祝　糜

鬻糜也。

直音校正

鬻之六切糜也

舒緩也

楊氏音訓

舒緩也謂遲緩。

郭注

舒緩也　釋曰、郭云、謂遲緩、詩云、舒而脫脫兮。

邢疏

舒緩也

郭璞云、謂遲緩。

一切注音

舒緩也

詩曰、舒而脫脫兮、言雖舒能有脫焉。若宋共姬女而不婦、不能也。

新義

舒緩也

郭璞曰、謂遲緩。

舒緩也。此釋舒爲緩之義也。疏曰、詩野有死麕云、舒而脫脫兮。

古注台存

舒緩也 註 謂遲緩 正義 釋詁云、舒、敘也。此篇上文云、宣、緩也。舒又爲緩、廣其義也。洪範云、舒時燠若、史記集解引鄭註云、舒、舉遲也。大雅江漢云、匪安匪舒。穀梁桓十四年傳云、聽遠音者、聞其疾而不聞其舒。舒本作紓。小雅采菽云、彼交匪紓、毛傳紓、緩也。說文云、紓、緩也。左氏成二年傳云、以紓其難。

注疏參義

正義

舒緩也。謂遲緩

上云宣、緩也、此云舒、緩者、舒宣聲轉。釋詁舒兼敘緒二義、詩傳舒兼徐遲二訓、實則其義俱爲緩也。通作

紓。說文及詩采菽傳並云、紓、緩也。

義疏

舒豫紓緩也 郭注、謂遲緩。舒从舍予。書曰豫。今文皆佀舒、亦佀荼。易豫怡、一佀豫怠。怠、緩也。詩、舒而脫脫兮。又、彼交匪紓。予糸亦緩也。上云宣、緩。

集解

舒緩也

舒、伸也、从舍从予、予亦聲。正字爲徐。詩野有死麕舒而脫脫兮、傳舒、徐也。以徐爲舒也。徐、安行也。引申爲緩。徐舒通用字。書豫恒燠若、鄭本豫作舒、云舉遲也。穀梁桓十四傳聽遠音者、聞其疾而不聞其舒。注謂徐緩。前漢書司馬相如傳舒節出乎北垠、師古曰舒、緩也。攷工記弓人斲目必荼、鄭司農注舒徐也。尚書大傳厥督荼、注荼、緩也。詩采菽彼交匪紓、傳紓、緩也。廣雅釋詁、徐、遲也。說文云、緩也。以荼紓徐爲之緩字本作䋶、繛也、从素爰聲。上經云、宣、緩也。

義證

舒緩也

舒緩者、召南野有死麕舒而脫脫兮、大雅常武王舒保作、毛傳並云舒、徐也。陳風月出舒窈糾兮、傳云舒、遲也。徐遲皆緩義也。舒通作紓。小雅采菽彼交匪紓、傳云紓、緩也。

說詩

舒緩也　舒通徐。說文人部徐、緩也、从人余聲。又通紓、說文糸部紓、緩也、从糸予聲。

匡名

舒緩也。大雅、匪安匪舒。通作紓。小雅、彼交匪紓、傳紓、緩也。

啓蒙

舒、緩也。

邵云：「舒、本作紓、」說文「紓、緩也。」小雅采菽傳同、釋文云：「紓、音舒。」郝云：「釋詁舒兼敘緒二義；詩傳舒兼徐遲二訓；實則其義俱爲緩也。」

爾雅學

舒緩也○釋曰注疏本刪。

舒緩也（注）謂遲緩○原本《玉篇》糸部「緩」下引《爾雅》：緩，舒也。郭璞曰：謂遲緩也。」「舒緩」作「緩舒」，注文「緩」下有「也」字。

校勘記

翢纛也纛翳也

宋監本校箋

翢纛也今之羽葆幢。纛翳也舞者所以自蔽翳。

郭注

翿纛也纛翳也 釋曰李巡曰翿舞者所持纛也孫炎曰纛舞者所持羽也郭云今之羽葆幢。鄭司農注鄉師云翿羽葆幢也蔡邕獨斷云以旄牛尾爲之大如斗左右騑馬頭上所謂黄屋左纛。纛又謂之翳。郭曰舞者所以自蔽翳。然則翿一名爲纛纛所以爲翳。故王風云左執翿毛傳云翿纛也翳也。

邢疏

翿纛也

纛、舞者所持羽也。詩正義四之一 邢疏

孫音注

黄輯古義

翿纛也

翿、舞者所持翿也。邢疏 詩王風君子陽陽正義

李注

翿纛也

纛、舞者所持羽也。邢疏 詩王風君子陽陽正義

孫音注

玉函山房輯佚

翿纛也

翿、舞者所持纛也。李注 纛、舞者所持羽也。孫注 並詩疏四之一

鉤沉

翿纛也

李曰、翿、舞者所持纛也。詩正義四之一 邢疏

孫曰、纛、舞者所持羽也。詩正義四之一 邢疏

漢注

翿纛也

李巡云、翿、舞者所持纛也。孫炎云、纛、舞者所持羽也。並詩正義四之一卷 郭璞云今之羽葆幢。

纛翳也

郭璞云、舞者所持以自蔽翳。四之一卷引増 持字依詩正義

一切注音

翢纛也纛翳也 李巡云、翿、舞者所持纛也。詩宛邱正義 孫炎云、纛、舞者所持羽也。詩君子陽陽正義

古注斠

翢徒刀反、又徒報反。纛字又作纛。徒報反。葆音保。幢丈江反。鄭衆云、羽葆幢也。蔡伯喈云、以旄牛尾爲之、大如斗、在左騑馬頭上、所謂黄屋左纛。

陸音義

翢纛也 翢唐石經宋本郭注同。近刻經典釋文及注疏本作翿。案廣韻翿字注云亦作翢。則二字原通用。顧氏金石文字記以翢字爲誤失之不考耳。

以此毒天下而民從之。

纛翳也

翢以匽之、用以翳焉。

新義

翢纛也 翢卽翿字。纛、舞者所持羽也、今謂羽葆幢。纛翳也 舞者執纛、所以自蔽翳。

鄭樵注

翢纛也 翢鄭本作翿

李巡曰、翿舞者所持纛也。

孫炎曰、纛舞者所持羽也。

郭璞曰、今之羽葆幢。

鄭樵曰、翢卽翿字。纛舞者所持羽也、今謂羽葆幢。

纛翳也

郭璞曰、舞者所以自蔽翳。

鄭樵曰、舞者執纛所以自蔽翳。

古注合存

翢纛也。纛、翳也。翢音陶。纛音導。○此釋翢爲纛、爲翳之義也。註曰、今之羽葆幢。舞者所以自蔽翳。疏曰、詩君子陽陽云、左執翢。毛傳云、翢纛也。翳也。

注疏參義

翿纛也註今之羽葆幢纛翳也註舞者所持以自蔽翳

正義 說文云、翳、翳也。所以舞也。詩曰左執翳。繫傳云、詩又曰無冬無夏、値其鷺翳、今俗作翿。說文又云、翳、華蓋也。案、王風君子陽陽毛傳云、翿翳也。翳也。釋文云、翿、翳、徒報反、沈徒老反、俗作纛。陳風宛丘釋文云、翿、作纛、音義同。爾雅釋文云、纛字又作翳、徒報反。是字本作翳、別體作翿、俗作纛。爾雅原文當作翿翳也、翳也。今本從俗作纛、轉据俗本爾雅以改毛傳、幸釋文彼此互見、可以正之。宋本翿作翢。註今之羽葆幢。○正義 方言云、翿、幢翳也。楚曰翿、關西關東皆曰幢。釋名云、翿、陶也。其貌陶陶下垂也。幢、童也。其貌童童也。鄭司農註鄉師云、翿、羽葆幢也。漢書高紀云、黃屋左纛。李斐云、纛、羽毛幢也。在乘輿衡左方上注之。蔡邕云、以犛牛尾爲之、如斗、或在騑頭、或在衡。應劭云、雉尾爲之、在左驂當鑣上。顏師古云、應說非也。○舞者至蔽翳。○正義 君子陽陽鄭箋、翳、舞者所持、謂羽舞也。疏引李巡云、翿、舞者所持纛也。孫炎云、纛、舞者所持羽也。是郭註所本也。今本註闕持字、据詩疏所引郭註補正。

正義

翢纛也今之羽葆幢纛翳也舞者所以自蔽翳

纛者、翳之別體也。說文云、翳、翳也。所以舞也。引詩曰左執翳。君子陽陽傳、翿纛也、翳也。釋文纛俗作纛。爾雅釋文纛字又作翳。是纛古本作翳、今作纛、俗作纛耳。詩正義引孫炎云、纛、舞者所持羽也。翢者無正體、經典作翿、爾雅宋本作翢。玉篇云、翢、纛也。翿、翳也。翳翿竝同。郭云羽葆幢者、雜記云匠人執羽葆御柩、鄉師注引作執翿以御柩、鄭衆注翿、羽葆幢也。爾雅曰、纛翳也。詩宛丘傳及方言竝云、翿、翳也。釋名云、翳、陶也。其貌陶陶下垂也。詩正義引李巡云、翿、舞者所持纛也。是翿翳纛竝音同字通。又通作翮。廣雅云、幢謂之翮。○纛又訓翳者、翳、蔽也。說文翳、華蓋也。

義疏

翢翿翢翳纛纛也纛翳也李注、翿、舞者所持纛也。孫注、纛、舞者所持羽也。郭注今之羽葆幢、舞者所以自蔽翳。翢从周羽。以羽周身、正字也。說文作殹、象田器、非矣。以翿通用、而从壽、翿誰也。覆蔽故誰問之、而其義迂。詩左執翿、說者竝以爲羽葆幢、今之華蓋垂幨傘也。記執羽葆以御柩。軍中謂之纛、从毒、取毒正之義。从毐、毐毒字通用。翳从医、从匚矢。

集解

翿纛也 翿字本作𣪘、縣物殹擊也、从殳𠭊聲。引申爲纛。詩君子陽陽左執翿、傳翿纛也、翳也。

纛翳也 承上而明纛非縣物、乃器名耳。蓋若今之垂幨傘也。禮記謂之纛、字本作縣、繫也、从系持県會意。周禮小胥、正樂縣之位。羽葆、許愼謂之翳。周禮鄉師及葬執纛、文選東京賦方釳左纛、纛翿均訓翳。翳、華蓋也、从羽殹聲。君之乘輿蓋以羽車、即所謂羽葆幢也。海外西經夏后啟左手執翳。

義證

翿纛也

註今之羽葆幢補正邢疏、李巡曰翿、舞者所持纛也。孫炎曰翿、舞者所持羽也。

郭注補正

纛翳也

舞者所持以自蔽翳也

詩君子陽陽正義引釋言、纛翳也、郭璞云、所持以自蔽翳也。今本脫持也二字、據補。

郭注佚存補訂

翿纛也纛翳也

翿說文作翳，云翳也，所以舞也。詩曰左執翳。案王風君子揚揚左執翿，毛傳云翿，纛也，翳也。鄭箋云翳，舞者所持，謂羽舞也。彼釋文云纛，徒報反，俗作纛。陳風宛丘値其鷺翿，傳云翿，翳也。正義云釋言翿作纛，音義同。蓋翳爲正字，翿爲通字，纛爲俗體。今經典多從俗。郭注謂翿爲今之羽葆幢者，本周禮。周禮鄉師執纛，注云雜記曰匠人執翿，鄭司農云翿，羽葆幢也。

說詩

纛翳也註舞者所以自蔽翳 所、尚書疏引作持。

疏在左騑馬頭上 獨斷作在最後左騑馬騣上。

注疏正字

翿纛也纛翳也

翿，說文作翳，翳也，所以舞也，从羽殹聲。詩曰左執翿。翳，華蓋也。纛，釋文字又作翳，徒報反。據此則經文當作翳翳也，翳翳也。庸人據石經玉篇廣韻謂翿當作翢，非也。

小箋

翢纛也 翿，石經陸氏新義鄭氏注本皆作翢。集韻六豪類篇四上引亦作翢。元照案說文羽部：翳，翳也，从羽殹聲。詩曰左執翳。今詩作翿，是翿卽翳之隸變也。釋文於纛字下云字又作翳。玉篇系部：纛，徒到切，亦作翿。然則纛卽翿字，不得以纛訓翿明矣。石經作翢，翢亦俗字。元照以音義推之，知爾雅本作綢翳也。綢與韜通。釋天素錦綢杠，綢卽韜也。鄭注鄉射禮云今文韜爲翿。纛石經作纛，毛詩釋文亦作纛，而以从毒者爲俗。案此俗字也，無可深論。然既音徒報反，則从毒稍近之。說文韋部：韣，弓衣也。鄭注禮記明堂位曰：弧，旌旗所以張幅也，其衣曰韣。又內則曰：韣，韜也。此亦可互證。又案翳从殹聲，殹从㔾聲，㔾㔾㔾𠷎隸變皆作壽，而於翳字因筆畫繁複，遂去其殳矣。

纛翳也 周禮注引。地官小司徒 纛當改翳。見上 又通𠈑。說文人部：𠈑，翳也，从人𠷎聲。

匡名

翿纛也纛翳也 說文翿，翳也，所以舞也。王風左執翿，傳翿，纛也，翳也。

啓蒙

翢纛 韜翳 說文羽部：翿，翳也。引詩左執翿，是以翿爲翿字。釋文纛字又作翳，則古本爾雅或以翳爲纛。案儀禮鄉射禮無物則以白羽與朱羽糅杠，長三仞，以鴻脰韜上二尋。鄭注：此翿旌也。翿亦所以進退衆者。今文韜爲翿。說文注有翿或本有翿篆。今依釋文以翳爲纛，故依儀禮注以韜爲翿。

此同字竝見之例。翿纛皆當作翳爾

黃侃評本正名

翢纛也纛翳也 翢，經典作翿。翿纛皆當作翳。翢纛二字實一。說文別無翢字，則此亦輔侑、嗟𡹭、迺乃之例矣。翢纛並與纛義近。說文纛，溥覆照也。方言字作𦇢，廣雅字作㬥，又與幬近。廣雅幬，覆也。翢纛纛翳相承義近。纛翳同物而用小別。

黃侃音訓

硯姡也 嚮糜也 翿纛也 纛翳也

舍人云：硯，擅也。一曰面貌也，謂自專擅之貌。釋言釋文 嚮，字林亦作粥。釋言釋文 孫炎云：嚮，淖糜也。左傳昭七年釋文 毛詩傳：翿，翳也。王風君子陽陽詩傳釋文 纛，字又作翳。釋言釋文 說文：翳，翳也。羽部翳

翢纛也，毛傳作翿，翳也，當是爾雅原文。字本作翳，別體作翿，俗作纛。

證異

翿纛也纛翳也。說文無翿字。羽部、翳、翳也、所以舞也、从羽殹聲。詩曰左執翳。此據集韻。今說文引詩作翿、乃後人據俗本毛詩改。又云、𦏲樂舞以羽𦏲自翳其首以祀星辰也。此𦏲字卽翳之省。翿字乃儔之別體。說文人部、儔、翳也、从人壽聲。徐鍇曰、儔、古與翿字同義。蓋儔正字、或作翿、經典遂通用翿。若纛字六書所無、無以下筆、不但作纛爲俗、卽作纛亦非。今案爾雅當作翳翿也、翿翳也。後人多識翿、少識翳、又別有作纛之俗字、寫爾雅者旣以翿易翳、復以纛易翿。而他經傳往往有俗人據改者、本作翳而改爲翿、本作翿而又改爲纛。如周禮鄉師及葬、執纛以與匠師御匶而治役、鄭注引雜記曰匠人執翿以御柩、又引鄭司農云翿、羽葆幢也。考今雜記但云匠人執羽葆。據周禮賈疏知古本雜記亦當作匠人執翿。鄭注鄉師直引執翿之文、不云纛當作翿、其引司農語亦祇作翿、則先後鄭所見周官經文、本皆作翿不作纛可知。後鄭又引爾雅曰纛翳也、卽承上文鄭司農云翿羽葆幢也之下。蓋所見爾雅本亦必作翿翳也。故引以證此經。執翿今作纛者、乃淺人因周官經文誤作纛、又俗本爾雅作纛翳也、遂據以改鄭注耳。毛詩陳風值其鷺翿、傳云翿、翳也、正義曰翿翳釋言文。此可見孔作詩疏時所見爾雅本亦作翿翳也、不作纛翳也。王風正義又引釋言纛翳也、此亦後人因毛傳有纛字而改。王風左執翿、傳云翿纛也、翳也。案說文引詩本作翳、傳用爾雅釋詩、當是翳、翿也、翳也。蓋爾雅二句雖是以翿釋翳、以翳釋翿、其實翳與翿聲義本同。故傳引爾雅文中間可省一翿字。七經考文云、古本毛傳翳也上有纛字、亦係妄添。若爾雅本作翿纛也纛翳也、則詩文本無纛字、傳何用幷引纛翳也一句乎。至執其鷺翿、則經文當本作翿。故傳亦止引爾雅翿翳也一句耳。自爾雅文誤、後人旣改匠師之翿爲纛、又改王風之翳爲翿、幷改傳注之翿皆爲纛、而紛錯繆亂、不可爬梳矣。

胡氏古義

翿纛也

說文、翳、翳也、从羽殹聲。詩曰左執翳。今詩作翿、釋文纛字又作翳、是翿纛卽古今字、聲音亦相轉。以古今字互訓、爾雅自有此例。見前。嚴氏元照云、不得以纛訓翿、未明此例。

王仁俊日記

翢纛也纛翳也

錦燧謹案、說文無翢字。阮氏校勘記謂通志堂釋文及閩本監本毛本作翿、是翢乃翿之俗體。然翿亦俗字、正體當作翳。說文云、翳翳也、从羽殹聲、詩曰左執翳。𠷎𠷎𠷎四字隸變皆作壽、又移羽字於旁、遂翳變爲翿矣。纛、唐石經作纛、以釋文音徒報反推之、从毒爲允、然亦俗字也。釋文云、纛字又作翳。玉篇系部、纛、徒到切、亦作翿。然則纛亦翳之俗體也。翿纛旣皆爲翳之俗、則不當以纛訓翿明矣。棠謂此經有衍文。疑舊本爾雅有作翿翳也者、又有作纛翳也者。校者識纛字於翿字旁、後人不知翿纛一字、因誤爲翿纛也、纛翳也二句、實則衍纛也纛三字。毛公君子陽陽傳云、翿、纛也、翳也、此纛也二字亦後人据已誤之爾雅而竄入。檢宛口傳僅云翿翳也可證。說文羽部云翳、翳也所以舞也、與雅訓毛傳並同。雅訓卽釋詩左執翿、與植其鷺翿句也。

陸錦燧日記

翿、纛也。纛、翳也。

宋本爾雅翿、作翢。玉篇云：「翢、纛也。」王風君子揚揚釋文云：「纛、俗作纛、」說文云：「翳、翳也、所以舞也、詩曰：『左執翳、』」今王風作「左執翿、」是翢翳翿皆同字。經典多用翿、故今用翿。纛爲纛之俗字、故不用纛而用纛。翿爲纛者、王風正義引李巡云：「翿、舞者所持纛也；」孫炎亦云：「纛、舞者所持羽也。」

纛訓翳者、郭注云：「舞者所持以自蔽翳；」段注說文云：「翳之言蔽也、引仲爲凡蔽之稱；」此古者樂官之所持也。射則用翿旌、喪則執翿御匶、見周禮鄉師注、雜記作執羽葆。

爾雅學

翢葉鈔釋文、唐石經雪牕本元本同。通志堂釋文及閩本監本毛本作翿。單疏本此頁補刻故作翿。按玉篇翢、纛也。廣韻翢、羽保幢。皆本此經。

纛也單疏本雪牕本同。唐石經纛作纛、下纛翳也同、釋文纛字又作翳。葉鈔本作字又作纛、則正文當作纛。詩君子陽陽、毛傳翿、纛也、釋文云纛、徒報反俗作纛。可證。五經文字云纛見詩。作纛訛。

舞者所以自蔽翳雪牕本注疏本同。詩君子陽陽正義引郭云、所持以自蔽翳也。按持字當有。

翿纛也纛翳也〇釋曰注疏本删。

然則翿一名爲纛閩本監本毛本一作又、元本闕。

校勘記

翿纛也。石經作翢。按詩既伯既禱、說文引之作禂、是壽與周通。此經特釋文及詩王風陳風俱从壽故今本亦作翿。顧氏謂石經爲誤非也。

纛翳也。釋文、纛字又作翳、徒報反。按翳卽壽之別體、玆特移羽字於下、故與翿異耳。釋文大字作纛不作纛也、亦無下同字樣、明是釋下翳也之纛。若上纛也便作翳、是翿翳也無異翿翿也矣、無此詮釋文法。故王風毛傳作翿、纛也翳也、以一翿冠二文。而陳風傳直作翿翳也、玉篇亦云翿、徒到切、翳也、翳猶並同上、是翳爲翿字而非纛字審矣。纛字雖不見於說文、然要是古今字異、或便以爲俗體、非也。

纛翳也、注舞者所以自蔽翳。按、詩左執翿疏引郭璞云所字下有持字、而值其鷺翿疏無持字、與此經今本注同、則王風疏當是緣李巡孫炎注俱有持字而誤、其實郭注不定有持字也。

翿纛也疏在左騑馬頭上。據釋文所引頭當作軛。

注疏本正誤

二行翢纛也〇「纛」、宋刻十行本作「纛」、下「纛翳也」同。又「翢」《釋文》及邢昺疏作「翿」。

纛翳也（注）舞者所以自蔽翳〇邢昺疏引孫炎曰：「纛，舞者所持羽也」、《詩・君子陽陽》《正義》引郭璞此注云：「所持以自蔽翳也」。今本「所」下脫「持」字，「翳」下脫「也」字。

宋監本校箋

翢音刀纛音到也

音圖・音

纛音到　案纛徒報翻音導定、今音到端、誤。直音誤同。

直音正誤

翿石經作翢、廣韻翿亦作翢、徒刀翻音陶又徒報翻音導。纛从毒石經作纛从每、釋文字又作翳、徒報翻。詩釋文云纛俗作纛。周禮釋文云、纛、桃報翻、劉音毒。是劉音從俗也、當以石經爲正、今通讀徒沃翻、張自烈轉以纛爲俗省、非。

音略

翿纛也。導陶道到

孫侶直音

直音校正

翿纛也、導陶到毒

翿陶纛導也。纛翳也。羽祿障舞者所以自蔽翳。

楊氏音訓

翿導纛道翳於計切

干氏音釋

隍壑也

隍壑也城池空者爲壑。

郭注

隍壑也 釋曰、隍城池無水者、郭云城池空者爲壑、易泰卦上六、城復於隍。

邢疏

隍壑也 隍、城池也。壑、溝也。詩韓奕正義

犍爲注

隍壑也 隍城池壑也。詩正義十八之四

李注

黃輯古義

隍壑也 隍、城池也。壑、溝也。詩大雅韓奕正義

犍爲注

隍㟏也 隍城池㟏也。詩大雅韓奕正義

李注

玉函山房輯佚

隍壑也 隍、城池也。壑、溝也。舍人注 隍、城池壑也。李注 並詩疏十八之四

鉤沉

隍壑也 舍人曰、隍、城池也。壑、溝也。詩正義十八之四 李曰、隍城池壑也。詩正義十八之四

漢注

隍壑也 舍人云、隍、城池也。壑、溝也。李巡云、隍城池壑也。並詩正義十八之四卷 郭璞云、城池空者爲壑。

一切注音

隍壑也 舍人云、隍、城池也。壑、溝也。李巡云、隍城也。池、壑也。並詩韓奕正義

古注斠

壑火各反。

陸音義

隍壑也 以隍爲壑。

新義

隍壑也郭云、城池空口者爲壑。

鄭樵注

隍壑也 舍人曰、隍、城池也。壑、溝也。李巡曰、隍城池壑也。郭璞曰、城池空者爲壑。鄭樵曰、郭云、城池空者爲壑。

古注合存

隍壑也。此釋隍爲壑之義也。註曰、城池空者爲壑。疏曰、隍城池無水者。易泰卦云、城復于隍。

注疏參義

隍㟏也 註 城池空者爲㟏 正義 㟏隍虛也、已見釋詁。此又申言其義也。大雅韓奕疏引舍人云、隍、城池也。㟏、溝也。李巡云、隍城池㟏也。

正義

隍壑也城池空者爲壑 壑隍釋詁並云虛也。隍又訓壑者、隍壑雙聲。詩韓奕正義引舍人云、隍、城池也。壑、溝也。李巡云、隍城池壑也。

義疏

隍壑也舍人注、隍、城池也。壑、溝也。李注、隍城池壑也。郭注、城池空者爲

壑。隍、上云虛。易、城復于隍。壑从叡。𣦸谷爲叡。或又加土。 集解

隍壑也 上經隍壑均釋虛。此隍又釋壑、轉注耳。易泰城復于隍、鄭注隍、壑也。壑字本作叡、溝也、人力之所爲者。 義證

隍壑也

註城地空者爲壑〔補正〕邢疏、隍、城池無水者。臣鍳按、詩疏引舍人云、隍城也、壑溝也。李註云、隍、城池壑也。 郭注補正

隍壑也

說文云、隍、城池也。有水曰池、無水曰隍。大雅韓奕實墉實壑、毛傳云言高其城、深其壑也。疏云壑即城下之溝、舍人云隍城下池也、壑溝也、李巡云隍城池壑也。 說詩

隍壑也 說文𣦸部叡从𣦸从谷、或从土作壑。 匡名

隍壑也 已詳釋詁。郭註、城池空者爲壑。 啓蒙

隍、壑也。釋詁云：「壑、隍、虛也；」此後申言其名之同也。大雅韓奕正義引舍人云：「隍、城池也、壑、溝也。」李巡云：「隍、城池壑也。」 爾雅學

隍壑也〇釋日注疏本刪。 校勘記

隍壑也〇「壑」當作「壑」。 宋監本校箋

皇

隍、壑也 孫侶直音

芼搴也

芼搴也 謂拔取菜。 郭注

芼搴也 釋曰、孫炎曰皆擇菜也、某氏曰搴猶拔也、郭云謂拔取菜、以搴是拔之義。史記曰斬將搴旗、謂拔取敵人之旗也。周南關雎云參差荇菜、左右芼之。故云謂拔取菜。毛傳云、芼、擇。亦謂拔菜而擇之也。 邢疏

芼搴也

皆擇菜也。詩正義一之一 邢疏 犍爲注

芼搴也

搴音騫。釋文本又作毛蹇。釋文引音義 郭音義

芼搴也

搴、猶拔也。詩正義一之一引某氏曰 邢疏 衆家注

黃輯古義

芼搴也

搴、猶援也。邢疏詩周南關雎正義並引某氏、 樊注

芼搴也

皆擇菜也。邢疏詩周南關雎正義 孫音注

芼搴也。搴與擇同。又音騫。本又作毛蹇。釋文 郭音義

玉函山房輯佚

芼搴也

芼搴、皆擇菜也。同 搴、猶拔也。某注 並詩疏一之一 鈎沉

爾雅詁林　二　釋言

漢注

芼搴也釋文郭音義云、本又作毛蹇。

孫曰、皆擇菜也。詩正義一之一、邢疏

某氏曰、搴、猶援也。詩正義一之一、邢疏

芼搴也

某氏云、搴、猶拔也。孫炎云、皆擇菜也。並詩正義一之一卷

一切注音

郭璞云、謂拔取菜。

芼搴也 孫炎曰、皆擇菜也。某氏曰、搴、猶援也。並詩關雎正義

古注斠

蕙心案、某氏注援字、當是拔字之譌、說文搴作攓、云拔取也、廣雅搴拔也可證。芼訓擇者、詩左右芼之傳云芼、擇也。孫本毛傳芼、乃現之借字。說文現、擇也、玉篇亦云擇、引詩左右現之。

陸音義

芼莫報反。搴也九輦反、取也。與攓同。郭又音騫。音義云、本又作毛蹇。拔步八反。

新義

芼搴也

搴、拔也、拔而取之、所謂流之、求其流而已。

鄭樵注

芼搴也 郭氏謂拔取菜。

古注合存

芼搴也、郭音騫。音義云、本又作毛蹇。

孫炎曰、皆擇菜也。

郭璞曰、謂拔取菜。

鄭樵曰、郭氏謂拔取菜。

注疏參義

芼搴也、芼音帽、搴音牽。○此釋芼爲搴之義也。註曰、搴謂拔取菜也。疏曰、孫炎云、搴、擇菜也。註以搴是拔之義。史記斬將搴旗、謂拔取也。詩關雎云左右芼之、毛傳云、擇也。

正義

芼搴也 註 謂拔取菜 正義 廣雅云、芼、搴、取也。搴、拔也。周南關雎云、左右芼之、疏引孫炎云、皆擇菜也、某氏云、搴、猶拔也。搴、說文作攓、云拔取也、南楚語。楚詞曰、朝攓阰之木蘭。又通作攓。列子天瑞篇、攓蓬而指。淮南兵畧訓攓巨旗、註云、攓、卷取也。

義疏

芼搴也謂拔取菜

搴者、說文作攓、云拔取也。方言云、攓、取也、南楚曰攓。是攓搴俱攓之或體。釋文引郭音義云、本又作毛蹇。俱段借字耳。芼者、亦段借字。說文現、擇也、讀若苗。玉篇引詩左右現之、現、擇也、本亦作芼。是芼現通。詩關雎傳芼、擇也。正義引孫炎云、皆擇菜也、又引某氏云、搴猶援也。援引與擇義近。儀禮及內則注芼、菜也。說文芼艸覆蔓、皆非爾雅之義。

集解

芼搴也孫注、皆擇菜也。口注、搴、猶援也。郭注、謂拔取菜。芼本作毛。玉篇引詩左右現之。艸爲土毛、故攓、爲芼。攓、从寒、艸寒須拔取、乃出、故从寒也。亦作攓褰。

義證

芼搴也

芼、艸覆蔓也、从艸毛聲。引申爲搴、謂艸蔓乃搴夻之耳。說文則以現爲之。詩關雎左右芼之、謂搴菜而擇。廣雅故釋芼爲取。搴字本作攓、拔取也。南楚語。从手寒聲。字亦作攓、作攐。

郭注補正

芼搴也

(註)謂拔取菜(補正)邢疏、孫炎曰皆擇菜也、某氏曰搴猶拔也、史記斬將搴旗、謂拔取敵人之旗、周南左右芼之傳云芼、擇、亦謂拔菜而擇之也。臣鑾按、詩疏引李巡註芼、搴、皆擇菜也。

爾雅詁林 二 釋言

芼搴也。郭氏不言所出，後世俗解卽以關雎左右芼之之芼當之，不知關雎之芼本作覒，覒之訓為擇，與此實異。芼者，草覆蔓之意，某氏謂為搴拔者，是也。亂之自孫炎始。

錢氏古義

芼搴也

釋文云，搴與攓同。說文云，攓，拔取也。芼，說文作覒，云擇也，讀若苗。玉篇引詩作左右覒之，本亦作芼。案周南關雎左右芼之，毛傳云芼，擇也。芼覒蓋同字，三家詩當有作覒者。

說詩

芼搴也 釋文云、搴、九輦切、取也、與攓同、郭又音騫、音義云本又作毛蹇。

注疏正字

芼搴也 釋文云，搴與攓同。案說文手部，攓，拔取也。南楚語从手寒聲。楚詞曰，朝攓批之木蘭。隸省作搴，俗更加手旁。又云、音義云本又作毛蹇。案皆通借字。

匡名

芼搴也 說文，芼，艸覆蔓。引詩左右芼之。傳，芼，擇也。郭註，謂拔取菜。攓，拔取也。引楚詞朝攓批之木蘭。又通作擇。淮南子攓巨旗，註，攓，卷取也。

啓蒙

搴 攓 搴。說文作攓。引楚辭曰朝攓阰之木蘭。

黃侃評本正名

芼，搴也。 廣雅芼搴取也，搴拔也，搴又作攓。莊子至樂攓蓬而指之，司馬注攓拔也。又通作搴，管子四時毋搴華絕芽，注搴，拔也。又作攓，淮南兵略攓巨旗，注云，攓，捲起也。

黃侃音訓

芼、搴也。

芼、搴、本字作覒、攓。釋文「郭音義云：『本又作毛蹇。』」毛詩關雎云：「左右芼之；」毛、芼、皆覒之假借。關雎正義引孔氏曰：「搴、猶拔也；」方言云：「攓、取也、南楚曰攓；」淮南兵略訓「攓巨旗、」注云：「攓、卷取也；」蹇、搴、攓、攑、皆攓之假借。說文手部云：「攓、拔取也、」此攓之本義、故孔訓搴為拔、揚訓攓為取、高訓攓為卷取也。說文見部云：「覒、擇也、讀若苗。」擇者、取之擇也；故廣雅云：「芼、搴取也；搴、拔也。」

爾雅學

芼搴也○釋曰注疏本刪。

校勘記

孫炎曰皆釋菜也 監本毛本湘本釋作擇。案廣雅云，芼，搴取也。說文芼作覒，云擇也。詩關雎云左右芼之，疏引孫炎曰皆擇菜也，卽邢所本。此作釋誤。

注疏校勘札記

搴，九輦翻，音蹇，與攓同。郭又音騫。楚辭注，搴，取也。說文作攓。

音略

芼毛搴騫蹇

芼搴也。

孫佁直音

芼毛搴騫

芼搴也

直音校正

芼帽搴牽也 拔取菜

楊氏音訓

芼莫報切 搴九輦切 又音愆

干氏音釋

典經也威則也

典經也，威則也。威儀可法則。

郭注

典經也威則也 釋曰，周禮大宰之職掌建邦之六典，鄭注云典常也經也法

爾雅詁林 二 釋言

也、王謂之禮經、常所秉以治天下也、邦國官府謂之禮法、常所守以爲法式也。常者其上下通名。郭云威儀可法則。詩曰、敬慎威儀、維民之則。

邢疏

典經也威則也

郭璞云、威儀可法則。

一切注音

典經也威則也

典、書而已。威、神也。夫神圖不能畫、書亦不能傳也。

新義

典經也威則也 郭云、威儀可法則。

鄭樵注

威則也 郭璞曰、威儀可法則。鄭樵曰、郭云威儀可法則。

古注合存

典、經也。威、則也。此釋典爲經、威爲則之義也。疏曰、周禮大宰掌建邦之六典、鄭註云、典、常也、經也。詩抑篇云、敬慎威儀、維民之則。

注疏參義

典經也 正義 釋詁云、典、常也。典又爲經、申其義也。左氏昭十五年傳云、言以考典、典以志經。

威則也 註 威儀可法則 正義 上文云、是則也。威又爲則、用爾雅。鄭箋、既有大則、謂用殷正朔、行其禮樂、如天子也。釋名云、威、畏也、可畏懼也。左氏襄三十一年傳云、令尹無威儀、民無則焉。

正義

典經也 學記兌命曰念終始典於學。註、典、經也。

校議

典經也威則也 威儀可法則

典、則、釋詁竝云常也。經、本經緯之字、又借爲常也、道也、法也、皆與典義合。故釋名云、典、鎮也、制教法所以鎮定天下。經、徑也、常典也、如徑路無所不通、可常用也。大宰注、典、常也、經也、灋也、皆其義也。○則者、釋詁云、法也。威者、詩有客傳、威、則也。按、威之言畏、法則人所畏。古讀君若威、君、人所畏而法則也。郭注但云威儀可法、似疏矣。

義疏

典經也 上云典、常。基、經。書有堯典、舜典、同天之書謂之爲經。記有經解、孔子所名也。

威則也 郭注、威儀可灋則。威、从戌女。戌、悉也。女悉則有儀。詩既有淫威、則、上云灋也。

集解

典經也 典、五帝之書也。从冊在几上、會意。引申爲經。謂典可經常而不廢耳。周禮大宰掌建邦之六典、注、典、常經也。禮記學記引兌命念終始典于學、注、典、經也。經、織也、从糸巠聲。引申爲先聖書之偁。禮記經解篇是。

威則也 威、畏也。从戌从女、宜會意。引申爲則。記所謂德威維威是也。書大誥于天降威、孫疏、威、則也。詩有客既有淫威、傳、威、則。則、等畫物也。上經云法也、常也。

義證

典經也威則也

注、威儀可法則。

疏、周禮太宰之職掌建邦之六典、鄭注云、典、常也、經也、法也、王謂之禮經、常所秉以治天下也、邦國官府謂之禮法、常所守以爲法式也。常者其上下通名。郭云威儀可法則。詩曰、敬慎威儀、維民之則。

鄭注、郭云威儀可法則。

正義、釋詁云典、常也。典又爲經、申其義也。左氏昭十五年傳云、言以考典、典以志經。 上文云、是則也。威又爲則也。周頌有客云既有淫威、毛傳用爾雅。鄭箋既有大則、謂用殷正朔、行其禮樂如天子也。釋名云、威、畏也、可畏懼也。左氏襄三十一年傳云、令尹無威儀、民無則焉。

義疏、典、則、釋詁竝云常也。經本經緯之字、又借爲常也、道也、法也、皆與典義合。故釋名云、典、鎭也、制教法所以鎭定天下。經、徑也、常典也、如徑路無所不通、可常用也。大宰注典常也、經也、灋也、皆其義也。則者、釋詁云法也。威者、詩有客傳、威則也、按威之言畏、法則人所畏。古讀君若威、君、人所畏而法則也。郭注但云威儀可法、則似疏矣。

世榮案、與上句例觀、則也之則自當訓法、有客毛傳是也。然威之訓則、實不止一義。則又爲賊之叚字、賊从則得聲、古書每多通用。虞書怙終賊刑、此叚賊爲則也。與上句對文、肆則皆語詞。商書汝有戕則在乃心、此叚則爲賊也。戕則卽孟子戕賊。說見俞氏樾達齋書說。賊字多訓害、威亦訓害、老子民不畏威、注云威、害也。是威與賊同訓、威則也、卽威賊也。賊又與虐相近、虐亦訓害。古書多以威虐連文。康誥惟威惟虐、詩北風序衞國竝爲威虐、論衡譴告篇威虐皆惡也、是其證。威爲法則之則、亦爲戕賊之賊、猶烝爲訓久之塵、亦爲訓眾之塵、雅訓固有此例矣。

釋言集解後案

經典也

釋詁云、典、常也。此又引伸之訓爲經、經亦常也、皆常語也。詩我將儀式刑文王之典、毛傳云、典、常也。維清文王之典、傳云、典、法也、法亦經也。大雅蕩尙有典刑、箋云猶有常事、故法亦以典爲常也。

威則也

則、法也。豳風伐柯其則不遠、小雅六月閑之維則、大雅烝民有物有則、抑及魯頌維民之則、傳箋竝云則、法也。周頌有客既有淫威、傳云威、則也。凡詩言威儀、皆謂有威可畏、有儀可象、可爲法則者也。

說詩

典經也　倶詳釋詁。左昭十五年傳、言以考典、典以志經。

威則也　說文威姑也。注引伸爲有威可畏。左襄三十一年傳、令尹無威儀、民無則焉。則、詳釋詁。

啓蒙

典、經也。

典者、說文攴部云：「敟、主也。」經傳多借用典冊字。釋詁「典、常也、」許訓主者、謂典常爲人所主守也。

經者、說文糸部云：「經、織從絲也、」（從段）从糸、巠聲、」織以從絲爲主、與典意相貫、故云：「典、經也。」堯典云：「愼徽五典、」中庸則曰：「天下之大經、」典經二字義多通。故廣韻云：「典、主也、常也、法也、經也。」

威、則也。

則、釋詁「法也。」威者、釋名「畏也、可畏懼也。」邵引左氏襄三十一年傳云：「令尹無威儀、民無則焉；」是威者人所則也、故周頌有客傳亦云：「威、則也。」郝云：「古讀君若威；君、人所畏而法則也。」

爾雅學

典經也威則也○釋曰　注疏本刪。

校勘記

常所以守爲法式也　監本毛本以守二字倒、周禮鄭注同、此誤倒。

注疏校勘札記

苛妎也

苛、妎也。煩苛者多嫉妎。

郭注

苛妎也　釋曰說文云妎、妬也。郭云、煩苛者介嫉妎、言煩苛之人多嫉妬。

邢疏

苛妎也

郭璞云、煩赤者多嫉妎。

一切注音

苛、疥也。

禮記內則「疾痛苛癢」、鄭註云「苛、疥也」、孫氏讀書胜錄續編據此謂鄭爾雅本作「苛疥」，與今本「苛妎」異。森案邵晉涵爾雅正義云：「鄭註內則『苛、疥也』，是妎本或作疥，鄭君所見爾雅本與郭異。」又案妎與齘通，方言二「齘、苛怒也，小怒曰齘，陳謂之苛」，齘又通疥，釋名釋疾病「疥，齘也，癢搔之齒類齘也」。

鄭玄注稽存

苛胡柯反。妎胡計反，又胡界反，又音害。說文云：妎，妬也。

陸音義

妎　說文云妎妬也○妬，說文本作妒，經典多通用。

音義攷證

苛妎也　苛生于有所妬。

新義

苛妎也　妎，胡計反，妒也。

鄭樵注

苛妎也　郭璞曰：煩苛者多嫉妎。鄭樵曰：妎，胡計反，妒也。

古注合存

苛妎也 **註** 煩苛者多嫉妎 **正義** 妎與齘通。方言云：齘、苛，怒也，小怒曰齘，陳謂之苛。又鄭註內則云：苛，疥也。是妎本或作疥。鄭君所見爾雅本與郭異。釋名云：疥，齘也，癢搔之齒類齘也。

正義

苛妎也　戴東原曰：鄭康成註內則疾痛苛癢，苛，疥也。是妎本作疥。鄭君所見本與郭异。

校議

苛妎也 煩苛者多嫉妎

妎者，說文云妬也。苛者，方言云怒也。怒妬聲義俱近，苛妎聲轉義又相成，故以爲訓。方言「齘、苛，怒也。小怒曰齘，陳謂之苛」。是苛齘與苛妎同。又內則注「苛，疥也」，聲義亦近。疥、癢也，亦煩苛多嫉怒也。齘者齒相切也。此皆詁訓之相通者。

義疏

苛妎也 郭注：煩苛者多嫉妎。苛疴通用。記、疾痛苛癢。妎即疥也。疥、搔也。可介假取小義。

集解

苛妎也 苛，小艸也，从艸可聲。正字爲疴，疴，病也。引中爲妎，呂覽所謂身無苛殃是也。疴苛通用字。禮記內則疾痛苛癢，注苛、疥也。猶妎也。妎、妬也，从女介聲。與疥通用。字林：妎、疾害妬也。

義證

苛妎也　妎，胡界反。

註 煩苛者多嫉妎 **補正** 邢疏：說文云妎、妬也。言煩苛之人多嫉妬。

郭注補正

苛妎也　郭云：煩苛者多嫉妎。按古無妎字，以康成內則注合之，應作疥。郭義未爲是也。

錢氏古義

苛妎也　注煩苛者多嫉妎

正曰：煩苛嫉妎不相連屬。禮記內則疾痛苛癢，鄭注苛疥也。釋文疥，說文云瘙瘍也。今本疒部誤佗搔也。瘙瘍謂之疥。鄭注讀妎爲疥，即讀苛爲疴。郭注不識叚借字，故有此誤。

正郭

苛妎也　注煩苛者多嫉妎

諍曰：錢氏、邵氏、郝氏皆據內則注苛、疥也，以妎爲疥，即以苛爲疴。案呂覽身無苛殃，注病也。蓋古多叚苛爲疴，直認爲煩苛字，失之遠矣。

諍郭

苛妎也

煩苛者多嫉妎

元本作嫉妬、誤。

郭注佚存補訂

苛妎也

說文云、妎、妬也。郭注云、煩苛者多嫉妎。詩大序云、哀政刑之苛。

說詩

苛妎也疏妎妬也妬、說文作妒。

注疏正字

苛 妎也

說文妎、妬也、故注云煩苛者多嫉妎。嫉、妬也。

小箋

苛妎也 正義云、鄭注內則苛、疥也、是本或作疥。

匡名

苛妎也 郭註、煩苛者多嫉妎。說文、妎、妬也。又與齘通。方言、齘、苛、怒也。

啓蒙

苛妎也

妎、當讀爲齘。說文、齘、齒相切也。周禮考工記函人爲甲、衣之欲其無齘也、先鄭云齘謂如齒齘。不齘則隨人身便利、是齘引申之卽有苛義。妎齘同聲字。

王仁俊日記

苛妎也。妎爲妎妬義、通作疥。

黃侃音訓

苛、妎也。

妎者、齘之假借字。說文齒部云：「齘、齒相切也、」切齒者、怒也、史記樊於期曰：「此臣之日夜所以切齒腐心也、」玉篇云：「頻齘者、切齒怒也、」皆其證。爾雅借妎爲齘、以妎訓苛、則苛亦怒也；故方言曰：「齘、苛、怒也、小怒曰齘、陳謂之苛。」齘又借疥爲之、內則鄭注云：「苛、疥也、」鄭用疥者、釋名「疥、齘也、」是疥本有齘義、故用之、邵謂「鄭所見爾雅、

本與郭異、」亦或然也。郭據說文妒義訓妎、未是。

爾雅學

煩苛者多嫉妎 單疏本雪牕本閩本監本毛本同、元本妎作妬。葢因疏云言煩苛之人多嫉妬致誤。

苛妎也○釋曰 注疏本刪。

校勘記

苛妎音係也

音圖・音

妎、胡計翻、音系、又胡界翻、音械。又音害。竝訓嫉妬。楚語妎其讒慝、韋昭注云妎、覆也、解怨除恨之辭。此別爲一義。

音略

妎 胡蓋切 又音系

干氏音釋

芾小也

芾小也 芾者、小貌。

郭注

芾小也 釋曰芾是木榦及葉之小者也、召南云蔽芾甘棠、此比於大木爲小也。我行其野云蔽芾其樗、鄭箋云樗之蔽芾始生、謂樗葉之始生形亦小也。郭云芾者小貌。

邢疏

芾小也

郭璞云、芾者小貌。

一切注音

芾 芳味反、又方蓋反。

陸音義

芾小也

有所蔽則小。

新義

芾小也 召南云蔽芾甘棠、芾、小貌。

鄭樵注

芾小也

郭璞曰、芾者、小貌。

鄭樵曰、召南云蔽芾甘棠、芾、小貌。

古注合存

苛，妎也。芾，小也。妎音契。芾音貝。○此釋苛芾之義也。註曰，煩苛者多嫉妎。芾然，小貌。疏曰，詩甘棠云，蔽芾甘棠。又我行其野云，蔽芾其樗。

注疏參義

芾小也〔註〕芾者小貌〔正義〕易釋文引子夏易豐其芾，傳云小也。召南云蔽芾甘棠，毛傳蔽芾，小貌。芾又通作茀。大雅卷阿云茀祿爾康矣，毛傳茀，小也。

正義

芾小也 芾者小貌 芾即市字。市，蟜蟧本蔽厀之名。經典作芾，借爲蔽芾，蟜蟧之字，而訓小，會意。釋詁云，蔽，微也。微亦小。故說文云，蔽，蔽，小艸也。是蔽芾俱有小義。故詩甘棠傳，蔽芾，小貌。易豐釋文引子夏傳，芾，小也。通作茀。詩卷阿傳，茀，小也。蔽芾甘棠，韓詩外傳作蔽茀甘棠。茀又訓蔽。蔽，蔽茀皆以微遮爲義，亦猶蔽芾皆以微小爲義也。字疊韵。

義疏

芾茀小也 郭注，芾者，小皃。芾本作㡀，艸木盛皃。从屮八。因以爲小。說者誤以㡀爲赤市之市。易豐其沛，子夏傳小也。詩蔽芾甘棠，韓作蔽茀。小，从丨八，微也。

集解

芾小也 芾，字本作㡀，艸木盛㡀㡀然也。从屮八。八，別也。故又引申爲小。說文則以㞢爲之。詩甘棠蔽芾甘棠，傳蔽芾小皃。易豐其沛，子夏傳沛小也。詩卷阿茀祿爾康矣，傳茀小也。借沛芾爲之。小物之微也。从八丨，見而八分之。易泰小往大來。

義證

芾小也

〔註〕芾者小貌〔補正〕邢疏芾是木稼及葉之小者。

郭注補正

芾小也 注芾者小貌

正曰，經訓小，注亦訓小，與不注同。錢詹事潛研堂集云，易豐豐其沛，釋文沛，子夏傳作芾，云小也。詩大雅卷阿茀祿爾康矣，毛傳茀，小也。依毛詁茀亦與芾通。

正郭

芾小也

召南甘棠蔽芾甘棠，毛傳云蔽芾，小貌。小雅我行其野，蔽芾其樗，鄭箋云樗之蔽芾始生。正義云謂樗葉之始生形亦小也。蔽芾甘棠，韓詩外傳作蔽茀。大雅卷阿茀祿爾康矣，傳云茀，小也。芾茀通字。

說詩

芾小也 正義云，芾通茀。詩大雅卷阿茀祿爾康矣，傳茀小也。案說文無芾字，知古作茀。

匡名

芾小也 郭註，芾者，小貌。召南蔽芾甘棠，傳蔽芾，小貌。

啓蒙

芾 㡀 詩甘棠毛傳。蔽芾小皃。玉篇云。蔽市。小皃。說文。普活反。艸木市市然。象形。市篆作㡀。

黃侃評本正名

芾，小也。 芾即市字，正作㡀，草木㡀㡀然，作茀亦通。

黃侃音訓

隍壑也 芼搴也 苛妎也 芾小也

舍人本云，隍，城池也。壑，溝也。引見大雅韓奕詩疏 李巡云，隍，城池壑也。引見大雅韓奕詩疏 郭氏音義本又作毛，搴也。釋言釋文 釋文，搴，與攓同。釋言釋文 禮記注作苛，疥也。內則注 方言，𪗇，苛，怒也。方言二 毛詩傳作茀，

小也。大雅卷阿詩傳子夏易傳芾、小也。易豐釋文

芾、小也、毛詩傳作茀、小也。按芾茀聲相近。

證異

芾、小也。

郭注云：「芾者、小貌。」考易豐釋文引子夏傳云：「芾、小也。」召南「蔽芾甘棠、」傳云：「蔽芾、小貌、」皆用雅義也。邵謂「芾、又通作茀、」大雅卷阿傳云：「茀、小也、」是也。

爾雅學

芾小也○釋曰 注疏本刪。

謂樗葉之始生 元本閩本監本同、毛本謂誤爲。

校勘記

芾音貝 雪牕本作芾、非潰反。盧刻作芳味反、又方蓋反。

校勘記訂補

芾、芳味翻、音費。又方蓋翻、非幫互切、音貝。案芾亦音弗、音貝。音費者訓小、音弗者訓茂。

音略

沸貝 芾、小也。

孫偘直音

肺 芾小也

直音校正

芾貝 小也

楊氏音訓

芾 方味切 又音貝

干氏音釋

迷惑也

迷惑也。

郭注

迷惑也 正義 說文云、惑、亂也。曲禮疏引何允云、迷於事爲惑。易坤卦云、先迷後得。

正義

迷惑也 迷眯皆从米、米、粟實。蓋相似難辨。說文、迷、惑也。眯、艸入目中。易、先迷後得主。書、烈風雷雨弗迷。惑、从或。古域字。與有同用。易傳或之者、疑之也。

集解

迷惑也 迷、行之惑也。从辵米聲。米種多而難辨。書梓材和懌先後迷民。無逸無若殷王受之迷亂。孫疏均云迷、惑也。楚辭惜誦迷不知寵之門。注迷、惑也。惑、亂也。从心或聲。字亦作惐。論語四十而不惑。

義證

迷惑也

說文云、迷、惑也。小雅節南山俾民不迷、鄭箋云使人無迷惑之憂。大雅板威儀卒迷、箋云君臣之威儀盡迷亂、迷亂卽惑也。

說詩

迷惑節注狃忕復爲 忕、誤伏。下並同。

疏說文云狃狎也忕習也 案、說文云、狃、犬性驕也。忕字說文無。

注疏正字

迷惑也 說文同。

匡名

迷惑也 說文、迷、惑也。小雅俾民不迷、箋使民無迷惑之憂也。惑、亂也。

迷、惑也。迷通作麋、三體石經無逸迷亂、古文作麋。

黃侃音訓

狃復也

狃復也 狃忕、復爲。

郭注

迷惑也狃復也 釋曰、小雅節南山云俾民不迷、謂不惑也。狃、復習也。郭云、狃忕、復爲。孫炎云、狃忕前事復爲也。說文云、狃、狎也。忕、習也。鄭風云、將叔無狃。毛傳云、狃、習也。桓十三年左傳云莫敖狃於蒲騷之役、杜注云狃、忕也。然則狃忕皆貫習之義。復亦貫習之意也。

邢疏

狃復也

復音服。狃能屈伸曰復。釋文

李注

狃復也

狃忕前事復爲也。詩正義四之二、書正義十八、邢疏、按忕舊多誤作伏。今从釋文。釋文無前事二字。

孫音注

黃輯古義

狃復也

復音服。狃能屈伸曰復。釋文

李注

狃復也

狃忕、邢疏作伏。前事復爲也。釋文、邢疏、詩鄭風大叔于田正義

孫音注

玉函山房輯佚

狃復也

狃能屈申曰復。李注 釋文二十九

狃忕、前事復爲也。孫注 書疏十八

狃復也釋文、復、李音服。

李曰、狃能屈伸曰復。釋文

孫曰、狃忕前事復爲也。詩正義四之二、釋文、邢疏 按忕舊多誤作伏。今從釋文。

鉤沉

迷惑也狃復也

李巡云、狃能屈申曰復。釋文二十九卷 孫炎云、狃忕、前事復爲也。書正義十八卷 詩正義四之二卷 郭璞云、狃忕、復爲。

漢注

一切注音

狃復也 李巡曰、狃音復。狃能屈申曰復。釋文

狃忕、前事復爲也。詩大叔于田正義

孫郭云

古注斠

狃女九反 復也扶又反、注同。孫郭云、狃忕、復爲也。李音服云、狃能屈申曰復。 忕石世反。

陸音義

忕石世反○忕、從大得聲。從犬者譌。毛本作伏、更譌。

音義攷證

狃復也

非迷也、以有所狃而爲之。

新義

狃復也 狃伏、前事而復爲也。

鄭樵注

狃復也復、李音服。

李巡曰、狃能屈申曰復。

孫炎曰、狃忕、前事復爲也。

郭璞曰、狃忕、復爲。

鄭樵曰、狃復、前事而復爲也。

古注合存

迷惑也。狃、復也。復去聲○此釋迷爲惑、狃爲復之義也。註曰、狃伏、復爲也。疏曰、狃、復、習也。孫炎云、謂狃伏前事復爲也。說文云、狃、狎也。伏、習也。詩大叔于田云、將叔無狃。毛傳云、狃、習也。

注疏參義

狃復也 註 狃忕復爲 正義 釋文引李巡云、狃能屈申曰復。鄭風太叔于田云、將叔無狃、毛傳、狃、習也。左氏僖十五年傳云、一夫不可狃、況國乎。晉語、得國而狃。註 狃忕復爲○ 正義 小爾雅云、狃、忕也。詩疏引孫炎云、狃忕、前事復爲也。郭註本孫炎。後漢書註云、狃忕、猶慣習也、謂慣習前事而復爲之。

正義

狃復也 郭注、狃伏、復爲。 表記狎侮死焉、而不畏也、註忕于無敬心也、疏言數無恭敬之心。心數訓忕、義尤顯、然伏當作忕。

校議

狃復也 狃忕復爲

復者又也、重復之義。狃者㣈之叚借也。說文云、㣈、復也。玉篇云習也、忕也。或與狃同、經典俱作狃。詩大叔于田傳狃、習也、箋云復也。小爾雅云忕也。按魯語云夕而習復、是習復同義。忕、遦、慣習也。釋文引李巡云、狃能屈申曰復。湆詩正義引孫炎云、狃忕前事復爲也。郭與孫同。復㹞嬲狃以聲近爲義也。說文狃、犬性驕也、與慣習義亦近。

義疏

狃復也

孫注、狃忕前事復爲也。李注、狃能屈申自復。郭注、狃忕、復爲。狃、从丑、古羞字、進羞往復、因爲狎習。詩、將叔無狃。复、从夂、亯、行故道也。

集解

狃復也

狃犬性驕也、从犬丑聲。引申爲復、謂狎習而復爲也。說文則以㣈爲之。詩大叔于田將叔無狃、箋狃復也。後漢書鴻異傳、虜兵臨境、忸於小利、注忸復也。忸即狃、復往來也。从彳复聲。上經云、返也。

義證

迷惑也狃復也

【注】狃伏爲復〔補正〕邢疏小雅俾民不迷、謂不惑也。狃、復習也。孫炎曰、狃伏、前事復名也。說文、狃、狎也。伏、習也。鄭風將叔無狃、傳云狃、習也。左傳莫敖狃於蒲騷之役、杜註狃、伏也。然則狃伏皆貫習之義、復亦貫習之意也。臣鋆按、釋文引李註曰、狃能屈申曰復。書疏引孫註曰、狃伏前復名也。

郭注補正

狃復也

謂狃忕復爲之也

後漢書馮異傳李賢注引爾雅曰、忸復也。郭景純曰、謂慣忕復爲之也。釋文引郭云、狃忕復爲也。今據賢注增補三字、而慣忕仍從陸本作狃忕。忕或從犬、誤。明注疏本作伏、更誤。小爾雅云、狃忕也。

郭注佚存補訂

狃復也

鄭風大叔于田將叔無狃、毛傳云狃、習也。鄭箋云狃、復也。正義云孫炎曰、狃忕、前事復爲也。忕誤作伏、今據釋文改正。復亦貫習之意、故傳以狃爲習也、箋用爾雅。案復當爲昭四年左氏傳汏而愎諫之愎。愎、狠也。僖十五年左氏傳愎諫違卜、呂覽誣徒愎過自用、注並云愎、戾也。謂叔無愎狠自用、恐其傷汝也。李巡謂狃能屈申曰復、非是。

說詩

狃復也　說文云狃、犬性驕也、非此義。錢少詹曰當作㣈。說文、彳部㣈、復也。从彳从柔、柔亦聲。經典相承用狃。

匡名

狃復也　說文、狃、犬性忕也。註、忕、習也。引伸爲凡忕習之稱。鄭風將叔無狃、傳狃、習也。郭註、狃忕、復爲。復詳上文。

啓蒙

狃復也釋文、復、李音服、云狃能屈申曰復。承珙案、李巡蓋讀狃爲擾。漢書古今人表公山不狃、顏師古曰、即公山不擾。史記夏本紀劉累學擾龍、應劭曰擾音柔、徐廣曰擾一作柔。說文、犪、牛柔謹也。狃既與擾同、亦有柔服義、故李以

爾雅詁林　二　釋言

復音服，與孫郭云狃忕復爲者義別。禮記喪大記君弔則復殯服，注云復或爲服。釋詁釋文云，服本或作艐。

胡氏古義

狃復也

錦燧謹案，此釋詩大叔于田篇將叔無狃也。毛傳云，狃，習也。習與復義相蒙。然說文犬部云狃，犬性驕也。小徐本驕作忕。是狃之本義，與復絕遠。狃訓復者，乃猱之假借字也。狃从丑聲，猱从柔聲，據段氏六書音均表，丑聲柔聲同在弟三部，古音相近，故漢書古今人表公山不狃，史記孔子世家索隱作公山不蹂。狃蹂通假，可爲狃猱通假之證。說文彳部云，猱，復也。

陸錦燧日記

狃、復也。

狃者，說文犬部云：「狃、犬性忕也，（從段）从犬、丑聲。」忕者、習也；國語韋注亦云：「狃、忕也、」與說文義同。又狃篆前狎字云：「犬可習也、」是狎、狃、同爲犬性之忕習、而皆引伸爲凡忕習之稱也。鄭風大叔於田傳云：「狃、習也、」箋云：「狃、復也、」魯語「夕而習復、」是狃訓習訓復、習復二字、且聯舉以用之、故鄭風正義引李巡云「狃忕、前事復爲也。」郝謂「狃爲猱之假借、」說文彳部、復猱二篆竝列、猱下云：「復也、」玉篇云：「猱、習也、忕也、」廣韻云：「猱、習也；」音義與狃同。

爾雅學

四行注狃忕復爲○「忕」當從邢昺疏作「忕」。忕，習也。邢疏引孫炎云：「狃忕前事復爲也。」郭注即本孫炎。《後漢書·馮異傳》李賢注引此作「謂慣忕復爲之也」，與今本異。

狃忕復爲單疏本忕作忕，盧文弨曰忕從大聲從犬者訛。注疏本作伏，更誤，下同。後漢書馮異傳注引此作慣忕復爲之也。

宋監本校箋

迷惑也狃復也○釋曰注疏本刪。

孫炎云元本閩本監本同，毛本云改曰。

忕習也元本同，閩本監本毛本忕誤伏。浦鏜云，說文無忕字。按詩蕩釋文及詩四月正義春秋桓十三年正義皆引說文忕，習也，與此合。犬部狃下云犬性忕也，尤爲本有忕字之證。

校勘記

狃忕復爲十行本狃伏，雪牕本狃恍，吳本狃忕。案校勘記引雪牕本作忕，似臧刻誤。

校勘記訂補

狃復也。注，狃忕復爲。今本忕誤作伏。釋文忕，石世反。

注疏本正誤

紐 狃復也。

孫偘直音

狃女九切復去聲也

楊氏音訓

逼迫也

逼迫也。

郭注

逼彼力反，本又作偪。迫音百。

陸音義

逼迫也

非狃也，以有不得已焉。

新義

逼迫也 **正義** 小爾雅云，逼，近也。說文云，迫，近也。逼與偪通。左氏隱十一年傳云，寘偪處此。

逼迫也 故爲偪畐、寘。

正義

迫，記，上不偪下。迫从白入二，一爲白與畐同意。

集解

逼 迫也 逼字本作畐，寘也，从高省，象高厚之形。引申為迫，字亦作偪。記所謂上不偪下是也。周語不可偪也，淮南兵略入小而不偪，注均云偪，迫

爾雅詁林 二 釋言

也。文選上林賦偪側泌瀄，注偪側，相迫也。長笛賦偪蹴攢仄，今字作踾，注踾蹴迫蹙皃。詩閟宮負而揊衡，注揊，迫也。後漢書鴻衍傳心愊憶而紛紜，注猶鬱結也。鬱結者，迫也。以揊愊爲之。迫，返也。从辵白聲。引申爲急促之詞。呂覽貴生迫生爲下。

義證

逼迫也

釋文云，逼，又作偪。逼偪同字。大雅烝民鄭箋云，諸侯之居逼隘。彼釋文云，逼，本作偪。

說詩

逼迫節註般馬之聲 般，左傳作班。

注疏正字

逼迫也 逼，釋文云本又作偪。案，逼偪二字皆不見於說文。

匡名

逼迫也 說文，逼，近也。逼與偪通。左隱十一年傳實偪處此，註偪，迫也。迫，近也。

啓蒙

逼　畐　逼。經典多作偪。段氏玉裁曰逼偪皆畐之俗字。正作楅，以木有所楅束也。

黃侃評本正名

逼，迫也　逼正作楅，以木有所楅束也。

黃侃音訓

逼、迫也。說文辵部云：「迫、近也。」逼、或作偪、小爾雅「逼、近也、」左氏隱十一年傳云：「實偪此處、」段云：「許無逼偪字、蓋祇用畐。」

爾雅學

逼，迫也。　百

孫侶直音

般還也

般還也 左傳曰，般馬之聲。

郭注

逼迫也般還也　釋曰，逼相急迫也。般還，反也。注左傳曰般馬之聲者，襄十八年晉大夫邢伯告中行伯之辭也。

邢疏

般還也

般音班，左傳云役將般矣是也。一音蒲安反，周易云般恒是也。釋文

郭音義

黃輯古義

般還也。般音班，左傳云役將般矣是也。一音蒲安反，周易云般桓是也。

郭音義

玉函山房輯佚

逼迫也般還也

郭璞云左傳曰般馬之聲。

一切注音

般 郭音班，左傳云役將般矣是也。一音蒲安反，周易云般桓是也。說文云，般，辟也。還 音旋，或音環。

陸音義

般還也 左傳曰，有般馬之聲。亦作班，班師則其義也。

鄭樵注

般還也 般，郭音班。

郭璞曰，左傳曰般馬之聲。

鄭樵曰，左傳曰有般馬之聲，亦作班，班師則其義也。

古注合存

逼迫也，般還也 般音班，一讀作盤。還，旋同。○此釋逼爲迫，般爲還之義也。疏曰，逼相逼，般旋反也。愚按般讀爲班，如趙充國班師罷兵之義，故疏云反也。或讀作盤，盤旋與逼迫相對，義自通也。

注疏參義

般還也 左傳曰般馬之聲

還者，與旋同，回也，轉也，圜也，便也。經典旋與還多通用。般者，說文云，辟也，象舟之旋。按周旋本此。周舟古字通。齊華周字還，亦作華舟，是其證也。易夷于左股，釋文引馬王肅作般，云旋也。日隨天左旋也。是股般形近而義亦通。又吳語云，將還玩吾國於股掌之上。股亦當爲般。今俗呼掌爲巴掌，即般掌之聲轉。推之易云盤桓，即般還也。還亦音環，故爾雅釋文還，音旋，或音環。般，郭音班，一音蒲安反，俱兼二音是也。

義疏

聲。還師。還、从睘。睘、从目袁。袁、長。䙡、回、睘睘往來。上云還復、返也。

般還也郭注、左傳曰般馬之聲。般、从殳舟。上云樂也。詩頌有般、言巡狩還師。還、从睘。睘、从目袁。袁、長。䙡、回、睘睘往來。上云還復、返也。

集解

般還也　般、辟也、象舟之旋。从舟从殳會意。引申爲還、禮記所謂主人般旋曰辟是也。易屯般桓利居貞、馬注旋也。明夷夷于左般、馬王本股作般、注旋也。葢本此經般還以爲義也。左襄十傳請班師、注班、還也。以班爲之。還、復也、从辵睘聲。經典或以爲轉爲旋之借字。禮記玉藻周還中規。

義證

逼迫也般還也

注左傳曰般馬之聲補正鄭樵註云、亦作班、班師則其義也。

郭注補正

般還也

此經當是釋詩周頌般義。序云般、巡守而祀四嶽河海也、毛傳云般樂也。案般訓爲還者、當是巡守而歸、作是詩而美之、言巡守之時、陟其高山小山大嶽、以及翕河、無不徧祭。允猶翕河者、允以一聲之轉、猶及也。說文云允、從儿吕聲、以允古多通用、小星傳云猶若也。若、及也。書召誥旅王若公、周官凡封國若家、若皆訓及。允猶翕河、以及翕河也。九河會爲一、故曰翕河。

說詩

般還也

柏年案般、通作班。左傳鄭公子班、自訾求入于大宮、釋文班、本亦作般。漢書郊祀歌先以雨般裔裔、注般、讀與班同。又趙充國傳而明主般師罷兵、注鄧展曰般、音班、班、還也。皆是。

補釋

般還也。左傳曰、般馬之聲。　般還亦連言成義、易屯初九磐桓、釋文磐本亦作盤、又作槃。馬云、槃桓、旋也。曹大家注幽通賦云、盤桓、不進也。管子小問作洀還、注洀、古盤字。廣雅作般桓、漢張表碑作畔桓。　般、今左傳作班、據僖三十一年公羊注班者布徧還之辭、則此及下條義相近、如蔓僾、兆肇之例也。　臧鏞堂說此經當本作班還也、與下班賦也爲同字異言之證、注引左傳般馬、今作班馬、可證。一音蒲安反、非。今案一音亦未可非。作班還亦無所據。

郭云般音班、左傳云役將般矣是也。一音蒲安反、周易云般桓是也。

黃侃音訓

般還也

案公輸般、列子湯問作公輸班。蔡侯般、白虎通誅伐作蔡侯班。而易屯之乘馬班如、書分器序之班宗彝、釋文俱曰本又作般、觀此可知班般之通然、以說解言、則班、分瑞玉、从珏从刀。般、辟也、象舟之旋、从舟从殳、殳所以旋也。二字之義顯然有別、此經訓般爲還明明般之正詁。阮氏校勘記欲易般作班、亦百密之一疏也。

董瑞椿日記

般、還也。

釋文「般、郭音班、一音蒲安反。還、音旋、或音環。」還、反也、已見上文、說文辵部亦云：「還、復也。」環繞字、古經傳多用還、漢書食貨志云：「還廬樹桑、」是也。還、又與旋同、玉藻「周還中規、折旋中矩、」禮運「還相爲本也、」是也。爾雅之「般、還也、」段謂「還者、今之環字、旋也、」葢以環亦旋之義故也。

爾雅詁林　二　釋言

般者、說文舟部云：「般、辟也、象舟之旋。」段云：「論語包氏注『足躩如、盤辟貌也、』盤、當作般、般辟、漢人語、謂退縮旋轉之貌；大射儀『賓辟』注曰：『辟、逡遁不敢當盛；』荀爽注易曰：『盤桓者、動而退也、』般之本義如是。薄官切。」是般者退旋也。邵云：「般班古通用、」是也。左氏襄十八年傳云：「有班馬之聲、齊師其遁、」郭注爾雅引作「般馬之聲、」般者、還歸之聲也。易「乘馬班如、」鄭氏易作「般如、」亦退而不進之義。杜注左傳、訓班爲別、失之。郝據說文「般象舟旋」之義、謂「周旋本此。齊華周、字還、亦作華舟、可證。易『盤桓、』即般還也。」是班、盤、與般；旋、桓、與還、皆通。

爾雅學

般還也唐石經單疏本雪牕本同。釋文、般、郭音班、左傳云役將班矣、是也。按此經當本作班還也、與下班賦也爲同字異言之證。注引左傳般馬之聲、今襄十八年傳作班馬之聲、可證。一音蒲安反、非。

逼迫也般還也○釋曰注疏本刪。

注左傳曰般馬之聲者襄十八年注疏本脫注。毛本襄下衍公。

校勘記

五行般還也（注）左傳曰般馬之聲○「還」、《釋文》音「旋」。原本《玉篇》舟部「般」下引「爾雅：般，旋也」，字作「旋」。又《左傳》襄公十八年「般」作「班」。

宋監本校箋

班旋環

般還也。

孫佁直音

般班還旋也

楊氏音訓

般班

干氏音釋

班賦也

班賦也。謂布與。

郭注

班賦也

釋曰郭云謂布與。桓六年左傳云、諸侯之大夫戍齊、齊人饋之餼、使魯爲其班。聘禮記云、肦肉及廋車。班肦音義同。左傳曰屬役賦文。

邢疏

班賦也

班、謂賦與也。一切經音義十四

李注

班賦也

謂布與也。書正義三郭同

孫音注

黃輯古義

班賦也

班、謂賦與也。一切經音義卷十四

李注

班賦也

謂布與也。書舜典正義

孫音注

玉函山房輯佚

班賦也

班、謂布與也。同書疏三

鈎沉

班賦也

李曰、班、謂賦與也。一切經音義十四

孫曰、謂布與也。書正義三郭同

漢注

班賦也

李巡云、班、徧賦與也。一切經音義十四卷

孫炎云、謂布與也。書正義三卷

郭璞云、謂布與。

一切注音

班賦也　李巡云、班、徧賦與也。一切經音義十四孫炎云、謂布與也。書舜典正義

古注斠

班賦也

以其班賦、記曰、賜君子小人不同日。

新義

班賦也郭氏謂布與。疏引左傳使魯爲其班、卽頌字也。

鄭樵注

班賦也
李巡曰、班、徧賦與也。
孫炎曰、謂布與也。
郭璞曰、謂布與。
鄭樵曰、郭氏謂布與。疏引左傳使魯爲其班、卽頌字也。

古注合存

班賦也。此釋班爲賦之義也。註曰謂布與也。疏曰桓六年左傳云、使魯爲其班。聘禮記云、肦肉及廋車。肦班音義同。

注疏參義

般還也 **註** 左傳曰般馬之聲 班賦也 **註** 謂布與 **正義** 還反也、賦量也、已見上。此又廣其義也。般還班古字通用。鄭氏易乘馬般如、今本作班。如舜典班瑞于羣后、史記引作還瑞。廣雅云、班賦布也。班通作肦。王制云名山大澤不以肦、鄭註肦讀爲班。又通作頒。祭義云頒禽、鄭註頒之言分也。**註** 左傳至之聲〇 **正義** 襄十八年傳文。今本般作班。桓六年傳云、使魯爲其班。〇謂布與〇 **正義** 書疏引孫炎云、謂賦與也。衆經音義引李巡云、班、徧賦與也。小爾雅云、頒賦布也。

正義

班賦也謂布與

賦者、上文云量也。說文云歛也。詩烝民傳又云賦布也。布卽班聲之轉。布猶鋪也、敷也、皆與班義近也。班者、說文云分瑞玉。廣韵引同。玉篇引云分瑞也、無玉字。益本詩班瑞而爲說。周語注班分也、方言云列也、小爾雅云次也、廣雅云序也、序次分別、皆賦布之意。故周語云其適來班貢、韋昭注班賦也。一切經音義十四引李巡云、班、徧賦與也。書舜典正義引孫炎云、謂布與也。按班有徧義、故李巡以班徧爲言。徧與辨同。士虞禮記注、古文班或爲辨。公羊僖卅一年傳注班者布徧還之辭、與李巡合。通作頒。小爾雅云頒賦布也。祭義注頒之言分也。文選馬汧督誄注頒與班古字通。又與肦同。王制注名山大澤不以肦、鄭注肦讀爲班。

義疏

班賦也李注、班、徧賦與也。孫注、謂布與也。郭注、謂布與。般班通用、類及之也。班从刀玨、字與頒肦通用。書、班瑞于羣后。周官、匪頒之式。記、名山大澤不以肦。賦、从武貝。上云、賦、量也。詩、明命使賦。書、底愼財賦。周官有九賦。

集解

班賦也 班、分瑞玉也。从玨从刀。引申爲賦。說文則以攽爲之。公羊僖三十一傳班其所侵地于諸侯也、注布、徧還之詞。晉語車班外内、注班、徧也。周語其適來班貢、注班賦也。禮記王制名山大澤不以肦、注肦讀爲班。儀禮聘禮記肦肉及廋車、注肦猶賦也。說文𧶠、賦亭也。以頒𧶠爲之。賦、斂也。从貝武聲。經典或以爲敷之借字。詩烝民明命是賦、傳布也。晉語賦職任功、注、授也。

義證

班賦也〔註〕謂布與〔補正〕鄭樵註云、疏引左傳使魯爲其班、卽頌字也。

郭注補正

班賦也 謂班布與之也

元應超日明三昧經上卷雜寶藏經二卷音義俱引爾雅、賦、班也。郭璞曰、謂班布與之也。今據補班之也三字。

郭注佚存補訂

班賦也

班與般同。凡班賜之班、多以般爲之。書分器序班宗彝。彼釋文云、班、本作般。李巡云、班、徧賦與也。孫炎云、班、謂布與也。班布一聲之轉。大雅烝民明命使賦、毛傳云賦、布也。班又通作頒。古多以般班相假。頒亦布也。儀禮聘禮注云、頒、猶賦也。**說詩**

班賦也 一切經音義兩引十二十四作賦班也。 班、通𢾰。說文、業部𢾰、賦事也、从業从八、八、分之也、八亦聲、讀若頒。**匡名**

般還也班賦也 還賦詳上文。般還班古字通用。鄭氏易乘馬般如、今作班如。說文、班、分瑞玉。舜典班瑞于羣后、史記引作還瑞。通作朌。王制、名山大川不以朌。又通作頒。祭義頒禽。李巡云、班徧賦與也。**啓蒙**

班賦也。 舜典班瑞、史記詁為還瑞、傳曰、班、還也。是此與上條義通。又左襄十請班師、杜注班、還也。**黄侃音訓**

班賦也 錦燧謹案、詩中無班字。一切經音義卷十二卷十四兩引爾雅皆作賦班也。蒙謂元應所引良是。此葢釋詩烝民篇明命使賦也。毛傳云、賦、布也。布班一聲之轉。故周禮宮伯以時頒其衣裘、鄭注云頒讀爲班、班、布也。左氏襄公二十六年傳班荊相與食、杜注云班、布也。以此推之、知毛傳以布訓賦、與爾雅以班訓賦、其義無異。惟說文玨部云班、分瑞玉也、又巾部云布、枲織也、二字俱與賦義遠。班布有賦義者、乃𢾰之假借字也。說文業部云𢾰、賦事也、从業从八、八、分之也、八亦聲、讀若頒。許云賦事、可知其義與雅訓合矣。許云讀若頒、可知其聲與班布通矣。**陸錦燧日記**

班、賦也。 賦者、上文「賦、量也」節下、謂賦兼取予二義、本節之賦、予之賦也。班者、廣雅云：「班、賦布也、」舜典正義引孫炎云：「班、謂布與也、」此皆本釋言。故周語韋注亦云：「班、賦也。」說文玨部云：「班、分瑞玉、从玨刀；」堯典云：「班瑞於羣后、」即許所謂分瑞玉也。班有分義、故古从刀會意、刀者、所以分之之具也。然則班者、賦瑞玉於人之義、故引伸爲凡賦予之稱。眾經音義引李巡云：「班、徧、賦與也、」徧者、賦予之徧及也。眾經音義十二與十七、兩引此節、作「賦、班也。」**爾雅學**

班賦也○釋曰 注疏本刪。

朌肉及痺車 監本毛本湘本痺作庳。案儀禮作庳、鄭注庳、庳人也。此誤。**校勘記**

注疏校勘札記

班賦也(注)謂布與○慧琳《音義》卷三十四引玄應音「分賦」條引此注作「謂班布與之也」。今本注文有脱誤。**宋監本校箋**

濟渡也濟成也濟益也

濟、渡也。濟、成也。濟、益也。所以廣異訓、各隨事爲義。**郭注**

濟渡也濟成也濟增益也 釋曰、郭云所以廣異訓各隨事爲義。方言云過渡謂之涉濟、彼注云猶今云濟渡。左傳曰、濟河焚舟。濟又爲成。左傳曰、以欲從人則可、以人從欲鮮濟。濟又爲增益。左傳曰、盍請濟師於王。**邢疏**

濟渡也濟成也濟益也 郭璞云、所以廣異訓、各隨事爲義。**一切注音**

濟子細反。下同。益於亦反。**陸音義**

濟益也 益坎在上、既濟是也。**新義**

濟渡也濟成也濟益也廣訓異義。

鄭樵注

濟渡也濟成也濟益也 郭璞曰、所以廣異訓、各隨事爲義。鄭樵曰、廣訓異義。

古注合存

濟渡也濟成也濟益也此遞釋濟爲渡爲成爲益之義也。疏曰、過渡謂之濟、左傳云、濟河焚舟、濟又爲成、左傳云、以欲從人則可、以人從欲鮮濟、又爲益、左傳云、盍請濟師于王。

注疏參義

濟渡也濟成也濟益也 註 所以廣異訓各隨事爲義 正義 方言云、過渡謂之涉濟。郭氏彼註云、猶今云濟渡。盤庚云、若乘舟汝弗濟。檀弓云、濟於河、鄭註、濟渡也。樂記云、事蚤濟也、祭統云、義者所以濟志也、鄭註、濟成也。左氏桓十三年傳云、必濟師、言增益也。濟本訓爲渡、轉訓爲成、又訓爲益、義相成也。

正義

濟成也 祭統曰夫義者所以濟志也、註濟成也。

校議

濟渡也濟成也濟益也 所以廣異訓各隨事爲義

渡者、說文云、濟也、廣雅云、過也。濟者、詩匏有苦葉傳及檀弓注竝云、濟、渡也。省作度。方言云、過度謂之涉濟、郭注、猶今云濟度。楚辭惜賢篇云、年忽忽而日度。皆借度爲渡、渡以過去爲義也。○濟又訓成者、成、就也、就濟聲轉。樂記云、事蚤濟也、祭統云、夫義者所以濟志也、鄭注竝云、濟、成也。詩載馳傳、濟、止也。止亦成就之義。○濟又爲益者、益、饒也、多也、又增也。增濟亦聲相轉。左氏桓十一年傳、盍請濟師於王、文十八年傳、世濟其美、竝以濟爲益也。詩旱麓傳、濟濟、衆多也。衆多亦增益之義。

義疏

濟渡度也濟成也濟益也 郭注、所以廣異訓、各隨事爲義。濟从齊。上云、齊、中也、渡必中流。詩、濟有深涉。渡从度、度量度乃可以濟。渡則事成、故又爲成。記、事蚤濟也。成

亦登也。敬日躋。益、从皿上水。易有益卦、饒也。濟、躋同用、躋、升、故益。詩、聖

集解

濟渡也 濟水名、从水齊聲、出今直隸贊皇縣。引申爲渡、以濟水之渡河而南耳。詩匏有苦葉、濟有深涉、傳、濟、渡也。禮記檀弓、濟於河。魯語及涇莫濟。楚辭湘夫人、夕濟乎西澨。文選陸士衡答兄機詩、南津有絕濟、注均云、濟、渡也。渡、水之濟也、从水度聲。引申爲過也、去也、與度通用。

濟成也 承上而廣濟義也。濟正字爲齊。齊、禾麥吐穗上平也。引申爲成、謂木之成熟耳。書顧命、宏濟于艱難、孫疏、濟、成也。禮記祭統、義者所以濟志也、注、濟、成也。晉語、施而不濟、恥也。周語引書、必有忍也、若能有濟也、韋注均云、濟、成也。晏子春秋內篇問下、知其能足以安國濟功、音義、濟、成也。成、就也、从戊丁聲。詩樛木、福履成之。

濟益也 濟、上釋成、此又釋益、正字爲隮耳。隮、登也。隮登則益、詩所謂聖敬日躋是也。躋濟通用字。左桓十一傳、盍請濟師於王、昭二十傳、寬以濟猛、均謂濟益。文選曹子建求自試表、皆以功勤濟國、輔主惠民、注、濟、益也。益、饒也、从水皿。皿益之義也。字亦作溢。易損卦傳、損益盛衰之始也。

義證

濟渡也濟成也濟益也

註所以廣異訓各隨事爲義〔補正〕邢疏、方言云、過渡謂之涉濟。左傳曰、濟河焚舟。濟又爲成、左傳曰、以人從欲鮮濟。濟又爲增益、左傳曰、盍請濟師於王。

郭注補正

濟渡也濟成也濟益也

說文云、渡、濟也。此常語也。邶風匏有苦葉、濟有深涉、毛傳云、濟、渡也。載馳、不能旋濟、傳云、濟、止也、非也。濟、渡也、不能旋濟、與不能旋反一義也、朱注得之。大雅篤公劉、涉渭爲亂、鄭箋云、乃使人渡渭水、

為舟絕流而南。亦以涉為渡也。濟成濟益亦常語也。詩邶風匏有苦葉有瀰濟盈濟盈即濟益也。漢書禮樂志集注云濟益也。

說詩

濟渡也疏過渡謂之涉濟 渡、方言作度、下註濟渡、同。

注疏正字

濟渡也 渡文選注二十二引作度。

匡名

濟渡也濟成也濟益也 檀弓濟於河、鄭註濟渡也。說文渡濟也。祭統義者所以濟志也、鄭註濟成也。左桓十三年傳必濟師、註增益也。

啓蒙

濟成也濟益也 濟之訓成字當作𣥂、濟又訓止、止即𣥂之訓。訓益者字當作臻。

黃侃音訓

濟、渡也。詩匏有苦葉傳及檀弓注、並云：「濟、渡也。」說文「渡、濟也。」文選注十二引爾雅渡、作度、度為渡之省、故古多借度為渡。

濟、成也。濟、益也。濟訓成者、祭統云：「夫義者所以濟志也、」鄭注「濟、成也、」左氏僖二十年傳云：「以欲從人則可、以人從欲鮮濟；」濟、即成也。濟又訓益者、左氏桓十一年傳云：「盍請濟師於王、」濟師、益師也。郝氏引詩旱麓傳云：「濟濟、眾多也、」亦增益意。盛也、益也、皆濟渡義之引伸。

爾雅學

濟渡也濟成也濟益也○釋曰注疏本刪。

校勘記

濟渡也濟成也濟益也 所以廣異訓各隨事為義。

楊氏音訓

緍綸也

緍、綸也。詩曰、

緍綸也 維絲伊緍。緍、繩也。江東謂之綸。

郭注

緍綸也 釋曰孫炎云皆繩名也。郭云緍、繩也、江東謂之綸。注詩曰維絲伊緍者召南何彼襛矣文。

邢疏

緍綸也 皆繩名也。詩正義一之五 邢疏

孫音注

緍綸也

黃輯古義

皆繩名也。邢疏 詩召南何彼襛矣正義

孫音注

玉函山房輯佚

緍綸也 皆繩名。同詩疏一之五

鈎沉

緍綸也 孫曰、皆繩名也。詩正義一之五 邢疏

漢注

緍綸也 孫炎云皆繩名也。詩正義一之五卷 郭璞云、詩曰維絲伊緍、緍、繩也、江東謂之綸。

一切注音

緍綸也 孫炎云皆繩名也。詩何彼襛矣正義

古注斠

緍 亡巾反。綸 音倫。繩 音乘。

陸音義

緍綸也 綾鬖陶之時、綸艸昧之時。

新義

緍綸也 召南云、維絲伊緍。緍綸皆繩也。郭氏云、江東曰綸。

鄭樵注

緍綸也
孫炎曰、皆繩名也。
郭璞曰、詩曰維絲伊緍、緍繩也、江東謂之綸。
鄭樵曰、召南云維絲伊緍、緍綸皆繩也、郭氏云江東曰綸。

古注合存

緍綸也緍音民。○此釋緍爲綸之義也。註曰、詩何彼襛矣云、維絲伊緍、緍繩也、江東謂之綸。

注疏參義

緍綸也 註 詩曰維絲伊緍緍繩也江東謂之綸 正義 說文云、緍、釣魚繫也。小雅采綠云言綸之繩、鄭箋綸釣繳也、孔疏綸是繩名、釣繳者謂繫繩於釣竿也。註 詩曰至之綸○ 正義 維絲伊緍、召南何彼襛矣文。疏引孫炎云皆繩名也。郭註本孫炎。今江南統謂之釣綸、郭引方俗語、所以別於綸綬也。

正義

緍綸也詩曰維絲伊緍緍繩也江東謂之綸

綸者、釋詁貉縮綸注云、綸者、繩也。詩言綸之繩、傳綸、釣繳也。緍者、說文云釣魚繫也。詩何彼襛矣傳緍、綸也、正義引孫炎云皆繩名也。史記平準書言緍錢、酷吏傳言告緍、緍皆錢貫之名。

義疏

緍綸也孫注、皆繩名也。郭注、詩曰維絲伊緍、緍繩也、江東謂之綸。緍从昏。上云昏強也。合絲強之字又作緡。說文又作䋝、从衣、疏矣。綸、青絲綬。从侖、有文理。詩言綸之繩、通謂繩之。

緍綸也緍釣魚繫也、从糸昏聲。引申爲綸。詩何彼襛矣維絲伊緍、傳緍綸也。綸青絲綬也、从糸侖聲。禮記緇衣、其出如綸。

集解

緍綸也

義證

註 詩曰維絲伊緍緍繩也江東謂之綸 補正 邢疏、孫炎曰皆繩名也。

郭注補正

緍綸也
詩曰維絲伊緍緍繩也江東謂之綸
元應十誦律四十六卷音義引爾雅、緍綸也。郭璞曰、江東謂之緍。

郭注佚存補訂

緍綸也
召南何彼襛矣維絲與緍、毛傳云緍綸也。大雅抑言緍之絲、毛傳云被也、鄭箋云柔忍之木荏染然、人則被之、弦以爲弓。蓋以緍爲弓弦、弦即繩也。小雅采綠言綸之繩、疏云綸是繩名。郭注云、緍繩也、江東謂之綸。

說詩

緍綸也疏詩曰維絲伊緍者者、監本誤也。

注疏正字

緍綸也 石經作緍。案以避諱故、適合正體。

匡名

緍綸也說文、緍釣魚繫也。召南維絲伊緍傳緍、綸也。小雅言綸之繩。

啓蒙

緍綸也。 此與綸綬同名。

黃侃音訓

緍、綸也。 綸、緍、皆釣者所用繩。釋詁「綸也」節、郭注云：「綸者、繩也；」小雅采綠云：「言綸之繩、」鄭注「綸、釣繳也、」說文云：「緍、釣魚繁也；」是綸緍一物也。史記平準書言「緍錢、」酷吏傳言「告緍、」郝氏云：「皆錢貫之名。」

爾雅學

緡綸也○釋曰注疏本刪。

注詩曰維絲伊緡者注疏本刪注字。

召南何彼襛矣文注疏本同。按、五經文字衣部云、襛見詩風、從禾者訛。然則唐本毛詩已有從禾者矣。

校勘記

緡繩也雪牕本緡綱也。

校勘記訂補

六行緡綸也(注)詩曰維絲伊緡緡繩也江東謂之綸○注文「緡」當從正文作「緡」。原本《玉篇》「緡」作「紙」，注引「《爾雅》：紙，綸也。郭璞曰：江東謂之紙」。玄應《音義》卷十五引此注亦作「江東謂之緡」，與今本不同。

宋監本校箋

緡音民綸也

音圖・音

民　倫

緡、綸也。

孫侶直音

緡民綸也

楊氏音訓

緡　民

干氏音釋

辟歷也

辟、歷也。未詳。

郭注

辟歷也

郭璞云、未詳。

一切注音

辟婢亦反一音壁。

陸音義

辟歷也

更事閱理乃知所避。

新義

辟歷也辟、今作劈。歷、過也。

鄭樵注

辟歷也

郭璞曰、未詳。

鄭樵曰、辟、今作劈。歷、過也。

古注合存

辟歷也**註**未詳**正義**釋詁云、辟律法也。律與歷聲相近。漢書律歷志云、以律起歷。又云律法也、莫不取法焉。辟歷以聲爲義也。

正義

辟歷也未詳

辟者、釋詁云法也。歷者厤之叚借也。說文云、厤、治也。治法義近、辟歷聲近、凡聲近之字、古人多以爲訓。如霹靂、說文作劈歷、釋名作辟歷。釋宋帛云、幷者歷辟而密也。然則歷辟、辟歷俱以聲爲義也。說文厤从秝聲、秝讀若歷、又䢃與辟同而訓治、厤亦訓治、是皆義同之字以聲爲義者也。

義疏

辟歷也郭注、未詳。　辟、卽㱿也。說文引書有能俾㱿、上云艾歷、是也。書序、歷試諸艱。

集解

辟歷也辟、卽㱿治也。上經艾歷同釋爲相、又云艾歷也。艾爲㱿之借字。故辟又轉訓爲歷。書堯典有能俾乂、說文引作㱿。禮記月令、命宰歷卿大夫至於庶民土田之數。

義證

辟歷也　辟讀毗義切、如書金縢我之弗辟之辟、謂他適以違避人也。史記自序、太伯避歷江蠻是適。論衡譴告篇曰、太王以王季之可立、易名爲歷。歷者、適也。太伯覺悟乃之吳越、以避王季。吳越春秋太伯傳說與之同。則歷亦他適避人之義、故以歷釋辟也。或曰霹靂字、前後漢書皆不加雨、劉氏釋名亦但作辟歷、統言爲辟歷、分言則辟卽歷。存備一說。

補郭

辟歷也　註未詳補正鄭樵註云、辟今作嬖歷、過也。 郭注補正

辟歷也　辟、法也。小雅雨無正辟言不信、大雅抑辟爾爲德、板無自立辟、傳箋竝云辟法也。法爲辟、治法亦爲辟。說文刑字注引易曰、井者法也。法所以治也。歷者、厤之假借。說文云、厤、治也、 說詩

辟歷也　郭曰、未詳。引之謹案辟與𤔔同、歷與厤同。說文𤔔、必益切治也、從辟井。爾雅、辟、法也。說文刑字注引易曰、井者、法也。法所以治也。故𤔔從辟井而訓爲治。周書曰我之不𤔔今書金縢作我之弗辟。文六年左傳曰制事典正法罪辟獄刑董逋逃由質要治舊洿、杜注辟、猶理也。理亦治也。說文又曰厤、音歷治也、從厂秝音歷聲。是𤔔厤皆治也。作辟歷者、借字耳。辟歷亦疊韻字。 述聞

辟歷也　釋詁、辟律法也。漢書以律起歷。又律、法也、莫不取法焉。辟歷以聲爲義也。 啓蒙

辟歷也。　歷與律亦聲轉、漢律歷志以律起歷。 黄侃音訓

辟歷也　此辟字當爲書我之弗辟辟字。其正字當作𤔔。說文、𤔔、治也、从辟从井。引周書我之不𤔔、今金縢作我之弗辟、是辟者𤔔之叚也。𤔔訓治。云歷也者、歷或厤之叚。說文厂部厤、治也、與𤔔同訓。若止部歷下云過也、則訓與𤔔遠、不得取以爲釋矣。 包錫咸日記

辟歷也。君陳、辟以止辟。梓材殺人歷人、注歷人、罪人所過。 讀雅筆記

辟、厤也。

王引之云：「辟與𤔔同、歷與厤同。說文『𤔔、治也、从辟井、周書曰：我之不𤔔、』今書金縢作『我之弗辟、』爾雅『辟、法也。』說文刑字注引易曰：『井者、法也、』法所以治也。故𤔔從辟井、而訓爲治。文六年左傳曰：『正法罪、辟獄刑、』杜注『辟、猶理也、』理、亦治也。說文又曰：『厤、治也、』是𤔔、厤、皆治也。作辟歷者、借字耳。」案說文辟部𤔔、許亦云：「治也、从辟、乂聲。」則𤔔𤔔二字、皆从辟而皆訓治、疑辟字本義訓法、其引伸義即爲治矣。故爾雅曰：「辟、厤也。」 爾雅學

辟歷也唐石經雪牕本同。單疏本此經無疏。凡注云未詳及重出者、邢氏例不爲疏、固不標經。通書準此。 校勘記

辟壁　辟、歷也 孫偘直音

辟辟　歷也 楊氏音訓

漦盝也

漦盝也漉漉出涎沫。 郭注

漦盝也　釋曰李巡云、吐沫釐也。郭云漉漉出涎沫。鄭語云、訓語有之曰夏之衰也、褒人之神化爲二龍、以同于王庭而言曰余褒之二君。夏后卜殺之與去之與止之莫吉、卜請其漦而藏之吉。韋昭云漦龍所吐沫、龍之精氣也。 邢疏

漦盝也　吐沫漦也。釋文　邢疏 李注

漦盝也

漦、牛齝反。又丑之反。釋文 郭音義

漦盝也

吐沫漦也。釋文 邢疏 李注

漦盝也。漦、音牛齝反、又丑之反。並上同 郭音義

黃輯古義

漦盝也

李曰、吐沫漦也。釋文 邢疏 **漢注**

玉函山房輯佚

漦盝也

李巡云、吐沫漦也。釋文二十九卷 郭璞云漉漉出涎沫。

一切注音

漦盝也 李巡云、吐味漦也。郭音牛齝反。釋文

古注斠

漦 仕其反、又吕其反。郭音牛齝、又音丑之反。李云、吐沫漦也。盝 音鹿。漉 音鹿。唌 囚延反。字當作次。又作涎。字林云口液。沫 音末。

陸音義

唌字當作次、又作涎。○邢本作涎。

音義攷證

漦盝也 魚而盝之漦矣。

新義

漦盝也 郭氏云、漉漉出涎沫。然則盝卽漉也。漦、仕其反。

鄭樵注

漦盝也 漦、郭音牛齝反。李巡曰、吐沫漦也。郭璞曰、漉漉出涎沫。鄭樵曰、郭氏云漉漉出涎沫、然則盝卽漉也。漦、仕其反。

古注合存

辟歷也。漦盝也。辟音辟、漦音時、盝音漉。○此釋辟漦之義也。註曰、漉漉出涎沫。疏曰、李巡云、吐沫漦也。韋昭云、漦、龍所吐沫、龍之精氣也。愚按辟歷當作霹靂。與漦盝皆水火精氣也。

注疏參義

漦盝也 **註** 漉漉出涎沫 **正義** 說文云、漦、順流也。漉、浚也。盝通作漉、已見釋詁。釋文引李巡云、吐沫漦也。周語云、卜請其漦而藏之、韋註漦、龍所吐沫、龍之精氣也。

正義

漦盝也 漉漉出涎沫

盝者與漉同、滲也。素問瘧論云無刺漉漉之汗、王砅注漉漉言汗大出也。漦者說文云順流也。釋文引李巡云、吐沫漦也。鄭語注、漦、龍所吐沫。按說文漦、从𠩺聲、𠩺、力之切。漦盝一聲之轉。

義疏

漦盝也 李注、吐沫漦也。郭注、漉漉出涎沫。攷工記、湅其灰而盝之。盝、从皿、彔。刀刻皿、彔彔漉水、器也。从鹿、但取聲無義。說文有漉無盝、盝非也。漦、从𠩺水、說文云順流。人多聞龍漦、見漦則以爲涎、不審之甚。漦卽瀝也。周官、受辠歷。

集解

漦盝也 漦、順流也、从水𠩺聲。正字爲麗、實爲瀝。瀝、浚也、从水歷、與盝義同。瀝麗漦通用字。周禮量人、與鬱人受斝歷而皆飲之。歷而皆飲、謂其盡飲、卽此經所謂盝也。借歷爲之。盝字本作漉、浚也、从水鹿聲。上經云竭也。

漦盝也 漦牛齝反。盝音鹿。

義證

漦盝也 註 漉漉出涎沫 補正 邢疏、李巡云吐沫漦也。

郭注補正

漦盝也

漉漉出唌沫也

各本作涎。釋文云、唌、囚延反、字當作次、又作涎。元應四分律四十二卷音義引郭璞注爾雅云唌沫

也、與陸本正合。希麟新大方廣佛華嚴經十四卷音義引郭注爾雅云、漉出涎沫也。今據補也字。

郭注佚存補訂

蒣盝也

此當釋小雅白華之詩隱指龍蒣一事。鄭箋云、昔夏之衰有二龍之妖、卜藏其蒣、周厲王發而觀之、化爲玄黿、童女遇之、當宣王時而生女、懼而棄之、後褒人有獻而入之幽王、幽王嬖之、是謂褒姒。彼釋文云蒣士其反、沫也、又尸醫反、引爾雅云蒣盝也。此蓋述其事而爲之釋。

說詩

蒣盝也註漉漉出涎沫 涎、釋文作㳄。音蒣仕其切 釋文云、郭音牛齝切。

疏以同于王庭而言曰余褒之二君也 脫王也二字。同、誤伺。

注疏正字

蒣盝也 盝當作漉。見釋詁。

匡名

蒣盝也 盝詳釋詁。說文、㵒順流也。周語卜請其蒣而藏之、韋註蒣、龍所吐沫也。

啓蒙

蒣盝也。漉漉出涎沫。 蒣者、精也、龍精故能化矣。鄭語注。以爲吐沫非也、郭注是。 蒣有二音、讀仕其則與巳音同、巳者象子在腹中之形、讀勑之則與胎音同、益明蒣爲精矣。 郇陽酒賦甘滋泥泥、封禪文滋液滲漉、羽獵賦下決醴泉之滋滋、亦與蒣義近。

黃侃音訓

逼迫也 般還也 班賦也 蒣盝也

釋文、逼本又作偪。釋言釋文 小爾雅、逼、近也。廣詁一 釋文、般、郭音班、左傳役將般矣釋言釋文 一音蒲安反。周易屯般桓釋言釋文 說文、般、辟也。舟部般 廣雅、班、賦、布也。釋詁三 小爾雅、頒、賦、布也。廣詁一 說文、蒣、順流也。水部

蒣 郭注盝作漉。云漉出涎貌。釋言注 廣雅作蒣、㵒也。釋詁二

般、還也。班、賦也。邵氏晉涵曰、般還班古字通用、鄭氏易乘馬般如、今本作班如。舜典班瑞于羣后、史記引作還瑞。又通作盼。王制注云、盼讀爲班。又通作頒。祭義注云、頒之言分也。

證異

蒣、盝也。

說文水部云：「蒣、順流也、」順流者、順下之流。盝、即漉字、已見釋詁「盝、竭也」節、考工記亦作盝。說文又云：「漉、一曰水下皃也、」段云：「後世言漉酒、是此義。」然則漉者、漉漉而下也；與蒣之順流而下、義正同。又國語史記「龍蒣、」韋昭云：「龍所吐沫、」郭注爾雅盝字亦云：「漉漉出涎沫；」蓋龍之吐涎沫、亦如順流之水、漉漉而下、故龍沫稱蒣、郭並據之以釋盝字也。

爾雅學

漉漉出涎沫 雪牕本注疏本同。此經作盝、注作漉、釋文唌字當作次、又作涎、字林云、口液。按一切經音義卷十四引東晳餅賦曰行人失唌於下風、郭注爾雅云唌沫也。與陸本正合。

蒣盝也○釋曰 注疏本刪。

以同于庭 閩本同。元本作以司、監本毛本作以伺、皆誤、此與明道本國語合。韋注云共處曰同。

蒣盝也、今本蒣上誤从牙。

蒣盝也注漉漉出唌沫釋文、唌、囚延反、字當作次、又作涎、今本直作涎、不復知釋文作唌矣、

注疏本正誤

蒣音斯盝也漉漉出涎沫

音圖・音

蒣音斯 案蒣有狋牀、氂來、辝徹三音。今音斯、心誤。直音一音疑非。

直音正誤

褮，仕其翻，音𢇍。牀母 又呂其翻，音𧄍。來母 郭音牛齝，謂讀如牛齝之齝，音笞，徹母 坊本釋文添一翻字，誤。又丑之翻。郎音齝

五經文字云，褮，丑之翻，又牀緇翻，與仕其翻同。

或問爾雅中雙聲字，余曰：試就釋詁、釋言二篇言之，如釋詁之假京、般格、鮮省、令類、穀公、穀介、詹至、怡懌、愷康、悅懌、從自、咨諏、戲謔、粵于、爰曰、郃盍、妃匹、會合、嗣續、貉謐、頻顧、蕭落、詁告、違遐、引延、職主、貫公、羕引、延融、功肩、甗沒、勔勉、卬吾、言我、延誘、頻光、鞏堅、膠固、協和、罄空、疐駿、愉庸、願念、故今、惇亶、遇遻、臨涖、溢盈、幽隱、豫射、梏梗、庭道、覭髳、黿界、丁當、谷譢、閑狎、串慣、拭刷、熙興、蹶假、苦甐、鰥哂、胥相、育養、際接、俾拼、儴仍、董督、孝享、享獻、在存、迓迎、貉嘆、時寔，釋言之盼底、疾齊、臞脉、桃頻、劑翦、鞫究、穀鞠、試式、逐彊、黼黻、葢割、履祿、逆迎、蒌隱、僾俋、基經、逡懍、茅明、游泳、降下、痤幽、裝駔、舫泭、逮遝、肯可、貿買、夷悅、顛頂、陪闇、哲智、越揚、燬火、遇偶、遑暇、將資、遞迭、瞑密、障畛、翢纛、遏迫、華皇，是也。聊舉一隅，庶不至掛漏，而以下諸篇可引而伸之矣。

音略

䕮疑 鹿

褮、盎也。

孫偘直音

䕮 鹿

褮盎也

直音校正

褮時盎漉也。漉漉出涎沫。

楊氏音訓

褮，俟甾切，又陵之切

干氏音釋

寬綽也

寬、綽也。謂寬裕也。

郭注

寬綽也 釋曰：孫炎云，性之裕者。郭云，謂寬裕也。皐陶謨云，寬而栗。

邢疏

寬綽也 性之裕者。邢疏

孫音注

黃輯古義

寬綽也 性之裕者。邢疏

孫音注

玉函山房輯佚

寬綽也 孫曰，性之裕者。邢疏

漢注

寬綽也 孫炎云，性之裕者。邢昺疏三卷 郭璞云，謂寬裕也。

一切注音

寬綽也 孫炎曰，性之裕者。邢疏

古注斠補

綽，昌䂨反。裕，音喻。

陸音義

寬綽也 孫炎曰，性之裕者。郭璞曰，謂寬裕也。

古注合存

寬綽也。此釋寬為綽之義也。

注疏參義

寬綽也 註 謂寬裕也 正義 說文云，寬，屋寬大也。綽，緩也。詩疏引孫炎云，性之裕者。舜典云，敬敷五教在寬。衛風淇澳云，寬兮綽兮，毛傳，寬能容衆。

正義

寬綽也 謂寬裕也 綽者，說文云，緩也。晉姜鼎銘有綽綰眉壽之言，即綽緩也。寬者本為屋寬大，寬亦緩也。故詩寬兮綽兮，綽綽有裕，毛傳，綽綽，寬也。坊記注，綽綽，寬裕貌也。爾雅邢疏引孫炎云，性之裕者。

義疏

寬綽也 孫注，性之裕者。郭注，謂寬裕也。寬，从宀，莧，屋下容㒸，是寬廣也。詩，寬兮綽兮。嫌人

不可言寬故明其同。綽从素卓。卓高立之。素必緩縱也。【集解】

寬 綽也 寬屋寬大也。从宀莧聲。引申爲綽。詩淇澳寬兮綽兮。吳語必寬然有霸諸侯之心焉。注寬緩也。猶綽也。綽字一作繛。緩也。从素卓聲。孟子公孫丑豈不綽綽然有餘裕哉。注綽寬也。【義證】

寬綽也 註謂寬裕也 補正 邢疏孫炎云性之裕者。【郭注補正】

寬綽也 說文云寬屋寬大也。引申之凡寬大者皆謂之寬。衛風淇澳寬兮綽兮。毛傳云寬能容衆。考槃碩人之寬。鄭箋云形貌大人而寬然有虛乏之色。寬綽皆有餘裕也。【說詩】

寬綽也 說文、素部繛、从素卓聲。或从糸作綽。【匡名】

寬綽也 說文、寬屋寬大也。衛風、寬兮綽兮。繛、緩也。或省糸。【啓蒙】

寬綽也 淇奧寬兮綽兮連言、故此以綽釋寬。【黃侃音訓】

寬、綽也。說文「寬、屋寬大也、」引伸爲凡寬大之義、邢疏引孫炎云：「性之裕者、」是也。說文又云「綽、緩也；」玉篇「寬、緩也、」衛風淇澳云：「寬兮綽兮；」是寬綽義同。【爾雅學】

寬綽也〇釋曰注疏本删。【校勘記】

衮黻也

衮黻也 衮衣有黻文。【郭注】

衮黻也 釋曰、郭云衮衣有黻文。小雅采菽云玄衮及黼、衮必兼有黼黻、詩但言及黼、嫌於無黻、故此釋之。毛傳云玄衮卷龍也、白與黑謂之黼。鄭箋云玄衮、玄衣而畫以卷龍也、黼黻謂絺衣也。諸公之服自衮冕而下。【邢疏】

衮黻也 郭璞曰、衮衣有黻文也、玄衣而畫以龍者也。一切經音義二十案今本郭注止衮衣有黻文五字、下句蓋郭用鄭義。【郭音義】【黃輯古義】

衮黻也 郭璞云、衮衣有黻文。【一切注音】

衮 古本反。說文云從衣從台也。台、羊𠨘反。或云從公衣。黻 音弗。【陸音義】

衮黻也 容乃公宜能受拂亦衮盡于黻、以黻該之。詩曰、黻衣繡裳。黻衣、衮也。不言衮衣、愧於言衮。據衮衣繡裳、所謂致美乎黻冕、亦衮也。所謂以黻冕命士會、亦衮也。蓋晉侯請服衮以命士會、非以命之也。【新義】

衮黻也 衮衣有黻文。【鄭樵注】

衮黻也 衮、鄭本從說文作衮。【古注合存】

袞黻也，此釋袞爲黻之義也。註曰袞衣有黻文，疏曰詩采菽云玄袞及黼，袞衣兼有黼黻，詩但言及黼，此釋爲黻也。

注疏參義

鄭云一字本一言，一言本一義。饘是饘，餬是餬，不得謂餬爲饘。訊自訊，言自言，不得謂訊爲言。襺自襺，袍自袍，不得謂袍爲襺。袞自袞，黻自黻，不得謂袞爲黻。不獨此也，大抵動以數十言而總一義。今舉此四條，亦可知其昧於言理。

補注

袞黻也。**註** 袞衣有黻文。**正義** 說文云：袞，天子享先王，卷龍繡於下幅，一龍蟠阿上鄉。袞訓爲黻者，上文云黼黻，彰也，是黻字訓爲彰。廣雅云：山龍，彰也。是袞訓爲黻，亦言其彰明也。大雅蒸民云袞職有闕，司隸校尉魯峻碑作緄職。鄭註典同云：緄讀爲袞。袞通作昆，昆者，明也，如昆蟲爲明蟲是也。

正義

袞黻也。袞衣有黻文。

袞者，說文云：天子享先王，卷龍繡於下幅，一龍蟠阿上鄉。釋名云：袞，卷也，畫卷龍於衣也。按，卷袞古音近，經典假卷爲袞。袞訓黻者，黻爲弗文，取拂弼爲義。袞龍有蟠屈之形，示不得伸，以受弼正也。故曰袞職有闕，惟仲山甫補之。

義疏

袞黻也。郭注：袞衣有黻文。袞，公衣也。說文誤以爲从台。王之服，自袞以下如公之服，三公一命袞，始有黹繡。秦受褒衣曰黻衣繡裳。繡有二種，粉米、黼黻一耳。或言黻衣，或言黼裳，皆繡衣之名。

集解

袞黻也。袞，公衣也，从衣公聲。天子用以享先王。周禮司服：公之服自袞冕以下，如王之服。禮記王制：三公一命袞，均刺以黻，所謂九章是也。黻，黑與青相次文。許慎以爲繡於裳上。經云彰也。詩終南：黻衣繡裳。

義證

袞黻也

注 袞衣有黻文。

釋文 袞，古本反。說文云從衣從台也。台，羊兗反。或云從公衣。黻音弗。

疏 郭云袞衣有黻文。小雅采菽云玄袞及黼，袞必兼有黼黻，詩但言及黼，嫌於無黻，故此釋之。毛傳云：玄袞，卷龍也。白與黑謂之黼。鄭箋云：玄袞，玄衣而畫以卷龍也。黼黻，謂絺衣也。諸公之服自袞冕以下。

郝注 袞衣有黻文。

正義 說文云：袞，天子享先王，卷龍繡於下幅，一龍蟠阿上鄉。袞訓爲黻者，上文云黼黻，彰也，是黻字訓爲彰。廣雅云：山龍，彰也。是袞訓爲黻，亦言其彰明也。大雅蒸民云袞職有闕，司隸校尉魯峻碑作緄職。鄭注典同云：緄讀爲袞。袞通作昆，昆者，明也，如昆蟲爲明蟲是也。

義疏 袞者，說文云：天子享先王，卷龍繡於下幅，一龍蟠阿上鄉。釋名云：袞，卷也，畫卷龍於衣也。按卷袞古音近，經典借卷爲袞。袞訓黻者，黻爲弗文，取拂弼爲義。袞龍有蟠屈之形，示不得伸以受弼正也。故曰袞職有闕，惟仲山甫補之。

世榮案：黻即前黼黻彰也之黻，乃章服之通稱。釋袞爲黻者，單言袞亦章服之通稱。言袞者舉上以該下，言黻者舉下以該上。豳風云袞衣繡裳，秦風云黻衣繡裳，其義同也。諸家泥於其形，說多迂曲，餘詳見前。

釋言集解後案

袞黻也

袞衣有黻文也。玄衣而畫以龍者也

元應佛所行讚經傳五卷音義引爾雅：袞，黻也。郭璞曰：袞衣有黻文也。玄衣而畫以龍者也。今本脫九字，據補。

郭注佚存補訂

袞黻也

袞，畫衣也。疏云：小雅采菽玄袞及黼，鄭箋云：玄衣而畫以卷龍也。卷與衮同字。豳風九罭衮衣繡裳、傳云衮衣卷龍也、彼釋文云衮字或作卷。大雅烝民衮職有闕、傳云有衮冕者、君之上服也。衮訓黻者、顏師古注漢書云、朱紱爲朱裳畫爲亞文、亞古弗字也、故因謂之紱、字又作黻。郝云取拂弼爲義、故曰惟仲山甫補之。案衮與黻同物。說苑修文云士服黻、大夫黼、諸侯火、天子山龍、四者尊卑有等差、實同類耳。黻者、黑與青相次文、玄衮當卽其色也。

說詩

衮黻也黻詳上文。說文、𧝍、天子亨先王、卷龍繡於下幅、一龍蟠阿上鄉、从衣公聲。大雅、衮職有闕。

郭註、衮衣有黻文。

啓蒙

衮黻也衮衣有黻文。 左傳衮冕紱珽連言、故此以黻釋衮。或曰、黼黻文章通言不分、故上云黼黻彰也、此云衮黻也。 郭注云衮衣有黻文者、考工記黑與青謂之黻、詩云王錫韓侯玄衮赤舄、謂以玄爲衣、而畫以衮龍、是黻文卽黑青二色、非必兩己相背之文也。 魯峻碑衮職作緄職。

黃侃音訓

衮、黻也。

黻者、韍之假借字；謂韍服也。說文市部云：「市、韠也。韍、篆文市、从韋从犮。」是市爲古文、韍爲小篆。明堂位注曰：「韍、或作黻、」爾雅之黻、正與明堂位同爲假借、非黼黻字也。詩作芾、易作沛、周易乾鑿度作紱、白虎通作紼、又或作茀、皆假用字。小雅采菽云：「赤芾在股、」箋云：「芾、太古蔽膝之象也、冕服謂之芾、其他服謂之韠。」芾卽韍字、如鄭說、是韍爲古之膝衣、韍、韠、爲一物、其稱韍者、玉藻「赤韍」注所謂「尊祭服、異其名」也。古稱韍服、白虎通卷十云：「天子朱紼、諸侯赤紼、朱赤者、盛色也、是以聖人法之、用爲紼服、爲百王不易也；」此古者韍服之稱也。陳氏疏證云：「書鈔引要義云：太古之時、未有布帛、人食鳥獸肉而衣其皮、知蔽前、未知蔽後。至舜冕服始備、故復制之。」然則韍服爲古者所同尊、爲有虞氏改革冕服之所同起、故白虎通稱紼冕稱紼服、紼卽爾雅之韍也。

衮者、衮衣也。周禮司服「享先王則衮冕、」鄭司農云：「衮、卷龍服也；」鄭康成云：「古天子冕服十二章、至周而以日月星辰畫於旌旗、而冕服九章、曰龍、曰山、曰華蟲、曰火、曰宗彝、曰藻、曰粉米、曰黼、曰黻、」此衮衣之制、卽衮冕也。衮訓爲韍者、明堂位曰：「有虞氏服韍、夏侯氏山、殷火、周龍章。」韍者、韍冕也、龍章者、衮冕也、是周之衮、卽有虞氏之韍、故爾雅曰：「衮、韍也。」韍與衮皆爲人之服、故皆用以代人君之稱、詩曰：「衮職有闕、」衮職、君職也。然周之前則稱韍、段說文注引乾鑿度曰：「困九五、文王爲紂三公、故言『困於赤紱、』至於九二、周將王、故言『朱紱方來。』」紱、亦君象也、困於赤紱者、困於侯位也、朱紱方來者、王位將至也。此不敢直言君王、而以衮韍字代之。其用法同、則其字義亦通矣。釋天云：「載、歲也、商曰歲、周曰年、唐虞曰載、」唐虞之載、而以殷之歲釋之、周之衮冕、而以虞之韍冕釋之、其例一也。邵郝二氏因黼黻字解經、宜其不可通也。

爾雅學

衮黻也○釋曰注疏本刪。

校勘記

八行衮黻也(注)衮衣有黻文○玄應《音義》卷二十引此注作「衮衣有黻文也，玄衣而畫以龍者也」。今本注無「玄衣」下一語。

宋監本校箋

華皇也

華皇也釋草曰、葟華榮。

郭注

華皇也 釋曰、草木之華一名皇、樊光引詩云皇皇者華。孫炎云、皇皇猶煌煌。郭云釋草曰皇華榮、引之以證皇亦華榮之名。

邢疏

皇華也 郭注釋草引此作華皇也。此釋文亦先華後皇、石經及宋本竝同。今本誤倒作皇華。

郝氏義疏

眾家注

華皇也 舊倒作皇華、釋文石經俱作華皇。按郭注釋草引釋言云華皇也、尚未誤。今據此移正。按、詩有唐棣之華、皇皇者華、常棣之華、維常之華、裳裳者華、白華菅兮、苕之華、故釋言總釋之云華皇也。邢疏云以證皇亦華榮之名、是誤倒已久。

黃輯古義

華皇也 舊本誤作皇華也、茲依釋文及唐石經乙正。 樊光云、詩曰皇皇者華。 孫炎云、皇皇猶煌煌。並詩正義

漢注

九之二卷 郭璞云、釋草曰葟華榮。

皇華也 樊光云、詩云皇皇者華。 孫炎云、皇皇猶煌煌也。詩皇華正義

一切注音

蕙心案、皇華當作華皇也。釋草郭注引釋言云華皇也、釋文亦先皇後華、今本誤倒耳。

古注斠

華 胡瓜反。 皇 胡光反。

陸音義

華 胡瓜反 皇 胡光反 ○案舊本作皇華也、說文雞蘤榮也、亦同。唯石經作華皇也。邵本從之。案、皇字易識、釋詁首見、陸不爲作音、於此何所疑惑而爲之作音乎。因注引釋草曰葟華榮、故爲葟字作音耳。傳寫脫去艸頭、遂以皇字爲正文、在華字之下、其實非也。郭於釋草引此文作皇華也、是其明證。皇字當改作葟。

音義攷證

華皇也 華皇也、唐石經、宋本、郭注、經典釋文悉同。注疏本誤倒作皇華也。顧氏金石文字記據以駁石經、非也。

新義

皇華也 艸木之華一名皇。

鄭樵注

皇華也 華花同。○此釋皇爲華之義也。註曰、釋草云、葟華榮。疏曰、草木之華、一名皇。樊光引詩云皇皇者華。孫炎云皇皇猶煌煌也。今註引葟華榮以証皇亦華名。

注疏參義

華皇也 註 釋草曰葟華榮 正義 今本作皇華也。釋文先華後皇。石經作華皇也、說文云、雞、蘤榮也、讀若皇。爾雅曰雞蘤也。或作葟。案說文多取互訓、以華訓葟、不必其定爲爾雅原文也。今從釋文。本詩疏引樊光云、詩云皇皇者華、孫炎云、皇皇猶煌煌、詳見釋草。

正義

皇華也 玉案、釋文先華後皇、石經亦作華皇也、今據改。玉藻君朱綠大夫玄華、註外以玄、內以華。華、黃色也。皇與黃通、故云華皇也。

校議

蕐皇也 釋草曰葟蕐榮

皇者、葟之叚音。釋草釋文、葟、本亦作皇、是也。詩正義及爾雅疏引樊光云、詩云皇皇者蕐、孫炎云、皇皇猶煌煌也。按、郭注釋草引此作蕐皇也、此釋文亦先蕐後皇、石經及宋本竝同。今本誤倒作皇蕐。邵氏正義及臧氏漢注辨之是矣。然邵氏不知說文雞部所引爾雅雞蕐乃釋草之文、臧氏未載樊光孫炎二注、皆失檢也。

義疏

華皇也 經文

盧云、釋文華、胡瓜反、皇、胡光反。按皇字易識、釋詁首見、陸不爲作音、於此何所疑惑而爲之作音乎。因注引釋草曰葟華榮、故爲葟字作音耳。傳寫脫去艸頭、遂以爲正文、皇字在華字之下、其實非也。郭於釋草引此文作皇華也、是其明證。皇當改作葟。舊本作皇華也不誤。 臧氏爾雅漢注云、舊例作皇華、釋文石經俱作華皇。按郭注釋草引釋言云華皇也、尚

未誤。今據此移正。詩文多用華字、故爾雅總釋之云華皇也、邢疏云以證皇亦榮華之名、是誤倒已久、阮云、唐石經單疏本雪牕本俱作華皇也。注疏本作皇華也、非、釋草注引此作華皇也。按據釋草注、知臧阮說是、盧所謂釋草引此文作皇華也、未知所本。

經注集證

華皇也 樊注、詩云、皇皇者華。孫注、皇皇猶煌煌也。郭注、釋艸曰葟華榮

此當作皇華也、釋文石經誤倒、宋本从之、後校改正、邵郝又倒之、非也。觀諸家注自明。

集解

皇華也 皇、大也、从自从王會意。正字為煌。煌、煌煌、輝也。引申為榮。說文則以𩏂為之字、一作皇葟。𩏂煌皇通用字。詩皇皇者華、單言皇亦華也。烈文傳所以訓皇為美耳。華字本作曅、光也、从日从𠌶會意。字亦作燁、作曄。文選神女賦序、曄兮如華。

義證

皇華也 註釋草曰葟華榮〔補正〕邢疏、草木之華一名皇、樊光引詩云皇皇者華、孫炎曰皇皇猶煌煌。臣鎣按、漢石經作華皇也。

郭注補正

皇華也。陸德明本及開成石經並作華皇也、郭氏釋艸注自引亦同。惟說文解字𩏂字下引作𩏂華也、與之為異。𩏂、或作葟、又讀如皇、故爾雅作皇。

錢氏古義

華皇也 釋草曰葟華榮

單疏本作皇華榮。今釋草文作葟、釋文云葟本亦作皇。

郭注佚存補訂

華皇也 注疏本作皇華也、誤倒。釋草注引此作華皇也、釋文先出華、後出皇、則郭本作華皇可知。詩正義及爾雅疏引樊光云、詩云皇皇者華。孫炎云、皇皇猶煌煌也。華為草木之華、皇其狀也。或加艸作葟、釋草葟華榮是也。周南桃夭灼灼其華、毛傳云灼灼華之盛也、灼灼猶皇皇也。召南何彼襛矣唐棣之華、鄭風有女同車顏如舜華、山有扶蘇隰有荷華、小雅皇皇者華、常棣之華、采薇維常之華、出車黍稷方華、裳裳者華、白華菅兮、苕之華、凡言華者皆是一義、故統釋之曰華、皇也。華皇一聲之轉。

說詩

華皇也 正義云、今本作皇華也、釋文先華後皇、石經作華皇也。說文云𩏂萼榮也、讀若皇、爾雅曰𩏂萼也、𩏂或作葟。案說文多取互訓、以華訓葟、不必定為爾雅原文也。盧學士曰、釋文華胡瓜反、皇胡光反。案皇字易識、釋詁首見、陸不為作音、於此復何疑惑而音之乎、因注引釋草曰葟華榮、故為葟字作音耳、傳寫脫去艸頭、遂以皇字為正文、謂在華字之下、其實非也、郭注於釋草引此文作皇華也、是其明證。元照案、盧

說是也。當以說文所引及釋草注所引爲正。邵氏多取互訓之說、非所論於引經也。　皇當作䔢。

匡名

華皇也 說文、雗、華榮也、从舜生聲、讀若皇。引爾雅雗華也、或作䔢。郭註、釋草䔢華榮。小雅皇皇者華傳皇皇猶煌煌也。

啓蒙

華、皇也。　詩皇皇者華連言、故此以華釋皇、特易重語為單言耳。　盧氏考證謂釋文作音之皇字乃注中䔢字之誤、此經仍當作皇華也、今從盧說。邢疏云、以證皇亦華榮之名、是此經作皇華已久也。

黃侃音訓

裒𦫷也　皇華也

漢碑裒作緄。裒職作緄職。司隸校尉魯峻碑　說文引作雗、䔢也。從𦐇生聲、讀若皇。𦐇部　雗　雗、或作䔢。䔢𦐇部　唐石經作華皇也。石經爾雅　皇華也、注、疏本及說文引爾雅並同。惟石經作皇華也、邵氏正義從之。盧氏攷證曰、按皇字易識、釋詁首見、陸不爲作音、於此何所疑惑而爲之作音乎。因注引釋草曰䔢華榮、故爲䔢字作音、云䔢、胡光反。傳寫脫去艸頭、遂以皇字爲正文、在華字之下、其實非也。郭於釋草引此文作皇華也、是其明證。

證異

華、皇也。

注疏本作「皇、華也、」邵氏據石經及釋文改正、今從之。郝云：「皇者、䔢之段音、釋草釋文『䔢、本亦作皇、』是也、」此言皇字本作䔢也。邢疏云：「草木之華、一名皇、」樊光引詩云：『皇皇者華、』孫炎云：『皇皇、猶煌煌也、』」如諸說、是凡言草木之華者、皆曰皇也。

爾雅學

華皇也 監本作皇華。案經典釋文先華後皇。今从唐石經。

石經考文提要

華皇也 唐石經單疏本雪牕本同。注疏本作皇華也、非。釋草注引此作華皇也。段玉裁云、今本因注引釋草䔢華榮而倒改一例、此言華本草木之花、引申之則凡煌煌者皆得曰華也。禮記玉藻注云、華黃色也。古皇黃通、華與皇雙聲、故訓詁如此。說文引雗華也、爲釋草文、而非釋言文。

䔢華榮 雪牕本注疏本同。單疏本作皇華榮。釋文皇胡光反。

華皇也○釋曰 注疏本刪。

校勘記

華皇也。今本皇誤在華上。釋文華胡瓜反、皇胡光反、華在皇前。石經亦作華皇也、釋草注亦引此、與石經同。

注疏本正誤

皇華也。　划

孫侶直音

華皇也 坊本作皇華、

直音校正

皇華花也

楊氏音訓

昆後也

昆後也。謂先後方俗語。

郭注

昆後也　釋曰、郭云、謂先後方俗語。大禹謨云、官占惟先蔽志、昆命于元龜。

邢疏

昆後也

郭璞云、謂先後、方俗語。一切經音義十四引郭註。云、謂兄後也、方俗異言耳。

一切注音

昆後也 大禹謨云、昆命于元龜。

鄭樵注

昆後也 **註** 謂先後方俗語 **正義** 左氏哀十八年傳引夏書云昆命于元龜、杜註、昆後也。**註** 謂先至俗語○ **正義** 衆經音義引郭註云、謂兄後也、方俗異言耳。與今本異。

正義

昆後也 謂先後方俗語　昆者、罤之段借也。說文云、周人謂兄曰罤。玉篇省作罤云今作昆。晜同。經典通作昆。左氏哀十八年傳昆命于元龜、晉語云延及寡君之紹續昆裔、杜預及韋昭注竝云昆後也。按罤爲兄而字从弟从眔、蓋取次敘連及之義。眔从隶省、隶者从後及之。然則罤字从眔从弟二體俱有後義、故曰昆後矣。 義疏

昆後也郭注、謂先後方俗語。昆从日比、說文同也。經典通以昆爲晜。詩、謂他人昆。上言父母、下言子孫也。後从幺彳夊、謂行遲在後。因爲後嗣也。 集解

昆後也 昆、同也。从日从比、會意。引申爲後。晉語使寡君之紹續昆裔。左哀十八傳引夏書昆命于元龜、注昆後也。後、遲也。从彳幺夊者、緩也、會意。引申爲子孫之偁。詩瞻卬式救爾後。 義證

昆後也

[註]謂先後方俗語[補正]鄭樵註云、大禹謨昆命于元龜。 郭注補正

昆後也

謂先後也方俗異語耳

元應明度無極經一卷音義引爾雅、昆、後也。郭璞曰、謂兄後也、方俗異言耳。樹枏案、兄爲先字形之誤、方俗異語見前。言字係元應隨筆改易之文、今據補訂。 郭注佚存補訂

昆後也

昆、說文作⿱眔弟、省作罤。經典多以昆爲之。楚辭大招正姑昆只、注云昆、後也。王風葛藟謂他人昆、毛傳云昆、兄也。郭注、謂先後也。 說詩

昆後也

釋親來孫之子爲罤孫、郭注罤後也。栢年案、昆者罤之借字、晜者罤之俗字。昆或爲先、昆弟是也。或爲後、書昆命于元龜、吳都賦虞魏之昆是也。 補釋

昆後也疏昆命于元龜脫于字。 注疏正字

昆後也後詳釋親。說文、昆、同也。註、昆或訓眾、訓動、訓明、數說兼之而義乃備。惟明斯動、動斯眾、眾斯同。同而或先或後。或爲先、如昆弟是也。或爲後、如夏書昆命元龜是也。 啓蒙

昆後也

注曰謂先後方俗語

樾謹按、郝疏以昆爲罤之叚音、然周人謂兄曰罤、乃男子先生者之稱、安得訓後乎。釋親曰來孫之子爲晜孫、注曰晜、後也。然則昆之訓後、即晜孫之晜。國語晉語曰使寡君之紹續昆裔、韋注曰昆後也、裔末也。昭二十九年左傳注曰、元孫之後爲裔。是昆裔竝以子孫言。昆之訓後、猶裔之訓末。吳都賦虞魏之昆、顧陸之裔、劉淵林注曰昆裔、皆後世也。得其義矣。爾雅晜孫字古本作昆、其說見後。 平議

昆後也

案說文弟部、周人謂兄曰罤。是男子之先生者謂之罤、與訓後之誼不合。然考釋親來孫之子爲晜孫、注云晜、後也。晜即昆字。阮氏校勘記曰史記索隱孟嘗君列傳、漢書惠帝紀師古注、皆引爾雅來孫之子爲

昆孫、是唐初本爾雅作昆。又吳都賦虞魏之昆、顧陸之裔、劉注云昆裔、皆後世也。據此而言、昆之訓後得其誼矣。

王頌清日記

昆、後也。

昆者、乃釋親篇昆孫之昆、宜讀爲貫、釋名云：「來孫之子曰昆孫、昆、貫也、」相貫故有後義。兪樾云：「晉語韋注曰：『昆、後也、裔、末也、』昭二十九年左傳注云：『元孫之後爲裔、』是昆裔並以子孫言。吳都賦『虞魏之昆、顧陸之裔、』劉淵林注云：『昆裔、皆後世也、』得其義矣。」兪所引、洵爲訓後之昆之證。郝引昆弟字解之、反穿鑿、詳見釋親篇。

爾雅學

昆後也〇釋曰　注疏本删。

校勘記

昆命元龜　監本毛本同。湘本元上有于字、蓋據今本尚書增入。

注疏校勘札記

昆後也(注)謂先後方俗語。〇玄應《音義》卷三引此注作「謂先後也、方俗異言耳。」

宋監本校箋

彌終也

彌終也。終竟也。

郭注

彌終也　釋曰、郭云終竟也、大雅生民云誕彌厥月、言大矣、后稷之在其母、終人道十月而生也。

邢疏

彌終也

郭璞云終竟也。

一切注音

彌、終也、

彌、極意也。

一切經音義卷二十二慧苑音新譯大方廣佛華嚴經中二十五「其心彌廣」下引、據海印寺本白蓮社本及大正藏本並同頻伽藏本作「郭」註、誤。

森案董氏讀爾雅補記云「釋言「彌終也」條、郭註、「終竟也」、鄭註彌極意也、蓋正彼條註文、惟鄭已註彌、故郭於彌無註、而註終、廣雅釋詁一「終極也」、終有極義、故釋終之彌、亦有極義、文選二張衡西京賦「橦木之伎態不可彌」、薛綜註「彌猶極也、言變巧之多、不可極也」此彌有極義之證。又云近臧氏鏞堂補訂北藏本華嚴經音義、於二十五「彌廣」下引鄭註爾雅「彌極也」、與慧琳所收本不同、蓋出自臧氏臆改、鄭於爾雅實無此註

鄭玄注稽存

彌終也

彌縫終之事也。

新義

彌終也　生民云誕彌厥月。

鄭樵注

彌終也

郭璞曰終竟也。

鄭樵曰生民云誕彌厥月。

古注合存

昆後也彌終也。昆袞平聲。〇此釋昆爲後彌爲終之義也。註曰昆謂先後也。疏曰書禹謨云官占惟先蔽志昆命于元龜愚按昆兄也、又後也、故註云謂先後也。蓋昆字從日從比字書同也並也咸也及先也後也、諸釋皆生於此、此則釋禹謨昆命

之屬之義。書傳云、蔽斷也。昆、後也。謂先斷於志而後命於龜。也。詩生民云、誕彌厥月。卷阿云、俾爾彌爾性。皆彌終之義。

注疏參義

彌終也 註 終竟也 正義 彌、說文作镾、云久長也。當從之。易繫辭傳云、故能彌綸天下之道、荀爽云、彌、終也。淮南原道訓橫之而彌於四海、高誘註彌、終也。釋詁起於始者、君子愼始也。釋言迄於終者、示民有終也。

正義

彌終也 終竟也

終者、釋詁云、卒、就、終也。終有充滿之義。彌者、說文作镾、云久長也。久長與終義近。故易繫辭釋文引荀注及詩生民卷阿傳並云、彌、終也。按、彌又益也、廣也、滿也、徧也。方言云、镾、合也。又云、镾、縫也。縫合亦徧滿之義。徧滿即終矣。

義疏

彌終也 郭注、終、竟也。彌、从弓璽。弛弓璽封之。詩誕彌厥月。俾爾彌爾性。終冬同字、加糸爲絿也。

集解

彌終也 彌字本作

彌、弛弓也、从弓璽聲。正字爲镾。镾、長久也。引申爲終。彌彌古今字、彌镾通用字。詩卷阿俾爾彌爾性、生民誕彌厥月、傳均云彌終也。周語其飾彌章、後漢書文苑傳冀彌日而消憂、文選嘆逝賦彌年時其詎幾、注均云彌終也。終字一作夂。絿絲也。象絲一束之形。或从絲冬作終。引申爲窮極之詞。易象下傳君子以永終知敝。

義證

彌終也

註終竟也 補正 鄭樵註云、生民云、誕彌厥月。

郭注補正

彌終也 補

滋然謹按、慧琳一切經音義二十二其心彌廣注引鄭注尒疋曰、彌、極意也。言心極廣大也。說文作镾、云久長也。久長與廣大義近、與終義亦近。郭注終、竟也。語雖與鄭注異、而義實相輔也。

舊注攷證

彌終也 彌極意也 終竟也

慧苑華嚴經上卷音義引郭璞注爾雅曰、彌、極意也。當是此下注文、據補。

郭注佚存補訂

彌終也

彌說文作镾、云久長也、與終義近。大雅生民誕彌厥月、卷阿俾爾彌爾姓、毛傳並云彌、終也。

說詩

彌終也 說文、長部镾、从長爾聲。隸變从弓。

匡名

彌終也 終、詳釋詁。說文彌作镾、久長也。註此用弓部之璽代镾而又省王也。彌行而镾廢矣。繫傳彌綸天下之道、荀爽云、彌、終也。

啓蒙

彌 璽 玉篇彌亡支切。大也。偏也。璽同上。弥亦同。說文有璽無彌。當作璽。當作镾、久長也、引申訓終。

黄侃評本正名

彌、終也。彌當作镾、久長也、引申訓終。

黄侃音訓

昆後也 彌終也

郭注云、謂兄後也。方俗異言耳。引見衆經音義說文彌作镾。云長久也。長部镾

證異

鄭注邇雅曰、彌極意也。卷二十二慧苑音新譯大方廣佛花嚴經中二十五其心彌廣下引

案、釋言有彌終也條、郭注終竟也、鄭注彌、極意也。蓋正彼條注文。惟鄭已注彌、故郭於彌無注而注終。廣雅釋詁一、終、極也。終有極義、故釋終之彌亦有極義。文選二張衡西京賦橦木之伎、態不可彌、薛綜注彌、猶極也、言變巧之多不可極也。此彌有極義之證。近臧氏鏞堂補訂北藏本華嚴經音義、於二十五彌廣下引郭注尒雅、彌、極也、與慧琳所收本不同。蓋出自臧氏臆改、郭於爾雅實無此注。

董瑞椿補記

彌、終也。

郭注云：「終、竟也。」彌者、說文長部云：「镾、久長也、从長、爾聲、」久長、與終義相成、故又訓終。隸變镾作彌。大雅生民「誕彌厥月、」淮南原道訓「橫之而彌於四海、」毛傳高注並云：「彌、終也。」

爾雅學

彌終也○釋曰注疏本刪。

校勘記

十七下（三六）

一行彌終也（注）終竟也○慧苑《華嚴經音義》卷上引「郭璞注《爾雅》曰：彌極意也。」王樹枏謂當是此條注文。

宋監本校箋

釋訓第三

釋曰、案釋詁云訓道也。周禮地官有土訓誦訓、鄭司農注云、謂以遠方土地所生異物以告道王也。後鄭云玄謂土訓能訓說土地善惡之勢、誦訓能訓說四方所誦習及人所作爲久時事。然則此篇以物之事義形貌告道人也。故曰釋訓。案此所釋多釋詩文、故郭氏即以詩義解之。**邢疏**

釋訓第三休運反、張揖雜字云訓者、謂字有意義也。案、釋詁已下三篇皆釋古今之語、方俗之言、意義不同、故立號亦異、至於訓釋墳典、其實一焉。**陸音義**

釋訓第三

經之訓詁、猶易之象、詩之比興、倉頡之會意、莊周之寓言。**新義**

釋訓第三訓者、不可明言也、但形容其義耳。故此篇只釋詩之言貌狀、後始及其說焉。**鄭樵注**

釋訓第三
鄭樵曰訓者、不可明言也、但形容其義耳。故此篇只釋詩之言貌狀、後始及其說焉。**古注合存**

釋訓第三疏曰、釋詁云、訓道也。周禮地官土訓誦訓言以風土及所誦習訓道王也。此釋訓篇、多釋詩文、故郭氏即以詩義解之。愚按釋詁釋言及釋訓三篇皆釋古今字義、而序篇於釋詁釋言、總發其義、而釋訓不及者、蓋此篇多釋雙文及成句之義、與前二篇小異與。**注疏參義**

釋訓第三**正義**釋詁云、訓、道也。說文云、訓、說教也。繫傳云、訓者、順其意以訓之也。釋文引張揖雜字云、訓者、謂字有意義也。詩疏云、訓者、道也、道物之貌以告人也。釋訓道形貌也。案、古者重語皆爲形容之詞、有單舉其文與重語同義者、如肅肅敬也、丕丕大也、祇祇言丕亦爲敬也、大也。有單舉其文、即與重語異義者、如坎坎喜也、居居惡也、祇言坎言居、則非喜與惡矣。此篇先釋重語、子子孫孫以下三十二句、皆釋詩義、協於古音、所以具訓於蒙士也。次及連語、次引詩而釋之、錯舉其詞、多言形體兼及用物、俾諷誦者擬諸形容、得古人順敘之意、故自爲一篇。至於釋古今之異言、通方俗之殊語、與釋詁釋言同義。**正義**

釋訓第三訓者、釋詁云道也、道謂言說之詁、與言皆道也。不同者、詩關雎詁訓傳正義云、訓者、道物之貌以告人也。故爾雅序篇云、釋詁釋言通古今之字、古與今異言也。釋訓言形貌也。然則釋訓云者、多形容寫貌之詞、故重文疊字累載於篇、子子孫孫以下則又略釋詩義、諧於古音。抑密秩清以下、復取斷文零句、詮釋終篇。釋文引張揖雜字云訓者、謂字有意義也。蓋訓之一字兼意義二端、明明斤斤之類爲釋義、子子孫孫之類爲釋意、意義合而爲訓、訓之爲言順也、順其意義而道之、故以釋訓名篇。**義疏**

訓者義訓不詁字義、但傳經意、如毛詩訓。**集解**

釋訓第三

訓說教也。詩書禮均所以訓人、王制所謂樂正崇四術立四教、是此篇所釋專詳詩書禮之重言、與釋詁釋言異。

義證

釋訓第三一

釋文云、張揖雜字云訓者、謂字有意義也。案、釋詁已下三篇皆釋古今之語、方俗之言、意義不同、故立號亦異、至於訓釋墳典、其實一焉。邢疏云、此所釋多釋詩文、故郭氏即以詩義解之。**說詩**

釋訓第三說文訓、說教也。順其意以訓之也、引詩而釋之、錯舉其詞、順敘之意也**啓蒙**

洪頤煊說、釋訓一篇專為釋詩而作、其間有不在今詩者、蓋三家傳本有異同也。案諸〻、偁〻、簡〻、庸〻、爆〻、洄〻以及雩暨鬼詩有鬼方與此義不合。諸條皆詩文所必無者、洪說亦未可固執也。

黃侃音訓

釋訓、張揖雜字云訓者、謂字有意義也。

證異

釋文引張揖雜字云：「訓者、謂字有意義也；」詩關雎正義云：「訓者、道也、道物之貌以告人也。」詁言訓三篇、皆所以通古今之義、方俗之言、唯釋訓則或陳其義、或述其意、故稱釋訓。其字多重疊、其性多形容詞、副詞、或集成名詞、此與前二篇不同之地也。

爾雅學

釋訓第三○釋曰　注疏本刪。

元謂能訓說土地善惡之勢　元本閩本同、與周禮注合。監本毛本元謂下增土訓二字。此本舊亦剜擠、今刪正。

校勘記

明明斤斤察也

明明斤斤察也。皆聰明鑒察。

郭注

明明斤斤察也　釋曰舍人曰明明言其明甚孫炎曰明明性理之察也大雅常武云赫赫明明舍人曰斤斤物精詳之察也孫炎曰斤斤重慎之察也周頌執競云斤斤其明聰明鑒察也。

邢疏

明明斤斤察也已下釋訓

明明、甚明也。斤斤、物精詳之察。釋文　詩常武正義引明明言其明甚　邢疏同

犍爲注

明明斤斤察也以下釋訓

斤居覲反。釋文

樊注

明明斤斤察也以下釋訓

斤斤、精詳之察也。後漢書十八注

李注

明明斤斤察也以下釋訓

明明、性理之察也。斤斤、重慎之察也。詩正義十八之五引首句　後漢書十八注　通鑑音注四十三　邢疏　釋文

孫音注

黃輯古義

明明斤斤察也

明明、甚明也。斤斤、物精詳之察也。釋文　大雅常武正義引上句與邢疏同　邢疏作詩言其明甚

犍爲注

明明斤斤察也

斤居覲反。釋文

樊注

明明斤斤察也

斤斤、精詳之察也。後漢書吳漢傳章懷太子注　通鑑卷四十三胡三省音注

李注

明明斤斤察也

明明、性理之察也。斤斤、重慎之察也。邢疏　詩大雅常武正義引上句　釋文後漢書吳漢傳章懷太子注通鑑卷四十三胡三省音注並引下句

孫音注

斤斤、音靳。後漢書吳漢傳章懷太子注

郭音義

玉函山房輯佚

明明斤斤察也

明明、言其明甚。舍人注 明明、性理之察也。孫注 並詩疏十八之五 斤斤、精詳之察也。李注 斤斤、謹慎之察也。孫注 並通鑑音注四十三

鈎沉

明明斤斤察也釋文斤斤、樊居覲反。

舍人曰、明明甚明也。斤斤物精詳之察也。詩正義十八之五

釋文 邢疏

孫曰、明明、性理之察也。斤斤、重慎之察也。詩正義十八之五

釋文 後漢書十八注 邢疏

李曰、斤斤、精詳之察也。後漢書十八注

漢注

明明斤斤察也

舍人云、明明言其明甚。斤斤、物精詳之察也。釋文二十九卷 詩正義十八之五卷

李巡云、斤斤、精詳之察也。後漢書十八卷吳漢傳註 通鑑四十三卷音註

孫炎云、明明性理之察也。斤斤、重慎之察也。釋文二十九卷 後漢書十八卷註 詩正義十八之五卷 通鑑四十三卷音註

郭璞云、皆聰明鑒察。

一切注音

明明斤斤察也 孫炎云、明明、性理之察也。詩常武正義 舍人云、明明、言甚明也。斤斤、物精詳之察。孫炎云、斤斤、重慎之察也。 樊居靳反。釋文

古注斠

明明斤斤察也 李巡曰、斤斤、精詳之察也。後漢書十八注

古注斠補

斤斤 樊居覲反。舍人云、明明甚明也。斤斤、物精詳之察。孫云、斤斤、重慎之察也。聰七公反。

陸音義

明明斤斤察也

明明、文王之察。斤斤、武王之察。明容光必照、斤有界辨焉。

新義

明明斤斤察也 皆謂察貌。

鄭樵注

明明斤斤察也斤、樊居覲反。

舍人曰、明明、言其明甚。斤斤、物精詳之察也。後漢書注引李巡云斤斤精詳之察也、與此同。

孫炎曰、明明、性理之察也。斤斤、重慎之察也。

郭璞曰、皆聰明鑒察。

鄭樵曰、皆謂察貌。

古注合存

明明斤斤、察也。條條秩秩、智也。斤音僅。條音由。○此篇首釋雙文之義、而以下二十二條、皆類舉性質之善者而釋之也。註曰、明明斤斤、皆聰明鑒察。條條秩秩、皆智。思深長也。疏曰、詩常武云、赫赫明明。執競云、斤斤其明。愚按詩假樂云、德音秩秩。條條未詳。

注疏參義

明明斤斤察也 **註** 皆聰明鑒察 **正義** 釋詁云、察、審也。賈誼書道術篇、纖微皆審謂之察、反察爲旄。呂刑云、明明棐常。逸周書王子晉解云、明明赫赫。周頌執競云、斤斤其明。皆言察也。斤與明義同。漢書律歷志云、斤者、明也。詩疏引舍人云、明明、言其明甚。孫炎云、明明、性理之察也。斤斤、重慎之察也。後漢書註引李巡云、斤斤、精詳之察也。釋文引舍人云、斤斤、物精詳之察也。漢書敘傳云、平津斤斤。後漢書吳漢傳云、斤斤謹愼。倶本雅訓。斤斤又通作肩肩。左氏襄五年傳引逸詩云、我心肩肩。杜註、肩肩、明察也。

正義

明明斤斤察也皆聰明鑒察

察者、釋詁云、審也。釋言云、淸也。淸、審皆明晰之義。明明者、詩大明、常武傳並云、察也。常武正義引舍人曰、

明明、言其明甚。孫炎曰、明明性理之察也。斤者、釋文云、欅居覲反、是欅炘讀斤爲僅。釋名云、斤、謹也。是斤有明審之義。故漢書律厤志云、斤者、明也。詩執競傳、斤斤、明察也。爾雅釋文引舍人云、斤斤物精詳之察。孫炎云、斤斤、重愼之察也。

義疏

昞昞斤斤 斷斷 察也 舍人注、明明、言其明甚。斤斤物精詳之察。孫注明明、性理之察。斤斤、重愼之察也。郭注、皆聰明鑒察。記明明德。詩明明在下。書明明揚側陋。詩斤斤其明。上云察、審也。

集解

明明斤斤察也 明字一作昞、照也。从月从囧、會意。古文作明。斤、斫木斧也。象形。斧者、所以求不平而底於平也。引申均有察意。書堯典、明明揚側陋。呂刑、明明棐常。詩大明、明明在上。常武、赫赫明明。禮記大學、在明明德。詩執競、斤斤其明。前漢書敍傳亦云、平津斤斤。均謂明察。察、覆審也。从宀、祭聲。上經云、清也。

義證

明明斤斤察也

註皆聰明鑒察[補正]邢疏、舍人曰、明明言其明甚。斤斤物情詳之察也。孫炎曰明明性理之察也。斤斤重愼之察也。臣鍪按、釋訓多解釋詩文、故凡釋皆不用引詩爲證。

郭注補正

明明斤斤察也

皆聰明鑒察也

文選補亡詩注引爾雅曰、明明、察也。郭璞曰、聰明鑒察也。今本刪也字、據補。以此證之、下注蓋俱有也字。

郭注佚存補訂

明明斤斤察也

大雅大明明明在下、毛傳云明明、察也。常武赫赫明明、傳云、明明然察也。斤斤者、周頌執競斤斤其明、傳云斤斤、明察也。鄭箋云、爲周明察之君、斤斤如也。

說詩

明明察也

書堯典、明明揚側陋。各家注皆以爲明舉明德之人、殊覺穿鑿無據。柏年案、書之明明、正當依此訓察。謂察舉側陋、文義自馴。而邵、郝皆未引及。

補釋

明明節疏斤斤物精詳之察也 精誤情 聰明鑒察也 上當脫郭云皆三字。

注疏正字

明明斤斤察也 一切經音義三引、昕、察也。類篇心部引、忻、察也。集韻二十四欣、斤、忻、爾雅斤斤、察也。或从心。元照案、說文心部、忻、闓也。从心、斤聲。司馬法曰、善者、忻民之善、閉民之惡。

匡名

明明斤斤察也 郭註、聰明鑒察。賈誼曰、纖微皆審謂之察。反察爲旺。大雅明明在下、傳明明察也。說文斤、斫木斧也、象形。班固說五權曰、斤、明也。周頌斤斤其明傳斤斤、察也。通作扃。左襄五年傳引逸詩我心扃扃、杜註扃扃、明察也。

啓蒙

明明、斤斤察也。下云萌萌在也、或云萌萌即明明、在即察。釋詁在、存察也。斤斤聲轉為扃扃、左襄五傳引逸詩我心扃扃、注扃扃、明察也。

黃侃音訓

斤斤察也

錦燧謹案此釋詩執競篇斤斤其明也。毛傳云斤斤、明察也。與雅訓合。一切經音義卷三及類篇心部俱引爾雅作忻。疑樊孫本如是。說文部首云斤、斫木斧也。又心部云忻、闓也。並與察義遠。今訓察者、蓋昕之假借字也。昕從斤得聲故可假斤為之。忻亦從斤得聲故又可假忻為之。說文日部云昕、旦明日將出也。引申之則為凡明之偁。小爾雅廣詁云昕、明也是也。明與察義近。

陸錦燧日記

斤斤察也。舍人云斤斤、物精詳之察。孫云斤斤、重慎之察也。郭云聰明鑒察。楷案史記魯世家贊甚矣魯道之衰也。洙泗之間、齗齗如也。集解引徐廣云蓋幼者患苦長者、長者忿愧自守、故齗齗爭辭、所以為道衰也。徐解與舍人注合。然則齗齗即斤斤矣。顏師古漢書地理志注、齗齗、分辨之意也。分辨即察。鄭注記禮器察猶分辨也是也。今人猶謂分辨為齗齗較量矣。

稗疏

明明、斤斤、察也。

釋詁「察、審也、」釋言「察、清也、」皆明察之意。故賈誼書道術篇云：「纖微皆審謂之察、反察為眊。」

明明者、釋文引舍人云：「言其明甚；」詩常武正義引孫炎云：「明明、性理之察也；」此皆爾雅古注。大雅常武「赫赫明明、」傳云：「明明然、察也。」斤斤者、釋文引舍人云：「斤斤、物精詳之察；」孫云：「斤斤、重慎之察也；」其義皆同。詩執競「斤斤其明、」傳云：「斤斤、明察也。」單字亦訓明、漢書律厤志云：「斤者、明也、」是。

爾雅學

明明斤斤察也○釋曰注疏本刪。

物精詳之察也注疏本精誤情。

聰明鑒察也浦鏜云句上當有郭云皆三字

校勘記

舍人斤斤物精詳之察也監本毛本湘本人下有曰字、是。

注疏校勘札記

三行明明斤斤察也(注)皆聰明鑒察○《文選》束皙《補亡詩》注引「《爾雅》曰：明明，察也。郭璞曰：聰明鑒察也。」注文「察」下有「也」字。王樹枏云：「以此證之，下注蓋俱有也字。」

宋監本校箋

斤、樊居覲翻。斤去聲。後漢書注引爾雅音靳。左傳詩逸詩曰我心扃扃、注扃扃、明察也。釋文扃、工迴翻。案斤、扃音近見母故義得相通。

音圖・音

蘄

明明斤斤察也。

孫侶直音

明明斤。僅斤。察也

楊氏音訓

斤 蘄

干氏音釋

條條秩秩智也

條條、秩秩、智也。皆智思深長。

郭注

條條秩秩智也 釋曰：皆智思深長也。小雅賓之初筵云：左右秩秩。言其威儀審智不失禮也。

邢疏

條條秩秩智也

條條，舍人本作攸攸。釋文

犍爲注

條條智也 釋文條條，舍人本作攸攸，沈亦音條。以下釋訓。

沈集注

攸攸秩秩智也 釋文條條，舍人本作攸攸。

犍爲注

黃輯古義

攸攸秩秩智也

攸音條 釋文條條，舍人大作攸攸，沈亦音條。

沈集注

條條智也 釋文條條，舍人本作攸攸。

玉函山房輯佚

條條秩秩智也 釋文二十九卷，條條，舍人本作攸攸，沈亦音條。

漢注

郭璞云：皆智思深長。

一切注音

條條智也 舍人本作攸攸。釋文

古注斠

條條 舍人本作攸攸，沈亦音條。秩秩 直栗反。智思 息嗣反，下文并注同。

陸音義

條條秩秩智也 有條秩智之事也，即神倒正無常。

新義

條條秩秩智也 郭云：皆智思深長。

鄭樵注

條條秩秩智也 條條，舍人本作攸攸。郭璞曰：皆智思深長。鄭樵曰：郭云皆智思深長。

古注合存

條條，犍爲文學作攸攸。

補注

條條秩秩智也 註 皆智思深長 正義 釋言云：哲，智也。賈誼書云：深知禍福謂之智，反智爲愚。釋名云：智，知也，無所不知也。春秋繁露如天之爲篇：其在人者，亦宜行而無留，若四時之條條然也。條條與秩秩義同。秦風小戎云：秩秩德音。毛傳：秩秩，有知也。小雅巧言云：秩秩大猷。毛傳：秩秩，進知也。條條，釋文云：舍人本作攸攸，沈亦音條。

正義

條條秩秩智也 皆智思濬長 智者，釋言云：哲，智也。釋名云：智，知也，無所不知也。條者，釋文云：舍人本作攸攸，沈亦音條。按條从攸聲，古音相近。條兼暢達分理諸義，皆與智近。廣雅云：條條，亂也。亂訓治，治理義亦爲智矣。秩者，詩小戎傳：秩秩，有知也。巧言傳：秩秩，進知也。賓之初筵箋：秩秩，知也。知、俱音智，義本爾雅。斯干傳云：秩秩，流行也。此篇下云：秩秩，清也。義皆相近。

義疏

條條攸攸秩秩智也 條，舍人本作攸。郭注：皆智思濬長。詩：秩秩斯干，幽幽南山。蓋三家本作攸攸南山，故總釋其意

集解

條條秩秩智也 條、小枝也、从木攸聲。正字為倏、倏、疾也、長也。秩、積也、从禾失聲。上經云、常也。引申均有智意、謂智之長或常耳。易頤其欲攸攸、劉表本作倏倏、詩則均作悠悠、如所謂驅馬悠悠、悠悠南行、皆是也。詩巧言秩秩大猷、賓之初筵左右秩秩、傳箋均訓知。智字本作𥏼、識詞也、从白从亏从知、會意。與知通用。知、識也、从口从矢。憭於心則疾於口、故又可釋為詞。

義證

條條秩秩智也

釋文云、條條、舍人本作攸攸、沈亦音條。蓋沈旋亦作攸音條也。唐風遠條且、毛傳云、條、長也。條條者、智慮之長也。條從攸得聲、故相通借、攸與悠亦相通。小雅十月之交悠悠我里、爾雅釋文作攸攸我里。下文云、悠悠、思也。思、從囟從心、智即由囟與心出焉。西人專言思從腦出、而不言心、其義未備。鄭風子衿悠悠我心、秦風渭陽悠悠我思、悠悠皆訓思、而智由思而見、故攸攸亦可借為悠悠也。 秩秩者、秦風小戎秩秩德音、傳云秩秩、有知也。彼釋文云知、音智、本亦作智。小雅巧言秩秩大猷、傳云秩秩、進知也。賓之初筵左右秩秩、箋云秩秩、知也。彼釋文竝云知、音智。

說詩

條條節音條由 當、釋文無音、當為衍字。

條 疏皆智思深長也 思、監本誤思。

注疏正字

孟子曰、始條理者、智之事也

小箋

條條秩秩智也 釋文云、條條、舍人本作攸攸 智、詩正義六之三引作知。小雅賓之初筵左右秩秩、箋秩秩、知也

匡名

條條秩秩智也 郭註、智思深長。賈誼曰、深知禍福謂之智、反智爲愚。春秋繁露、若四時之條條然也。或作攸攸。秦風秩秩德音、傳秩秩、有知也

啓蒙

條條、秩秩、智也。皆智思深長。條條舍人作攸攸、攸攸即悠悠、下云悠悠思也、又儵儵罹禍毒也、與本亦作攸、聲義並與此條近。舍人此文釋詩悠悠我思、故郭亦云智思深長。 秩秩、下文云清也、清明義同、明智義近、是清智義近也。

黃侃音訓

條條秩秩智也 諸諸便便辯也 𢇍𢇍優優和也

舍人本作攸攸 沈旋亦音條。釋訓釋文。說文、諸、辯也。言部 毛詩傳、平平、𢇍治也。小雅采菽詩傳。韓詩平平作便便。采菽詩釋文。說文引商頌、作憂憂。夊部

便便、平平、與便、便與辯、古字皆通用。

證異

條條、秩秩、智也。

釋言「哲、智也、」是智哲同義。故釋名云：「智、知也、無所不知也。」

條條者、本節郭注云：「皆智思深長。」釋文謂「條條、舍人本作攸攸；

爾雅詁林 三 釋訓

」案說文㫃部云：「旐、攸攸而長也。」段注「古悠長字、皆作攸、」然則舍人本作攸攸、實爲本字、條條、乃借字也。秩秩者、秦風小戎傳云：「秩秩、有知也、」賓之初筵箋云：「秩秩、知也。」

爾雅學

條條秩秩智也○釋曰 注疏本刪。

校勘記

條條秩秩智也。釋文條條、舍人本作攸攸、沈亦音條。今本音由、非是。

注疏本正誤

苦其威儀審知不失禮也 監本毛本湘本苦作言、知作智。

注疏校勘札記

條條音由秩秩智也

音圖・音

由
條條秩秩、智也。

孫侶直音

條由條秩秩智也

楊氏音訓

穆穆肅肅敬也

穆穆肅肅、敬也。皆容儀謹敬。

郭注

穆穆肅肅敬也 釋曰、周頌雝篇云有來雝雝、至止肅肅。相維辟公、天子穆穆。此皆禘祭之時容儀謹敬也。

邢疏

穆穆肅肅敬也 郭璞云、皆容儀謹敬。

一切注音

穆穆肅肅敬也 蕙心案、史記司馬相如傳云旼旼睦睦、集解引漢書音義曰睦、敬本於爾雅也。睦、卽穆之借字。

古注斠

穆穆肅肅敬也

春秋傳曰、德敬應和曰穆穆、一而足、肅雝二也。於穆清廟、文王也。於穆、特言盛德故也。其言肅雝亦以此。天子穆穆、成王也。穆穆、累數德不足故也。其數肅肅雝雝亦以此。於穆在上、穆穆在下、亦以此。

新義

穆穆肅肅敬也 郭璞曰、皆容儀謹敬。

古注合存

穆穆肅肅敬也。注曰、皆儀容敬謹也。疏曰、詩雝篇云、至止肅肅。又云天子穆穆。

注疏參義

穆穆肅肅敬也 **註** 皆容儀謹敬 **正義** 賈誼書云、接遇肅正謂之敬、反敬爲嫚。釋名云、敬、警也、恒自肅警也。舜典云、四門穆穆。大雅思齊云、肅肅在廟。樂記云、肅肅敬也。說文云、肅持事振敬也、从聿在𣶒上、戰戰兢兢也。

正義

穆穆肅肅敬也郭註皆儀容謹敬 楊倞荀子註引爾雅云、穆穆敬也、皇皇正也。郭璞云、皇皇、自修正貌。穆穆容儀謹敬也。案、穆穆註本此、皇皇註竟不知何所據也。

校議

穆穆肅肅敬也 皆容儀謹敬

敬也、已見釋詁。穆者、睦之叚音也。說文云、睦、敬和也。史記司馬相如傳云旼旼睦睦、集解引漢書音義曰睦、敬、本於爾雅也。經典俱借穆爲睦。釋詁云、穆穆、美也。又訓敬者、敬與美善義近、故說文敬从茍、茍从羊省。羊與美善同意、是其義也。肅者、說文云持事振敬也。樂記云、肅肅敬也。按、肅肅猶修修也、修飾、修治皆與敬義近。魯語云、吾冀而朝夕修我、韋昭注、修、儆也。修儆猶肅敬、肅修聲轉、古音相近。文選思玄賦舊注云、修、善也。修訓善與穆訓美同意。

義疏

穆穆肅肅敬也郭注皆容儀謹敬。詩天子穆穆、肅肅在廟、皆祭祀之敬。

集解

穆穆肅肅敬也穆、禾也、从禾㣎聲。㣎、細文也。故穆又引申爲敬。書堯典四門穆穆。詩文王、穆穆文王。那、穆穆厥聲。禮記曲禮、天子穆穆。少儀、穆穆皇皇。均謂謹敬。或者正字爲睦與。肅、持事振敬也、从聿在𣶒上、會意。詩黍苗、肅肅謝功。思齊、肅肅在廟。禮記少儀、肅肅雍雍。樂記、肅肅敬也。敬、肅也、从攴从苟。苟、自急敕也。

義證

穆穆肅肅敬也

皆容儀謹敬也

文選補亡詩注引爾雅曰、肅肅、敬也。郭璞曰、容儀謹敬也。今據補也字。

郭注佚存補訂

穆穆肅肅敬也

周頌清廟於穆清廟肅雝顯相、毛傳云穆、美。肅、敬。正義引書大傳云、穆者敬之、言穆爲敬之美也。重言之則曰穆穆肅肅。文王、穆穆文王、於緝熙敬止。穆穆即形容敬止之義。魯頌泮水、穆穆魯侯、敬明其德。敬慎威儀、維民之則。穆穆即形容敬明敬慎之義。周頌雝、天子穆穆。雝係禘大祖之詩。穆穆與至止肅肅同義。箋云肅肅敬也。蓋同形容在廟之象、祭祀大典不言敬而敬可知矣。商頌那、穆穆厥聲。亦祭祀之詩。穆穆蓋樂聲之敬肅也、故下云溫恭朝夕、執事有恪。肅肅者、周南兔罝肅肅兔罝、大雅思齊肅肅在廟、烝民肅肅王命、傳箋竝云肅肅敬也。

說詩

穆穆肅肅敬也　一切經音義廿四云、穆、又作睦。爾雅、睦、敬也。

匡名

穆穆肅肅敬也、郭註、容儀謹敬。賈誼曰、接遇肅正謂之敬、反敬爲嫚。舜典、四門穆穆。說文、肅、持事振敬也、从聿在𣶒上、戰戰兢兢也。大雅、肅肅在廟。樂記、肅肅、敬也。

啓蒙

肅肅敬也。　肅肅下文云恭也、恭敬義同。

黃侃音訓

穆穆、肅肅、敬也。

敬義已見釋詁。賈誼書云：「接遇肅正謂之敬；反敬爲嫚。」

穆者、㣎之假借字。說文彡部：「㣎、細文也；」引伸爲美好敬謹之貌。故釋詁云：「穆穆、美也；」本篇「穆穆、敬也；」郭注云：「容儀謹敬。」經典借穆爲㣎、又借睦爲穆。史記司馬相如傳「旼旼睦睦、」漢書作「穆穆。」史記集解引漢書音義曰：「睦、敬也；」說文目部曰：「睦、敬和、」即用雅訓也。肅肅者、說文「肅、持事振敬也；」樂記云：「肅肅、敬也。」

爾雅學

穆穆肅肅敬也○釋曰注疏本刪。

校勘記

諸諸便便辯也

諸諸、便便辯也。皆言辭辯給。

郭注

諸諸便便辯也　釋曰、皆言辭辯給也。論語云、便便言。小雅采菽云平平左右、毛傳云平平、辯治也。便、平古今字。

邢疏

諸諸便便辯也

郭璞云、皆言辭辯給。

一切注音

便便婢緜反。

陸音義

諸諸便便辨也

便便、與上言也。諸諸、所以語下。故曰周公之誥繁而悉。

新義

諸諸便便辯也謂語言辯給。

鄭樵注

諸諸便便辯也
郭璞曰、皆言辭辯給。
鄭樵曰、謂語言辯給。

古注合存

諸諸便便辯也。便平聲。○註曰、皆言辭便給也。疏曰、語云、便便言。詩采菽云平平左右、毛傳云平平、辯治也。便平、古今字。

注疏參義

諸諸便便辯也註皆言辭辯給正義賈誼書云、論物明辯謂之辯、反辯爲訥。說文云、諸、辯也。重言之亦爲辯也。小雅采菽云平平左右。釋文引韓詩作便便左右。毛傳平平、辯治也。服虔左傳註云平平、辯治不絕之貌。古者平便字通用。書云平章百姓、史記引作便章百姓。平秩東作、史記引作便程東作。便又通作辯、史記索隱引今文尚書作辯章百姓。鄭註春官馮相氏云、仲春辯秩東作、仲夏辯秩南訛、仲秋辯秩西成、仲冬辯在朔易。賈疏以爲據書傳而言、今本尚書大傳唯有辯秩西成、辯在朔易二語。便辯以聲爲義。註皆言辭辯給。正義鄭註士師云、故書別爲辯。凡經傳言諸者、俱有辯別之意。

正義

諸諸便便辨也　便、又與辨通。如書平章、史記作便章、今文尚是作辨章。

校議

諸諸便便辯也皆言辭辯給辯者、說文云、治也。治有理正分別之義、與辨通用。故玉藻注云、辯猶正也、別也。辯从言、故有口材者稱辯給。廣雅云、辯、慧也。言便捷巧慧也。辯與平古音近。平亦正也、治也。故書平章百姓、詩采菽正義引書傳作辯章百姓。馮相氏注云、辯秩東作、辯秩南譌。今書辯皆作平、是平、辯通。諸者、說文云、辯也。一切經音義廿四引蒼頡篇云、諸、非一也。聲類云、諸、詞之總也。廣雅云、諸、衆也。然則衆多非一、與辯義近。諸之爲言者也、說文云、者、別事詞也。別與辯又聲轉義同矣。便者、諞之叚音也。說文云、諞、便巧言也。引周書曰、截截善諞言。論語曰、友諞佞。然則諸諸者、事之辯也。諞諞者、言之辯也。通作平。詩采菽傳平平、辯治也。正義引服虔云平平、辯治不絕之貌。又通作便平。平、釋文引韓詩作便便、云閒雅之貌。按、閒與嫺同。嫺雅亦謂便習於事也。論語便便言、鄭注言辯貌。友諞佞作友便佞、鄭注便、辯也。謂佞而辯也。是便便單言亦爲辯矣。

義疏

諸諸便便辯也郭注、皆言辭辯給。說文、諸、辯也。經典無諸者。諸諸之文、許慎望此爲訓、非也。諸當爲諓。書戔戔善竫言、一作截截善諞言。詩平平左右、左傳引作便便。語、便便言、唯謹。

集解

諸諸便便辯也　諸、詞之辯也。从言者聲。經典通作諓。書秦誓、諓諓善諞言。一作截截。馬注、辭語截削省要也。卽此經所謂諸諸辯也。諸、諓、雙聲。便、安也。人有不便更之。从人从更、會意。正字爲辯。辯、便雙聲。詩采菽平平左右、左傳引作便便。論語便便言、鄭注言辯也。或者正字爲諞與。辯、治也。从言在辡之間、會意。辡亦聲。周禮鄉士、辯其獄訟。書大傳、辯章百姓、辯治東作。今書作平。

義證

諸諸便便辯也便、婢緜反。

註皆言辭辯給。

郭注補正

諸諸便便辯也

竊疑諸諸便便爲小雅巷伯緝緝翩翩、捷捷幡幡之異文。緝、捷、諸雙聲。翩、幡、便疊韻。毛傳云、緝緝、口舌聲。翩翩、往來貌。捷捷猶緝緝、幡幡猶翩翩也。彼釋文云、緝、說文作咠。翩字又作扁。捷如字、又音妾。幡、若煩反。此皆以聲爲義、無定訓也。諸諸便便蓋亦如是。譇人譇言卽辯也。諸者、說文云、辯也。本爾雅。諸諸者、謂言辯之眾也。論語季氏篇友便佞、集解引鄭注云、便、辯也。鄉黨篇便便言、集解引鄭注云、便便言辯貌。皆本爾雅。便便通作平平。小雅采菽平平左右、彼釋文引韓詩作便便。傳云、平平、辯治也。

說詩

諸諸便便辯也　郭註、言辭便給。賈誼曰、論物明辯謂之辯、反辯爲訥。說文、辯、治也。註、治者、理也。諸、辯也。重言之亦爲辯也。便、安也。人有不便更之。古與平辨通用。論語便便言、註、便便、辯也。小雅平平左右、左傳作便蕃左右。

啓蒙

諸諸辯也。辯从言在辡之間、是亦有分別義。諸之爲辯亦兼辯別、普徧二義。

黃侃音訓

便便。辯也。疏、小雅平平左右。便平古今字。

考異摘要

便便辯也

錦燧謹案、此釋詩采菽篇便便左右也。今毛詩作平平左右。陸氏釋文云、平平、韓詩作便便。平便聲相近、古多通用。書堯典平章百姓、史記五帝紀引作便章百姓。又堯典平秩東作、五帝紀亦引作便程東作。漢書武帝紀集注亦云、古者平便皆同字。此俱二字通用之證也。說文亏部、平、語平舒也。又人部云、便、安也。與辯義並遠。今訓爲辯者、卽辯之假借字也。書之平秩、周禮馮相氏注引作辨秩。書之平章、後漢書劉愷傳注引作辯章。可證平便之可通辯矣。惟毛韓二傳其義各異。毛傳云、平平、辯治也。是雅訓義與之同、而字體則異。韓詩傳云、便便、閑雅之貌。是雅訓義與之異、而字體則同。今字則作便而義又訓辯、殆齊魯詩與。

陸錦燧日記

諸諸、便便、辯也。

辯、應作辨、廣韻「辨、別也。」周禮「朝士判書、」故書判爲辨、是辨判別三字義同。說文刀部云：「辨、判也、」段云：「辨、从刀；俗作辨、爲辨別字、別作辦、爲幹辦字；古辨別幹辦無二義、亦無二形二音也。」如段說、是辨別之辨、其本字作辨、是也。又案說文辡部云：「辯、治也、」段云：「治者、理也、俗多與辨不別、辨者、判也、」是辯辨異字異義、明矣。唯鄭注士師云：「故書別爲辯、」別者、辨也、則辨辯有通用之時、此爾雅所以借辯爲辨歟。

諸諸爲辨者、說文言部云：「諸、辯也。」段云：「辯、當作辨、辨下奪詈字。白部云：『者、別事詈也、』諸與者、音義皆同、郊特牲『或諸遠人乎、』亦作『或者遠人乎。』凡舉其一、則其餘謂之諸以別之、因之訓諸爲衆。」是諸者、辨別之詞；重言之、義亦同；故曰：「諸諸、辨也。」便便爲辨者、謂言辭之辨別也。論語鄉黨篇「便便言、」鄭注云：「言辯貌、」辯、亦當作辨、謂辨別之貌也。季氏篇「友便佞、」義同、凡佞人之言、皆巧於辨別、故曰：「便便、辨也。」辯、辨、平、古音近通用。小雅采菽云：「平平左右、亦是率從、」韓詩平平作便便；便便左右者、猶云秩秩左右也。賓之初筵「左右秩秩、」可以互證、便便、秩秩、皆謂秩然有序、可辨別也。

爾雅學

諸諸便便辯也○釋曰注疏本刪。

校勘記

諸諸便便（音楩）辯也

音圖・音

諸諸便便（騈）辯也。

孫侶直音

諸諸便（平聲）便辯也

楊氏音訓

便 騈

干氏音釋

肅肅翼翼恭也

肅肅、翼翼、恭也。皆恭敬。

郭注

肅肅翼翼恭也 釋曰皆恭敬也。大雅思齊云、肅肅在廟。大明云、維此文王、小心翼翼。言文王及羣臣恭敬貌也。

邢疏

肅肅翼翼恭也

郭璞云、皆恭敬。

一切注音

肅肅翼翼恭也

郭璞曰、皆恭敬。

古注合存

肅肅翼翼恭也 註 皆恭敬 正義 釋詁云、恭、敬也。賈誼書云、接遇愼容謂之恭、反恭爲媟。釋名云、恭、拱也、自拱持也。肅肅敬也、已見上文。詩釋文引韓詩云、民民翼翼。文選註引韓詩云、京師翼翼。孔子閒居云、威儀翼翼。毛傳、翼翼恭敬也。

正義

肅肅翼翼恭也 皆恭敬

肅肅、上文云、敬也。翼翼、恭竝訓敬、已見釋詁。

義疏

肅肅翼翼恭也 郭注、皆恭敬。

詩、肅肅兔罝。又、小心翼翼。恭當爲共、共與供同用。

集解

肅肅翼翼恭也 上釋肅肅爲敬、此又釋恭、以上經恭釋敬故耳。翼字一作𩙣、翄也、从飛異聲、篆文从羽。引申爲恭、謂狠拱之端好也。詩常武、緜緜翼翼。文王、厥猶翼翼。大明、小心翼翼。均謂恭敬。恭、肅也、从心共聲。上經云、敬也。

義證

肅肅翼翼恭也

肅肅訓爲敬、又爲恭、恭與敬實一義也。小雅黍苗、肅肅謝功、鄭箋云、肅肅、嚴正之貌。嚴正卽恭也。

翼翼者、小雅六月有嚴有翼、毛傳云翼翼、敬也。大雅文王厥猶翼翼、傳云翼翼、恭敬也。大明小心翼翼、鄭箋云翼翼、恭愼貌。商頌常武緜緜翼翼、傳云翼翼、敬也。敬卽恭也。 **說詩**

肅肅翼翼恭也 恭、監本誤忝。

疏言文王及羣臣恭敬貌也 及羣臣、三字衍。 **注疏正字**

肅肅翼翼恭也 翼、說文作䙰。恭通龔。皆見釋詁。 **匡名**

肅肅翼翼恭也 賈誼曰、接遇愼容謂之恭、反恭爲媟。肅肅見上。大雅小心翼翼、傳翼翼、恭、敬也。 **啓蒙**

肅肅翼翼恭也〇釋曰注疏本刪。 **校勘記**

肅肅、翼翼、恭也。 翼、恭、敬也、已見釋詁。肅肅、敬也、見上文。 **爾雅學**

廱廱優優和也

廱廱、優優、和也。皆和樂。 **郭注**

廱廱優優和也 釋曰大雅思齊云、雝雝在宮、商頌長發云、敷政優優。此皆人君德政和樂也。 **邢疏**

廱廱優優和也 已下釋訓

文選笙賦注引爾雅作雍雍和也、一切經音義八引作邕邕。 **衆家注** **黃輯古義**

廱廱優優和也

郭璞云皆和樂。 **一切注音**

廱廱和也

蕙心案文選笙賦注引爾雅作雍雍和也、四子講德論注又作邕邕和也。廱、說文爲辟廱字、作雝、作邕隸之省、作雍者隸之變。 **古注斠**

廱廱 於容反。 優優 音憂。 和樂 音洛。 **陸音義**

廱廱優優和也

廱廱、敎也。優優、政也。據敷政優優。 **新義**

廱廱優優和也 廱亦作雝、雍、邕。 **鄭樵注**

廱廱優優和也 郭璞曰、皆和樂。 鄭樵曰、廱亦作雝、雍、邕。 **古注合存**

肅肅翼翼、恭也。廱廱優優、和也。 廱雝同。〇註曰、肅肅翼翼皆恭敬、廱廱優優皆和樂也。疏曰、詩思齊云、雝雝在宮、肅肅在廟。大明云、小心翼翼。長發云、敷政優優。 **注疏參義**

廱廱優優和也 **註** 皆和樂。 **正義** 賈誼書云、剛柔得道謂之和、反和爲乖。周頌雝云、有來雝雝。樂記云、雝雝和也。商頌長發云、敷政優優、毛傳用爾雅。左氏成二年傳引詩作布政優優、杜注、成湯布政優和。說文引作布政憂憂。憂、和之行也。 **正義**

廱廱優優和也 皆和樂

和者、說文作龢、云調也。通作和。謚法云、和、會也。說文云、咊、相譍也。聲相譍咊、義亦通矣。廱者、說文以爲辟廱字。王制注云、辟明廱和也。省作雝、又省作邕、或作雍、又、別作噰。文選笙賦注引爾雅作雍雍和也。四子講德論注又作邕邕和也。釋詁云、噰噰音聲和也。一切經音義廿五引廣雅云、庸、和也。是庸廱同。詩酌及長發傳並云、龍、和也。龍廱義又同也。優者、憂之叚音也。說文云、憂、和之行也。引詩布政憂憂。通作優。今詩作敷政優優。毛傳用爾雅。

義疏

廱廱優優和也 郭注、皆和樂。

上云、雍雍音聲和。詩、雝雝在宮。不言聲也。又、布政優優。以憂爲憂愁、故加人別之。

集解

廱廱優優和也 廱、天子饗飲辟廱。从广雝聲。正字爲雝。雝雝、雝𪆫也。引申爲和、上經所謂噰噰音聲和是也。廱、雝通用字。詩匏有苦葉、雝雝鳴雁。蓼蕭、和鸞雝雝。均謂聲和。唯思齊雝雝在宮、必僅釋和乃可、非聲和也。優、饒也。从人憂聲。正字爲憂。墨子非儒夫優妻子以大負絫。今本作憂。以憂爲優也。憂、和之行也。憂優通用字。詩長發布政優優。禮記中庸、優優大哉。均謂優和。和、字本作咊、相應也。从口禾聲。經典或以爲龢之借字。上經云、諧、輯、協、和也。又云、緦、燮和也。

義證

廱廱優優和也

皆和樂也

唐殘本玉篇水部瀀下引爾雅郭璞曰、謂和樂也。今據補也字。

郭注佚存補訂

廱廱優優和也

廱、與雝、邕、雍古皆通用。文選四子講德論注引爾雅作邕邕和也。笙賦注引作雍雍和也。大雅思齊雝雝在宮、周頌雝有來雝雝、傳箋並云雝雝、和也。漢書劉向傳、韋元成傳並作有來雍雍、集注云雍雍、和也。小雅蓼蕭和鸞雝雝、賈子容經作和鸞噰噰。大雅文王有聲鎬京辟廱、鹽鐵論繇役篇作鎬京辟雍。下文噰噰釋文云、噰本或作雍、又作廱。

優者、大雅瞻卬維其優矣、箋云優、寬也。卽寬和之義。重言之則曰優優。商頌長發敷政優優、傳云優優、和也。說文引作布政憂憂、優從憂亦同音相假。

說詩

廱廱優優和也 堯典黎民於變時雍、傳雍、和也。正義曰雍和、釋訓文。後漢書注一四十引、雍雍和也。文選注十八引、雍雍和也。又一五十引、邕邕和也。一切經音義八引、邕邕優優和也。說見釋詁。

優、當作憂。說文夊部憂、和之行也。从夊惪聲。詩曰布政憂憂。經典相承以優饒之優代憂、而以憂代惪愁之惪。

和、通龢。見釋詁。

匡名

廱廱優優和也 賈誼曰、剛柔得道謂之和、反和爲乖。周頌有來雝雝、箋雝雝、和也。說文、憂、僥也。訓和即優柔引伸之義。商頌敷政優優、傳優優、和也。又詳釋詁。

啓蒙

優 憂 說文憂和之行也。詩曰布政憂憂。案今詩作敷政優優。毛傳云和也。人部。優。饒也。與和義相近。經典通以憂爲惪。以優爲憂。

黃侃評本正名

廱廱、優優、和也。 廱廱下文云民協服也、和協義同。 說文優饒也、義亦近。

黃侃音訓

優優和也

錦燧謹案、此釋詩長發篇敷政優優也。毛傳云、優優和也。與雅訓合。說文人部云、優、饒也。此優之本訓。今訓和者、乃憂之假借字也。說文夊部云、憂、和之行也。引詩曰、布政憂憂。許君自叙雖偁詩毛氏、而實亦兼採各家異文、今毛詩作優、是許君所引乃齊魯韓三家之異文矣。蓋毛用假字、三家用本字、其義則無異也。自憂假爲惪愁之惪、而憂之本義晦矣。

陸錦燧日記

廱廱、優優、和也。

賈誼書云：「剛柔得道爲和；反和爲乖。」

廱、說文以爲辟廱字。廱廱訓和者、段云：「案說文『邕、四方有水自邕成池者；雝、雝𪆫也；廱、天子饗飲辟廱也。』雝、隸變爲雍、借爲雍和、雍塞、辟雍；而辟廱本字、亦借爲和義」者、是也。堯典「於變時雍、」傳云：「雍、和也、」正義云：「雍和、釋訓文；」衆經音義引作「邕邕、優優、和也；」此皆字之通借。

優、當作憂、說文「憂、和之行也、詩曰：『布政憂憂、』」憂憂者、和也。商頌長發云：「敷政優優、」毛傳用爾雅；左氏成二年傳引詩作「布政優優、」杜注云：「成湯布政優和、」亦本於雅義也。優、許氏訓饒、自經典以憂代惪、故不得不以優代憂矣。

爾雅學

廱廱優優和也○釋曰注疏本刪。

校勘記

廱廱 十行本作雝。

校勘記訂補

五行廱廱優優和也（注）皆和樂○「廱廱」，唐寫本作「雍雍」，「優優」，原本《玉篇》水部「瀀」下引作「瀀瀀」。又注文原本《玉篇》引作「謂和樂也。」

宋監本校箋

癰癰雍音優優和也

音圖・音

雍
廱廱優優和也

孫侶直音

廱雝廱優優和也

楊氏音訓

兢兢憴憴戒也

兢兢憴憴戒也。皆戒慎。

郭注

兢兢憴憴戒也 釋曰小雅小旻云戰戰兢兢。大雅抑篇云子孫繩繩。此皆小心戒慎也。憴繩音義同。

邢疏

兢兢繩繩戒也 今本作憴憴、茲依釋文本。

郭璞云、皆戒慎。

一切注音

兢兢音矜。繩繩本或作憴同食蒸反。戒音界。

陸音義

繩繩○邢本作憴憴。

音義攷證

兢兢憴憴戒也

所謂兢兢業業、以事叢害衆也。

新義

爾雅詁林 三 釋訓

兢兢憴憴戒也 謂戒懼。憴音繩。

鄭樵注

兢兢憴憴戒也 郭璞曰、皆戒愼。鄭樵曰、謂戒懼。憴音繩。

古注合存

兢兢繩繩戒也【注】皆戒愼。【正義】賈誼書云、思惡勿道謂之戒、反戒爲傲。小雅小旻云、戰戰兢兢。毛傳用爾雅。周南螽斯云宜爾子孫繩繩兮、毛傳繩繩、戒愼也。薛瓚漢書註引爾雅、繩繩、戒也。應劭云、謹敬更正意也。今本或作憴、憴音義同。

正義

兢兢憴憴戒也 漢書禮樂志、繩繩意變、備得其所。臣讃曰、爾雅、繩繩、戒也。今作憴、音義同。

校議

兢兢繩繩戒也 皆戒愼

說文云、戒、警也。从廾持戈以戒不虞。方言云、戒、備也。大僕注云、故書戒爲駭。按、駭訓驚、驚亦警矣。兢者、說文作兢、云敬也。敬亦警、故詩小旻傳、兢兢、戒也。雲漢傳、兢兢、恐也。恐亦戒也。俗作矜。雲漢及左氏宣十六年釋文竝云、兢、本作矜。文選韋孟諷諫詩云、矜矜元王。李善注、矜矜、戒也。繩者、釋文云、本或作憴。宋本正作憴。然憴乃或體字、當依經典作繩。詩螽斯傳、繩繩、戒愼也。下武傳、繩、戒也。漢書禮樂志云、繩繩意變、淮南繆稱篇云、末世繩繩乎、惟恐失仁義。俱本爾雅。

義疏

兢兢矜矜繩繩戒也 郭注、皆戒愼。詩、兢兢矜矜。又、繩繩兮。

集解

兢兢繩繩戒也 兢、競也。从二兄、从丰聲。引申為戒。書皋陶謨、兢兢業業。詩小旻、戰戰兢兢。文選韋孟詩作矜矜、注、戒也。繩、索也。从糸、蠅省聲。引申為戒、謂人受法繩乃戒愼也。詩抑、子孫繩繩、韓詩作承承。箋、戒也。螽斯、繩繩兮、傳、戒愼也。戒、警也、从廾持戈以戒不虞、會意。詩采薇、豈不日戒。

義證

兢兢繩繩戒也

說文云、戒、警也。小雅采薇、豈不日戒、箋云、警敕軍事也。大雅常武、既敬既戒、箋云、警戒六軍之衆。小雅楚茨、鐘鼓既戒、大田既種既戒、皆謂警備也。兢、說文作兢、云敬也。常武箋云、敬、警也。小雅小旻、戰戰兢兢、傳云、兢兢、戒也。大雅雲漢、兢兢業業、傳云、兢兢、恐也。恐卽戒也。

繩繩者、大雅下武、繩其祖武、傳云、繩、戒也。後漢東平憲王蒼引詩作愼其祖武、戒愼同義。周南螽斯、宜爾子孫繩繩兮、傳云、繩繩、戒愼也。大雅抑、子孫繩繩、箋云、繩繩、戒也。管子宙合篇、故君子繩繩乎愼其所先。亦以愼釋繩繩。

說詩

兢兢憴憴戒也 憴、釋文作繩。

注疏正字

繩繩戒也

邢引大雅抑篇云、子孫繩繩。邵引周南螽斯云宜爾子孫繩繩兮、毛傳繩繩、戒愼也。家大人曰、朱子不信爾雅、謂是取傳注以作、故亦不信繩繩之爲戒愼、而意爲之解曰、繩繩不絕貌。余謂首章之振振言其仁厚、二章之繩繩言其戒愼、三章之蟄蟄言其和集、（皆見毛傳）皆稱其子孫之賢、非徒稱其衆多而已也。抑之詩曰、子孫繩繩、萬民靡不承。

此承上文無易由言無曰苟矣。而言、言教令之出不苟、則子孫戒慎守之、萬民皆奉行之也。故鄭箋亦曰、繩繩、戒也。下武篇繩其祖武、毛傳曰繩、戒也、箋曰、戒慎其祖考所踐履之迹。是詩中單言繩者、其義亦爲戒慎、朱傳、繩、繼也。古亦無此訓。故後漢東平憲王蒼引詩作慎其祖武。見續漢書祭祀志注。案、此所引蓋三家詩。慎與繩聲相近也。他若管子宙合篇曰、故君子繩繩乎慎其所先。淮南繆稱篇曰、末世繩繩乎、唯恐失仁義。然則繩繩之爲戒慎、自周及漢、古義相承、非鑿空之訓也。

述聞

兢兢繩繩戒也　說文兄部、兢、競也、从二兄从丰聲。隸字變作兢。釋文云、繩本或作憴。石經作憴、集韻十六蒸引作憴。案、說文心部無憴字。

匡名

兢兢音矜繩繩戒也　賈誼曰、思惡勿道謂之戒、反戒爲傲。說文、兢、競也、从二兄、二兄競意、从丰聲、一曰兢敬也。小雅戰戰兢兢傳、兢兢、戒也。繩、索也。註、繩可以縣、可以束、可以爲閑、故訓戒也。周南宜爾子孫繩繩兮、傳繩繩、戒慎也。或作憴憴。

啓蒙

憴憴、戒也。正當作懲。

黃侃音訓

憴憴。戒也。疏、大雅子孫繩繩。憴、繩音義同。

考異摘要

繩繩戒也　案、詩周南繩繩兮、傳云繩繩、戒慎也。抑子孫繩繩、箋云繩繩、戒也。下武繩其祖武、傳云繩、戒也。管子宙合篇、故君子繩繩乎慎其所先。是繩有戒慎之誼、其訓已故繩與慎音相近也、故繩其祖武、三家詩作慎其祖武。

王頌清日記

兢兢、繩繩、戒也。

說文廾部云：「戒、警也、从廾戈、持戈以戒不虞。」兢者、說文「競也；一曰兢、敬也。」敬、釋名訓警、與戒同義。小雅小旻「戰戰兢兢、」傳云：「兢兢、戒也。」許讀兢若矜、故古亦借矜爲兢。

繩、釋文云：「本或作憴、」然說文無憴。周南螽斯云：「宜爾子孫、繩繩兮、」傳云：「繩繩、戒慎也。」郝引淮南繆稱篇云：「末世繩繩乎、惟恐失仁義、」亦戒慎義也。

爾雅學

兢兢憴憴戒也○釋曰　注疏本刪

憴繩音義同　閩本監本毛本憴繩倒、元本誤作憴憴。○按、繩正字、憴俗字也。

校勘記

兢兢憴憴戒也　案憴、釋文作繩、憴乃或體字。邢疏引詩抑篇亦作繩。漢書薛瓚注引爾雅、繩繩、戒也、則此憴爲後人所改字明矣。

注疏校勘札記

六行兢兢憴憴戒也○「憴憴」、《釋文》作「繩繩」。原本《玉篇》糸部「繩」下引同。顧野王云：「野王案：《毛詩》：宜爾子孫繩繩兮，是也。《韓詩》：繩繩，敬貌也。」是字本作「繩」。

宋監本校箋

兢兢憴憴音繩戒也

音圖・音

兢兢憴憴戒也。繩

孫侶直音

兢兢憴繩憴戒也

楊氏音訓

憴繩

干氏音釋

戰戰蹌蹌動也

戰戰、蹌蹌，動也。皆恐動趨步。

郭注

戰戰蹌蹌動也 釋曰：小旻云戰戰兢兢。楚茨云濟濟蹌蹌。此皆恐動趨步、威儀謹敬也。

邢疏

戰戰蹌蹌動也

郭璞云皆恐動趨步。

一切注音

蹌蹌七羊反。皆恐丘勇反。趨七俞反。

陸音義

戰戰蹌蹌動也

書曰、鳥獸蹌蹌。蹌蹌、動也。來未有儀。

新義

戰戰蹌蹌動也。謂聳動。

鄭樵注

戰戰蹌蹌動也

郭璞曰、皆恐動趨步。

鄭樵曰、謂聳動。

古注合存

兢兢憴憴戒也。戰戰蹌蹌動也。憴繩同。○註曰兢兢憴憴皆戒愼、戰戰蹌蹌皆竦動趨疾也。疏曰詩小旻云戰戰兢兢。楚茨云濟濟蹌蹌。愚按憴憴未詳。舊引抑篇子孫繩繩爲註、謂憴憴音義同也。考憴繩字書皆訓爲戒、義固可通、但以子孫繩繩訓爲戒恐非。

注疏參義

戰戰蹌蹌動也 註 皆恐動趨步 正義 戰戰、色動也。蹌蹌、行動也。淮南人閒訓引堯戒云、戰戰慄慄。小旻毛傳云、戰戰、恐也。曲禮云、士蹌蹌。鄭註引聘禮曰、衆介北面蹌焉。今本儀禮作衆介北面鏘鏘焉。禮記釋文云、蹌本又作鶬、或作鏘。尚書大傳引逸詩云、鶬鶬相從。荀子又作鎗鎗。

正義

戰戰蹌蹌動也 皆恐動趨步

動者、釋詁云、作也。戰者、釋詁云、懼也。戰、蓋顫之叚音。說文云、顫、頭不正也。玉篇云、顫、動也。廣韵云、四支寒動。是戰當作顫。經典叚借作戰耳。蹌者、說文云、動也。與蹩同。云、蹩、行貌。廣雅云、鏘鏘、走也。詩猗嗟傳、蹌、巧趨貌。趨、走皆動。是蹡與蹌同。曲禮云、士蹌蹌。亦謂趨走行動之貌也。釋文云、蹌本又作鶬、或作鏘。竝音同叚借字。

義疏

戰戰蹌蹌動也 郭注、皆恐動趨步。詩、戰戰兢兢。書、鳥獸蹌蹌。字一作蹡。

集解

戰戰蹌蹌動也 詩小旻戰戰兢兢、書皋陶謨鳥獸蹌蹌、禮記曲禮士蹌蹌、此釋之也。戰、上云懼、此又引申爲動、謂懼而有動於心也。玉篇則以顫爲之。蹌、从足倉、謂足之動。動、作也、从力重聲、古文作連。

義證

戰戰蹌蹌動也

戰戰者、小雅小旻戰戰兢兢、毛傳云、戰戰、恐也。郭注所謂恐動也。漢書高五王傳、股戰而栗。股戰即動也。蹌蹌者、齊風猗嗟巧趨蹌兮、傳云、蹌、巧趨貌。趨即動也、郭注所謂趨步也。小雅楚茨濟濟蹌蹌、傳云、蹌蹌、言有容也、謂動作之容也。

說詩

戰戰節註皆恐動趨走 趨、釋文作趨。

注疏正字

戰戰蹌蹌動也 五經文字王部云、瑲、七羊反、聲也。詩或作鎗、爾雅亦有作創者。元照案、說文足部、蹌、動也。又通蹩。說文、蹩、行皃、从足將聲。詩曰、管磬瑲瑲。創、假借字。

匡名

戰戰蹌蹌動也 郭註、恐動趨步。 邵云、戰戰、色動也。淮南子引堯戒、戰戰慄慄。說文、蹌、動也。曲禮士蹌蹌、註、蹌蹌、行動也。又鄭註引聘禮衆介北面、鏘鏘焉。通作鶬。尚書大傳引逸詩、鶬鶬相從。荀子又作鎗鎗。

啓蒙

戰戰、蹌蹌、動也。

戰者、釋詁「懼也；」小旻毛傳云：「戰戰、恐也。」郝云：「戰、蓋顫之叚音、說文云：『顫、頭不正也、』玉篇云：『顫、動也、』廣韻云：『四支寒動、』是戰當作顫、經典假借作戰耳。」

蹌、說文「動也、」詩猗嗟傳云：「蹌、巧趨貌；」故邵云：「蹌蹌、行動也。」曲禮「士蹌蹌、」郝云：「謂趨走行動之貌也。」蹌、通作鶬、又作鏘、見禮釋文。鶬、又作鎗、見荀子所引逸詩。

爾雅學

皆恐動趨步 單疏本雪牕本同。注疏本趨作趍、俗寫。

戰戰蹌蹌動也○釋曰 注疏本刪。

校勘記

戰戰蹌蹌動也注、皆恐動趨步。今本趨半誤从多。

注疏本正誤

此皆恐動趨走 監本毛本湘本走作步。案、注作步、疏不應作走、當形近之誤。

注疏校勘札記

戰戰蹌蹌動也。 鏘

孫侶直音

蹌 鏘

干氏音釋

晏晏溫溫柔也

晏晏、溫溫、柔也。皆和柔。

郭注

晏晏溫溫柔也 釋曰、衛風氓篇云、言笑晏晏。大雅抑篇云、溫溫恭人。此皆寬緩和柔也。

邢疏

晏晏溫溫柔也

後漢書注引爾雅、晏晏溫和也。邵氏正義

衆家注

黃輯古義

晏晏溫溫柔也

郭璞云、皆和柔。

一切注音

溫溫、柔也、

溫、謂和柔也、

一切經音義卷七十六讚觀世音菩薩頌經「溫適」下引。據海印寺本、白蓮社本及大正藏本頻伽藏本竝同。

森案、郭璞此條註同。董氏讀爾雅補記云：「郭註正本鄭註、詩小雅賓之初筵篇「溫溫其恭」、鄭箋「溫溫、柔和也」、是高密箋詩、與註雅同義。」

鄭玄注稽存

晏晏温温柔也。謂和柔。

鄭樵注

晏晏温温柔也　郭璞曰、皆和柔。　鄭樵曰、謂和柔。

古注合存

晏晏溫溫柔也。註曰、皆和柔也。疏曰、詩氓篇云、言笑晏晏。抑篇云、溫溫恭人。

注疏參義

晏晏溫溫柔也註皆和柔正義後漢書註引爾雅云、晏晏、溫和也。疑舊註有溫和也之訓、故章懷引作正文矣。註又引尚書考靈燿云、堯文塞晏晏。鄭註、寬容覆載謂之晏。今尚書作安安。釋名云、安、晏也。晏晏然和喜無動懼也。詩云、溫溫恭人。小宛毛傳、溫溫和柔貌。抑毛傳、溫溫、寬柔也。玉藻云、燕居告溫溫。

正義

晏晏溫溫柔也　玉案、晏與安通。春秋齊景公安孺子、古今人表作晏孺子是也。宋孫案、尚書古文欽明文思安安、今文作晏晏。

校議

晏晏溫溫柔也皆和柔

柔者、釋詁云、安也。柔與剛反、凡柔順、柔和皆安靜之義。故詩烝民箋、柔、濡毳腝也。晏者、宴之叚借也。說文云、宴、安也。與柔同訓。通作晏。晏晏猶安安、故釋名云、安、晏也。晏晏然和喜無動懼也。詩氓傳、晏晏、和柔也。溫者、說文㬮字解云、安㬮溫也。㬮溫猶溫煖、安卽柔字之訓。故詩小宛傳、溫溫和柔貌。抑傳、溫溫寬柔也。按、溫潤濡柔竝聲相轉、其義皆相近。

義疏

晏晏溫溫柔也郭注、皆和柔。書、文塞晏晏。詩、言笑晏晏。又、溫溫恭人。

集解

晏晏温温柔也　晏、天清也。从日安聲。安、竫也。故晏又引申為柔、謂柔乃能竫耳。書堯典欽明文思晏晏、今作安安。詩氓言笑晏晏、傳、和柔也。温、水名、从水𥁕聲。𥁕、仁也。故温可釋為柔。詩小宛温温恭人、傳、和柔皃。抑傳則謂為寬柔。賓之初筵温温其恭、傳、柔和也。柔、木曲直也、从木矛聲。上經云、安也。

義證

晏晏温温柔也補

滋然謹按、慧琳一切經音義七十六温適注引鄭注尔疋云、温謂和柔也。按、詩小宛傳、温温和柔皃。抑傳、温温寬柔也。邵氏正義云、後漢書引尔疋云、晏晏温和也。疑舊注有温和也之訓、故章懷引作正文矣。慧琳又引毛詩鄭箋云、温顏色和也。鄭氏箋詩注疋均申毛詮、郭注皆和柔實用鄭氏注也。

舊注攷證

晏晏温温柔也

晏晏者、衛風氓言笑晏晏、毛傳云、晏晏、和柔也。後漢書注引爾雅云、晏晏、温和也。當是舊注之文。

温温者、小雅小宛飲酒温克、釋文引王肅注云、温、柔也。温温恭人、傳云、温温、和柔貌。賓之初筵温温其恭、箋云温温柔和也。大雅抑温温恭人、傳云温温寬柔也。慧琳一切經音義七十六温適注引鄭注爾雅云温謂和柔也。與傳訓同。

說詩

晏晏溫溫柔也 說文女部晏安也、从女日。詩曰、以晏父母。又日部晏、天清也、从日安聲。經典止用晏字。後漢書注四十一引晏晏溫和也。正義曰、疑舊注有溫和也之訓、故章懷引入正文矣。

匡名

晏晏温温柔也 郭註謂和柔。說文晏天清也。古晏、安通用。尚書考靈曜欽明文思晏晏今作安安。溫、水名。水經注、温水一曰煗水。今用爲温煗之温、又訓爲温和之温。小雅温温恭人、傳温温和柔貌。

啓蒙

兢兢憴憴戒也 戰戰蹌蹌動也 晏晏溫溫柔也

釋文作繩繩。云、本或作憴。釋訓釋文。漢書注作繩繩戒也。薛瓚注。禮記注作鏘鏘。曲禮下士蹌蹌注。禮記釋文蹌本又作鶬。曲禮下釋文。文選注作將將。東京賦注。後漢書注引作晏晏溫和也。第五倫傳注。

證異

晏晏、溫溫、柔也。

釋詁「柔、安也、」故有溫和、濡麗之義。晏之言安也。段玉裁云：「古晏安通用。故今文堯典晏晏、古文作安安；左傳安儒子、古今人表作晏儒子；」是其證。晏訓安、故釋名云：「安、晏也、晏晏然、和喜無動懼也：」是晏晏者、安和之義也。說文女部云：「晏、安也、从女日；」日部晏字、但云：「晏、天清也、从日、安聲、」不訓安。然許所云天清、即天晴；天晴即有溫和之意、故訓柔。後漢書注引爾雅云：「晏晏、溫和也、」邵云：「疑舊注有溫和也之訓、故章懷引入正文；」郝引詩氓傳云：「晏晏、和柔也。」溫、當作𥁕、說文皿部云：「𥁕、仁也、从皿、目食囚也。」段謂「凡云溫和、溫柔、溫煖者、皆當作此字、」是爾雅之溫、亦必爲此𥁕字。詩小宛傳云：「溫溫、和柔貌。」

爾雅學

晏晏溫溫柔也○釋曰 注疏本删。

校勘記

業業翹翹危也

業業翹翹危也 皆懸危

郭注

業業翹翹危也 釋曰、大雅召旻云、兢兢業業。豳風鴟鴞云、予室翹翹。此皆懸危恐懼也。

邢疏

業業翹翹危也 已下釋訓

業、五荅反。釋文 詩大雅雲漢釋文

郭音義

黃輯古義

業業、五荅反。釋文 詩釋文

郭音義

玉函山房輯佚

業業翹翹危也

郭璞云、皆縣危。

一切注音

業業 魚法反、郭五荅反。翹翹 巨遥反。皆縣 音玄。

陸音義

業業 魚怯反○舊作魚法反、今從宋本、正宮本同。皆縣○注疏本作懸。

音義攷證

業業翹翹危也

翹翹、高而危。僥僥、高而懼。譙譙、翛翛、亦放此、以公在上、救王室之亂故也。

新義

業業翹翹危也召旻云、兢兢業業。鴟鴞云、予室翹翹。

鄭樵注

業業翹翹危也業、郭五答反。郭璞曰、皆懸危。鄭樵曰、召旻云、兢兢業業。鴟鴞云、予室翹翹。

古注合存

業業翹翹、危也。惴惴僥僥、懼也。僥音囂。〇註曰、業業翹翹、皆懸危。惴惴僥僥、皆戰懼也。疏曰、詩小旻云、兢兢業業。鴟鴞云、予室翹翹、予維音嘵嘵。黃鳥云、惴惴其慄。

注疏參義

業業翹翹危也**註**皆縣危惴惴僥僥懼也**註**皆危懼**正義**說文云、危、在高而懼也。懼、恐也。釋名云、危、阢也。阢阢不固之言也。大雅召旻云、兢兢業業。豳風鴟鴞云、予室翹翹。小雅小宛云、惴惴小心。鴟鴞又云、予維音嘵嘵。又商頌長發云有震且業、毛傳、業、危也。是單舉其文亦爲危也。說文云、惴、憂懼也。詩曰、惴惴其慄。嘵、懼也。詩曰、唯予音之嘵嘵。案、說文引豳風與今本字句微異。莊子齊物論小恐惴惴。李頤註、小心貌。齊策云、安平君以惴惴之卽墨。是惴惴爲危懼也。僥本作嘵。

正義

業業翹翹危也皆縣危

說文云、危、在高而懼也。釋名云、危、阢也、阢阢不固之言也。業者、釋詁云、大也。物高大則近危、故詩雲漢、召旻傳箋竝云、業業、危也。長發傳、業、危也。常武傳、業業然動也。震動亦危懼之意。翹者、說文以爲尾長毛、又縣也、舉也、皆有高義。故詩鴟鴞傳、翹翹、危也。廣雅云、翹翹、衆也。衆多亦近危始。又云、嶢嶢、危也。嶢、翹聲義同。

義疏

業業翹翹危也郭注、皆縣危。詩、赫赫業業。又、予室翹翹。

集解

業

業翹危也書皋陶謨兢兢業業、詩雲漢召旻亦云兢兢業業、鴟鴞予室翹翹、此釋之也。業、大版也。釋危者、正字爲隉耳。隉、業雙聲。翹、尾長毛也、从羽堯聲。正字爲嘵。嘵、懼也、謂危懼也。詩漢廣翹翹錯薪。左昭二二傳翹翹車乘。謂借爲蕘爲堯、非此義也。危、在高而懼也、从人在危上。

義證

業業翹翹危也

說文云、危、在高而懼也。業業者、商頌長發有震且業、毛傳云、業、危也。大雅召旻雲漢兢兢業業、鄭箋竝云、業業、危也。常武赫赫業業、傳云、業業然動也。震動亦危也。翹翹者、豳風鴟鴞予室翹翹、傳云、翹翹、危也。

說詩

業業翹翹危也釋文云、業、郭五答切。

註皆懸危懸、釋文作縣、音懸。後懸字並同。

注疏正字

翹翹、危也。翹又通作堯、墨子親士王德不堯堯、說文堯、高也、从垚在兀上、高遠也。

黃侃音訓

業業危也

錦燧謹案此釋詩雲漢篇兢兢業業召旻篇兢兢業業也。毛雲漢傳鄭召旻箋俱云業業危也。與雅訓合。說文丵部云業大版也。此業之本義。業訓危者乃隉之假借字。隉業一聲之轉。說文云隉危也。長發篇之有震且業。毛傳云業危也。亦當讀曰隉。單言之曰業。累言之曰業業。其義固無殊也。又案說文出部云𣌭𣌭不安也。業業猶言𣌭𣌭。是以業爲𣌭之假字。其義亦通。不安卽危之謂也。

陸錦燧日記

業業、翹翹、危也。

說文危部云：「危、在高而懼也。」釋名「危、阢也。」

業業者、大雅雲漢云：「兢兢業業、」傳「業業、危也。」釋詁業訓大、業業爲危者、郝云：「物高大則近危。」

翹翹者、廣雅「舉也、衆也、」高舉、衆盛、皆足生危、故詩鴟鴞「予室翹翹、」傳云：「翹翹、危也。」

爾雅學

皆懸危雪牕本注疏本同釋文皆縣音元單疏本作縣按五經文字云縣音元又音眩。經典兩音用此字不作懸危之懸。據此知懸危之懸經典相承下從心也。

業業翹翹危也〇釋曰注疏本刪

校勘記

業業翹翹危也釋文業魚法反。按廣韻法當作怯。注皆縣危、釋文縣音諱　廟令本直作懸。音義雖不誤然古本舊觀不存矣。又業與葉二字不同音、今人多誤讀附正於此。

注疏本正誤

業業翹翹危也

喬

孫品直音

惴惴憢憢懼也

惴惴憢憢懼也皆危懼。

郭注

釋曰秦風黃鳥云惴惴其慄。豳風鴟鴞云予維音嘵嘵。此皆危恐戰懼也。

惴惴憢憢懼也

邢疏

惴惴憢憢懼也

郭璞云、皆危懼。

一切注音

惴惴之瑞反。憢憢許堯反、本又作嘵、音同。字林云、懼也。案、詩云予維音嘵嘵是也。

陸音義

惴惴憢憢懼也鴟鴞云、予維音嘵嘵。憢嘵通。

鄭樵注

惴惴憢憢懼也

郭璞曰、皆危懼。

鄭樵曰鴟鴞云、予維音嘵嘵。憢嘵通。

古注合存

惴惴憢憢懼也皆危懼

惴者、說文云、憂懼也、引詩惴惴其慄。憢者、嘵之或體也。釋文、憢本又作嘵。說文、嘵懼也、引詩唯予音之嘵嘵。

義疏

惴惴憢憢嘵嘵懼也郭注、皆危懼。詩惴惴其慄。又、唯予音之嘵嘵。

集解

惴惴憢憢懼也 詩小宛、惴惴小心。黃鳥、惴惴其栗。鴟鴞、予維音之嘵嘵。此釋之也。惴、憂懼也、从心耑省聲。憢、字本作嘵、从口堯。堯、高也。謂在高而懼、與危義同。懼、恐也、从心瞿聲、或省作瞿。

義證

惴惴憢憢懼也

註皆危懼。補正釋文、本文作嘵。字林云、懼也。詩云、予維音嘵嘵。

郭注補正

惴惴憢憢懼也

惴惴者、秦風黃鳥、惴惴其栗。說文云、惴、憂懼也。引詩惴惴其慄。毛傳云、惴惴、懼也。

憢憢者、豳風鴟鴞、予維音嘵嘵。釋文云、憢憢、本又作嘵嘵。字林云懼也。案詩云予維音嘵嘵是也。憢嘵同字、毛詩作嘵。三家詩當有作憢者。傳云、嘵嘵、懼也。

說詩

惴惴憢憢懼也 憢、釋文云、本又作嘵。案說文口部、嘵、懼也、从口堯聲。詩曰唯予音之嘵嘵。今詩亦同。傳、嘵嘵、懼也。正義曰、釋訓文。說文心部無憢字。

匡名

業業翹翹危也惴惴憢憢音囂**懼也** 郭註、縣危。 大雅、兢兢業業。箋、業業、危也。說文、翹、尾長毛也。註、尾長毛必高舉、高則危也。豳風予室翹翹、傳、翹翹、危也。 郭註、危懼。

惴、憂懼也、引詩惴惴其慄、傳惴惴、懼也。憢或作嘵、嘵、懼聲也、引詩予唯音嘵嘵、傳嘵嘵、懼也。

啓蒙

憢 嘵 釋文、憢本又作嘵。音同。字林云、懼也。案詩云、予維音嘵嘵。是也。

說文、嘵懼也。

黃侃評本正名

憢憢、懼也。憢者嘵之別字、說文嘵懼也、釋文憢本又作嘵、音同字林云、懼也。

黃侃音訓

憢憢懼也

錦燧謹案、此釋詩鴟鴞篇予維音嘵嘵也。毛傳云嘵嘵懼也、蓋即本諸雅訓、故與爾雅合。詩从口旁、此从心旁者、字之誤也。據釋文云憢本又作嘵、是陸所見爾雅尚有从口旁者。其誤口爲心之故、蓋涉上惴惴字、下文懼字俱从心旁、因而致譌。說文口部云嘵懼也、與毛傳雅訓並同、而心部無憢字、則憢爲嘵字之譌益信。

陸錦燧日記

惴惴、憢憢、懼也。

惴惴者、小雅小宛云：「惴惴小心。」說文「惴惴、憂懼也。」

憢、釋文云：「本又作嘵、」作嘵、是也；說文「嘵懼也、詩曰：『唯予音之嘵嘵；』」今鴟鴞亦作嘵嘵。說文無憢。

爾雅學

惴惴憢憢懼也〇釋曰 注疏本刪。

校勘記

惴惴其栗 監本毛本湘本栗作慄、當據今詩黃鳥篇改字。

此皆危恐懼戰也 監本毛本湘本懼戰二字倒。

注疏校勘札記

惴音墜惴憢憢音囂懼也皆危懼

音圖・音

惴音墜 案惴之瑞翻、錐去聲。照今音墜澄誤。

直音正誤

僥許堯翻，音梟，本又作嘵，音同。說文許幺翻同。

音略

惴惴僥僥懼也。

贅　囂

孫偘直音

惴惴僥囂僥懼也。

楊氏音訓

惴之瑞切　僥許幺切

干氏音釋

番番矯矯勇也

番番矯矯勇也。皆壯勇之貌。

郭注

番番矯矯勇也　釋曰大雅崧高云申伯番番，魯頌泮水云矯矯虎臣，此皆武夫壯勇之貌。

邢疏

番番矯矯勇也

矯矯得勝之勇也。釋文

犍爲注

黃輯古義

番番矯矯勇也

矯矯，得勝之勇也。詩云，矯矯虎臣。釋文

犍爲注

玉函山房輯佚

矯矯　得勝之勇也。舍人注　釋文二十九

鉤沉

矯矯勇也

舍人曰，矯矯得勝之勇也。詩云，矯矯虎臣。釋文

漢注

番番矯矯勇也

舍人云，矯矯，得勝之勇也。釋文二十九卷　郭璞云，皆壯勇之貌。

一切注音

矯矯勇也　舍人云，矯矯，得勝之勇也。釋文

古注斠

番番布何反，詩云，申伯番番。矯矯居兆反，舍人云，矯矯得勝之勇也。詩云，矯矯虎臣。

陸音義

番番矯矯勇也

矯，一往，番，有飜焉。

新義

番番蹻蹻勇也

舍人曰，蹻蹻，得勝之勇也。
郭璞曰，皆壯勇之貌。
鄭樵曰，番音波。

古注合存

矯矯，犍爲文學云，得勝之勇也。

補注

番番矯矯勇也 皆壯勇之貌

勇者、說文云、气也。釋名云、勇、踴也、遇敵踴躍欲擊之也。謚法云、勝敵壯志曰勇。番者、皤字之省也。皤本老人白、以其老而猶健、因爲勇貌。故書番番良士旅力旣愆、史記秦紀作黃髮番番。正義曰、音婆、字當作皤。皤、廣韻云、𩕊𩕊、勇舞貌。僠、䜑、說文同皤、是也。經典俱通作番。故詩崧高傳、番番、勇武貌也。矯者、中庸注、強貌。詩泮水箋、矯矯、武貌。通作蹻。詩蹻蹻王之造、傳蹻蹻、武貌。其馬蹻蹻、傳彊盛也。是蹻矯通。爾雅釋文引舍人云、矯矯、得勝之勇也。

義疏

番番矯矯 蹻蹻 **勇也** 舍人注、矯矯、得勝之勇也。郭注、皆壯勇之皃。書番番良士。詩、申伯番番。又、其馬矯矯蹻蹻王之造。

集解

番番矯矯勇也 番、獸足也、从釆田、象掌形。引申爲勇、謂獸足前行之勇耳。說文則以播爲之。書秦誓番番良士、史記作番番黃髮。正義謂借爲皤、非也。詩崧高申伯番番、傳、勇武皃。矯、柔箭箝也。从矢喬聲。正字爲趫。趫、善緣木走之才。引申爲勇。呂覽悔過皆以其氣之趫、文選吳都賦趫材悍壯、諸、白馬賦捷趫夫之敏手、均是也。趫矯通用字。詩泮水矯矯虎臣、箋、武皃。崧高四牡蹻蹻、傳、壯皃。酌蹻蹻王之造、傳、武皃。勇亦武也。以蹻爲之。勇、气也、从力甬聲。禮記樂記、臨事而屢斷、勇也。墨子經上、勇、志之所以敢也。

義證

番番矯矯勇也

[注]皆壯勇之貌[補正]釋文舍人云、矯矯得勝之勇也。

郭注補正

番番矯矯勇也

番番者、大雅崧高申伯番番、毛傳云番番、武勇貌也。矯矯者、舍人云得勝之勇也。魯頌泮水矯矯虎臣、鄭箋云矯矯、武貌。矯與蹻通。周頌酌蹻蹻王之造、傳云蹻蹻、武貌。武與勇一也。魯頌泮水其馬蹻蹻、傳云蹻蹻、言强盛也。大雅崧高四牡蹻蹻、傳云蹻蹻、壯貌。强壯皆與勇義近。

說詩

番番矯矯勇也 勇、說文作勈。

匡名

番番、矯矯、勇也。番正作伴、與番番良士不同字。史記秦紀黃髮番番、正義曰音婆、字當作皤皤。詩云矯矯虎臣、釋文矯矯作蟜蟜、是矯又與蟜通。

黃侃音訓

番番、矯矯、勇也。

謚法云:「勝敵壯志曰勇;」釋名「勇、踊也。」說文勇作勈。番、郝云:「皤字之省也;皤本老人白、以其老而猶健、因爲勇貌。」大雅崧高「申伯番番、」傳云:「勇武貌。」廣韻𩕊𩕊、即皤皤。矯矯、釋文引舍人云:「得勝之勇也。」魯頌泮水「矯矯虎臣、」箋云:「矯矯、武貌。」郝謂「矯、通蹻、」詩「蹻蹻王之造、」傳云:「蹻蹻、武貌。」

爾雅學

番番矯矯勇也〇釋曰 注疏本刪。

校勘記

番 音波 番矯矯勇也

音圖・音

番番蹻蹻勇也。波｜蹻上聲

孫偘直音

番波番蹻蹻勇也

楊氏音訓

番波

干氏音釋

桓桓烈烈威也

桓桓烈烈威也皆嚴猛之貌。

郭注

桓桓烈烈威也　釋曰、皆威武嚴猛之貌。周頌桓篇云、桓桓武王。小雅黍苗云、烈烈征師。

邢疏

桓桓烈烈威也

郭璞云皆嚴猛之貌。

一切注音

桓桓烈烈威也

赳赳、輕勁。桓、重而威。所謂赳赳桓桓相濟之德、桓桓武志、赳赳武事。此通下條爲一條、傳寫者誤分爲二。

新義

桓桓烈烈威也

郭璞曰、皆嚴猛之貌。

古注合存

桓桓烈烈威也皆嚴猛之貌

威者、謚法云、猛以彊果曰威。詩常棣及巧言傳並云、威畏也。按、威與君古音近、君尊嚴可畏也。桓者狟之段借也。說文引周書曰、尚狟狟。玉篇云、狟、武皃也。今作桓。謚法云、辟土服遠曰桓。詩桓箋云、桓桓有威武之武王。泮水傳云、桓桓、威武貌。長發傳云、桓大也。大與威亦義相成也。烈者、火猛也、猛之威也。左氏昭廿年傳云、夫火烈、民望而畏之。畏即威、故長發傳云、烈烈、威也。釋詁云、烈、業也。業又訓大、與桓訓大近、釋詁大與君同義、君與威同音、故訓威之字亦訓大。

義疏

桓桓烈烈威也　郭注、皆嚴猛之皃。　桓、又作狟。書、尚狟狟。詩、桓桓武王。又、如火烈烈。桓桓于征。

集解

桓桓烈烈威也　桓、亭郵表也、从木亘聲。引申爲威、謂表可以示威耳。說文則以亘爲之。書牧誓尚桓桓、說文引作狟狟。僞傳、武皃。詩泮水桓桓于征、傳威武皃。殷武松柏丸丸、白帖引作桓桓、傳訓易直、非此義也。烈、火猛也、从火列聲。引申爲威。詩長發相土烈烈、傳威也。黍苗烈烈征師、箋威武皃。威畏也、从戌从女者。女古文矛字。

義證

桓桓威也、此桓字應作狟、與周書尚狟狟同。

錢氏古義

桓桓烈烈威也

桓桓者、周頌桓、桓桓武王、鄭箋云、桓桓有威武之武王。魯頌泮水桓桓于征、毛傳云桓桓、威武貌。　烈烈者、小雅黍苗烈烈征師、箋云烈烈、威武貌。商頌長發相土烈烈、傳云烈烈、威也。又云如火烈烈、箋云、其威勢如猛火之炎熾。小雅采薇憂心烈烈、箋云烈烈、憂貌。非也。言憂心之熾盛、意雖不同、而其義則一也。

說詩

桓桓烈烈威也　桓、通狟。說文犬部狟、犬行也、从犬亘聲、周書曰尙狟狟。

匡名

桓桓、威也。　桓桓單言曰桓、詩序桓、武志也、說文引周書作狟狟。狟狟蓋與猤義近、說文疾跳也、一曰急也。

黃侃音訓

桓桓威也

錦燧謹案、此釋詩泮水篇桓桓于征、桓篇桓桓武王也。毛泮水傳云、桓桓、威武貌。鄭桓箋云、桓桓有威武之武王也。俱與雅訓合。郝氏義疏謂桓者狟之假音、据說文犬部狟下引書尙桓桓作尙狟狟、是狟桓古通。然郝以狟爲訓威之本字則非也。攷說文木部云、桓亭郵表也。又犬部云、狟、犬行也。二字各有本訓、安得強指其孰爲假字、孰爲本字耶。且重言形況之字、大都無本字者居多、桓與狟之訓爲威、亦本無其字之假借耳。

陸錦燧日記

桓桓、烈烈、威也。

謚法云：「猛以彊果曰威；」釋名「威、畏也、可畏懼也。」

桓、郝以爲「狟之叚借。」說文犬部云：「狟、犬行也、从犬、亘聲、周書曰：『尙狟狟；』」玉篇云：「狟、武貌也。」經典狟作桓、許所引即牧誓文、今亦作桓桓；周頌桓云：「桓桓武王、」箋云：「桓桓有威武之武王。」烈者、左氏昭二十年傳云：「夫火烈、民望而畏之、」商頌長發「相土烈烈、」傳云：「烈烈、威也。」桓、長發傳訓大；烈、釋詁訓業；而又訓威者、郝云：「業又訓大、與桓訓大近、釋詁大與君同義、君與威同音、故訓威之字亦訓大。」

爾雅學

桓桓烈烈威也○釋日注疏本刪。

校勘記

洸洸赳赳武也

洸洸赳赳武也。皆果毅之貌。

郭注

洸洸赳赳武也　釋曰、大雅江漢云武夫洸洸、周南兔罝云赳赳武夫、此皆武夫果毅之貌。左傳、殺敵爲果、致果爲毅。

邢疏

洸洸赳赳武也

洸、舍人本作僙、音同。釋文

犍爲注

洸洸武也　釋文、洸洸、舍人本作僙、音同。按鹽鐵論繇役篇引詩武夫潢潢與舍人本正合。注尒疋者如樊光當於此引詩云武夫僙僙、後人見毛詩作洸洸因改爾雅、猶橫充也或作桄充也、而孫本改作光充也是。

孫音注

黃輯古義

僙僙赳赳武也　釋文、洸洸、女皇反、舍人本作僙、音同。

僙、音女皇反。釋文　按、鹽鐵論繇役篇引詩武夫僙僙、與舍人本正合。

犍爲注

玉函山房輯佚

洸洸武也　釋文、洸洸、舍人本作僙、音同。按、鹽鐵論繇役篇引詩武夫潢潢、與舍人本正合。注尒疋者如樊光、當于此引詩云武夫僙僙、後人見毛詩作洸洸、因改爾雅、猶橫充也或作桄充也、而孫本改作光光爲是。

漢注

一切注音

洸洸赳赳武也　釋文二十九卷舍人本作僙僙。

郭璞云、皆果毅之貌。

洸洸　武也　舍人本作僙。釋文

古注斠

蕙心案、說文黃、芡聲。芡、古光字。故兕觵之觵亦作觥。

陸音義

洸洸　古皇反。舍人本作僙、音同。　赳赳　居黝反。說文云、輕勁有才也。詩云赳赳武夫。　惈　音果。本亦作倮、同。

音義攷證

惈○邢本作果。

洸洸赳赳武也

詩曰、有洸有潰。洸、張而已。潰則橫出。所謂江漢之滸著、有洸而無潰。

新義

洸洸赳赳武也　洸洸、舍人本作僙僙。郭璞曰、皆果毅之貌。

古注合存

番番矯矯、勇也。桓桓烈烈、威也。洸洸赳赳、武也。番音波、洸音光、赳音九。○註曰、番番矯矯皆壯勇貌、桓桓烈烈皆嚴猛貌、洸洸赳赳皆果毅貌。疏曰、詩崧高云、申伯番番。泮水云、矯矯虎臣。桓篇云、桓桓武王。黍苗云、烈烈征師。江漢云、武夫洸洸。兔罝云、赳赳武夫。

注疏參義

洸洸、犍爲文學僙僙、當與趪趪通。

補注

番番矯矯勇也 註 皆壯勇之貌　桓桓烈烈威也 註 皆嚴猛之貌　洸洸赳赳武也 註 皆倮毅之貌

正義 賈誼書云、持節不恐謂之勇、反勇爲怯。誠動可畏謂之威、反威爲圂。釋名云、勇、踴也、遇敵踴躍欲擊之也。威、畏也、可畏懼也。武、舞也、征伐動行如物鼓舞也。故樂記曰、發揚蹈厲、太公之志也。大雅崧高云申伯番番、毛傳番番、勇武貌。魯頌泮水云矯矯虎臣、鄭箋矯矯、武貌。牧誓云尚桓桓、周頌桓云桓桓武王、鄭箋桓桓有威武之武王。商頌長發云相土烈烈、毛傳用爾雅。大雅江漢云武夫洸洸、毛傳洸洸、武貌。周南兔罝云赳赳武夫、釋文引爾雅云勇也。說文云、赳、輕勁有才力也。邶風谷風云有洸有潰、毛傳洸洸、武也。是單舉其文亦爲武也。廣雅云、桓桓、矯矯、赳赳、武也。是勇、威、武三字之訓相通。釋文引舍人云、矯矯、得勝之勇也。洸洸、本作潰潰。

正義

洸洸赳赳武也　皆果毅之貌

武者、謚法云、剛彊理直曰武、克定禍亂曰武。是武兼二義、經典多主後義。故釋名云、武、舞也、征伐動行如物鼓舞也。洸者、聲俗之字、古無正體。釋文云、洸、舍人本作僙、然僙亦或體。鹽鐵論繇役篇引詩作武夫潢潢。玉篇作趪趪云、胡光切、引西京賦曰、猛虡趪趪、謂作力皃。又趪趪武皃。是趪趪與赳赳字俱从走、玉篇似近之。經典俱俗作洸。詩谷風傳洸洸、武也。江漢傳洸洸、武貌。按洸之言橫也、橫有武義。故樂記云、橫以立武。橫、古音與光同、其字亦通。黃从芡聲、芡古光字也。故从黃之字或變从光、說文兕觵俗作兕觥、釋言桄充、亦作橫充、皆其證矣。赳者、說文云、輕勁有才力也。詩兔罝傳赳赳、武貌。後漢書桓榮傳注引作糾糾武夫、段俗字也。

義疏

洸洸赳赳武也　洸、舍人本作僙、桓寬引詩作潢、李賢引詩赳作糾。

郭注、皆果毅之皃。詩、武夫洸洸。又、赳赳武夫。

集解

洸洸赳赳武也　詩江漢武夫洸洸、兔罝赳赳武夫。此專釋之也。洸、水涌光也。赳、輕勁有才力也。引申均有武義。鹽鐵論繇役引詩洸洸作潢潢、後漢書桓榮傳注引詩赳赳作糾糾、以潢糾爲洸赳借字耳。或者洸之正字爲獷、與韓詩泮水獷彼淮夷。說文獷云、犬獷獷不可附也。武、止戈也、引申爲健勇之偁。上經云、繼也。

義證

洸洸赳赳武也

註皆果毅之貌補正釋文云舍人本洸作僙赳赳說文云輕勁有才也。臣鍌按註中果釋文本作倮。

郭注補正

洸洸赳赳武也

皆倮毅之貌

釋文云倮音果本亦作果同案雪牕本明注疏本皆作果慧琳大唐三藏元奘法師本傳十卷音義引郭注爾雅赳謂壯健也與今本異。

郭注佚存補訂

洸洸赳赳武也

洸者邶風谷風有洸有潰毛傳云洸洸武也大雅江漢武夫洸洸傳云洸洸武貌。鹽鐵論引作武夫潢潢光黃古通字。書堯典光被四表後漢書作横被四表。樂記云横以立武王篇作趪云胡光切謂作力貌。横潢趪俱從黃得聲黄又與皇同聲故舍人本作偟皆以聲相假也。赳赳者說文云輕勁有才也。周南兎罝赳赳武夫傳云赳赳武貌後漢書桓榮傳注引作糾糾武夫亦同音假借字也。

說詩

洸洸節註皆果毅之貌果釋文作倮。

注疏正字

洸洸赳赳武也　洸釋文云舍人本作僙。案古光廣通用然說文人部無僙字。

匡名

番番音波蹻蹻勇也桓桓烈烈威也洸洸赳赳武也賈誼曰持節不恐謂之勇反勇爲怯。郭註壯勇之貌。大雅申伯番番傳番番勇武貌。說文蹻揉箭箝也。引伸之爲壯勇之貌。魯頌蹻蹻虎臣周頌作蹻蹻箋蹻蹻武貌。○賈誼曰誠動可畏謂之威反威爲圂。郭註嚴猛之貌。亘查者也。商頌長發傳桓大也此云桓威也大之義可以兼武也。此等桓字亦查之假借字桓之本義亭郵表也自經傳借桓爲查桓行而查廢矣。牧誓尚桓桓傳桓桓威武皃。商頌相土烈烈傳烈烈威也。○郭註武倮毅之貌。說文止戈爲武。大雅武夫洸洸傳洸洸武貌。或作潢潢。赳輕勁有才力也从走斗聲。周南赳赳武夫傳赳赳武貌。

啓蒙

洸洸赳赳武也

錦燧謹案此釋詩江漢篇武夫洸洸也。毛傳云洸洸武貌與雅訓合釋文云洸舍人本作僙說文人部無僙字蒙謂僙乃潢之譌字。鹽鐵論繇役引江漢詩作潢潢殆三家異文有作潢者。舍人本同三家作潢後又誤潢爲僙耳洸潢古通黃从芡聲芡乃古文光字洸从光聲潢从黃聲聲同故得通假。如書光被四表後漢書馮異傳引作横被四表左氏襄公二十年傳陳侯之弟黃出奔楚公穀兩傳俱作光詩之兕觥禮記注說文俱引作觵此皆可爲洸潢通用之證。說文水部云洸水涌光也。又云潢積水池也。俱與武義不相蒙。洸與潢之訓爲武亦假借之本無其字者也。赳趞、乃釋詩兔罝篇趞趞武夫也。毛傳云趞趞武貌。與雅訓同。說文走部云趞輕勁有才力也。亦與武義相當。後漢書桓榮傳注引詩作糾糾。說文糸部云糾繩三合也。是糾乃趞之同音假借字。

陸錦燧日記

洸洸、趞趞、武也。

謚法云：「剛強理直曰武、克定禍亂曰武。」

洸、釋文云：「舍人本作僙；」大雅江漢「武夫洸洸、」傳云：「洸洸、武貌；」鹽鐵論繇役篇、引詩作潢潢；玉篇云：「趪趪、作力貌；武貌；」郝云：「洸、古無正體、玉篇近之。按洸之言橫也、橫有武義、故樂記云：『橫以立武。』橫、古音與洸同、其字亦通黃、从炗聲、炗、古光字也、故从黃之字、或變从光；說文兕觵、俗作兕觥、釋言桄充、亦作橫充、皆其證矣。」案僙字、說文所無。邶風谷風云：「有洸有潰、」傳「洸洸、武也、」說文洸篆下引此詩語、段以毛之訓武、乃引伸義；是爾雅作洸、當爲正字也。

趞趞者、周南兔罝「趞趞武夫、」傳云：「武貌；」廣韻亦云：「趞趞、武也。」說文「趞、輕勁有才力也、」義亦同。後漢書桓榮傳注引詩作糾糾、郝謂「段俗字。」

爾雅學

皆果毅之貌 雪牕本注疏本同。釋文、惈、音果本亦作果。按惈毅字當從心見釋詁。

洸洸趞趞武也〇釋曰 注疏本刪。

校勘記

洸洸趞趞 釋文云、洸、舍人本作僙音同。案、此釋詩武夫洸洸也。鹽鐵論繇役篇引詩作潢潢。法言孝至篇武義璜璜。臧庸謂潢璜皆僙之譌、則舍人本是。

注疏校勘札記

洸、古文訛作黃、翻音光、舍人本作僙、班固十八侯銘作黋、音竝同、詩釋文又音汪。

音略

光　九

洸洸趞趞武也。

孫品直音

洸。光洸 趞上卓趞武也

直音校正

洸光洸趞九趞武也

楊氏音訓

趞居黝切

干氏音釋

藹藹濟濟止也

藹藹、濟濟、止也。皆賢士盛多之容止。

郭注

濟濟止也 釋曰、大雅卷阿云藹藹王多吉士。小雅楚茨云濟濟蹌蹌。此皆王朝賢士盛多之容止也。藹藹

邢疏

濟濟止也

濟濟、多士之容止也。詩正義十六之一

孫音注

黃輯古義

濟濟

多士之容止也。孫注 詩疏十六之一

鈎沉

濟濟止也

孫曰、濟濟、多士之容止也。詩正義十六之一

漢注

藹藹濟濟止也

孫炎云、濟濟、多士之容止也。詩正義十六之一卷 郭璞云、皆賢士盛多之容止。

一切注音

濟濟止也 孫炎云、濟濟、多士之容止也。詩卷阿正義

古注斠

藹藹烏害反。濟濟咨禮反。

陸音義

藹藹濟濟止也

所謂大夫濟濟、士蹌蹌如此。

新義

藹藹濟濟止也 謂容止。番音泲

鄭樵注

藹藹濟濟止也

孫炎曰、濟濟、多士之容止也。

郭璞曰、皆賢士盛多之容止。

鄭樵曰、謂容止

古注合存

藹藹濟濟、止也。濟上聲。○註曰、皆容止也。疏曰、詩卷阿云、藹藹王多吉士。楚茨云、濟濟蹌蹌。

注疏參義

藹藹濟濟止也 **註** 皆賢士盛多之容止 **正義** 大雅文王疏引釋訓云、濟濟容止也。蓋連引註文。卷阿疏引釋訓云、藹藹濟濟止也。與今本同。卷阿云、藹藹王多吉士、毛傳藹藹猶濟濟也。文王云濟濟多士、毛傳濟濟、多威儀也。曲禮云、大夫濟濟。少儀云、濟濟翔翔。祭義云、濟濟者容也、遠也。管子形勢解、濟濟者、誠莊事斷也。皆言容止也。**註** 皆賢至容止。**正義** 詩疏引孫炎云、濟濟、多士之容止也。郭註本孫炎。荀子大畧篇、朝廷之美、濟濟鎗鎗。楊倞註亦以濟濟爲多士貌。

正義

藹藹濟濟止也 皆賢士盛多之容止

止有二義。詩云、人而無止、毛傳以爲止息、鄭箋以爲容止、二義俱通。藹者、釋木云、蕡藹、郭注、樹實繁茂菴

藹。是藹本衆多之義、故詩卷阿傳、藹藹猶濟濟也。濟者、釋言云、成也。成有止義、故詩載馳傳云、濟、止也。是濟單文爲止息、重文則爲衆多、故詩文王傳云、濟濟多威儀也。正義引孫炎曰、濟濟、多士之容止也。是皆以多兼止爲義。

義疏

藹藹濟濟止也 孫注、濟濟、多士之容止也。郭注、皆賢士盛多之容止。詩、藹藹王多吉士。又濟濟多士。止謂歸止京師也、容止不必云止。

集解

藹藹濟濟止也 詩卷阿、藹藹王多吉士、文王濟濟多士、旱麓榛楛濟濟、此釋之也。藹、蕡也、从艸謁聲。正字爲渴。渴、盡也。引申爲止。濟、水名、从水齊聲。正字爲齊。齊、禾麥吐穗上平也。止也者、謂衆多止於此耳。禮記祭義、濟濟者容也、遠也。玉藻濟濟翔翔、詩楚茨濟濟蹌蹌。均借齊義而訓敬、非此旨也。止、下基也。象艸木出有阯。引申爲事物皆盡之畧。衆多即事物之皆盡也。

義證

藹藹濟濟止也、按下又云、藹藹萋萋臣盡力也。藹藹王多吉士、毛傳云、猶濟濟。是用此訓。說文解字云、臣盡力之美。是用下訓。毛許二氏之不同如此。

錢氏古義

藹藹濟濟止也

止者、鄘風相鼠人而無止、大雅抑淑慎爾止、鄭箋竝云、止、容止也。藹藹者、大雅卷阿藹藹王多吉士、毛傳云、藹藹、猶濟濟也。文王濟濟多士、傳云濟濟

多威儀也。小雅楚茨濟濟蹌蹌、彼釋文云濟濟、大夫之容也。大雅棫樸濟濟辟王、箋云文王臨祭祀其容濟濟然。齊風載驅四驪濟濟、傳云濟濟、美貌亦謂容也。孫炎云濟濟、多士之容也。

說詩

藹藹濟濟止也

郭注皆賢士威多之容止。柏年案以容止而單稱止文義未備。此自當爲停止之義。藹遏字通、一聲之轉。釋詁、遏、止也。周憬功勳銘阪隅壅藹、以藹爲遏、是其證。濟之訓止、郝引詩不能旋濟、外如莊子厲風濟皆是。濟、釋言、成也。成就與止義相近。

補釋

藹藹濟濟止也　詩正義十九之四引濟濟容止也。正義曰、葢連引注文。

匡名

藹藹音愛濟濟止也　郭註、賢士盛多之容止。孝經、容止可觀。大雅藹藹王多吉士、傳藹藹、猶濟濟也。　曲禮、大夫濟濟。祭義、濟濟者容也。

啓蒙

藹藹濟濟止也。皆賢士盛多之容止。　下又云、藹藹萋萋、臣盡力也。濟渡之濟正作㳅、从止在舟上、濟濟訓止、亦此字也。　詩文王、閔予小子、載芟疏引釋訓云、濟濟容止也、葢連引注文。卷阿疏引藹藹濟濟止也、與今本同。

黃侃音訓

藹藹濟濟止也　郭注皆賢士盛多之容止

案藹、濟之訓止、絕不見於他說、疑此經藹濟字當爲遏、霽之段借。說文、遏、微止也。上釋詁亦曰、遏、止也。霽、說文、雨止也。高誘注淮南本經霜雪不霽同之或問段借有徵否曰周憬功勳銘阪隅壅藹、遏可作藹之確據也。下釋天、濟謂之霽。霽可通濟之確據也。景純疏於小學、未諳段借之例、求訓止之故而不得、遂以容止强解之、支離甚矣。

董瑞椿日記

藹藹、濟濟、止也。

郭注云：「皆賢士盛多之容止。」是郭以止爲容止。郝云：「止有二義、詩云：『人而無止。』毛傳以爲止息；鄭箋以爲容止：二義俱通。」

藹者、玉篇云：「晻藹、樹繁茂貌。」是藹者、衆多之貌；故以藹藹形容多士。大雅卷阿「藹藹王多吉士」、傳云：「藹藹、猶濟濟也；」濟濟、多威儀之謂也、故以藹藹爲容止。

濟濟爲止者、大雅文王「濟濟多士」、傳云：「濟濟、多威儀也；」詩疏引孫炎曰：「濟濟、多士之容止也。」凡曲禮云：「大夫濟濟、」荀子大略篇云：「朝廷之美、濟濟鎗鎗；」皆言容止、故祭義云：「濟濟者容也。」濟字多用有止息義、釋天云：「雨濟謂之霽、」雨濟、雨止也；郝引詩載馳傳云：「濟、止也；」此皆止息之止。

爾雅學

藹藹濟濟止也○釋曰注疏本刪。

校勘記

藹藹濟濟止也。愛　去聲

孫偘直音

藹藹去聲濟濟上聲止也、

直音校正

藹藹濟上聲。濟止也

楊氏音訓

悠悠洋洋思也

悠悠洋洋思也。皆憂思。 **郭注**

悠悠洋洋思也　釋曰、鄭風于衿云、悠悠我思。邶風二子乘舟云、中心養養。此皆想念憂思也。羊養音義同。又中庸云、齊明盛服以承祭祀、洋洋乎如在其上、如在其左右。鄭玄云洋洋、人想思其傍僾之貌。

邢疏

悠悠洋洋思也

郭璞云、皆憂思。

一切注音

悠悠 音由。洋洋 音羊。

陸音義

悠悠洋洋思也

洋洋徧滿、悠悠則有所焉。

新義

悠悠洋洋思也 思而無所止貌。

鄭樵注

悠悠洋洋思也

郭璞曰、皆憂思。

鄭樵曰、思而無所止貌。

古注合存

悠悠洋洋思也。思去聲。○註曰皆憂思也。疏曰詩子衿云悠悠我思、二子乘舟云中心養養、皆想念憂思也。洋養音義同。又中庸云洋洋乎如在其上。鄭玄云洋洋人想念其傍倚之貌。

注疏參義

悠悠洋洋思也 **註** 皆憂思 **正義** 釋詁云、悠、思也。悠悠亦爲思。秦風渭陽云、悠悠我思。中庸云、洋洋乎如在其上、鄭註人想思其傍僾之貌。舊疏引邶風二子乘舟云、中心養養。洋養音義同。

正義

悠悠洋洋思也皆憂思

悠者、釋詁云、思也。重文亦然。故詩巧言箋、悠悠、思也。洋者、釋詁云、多也。重文傛爲多思貌也。故中庸注、洋洋、人想思其傍僾之貌。邢疏引詩、中心養養。養養猶洋洋矣。

義疏

悠悠洋洋養養羕羕**思也**郭注、皆𢝊思。

詩、悠悠我思。淇水、滺滺。又、河水洋洋。中、心養養。記、洋洋乎。

集解

悠悠洋洋思也

悠、憂也。从心攸聲。引申爲思。上經云、悠、思也。是也。詩巧言悠悠昊天、箋、思也。洋、水名、从水羊聲。正字爲羕。羕、𢝊也。引申爲思。謂𢝊思也。禮記中庸、洋洋乎、謂人孝思。詩二子乘舟、中心養養。言𢝊思也。以養爲之。思、容也。从心从囟、會意。

義證

悠悠洋洋思也

註 皆憂思 補正 鄭樵註云、思而無所止之貌。

郭注補正

悠悠洋洋思也

釋詁云、悠、思也。周南關雎悠哉悠哉、寤寐思服、毛傳云、悠、思也。悠哉悠哉、形容其思之長久也。鄘風載馳驅馬悠悠。鄭風子衿、悠悠我心。秦風渭陽、邶風終風雄雉、悠悠我思。泉水、我心悠悠。皆謂思也。小雅十月之交悠悠我里、傳云悠悠憂也。謂憂思也。

洋洋者、邢疏云、洋養音義同。邶風二子乘舟、中心養養、箋云、念我思此二子、心爲之憂養養然。

說詩

悠悠思也

郭注、皆憂思。柏年案、詩周南悠哉悠哉、傳云、思也。箋云、求之不得、故有憂思。思亦憂思也。又小雅悠悠我里、傳悠悠憂也。憂亦憂思也。至于鄘風之驅馬悠悠、王風之悠悠蒼天、傳雖云遠、要亦爲憂思也。

補釋

悠悠節音思賜二字當誤衍。

注疏正字

悠悠洋洋思也 郭註、憂思。說文、𢙫、頁心也。註悠悠思也。小雅悠悠我里、傳悠悠、憂也。悠之本義訓長、訓遠者假借也。中庸洋洋乎如在其上。通作養。邶風、中心養養。

啓蒙

悠悠思也。 悠正作𢙫。

黃侃音訓

洋洋思也

錦燧謹案、詩中洋洋連文者、如碩人篇河水洋洋、傳云盛大也。衡門篇泌之洋洋、傳云廣大也。閟宮篇萬舞洋洋、傳云衆多也。大明篇牧野洋洋、傳云廣也。俱不訓思。冡謂雅訓葢釋二子乘舟篇中心養養也。傳云養養然憂不知所定。憂與思義相冡。毛詩作養而爾雅作洋、疑三家詩有作洋洋者、雅訓葢釋三家詩之洋洋也。然養洋皆非本字。說文云、養、供養也。洋、水出齊臨朐高山。此養洋之本義。今訓爲思、葢又恙之假借字。恙養洋三字俱從羊聲、例得通假。心部云、恙、憂也。此當爲訓憂思之本字。養洋皆借字也。又案心部有怏字、說解云、不服懟也。从心央聲。其音義與恙俱近。羊聲央聲古同部。

陸錦燧日記

悠悠、洋洋、思也。

釋詁篇「思也、」有二節、此篇思字、陸氏不注音、是與彼篇第二節思字同音。

悠悠者、詩渭陽「悠悠我思、」毛無傳、段以謂與釋訓同解。

洋洋者、邢疏引邶風二子乘舟云：「中心養養、」洋養音義同、養養、猶洋洋也。邵引中庸「洋洋乎如在其上、」鄭注云：「人想思其傍僾之貌。」

爾雅學

悠悠洋洋思也○釋曰 注疏本刪。

人想思其傍僾之貌 禮記注同、注疏本僾改侍、非。

校勘記

悠悠洋洋思也 按釋文於上條條條秩秩智也注思、息嗣反、下文并注同。今本於此思字音賜、非是。廣韻賜、斯義切、在寘韻。思相吏切、在志韻。二字不同音。

注疏本正誤

由 養 賜

悠悠洋洋思也。

孫偘直音

由 養去聲

悠悠洋洋思也

直音校正

蹶蹶踖踖敏也

蹶蹶踖踖、敏也。皆便速敏捷。

郭注

蹶蹶踖踖敏也 釋曰、唐風蟋蟀云、良士蹶蹶。小雅楚茨云、執爨踖踖。此皆便速敏捷於事也。

邢疏

蹶蹶踖踖敏也

郭璞云、皆便速敏捷。

一切注音

蹶蹶居衞反。踖踖音夕、又音籍。皆便婢面反。捷才接反。

陸音義

蹶蹶踖踖敏也 謂敏捷於事。踖、七夕反。

鄭樵注

蹶蹶踖踖敏也

郭璞曰、皆便速敏捷也。鄭樵曰、謂敏捷於事。踖七夕反。

古注合存

踖、七夕反。坊本誤脫七反二字、音夕。

補注

蹶蹶踖踖敏也 **註** 皆便速敏捷也 **正義** 釋名云、敏閔也、進敘無否滯之言也、故汝潁言敏曰閔也。唐風蟋蟀云良士蹶蹶、毛傳蹶蹶、動而敏于事。小雅楚茨云、執爨踖踖。說文云、踖、長脛行也。

正義

蹶蹶蹜蹜敏也 皆便速敏捷

說文云、敏疾也。釋名云、敏閔也、進敘無否滯之言也、故汝、潁言敏如閔也。按、言敏如閔、今音則然、古讀敏如每也。蹶者、釋詁云、動也。動與敏義近、故詩蟋蟀傳云蹶蹶、動而敏於事。兼釋詁釋訓為說也。曲禮云足毋蹶、鄭注蹶、行遽貌。遽亦疾行之義也。蹜者、說文云、長脛行也。按、長脛蓋以況疾行之狀。詩楚茨傳、蹜蹜、言爨竈有容也。有容亦謂敏於趨事之說。

義疏

蹶蹶踖踖敏也 郭注、皆便速敏捷。詩、良士蹶蹶。又、執爨踖踖。

集解

蹶蹶踖踖敏也 詩蟋蟀、良士蹶蹶。楚茨、執爨踖踖。此專釋之也。蹶、跳也、从足厥聲。上經引申為動、此又引申為敏、謂動而敏於事也。踖、長脛行也、从足昔聲。凡人足之長者、行必敏。敏、疾也、从攴每聲。詩甫田所謂農夫克敏是。

義證

蹶蹶蹜蹜敏也

皆便速敏捷也

仿宋本雪牕本脫也字、今從明注疏本。

郭注佚存補訂

蹶蹶踖踖敏也

蹶蹶者、唐風蟋蟀良士蹶蹶、毛傳云蹶蹶、動而敏於事。 踖踖者、小雅楚茨執爨踖踖、傳云踖踖、言爨竈有容也。謂執爨敏捷之容也。說文云、踖、長脛行也。長脛行、則敏捷可知。

說詩

蹶蹶踖踖敏也

說文、蹶、一曰跳也。踖、長脛行也。柏年案跳則行速、長脛則闊步其行、亦較人為速。蹶之訓敏、除郝所引外、如禮記子夏蹶然而起、漢書陸賈傳、于是佗乃蹶然起坐、周書、太子晉蹶然起、皆是。詩執爨踖踖、直當訓敏、訓有容者、傳之誤也。蹶趣義同。玉篇、跳、起也。說文、蹠也。蹠亦跳起也。趞、說文、趬、趞也、一曰行貌。集韻與踖同。是蹶踖與趣趞字通。

補釋

蹶蹶音劂踖踖音夕敏也郭註、便速敏捷。唐風良士蹶蹶、傳蹶蹶、動而敏于事。說文蹜、長脛行也、一曰踧踖。小雅執爨踖踖、傳踖踖、言爨竈有容也。

啓蒙

蹶蹶、踖踖、敏也。

說文「敏、疾也、」故本節郭注云：「皆便速敏捷。」釋名云：「敏、閔也、進敍無否滯之言也、故汝潁言敏如閔。」郝云：「言敏如閔、今音則然、古讀敏如每也。」

蹶者、釋詁云：「動也；」曲禮「足毋蹶、」鄭注云：「蹶、行遽貌。」今云敏者、即行動之敏也。是以唐風蟋蟀「良士蹶蹶、」傳云：「蹶蹶、動而敏于事。」

踖踖者、小雅楚茨、「執爨踖踖、」傳云：「言爨竈有容也；」說文足部「踖、長脛行也；」廣韻一屋云：「踧踖、行而謹敬；」是踖踖有行動意、有敬事之意矣。敬於事、即敏也。

爾雅學

皆便速敏捷雪牕本同注疏本下衍也。

校勘記

蹶蹶踖踖敏也〇釋日注疏本刪。

蹶蹶踖踖敏也、注皆便速敏捷也、今本捷半誤作疌。

注疏本正誤

蹶蹶踖踖音夕敏也

音圖・音

蹶蹶踖踖敏也。

劂 夕藉

孫侶直音

敏也蹶蹶踖踖 劂 夕藉

直音校正

蹶貴蹶踖積踖敏也

楊氏音訓

踖刺

于氏音釋

薨薨增增衆也

薨薨增增衆也皆衆夥之貌。

郭注

薨薨增增衆也 釋曰周南螽斯云、螽斯羽薨薨兮、魯頌閟宮云、烝徒增增、此皆人物衆夥之貌、楚人謂多爲夥。

邢疏

薨薨增增衆也

薨薨舍人本作雄雄釋文

犍爲注

薨薨衆也。釋文、薨、顧本作雄。以下釋訓

顧音

雄雄、增增、衆也。釋文、薨薨、顧舍人本作雄雄。

黃輯古義

顧音

薨薨增增衆也釋文二十九卷薨薨、顧舍人本作雄雄。

玉函山房輯佚

郭璞云、皆衆夥之貌。

一切注音

薨薨衆也 顧舍人本作雄雄。釋文

惠心案、釋文序錄有犍爲文學注三卷、陸更注云、舍人漢武帝時待詔。前所稱舍人云舍人本者、皆指犍爲文學。玆別稱顧舍人者、序錄又云、謝嶠舍人顧野王並撰音。則顧當指顧野王舍人也、與謝嶠本二人。

古注斠

薨薨（虎弘反、顧舍人本作雄雄。）衆（諸仲反。）夥（戸果反、漢書云、楚人謂多爲夥。）陸音義

薨薨增衆也

生則衆矣、而死亦衆、故曰甡甡衆多也、薨薨衆多也。若乃度越死生之域、蓋寡矣。新義

薨薨增增衆也（薨薨、舍人本作雄雄。）郭璞曰皆衆夥之貌 古注合存

薨薨、揵爲文學作雄雄。補注

薨薨增增衆也 註 皆衆夥之貌 正義 周南螽斯云、螽斯羽、薨薨兮。毛傳、衆多也。魯頌閟宮云、烝徒增增。釋文云、顧舍人本薨薨作雄雄。註 皆衆夥之貌。正義 史記云、楚人謂多爲夥。

正義

薨薨增增衆也 皆衆夥之貌

薨者、詩螽斯傳、薨薨、衆多也。爾雅釋文引顧舍人本作雄雄、其義亦同。增者、詩閟宮傳、增增、衆也。聲轉爲溱。無羊傳云、溱溱、衆也。按、詩溱與洧、說文作潧與洧、卽增溱聲轉字通之證。義疏

薨薨增增衆也

郭注、皆衆夥之皃。詩、薨薨兮。又、烝徒增增。釋文薨作雄。集解

薨薨增增衆也 薨、公侯殌也、从死瞢省聲。正字爲懜。懜、不明也。凡事至於衆多則難明。懜薨通用字。詩螽斯薨薨兮、傳、衆多也。或者正字爲烝、實爲衆。與衆、烝、薨雙聲。增、益也、从土曾聲。引申爲衆。詩閟宮烝徒增增、傳、衆也。無羊室家溱溱、傳、衆也。以溱爲之。衆、多也。从乑从目、會意。義證

薨薨增增衆也

註 皆衆夥之貌 補正 釋文云、薨薨、顧舍人本作雄雄。郭注補正

薨薨增增衆也

薨薨者、周南螽斯羽薨薨兮、毛傳云、薨薨、衆多也。大雅緜度之薨薨、正義云、陾陾薨薨、皆是衆多之義。齊風雞鳴蟲飛薨薨、當亦訓爲衆也。增增者、魯頌閟宮烝徒增增、傳云、增增、衆也。說詩

薨薨增增衆也 釋文云、薨薨、顧舍人本作雄雄。匡名

薨薨增增衆也 郭註、衆夥之貌。周南螽斯羽薨薨兮、傳、薨薨、衆多也。魯頌烝徒增增、傳、增增、衆也。啓蒙

惴惴憢憢懼也 洸洸赳赳武也 薨薨增增衆也

釋文、憢憢本又作曉。（釋訓釋文。）說文、曉、懼也。（詩曰、惟予音之曉曉。口部曉。）舍人本洸洸作僙僙。（釋訓釋文。）詩釋文引作赳赳勇也。（周南兔罝釋文。）顧野王舍人本薨薨作雄雄。（釋訓釋文。）

洸洸、舍人本作僙僙。按、光與黃通、見春秋傳、故洸與僙、桄與橫、絖與纊、觥與觵偏旁亦相通。證異

釋訓、薨薨、衆也。釋文、薨薨、顧舍人本作雄雄。承珙案、玉篇、[illegible]、胡萠反、蟲飛也。廣雅、翃翃、飛也。翃翃卽薨薨、翃雄並從

左聲，故野王本又作雄雄。雄，古音羽陵反。左傳襄十年正義云，古人讀雄與陵爲韻。詩正月、無羊皆以雄韻陵是也。

胡氏古義

薨薨、增增，眾也

薨薨者，周南螽斯「螽斯羽，薨薨兮。」傳云：「眾多也。」爾雅本節釋文云：「顧舍人本作雄雄。」增增者，魯頌閟宮「烝徒增增。」傳云：「眾也。」郝云：「聲轉爲溱，無羊傳云：『溱溱，眾也。』按詩『溱與洧』，說文作潧與洧，即增溱聲轉字通之證。」

爾雅學

校勘記

薨薨增增眾也○釋曰注疏本刪。

旬

薨薨增增眾也。

孫品直音

烝烝遂遂作也 皆物盛興作之貌。

郭注

烝烝遂遂作也　釋曰：皆物盛興作之貌也。魯頌泮水云：烝烝皇皇。

邢疏

烝烝遂遂作也 郭璞云：皆物盛興作之貌。

一切注音

蒸蒸諸仍反，本今作烝烝。作也子洛反。

陸音義

蒸蒸○邢本作烝烝。

音義攷證

烝烝遂遂作也 挑之使烝，達之使遂，鳶飛魚躍是也。卓彼雲漢，爲章于天，至矣。

新義

烝烝遂遂作也 郭云：皆物盛興作之貌。

鄭樵注

烝烝遂遂作也 郭璞曰：皆物盛興作之貌。鄭樵曰：郭云，皆物盛興作之貌。

古注合存

蹶蹶踖踖敏也。薨薨增增眾也。烝烝遂遂作也。蹶音貴，踖音積。○註曰：蹶蹶踖踖，皆便捷之貌。薨薨增增，皆眾夥之貌。烝烝遂遂，皆興作之貌。疏曰：詩蟋蟀云：良士蹶蹶。楚茨云：執爨踖踖。螽斯云：螽斯羽，薨薨兮。閟宮云：烝徒增增。泮水云：烝烝皇皇。愚按：遂遂舊未詳，記云：陶陶遂遂。

注疏參義

烝烝遂遂作也 **註** 皆物盛興作之貌 **正義** 魯頌泮水云：烝烝皇皇。鄭箋：烝，猶進進也。祭義云：陶陶遂遂。鄭註：相隨行之貌。賈誼書容經云：祭祀之容，遂遂然。皆言起而行也。

正義

烝烝遂遂作也 皆物盛興作之貌

作者，釋詁云：動作也。作，猶起也，興也。烝者，釋詁云：進也，眾也。詩泮水傳：烝烝，厚也。箋云：烝烝，猶進進也。進包作義，厚兼眾義，言眾人皆作也。遂者，往也，進也，故亦爲作。祭義注：陶陶遂遂，相隨行之貌。行亦作矣。

義疏

烝烝遂遂肆肆 肆肆佁也 郭注：皆物盛興佁之皃。詩：烝烝皇皇。記：陶陶遂遂。書：肆肆不違。

集解

烝烝遂遂作也 詩泮水：烝烝皇皇。禮記祭義：陶陶遂遂，此釋之也。烝，火气上行也，从火丞聲。引申爲作。或者正字爲發與。遂、亾也、从辵㒸聲。亾有進往通達之誼。故又引申爲作。經典或借用肆、書所謂肆肆不違是也。作、起也、从人乍聲。

義證

烝烝遂遂作也 烝、釋文作蒸。

注疏正字

蒸蒸遂遂作也 釋文云、蒸蒸本今作烝烝。石經作烝。

匡名

烝烝遂遂作也 郭註、物盛興作之貌。 魯頌烝烝皇皇、箋烝烝猶進進也。 說文、遂亡也。引伸之爲達也、進也、成也、安也、止也、往也。祭義陶陶遂遂。賈誼云、遂遂言起而行也。

啓蒙

遂遂作也。皆物盛興作之貌。 下云穟穟苗也、注言茂好也。詩傳苗、好美也。並與物盛興作之義合。然則遂遂與穟穟聲義同。

黃侃音訓

遂遂作也

錦燧謹案、詩中無遂遂二字連文者。詩生民篇禾役穟穟、毛傳云穟穟、苗好美也。與郭注遂遂謂物盛興作之貌義亦相成。疑三家詩有作禾役遂遂者。釋詁穟穟苗也、乃釋毛詩之穟穟。此經遂遂作也、又釋三家詩之遂遂也。遂爲穟之假借。易震震遂泥、釋文云荀本作隊。書費誓魯人三效三遂、史記魯周公世家引作隧。禮記祭義陶陶遂遂、釋文云遂本作燧。俱可爲遂穟通用之證。說文辵部云、遂亡也。又禾部云、穟禾采之皃也。是穟爲正字、遂乃省文假借字。

陸錦燧日記

烝烝、遂遂、作也。

烝烝者、釋詁「烝、進也；」魯頌泮水「烝烝皇皇、」箋云：「烝烝、猶進進也；」是烝烝爲興作之義。

遂遂、邵引祭義云：「陶陶遂遂、」鄭注「相隨行之貌；」賈誼書容經云「祭祀之容遂遂然；」是遂遂者、行動之貌也。

爾雅學

烝烝遂遂作也〇釋曰 注疏本刪。

烝烝唐石經單疏本雪牕本同。釋文作蒸蒸。挍者云、本今作烝烝。

校勘記

委委佗佗美也

委委佗佗美也。皆佳麗美豔之貌。

郭注

委委佗佗美也 釋曰李巡曰、皆寬容之美也。孫炎曰委委行之美、佗佗長之美。詩鄘風君子偕老云委委佗佗、毛傳云委委者、行可委曲從迹也。佗佗者、德平易也。是皆佳麗美豔之貌也。

邢疏

委委佗佗美也

委、諸儒本並作禕。舍人云、禕禕者、心之美。

引詩釋云、禕禕它它、如山如河。釋文

犍爲注

委委佗佗美也

皆容之美也。詩正義三之一 邢疏 詩正義作寬容今從邢疏

李注

委委佗佗美也

委委行之美、佗佗長之美。詩正義三之一 邢疏

孫音注

委委佗佗美也 以下釋訓

佗、羊兒反。釋文

謝音

委委佗佗美也

詩云、禕禕它它、如山如河。釋文

顧音

委委佗佗美也 釋文、委、先儒本並作禕、於宜反。以下釋訓

衆家注

黃輯古義

禕禕它它美也 釋文、委、諸儒本並作禕、於宜反。佗、本或作它字、徒河反。

禕禕者、心之美。詩云、禕禕它它。釋文引舍人。又云、引詩云亦作禕。下

佗佗、釋文、顧野王引詩作禕禕它它。顧述舍人語也、據補。

犍爲注

委委佗佗美也

皆容之美也。邢疏 詩鄘風君子偕老正義作寬容

李注

委委佗佗美也

委委行之美、佗佗長之美。邢疏 詩鄘風君子偕老正義

孫音注

禕禕它它美也 詩云禕禕它它如山如河 釋文、委委 舍人云禕禕者、心之美、引詩云亦作禕佗。佗本或作它字、音徒河反、顧、舍人引詩云云。

顧音

玉函山房輯佚

委委 禕 佗佗美也

寬容之美也。李注 詩疏三之一

禕禕者、心之美。舍人

注 釋文二十九

委委行之美、佗佗長之美。孫注 詩疏三之一

詩云、禕禕它它、如山如河。顧野王 釋文二十九

鉤沈

委委佗佗美也 釋文、委、先儒本並作禕、於宜反。

舍人曰、禕禕者、心之美。詩云、禕禕它它。釋文。按、說文引尒疋云、禰禰禮禮。禕卽禰之省。尒疋出于漢世、今文之學也。三家詩必作禕字、孫、郭等據毛詩改之。又隸釋八載衞尉衡方碑云、禕隋在公。此卽用羔羊退食自公委蛇委蛇之文、而委字作禕、與君子偕老篇正合。余昨以尒疋所載皆魯詩、于此尤信。韓詩羔羊作逶迤、有釋文可證。洪适以禕隋爲韓詩、予向辨其非然、雖知出三家、而不能定其爲魯也。今以尒疋君子偕老篇證之信、爲魯詩矣。釋故陽余也、出魯詩陽如之何、此尒疋是魯詩之明證。

李曰、皆容之美也。詩正義三之一、邢疏。詩正義作寬容、今從邢疏所引。

孫曰、委委行之美、佗佗長之美。詩正義三之一 邢疏

漢注

委委佗佗美也 釋文二十九卷、委、諸儒本並作禕。

舍人云、禕禕者、心之美。詩曰、禕禕佗佗。釋文二十九卷 案、禕當作禕。

李巡云、皆容之美也。 孫炎云、委委行之美、佗佗長之美。並詩正義三之一卷

郭璞云、皆佳麗美豔之貌。

顧、舍人云、詩曰、禕禕它它、如山如河。釋文二十九卷

一切注音

委委 舍人云、禕禕者、心之美、引詩云亦作禕。釋文

蕙心案、今詩君子偕老作委委佗佗、韓詩作禕禕、聲相借耳。釋詁亦云、禕、美也。

佗佗 美也 李巡曰、委委佗佗、寬容之美也。詩偕老正義

爾雅詁林　三　釋訓

、慧心案、邢疏引李注寬字作皆。

孫炎曰、委委行之美、佗佗長之美。同上顧舍人云、禕禕它它、如山如河。釋文

古注斠

委委 於危反。詩云、委委佗佗如山如河是也。諸儒本並作禕、於宜反。舍人云、禕禕者心之美。引詩云亦作禕。佗佗 本或作它字、音徒河反。顧舍人引詩釋云、禕禕它它、如山如河。謝羊兒反。

陸音義

委委佗佗美也

有平易、亦有委曲、可謂美矣。

新義

委委佗佗美也 謂美麗。

鄭樵注

委委佗佗美也 委、諸儒本亦作禕。佗本亦作它。

舍人曰、禕禕者心之美。詩云禕禕它它、如山如河。

李巡曰、皆容之美也。

孫炎曰、委委行之美、佗佗長之美。

郭璞曰、皆佳麗美豔之貌。

鄭樵曰、謂美麗。

古注合存

委委佗佗、美也。註曰、皆佳麗之貌也。疏曰、詩君子偕老云委委佗佗。李巡云、皆容之美也。孫炎云、委委行之美、佗佗長之美也。愚按委佗、詩傳謂寬廣自得之貌者得之。李孫說亦皆可通。舊謂佗佗德平易也、則於本詩子之不淑句、不可通矣

注疏參義

委委佗佗、犍爲文學作禕禕它它、注云、心之美也。按、此郎禕訓美之証。吳棻里云、按釋文禕禕它它是引顧舍人語、蓋顧野王也。此以爲犍爲文學、未知何據。

補注

委委佗佗美也 註 皆佳麗美豔之貌 正義 釋文云、委、諸儒本並作禕、舍人引詩釋云、禕禕它它如山如河。禕禕者心之美。舍人所引鄘風君子偕老文、今本作委委佗佗。案、委蛇、韓詩作禕隋、見衞尉衡方碑。舍人以委作禕、本於韓詩。註 皆佳至之貌 ○ 正義 詩疏引李巡云、皆容之美也。孫炎云、委委行之美、佗佗長之美。郭註與李、孫義同。毛傳云、委委者、行可委曲縱迹也。佗佗者德平易也。詩釋文引韓詩云、德之美貌。與郭註義相成也。

正義

委委佗佗美也 皆佳麗美豔之貌

委者、釋文云、諸儒本並作禕、於宜反。舍人云、禕禕者心之美。今按、禕从衣、非。舍人蓋本釋詁禕美而爲說也。釋文又云、佗本或作它字、音徒河反。顧舍人引詩釋云、禕禕它它、如山如河。謝、羊兒反。詩正義引李巡曰、委委佗佗、寬容之美也。邢疏引寬作皆孫炎曰、委委行之美、佗佗長之美。釋文引韓詩云、德之美貌。按、毛傳云、委委者、行可委曲縱迹也。佗佗者、德平易也。是韓毛並言德美、其義同。諸家則言貌美、與韓、毛異。隸釋八載衞尉衡方碑云、禕隋在公。禕隋郎委佗之聲借。爾雅謝嶠、佗羊兒反。則讀如移。詩委蛇委蛇、釋文引韓詩作逶迆。毛傳、委蛇、行可從迹也。與君子偕老傳行可委曲縱迹義同。說文、逶、逶迆、衺去之皃。是韓詩之逶迆郎委蛇、羔羊之委蛇、又郎委佗。佗亦它之聲借、衡方碑之禕隋、亦聲借也。蛇郎它之或體、它有曲長之義、故毛傳以委爲曲、孫炎以佗爲長、古讀佗、迆、蛇俱同聲、故同訓。

義疏

委委佗佗美也 委、諸本並作禕。舍人注、禕禕者、心之美。李注、委委佗佗、寬容之美也。孫注、委委行之美、佗佗長之美。郭注、皆佳麗美豔之皃。

委蛇亦作禕隋蟡蛇逶迆。詩委委佗佗。

集解

委佗佗美也 此釋詩君子偕老委委佗佗語也。委委、委隨也、或曰積也。佗佗、負何也。均無美義。此委佗正字實爲威儀耳。羔

委

褎作委蛇、韓詩作禕隋、舍人作禕它、均借字也。

義證

委委佗佗美也 佗徒河反

註皆佳麗美豔之貌 補正 邢疏、李巡曰、皆詩疏引此句皆作寬容之美也。孫炎曰、委委行之美、佗佗長之美。釋文舍人云、禕禕者、心之美。引詩亦作禕。佗本或作它、舍人引詩釋云、禕禕它它、如山如河。

郭注補正

委委佗佗美也本出詩諸卷然沈重讀詩羔羊委佗委佗亦同此。又舍人本委作禕、佗作它。禕卽王后上服禕衣之禕、禕衣畫翬雉文所以章美飾、是禕有美意。它佗之古字。

錢氏古義

委委佗佗美也　注皆佳麗美豔之貌

正曰、詩鄘君子偕老委委佗佗、毛傳委委者、行可委曲蹤迹也。佗佗者、悳平易也。釋文、韓詩云、悳之美貌。正義、釋訓委委佗佗美也。李巡曰、寬容之美也。孫炎曰、委委行之美、佗佗長之美。郭璞曰、皆佳麗美豔之貌。傳意㠯爲內實有悳、其言行可委曲。悳平易、李巡與孫炎略同、㠯內有其悳外形於貌、故傳互言之也。如正義言李巡與孫炎略同、亦知郭注所釋與毛不同、竝與韓不同也。佳麗美豔語涉輕窕、豈詩人所傳悳容之美邪。

正郭

委委佗佗美也

皆佳麗美豔之貌也亦平易自得也

元應大智度論九十三卷音義引爾雅、委委佗佗美也。郭璞曰、佳麗美豔之貌也、亦平易自得也。樹枏案、郭既以爲貌美、而又以爲德美、蓋兼取韓、毛之說、今據補。慧苑華嚴經音義卷上引郭璞注爾雅曰、禕、謂佳麗輕美之貌。

郭注佚存補訂

委委佗佗美也

此釋鄘風君子偕老委委佗佗、毛傳云、委委者、行可委曲蹤迹也。佗佗者、德平易也。傳謂其德美、如山無不容、河無不潤。彼釋文引韓詩云、德之美貌。皆就德美而言。郭注謂皆佳麗美豔之貌、孫炎謂委委行之美、佗佗長之美、李巡曰容之美也、皆就貌美而言。案、下句如山如河、正形容其貌美之象。疏云、鄭以論宣姜之身、則或與孫、郭同、爲宣姜自佳麗美豔、行步有儀、長大而美、其舉動之貌如山如河耳、無取於容潤也。釋文云、委、諸儒本竝作禕、舍人引詩釋云、禕禕宅宅、如山如河。禕禕者、心之美。案、此當是三家如此作。召南羔羊委蛇委蛇、傳云委蛇、行可從迹也。與此注同。韓詩作禕隋。衛尉卿衡方碑、禕隋在公。禕隋卽委蛇。釋文云、佗、謝羊皃

爾雅詁林 三 釋訓

反。是亦讀如蛇矣。襄七年左氏傳引詩曰、委蛇委蛇。亦作委委蛇蛇。詩釋文云、蛇、或作虵、同、音移、沈讀作委委虵虵。與委委佗佗正同。虵蛇一字、佗蛇俱從它、同音字也。

説詩

委委佗佗美也　釋文云、委委、諸儒本竝作禕。舍人云、禕禕者、心之美。佗佗本、或作它。顧舍人引詩釋云、禕禕它它、如山如河。元照案、委禕古今字。毛詩古文作委、三家詩今文作禕。禕它卽委蛇也。蛇之本字爲㐌、隸變爲它。後人因聲轉而易它爲佗。又案華嚴經音義、淨行品。云、猗字又作禕。郭璞注爾雅、禕謂佳麗輕美今作美豔。之貌。則郭本亦有作禕者。

匡名

委委佗佗美也　説文、委、委隨也。佗、負何也。註、委委佗佗卽羔羊之委蛇委蛇。傳、委委者、行可委曲从迹也。佗佗者、德平易也。羔羊傳、委蛇者、行可从迹也。郭註、皆麗美豔之皃。釋文引詩作禕禕佗佗。

啓蒙

委委、佗佗、美也。　説文有覣姽二字、覣、好視也、姽、司人也、姽卽戚施之施、面柔者也。　釋文云、委諸儒本竝作禕、惟詩疏引李孫本皆作委、與釋文不同。

黃侃音訓

委委、佗佗、美也。

委委佗佗者、皆形容德之美也。郭注云：「皆佳麗美豔之貌；」釋文云：「委、諸儒本並作禕、於宜反、舍人云：『禕禕、心之美；』」鄘風君子偕老疏引李巡云：「委委佗佗、寬（用郝說）容之美也；」孫炎云：「委委、行之美、佗佗、長之美；」此皆爾雅舊說。郭李孫主貌言；舍人主德言；舍人說是也。鄘風「委委佗佗、如山如河、」傳云：「委委者、行可委曲蹤迹也、（蹤、各本作縱、均誤。）佗佗者、德平易也；」釋文引韓詩云：「德之美貌；」毛韓皆言德美、是也。又案召南羔羊云：「退食自公、委蛇委蛇、」詩之委蛇、即爾雅之委委佗佗也。羔羊傳云：「委蛇、行可從（從、即縱字、史記聶政傳『重自刑以絕從、』漢書張湯傳『從迹安起、』皆其證也。）迹也；」箋云：「委蛇、委曲自得之貌；」行、釋文「下孟反、」是毛鄭亦皆以德言之也。佗佗、猶委委也、析言則殊、渾言則同、故鄘風傳分釋其義、羔羊傳則合言之矣。

委佗字體、各本不一。釋文謂諸本委作禕；據匡名所引華嚴經音義、則郭本亦有作禕者。釋文又云：「佗、本或作它、」它、即羔羊委蛇之蛇之正體；蛇、爲它之或體也。羔羊釋文引韓詩、委蛇作逶迆；郝引隸釋八所載衛尉衡方碑「禕隋在公、」則佗又作隋矣。郝以禕佗、禕隋、逶迆、皆聲借、禕字並當爲釋詁「禕、美也」之禕；嚴以「委禕古今字、毛詩古文作委、三家詩今文作禕、」故以委它爲本字。毛鄭均解委爲曲；郝謂「它有曲長之義、故毛傳以委爲曲、孫炎以佗爲長；」此皆因字以立訓、故知其本文爲委它二字也。

爾雅學

校勘記

委委佗佗音陀美也　音圖・音

委委佗佗美也〇釋曰　注疏本刪。

皆寬容之美也　元本閩本及詩正義無皆、監本毛本脫寬。

委委者行可委曲從迹也　元本同、閩本監本毛本從改蹤。按、毛詩羔羊傳云、委蛇行可從迹也。釋文從迹、足容反、字亦作蹤。知正作從字。

佗佗　單疏本雪牕本注疏本同、唐石經先作他他、後改佗佗。按詩君子偕老委委佗佗、葉鈔釋文作他他、與呂氏讀詩記引釋文合、通志堂本作佗佗、非。

委委佗佗美也。陀

孫品直音

委委佗陀佗。美也

楊氏音訓

委於爲切 佗唐何切

干氏音釋

忯忯、惕惕、愛也。

忯忯惕惕愛也。詩云、心焉惕惕。韓詩以爲悅人、故言愛也。忯忯未詳。

郭注

忯忯惕惕愛也 釋曰、李巡曰忯忯、和適之愛也。注詩云心焉惕惕者、陳風防有鵲巢文。云韓詩以爲悅人故言愛也者、燕人韓嬰爲詩作傳、名曰韓詩、以此惕惕爲悅人、故言愛也。

邢疏

忯忯惕惕愛也

忯、渠支反。釋文

犍爲注

忯忯愛也

忯、余之反、忯忯、和適之愛也。釋文引下七字 邢疏

李注

忯忯惕惕愛也

忯、徒啟反、與愷悌音同。釋文

郭音義

忯忯愛也

忯、渠支反。釋文

顧音

黃輯古義

忯忯惕惕愛也

忯、余之反、釋文 忯忯、和適之愛也。釋文 邢疏

李注

忯忯惕惕愛也。忯、渠支反。釋文

顧音

忯忯愛也釋文、忯忯、李余之反。

李曰、忯忯、和適之愛也。釋文 邢疏

漢注

忯忯惕惕愛也

李巡云、忯忯、和適之愛也。釋文二十九卷 郭璞云、詩云、心焉惕惕。韓詩以爲悅人、故言愛也。忯忯未詳。

一切注音

忯忯愛也 郭、徒啟反。與愷悌音同。李、余之反。忯忯、和適之愛也。釋文

古注斠

忯忯 郭、徒啟反。與愷悌音同。顧、舍人渠支反。李余之反。忯忯、和適之愛也。惕惕 陀狄反。

陸音義

忯忯惕惕愛也

赤子匍匐將入井、人皆有怵惕之心焉。

新義

忯忯惕惕愛也 忯、徒啟反。惕、防有鵲巢云、心焉惕惕。韓詩以爲悅人、故言愛也。

鄭樵注

忯忯惕惕愛也 忯、舍人渠支反。李、余之反。郭、徒啟反。

李巡曰、忯忯、和適之愛也。

郭璞曰、詩云、心焉惕惕。韓詩以爲悅人、故言愛也。忯忯未詳。

鄭樵曰、忯、徒啟反。惕、防有鵲巢云、心焉惕惕。韓詩以爲悅人、故言愛也。

古注合存

忯忯惕惕、愛也。忯音其。○註曰、詩防有鵲巢云、心焉惕惕。韓詩外傳云、惕惕、悅其人也。忯忯未詳。疏曰、李巡云、忯忯和適之愛也。愚按、忯忯、字書云悶也。蓋忯忯惕惕、皆愛而未得憂悶之意。

注疏參義

忯忯惕惕愛也〔註〕詩云、心焉惕惕、韓詩以爲悅人、故言愛也。忯忯未詳〔正義〕說文云、忯、愛也。釋文引李巡云、忯忯、和適之愛也。忯本或作姼。漢書敘傳註、孟康曰、姼姼惕惕、愛也。〔註〕詩云至悅人○〔正義〕陳風防有鵲巢文。毛傳、惕惕猶忉忉也。韓詩亡於宋、初、今於他書無考。

正義

忯忯惕惕愛也郭註忯忯亦作怟怟　玉案、漢書敘傳姼姼公子迺女烏孫、孟康曰、姼、音匙。姼姼惕惕愛也、蓋本雅訓。類篇云、或作㚼㚼。又本作怟怟。从氐與从氏者不同。怟音帝、玉篇曰、悶也。忯音飴、集韻曰、和適也。李巡註亦曰、忯忯、和適之愛也。當作忯。

校議

忯忯惕惕㤅也　詩云、心焉惕惕、韓詩以爲悅人、故言㤅也。忯忯未詳　忯者、說文云、㤅也、从氏聲。釋文云、郭徒啟反、與愷悌音同。是郭俗音、兼俗義也。又云、顧舍人渠支反、則與說文同。又云、李余之反、忯忯、和適之㤅也、則與怡怡音義同。漢書敘傳云、姼姼公主、孟康注、姼、音題。姼姼惕惕、㤅也。按說文、姼或从氏作㚼、與爾雅忯字之音近、故孟康俗引音題、則與郭同。顏師古不知而非之、謬矣。惕者、說文訓敬、經典無訓㤅者。詩防有鵲巢傳、以爲惕惕猶忉忉、亦不訓㤅。郭引韓詩以爲悅人、蓋俗惕惕爲懌懌也。惕从易聲、與懌音近、懌悅見釋詁。

義疏

忯忯振瘮惕惕愛也　李注、忯忯、和適之愛也。郭注、詩云、心焉惕惕。韓詩以爲悅人、故言愛也。忯忯未詳。　氏辰通用。詩振振君子、又振振兮。皆愛也。孟康引姼姼惕惕、愛也。詩徒御嘽嘽、嘽瘮同用、單氏互通、即忯忯也。又我心易也。俾我祇也。字與忯惕同、而非疊字。易夷尼同。或者尼泥之異文。又詩將其來施施、說文伲又。

集解

忯忯惕惕愛也　忯、心之愛也、从心氏聲。經典通作振。詩麟之趾、振振公子。殷其靁、振振君子。螽斯、振振兮。均謂仁厚。漢書敘傳作姼姼、注云、姼姼惕惕、愛也。或者忯忯即怡怡、論語所謂怡怡如也是。惕、敬也、从心易聲。引申爲愛。詩防有鵲巢、心焉惕惕、傳猶忉忉。則憂而非愛也。經典益通用施。詩丘中有麻、將其來施施。孟子施施從外來、注猶扁扁、喜悅之皃。愛亦喜悅也。愛、行皃。經典或以爲悉之借字。廣雅釋詁、愛、仁也。

義證

忯忯愛也　考證曰、忯从氏、與从氐者不同。怟音諦、玉篇、悶也。忯、集韻音飴、和適也。按今本多作怟怟、以陸氏釋文考之、郭氏讀此爲徒啟反、與愷悌同。李巡讀余之反、訓和悅之愛也。郭既讀愷悌、于愛義協矣、仍云未詳、不以當時所據本其字已作怟故耶。集韻之讀本于李巡、義蓋與怡字通。論語兄弟怡怡、似可借引爲證。然以下惕惕合觀、此云愛者、乃謂愛之而未得也、惕惕爲惟恐不得之辭、則忯忯者亦當未得而思念。義若關雎之二章、靜女之首章矣。是忯實當从氏訓悶。

補郭

忯忯惕惕愛也忯徒啓反。〔註〕詩云、心焉惕惕、韓詩以爲悅人、故言愛也。忯忯未詳。〔補正〕邢疏、李巡曰、忯忯、和適之愛也。臣鑾按、忯當作怟、余之反。郭註作徒啓反、釋文謂顧舍人渠支反、李余之反。是當作怟。玉篇云、怟、敬也、愛也。

郭注補正

怟怟惕惕愛也

詩云心焉惕惕韓詩以爲悅人故言愛也怟怟未詳

凡郭注引詩皆作曰、不作云、其作云者、傳寫誤也。

郭注佚存補訂

怟怟惕惕愛也

說文云、怟愛也。本爾雅。邢疏引李巡曰、怟怟、和適之愛也。漢書敘傳孟康注引作姼姼惕惕愛也。多與氏古同音通用、襄二十九年左氏傳、祇見疏也、正義祇作多、漢書敘傳注云、姼姼好好、與愛義近。故說文姼或從氏作⿰女氐。釋言云、恀、恃也。舊注云、恀、恃事自恀也。蓼莪、無母何恃。恃與愛義近、恀與怟一也。王氏引之云、氏與是通、此怟當爲提之假借。小雅小弁歸飛提提、毛傳云提提、羣飛貌。小弁爲不得於親之詩、以鸒斯羣飛提提然相親愛、以喻已之失愛於親、故下接之云民莫不穀、我獨于罹。箋云、樂乎彼雅烏、出食在野甚飽、羣飛而歸提提然、與者、喻凡人之父子兄弟出入宮庭相與飲食亦提提然樂、傷今太子獨不。是其義也。

惕惕者、陳風防有鵲巢、心焉惕惕、傳云惕惕猶忉忉也。郭注引韓詩以此惕惕爲悅人、故言愛也。

說詩

怟怟節音怟徒啟切下脫與愷悌音同五字、從釋文挍。

注疏正字

怟怟惕惕㤅也　怟、說文同。　怟、俗本作怟今據釋文石經刊正。案、說文無怟字。玉篇有之、訓悶、都替切。其字既不經見、其義亦與此無涉、乃姜氏兆錫參義、翟氏灝補郭二書反據玉篇以从氏者爲非、不知玉篇別有怟字訓㤅訓敬。　錢少詹曰、漢書敘傳姼姼公主迺女烏孫、孟康曰姼姼惕惕㤅也。是孟所見爾雅作姼姼。說文怟㤅也、又姼美女也、或作⿰女氐、則姼乃假借字。　㤅當作㤅、見釋詁。

匡名

怟怟惕惕愛也　說文、怟、愛也。李巡云、怟怟、和適之愛也。惕、敬也。郭註引詩、心焉惕惕。韓詩以爲悅人、故言愛也。

啓蒙

怟怟惕惕、愛也。　愛安義近、說文憮、愛也、撫安也、而釋言云憮撫也、可證二字義近。又怟惕亦雙聲。　漢書敘傳云、姼姼公主、迺女烏孫、孟康注姼音題、姼姼、惕惕、愛也、師古曰、姼姼、好皃也、詩葛屨篇曰、好人提提、音義同耳、案如孟顏說、則此怟怟訓愛與下媞媞訓安者義相近、顏意提提亦訓愛也。又李巡云和適之愛、和適與安詳義又近矣。　姼與媞通、尚有一例、說文媞、一曰江淮之間謂母曰媞、而方言六南楚瀑洭之間謂婦妣曰母姼、明二字通借

黃侃音訓

釋訓忯忯、集韻音鍉和悅也、又同恀怙恃也音是。

讀雅筆記

烝烝遂遂作也　委委佗佗美也　忯忯惕惕愛也

釋文作蒸蒸。云本今作烝烝。釋訓釋文。顧野王舍人引詩釋云禕禕它它。釋訓釋文李巡云忯忯和適之愛也。釋訓釋文漢書注作㛮㛮惕惕愛也。叙傳孟康注。

證異

委委、佗佗、美也。釋文、委委、諸儒本並作禕、於宜反。舍人曰、禕禕者、心之美、引詩亦作禕。今鄘風君子偕老詩作委委。按、委佗、韓詩作禕隋、見漢衛尉衡方碑。舍人以委作禕、本韓詩也。

惕惕。愛也疏引陳風、心焉惕惕。惕惕、云韓詩以此惕惕爲悅人、故言愛也。

考異摘要

惕惕愛也釋訓

注曰詩云心焉惕惕韓詩以爲悅人故曰愛也

樾謹按、說文惕訓敬、經典亦無訓愛者、郭引韓詩說、今不可詳。以聲義求之、惕惕卽施施也、惕與施古音相近。尚書盤庚篇不惕予一人、白虎通號篇引作不施予一人、是其證也。孟子離婁篇施施從外來、趙注曰施施猶扁扁喜悅之皃、然則韓詩以惕惕爲悅人、猶趙注以施施爲喜悅皃、聲近而義通矣。

平議

惕惕愛也

錦燧謹案、此釋詩防有鵲巢篇心焉惕惕也。毛傳云、惕惕、猶忉忉也。上文忉忉句無傳、甫田勞心忉忉句下傳云、忉忉、憂勞也。据此以推、是毛公訓惕惕爲憂勞矣。故其序云、憂讒賊也。宣公多信讒、君子憂懼焉。此不訓憂而訓愛者、乃韓詩說也。郭氏注云、韓詩以爲悅人故言愛也。据此、知毛與韓其義迥殊、而以他書證之、則毛義爲長。衆經音義云、惕惕、疾也、懼也。引詩曰、心焉惕惕。易乾夕惕若厲、鄭注惕、懼也。小畜血去惕出、虞注惕、憂也。韓氏而外、無有訓惕爲愛者、是韓說不足信矣。集傳又因韓詩有說人語、遂據此疑爲男女之詞。夫孟子云、爲我作君臣相說之樂。又云、說賢不能舉。則說人豈必專屬男女耶。是不獨與毛義乖戾、卽與韓義亦未合也。

陸錦燧日記

忯忯、惕惕、愛也。

忯忯者、釋文云：「李余之反、忯忯、和適之愛也；」說文「忯、烝也、从氏聲；」玉篇同；是忯忯亦爲愛也。錢大昕云：「古書忯與㛮通、漢書敍傳『㛮㛮公主、迺女烏孫、』孟康云：『㛮、音題、㛮㛮、惕惕、愛也、』是孟所見爾雅本作㛮㛮矣。說文『忯、愛也；』又云：『㛮、美女也、或作娗；』則忯爲正字、㛮娗皆假借字。」

惕惕者、兪樾云：「惕惕、即施施也、惕與施、古音相近、尚書盤庚篇『不惕予一人、』白虎通號篇引作『不施予一人、』是其證也。孟子離婁篇『施施從外來、』趙注曰：『施施、猶扁扁善悅之貌、』然則韓以惕惕爲悅人、猶趙注以施施爲喜悅貌、聲近而義同矣。」

爾雅學

忯忯　釋文唐石經單疏本雪牕本元本閩本監本同。毛本改怟怟、誤。注及疏準此。嚴元照云、說文忯、愛也、从心氏聲、無怟字。玉篇忯怟並列、忯訓愛、怟訓敬、忯訓悶、都替切。音義悉異。近人有欲據玉篇改爲怟者、誤也。

忯忯惕惕愛也○釋曰　注疏本刪。

注詩云心焉惕惕者　注疏本脫詩。

校勘記

忯忯惕惕愛也。今本忯半誤从氐。說文、忯、愛也、从忄氏聲。釋文亦作怟、㥁與愷悌音同。

注疏本正誤

注詩云心焉惕惕者 監本毛本湘本脫詩字。

注疏校勘札記

怟怟底音惕惕愛也

音圖・音

怟音底 案怟徒啓翻音悌、定今音底、端非。

直音正誤

怟郭徒啓翻。與愷悌音同。顧舍人渠支翻音祁、廣韻渠基翻同。李巡余之翻音怡。漢書姼姼孟康音題、姼姼惕惕愛也。案此怟字亦作姼、師古以爲此說非。姼音上支翻、姼姼好貌也。魏詩好人提提其義同耳。石經怟从氏監本考證云、怟从氏與从氐者不同、怟音諦怟音飴。

音略

弟支

怟怟惕惕愛也。

孫侶直音

讀體 怟怟惕惕愛也

直音校正

怟弟

干氏音釋

偁偁格格舉也

偁偁格格舉也 皆舉持物。

郭注

偁偁格格舉也 釋曰皆謂舉持物也。

邢疏

偁偁格格舉也 郭璞云、皆舉持物。

一切注音

偁偁 尺仍反、本亦作稱同。

陸音義

偁偁格格舉也 若舜格禹禹稱臯陶。

新義

偁偁格格舉也 郭氏謂舉持物。

鄭樵注

偁偁格格舉也 郭璞曰、皆舉持物。鄭樵曰、郭氏謂舉持物。

古注合存

偁偁不引尚書偁爾干。

補注

偁偁格格舉也 註 皆舉持物蓁蓁孽孽戴也 註 皆頭戴物 正義 說文云、舉、對舉也。分物得增益曰戴。偁偁格格、釋言云、偁、舉也。釋詁云、格、陞也。馬融書註云、格、陞、猶舉也。重言之義亦同。周禮註引詩云約之格格、言縮板之舉也。蓁蓁孽孽者、周南桃夭云其葉蓁蓁、毛傳蓁蓁至盛貌有色有德形體至盛也。文選註引韓詩蓁蓁者莪、薛君云、蓁蓁盛也。衞風碩人云庶姜孽孽、毛傳孽孽盛飾。是則蓁蓁孽孽皆言物飾之盛、說文所謂分物得增益者、亦言其饒盛也。

正義

偁偁格格舉也 皆舉持物 舉者、說文、从手與聲云、對舉也。偁者、釋言云、舉也。說文云、揚也。揚亦舉也。格者、說文云、木長皃。一切經音義十三引蒼頡篇云、格、椸架也。是格有枝格揚起之義、故李巡注釋天攝提格云、格、起也。起與舉義近。格格、猶揭揭也。莊子胠篋篇釋文引三蒼云、揭、舉也。文選過秦論注引埤蒼云、揭、立舉也。按、立舉之義與竭同。說文云、竭、負舉也。

義疏

偁偁格格舉也 郭注皆舉持物。記言容詻詻、謂舉其詞。稱稱未聞。

集解

偁偁格格舉也 偁、揚也、从人爯聲。爯引申爲舉。書堯典、明明揚側陋。明明與揚連文，蓋偁偁也。或者正字爲爯與。格，木長皃，从木各聲。上經引申爲陞，此又引申爲舉，謂升舉也。詩緜築之登登，周禮注引作約之格格，謂縮版之舉。或者偁偁格格即詩緜之薨薨登登。薨偁取聲，登格取義，謂民勸勉且用力以舉事耳。舉，對舉也，从手與聲。攷工𥝦人舉圍欲細。

義證

偁偁格格舉也

偁者，釋言云，偁，舉也。格格者，小雅斯干約之閣閣，毛傳云閣閣猶歷歷也。周禮注引作約之格格，言縮板之舉也。此當是三家詩異文。

說詩

偁偁格格舉也　偁，釋文云，本亦作稱。見釋言

匡名

格格，舉也。詩約之閣閣，考工記匠人注引作約之格格，此格格即閣閣也。

偁偁、格格，舉也。

黃侃音訓

偁，釋言「舉也，」重言之亦爲舉，與登同意，釋詁云：「登，陞也，」而詩緜云：「築之登登，」傳云：「登登，用力也，」即古詩所謂「舉築諧汝聲」也。說文偁訓揚，揚亦舉也。

格，釋詁「陞也。」格格爲舉者，邵云：「周禮注引詩云：『約之格格，』言縮板之舉也。」

爾雅學

偁偁格格舉也〇釋曰　注疏本刪。

校勘記

偁偁格格舉也。平聲

孫侶直音

偁偁偁格格舉也　舉持物。

楊氏音訓

蓁蓁孽孽戴也

蓁蓁、孽孽、戴也　皆頭戴物。

郭注

蓁蓁孽孽戴也　釋曰，周南桃夭云其葉蓁蓁，衛風碩人云庶姜孽孽，此皆頭戴物，婦人盛飾貌。

邢疏

蓁蓁孽孽戴也

蓁，側巾反，又子人反。釋文

郭音義

黃輯古義

蓁蓁，側巾反，又子人反。釋文

郭音義

玉函山房輯佚

蓁蓁孽孽戴也

郭璞云，皆頭戴物。

一切注音

蓁蓁　郭側巾反，又子入反。孽孽　魚謁反，又五葛反。

陸音義

蓁蓁孽孽戴也

蓁蓁，則以正孽孽，庶也。莊姜無子，故人戴庶姜焉。

新義

蓁蓁孽孽戴也　郭氏謂頭戴物。

鄭樵注

蓁蓁孽孽戴也　蓁，郭側巾反。

郭璞曰皆頭戴物

鄭樵曰郭氏謂頭戴物

古注合存

偁偁格格，舉也。蓁蓁孽孽，戴也。偁，古稱字。〇詁曰，偁偁格格，皆手舉物，蓁蓁孽孽，皆頭戴物也。疏曰，詩桃夭云，其葉蓁蓁，碩人云，庶姜孽孽。愚按書湯誓云，稱爾干，是舉也。格以庋閣物，亦舉之意。與蓁蓁戴葉於枝，孽孽戴芽於本。

注疏參義

蓁蓁孽孽戴也　皆頭戴物

戴者，說文云，分物得增益曰戴。玉篇云，戴，在首也。是戴訓增益，戴物於首，即增益之義。戴之言載，乘載物亦增益其上也，故釋名載戴互訓。然則戴於上，即載於下矣。蓁者，說文云，艸盛皃。玉篇云，衆也。詩桃夭傳、

蓁蓁、至盛貌。通作溱溱。故無羊傳箋以溱溱爲衆多、又轉爲增增上文、增增、衆也。增益卽戴之訓矣。孽者、巘之叚音也。詩碩人傳、孽孽、盛飾。釋文引韓詩作巘、長貌。說文、巘、載高兒。載卽戴也。是韓詩之巘爲正體、孽爲叚借矣。高長又與戴義近。

義疏

蓁蓁孽孽戴也 郭注、皆頭戴物。詩、其葉蓁蓁。又庶姜孽孽。皆妾戴女君之詞。

集解

蓁蓁孽孽戴也 詩桃夭其葉蓁蓁。碩人庶姜孽孽。此專釋之也。蓁、艸盛兒、从艸秦聲。引申爲戴。孽、庶子也、从子辥聲。釋戴者、正字爲孽耳。孽、芽米也。米而生芽、其形較前增益、亦戴意也。戴、分物得增益曰戴、从異𢦏聲。籀文从戈聲。

義證

蓁蓁孽孽戴也　注皆頭戴物

諍曰、說文分物得增益曰戴。詩桃夭傳、蓁蓁至盛貌。碩人傳、孽孽、盛飾。至盛盛飾皆有增益義、故訓爲戴。注蓋誤會盛飾爲頭戴物、故有此說、而於蓁蓁義斷難牽合。此當正也。

靜郭

蓁蓁孽孽戴也

戴者、說文云、分物得增益曰戴。增益卽衆多之義。蓁蓁者、周南桃夭其葉蓁蓁、毛傳云、蓁蓁、至盛貌。通作溱溱。小雅無羊室家溱溱、傳云、溱溱、衆也。箋云、溱溱、子孫衆多也。盛多皆增益之義也。孽孽者、衛風碩人庶姜孽孽、傳云、孽孽、盛飾。彼釋文云、孽、韓詩作巘、牛遏反、長也。盛長與多義亦近、宜與訂經參看。戴字釋文不出音、有謂戴爲盛字之譌者。

說詩

蓁蓁孽孽戴也　一切經音義十一引栓載也、又十二引蘗載也、又十三引蘗載也、又十八引栓載也、又廿一引栓再也。元照案、說文木部、巘、伐木餘也、从木獻聲。商書曰、若顚木之有㽕巘。或从辥聲作蘗。古文作不、又作栓。爾雅此訓、所以釋庶姜孽孽之文。據毛詩釋文、謂韓詩作巘、說文車部、巘、載高兒。知孽爲蘗之譌、則此文亦當作蘗蘗。又案戴載皆从𢦏聲、古字通用。載卽再也、由蘗木之再生者也。元應所據勝於郭本。

匡名

偁偁格格舉也蓁蓁孽孽戴也 郭註、謂舉持物。偁詳釋言。周禮註引詩作約之格格、言縮版之舉也。○說文、分物得增益曰戴。郭註、謂頭戴物。蓁草盛貌。周南其葉蓁蓁、傳、蓁蓁、至盛貌。文選註引韓詩、蓁蓁者戴。衛風庶姜孽孽、傳、孽孽、盛飾貌。

啓蒙

蓁蓁、孽孽、戴也。皆頭戴物、　玄應一切經音義十一、十八引栓載也、十二十三引孽載也、二十一引栓再也、皆卽此文。孽栓一字、與孽巘同音、再與載通。見孟子萬章注、一說載當作再字。

黃侃音訓

孽孽戴也

錦燧謹案、此釋詩碩人篇庶姜孽孽也。毛傳云、盛飾與景純注頭戴物之義合。一切經音義十一十八俱引作栓載也、十二引作蘗載也、蘖乃蘗之譌、猶孼誤作孽也。十三引作櫱載也、嚴氏匡名据此因謂孽爲櫱之譌、蒙按嚴說未是。詩碩人釋文孽孽作巘巘、傳云、長貌。据段氏六書音韻表、辥聲⿰車獻聲同在弟十五部、⿰車獻从獻聲、在段書十四部、此⿰車獻之本音也。今入十五部者、江氏音均表所謂音轉也。例得通假、猶⿰木獻之一作櫱也。見說文木部⿰木獻下。⿰木獻櫱梓卽一字、說文云伐木餘也。又子部孼下云庶子也。二字俱與戴義不相蒙。而車部⿰車獻下云載高貌。載與戴義相近。然則⿰車獻乃本字、孼與櫱皆假借字、豈孼爲櫱之譌耶。一切經音義戴引作載者、二字同从𢦔聲、古通用。

陸錦燧日記

蓁蓁、孼孼、戴也。

說文「分物得增益曰戴；」廣韻云：「戴、荷戴也。」釋名載、戴、互訓、故古二字通用。

蓁蓁者、周南桃夭「其葉蓁蓁、」傳云：「蓁蓁、至盛貌；」至盛而云戴者、言其荷戴於桃枝也。

孼孼者、眾經音義二十引作「孼孼、載也、」以載、戴、古通用也。衞風碩人云：「庶姜孼孼、」傳云：「孼孼、盛飾；」釋文引韓詩作⿰車獻、說文云：「⿰車獻、戴高貌；」飾之盛者、即戴而高者也、與雅訓皆合。郝謂⿰車獻爲正體。

爾雅學

蓁蓁孽孽戴也○釋曰 注疏本刪。

校勘記

秦蓁孼孼戴也 案、秦字脫上廾、各本均作蓁。

注疏校勘札記

蓁郭側巾翻、音諄、照母字、又子人翻、音津、精母字。

音略

蓁津蓁孽臬孽戴也。

孫偘直音

蓁蓁孼孼戴也 頭戴物。

楊氏音訓

懕懕媞媞安也

懕懕媞媞安也、皆好人安詳之容。

郭注

懕懕媞媞安也 釋曰、秦風小戎云厭厭良人、毛傳云厭厭安靜也。孫炎曰、媞媞行步之安也。魏風葛屨云好人提提、毛傳云提提安諦、謂行步安舒而審諦也。是皆好人安詳之容也。

邢疏

媞媞安也 楚辭十三注引詩、好人媞媞、正合。

提提、行步之安也。詩正義五之三。邢疏、此葢孔氏順毛詩所改、不如釋文之有別也。案、疏引孫說正作媞。

孫音注

黃輯古義

懕懕媞媞安也

媞媞、行步之安也。邢疏。詩魏風葛屨正義、順毛引作提提。

孫音注

玉函山房輯佚

媞媞 提

提提、行步之安也。孫注 詩疏五之三。

鉤沉

媞媞安也 楚辭十三注引詩、好人媞媞、正合。

孫曰、提提、行步之安也。詩正義五之三、邢疏此葢孔氏順毛詩所改、不如釋文之有別也。

漢注

懕懕媞媞安也

孫炎云、提提、行步之安也。詩正義五之三卷 郭璞云、皆好人安詳之容。

一切注音

媞媞安也 孫炎曰、提提、行步之安也。詩葛屨正義

蕙心案、媞提古通、孫本作提與毛詩同。媞媞正字、提提借字。

古注⿰竹⿱辛⿰目目

懕懕 於占反、說文云安靜也。 媞媞 徒低反。

陸音義

懕懕媞媞安也

有懕弗辭、有提弗棄、非危迫也。

新義

懕懕媞媞安也小戎云、厭厭良人、懕卽厭也。媞音提。安乃謂安靜之貌。

鄭樵注

懕懕媞媞安也

孫炎曰、媞媞行步之安也。郭璞曰、皆好人安詳之容。鄭樵曰小戎云、厭厭良人。懕卽厭也。媞音提。安乃謂安靜之貌。

古注合存

懕懕媞媞安也。懕音淹。媞提同。○註曰、皆安詳也。疏曰、詩小戎云、厭厭良人、毛傳云、安靜也。葛屨云、好人提提、媞提音義同。毛傳云、謂步安舒而審諦也。

注疏參義

媞媞安也　詩葛屨疏引爾雅媞作提、毛傳提提安諦也。

校議

懕懕媞媞安也皆好人安詳之容

安者、釋詁云、止也、定也。懕者、說文云、安也、引詩懕懕夜飮、省作厭。釋詁豫訓厭、豫亦安、故詩湛露傳厭厭安也、小戎傳厭厭安靜也。聲俗爲愔。湛露釋文引韓詩作愔愔、和悅之貌。列女傳二引詩亦作愔愔良人。一切經音義十七引聲類云、愔、和靜貌也。三蒼云、愔愔、性和也。媞者、說文云、諦也。楚辭怨世篇引詩作好人媞媞。通作提。葛屨傳、提提安諦也。正義引孫炎曰、提提、行步之安也。又通作徥。說文云、徥徥、行皃。故孫炎以爲行步之安、安義本說文也。又俗作折。檀弓注、折折、安舒貌。亦引詩好人提提。

義疏

懕懕愔愔厭厭媞媞提提安也孫注、提提行步之安也。郭注、皆好人安詳之容。詩懕懕夜飮、說文引伀懕。又厭厭良人、韓詩伀愔。又好人提提、鄭讀記折折、爾伀提、則未之審。

集解

懕懕媞媞安也懕、心之安也。从心厭聲。與懨晷同。詩湛露厭厭夜飮、說文引作懕懕。傳安也。韓詩作愔。小戎厭厭良人、傳安靜也。媞、姸黠也。从女是聲。正字爲褆。褆褆安福也。易坎褆既平、京注云安也、是也。褆媞通用字。詩葛屨好人提提、楚辭注引作媞。毛傳安諦也。淮南說林亦云提提者射、注安也。檀弓注折折安舒皃、亦引詩好人提提、以提折爲之。安、竫也。以女在宀中、會意。上經云定也、止也。

義證

懕懕媞媞安也懕、於占反。媞、徒低反。

註皆好人安詳之容。補正邢疏、孫炎云媞媞行步之安也。

郭注補正

懕懕媞媞安也

皆好人安詳之容也

希麟法師別卷下音義引爾雅云懕懕媞媞安也、郭注云、好人安靜之容也。今據補也字。

郭注佚存補訂

懕懕媞媞安也

懕懕者、說文云、懕安也、引詩懕懕夜飮。今小雅湛露作厭厭夜飮、毛傳云厭厭安也。厭爲懕之古文省。秦風小戎厭厭良人、傳云厭厭安靜也。周頌載芟厭厭其苗、傳云有厭其苗、厭然特美。箋云厭厭、衆齊等也。此言苗之美義、雖各別而其意則可相通也。字又作愔。湛露釋文引韓詩作愔愔，和悅之貌。列女傳亦作愔。　媞媞者，魏風葛屨好人提提，楚辭怨世注引作好人媞媞，提媞通字。邢疏引孫炎曰，媞媞，行步之安也。傳云，安諦，謂行步安舒而審諦也。邶風谷風湜湜其沚，箋云湜湜持正貌。說文云湜，水清見底。湜湜言水之安靜，與媞義正相合也。持正與安義亦近。小雅何人斯俾我祇也，箋云祇，安也。古者從氏從是之字多相通用。

說詩

懕懕，節，疏好人媞媞毛詩作提提。

注疏正字

懕懕媞媞安也　詩正義引作厭厭三，十六之，提提。五之三皆古字通借。

匡名

懕懕媞媞安也。○懕懕，疏引秦風，厭厭良人。媞媞，疏引魏風，好人提提。蓋字異而音義同。

考異摘要

懕懕媞媞安也

錦燧謹案，詩中無懕字。說文心部云，懕，安也。从心，厭聲。詩曰，懕懕夜飲。許君自叙，雖偁詩毛氏，而實亦兼採各家異文。今毛詩作厭厭夜飲，釋文引韓詩又作愔愔然，則作懕者，乃齊魯兩家之異文。與許書以安訓懕，是懕爲本字。厂部云，厭，笮也，與安義遠，是厭爲假借字。心部無愔字，段氏以爲愔即懕之或體，是愔又即懕之俗字。毛傳云，厭厭，安也，字雖作厭，而其義仍讀爲懕，蓋毛用假字，三家用本字，雅訓則釋齊魯詩之懕懕夜飲也。又小戎篇厭厭良人，毛傳云，安靜也，此亦懕之假借。或謂當讀爲懕好之懕，其說亦通。媞亦毛詩所無。東方朔七諫西施媞媞而不得見兮，王逸注媞媞，好貌也。詩曰，好人媞媞，是提有作媞者。又白帖十二及說文繫傳引詩作禔禔，是提又有作禔者。据臧氏拜經日記云，叔師楚詞注所引詩，多與毛韓異，而與列女傳有合者，蓋魯義也。然則魯詩作媞媞，可知雅訓蓋釋魯詩之好人媞媞也。作禔者，殆齊韓本與。說文女部云，媞，諦也。一曰妍黠也。好人故偁妍黠，是媞爲本字矣。毛傳訓提提爲安諦，亦讀提爲媞。至提之本義，則說文云挈也，與安義遠。禔之本義訓爲衣厚，亦與安義遠。惟示部禔云安福也，則提禔乃媞禔之假借耳。

陸錦燧日記

懕懕、媞媞、安也。

懕懕者、說文「安也、」引詩「懕懕夜飲、」今小雅湛露省作厭厭。秦風小戎云：「厭厭良人、」傳云：「厭厭、安靜也、」湛露釋文引韓詩作愔愔、云「和悅之貌；」皆本於爾雅也。

媞、說文「諦也、」魏風葛屨「好人提提、」傳云：「提提、安諦貌。」提者、媞之假借、淮南說林訓高注亦云：「提提、安也。」荀子修身篇、媞又作偍。

爾雅學

懕懕媞媞安也○釋曰　注疏本刪。

孫炎曰　注疏本曰改云，元本脫此字。

好人提提毛傳云提提安諦　注疏本提提改媞媞。按此本引毛，注疏引孫炎爾雅注作媞媞，引毛

詩及傳作提提

校勘記

懕於古反古字譌、監本毛本湘本釋文作占、是。

毛傳厭厭安靜也下監本毛本湘本傳下有云字、此脫。

提提安諦案、毛傳諦下有也字、疏引毛傳例無節刪、此疑脫。

此皆好人安詳之容也監本毛本湘本此字作是。

注疏校勘札記

懕懕音嫣媞媞音題安也

音圖・音

媞从女、與提从手通。詩好人提提、正義引爾雅。又檀弓作折折、大兮翻、音提。

音略

懕懕焉拚媞媞題安也

孫侶直音

懕懕原平聲媞媞題安也。

直音校正

懕淹懕媞提媞安也

楊氏音訓

懕於鹽切媞題

干氏音釋

祁祁遲遲徐也

祁祁遲遲徐也。皆安徐。

郭注

祁祁遲遲徐也 釋曰、皆安徐也。豳風七月云春日遲遲采蘩祁祁。

邢疏

祁祁遲遲徐也

郭璞云、皆安徐。

一切注音

祁祁巨移反。

陸音義

祁祁遲遲徐也

遲遲則能祁祁、亦祁祁故覺遲遲也。上祁祁以此。

新義

祁祁遲遲徐也

郭璞曰、皆安徐。

古注合存

祁祁遲遲徐也。註曰皆舒徐也。疏曰、詩七月云春日遲遲、采蘩祁祁。

注疏參義

懕懕媞媞安也**註**皆好人安詳之容祁祁遲遲徐也**註**皆安徐**正義**懕懕者、說文引詩云、懕懕夜飲。今小雅湛露篇省作厭厭。秦風小戎云厭厭良人、毛傳厭厭安靜也。媞媞者、說文云媞諦也。魏風葛屨云好人提提、毛傳提提安諦也。孔疏引孫炎云、提提行步之安也。荀子修身篇難進曰偍、淮南說林訓提提者射、高誘註提提安也。祁祁者、召南采蘩云被之祁祁、毛傳祁祁舒遲也。遲遲者商頌長發云昭假遲遲、孔子閒居云、威儀遲遲。皆安徐也。媞偍提音義同。

正義

祁祁遲遲徐也皆安徐

徐者、說文云、安行也。徐之言舒、與安義近、故莊子應帝王篇釋文引司馬彪云、徐徐、安隱貌。祁者、聲借之字、疑當作徥。方言云、徥、行也。說文、徥、徥行皃。必作重文、疑本爾雅。經典俱借作祁。詩采蘩傳、祁祁舒遲也。大田傳、祁祁、徐也。韓奕傳、祁祁、徐靚也。又借作伎。小弁傳、伎伎、舒貌。舒與徐同、是伎祁俱徥之通借。徥从是聲、祁从示聲。左傳提彌明、公羊作祁彌明、史記作示眯明、皆古字聲借之證也。遲者、說文云、徐行也。詩谷風傳、遲遲、舒行貌。七月傳、遲遲、舒緩也。舒即徐矣。

義疏

祁祁遲遲徐也郭注：皆安舒。詩、被之祁祁。又、春日遲遲。

集解

祁祁遲遲徐也祁、縣名、从邑示聲。今山西祁縣是也。正字爲遲遲。祁叠韵。詩采蘩被之祁祁、傳舒遲也。大田興雨祁祁、傳徐也。遲、徐行也、从辵犀聲。或从古文仁。詩七月春日遲遲、傳舒緩也。禮記孔子閒居威儀遲遲、疏訓舒遲。徐、亦舒遲也。徐、安行也、从彳余聲。引申爲舒緩之詞。易困乃徐有說。

義證

祁祁遲遲徐也

祁祁者、召南采蘩被之祁祁、毛傳云祁祁舒遲也。豳風七月采蘩祁祁、商頌玄鳥來假祁祁、傳竝云祁祁、衆多也。案、祁祁當與此義同、謂采蘩者祁祁然安舒之貌、來假者祁祁然安舒而來覲。小雅大田興雨祁祁、傳云祁祁、徐也。大雅韓奕祁祁如雲、傳云徐靚也。則祁祁不應以衆多爲義、祁祁皆謂安舒也。祁祁、又通作伎伎。小雅小弁維足伎伎、傳云伎伎、舒貌。音其宜反、與祁同音。遲遲者、邶風谷風行道遲遲、傳云遲遲、舒行也。豳風七月春日遲遲、傳云遲遲、舒緩也。箋云遲遲、長遠也。長遠者必遲緩、其義一也。商頌長發昭格遲遲、箋云遲遲然言急於已、而緩於人。疏云寬假天下之人、謂不責人所不能、馭之舒緩也。待士則急、馭下則舒、言其急於已、而緩於人也。案、箋疏義太迂曲、昭假謂湯聖敬之德上格於天。假與格同、遲遲形容其安舒之貌、故下句云上帝是祇。上帝、天也。

說詩

祁祁節疏采蘩祁祁蘩監本誤繁、毛本誤蘩、後竝同。

注疏正字

祁祁遲遲徐也 遲、石經作遲。案、說文遲、籀文从屖。

匡名

懕懕媞媞安也祁祁遲遲徐也郭註、好人安詳之容。說文、懕、安也。或省作厭。秦風厭厭良人、傳厭厭、安靜也。媞、諦也。通作提。魏風好人提提、毛傳提提、安諦也。○郭註謂安徐。召南被之祁祁、傳祁祁、舒遲也。商頌昭假遲遲、箋遲遲然言急於已、而緩於人也。

啓蒙

祁祁、遲遲、徐也。

郭注云：「安徐；」說文「徐、安行也。」

祁祁者、召南采蘩「被之祁祁、」傳云：「祁祁、舒遲也。」

遲、籀文从屖、見說文。詩七月傳云：「遲遲、舒緩也。」商頌長發「昭假遲遲、」孔子閒居「威儀遲遲、」邵謂「皆安徐也。」

爾雅學

祁祁遲遲徐也○釋日注疏本删。

校勘記

采蘩祈祈監本同。毛本湘本蘩作蘩、是。詩七月篇正作蘩。

注疏校勘札記

丕丕簡簡大也

丕丕簡簡大也。皆多大。

郭注

丕丕簡簡大也 **邢疏** 釋曰書立政云以並受此丕丕基周頌執競云降福簡簡是皆多大之稱。

簡簡大也

黃輯古義

簡簡降福之大也。詩正義十九之一

李注

丕丕簡簡大也

玉函山房輯佚

簡簡降福之大也。詩周頌執競正義

李注

簡簡

降福之大也。李注 詩疏十九之二

鉤沉

簡簡大也

李曰簡簡、降福之大也。詩正義十九之一

漢注

丕丕簡簡大也

李巡云簡簡降福之大也。詩正義十九之二卷 郭璞云皆多大。

一切注音

簡簡大也　李巡曰簡簡、降福之大也。詩執競正義

古注斠

丕丕 本或作平、同普悲反。

陸音義

丕丕簡簡大也

不一亦大。簡亦大。

新義

丕丕簡簡大也

李巡曰、簡簡、降福之大也。

郭璞曰、皆多大。

古注合存

丕丕簡簡、大也。註曰皆多大也。疏曰、書立政云、以並受此丕丕基。詩執競云、降福簡簡

注疏參義

丕丕簡簡大也 **註** 皆多大 **正義** 丕簡、大也、已見釋詁。重言之、亦爲大也。詩疏引李巡云簡簡、降福之大也。立政云、以竝受此丕丕基。周頌執競云、降福簡簡。

正義

丕丕簡簡大也 皆多大

丕、簡釋詁竝訓大、重文亦然。書、丕丕基。詩執競傳、簡簡大也。正義引李巡曰、簡簡降福之大也。

義疏

丕丕簡簡大也 李注、簡簡、降福之大也。郭注、皆多大。書、丕丕基。詩、降福簡簡。

集解

丕丕簡簡大也 上經丕簡大也、重言亦然。書立政以並受此丕丕基、詩執競降福簡簡、傳均訓大。

義證

丕丕簡簡大也

註皆多大 補正 臣鋆按、詩疏引李註云、降福之大也。

郭注補正

丕丕簡簡大也

凡詩之丕皆作不、周頌清廟之不顯、不承、烈文之不顯維德是也。丕丕者、伾伾之假借。魯頌駉以車伾伾、毛傳云伾伾、有力也。有力與大義近。彼釋文

云伾字林作駓、走也、父之反、音丕。說文俟下引小雅吉日伾伾俟俟、後漢書馬融傳注引韓詩作駓駓騃騃。文選西京賦注引薛君章句云、趨曰駓、行曰騃。毛詩作儦儦俟俟。伾駓並從丕聲、丕訓大、則伾駓之義可知。儦與丕一聲之轉、詩釋文云儦本又作麃。鄭風清人駟介麃麃、傳云麃麃、武貌。謂力之大也。簡簡者、邶風簡兮簡兮、傳云簡大也。周頌執競降福簡簡、傳云簡簡、大也。疏引李巡曰、簡簡降福之大也。商頌那奏鼓簡簡、朱子云簡簡、和大也。謂鼓聲之大也。

說詩

丕丕簡簡大也　案、周頌執競疏引李巡云、簡簡、降福之大也。

注疏正字

丕丕簡簡大也　丕、釋文云本或作丕。案丕俗體。

匡名

丕丕簡簡大也　郭註、謂多大。　立政、以並受此丕丕基。　周頌降福簡簡、傳簡簡大也。

啓蒙

丕丕、大也。　說文引詩伾伾俟俟、伾有力也、俟大也、伾俟義同、則丕丕亦與伾伾通。

黃侃音訓

偁偁格格舉也　懕懕媞媞安也　丕丕簡簡大也

釋文、偁偁本亦作稱。釋訓釋文　毛詩傳作厭厭、安靜也。秦風小戎傳　提提、安諦也。魏風葛屨傳　釋文、丕丕、本或作丕。釋訓釋文

偁偁、舉也。釋文、偁本亦作稱。按、說文人部偁云、揚也、從人再聲。禾部稱云、銓也、從禾再聲。偁揚之偁、稱銓之稱、皆與舉義合、故偁本亦作稱。丕丕、釋文、丕或作丕。按、張參五經文字一部云說文作丕、漢石經作丕。

丕丕、簡簡、大也。

證異

釋詁「丕、簡、大也」；疊言之、亦爲大。邵引立政云：「以並受此丕丕基」；周頌執競「降福簡簡」、詩疏引李巡云：「簡簡、降福之大也」；即其義也。

爾雅學

丕丕簡簡大也〇釋曰　注疏本刪。

校勘記

降降簡簡　監本毛本湘本降作福、詩執競正作福此譌。

注疏校勘札記

存存萌萌在也

存存、萌萌在也。萌萌未見所出。

郭注

存存萌萌在也　釋曰、謂存在也。易繫辭云、成性存存。萌萌、字書作蕄、說文作蕄、郭云未見所出。

邢疏

存存萌萌在也

萌、武耕反。釋文

郭音義

萌萌在也　以下釋訓

萌、云朋反。釋文

施音

存存萌萌在也

玉篇引爾雅云、蕄蕄在也。廣韻耕登二部引爾雅亦俱作蕄。郝氏義疏

衆家注

黃輯古義

萌、武耕反。

郭音義

存存蕄蕄在也釋文萌萌字或作蕄。案玉篇引爾雅作蕄蕄、知顧氏本亦作蕄也、據補。

顧音

萌萌、亡朋反。釋文

施音

存存萌萌在也萌萌、玉篇艸部引爾雅作蕄蕄。

郭璞云、萌萌未見所出。

玉函山房輯佚

一切注音

萌萌在也 郭、武耕反。釋文

蕙心案、玉篇引爾雅云蕄蕄、在也。又云、萌同蕄、或作萌、廣韵耕登二部引爾雅亦俱作蕄、又云本亦作萌、又作蔥。與玉篇同。文子上禮篇、其政悶悶、其民湣湣。悶音近忞、萌音近夢、一聲之轉。悶悶又蕄蕄之省。

古注斠

萌萌郭、武耕反。施云、朋反。字或作蕄。

陸音義

萌萌施亾朋反〇亾舊作云、今依宋本正。

音義攷證

存存萌萌在也

存存、固在也。萌萌、方萌亦在也。

新義

存存萌萌在也萌存、書作蔥、說文作蕄。

鄭樵注

存存萌萌在也萌、郭武耕反。

郭璞曰、萌萌未見所出。

鄭樵曰、萌字書作蔥、說文作蕄。

古注合存

存存萌萌、在也。疏曰、謂存在也。易繫辭云、成性存存。萌字、書作蔥、說文作蕄。愚按萌註未詳。蓋亦存諸心之意也。

注疏參義

萌萌、說文作蕄蕄、存也。古痕切。

補注

存存萌萌在也註萌萌未見所出正義釋詁云、在、存也。易繫辭傳云、成性存存。後漢書杜篤傳云、不若近而存存也。萌萌當作蕄蕄。說文云、蕄、存也。玉篇引爾雅作蕄蕄、省作悶悶。文子上禮篇、其政悶悶、其民淳淳。淮南引老子亦作悶悶。

正義

存存萌萌在也 玉案、莊子應帝王篇鄉吾示之以地乎、萌乎不震不正、註曰、萌然不動、至人無感之時也。

萌然不動有存在之義、單詞與重文同。

校議

存存萌萌在也萌萌未見所出

在者、釋詁云、存也。存又爲在、互相通也。易繫辭云、成性存存。萌者、蕄字之譌也。說文云、蕄、存也、从心簡省聲、讀若簡。然則書迪簡在王庭、論語簡在帝心、皆偺簡爲蕄。說文蕄存卽簡在矣。玉篇心部旣從說文作蕄、而云或作蕄、又音萌。草部正作蕄、莫耕切、引爾雅云、蕄蕄在也。又云、蔥同蕄、本或作萌。廣韵耕登二部引爾雅亦俱作蕄、而云本亦作萌、又作蔥。與玉篇同。釋文因之、亦云萌字或作蕄、郭武耕反、施亾朋反。此皆萌字之音、而非蕄字之讀。且蕄萌音讀不同、不知何時讀蕄爲萌、因而字變爲萌、蓋自郭氏已然、其誤久矣。

義疏

萌萌經文

阮云、釋文萌萌、字或作蕄。嚴元照云、玉篇艸部蕄下引爾雅、存存蕄蕄、在也。又蔥同上、本或作萌。廣韻十三耕十七登蕄下皆引爾雅。按說文心部云、蕄、存也、從心簡省聲、讀若簡。義本雅訓。按、段玉裁說文解字注云、蕄與簡相似、而竹艸不同、又後人音切與簡大異。蓋蕄者蕄之譌、竹誤而爲艸也。

憓者、蔄之譌、門誤而爲明也。又誤而去心作萌、而郭反以武庚、玉篇從之。又誤而以萌爲萠、而陳博士施乾反以莫登、廣韻本之。此展轉貤繆之故也

經注集證

存存萌萌在也郭注、萌萌未見所出。易、成性存存、萌、說文作簡、玉篇引作蔄、蓋以爲奏鼓簡簡字。今按萌萌即苊苊、詩洪水苊苊、謂水众田在。又明明察也、察即在。

集解

存存萌萌在也

上經在存也、此存釋爲在、轉注耳。易繫辭、成性存存、謂其存在。後漢書杜篤傳亦云、不若近而存存也。萌艸芽也、从艸明聲。此釋在者、正字爲明耳。上經明明釋爲察、又云在存省士察也、則在有察意、明明所以釋在也。說文别作蔄字、玉篇仍其說、竟直引此文爲蔄蔄、蓋以當詩奏鼓簡簡字也。在存也、从土才聲。與坐同意。

義證

萌萌在也　郭謂萌萌未見所出。按、莊子應帝王鄉吾示之以地文、萌乎不震不正、郭象註曰、萌然不動、至人無感之時也。古凡形容之辭、一言不足、或助以乎然等字、或引長爲重文、萌乎與萌萌一也。廣韻耕登二部俱引爾雅、存存、蔄蔄、在也。釋文亦云、萌、或作蔄。

補郭

存存萌萌在也

[註]萌萌未見所出[補正]邢疏、萌萌字書作憓、說文作蔄。

郭注補正

存存萌萌在也

說文云、在、存也。邢疏引易繫辭云、成性存存。釋文云、萌或作簡者、說文云、簡、存也、从簡省聲、讀若簡。其字從竹、不從草、而音亦與萌各別。古從竹從草之字多互相通、故玉篇云、蔄或作簡、又音萌、引爾雅云、簡簡在也。廣韻亦引爾雅作簡、云本亦作萌、當是爾雅別本有作簡者、故玉篇廣韻皆引之。案、萌萌、當爲明明之假借。大雅大明、明明在下。在字即釋明明二字、猶縣縣其麃而釋之曰縣縣穮也、烝之浮浮而釋之曰烰烰烝也。毛傳云、明明、察也、而在亦訓察、釋詁云、在、察也。

說詩

存存節疏萌說文作蔄存考。

注疏正字

存存萌萌在也　釋文云、萌、郭武耕反、施亾朋反、字或作蔄。案、玉篇艸部廣韻十三耕十七登皆有蔄字、或音莫耕反、或音武登反。皆引此文。邵氏正義謂蔄省作悶、引文子其政悶悶以證此訓。元照案、說文心部、悶、从心門聲。又簡簡存也、从心簡省聲、讀若簡。簡之訓存、本乎爾雅。後來傳譌从艸、誤謂从艸悶聲、故音亦隨之而變、遂謂與萌通用、而不知其不相關也。玉篇心部亦有簡字、云或作蔄、又音萌。此謬爲牽合耳。其所載簡之別體、从萌下心、尤謬。

匡名

存存萌萌在也 孟子操則存。註言操之則在此。萌亦作蕄、玉篇引爾雅作蕄蕄。又省作問。文子、其政悶悶。說文、簡、簡簡、在也。註、各本作簡存也、今正。釋訓、存存簡簡在也。今作存存萌萌在也。蕄與簡相似而竹艸不同。蕄譌簡、又譌蕄、因蕄而又誤萌、并誤以萌爲萌、論語簡在帝心、卽簡字之假借。

啓蒙

萌 蕄 阮氏校勘記。釋文。萌萌。字或作蕄。嚴元照云。玉篇艸部蕄下引爾雅。存存蕄蕄。在也。又蕄同上。本或作萌。廣韻十三耕十七登蕄下皆引爾雅。案說文心部云。簡存也。从心簡省聲。義本雅訓。

萌蕄蕄皆簡之譌。玉篇心部不誤。其讀入耕登韻者皆譌音也。

黃侃評本 正名

萌萌、在也。 釋詁云、在、察也。作萌者明之段借。上云明明、察也。此有二本。不得輒以作萌爲譌。惟釋文云字或作蕄、則可斷爲簡之譌耳。蕄悳皆簡之譌。玉篇心部不誤。 若从悶聲、寧有入耕登韻之理。說文簡簡存也从心簡省聲。

黃侃音訓

萌萌。在也。郭云、未詳所出。字書作簡。釋文云、或作蕄。玉篇簡字下引爾雅、存存蕄蕄、在也。又說文心部云、蕄蕄、存也。

考異摘要

萌萌在也 錦燧謹案、萌乃簡之譌字。釋文云萌、郭武耕切、施亡朋反。字或作蕄。說文無蕄字。心部云、簡存也、从心簡省聲。讀若簡。玉篇引爾雅存存蕄蕄在也。音莫耕切。又曰、蕄同蕄、或作萌。段氏說文注謂蕄與簡相似而竹艸不同、又後人音切與讀簡大異。蓋蕄者簡之譌、竹誤而爲艸也。萌者蕄之譌、門誤而爲明也。又誤而去心作萌、而郭反以武庚、玉篇從之。又誤而以萌爲萌、而陳博士施乾反以莫登、廣韻本之。此展轉貤繆之故。蒙謂段說良是、萌當作簡、惟其誤已久。景純所見本已譌爲萌、是誤在晉以前矣。詩中無簡字、未知簡簡釋詩何句。說文讀若之字、大都爲經典中通用之字。簡讀若簡、殆詩降福簡簡、三家異文有作簡者。簡簡訓在、在與來義近、降福簡簡猶言福祿來成、福祿來下、福祿來爲也。然則簡爲本字、簡爲假字。推詘其釋三家詩之降福簡簡與。

陸錦燧日記

釋訓 存存萌萌、在也。

邕案。在當訓察。釋詁云。在、察也。存存與斤斤疊韻。朱駿聲說文通訓云。存、在省聲。萌萌與明明疊韻。然則存存萌萌卽上文之明明斤斤矣。上文云。明明斤斤、察也。此云存存萌萌、在也。文異而義同。

校書

存存、萌萌、在也。

存與在、義同、釋詁云：「在、存也、」是也。邵引易繫辭傳云：「成性存存；」後漢書杜篤傳云：「不若近而存存也；」皆在也。

萌者、釋文「萌、郭武耕反、施亡朋反、字或作蕄；」邵以爲「萌萌、當作蕄蕄；」郝以爲「萌者、簡之譌。」案說文心部云「簡、簡簡、在也、从心簡省聲、讀若簡、」(原作「簡簡、存也、」今從段本。)許義即用爾雅。是爾雅原文、本作存存、簡簡、在也。今本簡簡作萌萌；玉篇廣韻引爾雅作蕄蕄；邵氏仍用蕄蕄、並云：「省作悶悶；」均之非也。郝說與段氏相同最確。郝並云：「書『迪簡在王庭、』論語『簡在帝心、』皆借簡爲簡、」蓋說文竹部簡篆云：「牒也；」故簡爲竹簡字、非簡在義也。

爾雅學

萌萌 唐石經單疏本雪牕本同。釋文、萌萌、字或作蕄。嚴元照云、玉篇艸部蕄下引爾雅存存蕄蕄在也。又蕄同上。本或作萌。廣韻十三耕十七登蕄下皆引爾雅。按說文心部云簡存也从心簡省聲。讀若簡。義本雅訓。

存存萌萌在也○釋曰 注疏本刪。

易繫辭云 注疏本繫改係。

校勘記

說文云作萠監本毛本湘本無云字。

注疏校勘札記

萠郭武耕翻微明輕重交互出切音盲施亡朋翻亦互切音甍庚蒸韻別其音同也。說文作萠、玉篇作薨。

音略

存存萠萠抂也。㥀芒

孫品直音

存存萠萠在也㥀

直音校正

懋懋、慔慔、勉也。

懋懋慔慔勉也皆自勉強。

郭注

懋懋慔慔勉也 釋曰、皆自勉强也。書曰、懋哉懋哉。慔與慕同。

邢疏

懋懋慔慔勉也

郭璞云、皆自勉强。

一切注音

懋懋、勉也、

懋、謂自勉强也。

一切經音義卷三十深密解脫經序「德懋」下引、據海印寺本、白蓮社本及頻伽藏本竝同、大正藏本作「郭註」誤。森案董氏讀爾雅補記以此條屬釋詁「茂勉也」下、且為解云、「今郭註無此文、蓋作懋為高密註本、作茂為郭註本也」、案郭此條註「皆自勉强」、與鄭註正同、當即用鄭義、董謂「郭註無此文」豈讀釋訓未熟乎?

鄭玄注稽存

懋懋古茂字。慔慔音暮。亦作慕。強其丈反。

陸音義

懋懋慔慔勉也

懋懋自勉慔慔有所慕而勉。

新義

懋懋慔慔勉也慔即慕字。

鄭樵注

懋懋慔慔勉也

郭璞曰、皆自勉强。

鄭樵曰、慔即慕字。

古注合存

懋懋慔慔勉也皆自強勉

勉者已見釋詁。懋者、釋文云古茂字、非也。釋詁、茂、勉也。茂乃懋之叚借、非古今字。說文懋勉也、是矣。慔者說文云、勉也。釋文慔、亦作慕。亦叚借也。懋慔一聲之轉。方言云、侔莫強也。亦與懋慔之聲相轉。

義疏

懋懋慔慔勉也

郭注、皆自强勉。書、懋哉懋哉。又、茂哉茂哉。詩、君婦莫莫。慔、亦作慕。炎。

集解

懋懋慔慔勉也上經云、茂勉。此作懋者、以懋為茂之正字耳。書皋陶謨懋哉懋哉、偽傳訓勉。大誓作茂。慔、心勉也、从心莫聲。經典通作莫。詩楚茨君婦莫莫、謂其敬勉。葛覃維葉莫莫、旱麓莫莫葛藟、謂借為幕、非此義也。勉、彊也、从力免聲。

義證

懋懋慔慔勉也慔、音暮。

註皆自勉强。

郭注補正

懋懋勉也補

滋然謹按、慧琳一切經音義三十德懋注引鄭注尔疋云、懋、謂自勉强也。郭注云皆自勉强、郎用鄭注。

舊注攷證

懋懋慔慔勉也

皆自勉強也

慧琳辯正論六卷音義引郭注爾雅云、懋、勉也、亦自勉强也。集古今佛道論衡四卷音義懋下引郭注爾雅云、自勉强也。今本脫也字、據補。

郭注佚存補訂

懋懋慔慔勉也

懋慔、說文皆云、勉也。懋慔勉一聲之轉。大雅棫樸、勉勉我王。勉勉又轉爲懋懋、又轉爲慔慔。懋懋當爲亹亹之假音。大雅文王、亹亹文王、毛傳云、亹亹勉也。亹亹又轉爲穆穆。下文穆穆文王、當與亹亹同訓。慔與莫同、莫爲慔之古文省。小雅楚茨、君婦莫莫、莫莫猶勉勉也。

說詩

懋懋慔慔勉也

釋詁、茂勉也。茂懋字通。懋之訓勉、說文引書惟時懋哉爲證。柏年案、般庚懋建大命、康誥懋不懋、東京賦咸懋

力以耘耔、鄭注及傳及五臣注皆以懋爲勉。慔、經典所無、通作莫。廣雅、強也。強亦勉也。方言、侔莫強也。凡勞而相與謂之侔莫。淮南謬稱訓猶未之莫與、注、莫勉之也。是慔莫字通之證。

補釋

懋懋節疏皆自勉强也自誤出。

注疏正字

慔慔勉也

邵曰、說文云慔勉也、重言之義同。引之謹案、慔音慕、又音莫、（釋文慔音慕。）集韻又末各切、亦云勉也。字亦作莫。方言、侔莫強也、北燕之外郊凡勞而相勉若言努力者、謂之侔莫。淮南繆稱篇猶未之莫與、高注曰、莫勉之也。重言之則曰莫莫。小雅楚茨篇說祭祀之事曰、君婦莫莫。莫莫與慔慔同、猶言勉勉也。祭義曰、君牽牲、夫人奠盎、君獻尸、夫人薦豆、齊齊乎其敬也、愉愉乎其忠也、勿勿諸其欲其饗之也。鄭注曰、勿勿猶勉勉也。（禮器注同。）勿勿莫莫、一聲之轉。言君婦當祭之時奉承而進之、既忠且敬、莫莫然其欲其饗之也。毛傳曰、莫莫言清靜而敬至也。訓莫莫爲清靜、則與忠敬異義、故又加而敬至三字以足之。正義亦曰、后能清靜、恭敬又至篤。皆未免迂回矣。

述聞

懋懋慔慔勉也　說文同。釋文云、慔亦作慕。案、慕慔皆从莫聲、然其義不同。說文慔勉也。慕習也。作慕非矣。

匡名

懋懋慔慔勉也　懋與釋詁之茂異體、懋懋或即詩勉勉我王之異文。洪頤煊說、慔慔詩作莫莫、今案詩惟君婦莫莫可牽連解此、然傳言清靜而敬至也、無強勉義、未知洪意何居。

黃侃音訓

慔慔勉也

釋訓、慔慔、勉也。頤煊案、釋訓一篇專爲釋詩而作、其

爾雅詁林　三　釋訓

間有不在今詩者，蓋三家傳本有異同也。慔慔當爲楚茨君婦莫莫之異文，莫與勿字同義。禮記禮器勿勿乎其欲其饗之也，鄭注勿勿，猶勉勉也。故莫莫亦爲勉也。

讀爾雅録

懋懋、慔慔、勉也。

懋、釋文云：「古茂字；」郝云：「非也、釋詁『茂、勉也、』茂乃懋之假借、非古今字。」釋詁云：「懋、勉也；」說文同。

慔、釋文「亦作慕、」郝云：「叚借也。」王引之云：「慔、音慕、又音莫、方言『侔莫、強也；』淮南繆稱篇『猶禾之莫與、』高注『莫、勉之也。』重言之則曰莫莫、小雅楚茨說祭祀之事曰：『君婦莫莫、』莫莫、與慔慔同、猶言勉勉也。毛傳未免迂回。」

爾雅學

懋懋慔慔勉也○釋曰　注疏本刪。

皆自勉强也　注疏本自誤出。

校勘記

懋懋茂音慔慔慕音勉也

音圖・音

茂　暮

懋懋慔慔、勉也。

孫侶直音

懋茂懋慔慕慔勉也

楊氏音訓

慔暮

于氏音釋

庸庸慅慅勞也

庸庸、慅慅、勞也。皆劬勞也。

郭注

庸庸慅慅勞也　釋曰、皆劬勞也、有功庸者皆勞也。小雅巷伯云勞人草草、毛傳云草草、勞心也。又陳風月出云勞心慅兮。慅草音義同。

邢疏

庸庸慅慅勞也

慅騷草蕭三音。釋文

郭音義

黃輯古義

慅、慅騷草蕭三音。

郭音義

玉函山房輯佚

庸庸慅慅勞也

郭璞云皆劬勞也。

一切注音

慅慅　郭騷草蕭三音。釋文

古注斠

庸庸容音慅慅郭騷草蕭三音。

陸音義

庸庸慅慅勞也

初無事也，庸庸者或擾之，慅慅者或騷之。

新義

庸庸慅慅勞也　慅慅亦作艸艸。

鄭樵注

庸庸慅慅勞也　慅、郭騷草蕭三音。

郭璞曰、皆劬勞也。

鄭樵曰、慅慅亦作艸艸。

古注合存

懋懋慔慔勉也、庸庸慅慅勞也。懋茂同、慔慕同、慅音騷。○註曰、懋懋慔慔、皆勉強、庸庸慅慅、皆劬勞也。疏曰、書云懋哉、詩月出云勞心慅兮。

注疏參義

懋懋慔慔勉也 **註** 皆自勉强 庸庸慅慅勞也 **註** 皆劬勞也 **正義** 釋詁云、懋、勉也。庸、勞也。說文云、慔、勉也。重言之義同。荀子大畧篇、庸庸勞勞。廣雅云、庸庸、用也。舊疏引小雅巷伯云、勞人草草。毛傳、草草、勞心也。陳風月出云、勞心慅兮。草慅音義同。

正義

爾雅詁林　三　釋訓

庸庸慅慅勞也 皆劬勞也

庸、勞也、已見釋詁。庸訓功、功亦勞。荀子大略篇云庸庸勞勞、是其義也。慅者、說文云動也。動勞義近。詩勞心慅兮、邢疏引勞人草草。毛傳草草、勞心也。是草草即慅慅。慅有草音、故爾雅釋文云慅、郭騷草蕭三音。然則詩予羽譙譙、予尾翛翛、亦皆勞敝之義。翛本作消、葢亦慅慅之聲借。

義疏

庸庸炎 慅慅艸艸勞也 郭注皆劬勞也。書庸庸祇祇、字各爲義。此葢悥、心如炎、一作炎炎。詩勞人草草。記騷騷爾。

集解

庸庸慅慅勞也 上經云庸勞。重言亦然。書康誥庸庸祇祇、孫疏勞也。荀子大畧亦云庸庸勞勞。慅、動也、从心蚤聲。禮記檀弓故騷騷爾則野、注、謂大疾。詩巷伯勞人草草、傳勞心也。葢本此經慅勞以爲義也。勞、劇也、从力熒省。上經云、病也、勤也。

義證

庸庸慅慅勞也 註皆劬勞也 補正 邢疏、小雅勞心草草。慅草音義同。

郭注補正

庸庸慅慅勞也 釋詁云、庸、勞也。王風兔爰我生之初尚無庸、鄭箋云庸、勞也。重言之則曰庸庸。荀子大畧篇云庸庸勞勞。 慅、釋文云騷草蕭三音。邢疏云、小雅巷伯勞人草草、傳云草草、勞心也。又陳風月出云、勞心慅兮。慅草音義同。

說詩

庸庸節音慅蚤 釋文云、慅、郭騷草蕭三音。

庸庸慅慅勞也 邢疏云、小雅巷伯云勞心草草、毛傳草草、勞心也。又陳風月出云、勞心慅兮。草慅音義同。

注疏正字

懋懋慔慔勉也庸庸慅慅勞也 郭註、皆自勉强。說文、懋勉也、引書時惟懋哉。 慔、勉也。○郭註、皆劬勞也。舜典有能奮庸、鄭註庸、勞也。 慅、動也。陳風、勞心慅兮。小雅、勞人草草。慅草音義同。

匡名

啓蒙

慅慅、勞也。 慅通作騷、九歎蹇騷騷而不釋。又與翛近、詩鴟鴞予尾翛翛、傳翛翛敝也、箋云言已勞苦甚。又與愁通、九歎心愁愁而思舊邦。

黃侃音訓

庸庸、慅慅、勞也。

庸、勞也、已見釋詁。邵引荀子大略篇「庸庸勞勞、」庸庸、亦勞勞也、此王引之所謂古人之複語也。

慅、說文「動也；」陳風月出云：「勞心慅兮、」慅即勞之副詞也。邢疏引小雅巷伯云：「勞人草草、」傳「草草、勞心也。」郝云：「草草、即慅慅、慅有草音、故爾雅釋文云：『慅、郭騷、草、蕭、三音。』」

爾雅學

庸庸慅慅勞也○釋曰 注疏本刪。

慅蚤 雪牕本慅音騷。 盧刻郭騷草蕭三音。

校勘記

校勘記訂補

慅慅勞也釋文、慅、郭騷草蕭三音。今本音蚤、非是。

注疏本正誤

爾雅詁林 三 釋訓

爾雅詁林　三　釋訓

庸庸慅慅音搔勞也

音圖・音

容　蕭騷

庸庸慅慅勞也。

孫侶直音

庸庸慅騷慅勞也

楊氏音訓

慅騷又音蕭

干氏音釋

赫赫躍躍迒也、

赫赫、躍躍、迒也皆盛疾之貌。

郭注

赫赫躍躍迅也　釋曰、孫炎云赫赫、顯著之迅。大雅常武云赫赫業業、毛傳云赫赫然盛也。何人斯云躍躍毚兔、是皆顯盛迅疾之貌。

邢疏

赫赫躍躍迅也

赫、舍人本作奭、失石反。釋文

犍爲注

赫赫躍躍迅也　釋文、躍躍、樊本作濯。

詩云、濯濯厥靈。釋文

樊注

赫赫躍躍迅也

赫赫、顯著之迅、詩正義十八之五　邢疏

孫音注

赫赫躍躍迅也

赫、音釋。釋文

郭音義

赫赫躍躍迅也

赫、許格反　釋文

謝音

黃輯古義

奭奭躍躍迅也　釋文、赫赫、舍人本作奭。

奭、失石反。釋文

犍爲注

赫赫濯濯迅也

詩云、濯濯厥靈。釋文

樊注

赫赫躍躍迅也

赫赫、顯著之迅　邢疏詩大雅常武正義

孫音注

赫赫、音釋。

郭音義

赫赫、許格反。釋文

謝音

玉函山房輯佚

赫赫躍躍濯迅也

詩云、濯濯厥靈。樊注　釋文二十九

赫赫、顯著之迅。孫

注　詩疏十八之五

鈎沉

赫赫躍躍迅也　釋文、赫赫、郭音釋、舍人本作奭、失石反。躍躍、樊本作濯。

孫曰、赫赫、顯著之迅。詩正義十八之五　邢疏

樊曰、詩云、濯濯厥靈。釋文

漢注

赫赫躍躍迅也　釋文二十九卷、赫、舍人本作奭。躍、樊光本作濯。

樊光云、詩曰、濯濯厥靈。釋文二十九卷　孫炎云、赫赫、顯著之迅。詩正義十八之五卷　郭璞云、皆盛疾之貌。

一切注音

赫赫迅也　孫炎曰、赫赫顯著之迅。詩常武正義　舍人本作奭、失石反、郭音釋。釋文　趯趯　樊本作濯濯、引詩曰、濯濯厥靈。釋文

古注斠

赫赫　郭釋、舍人本作奭、失石反。說文云、奭盛也、謝詩格反。趯趯　余斫反、樊本作濯、引詩釋云、濯濯厥靈。

陸音義

赫赫趯趯迅也

赫赫、君子之迅。趯趯、小人之迅。

新義

赫赫趯趯迅也　迅、奮迅也。

鄭樵注

赫赫趯趯迅也　赫舍人本作奭、郭音釋。趯樊本作濯。樊光曰、詩云、濯濯厥靈。孫炎曰、赫赫、顯著之迅。郭璞曰、皆盛疾之貌。鄭樵曰、迅、奮迅也。

古注合存

赫赫、犍爲文學作奭奭。趯趯、樊光作濯濯。

補注

赫赫趯趯迅也【註】皆盛疾之貌【正義】釋詁云、迅疾也。商頌殷武云、赫赫厥聲。江漢毛傳、赫赫然盛也。疏引孫炎云、赫赫、明著之迅。小雅巧言云、趯趯毚兔。釋文云、赫、舍人本作奭、說文云奭盛也。趯、樊光本作濯、引詩釋云、濯濯厥靈。

正義

赫赫趯趯迅也　皆盛疾之貌

迅者、釋詁云、疾也。赫者、釋文云、郭音釋、舍人本作奭、失石反。說文奭盛也。是奭赫音義同。詩常武傳赫赫然盛也。正義引孫炎曰、赫赫、顯著之迅。郭云盛疾之貌、與孫義同。赫本訓盛、以其盛極、又兼迅疾爲義也。

趯者、詩趯趯毚兔之趯、釋文音他厤反、說文云、躍、迅也、从翟聲。爾雅釋文、趯、余斫反、非矣。又云、趯、樊本作濯、引詩釋云、濯濯厥靈。是樊炎以濯與赫義近、濯濯光明盛大也。

義疏

赫赫濯濯 趯趯 迅也

樊注、詩云濯濯厥靈。孫注、赫赫、顯著之迅。郭注、皆盛疾之皃。詩赫赫業業、舍人本作奭奭趯趯。詩趯趯毚兔、趯趯阜螽。赫赫南仲、言兵迅也。赫奭則未聞。

集解

赫赫趯趯迅也

赫、火赤皃、从二赤、會意。引申爲迅、謂火性之迅疾也。詩出車赫赫南仲、言兵之迅。常武赫赫明明、赫赫業業、節南山赫赫師尹、大明赫赫在上、雲漢赫赫炎炎、均謂顯盛、非此義也。趯、足之迅也、从足翟聲。詩巧言趯趯毚兔、韓詩作趯、言兔跳躍之迅。草蟲趯趯阜螽、傳趯躍也、即迅也。或者專釋詩赫赫厥聲、濯濯厥靈二語。樊光本趯故作濯。迅、疾也、从辵卂聲。謂走之疾、與卂略同。

義證

赫赫趯趯迅也

【註】皆盛疾之貌【補正】邢疏、孫炎云赫赫、顯著之迅。釋文、赫、舍人本作奭、說文云奭盛也。趯、樊本作濯、引詩濯濯厥靈。

郭注補正

赫赫趯趯迅也。舍人本作奭奭、樊光作濯濯、皆古字通也。詩韎韐有奭、白虎通德論作赩。古無赩字也。許慎訓赫爲赤、訓奭爲盛、不知路車有奭毛傳亦云赤、是赫奭通之證。濯濯、光以爲卽濯濯厥靈。

錢氏古義

爾雅詁林　三　釋訓

赫赫躍躍迅也

此當釋商頌殷武赫赫厥聲、濯濯厥靈。蓋以其爲相連之文而並釋之、如坎坎壿壿瞿瞿休休之類。樊本作濯、是也。赫赫濯濯形容其聲靈之達於四方者至盛且速。故鄭箋云赫赫乎其出政教也、濯濯乎其見尊敬也。濯躍俱從翟、故得相通借。小雅出車赫赫南仲、傳云赫赫、盛貌。大雅大明赫赫在上、傳云赫赫著見於天。常武赫赫明明、赫赫業業傳竝云赫赫然盛也。孫炎云赫赫、顯著之迅。郭云盛疾之貌、皆以赫赫爲盛而兼迅義也。赫、舍人本作奭者、小雅采芑路車有奭、傳云奭、赤貌。赫從雙赤、故說文云奭、盛也。與赫音義皆同。　濯濯、郎躍躍。大雅靈臺麀鹿濯濯、傳云濯濯、娛遊也、非也。鹿最善走、故小弁云鹿斯之奔。此宜從雅訓作濯濯、迅也。巧言躍躍毚兎、正義云躍躍然者跳疾之狡兎。彼釋文云躍、他歷反、讀如趯趯阜螽之趯。釋文云躍躍、余斫反、又讀如魚躍于淵之躍。躍與趯音義皆同、傳云趯趯、躍也。

說詩

赫赫節疏赫赫盛盛也（盛盛、誤然盛。）皆是顯著然疾之貌（然、當

（盛字誤。）

注疏正字

赫赫躍躍迅也　釋文云赫、舍人本作奭、躍樊本作濯。

匡名

赫赫躍躍迅也郭註、盛疾之貌。　說文、赫、大赤貌、从二赤。商頌赫赫厥聲。　躍、迅也。躍躍也。小雅躍躍毚兎。樊本作濯、引詩濯濯厥靈。

啓蒙

躍躍、迅也。　躍與趯一語變易。詩躍躍毚兎、韓詩作趯趯毚兎、漢書李尋傳注趯與躍同、唐韻二字並以灼切

黃侃音訓

存存萌萌在也　懋懋慔慔勉也　赫赫躍躍迅也

釋文、萌萌、字或作蕄。（釋訓釋文）說文、蕄、存也。（心部蕄）玉篇引爾雅作蕄蕄。（心部蕄）釋文、懋懋、古茂字。（釋訓釋文）慔慔、亦作慕。（釋訓釋文）舍人本赫赫作奭奭。（釋訓釋文）樊光本躍躍作濯濯（引詩濯濯厥靈。釋訓釋文）

證異

躍躍迅也

錦燧謹案此釋詩巧言篇躍躍毚兔也。躍躍、韓詩作趯趯。史記春申君傳引詩曰、趯趯毚兔、遇犬獲之。新序善謀篇所引同。集解引韓氏章句曰、趯趯、往來兒。趯與躍音義俱同。釋文云躍、樊本作濯。疑齊魯詩又有作濯濯毚兔者、樊光不知濯爲躍之假借、反引詩濯濯厥靈句釋之、豈知與迅疾義不合耶。說文水部云、濯、澣也。又走部云、趯、踊也。又足部云、躍、迅也。是趯躍義畧同、而濯則同聲假借字也。

陸錦燧日記

赫赫、躍躍、迅也。

大雅常武「赫赫明明、」傳云：「赫赫然盛也；」疏引孫炎云：「赫赫、顯著之迅。」爾雅釋文「赫、郭音釋、舍人本作奭、失石反；」說文云：「奭、盛也；」是赫、奭、音義同、古通用。

躍者、說文「躍、迅也、从翟聲。」小雅「躍躍毚兔、」釋文「他歷反、」疏云：「跳疾也、」郝用此音義。爾雅釋文云：「躍、樊本作濯、引詩釋云：『濯濯厥靈；』」樊光蓋以「赫赫厥聲、濯濯厥靈、」同出商頌殷武、故爾雅連及其字也。

爾雅學

赫赫躍躍迅也○釋曰注疏本刪。

何人斯云舊本同、誤也。閩本監本毛本改巧言詩。

皆顯盛迅疾之貌注疏本盛迅誤著然。

校勘記

赫赫躍躍迅也邵晉涵爾雅正義曰、躍、樊光本作濯、引詩釋云、濯濯厥靈。

躍疏引躍躍毚兔、詩釋文、躍、他櫟翻、音剔。俗音迪、非。陸音余所翻、讀如字、不從詩音、樊本作濯、引詩、濯濯厥靈。赫赫、濯濯正釋殷武、樊本為是、則赫字不必音釋。郭作奭舍人本也。

注疏校勘札記

音略

釋 剔

赫赫躍躍迅也

孫偘直音。

赫釋赫躍笛躍迅也

楊氏音訓

綽綽爰爰緩也

綽綽、爰爰緩也皆寬緩也。悠悠偁偁丕丕簡簡存存懋懋庸庸綽綽盡重語。

郭注

綽綽爰爰緩也、釋曰皆寬緩也。小雅角弓云綽綽有裕、毛傳云綽綽寬也。王風兔爰云有兔爰爰、毛傳云爰爰緩意。郭云攸攸偁偁丕丕簡簡存存懋懋庸庸綽綽盡重語者、言此數字單言之其義亦同、但古人有重語者故復出之。

邢疏

綽綽爰爰緩也。悠悠偁偁丕丕簡簡存存懋懋庸庸

綽綽重語者、言此數字單言之其義亦同、但古人有重語者、故復言之。邢疏

郭音義

玉函山房輯佚

綽綽爰爰緩也

郭璞云、皆寬緩也。悠悠偁偁丕丕簡簡存存懋懋庸庸綽綽盡重語。今本此節無註、據宋本及邢昺疏增正。

一切注音

綽綽爰爰緩也

邵氏正義云、釋文有重語二字、舊疏亦述、監本郭注多脫誤、今據宋本於注皆寬緩也四字下補悠悠偁偁丕丕簡簡存存懋懋庸庸綽綽盡重語二十三字。此邵氏補之、是也。蓋悠偁丕簡諸訓雖見釋詁釋言、而重語之字於詩為多、重訓著於釋訓、正見別於單詞之見於釋詁釋言、乃知古人著書不憚繁瑣以曉人者如此。

古注斠

重語直用反、又直龍反。

陸音義

爾雅詁林 三 釋訓

重語直用反又直龍反○今本經注皆不見有重語字。案、疏引郭云、悠悠偁偁丕丕簡簡存存懋懋庸庸綽綽盡重語、則知郭注皆寬緩也下本有此十九字、故陸氏爲作音。臧生鏞堂見宋本郎本鍾本並有之、今邵本郭注已全補。

音義攷證

綽綽爰爰緩也

綽綽君子之緩。爰爰小人之緩。

新義

綽綽爰爰緩也　郭謂悠悠偁偁丕丕簡簡存存懋懋庸庸綽綽盡重語、謂此數字單言之其義亦同、但古人有重語者、故復言之。

鄭樵注

綽綽爰爰緩也　郭璞曰、皆寬緩也。明監本脫此注、又挩釋文及邢疏則此句下仍有悠悠偁偁丕丕簡簡存存懋懋庸庸綽綽盡重語十九字。鄭樵曰、郭謂悠悠偁偁丕丕簡簡存存懋懋庸庸綽綽盡重語、謂此數字單言之其義亦同、但古人有重語者、故復言之。

古注合存

赫赫躍躍、迅也。綽綽爰爰、緩也。赫音釋、躍音笛。○註曰、赫赫躍躍皆迅疾也。綽綽爰爰皆寬緩也。疏曰、詩常武云、赫赫業業。巧言云、躍躍毚兔。角弓云、綽綽有裕。兔爰云、有兔爰爰。

注疏參義

郭云悠悠偁偁丕丕簡簡存存懋懋庸庸綽綽盡重語者、言此數字單言之其義亦同、但古人有重語者、故復出之。以上見疏而注無之、當是郭舍人也。

補注

綽綽爰爰緩也 **註** 皆寬緩也悠悠偁偁丕丕簡簡存存懋懋庸庸綽綽盡重語 **正義** 釋言云、寬綽也。衛風淇澳云、寬兮綽兮、毛傳、綽、緩也。小雅角弓云、綽綽有裕、毛傳、綽綽、寬也。王風兔爰云、有兔爰爰、毛傳、爰爰、緩意。**註** 皆寬至重語○ **正義** 明監本皆寬緩也四字註誤入疏、脫悠悠偁偁以下十九字。案、釋文有重語二字、舊疏亦述、郭註監本郭註多脫誤、或所見非善本也。今据宋本補正二十三字。郭氏以悠偁丕簡存懋庸綽諸訓已見釋詁釋言、而古人有重言者、故舉以例、其餘其未舉者、可以類推。

正義

綽綽爰爰緩也　皆寬緩也悠悠偁偁丕丕簡簡存存懋懋庸庸綽綽盡重語以上二十三字、據宋本補正。

校議

綽綽爰爰緩也　皆寬緩也悠悠偁偁丕丕簡簡存存懋懋庸庸綽綽盡重語　舒緩寬綽並見釋言。說文綽緩互訓、義本爾雅。詩淇奧傳亦云、綽、緩也。爰者、詩兔爰傳、爰爰緩意。一切經音義廿三引韓詩云、爰發蹤之貌也。按、釋詁爰兼曰于於三義、皆引聲之緩也。韓詩爰謂發蹤、蹤與縱同、蓋行步之緩也。

義疏

綽綽爰爰緩也　郭注、皆寬緩也。悠悠偁偁丕丕簡簡存存懋懋庸庸綽綽盡重語。重語雖偶得本字正義、不依字釋也。此綽綽乃詩烝然罩罩之異文、亦作淖淖。又有兔爰爰亦不取爰緩。

集解

綽綽爰爰緩也　綽、字一作繛、寬緩也、从素卓聲。詩角弓綽綽有裕、傳、寬也。猶緩也。爰、引也、从受从于。正字爲䌸、緩爰疊韵。詩、有兔爰爰、韓詩、發蹤之皃也。毛傳、緩意。緩、綽也、从素爰聲。或从糸。釋名則謂爲有放縱之意。

義證

綽綽爰爰緩也

皆寬緩也悠悠偁偁丕丕簡簡存存懋懋庸庸綽綽

盡重語

仿宋本明注疏本刪此注。據釋文云、重語直用反、又直龍反、是陸所據本有此注也。邢疏亦引郭注悠悠以下十九字。

郭注佚存補訂

綽綽爰爰緩也

說文云、綽、緩也。小雅角弓綽綽有裕、毛傳云綽綽寬也。寬緩同義。衛風淇澳寬兮綽兮、寬綽對言、傳云綽、緩也。王風兔爰有兔爰爰、傳云爰爰、緩意。言為政有緩有急。箋申傳意云、有緩者、有所聽縱也。有急者、有所燥蹙也。案一切經音義引韓詩曰、爰爰發蹤之貌也。蹤當為縱。漢書蕭何傳、登縱謂解紲而放之也。聽縱與發縱同義、皆寬緩之意。疏云兔言緩、則雉為急、雉言在羅、則兔無拘制矣。舉一緩一急之物、故知喻政在緩急。

說詩

綽綽爰爰緩也下脫註皆寬緩也悠悠偁偁丕丕簡簡存存懋懋庸庸綽綽盡重語二十四字、從疏校。

注疏正字

綽綽爰爰緩也　郭註、寬緩也。說文、繛、𦃃也、从素卓聲、或省从糸。小雅綽綽有裕、傳綽綽寬也。王風有兔爰爰、傳爰爰緩意。

啓蒙

綽綽爰爰緩也。皆寬緩也。悠悠偁偁丕丕簡簡存存懋懋庸庸綽綽盡重語。　郭云

盡重語者、言單言亦得成義、實則凡疊字皆然、不獨悠悠以下也。即如明明察也、明明即明之重語、詩中單字傳多釋以重語、即是此意、詩皇皇者華、釋言皇華也、則重語之可作單言矣。邵晉涵謂悠偁丕簡存懋庸綽諸訓已見釋詁釋言、而古人有重言者、故舉以例其餘、其未舉者、可以類推。

黃侃音訓

綽綽爰爰緩也

錦燧謹案、綽綽釋詩角弓篇綽綽有餘也。毛傳云、綽綽、寬也。寬與緩義同。說文素部繛重文作綽、說解云、緩也。又𦃃重文作緩、說解云、綽也。二字互訓。單言之曰綽、如淇奧篇之寬兮綽兮。累言之曰綽綽、如角弓篇之綽綽有餘。其義則無殊也。爰爰蓋釋詩兔爰篇有兔爰爰也。毛傳云、爰爰、緩意。一切經音義二十三引韓詩傳曰、爰爰、發蹤之貌也。是毛韓與雅訓合。說文𤔡部云、爰、引也。與援音義俱同、而與緩義遠。爰訓緩者、緩从爰聲、爰即緩之同聲假借也。毛公以緩訓爰、亦猶假干為扞而傳云干扞也、假輖為朝而傳云輖朝也之例。

陸錦燧日記

綽綽、爰爰、緩也。

綽、說文與緩互訓。衛風淇澳「寬兮綽兮、」傳亦云：「綽、緩也。」小雅角弓「綽綽有裕、」傳云：「綽綽、寬也。」

爰爰者、王風兔爰「有兔爰爰、」傳云：「爰爰、緩意。」郝云：「釋詁爰、粵曰、于、於、三義、皆引聲之緩也。」

爾雅學

皆寬緩也悠悠偁偁丕丕簡簡存存懋懋庸庸綽綽盡重語　單疏本雪牕本同有此注、注疏本刪。釋文重語直用反、又直龍反。單疏本悠悠作攸攸。

綽綽爰爰緩也〇釋曰　注疏本刪。

綽綽爰爰緩也。今本疏皆寬緩也四字是注誤刊入疏。

校勘記

又疏引郭云則此注當仍有悠悠㑷㑷丕丕簡簡存存懋懋庸庸綽綽盡重語十九字釋文重直用反又直龍反按此則此處不惟有注且當爲二十三字矣。

注疏本正誤

坎坎壿壿喜也

坎坎、壿壿喜也 皆鼓舞懽喜。

郭注

坎坎壿壿喜也。釋曰皆鼓舞懽喜也。小雅伐木云坎坎鼓我蹲蹲舞我、鄭箋云爲我擊鼓坎坎然爲我興舞蹲蹲然謂以樂樂已也。壿蹲音義同。

邢疏

坎坎壿壿喜也

壿、舞貌。釋文

犍爲注

黄輯古義

坎坎壿壿喜也

壿壿舞貌。釋文

犍爲注

玉函山房輯佚

壿壿

舞貌。舍人注

鉤沉

壿壿喜也

舍人曰、壿壿舞貌。釋文

漢注

坎坎壿壿喜也

舍人云壿壿舞貌。釋文二十九卷 郭璞云皆鼓舞懽喜。

一切注音

壿壿喜也 舍人云、壿壿舞皃。釋文

古注斠

坎坎壿壿喜也

坎坎 苦感反 壿壿 七旬反舍人云舞貌毛傳同郭云謂鼓舞歡喜也說文云、壿士舞也宜從士尊也本或作蹲同

陸音義

坎坎壿壿喜也

坎坎非鼓也壿壿非舞也樂雖不足而意有餘。莊子曰、飲酒以樂爲主、不選其具美。

新義

坎坎壿壿喜也 據詩所言、非喜義、但喜躍而鼓舞也。

鄭樵注

坎坎壿壿喜也
舍人曰、壿壿舞貌、
郭璞曰皆鼓舞懽喜。
鄭樵曰、據詩所言、非喜義、但喜躍而鼓舞也。

古注合存

坎坎壿壿喜也。壿音存。○註曰皆歡喜也。疏曰詩伐木云。坎坎鼓我。蹲蹲舞我。壿蹲音義同。

注疏參義

坎坎壿壿喜也 **註** 皆鼓舞懽喜 **正義** 小雅伐木云、坎坎鼓我、蹲蹲舞我。說文云、竷繇也舞也、樂有章詩曰、竷竷舞我。壿、舞也。詩曰、壿壿舞我。詩釋文引說文作壿、士舞也。案、說文引詩與今本毛詩字句微異、坎與竷同音、蹲作壿、與爾雅同。蓋許氏所據爲古本也。鄭箋爲我擊鼓坎坎然、爲我興舞蹲蹲然、謂以樂樂已。是皆言喜也。釋文引舍人云、壿壿、舞貌。

正義

坎坎壿壿喜也 皆鼓舞歡喜

坎者、竷之叚音也。說文云、竷、繇也、舞也、引詩竷竷舞我。玉篇云、竷、和悅之響也。今作坎。按、詩之坎坎竝主聲言。伐木篇坎坎言鼓、蹲蹲言舞、分晰甚明。說文二舞字俱誤。伐木釋文引作舞曲也、曲字亦衍。其云竷繇、蓋本釋詁以繇爲喜。是說文竷繇、即爾雅坎喜。玉篇本此、故云竷、和悅之響。和悅即喜、響即鼓聲。伐木箋爲我擊鼓坎坎然、亦其義矣。壿者、說文云、舞也、引詩曰壿壿舞我。爾雅釋文引舍人云、壿舞貌、又引說

爾雅詁林 三 釋訓

文舞上有士字、衍也。壿、今詩作蹲、段借字也。毛傳同舍人。

義疏

坎坎壿壿喜也　舍人注、壿、舞皃。郭注、皆鼓舞歡喜。詩坎坎鼓我、蹲蹲舞我。說文引坎作竷。

集解

坎坎蹲蹲喜也　詩伐木坎坎鼓我、蹲蹲舞我、此釋之也。坎、陷也、从土欠聲。正字爲竷、竷、繇也、舞曲也、樂有章。蹲字亦作壿、舞也、从土尊聲。引申均有喜意、謂鼓舞所以使人喜悅也。或者坎之正字爲酣、與喜、樂也、从壴从口、會意。古文作歖、與歡同意。

義證

坎坎壿壿喜也　注皆鼓舞懽喜【補正】釋文、舍人云、壿壿、舞貌。

郭注補正

坎坎壿壿喜也　注皆鼓舞懽喜

諍曰、郝氏據玉篇竷和悅之響也、以說文引詩竷竷舞我爲鼓我之誤、又據說文竷繇也、釋詁訓繇爲喜、以明坎坎爲喜悅之聲、失之穿鑿。邵氏據詩箋爲我擊鼓坎坎然、爲我興舞蹲蹲然、謂以樂樂己、是以人鼓舞爲歡樂、似不以註爲然。案詩之坎坎、傳箋並主聲言、竊謂不然。坎坎鼓我、鼓爲革聲、坎坎伐檀兮、檀爲木聲、坎其擊缶、缶爲土聲、焉得同以坎坎擬之。蓋狀其聲者在鼓下、如擊鼓其鏜、伐鼓淵淵、鼓咽咽、皆言其聲。凡坎坎在擊與伐之上者、皆言擊與伐之貌。木曰伐、鼓亦曰伐、伐不同而同爲舉手以擊也。鼓我舞我對文、鼓當爲擊。坎坎言鼓貌、蹲蹲言舞貌。鼓舞之懽喜、猶孟子以手之舞之足之蹈之爲樂也、足明注文之非誤。

靜郭

坎坎壿壿喜也

皆鼓舞歡喜也

釋文引郭云、謂鼓舞歡喜也。今本脫也字、據補。

郭注佚存補訂

坎坎壿壿喜也

此釋小雅伐木坎坎鼓我、壿壿舞我、毛傳云、蹲蹲、舞貌。鄭箋云、爲我擊鼓坎坎然、爲我興舞蹲蹲然、謂以樂樂已、樂已卽喜也。彼釋文云、坎、說文作竷、音同、云舞曲也。毛傳於坎坎無訓、陳風宛丘坎其擊鼓、傳云、坎坎、擊鼓聲。蓋已釋於此、不重出也。蹲本或作壿、同。說文云、壿、士舞也、從士尊。案說文云、竷、繇也、舞也、引詩竷竷舞我。玉篇云、竷、和悅之響也。今作坎。壿壿、今毛傳作蹲蹲。說文云、舞也、引詩蹲蹲舞我。釋文引說文作士舞也。繫傳云、周禮舞者皆士也。今本蓋脫去士字。蹲壿俱從尊得聲、故互相假也。

說詩

坎坎壿壿喜也　說文夂部、竷、繇也、舞也、樂有章、从章从夅从夂、詩曰竷竷舞我。今詩作坎坎鼓我。　釋文云、壿、說文云、士舞也、宜從士尊也。本或作蹲、同。案玉篇士部引作蹲。

匡名

坎坎壿壿喜也　郭注、鼓舞懽喜。小雅、坎坎鼓我。說文、壿、士舞也、引詩壿壿舞我。今作蹲。

爾雅詁林　三　釋訓

箋、坎坎然爲我興舞、蹲蹲然謂以樂樂己。

啓蒙

壿壿喜也。玉篇士部引爾雅云、蹲蹲喜也、或作壿、亦作蹲、今詩作蹲。御覽人事部一百八引作僔。

黃侃音訓

壿壿。喜也疏、小雅蹲蹲舞我。壿蹲音義同。

考異摘要

坎坎蹲蹲喜也

錦燧謹案、此釋詩伐木篇坎坎鼓我蹲蹲舞我也。毛公坎坎無傳、蹲蹲云舞貌、亦循文立訓。說文土部云、坎陷也。陷與喜義遠。坎訓喜者、乃竷之假借字也。說文夊部云、竷、繇也、舞也、樂有章也、从章从夅从夊、會意、詩曰竷竷舞我。段氏訂之作繇舞也、从夊从章、樂有章也、夅聲。蒙謂繇也舞曲也、此許君於本義外說別一義、似不當併爲一句。至夅之本義、即降服之降、是竷之從夅無義、當依段本作夅聲爲是。亦有證乎、曰安得無證。許書從竷省聲之贛字、經傳中皆假貢爲之、貢從工聲、古東冬鍾江韻通用、貢以音同而假作贛、竷苟不從夅聲、贛何以通工聲之貢乎。故洪頤煊曰、靈臺詩鼉鼓逢逢、呂氏春秋高注、一切經音義卷六引詩鼉鼓韸韸、韸即竷字之省。蒙謂此非省文、乃譌字也。蓋三家異文逢有作竷者、韸即合竷逢二字而誤。說文無韸字、可證其非省文矣。而竷之當從夅聲、則又於通作逢證之矣。毛用假字作坎、而許書引作竷、是三家異文有用本字作竷竷者可知。据段氏六書音韻表、夅聲在弟九部、欠聲在弟八部、兩部古合韻、坎从欠聲、坎假作竷、乃異部假借字也。又說文士部云、壿舞也、从士尊聲、詩曰壿壿舞我。据許所引、知三家異文有作壿者、今毛詩作蹲、以壿蹲同从尊聲假蹲爲之耳。至蹲之本義、則說文足部云、踞也、與舞義遠。毛傳說文俱訓爲舞、而雅訓獨釋爲喜者、舞字兼虛實兩義、鼓舞與歡喜義相近也。

陸錦燧日記

坎坎、壿壿、喜也。

釋詁云：「喜、樂也。」「繇、喜也。」

坎坎爲喜者、小雅伐木「坎坎鼓我、蹲蹲舞我、」箋云：「爲我擊鼓坎坎然、爲我興舞蹲蹲然、謂以樂樂己、」此爾雅坎坎爲喜之義也。坎坎、說文引作竷竷、郝謂「坎者、竷之叚音、」是也。郝云：「說文云：『竷、繇也、舞也、』引詩『竷竷舞我；』玉篇云：『竷、和悅之響也。』按詩之坎坎、並主聲言、伐木篇坎坎言鼓、蹲蹲言舞、分晰甚明、說文二舞字俱誤。其云『竷繇、』葢本釋詁以繇爲言、是說文『竷繇、』即爾雅『坎喜；』玉篇本此、故云：『竷、和悅之響、』和悅即喜、響即鼓聲。」說文之「竷竷舞我、」段已易爲「鼓我、」不誤矣。說文之「繇也、舞也、」段欲易爲「吾舞也」三字、謂歌且舞也、此說尚未是。晉案「繇也、舞也、」應改爲「繇也、鼓也」四字、繇者、乃人部傜之假借字、人部云：「傜、喜也、」段注云：「傜、即繇；」鼓者、即鼓之舞之之鼓、亦動詞也。然則「繇也」二字、乃本於爾雅「喜也」之義；鼓也二字、乃本於詩「竷竷鼓我」之義；前釋其義、後舉其例也。如此訓釋、則爾雅說文、兩無疑義矣。

壿壿、詩伐木作蹲蹲、然釋文云：「本或作壿、」故郝以蹲爲叚借；爾雅釋文引舍人云：「壿、舞貌、」其字其義皆是也。段本說文云：「壿、士舞也、從士、尊聲、詩曰：『壿壿舞我；』」謂之士舞者、段注云：「周禮大胥以學士合舞、小胥巡學士舞列、故其字从士。」伐木釋文引說文、與段正同；郝引舊本說文、作「壿、舞也、」未審。

爾雅學

坎坎壿壿喜也○釋曰注疏本删。

校勘記

謂以樂已也也監本毛本湘本作謂以樂樂已也。詩伐木鄭箋同此、脫樂衍也。

注疏校勘札記

十八下（三八）三行坎坎壿壿喜也（注）皆鼓舞懽喜○《釋文》「壿」下引郭注作「謂鼓舞歡喜也」。

宋監本校箋

坎坎墫墫音蹲喜也

音圖・音

坎坎壿壿喜也。存逡

孫品直音

坎坎壿壿喜也讀存。詩作蹲。

直音校正

坎坎壿存壿喜也

楊氏音訓

壿七倫切

干氏音釋

瞿瞿休休儉也

瞿瞿休休儉也。皆良士節儉。

郭注

瞿瞿休休儉也　釋曰、李巡曰皆良士顧禮節之儉也。唐風蟋蟀云良士瞿瞿、毛傳云瞿瞿然顧禮義也。又云良士休休、毛傳云休休、樂道之心。皆良士節儉也。

邢疏

瞿瞿休休儉也

皆良士顧禮節之儉也。詩正義六之一 邢疏

李注

黃輯古義

瞿瞿休休儉也

皆良士顧禮節之儉也。邢疏 詩唐風蟋蟀正義

李注

玉函山房輯佚

瞿瞿休休儉也

李曰、皆良士顧禮節之儉也。詩正義六之一 邢疏

漢注

瞿瞿休休儉也

李巡云、皆良士顧禮節之儉也。詩正義六之一卷

郭璞云、皆良士節儉。

一切注音

瞿瞿休休儉也　李巡曰、皆良士顧禮義之儉也。詩蟋蟀正義

古注斠

瞿瞿居具反。休休虛求反、又虛虯反。

陸音義

瞿瞿休休儉也

李巡曰、皆良士顧禮節之儉也

郭璞曰、皆良士節儉。

鄭樵曰、瞿、居具反。

瞿瞿休休儉也。瞿音句。○註曰皆節儉也。疏曰詩蟋蟀云、良士瞿瞿、良士休休。

古注合存

瞿瞿休休儉也**註**皆良士節儉**正義**賈誼書云、廣較自斂謂之儉、反儉為侈。說文云、儉、約也。唐風蟋蟀云、良士瞿瞿。又云、良士休休。毛傳、瞿瞿然顧禮義也。休休、樂道之心。疏引李巡云、皆良士顧禮義之儉也。

注疏參義

瞿瞿休休儉也皆良士節儉

正義

爾雅詁林　三　釋訓

儉者斂也。賈子道術篇云、廣較自斂謂之儉。說文云、儉、約也。約亦收斂之義。瞿者驚顧貌。休者、釋詁云、息也、美也。美亦樂息亦止。止節甘樂爲儉。故詩蟋蟀傳云、瞿瞿然顧禮義也。休休、樂道之心。正義引李巡曰、皆良士顧禮節之儉也。顧以瞿言、節以休言。其義較郭注爲精密。

義疏

瞿瞿休休儉也 李注、皆良士顧禮節之儉也。郭注、皆良士節儉。詩良士瞿瞿、良士休休。

集解

瞿瞿休休儉也 此專釋詩蟋蟀良士瞿瞿良士休休二語也。瞿、鷹隼之視也。从隹从䀠、會意。釋儉者、正字爲臞耳。臞、少肉也。少肉則儉於肉矣。休、息止也。从人依木、會意。引申爲儉謂休止而儉於行也。故以之狀良士之節儉。儉、約也。从人僉聲。廣雅釋詁、儉、少也。易否象傳、君子以儉德避難。

義證

瞿瞿休休儉也

【註】良士節儉【補正】邢疏、李巡曰、皆良士顧禮節之儉也。

郭注補正

瞿瞿休休儉也

此釋唐風蟋蟀良士瞿瞿、良士休休。毛傳云、瞿瞿然顧禮義也。休休、樂道之心。案瞿瞿、休休本不訓儉、以此詩爲刺晉僖公儉不中禮而作、故以儉釋詩大義、非詁字也。瞿瞿、顧懼之貌。說文云、䀠、左右視也。讀若拘、又若良士瞿瞿。瞿與䀠蓋同字也。齊風東方未明、狂夫瞿瞿。傳云、瞿瞿、無守之貌。禮記玉藻視容瞿瞿梅梅。注云、不審貌。瞿瞿二字隨文釋義、皆無定詁。然瞿從䀠、䀠爲視。說文瞿爲鷹隼之視、而懼字又從瞿、其爲驚顧畏懼之義可知。休休者、寬容之義。見鄭注書秦誓。或云休休美大貌、亦無定詁。要之均於儉義無當也。

說詩

瞿瞿音居具切。具、誤其。

注疏正字

瞿瞿休休儉也 賈誼云、廣較自斂謂之儉、反儉爲侈。郭註、良士節儉。說文、䀠、ナ又視也。

註、凡詩禮或言瞿、或言瞿瞿、皆䀠之假借。瞿行而䀠廢矣。瞿下、雇隼之視也。然義亦有相通者。唐風良士瞿瞿。傳、瞿瞿然顧禮義也。良士休休。傳、休休、樂道之意。李巡云、皆良士顧禮義之儉也。

啓蒙

休休儉也

樾謹按、休休猶嘻嘻也。僖元年公羊傳何休注曰、嘻、發痛語首之聲。休與嘻一聲之轉。廣雅釋詁、休、喜也。休之爲嘻、猶休之爲喜矣。詩蟋蟀篇首章瞿瞿、以目言。二章蹶蹶、以足言。三章休休、即嘻嘻、以聲言。並不敢荒淫之意。故爾雅曰、瞿瞿休休儉也。毛傳以休休爲樂道之心、則不合雅訓矣。說詳毛詩。

平議

瞿瞿、休休、儉也。

瞿瞿者、郝云：「驚顧貌。」唐風蟀蟋「好樂無荒、良士瞿瞿、」傳云：「瞿瞿然顧禮義也。」此兼釋義、非止言字義。

休者、止也、蟋蟀云：「好樂無荒、良士休休、」正義引李巡云：「皆良士顧禮節之儉也。」郝云：「止節甘樂爲儉。」

爾雅學

校勘記

瞿瞿休休儉也○釋曰 注疏本刪。

校勘記訂補

瞿居其反 雪牕本居具反。

瞿瞿休休儉也釋文、瞿居具反今本具誤作其。

注疏本正誤

唐風蟋蟀云 監本毛本湘本作蟋蟀。案、說文無蟋蟀字、玉篇蟀音窣。此蟋蟀、當蟋蟀形近之譌。

注疏校勘札記

句

瞿瞿休、休、儉也。

孫侶直音

瞿句瞿休休儉也

楊氏音訓

瞿 句

干氏音釋

旭旭蹻蹻憍也

旭旭、蹻蹻、憍也。皆小人得志憍蹇之貌。

郭注

旭旭蹻蹻憍也 釋曰、郭氏讀旭旭爲好好。小雅巷伯云驕人好好、鄭箋云好好者喜讒言之人也。大雅板篇云小子蹻蹻、毛傳云蹻蹻、驕貌。是皆小人得志憍蹇之貌也。

邢疏

蹻蹻憍也 詩正義引孫炎尒疋憍作驕

謂驕慢之貌。詩正義十七之四

孫音注

旭旭蹻蹻憍也

旭呼老反蹻居夭反。釋文 郭氏讀旭旭爲好好。邢疏

郭音義

旭旭蹻蹻憍也

旭許玉反。釋文

謝音

黃輯古義

旭旭蹻蹻驕也 今注疏本作憍、詩正義引孫炎爾雅作驕。

謂驕慢之貌。詩大雅板正義

孫音注

旭旭蹻蹻憍也、旭呼老反。釋文讀旭旭爲好好。詩小雅云、驕人好好。邢疏 蹻、居夭反。釋文

郭音義

旭旭、許玉反。

謝音

玉函山房輯佚

蹻蹻憍也 詩正義引孫炎尒疋憍作驕。

孫曰、謂驕慢之貌。詩正義十七之四

漢注

旭旭蹻蹻憍也

孫炎云、蹻蹻、謂驕慢之貌。詩正義十七之四卷 郭璞云、皆小人得志憍蹇之貌。

一切注音

旭旭憍也 郭、呼老反。釋文

蕙心案、旭旭、卽詩驕人好好之異文也。旭、說文讀若好、郭音是也。

蹻蹻 孫炎曰、謂驕慢之貌。詩板正義 郭、居夭反。釋文

古注斠

爾雅詁林 三 釋訓

旭旭謝、許玉反。郭呼老反。蹻蹻郭、居夭反。案詩小雅小子蹻蹻音巨虐反今依詩讀憍九苗反。

陸音義

旭旭蹻蹻憍也

夢夢囼囼非旭旭亦不可

新義

瞿瞿休休儉也旭旭蹻蹻憍也瞿、居具反，憍、卽驕反。

鄭樵注

旭旭蹻蹻憍也旭旭、郭讀爲好好，呼老反。蹻、郭居夭反。孫炎曰、謂憍慢之貌。

郭璞曰、皆小人得志憍蹇之貌。

鄭樵曰、憍、卽驕反。

古注合存

旭旭蹻蹻憍也。蹻極虐反，憍音驕。○此以下八條皆類舉性質之敗，與時勢之殆者而釋之也。註曰、皆憍蹇也。疏引詩板篇云、小子蹻蹻，毛傳云、驕貌。愚按字書云、旭音勗，旭旭憍蹇貌，舊讀旭旭爲好好，而引詩驕人好好爲証，似曲。

注疏參義

旭旭郭氏讀爲好好，疏有而注無，蓋亦舍人之說，鄭不取。

補注

旭旭蹻蹻憍也註皆小人得志憍蹇之貌正義釋文云、旭旭、郭呼老反。是郭氏讀旭旭爲好好，小雅巷伯云驕人好好，鄭箋好好、喜讒言之人也。釋文又云、謝許玉反，則旭讀如字。太元從次二云、方出旭旭，朋從爾醜。測曰、方出朋從、不知所之也。大雅板云小子蹻蹻、毛傳蹻蹻、驕貌。疏引孫炎云、謂驕慢之貌。

正義

旭旭蹻蹻憍也皆小人得志憍蹇之貌

憍者、玉篇云、遪也。廣韵云、恣也。經典通作驕。旭者、蓋慉之叚音。詩不我能慉，鄭箋慉、驕也。義本爾雅。釋文慉、許六反，毛興也。說文、起也。按起與興同，興訓爲善，與驕義近，是毛許與鄭箋合。詩正義未達，反以毛傳慉興爲非，又以爾雅不訓慉爲驕，均失檢也。聲借爲旭。漢書揚雄傳云、嘻嘻旭旭，集注旭旭、自得之貌。又借爲好。詩驕人好好，鄭箋好好、喜讒言之人也。苞有苦葉釋文旭、說文讀若好，字林呼老反。爾雅釋文旭、郭呼老反，呼老卽好字之音矣。蹻者、詩板傳云、蹻蹻、驕貌。正義引孫炎曰、謂驕慢之貌。說文云、舉足行高也。

義疏

旭旭好好蹻蹻憍驕也孫注、謂驕慢之皃。郭注皆小人得志驕蹇之皃。詩、驕人好好，蓋三家作旭。又、小子蹻蹻。

集解

旭旭蹻蹻憍也旭、日旦出皃，从日九聲，正字爲驕。驕、旭雙聲。詩巷伯、驕人好好。三家作旭旭，以旭旭爲驕之形况字也。蹻、舉足行高也，从足喬聲，引申爲憍。詩板、小子蹻蹻，傳驕皃。憍字本作驕，馬高六尺之名，从馬喬聲。經典或以爲喬之借字。禮記樂記、齊音敖辟喬志。

義證

旭旭蹻蹻憍也

邢疏云、郭氏讀旭旭爲好好。小雅巷伯云驕人好好，鄭箋云好好者、喜讒言之人也。大雅板小子蹻蹻，毛傳云蹻蹻、驕貌。是皆小人得志憍蹇之貌也。案釋文云、郭呼老反，呼老卽好之音。傳云好好喜也、非也。好好謂驕人之態、非王喜用驕人也。小雅巷伯之勞人草草謂之勞、上文慅慅、勞也。慅慅卽草草。則驕人好好卽謂之驕。孫炎憍字作驕、作驕者是。孫炎云、謂驕慢之貌。驕與憍同字。此詩應從雅訓。

說詩

旭旭蹻蹻憍也 釋文云、郭旭、呼老切。蹻、居夭切。案、詩、小子蹻蹻。音巨虐切。今依詩讀。

注疏正字

旭旭蹻蹻憍也　憍詩正義十七之四引作驕。案說文心部無憍字。

匡名

旭旭蹻蹻憍也 說文、旭、日旦出皃。郭註、皆小人得志憍蹇之皃。此引伸假借之義也。漢揚雄傳、嘻嘻旭旭。又、郭讀旭旭爲好好。小雅驕人好好、箋、好好、喜讒言之人也。蹻、舉足行高也。引詩小子蹻蹻。傳、蹻蹻驕貌。

啓蒙

憍　驕　邢疏、郭氏讀旭旭爲好好。小雅巷伯云、驕人好好。大雅板篇云、小子蹻蹻。毛傳云、蹻蹻驕貌。據此當作驕。憍乃驕之俗字。蹻憍亦同字並見凡驕傲字皆當作蹻驕下云一曰野馬義亦通蹻。

黃侃評本正名

蹻蹻、憍也。　蹻憍亦同字並見。　凡驕傲字皆當作蹻。驕下云一曰野馬、義亦通蹻。

黃侃音訓

旭旭憍也釋文旭旭、謝許玉反、郭呼老反。邢疏引詩、驕人好好。案邶風旭日始旦、釋文云旭、說文讀若好、字林呼老反。據此、郭蓋用字林音也、讀旭爲好、古音如是。玉篇始作呼玉切、蓋漢以後之音。今說文旭从日九聲、讀若勖。盧學士文弨云、勖从力冒聲、知亦讀若好也

胡氏古義

旭旭憍也

案、郭云、皆小人得志憍蹇之皃。釋文云、郭呼老反。說文、旭讀若好。呼老卽好字之音。易家人卦家人嗃嗃、婦子嘻嘻。說文無嗃字。漢書揚雄傳、嘻嘻旭旭。正本易誼、疑易古本有作旭旭者。詩巷伯篇驕人好好、毛傳云好好、喜也。疑三家詩亦必有作驕人旭旭者、故爾雅釋之。

王頌清日記

旭旭蹻蹻憍也

錦燧謹案、說文無憍字。詩正義卷十七之四引作驕、是孔所見爾雅作驕、殆樊孫本也。今景純本作憍、俗字不可從。旭旭、卽毛詩巷伯篇之驕人好好。古音旭讀若好、猶畜讀若好之比、旭好音同、故可通假。段氏六書音韻表九聲好聲同在弟三部可證也。疑三家異文有作驕人旭旭者、故爾雅亦作旭旭、訓驕者。毛傳云、好好、喜也。喜與嘻通。易家人、婦子嘻嘻。驕佚喜笑之意、是毛公以喜釋好、與雅訓以驕釋旭其義亦合、故漢書揚雄傳云、嘻嘻旭旭也。嘻字許書所無、知古祗作喜。許書喜下云、樂也。此喜之最初義。樂則易驕、則驕佚喜笑乃喜之引申義。好與喜義相蒙、毛傳訓喜者、自由好字引申之、則當以好爲本字、旭爲假字。段氏說文注轉謂今詩好好字爲旭旭之借、是正假倒置矣。蹻蹻則釋詩板篇小子蹻蹻也。毛傳云、蹻蹻、驕貌。與雅訓亦合。

陸錦燧日記

旭旭、蹻蹻、憍也。

玉篇「憍、逸也；」廣韻「憍、恣也。」經典憍、通作驕。

旭者、郝云：「蓋憍之段音。」邶風北風「不我能憍、」箋云：「驕也、」即本於爾雅。漢書揚雄傳云：「嘻嘻旭旭、」集注「旭旭、自得之貌、」自得與憍義近。爾雅釋文云：「旭旭、郭呼老反、謝許玉反、」呼老爲好字音。小雅巷伯「驕人好好、」箋云：「好好、喜讒言之人也。」

爾雅詁林　三　釋訓

蹻、說文「舉足行高也；」此即左氏傳所云：「舉趾高、心不固」也。大雅板云：「小子蹻蹻、」傳「蹻蹻、驕貌；」疏引孫炎云：「謂驕慢之貌。」

爾雅學

旭旭蹻蹻憍也○釋曰注疏本刪。

校勘記

僑嬌人反雪牕本僑居高反。盧刻憍九苗反。

校勘記訂補

旭旭蹻蹻音角憍音嬌也

音圖・音

旭謝許玉翻、卯字郭呼老翻。音好案、郭讀旭旭爲好好、注無其文、當是音義之說。

音略

勗　脚，驕

旭旭蹻蹻憍也

孫侃直音

旭旭蹻極虐切蹻憍驕也

楊氏音訓

蹻脚　憍喬

干氏音釋

夢夢訰訰亂也

夢夢、訰訰、亂也。皆闇亂。

郭注

夢夢訰訰亂也　釋曰、孫炎曰、夢夢昬昬之亂也。大雅抑篇云、視爾夢夢。又曰、誨爾諄諄。是皆闇亂也。訰諄音義同。

邢疏

夢夢訰訰亂也

夢夢、訰訰、煩懣亂也。釋文

犍爲注

夢夢亂也

夢夢、昬昬之亂也。詩正義十八之一邢疏

孫音注

夢夢亂也

夢、亡增反釋文

沈集注

夢夢訰訰亂也

夢夢、訰訰、煩懣亂也。釋文

顧音

夢夢亂也

夢、亡增反。釋文

施音

黃輯古義

夢夢訰訰亂也

夢夢、昬昬之亂也。邢疏詩大雅抑正義

孫音注

夢夢訰訰亂也

夢、亡增反。釋文引沈施

沈集注

夢夢訰訰亂也。夢夢、訰訰、煩懣亂也。釋文

顧音

夢夢、亡增反。釋文引沈施

施音

玉函山房輯佚

夢夢訰訰亂也

煩懣亂也。顧野王並釋文二十九

鉤沉

夢夢亂也

孫曰、夢夢、昬昬之亂也。詩正義十八之一邢疏

漢注

夢夢訰訰亂也

孫炎云、夢夢昏昏之亂也。詩正義十八之一卷 郭璞云、皆闇亂。顧野王云、夢夢、訰訰、煩懣亂也。釋文二十九卷

一切注音

夢夢訰訰亂也 孫炎曰、夢夢、昏昏之亂也。詩抑正義 顧舍人云、夢夢、訰訰、煩滿亂也。釋文

古注斠

夢夢 亡工、亡棟二反、沈旄亡增反。訰訰 之閏、之純二反、或作諄、音同。顧舍人云、夢夢、訰訰、煩懣亂也。紃 囚春、昌沿二反。本無此字。

陸音義

紃囚春昌沿二反本無此字○臧云、紃、此郭注為訰字作音也。今注闕此、故校者云本今無此字。脫今字。沿、當作沿為正、下同。

音義攷證

夢夢訰訰亂也

訰訰不聽。夢雖聽、不審。

新義

夢夢訰訰亂也 謂闇亂。訰、卽諄也。

鄭樵注

夢夢訰訰亂也

舍人曰、夢夢、訰訰、煩懣亂也。此釋文引顧舍人云、然或疑舍人即顧官、然攷釋文引諸家姓下無稱官者、惟漢舍人失其姓名、則稱舍人、顧下加名之野王、後多單稱顧、其一二處書顧舍人者、蓋顧說與舍人同、而釋文所引每不拘世次、故舍人或繫之顧下、猶之言張樊於施李、言沈孫言郭謝及舍人也云爾。朱竹垞經義考書釋言編介之注、釋訓薨薨之字及此注皆以為漢舍人本如此、今從之。○又按前委委佗佗、釋文於佗佗下云顧舍人引詩釋云禕禕它它如山如河、而上文委委下已云舍人云禕禕者心之美、引詩云亦作禕、則知顧氏引詩與舍人同、而顧舍人之稱、是二人非一人明矣。

孫炎曰、夢夢、昏昏之亂也。

郭璞曰、皆闇亂。

鄭樵曰、謂闇亂。訰、卽諄也。

古注合存

薨薨訰訰亂也。薨音蒙、訰音諄。○註曰、皆闇亂也。疏曰、詩抑篇云、視爾薨薨。愚按訰訰、亂言貌。

注疏參義

夢夢訰訰犍爲文學云、煩懣亂也。

補注

夢夢訰訰亂也 **註** 皆闇亂 **正義** 詩疏引孫炎云、夢夢、昏昏之亂也。釋文引顧野王云、夢夢、訰訰、煩懣亂也。小雅正月云、視天夢夢、釋文云、亂也。韓詩云、惡貌也。大雅抑云、視爾夢夢。毛傳用爾雅。荀子哀公篇、繆繆忳忳、其事不可循。楊倞註、忳與肫同、雜亂之貌。楚詞九章云、中悶瞀之忳忳。賈誼書先醒篇、不知治亂存亡之所由、忳忳然猶醉也。抑又云、誨爾諄諄、中庸鄭註引作忳忳。說文云、諄告曉之孰也。忳肫訰諄音義同。

正義

夢夢訰訰亂也 皆闇亂

亂者、釋名云、渾也。按渾謂渾渾無分別、渾渾猶惛惛不燎慧之言也。夢者、說文云、不明也。不明卽亂、故詩抑傳云、夢夢、亂也。正義引孫炎曰、夢夢、昏昏之亂也。正月釋文引韓詩云、夢夢、惡貌也。音轉字變又作芒芒、文選歎逝賦云、何視天之芒芒、李善注、芒芒猶夢夢也。訰者、諄之或體也。詩抑釋文、諄字、又作訰。爾雅釋文、訰或作諄。說文云、諄告曉之孰也。與煩亂義近、通作啍。莊子胠篋篇云、啍啍已亂天下矣、別作忳。中庸注云、肫肫讀如誨爾忳忳之忳。又別作訰。玉篇心部、忳云、悶也、亂也。言部、訰云、亂也。別有諄字、與說文同訓。是玉篇分諄訰為二、說文但有諄字。方言云、諄、憎所疾也。宋魯凡相惡謂之諄憎、若秦晉言可惡矣。玉篇本之、而云、諄、可惡也。以諄為可惡、亦猶韓詩以夢為惡貌。惡與亂義近、故爾雅釋文引顧舍人云、夢夢訰訰煩懣亂也。楚辭惛誦篇云、中悶瞀之忳忳。荀子哀公篇云、繆繆肫肫、竝與諄諄同。

義疏

夢夢訰訰 諄諄 亂也 舍人注、煩懣亂也。孫

集解

注、夢夢、昏昏之亂也。郭注、皆闇亂。詩、視天夢夢。又、誨爾諄諄。

夢夢訰訰亂也 夢、不明也。从夕瞢省聲。引申為亂。詩正月視天夢夢、釋文亂也。抑視爾夢夢、傳亂也。訰字本作諄、告曉之熟也。从言𦎫聲。引申為亂。訰諄古今字。詩抑誨爾諄諄、中庸鄭注引作忳忳、謂誨爾多而有襍亂之意。或者正字為惷。與左傳所謂今王室實惷惷焉是亂治也、經典或以為𢿱之借字。

義證

夢夢訰訰亂也

【註】皆闇亂【補正】邢疏、孫炎曰夢夢、昏昏之亂也。釋文或作諄。顧、舍人云夢夢、訰訰、煩懣亂也。

郭注補正

夢夢訰訰亂也

皆闇亂

釋文於訰訰下出紃字云因春昌沿二反舊校云本無此字。盧氏文弨云、此郭注為訰字作音也、今注闕此故校者云本無此字。

郭注佚存補訂

夢夢訰訰亂也

大雅抑視爾夢夢誨爾諄諄、毛傳云夢夢、亂也。箋云我教告王、口語諄諄然、王聽聆之藐藐然。謂王惛亂若此。案詩以諄諄為教誨之辭、此以訰訰易之而訓為亂、非詩義也。說文有諄無訰、故釋文云、訰或作諄。抑釋文云、諄字又作訰。訰諄音同。玉篇、訰亂也。與諄異義。詩雅蓋各自為義也。中庸鄭注引詩作誨爾忳忳。忳與諄亦通假字也。

說詩

夢夢訰 下釋文有紃字、云、因春昌沿二切、一本無此字。

注疏正字

夢夢訰訰亂也

注曰、皆闇亂。釋文引顧、舍人云夢夢訰訰煩懣亂也。邢曰、孫炎曰夢夢、昏昏之亂也。大雅抑篇云、視爾夢夢。邵曰、小雅正月云、視天夢夢。楚詞九章云、中悶瞀之忳忳。賈誼書先醒篇云、不知治亂存亡之所由、忳忳然猶醉也。忳訰音義同。家大人曰、莊子胠篋篇曰、故天下每每大亂。李頤曰、每每猶昏昏也。案每每即夢夢之為每、猶甍之為甋矣。方言甋謂之甋、郭注、今字作甍。引之謹案、釋文訰或作諄。襄三十一年左傳、且年未盈五十而諄諄焉、如八九十者弗能久矣。諄諄耗亂也。言耗亂如八九十人也。說見左傳

述聞

夢夢訰訰亂也 夢、通瞢、又通懜。說文夕部夢、不明也。从夕瞢省聲。又苜部瞢、目不明也。从苜从旬。又心部懜、不明也。从心夢聲。三字音義皆同。後人以夢代㝱寐字。 釋文云、訰或作諄。案說文言部無訰字。 亂、當作𢿱。見釋詁

匡名

夢夢訰訰亂也 郭註、謂闇亂。說文、夢、不明也。从夕瞢聲。小雅視天夢夢、傳為亂夢夢然。賈誼云、不知治亂存亡之所由、忳忳然猶醉也。荀子繆繆忳忳註、忳與肫同。大雅誨爾諄諄、中庸鄭註引作忳忳。忳肫訰諄音義同。

啓蒙

訰　諄　釋文訰。或作諄。邢疏引大雅抑篇云視爾夢夢。又曰。誨爾諄諄。當作諄。依義當作頓鈍。

黃侃評本正名

夢夢訰訰亂也。　夢夢與下儚儚近、又與懜近、下釋文字或作懜、說文懜不明也。又通作懵、集韻引廣雅懵闇也。夢聲轉又作瞀、故楚語注瞑眩、頓瞀也、頓瞀即訰夢矣。方言頓愍、惛也、注頓愍猶頓悶也、廣雅頓愍亂也、頓愍亦即訰夢、頓訰同聲、愍夢聲轉、此訰益即頓引申之義、淮南要略終身顛頓乎混冥之中、是頓有顛倒、闇亂義也。又通作屯、莊子外物慰愍沈屯、屯與訰頓通、又文子精誠篇屯閔條達、屯亦訓惛故淮南脩務作鈍聞條達、注鈍聞猶鈍惛也、是頓訰又可通作鈍矣。

黃侃音訓

綽綽爰爰緩也　坎坎壿壿喜也　夢夢訰訰亂也

毛詩傳綽綽、緩也。衞風淇奧詩傳　又綽綽、寬也。小雅角弓詩傳　說文坎坎作竷竷。夂部　毛詩作蹲蹲。小雅伐木詩　說文壿、士舞也。士部壿　釋文壿壿本或作蹲。釋訓釋文　訰訰、或作諄。釋訓釋文　顧野王云夢夢訰訰、煩懣亂也。釋訓釋文

綽綽爰爰緩也、按古人祝延常用綽綰字。晉姜鼎銘、用蘄綰眉壽。伯碩父鼎銘用祈丐百祿眉壽綰綽。漢安世房中歌克綽永福、師古注綽、緩也。皆本爾雅。訰訰亂也。釋文、訰、或作諄。按大雅抑詩誨爾諄諄、鄭氏中庸注引作忳忳。荀子哀公篇繆繆忳忳、楊倞注忳與肫同、雜亂之貌。訰諄忳肫音義並通。

證異

訰訰亂也。釋文本或作諄。案說文諄、告曉之孰也。詩誨爾諄諄義同。與爾雅訓亂者無涉。襄三十一年左傳且年未盈五十而諄諄焉、如八九十者弗能久矣。此與闇亂義近。莊子天地篇諄芒將東之大壑、釋文諄、霧氣也。又引李注云、諄芒、望之諄諄、察之芒芒、故曰諄芒。集韻、諄或作啍。莊子胠篋篇釋夫恬淡無爲而悅夫啍啍之意、啍啍已亂天下矣。此亦與爾雅訰訰之訓爲近。

胡氏古義

訰訰。亂也疏引詩誨爾諄諄。訰諄音同。

考異摘要

訰訰亂也　疏引詩誨爾諄諄　案諄、說文、告曉之孰也。叔明據以訓亂、殊失詩人之旨。竊謂訰訰當作惷惷、同音相叚字耳。說文心部惷、亂也。春秋傳曰、王室日惷惷焉。今本多以蠢爲之。蠢、叔重云、蟲動也、下文云、不遜也。蟲動有亂之像、不遜亦有亂之意。

董瑞椿日記

夢夢、訰訰、亂也。

郭注云：「闇亂；」郝云：「釋名『亂、渾也、』謂渾渾無分別。」

夢者、說文云：「不明也。」大雅抑「視天夢夢、」傳用爾雅；疏引孫炎云：「夢夢、昏昏之亂也。」王念孫云：「莊子胠篋篇曰：『故天下每每大亂、』李頤曰：『每每、猶昏昏；』案每每、即夢夢、夢之爲每、猶甍之爲甒矣。」然則夢夢之爲亂、不外爾雅釋文所引顧舍人云：「夢夢、訰訰、煩懣亂也。」

訰者、玉篇言部「訰、亂也、」此與爾雅之訰、字義均同。荀子哀公篇云：「繆繆肫肫、其事不可循、」楊倞注云「肫與訰同；訰、雜亂之貌、爾雅云：『訰訰、亂也、』訰、之旬反；」是訰又作肫。邵謂「忳、肫、訰、諄、音義同、」今考玉篇云：「忳、悶也、亂也、」邵所引楚詞「中悶瞀之忳忳、」賈誼書先醒篇「忳忳然猶醉也、」皆爲悶亂義之忳、與訰當同義而異字。說文無訰有諄、然諄非訰字也。

爾雅學

校勘記

夢夢訰訰亂也○釋曰注疏本刪。

音圖・音

夢夢訰訰音諄亂也。

孫侶直音

夢夢訰訰亂也。

蒙 肫去聲

楊氏音訓

夢蒙夢訰諄訰亂也

干氏音釋

夢蒙又莫鳳切 訰之閏切

郭注

懪懪邈邈悶也

懪懪邈邈悶也皆煩悶。

邢疏

懪懪邈邈悶也 釋曰、懪懪、煩悶也。舍人曰、藐藐、憂悶也。大雅抑篇云、聽我藐藐、毛傳云、藐藐然不入也。是皆煩悶之謂也。

犍爲注

懪懪邈邈悶也

藐藐、憂悶也。詩抑正義 邢疏

黃輯古義

犍爲注

懪懪邈邈悶也

藐藐、憂悶也。邢疏 詩大雅抑正義

玉函山房輯佚

漢注

邈邈悶也

舍人曰、藐藐、憂悶也。詩正義十八之五 邢疏

一切注音

懪懪邈邈悶也

舍人云、藐藐、憂悶也。詩正義十八之一卷 郭璞云、皆煩悶。

古注斠

邈邈悶也 舍人曰、藐藐、憂悶也。詩抑正義

蕙心案、抑詩正義引爾雅、作藐藐、與舍人本同、舍人本毛詩。

陸音義

懪懪本又作㬥、蒲卓反、又布卓反。說文云、大呼也自冤也。邈邈亡角反。

音義攷證

懪本又作㬥。說文云、大呼也自冤也○案、說文作大呼自冤、與此不同、亦不可必以此爲誤。

新義

懪懪邈邈悶也

心實暴我而貌若有乏焉、雖欲不悶不得也。王文公曰、邈有乏之貌而無其事、雖近邈也。

鄭樵注

懪懪邈邈悶也懪音雹。

古注合存

懪懪邈邈悶也

舍人曰、邈邈、憂悶也。

郭璞曰、皆煩悶。

鄭樵曰、懪音雹。

正義

懪懪邈邈悶也 **註** 皆煩悶 **正義** 說文云、悶、懣也。懣、煩也。玉篇云、懪、煩悶也。釋文云、本又作㬥。顏師古漢書註謂痛切而叫呼也。邈邈通作藐藐。大雅抑云、聽我藐藐、毛傳、藐藐然不入也。疏引舍人云、藐藐憂悶也。

懪懪邈邈悶也皆煩悶

悶者、說文云、懣也。懣、煩也。懪者、𧬯之或體也。釋文、懪、本又作𧬯、蒲卓反、又布卓反。引說文云、大呼也、自冤也。今說文及玉篇冤俱作勉、又脫上也字、竝誤矣。漢書東方朔傳云、舍人不勝痛、呼𧬯。集注、𧬯、自冤痛之聲也。今人痛甚則稱阿𧬯、與說文合。玉篇始收懪字、云煩悶也。蓋本郭注爲說耳。邈者、藐之或體也。釋詁、藐藐、美也。美悶以聲轉爲義。詩抑傳、藐藐然不入也。箋云、藐藐然忽略。正義引舍人曰、藐藐、憂悶也。荀子哀公篇、繆繆肫肫。按、繆繆、邈聲轉。楊倞注讀繆爲膠、失之。

義疏

懪懪邈邈悶也

舍人注、藐藐、悤悶也。郭注、皆煩悶。懪

懪詩、作熇熇、多將熇熇。又聽我藐藐。

集解

懪懪邈邈悶也 懪、字本作𧬯、大呼自冤也、从言暴省聲。引申爲悶。經典通用熇。易家人、熇熇。詩板、多將熇熇。均謂煩悶。邈、字本作藐、此艸也、从艸貌聲。或作藐、正字爲眊。眊、目少精也。引申爲悶。眊藐藐邈通用字。詩抑、聽我藐藐。書大傳作眊、謂藐藐然不入、聽而憂悶。悶、懣也、煩也、从心門聲。字亦作㦖。

義證

懪懪邈邈悶也 懪、布卓反。

註皆煩悶 補正 邢疏、舍人曰、藐藐、憂悶也。釋文、說文云、大呼也、自冤也。

郭注補正

懪懪邈邈悶也

邢疏云、懪懪、煩悶也。舍人曰、邈邈、憂悶也。大雅抑篇云、聽我邈邈、毛傳云、藐藐、不入也。是皆煩悶之謂也。案、藐與邈同。大雅瞻卬、藐藐昊天。崧高、既成藐藐。皆作藐。此作邈者、當是三家詩。

說詩

懪懪邈邈悶也 釋文云、懪、本又作𧬯。案、說文心部無懪字、邈、說文辵部新附字。詩正義之十八引作藐。

匡名

懪懪邈邈悶也 說文、悶、懣也。懣、煩也。玉篇、懪、煩悶也。邈、通作藐。大雅、聽我藐藐。舍人云、藐藐、憂悶也。

啓蒙

懪 𧬯 釋文、懪、本又作𧬯。說文云、大呼也、自冤也。今本作大呼自勉也。

邈 藐 詩正義引舍人曰、藐藐、憂悶也。邢疏引作邈邈、蓋因經誤改。當依詩正義作藐。當作繆、荀子哀公繆繆肫肫、繆繆卽爾雅之邈邈、肫肫卽爾雅之訰訰。

黃侃評本正名

邈邈悶也。 邈邈當作繆、荀子哀公篇繆繆肫肫、繆繆卽爾雅之邈邈、肫肫卽爾雅之訰訰。

黃侃音訓

邈邈悶也

錦燧謹案、此釋詩抑篇聽我藐藐也。毛傳云、藐藐然不入也。孔疏引舍人云、藐藐、憂悶也。據此知沖遠所見舍人本爾雅、邈邈作藐藐矣。邢昺爾雅疏引舍人本又作邈邈、未知孰是。疑三家異文有作聽我邈邈者、故爾雅各本亦有作邈作藐之異。淮南子脩務訓高注引詩正作聽我邈邈、但不知爲齊魯韓何家之異文耳。說文無邈字、漢書韋賢傳顏注藐與邈同、又大徐新坿云、邈、遠也、从辵貌聲。而漢書嚴助傳顏注、韋賢傳應邵注俱云、藐、遠也。是古衹作藐、邈卽藐之俗體。可知說文艸部云、藐、茈艸也、此藐之本訓。今訓悶者、藐悶一聲之轉、藐卽悶之假借字也。

陸錦燧日記

懪懪、邈邈、悶也。

郭注云：「皆煩悶。」說文云：「悶、懣也、懣、煩也。」

懪、釋文「本又作㬥、蒲卓反、說文云：大呼也、自冤也、」邵引顏師古

漢書注云：「謂痛切而叫呼也。」郝云：「懪者、㬥之或體、東方朔傳云：『

舍人不勝痛呼㬥、』集注『㬥、自冤痛之聲也、』玉篇始收懪字、云『煩悶也

、』蓋本郭注爲說耳。」

邈、說文辵部新附字、郝以爲藐之或體。大雅「聽我藐藐、」傳「藐藐然

不入也、」箋「藐藐然忽略。」疏引舍人云：「憂悶也。」

爾雅學

懪懪邈邈悶也○釋曰注疏本删。

校勘記

懪懪音雹邈邈悶也

音圖・音

懪本又作㬥、同、蒲卓翻、音雹竝母又布卓翻、音剝。幫母 漢書㬥字、服虔音暴、鄧展音瓟、顏師古音步高翻。音袍

音略

懪懪邈邈悶也。雹 藐

孫侶直音

懪雹懪邈莫邈悶也

直音校正

懪雹懪邈邈悶也

楊氏音訓

懪蒲角切 邈草角切

干氏音釋

儚儚洄洄惽也

儚儚、洄洄、惽也皆迷惛。

郭注

儚儚洄洄惽也 釋曰皆迷亂惽惑也。郭音義云、洄本作儨、音韋。

邢疏

儚儚惽也

儚、亡崩亡冰二反。釋文

孫音注

儚儚洄洄惽也

洄、音韋、釋文本或作幃、音韋。釋文引郭音義 又邢疏引郭音義同

郭音義

洄洄昏也

洄、音回。釋文

沈集注

儚儚洄洄惽也

說文引爾雅作䙟䙟禬禬。案、潛夫論云、佪潰潰。蓋用爾雅文。

衆家注

黃輯古義

儚儚亡崩亡冰二反。釋文

孫音注

儚儚洄洄惽也。洄、本作䙟、音韋。釋文 邢疏

郭音義

儚儚洄洄惽也

洄、音回。釋文

沈集注

玉函山房輯佚

儚儚惽也

孫曰、儚、亾崩亾冰二反。釋文

漢注

儚儚洄洄惛也

郭璞云、皆迷惛。二十九卷

一切注音

郭璞音義云、洄本或作𢄙、音韋。釋文

洄洄惛也 郭音韋、音義云、本或作𢄙。釋文

蕙心案、說文引爾雅作𧝎𧝎𧞣𧞣、據說文則爾雅洄洄下當有潰潰二字。詩、潰潰回遹。

古注斠

儚儚 字或作儚、孫云崩亡冰二反。 洄洄 沆音回。郭音韋、音義云本或作𢄙、音韋。案、字林𢄙、重衣貌、于屋反。 惛 音昏。

陸音義

洄洄 郭音韋、音義云本或作𢄙音韋〇案、上音韋二字衍。𧝎本皆從巾、下字林亦同。案、說文從衣、今改正。字林亦云重衣貌、則皆非從巾、今亦改正。

音義攷證

儚儚洄洄惛也

人則儚儚、我逆而回之惛矣。孟子曰、宮之奇諫、百里奚不諫、可謂不知乎。

新義

儚儚洄洄惛也 儚、亡崩反。

鄭樵注

儚儚洄洄惛也 儚、孫亡崩亡冰二反。洄、郭音韋、音義云本或作𧝎音韋。

郭璞曰、皆迷惛。

鄭樵曰、儚、亡崩反。

古注合存

㦟㦟邈邈悶也。儚儚洄洄惛也。 㦟音雹、儚音萌。洄本作𧝎、音韋。〇註曰、㦟㦟邈邈、皆煩悶。儚儚洄洄、皆迷惛也。疏曰、詩抑篇云、聽我邈邈。

注疏參義

儚儚洄洄惛也 **註** 皆迷惛。**正義** 說文云、惛、不憭也。儚、惛也。釋文引郭氏音義云、洄本或作𢄙。案、說文引爾雅云𧝎𧝎𧞣𧞣、疑郎儚儚洄洄之異文。𧝎、通作恛。太元疑初一云、疑恛恛、失貞矣。注云、執志不固、恛恛從人、故失正見之道也。𧞣、通作潰。大雅召旻云、潰潰回遹、毛傳、潰潰、亂也。

正義

儚儚洄洄惛也 皆迷惛

惛者、說文云、不憭也。與怋同、云怓也。詩民勞傳、惛怓、大亂也。儚者、儚之或體、說文云、儚、惛也。與懜同、云不明也。釋文、儚、字或作儚、孫亡崩亡冰二反。然則儚爲或體、懜亦聲借、儚字經典不用、故借儚與儚爲之耳。洄者、亦叚借也。玉篇作佪、云佪佪、惛也。然佪亦或體。釋文引郭音義云、洄本或作𧝎、音韋。說文引爾雅作𧝎𧝎𧞣𧞣、是𧝎𧝎卽佪佪之聲借、然則𧞣𧞣亦卽憒憒之聲借也。說文及蒼頡篇竝云、憒、亂也。亂亦惛也。楚辭逢尤篇云、心煩憒兮意無聊。憒通作潰。詩召旻傳、潰潰、亂也。據說文所引、則知爾雅當有潰潰二字、今脫去之。段氏玉裁據潛夫論云佪佪潰潰、蓋用爾雅文、可證矣。

義疏

儚儚佪佪惛也 郭注、皆迷惛。說文引𧝎𧝎𧞣𧞣、王符引佪佪潰潰。

儚、卽夢涉上而誤也。詩、潰潰回遹。佪、佪、未聞。

集解

儚儚洄洄惛也 儚、字本作儚、人之惛也、从人夢聲。與懜略同、經典通用夢。詩雞鳴、蟲飛薨薨、謂蟲飛之多而形惛。洄、溯洄也、从水回會意、正字爲憒。憒、亂也、猶惛也。借潰爲之、或者儚與夢通用、惛、憒、洄通用字。詩召旻潰潰回遹、傳、亂也。詩所謂視爾夢夢是彼。說文引𧝎𧝎𧞣𧞣、潛夫論引洄洄潰潰、蓋均因通段而異文也。惛、不憭也、从心昏聲。經典或以爲怋之借字。詩民勞以謹惛怓、傳、大亂也。

義證

儚儚洄洄惛也 儚、亡崩反。洄、音韋。

註 皆迷惛

郭注補正

儚儚洄洄、陸德明曰、洄本作𧝎。按說文解字引本書有𧝎𧝎襀襀之言、應卽此。

錢氏古義

儚儚洄洄惛也

儚儚者、小雅正月視天夢夢、毛傳云、王者爲亂夢夢然、鄭箋云、夢夢然而亂、無統理安民之意。說文云、儚、惛也。儚從夢、故相通用。郭氏音義云、洄本或作𧝎。說文𧝎下引爾雅云、𧝎𧝎襀襀。說文無襀字、潛夫論作洄洄潰潰、襀當爲潰之誤字。其引𧝎𧝎者、蓋據爾雅或本。玉篇云、洄洄惛惛也。𧝎洄俱同音相假。竊疑此經當作洄洄潰潰、故說文及潛夫論俱引之、儚儚二字、當是上文夢夢之異體、而誤移於此。大雅召旻云潰潰回遹、毛傳云、潰潰、亂也。潰亦憒之假借。說文云、憒、亂也。惛亂同義。

說詩

儚儚洄洄惛也　釋文云、洄、郭音韋。惛、釋文作惽。從氏者、仍唐諱也。凡緍昬等字並同。

疏郭音義云洄本作幗　幗、案字林云、重衣貌。毛本作𧝎、監本誤幗。

注疏正字

儚儚洄洄惛也　釋文云、儚字或作懜。案說文人部無儚字、作懜則與上文夢夢重出、當作儚。說文人部儚、惛也、从人瞢聲。又云、洄音義云本或作𧝎。案說文衣部𧝎、重衣皃、从衣圍聲。爾雅曰、𧝎𧝎襀襀。臣鉉等曰、說文無襀字、爾雅亦無此語。錢少詹曰、襀當爲潰之譌。潛夫論救邊篇、洄洄潰潰、當何終極。卽用此語。儚儚、卽上文之夢夢。不應重出、必潰潰之譌也。說文水部、洄、游洄也。非此義。臧氏鏞堂曰、玉篇人部、廣韻十五灰部、佪字注皆云、佪佪、惛也。正本此。元照案、說文人部無佪字、恐當作潿。說文水部潿、不流濁也、从水圍聲、或作湋。說文水部湋、回也、从水韋聲。

匡名

儚儚洄洄惛也　說文、惛、不憭也。郭註、謂迷惛。懜、惛也。洄通作𧝎、說文引爾雅作𧝎𧝎襀襀。

啓蒙

儚　儚。說文作懜。惛也。

黃侃評本正名

懜儚洄洄惛也　上云夢夢亂也、夢夢音同、亂惛義同。嚴元照云、儚作懜。釋文儚字或作懜。則與上文夢夢重出、案此篇上下文聲義相同者甚多、重出無嫌、如藹藹濟濟、止也、藹藹萋萋、臣盡力也、卽重出。錢大昕亦以重出爲疑。又秩秩、肅肅、廱廱皆重出。洄通作佪回、太玄疑初一云疑洄洄、注云執志不固、佪佪從人、劉公幹雜詩回回自昏亂、注楚辭曰、腸回回兮盤紆。釋文引郭音義云、洄本或作𧝎、案說文引爾雅作𧝎𧝎襀襀、郝氏因謂洄下當有潰潰二字、今脫去之。余謂此有三本、一如今本、一作𧝎𧝎襀襀、襀本作憒或作潰讀緣𧝎而並作衣旁。一作洄洄潰潰、潛夫論救邊。若於儚儚洄洄之下更加潰潰二字、則與上下文句不齊矣。

黃侃音訓

儚儚洄洄惛也。釋文、洄、郭音韋、音義云、本或作𧝎。邵氏正義曰、說文引爾雅曰、𧝎𧝎襀襀、疑卽儚儚洄洄之異文。承珙案、邵說是也。許所引爾雅本、郭時尙有存者、故知洄或作襴。至禬字、本不見說文、疑當作憒、今爾雅僓字卽憒之亦相近易誤。

胡氏古義

洄洄惽也

錦燧謹案、阮氏校勘記謂洄爲泝洄字、以上僓僓例之、當作佪佪、玉篇人部廣韻十五灰佪字注皆云佪佪惽也、本此經、今本作洄洄、非。竊謂阮說未是。說文無佪字、而俗本爾雅作佪者、卽涉上文僓字而誤从人旁、自以今本作洄者爲是。阮氏所云、是反以不狂爲狂矣。釋文引郭氏音義云、洄、本或作幗。幗、卽襴之或體、古巾部衣部字多通、猶襤或作幱之比。說文衣部亦引爾雅曰襴襴禬禬、是古本爾雅有作襴襴者、可知非舍人本卽樊孫本也。惟毛詩中無洄洄連文者、亦無襴字。⿱尚豕謂爾雅之洄洄、許所引爾雅之襴襴、皆毛詩召口篇潰潰之異文也。蓋以音求之、洄从回聲、襴从圍聲、潰从貴聲、俱在段書弟十五部、音同故得通假。疑三家異文有作洄洄回遹及襴襴回遹者、故爾雅亦作洄與襴也。說文水部云、洄、泝洄也。又云、潰、漏也。又衣部云、襴、重衣皃。三字各有本訓、今訓爲惽者、則又憒之假借字也。說文心部云、憒、亂也。亂與惽義相⿱尚豕。以是推之、則說文所引爾雅必衍禬禬二字無疑。蓋襴卽潰之異文、許君引之、以說襴之假借義。後人知卽潰潰之異文、因記於旁、校者誤入正文、并涉襴字而譌从衣旁、遂複沓爲襴襴禬禬、而讀者不知爲何語矣、豈知說文無禬字、固可卽許書而知禬爲譌字耶。

陸錦燧日記

僓僓洄洄惽也、郭云、洄、本或作幗、楷案、僓僓洄洄誤倒、而僓又爲字之誤。郭音義謂洄本或作幗、幗與洄音近、字又通作襴、故說文引爾雅作襴襴禬禬、且可證洄洄在上、僓僓在下矣。但許所據僓僓作禬禬、禬禬與僓古音不相近、詩召旻傳、潰潰、亂也、惽亂義同、則禬禬卽潰潰、當以作禬爲是。潛夫論云佪佪潰潰、正本爾雅文。古萻字、或作蕢、書禹貢雲萻、周禮職方作雲蕢、萻與貴形正相近、蓋貴誤爲萻、遂誤爲蕢、而偏旁又誤衣爲人耳。說文僓惽也、當是淺人依誤本爾雅增入。

稗疏

僓僓、洄洄、惽也。

說文「惽、不憭也。」憭者、慧也、是惽爲不慧。

僓、釋文云：「字或作儚、孫亾崩、亾冰二反。」說文人部無僓；心部有懜、云「不明也。」然郝以僓爲儚之或體；說文人部云：「儚、惽也、从人、薨聲、」呼肱切；段亦謂「釋訓僓、當作儚、與『夢夢、亂也、』義別。」

洄者、釋文「洄、沈音回、郭音韋、音義云：『本或作襴、音韋、』案字林『襴、重衣貌、于回反。』」案說文衣部云：「襴、重衣皃、从衣、圍聲、爾雅曰：『襴襴禬禬；』」此與釋文所引音義字林字義均同、是爾雅本作襴襴、惽也；今作洄洄者、聲借字也。玉篇又云：「佪佪、惽也、」郝謂「佪亦或。」

說文引爾雅有「襴襴禬禬；」潛夫論救邊篇云：「洄洄潰潰、當何終極；」錢大昕據之、以爲釋訓僓僓、必潰潰之譌。郝氏則云：「禬禬、即憒憒之聲借、說文及蒼頡篇竝云：『憒、亂也、』亂亦惽也；通作潰、詩召旻傳『潰潰、亂也、』據說文所引、則知爾雅當有潰潰二字、今脫去之。」

爾雅學

洄洄釋文、唐石經、單疏本、雪䆅本同。按此溯洄字、以上儚儚例之、當作佪佪。玉篇人部、廣韵十五灰佪字注皆云佪佪惛也。本此經。今本作洄洄、非。

儚儚洄洄惛也〇釋曰 注疏本刪

洄本作憒音韋注疏本憒作禂、釋文幗音韋。按字林、幗重衣貌。按幗當作禂、幗卽禂之誤。說文衣部禂、重衣貌。字不從巾。按字林以下云云義乖、似非陸語。邵晉涵正義云、太元疑初一疑禂禂失貞矢。憒禂蓋一字、從心不誤也、從巾從衣皆非。

校勘記

郭音義云洄本作憒音韋監本毛本同。湘本作洄。本作憒音韋六字在儚亡崩反下、脫郭音義云四字、憒下添一作洄三字。案此邢疏引郭音義原文、湘本改之非是。

注疏校勘札記

六行儚儚洄洄惛也〇《玉篇》人部「佪」下及《廣韻》灰韻「佪」下皆云：佪佪，惛也。是「佪」字當從人作「佪」。《潛夫論·救邊篇》云：「佪佪潰潰，當何終極。」《說文》衣部「禂」下引《爾雅》「禂禂潰潰」，與《潛夫論》「佪佪潰潰」聲音相近，郝氏《義疏》謂據《說文》所引則知《爾雅》當有「潰潰」二字。

宋監本校箋

儚儚音蒙洄洄惛也

音圖·音

儚儚洄洄惛也 萌 瞢

孫侶直音

儚儚讀萌洄洄回韋惛也

直音校正

儚萌儚洄韋洄惛也

楊氏音訓

儚彌登切洄回惛昏

干氏音釋

版版盪盪僻也

版版盪盪僻也皆邪僻。

郭注

版版盪盪僻也 釋曰、皆邪僻也。李巡曰、版版失道之僻也。盪盪者弗思之僻也。大雅板篇云、上帝板板。毛傳云、板板反也。上帝以稱王者也。鄭箋云、王爲政反先王與天之道。又蕩篇云、蕩蕩上帝。鄭箋云、蕩蕩法度廢壞之貌。版板盪蕩音義同。

邢疏

版版盪盪僻也

版版者失道之僻也。盪盪者弗思之僻也。

釋文　邢疏

李注

版版蕩蕩僻也

蕩蕩、法度廢壞之僻。詩正義十八之一

孫音注

黃輯古義

版版蕩蕩僻也今注疏作盪盪、釋文蕩蕩本或作盪。

版版者失道之僻也。蕩蕩、勿邢疏作盪盪弗思之僻也。釋文

邢疏

李注

版版蕩蕩僻也今注疏本作盪。

蕩蕩、法度廢壞之僻。詩大雅蕩正義

孫音注

玉函山房輯佚

蕩蕩

法度廢壞之僻。孫注　詩疏十八之一

鈎沉

版版蕩蕩僻也

李曰、版版者失道之僻也。盪盪者、勿思之僻也。釋文　邢疏

孫曰、蕩蕩法度廢壞之僻。詩正義十八之一

漢注

版版盪盪僻也

李巡云、版版者失道之僻也。盪盪者、弗思之僻也。釋文　孫炎云、蕩蕩法度廢壞之僻。詩正義十八之一　卷二十九　卷一　郭璞云、皆衺僻。

一切注音

版版蕩蕩僻也　李巡曰、版版失道之僻也。蕩蕩、弗思之僻也。釋文　孫炎云、蕩蕩、法度壞廢之僻。詩板正義

蕙心案、李孫本皆作蕩蕩。釋文盪與蕩同、云本或作盪。

古注斠

蕩　本或作盪、徒朗反。李云、蕩蕩者弗思之僻也。　版版　詩作板、並如字。李云、版版者失道之僻也。　蕩　僻也　匹亦反。　皆衺　本又作邪、似嗟反。

陸音義

蕩蕩〇邢本作盪盪。　皆衺〇邢本作邪。

音義攷證

版版盪盪僻也

、蕩往而不反。版有反而已。

新義

版版盪盪僻也　盪、即蕩也。僻、謂邪僻。

鄭樵注

版版盪盪僻也

李巡曰、版版者失道之僻也。盪盪者、弗思之僻也。

孫炎曰、盪盪法度廢壞之僻。

郭璞曰、皆邪僻。

鄭樵曰、盪、即蕩也。僻、謂邪僻。

古注合存

版版盪盪僻也。註曰、皆邪僻也。疏曰、詩板篇云上帝板板、毛傳云板板反也、謂君爲政反先王之道也。蕩篇云蕩蕩上帝、鄭箋云、蕩蕩法度廢弛之貌。版板盪蕩音義並同。

注疏參義

版版盪盪僻也　註　皆衺僻

正義　詩疏引李巡云、版版失道之僻也。盪盪者、弗思之僻也。孫炎云、蕩蕩法度廢壞之僻。大雅板云上帝板板、毛傳板板反也。鄭箋王爲政反先王與天之道。蕩云蕩蕩上帝、詩序天下蕩蕩無綱紀文章。鄭箋蕩蕩法度廢壞之貌。詩疏蕩蕩是廣平之名、非善惡之稱。論語云蕩蕩乎民無能名焉。洪範云王道蕩蕩、言其無復惡事。序言蕩蕩無綱紀文章、言其除去善事。案孔疏分析訓義、與此篇斷章釋詩之義相合。此篇如惕惕愛也、太元之逃云心惕惕、則非愛也。瞿瞿儉也、禮檀弓云瞿瞿焉如有求而弗得、玉藻云視容瞿瞿、則非儉也。旭旭憍也、賈誼書修政語旭旭然如日之始出、則非憍也。邈邈悶也、離騷云神高馳之邈邈、則非悶也。訓有旁通、義有分屬、各見指歸、無庸皮傅。此篇多釋詩文、故郭氏專據詩傳爲義。

正義

版版盪盪僻也　皆邪僻

說文云、僻、从旁牽也。按从旁牽引、所以偏衺。經典僻與辟通。故賈子道術篇云、襲常緣道謂之道、反道爲辟。版者、詩板傳板板反也。反即僻、故緇衣注板板辟也。爾雅釋文引李巡云、版版者失道之僻也。盪者、釋文作蕩、引李云、蕩蕩者弗思之僻也。詩蕩正義引孫炎曰、蕩蕩法度廢壞之僻。按蕩蕩放縱之意、故云法度廢壞。又無涯涘貌、故云弗思之僻。

義疏

版版盪盪僻也李注、版版者、失道之僻也。蕩蕩者弗思之僻也。孫注、蕩蕩恣度廢壞之僻。郭注、皆邪僻。版、詩作板、即板字。盪、作蕩。上帝板板。蕩蕩上帝。

集解

版版盪盪僻也詩板、上帝

板板、蕩蕩上帝、此釋之也。版、判也、从片反聲。字亦作板。釋僻者、正字為反耳。反、覆也。引申為僻。左疏所謂反正道是也。盪、滌器也、从皿从湯會意。正字為惕。愓、放也。引申為僻。與蕩通用。書洪範王道蕩蕩、論語蕩蕩乎民無能名、謂借為場為宕、非此義也。僻、避也、一曰從旁牽也、从人辟聲。引申為邪僻之辠。詩板、民之多辟。

義證

版版盪盪僻也

註皆邪僻補正邢疏、李巡曰、版版、失道之僻也。盪盪者、弗思之僻也。臣鍌按、詩疏引孫炎云、蕩蕩、法度廢壞之僻。

郭注補正

版版蕩蕩僻也

皆衺僻

釋文云、衺本又作邪。諸本皆作邪。

郭注佚存補訂

版版蕩蕩僻也

此釋大雅板、蕩二詩。板云上帝板板、傳云板板、反也。鄭箋云、王爲政反先王與天之道。正義云、釋訓云板板僻也、邪僻即反戾之義、故爲反也。版版二字、正義引作板板、蓋通字也。禮緇衣注亦引作板板辟也。蕩云蕩蕩上帝、箋云、蕩蕩、法度廢壞之貌。下云其政多辟、箋云其政教又多邪辟、不用舊章。彼釋文云、辟、本亦作僻。邢疏引孫炎云、蕩蕩、法度廢壞之僻。序所謂天下蕩蕩無綱紀文章也。

說詩

盪盪僻也

盪、釋文作蕩、云本或作盪。柏年案、盪與蕩通。蔡湛碑、盪盪有功。洪氏隸釋以盪爲蕩。又案、版與蕩、皆寬大之義。放縱越閑、所以爲邪僻也。

補釋

版版盪盪僻也盪、釋文作蕩。

註皆邪僻邪、釋文作衺。

疏版版失道之僻也失、監本誤矢。

注疏正字

版版蕩蕩僻也　釋文云、版、詩作板。案、說文木部無板字。又云蕩、本或作盪。案、蕩盪皆假借字、正文當作像、或作愓。說文心部、像、放也、从心象聲。愓、放也、从心易聲、一曰平也。今經典通用蕩盪。水蕩漾之蕩當作潒。說文、潒、水潒漾也、从水象聲。蕩、水名。

匡名

版版盪盪僻也郭註、謂衺僻。　詩疏、版版、失道之僻也。通作板。大雅上帝板板、傳板板、反也。　前漢郊祀志、求之盪盪。又大雅、蕩蕩上帝。詩序、天下蕩蕩無綱紀文章。

啓蒙

版版盪盪僻也　詩蕩蕩上帝其命多僻、故此以僻釋版盪。

黃侃音訓

懪懪邈邈悶也　僂僂洄洄惛也　版版盪盪僻也

釋文、懪懪本又作㬥。蒲卓反釋訓釋文舍人云藐藐憂悶也。引見抑詩正義

釋文、僂僂字或作慺。釋訓釋文郭音義、洄洄本或作𢄙。音韋釋訓釋文

說文引作𢄙𢄙襀䙡。衣部𢄙毛詩作板板。大雅板釋文作蕩蕩。大雅

同釋訓釋文

盪盪、釋文作蕩蕩、云、本或作盪。按、蕩盪古字通用。易繫辭上、八卦相盪。釋文云、衆家作蕩。樂記、天地相蕩。釋文云、本或作盪。

證異

版版盪盪僻也。○疏引大雅上帝板板、又引蕩蕩上帝。版扳、盪蕩音義俱同。

考異摘要

版版盪盪僻也

錫燧謹案、毛詩中無版版二字連文者、此卽板篇之上帝板板也。毛傳云、板板、反也。反與僻義近、殆三家詩有作上帝版版者、但不知爲何家異文耳。說文有版無板。後漢書董卓傳李賢注、文選辨命論李善注引詩皆作版版。是當以版爲正。惟版之本義說文云判也、與僻義遠、版訓僻者、乃反之假借字也。反之本義謂覆其掌、引申之則爲凡事反側之偁。毛公以反訓板、蓋卽以本字詁假字也。西漢經師解經簡要、每卽以本字釋之、如干扞也之類。如東漢諸儒解此、則必曰版讀爲反矣。盪盪、卽詩蕩篇蕩蕩之異文也。陸氏釋文云、蕩蕩、本或作盪、李云蕩蕩者、弗思之僻也。據此、知李巡本作蕩、元朗亦同。李本作蕩、今作盪者、乃郭景純本也。疑三家詩當有作盪者、雅訓盪釋三家詩之盪盪上帝也。惟說文皿部云盪滌器也、又水部云蕩蕩水也、蕩當作𥂕、後人誤作蕩二字各有本訓、與僻義遠。今訓僻者、疑是宕之假借字也。宕从碭省聲、盪从湯聲、蕩从𥂕聲、碭湯𥂕三字又俱从昜聲、聲同故得通假。說文云、宕、過也、過與僻義相棠。

陸錦燧日記

版版、盪盪、僻也。

說文人部云：「僻、辟也、」辟者、法也、引伸之爲邪僻之義。左氏昭六年傳云：「楚辟我衷、」玉藻云：「非辟之心、無自入焉、」皆是也、故許以辟訓僻。詩板「民之多僻、」釋文「僻、邪也；」左氏哀七年傳注云：「僻、陋也；」後漢書班彪傳注云：「僻、遠也。」

版、釋文云：「詩作板、李云版版者、失道之僻也。」大雅板云：「上帝板板、」傳「板板、反也、」賈子道術篇「反道爲僻、」卽毛義也。

盪、釋文作蕩、引李巡云：「蕩蕩者、弗思之僻也；」大雅蕩序云「天下蕩蕩、」箋云：「蕩蕩、法度廢壞之貌。」

爾雅學

盪盪　唐石經單疏本雪牕本同。釋文蕩蕩、本或作盪、李云蕩蕩者、弗思之僻也。按、毛詩作蕩蕩。按、李巡注爾雅亦作蕩蕩。

皆邪僻　雪牕本注疏本同。釋文皆衺、本又作邪。

版版盪盪僻也○釋曰　注疏本刪。

大雅板篇云　注疏本脫去。

法度廢壞之貌　元本閩本同。監本毛本法改灋。

校勘記

唐上聲
版版盪盪、僻也。
孫偘直音

上聲
版版盪盪僻也
直音校正

盪徒朗切
干氏音釋

爞爞炎炎薰也

爞爞、炎炎、薰也。皆旱熱薰炙人。
郭注

爞爞炎炎薰也 釋曰、皆旱熱之氣薰炙人也。大雅雲漢云、蘊隆蟲蟲。毛傳云、蘊蘊而暑、隆隆而雷、蟲蟲而熱。又云赫赫炎炎。毛傳云、赫赫、氣也。炎炎、熱氣也。爞蟲音義同。
邢疏

爞爞炎炎薰也
爞、徒冬反、又直忠反。釋文 上四字又見詩大雅雲漢釋文
郭音義
黃輯古義

爞爞、徒冬反、又直忠反。釋文 詩釋文引上句
郭音義
玉函山房輯佚

爞爞炎炎熏也
郭璞云、皆旱熱熏炙人。
一切注音

爞爞熏也 郭、徒冬反。釋文
古注斠

爞爞郭徒冬反、又直忠反。炎炎于廉反。熏本亦作燻、或作薰。許云反。炙之石反。
陸音義

熏○邢本作薰。
音義攷證

爞爞炎炎薰也
旱薰而已烝、或雨焉。
新義

爞爞炎炎薰也 爞、郭徒冬反、鄭本作爞。郭璞曰、皆旱熱薰炙人。
古注合存

爞爞炎炎薰也。爞音同。○註曰、皆旱熱薰炙人也。疏曰、詩雲漢云蘊隆蟲蟲。又云赫赫炎炎。爞蟲音義同。
注疏參義

爞爞炎炎熏也 註 皆旱熱熏炙人 正義 大雅雲漢云、蘊隆蟲蟲。又云、赫赫炎炎。此釋之也。毛傳、蟲蟲而熱。炎炎、熱氣也。蟲蟲、釋文引韓詩作烔烔。說文云、烔光也。炎、火光上也。炎炎通作錟錟。洛誥云、無若火始錟錟。六韜云、熒熒不救、炎炎奈何。
正義

爞爞炎炎薰也 皆旱熱薰炙人
薰者、釋文作熏、云、本亦作燻、或作薰。蓋薰叚俗體作熏爲正。說文云、𤈦火煙上出也。詩雲漢傳、熏灼也。爞者、亦俗體也。詩作蟲、而讀若同、釋文引韓詩作烔、音徒冬反。是烔爲本字、雖俗爲蟲、仍讀爲烔。爾雅釋文、郭從韓音、又直忠反、讀如本音、非矣。毛傳、蟲蟲而熱。華嚴經音義下引韓詩傳、烔烔、謂燒草傳火焰盛也。是烔烔與炎炎義近。說文云、炎、火光上也。雲漢傳、炎炎、熱氣也。書、無若火始錟錟。亦與炎炎音義同。
義疏

爞爞烔烔炎炎熏也
郭注、皆旱熱薰炙人。詩、熅隆蟲蟲、又、赫赫炎炎。
集解

爞爞炎炎薰也 詩雲漢熅隆蟲蟲、又赫赫炎炎、此釋之也。爞字本作蟲。有足謂之蟲、無足謂之豸。从

三蟲會意。正字爲融。融、炊气上出也。引申爲薰。傳所謂火正曰祝融是也。炎、火光上也。从重火會意。與爓畧同。釋薰者、引申義耳。書洛誥無若火始燄燄、漢書梅福傳作庸庸。蓋借此經爞爞以爲義。庸炎雙聲、庸爞則疊韻也。薰、香艸也。从艸熏聲。經典或以爲熏之借字。熏、火煙上出也。从屮从黑、屮黑熏象也。詩雲漢憂心如熏。文選雪賦、燎薰爐兮炳明燭。

義證

爞爞炎炎薰也 爞、徒冬反。

註皆旱熱薰炙人

郭注補正

爞爞炎炎熏也

皆旱熱熏炙人也

釋文釋經熏字云、本亦作燻、或作薰。不言注異同、則注亦作熏也。今本皆從或本作薰。元應大方便報恩經二卷音義引爾雅郭璞曰、謂旱氣熏灼人也。慧苑華嚴經音義上卷引郭璞注爾雅曰、炎旱氣熏灼人也。下卷引同、字亦作熏。氣灼二字不同、蓋所據本異也。今據補也字。

郭注佚存補訂

爞爞炎炎熏也

此釋大雅雲漢蘊隆蟲蟲赫赫炎炎。毛傳云、蟲蟲而熱。炎炎熱氣也。正義云、爞爞是熱氣蒸人之貌。說文云熏、火煙上出也。火煙上出卽熱氣也。蟲爲爞之古文。詩釋文引韓詩作烔、徒東反、與郭同音、是郭亦讀爞爲烔也。華嚴經音義下引韓詩傳云、烔、謂燒草傳火焰盛也。字亦通作融。說文云、融、炊氣上出也。从鬲蟲省。籒不省作融。融從蟲、故義相通。炎與惔通。詩釋文云、炎炎本或作惔、音同。下文如惔如焚、後漢章帝紀章懷注引韓詩作如炎如焚。毛傳云、惔、燎也。說文云、炎、燎也。是二字通也。

說詩

爞爞炎炎薰也 薰、釋文作熏、云、本亦作燻、或作薰。

疏毛傳云赫赫旱氣也 毛本脫云字、監本脫旱字。

注疏正字

爞爞炎炎熏也 爞、說文火部新附字、當依詩作蟲。釋文云、熏本亦作薰。石經作熏。詩正義之二十八引蟲蟲薰也。案、薰假借、燻俗字。

匡名

爞爞炎炎熏也 郭註、皆旱熱熏炙人。說文、熏、火煙上出也。从屮黑、屮黑熏黑也。爞、旱气也。通作蟲。大雅蘊隆蟲蟲、釋文引韓詩作烔烔。炎、火光上也。六韜、炎炎若何。通作燄。洛誥、無若火始燄燄。

啓蒙

爞 蟲 邢疏引大雅雲漢云、蘊隆蟲蟲。則爞當作蟲、正作融。炊气上出也。从鬲蟲省聲。籒文作融不省。爞爞熏也。熏訓火煙上出。其當作融字較然不疑。

黃侃評本正名

爔爔、炎炎、薰也。爔正作融，炊气上出也，从鬲、蟲省聲，籀文作𩰫、不省。爔爔、熏也，熏訓火煙上出，其當作融字，較然不疑。詩雲漢蘊隆蟲蟲，赫赫炎炎，憂心如薰，故此以熏釋蟲炎。

黃侃音訓

爔爔〇薰也疏引大雅、蘊隆蟲蟲。爔蟲音義同。

考異摘要

爔爔、炎炎、熏也。

釋文云：「熏、本亦作燻、或作薰；」燻、說文新附字、爲俗體、薰爲假借字、熏爲正字。說文云：「熏、火烟上出也；」大雅雲漢傳云：「熏、灼也。」

爔者、蟲之俗體、然蟲亦假借、其本字作融、此段說也。大雅雲漢云：「蘊隆蟲蟲、」傳云：「蘊蘊而暑、隆隆而雷、蟲蟲而熱、」釋文「蟲、韓詩作烔。」案說文鬲部云：「融、炊气上出也、從鬲、蟲省聲。𩰫、籀文融不省。」毛以融從蟲得聲、故假蟲爲融。融爲炊气、熏爲煙出、其義正同。故爾雅云：「融融、熏也。」

炎者、說文炎部云：「炎、火光上也、从重火、」熏亦火煙上出、故曰：「炎炎、熏也。」雲漢「赫赫炎炎、」傳云：「炎炎、熱氣也；」六韜云：「熒熒不救、炎炎奈何；」皆熏之義也。

爾雅學

薰也 唐石經單疏本雪牕本同。釋文、熏本亦作燻、或作薰。按當從陸本作熏。一切經音義卷四華嚴經音義卷上卷下兩引此經及郭注、字皆作熏。

皆旱熱薰炙人 雪牕本注疏本同。釋文炙之石反。一切經音義引作謂旱氣熏灼人也。華嚴經音義兩引俱作皆旱氣熏灼人也。按詩雲漢憂心如熏毛傳熏灼也。

爔爔炎炎薰也〇釋曰 注疏本刪。

毛傳云赫赫氣也 元本閩本監本同。毛本作毛傳赫赫旱氣也。

校勘記

爔爔炎炎薰也釋文爔、郭徒冬反、又直忠反。疏亦云、爔蟲音義同。今本音同、非是。當作音形。廣韻爔在一東者音蟲、即釋文第二音、疏依用之。在二冬者音形、即郭音。

注疏本正誤

七行爔爔炎炎薰也(注)皆旱熱薰炙人〇「薰」，《釋文》作「熏」。玄應《音義》卷四及慧苑《華嚴經音義》卷上引亦作「熏」。又玄應《音義》卷二「炎旱」條引注文作「謂旱氣熏炙人」，又卷四「炎旱」條引此注作「謂旱氣熏灼人也」，慧苑《華嚴經音義》卷上引同。

宋監本校箋

爔爔音同炎炎薰也

音圖·音

爔、郭徒冬翻、音彤、又直忠翻、音蟲、詩釋文郭又都冬翻音冬、韓詩作烔、徒冬翻。

音略

同蟲

爔爔炎炎薰也

孫偘直音

爔爔　炎炎、薰也

直音校正

爔同爔炎　炎薰也 旱熱薰炙人。

楊氏音訓

爔蟲

干氏音釋

居居究究惡也

居居究究惡也 皆相憎惡。

郭注

居居究究惡也

釋曰：李巡曰：居居不狎習之惡。孫炎曰：究究、窮極人之惡。唐風羔裘云：羔裘豹祛、自我人居居。又曰：自我人究究。毛傳曰：居居懷惡不相親比之貌。究究猶居居也。是皆相憎惡也。

邢疏

居居究究惡也

居居不狎習之惡。詩正義六之二　邢疏

李注

居居究究惡也

究究、窮極人之惡。詩正義六之二、邢疏

孫音注

黃輯古義

居居究究惡也

居居、不狎習之惡 邢疏 詩唐風羔裘正義

李注

居居究究惡也

究究、窮極人之惡。邢疏 詩唐風羔裘正義

孫音注

玉函山房輯佚

居居究究惡也

居居、不狎習之惡。李注 究究、窮極人之惡。孫注 並詩疏六之二

鉤沉

居居究究惡也

李曰、居居、不狎習之惡。詩正義六之二、邢疏 孫曰、究究、窮極人之惡。詩正義六之二、邢疏

漢注

居居究究惡也

李巡云、居居、不狎習之惡。孫炎云、究究、窮極人之惡。並詩正義六之二卷 郭璞云、皆相憎惡。

一切注音

居居究究惡也 李巡曰、居居、不狎習之惡。孫炎曰、究究、窮極人之惡。詩羔裘正義

古注斠

究究 九又反。

陸音義

居居究究惡也

子曰、苟志於仁矣、無惡也。狐裘以居、羔裘以朝。羔裘以朝而自我人居居、是之謂不恤其民。

新義

居居究究惡也 謂相憎惡。

鄭樵注

居居究究惡也

李巡曰、居居、不狎習之惡。孫炎曰、究究、窮極人之惡。郭璞曰、皆相憎惡。鄭樵曰、謂相憎惡。

古注合存

居居究究惡也。註曰、皆相憎惡也。疏曰、居居、不狎習也。孫炎云、究究、窮極人也。詩羔裘云、自我人居居、自我人究究。毛傳云、居居、懷惡不相親比之貌。

注疏參義

居居究究惡也如字、然依郭注又似去聲、終當從孫說。

補注

居居究究惡也 **註** 皆相憎惡 **正義** 唐風羔裘云、自我人居居、又云、自我人究究。此釋之也、毛傳、居居、懷惡不相親比之貌。究究猶居居也。疏引李巡云、居居、不狎習之惡。孫炎云、窮極人之惡。王逸楚詞章句、究究、不止貌也。與孫炎之義相通。

正義

居居究究惡也 皆相憎惡

惡者、說文作亞、云醜也。與諲同、云相毀也、一曰畏諲。按畏諲即憎惡之義也。居者、說文云、蹲也。蹲、居也。居與踞同。此居居猶倨倨、倨不遜之意、故詩羔裘傳、居居、懷惡不相親比之貌。正義引李巡曰、居居、不狎習之惡。釋文、居、又音據。即倨字之音矣。究者、釋言云、窮也。究居聲轉爲義、故羔裘傳、究究猶居居也。正義引孫炎曰、究究、窮極人之惡。本釋言爲說也。

義疏

爾雅詁林 三 釋訓

居居究究惡也

李注、居居、不狎習之惡。孫注、究究、窮極人之惡。郭注皆相憎惡。詩、自我人居居、自我人究究。

集解

居居究究惡也

注皆相憎惡補正邢疏、李巡曰居居、不狎習之惡。孫炎曰究究、窮極人之惡。

郭注補正

居居究究惡也 詩羔裘自我人居居、自我人究究、此專釋之也。居、蹲也。从尸。古者居从古、俗居从足、正字爲倨。倨、不遜也。引申爲惡。究、窮也。从穴九聲。惡也者、謂惡窮極而不馴服。詩傳所謂究究猶居居也是也。或者究之正字爲居、實爲倨與。倨居究雙聲。惡、過也。从心亞聲。周禮、司救掌萬民之衺惡過失。

義證

居居究究惡也

此釋唐風羔裘自我人居居、自我人究究。毛傳云、居居懷惡不相親比之貌。究究猶居居也。鄭箋云、其意居居然有悖惡之心、不恤我之困苦。正義引李巡曰居居、不相狎習之惡。孫炎曰、用民力而不憂其困、是窮極人之惡也。窮極爲究究之義。說文云究窮也。居居究究之音又轉爲驕驕。大雅板小子蹻蹻、傳云蹻蹻、驕貌。蹻與驕通。齊風甫田、維莠驕驕。驕驕爲惡草之貌。又轉爲桀桀。傳云、桀桀、猶

驕驕也。新序雜事篇云、居上位而不恤其下、驕也。

說詩

居居究究惡也唐風、自我人居居、自我人究究。傳、居居、懷惡不相親比之皃。究究、猶居居也。孫炎云、窮極人之惡。

啓蒙

居居、究究、惡也。皆相憎惡。此惡爲美惡之惡、而注云相憎惡者、此二惡古同音同義。昭七年左傳周楚惡之、注受其凶惡、是愛惡亦爲美惡也。

黃侃音訓

居居究究惡也

郭曰、皆相憎惡。元慶按、此釋詩唐風羔裘章、盡人知之、故注家皆歷引無遺也。然景純以憎惡爲說、似讀惡爲好惡之惡矣。唐風自我人居居、詩釋文居、如字、又音據。夫讀居爲如字、則以居爲居處之居矣。竊謂不然。羔裘章毛傳、居居、懷惡不相親比之皃。究究、猶居居也。鄭箋、其意居居然有悖惡之心。李巡尒疋注曰、居居、不狎習之惡。孫炎曰、究究、窮極人之惡。是訓居居究究爲惡、皆以爲善惡之惡也。若依郭訓爲憎惡、讀爲愛惡之惡、則尒疋本文、似當於惡字上增可憎二字矣。恐屬非是。居讀如字、則當作平聲。詩居居與上袪字爲韻、故讀平聲、然卽與下故字合韻、安知不讀去聲作倨乎。顧亭林詩本音謂此章平去通爲一韻、是矣。毛鄭釋居字訓爲懷惡悖惡者、葢深知居居當作倨倨也。說文居處之居實作凥。居、乃蹲踞箕踞之本字也。此居字例得與倨通。下文釋畜倨牙食虎豹、釋文倨、本亦作居、同、紀慮反。漢書

酷吏傳丞相條侯至貴居也、顏師古曰居、怠傲、讀與倨同。皆其證矣。惟居得通倨、故釋文居、又音據也。倨、許君曰不遜也。許又釋傲字曰、倨也。按倨傲互訓可證者多矣。傲爲凶德故曰惡也。羔裘章居字、斷係倨之省文。而倨之叚字、或并可作裾。淮南覽冥臥倨倨、高注倨倨、臥無思慮也。雖與詩居居義不盡合、而倨倨固有連文矣。荀子宥坐篇注、裾與倨同。子道篇子曰由是裾裾何也。劉熙釋名釋衣服、裾、倨也。倨倨然直、亦言在後常見踞也。則倨之通裾、又豈無據乎。然則詩羔裘章自指倨傲說、省其文則爲居矣。次章言究究者、究有窮義、亦有極義、倨傲無禮與窮極奢侈皆無善狀、此所以爲惡也。郝氏義疏謂釋文居、又音據、即倨字音。究者、釋言云、窮也。究居聲轉爲義、洵得之矣。

蔣元慶日記

居居、究究、惡也。

居居者、唐風羔裘「自我人居居、」傳云：「居居、懷惡不相親比之貌；」正義引李巡云：「居居、不狎習之惡。」蓋詩釋文「居、又音據、」郝以爲「即倨字音、」故不相親習、即倨態也。究、釋言云：「窮也。」究究者、羔裘「自我人究究、」傳云：「究究、猶居居也；」疏引孫炎云：「究究窮極人之惡、」郝謂「本釋言爲說」者、是也。是故居居、究究、皆相憎惡之義。羔裘爲唐風、居居究究、爲唐之方音、據合河方言云：「今謂不相親比、猶曰居居、曰究究；」康氏爲忻人、必能辨其鄉音、是數千年前之方言、至今未歇矣。

爾雅學

居居究究惡也○釋曰　注疏本刪。

校勘記

仇仇敖敖傲也

仇仇敖敖傲也　皆傲慢賢者。

郭注

仇仇敖敖傲也　釋曰、小雅正月云執我仇仇、毛傳云仇仇、猶謷謷也。鄭箋云、王既得我、執留我、其禮待我、謷謷然亦不問我在位之功力、言其有貪賢之名、無用賢之實。大雅板篇云我即爾謀、聽我囂囂、毛傳云囂囂、猶謷謷也。鄭箋云我就女而謀、欲忠告以善道、女反聽我言謷謷然不肯受。是皆傲慢賢者。敖、謷、囂音義同。

邢疏

仇仇敖敖傲也

舍人本傲作毁。釋云、仇仇、無倫理之貌。嗸嗸、衆口毁人之貌。釋文

犍爲注

仇仇敖敖傲也　釋文、敖敖本又作嗸

仇仇、無倫理之貌。嗸嗸、衆口毁人之貌。釋文

引舍人下云李同。

李注

黃輯古義

仇仇嗸嗸毁也　釋文、敖敖本又作嗸。嗸、舍人本作毁。

仇仇、無倫理之貌。嗸嗸、衆口毁人之貌。釋文

李注

玉函山房輯佚

仇仇敖敖傲也　釋文、敖敖本又作嗸。舍人本傲作毁。

舍人曰、仇仇、無倫理之貌。嗸嗸、衆口毁人之貌。李同。釋文、

按、毛詩十月之交讒口囂囂、釋文云、韓詩作嗸嗸。漢書劉向傳引詩讒口嗸嗸、潛夫論賢難引作讒口敖敖、蓋古文囂字。今文作嗸嗸者、嗸之異、敖者、嗸之省、同爲一字、是韓魯囂囂並作嗸嗸也。左傳桓十三年莫敖、漢書五行志中上載左傳作莫囂、此囂爲嗸古文之證。尓疋郭本作敖、與今左傳及潛夫論合、惟傲字當從舍人本作毁。

漢注

爾雅詁林　三　釋訓

仇仇敖敖傲也釋文二十九卷傲、舍人李巡本作毀。舍人李巡云仇仇無倫理之貌、謷謷衆口毀人之貌。郭璞云、皆傲慢賢者。—釋文二十九卷

一切注音

仇仇敖敖傲也　傲、舍人本作毀。釋云、仇仇、無倫理之貌。謷謷、衆口毀人之貌。李同。釋文

蕙心案、詩板傳、嚻嚻猶謷謷。謷謷者、嚻嚻之正字。敖又謷之省。潛夫論明忠篇引詩云聽我敖敖。與爾雅同。

古注斠

仇仇音求。敖敖本又作謷、又作[illegible]同五高反。傲本或作傲同、五報反。舍人本傲作毀、釋云仇仇無倫理之[illegible]謷謷衆口毀人之貌。李同。

陸音義

仇仇敖敖傲也

不能用我、雖執我不釋。仇仇猶敖敖也。孟子曰、直不百步、是亦走也。

新義

仇仇敖敖傲也敖、舍人本作謷。傲、舍人本作毀、李本同。

舍人曰、仇仇、無倫理之貌。謷謷、衆口毀人之貌。李注同。

郭璞曰、皆傲慢賢者。

古注合存

仇仇敖敖傲也。敖去聲。○註曰、皆傲慢賢者也。疏曰、詩正月云、執我仇仇、亦不我力。毛傳云、仇仇猶謷謷也。言其有貪賢之名、無用賢之實。板篇云、我即爾謀、聽我嚻嚻。毛傳云、猶謷也。

注疏參義

仇仇無倫理之貌、敖作毀、俱犍爲文學說。毛傳云、仇仇猶謷謷也。正是毀義。疏又以敖謷嚻三字爲音義同。

補注

仇仇敖敖傲也**註**皆傲慢賢者**正義**敖、傲也、已見釋言。小雅正月云、執我仇仇、毛傳、仇仇猶謷謷也。十月之交云、讒口嚻嚻、釋文引韓詩作嗸嗸。大雅抑云、聽我嚻嚻、毛傳、嚻嚻猶謷謷也。敖嗸謷音義同。釋文云、傲、舍人本作毀、釋云、仇仇、無倫理之貌、謷謷、衆口毀人之貌。李巡與舍人同。王逸九思云、令尹兮謷謷。註云、謷謷、不聽話言而妄語也。

正義

仇仇敖敖傲也皆傲慢賢者

傲者、說文云、倨也。與奡同、云嫚也。引虞書曰、若丹絑奡、讀若傲。今書正作傲、古字通也。仇者、釋詁云、匹也。廣雅云、惡也。左傳、怨耦曰仇。是仇兼怨惡二義、故釋文引舍人云、仇仇、無倫理之貌。詩正月傳、仇仇猶謷謷也。敖者、與謷同。釋文、敖本又作謷、又作嚻、同五高反。按、楚有莫敖、淮南修務篇作莫嚻。詩讒口嚻嚻、釋文引韓詩作嗸嗸、潛夫論賢難篇作敖敖。孟子萬章及盡心篇注竝以嚻嚻爲自得無欲、蓋亦倨傲爲敖敖也。是敖謷嚻嚻古俱通用。嗸卽謷字之省、嚻乃謷字之借、故詩板傳、嚻嚻猶謷謷也。說文云、謷、不省人言也。然則爾雅敖當作謷。釋文引舍人本傲作毀、釋云謷謷、衆口毀人之貌、李同。是皆敖作謷、傲作毀、則謷謷仇仇俱讒毀人之貌、故毛傳云、仇仇猶謷謷也。

義疏

仇仇敖敖嚻嚻傲也舍人注、仇仇、無倫理之皃。謷謷、衆口毀人之皃。郭注、皆傲慢賢者。詩、執我仇仇。又、碩人敖敖。

集解

仇仇敖敖傲也仇、讎也、从人九聲。正字爲訆、訆、大呼也。引申爲傲。叫仇通用字。詩正月執我仇仇、傳猶謷謷也。傲亦謷也、或者正字爲嚻與。敖、出游也、从出从放、會意。正字爲嗸、實爲嚻。嚻、聲也、气出頭上。謂聲高而出頭上也。引申爲傲。嚻謷敖通用字。詩碩人、碩人敖敖、傳、長皃。十月之交、讒口嚻嚻、韓詩作嗸嗸。抑、聽我嚻嚻、傳、猶謷謷。均此經所謂傲也。或者敖之正字爲傲與。傲敖疊韻。傲、倨也、从人敖聲。經典或以爲謷及嚻之借字。

義證

仇仇敖敖傲也

注皆傲慢賢者【補正】釋文、舍人本傲作毀、釋云、仇仇、無倫理之貌、謷謷、衆口毀人之貌、李同

郭注補正

仇仇敖敖傲也，　注皆傲慢賢者

正曰、釋文敖、本又作謷、又作囂。傲、本或作慠。舍人本傲作毀、釋云、仇仇、無倫理之貌、謷謷、衆口毀人之貌。李同。邵編修正義云、詩小雅正月執我仇仇、毛傳仇仇、猶謷謷也、釋文謷本又作嗸。大雅板聽我囂囂、毛傳囂囂猶謷謷也。小雅十月之交讒口囂囂、釋文韓詩作嗸嗸。楚辭九思令尹兮謷謷、王注謷謷、不聽話言而妄語也。謹按、舍人本讀傲為謷、㠯詁訓改經、遂變傲為毀、此漢世今文家體例然也。郭注不曉音讀、遂依傲字本誼訓為傲慢、與毛韓違異、蓋不及舍人與李之舊本遠矣。

正郭

仇仇敖敖傲也

小雅正月執我仇仇、傳云仇仇猶謷謷也、釋文云敖敖本又作謷。毛所據爾雅蓋作謷、故㠯謷謷釋仇仇。據釋文云舍人李巡曰作謷、又云敖又作囂者、邢疏云敖謷囂音義同。大雅板聽我囂囂、傳云囂囂猶謷謷也。皆㠯同音字為訓。小雅十月之交讒口囂囂、彼釋文云囂、五刀反、韓詩作嗸嗸。嗸嗸、亦謷也。

說詩

仇仇節疏毛傳云猶謷謷也（脫一謷字。）及忠告以善道（及、誤欲。）

注疏正字

仇仇敖敖傲也　敖、釋文云、本又作謷、又作囂。案、詩大雅板聽我囂囂、傳云猶謷謷也。潛夫論明忠引詩、聽我敖敖。又云、傲、本或作慠、舍人本傲作毀、李同。案說文心部無慠字。

匡名

仇仇敖敖傲也　郭註、傲慢賢者。小雅執我仇仇、傳仇仇、猶謷謷也。敖通作嗸。釋文引韓詩作讒口嗸嗸。又作囂。大雅聽我囂囂、毛傳囂囂猶嗸嗸。

啓蒙

仇仇、傲也。仇字通作扏、廣雅扏扏、緩也、集韻扏扏、緩持也、爾雅毛詩傳箋皆以仇仇為傲慢、而禮記廣雅以為緩慢、義亦相因也。

黃侃音訓

敖敖傲也

錦燧謹案、毛詩中敖敖二字連文者、碩人篇碩人敖敖、毛傳云敖敖長皃。與傲義絕不相涉、雅訓似非釋此。釋文云、敖、本又作謷、又作囂、舍人注云謷謷、衆口毀人之貌、李同。是李巡舍人本作謷又作囂者、殆樊光孫炎本矣。蒙謂此蓋釋韓詩之讒口謷謷也。十月之交篇讒口囂囂、釋文囂囂、韓詩作謷謷。今郭璞本作敖、疑齊魯兩家當有作讒口敖敖者。詩有敖謷囂

爾雅詁林　三　釋訓

之異、故爾雅亦有敖謷嚻之異也。說文言部云、謷、不肖人者、以人爲不肖而毀之也。段氏注改肖爲省、又於人字下依韻會補言字、朱氏通訓定聲從之。蒙謂廣韻六豪之不省人也、省乃肖字之譌、段反据誤本廣韻以改不誤之說文、竊未敢信。與舍人注合。是謷爲本字、敖嚻皆假借字。

陸錦燧日記

仇仇、敖敖、傲也。

說文人部云：「傲、倨也；倨、不遜也。」爾雅釋文「傲、本或作慠、同、舍人本傲作毀。」傲字、亦有毀義、左傳「王欲傲叔向、以其不知而不能、」傲叔向、即毀叔向；又云：「不可使也、而傲使人、」此爲豫叔毀臧氏而言、則傲亦毀矣。

仇仇者、釋文「仇仇、無倫理之貌、」案詩正月傳云：「仇仇、猶謷謷也、」不省人言爲謷、（詳後）則所謂無倫理者、亦謂不省人言也。廣雅云：「仇、惡也；」左傳云：「怨偶曰仇、」上節言「居居、惡也、」居即倨傲之倨；此亦可爲仇有傲義之證。

傲、釋文云：「本又作謷、又作嚻、同；」謷、正字也、嚻、假借字。說文言部云：「謷、不省人言也；」大雅板云：「聽我嚻嚻；」亦不省人言之義；聽而不省、即傲也。小雅十月之交「讒口嚻嚻、」釋文引韓詩作「謷謷、」謷亦假借；爾雅釋文又引舍人云：「謷謷、衆口毀人之貌、」則又謂謷謷爲讒毀矣。是謷謷者、兼讒言、不聽言二義。

爾雅學

仇仇敖敖傲也○釋曰　注疏本刪。

嚻嚻猶謷謷也　注疏本脫嚻嚻謷三字。

欲忠告以善道　浦鏜改作及忠云及誤欲。按俗本毛詩誤作及、小字本岳本皆作欲、與此合。

是皆傲慢賢者　元本同。閩本監本毛本傲改敖。

校勘記

嚻猶謷謷也　案、毛傳作嚻嚻猶謷謷也、又阮校標題亦重嚻字、此誤脫。

注疏校勘札記

八行（注）皆傲慢賢者○原本《玉篇》放部「敖」下引作「謂傲慢賢者也。」十九上（三、九）

宋監本校箋

仇仇敖敖、傲也。　求　平聲　去聲

孫偘直音

仇仇敖（去聲）敖傲也

楊氏音訓

敖　遨

干氏音釋

佌佌瑣瑣小也

佌佌瑣瑣小也　皆才器細陋。

郭注

佌佌瑣瑣小也　釋曰、皆才器細陋。舍人曰、瑣瑣計謀褊淺之貌。小雅正月云佌佌彼有屋、毛傳云佌佌小也、鄭箋云此言小人富也。節南山云瑣瑣姻亞、鄭箋云瑣瑣婚姻妻黨之小人。

邢疏

佌佌瑣瑣小也

佌佌、形容小貌。釋文　瑣瑣、計謀褊淺之貌。詩節南山正義　邢疏

犍爲注

佌佌瑣瑣小也

佌、音徙。釋文

郭音義

佌佌瑣瑣小也

佌、音紫。釋文

謝音

佌佌小也

佌、音此。釋文

顧音

黃輯古義

佌佌瑣瑣小也佌音徙

注皆才器細陋(補正)釋文佌佌舍人云形容小貌邢疏舍人曰瑣瑣計謀褊淺之貌。

郭注補正

佌佌瑣瑣小也

皆才器細陋之貌也

慧琳大唐三藏元奘法師本傳九卷音義引爾雅瑣瑣小也郭注云皆才器細陋之貌也西域記序音義引郭注爾雅云瑣謂才器細陋貌今本脫之貌也三字據補。

郭注佚存補訂

佌佌瑣瑣小也

郭注云佌佌瑣瑣皆才器細陋舍人云佌佌形容小貌瑣瑣計謀褊淺之貌小雅正月佌佌彼有屋毛傳云佌佌小也鄭箋云此言小人富而窶陋將貴也彼釋文云佌說文作囟云小貌引詩曰囟囟彼有屋廣韻引詩亦作囟囟彼有屋本亦作佌佌節南山瑣瑣姻亞傳云瑣瑣小貌彼釋文云瑣本或作璅非也璅音早今爾雅釋文亦云瑣亦作璅蓋從詩或本也竊疑此經當作佌佌蔌蔌小也蔌蔌之音轉爲瑣瑣傳云蔌蔌陋也陋與小同義召南野有死麕林有樸樕傳云樸樕小木也凡從欶之字皆有短促之義。漢書息夫躬傳僕遬不足數顏注云僕遬凡短之貌也。瑣瑣當爲蔌蔌之異體或蔌蔌之注文。

說詩

佌佌音此釋文云郭音徙。

注疏正字

佌佌瑣瑣小也　說文人部無佌字當作囟說文人部囟小皃从人囟聲詩曰囟囟彼有屋。　釋文云瑣亦作璅案詩瑣瑣姻亞彼釋文云小也本或作璅非也璅音早元照案璅字誠非然瑣義亦不合疑當作𧴪。

匡名

佌佌瑣瑣小也說文小物之微也郭註才器細陋小雅佌佌彼有屋囟小見引作囟囟彼有屋傳佌佌小也瑣玉聲註謂玉之小聲也小雅瑣瑣姻亞傳瑣瑣小皃。

啓蒙

佌　囟　說文囟小皃引詩囟囟彼有屋。

黃侃評本正名

佌佌瑣瑣小也。　佌聲與柴同說文柴小木散材也瑣聲與𧴪同說文𧴪貝聲也从小貝。　詩節南山無小人殆瑣瑣姻婭正月佌佌彼有屋故此以小釋佌瑣。

黃侃音訓

爞爞炎炎薰也　仇仇敖敖傲也　佌佌瑣瑣小也

毛詩作蟲蟲大雅雲漢。韓詩作烔烔徒東反。雲漢詩釋文。雲漢釋文蟲作爞、釋訓釋文。本亦作燻或作薰。釋訓釋文。敖敖本又作嗸、釋訓釋文又作䜗。云、同五高。傲本或作慠、釋訓釋文。舍人本傲作毀。云、仇仇、無倫理之貌。謷謷、衆口毀人之貌、李巡同。釋訓釋文。說文佌作囟囟。人部釋文瑣瑣亦作璅。釋訓

爾雅詁林　三　釋訓

佌佌瑣瑣小也。

佌佌、形容小貌。釋文 瑣瑣、計謀褊淺之貌。邢疏 詩小雅節南山正義

犍爲注

佌佌、音徙。釋文

郭音義

佌佌、音紫。

謝音

佌佌、音此。

顧音

玉函山房輯佚

佌佌瑣瑣小也

佌佌、形容小貌。舍人注 釋文二十九 瑣瑣、計謀褊淺之貌。同 詩疏十二之一

鈎沉

佌佌瑣瑣小也

舍人曰、佌佌、形容小貌。瑣瑣、計謀褊淺之貌。詩正義十二之一 釋文 邢疏

漢注

佌佌瑣瑣小也

舍人云、佌佌形容小貌。釋文二十九卷 瑣瑣、計謀褊淺之貌。詩正義十二之一卷 郭璞云、皆才器細陋。

一切注音

佌佌瑣瑣小也 佌、郭音徙。舍人云、形容小皃。釋文

舍人云、瑣瑣、計謀褊淺之貌。詩節南山正義

古注斠

佌佌 顧音此、郭音徙、謝音紫、舍人云形容小貌。瑣瑣 星果反。亦作璅。

陸音義

佌佌瑣瑣小也

佌、見此而已、故彼有屋詩刺焉、亦彼過此矣。方、方來。今、今也。

新義

佌佌瑣瑣、小也。佌音此。○註曰、皆才器細陋也。疏曰、詩正月云、佌佌彼有屋。節南山云、瑣瑣因亞。

注疏參義

佌佌瑣瑣小也 佌音此、郭徙。

舍人曰、佌佌、形容小貌、瑣瑣、計謀褊淺之貌。郭璞曰、皆才器細陋。

古注合存

佌佌、犍爲文學云、形容小貌。

補注

佌佌瑣瑣小也 註 皆才器細陋也。正義 說文云、小物之微 釋文引舍人云、佌佌、形容小貌。詩疏引舍人云、瑣瑣、計謀褊淺之貌。小雅正月云、佌佌彼有屋、毛傳用爾雅。說文引詩佌佌作佪佪、解云、小貌。節南山云、瑣瑣姻亞、毛傳瑣瑣、小貌。

正義

佌佌瑣瑣小也 皆才器細陋

佌者、說文作佪、云、小貌、引詩曰佪佪彼有屋。今詩作佌。正月傳云、佌佌、小也。釋文佪音徙。爾雅釋文郭音亦然。蓋佪从囟聲、佪瑣聲轉、此古音也。顧音此、謝音紫、則皆今音。又引舍人云、形容小貌。然則佌以形貌言、瑣以才器言、郭注似失之矣。瑣者、詩節南山傳瑣、小貌。正義引舍人曰、瑣瑣、計謀褊淺之貌。按瑣兮尾兮、瑣亦訓小、是單文亦然。

義疏

佌佌瑣瑣小也 舍人注、佌佌、形容小皃、瑣瑣、計謀褊淺之皃。郭注、皆才器細陋。詩佌佌彼有屋。又、瑣瑣姻亞。說文引詩佌作佪。

集解

佌佌瑣瑣小也 佌字本作佪

佪、人小皃、从人囟聲。詩正月佌佌彼有屋、說文引作佪。傳小也。或者正字爲細與。瑣、玉聲也、从玉貨聲、貨从小貝、故瑣又引申爲小。易旅瑣瑣、鄭注猶小小。詩節南山瑣瑣姻亞、傳小兒。小、物之微也、从八丨見、而八分之、會意。八者、別也。

義證

釋文。

證異

佌佌瑣瑣小也

錦燧謹案、佌佌、釋詩正月篇佌佌彼有屋也。毛傳云、佌佌小也。與雅訓合。說文無佌字。人部佡下云小皃、引詩曰佡佡彼有屋。是許所見詩作佡、不作佌。則佌卽佡之別體可知。瑣瑣、乃釋詩節南山篇瑣瑣姻亞也。毛傳云、瑣瑣小貌。與雅訓亦合。說文玉部云、瑣、玉聲也。與小義遠。瑣訓小者、蓋貨之假借字也。瑣从貨聲、故貨可假瑣爲之。貨訓貝聲、从小貝、會意。是以貨之引申有細小義。經傳中俱以瑣爲之。如易旅瑣瑣、陸績注、小也。釋文引王肅注、小貌。詩瑣兮尾兮、毛傳、少好之皃。此蓋以少訓瑣、少小義同。以好訓尾、尾讀曰娓也。就本義言之、皆當作貨爲是。然瑣小一聲之轉、以集假作就、務假作侮之例推之、卽以瑣爲小之異部假借也亦可。釋文云、瑣、本作璅。易詩釋文皆同。是瑣有作璅者。說文無璅字、知璅乃瑣之俗體也。

陸錦燧日記

佌佌瑣瑣小也。舍人云、瑣瑣計謀褊淺之貌。郭云、皆才器細陋。楷案、詩正月佌佌彼有屋、傳用此。說文無佌字、引詩作佡。囟聲與此聲不同部、而字又作佌者、以从此之字皆有小義也。方言、黨、短也。江湘之會謂之黨。凡物生而不長大亦謂之黨。說文、柴、小木散材也。貲、小罰以財自贖也。姕、婦人小物也。玉篇、婢、姕、短小貌。皆其義證。瑣瑣者、詩旄丘瑣兮尾兮、傳瑣尾、少好之貌。少卽小、故孔疏謂瑣者小貌也。重言之曰瑣瑣。詩節南山瑣瑣姻亞、傳瑣瑣、小貌。易旅瑣瑣、鄭注陸績注並云瑣瑣、小也。王肅注亦云、細小貌。說文𪍿、小麥屑之覈。玉篇、𥖒、小石也。並與瑣音義同。通作璅。釋文云、亦作璅。張衡東京賦旣璅璅焉、薛綜注璅璅、小也。是薛所據亦作璅。佌佌瑣瑣、凡小之稱、舍人及郭並依詩義爲言、猶涉於偏也。

稗疏

佌佌、瑣瑣、小也。

佌佌、釋文引舍人云：「形容小貌。」小雅正月云：「佌佌彼有屋、」傳用爾雅文。說文人部云：「佡、小貌、詩曰：『佡佡彼有屋、』」許所見佌、作佡也、詩釋文云：「佡、音徙、」爾雅釋文云：「佌、顧音此、郭音徙、謝音紫；」郝謂「徙、古音、此紫皆今音。」

瑣瑣者、小雅「瑣瑣姻亞、」毛傳云：「瑣瑣、小貌；」疏引舍人云：「瑣瑣、計謀褊淺之貌、」是亦小也。爾雅釋文云：「瑣、亦作璅。」

爾雅學

佌佌瑣瑣小也○釋曰注疏本刪。

校勘記

佌佌瑣瑣小也。釋文佌、顧音此、郭音徙、謝音紫。今本音此、是用顧音、非郭義。

注疏本正誤

一行（注）皆才器細陋○慧琳《音義》卷八十三「瑣瑣」條引此注作「皆才器細陋之貌也」．卷八十四「瑣瑣」條引作「謂才器細陋也」．

宋監本校箋

佌佌音此瑣瑣小也

音圖・音

佌佌瑣瑣小也 此徙 所

孫侶直音

佌此佌瑣瑣小

楊氏音訓

佌此

悄悄慘慘慍也

悄悄慘慘慍也 皆賢人愁恨。

郭注

悄悄慘慘慍也 釋曰慍恨怒也皆賢人愁恨也。邶風柏舟云憂心悄悄、慍于羣小、毛傳云慍怒也、悄悄憂貌。李巡曰慘慘憂之慍。大雅抑篇云我心慘慘、毛傳慘慘憂不樂也。

邢疏

慘慘慍也

慘慘憂怒之慍。詩正義十八之一 邢疏

李注

黃輯古義

悄悄慘慘慍也

慘慘憂怒之慍。邢疏 詩大雅抑正義

李注

玉函山房輯佚

慘慘

憂怒之慍也。李注 詩疏十八之一

鈎沉

慘慘慍也

李曰慘慘憂怒之慍。詩正義十八之一 邢疏

漢注

悄悄慘慘慍也

李巡云慘慘憂怒之慍也。詩正義十八之一卷 郭璞云皆賢人愁恨。

一切注音

慘慘慍也 李巡曰慘慘憂怒之慍。詩抑正義

蕙心案戴氏震云詩中慘慘皆作懆懆、然則爾雅之慘慘亦皆懆懆之譌。詩北山釋文慘字亦作懆懆。五經文字引亦作懆懆、是唐初本猶未盡譌作慘慘也。

古注斠

悄悄七小反。慘慘七感反。慍也於問反。

陸音義

悄悄慘慘慍也

慍陽也。悄悄慘慘陰也。詩曰憂心悄悄、慍于羣小。慍如醞焉、悄有消而已。

新義

悄悄慘慘慍也

李巡曰慘慘憂怒之慍。邢疏引此無怒字、此從詩大雅抑篇疏。

郭璞曰皆賢人愁恨。

古注合存

悄悄慘慘慍也 註 皆賢人愁恨

正義 說文云慍怒也。釋文引韓詩云慍恚也。悄悄者、說文云悄憂也。玉篇云悄心無憀也。小雅出車云憂心悄悄、柏舟毛傳悄悄憂貌。慘慘者、詩疏引李巡云慘慘憂怒之慍也。案慘慘當屬懆懆之訛。毛鄭詩考正云月出三章勞心慘兮、案慘七感切、方言云殺也、說文云毒也、音義皆與詩不協。蓋懆字轉寫誤爲慘耳。懆千到切、故與照燎紹韻。說文懆不安也、引詩念子懆懆。今詩中正月篇憂心慘慘、北山篇或慘慘劬勞、抑篇我心慘慘、皆懆懆之譌。釋文於北山篇云字作懆、於白華篇念子懆懆云亦作慘慘。蓋二字音義未能決定也。據此則李巡註亦當作懆懆。

正義

悄悄慘慘慍也 戴東原聲韻考云詩月出篇勞心慘兮、與照燎紹爲韻、而釋文七感反、正月憂心慘慘、與召樂炤虐爲韻，抑篇我心慘慘，與昭樂藐教虐耄爲韻，及北山篇或慘慘畏咎、或慘慘劬勞，釋文反音竝同，不知皆懆字之訛也。懆采老切，愁不安也。白華篇念子懆懆，此一處幸而未譌，釋文亦加以七感反之音，是直不辨慘懆二字矣。玉案：慘音參去聲，痛也，又毒。史記酷吏傳雖慘酷，斯稱其位矣。懆音草，說文云：愁不安也。此慘字亦當作懆。

【校議】

悄悄慘慘慍也皆賢人愁恨

慍者，說文云：怒也。與慼同，云安也。一曰恚怒也。詩車舝傳：慼，安也。釋文作慼，怨也。引韓詩慼作慍，慍，恚也。是說文慼字義兼韓毛，慼慍聲相轉也。悄者，說文云：憂也。詩柏舟傳亦云：悄悄，憂貌。憂慍義相成，悄慘聲相轉也。慘者，釋詁云：憂也。詩抑正義引李巡曰：慘慘，憂怒之慍，兼詁訓爲說也。戴氏震云：詩中慘慘皆懆懆。按說文：懆，愁不安也。从喿聲，當音七倒切。詩正月傳：慘慘猶慼慼也。慼古音近造，與懆聲合，是毛正讀慘爲懆。北山釋文：慘字亦作懆。五經文字我心懆懆，抑詩作我心慘慘，是慘懆二字古通用。懆悄雙聲兼疊韻，於義又通。餘詳釋詁。

【義疏】

悄悄慘慘懆懆**慍也**李注、慘慘憂怒之慍。郭注、皆賢人愁恨。詩、憂心悄悄。憂心慘慘。又念子懆懆。

【集解】

悄悄慘慘慍也悄，憂也，从心肖聲。引申爲慍。詩柏舟憂心悄悄，傳憂皃，猶言慍皃。慘，毒也，从心參聲。正字爲懆。懆，愁不安也。引申爲慍。懆慘通用字。詩抑我心慘慘，傳憂不樂也。正月憂心慘慘，傳猶戚戚也。均有慍意。戚者正字爲慽。與慍、怒也、从心𥁕聲、一曰怨也。詩柏舟、慍于羣小。

【義證】

悄悄慘慘慍也（注）皆賢人愁恨（補正）邢疏、李巡曰：慘慘，憂之慍。

【郭注補正】

悄悄慘慘慍也

慍者，邶風栢舟憂心悄悄，慍于羣小，毛傳云：慍，怒也。悄悄，憂貌。怒與憂不相屬，馬氏瑞辰謂怒當作怨。正義云：仁人憂心悄悄然，而怨此羣小人在於君側也。又曰：我受小人侵侮，故怨之也。孔所見本怒當是怨，故以怨申毛之義。文選思玄賦舊注引詩注：慍，怨也。詩注卽毛傳也。案大雅緜肆不殄厥慍，正義引說文云：慍，怨也。一切經音義十亦引說文作慍，怨也。爾雅取慍於羣小之慍，以釋悄悄，前後義例多如此。　慘慘者，釋詁云：慘，憂也。大雅抑我心慘慘，傳云：慘慘，憂不樂也。小雅正月憂心慘慘，傳云：慘慘猶戚戚也。北山或慘慘劬勞，彼釋文云：慘字又作懆。戴氏震謂詩中慘慘皆懆懆。我心慘慘，五經文字作我心懆懆。小雅白華念子懆懆，彼釋文云：亦作慘慘。顧氏炎武云：漢人文多以喿字作參，二字古通用。

【說詩】

悄悄慘慘慍也　正義云慘慘乃懆懆之譌今不錄。

匡名

悄悄慘慘慍也說文慍怒也、邶風慍于羣小、悄憂也、引詩憂心悄悄。傳悄悄、憂貌、慘毒也。小雅憂心慘慘、傳慘慘、猶戚戚也。又念子懆懆、義通。

啓蒙

悄悄、慘慘、慍也。詩柏舟憂心悄悄慍于羣小、故此以慍釋悄。戴氏震云、詩中慘慘皆懆懆之譌、案慘懆聲轉、豪覃韻亦多轉、非譌字也。

黃侃音訓

悄悄慘慘慍也

錦燧謹案、悄悄、釋詩柏舟篇憂心悄悄也。毛傳云悄悄、憂貌。許君用毛說、說文心部云、悄、憂也。憂與慍義相近、月出篇勞心悄兮、毛公亦云、憂也。知單言之曰悄、累言之曰悄悄、其義無殊。慘慘、蓋釋詩正月篇憂心慘慘、北山篇或慘慘畏咎、抑篇我心慘慘也。毛公北山無傳、正月傳云、慘慘、猶戚戚也。抑傳云慘慘、憂不樂也。俱與爾雅訓慍義近說文心部云、慘、毒也此慘之本訓、與慍義別。今訓慍者、乃懆之假借也。慘懆一聲之轉、詩北山釋文云慘本作懆、五經文字引抑詩亦作懆、知三家異文有用本字、作或懆懆畏咎與我心懆懆者、說文心部云、懆、愁不安也。愁不安與慍義相蒙。毛爲古文家、每多假借、此所以毛詩作慘而三家作懆也。然亦有毛用本字三家用假字者、白華篇念子懆懆、釋文云懆懆本作慘慘是也。又月出篇勞心慅兮、釋文以憂話之、是亦懆之假借字。

陸錦燧日記

悄悄、慘慘、慍也。

說文心部云：「慍、怨也。」

悄、說文心部云：「憂也。」小雅出車云「憂心悄悄、」邶風柏舟傳云：「悄悄、憂貌；」郝謂「憂慍義相成。」

慘慘者、懆懆之譌。說文心部云：「懆、愁不安也、从心、喿聲。」愁慍義相近。詩中慘慘、戴震謂「皆懆懆之譌、」已見於釋詁「慘、憂也」節中；故本篇慘慘、亦宜作懆懆；詩正月傳云：「懆懆、猶戚戚也、」與雅訓正相通

爾雅學

悄悄慘慘慍也○釋曰注疏本刪。

校勘記

悄悄慘慘慍也爾雅正義曰、慘慘、當屬懆懆之訛、毛詩
考正云、月出三章勞心慘兮、案慘七感
切、方言云殺也、說文云毒也、音義皆與正義引憂下有
怒字詩不協、蓋懆字轉寫誤爲慘耳懆千到切、故與照
繚紹韻。說文懆不安也、引詩念子懆懆。又據
韻會集韻皆訓慘爲痛、無訓爲慍者、慘疑誤。

慘慘憂之慍監本毛本湘本同、正義引李巡
說憂下有怒字、此及各本脫、

注疏校勘札記

上聲　驂上聲

悄悄慘慘慍也。

孫侶直音

悄悄（上聲）慘慘（驂上聲）慍也

直音校正

悄悄慘（懆）慘慍也

楊氏音訓

痯痯瘐瘐病也

痯痯、瘐瘐、病也皆賢人失志懷憂病也。

郭注

痯痯瘐瘐病也　釋曰、小雅杕杜云四牡痯痯、毛傳云痯痯、罷貌。又大雅板篇云靡聖管管、毛傳云管管、無所依也。小雅正月云憂心愈愈、毛傳云愈愈、憂懼也。此皆賢人失志懷憂病也。

邢疏

痯痯瘐瘐病也

痯古卵反、又古玩反。釋文

郭音義

黃輯古義

痯痯古卯反、又古玩反。同上

郭音義

玉函山房輯佚

痯痯瘐瘐病也

郭璞云皆賢人失志懷憂病也。

一切注音

痯痯郭古卯反、又古玩反。庾庾羊主反、又羊朱反。本今作瘐瘐。

陸音義

痯痯瘐瘐病也

痯、病于官。繐瘐、病于囚拘。莊子所謂馬之死者十二三矣。

新義

痯痯瘐瘐病也痯、郭古卵反。郭璞曰皆賢人失志懷憂病也

古注合存

痯痯瘐瘐病也**註**皆賢人失志懷憂病也**正義**痯、說文作悹、憂也。小雅四牡云四牡痯痯、毛傳痯痯、罷貌。大雅抑云靡聖管管、毛傳管管、無所依也。小雅正月云憂心愈愈、毛傳愈愈、憂懼也。釋文瘐、本作庾。庾愈音義同。

正義

痯痯瘐瘐病也皆賢人失志懷憂病也

釋詁云、瘉、鰥、病也。此作瘐、痯、俱聲借之字。痯者當作悹。說文云、悹、憂也。憂亦病、故詩杕杜傳、痯痯罷貌。邢疏引板傳、管管無所依也。廣韻引作悹悹無所依。是悹管同、管為俗聲、痯為或體矣。瘐者、釋文云、本今作庾。是庾為正體、別作瘐。漢書宣帝紀云瘐死獄中、蘇林注瘐病也、囚徒病律名為瘐。顏師古注、瘐音庾、字或作瘉。詩正月傳、瘉病也。

義疏

痯痯管管瘐瘐愈愈病也郭注皆賢人失志懷悳病也。詩四牡痯痯、又靡聖管管、又悳心愈愈。廣韻引詩管作悹。

集解

痯痯瘐瘐病也

詩四牡四牡痯痯、正月憂心愈愈、此釋之也。痯字本作悹、悳也、从心官聲。引申為病。廣雅釋詁悹憂也、是也。詩板靡聖管管、上經云瘝病、均借字也。瘐字本作臾、束縛捽抴為臾、从申从乙會意。引申為病、與愈通用。愈即愉也、或者瘐之正字為瘉、與病、疾加也从疒兪聲

義證

痯痯瘐瘐病也痯、古卵反。

註皆賢人失志懷憂病也

郭注補正

痯痯瘐瘐病也

痯痯者、小雅杕杜四牡痯痯、毛傳云痯痯、罷貌。罷卽病也。大雅板靡聖管管、傳云管管、無所依。廣韻引作悹悹。說文云、悹、憂也。痯與悹音義皆同。瘐瘐者、愈之假借。小雅正月憂心愈愈、傳云愈愈、憂懼也。憂懼與病義近。

說詩

痯痯節疏無所依繫繫、誤也。

注疏正字

痯痯瘐瘐病也　說文疒部無痯字、當作悹。說文心部悹、悳、今本誤憂。从心官聲。釋文云、瘐瘐本今作庾庾。案說文疒部無瘐字、而庾義又不合。漢書宣帝紀飢寒瘐死獄中。蘇林曰、瘐、病也。師

爾雅詁林　三　釋訓

古曰、瘐字或作瘉、說文疒部瘉、病瘳也、从疒俞聲。臣鉉等曰、今別作愈、非是。知詩憂心愈愈本亦作瘉矣。又案說文申部臾、束縛捽抴爲臾、从申从乙。卽漢書瘐字。

匡名

痯痯瘐瘐病也　說文悹、頁心也。小雅四牡痯痯、傳痯痯、罷貌。又通管。大雅靡聖管管、傳管管、無所依也。瘐本作庾、又通愈。小雅憂心愈愈、傳愈愈、憂懼也。

啓蒙

痯　悹　邢疏引板傳。管管。無所依。廣韻引作悹悹無所依。說文。悹。惪也。

庾　庾　阮氏校勘記釋文。庾庾。羊主反。又羊朱反。本今作瘐瘐。案所謂本今者。據唐石經以下本言之也。葉鈔釋文正作庾庾爲是。通志堂本庾瘐字互倒，當作臾束縛捽抴爲臾瘐乃後出字庾乃聲借字。

黃侃評本正名

瘐瘐病也　瘐正作臾、束縛捽抴為臾、瘐乃後出字、庾乃聲借字。或作瘉、病瘳為瘉、病亦為瘉、相反而同辭。

黃侃音訓

瘐瘐。病也。疏引小雅憂心愈愈、瘐愈音義同。

考異摘要

痯痯瘐瘐病也

錦燧謹案、痯痯、釋詩杕杜篇四牡痯痯也。毛傳云、痯痯、罷貌。罷爲病、罷與雅訓義合。說文無痯字、痯當爲悹、疑爾雅本作悹、涉病字而誤从疒、後人又据爾雅以改詩、遂無一是者。說文心部云、悹、憂也。憂與病義近、郭注所謂賢人失志懷憂病也。則痯爲悹之譌體無疑矣。悹又有假管爲之者、板篇靡聖管管、毛傳云管管、無所依繫。以義求之、亦當讀爲悹。管悹並从官聲、故得通假。若管之本義、則說文竹部云、管、如篪、六孔十二月之音物開地牙、故謂之管。是管爲樂器、與詩傳無所依繫義不合。瘐字亦許書所無、釋文云、瘐、本今作庾。知陸所見古本爾雅有作庾者、殆樊孫本也。疒广形近易溷、當以作庾爲是、惟詩中庾字僅一見、甫田篇曾孫之庾、鄭君以露積穀釋之、與病義不相蒙。別無庾庾二字連文者、不知雅訓釋詩何句。正月篇憂心愈愈、毛傳云愈愈、憂懼也。與庾庾訓病音義俱近。唐固國語注十六斗曰庾、聘禮記今文作十六斗曰逾、此臾聲俞聲相通之證。或三家異文有作庾庾者、雅訓蓋釋三家詩之憂心庾庾也。然庾非本字、說文广部云、庾水漕倉也、一曰倉無屋者。與病義遠、而愈字又許書所無、病愈之愈當作瘉、說文疒部云瘉病瘳也、是也。引申之則有勝義、凡然則師愈與汝與回也孰愈之愈、亦當作瘉。獨此詩憂心愈愈之愈、疑爲愉之或體、非瘉之俗體也。愉或作愈、猶愁或作愀、慽或作慼之比。愉之本義、說文訓樂、而詩云憂心愉愉者、憂與樂義相反、猶落之訓始、亂之訓治也。胡氏毛詩後箋引何氏古義曰、愈當作悆、說文云悆、忘也、嘾也。嘾者含深也、蓋含憂之深而至於善忘也。是以愈爲悆之俗體、其說亦通。

陸錦燧日記

痯痯、瘐瘐、病也。

痯、說文作悹、云「憂也。」憂病義近。小雅四牡「四牡痯痯、」傳云：「痯痯、罷貌；」大雅抑「靡聖管管、」傳云：「管管、無所依也。」郝以謂管爲聲借、痯爲或體。釋詁「瘉、瘵病也；」此本字也。

瘐、釋文「本作庾；」然瘐庾愈、當俱爲瘉之借用字。小雅正月「憂心愈愈、」傳云：「愈愈、憂懼也；」郝引漢書宣帝紀「瘐死獄中、」蘇林注云：「瘐、病也、囚徒病、律名爲瘐；」是瘐瘐又作瘐、或作愈愈也。

爾雅學

瘐瘐唐石經單疏本雪牕本注疏本同。釋文、庾庾、羊主反、又羊朱反、本今作瘐瘐。按、所謂本今者、據唐石經以下本言之也。葉鈔釋文正作庾庾爲是、通志堂本庾瘐字互倒。

痯痯瘐瘐病也○釋曰 注疏本删。

管管無所依也 注疏本同。按、毛詩作依繫、此也字剜改。

校勘記

庾羊主反 庾、永懷堂本監本毛本湘本作瘐。

此皆賢人失志懷憂病也 案、邢疏所引與經字形異者、於末例云某某音義同。此引詩憂心愈愈、與經瘐字異、則憂病也下當有瘐愈音義同五字、此疑脫。

注疏校勘札記

痯痯音管瘐瘐音與病也

音圖・音

痯痯管瘐瘐、與病也。

孫偘直音

痯管痯瘐與瘐病也

楊氏音訓

痯管瘐勇主切

干氏音釋

殷殷惸惸忉忉慱慱欽欽京京忡忡惙惙怲怲弈弈憂也

殷殷、惸惸、忉忉、慱慱、欽欽、京京、忡忡、惙惙、怲怲、弈弈、憂也。此皆作者歌事以詠心憂。

郭注

殷殷惸惸忉忉慱慱欽欽京京忡忡惙惙怲怲弈弈憂也 釋曰、小雅正月云憂心慇慇、毛傳云慇慇然痛也。又云憂心惸惸、毛傳云惸惸、憂意也。檜風羔裘云勞心忉忉、鄭箋云、三諫不從、待放而去、思君如是、心忉忉然。又素冠云勞心慱慱、毛傳云慱慱、憂勞也。秦風云憂心欽欽、毛傳云思望之心中欽欽然。小雅正月云憂心京京、毛傳云京京、憂不去也。召南草蟲云未見君子、憂心忡忡、毛傳云忡忡猶衝衝也。鄭箋云、未見君子者、謂在塗時也。在塗而憂、憂不當君子、無以寧父母、故心衝衝然。又曰憂心惙惙、毛傳云惙惙、憂也。小雅頍弁云憂心怲怲、毛傳云怲怲、憂盛滿也。又云憂心弈弈、毛傳云弈弈然無所薄也。此皆作者歌事以詠心憂也。

邢疏

殷殷憂也 慇、於謹反。釋文。

詩大雅桑柔憂心慇慇

樊注

慱慱憂也 慱、徂兖徂沿二反。釋文。慱、粗兖切。集韻六

郭音義

慱慱憂也 慱逋莫反。釋文

施音

黃輯古義

慇慇惸惸忉忉慱慱欽欽京京忡忡惙惙怲怲奕奕憂也 釋文慇慇引樊音云、本今作殷。

慇慇、於謹反。釋文。詩釋文。

樊注

慱慱、徂兖徂沿二反。釋文。粗兖切。丁度集韻上聲二十八獮慱字注

郭音義

傅傅、逋莫反。釋文　施音

玉函山房輯佚

傅傅　粗兗切。郭音、影宋本集韵大。

鈎沉

殷殷憂也釋文、慇慇。樊光於謹反、本今作殷殷。又見毛詩音義下。

漢注

殷殷惸惸忉忉慱慱欽欽京京忡忡惙惙怲怲奕奕憂也

郭璞云此皆作者歌事以詠心憂　郭璞音慱粗兗切集韻六卷

一切注音

殷殷憂也　樊光於謹反。釋文

蕙心桼、釋文作慇慇、俗體。

惙惙怲怲

蕙心桼、後漢書注引爾雅惙怛憂也、疑惙惙下脫怛怛或亦怲怲之譌。

慱慱　郭徂兖徂沿二反。釋文

蕙心桼、集韻引徂俱作粗。

古注斠

慇慇於斤反、樊光於謹反、本今作殷殷。惸惸本或作煢、巨營反。忉忉都勞反。慱慱徒端反、施逋莫反、郭徂兖徂沿二反。忡忡恥忠反。惙惙丁劣反。怲怲彼病反。奕奕音亦。

陸音義

慇慇○邢本作殷殷。　傅傅施逋莫反○宋施音與傅甚遠、豈本或有作傅者與。

音義攷證

殷殷惸惸

殷殷樂也。惸惸、獨也。

忡忡惙惙

忡忡、不下也。詩于忡忡言則降、于繫綴言說、于傷言夷、以此。

新義

殷殷惸惸忉忉慱慱欽欽京京忡忡惙惙怲怲弈弈憂也　殷、樊於謹反。慱、郭徂兖徂沿二反。

郭璞曰、此皆作者歌事以詠心憂。

古注合存

悄悄慘慘慍也。痯痯瘐瘐病也。殷殷惸惸忉忉慱慱欽欽京京忡忡惙惙怲怲奕奕憂也。慘音懆。痯音管。瘐音與、惸音煢、忉音刀。慱音團。忡音充。惙音拙。怲音柄。○此條類舉感時憂世之意而釋之也。註曰、悄悄慘慘皆賢人愁恨也。痯痯瘐瘐皆賢人懷憂病。殷殷以下、皆作歌以詠心憂也。疏曰、詩柏舟云、憂心悄悄。抑篇云、我心慘慘。杕杜云、四牡痯痯。正月云、憂心愈愈。又云、憂心殷殷。憂心惸惸。羔裘云、勞心忉忉。素冠云、勞心慱慱兮。晨風云、憂心欽欽。正月云、憂心京京。草蟲云、憂心忡忡。又云、憂心惙惙。頍弁云、憂心怲怲。又云、憂心奕奕。

注疏參義

殷殷惸惸忉忉慱慱欽欽京京忡忡惙惙怲怲弈弈憂也**註**此皆作者歌事以詠心憂**正義**詩人言憂愁之狀、此統釋之也。殷殷者、小雅正月云、憂心慇慇。毛傳、慇慇然痛也。說文云、慇痛也。惸惸者、文選註引韓詩云、惸惸枉疚、疚、憂也。忉忉者、齊風甫田云、勞心忉忉。毛傳、忉忉、憂勞也。慱慱者、檜風素冠云、勞心慱慱。毛傳、慱慱、憂勞也。欽欽者、秦風晨風云、憂心欽欽。毛傳、思望之心欽欽然。京京者、正月云、憂心京京。毛傳、京京、憂不去也。忡忡惙惙者、召南草蟲云、憂心忡忡。又云、憂心惙惙。毛傳、忡忡、猶衝衝也。惙惙、憂也。怲怲弈弈者、小雅頍弁云、憂心怲怲。又云、憂心弈弈。毛傳、怲怲、憂盛滿也。弈弈然無所薄也。後漢書註引爾雅云、惙怛憂也、疑惙惙下脫怛二字、或即怲怲之異文也。

正義

殷殷惸惸忉忉慱慱欽欽京京忡忡惙惙怲怲奕奕憂也此皆作者歌事以詠心憂

義疏

憂者、說文作𢝊云愁也。經典通作憂。殷者、釋文作慇說文、慇痛也。省作殷。詩北門云憂心殷殷。正月作憂心慇慇。是慇爲正體。殷乃叚借。又借爲隱。詩如有隱憂、毛傳隱痛也。是隱憂卽慇憂。爾雅釋文引樊光慇於謹反、卽隱字之音。詩釋文亦有此音。從樊光讀也。古讀殷聲如衣。說文、⿱依心痛聲也。⿱依心慇聲轉義同矣。惸者、說文引詩煢煢在疚、文選寡婦賦注引韓詩作惸惸、余在疚、毛詩及周禮大祝注並作嬛嬛。詩正月又作惸惸。傳云惸惸憂意也。惸蓋⿰忄⿱旬兮之或體。說文⿱旬兮驚辭也。或从心作⿰忄⿱旬兮、隸又變爲惸耳。說文別有⿱匌心字云憂也。龍龕手鑑一云⿱匌心音瓊、是⿱匌心惸音義又同矣。忉忉、慱慱者、詩甫田及素冠傳並云憂勞也。欽欽京京者、詩晨風傳思望之心中欽欽然。正月傳京京憂不去也。忡忡惙惙者、說文並云憂也。詩草蟲傳忡忡猶衝衝也。惙惙憂也。怲怲奕奕者、說文云怲憂也。詩頍弁傳怲怲憂盛滿也。奕奕然無所薄也。按奕京釋詁並訓大也。毛云奕奕無所薄、京京憂不去、亦兼大義而言也。慱慱蓋摶摶之別體也。文選思玄賦云志摶摶以應懸兮、言憂思摶聚不解也。欽欽蓋唫唫之叚音也。呻吟愁歎義亦爲憂。唫欽古字通用。說文日部㬎字解云讀若唫唫、當卽爾雅欽欽之正文矣。忉字說文所無、詩甫田傳怛怛猶忉忉也。是忉怛聲轉義同、說文怛憯也是其義。

集解

殷殷慇慇𢝊心殷殷。惸惸煢煢嬛嬛。𢝊心惸惸。又嬛嬛在疚。忉忉勞心忉忉。慱慱勞心慱慱兮。欽欽𢝊心欽欽。京京𢝊心京京。忡忡𢝊心忡忡。惙惙𢝊心惙惙。怲怲𢝊心怲怲。弈弈𢝊心弈弈。憂也郭注、此皆作者歌事以詠心𢝊。

殷殷作樂之盛偁殷、从㐆从殳、會意。正字爲慇。慇痛也。引申爲憂。詩正月憂心慇慇。傳、慇慇然痛也。楚辭怨思、志隱隱而鬱拂兮。以隱爲之。惸惸惸字一作⿱旬兮、驚詞也、从兮旬聲、或从恂聲。引申爲憂。詩正月憂心惸惸、傳、憂意也。閔予小子嬛嬛在疚、文選注引韓詩惸惸在疚。疚、憂也。忉忉忉、字本作忍、怒也、从心刀聲。引申爲憂。詩甫田勞心忉忉、傳、憂勞也。慱慱慱、字本作圜、圜也、从口專聲。正字爲懷、懷急也。○引申爲憂。圜慱古今字、圜懷通用字。詩素冠勞心慱慱兮、文選注引作圜圜、毛傳、憂勞也。後漢書張衡傳志圜圜以應懸兮、文選思玄賦作摶摶。則又以摶爲慱矣。欽欽欽、欠兒、从欠金聲。引申爲憂。詩晨風憂心欽欽、傳、思望之心欽欽然。鼓鐘鼓鐘欽欽、傳、言使人樂進。謂借爲廞、非此義也。京京京、人所爲絕高丘也、从高省、丨象高形。正字爲驚。驚、馬駭也。引申爲憂。詩正月憂心京京、傳、憂不去也。或者京之正字爲稤與。忡忡忡、心之𢝊也、从心中聲。字亦作⿰忄蟲。詩草蟲憂心忡忡、傳、猶衝衝也。惙惙惙、意不定也、从心叕聲。引申爲憂。詩草蟲、憂心惙惙。淮南原道亦云、其爲悲不惙惙。怲怲怲、病之憂也、从心丙聲。詩頍弁憂心怲怲、傳、憂盛滿也。奕奕奕、大也、从大亦聲。正字爲⿺辶奕、⿺辶奕、逷進也。引申爲病也、憂也。⿺辶奕奕通用字。詩頍弁憂心奕奕、傳、奕奕然無所薄也。或者正字爲殬與、殬、敗也、猶憂也。憂也憂、龢之行也、从夊𢝊聲。經典以爲𢝊之借字。

義證

殷殷惸惸忉忉慱慱欽欽京京忡忡惙惙怲怲奕奕憂也慱、徂兖反。忡、耻忠反。惙、丁劣反。怲、彼病反。

註此皆作者歌事以詠心憂

郭注補正

慇慇惸惸忉忉慱慱欽欽京京忡忡惙惙怲怲奕奕憂也

慇慇者、說文云慇痛也。痛與憂義近。小雅正月憂心慇慇、毛傳云、慇慇然痛也。通作殷、邶風北門憂心殷殷、彼釋文云殷、又作慇。殷爲慇之古文。惸惸者、正月憂心惸惸、傳云惸惸憂意也。彼釋文云惸本又作焭。周頌閔予小子嬛嬛在疚、彼釋文云嬛其傾反、崔本作焭。說文引作焭焭在疚、文選寡婦賦注引韓詩作惸惸余在疚。忉忉者、齊風甫田勞心忉忉、毛傳云忉忉憂勞也。檜風羔裘勞心忉忉、鄭箋云思君如是心忉忉然。慱慱者、檜風素冠勞心慱慱兮、傳云慱慱憂勞也。文選思玄賦注引詩勞心慱慱、六臣注作團團。慱與團古通用。說文云慱、圜也。圜卽團字。楊子太玄經月闕其慱、卽團之假借。欽欽者、秦風晨風憂心欽欽、毛傳云思望之心中欽欽然。小雅鼓鐘鼓鐘欽欽、傳云欽欽使人樂進也。此言鼓鐘之樂、晨風言未見之憂、義各有當也。京京者、小雅正月憂心京京、傳云京京憂不去也。

忡忡惙惙、說文竝云憂也。召南草蟲憂心忡忡、憂心惙惙、毛傳云忡忡猶衝衝也、惙惙憂也。案忡忡猶冲冲。冲冲、上升也。謂未見君子之時、心涌摇上冲、既見之後、心始降下、故曰我心則降也。以衝衝釋忡忡、最得其義。惙從叕、說文叕、綴聯也。惙惙猶叕叕、言思君子之心聯綴不絕、既見則我始釋然也、說之言釋也。怲怲奕奕者、小雅頍弁憂心怲怲、憂心奕奕、毛傳云怲怲憂盛滿也、奕奕然無所薄也。正義云奕奕憂之狀、憂則心遊不定、故爲無所薄也、怲怲憂盛滿、言憂之多

說詩

殷殷惸惸（殷、釋文作慇） 怲怲奕奕（奕、誤亦、下同） 音慱團（釋文云、郭徂宛、徂丸二切。）

疏秦風云憂心欽欽（秦風下當有晨風二字。） 在途而憂（而、誤時。）

注疏正字

惸惸忉忉慱慱惙惙

惸、通作焭、亦通作嫥。嫥、說文壹也、一曰女嫥嫥。忉、當作忍。慱、說文無此字、疑作摶。摶訓專、謂惪心專一也。

邵疏云、後漢書注引爾雅云惙恒惪也、疑惙惙下脫恒恒二字、或卽怲怲之異文。予謂惙惙下脫恒恒容或有之、經之異文必聲音相近、恒怲既不同部、又非合音、此說恐誤。自此以上皆釋言之本訓。

小箋

慇慇 釋文云、本今作殷殷。石經作殷。案殷通借字。

惸惸 釋文云、本或作焭。案惸通焭、又通嬛。詩（周頌閔予小子）嬛嬛在疚、釋文曰、崔本作焭。左傳（哀十六年）焭焭予在疚、說文（女部）引作嬛嬛。又通睘。詩（唐風杕杜）獨行睘睘、釋文云、本亦作焭。又通赹。說文

㚔部⿰㚔勹、獨行也、从㚔勹聲、讀若煢。　說文兮部⿱旬兮、驚辭也、从兮旬聲、或从心作⿰忄⿱旬兮。今變兮爲子。

忉忉　匡謬正俗云、詩甫田勞心忉忉、爾雅切切憂也、字當从刀七聲、傳寫誤爲忉。錢氏大昭曰、甫田忉驕爲韻、猶羔裘勞心忉忉與朝爲韻也、顏所見本偶誤耳。　說文心部無忉字、但有忍字、云怒也、从心刀聲、讀若顡。音義不合。

慱慱　說文心部無慱字。　盧學士曰、釋文云施逋莫反。案施音與慱甚遠、豈本有从尃者歟。

欽欽京京忡忡惙惙怲怲　忡惙怲說文同。

奕奕　石經作弈。案、博弈字从廾、訓大者从大、詩憂心奕奕本、不知宜何从也。

憂也　憂當作𢝊。見前。　正義云、後漢書注八十三引爾雅云惙怛憂也、疑惙惙下脫怛怛二字。元照案、章懷引爾雅注、非正文。

匡名

殷殷⿰忄⿱旬子⿰忄⿱旬子忉忉慱慱欽欽京京忡忡惙惙怲怲奕奕憂也　郭註、此皆作者歌事以詠心憂。　小雅、憂心慇慇。說文、慇、痛也。　文選註引韓詩、⿰忄⿱旬子⿰忄⿱旬子在疚、註、疚、憂也。　齊風、勞心忉忉、傳、忉忉、憂勞也。忍、怒也。　檜風、勞心慱慱兮、傳、慱慱、憂勞也。　秦風、憂心欽欽、傳、思望之心欽欽然。　小雅、憂心京京、傳、京京、憂不去心也。　忡、憂也、引詩憂心忡忡。　惙、憂也、引詩憂心惙惙。　怲、憂也、引詩憂心怲怲。　又憂心心奕奕、傳、奕奕然無所薄也。

啓蒙

⿰忄⿱旬子煢　釋文。⿰忄⿱旬子本或作煢。案詩正月。哀此⿰忄⿱旬子獨。孟子⿰忄⿱旬子作煢。

⿰忄⿱旬子者⿰忄⿱旬兮之譌字⿰忄⿱旬子⿱旬兮之或體說文⿱旬兮驚辭也驚憂義近又有怨憂也聲義亦通又煢煢亦通睘睘睘目驚視也義亦與⿱旬兮近矣。

忉　㓆　說文心部無忉有忍忍怒也从心刀聲讀若顡刀顡聲不相近讀若顡三字蓋本在忍篆下誤迻於此長箋謂刀卽忉字似也特怒與𢝊義不合案莊子而獨不見之調調之刀刀[illegible]乎釋文調調刀刀皆動搖皃據此則心爲忉忉猶云中心搖搖耳毛傳搖搖憂無所愬詩蓋本作刀刀後涉下文惕惕而誤从心也。

正作惆失意也字變作怊忉。

慱　㨔　詩素冠釋文。慱慱。憂勞也。文選思元賦。志摶摶以應懸兮。注引毛傳曰。憂勞也。是慱與摶通。

慱慱卽怛怛也正當作怛憯也。

黃侃評本正名

殷殷⿰忄⿱旬子⿰忄⿱旬子忉忉慱慱欽欽京京忡忡惙惙怲怲奕奕憂也。　自殷以下⿰忄⿱旬子欽京忡惙怲奕諸字詩皆與憂連文。　⿰忄⿱旬子者⿰忄⿱旬兮之譌字、⿰忄⿱旬兮⿱旬兮之或體、說文⿱旬兮、驚辭也、驚憂義近。又有怨憂也聲義亦通。釋文⿰忄⿱旬子本或作煢、煢煢亦通睘睘、睘目驚視也、義亦與⿱旬兮近。又通嫥、說文嫥、壹也、一曰女嫥嫥、本或作煢。　忉正作惆、失意也、字變作怊、忉、匡謬正俗一詩勞心忉忉、爾雅音切切、憂也、字當从刀七聲、傳寫誤爲忉、案顏說誤。　慱、釋文施逋莫反、是其字作慱、从尃與怖同音、亦通、正當作怛、憯也。

黃侃音訓

痯痯瘐瘐病也　殷殷⿰忄⿱旬子⿰忄⿱旬子憂也

痯痯、說文作悹、憂也。（心部悹）毛詩傳、痯痯、無所依也。（大雅抑詩傳）釋文、瘐、瘐本今作庾庾。（釋訓釋文）毛詩傳、愈愈、憂懼也。（小雅正月詩傳）釋文作慇慇。（云本又作殷、釋訓釋文）⿰忄⿱旬子⿰忄⿱旬子、本或作煢。（釋訓釋文）

瘐瘐病也、釋文、瘐本今作庾、詩作瘉。按、瘐瘉音義同。聘禮記十六斗曰籔、鄭注、今文籔曰逾。包咸論語注作十六斗曰庾。

證異

殷殷惸惸忉忉慱慱憂也

錦燧謹案、陸氏釋文作慇慇、云慇本作殷。此釋詩北門篇憂心殷殷、正月篇憂心慇慇也。毛公北門無傳、正月篇云、慇慇然痛也。慇从殷得聲、故二字古通用。說文㐆部云、殷、作樂之盛稱殷。與憂義不相涉。又心部云、慇、痛也。痛與憂義近、是慇爲本字、殷爲假借字。詩北門釋文云殷、本作慇。此必三家異文。是北山篇毛用假字、而三家用本字也。正月之慇慇、楚辭十六引作殷殷、此亦三家異文。是正月篇又毛用本字、而三家用假字也。楚辭章句十六又引北門之殷殷作隱隱、說文𨸏部云、隱、蔽也。與憂義遠。據段氏六書音韻表、殷聲㥯聲同在弟十三部、古得通假、是隱亦慇之假借字也。惸惸、乃釋詩正月篇憂心惸惸也。毛傳云、惸惸、憂意也。與雅訓合。又釋韓詩閔予小子篇惸惸余在疚也。文選寡婦賦李注引韓詩云、惸惸余在疚、毛作嬛嬛在疚、無余字。釋文又云、崔本作煢。左傳哀公十六年亦引作煢煢予在疚、與釋文同。竊謂惸乃𢜗之隸變、𢜗又𠣘之或體、𢜗从恂聲、恂从旬聲、嬛从睘聲、煢从熒省聲、據段書旬在十二部、睘在十四部、熒在十一部、古音最近。江漢來旬來宣、鄭箋云、旬、當作營。詩哀此惸獨、孟子引作煢、此旬聲熒聲通用之證也。詩獨行睘睘、釋文云、本亦作煢。又子之還兮、漢書作營。韓非子自環爲私、說文作營。此熒聲睘聲通用之證也。惟許書惸訓驚詞、嬛訓材緊、煢訓回飛、三字之本訓俱與憂義不相當。竊謂惸當讀爲愬、說文心部云、愬、憂也。愬从鈞聲、鈞从勻聲、勻旬古音同、旬从勻省聲、或从旬聲作眴。惸通作愬、猶旬或作眴耳。忉忉釋詩甫田篇勞心忉忉、防有鵲巢篇心焉忉忉、羔裘篇勞心忉忉也。毛甫田傳云、忉忉、憂勞也。防有鵲巢釋文云、忉忉、憂也。並與雅訓合。說文無忉字、而心部有从心刀聲之忍、惟上聲下形與忉微異、說解云、怒也。怒與憂勞義亦近。乃匡謬正俗謂爾雅切切憂也字當从刀七聲、洵如顏說、又何以甫田與驕爲韻、防有鵲巢與巢苕爲韻、羔裘與逃朝爲韻乎。是顏所見本作切、乃忉之譌也。慱慱乃釋詩素冠篇勞心慱慱兮也。毛傳云、慱慱、憂勞也。與雅訓合。文選李善注引詩作團團。說文無慱字、是作團爲長。然團亦非本字、說文口部云團圜也、此團之本義、今訓憂者、與嬛嬛之訓憂同。團从專聲、專从叀聲、嬛从睘聲、睘从袁聲、袁亦从叀省聲、據此知團嬛聲同矣。嬛既與煢惸愬通而可讀爲愬、詳見上。則團既與嬛通亦可讀爲愬矣。故專聲鈞聲雖異部、而當謂團亦愬之假借字。

陸錦燧日記

慇慇、惸惸、忉忉、慱慱、欽欽、京京、忡忡、惙惙、炳炳、奕奕、憂也。

憂、是說文㥑愁字。

慇、釋文云：「樊光於謹反、本作殷。」慇爲本字、殷爲省文、又借用隱。說文云：「慇、痛也。」詩北門「憂心殷殷」、正月「憂心慇慇」、詩「如有隱憂」、傳云：「隱、憂痛也」；痛即憂、皆一義也。

惸者、𢜗之變體、其本字作𠣘、或體作𢜗。又與恂、煢、嬛、睘、通。說文兮部云：「㝁、驚辭也、从兮、旬聲。恂、或从心。」蓋兮者、語所稽也、其詞少有稽留、故爲驚詞。驚亦憂也。周頌閔予小子「嬛嬛在疚、」釋文云：「本或作㷀、」唐風杕杜「獨行睘睘、」釋文云：「本亦作㷀。」是其字皆通用也。

忉忉、慱慱、義同。齊風甫田「勞心忉忉、」檜風素冠「勞心慱慱、」傳竝云：「憂勞也。」說文無忉慱二字。鄭云：「詩甫田傳云：『怛怛、猶忉忉也。』忉怛聲轉義同。慱慱、蓋摶摶之別體、文選思玄賦云：『志摶摶以應懸兮、』這憂思摶聚也。」

欽欽者、秦風晨風「憂心欽欽、」傳云：「思望之心中欽欽然。」

京京者、詩正月「憂心京京、」傳云：「京京、憂不去也。」

忡忡惙惙者、召南草蟲「憂心忡忡、」又云：「憂心惙惙、」傳云：「忡忡、猶衝衝也、惙惙、憂也。」按說文水部云：「沖、涌繇也、」涌繇、謂衝涌搖動、與忡義略同。

怲怲者、說文「怲、憂也；」小疋頍弁「憂心怲怲、」傳云：「怲怲、憂盛滿也。」段云：「怲、讀如㨍、與彭彭音義同、故云憂盛滿。」

奕奕者、頍弁「憂心奕奕、」傳云：「奕奕然無所薄也。」案釋詁「奕、大也、」故云無所薄。無所薄之憂、猶無所聊之意。

爾雅學

殷殷唐石經單疏本雪牕本同、釋文作慇慇、校者云、本今作殷殷。

惸惸釋文唐石經單疏本雪牕本元本閩本監本同、毛本作㦕㦕、訛。

殷殷惸惸忉忉慱慱欽欽京京忡忡惙惙怲怲弈弈憂也

○釋曰　注疏本刪。

忡忡猶衝衝也　閩本監本毛本同、與毛詩傳合。元本作衝衝、下引鄭箋同。按說文衝从行童聲、玉篇正作衝、同作衝。

在塗而憂　注疏本而誤時。

校勘記

惙惙怲怲　正義云後漢書注引爾雅云惙惙怛怛憂也、疑惙惙下脫怛怛二字、或卽怲怲字異文也。

殷殷至也中　案、也中二字當作憂也、邢疏例皆然、此誤。

小雅明月云　監本毛本湘本明作正、是。

注疏校勘札記

二行殷殷○《釋文》作「慇慇」。

宋監本校箋

殷殷惸惸音瓊忉忉慱慱音團欽欽京京忡忡惙惙怲怲音柄弈弈憂也

音圖・音

慱、徒端翻、音團。施、通莫翻、音慱。郭徒下同。訛作徂、究斷、音近、徒沿音近。團二翻。

音略

㗂隱　瓊　刀

殷殷惸惸忉忉

團　郭讀余　充　柄丙

慱慱欽欽京京忡忡惙惙、怲怲奕奕憂也。

孫侶直音

殷殷惸惸忉忉　瓊　刀

慱慱欽欽京京忡忡惙惙　團　綴

怲怲奕奕憂也　丙柄

直音校正

殷殷惸煢惸忉

刀忉慱團慱欽欽京京忡充忡惙拙惙怲柄怲奕奕憂也

楊氏音訓

惸渠營切　忉刀　慱團　忡充　惙陟劣切　怲丙　又音柄

干氏音釋

畇畇田也

畇畇田也言墾辟也。

郭注

畇畇田也 釋曰，謂耕墾開辟土田畇畇然也。小雅信南山云畇畇原隰，毛傳云畇畇墾辟貌。

邢疏

畇畇田也

畇音巡。釋文

郭音義

畇畇田也

畇居賓反。釋文

沈集注

畇畇田也

畇蘇旬反 釋文

謝音

畇畇田也

詩云畇畇原隰。詩正義十三之二

衆家注

黄輯古義

畇畇音巡。釋文

郭音義

畇畇田也

畇居賓反。上同

沈集注

畇畇蘇均反。

謝音

玉函山房輯佚

畇畇田也

注曰，詩云畇畇原隰。詩正義十三之二

漢注

畇畇田也

郭璞云言墾辟也

一切注音

畇畇田也 郭音巡。釋文

古注斠

畇畇田也 舊注曰，詩云畇畇原隰。詩正義十三之二

古注斠補

畇畇 本或作畇，郭音巡，沈居賓反，謝蘇句反，字林云均均田也。又羊倫反 墾 苦很反，蒼頡篇云耕也，廣雅云治也。 辟 婢亦反，開也。

陸音義

畇畇田也 畇，郭音巡。

郭璞曰言墾辟也。

古注合存

畇畇田也言墾辟也

此下十句皆釋雅頌言農之事。田者，言治田也。畇者，均之或體也。釋文引字林云均均田也。夏小正云農率均田。釋詁云均，易也。孟子易其田疇，是均以平治爲義。釋文畇，沈居賓反。音義兩得矣。詩信南山作畇，畇均人注引作畇畇，竝均均之異文。賈疏以爲均田，得之。爾雅釋文畇本或作畇，郭音巡，又羊倫反，竝非矣。又引蒼頡篇云墾，耕也。郭注本毛傳。

義疏

畇畇均均田也 畇畇 郭注，言墾辟也 詩畇畇原隰。

集解

畇畇田也 釋詩信南山畇畇原隰語也。畇，字本作均，平徧也，从土勻聲。夏小正農率均田，傳，始除田也。

義證

畇畇田也

〔注〕言墾辟也〔補正〕釋文字林云均均田也墾蒼頡篇云耕也廣雅云治也。

郭注補正

畇畇田也

此釋小雅信南山畇畇原隰毛傳云畇畇墾辟貌、地官均人注作畇畇原隰畇畇同字。詩疏云、釋訓畇畇田也注引此畇畇原隰與勻音同也今郭注無引詩文當是舊注。釋文引字林云均均田也夏小正農率均田。均爲畇之正字。詩釋文云畇音勻、又作眴。此釋文亦言畇本或作眴勻旬古通用已下皆言農事。

說詩

畇畇田也　釋文云畇本或作眴。案說文田部無此二字。鄭注周禮地官均人引詩作畇畇原隰、畇字亦不見於說文釋文引字林云均均田也。案夏小正農率均田。

匡名

畇　均　釋文引字林云。均均田也。

黃侃評本正名

畇畇、田也。　詩信南山畇畇原隰曾孫田之、此即以田釋畇。田正作畋。　釋文畇本或作眴、郭音巡、又羊倫反、音巡者與旬近、讀羊倫者與勻同、皆與均義近、竊謂畇畇與畇（周禮均人注旬、均也、讀如詩畇畇原隰之畇。）皆均之後出字也。畇从田與土同意、均作畇者、與趙通莬同意。

黃侃音訓

畇畇、田也。

田、動詞、易治也。齊風甫田「無田甫田、」釋文「無田、音佃。」畇畇者、釋文云：「畇、郭音巡、沈居賓反。字林云：『均均、田也。』」均均者、釋詁「均、易也、」夏小正「農率均田、」即易田也。均爲本字、畇畇與鄭注地官均人所引之畇畇、皆假借字。小雅信南山云：「畇畇原隰、」傳云：「畇畇、墾辟貌、」即易治之義也。

爾雅學

畇畇田也〇釋曰注疏本刪。

毛傳云畇畇元本同。閩本監本毛本脫畇畇。

校勘記

畇畇音巡田也

音圖・音

畇本或作眴、郭音巡、又謝蘇旬翻音荀、詩釋文蘇遵翻同。此从旬之音也。字林、又羊倫翻音勻、沈居賓翻音均、此从勻之音也。舊音多混。

音略

畇畇、田也。巡勻

孫侶直音

畇畇田也巡

直音校正

畇云畇田也

楊氏音訓

畇勻

干氏音釋

畟畟耜也

畟畟耜也。言嚴利。

郭注

畟畟耜也 釋曰、舍人曰、畟畟耜入地之貌。周頌良耜云、畟畟良耜、俶載南畝。毛傳云、畟畟猶測測也。鄭箋云、良善也。農人測測以利善之耜、熾菑是南畝也。是言耜之嚴利也。

邢疏

畟畟耜也

畟畟耜入地之貌。詩良耜正義 邢疏 犍爲注

黃輯古義

畟畟耜也

畟畟耜入地之貌 邢疏 詩周頌良耜正義 犍爲注

玉函山房輯佚

畟畟耜也

舍人曰、畟畟耜入地之貌 詩正義十九之四 邢疏

漢注

畟畟耜也

舍人云、畟畟耜入地之貌 詩正義十九之四卷 郭璞云、言嚴利。

一切注音

畟畟耜也 舍人云、畟畟耜入地之貌。詩良耜正義

古注斠

畟畟 楚力反、字或作畟。 耜 音似。

陸音義

畟畟耜也

畟畟、利也。耜利則入反文矣。考工記曰、馬力既竭、輈猶能一取焉 原注文今作攴寫。

新義

畟畟耜也

舍人曰、畟畟耜入地之貌。

郭璞曰、言嚴利。

古注合存

畇畇田也、畟畟耜也、畇音云、畟音測 ○此下七條皆類舉力農奉祭之屬而遞釋之也。注曰、畇畇言墾辟、畟畟言嚴利也。疏曰、詩信南山云、畇畇原隰。良耜云、畟畟良耜。

注疏參義

畟畟耜也 言嚴利

耜者、說文作相、云臿也。梠、云耒耑也。畟者、說文云、治稼畟畟進也。詩良耜傳、畟畟猶測測也。箋云、測測以利善之耜。正義引舍人曰、畟畟耜入地之貌。爾雅釋文、畟、字或作稷。按稷从畟聲、稷有疾義、與利亦近。

義疏

畟畟相也 舍人注、畟畟、耜入地之皃。郭注、言嚴利。詩、畟畟良耜。

集解

畟畟耜也

畟、治稼畟畟然進也、从田从人从夂、會意。耜也者、謂治稼畟畟然入土也。詩良耜畟畟良耜、是其義也。耜字本作梠、臿也、从木㠯聲。隸變从耒作耜。

義證

畟畟耜也

注 言嚴利 補正 邢疏、舍人曰、畟畟耜入地之貌。

郭注補正

畟畟耜也

此釋周頌良耜畟畟良耜。毛傳云、畟畟猶測測也。鄭箋云、良善也、農人測測以利善之耜、熾菑是南畝也。正義云、以畟畟文連良耜、則是刃利之狀、故猶測測以爲利之意也。舍人曰、畟畟耜入地之貌。郭璞曰、言嚴利也。耜、說文作相、云臿也。畟者、治稼畟畟進也。

說詩

畟畟耜也　釋文云畟字或作稷案稷假借字，說文木部枱、从木㠯聲。隸變从耒。

匡名

耜　枱　耜。說文作枱。

黃侃評本正名

畟畟耜也。詩畟與耜連文，畟之為言剌也。

黃侃音訓

畟畟、耜也。

耜、說文作相、云「臿也、」鄭注月令云：「耜者、耒之金也。」畟者、郭注云：「言嚴利；」說文云：「治稼畟畟進也。」周頌良耜「畟畟良耜、」傳云：「畟畟、猶測測也、」箋云：「良、善也；」葢耜既良利、故能測測然以人地也。

爾雅學

畟畟耜也〇釋曰　注疏本刪。

校勘記

畟畟音策耜也

音圖・音

畟畟、耜也。測　似

孫偘直音

畟測畟耜也

楊氏音訓

畟初力切

干氏音釋

郝郝耕也

郝郝、耕也。言土解。

郭注

郝郝耕也　釋曰、謂耕地其土解散郝郝然也。周頌載芟云其耕澤澤、鄭箋云、土氣烝達而和耕之則澤澤然解散。郝郝澤澤並音釋、其義亦同。

邢疏

郝郝耕也

釋釋、猶藿藿、解散之意。詩載芟正義

犍爲注

郝郝耕也

詩載芟正義引爾雅作釋釋。

衆家注

黃輯古義

釋釋耕也　詩正義引舍人爾雅郝郝作釋釋。

釋釋、猶藿藿解散之意。詩周頌載芟正義

犍爲注

玉函山房輯佚

郝郝釋耕也

釋釋、猶霍霍、解散之意。舍人注　詩疏十九之四

鉤沉

郝郝耕也　按、詩正義引舍人尒疋本郝郝作釋釋。

舍人曰、釋釋、猶藿藿、解散之意。詩正義十九之四。邢疏。按、注尒疋者當引詩其耕郝郝、舍人當云郝郝猶藿藿、郝藿聲相近、不當作釋字。毛作澤澤、釋與澤同、疑是後人順毛而改。

漢注

郝郝耕也

舍人云、釋釋、猶藿藿、解散之意詩正義十九之四卷　郭璞云

言土解。

一切注音

郝郝耕也　舍人云、釋釋猶藿藿、解散之意。詩載芟正義

蕙心案、詩載芟正義引爾雅亦作釋釋、郝氏義疏謂

舍人本作郝郝猶藿藿、後人因毛詩作釋釋遂妄改舍人作釋釋、此說非也。據舍人用本字今詩作澤澤、澤澤者、釋釋之借字。郝郝者、藿藿之異體。夏小正農及雪澤、管子乘馬篇作雪釋是也。郝从赤聲、赤與澤釋亦音通相假。

古注斠

郝郝音釋、又呼各反。土解音蟹。

陸音義

郝郝耕也 戴芟云、其耕澤澤。郝、即澤字。

鄭樵注

郝郝耕也
舍人曰、郝郝、猶藿藿、解散之意。
郭璞曰、言土解。
鄭樵曰、戴芟云、其耕澤澤。郝、即澤字。

古注合存

舍人云、釋釋、猶藿藿、解散之意。見詩正義。

補注

郝郝耕也 詩釋文、澤澤、音釋釋、爾雅作郝郝。

校議

郝郝耕也言土解

郝郝者、詩作澤澤、並叚借字也。載芟箋云、耕之則澤澤然解散。釋文澤澤、音釋釋、注同。爾雅作郝郝、音同。此音是也。釋澤古字通。夏小正云農及雪澤、管子乘馬篇作農耕及雪釋。詩正義引爾雅作釋釋、又引舍人曰、釋釋、猶藿藿、解散之意。按爾雅釋文郝又呼各反、呼各與藿音近、蓋舍人本作郝郝、猶藿藿。後人因毛詩作澤澤、遂妄改舍人作釋釋耳。

義疏

郝郝舍人注、猶藿藿、解散之意。郭注、言土解。郝亦佀釋澤。**耕也**詩其耕澤澤。

集解

郝郝耕也釋詩載芟其耕澤澤語也。郝、右扶風鄠鄉盩厔縣、从邑赤聲。在今陝西西安府。正字爲釋。釋、解也。與澤通用。詩箋耕之則澤澤然解散是也。詩正義引爾雅作釋釋、明郝澤均爲釋之借字也。耕、犂也、从耒井聲、一曰古者井田、謂从井會意。

義證

郝郝耕也

[註]言土解[補正]臣鍪按、郝釋文音釋詩疏引舍人註云釋釋、猶霍霍、解散之意。

郭注補正

郝郝耕也

此釋周頌載芟其耕澤澤、彼釋文云、澤澤音釋釋、注同爾雅作郝、音同、云耕也。鄭箋云、土氣烝達而和、耕之則澤澤然解散。正義云、土氣烝者、謂陽氣升上達出、於是耕之、故土得釋釋然而散也。釋訓云釋釋耕也、舍人云釋釋、猶藿藿、解散之意。案詩疏引釋訓作釋釋、舍人亦同。邢疏云、郝郝澤澤並音釋、其義亦同。管子乘馬篇云農耕及雪釋、即夏小正農及雪澤、澤釋一也。史記孝武紀先振兵澤旅、集解引徐廣云、古釋字作澤。三家詩當有作其耕郝郝者。

說詩

郝郝耕也案、周頌載芟疏引舍人云、釋釋、猶藿藿、解散之意。

疏有土解散郝郝然也有、當言字誤。土氣烝達而和耕之則澤澤然解散脫土耕二字。

注疏正字

郝郝耕也

注言土解。詩載芟澤澤釋文、澤音釋、爾雅作郝。孔疏云、釋訓云釋釋、耕也、舍人曰釋釋猶藿藿、解散之意。據此則舍人本作釋釋、郭本作郝郝也。郝郝、通作藿藿、字當作霍䨇之省文。荀子議兵篇霍焉離耳、楊倞注霍焉猶渙焉也、離渙解散之義。

小箋

郝郝耕也　詩作澤。詩正義十九之四引作釋釋。

匡名

郝　釋　郝郝。詩作澤澤。正義引爾雅作釋釋。

黃侃評本正名

郝郝耕也。　詩郝與耕連文。　郝郝、詩正義引爾雅作釋釋、又引舍人曰、釋釋猶藿藿、解散之意、案藿當作霍、霍亦單言、荀子議兵霍焉離耳、注霍焉猶渙焉也、離渙解散之義。

黃侃音訓

郝郝。耕也疏引周頌其耕澤澤、郝澤音義同。

考異摘要

郝郝耕也

錦燧謹案、詩中無郝郝二字連文者。釋文、郝音釋。邢疏云、周頌載芟云其耕澤澤、郝郝澤澤並音釋、其義亦同。竊謂邢說甚碻。据段氏六書音韻表赤聲睪聲同在弟五部、古音相同、例得通假。爾雅既作郝、則三家詩異文疑亦有作郝者、雅訓蓋釋三家詩之其耕郝郝也。惟郝澤皆非本字。說文邑部云、郝、右扶風鄠鄉盩厔縣。是郝字之本義爲地名、在今陝西西安府。又水部云、澤、光潤也。是澤之本義爲潤澤。並與耕義無涉。詩箋云耕之則澤澤然解散、說文釋下云解也、則解散爲釋之本義、鄭君蓋讀澤爲釋矣。詩正義引爾雅即作釋、知樊孫本當有作釋者、釋爲本字、郝澤皆假借字。

陸錦燧日記

郝郝、耕也。

郭注云：「言土解。」疏云：「謂耕地、其土解散郝郝然也。周頌載芟『其耕澤澤』、箋云：『土氣烝達而和、耕之則澤澤然解散。』郝郝澤澤、竝音釋；其義亦同。」

爾雅學

郝郝耕也○釋曰注疏本刪、閩本監本毛本地其誤也有、元本誤他謂耕地其土解散有。

土氣烝達而和耕之則澤澤然解散注疏本脫土耕二字。

校勘記

載芟云監本毛本同。湘本載上有詩字。

注疏校勘札記

郝音釋、又呼各翻、音霍。詩釋文澤音釋、爾雅作郝、音同。詩正義引舍人云、釋釋猶藿藿、一作霍解散之意。

音略

釋　郝郝、耕也。

孫侶直音

郝釋　郝耕也

楊氏音訓

郝釋

干氏音釋

繹繹生也

繹繹生也。言種調。

郭注

繹繹生也　釋曰、舍人云、穀皆生之貌。載芟云、驛驛其達、毛傳云達、射也。鄭箋云達、出地也。是言其種調勻皆出地而生也。繹與驛音義同。

邢疏

繹繹生也

繹繹、穀皆生之貌。詩載芟正義　邢疏

犍爲注

黃輯古義

繹繹生也

穀皆生之貌。同上　邢疏

犍爲注

玉函山房輯佚

繹繹生也

舍人曰、穀皆生之貌。詩正義十九之四　邢疏

漢注

繹繹生也

舍人云、穀皆生之貌。詩正義十九之四卷　郭璞云、言種調。

一切注音

繹繹生也　舍人云、繹繹、穀皆生之皃。詩載芟正義

古注斠

繹繹　音亦。種之用反。

陸音義

繹繹生也

生之無窮如此。列子曰、人又入于機。

新義

繹繹生也　載芟云、驛驛其達。繹、即驛也。

鄭樵注

繹繹生也　舍人曰、穀皆生之貌　郭璞曰、言種調。　鄭樵曰、載芟云、驛驛其達、繹、卽驛也

古注合存

郝郝、耕也。繹繹、生也。郝詩作澤、音釋。○註曰、郝郝、言土解。繹繹、言種調也。疏曰、詩載芟云、其耕澤澤、郝澤音義同。又云、驛驛其達。毛傳云、達、射也。鄭箋云、達、出地也。言種調勻、皆出地而生也。驛繹音義同。

注疏參義

繹繹生也。言種調。

繹詁云、繹、陳也。陳有布列之義、故詩載芟正義引舍人曰、穀皆生之貌。是繹繹言生達之狀。詩俗作驛驛、其義同。

義疏

繹繹生也　舍人注、繹繹、穀皆生之皃。郭注、言種調。　詩、驛驛其達。

集解

繹繹生也　繹、詩載芟驛驛其達語也。繹、抽絲也。从糸睪聲。引申爲生、與驛通用。方言訓繹爲長、廣雅訓繹爲充、均由生義而引申也。生、進也。象艸木生出土上。易繫辭、天地之大德曰生。

義證

繹繹生也

註言種調。補正邢疏、舍人云、穀皆生之貌。

郭注補正

繹繹生也

此釋周頌載芟驛驛其達。毛傳云、達、射也。鄭箋云、達、出地也。出地即生也。彼釋文云、驛音亦、爾雅作繹繹。正義引釋訓作驛驛生也。舍人曰、穀皆生之

皃。是驛驛其達謂苗生達也。邢疏云「驛與繹音義同。」魯頌駉釋文亦云繹本作驛。據正義所引舍人本爾雅蓋作驛驛。韓詩驛驛盛皃。廣雅云「驛驛盛也。」本韓詩爲義也。繹又通作斁。泮水釋文云「繹本作斁」是也。商頌那「庸鼓有斁」傳云「斁斁然盛也。」又通作奕。閟宮「新廟奕奕」周禮隸僕注作「繹繹」是也。文選謝惠連秋懷詩注引薛君韓詩章句云「奕奕盛皃。」

説詩

繹繹生也疏載芟云驛驛其達也上當脱周頌二字、下繹繹節疏同。也、衍字。

注疏正字

繹繹生也　詩作驛、正義引亦作驛。

匡名

繹繹生也言種調。　繹繹與奕奕通、詩新廟奕奕、周禮隸僕注引作寢廟繹繹、商頌那傳奕奕然閑也、閑與郭所云調義又近。

黃侃音訓

畇畇田也　畟畟耜也　郝郝耕也　繹繹生也

釋文畇本或作眴、釋訓釋文字林作均、均田也。釋訓釋文周禮注作畯畯。地官均人注。釋文畟畟字或作稷。釋訓釋文毛詩傳畟畟猶測測也。周頌良耜傳。周頌作其耕澤澤。載芟詩。舍人云釋釋猶藿藿。載芟詩正義。周頌作驛驛其達。載芟詩。韓詩薛君章句、繹繹盛貌。文選注。

郝郝、耕也。釋文、郝郝音釋。周頌作澤澤、舍人本作釋釋。按、郝澤釋音義同。

證異

繹繹。生也疏引周頌、驛驛其達。繹驛音義同。

考異摘要

繹繹、生也。

繹繹者、載芟「驛驛其達、」箋云：「達、出地也。」疏引舍人云：「穀皆生之貌。」驛繹古通用。繹者、說文云：「抽絲也；」釋詁「延、繹、陳也、」王引之謂「皆長之陳；」然則繹繹之爲生、乃引繹而生之謂也。

爾雅學

繹繹生也○釋曰注疏本刪。

驛驛其達注疏本下衍也。

繹與驛音義同元本同、閩本監本毛本繹驛互倒。

校勘記

穟穟苗也

穟穟苗也。言茂好也。

郭注

穟穟苗也　釋曰大雅生民云禾役穟穟毛傳云役列也。穟穟、苗好美也。是言茂好也。

邢疏

穟穟苗也

穟音遂。釋文

郭音義

黃輯古義

穟穟、音遂。

郭音義

玉函山房輯佚

穟穟苗也

郭璞云言茂好也。

一切注音

穟穟郭音遂。說文云、禾垂之貌。

陸音義

穟穟苗也謂苗之茂。

鄭樵注

穟穟苗也 穟、郭音遂。
郭璞曰、言茂好也。
鄭樵曰、謂苗之茂。

古注合存

穟穟苗也言茂好也

穟者、說文云、禾采之皃、引詩曰禾穎穟穟。生民傳云、穟穟、苗好美也。與爾雅合。爾雅釋文引說文作禾垂之貌、葢誤。

義疏

穟穟苗也郭注、言茂好也。詩、穟穟其苗。

集解

穟穟苗也 釋詩生民禾役穟穟語也。穟、禾采之皃也、从禾遂聲。謂苗之皃美好也。苗、艸生于田者、从艸从田會意。詩碩鼠、無食我苗。

義證

穟穟苗也

注言茂好也補正釋文、說文云禾垂之貌。

穟穟苗也

說文云、穟、禾采之貌、引詩曰禾穎穟穟。釋文引作禾垂之貌、形誤也。此釋大雅生民禾役穟穟。毛傳云役、列也。穟穟、苗好美也。

說詩

穟穟、苗也。

苗者、說文艸部云：「艸生於田者、从艸田。」段云：「苗之故訓禾也、禾者也、」明禾與苗同物；苗本禾未秀之名、因以爲凡艸木初生之名、說文立文、當云『苗、禾也、嘉穀也。』」是苗者、穀之初生未秀之名。因而凡草木之初生者、亦謂之苗也。

春秋經莊七年『秋大水、無麥苗、』二十八年『冬大無麥禾、』麥苗、即麥禾；何休曰：『苗者、禾也、生曰苗、秀曰禾、』倉頡篇曰：『苗者、禾之未秀者也、』

穟者、說文「穟、禾采之貌、」詩曰：『禾穎穟穟；』」許所引、大雅生民詩、毛作「禾役穟穟、」傳云：「穟穟、苗好美也。」役、傳云：「列也、」云：「梨之假借。」

爾雅學

穟穟苗也〇釋曰注疏本刪。

校勘記

穟穟遂音苗也

音圖・音

穟穟、遂苗也。

孫侶直音

穟遂穟苗也

楊氏音訓

穟遂

干氏音釋

緜緜穮也

緜緜穮也言芸精。

郭注

緜緜穮也 釋曰、孫炎云、緜緜、言詳密也。載芟云緜緜其麃、毛傳云麃、耘也。說文云、穮、耨鉏田也。字林云穮、耕禾間也。是言芸耨精也。穮麃耘芸音義同。

邢疏

緜緜穮也釋文、麃、字書作穮。則尒疋本作麃。詩正義引孫炎尒疋作麃、與釋文合。

緜緜、言詳密也。詩正義十九之四　邢疏

孫音注

緜緜麃也

詩載芟疏引郭璞曰、芸不息也。所引郭注與今異。

郭音義

黃輯古義

緜緜蘪也 今注疏本作穮、詩正義引孫炎爾雅作蘪。

緜緜、言詳密也。邢疏、詩周頌載芟正義

玉函山房輯佚

孫音注

緜緜穮也

緜緜、言詳密也。孫注 詩疏十九之四

鉤沉

緜緜穮也 釋文、麃、字書作穮。則尒疋本作麃、詩正義引孫炎尒疋作麃、與釋文合。

孫曰、緜緜、言詳密也。詩正義十九之四 邢疏

漢注

緜緜穮也

孫炎云緜緜、言詳密也。詩正義十九之四卷 郭璞云、言芸耨精。詩正義十九之四卷。引郭註作芸不息也。

一切注音

緜緜穮也 孫炎云緜緜言詳密也 郭璞云芸不息也 詩載芟正義

古注斠

緜緜穮也 孫炎穮作麃。詩載芟正義。

按、釋文麃、字書作穮。是爾雅多作麃、詩正義引孫作麃、正與釋文同。

古注斠補

緜 彌延反。 麃 字書作穮、同、方遥反、耘也。字林云、耕、禾間也。左傳云、譬如農夫是穮是蔉是也。說文云、穮、耨鉏緜 田也。 耘 字亦作芸、同音云。

陸音義

麃○邢本作穮。 耘○邢本作芸。

音義攷證

緜緜穮也 鋤而去之、于其尚弱。

新義

緜緜穮也 穮、耘也。

鄭樵注

緜緜穮也

孫炎曰、緜緜、言詳密也。

郭璞曰、言芸耨精。

鄭樵曰、穮、耘也。

古注合存

穟穟、苗也。緜緜、穮也。穟音遂。穮音標。○詳曰、穟穟、言禾茂。緜緜、言耨精也。疏曰、詩生民云、禾役穟穟。毛傳云、役列也。載芟云、緜緜其麃。穮麃音義同。

注疏參義

緜緜穮也 載芟詩引緜緜、麃也。郭云、芸不息也。

校議

緜緜穮也 言芸精 穮者、今登萊人謂鉏田爲報、報卽穮字之音。說文、穮、耨鉏田也、[illegible]引春秋傳曰、是穮是衮。左昭元年傳文。詩緜緜其麃、釋文引韓詩作民民、云、衆貌。麃芸也、毛傳作麃、耘也。耘芸麃穮古俱通用、緜民古音同也。釋文、麃、字書作穮。是爾雅及詩正文作麃、今從宋本作穮。詩正義引孫炎曰、緜緜、言詳密也、郭璞曰、芸不息也。所引郭注與今異。

義疏

緜緜民民穮也 孫注、言詳密也。郭注、芸不息也。詩、緜緜其麃。

集解

緜緜穮也 釋詩載芟緜緜其麃語也。緜緜、聯微也、从系从帛會意。穮也者、謂穮貴緜聯不絶耳。釋文引韓詩緜作民民、借民以爲緜也。穮、耕禾閒也、从禾麃聲、字亦作穮。左昭元傳、是穮是蔉。

義證

爾雅詁林 三 釋訓

緜緜穮也

注言芸耨精補正邢疏、孫炎云緜緜、言詳密也、載芟云緜緜其麃、傳云穮耘也、說文云穮、耨鉏田也、字林云穮、耕禾間也、是言芸耨精也。

郭注補正

緜緜麃也

言耘耨精

仿宋本雪牕本作言芸精、明注疏本作言芸耨精。阮氏謂耨字係疏語竄入、然攷唐殘本玉篇系部緜下引爾雅緜緜穮也、郭璞曰謂耨精也、是顧所據本有耨字也。樹枏案、詩周頌載芟疏引釋訓云緜緜麃也、郭璞曰芸不息也、今本無此句、蓋有脫奪。今以意訂之、當作麃言芸耨精、緜緜耘不息也。釋文云、耘字亦作芸。今本皆作芸。

郭注佚存補訂

緜緜麃也

此釋周頌載芟緜緜其麃。正義云、麃是芸之別名、緜緜是麃之貌、釋訓云緜緜麃也、孫炎曰緜緜言詳密也、郭璞曰芸不息也、王肅云芸者其眾緜緜然不絕也。麃爲穮之古文。詩釋文云、緜緜、韓詩作民民、云、眾貌。王肅蓋本韓詩、緜民一聲之轉。大雅緜緜瓜瓞、傳云緜緜、不絕貌、與此同也。

說詩

緜緜穮也穮、釋文作麃。

註言芸耨精芸、釋文作耘。周頌載芟疏引郭註作芸不息也。

疏說文云穮耨鉏田也字林云穮耕禾間也耨鉏耕間四字當互易。

注疏正字

緜緜麃也 釋文云、麃、字書作穮。石經單疏作穮。案、作穮與說文合。

匡名

麃 䌰 釋文。麃字書作穮。同方遙反。耘也。字林云。耕禾閒也。左傳云。譬如農夫。是穮是蓘。是也。說文云。穮耨鉏田也。

黃侃評本正名

緜緜、穮也 詩緜與穮連文 釋文麃、字書作穮、詩載芟疏引爾雅亦作麃。

黃侃音訓

緜緜穮也

錦燧謹案、此釋詩載芟篇緜緜其麃也。毛傳云、麃、耘也。王肅云、芸者、其眾緜緜然不絕也。與雅訓緜緜穮也義合。釋文作麃、云、麃、字書作穮。詩正義引釋詩、緜緜、麃也。是陸孔所据爾雅皆作麃、並與毛詩同。說文鹿部云、麃、麠屬。又禾部云、穮、耕禾閒也。是穮爲本字、麃爲假借字。元朗所謂字書、殆卽指說文言之。緜緜乃形容耘者之辭、詩正義引孫炎曰、緜緜言詳密也、其說良是。郭注言芸精、非也。說文系部云、緜、聯、散也。此連篆文讀之、以緜聯爲句、緜聯有詳密義。或假作民、詩釋文引韓詩作民民、其麃、云、眾貌。眾與詳密義亦近。民緜一聲之轉。方言云、緜、施也、吳越之間脫衣相被謂之緍。緍乃緍之俗體。緍从昏聲、昏或从民聲作昏、故緜可謂之緡、緜通作民、其例正同。

附駁段氏說文緜字注一則。

說文、緜聯、散也。段氏注曰、聯者連也、散者眇也、其相連者甚散眇、是曰緜。是以聯散二字連文、不知許君說解每連篆文讀之、如離之說解曰黃倉庚也、謂離黃即倉庚也、參之說解曰商星也、謂參商爲星名也、𤎩之說解曰燧候表也、謂𤎩燧爲候表也、昧之說解曰爽旦明也、謂昧爽訓旦明也、肸之說解曰響布也、謂肸響爲布名也、魼之說解曰鰈魚出東萊、謂魼鰈爲魚名也、蕫之說解曰茅蒀也、謂蕫茅即蒀也、巂之說解曰周燕也、謂巂周即燕也、此類甚多、緜聯連讀、正與之同。緜聯乃疊韻字、故文選張平子西京賦云、繚垣緜聯。知古多以此二字連文、許君乃以散釋緜聯、非以聯散釋緜也、段氏誤讀許書、從而爲之說曰其相連者甚散眇、豈許君意乎。

陸錦燧日記

緜緜、穮也、

說文禾部云：「穮、槈鉏田也、从禾、麃聲、」此段氏據周頌釋文改正之義。周頌載芟「緜緜其麃、」傳云：「麃、耘也、」麃、即穮之假借。許稱槈鉏田者、段云：「槈、薅器也、鉏、立薅斫也、薅者、拔田艸也。或槈其田、或鉏其田、皆曰穮。今吳下俗語、說用鉏曰暴、即此字也。」又或用報、郝云：「今登萊人謂鉏田爲報、報、即穮字之音。」

緜緜者、周頌疏引孫炎云：「緜緜、言詳密也；」引郭注云：「芸不息也；」二義相成。詩釋文引韓詩、緜緜作「民民、」謂爲「眾貌、」未是。

爾雅學

緜緜穮也唐石經單疏本雪牕本同。釋文、麃字、書作穮、引說文字林皆從禾。詩載芟緜緜其麃、毛傳麃耘也、釋文緜如字、爾雅云麃也、正義曰、釋訓緜緜麃也、據此、知詩經爾雅毛傳皆作麃、陸孔所據釋訓字皆不從禾、自唐石經據字書增加而今本承之。

緜緜穮也○釋曰 注疏本刪。

言芸精 雪牕本同。釋文、耘字亦作芸、注疏本作言芸穮精、按、穮字是邢疏語竄入、毛詩載芟傳云麃耘也、正義引郭曰、芸不息也、皆不言穮。

麃耘也 元本閩本毛本同、監本麃改穮。

校勘記

說文云穮耨鉏田也字林云穮耕禾間也 詩載芟釋文引與此同。今本說文作穮耕禾間也、無耨鉏田字、疑與陸邢所見本異。

毛傳云 監本毛本湘本無云字

注疏校勘札記

六行緜緜穮也(注)言芸精○「穮」，《釋文》作「麃」，云：「《字書》作穮同。」原本《玉篇》系部「緜」下引字作「穮」，注文原本《玉篇》引作「謂耨精也」，但《釋文》出「耘」字，云：「字亦作芸。」是今本與陸氏所據本相近。

宋監本校箋

緜緜穮音標也

音圖・音

釋文、麃字、書作穮、同、方遙翻。非幫輕重交互出切、音標詩釋文云、爾雅麃表嬌翻、說文作穮、音同、則此字本無禾傍、石經作穮、从禾、已久。

音略

眠　麃

緜緜穮也。

孫侶直音

緜緜穮標也

楊氏音訓

爾雅詁林　三　釋訓

穮（卑遙切）

干氏音釋

挃挃穫也（刈禾聲，）

郭注

挃挃穫也

挃挃、穫聲也。（詩正義十九之四　邢疏）

孫音注

挃挃穫也

挃、丁秩反。（釋文）

郭音義

黃輯古義

挃挃穫也

挃挃、穫聲也。（邢疏　詩周頌良耜正義）

孫音注

挃挃、丁秩反、小雅云、截穎謂之挃。

郭音義

玉函山房輯佚

挃挃穫也

孫曰、挃挃、穫聲也。（詩正義十九之四　邢疏）

漢注

挃挃穫也

孫炎云、挃挃、穫聲也。（詩正義十九之四卷）

郭璞云、刈禾聲。

一切注音

挃挃穫也

孫炎曰、挃挃、穫聲也。詩良耜正義

郭、丁秩反。（釋文）

古注斠

挃挃（郭丁秩反、小雅云截穎謂之挃。）穫也（戶郭反。郭刈魚廢反。）

陸音義

挃挃穫也

若運斤成風、能用其至故也。

新義

挃挃穫也（挃、郭丁秩反。）

孫炎曰、挃挃、穫聲也。

郭璞曰、刈禾聲。

古注合存

挃挃穫也（刈禾聲）

說文云、穫、刈穀也。詩大東傳、穫、艾也。艾與刈同。挃者、良耜傳、挃挃、穫聲也。正義引孫炎與毛同。說文云、穫、刈禾聲也。通作銍。詩臣工傳、銍、穫也。說文、銍、穫禾短鐮也。釋名云、銍、銍斷禾穗聲也。是銍銍即挃挃、以聲言則曰挃、以器言則曰銍矣。

義疏

挃挃穫也。孫注、挃挃、穫聲也。郭注、刈禾聲。詩穫之挃挃。

集解

挃挃穫也（釋詩良耜穫之挃挃語也。挃、穫禾聲也。从手至聲。與銍異。同穫、刈穀也。从禾蒦聲。）

義證

挃挃穫也

註刈禾聲。補正邢疏、孫炎云、挃挃、穫聲也。小爾雅云、截穎謂之挃。

郭注補正

挃挃穫也

說文云、穫、刈穀也。此釋周頌良耜穫之挃挃。毛傳

爾雅詁林　三　釋訓

云揑揑穫聲也。正義引孫炎同毛。揑通作銍。臣工奄觀銍艾傳云銍穫也。說文云銍穫禾短鐮也。銍爲穫禾之器穫禾亦謂之銍亦虛實竝用也。釋名云銍銍斷禾穗聲也。是銍銍即揑揑矣。

說詩

揑揑節疏良耜云穫之揑揑（上當脫周頌二字）小爾雅云截穎謂之揑（穎誤顛。揑小爾雅作銍。）

注疏正字

揑揑穫也 詩揑與穫連文。

黃侃音訓

揑揑穫也

錦燧謹案此釋詩良耜篇穫之揑揑也。毛傳云揑揑穫聲也。即本雅訓爲說而多一聲字。說文手部云揑穫禾聲也。與毛公合蓋又本傳義爲說。竊謂古時未有文字先有音聲因穫禾之聲揑揑然而造揑字其義从手謂穫者之手也其聲从至狀穫之聲也。銍字亦然。說文金部云銍穫禾短鐮也。此亦由穫禾之聲揑揑然遂名其器曰銍有銍之名而未有其字造字者因其名而製爲字故其聲从至因其器以鐵爲之故其義从金凡六書中形聲字大率類此。

陸錦燧日記

揑揑、穫也。

說文禾部云：「穫、刈穀也、」穀熟而刈也。

揑揑者、說文手部云：「揑、穫禾聲也；」周頌良耜「穫之揑揑、」傳云：「揑揑、穫聲也；」詩疏引孫炎與毛義同。說文金部云：「銍、穫禾短鐮也、从金、至聲、」此名詞、釋名云：「銍銍、斷禾穗聲也。」此假名詞爲形容詞；故訓穫聲之字、不必皆用揑。

爾雅學

揑揑穫也。疏截穎謂之揑今本穎誤作顛、釋文引小雅正作穎。小雅、小爾雅也。文選注亦云。

注疏本正誤

揑音直揑穫音活也

音圖·音

揑（窒）揑、穫（濩）也。

孫偘直音

揑（姪）揑穫（濩）也

直音校正

揑窒揑穫也

楊氏音訓

揑陟栗切

干氏音釋

栗栗衆也

栗栗衆也。積聚緻。

郭注

揑揑穫也栗栗衆也 釋曰、孫炎云、揑揑、穫聲也。李巡曰、栗栗、積聚之衆也。良耜云穫之揑揑積之栗栗毛傳揑揑、穫聲也。栗栗、衆多也小爾雅云截穎謂之揑故郭云刈禾聲。積聚緻也。緻謂密也。

邢疏

栗栗衆也

栗栗、積聚之衆也。詩正義十九之四 邢疏

李注

黃輯古義

栗栗衆也

栗栗、積聚之衆也。邢疏 詩周頌良耜正義

李注

玉函山房輯佚

爾雅詁林 三 釋訓

漢注

栗栗衆也

李曰、栗栗、積聚之衆也。詩正義十九之四 邢疏

一切注音

栗栗衆也

李巡云、栗栗、積聚之衆也。詩正義十九之四卷 郭璞云、積聚緻。

古注斠

栗栗衆也 李巡曰、栗栗、積聚之衆也。詩良耜正義

陸音義

衆諸仲反。 緻直吏反。

新義

栗栗衆也

夫栗爲其積之多也。

古注合存

栗栗衆也

李巡曰、栗栗、積聚之衆也。

郭璞曰、積聚緻。

注疏參義

挃挃穫也。栗栗衆也。挃音窒。○疏曰、詩良耜云、穫之挃挃、積之栗栗。毛傳云、挃挃、穫聲也。栗栗、衆多也。

義疏

栗栗衆也 積聚緻

栗者、聘義云、縝密以栗。詩積之栗栗、毛傳栗栗、衆多也。正義引李巡曰、栗栗、積聚之衆也。說文兩引詩俱作稹之秩秩、解云、稹、積禾也、秩、積也。是秩秩爲積之多、與栗聲近義同、古字通用。故公羊哀二年傳戰于栗、釋文栗、一本作秩。是秩栗通。說文秩秩卽栗栗、亦其證矣。

集解

栗栗衆也 李注、栗栗、積聚之衆也。郭注、積聚緻。詩積之栗栗。

栗栗衆也 釋詩良耜積之栗栗語也。栗栗木也、从木其實下垂、故从卣會意。釋衆者、正字爲秩耳。秩、積也。引申爲衆。說文引詩良耜作秩秩、示正字也。衆、多也、从从从目會意。

義證

栗栗衆也

註積聚緻 補正 李巡曰、栗栗、積聚之衆也。

郭注補正

栗栗衆也

此釋周頌良耜積之栗栗。毛傳云、栗栗、衆多也。正義引李巡曰、栗栗、積聚之衆。說文兩引詩俱作積之秩秩、秩秩、積也、積故衆也。

說詩

栗栗衆也

錦燧謹案、此釋詩良耜篇積之栗栗也。毛傳云、栗栗、衆多也。與雅訓合。說文禾部積字秩字下俱引詩曰、積之秩秩、蓋卽積之栗栗句之異文、殆三家本如是。許君自叙雖偁詩毛氏、而實亦兼採各家異文、此引三家作秩秩所以說秩之本義也。秩下說解云、積也。其義从禾、是謂禾之積聚。三家多今文、故用本字作秩、毛多古文、故用假字作栗。秩與栗古音同部通用。公羊哀公二年經晉趙鞅帥師及鄭軒達帥師戰于栗、釋文栗、一作秩。此其明證。毛公訓栗爲衆多、與秩之訓積其義亦合。可知毛意亦讀栗爲秩、特其文簡古、非如東漢諸儒之必破其字曰某讀爲某耳。栗之本義、則說文木部云、栗、木也。與衆義不相蒙。

陸錦燧日記

栗栗、衆也。

栗栗者、周頌良耜「積之栗栗、」傳云：「栗栗、衆多也；」疏引李巡云「栗栗、積聚之衆也；」此皆本之雅義。說文禾部云：「秩秩、積皃、詩曰

：『穦之秩秩、』」是栗者、秩之假借字。郝引公洋哀二年傳：「戰于栗、」釋文云：「栗、一本作秩、」是栗秩古通用。

爾雅學

挃挃穫也栗栗眾也〇釋曰 注疏本刪

截穎謂之挃 注疏本穎誤頴

校勘記

溞溞淅也

溞溞淅也。淅米聲。

郭注

溞溞淅也

溞蘇刀反詩云、淅之溞溞。釋文 溞音騷。詩大雅生民釋之叟叟釋文。

郭音義

溞溞淅也

溞所留反。釋文

謝音

黃輯古義

溞溞蘇刀反。並同上

郭音義

溞溞所留反。

謝音

玉函山房輯佚

溞溞淅也

樊光云詩曰、釋之溞溞。孫炎云溞溞淅米聲。並詩正義

十七之一卷 郭璞云洮米聲。

一切注音

溞溞 郭蘇刀反詩云、淅之溞溞。謝所留反。淅 蘇歷反。洮 徒刀反。洮猶淅也。

陸音義

溞溞淅也。溞、郭蘇刀反。孫炎曰、溞溞淅米聲。

郭璞曰洮米聲。

古注合存

溞溞淅也 洮米聲

淅者、說文云、汏米也、溞者、詩作叟、毛傳、叟叟、聲也、釋文叟字又作溲、濤米聲也。然則詩及爾雅正文當作溲、毛詩古文省作叟、爾雅今文變作溞耳。生民正義以溞叟為古今字、得之。釋文、叟所留反、爾雅作溞音同、是也。又云、郭音騷、則非矣。溲之為言滫也。滫、米泔也。內則注云、秦人溲曰滫。然則米泔水謂之滫、淅米聲謂之溲、二字聲轉亦義近。

義疏

溞溞溲溲淅也 郭注、洮米聲。詩、淅之叟叟。

集解

溞溞淅也 釋詩生民釋之

叟叟語也。溞字本作溲、浚沃也、从水叟聲。引申為淅、與叟通用。淅、汏米也从水析聲。儀禮士喪祝淅米于堂。

義證

溞溞淅也

註洮米聲補正邢疏大雅釋之叟叟傳云、釋淅米也、叟叟聲也。溞叟音異義同。臣鎣按、釋文引詩亦作溞溞。

郭注補正

溞溞淅也

此釋大雅生民釋之叟叟。毛傳云、釋、淅米也。叟叟、聲也。彼釋文云、叟所留反、字又作溲、濤米聲也、爾雅作溞、音同、郭音騷。案叟為溲之古文。淅釋音相近。六經正誤云、釋字誤、說文釋从米从睪、漬米也。

䊪謂釋亦糬之假借、釋爲淅米、故云溲溲淅也。

說詩

溞溞淅也　說文水部無溞字、生民詩作叟叟、釋文云、字又作溲。案、說文、浚、浸沃也、从水变聲。变、隸變作叟。　淅、詩作釋、淅釋聲相近。

匡名

溞　叜　溞溞。詩作叜叜。正義以溞叜爲古今字。　當作溲。

黃侃評本正名

溞溞、淅也。　溞正作滫。　釋文引詩淅之溞溞、與樊光同。詩生民疏引樊光引淅之溞溞、引孫炎云溞溞、淅米聲。　是詩溞與淅連文、今生民作釋之叜叜者、師讀不同。李富孫謂淅釋音近而義同、非是。嚴元照亦謂淅釋聲相近。

黃侃音訓

溞溞。淅也疏引大雅釋之叟叟、溞叟音同義同。

考異摘要

溞溞、淅也、　說文云：「汏米也、」故爾雅本節郭注云：「洮米聲。」淅、大雅生民作釋、聲近通用。

溞者、溲之假借。說文云：「溲、浸沃也、」叜、隸變作叟、故溞又作溲。生民「釋之叟叟、」傳云：「釋、淅米也、叟叟、聲也、」疏引孫炎云：「溞溞、淅米聲。」郝云：「溲之爲言滫也、滫、米汁也、米泔水謂之滫、淅米聲謂之溲、二字聲轉義近、」其義亦通。

爾雅學

溞溞播音淅錫音也

音圖・音

騷溲　錫

溞溞、淅也。

孫侶直音

溞騷溞淅錫也　洮米聲

楊氏音訓

溞騷

干氏音釋

烰烰烝也

烰烰、烝也。氣出盛。

郭注

溞溞淅也烰烰烝也　釋曰、大雅生民云、釋之叟叟、烝之浮浮。毛傳云、釋、淅米也。叟叟、聲也。浮浮、氣也。鄭箋云、釋之烝之、以爲酒及簠簋之實。故郭云、洮米聲、氣出盛也。溞叟音異義同、烰浮音義同。

邢疏

溞溞淅也烰烰蒸也

詩云、釋之溞溞、烝之烰烰。詩正義十七之一引釋訓云樊光引此詩。

樊注

溞溞淅也烰烰烝也

溞溞、淅米聲、烰烰、炊之氣。詩正義十七之一

孫音注

烰烰烝也

烰、音浮、又符彪反。釋文

郭音義

黃輯古義

溞溞淅也烰烰烝也

詩云、釋之溞溞、烝之烰烰。詩大雅生民正義引釋訓云樊光引此詩。

樊注

溞溞淅也烰烰烝也

溞溞、淅米聲。烰烰、炊之氣。詩大雅生民正義

孫音注

烰烰、音浮、又符彪反。釋文引呂郭。

郭音義

玉函山房輯佚

溞溞淅也烰烰烝也

溞溞、淅米聲。烰烰、烝之氣。孫注　詩疏十七之一

鈎沉

溞溞淅也烰烰烝也

樊曰、詩云釋之溞溞、烝之烰烰。詩正義十七之一引釋訓云樊光引此詩。

孫曰、溞溞、淅米聲。烰烰、炊之氣。詩正義十七之一

漢注

烰烰烝也

樊光云、詩曰、烝之烰烰。孫炎云、烰烰、炊之氣也。並詩正義十七之一卷

郭璞云、氣出盛。

一切注音

溞溞淅也烰烰烝也　樊光曰、詩曰釋之溞溞、烝之烰烰。孫炎曰、溞溞、淅米聲。烰烰、炊之氣也。詩生民正義

溞、郭蘇刀反。詩云、淅之溞溞。烰、郭音浮。釋文

蕙心案、今詩作釋之叟叟、蒸之浮浮。孫樊諸本作溞溞、烰烰、叟溞一聲之轉、烰浮音同義通。

古注斠

烰烰　呂郭並音浮、又符彪反。詩作烰。蒸　之升反、本今作烝。

陸音義

蒸○邢本作烝。　載○邢本作戴。

音義攷證

烰烰烝也　生民云釋之叟叟、烝之浮浮。溞即溲、烰即浮也。

鄭樵注

烰烰蒸也　烰、邢音浮。

樊光曰、詩云釋之溞溞、烝之烰烰。總釋上句。

孫炎曰、烰烰、炊之氣。

郭璞曰、氣出盛。

鄭樵曰、生民云釋之叟叟、烝之浮浮。溞即溲、烰即浮也。總釋上句。

古注合存

溞溞、淅也。烰烰、烝也。溞音騷。○疏曰、詩生民云、釋之叟叟、烝之浮浮。毛傳云、釋、淅米也。叟叟、聲也。浮浮、氣也。釋烝以爲酒食也。溞叟、烰浮、音義並同。

注疏參義

畇畇、田也。註言墾辟也。畟畟、耜也。註言嚴利。郝郝、耕也。註言土解。繹繹、生也。註言種調。穟穟、苗也。註言茂好也。緜緜、麃也。註言芸耨精。挃挃、穫也。註刈禾聲。栗栗、衆也。註積聚緻。溞溞、淅也。註淅米聲。烰烰、烝也。註氣出盛。

正義　雅頌屢言農事、合而釋之、始言興其功、終言食其利、無輟其時、無廢其用、以見稼穡之艱難也。自首春均田、豫具田器、土膏脉發、植種以時、良苗懷新、成秀垂穎、夏勤其芸薙、秋趨其收斂、場圃既築、委積日增、始能普粒食之利、裕養民之政矣。○畇畇田也。○小雅信南山云、畇畇原隰。毛傳、畇畇墾辟貌。鄭註地官均人引作畇畇原隰、賈疏以爲均田之意。夏小正云、農率均田。月令云、命田舍東郊、皆修封疆、審端徑術。是均田之事也。○畟畟至苗也。○耜說文作相、臿也。鄭註月令云、耜者、耒之金也。釋名云、耜似也、似齒之斷物也。周頌云、畟畟良耜。毛傳云、畟畟猶測測也。疏引舍人云、畟畟、耜入地之貌。說文云、治稼畟畟進也。耕者、說文云、犂也。言犂治也。載芟云、其耕澤澤。鄭箋、土氣蒸達而和、耕之則澤澤然解散。疏引舍人云、釋釋、猶藿藿、解散之意。周語云、土乃脉發。韋註引氾勝之書云、春土冒橛、陳根可拔、耕者急發。是土解而耕之事也。郝澤釋三字音義同。載芟又云、驛驛其達。鄭箋、達出地也。疏引舍人云、穀皆生之

貌。驛繹古通用。文選註引韓詩薛君章句云繹繹盛貌。大雅生民云禾役穟穟。毛傳穟穟苗好美也。說文、穟、禾采之貌。詩曰禾穎穟穟。穎、禾末也。毛傳義本爾雅、言苗之生長茂盛也。說文作垂穎之貌、亦與雅訓相成。○緜緜麃也。○載芟云緜緜其麃。毛傳云麃耘也。釋文引韓詩作民民其麃。民民、衆貌。麃、芸也。麃本或作穮。左氏昭元年傳云辟如農夫是穮是蓘。杜註穮耘也。詩釋文引說文云穮耨鉏田也。字林云耕禾間也。爾雅釋文同。今本說文作穮耕禾間也、與陸氏所見本異。郭註言芸耨精、詩疏引郭註作芸不息也。亦與今本異。○挃挃穫也。○良耜云穫之挃挃積之栗栗。疏引孫炎云挃挃穫聲也。李巡云栗栗積聚之衆也。說文云挃、穫禾聲也。穫、刈穀也。積、積禾也。秩、積也。詩曰、稽之秩秩。繫傳云、堆積已刈之禾也。稽積秩栗皆聲之轉、字異義同。小爾雅云、截穎謂之銍。釋名云、銍銍斷穗聲也。○溞溞淅也。○詩疏引樊光云、詩曰釋之溞溞。蒸之烰烰。孫炎云溞溞淅米聲。烰烰、炊之氣也。樊所引詩大雅生民之文也、今本作釋之叟叟、蒸之浮浮。毛傳、釋淅米也、叟叟聲也、浮浮氣也。叟溞聲之轉、烰浮音義同。說文云淅、汰也。烰、蒸也。蒸、火氣上行也。

正義

烰烰烝也 氣出盛

烝者說文云、火气上行也。烰者云烝也、引詩烝之烰烰。聲偕作浮、生民傳云、浮浮氣也。正義引孫炎曰、烰烰、炊之氣。爾雅釋文、烰、呂郭竝音浮、又符彪反。按音浮之浮當作孚、說文烰从孚聲、郭音本於呂忱、呂忱本於說文也。

義疏

烰烰烝也 孫注、炊之氣。郭注、氣出盛。詩、烝之浮浮。

集解

烰烰烝也 釋詩

生民烝之浮浮語也。烰、烝氣也从火孚聲。與浮通用。烝、火气上行也、从火丞聲。周語陽氣俱烝。荀子性惡枸木必待檃栝烝矯然後直。

義證

烰烰烝也 烰音孚。

注 氣出盛

郭注補正

烰烰蒸也

此釋大雅生民烝之浮浮。毛傳云、浮浮、氣也。彼釋文云、爾雅說文竝作烰、云烝也、正義引釋訓云烰烰氣也、樊光引此詩。孫炎云、烰烰、炊之氣。烰與此不同、古今字耳。案、孔疏引作氣與郭本不同。氣字當是因毛傳而誤、蒸與烝同。說文云烝、火氣上行也。烰、烝也。詩釋文引亦作烝、與詩同。

說詩

烰烰烝也 烝、釋文作蒸。

注疏正字

烰烰蒸也

釋文云、烰、詩作浮。案、說文火部烰、烝也、从火孚聲。詩曰烝之烰烰。 又云蒸本今作烝。石經作烝。案、說文火部烝、火气上行也、从火丞聲。經典通用蒸。

匡名

畇畇田也畟畟耜也郝郝耕也繹繹生也穟穟苗也緜緜穮也挃挃穫也栗栗衆也溞溞淅也烰烰烝也

月令、命田舍東郊爲畇田之事也。小雅畇畇原隰、傳畇畇、墾辟皃。畟治稼畟畟進也、从田儿从久、引詩畟畟良耜。傳、畟畟猶測測也。耜、臿也、从木㠯聲。俗作耜。鄭註、耜、耒之金也。郭註言嚴利。孔疏畟畟、耜入地之貌。畟或作稷。 耕犂也。周頌其耕澤澤。釋郝音義同。郭註言土解。孔疏解散之意。

爾雅詁林 三 釋訓

周頌、騂騂其達、騂繹古通用。箋、達出地也。郭註言種調。孔疏、穀生之皃。穟禾采之皃引詩禾役穟穟。言苗之茂盛也。緜聯微也。周頌緜緜其麃、或作穮、左昭元年傳是穮是蓘、杜註穮、耘也。挃穫禾聲也、引詩穫之挃挃。穫、刈穀也。周頌積之栗栗。李巡云、栗栗積聚之衆也。孫炎云、溞溞、淅米聲。淅汏米也。今作釋之叟叟。烰烰炊之气也。烰、烝也、引詩烝之烰烰。今作浮浮、義皆同。

啓蒙

黃侃音訓

烰烰烝也。氣出盛。　郭云氣出盛、則有衆多義、故詩江漢浮浮、傳浮浮、衆彊貌。字亦作綒、廣雅多也。又與裒近、釋詁裒多也。

緜緜麃也　挃挃穫也　栗栗衆也　溞溞淅也　烰烰烝也

釋文麃、字書作穮、釋訓釋文。韓詩作民民其麃。載芟詩釋文。釋名銍銍、斷穗聲也。釋用器。說文栗栗作秩秩。引詩、禾部穦之秩秩。大雅作釋之叟叟、生民詩。郭音義作淅之溞溞、釋訓釋文。樊光作釋之溞溞。生民詩正義。大雅作烝之浮浮、生民詩。樊光作蒸之烰烰。生民詩正義。

緜緜、韓詩作民民。挃挃、釋名作銍銍。栗栗、說文作秩秩。溞溞烰烰、毛詩作叟叟浮浮。按、緜與民、栗與秩、溞與叟皆聲之轉。挃與銍、烰與浮音義並同。

證異

烰烰。烝也疏引大雅、烝之浮浮。浮烰音義同。

考異摘要

烰烰烝也

錦燧謹案、毛詩中無烰字、說文火部烰下引詩烝之烰烰、知烰烰卽生民篇浮浮之異文、許君所見齊魯韓詩當有作烰者、雅訓蓋釋三家詩之烝之烰烰也。

毛詩作浮者、烰浮俱从孚聲、例得通假。說文水部云、浮、氾也。又火部云烰、烝也。是浮之本義不訓爲烝、毛詩之浮卽烰之假借也。毛多古文、故用假字作浮。三家多今文、故用本字作烰。許君烰下引三家詩者、則以說烰之本義耳。毛傳云、浮浮、氣也。與雅訓合。蓋許書釋烝爲火气上行、气多假氣爲之、是以毛公以浮爲氣、說卽本諸爾雅、其意亦讀浮爲烰也。

陸錦燧日記

烰烰、烝也。

說文火部云：「烝、火气上行也。」經典通用蒸。烰烰者、說文「烝也、詩曰：『烝之烰烰；』」今詩作「蒸之浮浮。」浮、烰、音義同、故借用浮。詩傳云：「浮浮、氣也、」疏引孫炎曰：「烰烰、炊之氣、」皆烝之義也。

爾雅學

烰烰烝也烝。唐石經單疏本雪牕本同。釋文作蒸、校者云本今作烝。

校勘記

溞溞淅也烰烰烝也〇釋曰　注疏本刪。

烰浮音義同　閩本監本毛本烰浮倒、元本誤作烰烰。

注疏校勘札記

烰浮音義同　監本毛本湘本烰浮二字倒。

浮

烰烰、烝也。

孫侶直音

烰浮 㷆烝也

楊氏音訓

烰浮

干氏音釋

俅俅服也

俅俅服也。謂戴弁服。

郭注

俅俅服也。釋曰、周頌絲衣云、載弁俅俅、毛傳云、俅俅恭順貌、鄭箋云、載猶戴也。弁、爵弁也。爵弁而祭於王、士服也。故郭云謂戴弁服。

邢疏

俅俅服也

郭璞云、謂戴弁服。

一切注音

俅俅音求。本亦作絿、同。載丁代反、本今作戴。弁音卞。

陸音義

俅俅服也

絿、絜也、有所不取、俅俅服也、以每有求焉、故曰拜服也。

新義

俅俅服也。謂服戴。

鄭樵注

俅俅服也

郭璞曰、謂戴弁服。

鄭樵曰、謂服戴。

古注合存

俅俅服也謂戴弁服

此下四句釋雅頌言祭祀之事。俅、戴也、已見釋言。服亦爲戴、故郭注謂戴弁服。詩絲衣傳、俅俅、恭順貌。亦謂戴弁之容。

義疏

俅俅服也 郭注、謂戴弁服。詩、弁服俅俅。

說文、俅、冠飾皃。

集解

俅俅服也 釋詩絲衣載弁俅俅語也。俅、冠飾皃、从人求聲。服也者、謂冠飾之服整也。詩箋謂爲恭順、僅釋意耳。服、用也、一曰車右騎所以舟旋、上經云、整也。

義證

俅俅服也

謂戴弁服

今本作戴、釋文云、載丁代反、舊校云、本今作戴。

郭注佚存補訂

俅俅服也

此釋周頌絲衣載弁俅俅。毛傳云、俅俅恭順貌、鄭箋云、載猶戴也。弁、爵弁也。爵弁而祭於王、士禮也。彼釋文云、俅、說文作絿、同。正義云、戴弁者捄捄、則俅俅人貌、故爲恭順也。案俅俅者服之容、故曰俅俅服也。以下四條釋祭祀之事。

說詩

俅俅節註謂戴弁服 戴、釋文作載。

注疏正字

俅俅服也 釋文云、俅、本亦作絿。案、說文、絿、急也。義異。

匡名

俅俅服也、謂戴弁服、 郭注謂戴弁服者、弁亦稱服、故儀禮士冠禮稱皮弁爵弁為服。

黃侃音訓

俅俅服也

錦熸謹案、此釋詩絲衣篇載弁俅俅也。毛傳云、俅俅、恭順貌。蓋卽本爾雅訓服爲說。然爾雅爲服飾之服、傳訓恭順、是誤以爲柔服之服矣。柔服之服、其本字當作艮、毛公轉以假借義爲說者、由於艮字久廢、經典中通以服爲之、因而致誤。例以上文絲衣其紑句、紑爲形容絲衣之辭、可知俅俅亦爲形容冠服之辭。說文人部云、俅、冠飾貌。引詩曰戴弁俅俅。不曰恭順而曰冠飾、許君亦知毛傳云云不合於爾雅、故不据以爲說解也。釋文云俅本亦作絿。殆樊孫本如是。疑齊魯兩家當有作戴弁絿絿者、故樊孫本爾雅亦作絿。詩釋文云、俅、說文作絿。今說文絿下無此文、而人部所引作俅、與陸書不合。竊謂唐人立說文字林之學、合許呂之書爲一、引者往往誤偁。元朗所据乃呂忱字林、實非許書。說文糸部云、絿、急也。此絿之本訓。齊魯韓詩作絿者、以俅絿同从求聲、謂絿爲俅之假借也。玉篇頁部引詩云或作頯頯、馬氏傳箋通釋以爲後人增益之字、嘗謂非也。顧氏玉篇所載皆韓詩異文、此書撰於梁大同九年、是時齊魯詩已亡、惟韓詩存、故書中所載詩經文字訓義兼採毛韓二家。如人部仲字下引詩曰仲氏任只、仲中也。宀部⿱宀冓字下云夜也、詩中⿱宀冓之言、中夜之言也。本亦作⿱艹冓。雖皆不言其爲韓詩、然據釋元應眾經音義九引韓詩曰仲中也、言位在中也、陸德明經典釋文牆有茨篇引韓詩中⿱艹冓中夜、謂淫僻之言也、並與玉篇訓同。又如女部嬿字下引詩曰嬿婉之求、門部閼字下引詩曰高門有閼、亦不言其爲韓詩、而据李善文選注二引韓詩曰嬿婉之求、嬿婉好貌、經典釋文緜篇引韓詩曰閼盛貌、無不與玉篇文同。此皆玉篇所引爲韓詩之明證。是詩亦必韓詩作戴弁頯頯、故顧氏得据而引之。許書人部有俅而頁部無頯者、汝長知俅頯同字、收其一、則廢其一也。

陸錦燧日記

俅俅、服也。

郭注云：「戴弁服、」服、即戴也。釋詁「俅、戴也；」故俅俅爲服。」周頌絲衣「戴弁俅俅、」俅俅當以容貌言、明甚。說文以俅俅爲冠飾貌、六書故云：「詩人特以俅俅狀戴弁之容、非冠飾、」此說是也。

爾雅學

謂戴弁服戴。單疏本雪牕本注疏本同。釋文戴、丁代反、本今作

俅俅服也〇釋曰　注疏本刪。

故郭云謂戴弁服　元本閩本監本同、毛本云誤氏。

校勘記

求

俅俅、服也。

孫偘直音

俅求俅服也

楊氏音訓

峨峨祭也

峨峨祭也。謂執圭璋助祭。

郭注

峨峨祭也　釋曰、大雅棫樸云奉璋峨峨、毛傳云半圭曰璋、峨峨盛壯也、鄭箋云璋、璋瓚也、祭祀之禮、王祼以圭瓚、諸臣助之、亞祼以璋瓚、奉璋之儀峨峨然。故郭云執圭璋助祭也。

邢疏

峨峨祭也

峨峨奉璋之貌。詩棫樸正義

犍爲注

黄輯古義

峩峩祭也。今注疏本作峨、依注作峩峩。

犍爲注

玉函山房輯佚

峩峩祭也

峩峩奉璋之貌。舍人注 詩疏十六之三

鈎沉

峨峨祭也

舍人曰峩峩奉璋之貌。詩正義十六之三

漢注

峨峨祭也

舍人云峨峨奉璋之貌。詩正義十六之三卷　郭璞云、謂執圭璋助祭。

切注音

峨峨祭也

璋音章。

陸音義

峨峨祭也

舍人曰峨峨奉璋之貌。詩棫樸正義

古注斠

峨峨祭也

是祭而已、非交神之道、故曰濟濟容也。卽慤以感、是在我者也。璋禮南方、正言奉璋、以禮昊天爲正。

新義

峨峨祭也 謂執圭璋助祭。

鄭樵注

峨峨祭也

舍人曰峨峨奉璋之貌。

郭璞曰謂執圭璋助祭。

鄭樵曰謂執圭璋助祭。

古注合存

俅俅服也。峨峨祭也。俅音求○疏曰詩絲衣云戴弁俅俅謂戴爵弁服而助祭也棫樸云奉璋峩峩謂執圭璋而助祭也。

注疏參義

峨峨祭也 謂執圭璋助祭。

峨謂嵯峨、詩棫樸傳峨峨盛壯也。箋云、奉璋之儀峨峨然。正義引舍人曰峨峨奉璋之貌。釋文峨本又作俄。俄叚借字耳。

義疏

峨峨祭也 舍人注、峨峨奉璋之皃。郭注謂執圭璋助祭。

詩、奉璋峨峨。

集解

峨峨祭也 詩棫樸奉璋峨峨、謂助祭者之執圭璋也、故峨峨直釋爲祭。峨、嵯峨也、从山我聲。與俄通用、前漢書楊雄傳注所謂俄俄陳舉之皃是也。祭、祭祀也、从示从手持肉。

義證

峨峨祭也

註謂執圭璋助祭 補正 臣鍌按、詩疏引舍人註云峨峨奉璋之貌。

郭注補正

峨峨祭也

此釋大雅棫樸奉璋峨峨。毛傳云、半珪曰璋、峨峨盛壯也。鄭箋云、璋璋瓚也、祭祀之禮、王祼以圭瓚、諸臣助之亞祼以璋瓚、奉璋之儀峨峨然。正義云、以峨峨是容儀之貌、故言盛壯。釋訓云峨峨祭也。舍人曰峨峨奉璋之貌。鄭以此璋爲祭、合於爾雅。毛不爲祭、蓋以行禮貌同於祭。郭注云謂執圭璋

以祭與鄭義同

說詩

峨峨祭也。峨峨又與儀儀通法言孝至麟之儀儀鳳之師師、其至矣乎、廣雅儀儀容也。又與娥娥通宋玉神女賦其狀峩峩、何可極言、古詩娥娥紅粉妝、益峨峨通言為莊、為壯美容德容皆可名之也。

黃侃音訓

峨峨、祭也。

峨峨者、大雅棫樸「奉璋峨峨、」傳云：「峨峨、盛壯也；」疏引舍人云：「峨峨、奉璋之貌；」此義是也。奉璋所以承祭祀、故云祭。

爾雅學

峨峨祭也○釋曰注疏本刪。

半珪曰璋注疏本珪改圭。

校勘記

峩

峨峨、祭也。

孫侶直音

鍠鍠樂也

鍠鍠樂也。鍾鼓音。

郭注

鍠鍠樂也　釋曰、周頌執競云、鍾鼓喤喤、毛傳云、喤喤、和也、鄭箋云、武王既定天下、祭祖考之廟、奏樂而八音克諧。字書云、鍠鍠樂之聲也。故郭云、鍾鼓音。喤鍠音義同。

邢疏

峩峩、奉璋之貌。詩大雅棫樸正義

喤喤、樂也。今注疏本作鍠、詩正義引舍人作喤喤。

喤喤、鐘鼓之聲也。詩周頌執競正義

犍為注

玉函山房輯佚

鍠鍠樂也　舍人作喤喤。詩正義引

舍人曰、喤喤、鐘鼓之樂也詩正義十九之二　按漢書風俗通皆同尒疋作鍠。

舍人當作鍠字、毛改作鍠。

漢注

韹韹樂也今本作鍠鍠、茲依釋文本。

舍人云、韹韹、鐘鼓之樂也。詩正義十九之二卷十　郭璞云、鐘鼓音。

一切注音

鍠鍠樂也　舍人曰、喤喤、鐘鼓之樂也。詩執競正義

蕙心案、詩鐘鼓喤喤、舍人所本、正字作鍠鍠、釋文作韹韹。

古注斠

韹韹　詩作喤喤、華肓反字書云、韹、樂之聲也又作鍠、一音胡光反。樂如字。

陸音義

韹韹　詩作喤喤華肓反字書鍠鍠樂之聲也又作鍠一音胡光反、○注疏本作鍠鍠、但音鍠胡光反、餘皆不載。案、宋本字書鍠鍠上一鍠字作云、但其下不應云又作鍠、疑本是字書云、韹、樂之和也。差可通。

音義攷證

鍠鍠樂也　舍人曰、鍠鍠、鐘鼓之樂也。郭璞曰、鐘鼓音。

古注合存

鍠鍠樂也鐘鼓音

鍠者、說文云、鐘聲也、引詩鐘鼓鍠鍠。漢書禮樂志及風俗通引詩亦作鍠。今作喤。執競傳、喤喤、和也。正義引舍人曰、喤喤、鐘鼓之樂也。按、舍人喤當作鍠、毛詩俗作喤、爾雅別作韹、即喤之或體。說文吟或从音作訡、亦喤作韹之例。釋文韹、又作鍠、是鍠為正體、今从宋本作鍠。

義疏

鍠鍠樂也舍人注、喤喤、鐘鼓之樂也。郭注鐘鼓音。詩、喤

喤厥聲。

集解

鍠鍠樂也 鍠、鐘聲也。从金皇聲。引申爲樂。詩執競鐘鼓喤喤、說文以鍠爲之。樂、五聲八音總名。象鼓鞞木其虡也。

義證

鍠鍠樂也 釋文作韹韹。

註 鐘鼓音

郭注補正

韹韹樂也

鐘鼓音也

慧琳法琳法師本傳卷一音義引爾雅鍠、樂也。郭璞曰鍠、鍾皷聲也。今據補也字。

郭注佚存補訂

鍠鍠樂也 釋文鍠、作韹。

注疏正字

韹韹樂也 釋文云、韹詩作喤喤、又作鍠。石經作鍠。案說文金部鍠、鐘聲也。从金皇聲。詩曰鐘鼓鍠鍠。詩作喤者、假借字。正義引此文亦作喤。說文音部無韹字。

匡名

韹 鍠 釋文。韹韹。詩作喤喤。華盲反。字書。鍠鍠。樂之聲也。又作鍠。一音胡光反。案說文。鍠。鐘聲也。从金。皇聲。詩曰。鐘鼓鍠鍠。鍠正字。喤借字。

黃侃評本正名

鍠鍠、樂也。 鍠又與況通。呂覽自知篇鍾況然有音。又說文瑝、玉聲也。喤、小兒聲也。詩斯干其泣喤喤是也。方言諻、音也。長笛賦錚鐄警嗃、聲義並與鍠近。

黃侃音訓

鍠鍠。樂也。疏云、周頌、鐘鼓喤喤。鍠喤音義同。釋文作韹韹。

考異摘要

鍠鍠樂也

錦燧謹案、陸德明所見爾雅作韹韹、經典釋文出韹字云、韹詩作喤喤、又作鍠。然則詩執競篇鐘鼓喤喤、三家詩當有作鍠與韹者、故爾雅異文亦有鍠韹之別、此蓋釋三家詩之鐘鼓鍠鍠與鐘鼓韹韹也。毛詩作喤傳云、喤喤、和也。和與樂義相蒙。然此非喤之本義、說文口部云、喤、小兒聲。惟斯干篇之其泣喤喤、用喤之本訓、故其義从口。今傳訓爲和、毛意固以爲鍠之假借字、說文金部云、鍠、鐘聲也。是又毛用假借字、而三家用本字。鍠爲鐘聲而詩連言鼓者、此因彼及此之例、經典中恒有之。且鍠之義从金、故許君說解不本詩曰鐘鼓聲、而僅曰鐘聲、猶瑝義从玉則曰玉聲也。或又作韹者、韹疑卽喤之或體。說文無韹字、而口部吟下云或从音作訡、以此推之、知口部音部字可通。書中載吟之或體訡、而不載喤之或體韹者、以此類字甚多、許君偶舉其一以見例、餘仍收其一則廢其一、不及遍登焉、故收喤而韹遂廢耳。

陸錦燧日記

鍠鍠、樂也。

鍠、說文云：「鐘聲也、詩云：『鐘鼓鍠鍠、』」許所引乃周頌執競文。詩傳云：「喤喤、和也、」疏引舍人云：「喤喤、鐘鼓之樂也。」詩作喤、陸本爾雅作韹、皆假借；漢書禮樂志及風俗通引詩、皆作鍠。

爾雅學

鍠 唐石經單疏本雪牕本同。釋文韹韹又作鍠。

鍠鍠樂也○釋曰 注疏本刪。

校勘記

鍠喤音義同 監本毛本湘本鍠喤二字倒。

八行(注)鍠鼓音○「鍠」，宋刻十行本作「鍾」。十九下(四○)

注疏校勘札記 宋監本校箋

鍠鍠 音横 樂也

音圖・音

鍠 黄 鍠樂 如字 也。

孫侶直音

鍠 皇 鍠樂也

楊氏音訓

穰穰福也

穰穰福也。言饒多。

郭注

穰穰福也 釋曰執競云降福穰穰毛傳云穰穰衆也鄭箋云神與之福又衆大謂如嘏辭也是言得福饒多也。

邢疏

鍠鍠樂也穰穰福也

喤喤鍾鼓之樂也。穰穰衆多之貌也。詩執競正義

犍爲注

穰穰福也

詩云降福穰穰。詩正義十九之二引某氏曰。

衆家注

穰穰福也

黄輯古義

穰穰衆多之貌也。同上

犍爲注

穰穰福也

詩云降福穰穰。詩周頌執競正義引某氏。

樊注

玉函山房輯佚

鍠鍠 喤 樂也穰穰福也

喤喤鍾鼓之樂也。穰穰衆多之貌也。舍人注 詩云降福穰穰。某注 並詩疏十九之二

鉤沉

穰穰福也

舍人曰穰穰衆多之貌也。詩正義十九之二

某氏曰詩云降福穰穰。詩正義十九之二

漢注

穰穰福也

舍人云穰穰衆多之貌也。某氏云詩曰降福穰穰。並詩正義十九之二卷 郭璞云言饒多。

一切注音

穰穰福也 舍人曰穰穰衆多之貌。某氏引詩言穰穰是福豐之貌也。詩執競正義

古注斠

穰穰 而羊反本今作穰。

陸音義

禳禳○邢本作穰穰案潛夫論引詩正作禳禳。

音義攷證

鍠鍠樂也穰穰福也

將將尙非樂也簡簡尙非福也。

新義

穰穰福也

舍人曰穰穰衆多之貌也。

郭璞曰言饒多。

古注合存

鍠鍠樂也、穰穰福也。鍠音皇、又音橫、穰音攘。○疏曰、詩執競云、鍠鼓喤喤、又云、降福穰穰、鄭箋云、言樂音諧和而神福衆多也。鍠喤音義同。

注疏參義

俰俰服也【注】謂戴弁服**峨峨祭也**【注】謂執圭璋助祭**韹韹樂也**【注】鐘鼓音**穰穰福也**【注】言饒多【正義】此舉雅頌所言祭祀之禮、容貌聲音之盛、以事神而致福也。俰俰者、釋言云、俰、戴也。郭註引詩曰、戴弁俰俰。說文云、俰、冠飾貌。詩曰、弁服俰俰。戴弁在首而謂之服者、士冠禮祝辭始加曰始加元服、再加曰乃申爾服、三加曰咸加爾服。鄭註謂緇布冠皮弁爵弁也。是弁得稱爲服也。毛傳、俰俰恭順貌。峨峨者、大雅棫樸云、奉璋峨峨、毛傳峨峨盛壯也。鄭箋祭祀之禮、王祼以圭瓚、諸臣助之、亞祼以璋瓚、奉璋之儀峨峨然。疏引舍人云、峨峨、奉璋之貌。韹韹者、周頌執競云、鐘鼓喤喤、毛傳喤喤和也。鄭箋武王既定天下、祭祖考之廟、奏樂而人音克諧。疏引舍人云、喤喤、鐘鼓之樂也。韹本亦作鍠。說文云、鍠、鐘聲也。詩曰、鐘鼓鍠鍠。漢書禮樂志引詩亦作鍠鍠、與說文同。穰穰者、執競云、降福穰穰、毛傳穰穰衆也。疏引舍人云、穰穰、衆多之貌也。某氏引此詩言穰穰是福豐之貌也。祭統云、福者、備也。備者、百順之名也。

正義

穰穰福也　傳毅郊祀頌云、降霝福之穰穰。

校議

穰穰福也言饒多　穰者、說文以爲黍穰、又秧字解云、禾苗秧穰也。是穰兼二義。秧穰猶穰穰、故玉篇云、穰、黍穰也、豐也、衆多也。兼包說文二義而言也。詩執競傳、穰穰、衆也。正義引舍人曰、穰穰、衆多之貌也。又云、某氏引此詩、明穰是福豐之貌也。按、福之言富、故祭統云、福者、備也。備者、百順之名也。是福有衆多之意、與穰義同、此福字當別解、某氏得之。

義疏

穰穰福也　舍人注、穰穰、衆多之皃也。郭注言饒多。　詩降福穰穰、又、豐年穰穰。

集解

穰穰福也　詩執競降福穰穰、此釋之也。穰、禾黍已治者、古以爲彗、从禾襄聲。釋福者、正字爲禳耳。禳、磔禳祀除厲殃也。除厲殃即所以晉福也。或者正字爲禳與。福、祐也、从示畐聲。畐、實也。

義證

鍠鍠樂也穰穰福也

此釋周頌執競鐘鼓喤喤、降福穰穰。毛傳云、喤喤和也。穰穰、衆也。正義引釋訓作喤喤、樂也。穰穰、福也。與詩同。舍人云、喤喤、鐘鼓之樂也。穰穰、衆多之貌也。某氏引詩云穰穰、是福豐之貌也。俱作喤喤、穰穰。鍠喤並從皇、穰穰並從襄、音義皆相同、故相假也。樂爲鐘鼓、福爲降福、蓋釋其義、非釋其字。

說詩

穰穰福也　穰、釋文示旁作。

疏執競云降福穰穰衆也　上當脫周頌二字、穰穰下當脫毛傳云穰穰五字。

注疏正字

穰穰福也　釋文云、穰本今作穰。石經單疏作穰、與毛詩合。正義引亦作穰。案、取衆多之義、从禾爲長。

匡名

俰俰服也峨峨祭也鍠鍠樂也穰穰福也　此釋雅頌所言祭祀

之禮容貌聲音之盛以事神而致神也。周頌載弁俅俅傳俅俅、恭順貌。說文：俅、冠飾貌。郭註謂戴弁服。大雅奉璋峨峨傳峨峨、盛壯也。郭註謂執圭璋助祭。鍠鍠、鐘聲也。引詩鐘鼓鍠鍠、今作喤喤傳喤喤、和也。郭註、鐘鼓音。穰、黍稷已治者。周頌降福穰穰傳穰穰、衆也。此假借也。

啓蒙

穰 穰 釋文。穰穰本今作穰。案邢疏引執競鄭箋云神與之福又衆大謂如嘏辭也。當作穰。

穰訓衆訓福皆引申之義。

黃侃評本正名

穰穰、福也。詩穰與福連文、執競。穰訓衆訓福、皆引申之義。

黃侃音訓

俅俅服也　峨峨祭也　鍠鍠樂也　穰穰福也

釋文俅、俅本亦作絿。同。訓釋文。毛詩傳峩峩、盛壯也。大雅棫樸詩。釋文鍠鍠作韹韹。釋訓釋文。毛詩傳喤喤、和也。周頌執競傳。漢書引詩作鍠鍠。禮樂志。說文引同。釋文穰穰作穰穰。云本亦作穰。釋訓釋文。

證異

穰穰福也

錦燧謹案此釋詩執競篇降福穰穰也。毛傳云穰穰、衆也。蓋雅訓以詩言降福、故卽以福釋之、而毛公又知穰有衆多義、穰穰言降福之多、故又以衆釋之、是雅訓毛傳義實相成。舍人爾雅注謂穰穰者衆多之貌也、郭注謂言饒多、皆本毛傳爲說。釋文本作穰、云穰、本今作穰。知陸氏所見古本爾雅有作穰者、殆樊孫本也。雅既作穰、則三詩殆亦有作降福穰穰者矣。嚴氏匡名謂取衆多之義从禾爲是。阮氏校勘記謂字从禾言若黍稷之衆多也字从示言穰除災禍、則神降之福也。竊謂穰之訓爲衆者、乃膢之假借字。嚴氏阮氏之說、俱未是。說文禾部云穰、黍梨已治者。此穰之本義、與衆義遠。匡名何以言取衆多之義从禾爲長耶。阮氏兩說並存、爲調人之論、然望文生訓、豈果有合於經恉耶。說文示部云、禳、磔禳祀除癘殃也。是禳僅可訓除殃、不可卽訓爲福。惟說文肉部云膢、益州鄙言人盛諱其肥謂之膢。引申之則爲凡盛之偁、釋言云膢盛也是也。盛與衆多義相蒙、穰禳膢三字俱从襄聲、例得通假。毛公知穰爲膢之假借、故訓爲衆也。

陸錦燧日記

穰穰、福也。

穰者、說文禾部云：「穰、黍梨已治者。」引伸爲衆多義、故玉篇云：「穰、黍穰也、豐也、衆多也。」周頌執競「降福穰穰、」傳云：「穰穰、衆也；」此謂福之衆多。

爾雅學

穰穰福也　唐石經單疏本雪牕本同。釋文、穰、而羊反、本今作穰。按、毛詩執競傳穰穰衆也、字從禾、言若黍稷之衆多也。爾雅穰穰福也、字從示、言禳除災禍、則神降之福也。今本蓋據毛詩改。

穰穰福也○釋曰　注疏本刪。

毛傳云穰穰衆也　注疏本脫上五字。

校勘記

穰穰福也

直音校正

穰 攘 穰福也

楊氏音訓

子子孫孫引無極也

子子孫孫引無極也世世昌盛長無窮。 郭注

子子孫孫引無極也 釋曰、子子孫孫小雅楚茨文也。引無極也者、作者所以釋之也。舍人曰、子孫長行美道、引無極也。郭云、世世昌盛長無窮。 邢疏

子子孫孫引無極也

子孫長行美道、引無極也。詩楚茨正義 邢疏

犍爲注 黄輯古義

子子孫孫引無極也

子孫長行美道、引無極也。邢疏 詩小雅楚茨正義

犍爲注 玉函山房輯佚

子子孫孫引無極也

子孫長行美道、引無極也。舍人注 詩疏十三之二 鈎沉

子子孫孫引無極也

舍人曰、子孫長行美道、引無極也。詩正義十三之二 邢疏 漢注

子子孫孫引無極也

舍人云、子孫長行美道、引無極也。詩正義十三之二卷

云、世世昌盛長無窮。郭璞 一切注音

子子孫孫引無極也 舍人曰、子孫長行美道、引無極也。詩卷阿正義 古注斠

引余忍反、余愼二反、引長多也。 陸音義

子子孫孫引無極也

愚公所謂子又有孫、孫又有子。 新義

子子孫孫引無極也 舍人曰、子孫長行美道、引無極也。郭璞曰、世世昌盛長無窮。 古注合存

子子孫孫引無極也 詩曰、子子孫孫、勿替引之。 校議

子子孫孫引無極也世世昌盛長無窮

引者、釋詁云、長也。詩楚茨箋、願子孫勿廢而長行之。正義引舍人曰、子孫長行美道、引無極也。 義疏

子子孫孫引無極也舍人注、子孫長行美道、引無極也。郭注、世世昌盛長無窮。釋楚茨。 集解

子子孫孫引無極也釋楚茨。子、十一月陽氣動、萬物滋、人以爲偁、象形。孫、子之子曰孫、从子从系會意。系、續也。即此經所謂引也。上經、引長也、極至也。 義證

子子孫孫引無極也

註世世昌盛長無窮補正邢疏、舍人曰子孫長行美道、引無極也。 郭注補正

子子孫孫引無極也

此釋小雅楚茨子子孫孫勿替引之之義。鄭箋云、

願子孫勿廢而長行之長行即此引無極之義也。舍人曰、子孫長行美道、引無極也。郭璞曰、世世昌盛長無窮。以下斷章摘句、以釋其大義。

說詩

子子、孫孫、引無極也。

釋詁云：「引、長也。」小雅楚茨「子子孫孫、」疏引舍人云：「子孫長行美道、引無極也。」邵云：「古彝鼎銘、多作『子子孫孫永寶用、』皆欲其昌盛無窮也。」此等詞、多專釋詩之成語、疑係後人竄入。

爾雅學

子子孫孫引無極也○釋曰注疏本刪。

引無極也者注疏本脫也。

校勘記

顒顒卬卬君之德也

顒顒卬卬君之德也。道君人者之德望。

郭注

顒顒卬卬君之德也 釋曰此道人君之顒望也。顒顒卬卬、大雅卷阿文也。君之德也者、作者釋之也。案詩云顒顒卬卬、如圭如璋、令聞令望。毛傳云顒顒溫貌、卬卬盛貌。鄭箋云令善也。王有賢臣與之以禮義相切瑳、體貌則顒顒然敬順、志氣則卬卬然高朗、如玉之圭璋也。人聞之則有善聲譽、人望之則有善威儀德行相副。

邢疏

顒顒卬卬君之德也

顒顒體貌溫順也。卬卬志氣高遠也。詩正義十七之四

孫音注

顒顒卬卬君之德也

卬魚殃反。釋文

郭音義

黃輯古義

顒顒卬卬君之德也

顒顒、體貌溫順也。卬卬、志氣高遠也。詩大雅卷阿正義

孫音注

卬卬魚殃反。釋文

郭音義

玉函山房輯佚

顒顒卬卬君之德也

孫曰、顒顒體貌溫順也。卬卬志氣高遠也。詩正義十七之四

漢注

顒顒卬卬君之德也

孫炎云、顒顒、體貌溫順也。卬卬、志氣高遠也。詩正義十七之四卷

郭璞云道君人者之德望。

一切注音

顒顒魚恭反。卬卬五剛反、郭魚殃反。

陸音義

顒顒卬卬君之德也 孫炎曰、顒顒體貌溫潤也。卬卬、志氣高遠也。詩卷阿正義

古注斠

顒顒卬卬君之德也

記曰圭璋特達德也。德在我而已、彼以引以翼猶有所待。

新義

顒顒卬卬君之德也卬、郭魚殃反。孫炎曰、顒顒體貌溫順也。卬卬、志氣高遠也。郭璞曰、道君人者之德望。

古注合存

子子孫孫、引無極也。顒顒卬卬、君之德也。顒音容、卬音昂。○此下各條、類舉上之福德與其臣民之歸服而釋之也。疏曰、詩楚茨云、子子孫孫、勿替引之。卷阿云、顒顒卬卬、如圭如璋。鄭箋云、顒顒溫貌、卬卬盛貌。

注疏參義

子子孫孫引無極也【註】世世昌盛長無窮顒顒卬卬君之德也【註】道君人者之德望【正義】小雅楚茨云子子孫孫大雅卷阿云顒顒卬卬、此釋其義也。詩疏引舍人云、子孫長行美道引無極也。古彝鼎銘多作子子孫孫永用寶、皆欲其昌盛無窮也。卷阿毛傳顒顒温貌、卬卬盛貌。鄭箋、體貌則顒顒然敬順、志氣則卬卬然高朗。疏引孫炎云、顒顒體貌温潤也、卬卬志氣高遠也。虞翻易註云、顒顒君德有威容貌、容止可觀、進退可度、則下觀其德而順其化。詩曰、顒顒卬卬、如珪如璋、君德之義也。案虞註以顒顒爲有威、與毛傳孫註義殊、鄭箋以爲敬順、蓋兼有威及温潤之義。郭註祇言德望、以有令德者必有令望也。詩疏云、顒顒卬卬以下徑訓興喻之義、不釋詩文。平都相蔣君碑作顒顒昂昂。【正義】

顒顒卬卬 唐釋元應一切經音義云、喁、古文顒同、說文眾口上見也。謂羣生仰其德也。詩曰、顒顒昂昂。此說釋詩最精。【校議】

顒顒卬卬君之德也 道君人者之德望 自此以下、但解作詩興喻之義、不釋詩文。此卷阿文傳箋及正義引孫炎皆有說。【義疏】

顒顒卬卬君之德也 孫注、顒顒、體皃溫順也。卬卬、志氣高遠也。郭注道君人者之德望。釋卷阿。【集解】

顒顒卬卬君之德也 釋卷阿。顒、大頭也、从頁禺聲。引申為大德之皃。易觀有孚顒若、馬注、敬也、虞注、君德有威容皃。卬、望欲有所庶及也、从匕从卪。會意、仰之古文。重言因以狀君德之高。孫注謂志氣高朗、蓋以朗為卬之借字、卬朗叠韵。【義證】

顒顒卬卬君之德也 此釋大雅卷阿顒顒卬卬之義。毛傳云、顒顒、温貌。卬卬、盛貌。鄭箋云、體貌則顒顒然敬順、志氣則卬卬然高朗、如玉之圭璋也。人聞之則有善聲譽、人望之則有善威儀、德行相副、故曰君之德也。正義引孫炎曰、顒顒、體貌温順也。卬卬、志氣高遠也。兼取傳箋為說。郭注云道君人者之德望。平都相蔣君碑作顒顒昂昂。【說詩】

顒顒卬卬君之德也 說文心部、悳、外得於人、內得於己也、从直从心。又彳部、德、升也、从彳悳聲。經典相承以德代悳。【匡名】

子子孫孫引無極也顒顒卬卬君之德也 此釋小雅楚茨大雅卷阿之文也。【啓蒙】

顒顒、卬卬、君之德也。

此徑釋興喻之義、即篇首所謂述其意者也。〈卷阿〉「顒顒卬卬、如圭如璋、」箋云：「體貌則顒顒然敬順、志氣則卬卬然高朗；」疏引孫炎云：「顒顒、體貌溫順也、卬卬、志氣高遠也。」【爾雅學】

永永卬卬君之德也○釋曰 注疏本刪。

此道人君之德望也 元本同閩本監本毛本人君倒。

案詩云閩本監本毛本案作○元本空闕。與之以禮義相切瑳元本同閩本監本毛本瑳改磋按詩卷阿釋文云磋或作瑳與此合。

校勘記

道人君者之德望十行本雪聰本吳本並作君人者。

校勘記訂補

道人君者之德望監本永懷堂本毛本湘本人君二字倒。

注疏校勘札記

顒顒喁卬卬昂君之德也。

孫侶直音

顒顒容卬卬昂君之德也

楊氏音訓

丁丁嚶嚶相切直也

丁丁嚶嚶相切直也。丁丁斫木聲。嚶嚶兩鳥鳴。以喻朋友切磋相正。

郭注

丁丁嚶嚶相切直也　釋曰直猶正也小雅伐木云伐木丁丁鳥鳴嚶嚶。鄭箋云昔日未居位在農之時與友生於山巖伐木爲勤苦之事猶以道德相切正也。故郭云丁丁伐木聲嚶嚶兩鳥鳴以喻朋友切磋相正。

邢疏

丁丁嚶嚶相切直也

郭璞云丁丁斫木聲。嚶嚶兩鳥鳴。以喻朋友切磋相正。

一切注音

丁丁猪耕反。嚶嚶烏耕反。斫音灼。切磋七何反。

陸音義

丁丁嚶嚶相切直也

丁丁相切正許許相許可朋友之道如斯而已。

新義

丁丁嚶嚶相切直也謂伐木丁丁鳥鳴嚶嚶此言朋友相切正。

鄭樵注

丁丁嚶嚶相切直也

郭璞曰丁丁斫木聲。嚶嚶兩鳥鳴。以喻朋友切磋相正。

鄭樵曰謂伐木丁丁鳥鳴嚶嚶此言朋友相切正。

古注合存

鄭云奉璋峨峨謂助祭之士執圭璋峨峨然。釋言峨峨祭也。伐木丁丁丁丁者伐木聲也。鳥鳴嚶嚶嚶嚶者鳥聲也。奈何曰丁丁嚶嚶相切直也。舉此三者可以知其不達物之情狀。

補注

丁丁嚶嚶相切直也**註**丁丁斫木聲嚶嚶兩鳥鳴以喻朋友切磋相正**正義**小雅伐木云伐木丁丁鳥鳴嚶嚶。與喻之義在朋友之相切正也。文選註引韓詩云伐木廢朋友之道缺勞者歌其事詩人伐木自苦其事故以爲文。鄭箋引爾雅而釋之云昔日未居位在農之時與友生於山巖伐木爲勤苦之事猶以道德相切正也。嚶嚶兩鳥聲也其鳴之志似於有友道然故連言之。**註**丁丁至相正。○**正義**毛傳丁丁伐木聲。郭註本毛傳。又云嚶嚶驚懼也。疏引王肅云鳥聞伐木驚而相命嚶嚶然以興朋友切切節節。郭不從者以友朋自有切直之義不必祇在驚懼也故從鄭箋作兩鳥鳴。知爲兩鳥者以一鳥則不得有相切之義。詩又云嚶其鳴矣則爲一鳥之鳴所以求友也。

正義

爾雅詁林 三 釋訓

丁丁嚶嚶相切直也 丁丁斫木聲嚶嚶兩鳥鳴以喻朋友切磋相正

切者、說文云、抇也。直者、曲禮注、正也。丁丁嚶嚶者、詩伐木傳、丁丁、伐木聲也。箋云、嚶嚶兩鳥聲也。郭注本毛鄭、言伐木鳥鳴、音聲互荅、皆有朋友相切正之義、故以爲喻。文選遊西池詩注引韓詩云、伐木廢、朋友之道缺、勞者歌其事、詩人伐木、自苦其事、故以爲文。毛詩序亦云、伐木廢則朋友缺矣。然則詩爲朋友而作、故以相切直爲言耳。

義疏

丁丁嚶嚶相切直也 郭注、丁丁、砍木聲、嚶嚶、兩鳥鳴、以喻朋友切磋相正。

集解

丁丁嚶嚶相切直也 釋伐木。丁、釘也。凡物釘之有聲、故引申爲伐木之聲。伐木、即所以切木。嚶、鳥鳴也。从口嬰聲。嬰从二貝、蓋謂兩鳥之正見而鳴、或兩鳥鳴聲之和而正也。朋友亦然。切、抇也。直、正見也。或曰正也。

義證

丁丁嚶嚶相切直也

丁丁所木聲嚶嚶兩鳥鳴以喻朋友切磋相正

文選歸田賦注引釋訓、丁丁、嚶嚶、相切直也。注、嚶嚶兩鳥鳴也。

郭注佚存補訂

丁丁嚶嚶相切直也

此釋小雅伐木伐木丁丁、鳥鳴嚶嚶之義。毛傳云、丁丁、伐木聲也。嚶嚶、驚懼也。鄭箋云、丁丁、嚶嚶、相切直也。言昔日未居位在農之時、與友生於山巖伐木爲勤苦之事、猶以道德相切正也。嚶嚶、兩鳥鳴也。其鳴之志似於有友道然、故連言之。案、嚶嚶正是求友之聲、傳以爲驚懼、非也。正義引王肅曲狥傳意、殊失詩旨、故鄭不從之。鄭謂未居位在農之時、疏遂以爲文王幼時結友之事、不知何所據而云。然郭注從箋說、以嚶嚶爲兩鳥鳴、而邵氏又以嚶其鳴矣從正義之說爲一鳥之鳴所以求友、兩鳥一鳥、吾亦不知何所見甚哉高叟之固也。切、讀如論語朋友切切偲偲之切、直讀如論語友直之直、小雅小明毛傳云、能正人之曲曰直、是其義也。

說詩

丁丁嚶嚶相切直也 此釋小雅伐木章、與朋友相切正之義。說文、嚶、鳥鳴也。

啓蒙

丁丁嚶嚶相切直也

說文丁爲十干標幟字、無切直義、重言形況字多非本義、其本字當作錚錚、說文、錚、金聲也。後漢書劉盆子傳、鐵中錚錚。案、丁爲建首字、錚从爭得聲、古音同壯十一部、例得通叚。說文、嚶、鳥鳴也。嚶嚶、或作噰噰。釋詁、關關、噰噰、音聲和也。嚶噰一聲之轉、噰之爲嚶、猶榮之爲英。丁丁者、斧聲、以相助爲義。嚶嚶者、鳥聲、以相和爲義。易乾文言曰、同聲相應、同氣相求。有朋友相求之道、故曰相切直也。

王仁俊日記

丁丁嚶嚶相切直也

錦燧謹案、此釋詩伐木篇伐木丁丁鳥鳥嚶嚶也。毛傳云、丁丁伐木聲也。鄭箋云、嚶嚶兩鳥聲也。郭氏爾雅注云、丁丁、斫木聲、嚶嚶兩鳥鳴、以喻朋友切磋相正。是景純卽本傳箋爲說、以伐木鳥鳴音聲互答、皆有朋友相切正之義、故以爲喻。此雅訓所以云相切直也。丁丁乃重言形況字、是假借之本無正字者。廣雅云、丁丁、聲也。亦泛訓爲聲。故兔罝椓之丁丁、傳以爲椓杙之聲、而伐木篇之丁丁、傳又以爲伐木之聲也。惟以是言之玉聲、亦可曰丁丁、而說文玉部別有訓玉聲之玎者何也、曰此後出之字、猶娶古祇作取、娶爲後出字也。說見江氏音韻表娶字下。至丁之本義、則說文云、夏時萬物皆丁實。與訓聲義不相涉。

陸錦燧日記

丁丁、嚶嚶、相切直也。

郭注云：「丁丁、斫木聲；嚶嚶、兩鳥鳴。」郝云：「切者、說文云：『刌也；』直者、曲禮注『正也。』伐木鳥鳴、音聲互荅、皆有朋友相切正之義、故以爲喻。」小雅伐木云：「伐木丁丁、鳥鳴嚶嚶。」

爾雅學

丁丁嚶嚶相切直也〇釋曰　注疏本刪。

丁丁砍木聲　十行本雪牕本吳本並作斫木。

校勘記

校勘記訂補

丁丁砍木聲　監本永懷堂本毛本湘本砍作斫。釋文、斫音灼。若作砍、則音坎矣。

故郭云丁丁伐木聲　注案、伐當作斫、注文可證。

注疏校勘札記

丁丁（音爭）嚶嚶相切直也

音圖・音

丁（爭）丁嚶（嬰）嚶相切直也。

孫侶直音

丁（爭）丁嚶嚶相切直也（喻朋友切磋相正、）

楊氏音訓

藹藹萋萋臣盡力也（梧桐茂賢士衆、地極化、臣竭忠。）噰噰喈喈民協服也（鳳皇應德鳴相和、百姓懷附典頌歌。）

郭注

藹藹至服也　釋曰、大雅卷阿云、藹藹王多吉士。鄭箋云、王之朝多善士藹藹然。又云、菶菶萋萋、雝雝喈喈。毛傳云、梧桐盛也、鳳皇鳴也、臣竭其力則地極其化、天下和洽則鳳皇樂德。鄭箋云、菶菶萋萋、喻君德盛也。雝雝喈喈、喻民臣和協、是皆臣下盡力民人協服也。故郭云、梧桐茂賢士衆、地極化、臣竭忠、鳳皇應德鳴相和、百姓懷附興頌歌也。

邢疏

藹藹萋萋臣盡力也

藹藹、賢士之貌、萋萋、梧桐之貌。（詩大雅卷阿正義）

犍爲注

藹藹萋萋臣盡力也

言衆臣竭力、則地極其化、梧桐盛也。（詩正義十七之四）

孫音注

黃輯古義

藹藹萋萋臣盡力也

藹藹、賢士之貌。萋萋、梧桐之貌。詩大雅卷阿正義

犍爲注

藹藹萋萋臣盡力也

言衆臣竭力、則地極其化、梧桐盛也。同上

孫音注

藹藹萋萋臣盡力也

玉函山房輯佚

藹藹、賢士之貌。萋萋、梧桐之貌。舍人注 言衆臣竭力、則地竭其化、梧桐盛也。孫注 並詩疏十七之四

鉤沉

藹藹萋萋臣盡力也

舍人曰、藹藹、賢士之貌。萋萋、梧桐之貌。詩正義十七之四

孫曰、言衆臣竭力、則地極其化、梧桐盛也。詩正義十七之四

漢注

藹藹萋萋臣盡力也

舍人云、藹藹、賢士之貌。萋萋、梧桐之貌。 孫炎云、言衆臣竭力、則地極其化、梧桐盛也。並詩正義十七之四卷 郭璞云、梧桐茂、賢才衆、地極化、臣竭忠。說文繫傳五卷引郭註作梧桐茂賢士衆。

噰噰喈喈民協服也

郭璞云、鳳凰應德鳴相和、百姓懷附興頌歌。

一切注音

藹藹萋萋臣盡力也 舍人云、藹藹、賢士之貌。萋萋、梧桐之貌。 孫炎云、言衆臣竭力、則地極其化、梧桐盛也。詩卷阿正義

蕙心案、郭此節注、梧桐茂、賢士衆、地極化、臣竭忠。衆忠爲韵。噰噰喈喈節注、鳳凰應德鳴相和、百姓懷附興頌歌。和歌爲韵。蓋自子子孫孫節至秩秩淸也、郭多有韵、或似銘贊、或似歌詞。蓋古人詞章小學相爲表裏、若司馬相如班固楊雄之徒、其最著也。惜郭氏爾雅圖讚今日僅留數章耳。

古注斠

藹藹萋萋臣盡力也

藹藹於蓋反。萋萋七西反。盡力咨忍反。噰噰本或作雍、又作廱、同於恭反。喈喈古諧反。應德音譍。

陸音義

藹或不齊。

噰噰喈喈民協服也

噰或不皆。

新義

藹藹萋萋臣盡力也噰噰喈喈民協服也並見卷阿。

鄭樵注

藹藹萋萋臣盡力也

舍人曰、藹藹、賢士之貌。萋萋、梧桐之貌。

孫炎曰、言衆臣竭力、則地極其化、梧桐盛也。

郭璞曰、梧桐茂、賢才衆、地極化、臣竭忠。

噰噰喈喈民協服也

郭璞曰、鳳凰應德鳴相和、百姓懷附興頌歌。

鄭樵曰、並見卷阿。總釋上引。

古注合存

丁丁嚶嚶相切直也藹藹萋萋臣盡力也噰噰喈喈民協服也丁音爭、盡上聲、噰音雍、喈音皆。○註曰、丁丁嚶嚶、喻朋友切磋相正也。藹藹萋萋、地極化、臣竭忠也。噰噰喈喈、鳳凰應德鳴相和、百姓懷附民樂歌也。疏曰、詩伐木云、伐木丁丁、鳥鳴嚶嚶、卷阿云、藹藹王多吉士、又云、菶菶萋萋、雝雝喈喈。毛傳云、梧桐盛、鳳凰鳴也。

注疏參義

按旨藹藹萋萋臣盡力也以下至速速蹙蹙惟逑鞫也、本文有韻、注亦用韻、語甚奇古、間有似七言句者、此時七言未盛行、尤難得也。憂無告也、當作入聲音谷。詩正義云、舍人曰、藹藹、賢士之貌、萋萋、梧桐之貌。用此傳爲說。箋以梧桐喻君德、爾雅言臣盡力、與此箋不同者、以君有盛德則能使臣盡其心力、與爾雅合也。釋訓又曰、雝雝喈喈、民協服也。不爲鳳凰鳴、此傳與爾雅異者。毛意以爲由萬民協服、故鳳聲雝和、亦得合爾雅也。

補注

藹藹萋萋臣盡力也 註 梧桐茂賢才衆地極化臣竭忠

噰噰喈喈民協服也 註 鳳凰應德鳴相和百姓懷附興頌歌

正義 大雅卷阿云、藹藹王多吉士。又云、菶菶萋萋、雝雝喈喈。上文云、藹藹止也。釋詁云、噰噰和也。皆釋字義、此又言與喻之義也。說文云、藹藹、臣盡力之美。文選註引韓詩薛君章句云、萋萋盛貌。詩疏引舍人云、藹藹賢士之貌、萋萋梧桐之貌。尚書大傳引逸詩云、鳳凰喈喈。說文云、鳳凰鳴聲喈喈。註 梧桐至頌歌。○ 正義 毛傳、梧桐盛也、鳳凰鳴也、臣竭其力、則地極其化、天下和洽、則鳳凰樂德。鄭箋、菶菶萋萋喻君德盛也、雝雝喈喈喻臣民和協。疏引孫炎云、言衆臣竭力、則地極其化、梧桐盛也。郭註本傳箋爲義。說文繫傳引郭註作梧桐茂實賢士衆。

正義

郭註梧相桐茂節 說文繫傳引此註茂下有實字、末有也字。

校議

藹藹萋萋臣盡力也 梧桐茂賢士衆地極化臣竭忠 噰噰喈喈民協服也 鳳皇應德鳴相和百姓懷附興頌歌

藹藹已見上文。噰噰已詳釋詁。此又釋與喻之義也。藹者、說文云、臣盡力之美。萋、艸盛。文選藉田賦注引韓詩薛君章句云、萋萋盛也。詩卷阿正義引舍人曰、藹藹、賢士之貌、萋萋、梧桐之貌。孫炎曰、言衆臣竭力則地極其化、梧桐盛也。孫義本毛傳、郭義與孫同。噰噰雝雝、喈喈、詩言鳳皇鳴聲、爾雅以爲譬況之詞、故鄭箋本之而云、菶菶萋萋喻君德盛也、雝雝喈喈喻民臣和協。然因民服而致鳳鳴、故毛傳云、天下和洽則鳳皇樂德。詩與爾雅義相成也。

義疏

藹藹萋萋臣盡力也 舍人注、藹藹、賢士之皃、萋萋、梧桐之皃。孫注、言衆臣竭力、則地極其化、梧桐盛也。郭注、梧桐茂、賢士衆、地極化、臣竭忠。此與下釋卷阿詞意。

噰噰喈喈民協服也 郭注、鳳皇應德鳴相和、百姓懷附興頌歌。

集解

藹藹萋萋臣盡力也 釋卷阿。藹藹上釋爲止、此又釋爲臣盡力。正字爲渴耳。萋、艸盛也、从艸妻聲。卷阿故以之狀梧桐之盛。梧桐之盛、地力所致也、因又以之喻臣之盡力。詩葛覃維葉萋萋、蒹葭萋萋、均取萋之本訓、非此義也。

噰噰喈喈民協服也 釋卷阿。噰噰上云音聲和、詩作雝雝、皆鳥鳴聲也、从口皆聲。卷阿均以狀鳳凰之和鳴。民之協服由於和、故取鳳凰鳴聲以爲喻。協、衆之同和也、上經云服也。

義證

藹藹萋萋臣盡力也 註 梧桐茂賢才衆地極化臣竭忠 補正 臣鑒按、詩疏引舍人註云、藹藹、賢士之貌、萋萋、梧桐之貌。又引孫註云、言衆臣竭力、則地竭其化、梧桐盛也。

郭注補正

藹藹萋萋臣盡力也

梧桐茂賢士衆地極化臣竭忠

明注疏本士誤才。說文繫傳引郭注作梧桐茂實賢士衆實字衍。

噰噰喈喈民協服也

鳳凰應德鳴相和百姓懷附興頌歌

雪牕本元本凰作皇。

藹藹萋萋臣盡力也噰噰喈喈民協服也

郭注佚存補訂

此釋大雅卷阿之詩。詩曰、藹藹王多吉士。毛傳云、藹藹、猶濟濟也。鄭箋云王之朝多善士藹藹然。又曰菶菶萋萋、雝雝喈喈。傳云、梧桐盛也、鳳皇鳴也、臣竭其力、則地極其化、天下和洽、則鳳皇樂德。箋云菶菶萋萋、喻君德盛也、雝雝喈喈喻臣民和洽。正義云傳言梧桐盛解菶菶萋萋、鳳皇鳴、解雝雝喈喈。釋訓云藹藹萋萋臣盡力也。舍人曰藹藹賢士之貌、萋萋梧桐之貌。孫炎曰、言衆臣盡力、則地極其化、梧桐盛也。是用此傳爲說。釋訓云、噰噰喈喈民協服也。不爲鳳皇鳴、此傳與爾雅異者、毛意以爲由民協服、故鳳聲雝和、亦得合爾雅也。郭注云、梧桐茂賢士衆地極化臣盡忠又云鳳皇應德鳴相和百姓懷附興頌歌。亦本傳義爲說也。上文云藹藹止也、彼釋字義、此則釋興喻之大義也。說文云、藹、臣盡力之美。引詩藹藹王多吉士。本爾雅爲義也。此作噰噰、詩作雝雝、二字音義皆同、故相通用。

說詩

噰噰喈喈民協服也　釋文云噰、本或作雍、又作廱。見前詩正義十七之四引作雝雝。

匡名

藹藹萋萋臣盡力也噰噰喈喈民協服也　此釋大雅卷阿章。賢才衆多、百姓和協之義。說文、藹、臣盡力之美。臣、牽也、事君也。象屈服之形。民、衆萌也。从古人之象。

啓蒙

噰　詳釋詁。

黃侃評本正名

藹藹、萋萋、臣盡力也　寶應朱士端說、藹藹不當重出、此當作菶菶萋萋、案此說非是、不言藹藹、則臣盡力之語無因、且與說文違、悟矣。

黃侃音訓

藹藹萋萋臣盡力也。舍人云、藹藹、賢士之貌、萋萋、梧桐之貌。孫云、言衆臣竭力、則地極其化、梧桐盛也。郭云、梧桐茂、賢士衆、地極化、臣極忠。楷案藹藹當作菶菶。詩卷阿藹藹王多吉士、傳藹藹、猶濟濟也。上文藹藹、濟濟、止也。已釋其義。詩又云、菶菶萋萋、雝雝喈喈。故此又釋之云、菶菶萋萋、臣盡力也、噰噰喈喈、民協服也。毛傳、梧桐盛也、臣極其力、則地極其化。孫郭注全本毛傳說、是此藹藹當作菶菶甚明、然觀舍人注云云、則所據已誤。

稗疏

藹藹、萋萋、臣盡力也。噰噰、喈喈、民協服也。大雅卷阿云：「菶菶萋萋、噰噰喈喈、」菶菶萋萋、承上文「梧桐生矣」句來、噰噰喈喈、承上「鳳凰鳴矣」句來。爾雅以爲此皆譬況之詞、詩箋云：「菶菶萋萋、喻君德盛也；噰噰喈喈、喻民臣和協；」此即本之爾雅以立義也。藹藹、亦卷阿文、上「藹藹、止也」節內已引之、說文云：「藹藹、臣盡力之美、」與萋萋同意、故並舉以釋之。

爾雅學

鳳凰應德鳴相和　閩本監本毛本同。單疏本雪牕本元本凰作皇。按、正作凰、俗作皇。

藹藹至服也○釋曰　注疏本刪。

賢士衆　單疏本雪牕本同、注疏本士誤才。

校勘記

釋訓　鳳凰應德鳴相和　單疏本雪牕本元本凰作皇。案、正作凰、俗作皇。

案此誤倒。干祿字書云、凰皇上俗下正。

校勘記識語

藹（愛）藹萋（妻）萋臣盡（秦上聲）力也。噰

噰喈（皆）喈民協服也。

孫侶直音

藹藹萋（妻上聲）萋臣盡（去聲）力也

直音校正

藹藹萋萋臣盡（上聲）力也噰（雍）噰喈（皆）喈民協服也

楊氏音訓

佻佻契契愈遐急也

佻佻、契契、愈遐急也。賦役不均、小國困竭、賢人憂歎、遠益急切。

郭注

佻佻契契愈遐急也　釋曰、愈、益也。遐、遠也。謂賦役不均、小國困竭、賢人憂歎、遠益急切也。小雅大東云、糾糾葛屨、可以履霜、佻佻公子、行彼周行、毛傳云、佻佻獨行貌、公子、譚公子也。鄭箋云、葛屨夏屨也、周行、周之列位也。言時財貨盡、雖公子衣屨不能順時、乃夏之葛屨、今之履霜、送轉餫、因見使行周之列位者而發幣焉、言雖困之、猶不得止。又云、契契寤歎、哀我憚人、毛傳云、契契憂苦也。鄭箋云、今譚大夫契契憂苦而寤歎、哀其民人之勞苦是也。

邢疏

佻佻急也

佻佻、文選魏都賦注引爾雅作嬥嬥。

衆家注

黃輯古義

佻佻契契愈遐急也

郭璞云、賦役不均、小國困竭、賢人憂歎、遠益急切。

佻佻愈遐急也

一切注音

蕙心案、文選魏都賦注引爾雅作嬥嬥、大東篇釋文引韓詩作嬥嬥、往來皃、佻嬥古字通。

古注斠

佻佻徒彫反。詩云佻佻、獨行歎息也。契契苦計反。詩云契契、字又作苦許反。愈本或作愉、同、瑜庾二音。竭本又作竭、巨列反。

陸音義

契契苦結反、詩云契契字又作□、苦計反、○字又作下舊不空、然必有脫字。案、大東詩契契寤歎、云苦計反、擊鼓死生契闊、又云本又作挈、前釋詁契字下云郭苦計反、字又作挈、苦結反、以此參證、則此苦結與苦計當互易、所空當補挈字。竭○渴字舊未刻、邵據說文補。案首卷條例云水旁作曷、俗以爲飢渴之字、改便驚俗、故此渴字但見注中、後人不知渴正是竭本字、遂疑而未刻耳。

音義攷證

佻佻音徒彫切徒彫、誤敎料。

佻佻契契愈遐急也　文選注六引爾雅佻佻作嬥嬥。案、詩小雅大東佻佻公子、釋文云韓詩作嬥嬥。釋文云契字又作□。盧學士以詩擊鼓釋文及釋詁釋文證之知是挈字。又云愈本或作俞。案作俞是也。愈、俗瘉字。遐說文新附字。見釋詁

注疏正字

匡名

愈　俞　愈。荀子書均作俞。

釋文愈本或作俞然愈益之正字當作𨗆逾進也淮南原道火逾然而消逾亟。

黃侃評本正名

佻佻契契愈遐急也。釋文愈本或作俞、然愈益之正字當作𨗆逾進也、淮南原道火逾然而消逾急。愈遐急者、猶言愈遐愈急也、俞蔭甫說、遐當在愈上、非。文選魏都賦注引爾雅嬥嬥契契愈遐急也、與今本正同、足明此文無誤。

黃侃音訓

佻佻契契愈遐急也

注曰賦役不均小國困竭賢人憂歎遠益急切

樾謹按、經文本作佻佻契契遐愈急也、故郭注以遠益急切釋之、遠釋遐字、益釋愈字、急切釋急字也。下文宴宴粲粲尼居息也。注曰、盛飾宴安近處優閒。疏曰、尼近也。然則此兩經正相對成義。遐愈急也明遠者急切、尼居息也明近者優閒、遐與尼爲對文、今誤作愈遐急也、則不特與郭注不合、而與下文亦不一律。且遐急二字文義不倫、非上文之切直協服下文之禍毒爽忒二字同義者可此、其爲傳寫之誤倒無疑矣。

平議

佻佻契契愈遐急也○釋曰注疏本刪。譚公子也注疏本譚誤譚。

校勘記

鄭箋云云監本毛本湘本不重云字是。

注疏校勘札記

佻佻音兆契契愈遐急也

音圖・音

五行佻佻○《文選》左思《魏都賦》注引作「嬥嬥」.

宋監本校箋

恌音兆　案佻、徒彫翻、音條、定今音兆、澄非。

直音正誤

五經文字云佻他彫翻、釋文又徒彫翻、音條、詩釋文徐又徒了翻、音窕、沈音徒高翻、音桃、韓詩作嬥、音挑、他彫翻佻字第一音文選注引爾雅嬥嬥契契、佻或作嬥、音葦苕、一音徒了翻。王逸楚辭注引詩苕苕公子。顧氏唐韻正云此字兩收於三蕭四覺部中、平聲徒彫、入聲直角、不知直角乃後起之音、徒彫亦他彫之第二音、以此言古音殊謬。詩挑達之挑、今俗作佻達者非、然兩字音相近、佻有他凋透母徒彫定母兩音、挑亦有他羔透母一音、故俗通也。佻又有徒了、徒高並定母兩音、挑又有敕彫隔標出切卽說文叟一音、此三音今讀者罕矣。

音略

佻佻契契愈遐急也。

條　器挈　與于

孫偘直音

佻佻條契契器挈、愈遐急也上聲

直音校正

佻佻契契愈遐急也 愈急遐長也謂益長急切。

鄭樵注

佻佻契契愈遐急也

郭璞曰、賦役不均、小國困竭、賢人憂歎遠益急切。鄭樵曰、愈益遐長也、謂益長急切。

古注合存

佻佻 魏都賦劉淵林註引爾雅嬥嬥註云佻、或作嬥、

音葦若、一音徒了反。

校議

佻佻契契愈遐急也 賦役不均小國困竭賢人憂歎遠益切急

佻者、釋言云、偷也。偷薄輕佻皆行動之狀、故詩大東傳云、佻佻、獨行貌。釋文引韓詩作嬥嬥往來貌、文選魏都賦注引爾雅亦作嬥嬥。是嬥佻音義同、从兆从翟之字古多通用。守祧注云故書祧作濯、亦其證也。嬥訓好貌、與佻義亦近。詩蓋言公子輕薄素不任事、而今行役道路悠遠、故憂愈急也。爾雅釋文佻佻獨行歎息也。於毛傳下增歎息二字、㴱得詩意矣。契者、大東傳契契憂苦也。擊鼓傳契闊勤苦也。二義亦近。契字本當作㓞而訓刻、故釋詁以契爲絕、郭注以爲刻斷物。然則契契者本刻木之聲、役人勤苦夜作不休、故寤寐歎息、契契而憂也。方言六說此詩云杼柚作也。東齊土作謂之杼、木作謂之柚。是則土木竝興、工作不息、詩人所以憂歎也。楚辭惜賢篇云、孰契契而委棟兮。亦得詩人之恉。

義疏

佻佻契契愈遐急也 郭注、賦役不均、小國困竭、賢人憂歎遠益急切。佻、一作嬥、从韓故釋。大東、佻佻公子、契契寤歎言病困也。遐瑕瘕同用、非遠也。

集解

佻佻契契愈遐急也 詩大東、佻佻公子。又、契契寤嘆。此釋之也。佻、偷、从人兆聲。正字爲趯。趯、迅也、行迅者乃能涉。遐、與嬥通用。韓詩佻佻作嬥嬥、云往來皃、借嬥以爲趯也。契、大約也、从大㓞會意。詩傳釋爲憂苦、此經釋急、正字爲害耳。遐、字本作𨙨、大遠也。急、褊也、从心及聲。字亦作忣。

義證

佻佻契契愈遐急也

註賦役不均小國困竭賢人憂歎遠益急切 補正 臣鋆按、詩傳、佻佻、獨行貌。契契、憂苦也。

郭注補正

佻佻契契愈遐急也

賦役不均小國困竭賢人憂歎遠益急切

文選魏都賦注引爾雅曰、嬥嬥、契契、愈遐急也。郭璞曰、賦役不均、賢人憂歎、遠急切也。

郭注佚存補訂

佻佻契契愈遐急也

此釋小雅大東之詩。詩曰、佻佻公子、契契寤歎。毛傳云、佻佻、獨行貌。契契、憂苦也。彼釋文云、佻佻、韓詩作嬥嬥、往來貌。竝音挑、本或作窕、非也。文選魏都賦注引爾雅亦作嬥嬥、蓋本韓詩也。佻嬥音義竝同。序言東國困於役而傷於財、郭注云、賦役不均、小國困竭、賢人憂歎、遠益急切、即此義也。愈遐急者、謂愈遠愈急也。西人近、東人遠、觀詩言可知東人之急苦。或謂西人爲西周之人、東人爲東周之人、是時西周强而東周弱、故服役不均、譚大夫作是詩以刺之。

說詩

佻佻契苦結切契愈遐急也賢人憂歎遠益急切也。

楊氏音訓

宴宴粲粲尼居息也

宴宴、粲粲、尼居息也。盛飾宴安、近處優閑。

郭注

宴宴粲粲尼居息也 釋曰、尼近也。謂晏安盛飾、近處優閑也。小雅北山云或燕燕居息、毛傳云燕燕安息貌。又大東云東人之子、職勞不來、西人之子、粲粲衣服、毛傳云東人、譚人也。來、勤也。西人、京師人也。粲粲、鮮盛也。鄭箋云職、主也。東人勞苦而不見謂勤、京師人衣服鮮絜而逸豫、言王政偏甚也。

邢疏

宴宴粲粲尼居息也

尼羊而反、又奴啟反。釋文

謝音

黃輯古義

尼居息也。尼羊而反、又奴啓反。

謝音

玉函山房輯佚

燕燕粲粲尼居息也今本作宴宴、茲依釋文本。

郭璞云、盛飾宴安、近處優閒。

一切注音

燕燕字又作宴、烏殿烏顯二反。粲粲七旦反。尼女乙反。謝羊而反、又奴啓反。

飾音式。處音杵。閒音閑。本今作閑。

陸音義

燕燕作宴。○邢本

閒音閑。○注疏本作閑、云閑音閒、所改甚謬。

音義攷證

宴宴粲粲尼居息也尼、近也。居、息、謂優閒。

鄭樵注

宴宴粲粲尼居息也

郭璞曰、盛飾宴安、近處優閒

鄭樵曰、尼近也、居息、謂優閒

古注合存

佻佻契契愈遐急也、宴宴粲粲尼居息也。尼音暱。○此下各條、亦類舉感時憂世之意、而釋之也。註曰、言賦役不均、賢人憂歎、遠益急切、而近處優閒也。疏曰、遐、遠也。詩大東云、佻佻公子、行彼周行、鄭箋云、言東方貴公子、雖困乏猶不能止也。又云、契契寤歎、哀我憚人、言譚大夫憂歎、哀民人之勞苦也。又云、東人之子、職勞不來、西人之子、粲粲衣服、言勞苦而不見慰勞、惟京師人逸豫也。詩北山云、或燕燕居息、或盡瘁事國。

注疏參義

佻佻契契愈遐急也 註 賦役不均、小國困竭、賢人憂歎遠益急切。燕燕粲粲尼居息也 註 盛飾宴安、近處優閒。 正義 小雅大東云、佻佻公子。又云、契契寤歎。北山云、或燕燕居息。大東又云、粲粲衣服。毛傳、佻佻、獨行貌。爾雅釋文引詩云、佻佻、獨行歎息也。詩釋文引韓詩作嬥嬥、往來貌。契契者、毛傳云、憂苦也。論語云、有心哉、何安註、有心謂契契然也。劉向九歎云、契而委棟兮、王逸章句、契契、憂貌也。燕燕者、毛傳云、安息貌。本或作晏晏。粲粲者、毛傳云、鮮盛貌。文選註引韓詩作采采衣服、薛君曰、采采、鮮貌。註 賦役至優閒。○ 正義 大東序云、東國困於役而傷於財、譚大夫作是詩以告病焉。北山序云、役使不均。郭氏取詩序爲義。釋詁云、遐、遠也。昵、近也。尼通作昵、言居遠者急切、處近者優閒、見政役之不均也。

正義

宴宴粲粲尼居息也盛飾宴安近處優閒

尼者、昵字之省、與暱同。釋詁云、暱、近也。宴者、與燕同。釋文、燕字又作宴。今作宴、從宋本也。詩北山傳、燕燕安息貌。粲者、大東傳、粲粲、鮮盛貌。箋云、京師人衣服鮮潔而逸豫。文選鸚鵡賦注引韓詩作采采衣服、薛君曰、采采、盛貌也。與毛傳同。采、粲聲相轉也。此二條以遠近對文爲義、言役使不均、居遠者急切、處近者優閒、見政役之不本於公旬也。

義疏

爾雅詁林 三 釋訓

宴宴粲粲尼居息也郭注、盛飾宴安、近處優閑。郝引詩或燕燕居息、粲粲衣服、相去太遠按、羔裘晏兮、三英粲兮、疑三家或疊字。 **集解**

宴宴粲粲尼居息也（釋詩北山）或燕燕居息或慘慘畏咎二語也。宴安也、从宀妟聲。居息亦安也、與燕通用。粲、餐也、食也。素食畏咎、則行政以姑息為主、非劬勞者比也。詩作慘慘、蓋因聲近借用耳。或者三家詩有作粲粲者。居字本作凥、處也、从尸得几而止。經典相承以蹲居之字代之。 **義證**

燕燕粲粲尼居息也

盛飾宴安近處優閒

釋文云、閒音閑。舊校云、本今作閑。案、仿宋本作閑。 **郭注佚存補訂**

燕燕粲粲尼居息也

小雅北山或燕燕居息、大東粲粲衣服、毛傳云燕燕、安息貌、粲粲、鮮盛貌。北山大東同是刺賦役不均之詩、故合二詩而釋之。北山云或燕燕居息、或盡瘁事國。大東云東人之子、職勞不來、西人之子、粲粲衣服。苦樂懸殊若此。鄭箋云、東人勞而不見謂勤、京師人衣服鮮絜而逸豫、言王政偏甚也。北山云大夫不均、與此同意、二詩當是一時之作。郭注云、盛飾宴安、近處優閑。用傳箋為說。邵云、文選注引韓詩作朵朵衣服、薛君云朵朵、鮮貌。案、朵粲一聲之轉。燕宴同字。尼者、昵之古文、昵、親近也。言與居息者相親昵、正見大夫之不均也。 **說詩**

宴宴粲粲（宴、釋文作燕、云宴字又作宴。）疏小雅北山云（脫云字。） **注疏正字**

燕燕粲粲尼居息也　釋文云、燕字又作宴、石經單疏本作宴、集韻二十七銑類篇宀部引亦作宴。案晏正文燕通借。說文女部、𡜊、三女為𡜊、𡜊美也、从女𡜊省聲。與粲義異、詩粲粲衣服、疑本作𡜊。說文几部、凥處也、从尸得几而止、孝經曰仲尼凥。又尸部、居蹲也。經典相承以居代凥。 **匡名**

佻佻音條**契契愈遐急也燕燕粲粲尼居息也**（小雅佻佻公子、傳佻佻獨行貌。又、契契寤歎、傳契契憂苦也。又或燕燕居息、傳燕燕安息皃。又作晏晏。又、粲粲衣服、傳鮮盛皃。韓詩作朵朵、註、朵朵、鮮貌。遐、遠也。昵、近也。尼通作昵、言居遠者急切、處近者優閒、見賦役之不均也。） **啓蒙**

噰噰喈喈　佻佻契契　愈遐急也　燕燕粲粲

釋文、噰噰本或作雍、（釋訓釋文）又作廱、（釋訓釋文）毛詩作雝雝喈喈、（小雅卷阿詩）文選注引作嬥嬥契契。（魏都賦注）釋文、契契字又作挈。（釋訓釋文）（挈字原本闕、盧氏以意補之。）愈、本或作兪。（釋訓釋文）燕燕字又作宴。（釋訓釋文） **證異**

爾雅詁林　三　釋訓

宴宴。息也疏引小雅、或燕燕居息。燕宴音義同。

考異摘要

宴宴粲粲尼居息也

錦燧謹案、釋文出燕字、云、燕、字又作宴。是陸氏所見古本爾雅有作燕燕者、殆樊孫本也。然則詩北山篇或燕燕居息、三家異文當有作宴者、雅訓蓋釋三家詩之或宴宴居息也。毛傳云燕燕、安息貌。與雅訓合。惟說文部首云燕、口鳥也。是燕之本義爲鳥名、今訓居息者、卽宴之假借也。說文宀部云宴、安也。安與居息義相蒙。三家用本字作宴、毛用假字作燕、而傳訓燕爲安息、知其意亦讀燕爲宴矣。說文又有晏字、說解亦云安也。與宴音義俱同。粲粲、乃釋詩大東篇粲粲衣服也。毛傳云、粲粲鮮盛也。鄭箋云、衣服鮮絜而逸豫。逸豫與居息義近、鄭君卽本雅訓毛傳爲說。陳氏傳疏謂粲采一聲之轉、今北方評好爲喝采。竊謂蜉蝣篇采采衣服、傳訓眾多、而上章楚楚、訓爲鮮明、是毛意謂文采之眾多、据此則陳說亦是。惟說文米部云、粲、稻重一秙爲米六斗、大半斗曰粲。又木部云、采、捋取也。俱與鮮盛義不涉、今訓鮮盛者、蓋㛪之假借字也。粲从𣦼聲、㛪从𣦼省聲、故得通假。說文女部云、三女爲㛪。㛪、美也。美與鮮盛義相同。

陸錦燧日記

佻佻、契契、遐愈急也。宴宴、粲粲、尼居息也。

小雅大東云：「佻佻公子、」「契契寤歎、」「粲粲衣服、」其序云：「東國困於役而傷於財、譚大夫作是詩以告病焉、」故爾雅郭注云：「賢人憂歎、遠益切急；」北山云：「或燕燕居息、」序云：「役使不均、」邵云：「釋詁『遐、遠也、昵、近也、』尼、通作昵、言居近者急切、處近者優閒，見政役之不均也。」經文本作愈遐急、遐與尼、相對立義、今據俞樾說、易置遐字於愈字上。

佻佻者、大東傳云：「獨行貌；」又釋文引韓詩作「嬥嬥、往來貌、」郝謂「嬥、佻、音義同、从兆从翟之字、古多通用；」爾雅釋文云：「佻佻、獨行歎息也、」此義深得詩意。契契、毛傳云：「憂苦也；」邵引論語云：「有心哉、」何晏注「有心、謂契契然也。」

宴宴、宋本如此作、郝用宋本字、今從之。宴爲本字；燕爲假借字。毛傳「燕燕、安息貌、」說文宀部云：「宴、安也。」粲粲、毛傳云：「鮮盛貌；」鄭箋云：「京師人衣服鮮潔而逸豫。」文選鸚鵡賦注引韓詩作「采采衣服、」薛君章句云：「采采、盛貌、」義亦同；采粲聲相轉。此言勞役不均、處近者獨盛飾而安閑、故爾雅云：「宴宴粲粲、居尼息也。」

爾雅學

宴宴唐石經單疏本雪牕本同、釋文燕燕字又作宴、按、邢疏於此引北山或燕燕居息、於下引氓言笑晏晏、晏字各有當、今本此作宴宴、與下作晏晏爲一字、非。

近處優閒單疏本雪牕本元本閩本監本同、毛本閑改閒、按、釋文閒音閑、本今作閑。毛本蓋據釋文改。

宴宴粲粲尼居息也○釋曰注疏本刪。

謂宴安盛飾近處優閑也注疏本安誤宴、毛本閑改閒。

小雅北山或燕燕居息、北山下舊剜擠云字、按注疏本無、今刪正。

又大東云注疏本脫又。

校勘記

燕燕粲粲尼居息也今本燕作宴。按、釋文燕字又作宴、烏殿烏顯二反。是今本非誤、然疏引燕燕而不言燕宴音義同、則仍當作燕爲正。

注疏本正誤

東人勞苦而不見謂監本毛本湘本謂下有勤字、詩正義同、此脫。

注疏校勘札記

六行宴宴○《釋文》作「燕燕」，云：「字又作宴。」案：「燕燕」見《詩·小雅·北山》。《北山》云：「或燕燕居息」，是也。

宋監本校箋

尼、女乙翻。音昵、孃母。謝羊而翻。音移、喻母。又奴啓翻。音禰。泥母。
謝音非、當讀孃母女移翻。同。釋詁

音略

宴宴粲粲尼居息也。

燦 匿 侌

孫偘直音

宴宴粲粲尼居息也、

燦 匿

直音校正

宴宴粲粲尼暱居息也

盤飾宴安近處優閒。

楊氏音訓

哀哀悽悽懷報德也

哀哀悽悽懷報德也。悲苦征役、思所生也。

郭注

哀哀悽悽懷報德也 釋曰、懷思也、悲苦征役、思報父母之德也。小雅蓼莪云、哀哀父母、生我劬勞、鄭箋云、哀哀者、恨不得終養父母、報其生長已之苦。郭音云、悽本或作萋。出車云、赫赫南仲、薄伐西戎、春日遲遲、卉木萋萋是也。言以此征役故思所生也。所生謂父母。

邢疏

哀哀悽悽懷報德也

悽、本或作萋、同、古兮反。釋文。云悽、本或作萋。邢疏、郭音

郭音義

悽悽、本或作萋、同、古兮反。注、思所生也、思音如字。

郭音義

黃輯古義

哀哀悽悽懷報德也

哀、音依。龔頤正義。隱筆記。

裴注

玉函山房輯佚

哀哀

音依 裴瑜音 芥隱筆記

鉤沉

哀哀悽悽懷報德也

郭璞云、悲苦征役、思所生也 哀、裴瑜音依 芥隱筆記

悽悽懷報德也 郭本或作萋。釋文

一切注音

古注斠

悽悽 郭本或作萋、同古兮反。 苦 如字、又立故反。 思 息嗣反、郭意如字。

陸音義

哀哀悽悽懷報德也 悽悽、即出車云卉木萋萋。

鄭樵注

哀哀悽悽懷報德也 悽、郭本或作萋。

郭璞曰、悲苦征役思所生也。按芥隱筆記引裴瑜音云、哀、音依。依注無考。

鄭樵曰、悽悽、即出車云卉木萋萋。

古注合存

哀哀悽悽懷報德也。註曰、悲苦征役、思所生也。疏曰、詩蓼莪云、哀哀父母、生我劬勞、恨不得終養父母也。出車云、春日遲遲、卉木萋萋、以征役而思家也。

注疏參義

哀哀悽悽懷報德也 註 悲苦征役思所生也 正義 小雅蓼莪云、哀哀父母、鄭箋、哀哀者、恨不得終養父母、報其生長已之苦。悽悽者、說文云、悽、痛也。祭義云、必有悽愴之心。言追念所生也。釋文云、悽、郭本或作萋。小雅杕杜云、其葉萋萋。下云、憂我父母。興喻之義與蓼莪同、故皆爲懷報德也。

正義

哀哀悽悽懷報德也 悲苦征役思所生也

哀者、說文云、閔也。詩蓼莪箋、哀哀者、恨不得終養父母、報其生長己之苦。悽者、說文云、痛也。悽悽於詩無見。故釋文云、悽、郭本或作萋。邵氏正義引詩杕杜云其葉萋萋、下云憂我父母、興喻之義與蓼莪同、故皆

爲懷報德也。按、臧氏經義雜記十八云、此經注俱用韵、郭注征役當爲役征、方與下句思所生韵。

義疏

哀哀悽悽懷報德也郭注、悲苦役征、思所生也。詩、哀哀父母。又、秋日凄凄。亦作悽。

集解

哀哀悽悽懷報德也詩蓼莪哀哀父母、風雨風雨淒淒、此釋之也。哀、閔也、从口衣聲。字亦作㥲、悽、痛也、从心妻聲。與悽通用。風雨爲思君子之詩、故以淒淒詠焉。或曰悽悽即萋萋、詩秋杜其葉萋萋。下云、憂我父母。興喻之意與蓼莪同、故亦爲懷報德也。懷、念思也、从心褱聲。德、許慎作悳、外得于人、內得于己也。

義證

哀哀萋萋懷報德也

此釋小雅蓼莪杕杜之詩。蓼莪序云、民人勞苦、孝子不得終養爾。杕杜序云、勞還役也。蓼莪云哀哀父母、鄭箋云哀哀者、恨不得終養父母、報其生長已之苦。杕杜云有杕之杜、其葉萋萋。下云、王事靡盬、憂我父母。蓋亦征夫勞苦思念父母之作、故此經合二詩以釋其意曰、懷報德也。疏謂憂我父母謂夫爲父母、以莊姜稱莊公爲父母爲據、不知日月詩父兮母兮亦謂生我之父母、非謂其夫爲父母也。今觀雅訓、可以知其誤、懷報德者、懷思也、思報父母之德也、郭注云、悲苦征役、思所生也。

說詩

哀哀悽悽懷報德也　釋文云、悽郭本或作萋。　德當作悳。見上

匡名

哀哀悽悽懷報德也小雅蓼莪章哀哀父母。下云、欲報之德、昊天罔極。　說文、悽痛也。杕杜章、其葉萋萋。下云、憂我父母。與蓼莪同意也。

啓蒙

哀哀悽悽懷報德也。　詩蓼莪哀哀父母、又欲報之德、故此云懷報德。　悽悽與淒淒同、當爲秋日淒淒百卉具腓、詩四月此亦念父母之詩、不必引杕杜。邵氏正義引詩杕杜云、其葉萋萋下云憂我父母興喻之義與蓼莪同、故皆爲懷報德也。　下民莫不穀、我獨何害、箋云民莫不得養其父母者、我獨何故覩此寒苦之害、是淒淒亦懷報德之意、不獨萋萋也。釋文悽郭本或作萋。

黃侃音訓

哀哀、悽悽、懷報德也。

小雅蓼莪「哀哀父母、」箋云：「哀哀者、恨不得終養父母、報其生長己之苦、」故云懷報德也。

悽、釋文云：「郭本或作萋。」蓋詩無悽悽字；邵云：「小雅杕杜云：『其葉萋萋、』下云：『憂我父母、』興喻之義、與蓼莪同、故皆爲懷報德也。」

爾雅學

哀哀悽悽懷報德也〇釋曰注跡本刪。

校勘記

哀、釋文無音、吳才老云、於希翻、悲也、說文衣聲、爾雅裴瑜讀。宋龔氏芥隱筆記。哀裴瑜音依。　案、高槤疏無一語傳者沈旋集

注惟駔作𪇊及鼩鼠二條見釋文旋注舊唐志列郭璞後爲是新唐志列郭璞前非裴瑜注惟此條見說文繫傳及酉陽雜俎所引九頭鳥耳 爲郭作疏者止有高槤至孫叔然則注也况在郭前豈能預爲作疏乎或云爲之疏者舊有孫高兩家今俱不傳誤矣此沿邢昺之誤或又因陸佃引作正義之誤以爲有兩叔然尤謬

音略

妻

哀哀悽悽懷報德也。

孫偘直音

儵儵嘒嘒罹禍毒也

儵儵嘒嘒罹禍毒也悼王道穢塞羨蟬鳴自得傷已失所遭讒賊。

郭注

儵儵嘒嘒罹禍毒也 釋曰罹遭也小雅小弁云踧踧周道鞫爲茂草毛傳云踧踧平易也周道周室之通道鞫窮也鄭箋云此喻幽王信褒姒之讒亂其德政使不通於四方又曰菀彼柳斯鳴蜩嘒嘒毛傳云蜩蟬也嘒嘒聲也鄭箋云柳木茂盛則多蟬案詩序云小弁刺幽王也大子之傅作焉毛傳云幽王取申女生大子宜咎又說褒姒生子伯服立以爲后而放宜咎將殺之故郭云悼王道穢塞羨蟬鳴自得傷已失所遭讒賊儵踧並音狄。

邢疏

儵儵罹禍毒也釋文儵樊本作攸。

詩云攸攸我里。釋文里舊本譌思今從宋刻。

樊注

儵儵嘒嘒羅禍毒也

儵徒的反。釋文

郭音義

儵儵嘒嘒羅禍毒也

儵舒育反釋文

顧音

黃輯古義

攸攸嘒嘒罹禍毒也釋文儵儵樊本作攸攸。

詩云攸攸我里。釋文。里舊本譌思今從宋本。

樊注

儵儵徒的反上。並同

郭音義

儵儵舒育反上。並同

顧音

玉函山房輯佚

儵儵罹禍毒也釋文儵儵樊本作攸攸。

樊曰詩云攸攸我里。釋文里舊本譌思今從宋刻。

漢注

儵儵嘒嘒罹禍毒也釋文二十九卷儵樊光本作攸。

樊光云詩曰攸攸我思。釋文二十九卷 郭璞云悼王道穢塞羨蟬鳴自得傷已失所遭讒賊。

一切注音

儵儵罹禍毒也 樊本作攸引詩攸攸我里。郭徒的反。釋文

蕙心案今詩作悠悠我里。

古注斠

儵儵郭徒的反顧舒育反樊本作攸引詩云攸攸我里。嘒嘒虎惠反。罹力支反。悼音盜。已音紀。

陸音義

儵儵樊本作攸引詩云攸攸我里○里舊作思譌蓋誤以爲引雄雉而不知與此罹禍毒也不相涉所引乃十月之交篇今從宋本正之。

音義攷證

儵儵嘒嘒罹禍毒也

儵儵踧也夫道踧固非矣然蕩亦不可故魯道有蕩齊子得肆焉。

新義

儵儵嘒嘒罹禍毒也 小弁云、踧踧周道。踧、亦作儵。

鄭樵注

儵儵嘒嘒罹禍毒也 儵、樊本作攸、郭音徒的反。樊光曰、詩云攸攸我里。郭璞曰悼王道穢塞羨蟬鳴自得傷已失所遭讒賊。鄭樵曰小弁云踧踧周道。踧、亦作儵。

古注合存

儵儵嘒嘒罹禍毒也 儵音笛。嘒音惠。○詁曰、悼王道穢塞。蟲吟自得而已遭讒也。疏曰、詩小弁云、踧踧周道鞫爲茂草。又云、菀彼柳斯、鳴蜩嘒嘒。

注疏參義

儵儵、樊光作悠悠。

補注

儵儵嘒嘒罹禍毒也 註 悼王道穢塞羨蟬鳴自得傷已失所遭讒賊 正義 儵、釋文引樊光本作攸、引詩云攸攸我思。易釋文引子夏易云其欲攸攸、漢書敘傳作其欲浟浟、註云浟浟欲利之貌。今頤卦六四爻辭作其欲逐逐。是儵攸字同、通作逐、又通作踧。小雅小弁云、踧踧周道、鞫爲茂草。又云鳴蜩嘒嘒。毛傳、踧踧平易也。周道周室之道。鞫窮也。蜩蟬也。嘒嘒聲也。鄭箋此喻幽王信褒姒之讒、亂其德政、使不通於四方。柳木茂盛則多蟬。郭註兼用傳箋之義。罹者、遭也。

正義

儵儵嘒嘒罹禍毒也 悼王道穢塞羨蟬鳴自得傷已失所遭讒賊 罹、憂。已見釋詁。罹、毒。又見釋言。儵者、釋文云、樊本作攸、引詩攸攸我里。今詩作悠悠我里、毛傳悠悠憂也。是樊光作攸者、悠字之省。或作儵者、儵與儵形相亂、儵悠音同、又俱从攸聲、故叚借通用。然則儵儵卽悠悠、毛傳悠悠訓爲憂、爾雅罹亦訓憂、其義正同。郭注訓罹爲遭、失其義也。釋文儵、郭徒的反、又失音也。郭蓋以儵爲踧、據詩踧踧周道鞫爲茂草而言、故云悼王道穢塞。今以樊本作攸、於義爲長也。鳴蜩嘒嘒小弁篇文、爲憂讒而作、故言我獨于罹、卽此云罹禍毒矣。

義疏

儵儵嘒嘒罹禍毒也 樊注、詩云攸攸我里。郭注悼王道穢塞羨蟬鳴自得傷已失所遭讒賊。詩踧踧周道、鳴蜩嘒嘒。蓋踧或作儵。

集解

儵儵嘒嘒罹禍毒也 詩十月悠悠我里、小弁鳴蜩嘒嘒、此釋之也。儵青黑繒發白色也、从黑攸聲。與悠通用。嘒、小聲也、从口彗聲。小弁以嘒嘒爲喻、所以喻小人讒言而使太子罹禍毒也。或者儵儵卽踧踧、小弁所謂踧踧周道是也。罹字本作離、上經云憂也。禍、害也、神不福也、从示咼聲。

義證

儵儵嘒嘒罹禍毒也 儵、徒的反、釋文云、樊本作攸。

註 悼王道穢塞羨蟬鳴自得傷已失所遭讒賊

郭注補正

儵儵嘒嘒、樊光本作攸攸、引詩攸攸我思、解之、自不得作踧踧周道之踧矣。

錢氏古義

儵儵嚖嚖罹禍毒也

此釋小雅小弁之詩。詩云踧踧周道、毛傳云踧踧平易也、周道周室之通道。疏云、茂草之穢道路、猶褒姒之亂王政。彼釋文云、踧、徒歷反。此云儵、徒的反。邢疏云、儵踧竝音狄、蓋同字也。又云鳴蜩嚖嚖、傳云噦噦聲也、鄭箋云、柳木茂盛則多蟬、言大者之旁、無所不容、疏云猶王揔四海之富、據天下之廣、宜容太子、而不能容之、至使放逐。郭注云悼王道穢塞、蟬鳴自得、傷已失所遭讒賊、是其義也。鳴蜩萑葦係耳目中見聞之物、皆自得有生意而已、獨罹此禍毒也。儵儵、樊光作攸者、儵從攸得聲、故假借爲之。樊引詩攸攸我里、今小雅十月之交作悠悠我里。攸者悠之省文、古多通用。十月之交亦係刺幽王褒姒之詩、觀豔妻煽方處明指褒姒而言、鄭箋不從小序及毛傳、而改爲刺厲王之詩、不知何據。戴氏震嘗推此章日食定爲幽王時事。辛卯余宰四川資陽、以天元細草推算、日食實在幽王六年十月朔辛卯、日食十二分五十七秒、初虧辰正二刻零九分、食甚巳初二刻十四分、復圓巳正二刻十二分。鄭亦知歷算者、豈當時未之及耶。十月之交與小弁同是幽王時詩、故樊光引攸攸我里與噦噦並釋詩義、罹卽我獨于罹、傳云罹憂也。釋文音罹爲離、力支反。

說詩

儵儵節疏鞫爲茂草 鞫、誤從言中作、下同。 生太子宜臼 臼、監本作𦥑。

注疏正字

儵儵嘒嘒罹禍毒也 釋文云儵、郭徒的反、顧舒育反、樊本作攸、引詩云攸攸我里、案今詩作悠、攸卽悠之省文、儵亦攸聲、故轉相通借、自郭顧之音行、而遂莫知儵卽悠字矣 罹當作羅。

匡名

儵儵嘒嘒罹禍毒也 說文、儵青黑繒發白色也、註古小弁踧踧周道、鳴蜩嘒嘒也、嘒小聲也、禍害也、神不福也。罹、遭也。此喻王信讒以致亂、羨蟬鳴自得、傷已之失所也。

啓蒙

儵 攸 釋文。儵。樊本作攸。引詩云。攸攸我思。 正作悠憂也。

罹 詳釋詁。

黃侃評本正名

儵儵、嘒嘒、罹禍毒也。 儵正作悠憂也。 釋文儵、樊本作攸、引詩攸攸我里、十月之交、從樊光義則與上文條條智也、舍人作攸。悠悠思也義近。 自子子孫孫引無極也至速速蹙蹙惟逑鞫也皆以韻語行之、毒本从毐聲、毐从士聲、故與極德息力為韻、中惟憂無告之告、及惟逑鞫之鞫為旁轉韻。

黃侃音訓

儵儵罹禍毒也

郭以悼王道穢塞釋儵儵字、邢疏卽據郭義、以詩小弁章踧踧周道當之。釋文儵、郭徒的反、顧舒育反、樊本作攸、引詩曰攸攸我里。元慶按、樊光作攸攸者是也。攸爲悠字之省、詩小疋作悠悠、乃正字也、郭本作儵、云徒的反、蓋與詩踧踧釋文作徒歷反同。踧之本字讀子六反、於義爲踧踖、詩踧踧讀徒歷反、蓋叚迪音爲之、已非本讀矣。且毛傳訓踧踧爲平易、不訓爲憂、安得以罹禍毒之訓强而與之合乎、又安得以踧踧二字總括全詩之訓乎。顧氏以儵作舒育反、葢讀儵之本音、儵之本訓爲青黑繒、引伸之爲儵爚、又通叚爲倏忽、皆無憂義、不得援以釋罹禍毒之訓也。然則此儵儵字斷係悠悠之譌文矣。小疋十月之交章悠悠我里、毛傳悠悠憂也、鄭箋悠悠乎我居今之世、亦甚困病。觀毛鄭之釋悠悠、則罹禍毒之訓若合符卪矣。王風黍離章悠悠蒼天、毛傳悠悠遠意。小疋巧言章悠悠昊天、鄭箋悠悠思也。此二章悠悠實與罹禍毒義皆不相遠。楚辭悠悠蒼天兮、王逸注悠悠憂皃。得其解矣。或謂上文巳言悠悠洋洋思也、則此儵儵決非悠悠矣。然則釋訓一篇、如肅肅晏晏譌譌等字多有複見、何獨疑此悠悠乎、何得塙信爲儵强通作踧乎。如謂从攸之字本不得與踧聲相通、則亦非是。葢攸聲與由聲甚近、鄦書無由字、而从由聲字多有、凡从由之字固有讀徒歷反者矣、迪油等字皆是也。从攸之字讀入聲者、如條从攸聲、滌从條聲、而實从攸聲、而得滌聲之於踧踧不較儵聲爲更近乎。大疋雲漢章滌滌山川、說文艸部引作蔋蔋山川、尤爲滌可通踧之塙據。滌从攸、儵亦从攸、景純故疑其通踧也、不知小弁言踧踧周道、或可與雲漢章之滌滌、說文彳部之㣙㣙通、斷不得與儵字通。卽謂儵或通踧、而毛公旱以平易釋踧字、有無可疑者矣。郭氏欲據傳箋故義而不可得、乃渾舉全詩之意而肊解之曰、悼王道穢塞。邢疏如其意而證明之、殊爲迂曲矣。樊本作攸攸、自較郭爲可據也。嚴氏元照曰、自郭顧之音行、而遂不知儵卽悠字、誠哉是言巳。

蔣元慶日記

儵儵嘒嘒罹禍毒也

錦燧謹案、毛詩中無儵字、此非十月之交篇悠悠之異文、卽小弁篇踧踧之異文也。釋文云、樊光本作攸、引詩攸攸我里。今毛詩攸攸作悠悠、然則齊魯韓詩當有作儵儵與攸攸者、雅訓葢釋三家詩之儵儵我里與攸攸我里也。毛傳云悠悠憂也、與雅訓罹禍毒之義合。說文心部云悠、憂也。葢卽本諸毛傳。是則悠乃本字矣。又說文黑部云儵、青黑繒發白色也。又攴部云攸、行水也。是儵攸二字之本義俱與詩我里不協、葢皆悠之假借也。悠卽从攸得聲、故可假攸爲之、儵亦从攸得聲、故又可假儵爲之。邢疏以爲儵儵卽踧踧、葢因雅訓儵儵與嘒嘒連文、嘒嘒乃小弁篇文、則儵儵亦當爲小弁篇文、猶丁丁嚶嚶連文、皆爲伐木篇文、佻佻契契連文、皆爲大東篇文。小弁篇無儵而有踧踧、邢故据以爲說。以段氏六書音韻表攷之、攸聲叔聲同在弟三部、例得通假、故中谷有蓷之遇人不淑與暵其脩矣爲韻、淑从叔聲、脩从攸聲、淑可韻脩、卽可爲踧通作儵之證。說文足部云、踧、行平易也。與毛傳踧踧平易也義合。雅訓不云平易、而云罹禍毒者、則鄭箋云、此喻幽王信褒姒之讒、亂其德政、使不通於四方。据箋所云是詩爲罹禍毒而作、以

爾雅詁林 三 釋訓

此知毛公以詩言周道，故釋跡字之本義，而雅訓乃釋詩人所以興喻之義也。嘒嘒乃釋小弁篇鳴蜩嘒嘒也。毛傳云嘒嘒，聲也。說文口部云嘒，小聲也。此嘒之本義。凡聲之小者皆可曰嘒嘒。如詩那篇則以為管聲，采菽篇又以為鸞聲，而此小弁篇則又以為鳴蜩聲。雅訓不云聲者，亦以小弁為憂讒而作，詩人言我獨于罹，此即罹禍毒之說，蓋亦釋詩之興喻義也。

陸錦燧日記

儵儵、嘒嘒、罹禍毒也。

釋詁「罹、憂也。」釋言「罹、毒也；」儵者、釋文云：「樊本作攸、引詩云：『攸攸我里、』」今小雅十月之交云：「悠悠我里、亦孔之痗、」傳云：「悠悠、憂也、」詩意乃憂「四國無政、不用其良、」故爾雅言罹禍毒也。攸者、悠之省；儵者、說文黑部云：「从黑、攸聲、」故同聲相借。爾雅釋文又云：「儵、郭徒的反、樊舒育反、」邵引小雅小弁「踧踧周道、鞫為茂草、」以為儵儵即踧踧也。嘒嘒者、小弁云：「鳴蜩嘒嘒、」又云：「民莫不穀、我獨于罹、」舊說謂「太子宜臼被廢而作此詩。」故云：「嘒嘒、罹禍毒也。」

爾雅學

儵儵嘒嘒罹禍毒也〇釋曰　注疏本刪。

生大子宜咎　非。元本閩本監本同、與毛詩傳合。毛本改宜臼、又說褒姒　注疏本說改悅。

校勘記

儵儵音踼嘒嘒音惠罹禍毒也

音圖・音

儵音踼　案儵、徒的翻、音迪、定。今音踼、透、非。

直音正誤

儵、郭徒的翻、音迪、顧舒育翻、音叔、樊本作攸、引詩攸攸我思。攸攸今本詩作悠悠。

音略

狄　惠　離

儵儵嘒嘒罹禍毒也。

孫侶直音

儵笛儵嘒惠嘒罹禍毒也

楊氏音訓

儵倏　嘒呼惠切

干氏音釋

晏晏旦旦悔爽忒也

晏晏旦旦悔爽忒也。傷見絕棄恨士失也。

郭注

晏晏旦旦悔爽忒也

釋曰、悔、恨也。爽忒、差失也。皆婦人恨夫棄已而行差失也。衞風氓篇云：總角之宴、言笑晏晏、信誓旦旦。毛傳云：總角、結髮也。晏晏、和柔也。信誓旦旦。鄭箋云：我為童女未笄結髮宴然之時、女與我言笑晏晏然而和柔、我其以信相誓旦旦耳、言其懇惻款誠。案詩序云：氓、刺時也。宣公之時、禮義消亡、淫風大行、男女無別、遂相奔誘、華落色衰、復相棄背、或乃困而自悔、喪其妃耦、故序其事以風焉。故郭云傷見絕棄恨士失也。

邢疏

晏晏旦旦悔爽忒也

郭璞云傷見絕棄恨士失也

一切注音

旦旦本或作悬、同都歎反。忒佐得反。

陸音義

晏晏旦旦悔爽忒也

郭璞曰、傷見絕棄恨士失也。

古注合存

晏晏旦旦悔爽忒也。注曰、傷見棄絕也。疏曰、爽忒、差也。詩氓篇云、總角之宴、言笑晏晏、信誓旦旦。鄭箋云、言木笄晏然之時、汝與我言笑信誓、懇惻款誠也。詩序云、刺男女無別、奔誘背棄、困而自悔也。

注疏參義

晏晏旦旦悔爽忒也 傷見棄絕恨士失也

爽差也忒也見釋詁。晏晏見上文。詩氓傳云、晏晏和柔也。旦者悬字之省。說文云、怛憯也从心旦聲或从心在旦下、引詩信誓悬悬。爾雅釋文旦、本或作悬、然則悬悬憯痛之意、故鄭箋言其懇惻欵誠、正義定本云、旦旦猶怛怛。竝與說文合。

義疏

晏晏

旦旦悔爽忒也 郭注、傷見絕棄、恨士失也。釋氓詩詞意。

集解

晏晏旦旦悔爽忒也 釋氓詩詞意。旦、明也、與悬通用。

義證

晏晏旦旦悔爽忒也

此釋衛風氓之詩。詩曰言笑晏晏、信誓旦旦。毛傳云晏晏、和柔貌。信誓旦旦猶怛怛然。釋文云、旦本或作悬。悬即怛字。說文怛下或从心在旦下作悬、詩曰信誓悬悬。許本毛傳作悬。鄭箋云、我其以信、相誓旦旦耳、言其懇惻欵誠。是鄭雖作旦、而義則爲怛也。爽忒者、詩曰女也不爽、士貳其行、傳云爽、差也。箋云、我心於女、故無差貳、而復關之行有二意。貳即忒也。禮緇衣引詩其儀不忒、彼釋文云、忒、本或作貳、二字古多通用。此詩乃男女既合復離後悔之辭。序云、男女無別、遂相奔誘、華落色衰、復相棄背、或乃困而自悔、喪其妃耦、此經故曰悔爽忒、郭注云、傷見絕棄、恨士夫也。

說詩

晏晏節疏氓刺時也 氓、誤恨。 宣公之時禮義消亡 公、誤王。

晏晏旦旦悔爽忒也 釋文云、旦本或作悬。案說文心部、怛憯也、从心旦聲、或作悬、从心在旦下、詩曰信誓悬悬。 忒、當作𢚩。

注疏正字

見釋言。

匡名

旦 悬 說文。怛或从心在旦下作悬。詩曰。信誓悬悬。 作怛悬皆可。

黃侃評本正名

晏晏旦旦悔爽忒也 詩氓女也不爽士貳其行、言笑晏晏、信誓旦旦、釋言爽忒也、故此云悔爽忒也。

黃侃音訓

晏晏、旦旦、悔爽忒也。

釋詁云：「爽、差也、忒也。」大雅「其儀不忒、」箋云：「不差忒、」是忒亦差也。

衛風氓、今人所謂戀愛詩也。其末章云：「總角之宴、言笑晏晏、信誓旦旦、不思其反。」宴、髫年燕處、謂初戀時；反、反復、謂離婚時。晏晏、傳云：「和柔也。」旦旦、箋云：「言其懇惻欵誠。」爾雅釋文云：「旦、本或作悬、」此即說文心部悬字。悔爽忒、悔昔之耽士也。

爾雅學

晏晏旦旦悔爽忒也○釋曰 注疏本刪。

結髮宴然之時 元本同、閩本監本毛本宴改晏。

氓刺時也 注疏本氓誤恨。

宣公之時 注疏本公誤王。

校勘記

恨士失也 十行本自失。

校勘記訂補

晏晏旦旦 案釋文、旦、或作悬。說文、怛、憯也、引詩信誓悬悬。則古作悬明矣。

注疏校勘札記

晏晏旦旦、悔爽忒也。 隱

孫偘直音

皋皋琄琄刺素食也

皋皋琄琄刺素食也 譏無功德、尸寵祿也。

郭注

皋皋琄琄刺素食也 釋曰、素、空也。刺無德而空食其祿也。舍人曰、皋皋、不治之貌。大雅召旻云皋皋訿訿、曾不知其玷。毛傳云皋皋頑不知其道也。鄭箋云玷缺也。王政已大壞、小人在位、曾不知大道之缺。某氏云鞙鞙無德而佩。小雅大東云鞙鞙佩璲、不以其長。毛傳云鞙鞙、玉貌。璲瑞也。鄭箋云佩璲者、以瑞玉爲佩。佩之鞙鞙然、居其官職、非其才之所長也。徒美其佩而無其德、刺其素飱是也。郭云譏無功德尸寵祿也者。案鄭注禮記云、尸謂不知人事無辭讓也。以其尸者神象居位不言、但受祭享、小人在位亦無言而受寵祿、有似於尸、故云尸寵祿也。琄鞙音義同。

邢疏

皋皋琄琄刺素食也

皋皋、不治之貌。詩召明正義 邢疏

犍爲注

皋皋琄琄刺素食也 釋文皋皋、樊本作浩

浩古老反 釋文

樊注

皋皋琄琄刺素食也

鞙鞙無德而佩空食祿也。詩正義十三之一引某氏曰、又十八之五。邢疏。

衆家注

黃輯古義

皋皋琄琄刺素食也

皋皋、不治之貌。邢疏 詩大雅名旻正義

犍爲注

浩浩琄琄刺素食也 釋文、皋皋、樊本作浩。邢疏引某氏作鞙鞙、詩正義作琄琄。

樊注

浩、古老反。釋文 浩浩無德而空食祿也。詩大雅名旻正義引某氏、浩浩二字、據釋文補。琄琄、無德而佩。邢疏詩小雅大東正義並引某氏。

琄琄、戶茗反。司馬光類篇卷一上

郭音義

玉函山房輯佚

皋皋琄琄刺素食也

皋皋、不治之貌。舍人注 無德而空食祿也。某注 並詩疏十八之五 琄、戶茗切。郭音 類篇一上

鉤沉

皋皋琄琄刺素食也 釋文、皋皋、樊本作浩古老反。

舍人曰、皋皋、不治之貌。詩正義十八之五。邢疏。按、尒疋當本作浩浩、舍人注同、樊當引詩云浩浩訿訿、後人據毛詩改爲皋皋。

某氏曰、鞙鞙、無德而佩空食祿也。詩正義十三之一、又十八之五。邢疏。

漢注

皋皋琄琄刺素食也

舍人云、皋皋、不治之貌。 某氏云、無德而空食祿也。並詩正義十八之一卷 鞙鞙、無德而佩、故刺素餐也。詩正義十三之一卷

郭璞云、譏無功德、尸寵祿也。 郭璞音、琄、戶茗切。類篇卷上

一切注音

皋皋琄琄刺素食也 舍人曰、皋皋、不治之貌。詩召旻

爾雅詁林 三 釋訓

正義某氏曰、無德而空食祿也。同上樊光本作浩、古老反。釋文某氏曰鞙鞙、無德而佩、故刺素餐。詩大東正義郭音、琄、戶茗切。類篇一

古注斠

皐皐古豪反、樊本作浩、古老反。字又作謸、同七賜反。琄琄胡犬古犬二反。鞙音與琄同。鞼胡犬反、本今無鞙鞼二字。刺

陸音義

鞙鞼○陸有音、今無此二字。注疏本以無所附麗、删去之。臧云、鞙鞼二字、郭氏爲經琄字作音也、陸所見郭注必本有此二字、故爲作音。

音義攷證

皐皐琄琄刺素食也

琄琄急也。上急則下緩、猶或有補、若大東急矣、而爾亦急、是之謂素食。

新義

皐皐琄琄刺素食也大東云、鞙鞙佩璲。琄、卽鞙也。

鄭樵注

皐皐琄琄刺素食也。皐、樊本作浩。

舍人曰、皐皐、不治之貌。

郭璞曰、譏無功德、尸寵祿也。

鄭樵曰、大東云、鞙鞙佩璲、琄卽鞙也。

古注合存

皐皐琄琄、刺素食也。琄音鉉。詩作鞙。○註曰、譏無功德、尸寵祿也。疏曰、詩召旻云、皐皐訿訿、曾不知其玷。大東云、鞙鞙佩璲、不以其長。鄭箋云、小人在位、曾不知大道之缺、徒美其佩而無德也。

注疏參義

皐皐、樊光作浩浩。

補注

皐皐琄琄　釋文云、皐、樊本作浩。玉案、定四年經公及諸侯盟于浩油。公羊釋文云、二傳本作皐鼬、古讀皐爲浩、鼬爲由。又鹽鐵論作詰鼬、是詰浩皐三字相通。故皐樊本作浩也。　玉案、釋文琄下別出鞙字、蓋註引鞙鞙佩璲、今脫去。

校議

皐皐琄琄刺素食也譏無功德、尸寵祿也

皐者、浩之叚音也。釋文、皐、樊本作浩、古老反。是爾雅樊光作浩浩、後人據毛詩改爲皐皐耳。然皐浩古通用。說文、皐、告之也。樂師云、詔來瞽皐舞、鄭衆注、皐當爲告。是皐告通。浩、从告聲、亦可作皐。左氏定四年經云、盟于皐鼬、公羊作浩油、是其證也。詩召旻傳、皐皐頑不知道也。正義引舍人曰、皐皐、不治之貌。按、皐有緩義。左傳哀廿一年、魯人之皐、是也。浩浩、廣大貌。王制云、用有餘曰浩、是浩皐義通。舍人與毛傳亦同。詩正義引某氏曰、無德而空食祿也。又與刺素食義合矣。琄者、詩大東傳、鞙鞙、玉貌。釋文、鞙字或作琄。正義引某氏云、琄琄、無德而佩。然則佩以表德、無德而佩、亦爲空食矣。

義疏

琄琄經文

郝云、琄者、詩大東傳鞙鞙、玉貌。釋文鞙字或作琄。　按、釋文無此語、郝氏誤也。釋文於琄下出鞙鞼二字、校者云、本今無。阮云、按、此當如璲瑞也注引詩鞙鞙佩璲。蓋經作琄、注作鞙、鞼卽琄字音、今本皆無。

經注集證

皐皐琄琄刺素食也舍人注、皐皐、不治之皃。舊注、無德而空食祿也。琄琄、無德而佩。郭注、譏無功德、尸寵祿也。　詩、皐皐訿訿。又鞙鞙佩璲。

集解

皋皋琄琄刺素食也　詩召旻皋皋訿訿、大東琄琄佩璲、此釋之也。皋皋、气皋白之進也、从夲从白、與皞通用。琄、字本作鞙、大車縛軛靼也、从革肙聲。詩易為琄者、因下云佩璲而然、實則琄非狀玉皃、乃鞙之借字耳。素食、猶言空食也、詩伐檀不素餐兮。

義證

皋皋琄琄刺素食也

註 譏無功德尸寵祿也　補正 邢疏、舍人曰皋皋、不治之貌。

郭注補正

皋皋琄琄、詩大東作鞙、應从詩、古字無琄。

錢氏古義

皋皋琄琄刺素食

此釋大雅召旻小雅大東二詩、言小人在位無治世之才。召旻云皋皋訿訿、毛傳皋皋、頑不知道也。鄭箋云、王政已大壞、小人在位、曾不知大道之缺。大東云鞙鞙佩璲、傳云鞙鞙、玉貌。璲、瑞也。鄭箋云佩璲者、以瑞玉為佩、佩之鞙鞙然、居其官職、非其才之所長也、徒美其佩而無其德、刺其素餐。疏引舍人曰皋皋、不治之貌。某氏曰、無德而空食祿也。又曰、鞙鞙、無德而佩、故刺素餐也。郭注云、譏無功德、尸寵祿也。皆刺素食之義也。伐檀之詩曰、彼君子兮、不素食兮。素食之義本此。

說詩

皋皋琄琄刺素食也　琄琄下釋文有鞙贙二字、云、鞙、音與琄同、贙、胡犬切、今無鞙贙二字。

疏皋皋頑不知其道也　其、衍字。

注疏正字

琄

說文無琄字、當作鞙。釋文、鞙音與琄同。贙、胡犬反、今本無琄贙二字。是注中有此二字、今本奪去耳。說文、贙、分別也、从虎對争貝、讀若迴。迴、迴之誤。迴、鞙之轉聲。庸人以贙為鞙之音、贙雖音胡犬反、然音字當取字之易識者、必無取難字之理、且注文殘缺、豈可强為之說邪。

小箋

皋皋琄琄刺素食也　釋文云、皋、樊本作浩。　說文王部無琄字、當作鞙。　釋文云、刺字又作誎。案說文言部、誎、數諫也、从言朿聲。經典借用刺字。　釋文於刺字上大書鞙贙二字、為之作音、又云本今無此二字。案此二字於正文無施、蓋後人以詩之鞙字注於旁、而以贙字為音、傳譌入於正文、相承勿敢輕刪耳。或謂是郭注為經琄字作音則非也。音之用兩字者、或成文、或方言、猶沿漢儒讀若某某之例、鞙贙二字既非成文、復非方言、難以連綴、亦且二字同音同紐、何庸複出乎。詩正義十三之一引食作餐、類篇上一引亦作餐。案、自子子孫孫以下皆用韻、餐字非韻。

匡名

晏晏旦旦悔爽忒也皋皋琄琄刺素食也　衛風言笑晏晏、信誓旦旦、傳晏晏、和柔也。信誓旦旦然。說文、怛、憯也、或从心在旦下、引詩信誓𢘅𢘅。此婦人恨夫差貳其

爾雅詁林　三　釋訓

心而自悔也。悈，悔恨也。大雅皋皋訿訿，毛傳頑不知道也。小雅鞙鞙佩璲，鄭箋徒美其佩而無其德，刺其素飧也。

啓蒙

琄、鞙 詩大東傳釋文。鞙本或作琄。邢疏，琄鞙音義同。釋名鞙縣也所以縣縛軛也詩及爾雅以爲縣玉之皃。

黃侃評本正名

哀哀悽悽 儵儵嘒嘒 晏晏旦旦 皋皋琄琄 刺素食也

釋文悽悽，郭本或作萋。釋訓釋文 儵儵，樊光本作攸 引詩攸攸我里。釋訓釋文。旦旦本或作悬。釋訓釋文 說文作悬悬。云，怛，憯也 心部。悬，釋文皋皋，樊光本作浩。古老反。釋訓釋文。刺字又作誎。釋訓釋文。

皋皋，樊光本皋作浩。按，皋浩古字通用，左氏定四年傳公及諸侯盟于皋鼬，公羊傳作盟于浩油。

證異

琄琄○刺素食也疏引小雅鞙鞙佩璲，琄鞙音義同。

考異摘要

皋皋、琄琄，刺素食也

素食者，素餐也。文選注引韓詩章句云：「何謂素餐？素者，質也，人但有質樸而無治民之材，名曰素餐。」皋皋者，大雅召旻云：「皋皋訿訿，曾不知其玷。」傳云：「皋皋，頑不知道也。」疏引某氏云：「無德而空食祿。」故云刺素食。皋，或作浩，古通用。

琄琄者，小雅大東「鞙鞙佩璲，不以其長。」傳云：「鞙鞙，玉貌。」謂有佩玉之美，而無德也。爾雅釋文「鞙，音與琄同。」

爾雅學

琄琄釋文唐石經單疏本雪牕本同。釋文又云鞙音與琄同，贙，胡犬反。挍者云本今無鞙贙二字。按此當如璲瑞也注引詩鞙鞙佩璲，蓋經作琄，注作鞙，贙即琄字音，今本皆無。

皋皋琄琄刺素食也○釋曰注疏本刪。刺其素飧是也。飧元本同，閩本監本毛本飧改餐。按詩箋作以其尸者神象 注疏本者誤皆。

校勘記

二十上（四一）

一行皋皋琄琄刺素食也（注）譏無功德尸寵祿也○「皋」當作「皋」，「刺」當作「刺」。「琄琄」，《釋文》音胡犬、古犬二反，下又出「鞙」字，云：「音與琄同。」「鞙」下又出「贙」字，音胡犬反。阮元《校勘記》云：「按此當如舊校云：『本今無鞙贙二字。』璲瑞也注引《詩》：鞙鞙佩璲。蓋經作琄，注作鞙，贙即琄字音，今本皆無。」

宋監本校箋

皋皋琄琄音檈刺素食也

音圖・音

琄，平犬聲懸上 古犬聲鑴上 二翻字或作鞙 詩經作鞙 音同，當云鞙讀如贙 平犬翻。今釋文云本今無鞙贙二字，疑誤。

音略

皋皋琄琄刺素食也。

高 法迴 此去聲

孫偘直音

皋皋琄琄，刺素食也

高 懸上聲 此去聲

直音校正

皋皋琄鞙並同琄刺素食也

楊氏音訓

琄胡犬切

干氏音釋

懽懽愮愮憂無告也

懽懽、愮愮，憂無告也。賢者憂懼，無所訴也。

郭注

懽懽、愮愮，憂無告也。釋曰：謂賢者憂懼無所告訴也。大雅板篇云：老夫灌灌。毛傳云：灌灌猶款款也。鄭箋云：老夫諫女款款然。王風云：中心摇摇。毛傳云：摇摇，憂無所愬。懽灌、愮摇音義同。

邢疏

愮愮，憂無告也。釋文、愮愮，樊本作遙。

樊注

黄輯古義

懽懽、遥遥，憂無告也。釋文、愮愮，樊本作遥。

樊注

玉函山房輯佚

愮愮，憂無告也。釋文、愮愮，樊本作遥。

漢注

灌灌、愮愮，憂無告也。灌灌，今本及釋文本、引並作懽懽、茲依釋文本。愮愮，釋文二十九卷引樊光本作遥遥。

郭璞云：賢者憂懼，無所訴也。

一切注音

灌灌、悭悭，憂無告也。樊本作遥。釋文

蕙心案：說文心部引爾雅作懽懽、愮愮。

古注斠

懽懽 本或作懽、同古玩反。愮愮 音遥，本又作摇、樊本作遥，又作恌恌，與愮同訓也。書云：愮愮、憂無告也。廣雅云：摇，亂也。告 如字，又古毒反。訴 音素。

陸音義

灌灌〇邢本作懽。愮愮又作恌〇恌，舊作佻、今從宋本正，官本同。

音義攷證

懽懽、愮愮，憂無告也。板云：老夫灌灌。王風云：中心摇摇。懽即灌，愮即摇也。

鄭樵注

懽懽、愮愮，憂無告也。摇，樊本作遥。郭璞曰：賢者憂懼無所訴也。鄭樵曰：板云：老夫灌灌。王風云：中心摇摇。懽即灌，愮即摇也。

古注合存

懽懽、愮愮，憂無告也。註曰：賢者憂無所訴也。疏曰：詩板篇云：老夫灌灌。黍離云：中心摇摇。懽灌、愮摇音義並同。

注疏參義

詩正義云：釋訓：灌灌，憂無告也。解其言灌灌之意耳，非解灌灌之義，故云猶款款，言日至誠款實而告之，但彼不受用，即是無所告耳。

補注

愮愮，樊光作遙遙，又作恌恌。鄭云：愮即摇也。

懽懽、愮愮，憂無告也。賢者憂懼無所諦也

說文懽字下引爾雅曰：懽懽、愮愮，憂無告也。玉篇、廣韵悹字下云：悹悹，憂無告也。是悹、懽音義同。古从雚从官之字亦通用，故說文逭或作爟，即其例也。通作灌，詩板傳：灌灌猶款款也。爾雅釋文：灌本或作懽。今從宋本作懽，與說文合也。愮者，玉篇云：憂也。引詩曰：憂心愮愮。通作摇。釋文：愮本又作摇。詩黍離傳：摇摇，憂無所愬。又通作遙。釋文：愮，樊本作遙。詩雄雉云：悠悠我思。說苑辨物篇作遙遙我思。釋詁云：繇，憂也。繇、愮音義同。遙、悠聲又近。悠悠亦憂也。又通作恌。釋文與愮同。

義疏

懽懽、愮愮，憂無告也。郭注：賢者憂懼無所訴也。詩：老夫灌灌。中心摇摇。

集解

懽懽、愮愮，憂無告也。詩板：老夫灌灌。黍離：中心摇摇。此釋之也。懽，歎也。从心雚聲。謂意所欲而猶蹇歎歎然也。故又引申為憂，與灌通用。愮字本作摇，動也。从手䍃聲。憂而無告者其心動。或者正字為繇，實為悠與憂、悬之借字，愁也。

義證

灌灌搖搖本或从心旁者、非詩板作灌、黍苗作搖、灌灌、猶楚詞言款款、搖搖、猶詩之言悠悠。

錢氏古義

灌灌愮愮憂無告也

此釋大雅板王風黍離之詩。板云老夫灌灌、毛傳云灌灌、猶欵欵也。鄭箋云今王方爲酷虐之政、女無謔謔然以讒慝助之、老夫諫汝欵欵然、女反蹻蹻然如小子不聽我言。正義云、釋訓云灌灌憂無告欵言已至誠欵實而告之、但彼不受用、卽是無所告耳。黍離云中心搖搖、傳云搖搖、心無所愬。正義云、戰國策云楚威王謂蘇秦曰、寡人之心搖搖然如懸旌而無所薄。然則搖搖是心憂無所附著之意、故爲憂思無所愬也。此是合釋板與黍離大義、郭注所謂賢者憂懼無所訴也。釋文云愮本亦作搖。

說詩

懽懽愮愮憂無告也懽、釋文作灌、云、本或作懽。

注疏正字

灌灌愮愮悳無告也

灌、說文作懽、喜歎也、从心雚聲。爾雅曰、懽懽愮愮、愮、釋文本又作搖、當作搖、說文無愮字。悳無告也。大雅板云老夫灌灌、傳灌灌猶歎歎也。故說文云喜歎也、其文本作悳歎也、後人誤以懽爲喜歡之歡、妄改作喜耳。若本作喜、又何必引悳無告以爲證哉。玉篇亦誤以懽爲喜歡字、因喜悳一字二訓、訓義相反、遂移悳無告也句于悳字之下、庸人不知、欲改懽作悳、且曰作灌者聲近之借、作懽又灌形近之訛耳。是不知灌灌懽懽歎歎皆聲之轉、例得通叚、豈可謂形近之訛耶。各本皆作懽、邵疏改作灌灌、亦非也。

小箋

灌灌愮愮憂無告也　釋文云、灌本或作懽、愮本又作搖、樊本作遙、又作恌。舊本作佻、盧本從宋本正。石經二字皆从心、玉篇心部引作懽。案說文心部懽、喜歎也、从心雚聲。爾雅曰懽懽愮愮、憂無告也。然心部無愮字、係傳寫之誤、當作搖。詩王風黍離中心搖搖、傳云憂無所愬。遙卽搖之俗體、說文心部亦無恌字。憂當作悳。

見前

匡名

愮　搖　邢疏引王風云、中心搖搖。當作搖。與悠悠亦通詩悠悠我思說苑辨物作遙遙我思此聲通之證。

黃侃評本正名

懽懽愮愮、憂無告也。懽通作灌、詩板傳灌灌猶款款也、是懽款款通、廣雅款款、愛也、司馬遷報任少卿書誠欲效其款款之愚。又與拳拳、惓惓、睠睠、卷卷義並近。愮愮與悠悠亦通、詩悠悠我思、說苑辨物作遙遙我思、此聲通之證。又云愮正當作悠。

黃侃音訓

懽懽愮愮。憂無告也。疏引大雅老夫灌灌、王風中心搖搖。灌懽愮搖音義俱同。

考異摘要

爾雅詁林　三　釋訓

爾雅詁林 三 釋訓

懽懽、愮愮、憂無告也。

大雅板云：「老夫灌灌、」傳「灌灌、猶款款也、」箋「老夫諫女款款然、」爾雅釋文云：「灌、本或作懽、」郝云：「宋本作懽、」灌爲假借、懽本字也。說文心部云：「懽、喜款也、」爾雅曰：『懽懽、愮愮、憂無告也、』」許訓懽爲喜欵、而爾雅以爲憂者、段云：「悳者款款然之誠、亦與喜樂之款款、同其誠切、許說其本義、爾雅說其引伸之義也。」

愮者、釋文云：「愮、本又作愮、樊本作遙、又作恌。」王風黍離云：「中心搖搖、」傳「搖搖、憂無所愬。」釋詁云：「繇、憂也；」繇、愮、音義同。

爾雅學

懽懽唐石經單疏本雪牕本同。釋文、灌灌、本或作懽、同古玩反。按詩板老夫灌灌毛傳灌灌猶款款也。說文心部悹憂也从心官聲古玩切。玉篇悹悹憂無告也悺同上。然則此經本從官從心矣作灌者聲近之借作懽又灌形近之譌耳。今說文懽下引爾雅懽懽愮愮憂無告也。蓋非許氏原文。

校勘記

懽懽愮愮憂無告也〇釋曰 注疏本刪。

猶欵欵也 注疏本欵作款、是正字。

懽灌愮搖音義同 閩本監本毛本懽灌倒

懽懽愮愮憂無告也〇「懽懽」，《釋文》作「灌灌」，云：「本或作懽，同，古玩反。」案《詩·大雅·板》云：「老夫灌灌。」字乃作「灌」。此從「心」者乃別體。《玉篇》心部「悹」下云：「悹，憂無告也，字又作悹。」

宋監本校箋

懽懽音貫愮愮音遥憂無告也

音圖・音

釋文告如字、又古毒翻音梏、當以古毒翻爲是、此處用韻故也。自子子孫孫以下至速速蹙蹙十六句相間用韻、極德直力服急息忒食則慝職爲一韻、毒告鞠爲一韻、郭注亦用韻、聲鳴正韻、衆忠韻、和歌韻、竭切韻、安閑韻、寋得賊韻、棄失翻失吏德翻多毒祿韻、懼訴韻、虐惡韻、熾事韻、削迫翻卜各韻、案楚辭王襃九懷王逸注仿爾雅用韻、乃郭注之所本也。張博士進廣雅表連用固誤度路素五韻、羅存齋爾雅翼自序用韻奇古、王厚齋後序即倣其體、其源蓋出於張。

音略

懽貫懽愮遥愮憂無告也。

孫侶直音

懽貫懽愮愮憂無告也谷叉孚

直音校正

懽貫懽愮遥愮憂無告也

楊氏音訓

懽貫愮遥瀀法

干氏音釋

憲憲洩洩制法則也

憲憲洩洩制法則也佐興虐政、設教令也。

郭注

憲憲洩洩制法也 釋曰、李巡曰、皆惡黨爲制法則也。孫炎曰、厲王方虐、諂臣並爲制作法令。大雅板篇云、天之方難、無然憲憲、天之方蹶、無然泄泄。毛傳云、憲憲猶欣欣也、蹶動也、泄泄猶沓沓也。鄭箋云、天斥王也、王方欲艱難天下之民、又方變更先王之道、臣乎女無憲憲然、無沓沓然、爲之制法度、達其意以成其惡、皆是佐興虐政設教令也。

邢疏

憲憲洩洩制瀍則也

皆惡黨爲制瀍則也。詩正義十七之四 邢疏

李注

憲憲洩洩制灋則也
厲王方虐、謟臣竝爲制作法令詩正義十七之四
邢疏
孫音注
黃輯古義

憲憲洩洩制灋則也
皆惡黨爲制灋則也。邢疏 詩大雅板正義
李注

憲憲洩洩制灋則也
厲王方虐、謟臣竝爲制作灋令。邢疏 詩大雅板正義
孫音注
玉函山房輯佚

憲憲洩洩制灋則也
皆惡黨爲制法則也。李注 厲王方虐、謟臣竝爲制作法令。孫注 並詩疏十七之四
鉤沉

憲憲洩洩制灋則也
李曰、皆惡黨爲制灋則也。詩正義十七之四、邢疏
孫曰、厲王方虐、謟臣竝爲制作法令。詩正義十七之四 邢疏
漢注

憲憲泄泄制法則也
李巡云、皆惡黨爲制法則也。孫炎云、厲王方虐、謟臣並爲制作法令。並詩正義十七之四卷 郭璞云、佐興虐政、設教令也。
一切注音

憲憲洩洩制法則也　李巡曰、皆惡黨爲制法則也。孫炎曰、厲王方虐、謟臣並爲制作法令詩板正義

蕙心案、邵氏爾雅正義洩洩作泄泄、唐石經泄多作洩、避諱改。
古注斠

泄泄余世反、或作呭、同。
陸音義

泄泄◯邢本作洩、乃俗字。
音義攷證

憲憲洩洩制法則也
憲憲不可、泄泄亦不可。
新義

憲憲洩洩制法則也洩亦作泄。
鄭樵注

憲憲洩洩制灋則也。洩、鄭本作泄。
李巡曰、皆惡黨爲制灋則也。
孫炎曰、厲王方虐、謟臣並爲制作灋令。
郭璞曰、佐興虐政、設教令也。
鄭樵曰、洩、亦作泄。
古注合存

憲憲洩洩制法則也佐興虐政設教令也
憲憲洩洩俱聲偕之字。釋詁憲雖訓法、與此義別。詩板傳云、憲憲猶欣欣也。泄泄猶沓沓也。箋云、女無憲憲然、無沓沓然、爲之制法度、達其意以成其惡。正義引李巡曰、皆惡黨爲制法則也。孫炎曰、厲王方虐、謟臣竝爲制作法令。洩、釋文與詩同作泄、說文作詍、又作呭、云、多言也、引詩亦作詍。呭二體。又云、沓、語多沓沓也。是呭呭與沓沓義同、故孟子言猶矣。
義疏

憲憲洩洩制㳒則也詩板無然憲憲、又無然泄泄、此釋之也。上經憲、㳒也。重言則爲改易㳒制之詞。禮記中庸、憲憲

令德。謂借憲爲顯、非此義也。洩字本作泄、泄、水也。从水世聲。與詍通用。詍、多言也。吏改舊汯、勢必多言。字亦作呭。汯、上經云、常。則、上經云、汯也。

義證

憲憲洩洩制瀍則也

註佐興虐政設教令也。補正邢疏、李巡曰、皆惡黨爲制瀍則也。孫炎曰、厲王方虐、諂臣竝爲制作瀍令。

郭注補正

泄泄本或作洩洩者、非。應从詩孟子。

錢氏古義

憲憲泄泄制法則也

此釋諂臣得志作法虐民大義。大雅板云、無然憲憲、無然泄泄。毛傳云、憲憲、猶欣欣也。泄泄、猶沓沓也。鄭箋云、王方欲艱難天下之民、又方變更先王之道、臣乎女無憲憲然、無沓沓然、爲之制法度、達其意以成其惡。正義引李巡曰、皆惡黨爲制法則也。孫炎曰、厲王方虐、諂臣竝爲制作法令。此直解詩人言此之意、而不解其狀。郭注云、佐興虐政、設教令也、是其義也。案、唐石經及注疏本泄皆作洩字、避唐諱改也。郭本作泄泄、與詩合。說文作詍、云、多言也。引詩無然詍詍。又作呭、云、多言也。引詩無然呭呭。詍呭蓋一字重出者。監本毛本法改瀍。

說詩

憲憲泄泄 泄、誤洩。

注疏正字

憲憲泄泄制法則也 釋文云、泄又作呭。案說文口部、呭、多言也、从口世聲。詩曰、無然呭呭。又言部、詍、多言也、从言世聲。詩曰、無然詍詍。詍呭字同。古文假借从水 泄、石經避諱作洩。

匡名

懽懽愮愮憂無告也憲憲泄泄制瀍 省作法 則也 大雅老夫灌灌、或作懽。集韻、懽懽、憂也。王風中心愮愮、傳愮愮、憂無所愬。今作搖、皆悼傷之辭也。說文、懽、喜款也。引爾雅懽懽愮愮、憂無告也。註、懽本訓喜款、而息者款款然之誠、亦與喜樂之款款同其誠切。許說其本義、爾雅說其引伸之義也。憲、敏也。註敏者疾也、引伸之爲法也。大雅無然憲憲、傳憲憲猶欣欣也。皆假借也。無然泄泄、傳泄泄猶沓沓也。又詍、多言也。引詩無然詍詍。此刺助君爲虐、制法令也。

啓蒙

泄 呭 說文口部呭。引詩無然呭呭。言部詍。引詩無然詍詍。釋文。泄泄。或作呭。同。

黃侃評本正名

憲憲洩洩、制法則也。佐興虐政設教令也。憲憲亦通顯顯。詩顯顯令德、中庸作憲憲。是知憲憲即憲法之憲、本無惡義、特在板之詩、制法者出於惡黨、斯爲惡耳。

黃侃音訓

憲憲洩洩制法則也

錦熾謹案、此釋詩板篇無然憲憲也。毛傳云、憲憲、猶欣欣也。憲欣雙聲字、是以掀訓軒起、听天訓軒天、皆以雙聲爲義。竊謂憲乃訢之假借字。據段氏六書音韻表斤聲在弟十三部、憲聲在弟十四部、古音最近、亦可通假、猶集之與就、侮之與務、同爲異部假借也。說文言部云、訢、喜也。訢字从言、則訢之義爲喜言也。喜言、與下泄泄之爲多言義亦相合、訢喜字經傳多通作欣、故毛傳以欣欣釋之、其意亦讀憲爲訢也。至憲之本義、則說文心部云、憲、敏也。與詩義不協。洩洩、本作泄泄、唐石經避太宗諱而改作洩、今相承未之更正。泄泄、乃釋詩板篇無然泄泄也。毛傳云、泄泄、猶沓沓也。說文曰部云、沓、語多沓沓也。沓既訓爲語多、則泄泄亦爲語多可知。說文水部云、泄、水也、受九江博安洵波北入氐。是泄之本義訓爲水名、與語多義別。今傳以沓沓釋之、蓋以泄爲呭詍二字之假借也。說文口部云、呭、多言也、引詩曰無然呭呭。又言部云、詍、多言也、引詩曰無然詍詍。殆許君所据三家異文有呭呭與詍詍者。三家多今文、故用本字作呭與詍、毛多古文、故用假借字作泄也。許書之例、於字之同者往往收其一則廢其一、如收蛗則廢蜱、收娓則廢嫐、收倈則廢頪、皆是也。今呭詍明卽一字、而口言兩部並載者、蓋不可泥前例以求之、以許書中如沓譖臾賁之類、亦復不少、固又有此一例也。板之一詩、爲佐與虐攻者而作、故雅訓不云多言、而以制法則釋之。

陸錦燧日記

憲憲、洩洩、制法則也。

郝云：「憲憲、洩洩、俱聲借之字、」蓋皆無正體也。大雅板云：「天之方難、無然憲憲、天之方蹶、無然泄泄、」毛傳「憲憲、猶欣欣也、泄泄、猶沓沓也；」鄭箋「女無憲憲然、無泄泄然、爲之制法度、達其意以成其惡；」此爾雅所以云「憲憲、洩洩、制法則也。」詩疏引孫炎曰：「厲王方虐、諂臣並爲制作法令、」是當時所作、必爲苛法、故詩人惡之耳。洩、詩作泄、說文引詩亦作呭、詍、皆云「多言也。」其字各異者、段云：「蓋四家之別。」又曰部云：「沓、語多沓沓也。」

爾雅學

憲憲洩洩制法則也　唐石經單疏本雪牕本元本閩本同。釋文、泄泄、或作呭。今本沿唐諱之舊。監本毛本法改灋、疏中準此。

憲憲洩洩制法則也〇釋曰　注疏本刪。

校勘記

憲憲泄泄制灋則也　今本泄誤作洩。釋文、泄、余哲反、或作呭、同。

注疏本正誤

無能憲憲　監本毛本湘本能作然。案、說文呭下引詩作然、當是三家詩。王應麟詩考引說文同、各本蓋據今詩臆改耳。

注疏校勘札記

二行洩洩〇《釋文》作「泄泄」。

三行謞謞〇阮元《校勘記》云：「《釋文》又出熇字，音許各火沃二反，校者云：本今無此字。盧文弨曰：《詩·板》作熇熇，郭蓋引此而今注缺耳。」

宋監本校箋

憲憲洩洩（曳同泄）制灋（法）則也

孫侶直音

憲憲泄泄（坊本作洩音曳）制灋（法）則也

直音校正

謔謔謞謞崇讒慝也

謔謔謞謞崇讒慝也樂禍助虐、增譖惡也。

郭注

謔謔謞謞崇讒慝也　釋曰、崇、增也。讒、譖也。慝、惡也。言樂禍助虐增譖惡也。舍人曰、謔謔謞謞皆盛烈貌。孫炎曰、厲王暴謔、大臣謔謔謞謞然盛以興讒惡也。大雅板篇云、天之方虐、無然謔謔、毛傳云、謔謔然喜樂。鄭箋云、王方爲酷虐之政、女無謔謔然以讒慝助之。又曰、多將熇熇、不可救藥、毛傳云、熇熇然熾盛也。鄭箋云、多行熇熇慘毒之惡、誰能止其禍是也。謞熇音義同。

邢疏

謔謔謞謞崇讒慝也

謔謔、謞謞、皆盛烈貌詩板正義　邢疏

犍爲注

謔謔謞謞崇讒慝也

厲王暴虐、大臣謔謔然喜謞謞然盛、以興讒惡也。詩正義十七之四　邢疏

孫音注

謔謔謞謞崇讒慝也

謞、虛各反、或火角反。釋文

郭音義

謔謔謞謞崇讒慝也

慝、切得反。釋文

謝音

謔謔謞謞崇讒慝也

言隱匿其情以飾非。釋文、慝、諸儒竝女陟反。

衆家注

黃輯古義

謔謔謞謞崇讒慝也

謔謔、謞謞、皆盛烈貌。邢疏　詩大雅板正義

犍爲注

謔謔謞謞崇讒慝也

厲王暴虐、大臣謔謔然喜謞謞然盛、以興讒惡也。

同上

孫音注

謞謞、虛各反。釋文

郭音義

崇讒慝也慝、切得反。

謝音

玉函山房輯佚

謔謔謞謞

皆盛烈貌。舍人注同前

鉤沉

謔謔謞謞崇讒慝也

舍人曰、謔謔謞謞、皆盛烈貌。詩正義十七之四　邢疏

孫曰、厲王暴虐、諂臣謔謔然喜謞謞然盛、以興讒惡也。詩正義十七之四　邢疏

注曰、言隱匿其情以飾非。釋文、慝、諸儒竝女陟反。

漢注

謔謔謞謞崇讒慝也

舍人云、謔謔謞謞、皆盛烈貌。孫炎云、厲王暴虐、大臣謔謔謞謞然盛、以興讒惡也。並詩正義十七之四卷　郭璞云、樂禍助虐、增譖惡也。

一切注音

謔謔謞謞崇讒慝也　舍人曰、謔謔謞謞皆盛烈貌。

孫炎曰、厲王暴虐、詔臣謔謔然喜、謞謞然盛、以興讒慝也。詩板正義

蕙心案、今詩作熇熇。

古注斠

崇讒慝也　舊注言隱匿其情以飾非。釋文

古注斠補

謔謔虛虐反。謞謞郭、虛各反。或火角反。慝謝、切得反。諸儒並女陟反。言隱匿其情以飾非。熇許各、火沃二反。本今無此字。樂如字、又音洛。譖側禁反。

陸音義

熇○陸亦有音、經云謞謞、今詩板之篇作熇熇、郭必引此、而今注缺之耳。

音義攷證

謔謔謞謞崇讒慝也

謔謔不可、謞謞亦不可。

新義

謔謔謞謞崇讒慝也 謞亦作熇。

鄭樵注

謔謔謞謞崇讒慝也 謔、郭虛各反。

舍人曰、謔謔謞謞皆盛烈貌。

孫炎曰、厲王暴虐、大臣謔謔然喜、謞謞然盛、以興讒慝也。邢疏引此無然喜二字、慝作惡、此從詩大雅疏。

郭璞曰、樂禍助虐、增譖惡也。

鄭樵曰、謞亦作熇。

古注合存

晏晏旦旦悔爽忒也 註 傷見絕棄恨士失也 皋皋琄琄刺素食也 註 譏無功德尸寵祿也 灌灌愮愮憂無告也 註 賢者憂懼無所訴也 憲憲泄泄制灋則也 註 佐與虐政設教令也 謔謔謞謞崇讒慝也 註 樂禍助虐增譖惡也

正義 上文與喻之義、有祇取諸物者、如丁丁嚶嚶、雝雝喈喈是也。有言人兼及於物者、如哀哀與萋萋連舉、儦儦與噂噂連舉是也。以下惟舉人之情狀言之。○晏晏至忒也。○衛風氓云、言笑晏晏、信誓旦旦。毛傳晏晏和柔也、信誓旦旦然。說文云、怛憯也。或从心在旦下。詩曰、信誓𢘂𢘂。詩疏釋訓云、晏晏旦旦悔爽忒也、謂此婦人恨夫差貳其心、變本言信、故言晏晏旦旦、而自悔解、言此之意、非訓此字也。定本云、旦旦猶怛怛。○皋皋至食也。○大雅召旻云、皋皋訿訿、曾不知其玷。毛傳皋皋頑不知道也。鄭箋、王政已大壞、小人在位、曾不知大道之缺。疏引舍人云、皋皋不治之貌。某氏云、無德而空食祿也。小雅大東云、鞙鞙佩璲。鄭箋以瑞玉爲佩、佩之鞙鞙然、徒美其佩、而無其德、刺其素飱。疏引某氏云、鞙鞙無德而佩、故刺素餐也。文選註引韓詩薛君章句云、何謂素餐、素者質也、人但有質朴而無治民之材、名曰素餐。尸祿者、頗有所知、善惡不言、默然不語、苟欲得祿而已、譬如尸焉。○灌灌至告也。○大雅板云、老夫灌灌。毛傳灌灌猶款款也。鄭箋、老夫諫女、款款然。王風黍離云、中心搖搖。毛傳搖搖憂無所愬。說文引爾雅作懽懽愮愮。今本灌或作懽、愮或作搖、音義同。○憲憲至則也。○大雅板云、天之方難、無然憲憲、天之方蹶、無然泄泄。毛傳憲憲猶欣欣也、泄泄猶沓沓也。鄭箋、女無憲憲然、無沓沓然、爲之制法度、達其意以成其惡。疏引李巡云、皆惡黨爲制法則也。孫炎云、厲王方虐、詔臣並爲制作法令。說文引詩作無然詍詍、云詍多言也。○謔謔至慝也。○板云、天之方虐、無然謔謔。又云、多將熇熇、不可救藥。毛傳謔謔然喜樂、熇熇然熾盛也。鄭箋、女無謔謔然以讒慝助之、多行熇熇慘毒之惡、誰能止其禍。說文云、熇火熱也。易云、家人嗃嗃、釋文引劉表本作熇熇。侯果云、嗃嗃嚴也、易疏熇嗃嚴酷之意。謞熇嗃音義同。

謔謔謞謞崇讒慝也 樂禍助虐增譖惡也

正義

謔者、釋詁云、戲謔也。謞者、當作熇、說文云、火熱也、引詩多將熇熇。爾雅本亦作熇、故釋文謞謞下別出熇

字是卽古本作熇之證。陸德明不察、以爲本今無此字、非也。詩板傳云、謔謔然喜樂、熇熇然熾盛也。正義引舍人曰、謔謔謞謞、皆盛烈貌。孫炎曰、厲王暴虐、大臣謔謔然喜、謞謞然盛、以興讒慝也。是孫炎舍人竝與毛傳義合、益知爾雅古本與詩同作熇熇矣。釋文又云慝、謝切得反、劉悖讞、諸儒竝女陟反、言隱匿其情以飾非。蓋慝諸儒作匿、唯謝嶠讀如字。是。

義疏

憲憲泄泄制㳒則也謔謔謞謞崇讒慝也 舍人注、謔謔謞謞、皆盛烈也。李注、皆惡黨爲制㳒則也。孫注、厲王方虐、諂臣竝爲制作㳒令、大臣謔謔然喜、謞謞然盛、以興讒慝也。郭注佐興虐政、設教令也、樂禍助虐、增譖惡也。釋板

集解

謔謔謞謞崇讒慝也 詩板無然謔謔、又多將熇熇、此釋之也。謔、戲也、从言虐聲。與虐通用、虐、殘也。讒、慝亦殘也。謞、字本作熇、火熱也、引申爲酷烈、及讒慝之言。讒、譖也、从言毚聲、廣雅云賊也。慝字本作匿、亾也、引申爲奸惡之偁。

義證

謔謔謞謞崇讒慝也

【註】樂禍助虐增譖惡也【補正】邢疏、舍人曰、謔謔謞謞、皆盛烈貌。孫炎曰、厲王暴虐、大臣謔謔謞謞悲盛、以興讒惡也。

郭注補正

謔謔謞謞崇讒慝也

此釋讒慝之臣助君爲惡大義。板詩云、無然謔謔、多將熇熇、毛傳云、謔謔然喜樂、熇熇然熾盛也。鄭箋云、今王方爲酷虐之政、女無謔謔然、以讒慝助之多行熇熇慘毒之事。正義引舍人曰、謔謔謞謞皆盛烈貌。孫炎曰、厲王暴虐、大臣謔謔然喜、謞謞然盛、以興讒惡也。是以讒惡助之事也、郭注云樂禍助虐增譖惡也、是其義也。

說詩

謔謔謞謞崇讒慝也 慝下釋文有熇字、云許各火沃二切、今本無此字。疏讒也慝惡也 上也字當衍文。大臣謔謔然喜 脫然喜二字。

注疏正字

謔謔謞謞崇讒慝也 說文言部無謞字、當依詩作熇、與說文合。釋文於慝字下大書熇字、爲之作音、又云本今無此字。盧學士曰、詩作熇熇、郭必引此、而今注闕之耳。案此亦校者所注之字、與上輯贊一例、非郭注有此字也。郭注用韻語意妍妙、無緣於此獨引詩也。

匡名

謔謔謞謞崇讒慝也 大雅無然謔謔傳、謔謔然喜樂。說文、熇大熱也、引詩多將熇熇。傳熇熇然熾盛也。又易云、家人嗃嗃、謞熇嗃音義皆同。此刺助虐害人慘毒莫甚也。

啓蒙

謞 熇 說文。熇火熱也。詩曰。多將熇熇。邢疏云。謞熇音義同。

慝 匿 釋文。慝謝叨得反。諸儒並女陟反。言隱匿其情以飾非。案管子明法篇。比周以相爲匿。明法解。匿作慝。漢書五行志謂之仄慝。書大傳作側匿。是慝匿古字通。

黃侃評本正名

灌灌愮愮 憲憲洩洩 譆譆謞謞

釋文灌灌本或作懽、釋訓釋文說文引作懽懽。心部懽釋文愮愮本又作搖、釋訓釋文樊光本作遙、釋訓釋文又作怣。怣與愮同釋訓釋文釋文洩洩作泄泄、釋訓釋文或作呭、同。釋訓釋文說文引作詍詍、云、多言也。言部詍又作呭。口部呭毛詩作熇熇。大雅板詩

證異

謞謞。崇讒慝也疏引大雅多將熇熇、謞熇音義同。

考異摘要

譆譆謞謞崇讒慝也

錦燧謹案譆譆釋板篇無然譆譆也。毛傳云譆譆喜樂皃。傳云喜樂而雅訓云讒慝者、蓋讒慝之言、多以戲謔出之、使人主不覺其進讒也、而戲謔則與喜樂義近、所謂謔浪笑敖也。說文言部云、譆、戲也。是譆譆用本字矣。謞字說文所無、此蓋涉上文譆譆而誤从言旁、又因爾雅以崇讒慝釋之、俗儒遂相承从言旁而不知謞當作熇、蓋釋詩板篇多將熇熇也。毛傳云熇熇然熾盛也、與舍人爾雅注云譆譆謞謞皆盛烈貌其說相合。說文火部云、熇、火烈也。此熇之本義、爲火氣之熱、引申之則爲凡熱之偁。素問刺瘧篇云先寒後熱、熇熇暍暍、王砅注謂甚熱狀是也。又引申之、則爲凡事熾盛之偁、故毛傳云熇熇然熾盛也。

陸錦燧日記

譆譆、謞謞、崇讒慝也。

郭注云：「樂禍助虐、增譖惡也。」大雅板云：「天之方虐、毋然譆譆、」又云：「多將熇熇、不可救藥、」毛傳「譆譆然喜樂；熇熇然熾盛也、」鄭箋「女無譆譆然、以讒慝助之；多行熇熇蹻毒之惡、誰能止其禍。」此傳箋之解釋詩義也。此詩與憲憲洩洩同爲厲王時事。郝云：「謞當作熇」、熇又通作嗃、見易家人釋文。

爾雅學

謞謞 釋文唐石經雪牕本同。釋文又出熇字、音許各火沃二反。校者云、本今無此字。盧文弨曰詩板作熇熇郭蓋引此、而今注缺耳。

譆譆謞謞崇讒慝也○釋曰 注疏本刪。

讒譖也慝惡也 注疏本脫譖、浦鏜作讒慝惡也并以上也字爲衍、誤甚。

言樂禍助虐增譖惡也舍人曰 注疏本脫上九字。

大臣譆譆謞謞然盛 注疏本同。詩板正義引孫炎曰大臣譆譆然喜謞謞然盛此脫然喜二字。

校勘記

謞虛各反 誂子尕反 雪牕本有、盧刻同。

校勘記訂補

崇讒慝也疏讒譖慝惡也今本譖誤作也。

注疏本正誤

譆譆謞謞音學 崇讒慝也

音圖・音

嗃音學 秦、嗃虛各翻、音壑、曉 今音學、匣 非。

慝直音音忒又音匿 秦、慝他德翻、音忒、透 女涉翻音匿、孃 竝無忒音、今音忒誤。

音略

學 郝 安匿

譆譆謞謞崇讒慝也。

孫侶直音

譆譆讀學 謞郝 謞崇讒慝忒匿二音也

直音校正

譆譆謞虛谷切郝謞崇讒慝也

楊氏音訓

諤 許角切 干氏音釋

翁翁訿訿莫供職也

翁翁訿訿莫供職也 賢者陵替姦黨熾、背公恤私曠職事。 郭注

翕翕訿訿莫供職也

釋曰、言賢者陵替、姦黨熾盛、背公恤私、曠其職事、無肯供職也。小雅小旻云、潝潝訿訿、亦孔之哀。毛傳云、潝潝然患其上、訿訿然思不稱乎上。鄭箋云、臣不事君、亂之階也、甚可哀也。又大雅召旻云、臯臯訿訿。毛傳云、訿訿、窳不共事也。故郭云、賢者陵替、姦黨熾盛、背公恤私、曠職事。說文云、窳、嬾也。草木皆自豎立、惟瓜瓠之屬臥而不起、似若嬾人常臥室、故字從宀。音眠。 邢疏

翕翕訿訿莫供職也

君閭薇、臣子莫親其職。邢疏 詩小雅小旻正義 李注

玉函山房輯佚

翕翕訿訿莫供職也

君閭薇、臣子莫親其職。李注 詩疏十二之二 鉤沉

翕翕訿訿莫供職也

李曰、君閭鄙、臣子莫親其職。詩正義十二之二 漢注

翕翕訿訿莫供職也

李巡云、君閭薇臣子莫親其職。詩正義十二之二卷 郭璞云、

賢者陵替姦黨熾、背公郵私曠職事。說文繫傳五卷引云、賢者陵替、姦黨熾盛、背公郵私、曠職事也。邢昺疏述郭註亦作姦黨熾盛、今本脫盛也二字。

一切注音

訿訿翕翕莫供職也 李巡曰君閭薇、臣子莫親其職 詩小旻正義

古注斠

訿訿 子爾反。字林云、不思稱乎上之意。 供 音恭。 熾 尺志反。 背公 音佩。

陸音義

翕翕訿訿莫供職也

翕翕不可、訿訿亦不可。

新義

翕翕訿訿莫供職也

李巡曰、君閭薇臣子莫親其職

郭璞曰、賢者陵替姦黨熾背公郵私曠職事。

古注合存

翕翕註賢者陵替姦黨熾 說文繫傳引註熾下有盛字。

校議

翕翕訿訿莫供職也 賢者陵替奸黨熾背公恤私曠職事

翕者、釋詁云、合也。訿者、說文云、不思稱意也、引詩翕翕訿訿。小旻傳云、潝潝然患其上、訿訿然不思稱其上。釋文引韓詩云、不善之貌。正義引李巡曰、君閭薇、臣子莫親其職。召旻傳云、訿訿、窳不供事也。釋文引說文、窳、嬾也。竘竘然則翕翕者、小人黨與之合。訿訿者、惰窳之態、此所以曠厥官也。漢書劉向傳作歙歙訿訿、荀子修身篇作噏噏呰呰、竝字異而義同。

義疏

翕翕訿訿莫供職也 李注、君閭薇、臣子莫親其職。郭注、賢者陵替姦黨熾、背公恤私曠職事。 釋小旻。

集解

翕翕訿

訿莫供職也 釋小旻也。毛作潝訿、魯作歙訿、荀子引噏呰、說文引翕訾、義均一也。翕、起也、从羽合聲。與熻歙通用。訾訾

訾、不思偁意也、从言此聲。呰之異體字、亦通呰。呰、苛也、呰窳也。召旻訿訿傳所以直釋爲窳不供事也、供、設也、从人共聲。

義證

翕翕訿訿莫供職也

註 賢者陵替姦黨熾背公卹私曠職事 補正 臣鍫按、詩疏引李註云、君闇蔽、臣子莫親其職。

郭注補正

翕翕訿訿莫供職也

賢者陵替姦黨熾背公恤私曠職事

唐殘本玉篇言部訿下引爾雅郭璞曰、賢者陵替、姦黨熾盛、背公恤私、曠職事也。樹枏案、顧野王所引與邢疏合。盧氏文弨云、熾事爲韻、不當有盛字。毛本恤改卹。

郭注佚存補訂

翕翕訿訿莫供職也

此釋小雅小旻翕翕訿訿大義詩作潝潝、毛傳云、潝潝然患其上、訿訿然思不稱乎上。鄭箋云、臣不事君、亂之階也。正義引李巡曰、君闇蔽、臣子莫親其職。郭璞曰、賢者陵替、姦黨熾盛、背公恤私、曠職事也。皆言其大旨耳。彼不解潝潝訿訿之文、潝潝爲小人之勢、是作威福也。訿訿者、自營之狀、是求私利也。自作威福、競營私利、是不供君職也說文云、訾不思稱意也、引詩曰翕翕訾訾。翕翕不從水與爾雅同、翕者、古文省也。字林云、訿、不思稱乎上之意。蓋本之說文。韓詩云、潝潝訿訿、不善之貌。漢書劉向傳作歙歙訿訿、荀子修身作噏噏呰呰、音義並同。翕翕訿訿、皆因聲以爲義、故無定文也。

說詩

翕翕節疏訿訿然思不稱乎上 乎、詩傳作其。 訿訿窳不共事也 共、詩傳作供。 賢者陵替姦黨熾盛 替、誤㬱、盛、當衍字。 似若懶人常卧室故字從宀 宀、誤宂。說文、宀、交覆深屋也。

注疏正字

翕翕訿訿莫供職也 詩作潝彼釋文正義引爾雅皆作潝、訿後漢書注四十八引作訾、案說文有訾無訿。

匡名

翕翕訿訿莫供職也 說文訾訾不思稱意也、引詩潝潝訿訿。傳潝潝然患其上、訿訿然思不稱其上。刺臣子曠職事也。

啓蒙

翕翕訿訿莫供職也

案、釋文訿訿下引字林、不思稱乎上之意、俊謂字林所以補說文、必爲說文所無之字、今說文訿下不思稱意也、明說文有此字矣。疑陸所引字林、乃說文之譌。唐人多以字林爲說文、此則以說文爲字林。

王仁俊日記

翕翕訿訿莫供職也

錦燧謹案、毛詩中無翕翕二字連文者、小口篇潝潝訿訿、釋文正義引爾雅皆作潝、然則陸孔所見古本爾雅有作潝者、殆樊孫本也。今郭本作翕、當亦有所本、疑三家詩異文有作翕者、故爾雅亦有潝與翕之異、雅訓葢釋三家詩之翕翕訿訿也。說文羽部云、翕起也。又水部云、潝水疾聲。兩字各有本訓、俱與莫供職義遠。毛傳以患其上釋潝潝、所謂患其上者、言爲患於上也、毛傳與雅訓辭異而義實相蒙。陳氏傳疏謂潝潝有強禦之義、潝讀爲是謂脅君之脅、傳云患其上者、言與上爲患也。蒙案、陳氏自謂申毛而實非毛恉、竊攷毛公詩學受諸荀卿、荀子修身篇云、小人致亂、而惡人之非己也、致不肖、而欲人之賢己也、心如虎狼、行如禽獸、而又惡人之賊己也、諂諛者親、諫諍者疏、修正爲笑、至忠爲賊、雖欲無滅亡得乎哉。詩曰噏噏呰呰、亦孔之哀、謀之其臧、則具是違、謀之不臧、則具是依。此之謂也。紬繹荀說、是以潝潝爲苟相合同、故曰諂諛者親、以訿訿爲苟相詆毀、故曰諫諍者疏、其意葢讀潝爲詥、故其字作噏、言與口同義。說文無噏字、當卽爲詥之或體。言部云、詥、諧也。其義从合。言之諂諛者、無不苟合、單言之曰詥、累言之曰詥詥、義無殊異。惟其苟相合同、諂諛者親、故足以爲上之患、而不思勤其職事、以報稱乎上也。漢書引此又假作歙字、而義則相同。劉向封事曰、衆小在位而從邪議、歙歙相是而背君子、故其詩曰、歙歙訿訿、亦孔之哀。夫曰歙歙相是、則讀歙爲詥可知矣。苟如陳氏讀爲脅字、與相是二字何以聯屬乎。說文言部無左形右聲之訿字、而有上聲下形之呰字、說解云、呰呰、不思稱意也。與毛傳思不稱乎上之說合。然則訿卽呰之或體可知。惟毛傳思不二字誤倒、據爾雅釋文引字林云訿訿不思稱乎上之意、又詩正義云不思稱乎上、是則當作不思無疑矣。葢謂不思報稱乎上、故雅訓以莫供職釋之、辭異而義未嘗異也。荀子引作呰者、呰呰同从此聲、乃音同通假字。說文口部云、呰、苛也。是呰固自有本訓也。

陸錦燧日記

翕翕、訿訿、莫供職也。

小雅小旻云：「潝潝訿訿、亦孔之哀、」翕翕者、毛傳云：「翕翕然患其上；」釋詁云：「翕、合也；」爾雅郭注云：「姦黨熾；」是翕翕者、謂姦黨結合、不利於上也。訿訿者、毛傳云：「訿訿然思不稱乎上；」正義引李巡云：「君闇蔽、臣子莫親其職；」召旻傳亦云：「訿訿、窳不供事也。」是訿訿者、惰窳之貌也。翕翕、又作歙歙、噏噏；訿訿、又作呰呰；義竝同。

爾雅學

背公恤私曠職事　單疏本雪牕本元本同、閩本監本毛本恤改卹、下矜憐撫掩之也注同。

翕翕訿訿莫供職也○釋曰　注疏本刪。

故郭云賢者陵替姦黨熾　注疏本作姦黨熾盛、盧文弨曰、熾事爲韻、不當有盛字。按此本剜擠盛字、元本排入、今刪正。

故字從屵　音眠○詩召旻正義同。元本閩本作從𥥍、監本毛本作從峃、皆誤。此辨㢊字從屵、而非從穴耳。注疏本音眠、改大字。

校勘記

翕翕訿訿莫供職也疏說文云㼌嬾也按以嬾訓㼌始於徐廣史記貨殖傳注呰窳苟且墮嬾之謂也。餘俱訓病。晉灼貨殖傳注、窳病也、又邪也。玉篇、邪也、又器空中。廣韻麌韻、器空中、又病也。今說文穴部𥥛訓爲汙窬也、又从穴不从宀。惟詩釋文詩疏及爾雅翼俱以爲說文、而此所引又全用詩疏、與爾雅翼同、然詩疏作字从穴、尚與說文同、但云音眠、則誤今本此經疏更誤作宀下山、直無此字矣。說文宀、武延反、穴、胡決反、是穴不音眠也。

注疏本正誤

翕翕訿訿音紫莫供職也

音圖・音

翕翕訿訿莫供職也。

吸　紫　恭

孫侶直音

翕翕訿紫訿莫供職也

楊氏音訓

訿子

于氏音釋

速速蹙蹙惟逑鞫也

速速蹙蹙、惟逑鞫也。陋人專祿國、侵削、賢士永哀念窮迫。

郭注

速速蹙蹙惟逑鞫也

釋曰、惟念也、逑急迫也、鞫窮也。言鄙陋小人專據爵祿國土侵削、致賢云永哀、憂其窮迫也。小雅正月云蔌蔌方有穀、毛傳云蔌蔌陋也。鄭箋云穀祿也。此言小人富而窶陋將貴也。又節南山云蹙蹙靡所騁、毛傳云騁極也。鄭箋云蹙蹙、小之貌我視四方土地日見侵削於夷狄、蹙蹙然雖欲馳騁無所之也。速蔌音義同。

邢疏

速速蹙蹙惟逑鞫也

蹙、迫也。釋文

郭音義

惟逑鞫也逑、迫也。

郭音義

黃輯古義

玉函山房輯佚

速速蹙蹙惟逑鞫也

郭璞云陋人專祿國侵削、賢士永哀念窮迫。

蹙蹙子六反。惟逑巨鳩反。郭云、迫也。字林云、斂聚

一切注音

也。本亦作求。鞫居六反。迫音伯。

陸音義

速速蹙蹙惟逑鞫也

速速不可、蹙蹙亦不可。

新義

速速蹙蹙惟逑鞫也惟、念、逑、及窮迫也。念及窮迫也。

鄭樵注

速速蹙蹙惟逑鞫也速、郭云迫也。

郭璞曰、陋人專祿國、侵削賢士求哀念窮迫。

鄭樵曰惟、念。逑、及。鞫窮也。念及窮迫也。

古注合存

憲憲洩洩制法則也、謔謔謞謞崇讒慝也、翕翕訿訿莫供職也、速速蹙蹙惟逑鞫也。謔音郝、訿音紫。○註曰、小人樂禍助虐、背公邮私、專祿國削也。疏曰、詩板篇云、天之方難、無然憲憲、天之方蹶、無然泄泄、天之方虐、無然謔謔、又云、多將熇熇、不可救藥。小旻云、潝潝訿訿、亦孔之哀。正月云、蔌蔌方有穀。節南山云、蹙蹙靡所騁、洩泄謞熇音義並同。愚按自子子孫孫至此、每語皆以三字約舉其義、與經書小序畧相似、而又皆以韻叶之、蓋爾

雅諸篇中自爲一體此等文疑先賢卜氏受詩於聖人而因爲之也

注疏參義

逑疏云急迫也、鄭云及也、念及窮迫也。

補注

翕翕訿訿莫供職也 註 賢者陵普姦黨熾背公卹私曠職事速速蹙蹙惟逑鞫也 註 陋人專祿國侵削賢士求哀念窮迫 正義 小雅小旻云翕翕訿訿、釋文引韓詩云、不善之貌、毛傳翕翕然患其上、訿訿然思、不稱乎上、鄭箋臣不事君、亂之階也。召旻毛傳訿訿窳不共事也。疏引李巡云君闇蔽臣子莫親其職。說文云、訾、不思稱意也。繫傳云不思稱事之意也。孫子云諄諄翕翕、徐言入入者失其衆也、註云翕翕不眞也。速速者、後漢書註引韓詩云速速方穀、今本毛詩作蔌蔌方有穀。毛傳蔌蔌陋也。鄭箋穀祿也。案後漢書註引毛詩亦作速速方穀、傳同、今本誤衍有字。楚辭九歎云躬速速其不吾親、王逸註速速、不親附貌也。蹙蹙者節南山云蹙蹙靡所騁、鄭箋蹙蹙、縮小之貌、我視四方土地日見侵削於夷狄、蹙蹙然雖欲馳騁無所之也。案蔡邕釋誨云速速方轂夭夭是加、註云謂小人乘方轂而行。方竝也、小人並轂而行則君子車無所騁、於義亦通。惟逑鞫者、釋詁云惟、思也。釋言云、鞫窮也。逑與求同、言思念所求皆窮困也。註賢者至職事。○正義說文繫傳引註云、賢者陵普、奸黨熾盛背公卹私、曠職事也。字句微異。

正義

速速 釋文引郭云逑、迫也、本亦作求。

校議

速速蹙蹙惟逑鞫也 陋人專祿國侵削賢士永哀念窮迫

惟者、釋詁云、思也。逑者與求同。釋文引郭云迫也。字林云斂聚也。鞫者、釋言云、窮也。速者玉藻注、遬猶蹙蹙也。詩正月傳、蔌蔌陋也。蔌蓋遬之或體、遬、籀文速字也。後漢書蔡邕傳注引毛詩作速速方穀云、韓詩亦同。楚辭逢紛篇云躬速速而不吾親、王逸注速速、不親附貌。然則速速與蹙蹙皆爲褊急之意、故毛傳以蔌蔌爲陋。詩節南山箋、蹙蹙縮小之貌。士相見禮注、蹙猶促也。郭注以國侵削爲蹙、於義亦通。

義疏

速速蹙蹙惟逑鞫也 郭注、陋人專祿國侵削賢士永哀念窮迫。詩、蔌蔌方穀。又、蹙蹙靡所騁。逑、當作絿、絿、終也。

集解

速速蹙蹙惟逑鞫也 詩正月蔌蔌方穀、節南山蹙蹙靡所騁、此釋之也。速、疾也、籀文作遬、或作蔌。蹙字本作踧、平易也。均與促通用。促、迫也。逑鞫者迫矣。逑、斂聚也、究之借字。鞫、正字為竆、竆也、言其終竆。

義證

速速蹙蹙惟逑鞫也

陋人專祿國侵削賢士永哀念窮迫

明注疏本永誤求。

郭注佚存補訂

速速蹙蹙惟逑鞫也

此釋小雅正月蔌蔌方有穀、節南山蹙蹙靡所騁。毛傳云、蔌蔌、陋也。鄭箋云、此言小人富而窶陋將貴也。蹙蹙者、傳云蹙蹙、縮小之貌、我視四方土地日見侵削於夷狄、蹙蹙然雖欲馳騁無所之也。郝云蔌蓋遬之或體、遬、籀文速字也。後漢書蔡邕傳注引詩作速速方有穀、云韓詩亦同。正義云其蔌蔌窶陋者方有爵祿之貴矣。王者厚斂重賦、寵貴小人故使得如此也。郭注云陋人專祿、國侵削、賢士永哀、念窮迫。陋人專祿以釋速速國侵削以釋蹙蹙賢士永哀念窮迫則總釋二詩之義、二詩皆言小人專政棄賢而不用、所謂念我無祿慘獨可哀者也。

說詩

速速蹙蹙惟求鞫也

郭注賢士永哀念窮迫邵郝皆以逑爲求疑非栢年案、逑與愃同、說文迫也又與絿同、說文急也急迫義通。

補釋

速速節註賢士永哀念窮迫 永誤求、疏同。

疏蹙蹙靡所騁 騁誤聘、下騁極同。

注疏正字

速速蹙蹙惟逑鞫也

自此以上皆釋雅言、如昀昀田也言昀昀則知爲田矣言子子孫孫則知爲引無極矣、詩大小雅皆雅馴之言也。

小箋

速速蹙蹙惟逑鞫也

引之謹案逑與愃同、說文愃、迫也。廣雅同、玉篇去牛渠牛二切。故郭曰、賢士永哀念窮迫。今本永譌作求、邢疏曰、惟念也、逑急迫也、鞫窮也、言鄭小人專據爵祿、國土侵削、致賢士永哀念其窮迫也、今本疏內永字亦譌作求、今據宋單疏本雪牕本元本及明吳元恭本改正。此是以念釋惟、以窮釋鞫、以迫釋逑也、故釋文曰逑郭云迫也、邵曰逑與求同、言思念所求皆窮困也。此失逑字之義、蓋因釋文逑本亦作求而誤。

述聞

速速蹙蹙惟逑鞫也　蹙、說文足部新附字。臣鉉等案、李善文選注通蹙字。　釋文云逑本亦作求。案求省文。　鞫別字、當作𥷚。說文㚔部𥷚、窮理辠人也、从㚔从人从言竹聲。

匡名

速速蹙蹙惟逑鞫也　後漢書註引韓詩速速方穀、引毛詩亦作速速方穀今本作蔌蔌方有穀。毛傳蔌蔌陋也。說文𨘢迫也。小雅蹙蹙靡所騁、鄭箋蹙蹙縮小之貌。言思念所求、皆窮困也。

啓蒙

蹙　蹴　王氏廣雅疏證。釋詁。蹴。縮也。說文。縮。蹴也。詩。蹙蹙靡所騁。鄭箋云。縮小之皃。成十六年左傳。南國蹴。哀公問。孔子蹴然辟席而對。并字異而音同。案曲禮釋文。足蹙。本又作蹴。是蹙與蹴通。

鞫　正作𥷚或作諊迫也。詳釋言。

黃侃評本正名

速速蹙蹙惟逑鞫也。　逑本作愃、說文迫也。　蹙蹴皆遒、遒之借、說文遒、迫也、或作遒。

黃侃音訓

速速、蹙蹙、惟逑鞫也，

釋詁云：「惟、思也。」逑者、釋文云：「郭云迫也、」王引之云：「逑與愃同、說文『愃、迫也、』廣韻同。」鞫、釋言云：「窮也。」郭注云：「陋人專祿、國侵削；賢士永哀、念窮迫。」

速速者、小雅正月「佌佌彼有屋、蔌蔌方有穀、」傳云：「佌佌、小也、蔌蔌、陋也；」箋云「穀、祿也、言小人富而窶陋將貴也；」毛鄭義甚明、郭云：「陋人專祿、」即本之以立訓也。邢疏謂速、蔌，音義同。後漢書蔡邕傳引毛詩、作速速方穀。

蹙蹙者、小雅節南山「蹙蹙靡所騁、」箋云：「蹙蹙、縮小之貌、我視四方土地、日見侵削於夷狄、蹙蹙然雖欲馳騁無所之也；」郭以國侵削爲蹙、即本箋意。大雅「今也日蹙國百里、」亦指國土言也。

爾雅學

賢士永哀念窮迫 單疏本雪牎本元本同。閩本監本毛本永誤求。疏中同。

速速蹙蹙惟逑鞫也○釋曰 注疏本刪。

校勘記

惟逑鞫也 十行本惟作推、鞫作鞠。

校勘記訂補

蹙蹙惟逑鞫也疏蹙蹙靡所騁毛傳云、騁、極也。今本騁俱誤作聘。

注疏本正誤

小雅正月云 監本毛本湘本云下有蔌蔌方有穀毛傳云八字、此脫。

蹙蹙靡所騁 湘本同。監本毛本騁誤聘、下同。

蹙蹙小之貌 案詩鄭箋小上有縮字。類篇、蹙縮小貌。此及監本脫一縮字。

注疏校勘札記

速速蹙蹙惟逑鞫也。
蹴 求 菊

孫侶直音

速速蹙蹙惟逑鞫也 惟念也逑急迫也鞫窮也

楊氏音訓

抑抑密也秩秩清也

抑抑、密也。威儀審諦。秩秩、清也。德音清泠。

郭注

抑抑密也秩秩清也 釋曰、言威儀審諦、德音清明也。舍人曰、威儀密靜也。大雅假樂云威儀抑抑、德音秩秩、鄭箋云成王立朝之威儀致密無所失教令又清明、天下皆樂仰之。

邢疏

抑抑密也

威儀靜密也 詩抑正義 邢疏

犍爲注

黃輯古義

抑抑密也

威儀靜密也、邢疏 詩大雅抑正義

犍爲注

玉函山房輯佚

抑抑密也

舍人曰、威儀密靜也。詩正義十八之一 邢疏

漢注

抑抑密也

舍人云、威儀靜密也。詩正義十八之一卷

郭璞云、威儀審諦

秩秩清也

郭璞云、德音清泠。

一切注音

抑抑密也 舍人曰、威儀靜密也。詩抑正義

蕙心案詩假樂鄭箋引爾雅而釋之曰、成王立朝之威儀、緻密無所失教、令又清明、天下皆樂仰之。

古注斠

抑抑 音億。諦 音帝。泠 郎丁反。秩 直乙反

陸音義

抑抑密也

密、恂慄也、即揚有光輝矣。

新義

抑抑密也 謂密緻。秩秩淸也 謂淸明。

鄭樵注

爾雅詁林 三 釋訓

抑抑密也
舍人曰、威儀靜密也。邢疏引作密靜、此從詩大雅疏。
郭璞曰、威儀審諦。
鄭樵曰、謂密緻。
秩秩清也
郭璞曰、德音清冷。
鄭樵曰、謂清明。

古注合存

抑抑密也、秩秩清也。此條亦舉德性之善者而釋之也。註曰、威儀審諦、德音清冷也。疏曰、詩假樂云、威儀抑抑、德音秩秩、

注疏參義

抑抑密也 註 威儀審諦 秩秩清也 註 德音清冷 正義 秩秩智也 已見上文、秩秩又爲清也、大雅假樂云威儀抑抑、德音秩秩、鄭箋引爾雅而釋之曰、成王立朝之威儀緻密無所失、教令又清明、天下皆樂仰之、孔疏緻密無失謂舉止詳悉、事無非禮、教令清明謂下民寧靜、無微不燭。

正義

抑抑密也 威儀審諦 秩秩清也 德音清冷 密者、釋詁云、靜也。清者、說文云、腴也。詩威儀抑抑德音秩秩、鄭箋用爾雅、毛於抑傳抑抑亦用爾雅、假樂傳抑抑美也、秩秩有常也、不同者、毛以抑與懿同、故訓美、楚語引抑詩作懿、秩常也、見釋詁、皆毛傳所本也。又秩秩智也、見此篇上文、智與清義亦近、書云汝作秩宗、下云直哉惟清、是秩有清義也。抑言密者、詩賓之初筵傳抑抑慎密也、抑正義引舍人曰、威儀靜密也、靜密慎密二義竝與美近、美密聲相轉也。

義疏

抑抑密也秩秩清也
又秩秩智也、見此篇上文。智與清亦近、書曰汝作秩宗、下云直哉惟清、是秩有清義也

念孫案、女作秩宗夙夜惟寅直哉惟清、非秩秩清也之謂。

郝注刊誤

抑抑密也 舍人注、威儀靜密也。郭注、威儀審諦。 釋假樂

集解

抑抑密也 詩賓之初筵威儀抑抑、抑抑抑威儀、此釋之也。抑、按也、从反印、指事。用印必向下按之、引申爲密。詩假樂威儀抑抑、傳、美也。謂借懿爲抑、非本義也。密、上經云靜也。

秩秩清也 釋詩假樂德音秩秩語也。秩、積也、从禾失聲。正字爲佚、佚佚、佚民也。身中清者爲佚民、論語以逸爲之。清、朖也、从水青聲、與靖通。

義證

抑抑密也
註威儀審諦 補正 邢疏、舍人曰威儀密靜也。

郭注補正

抑抑密也秩秩清也
此釋大雅假樂威儀抑抑德音秩秩、鄭箋云、抑抑密也、秩秩清也、成王立朝之威儀致密無所失、教令又清明、天下皆樂仰之、無有怨惡。毛傳云、抑抑美也、秩秩有常也。與雅訓異、而釋抑之抑抑威儀傳云、抑抑密也、小雅賓之初筵之威儀抑抑傳云、抑抑慎密也。又本爾雅爲說。疏云、慎禮而密靜、卽爲美之意、故假樂傳曰、抑抑美也。賓之初筵不知其秩、傳云秩常也。又左右秩秩、傳云、秩秩然肅敬也。有常不紊卽清明也、肅敬亦與清義相近。巧言

秩秩大猷傳云秩秩、進知也。疏讀爲智。秦風小戎秩秩德音傳云秩秩有知也。彼釋文云音智、本上秩秩知也爲訓、知與清其義一也。

說詩

抑抑密也 密、當作宓。見前

注疏正字

抑抑密也秩秩清也 大雅威儀抑抑、德音秩秩傳抑抑、美也、秩秩、有常也、箋抑抑、密也、秩秩、清也。成王立朝之威儀致密無所失、教令又清明、天下皆樂仰之。

啓蒙

抑 說文卬。按也。从反印。俗抑从手。

黃侃評本正名

抑抑、密也、秩秩、清也。

大雅假樂「威儀抑抑、德音秩秩、」抑抑者、箋云：「威儀致密；」抑詩正義引舍人云：「威儀靜密也。」秩秩者、假樂箋云：「教令清明；」郝云：「書『汝作秩宗、』下云：『直哉惟清、』是秩有清義也。」本篇上文云：「秩秩、智也、」清與智相成。

爾雅學

抑抑密也秩秩清也〇釋曰注疏本刪。

德音清泠 十行本泠作冷。

德音德明也 注疏本作清泠、本注語此涉下文教令又清明致誤、當訂正。

校勘記訂補

校勘記

甹夆掣曳也

甹夆掣曳也 謂牽拕。

郭注

甹夆掣曳也 釋曰、孫炎曰、謂相掣曳入於惡也。郭云、謂牽挽。周頌小毖嗣王求助也云莫予荓蜂、毛傳云荓蜂、摩曳也、鄭箋云、羣臣小人無敢我摩曳、謂爲譎詐、詐欺不可信也。然則掣曳者、從旁牽挽之言、是挽離正道、使就邪僻。荓甹夆蜂、掣摩音義同。

邢疏

掣曳也 謂相掣曳入於惡也。詩正義十九之四 邢疏

孫音注

黃輯古義

甹夆掣曳也 謂相掣曳入於惡也。邢疏 詩周頌小毖正義

孫音注

玉函山房輯佚

甹夆掣曳也 謂相掣曳入於惡也。孫注 詩攷四

鉤沉

掣曳也 孫曰、謂相掣曳入於惡也。詩正義十九之四 邢疏

漢注

甹夆掣曳也 孫炎云、謂相掣曳人於惡也。詩正義十九之四卷 郭璞云、謂牽挽。

一切注音

掣曳也 孫炎曰、謂相掣曳入於惡也。詩小毖正義

古注斠

甹 普經反。夆 孚逢反。掣 本或作摩、同、充世反、說文云、引而縱之。曳 餘世反。抴 本或作抴、同、泰何達可二反。廣雅云、引也。說文云、曳也。

陸音義

掣 本或作㨷、說文云引而縱之。〇㨷、舊作摩。今案說文瘛省聲、今改正。

爾雅詁林 三 釋訓

抴○臧云注謂牽挽、所見宋明舊刻單注本皆作謂牽拕、邵氏正義引宋本同。抴卽拕之異文。

音義攷證

甹夆掣曳也

易曰、見輿曳、其牛掣。

新義

甹夆掣曳也小毖云、莫予荓蜂。甹夆卽荓蜂。

鄭樵注

甹夆掣曳也

孫炎曰、謂相掣曳入於惡也。

郭璞曰、謂牽挽。宋本挽作拕。

鄭樵曰、小毖云莫予荓蜂。甹夆卽荓蜂。

古注合存

甹夆掣曳也。甹聘平聲。夆音丰。掣瘛去聲。○此下三十條雜釋成語及雜字之義、而此釋甹夆之義也。註曰、謂牽挽也。疏曰、詩小毖云、莫予荓蜂。自求辛螫。毛傳云、荓蜂掣曳也。謂挽離正道使就邪僻也。甹荓夆蜂音義並同。

注疏參義

甹荓同、夆蜂同、掣摩同。

補注

甹夆掣曳也 註 謂牽挽 正義 周頌小毖云莫予荓蜂、毛傳荓蜂、摩曳也、鄭箋、羣臣小人無敢我摩曳、謂爲譎詐誑欺不可信也。疏引孫炎云、謂相掣曳入於惡也。註 謂牽挽○ 正義 詩疏、掣曳者、從旁牽挽之言、是挽離正道使就邪僻、義本於郭註也。疏又引孫毓云、羣臣無有牽引扶助我。亦以掣曳爲牽挽也。甹荓、蜂夆、摩掣音義同。宋本挽作拕。

正義

甹夆註謂牽挽　挽、釋文作抴、云本或作拕、同、泰何達可二切。

校議

甹夆掣曳也謂牽拕

掣者、說文作㨊、云、引縱曰㨊。通作摯。廣雅云、摯、引也。玉篇摯與㨊同。曳者、說文臾曳也、臾曳蓋亦牽引之言也。甹夆者、蓋⿰彳甹⿰彳夆之省、說文⿰彳甹⿰彳夆並云使也、又云傳、使也。聲借爲荓蜂。詩小毖傳、荓蜂、㨊曳也。正義引孫炎曰、謂相掣曳入於惡也。文選海賦云、或掣掣洩洩於裸人之國。掣洩卽掣曳。海外西經云、并封其狀如彘、前後有首。大荒西經又作屏蓬、左右有首。蓋屏蓬與荓蜂俱字之叚音、其義則同。又借爲併蠭、潛夫論愼微篇引詩作莫與併蠭。

義疏

甹夆⿰彳甹⿰彳夆、併蠭、荓蜂。掣曳也孫注、謂相掣曳入於惡也。

郭注、謂牽拕。

釋小毖。

集解

掣曳也釋詩小毖莫予荓夆語也。甹、亟詞。夆、牾也。釋掣曳者、正字爲⿰彳甹⿰彳夆耳。⿰彳甹⿰彳夆皆使也。掣曳者、牽挽亦使之謂也。毛作荓夆、韓作荓蜂、義均从同。掣字本作㨊、引縱也、从手瘛省聲。俗誤作摩。曳、臾曳也、與抴略同。

義證

甹夆掣曳也

註 謂牽挽 補正 釋文作抴、註云本或作拕、同、泰何達可二反。廣雅引也。說文曳也、掣或作摩。邢疏孫炎曰、謂相掣曳入於惡也。周頌莫予荓蜂。傳云荓蜂摩曳也。箋云羣臣小人無敢我摩曳、謂爲譎詐欺不可信也。然則掣曳者、從旁牽挽之言、是挽離正道使就邪僻。荓甹夆掣摩音義同。

郭注補正

甹夆掣曳也按、詩小毖有荓蜂、毛傳訓爲摩曳者卽此。又說文解字有⿰彳甹⿰彳夆、山海經有屏蓬、並同。說文解字曰、⿰彳甹⿰彳夆、使也。字與

爾雅詁林　三　釋訓

爾雅正同。山海經曰、麈鏊鉅山有獸、左右有首曰屏蓬。字與詩亦近、經以是獸左右有首取象於屏蓬、然則詩所云莫予荓蜂者、莫予左右之意也、左右者使也、使卽掣曳也、四義實一貫。

錢氏古義

粤夆掣曳也

謂牽抴也

釋文云、抴本或作拕、同、泰何達可二反、仿宋本雪牕本元本皆從或本作拕、明注疏本又誤作牽挽。

希麟金剛頂蓮華部心念誦法一卷引爾雅曰、掣曳也、郭注云、謂牽抴也。字正作抴、今據補也字。

郭注佚存補訂

粤夆掣曳也

周頌小毖莫予荓蜂、毛傳云荓蜂、瘛曳也。鄭箋云、羣臣小人無敢我摩曳、謂爲譎詐誑欺不可信也。疏引孫炎曰、謂相掣曳入於惡也。與鄭同。義疏又引王肅云、以言才薄莫之藩援、則自得辛毒。孫毓云、羣臣無肯牽引扶助我、我則自得辛螫之毒。此二家以荓蜂爲援引、與鄭異議。掣、詩傳作瘛。說文云、引縱曰瘛。玉篇云、瘛、牽也。摯掣並同。郝引文選海賦云、或掣掣洩洩於裸人之國。掣洩卽掣曳也。

說詩

粤夆節註謂牽拕 拕誤挽、疏同。釋文作抴、同、泰何達可二切。 音掣充世切 世誤世。 疏謂為譎詐誑欺 脫誑字。

注疏正字

粤 邵本作粤、誤。

小箋

粤夆掣曳也　說文彳部、德、使也、从彳謣聲。言部無謣字。又夆、使也、从夂丯聲、讀若縫。德夆卽粤夆也。粤夆省文也。詩作荓蜂、古文叚借。　釋文云、掣本或作摩。盧本改瘛。說文云、引而縱之。詩傳作摩、彼釋文云、本又作掣。案說文手部瘛、引縱曰瘛、从手瘛省聲。又挈、縣持也、从手韧聲。掣摩二字、說文所無。

匡名

粤夆掣曳也　周頌莫予荓蜂、毛傳摩曳也、孔疏、掣曳者、从旁牽挽之言。此謂牽引扶助也。

啓蒙

掣　瘛　釋文。掣本或作摩。同充世反。說文云。引而縱之。案今說文作瘛。云引縱曰瘛。

黃侃評本正名

翕翕訿訿　速速蹙蹙　惟逑鞫也　粤夆掣曳也

毛詩潝潝訿訿、小雅小旻詩。漢書作歙歙訿訿、劉向傳。後漢書作翕翕訾訾。翟酺傳。毛詩作蔌蔌、小雅正月詩。韓詩作速速。引見後漢書蔡邕傳注。釋文、惟逑本亦作求。釋訓釋文。毛詩傳、荓蜂、瘛曳也。周頌小毖傳。釋文、掣本或作瘛。釋訓釋文。

粤夆掣曳、毛傳作荓蜂瘛曳。按、粤與荓、夆與蜂、掣與瘛、音義並同。

證異

粤夆。掣曳也　疏引周頌莫予荓蜂。粤荓、夆蜂音義同。

考異摘要

甹夆掣曳也

錦燧謹案、毛詩中無甹夆。小毖篇莫予荓蜂、毛傳云荓蜂、摩曳也、鄭箋云、羣臣小人無敢我摩曳、謂爲譎詐誑欺不可信也。据此則毛詩之荓蜂、卽爾雅之甹夆可知矣。齊魯韓三家異文、當有作甹夆者、雅訓蓋釋三家詩之莫予甹夆也。竊謂甹夆乃雙聲字、甹夆之可通荓蜂者、以段氏六書音韻表攷之、幷聲甹聲同在弟十一部、例得通假。荓从幷聲、故荓可通甹。蜂說文作䗬、䗬从逢聲、逢又从夆聲、故蜂可通夆。惟毛詩作荓蜂固非本字、而爾雅作甹夆亦屬假字。說文艸部云、荓、馬帚也。䖵部云、䗬、飛蟲螫人者。此荓蜂二字之本義也。又丂部云、甹、亟詞也。夂部云、夆、啎也。此是甹夆二字之本義也。今訓爲掣曳者、乃是德徫之假借字。說文德徫二字下俱訓爲使、掣曳卽使之也。釋文引孫炎曰、謂相掣曳入於惡也。是以德徫爲引而之不善。正義引孫毓曰、羣臣無牽肯引扶助我、是以德徫爲引而之善。蒙謂德徫之義衹爲掣甹、故善惡皆通、而以序言嗣王求助論之、則孫毓之說爲長。

陸錦燧日記

甹夆、掣曳也。

說文手部云：「㨖、引縱曰㨖、」段云：「引縱者、謂宜遠而引之使近、宜近而縱之使遠、皆爲牽掣也。」申部云：「曳、臾曳也、从申、厂聲、」此形聲兼會意字、厂、象其抴引之形也。段云：「㨖、俗作掣。」郝云：「㨖、通作摯。」

甹夆者、德徫之省。說文彳部「德、使也、」段以爲使上當有德徫二字；又云：「徫、使、讀若螽；」使者、猶云左右之也。周頌小毖「莫予荓蜂、」傳云：「荓蜂、㨖曳也；」疏引孫炎云：「謂相掣曳入於惡也、」錢坫云：「山海經曰：『鏖鏊鉅山有獸、左右有首、曰屛蓬、』經以是獸左右有首、取於屛蓬；然則莫予荓蜂者、莫予左右之意也。」甹夆、又或作幷螽。

爾雅學

謂牽拕 單疏本雪牕本元本同。釋文、拕本或作拕同泰何達可二反。閩本監本毛本拕改挽。因邢疏有從旁牽挽及挽離正道等言而誤改。

甹夆掣曳也〇釋曰 注疏本刪。

謂爲譎詐誑欺 注疏本脫誑、此本舊誤詐、今據詩箋訂正。

甹夆掣曳也注謂牽拕今本拕誤作挽釋文拕本或作拕同泰何達可二反 疏掣曳者從旁牽挽之言是挽離正道使就邪僻此詩疏之言。邢氏引之不是郭義如此此注誤作挽必是據疏所改當從釋文爲是。

校勘記

甹夆掣曳也釋文、掣本或作摩、同充世反今本世誤作泄。

注疏本正誤

䈂蜂摩曳也 監本毛本湘本䈂作荓是。

注疏校勘札記

六行甹夆掣曳也（注）謂牽柁○「柁」，宋刻十行本及邢昺疏皆作「拕」，此從「木」誤。原本《玉篇》丂部「甹」下引作「扡」，《釋文》同。

二十下（四二）

宋監本校箋

甹音屏夆音風掣曳也

音圖·音

甹音屏 案甹音娉、滂今音屏、並誤。直音夆音逢亦非。

直音正誤

詩正義云甹荓同、夆蜂同、掣摩同古今字。

音略

甹娉夆逢、掣徹滯曳裔也」

孫侶直音

甹聘平聲夆逢掣徵滯曳裔也

直音校正

甹聘平聲夆丰掣充泄切熾曳也相掣曳入于惡也

楊氏音訓

甹普丁切夆逢掣尺制切

干氏音釋

朔北方也

朔北方也謂幽朔。

郭注

朔北方也　釋曰、舍人曰、朔盡也。北方萬物盡、故言朔也。李巡曰、萬物盡於北方。小雅出車云、城彼朔方、毛傳云、朔方、北方也。但北方大名皆言朔方。堯典云、宅朔方。郭云、謂幽朔。

邢疏

朔北方也

朔盡也。北方萬物盡、故言朔也。書堯典正義　邢疏

犍爲注

朔北方也

萬物盡於北方、蘇而復生、故言北方。書正義二　邢疏引上六字

李注

朔北方也

朔盡也。北方萬物盡、故言朔也。邢疏　書堯典正義

犍爲注

黃輯古義

朔北方也

萬物盡於北方、蘇而復生、故言北方。邢疏　書舜典正義

李注

玉函山房輯佚

朔北方也

朔盡也。北方萬物盡、故言朔也。舍人注　萬物盡於北方、蘇而復生、故言北方。李注　並書疏二

鉤沉

朔北方也

舍人曰、朔盡也。北方萬物盡、故言朔也。書正義二　邢疏

李曰、萬物盡於北方、蘇而復生、故言北方。書正義二　邢疏

漢注

朔北方也

舍人云朔盡也。北方萬物盡故言朔也　李巡云萬物盡於北方、蘇而復生故言北方。並書正義二卷　郭璞云、謂幽朔。

一切注音

朔北方也　舍人曰、朔盡也。北方萬物盡、故言朔也。李巡曰、萬物盡於北方、蘇而復生、故曰北方。書堯典正義

古注斠

朔所角反。

陸音義

朔北方也

朔蘇也、死復蘇生、終始之詞。

新義

朔北方也

舍人曰、朔盡也。北方萬物盡、故言朔也。

李巡曰、萬物盡於北方、蘇而復生、故言北方。

郭璞曰、謂幽朔。

古注合存

朔北方也。此釋朔之義也。註曰、朔謂幽朔。疏曰、詩出車云、城彼朔方。書堯典云、宅朔方。

注疏參義

爾雅詁林　三　釋訓

朔北方也【註】謂幽朔【正義】堯典云宅朔方、史記引作居北方。書疏引舍人云、朔盡也。北方萬物盡、故言朔也。李巡云、萬物盡於北方、蘇而復生、故言北方。尚書大傳云便在伏物。史記索隱引尸子云、北方者、伏方也。

正義

朔北方也 謂幽朔

北者、說文云菲也、从二人相背。然則北之言背也。詩云、言樹之背。背即北也。尚書大傳云、北方者何也。伏方也、萬物之方伏。書宅朔方、史記五帝紀作居北方。說文云、平在朔易、作便在伏物。皆其義也。朔者蘇也。說文云、朔月一日始蘇也。是朔兼始蘇二義。又訓北者、萬物終於北方而亦始於北方、如烕而復蘇也。故堯典正義引舍人曰、朔盡也。北方萬物盡、故言朔也。李巡曰、萬物盡於北方、蘇而復生、故言北方。亦兼始蘇二義也。

義疏

朔北方也 舍人注、朔、盡也。北方萬物盡、故言朔也。李注、萬物盡於北方、蘇而復生、故言北方。郭注、謂幽朔。

書、朔南暨。又、平在朔易。

集解

朔北方也 書堯典、平在朔易。禹貢朔南暨。此釋之也。朔、月一日始蘇也、从月屰聲。月行二十九日六時四十四分弗行就日而與日會、月之光面對日、黑面對地、因之而人不見月、則人與月背矣、北方所以偁朔也。北、乖也、从二人相背、指事。其以為南北之北者、正字為背耳。人之坐立多面明背闇、因以明為南、而北為背。方、併船也。與匚通用。或者月借日光、而日光不移動、月自移動、因而月之光面時向背乎地、朔而月之光面背地、北方因以為名與。

義證

朔北方也

【註】謂幽朔【補正】邢疏、舍人曰、朔盡也、北方萬物盡故言朔也。臣鍌按、書疏引李註云、萬物盡於北方、蘇而復生、故言朔方。

郭注補正

朔北方也

此釋小雅出車城彼朔方。毛傳云、朔方、北方也。朔方、近玁狁之國也。鄭箋云、命南仲往城築於彼朔方。疏云、朔方地名、非國名、國者以國表地、非國名。但北方大名、皆言朔方。堯典云、宅朔方。爾雅云、朔、北方也。皆其廣號。案毛謂朔方近玁狁之國、非謂朔方為國也、猶言北方與玁狁為鄰耳。郭注云謂幽朔、是其義也。書疏引舍人曰、朔、盡也。北方萬物盡、故言朔也。李巡曰、萬物盡於北方、蘇而復生、故言北方。

說詩

朔北方也疏李巡曰萬物盡於北方蘇而復生故言朔方 脫蘇而以下八字、從尚書疏校。巡、誤迎。

注疏正字

朔北方也 說文、朔、月一日始蘇也。註、晦者、月盡也。盡而蘇矣。引伸為凡始之稱。北方曰朔方、亦始之義也。故堯典云、宅朔方也。

啓蒙

釋訓篇朔北方也。朔、有始義。王伯厚云、北方終陰而始陽、故曰朔方。郭云、幽朔。邢引舍人曰、朔、盡也。義亦未備。

讀雅筆記

朔、北方也。尚書大傳云：「北方者、何也、伏方也、萬物之方伏。」朔者、說文月部云：「朔、月一日始蘇也。」是北方者物之終、朔者物之始、其義懸殊。今訓朔爲北方者、郝云：「萬物終於北方、而亦始於北方。故堯典正義引李巡云：『萬物盡於北方、蘇而復生、故言北方。』」案堯典「宅朔方、」史記五帝紀作「居北方、」是朔即北也。朔爲始蘇、引伸爲凡始之稱、儀禮大射儀「朔鼙、」注「朔、始也、」禮記禮運「皆從其朔、」注「朔、亦初也。」

爾雅學

朔北方也○釋曰 注疏本刪。

李巡曰 注疏本巡誤超。

校勘記

朔北方也疏李巡曰、今本巡誤作超。

注疏本正誤

不俟不來也不遹不蹟也

不俟不來也。不可待是不復來。不遹不蹟也。言不循軌跡也。

郭注

不俟不來也 釋曰、俟待也。既云不待是不來也、故郭云不可待是不復來。不遹不蹟也 釋曰遹循也。蹟軌跡也。謂不循道者曰不蹟。郭云言不循軌跡也。小雅沔水云念彼不蹟、毛傳云不蹟不循道也是矣。

邢疏

不俟不來也

郭璞云、不可待是不復來。

不遹不蹟也

郭璞云、言不循軌跡也。

一切注音

不來 本或作倈、逨、同力胎反。不復 如字。不遹 古述字、一音聿。不蹟 子亦反。詩云念彼不蹟、傳云、不循道也。循 音巡。

陸音義

不竢 事巳反、待也、宜從來、本今作俟字。

不竢○作俟。邢本

音義攷證

不俟不來也

不俟不來也釋我行不來、言此不俟以彼不來故。

不遹不蹟也

不遹不蹟也釋念彼不蹟、言此不遹以彼不蹟故。

新義

不俟不來也 郭云、不可待是不復來也。不遹不蹟也 郭云、言不循軌跡也。

鄭樵注

不俟不來也

郭璞曰、不可待是不復來。

鄭樵曰、郭云、不可待是不復來也。

不遹不蹟也

郭璞曰、言不循軌跡也。

鄭樵曰、郭云、言不循軌跡也。

古注合存

不俟之俟、說文作竢。

補注

不俟不來也 註 不可待是不復來 不遹不蹟也 註 言不循軌跡也 正義 此以不俟釋不來、以不遹釋不蹟也。小雅采薇云、我行不來。說文俟作竢、引詩曰不竢不來、今詩無此語、蓋以釋訓多釋詩義、故以訓釋之文爲詩本文也。楚詞九章思美人云揚厥馮而不竢、王逸章句、思舒憤懣無所待也。不蹟者、沔水云、念彼不蹟、謂不循道也。遹、古述字。邶風、報我不述。

不俟不來也 不可待是不復來 不遹不蹟也 言不循軌跡也

正義

不來者、詩采薇傳、來、至也。俟者、說文作竢、引詩曰不竢不來。或从彳作徯、今通作俟。俟、待也。蹟者、與迹同。

說文云、迹步處也。或从足責作蹟。詩沔水傳不蹟不循道也。遹者、釋詁云、循也。釋言云、述也。馬瑞辰曰、說文引詩竢字从來矣聲、疑詩古本作我行不竢、竢與俟通、故爾雅作不俟而以不來釋之、今詩作我行不來者、竢字脫其半耳。爾雅釋經、俱經字在上、此以不來釋不俟、非以不俟釋不來也。又不遹不蹟也、遹古述字。述術字通。此釋詩報我不術、非釋詩念彼不蹟也、亦經字在上。

義疏

不俟不來也 釋詩采薇我行

不來語也。俟、大也、从人矣聲、與竢通用、說文所謂不竢不來是也。說文謂不竢不來爲詩詞、今采薇僅云不來、蓋古本有以不來爲不竢者、許慎因加不來之訓耳。來上經云至也。

不遹不蹟也 詩日月報我不述、沔水念彼不蹟、文雖異而義實同也。遹回辟也、从辵矞聲、與述通用。述、循也。蹟字一作迹、步處也。行步者貴循順。

義證

不俟不來也

[註]不可待是不復來[補正] 臣鍌按、釋文不俟作不竢、註云事已反待也、宜從來字、今作俟字。不來本或作倈、逨同、力胎反。

郭注補正

不遹不蹟也 按、論語言不踐迹、即此、不踐迹者、不循道也。遹之言循、迹蹟同字。

錢氏古義

不俟不來也 注不可待是不復來

正曰、釋文竢宜从來。是釋文所見郭注本作不竢不來也。詩小雅采薇我行不來、毛傳來至也。說文來部、竢、詩曰不竢不來、俟或從彳。說文有挩字、當作詩曰我行不竢、不竢、不來。蓋齊魯韓本作我行不竢、許依爾雅引不竢訓不來、即同毛傳來訓爲至之誼也。是至爲竢字本誼也。郭注訓爲竢待、而云不可竢是不復來、則不辭矣。

不遹不蹟也 注言不循軌迹也。

正郭

不竢不來也

此釋小雅采薇我行不來。說文來部竢下引詩不竢不來、郭本爾雅與說文同。馬氏瑞辰曰、說文竢字從來矣聲、疑詩古本作我行不竢、今作我行不來者、竢字脫其半耳。爾雅釋經俱經字在上、此以不來釋不俟、非以不俟釋不來也。阮氏元云、詩古本當作我行不竢、其義爲不來、竢與疚亦韻也、毛詩作來、因聲相近而字脫其半。案、詩無不竢不來之文、當是引詩不竢而以不來釋之、說文解字蓋多本爾雅也、今從阮馬之說。

不遹不蹟也

此釋邶風日月報我不述、遹古述字。毛傳云、述循也。鄭箋云、不循、不循禮也。彼釋文云、述本亦作術。韓詩作報我不術、古文述皆作術。見士喪禮筮人許諾不述命注。說文云、術、邑中道也。樂記大傳注竝云、術猶道也。不循禮、與不循道一義也。遹述又與聿通。大雅文王有聲遹追來孝、禮器作聿追來孝、文王聿修厥德、漢書東平思王宇傳作述修厥德。傳云聿、述也。釋言云、遹述也。孫炎注釋詁云、古述字讀聿。聿述遹術四字音義皆同、故相通用。不蹟者、小雅沔水念彼不蹟、傳云不蹟、不循道也。箋云諸侯不循法度卽不循禮也。故以詩之不蹟、釋詩之不述、非以不述釋不蹟也。

說詩

不遹不蹟也

柏年案卽論語所謂不踐迹是也。遹循也、循與踐同義。蹟迹字通。

補釋

不俟不來也　俟、釋文作竢、云、事已反待也、宜從來。

不遹節註言不循軌跡也　軌、誤執、後並同。　音遹聿　釋文云、遹古述字、一音聿。

疏小雅沔水云　水、誤彼。

注疏正字

不竢不來也　釋文云、竢宜從來、今本作俟。石經單疏本作俟。案說文來部竢、詩曰不竢不來、从來矣聲、或从彳作徯。今借用俟字。又云、來本或作倈、倈、遬同。案說文無倈遬二字。

不遹不蹟也　釋文云、遹古述字。見釋詁　說文辵部迹或作蹟。

匡名

不俟不來也不遹不蹟也　說文竢引詩不竢不來、或作徯。蓋竢者、來之也。不我竢者、不我來也。或以竢俟伺竢訓待、非也。小雅我行、不來、傳來、至也。　遹古述字。邶風報我不述、傳述、循也。箋不述、不循禮也。蹟、迹之或體也。責亦束聲。小雅念彼不蹟、傳不蹟、不循道也。

啓蒙

不俟不來也　俟、說文作竢、引詩曰不竢不來、案詩曰當爲爾雅曰之誤。又說文引駜牡驪牡、亦以爲詩曰、誤與此同。

不遹、不蹟也。　蹟與下武迹也及釋獸其跡躔之跡異體。

黃侃音訓

不俟不來也

錦燧謹案、釋文云、竢宜從來、本今作俟。然則陸氏所見古本爾雅有作不竢者、殆樊孫本也。說文來部竢字下引詩曰不竢不來也、此本爾雅文、許君以雅訓本以釋詩、故省文稱詩、駜下說解引詩曰駜牡驪牡、亦爾雅文而稱詩、其例與之同。惟爾雅既所以釋詩、何以詩中無不竢二字連文者、亦無不俟二字連文者、段氏謂釋江有汜篇不我以句、邵氏郝氏俱謂釋采薇篇我行不來句、蒙以爲邵郝得之、段說未是。洵如段說、必經文作我不而後可、今以經作不我以、而謂雅訓之不竢卽釋此句、有是理乎。或謂如邵郝說則詩既作不來、爾雅當以不竢釋不來矣、今反以不來釋不竢者、豈誤倒乎。曰此非爾雅之誤倒其句、乃毛詩之誤奪偏旁也。詩本作我行不竢、傳寫者奪去矣旁、因譌作來、何以知之、曰詩中不少來字、毛公皆不著訓、獨此訓至者、以竢字罕見、故特表而出之也。來與至義同、毛傳以至詁竢、與爾雅以來詁竢、其指

爾雅詁林　三　釋訓

無異。郭本作俟者、殆三家異文有作我行不俟者與。然俟之本義訓大、是俟乃䇏之假借也。

陸錦燧日記

不俟、不來也。

俟、說文作䇏、來部云：「䇏、詩曰：『不䇏不來、』从來、矣聲。𢓜、䇏或从彳。」許所引、今詩無此語。小雅采薇有云：「我行不來、」與說文有異。郝引馬瑞辰云：「說文引詩䇏字、『從來、矣聲、』疑詩古本作『我行不䇏、』䇏與俟通、故爾雅作不俟、而以不來釋之。今詩作『我行不來』者、䇏字脫其半耳。爾雅釋經、俱經字在上、此以『不來』釋『不俟、』非以『不俟』釋『不來』也。」馬說是也。說文段注云：「江有汜之『不我以、』古作『不我䇏、』䇏者、來之也、不我䇏者、不來我也。許葢兼偁詩爾雅、當云：『詩曰不我䇏、不䇏、不來也；』轉寫譌奪、不可讀耳。」如段言、則爾雅之「不俟、」必本作「不䇏；」且所釋者、葢兼江有汜采薇二章之詞也。

不遹、不蹟也。不徹、不道也。

「不遹、不蹟也」者、郭云：「言不循軌迹也；」郝引馬說亦云：「此釋詩『報我不術、』非釋詩『念彼不蹟』也。」「不徹」者、郭云：「徹、亦道也。」諸家以經文有二也字、故作二句解之。王引之引陳奐之說曰：「不遹者、即邶風日月篇之『報我不述』也。古毛詩當作『報我不遹、』孫炎曰：『遹、古述字、』毛傳曰：『述、循也、』即釋詁之『遹、循也。』不蹟者、即小雅沔水篇之『念彼不蹟』也、傳曰：『不蹟、不循道也。』不徹者、即十月之『天命不徹』也、傳曰：『徹、道也。』不遹、不蹟、不徹、並見於詩、故爾雅統釋之曰『不道也。』毛公傳義、悉本爾雅、今本爾雅不遹不蹟下、衍一『也』字、遂失其指。」王氏又云：「陳說是也、詩『報我不述、』釋文『本又作術、』術與遹通、故爾雅曰：『不遹、不道也。』鄭注樂記云：『術、道也、』楚辭天問『昏微遵迹、』王注曰：『迹、道也、』迹與蹟同、故爾雅曰：『不蹟、不道也。』」此皆以爾雅九字爲一句、其說不可易矣。

爾雅學

不俟不來也 唐石經單疏本雪牕本同。釋文、不䇏、事已反待也、宜從來、本今作俟字。說文來部䇏下引詩不䇏不來、從來、矣聲。又俟䇏或从彳。按、說文引詩不䇏與爾雅合、采薇詩古本當作我行不䇏、其義爲不來、䇏與來亦韻也、毛詩作來、因聲相近而字脫其半。毛傳來至也。箋云、來猶反也。皆如字讀、失雅訓矣。

不俟不來也○釋曰 注疏本刪。

故郭云 注疏本脫故。

不遹不蹟也 唐石經單疏本雪牕本同。釋文、遹古述字。按此本孫叔然語、爾雅述字多作遹、釋詁釋言釋訓三篇皆有之。此釋邶風日月篇報我不述也、蓋古經有作報我不遹者。邢疏引沔水念彼不蹟、邵晉涵正義因謂以不俟釋不來、以不遹釋不蹟、誤甚。釋訓一篇皆詩經在上、雅訓在下、未有倒置之者。

言不循軌跡也 單疏本雪牕本同。按此經作蹟、注作跡。

小雅沔水云 閩本監本毛本水誤彼、元本闕。

校勘記

不遹不蹟也 此釋邶風日月篇報我不述也、蓋古經有作報我不遹者。邢疏引沔水念彼不蹟、邵晉涵正義因謂以不俟釋不來、以不遹釋不蹟、誤甚。釋訓一篇皆詩經在上、雅訓在下、未有倒置之者。案古人訓釋之文不應如此拘執、周易雜卦六十四象皆先言卦、後言義、至親寡旅也則反其言、與此正同。且下云舞號雩也、非經字在下、雅訓在上乎、不遹即不述邵正義中已言之。

校勘記識語

不遹不蹟也釋文、遹古述字、一音聿。今本僅音聿、非是。

注疏本正誤

軌跡也 監本毛本湘本軌上有蹟字、是。此釋經文蹟字、脫此字、則釋注文軌字矣。

注疏校勘札記

不遹音聿不蹟也

音圖・音

竢、事已翻、音士、牀母字、說文牀里翻、同本今作俟。羣經音義云、俟與古文竢、竢戺三形同、事几翻、爾雅待也。裘文達公云、爾雅釋詩本文在上、此獨本文在下、不來鄭風小雅以不俟釋之、不蹟小雅以不遹釋之、與下句不徹有別。

音略

不俟不來也。不遹聿不蹟迹也。

孫偘直音

不俟不來也不遹聿不蹟也 言不循軌迹也

楊氏音訓

不徹不道也勿念勿忘也

不徹不道也 徹亦道也。勿念勿忘也 勿念、念也。

郭注

不徹不道也 釋曰、小雅十月云、天命不徹、毛傳云、徹道也、鄭箋云、不道者、言王不循天之政教是也。勿念勿忘也 釋曰、勿念念也、念即不忘也、若大雅文王篇云、無念爾祖是也。

邢疏

不徹不道也 郭璞云、徹亦道也。勿念勿忘也 郭璞云、勿念、念也。

一切注音

徹直列反。忘音亡、下同。

陸音義

不徹不道也 不順乎道。

鄭樵注

不徹不道也 郭璞曰、徹亦道也。鄭樵曰、不順乎道。勿念勿忘也 郭璞曰、勿念、念也。

古注合存

不俟不來也、不遹不蹟也、不徹不道也、遹音聿、蹟音迹。○此釋不俟之屬之義也。疏曰、俟待也、遹循也、徹道也、詩沔彼云、念彼不蹟、十月云、天命不徹。

注疏參義

不徹不道也 **註** 徹亦道也 勿念勿忘也 **註** 勿念念也 **正義** 小雅十月之交云、天命不徹、毛傳徹道也。鄭箋不道者、言王不循天之政教。大雅文王云、無念爾祖、孝經釋文引鄭註云、無念無忘也。**註** 勿念念也○ **正義** 毛傳無念念也、小爾雅同、是郭註所本也。服虔左傳註云、不尚尚也、毋寧寧也、俱與此同。

不徹不道也 徹亦道也 **勿念勿忘也** 勿念念也

正義

徹者、通也、達也。通達、皆道路之名、故云、徹亦道也。徹之言轍、有軌轍可循。釋文徹直列反、則讀如轍。玉篇徹兼丑列直列二音也。不徹者、詩天命不徹、毛傳徹道也、鄭箋不道者、言王不循天之政教。勿者、與無同。無念者、詩無念爾祖、傳無念念也。孝經釋文引鄭注、

爾雅詁林 三 釋訓

無念、無忘也。按、無古讀如模、模猶摹也。無念者、心中思念、手中揣摹、故曰無念、非反言之詞。

義疏

不俟不來也　郭注、不可待、是不復來。詩我行不𣜥、說文引不𣜥不來。來、矣聲轉。

不遹術**不蹟也不徹不道也**　郭注、言不循軌迹也。徹亦道也。詩報我不術、念彼不蹟、天命不徹、皆不循道也。蹟下誤加也、遂分二句、非也。

勿念勿忘也　郭注、勿念、念也。勿當爲無。孝經釋文引鄭注無念爾祖云、無念、無忘也。書弗念弗庸。弗念則忘。

集解

不徹不道也　釋詩十月之交天命不徹語也。徹、通也、从彳从攴从育。引申爲道、謂道貴乎通也。道、所行道也、从辵从首、一達謂之道。達、通也。因以爲道誼之道、禮記中庸所謂率性之謂道是。

勿念勿忘也　詩文王無念爾祖、此釋之也。毛傳訓爲念者、以無爲書聞耳。忘、不識也、从心从亾會意。詩假樂不愆不忘。

義證

不徹不道也　注徹亦道也

正曰、陳主事毛詩傳疏云、不遹者、卽詩邶日月報我不述也。釋訓釋文、遹古述字。日月毛傳、述、循也。卽釋詁遹循也。不蹟者、卽詩小雅沔水念彼不蹟也。毛傳、不蹟、不循道也。不徹者、卽詩小雅十月之交天命不徹也。毛傳徹道也。不遹不蹟不徹並見於詩、故釋訓統釋之曰不道也。毛詩傳誼悉本釋訓也。今郭注本不遹不蹟下衍也字、遂失其恉。

正郭

不徹不道也

此釋小雅十月天命不徹。毛傳云、徹、道也。鄭箋云、不道者、言王不循天之政教。陳氏鏞云、不遹不蹟不徹皆見詩、爾雅統釋之曰不道也。今本爾雅不蹟下衍一也、遂失其指。王氏引之謂郭本不蹟下已衍也字、故但云不循軌跡、而不以不道釋之也。今不從。

勿念勿忘也

此釋大雅文王無念爾祖。毛傳云、無念、念也。孝經釋文引鄭注云、無念、無忘也。

說詩

不俟不來也不遹不蹟也不徹不道也勿念勿忘也

此又一事例也。言不俟所俟之人、則其人不來矣。不遹、則知其不循軌矣。不徹、則知其所爲無道矣。勿念者、人於離別時每云勿念我、是勿忘矣。此與不戢戢也不尙尙也毋宝宝也同例。

小箋

不遹不蹟也不徹不道也

郭注不遹不蹟也曰、言不循軌跡也。陳氏碩甫曰、不遹者、卽邶風日月篇之報我不述也。古毛詩當作報我不遹。孫炎云、遹古述字。毛傳曰、述、循也。卽釋詁之遹循也。不蹟者、卽小雅沔水篇之念彼不蹟也。傳曰、不蹟、不循道也。不徹者、卽十月之天命不徹也。傳曰、徹、道也。不遹不蹟不徹並見於詩、故爾雅統釋之曰不道也。毛公傳義悉本爾雅。今本爾雅不遹不蹟下衍一也字、遂失其指。引之謹案、陳說是也。

爾雅詁林　三　釋訓

詩報我不述釋文本又作術、文選廣絕交論注引韓詩亦作術、鄭注樂記、韋注魯語、高注呂氏春秋誣徒篇並云、術道也。報我不術者、報我不以道也。術與遹通、遹訓爲道、故爾雅云不遹不道也。楚辭天問昏微遵迹、王注曰迹道也。迹與蹟同、蹟訓爲道、故爾雅曰不蹟不道也。郭所見本不蹟下已衍也字、故但云不循軌跡、而不以不道釋之也。

述聞

不徹不道也勿念勿忘也

小雅天命不徹、傳徹道也。大雅無念爾祖、鄭註無念、念也。勿州里所建旗、註、經傳多作物、而假借勿爲毋字、亦有借爲没字者、詳釋詁。

啓蒙

不遹不蹟也不徹不道也

案、不遹不蹟不徹並見於詩、而爾雅統釋之爲不道也。邶風報我不述、古作不遹。遹卽述古文、叚借字。孫炎云遹、古述字。毛詩云述、循也。釋詁、遹、循也。釋文本又作術。鄭注樂記、韋注魯語並云、術、道也。是不遹卽不述、不述卽不以道也。沔水念彼不蹟、傳云不蹟、不循道也。十月天命不徹、傳云徹、道也。郭所見爾雅不遹不蹟下衍一也字、故但以道釋不徹、而不以道釋不遹不蹟報我不述。陳氏奐毛氏傳疏云不蹟不徹皆用釋訓文、不遹爲不道亦當用釋訓文、其說是也。

王頌清日記

勿念、勿忘也。

郭注云：「勿念、念也。」邵引大雅文王「無念爾祖、」傳云：「無念、念也；」孝經釋文引鄭注云：「無念、無忘也。」案經傳釋詞云：「勿、語助也。詩節南山曰：『弗問弗仕、勿罔君子、』勿罔、罔也、言弗問而察之、則下民欺罔其上矣。僖十五年左傳曰：『史蘇是占、勿從何益、』勿從、從也、言雖從史蘇之言、亦無益也。」然則勿念爲念者、以勿爲語助詞故也。無念之爲念、與勿念同、孟康注漢書貨殖傳云：「無、發聲助也。」王氏云：「詩抑曰：『無競維人、』執競曰：『無競維烈、』傳竝曰：『無競、競也；』襄二十九年左傳『且先君而有知也、毋寧夫人、而焉用老臣、』服虔注曰：『毋寧、寧也；』以上皆發聲。」玉篇云：「不、詞也；」故經傳中如不、如丕、多爲語助。如書西伯戡黎曰：「我生不有命在天、」不有、有也；逸周書大匡篇曰：「二三子不尙助不穀、」孔注云：「不尙、尙也；」孟子公孫丑篇曰：「雖褐寬博、吾不惴焉、」不惴、惴也；此不之爲助詞也。僖二十八年左傳曰：「奉揚天子之丕顯休命、」丕顯休命、顯休命也；昭三年左傳云：「昧且丕顯、」丕顯、顯也；人皆知丕訓大、而未知古丕不通用、故丕亦爲語詞也。

爾雅學

不徹不道也○釋曰注疏本刪。

勿念勿忘也○釋曰注疏本刪。

校勘記

萲諼忘也

萲諼 忘也義見伯兮考盤詩。

郭注

萲諼忘也注義見伯兮考盤詩 釋曰衞風伯兮云焉得諼草、毛傳云、諼草令人忘憂。又考槃云永矢弗諼是也。伯兮篇本或作萲草。

邢疏

諼忘也 詩云焉得諼草。詩正義三之一

孫音注

萲諼忘也 萲許袁反。釋文

謝音

萲忘也
萲、音袁。釋文

施音

黃輯古義

萲諼忘也
詩云、焉得諼草。邢疏。詩衛風伯兮正義。

孫音注

萲諼忘也萲、許袁反。

謝音

萲諼忘也萲、音袁。同上

施音

玉函山房輯佚

諼忘也
孫曰、詩云、焉得諼草。詩正義三之三。邢疏。

漢注

萲諼忘也
郭璞云、義見伯兮考槃詩。

一切注音

諼忘也
孫炎曰、詩云、焉得諼草。詩正義三之二。又邢疏。

古注斠補

萲 施、音袁。謝、許袁反。郭云、義見伯兮詩
考槃 步干反。本又作盤。
諼 許爰反。
云焉得萲草。毛傳云萲草令人善忘。則謝讀爲是。

陸音義

萲諼忘也
諼、自忘。萲、使之忘。

新義

萲諼忘也伯兮云、焉得諼草。諼、本作萲。考槃云、弗矢永諼。

鄭樵注

萲諼忘也
孫炎曰、詩云、焉得諼草。
郭璞曰、義見伯兮考槃詩。
鄭樵曰、伯兮云、焉得諼草。諼本作萲。考槃云、永矢弗諼。

古注合存

勿念勿忘也萲諼忘也。此釋勿念之屬之義也。註曰、勿念、念也。疏曰、詩文王云、無念爾祖、伯兮云焉得諼草、考槃云、永矢勿諼、諼草或作萲草。食之、令人忘憂。萲諼音義同。

注疏參義

萲諼忘也 註 義見伯兮考槃詩 正義 文選註引韓詩薛君章句云、諼草忘憂也。說文作藼、云、令人忘憂草也。或作蕿、又或作萱。淇澳云、終不可諼兮。釋云、民之不可忘也。即見下文。註義見至槃詩○正義 爾雅釋文引詩云焉得萲草、毛傳云、萲草令人善忘。今衛風伯兮云焉得諼草、毛傳諼草令人忘憂。與陸氏所据本異。考槃云永矢弗諼、毛傳用爾雅。

正義

萲諼忘也 釋文云、詩云焉得萲草、毛傳云、萲草令人善忘。

校議

萲諼忘也義見伯兮考槃詩
忘者、說文云、不識也。不識、言不省記也。萲者、蕿字之省、說文作藼、或作蕿、又作萱、云、令人忘憂艸也。引詩焉得藼艸。今詩俗作諼、伯兮傳云、諼草令人忘憂。爾雅釋文引作萲草令人善忘。玉篇、令人善忘憂草。疑毛傳今本忘上脫善字、爾雅釋文忘下脫憂字也。諼者、詩淇奧傳及考槃箋並云、諼、忘也。諼即萲字之段音。

義疏

萲諼忘也郭注、義見伯兮考槃詩。詩焉得諼草、說文引作藼、又作蕿萱。詞家多以諼草忘憂爲頌母。蓋二家舊說。諼詐

爾雅詁林 三 釋訓

也。詩終不可諼兮。又永矢勿諼。皆以爲忘。與緩同意。

集解

萲諼忘也

萲字本作蕿。令人忘憂艸也。从艸憲聲。或从煖聲。或从宣聲。詩伯兮安得諼草。即蕿艸也。韓詩以諠爲之。此僅釋忘。引申義耳。或者正字爲諠。與諼詐也。从言爰聲。正字爲緩。緩綽也。人性緩綽者易忘。緩諼通用字。詩考槃永矢弗諼。傳諼忘也。淇奥終不可諼兮。大學引作諠。注忘也。或謂爲萱之借字。誤矣。

義證

萲諼忘也

義見伯兮考槃詩

釋文云槃本又作盤。案邢疏引注作盤。引詩作槃。

郭注佚存補訂

萲諼忘也

萲說文作蕿。或作蕿。又作萱。云令人忘憂草也。詩曰安得蕿草。衛風伯兮作焉得諼草。毛傳云諼草令人忘憂。諼爲萲之假借。萲爲蕿之省文。蕿萱同音字。故通用也。後人多用萱字。束皙發蒙記稽康養生論任昉述異記魏彥深萱草詩徐勉萱草花賦皆作萱無作蕿者。萲字義從諼。衛風淇澳終不可諼兮。傳云諼忘也。考槃永矢弗諼。傳云諼忘也。故諼又借爲萲草。又有加草作藼者。

說詩

萲諼節疏衛風伯兮云（脫風字。）

注疏正字

萲諼忘也

此叚借之又一例也。萲說文作蕿。或作藼。省文爲萲。忘恴艸也。萲通作諼。所以萲與諼皆可訓忘也。

小箋

萲諼忘也

說文（艸部）蕿。令人忘恴（今本誤憂。）艸也。从艸憲聲。詩曰安得蕿艸。或作藼。或作萱。今作萲者乃藼之省。（禮記大學）終不可諠兮。注諠忘也。釋文曰。詩作諼。或作喧。案諼之爲諠。猶萲之爲萱。爰宣之聲同也。古字言口偏旁通借。故又作喧。說文無諠喧二字。徐養原曰。案喧爲愃之别字。不應又爲諼别字。疑釋文刊本有誤。注疏本毛本載釋文云或作喧。當攷。

匡名

萲諼忘也

說文。蕿令人忘憂之艸也。引詩安得蕿艸。或从煖。从宣。釋文引詩焉得萲草。今衞風作焉得諼草。傳諼草令人忘憂。考槃章永矢弗諼。萲諼忘也。說文本義詐詞也。諼盖蕿之叚借也。

啓蒙

萲 𧃅 說文。蕿。令人忘憂艸也。从艸。憲聲。詩曰。安得蕿草。或从煖作𧃅。

黃侃評本正名

萲諼忘也。萲諼同字並見。諼訓詐。詐有妄義。妄忘聲同。故引申訓忘。蕿草字即從之以得義。文選謝惠連西陵遇風獻康樂詩注引韓詩曰。焉得諠草。薛君曰。諠草忘憂也。是萲又作諠矣。

黃侃音訓

爾疋文與大學同

爾疋釋衛風淇澳文與大學同大學多者字諼作諠。

讀雅筆記

蘐、諼、忘也。

說文艸部云：「藼、令人忘憂之艸也；从艸、憲聲；詩曰：『安得藼艸。』蕿、或从煖。萱、或从宣。」今衛風伯兮云：「焉得諼草、」毛傳「諼草令人忘憂、」然則許所引者、葢三家詩也。淇澳「終不可諼兮、」傳用爾雅釋之。考槃云：「永矢弗諼、」箋同；是諼者、忘也。蕿者、蕿之省文、諼者、藼之假借。段云：「藼本忘憂之草、引伸之、凡忘皆曰藼；作諼、假借也。」

爾雅學

義見伯兮考盤詩單疏本同。雪牕本注疏本盤作槃、釋文考槃本又作盤。按邢疏引注作考盤引詩作考槃是陸邢所據本不同。

蘐諼忘也注義見伯兮考盤詩〇釋曰注疏本刪衛風伯兮云注疏本脫風。

校勘記

一行(注)義見伯兮考盤詩○「考盤」，今詩作「考槃」.

宋監本校箋

蘐音表諼音喧忘也

音圖·音

蘐、詩釋文又作萱、或作蘐、說文作藼、同、況袁翻。

音略

蕿喧諼喧忘也。

孫偘直音

蘐諼諼喧忘也

楊氏音訓

蘐萱

干氏音釋

每有雖也

每有雖也。詩曰、每有良朋。辭之雖也。

郭注

每有雖也釋曰、小雅常棣云、每有良朋、況也永嘆、毛傳云、況、茲、永、長也、箋云、每有、雖也、良、善也、當急難之時、雖有善同門來茲、對之長嘆而已。郭云、辭之雖也者、言爲語辭之雖、無佗義也。

邢疏

每有雖也釋文二十六卷引爾雅云、每、雖也。

郭璞云、詩曰每有良朋、辭之雖也。

一切注音

每有雖也常棣云、每有良朋。

鄭樵注

每有雖也

郭璞曰、詩曰每有良朋辭之雖也。

鄭樵曰、常棣云每有良朋。

古注合存

每有雖也。此釋每有之義也。註曰、詩常棣云、每有良朋、況也永歎、鄭箋云、每有、雖也、雖良朋徒長歎而已、

注疏參義

每有雖也 **註** 詩曰每有良朋辭之雖也 **正義** 莊子庚桑楚云、每發而不當。釋文引爾雅云、每、雖也。衆經音義引倉頡篇云、每、非一定之辭也。**註** 詩云至良朋。○ **正義** 小雅常棣文。

正義

每有雖也詩曰每有良朋辭之雖也

雖者、語詞也。玉篇云、詞兩設也。每有者、詩常棣箋用爾雅、是每有連文。其單文亦爲雖、故詩皇皇者華傳每、雖也。莊子庚桑楚篇云每發而不當、釋文引爾雅亦云每、雖也。

義疏

每有雖也郭注、詩曰

爾雅詁林 三 釋訓

每有艮朋、辭之雖也。每不訓雖、每有而如無有、則雖之義。

集解

每有雖也

釋詩常棣每有良朋語也。每、艸盛上出也、从屮母聲。每有而釋爲雖者、正字爲晦耳。晦、月盡也、與亾同意。雖雖、蟲也、似蜥易而大、从虫唯聲。唯、諾也。人而唯諾、與亾人等、因又爲非一定之詞。

義證

每有雖也

此釋小雅常棣每有艮朋。鄭箋云、每有、雖也、當急難之時、雖有善同門來茲、對之長歎而已。皇皇者華每懷靡及、毛傳云每、雖也。陳氏鏞王氏引之並謂爾雅每下不得有有字、蓋因注而衍。案注衍有字、非經衍有字也。爾雅本專釋常棣每有艮朋、故連有字言之、猶勿念爾祖之並舉勿念也、皇皇者華傳卽本此爲訓。

說詩

每有雖也

郭注曰、詩曰每有艮朋、（小雅常棣。）辭之雖也。陳氏碩甫曰、爾雅訓每爲雖、非訓有爲雖也。每下不得有有字、蓋因注而衍。小雅皇皇者華篇每懷靡及、毛傳云每、雖。卽本爾雅。引之謹案陳說是也。爾雅訓每爲雖者、合每懷靡及每有艮朋而並釋之、非專釋常棣詩詞也、故皇皇者華傳曰每、雖、而常棣傳卽蒙上而省、郭因皇皇者華箋不訓每爲雖、至常棣始訓每爲雖、故獨引每有艮朋以釋每雖也之義、非謂爾雅作每有也。自唐石經誤增有字、而常棣箋每雖也、俗本亦依誤本爾雅作每有雖也、唯相臺岳氏本無有字、校勘記云、無有字者爲是、箋正用皇皇者華傳也。案皇皇者華正義曰下篇每有艮朋之下有每雖之訓、謂常棣箋有每雖之訓也、則箋作每雖也而無有字明甚、箋訓出於爾雅、則爾雅亦無有字可知、玉篇廣韻並云每雖也、義本爾雅及毛傳鄭箋而不云每有雖也是其證。

述聞

每有雖也

小雅每有艮朋、箋雖也。說文、屮、草盛上出也、从屮母聲。註引左傳原田每每、言晉君美盛、若原田之艸每每然。每是艸盛、引伸之爲凡盛、如每生貪也、每懷私也、皆盛意、毛公田每雖也。雖、似蜥蜴而大、今借作語助之辭。

啓蒙

每有雖也。

每下連有言之者、明此每有之每訓雖也、陳奐、王引之說有衍文、非也。

黃侃音訓

每有雖也

案、此經每下不得有有字。阮氏校勘記云、無有字者爲是。詩皇皇者華篇每懷靡及、毛傳云每、雖。莊子庚桑楚篇每發而不當、釋文引爾雅每、雖也。玉篇廣韻俱云每、雖也。詩常棣篇每有艮朋、又云、雖有兄弟、是每有卽雖有也。彼箋云、每有、雖也。有亦衍字。陳氏奐云、爾雅訓每爲雖、非訓有爲雖也、其說最碻。又案、皇皇者華正義云、下篇每有艮朋之下、有每雖之訓。蓋謂常棣箋有每雖之訓也。箋訓出於爾雅、則爾雅本無有字可知矣。今俗本作每有雖也者、蓋誤於唐石經本耳。

王頌清日記

每有、雖也。

郭注云：「詩曰：『每有良朋、』辭之雖也、」此小雅常棣文。邵引莊子庚桑楚云：「每發而不當、」釋文引爾雅云：「每、雖也；」郝引小雅皇皇者華「每懷靡及、」傳云：「每、雖。」王引之引陳奐云：「爾雅訓每爲雖、非訓有爲雖也、每下不得有有字、蓋因注而衍。皇皇者華傳云：『每、雖、』即本爾雅。」王又云：「陳說是也。唯相臺岳氏本無有字、校勘記云：『無有字者爲是。』玉篇廣韻竝云：『每、雖也、』是其證。」如陳阮王諸說、是爾雅有字、爲後人誤增。

爾雅學

每有雖也○釋曰注疏本刪。

況也永嘆此與唐石經毛詩原刻同。注疏本改況也永歎、非。

校勘記

每有雖也陳碩甫曰、訓每爲雖、非訓有爲雖也。每下不得有有字、蓋因注而衍。案、詩皇華篇毛傳每雖也、玉篇廣韻並云每雖也、義正本此、陳說是。

言爲辭語之雖監本毛本湘本辭語俱作語辭。

注疏校勘札記

饎酒食也

饎酒食也猶今云饎饌皆一語而兼通。

郭注

饎酒食也 釋曰小雅天保云吉蠲爲饎、毛傳云吉、善。蠲、絜也。饎、酒食也。郭云猶今云饎饌、皆一語而兼通者、言饎之一字兼通酒食兩名也。李巡曰得酒食則喜歡也。

邢疏

饎酒食也

饎、舍人本作喜、釋云、古曰饎。釋文

犍爲注

饎酒食也

得酒食則喜歡也。詩正義八之一

李注

黃輯古義

喜酒食也釋文、饎、舍人本作喜。

喜、古曰饎。釋文

犍爲注

饎酒食也

得酒食則喜也。邢疏 詩豳風七月正義

李注

玉函山房輯佚

饎喜酒食也

得酒食則喜歡也。孫注 詩疏八之一

鈎沉

饎酒食也釋文饎舍人本作喜。

舍人曰古曰饎。釋文 按釋文則古曰饎亦當作喜。

李曰得酒食則喜歡也。詩正義八之一 邢疏

漢注

饎酒食也釋文二十九卷 饎、舍人本作喜。

舍人云古曰饎。釋文二十九卷

詩正義八之一卷

李巡云得酒食則喜歡也。

郭璞云猶今云饎饌皆一語而兼通。

一切注音

饎酒食也 舍人本作饎、釋云、古曰饎。釋文 李巡曰得酒食則歡喜也。詩七月正義

古注斠

饎尺志反、字林云、熟食也。又充之反。舍人本作喜、釋云、古曰饎。饌仕戀反。

陸音義

饎酒食也

饎喜爾雱有舞有號雱有舞有號當是舞號雱也。注文之首句、蓋傳寫誤也。邢疏引孫炎云、雱有舞有號。新義蓋用孫說耳。

新義

饎酒食也。饎、舍人本作喜。舍人曰、喜、古曰饎。李巡曰、得酒食則喜歡也。郭璞曰、猶今云饎饌、皆一語而兼通。 **古注合存**

饎、犍爲文學作喜、注云、古曰饎。 **補注**

饎酒食也【註】猶今云饎饌皆一語而兼通【正義】地官饎人云、掌凡祭祀共盛。士虞禮云、饎爨在東壁西面。鄭註、炊黍稷曰饎。是饎者食也。釋文引字林云、熟食也。然饎多兼酒而言、小雅天保云吉蠲爲饎、鄭氏周官儀禮註俱引韓詩作吉圭惟饎。毛傳、饎、酒食也。說文云、饎、酒食也。詩曰、可以饙饎。饎又通作喜。小雅甫田云、田畯至喜。鄭箋喜讀爲饎。司嗇至則又加以酒食也。詩疏引李巡云、得酒食則喜歡也。釋文引舍人本作喜、釋云、古曰饎【註】猶今至兼通○【正義】郭氏以饌釋饎也。饌本爲食、兼通於酒、故馬融論語註云、饌、酒食也。呼酒食爲饌、今人猶然。 **正義**

饎酒食也 猶今云饎饌皆一語而兼通

饎者、說文云、酒食也。詩天保洞酌傳同。爾雅釋文引字林云、熟食也。士虞禮及特牲饋食禮注並云、炊黍稷曰饎。是饎本炊食之名、但酒食同類、故爾雅連言。郭云一語而兼通、得其義矣。釋文又云、饎、舍人本作喜、釋云、古曰饎。按舍人之意、蓋謂饎俗爲喜、故以本字釋之。詩七月正義引李巡曰、得酒食則歡喜也。是李巡本亦作喜、因而以喜爲釋、則非矣。毛詩亦作喜、故鄭於七月及甫田大田箋並云、喜讀爲饎。饎、酒食也。本爾雅義、與舍人同。 **義疏**

饎酒食也 舍人注、喜、古曰饎。李注、得酒食則喜歡也。郭注、猶今云饎饌、皆一語而兼通。禮、饎爨在東壁。周官有饎人。饎當作熙、炊于𠩄也。本專以熟食、詩田畯至喜乃兼言酒。 **集解**

饎酒食也 詩天保吉蠲爲饎、七月甫田大田、田畯至喜、此釋之也。饎、喜食也。云酒者、兼言耳。字亦作饎、作糦、與喜通用。周禮饎人注、主炊官也。儀禮特牲饋食、主婦視饎爨於堂下。注、炊黍稷曰饎。謂借爲熙、或熹、非此義也。酒、就也、一曰造也。古者儀狄作酒醪、杜康又作秫酒。食、一米也、从皀亼聲。 **義證**

饎酒食也

【註】猶今云饎饌皆一語而兼通【補正】邢疏、李巡曰、得酒食則歡喜也。 **郭注補正**

饎酒食也

猶今云饎饌皆一語而兼通者也

唐殘本玉篇食部饎下引爾雅郭璞曰、猶今時之饎饌皆一語而兼通者也。今據補者也二字。 **郭注佚存補訂**

饎酒食也

說文云、饎、酒食也。小雅天保吉蠲爲饎、毛傳云、饎、酒食也。大雅泂酌可以餴饎、傳云、饎、酒食也。召南采蘩箋云、饎爨之事。彼釋文亦云饎、酒食也。饎、舍人本作喜、釋曰、古曰饎。小雅甫田田畯至喜、箋云、喜讀爲饎。饎、酒食也。正義云、田畯至喜、此及大田文與七月正同、故亦讀喜爲饎。饎、酒食也。酒食古多連文、斯干唯酒食是議是也。 **說詩**

爾雅詁林 三 釋訓

饎酒食也　說文同。釋文云饎、舍人本作喜。

匡名

饎酒食也說文饎、酒食也。小雅吉蠲爲饎傳饎、酒食也。通作喜。又田畯至喜、箋喜讀爲饎。酒、就也。李巡云、得酒食則喜歡也。

啓蒙

不俟不求也　不遹不蹟也　蕿諼忘也　饎酒食也

釋文不俟作不䇲、云、待也、宜從來、今本作俟字。釋訓釋文。說文作不䇲不來。來部䇲

釋文不來本或作倈逨、同。釋訓釋文。不遹古述字。釋訓釋文。郭云蕿、義見伯兮爲得蕿草、釋訓釋文。說文作藼草。艸部藼　舍人本饎作喜、釋云、古曰饎。釋訓釋文。說文饎、酒食也、饎或作𩜴。食部饎

饎、舍人本作喜。按、饎古通作喜、小雅甫田詩田畯至喜、鄭箋云喜讀爲饎。

證異

饎、酒食也。郭注云：「猶今云饎饌、皆一語而兼通。」釋文引字林云：「饎、熟食也；」士虞禮注云：「炊黍稷曰饎；」然說文云：「饎、酒食也、」豳風七月箋、小雅天保傳、竝同；仍以爾雅爲正。小雅甫田云：「田畯至喜、」箋云：「喜讀爲饎；」爾雅釋文云：「饎、舍人本作喜、」此假借字。

爾雅學

饎酒食也○釋曰注疏本刪。兼通酒食兩名也注疏本脫兼。又此節疏後、元本閩本分三卷下。

校勘記

饎音熾酒食也

音圖・音

饎酒食也（注）猶今云饎饌皆一語而兼通○原本《玉篇》食部「饎」下引此注作「猶今時之饎饌，皆語而兼通者也」。

饎尺志翻音熾又充之翻音蚩、舍人本作喜、亦从米作糦、商頌亦从熙作𩜴、周禮音竝同。

音略

熾喜

饎酒食也。

孫偘直音

讀志　饎、酒食也

直音校正

饎熾酒食也

楊氏音訓

饎熾又音僖

干氏音釋

舞號雩也

舞號雩也。雩之祭、舞者吁嗟而請雨。

郭注

舞號雩也　釋曰、孫炎云、雩之祭、有舞有號。左傳云、龍見而雩。服杜皆云、雩之言遠也。遠謂百穀祈膏雨。月令仲夏云大雩帝、鄭注云雩吁嗟求雨之祭也。郭云、雩之祭舞者吁嗟而請雨。是同鄭說也。

邢疏

舞號雩也

雩之祭、有舞有號。釋文　邢疏

孫音注

黃輯古義

舞號雩也

雩之祭、有舞有號。釋文　邢疏

孫音注

玉函山房輯佚

舞號雩也

孫曰、雩之祭、有舞有號。釋文　邢疏

漢注

舞號雩也

孫炎云、雩之祭、有舞有號。釋文二十九卷 郭璞云、雩之祭、舞者吁嗟而請雨。

一切注音

舞號雩也 孫炎云、雩之祭也、有舞有號。

古注斠

號戶高反。孫炎云、雩之祭、有舞有號。雩音于、祭名。吁許于反。

陸音義

舞號雩也

雨而舞、不雨而號、雩雨不雨未定也。春秋書雩如此、僖公初書雨、已而書雩、已而書大旱、公之德衰矣。

新義

舞號雩也 雩、請雨之祭、有舞有號。

鄭樵注

舞號雩也

孫炎曰、雩之祭、有舞有號。郭璞曰、雩之祭、舞者吁嗟而請雨。鄭樵曰、雩、請雨之祭、有舞有號。

古注合存

饎酒食也、舞號雩也。饎音熾、號平聲。○此釋饎與舞號之義也。註曰、雩之祭、舞者吁嗟而求雨。疏曰、詩天保云、吉蠲爲饎、是用孝享。毛傳云、饎、酒食也。一字通酒食兩名。月令云、仲夏大雩帝。鄭註云、吁嗟求雨之祭也。

注疏參義

禮書云、爾雅、雩、號祭也。女巫凡邦之大烖、歌哭而請、杜預以雩爲遠、誤矣。

補注

舞號雩也 **註** 雩之祭舞者吁嗟而請雨 **正義** 春官司巫、率巫而舞雩、鄭註、雩、旱祭也。公羊桓五年傳云、大雩者何、旱祭也。穀梁定元年傳云、雩者、爲旱求者也。求者、請也。左氏桓五年傳云、龍見而雩。後漢書註引服虔云、雩、遠也、遠爲百穀求膏雨也。**註** 雩之至請雨。○**正義** 月令云、大雩帝、鄭註、雩、吁嗟求雨之祭也。春官女巫旱暵則舞雩、鄭註、使女巫舞旱祭、崇陰也。疏引鄭答臨碩難云、董仲舒曰、雩、求雨之祭、吁嗟之歌。何休公羊傳注云、男女各八人舞而呼雩、故謂之雩。釋文引孫炎云、雩之祭、有舞有號。郭註本孫炎。

正義

舞號雩也 雩之祭舞者吁嗟而請雨

雩者、說文云、夏祭樂于赤帝、以祈甘雨也、或从羽作䨁。雩、羽舞也。羽舞者、舞師云教皇舞、帥而舞旱暵之事、鄭衆注、皇舞、蒙羽舞。是許所本。此雩有舞之證。號者、說文云、呼也。月令云、大雩帝、鄭注、雩、吁嗟求雨之祭也。公羊桓五年注、使童男女各八人舞而呼雩、故謂之雩。然則雩之言吁、此雩有號之證。故釋文引孫炎云、雩之祭、有舞有號、是矣。

義疏

舞號雩也 孫注、雩之祭、有舞有號。郭注、雩之祭、舞者吁嗟而請雨。不言雩舞號者、雩、祭名。詩、穀旦于差。此欲明于嗟爲雩、而又有舞也。

集解

舞號雩也 詩東門之枌、婆娑其下、又穀旦于差、此釋之也。舞、樂也、用足相背、从舛無聲。周禮雩用皇舞。婆娑亦舞也。號、嘑也、从号从虎、與于差吁嗟同義。月令鄭注、雩吁嗟求雨之祭、即詩所謂于差、此經所謂號也。雩、夏祭樂于赤帝以祈甘雨也、从雨于聲。公羊桓五傳注、使童男女各八人舞而呼雨、故謂之雩。

義證

舞號雩也

註 雩之祭舞者吁嗟而請雨 **補正** 邢疏、孫炎云、雩之祭、有舞有號。

郭注補正

舞號雩也

案小雅賓之初筵載號載呶、屢舞僛僛、毛傳云號、呼、僛僛舞不能自正也。此言舞號之事而非謂雩祭。雲漢言旱而云靡神不舉、鄭箋羣公先正云百辟卿士雩祀所祭者、今會無肯助我憂旱。然則舞號者、雩祭之事、而非賓筵之禮、故特釋之。

說詩

舞號節疏服杜皆云雩之言遠也皆、毛本誤注。

注疏正字

舞號雩也說文、𩏂、樂也用足相背、从舛無聲。雩、夏祭樂於赤帝以祈甘雨也。春官、若國大旱、則率巫而舞雩。郭註、雩之祭、舞者吁嗟而請雨。孫炎云、雩之祭、有舞有號。

啓蒙

舞號、雩也　案此文有二讀、其一讀如公羊桓五注、詳何注意是讀此文為舞句絶、號雩也句絶、郭注讀舞號為句、與孫炎同。

黃侃音訓

舞號、雩也。公羊桓五年傳云：「大雩者何、旱祭也。」說文雨部云：「雩、夏祭樂於赤帝以祈甘雨也、从雨、亏聲。䨏、雩或从羽、雩舞羽也。」舞號者、周禮樂師有羽舞、此即許說所本；月令鄭注云：「雩、吁嗟求雨之祭也。」公羊桓五年傳注云：「男女各八人、舞而呼雩、故謂之雩；」吁嗟也、呼也、所謂舞號也。

爾雅學

舞號雩也○釋曰注疏本删。

服杜皆云監本同。元本閩本毛本皆作注。

校勘記

舞號音毫雩音于也

音圖・音

舞號雩也毫魚

孫侶直音

舞號雩也毫于

直音校正

舞號雩于也

楊氏音訓

號豪雩于

干氏音釋

暨不及也

暨、不及也。公羊傳曰、及我欲之、暨不得已。暨不得已、是不得及。

郭注

暨不及也注公羊至得及　釋曰、案春秋隱元年三月公及邾婁儀父盟于昧、公羊傳曰、及者何、與也。會及暨皆與也。曷爲或言會、或言及、或言暨。會猶最也、及猶汲汲也、暨猶暨暨也。及、我欲之、暨、不得已也。然則暨者非我欲之事不獲已而爲會者也、故云不及也。

邢疏

暨不及也

郭璞云公羊傳曰及、我欲之、暨不得已。暨不得已、是不得及。

一切注音

暨不及也

蕙心案文選赭白馬賦文賦注並引爾雅作暨及也、無不字。

古注斠

暨其器反。已音以。

陸音義

暨不及也

頤筐暨之可謂汲汲矣猶以爲暨。書曰讓于稷契暨皋陶言不得已則皋陶可。

新義

暨不及也 公羊云、及、我欲之。暨、不得已也。是不得及。

鄭樵注

暨不及也

郭璞曰、公羊傳曰、及、我欲之。暨、不得已。暨不得已是不得及。

鄭樵曰、公羊云、及、我欲之。暨不得已也。是不得及。

古注合存

暨不及也 公羊傳曰及我欲之暨不得已暨不得已是不得及

釋詁云及暨與也是暨卽及矣又言不及者郭引公羊隱元年傳而釋之云暨不得已是不得及。文選赭白馬賦及文賦注竝引爾雅作暨及也或及上脫不字抑或所引卽釋詁文蓋暨之一字包及與不及二義也。說文暨日頗見也頗見謂不全見亦會不及之意。

義疏

暨不及也 郭注、公羊傳曰、及、我欲之。暨、不得已。暨不得已是不相及。上云及暨、又爲不及也。詩伊余來塈、摡息故、不及。

集解

暨不及也 上經

暨及與也、轉注則暨者及也。此云不及、正字爲呬耳。呬、息也。息則不及。詩假樂所謂民之攸暨是。

義證

暨不及也 注、公芊傳曰、及、我欲之。暨、不得已。暨不得已是不得及。

正曰、王尙書經義述聞云、傳注皆訓暨爲及、未有訓爲不及者。不字蓋涉下文蠢不遜也而衍。釋詁逮及暨與也、釋言逮及也、此云暨及也、是轉相訓也。若加一不字、則謬不可通矣。郭引公芊傳其說佀曲。

正郭

暨不及也

郭注引公羊暨不得已、不得已是不得及。邢疏因之殊爲牽強。及出于心所欲、暨爲不得已之及、與不及義逈殊。柏年案暨訓不及亦從相反爲訓之例、猶上勿念勿忘之類。又暨古文以爲屆字、說文屆行不便也。行不便是不及。又廣韻暨已也。已卽止、亦不及之義。王氏述聞以爲衍一不字、其說未允。

補釋

暨不及也疏公及邾婁儀父盟于眜 眜、音篾、從目從末、今誤爲暗昧字。

注疏正字

暨不及也

引之謹案、傳注皆訓暨爲及、未有訓爲不及者、不字蓋涉下文蠢不遜也而衍。釋詁曰逮及暨與也、釋言曰逮及也、此曰暨及也、皆是轉相訓。傳注訓暨爲及、卽本於爾雅、加一不字則義不可通矣。郭曰公羊傳曰及我欲之暨不得已暨不得已是不得及。此又曲說之不可通者。

述聞

暨不及也 暨、當作臮。見釋詁。

匡名

暨不及也春秋暨齊平、穀梁傳暨者、不得已也。釋詁、暨與也、不及及也、郎公羊所謂猶暨暨也。

啓蒙

暨不及也、公羊傳曰、及我欲之暨、不得已、暨不得已是不得及。 郭注釋公羊傳暨不得已是不得及、案不得及者、猶言不得謂之及。蓋散言有別、通言不分。

黃侃音訓

暨及也而訓為不及、筆聿也而訓為不律、此亦以徂為存、以亂為治、以曩為嚮、以故為今、以勿念為勿忘、以誰昔為昔之義、注疏皆未援此例、亦義之當補者。

讀雅筆記

暨不及也

郭曰、公羊傳曰及我欲之、暨不得已也、暨不得已、是不得及。元慶按、景純此解有未易通者、公羊隱元年傳明曰會及暨皆與也、是暨與及同義矣。其曰及猶汲汲也、暨猶暨暨也、明乎字各以聲爲義也。其曰及我欲之、暨不得已也、蓋謂我欲之則稱及、不得已則稱暨、此稱謂之微有不同耳、曷嘗訓暨爲不及乎。王氏經義述聞辨郭注爲非、而以爲此條不字蓋涉下文蠢不遜也而衍、似乎得之。蒙謂不字卽非衍文、亦無不可通。援小尒疋廣訓無顯顯也不承承也之例、則不及卽爲及矣。下文釋器曰不律謂之筆、郭曰蜀人呼筆爲不律。按此不字乃語助、本無實義也。釋邱、夷上洒下、不漘。孫炎以不爲衍文。郭曰、不、發聲。釋魚、左倪不類、右倪不若。郭於不類不若無釋。郝疏云、不字爲語助及發聲、非義所存、故注从省。疑此不及之不、亦借爲語助、未可知矣。暨之訓及、經典數見、無有轉訓爲不及者。文選赭白馬賦暨明命之初基、文賦暨音聲之迭代、李善注並引尒疋曰、暨、及也。知李崇賢所據尒疋釋訓暨字下實無不字、安知此條不字非唐以後誤衍乎。王伯申疑不字爲衍而未證及選注、邵二雲反謂選注及字上脫去不字、似均有誤會處也。暨字實當作臮、說文、暨、日頗見也。臮、衆詞與也。虞書曰臮咎繇、今尒疋及諸經皆通用暨字、而不作臮。書禹貢蠙珠暨魚、史記夏本紀作臮魚。朔南暨、漢書地理志作朔南臮。是史漢轉有臮之正字矣。又按荀子大略從諸侯不、楊注、不當爲來。準此、則不亦可作來。

蔣元慶日記

暨不及也

案釋詁云逮及暨與也、釋言云逮及也、皆是轉輾相訓、則此經暨及也不宜加一不字、且考傳注訓暨爲及、俱本於爾雅、郭氏引公羊傳以釋不字、未免失之迂遠。

暨不及也

錦燧謹案、暨訓不及、除爾雅一見外、別無明證。郭注引公羊以釋之、亦甚附會。禮記表記塗不暨于棺、鄭注暨及也。文選西京賦左暨河華、薛注、暨言及也。一切經音義七引字林、暨、及也。是則暨當訓及、不當訓爲不及、而亦不可以不顯顯也、無競競也之例牽合之。蓋此乃涉下文蠢不遜也句而誤羨一不字、亦有證乎、曰有之。文選赭白馬及文賦注並引爾雅作暨及也、是李善所見之本猶無不字、此非今本誤衍之

王頌清日記

明證耶。

陸錦燧日記

暨不及也

按經注皆訓暨爲及無訓不及者。郭云、公羊傳云及我欲之、暨、不得已。暨不得已是不得及。其說又迂曲難通。暨上疑奪不字。

上文不俟不來也不遹不蹟也不徹不道也下文不辰不時也、則此云不暨不及也句法一例。左隱六年傳、猶懼不蔇。猶言猶懼不及也、不蔇卽不暨之證。莊九年盟於蔇公羊穀梁作暨。

爾雅詁

暨不及也郭云、公羊傳曰及我欲之、暨不得已、暨不得已、是不得及。楷案郭注曲說不可通、王引之已斥其非、但王氏以不字爲衍、亦非也。蓋暨字上脫一不字耳。上文不俟不來也、不遹不蹟也、不徹不道也、下文不辰不時也、皆與此句法同。記喪大記塗不暨于棺、鄭注暨、及也。卽不暨訓不及之證。周語富辰曰、上求不暨、謂上求不及也。隱六年左傳猶懼不蔇。蔇與暨同、莊九年左氏春秋盟于蔇公羊穀梁並作暨。亦謂猶懼不及也。

稗疏

暨、不及也。

愷案。不及猶言不汲汲也。及、暨同訓與而義別。公羊隱元年傳云。及、暨皆與也。及猶汲汲也。暨猶暨暨也。及我欲之暨不得已也。然則及者不暨暨也。暨者不汲汲也。以不及訓暨。猶以不汲汲訓暨。卽或讀及爲汲。亦自無不可。此在郭注本據公羊爲說不誤。王引之述聞以不字爲衍。轉以郭爲曲說。非矣。

校書

暨、及也。

本作「暨、不及也、」郝引文選赭白馬賦注及文賦注引爾雅、並云：「暨、及也、」即引本節之文、故據之以删不字。王引之云：「傳注皆訓暨爲及、未有訓爲不及者、不字蓋涉下文『蠢、不遜也』而衍。釋詁曰：『逮、及、暨、與也；』釋言曰：『逮、及也；』此曰：『暨、及也；』是皆轉相訓。傳注訓暨爲及、即本於爾雅。加一不字、則義不可通矣。」郭注云：「公羊傳曰：『及、我欲之、暨、不得已、』暨不得已、是不得及、」郭所據者、公羊傳而已；但使公羊之義明、郭之說破、則爾雅不字之爲衍文、可瞭然矣。晋案公羊隱元年經云：「公及邾婁儀父盟于眛、」傳云：「及者何、與也。會、及、暨、皆與也、曷爲或言會、或言及、或言暨、會、猶最也；及、猶汲汲也；暨、猶暨暨也。及、我欲之、暨、不得已也。」曰「會、及、暨、皆與也、」則及、暨、同義、暨、亦及也。曰「及、我欲之、暨、不得已」者、言經書及者、出於魯之意；書暨者、非魯之意、不得已而及也。傳意甚易明、不必强爲之解。是故公羊昭七年經云、「暨齊平、」暨齊平者、及齊平也、書暨者、必爲魯所不欲、不得已而與之平也。如郭說、則「暨齊平」者、是不及平矣、此又不待深辨、而知其說之不可通也。更以穀梁傳證之、隱元年傳云：「及者何、內爲志焉爾、」內爲志者、即公羊所云「及、我欲之也。」昭七年傳云：「平者、成也。暨、猶暨暨也、暨者、不得已也、以外及內曰暨。」既云「以外及內曰暨、」則暨爲及、不得云不及、又彰彰矣。此王氏所以云：「加一不字、義不可通」也。

爾雅學

暨不得已是不得及 雪牕本注疏本同。按、此說公羊傳以釋經之不及也、不當云不得及、下得字當衍、單疏本標起止云、注公羊至得及、則邢本已衍。

暨不及也注公羊至得及○釋曰 注疏本删。

公及邾婁儀父盟于眛 閩本監本毛本眛誤昧、元本誤眛。

校勘記

暨不得已暨不得已 監本毛本同。湘本上已下有也字、下得作獲。案、公羊傳湘本有也字、是。獲字誤。

注疏校勘札記

二行暨不及也(注)公羊傳曰及我欲之暨不得已暨不得已是不得及○阮元《校勘記》云：「按此說《公羊傳》以釋經之不及也，不當云不得及，下得字當衍。」

宋監本校箋

暨音忌不及也

音圖·音

暨不及也。忌

孫偘直音

暨忌不及也

楊氏音訓

蠢不遜也

蠢不遜也。蠢動為惡、不謙遜也。

郭注

蠢不遜也 釋曰、蠢動也。遜順也。言蠢動為惡、不謙遜也。小雅采芑云蠢爾蠻荆、大邦為讎是也。

邢疏

蠢不遜也

郭璞云、蠢動為惡、不謙遜也。

一切注音

蠢昌允反。

陸音義

蠢不遜也

大邦為讎可謂不遜矣。詩言蠻荆以不遜、玁狁以匪茹、匪茹無義、不遜無禮。

新義

蠢不遜也 采芑云、蠢爾蠻荆。

鄭樵注

蠢不遜也 郭璞曰、蠢動為惡、不謙遜也。鄭樵曰、采芑云、蠢爾蠻荆。

古注合存

暨不及也蠢不遜也 暨音忌。○此釋暨蠢之義也。註曰、公羊傳云及者、我欲之。暨者、不得已也。是不及也。蠢者、蠢動為惡、是為不遜。疏曰、暨見隱元年公羊傳。詩采芑云、蠢爾荆蠻。

注疏參義

暨不及也 註 公羊傳曰及我欲之暨不得已暨不得已是不得及 蠢不遜也 註 蠢動為惡不謙遜也 正義 釋詁云、及暨與也。蠢、動也。此又反覆申明其義也。春秋昭七年春暨齊平、穀梁傳云暨猶暨暨也。暨者、不得已也。以外及內曰暨。蠢者、大誥云西土人亦不靜、越茲蠢。小雅采芑云、蠢爾蠻荆。註 公羊至得已○ 正義 隱元年傳云及我欲之、暨不得已也、何休註、不得已者、善輕惡淺。徐彥疏善輕則暨齊平是也。惡淺者、宋公之弟辰暨仲佗石彄出奔陳是也。

正義

蠢不遜也 蠢動為惡不謙遜也 遜者、愻之叚借也。說文云、愻、順也、引唐書曰五品不愻。今通作遜。蠢者、釋詁云、作也、動也。然則蠢為妄動、故不遜順。楚辭憯賢篇云夷蠢蠢之溷濁、王逸注蠢蠢無禮義貌也。與不遜義合。

義疏

蠢不遜也 郭注、蠢動為惡、不謙遜也。上云蠢佀、此釋詩蠢爾荊蠻、不服佀動為義。

集解

蠢不遜也 上經云蠢動、此云不遜、謂妄動也、詩所謂蠢爾蠻荊。是遜正字為愻、順也。書堯典五品不遜、說文引作愻。

義證

蠢不遜也　注蠢動爲惡不謙遜也

評曰、遜有謙遜義、惟以不遜釋蠢、即指采芑蠢爾蠻荊、大誥越茲蠢之蠢、謂其蠢動爲惡、不得僅爲不謙遜。蓋不遜猶不順。說文、孫、順也。是叚遜爲孫、經皆作孫。僖十五年左傳、對曰、君實深之、可若何。公曰、不孫。是直斥爲不順理、即其義也、注失之。

靜郭

蠢不遜也

此釋小雅采芑蠢爾蠻荊。毛傳云、蠢、動也。疏云、言我所伐者乃蠢蠢爾不遜之蠻荊、不遜王命、侵伐鄰國、動爲寇害、與大邦爲讎怨。蓋本爾雅爲說也。

說詩

蠢不遜也疏小雅采芑云　脫云字。

注疏正字

蠢不遜也、遜廣韻準十七引作愻。案說文心部、愻、順也、从心孫聲、唐書曰五品不愻。經典相承以遜代愻。

匡名

蠢不遜也　小雅、蠢爾蠻荊。郭註、蠢動爲惡、不謙遜也。

啓蒙

蠢不遜也。　說文惷、亂也、春秋傳曰、王室日惷惷焉、今左傳昭二十四年作蠢蠢、注動擾貌、案蠢惷字通、以惷為正字。

如切如磋、道學也。　磋正作䴭、礦麥也。

黃侃音訓

蠢、不遜也。

遜、郝謂「遜之叚借、」說文心部云：「愻、順也、」經典相承用遜。小雅采芑云：「蠢爾蠻荊；」楚詞惜賢篇注云：「蠢蠢、無禮義貌；」是不遜也。釋詁云：「蠢、動也、」不遜、則爲妄之動矣。

爾雅學

蠢不遜也○釋曰　注疏本刪。

小雅采芑　注疏本同。此本下衍云字、係剜擠、今删正。邢疏引詩不言云者多矣。

校勘記

蠢不遜也。　春去聲

孫偘直音

如切如磋道學也如琢如磨自脩也瑟兮僩兮恂慄也赫兮烜兮威儀也有斐君子終不可諼兮道盛德至善民之不能忘也

如切如磋、道學也。骨象須切磋而爲器、人須學問以成德。如琢如磨、自脩也。玉石之被彫磨、猶人自脩飾。瑟兮僩兮、恂慄也。恒戰竦。赫兮烜兮、威儀也。貌光宣。有斐君子、終不可諼兮。斐文貌。道盛德至善、民之不能忘也。常思詠。

郭注

如切至忘也　釋曰、此舉衛風淇奧篇文以釋之也。云如切如磋者、詩文也。云道學也者、作者以釋詩也。道、言也、言道之學以成德、如切磋骨象以成器。毛傳云、治骨曰切、象曰磋、道其學而成也。故郭云、骨象須切磋而爲器、人須學問以成德。云如琢如磨者、詩文也。云自脩也者、釋之也、言人自脩飾如琢磨玉石。毛傳云、治玉曰琢、石曰磨、聽其規諫以自脩如玉石之見琢磨。郭云玉石之被雕磨，猶人自脩飾。云瑟兮僩兮者，詩文也。恂慄也者，釋之也，謂嚴恂戰慄也。故郭云恒戰竦。毛傳云：瑟，矜莊貌；僩，寬大也。是外貌莊嚴，內心寬裕也。云赫兮烜兮者，詩文也。威儀也者，釋之也。言赫烜者，容儀發揚之言，故言威儀也。毛傳云：赫，有明德赫赫然；咺，威儀容止宣著也。故郭云貌光宣。云有斐君子終不可諼兮者，詩文也。云道盛德至善民之不能忘也者，釋之也。毛傳云：斐，文章貌；諼，忘也。此道有斐然文章之君子，盛德至善如此，故民稱之，常思詠，終不能忘也。案詩稱君子謂武公。

邢疏

瑟兮僩兮者恂慄也

僩音簡，恂音峻。釋文

郭音義

恂，私尹反。釋文

謝音

黃輯古義

瑟兮僩兮恂慄也

瑟兮僩兮恂慄也僩音簡，恂音峻。並同上。

郭音義

恂慄也恂私尹反。並同上。

謝音

玉函山房輯佚

如切如磋道學也

郭璞云：骨象須切磋而爲器，人須學問以成德。

如琢如磨自修也

郭璞云：玉石之被雕磨，猶人自修飾。

瑟兮僩兮恂慄也

郭璞云：恒戰竦。

赫兮咺兮威儀也

郭璞云：貌光宣。

有斐君子終不可諼兮

郭璞云：斐，文貌。

道盛德至善民之不能忘也

郭璞云：常思詠。

一切注音

僩恂慄也　僩，郭音簡。恂，郭音峻。釋文

古注斠

瑳七何反。琢丁角反，治玉也。本或作琢，非也。僩本或作撊，同，下板反，郭音簡。恂音荀，郭音峻。鄭玄注禮記同，云：謂嚴慄也。謝私尹反。慄音栗。竦思勇反。赫火格反。烜吁遠反。烜者，光明宣著，今並作喧字，音同。斐孚尾反。

陸音義

琢本或作瑑，非也○舊瑑亦作琢，譌。今案當爲瑑。　烜○邢本作咺。

音義攷證

如切如瑳道學也如琢如磨自修也

切瑳者以彼利器修此而成爲器也。琢磨者以彼不善攻此而成爲善也。

瑟兮僩兮恂慄也赫兮烜兮威儀也烜唐石經宋本郭注經典釋文皆从火旁。釋文云：烜者，光明宣著，今並作咺。據釋文則今本从口者未是。金石文字記以从火者爲誤，非也。

瑟兮僩兮，抑也。赫兮烜兮，揚矣。

有斐君子終不可諼兮

懷之如此，其文章可得而聞故也。

道盛德至善民之不能忘也

所謂盛德尚在可以頌之域。

新義

如切如磋道學也

郭璞曰：骨象須切磋而爲器，人須學問以成德。

如琢如磨自脩也

郭璞曰、玉石之被琢磨、猶人自脩飾。

瑟兮僩兮恂慄也 僩、郭音簡。恂、郭音峻。

郭璞曰、恒戰竦。

赫兮咺兮威儀也

郭璞曰、貌光宣。

有斐君子終不可諼兮

郭璞曰、斐文貌。

道盛德至善民之不能忘也

郭璞曰、常思詠。

古注合存

如切如磋、道學也。如琢如磨、自修也。瑟兮僩兮、恂慄也。赫兮咺兮、威儀也。有斐君子、終不可諼兮、道盛德至善、民之不能忘也。咺喧同、諼諠同。○此釋切磋琢磨之屬之義也。疏曰、皆衛風淇澳篇文、君子、謂衛武公也。詳見朱子集註。

注疏參義

如切如磋數語、入爾雅不過尋常訓詁耳、入大學便有爾許精義、純景叔明見其粗、洛閩諸公見其大、便覺迥別。

補注

如切如磋道學也 註 骨象須切磋而爲器、人須學問以成德。如琢如磨自修也 註 玉石之被琢磨、猶人自修飾。瑟兮僩兮恂慄也 註 恒戰悚。赫兮咺兮威儀也 註 貌光宣。有斐君子終不可諼兮 註 斐文貌。道盛德至善民之不能忘也 註 常思詠。

正義 此釋衛風淇澳之詩、禮記大學引之、孔疏云、記者引爾雅以釋之也。○如切至脩也。○骨謂之切、象謂之磋、玉謂之琢、石謂之磨、俱見下文釋器。學記云、玉不琢不成器、人不學不知道。荀子大畧篇、人之于文學也、猶玉之于琢磨也、詩曰、如切如磋、如琢如磨、謂學問也。毛傳、道其學而成也、聽其規諫以自修、如玉石之見琢磨也。禮記鄭註、道猶言也。孔疏、初習謂之學、重習謂之修。○瑟兮至儀也。○毛傳、瑟、矜莊貌、僩、寬大也、赫、有明德赫赫然、咺、威儀容止宣著也。詩釋文引韓詩云、僩、美貌。說文云、武貌。禮記鄭註、恂字或作峻、讀如嚴峻之峻、言其容貌嚴栗也。咺、釋文引韓詩作宣、宣、顯也。說文引詩作愃、云、寬嫺心腹貌。○有斐至忘也。○斐、毛詩作匪、文章貌。釋文引韓詩作邲、美貌也。諼、忘也。已見上文。禮記鄭註、民不能忘、以其意誠而德著也。

正義

如切如磋道學也 骨象須切磋而爲器、人須學問以成德。如琢如磨自脩也 玉石之被雕磨、猶人之自脩飾。瑟兮僩兮恂慄也 恒戰竦。赫兮烜兮威儀也 貌光宣。有斐君子終不可諼兮 斐文貌。道盛德至善民之不能忘也 常思詠。

此釋詩淇奧之文、禮記大學述之。切磋琢磨者、釋器云、骨謂之切、象謂之磋、玉謂之琢、石謂之磨。毛傳本爾雅而申之云、道其學而成也、聽其規諫以自脩、如玉石之見琢磨也。大學注云、道猶言也。正義曰、初習謂之學、重習謂之脩。瑟僩赫烜者、毛傳云、瑟、矜莊貌、僩、寬大也、赫、有明德赫赫然、咺、威儀容止宣著也。釋文引韓詩云、僩、美貌。說文云、武貌。咺、韓詩作宣、宣、顯也。爾雅釋文、烜者、光明宣著。說文引詩作愃、云、寬嫺心腹皃。然則詩本作愃、韓詩省作宣、爾雅作烜、毛詩叚借作咺耳。恂慄者、大學注云、恂字或作峻、讀如嚴峻之峻、言其容貌嚴栗也。斐者、詩作匪、毛傳云、文章貌。釋文引韓詩作邲、美貌也。諼、忘也。已見上文。大學注云、民不能忘、以其意誠而德著也。

義疏

如切如磋道學也 釋詩淇奧文也。骨謂之切、象謂之磋。道、言也。骨象之成器由於切磋、人之成德必由於勤學。如琢如磨自脩也 玉謂之琢、石謂之磨。玉石之必須琢磨、亦猶人之必自脩飭。瑟兮僩兮恂慄也此以恂釋瑟、以慄釋僩耳。瑟从犮必、必則有信。僩武皃。恂信心也。慄字本作凓、寒也。寒令人畏、故引申爲嚴栗之詞。

赫兮烜兮威儀也 赫、火赤皃、引申爲威、謂火而令人畏也。烜即喧、韓詩作宣、云顯。說文引作愃、云寬閒心腹皃。均斥儀言耳。儀、度也。與義通用。

有斐君子終不可諼兮道盛德至善民之不能忘也 言常思詠。斐、分別文也。从文非聲。諼、上經云忘也。

義證

赫兮烜兮、毛詩作咺、韓詩作宣、三字以从亘爲聲、故並同。有斐君子、韓詩作有邲、邲字从必从弓、不从邑旁。

錢氏古義

瑟兮僩兮者恂慄也　注恆戰竦

正曰、禮記鄭注、恂字或作峻、讀如嚴峻之峻、言其容貌嚴慄也。鄭意恂字本誼、說文心部恂訓信心、與竦字誼不相屬、故破恂爲峻、訓爲嚴峻也。郭不破字而漫訓戰竦、失其讀矣。

正郭

如琢如磨自脩也

玉石之被琢磨猶人之自脩飾也

明注疏本作琢磨、倣宋本單疏本作雕磨、雪牕本元本作彫磨。案釋文云、琢、丁角反、治玉也。本或作瑑、非也。阮氏云、本或作瑑、葢作本或作雕。釋器、玉謂之雕、玉謂之琢、本兩文。邢氏所據郭注是雕字、陸氏所據本是琢字。元應攝大乘論七卷音義引

爾雅郭璞曰、玉石被摩、猶人自脩飾也。慧琳阿毗達磨大毗婆沙論一卷音義引郭注爾雅、玉石被磨、猶人之脩飾也。今據補也字。

瑟兮僩兮恂慄也

恆戰竦也

慧琳集沙門不拜俗議六卷音義引郭注爾雅、恂、恆戰慄也。案釋文作竦、不作慄。今據補也字。

郭注佚存補訂

如切如磋道學也如琢如磨自修也

此以下釋衛淇澳之詩、與禮記大學所釋同。釋器云、骨謂之切、象謂之磋、玉謂之琢、石謂之磨。毛傳云、道其學而成也。聽其規諫以自修、如玉石之見琢磨也。禮記鄭注云、道猶言也。正義云、初習謂之學、重習謂脩。宋子云、切以刀鋸、琢以椎鑿、皆裁物使成形質也。磋以鑢鍚、磨以沙石、皆治物使其滑澤也。治骨角者、既切而復磋之。治玉石者、既琢而復磨之。皆言其治之有緒、而益致其精也。荀子大略云、人之于文學也、猶玉之于琢磨也。詩曰、如切如磋、如琢如磨、謂學問也。

瑟兮僩兮恂慄也

毛傳云、瑟、矜莊貌。僩、寬大也。詩釋文引韓詩云、僩、美貌。新書傳職篇云、明僩雅以道之文、又道術篇云、容志審道謂之僩、反僩爲野。美謂僩雅也。釋文云、僩、或作撊、讀如昭十八年左氏傳撊然授兵登陴之撊。服虔注云、撊然猛貌也。說文訓僩爲武。卽撊義也。許以恂慄有嚴峻之義、故取武猛爲訓。鄭注大學云、恂字或作峻、讀如嚴峻之峻。說文引逸論語曰、玉粲之瑟兮、其瑮猛也。是瑟亦有猛義也。郭注云恒戰竦、卽本此義。朱子云、瑟、嚴密之貌。僩、武毅之貌。恂慄、戰懼也。亦從許鄭不從毛韓。

赫兮烜兮威儀也

毛傳云、赫、有明德赫赫然。咺、威儀容止宣著也。彼釋文云、咺、韓詩作宣。宣、顯也。說文引詩作愃、云寬嫺心腹貌。大學作喧。皆同音相假也。朱子云、赫喧、宣著盛大之貌。威可畏也。儀可象也。義本毛傳。

有斐君子終不可諼兮道盛德至善民之不能忘也

斐詩作匪、假借字也。故釋文云、匪、本又作斐、同。毛傳云、文章貌。彼釋文引韓詩作邲、美貌也。諼、忘也。鄭注大學云、民不能忘、以其意誠而德著也。朱子云、道學自修、言其所以得之之由。恂慄威儀、言其德容表裏之盛。卒乃指其實而歎美之也。

說詩

赫兮咺兮 咺、釋文作烜、云、吁遠切、光明宣著、今並作咺字、音同。有斐君子 斐、毛詩作匪。

音僩音限 釋文云、郭音簡。恂、音峻。

疏如切如磋骨象以成器 下如字當行文。治玉曰琢 毛傳無治字。玉石之被琢磨 琢、誤雕。

注疏正字

恂慄也

瑟兮僩兮恂慄也。郭曰、恆戰悚。邢曰、謂嚴恂戰慄也。邵曰、禮記鄭注、恂字或作峻、讀如嚴峻之峻、言其容貌嚴栗也。家大人曰、邢兼用禮記注以釋爾雅、故云嚴恂戰慄、不知嚴恂二字義不相屬。邵則直用禮記注爲解、皆非郭義也。郭云恆戰悚者、謂悚懼戰慄也。莊子齊物論篇民木處則惴慄恂懼、釋文、恂、恐貌。崔云戰也。是其證。且恂與慄連文、則恂非嚴峻可知。

述聞

如切如磋道學也　此經磋字、釋訓釋器兩見、釋文皆从石。毛詩論語釋文亦从石、周禮大宰禮記大學釋文皆从玉。案、說文石部無磋字、當作瑳。說文訓瑳爲玉色鮮白、治骨曰瑳者、治之使其色鮮白如玉。

如琢如磨自脩也　釋文云、琢、本或作琢、盧氏改瑑非也。案、琢从豖、俗書或从豕。陸所辨當是从豕者、盧學士改瑑、未必然也。

此經磨字亦兩見、釋文皆無音、石經皆从石、釋文於毛詩作磨、云本又作摩、於禮記作摩、云本亦作磨、於論語作摩、云一本作磨。案說文手部摩、研也、从手麻聲、石部無磨字。徐養原曰、說文石部礳、石磑也、又研礳也、又碎礱並訓礳、俗省作磨。訓石磑者去聲、轉平聲則爲礳礱之義、與摩字微別。脩石經从肉、詩正義三之二引作修。案說文彡部修、飾也、从彡攸聲。又肉部脩、脯也、从肉攸聲。唐人多以脩代修、近則溷用。

瑟兮僩兮　釋文云、僩本或作撊。類篇手部引作撊。案、說文人部僩、武皃、从人閒聲、詩曰瑟兮僩兮。手部無撊字、毛詩禮記皆作僩。左昭十八年傳、撊然授兵。撊亦僩之譌。

恂慄也　禮記注、恂字或作峻。　說文心部無慄字、當作凓。說文仌部凓、寒也、从仌㮚聲、古文省作栗。

赫兮烜兮　釋文云、烜今並作咺、毛詩作咺、禮記作喧。釋文本亦作咺。案烜咺假借字、喧增益字、當作愃。說文心部愃、寬嫺心腹皃、从心宣聲、詩曰赫兮愃兮。

威儀也　說文我部義、己之威義、今本誤儀也、从我羊。又人部儀、度入聲也、从人義聲。經典相承以儀代義。

有斐君子終不可諼兮　諼、又作諠。見前。

道盛德至善民之不能忘也　德、當作悳。見前。

匡名

如切如磋道學也如琢如磨自修也瑟兮僩兮恂慄也嚇兮咺兮威儀也有斐君子終不可諼兮道盛德至善民之不能忘也

此釋衞風淇澳之詩也。切磋、詳釋器。說文斆、覺悟也、从教冂。冂尚矇也。臼聲。篆省作學。傳謂道其學而成也。郭註、骨象須切磋而爲器、人須學問以成德。琢磨詳釋器。脩、飾也、从彡攸聲。孔疏、初習謂之學、重習謂之修。郭註、玉石之被琢磨、猶人自修飾。傳、瑟、矜莊皃、僩、寬大也。說文、僩、武皃。恂、信心也。⿱旬亏、驚䀏也、或作⿰忄⿱旬亏。恂慄之恂、即⿱旬亏也、有驚懼之意、是假恂爲⿱旬亏也。故郭云恒戰栗。咺、釋文引韓詩作宣、宣、顯也。說文作愃、寬嫺心腹皃、引詩赫兮愃兮。郭註、皃光宣。斐、分別文也。毛詩作匪。郭註、斐、文皃。鄭註、民不能忘、以其意誠而德著也。

啓蒙

磋　瑳　詩。淇澳。如切如瑳。毛傳曰象曰瑳。

當作鑢礳麥也。

磨　摩　禮大學如摩。釋文摩本亦作磨。案說文無磨。當作摩。

磨即礳之變作摩聲義亦通爾。

慄　詳釋詁。

黃侃評本正名

如琢如磨、自脩也。玉石之被雕磨、猶人之自脩飾。　一切經音義十引爾雅石謂之摩、郭曰、玉石被摩、猶人自修飾也、案郭曰即此注是。玄應所據本作摩、作修、說文摩、研也、礳、石磑也、研、礳也、磨即礳之變體爾。　釋文琢本或作琢。从豕非也、盧文弨改琢作瑑、嚴元照、謂未必然、案以禮器釋文證之、盧改是也。勞權謂當作本或作彫、非也、此文爲注而發、邢所據郭注是雕、釋文所據是琢、案勞說非、釋文此文未必爲注發也。

赫兮烜兮、威儀也。貌光宣。　烜爲說文爟之重文、說文引詩作愃、云寬嫺心腹貌、毛詩烜作咺、傳威儀容止宣著也、韓詩作宣、

爾雅詁林　三　釋訓

云宣顯也郭注云光宣、蓋皆以宣烜為正字、其餘皆段借也。大學又作喧、喧即咺之別字。

黃侃音訓

如切如磋至民之不能忘也

客曰如切如磋一段見大學傳的係何人之言曰余嘗謂爾雅十九釋凡在變風變雅中者皆係子夏所補如此詩衛人頌武公周公後二百餘年其爲子夏所釋無疑子夏可以言詩見許於聖人并作儀禮喪服傳此段知行內外兼到恰切明德止至善所謂聖人復起不易者故聖人採入傳以設教西河爲文侯師条之七十子之學優而壽子夏一人而已矣

客難

瑟兮僴兮　赫兮咺兮　有斐君子

釋文僴本或作撊。釋訓釋文唐石經作赫兮烜兮、石經爾雅。釋文作烜。云、今並作咺。釋訓釋文。毛詩作有匪君子。衛風淇奧詩。

證異

有斐君子

說文斐、分別文也。此叚字、詩釋文引韓詩斐作邲、云、美皃也。案、說文邲、宰之也。無美義、當作佖。說文佖、威儀也。斐从非聲、佖从必聲、一聲之轉、猶韓詩斐作邲之例。

又案、古本玉篇引有斐四句與今本同、引注曰言常思詠、顧氏蓋約其意而引之。

王仁俊日記

如切如瑳、道學也；如琢如磨、自修也；瑟兮僩兮、恂慄也；赫兮烜兮、威儀也。有斐君子、終不可諼兮；道盛德至善、民之不能忘也。邵云：「此釋衛風淇澳之詩、禮記大學引之。孔疏云：『記者引爾雅以釋之也。』」

詩云：「如切如瑳、如琢如磨、」傳云：「道其學而成也、聽其規諫以自修。」孔疏云：「初習謂之學、重習謂之修。」切瑳琢磨者、釋器云：「骨謂之切、象謂之瑳、玉謂之琢、石謂之磨。」

詩云：「瑟兮僩兮、赫兮咺兮、」毛傳「瑟、矜莊貌。僩、寬大也。赫、有明德赫赫然。咺、威儀容止宣著也。」咺、詩疏引韓詩作宣、云「顯也。」、說文心部愃下引詩作愃、愃爲本字、宣爲省文、喧、咺、皆假借也。恂慄者、禮鄭注「恂字或作峻、讀如嚴峻之峻、言其容貌嚴慄也。」

詩云：「有匪君子、終不可諼兮、」傳云：「匪、文章貌。」釋文引韓詩匪作邲、云「美貌、」匪邲、皆斐之假借字。

爾雅學

如琢如磨　唐石經雪牕本注疏本同。段玉裁云、磨當作摩。按、一切經音義卷十練摩下引易堅柔相摩、注云、相切摩也。爾雅石謂之摩、郭日玉石被摩、猶人自修飾也。今釋訓釋器皆作磨。

玉石之被雕磨　單疏本同。雪牕本元本雕作彫、雕彫一字也。閩本監本毛本雕改琢、非。按、釋文琢、了角反、治玉也、本或作琢、非也。蓋作本或作雕、非也。釋器玉謂之雕、玉謂之琢本兩文、邢氏所據郭注是雕字、陸氏所據本是琢字。

赫兮烜兮　釋文唐石經單疏本雪牕本同。注疏本烜作咺、據毛詩改也。釋文舊挍已云、今並作咺字矣。按、單疏本引爾雅經作烜從火、引毛詩傳作咺從口。

如切至忘也○釋曰　注疏本刪。

此舉衛風淇奧篇文　元本同、閩本監本毛本奧改澳。

如切磋骨象以成器　注疏本磋上衍如。

內心寬裕也　注疏本內心改又內。

云赫兮烜兮者　注疏本烜改咺。下文言赫烜者同。

容儀發揚之言故言威儀也　元本脫故言、閩本監本毛本之言作之貌、又脫故。

校勘記

爾雅詁林　三　釋訓

瑟兮僩兮恂慄也釋文、僩本或作撊、同、下板反。郭音簡。令本僩音限非是。按廣韻僩、下赧切、又音簡、一在潸韻、一在產韻。限、胡簡切、在產韻、二字不同音也。按簡、古限切、令本用郭音、或譌以古爲音也。

注疏本正誤

五行(注)玉石之被彫磨○「彫」，宋刻十行本作「雕」，同。玄應《音義》卷十引作「玉石被摩」，無「彫」字，「磨」作「摩」。

八行(注)常思詠○原本《玉篇》言部「諼」下引此注作「言常思念也」。

宋監本校箋

如切如磋、道學也。如琢如磨、自修也。瑟兮僩閑上聲又音簡兮恂句峻慄栗也。赫兮咺喧兮、威儀也。有斐君子、終不可諼兮。道盛德至善、民之不能忘也。

孫侶直音

如切如磋、道學也。如琢如磨、自修也。瑟兮僩閑上聲兮恂荀慄栗也。赫兮咺喧兮、威儀也。有斐君子、終不可諼兮、道盛德至善、民之不能忘也。

直音校正

如切如磋道學也如琢如磨自脩也瑟兮僩限兮恂慄也赫兮咺喧兮威儀也有斐君子終不可諼諠兮道盛德至善民之不能忘也

楊氏音訓

既微且尰骭瘍爲微尰足爲尰

既微且尰、骭瘍爲微、尰足爲尰。骭、腳脛。瘍、創。

郭注

既微至爲尰 釋曰、云既微且尰者小雅巧言文也。云骭瘍爲微尰足爲尰者、釋之也。孫炎曰、皆水溼之疾也。郭云、骭、腳脛也。瘍、創也。然則膝脛之下有瘡腫、是涉水所爲、故鄭箋亦云此人居下溼之地、故生微尰之疾。詩云居河之麋、是居下溼也。

邢疏

既微且尰骭瘍爲微尰足爲尰

皆水溼之疾也。詩正義十二之三 邢疏

孫音注

骭瘍爲微

骭、郭作扞、音古案反。釋文

郭音義

黃輯古義

既微且尰骭瘍爲微尰足爲尰

皆水溼之疾也。邢疏 詩小雅巧言正義

孫音注

扞瘍爲微 扞、古案反。釋文、骭、郭作扞、云云。

郭音義

玉函山房輯佚

爾雅詁林　三・釋訓

骭瘍爲微腫足爲尰

皆水溼之疾也。孫注　詩疏十二之三

鈎沉

既微且尰骭瘍爲微腫足爲尰

孫曰、皆水溼之疾也。詩正義十二之三　邢疏

漢注

既微且尰骭瘍爲微腫足爲尰

孫炎云、皆水溼之疾也。詩正義十二之三卷　郭璞云、骭、腳脛瘍創也。

一切注音

骭瘍爲微腫足爲尰　孫炎曰、皆水濕之疾也。詩巧言正義

郭作扞、音古岸反。釋文

古注斠

既微如字、字書作癥、三蒼云、足創。尰本或作瘇、同、籀文瘇字也。蜀勇時踵二反。骭下諫反。郭作扞、音古案反、謂腳脛也。瘍音羊。腫之勇反。脛戶定反。創初良反。

陸音義

既微且尰骭瘍爲微

六勝則九重陰勝則陽微。

腫足爲尰

凡詩刺人言下、美之言上、既微且尰、螓首蛾眉、顏如渥丹之類是也。

新義

既微且尰骭瘍爲微腫足爲尰　骭、下患反。

鄭樵注

既微且尰　骭瘍爲微腫足爲尰　骭郭作扞、音古案反。

孫炎曰、皆水濕之疾也。

郭璞曰、骭、腳脛瘍創也。

鄭樵曰、骭、下患反。

古注合存

既微且尰骭瘍爲微腫足爲尰。尰音腫、骭音幹、瘍音羊。○此釋微尰之義也。註曰、骭、腳脛也、瘍、創也

既微且尰、詩巧言文、

注疏參義

尰、籀文作瘇。

補注

既微且尰　微、字書作癥、三倉云、足創。

校議

既微且尰骭瘍爲微腫足爲尰　骭腳脛瘍創

微者、釋文云、字書作癥、三蒼云、足創。尰者、說文作瘇、云、脛气足腫、引詩既微且瘇、籀文作尰。骭者、說文云、骹也、骹、脛也、腫、癰也。詩巧言箋、此人居下溼之地、故生微腫之疾。正義引孫炎曰、皆水溼之疾也。按微本脛創之名。論衡言毒篇云、微者、疾謂之邊、其治用蜜與丹、蜜丹陽物、以類治之也。邊者陽氣所爲、流毒所加也。是微一名邊、本溼熱之氣流毒所生、治法以絮丹蜜塗、今人亦用絮丹磬麻油塗腫創、古之遺法也。

義疏

既微且尰骭瘍爲微腫足爲尰

孫注、皆水溼之疾也　郭注、骭、腳脛瘍創也

集解

既微且尰骭瘍爲微腫足爲尰　釋詩巧言。微、正字爲黴。黴、中久雨青黑也、引申爲骭瘍之偁。尰字一作瘇、脛气足腫也。均水濕之病。骭、骹也、从骨干聲。淮南俶真、易骭之一毛、注、自膝以下脛以上也。瘍、頭創也、引申爲凡創之偁。

義證

既微且尰骭瘍爲微腫足爲尰

[注]骭腳脛瘍創也[補正]邢疏孫炎曰皆水溼之疾也。

郭注補正

既微且尰骭瘍爲微腫足爲尰

骭腳脛瘍創也

釋文云骭郭作扞音古案反謂腳脛也據此則注之骭字應作扞。慧苑華嚴經音義卷上引郭注爾雅曰瘍瘡也。樹相案仿宋本雪牕本作瘍瘡瘡俗創字單疏本明注疏本作瘍創也與釋文合。

郭注佚存補訂

既微且尰骭瘍爲微腫足爲尰

此釋小雅巧言之詩毛傳云骭瘍爲微腫足爲尰。鄭箋云此人居下溼之地故生微腫之疾。正義云居河之麋是居下溼也膝脛之下有瘡腫是涉水所爲。釋文云尰本或作瘇說文云瘇脛气足腫引詩既微且瘇籀文作尰說文云骭骹也骹脛也腫癰也。

說詩

骭瘍爲微 釋文云骭郭作扞音古案切。 音尰時勇切 時說詩。

注疏正字

既微且尰 釋文云微字書作癓案癓俗字。 又云尰本或作瘇同竝籀文瘇字也。案說文疒部瘇脛气足腫从疒童聲詩曰既微且瘇籀文从允作尰。無尰字。陸云竝籀文非也。

骭瘍爲微 釋文云骭郭作扞。案陸所據郭本也何云郭作扞乎扞義亦異。

匡名

尰 𤸇 說文。瘇脛氣足腫。从疒。童聲。詩既微且瘇。籀文作𤸇从尢。案釋文尰本或作瘇。同。尰。籀文瘇字也。

黃侃評本正名

既微且尰骭瘍爲微腫足爲尰。 說文瘍頭創也曲禮身有瘍則浴及此骭瘍是身創通謂之瘍故廣雅瘍創也。釋文骭郭作扞音古案反案詩巧言疏引經及郭注並作骭與今本同可知釋文所云乃郭音義本。

黃侃音訓

既微且尰、骭瘍爲微：腫足爲尰。

小雅巧言「既微且尰、」爾雅宜本無此句。上文「丁丁嚶嚶、相切直也、」及「抑抑密也、秩秩清也、」皆不引詩、可證。此旁注之句、後世混入正文耳。

骭者、說文「骭、骹也。骹、脛也。」釋名云：「脛、莖也、直而長、似物莖也。」是以高誘淮南注云：「骭、自膝以下；脛以上也。」郝云：「微本脛創之名、論衡言毒篇云：『微者、疾謂之邊、』是微一名邊。」腫足爲尰者、說文「瘇、脛气足腫、腫、癰也。」釋名云：「足、續也、言續脛也。腫、鍾也、寒熱氣所鍾聚也。」然則足與脛骭異名。微字書作癓、俗字。尰、籀文瘇字。

爾雅學

既微至爲尰。釋曰 注疏本刪。

瘍瘡 雪牕本同。華嚴經音義卷上引郭注爾雅瘍瘡也。單疏本注疏本作瘍創也。釋文創初良反。按瘡俗創字。鄭注周禮瘍醫云瘍創癰也。亦作創。

然則膝脛之下有瘡腫 注疏本脫脛。

校勘記

爾雅詁林 三 釋訓

既微且尰骭瘍爲微腫足爲尰按尰當从尣烏光切郎尪字說文曲脛也今本从九非是
既微且尰骭瘍爲微腫足爲尰釋文尰本或作尰、同並籀文瘇字也蜀勇時踵二反。骭下諫反郭作扞、音古案反。腫之勇反。今本尰詩勇切、尰當爲腫方是。又骭音莧誤。廣韻骭在三十諫下晏切、又音旰、莧在三十一襇侯襇切、二音不得同也。

注疏本正誤

既微且尰（音腫）骭（音莧）瘍（音羊）爲微腫足爲尰

音圖・音

骭音莧　案骭、下諫翻、音近現匣、今音莧、曉非。

直音正誤

骭、下諫翻、音莧閑去聲、匣母字、今俗呼曉母軒去聲、非。
郭作扞古案翻音幹。

音略

既微且尰、（瘇）骭（莧）瘍（羊）爲微。（種）腫足爲尰。

孫偘直音

既
微且尰。（瘇）骭（幹）瘍（羊）爲微。（種）腫足爲
尰

直音校正

既微且尰（腫）骭（幹）瘍（羊）爲微腫足爲尰（骭、腳脛瘍創也。）

楊氏音訓

尰（豎勇切）骭（幹）瘍（陽）

干氏音釋

是刈是穫鑊煮之也

是刈是穫鑊煮之也。（煮葛爲絺綌。）

郭注

是刈是濩濩煮之也　釋曰、云是刈是濩者、周南葛覃文也。云濩煮之也者、釋之也。舍人曰、是刈刈取之。是濩煮治之。郭云煮葛爲絺綌、以煮之於濩、故曰濩煮、非訓濩爲煮。以彼下云爲絺爲綌、故知煮葛爲絺綌也。毛傳云精曰絺、麤曰綌。

邢疏

是刈是濩煮之也
是刈刈取之。是濩煮治之。（詩葛覃正義　邢疏）

犍爲注

是刈是濩煮之也
煮葛以爲絺綌。（詩正義一之三）

孫音注

黃輯古義

是刈是濩煮之也
是刈刈取之。是濩煮治之。（邢疏　詩周南葛覃正義）

犍爲注

是刈是濩煮之也
煮葛以爲絺綌。（詩周南葛覃正義）

孫音注

玉函山房輯佚

是刈是濩煮之也
是刈、刈取之。是濩、煮治之。（舍人注）煮葛以爲絺綌、以煮之於濩、故曰濩煮、非訓濩爲煮。（孫注　並詩疏一之二）

鈎沉

是刈是濩濩煮之也

舍人曰、是刈、刈取之。是濩、煮治之。詩正義一之一　邢疏

孫曰、煮葛以爲絺綌。詩正義一之三

漢注

是乂是鑊鑊煮之也　今本作是刈是濩、茲依釋文本。

舍人云是刈刈取之是濩煮治之　孫炎云煮葛以爲絺綌　並詩正義一之二卷　郭璞云煮葛爲絺綌

一切注音

是刈是鑊鑊煮之也　舍人曰、是刈、刈取之。是濩、煮治之。孫炎曰、煮葛以爲絺綌。詩葛覃正義

古注斠

是乂音刈、本亦作刈。鑊又作濩、同。戶郭反。煑之與反。絺丑尸反。綌去逆反。

陸音義

是乂音刈○注疏本作刈、云刈音乂、謬。　鑊○邢本作濩。

音義攷證

是刈是穫鑊煮之也　原本上穫字从禾、下鑊字从金、與唐石經宋本郭注陸氏釋文同。注疏本二字俱从水。

后織立統、其本在此、蓋知稼穡之艱難、可以爲王矣、知女功之勤勞、可以爲王后矣。

新義

是刈是濩鑊煑之也　以鑊煑葛爲絺綌。

鄭樵注

是刈是濩濩煑之也

舍人曰、是刈、刈取之。是濩煑治之。

孫炎曰、煑葛以爲絺綌。

郭璞曰、煑葛爲絺綌。

鄭樵曰、以鑊煑葛爲絺綌。

古注合存

是刈是濩濩煑之也。濩音鑊。○此釋刈濩之義也。註曰、煑葛爲絺綌也。疏曰是刈是濩詩葛覃文。

注疏參義

是刈是鑊鑊煑之也　煑葛爲絺綌

刈者、說文作乂、云、芟艸也、或从刀作刈。鑊者、詩作濩、叚借字也。說文鑊、鑴也。鑴、甑也。淮南說山篇注、無足曰鑊。蓋鼎鑊皆煑器、惟有足無足爲異耳。詩葛覃釋文引韓詩云、刈、取也。濩、瀹也。正義引舍人曰、是刈、刈取之、是濩、煑治之。孫炎曰、煑葛以爲絺綌。正義又云、以煑之於濩、故曰濩煑、非訓濩爲煑。此言是也。然則刈亦芟草之器、因而名芟爲刈、且刈與鑊配、並是器名。故齊語云挾其槍刈耨鎛、韋昭注刈、鐮也。方言云、刈鉤、說文鉤作劒、云、鐮也。知刈本器名矣。

義疏

是刈是鑊　經文

阮云、說文乂、芟艸也、或從刀作刈。鑊者、詩作濩、假借字也。邢疏引郭云以煮之於濩、故曰濩煮、非訓濩爲煮也。蓋鼎鑊皆煮器、刈與鑊配、當並是器名、故齊語云挾其槍刈耨鎛、韋昭注刈、鐮也。　按、釋文鑊、又作濩、同、戶郭反。本或上作濩、下作鑊、非。唐石經上一字從禾旁作穫、尤非。

經注集證

是刈是鑊鑊煮之也　舍人注、是刈、刈取之、是鑊、煑治之。孫注、煑葛以爲絺綌。郭注、煑葛爲絺綌。

集解

是刈是鑊鑊煮之也 釋詩葛覃詞。鑊、鑴也、蓋大盆所以煮物者、詩借作濩。

義證

是刈是濩濩煮之也 石經本下濩字作鑊、釋文亦同。

【註】煮葛爲絺綌【補正】邢疏、舍人曰、是刈、刈取之、是濩、煮治之。臣鍌按、詩疏引孫註云、煮葛以爲絺綌。以煮之於濩、故曰濩煮、非訓濩爲煮。

郭注補正

是乂是鑊鑊煮之也

此釋周南葛覃之詩。乂、詩作刈、鑊、作濩。毛傳云、濩、煮之也。彼釋文、乂、作艾、云、艾、本亦作刈。韓詩云、刈、取也、濩、胡郭反。韓詩云、濩、瀹也、音羊汋反。正義云、釋訓曰、是刈是護。護、煮之也。孔所據爾雅與陸所據郭本異。疏引舍人曰、是刈、刈取之、是濩、煮治之也。孫炎曰、煮葛以爲絺綌。以煮之於濩、故曰濩煮。訓濩爲煮、蓋舍人孫炎雖皆作濩、而以濩爲鑊之假字。刈鑊有虛實二義、韋注齊語云、刈、鐮也。是刈爲田器、而取之亦爲刈。周禮、亨人掌共鼎鑊。是鑊爲煮器、而煮之亦爲鑊。

說詩

是刈是濩 釋文刈作乂、濩作鑊。

疏以煮之於鑊 鑊、監本誤濩。

注疏正字

是刈是濩濩煮之也

此又一事例也、引詩不釋刈、第釋濩、故曰濩 句 煮之也。詩釋文引韓詩云、濩、瀹也。瀹葛如漚麻、是濩之訓爲煮也。毛傳引釋訓文與韓詩同義。詩正義引孫炎曰、煮葛以爲絺綌。以煮之於濩、猶言漬之於湯中耳、非謂煮之於鑊也。邵疏云非訓濩爲煮、失矣。

小箋

是乂是鑊鑊煮之也 釋文云、乂、本亦作刈。石經作刈、詩正義引作刈。案、乂省文。 釋文大書一鑊字、云、又作濩。是陸本爾雅兩字皆从金、故不別出也。其於詩大書是濩、而於傳中濩煮之也。濩字、不別出、是陸本毛詩經傳二字皆从水。正義引爾雅亦皆从水。此云又作濩、正與詩合。石經上作穫、从禾、下作鑊、非矣。又案、詩是刈是濩、爾雅引而釋之曰、濩者、煮之也。不當以四字作一句、故舍人注曰、是刈、刈取之、是濩、煮治之。明以煮訓濩也。證以韓詩濩瀹也之訓、其義燎然矣。詩正義云、以煮之於濩、故曰濩煮、非訓濩爲煮。元照案、如孔疏則毛傳當云、濩讀、濩煮之也。今但云濩煮之也、明不以濩煮連讀。毛詩釋文於是濩下云、胡郭反、煮也。蓋陸讀不謬矣。 徐養原曰、說文水部、濩、雨流霤下皃。 說文 鬻部 鬻、亯也、从鬻者聲、或从火作煮、或从水其中作鬻。

匡名

是刈是鑊鑊煮之也。 以名為事、濩無妨訓煮。

黃侃音訓

是乂是鑊、鑊煑之也。

周南葛覃云：「是刈是濩、」此亦治爾雅者旁注之句；凡引詩者可以類推。

乂、鑊、皆本字；刈爲或體、艾、濩、皆假借字。乂、鑊、名詞也；葛覃所用、則假借爲動詞矣。說文乂字之義、已見釋詁「乂、治也」節。乂爲芟艸之器。鑊、說文曰：「鐫也、」淮南說山篇注云：「無足曰鑊、」蓋鼎之屬、烹煑之器也。詩釋文引韓詩曰：「刈、取也、濩、瀹也；」疏引舍人云：「是刈、刈取之、是濩、煑治之；」此訓刈濩爲動詞也、其義甚明。陸本作「是乂、」故從之。

爾雅學

是刈是穫鑊煑之也唐石經雪牕本同。釋文乂、本亦作刈。鑊、又作濩同。經義雜記曰、宋刻單疏本爾雅作是刈是濩、鑊煑之也。今考元本正如是。閩本又剜改鑊爲濩監本毛本承之單疏本亦兩字描改作濩。按毛詩作濩舍人孫炎以濩爲煑與毛傳同。五經文字水部云、濩煑也。金部無鑊字。詩正義有煑之於濩之言字當從金爾雅釋文作鑊、鍾人傑本上下皆作鑊是也唐石經上從禾旁蓋非穫爲收穫與刈複也。

是刈是濩濩煑之也○釋曰注疏本删。

以煑之於鑊故曰濩煑非訓濩爲煑閩本監本毛本同元本訓濩之濩亦作鑊。

麤曰絺元本麤作麄閩本監本毛本作粗下準此。

校勘記

二十一上（四三）

一行是刈是穫鑊煑之也（注）煑葛爲絺綌○邢昺疏正文作「是刈是濩。濩，煑之也」。字均從「水」。案原本《玉篇》水部「濩」下云：「《毛詩》：是刈是濩，《傳》曰：濩煑之也。《爾雅》亦云。郭璞曰：煑葛爲絺綌也。」是顧野王所據《爾雅》「穫」、「鑊」俱作「濩」。

宋監本校箋

濩鑊竝戶郭翻、音穫。篇海直音音活石經是刈是濩、上字从水鑊下字从金煑之也、謂以鑊煑之曰濩、今毛傳兩字竝作濩、非。案

濩字又音羊灼翻、讀如瀹。濩鑊藥韻同紐今方言呼釜爲鑊、音如鶴正藥韻匣母字也、與屋韻之斛、陌韻之獲、職韻之或有別。

音略

是刈是濩濩煑之也。

乂　穫　渚

孫愐直音

是刈是濩、濩煑之也。

乂　穫　主

直音校正

是刈是濩鑊濩煑之也

楊氏音訓

履帝武敏武迹也敏拇也

履帝武敏、武迹也、敏拇也。拇迹大指處。

郭注

履帝武敏武迹也敏拇也　釋曰、云履帝武敏者大雅生民文也。云武迹也敏拇也者、釋之也。郭云拇迹大指處。鄭箋詩云、祀郊禖之時、時則有大神之迹、姜嫄履之、足不能滿、履其拇指之處、於是遂有身而生后稷、是其事也。

邢疏

履帝武敏武迹也敏拇也

敏、舍人本作畝。釋云、古者姜嫄履天帝之迹於畎畝之中而生后稷。釋文

犍爲注

履帝武敏武迹也敏拇也

拇跡大指處。詩正義十七之一

孫音注

黃輯古義

履帝武畝武迹也畝拇也釋文、敏舍人本作畝。

古者姜嫄履天帝之迹於畎畝之中而生后稷。釋文

犍爲注

履帝武敏武迹也敏拇也

拇跡大指處。詩大雅生民正義

孫音注

玉函山房輯佚

履帝武敵武迹也敵拇也釋文、敏舍人本作敵。疑舍人是拇作敵。

舍人曰古者姜嫄履天帝之迹於畎畝之中而生后稷。釋文

孫曰、拇跡大指處。詩正義十七之一

漢注

履帝武敏武迹也敏拇也釋文二十九卷、敏舍人本作畝。

舍人云、古者姜嫄履天帝之迹於畎畝之中而生后稷。釋文二十九卷　孫炎云、拇迹大指處。詩正義十七之一卷　郭璞云、拇迹大指處。

一切注音

敏拇也　孫炎曰、拇迹大指處、舍人本作畝、釋云、古者姜嫄履天帝之迹於畎畝之中而生后稷。詩生民正義

蕙心案、郝氏義疏云、隸書畝作畝、敏畝形誤。然舍人本作畝。注又明言畎畝、敏畝音通相叚、非形近也。

古注斠

敏如字。舍人本作畝、釋云古者姜嫄履天帝之迹於畎畝之中而生后稷。　拇音畝、足大指。　指處昌慮反。

陸音義

履帝武敏武迹也

武迹而已、是豈其意哉、故曰武未盡善也。

新義

履帝武敏武迹也敏拇也拇、大指。

鄭樵注

履帝武敏武迹也敏拇也敏、舍人本作畝。

舍人曰、古者姜嫄履天帝之迹於畎畝之中而生后稷。

孫炎曰、拇迹大指處。

郭璞曰、拇迹大指處。

鄭樵曰、拇、大指。

古注合存

履帝武敏武迹也敏拇也拇音某。○此釋武敏之義也。註曰、拇足大指也。疏曰、履帝武敏、詩生民文。愚按拇爲敏、蓋誤文。或曰、古文通。

注疏參義

敏、犍爲文學作畝、注云、古者姜嫄履天帝之跡于畎畝之中而生后稷。按此因拇畝同音沿誤而曲爲之說。

補注

履帝武敵武迹也敵拇也拇迹大指處

履帝武敵者、詩生民傳、履、踐也。帝、高辛氏之帝也。武、迹。敵、疾也。從於帝而見於天、將事齊敵也。毛依爾雅以武爲迹、而不以敵爲拇、師說之異也。鄭箋、帝、上帝也。敵、拇也。祀郊禖之時、時則有大神之迹、姜嫄履之足不能滿、履其拇指之處。正義引孫炎曰、拇迹大指處。郭義與孫同。爾雅釋文、敵舍人本作畝、釋云、古者

爾雅詁林　三　釋訓

姜嫄履天帝之迹於畝畝之中而生后稷。按、敏畝形近、醵、儘、鱇作畝拇聲同、古讀音皆如弭。臧氏爾雅漢注、疑舍人是拇作畝、恐非也、釋文自明耳。史記周本紀姜原出野見巨人迹、心忻然悅、欲踐之。是舍人及鄭箋所本。

義疏

履帝武敏武迹也敏拇也

舍人注、古者姜嫄履天帝之迹於畝畝之中而生后稷。郭注、拇迹大指處。

集解

履帝武敏武迹也敏拇也

武功有迹可循、故釋爲迹。敏即拇借字、將指也。拇敏疊韻。

義證

履帝武敏武迹也敏拇也

此釋大雅生民之詩。毛傳云、履、踐也。帝、高辛氏之帝也。武、迹。敏、疾也。從於帝而見于天將事齊敏也。鄭箋云、帝、上帝也。敏、拇也。疏云、禋祀郊禖之時、其夫高辛氏帝率與俱行、姜嫄隨帝之後、踐履帝迹、行事而敏疾、故爲神歆饗。鄭唯履帝以下三句爲異、言當祀郊禖之時、有上帝大神之迹、姜嫄因祭見之、道履此帝迹拇指之處、而足不能滿、時即心體歆歆、如有物所在身之左右、所止住於身中、如有人道精氣之感己者也。又云、諸書傳言姜嫄履大迹生稷、簡狄吞鳦卵生契者、皆毛所不信、故以帝爲高辛氏帝、蓋以二章卒章皆言上帝、此獨言帝、不言上、故以爲高辛氏帝也。釋訓云、履帝武敏。武、迹也。敏、拇也。傳既依爾雅以武爲迹、而不以敏爲拇者、毛意蓋謂爾雅不可盡從故也。心識速疾謂之敏、故訓敏爲疾、踐迹者直謂隨後行耳、非必以足躡其踐地之處也。案、鄭據緯侯史記諸書以帝武爲大神之迹、鄭志云、姜嫄誠帝嚳之妃、履大人之迹而歆歆然、是非眞意矣、乃有神氣、故意歆歆然。天下之事、以前驗後、其不合者、何可迷信、是故迷信亦非、不信亦非。稷稚於堯、堯見爲天子、高辛與堯並在天子位乎、是箋易傳之意也。今案、后稷初名爲棄、必以其非人道之常而棄之、則履武之說必非無因、特聖人不語怪耳。舍人本敏作畝、乃因史記周本紀姜原出野、見巨人迹、忻然悅欲踐之、據野字生出畝畝之說耳。畝拇同聲、敏拇亦一聲之轉。

說詩

履帝武敏　釋文云、敏、舍人本作畒、釋云、古者姜嫄履天帝之迹於畎畒之中而生后稷。盧學士增訂三家詩攷用其說、於生民詩增入履帝武畒一句。元照案舍人本敏字未嘗作畝乃下拇字作畝耳。畝本爲晦、从田每聲亦與母通尙書序異畝同穎史記魯世家作異母與拇形聲皆近故或作拇或作畝也若此作履帝武畝則敏拇也之文復以何說釋之陸氏於此殆失檢照否則傳寫失之

武迹也敏拇也　拇、舍人本作畝。見上

匡名

既微且尰　骭瘍爲微　是刈是濩　履帝武敏

釋文既微、字書作瀸、三蒼云、足創。釋訓釋文 尰、本或作㡖。釋訓釋文 說文作既微且𤺬。𤺬疒部 郭音義骭作扞。脚脛也。釋訓釋文 釋文是刈、作是乂、云、本亦作刈。是濩、作是鑊。云、又作薞、同。釋訓釋文 舍人本敏作畝。釋云、古者姜嫄履天帝之迹於畎畝之中而生后稷。釋訓釋文。

證異

履帝武敏、武、迹也、敏、拇也　敏拇乃斛朝戚減、干扞之例。迹與上不蹟也及釋獸其跡躔之跡異體。

黃侃音訓

履帝武敏武、迹也。敏、拇也。釋文、敏、舍人本作畞。釋云、古者姜嫄履天帝之迹於畎畞之中而生后稷。臧鏞堂曰、疑舍人本是拇作畞。承珙案、臧說是也。古畞字作晦、亦从母作畞、見汗簡。又省作母。書異畞同穎、史記引作異母同穎。拇、古字亦省作母。易咸其拇解而拇、釋文竝引荀爽作母。蓋三家詩必有訓敏爲畞者、故舍人爾雅本以拇爲畞、孫炎用鄭箋、釋拇爲足大指、蓋所見本異。

胡氏古義

履帝武敏、武、迹也；敏、拇也。大雅生民云：「履帝武敏、」箋云：「有大神之迹、姜嫄履之、足不能滿；履其拇指之處。」爾雅釋文引舍人云：「古者姜嫄履天帝之迹於畎畝之中、而生后稷。」二說微異。爾雅釋文云：「敏、舍人本作畝、」郝謂「臧氏爾雅漢注、疑舍人是拇作畝、恐非、」其實舍人自以拇作畝、非以敏作畝也。爾雅匡名云：「畝與母通、尙書序『異畝同穎、』史記魯世家作異母；」晉按爾雅釋文、解釋文竝云：「拇、荀作母；」是拇通母、母又通畝、故舍人以畝釋拇也。

爾雅學

履帝武敏武迹也敏拇也〇釋曰　注疏本刪。

校勘記

云拇迹大指處　監本毛本湘本云上有郭字。

注疏校勘札記

履帝武敏武迹也敏拇音訨也

音圖・音

履帝武敏、武、迹也。敏畝、拇也。

孫偘直音

履帝武敏武迹也敏拇畝也

楊氏音訓

拇某

干氏音釋

張仲孝友善父母爲孝善兄弟爲友

張仲孝友。周宣

爾雅詁林　三　釋訓

善父母爲孝、善兄弟爲友。王時賢臣。

郭注

張仲至爲友。釋曰、云張仲孝友者小雅六月文也。云善父母爲孝善兄弟爲友者、釋之也。李巡云、張姓、仲字、其人孝、故稱孝友。毛傳云、張仲賢臣也。鄭箋云、張仲吉甫之友、其性孝友、以詩序云六月宣王北伐也、故郭云周宣王時賢臣。

邢疏

張仲孝友

張姓、仲字、其人孝、故稱孝友。詩正義十之二 邢疏無姓字

李注

黄輯古義

張仲孝友

張、姓。仲、字。其人孝、故稱孝友。邢疏 詩小雅六月正義

李注

玉函山房輯佚

張仲孝友

李曰、張、姓。仲、字。其人孝、故稱孝友。詩正義十之二 邢疏

漢注

張仲孝友

李巡云、張、姓。仲、字。其人孝、故稱孝友。詩正義十之二卷 郭璞云、周宣王時賢臣。

一切注音

張仲孝友 李巡曰、張、姓。仲、字。其人孝、故稱孝友。詩六月正義

古注斠

張仲孝友

說者曰、宣王使文武之才征伐、與孝友之臣處內。

善父母爲孝

善若丞烝乂、不格姦。

善兄弟爲友

據此父母師保也、朋友兄弟也。記曰、主友之讎視兄弟。兄之字从口、言以口命幼而已、若父然後有舉杖之事、莊子曰兄則以嫗大親則已矣。

新義

張仲孝友

李巡曰、張、姓。仲、字。其人孝、故稱孝友。

郭璞曰、周宣王時賢臣。

善父母爲孝、善兄弟爲友。

古注合存

張仲孝友、善父母爲孝、善兄弟爲友。此釋孝友之義也。註曰、張仲宣王時人。疏曰、張仲孝友、詩六月文。

注疏參義

李巡云、張、姓。仲、字。其人孝、故稱孝友。

善父母、善事也。善兄弟、善處也。孔氏穎達云、不言善事父母兄弟者、以見非但善事、而亦爲父母兄弟之所善、諸行周備之意也。此論亦好。

補注

張仲孝友周宣王時賢臣**善父母爲孝善兄弟爲友**

詩六月正義引李巡云、張、姓。仲、字。其人孝、故稱孝友。賈子道術篇云、子愛利親謂之孝、兄敬愛弟謂之友。

釋名云、孝、好也。虁好父母如所說好也。孝經說曰、孝、畜也。畜、養也。友、有也。相保有也。然則孝友曰善謂心誠有好之。詩傳用爾雅。

義疏

張仲孝友善父母爲孝善兄弟爲友 李注、張、姓。仲、字。其人孝、故稱孝友。郭注、周宣王時賢臣。

集解

張仲孝友善父母為孝善兄弟為友 釋詩六月詞。張仲、周宣王時賢臣。同志為友。从二又相交、友也。會意。引申為兄敬愛弟之詞。

義證

張仲孝友善父母爲孝善兄弟爲友

此釋小雅六月之詩。毛傳云、張仲、賢臣也。善父母爲孝、善兄弟爲友。使文武之臣征伐、與孝友之臣處。鄭箋云、張仲吉甫之友、其性孝友。疏引李巡注云、張、姓。仲、字。其人孝、故稱孝友。

說詩

張仲節疏張姓仲字 脫姓字。

注疏正字

張仲孝友善父母爲孝善兄弟爲友 文選注、一華嚴經音義入法界品引善下皆有事字。案儀禮注善父母爲孝、善兄弟爲友。士冠禮疏曰、爾雅文。爾雅不言善事父母善事兄弟者、欲見非但善事父母。脫二字 兄弟、而亦爲父母。脫二字 兄弟之所善者。尚書正義大誥、周禮疏春官大司樂 皆以此二語爲釋親文。

匡名

張仲孝友、善父母爲孝；善兄弟爲友。

張仲孝友、小雅六月文。疏引李巡云：「張姓、仲字；」邵引唐書宰相世系表：「周宣王時、有卿士張仲。」儀禮注引爾雅、與此同、善字下無事字。

爾雅學

張仲至爲友○釋曰 注疏本刪。

張姓仲字 詩正義同。注疏本脫姓。

校勘記

有客宿宿言再宿也有客信信言四宿也

有客宿宿、言再宿也。有客信信、言四宿也。再宿爲信、重言之故知四宿。

郭注

有客至四宿也 釋曰、云有客宿宿有客信信者、周頌有客文也。云言再宿也言四宿也者、釋之也。毛傳云、一宿曰宿、再宿曰信、各重言之、故知再宿及四宿也。

邢疏

有客宿宿言再宿也有客信信言四宿也

郭璞云、再宿爲信、重言之故知四宿。

一切注音

宿 先六反。重 直用反。

陸音義

有客宿宿言再宿也有客信信言四宿也

再宿曰信、子路無宿諾、進于人一等矣。

新義

爾雅詁林 三 釋訓

古注合存

有客宿宿言再宿也有客信信言四宿也

郭璞曰、再宿爲信、重言之故知四宿。

注疏參義

有客宿宿言再宿也有客信信言四宿也。此釋宿信之義也。注曰、一宿爲宿、再宿爲信、重言之故知再宿四宿。有客二句、詩有客文。

既微且尰骭瘍爲微腫足爲尰 **註** 骭脚脛瘍創也是刈是濩濩煑之也 **註** 煑葛爲絺綌履帝武敏武迹也敏拇也 **註** 拇迹大指處張仲孝友 **註** 周宣王時賢臣善父母爲孝善兄弟爲友有客宿宿言再宿也有客信信言四宿也 **註** 再宿爲信重言之故知四宿 **正義** 此引詩文而釋之。既微且尰、小雅巧言文。是刈是濩、周南葛覃文。履帝武敏、大雅生民文。張仲孝友、小雅六月文。有客宿宿、有客信信、周頌有客文。○既微至爲尰○說文引詩作既微且瘇。鄭箋、此人居下溼之地、故生微尰之疾。疏引孫炎云、皆水溼之疾也。骭瘍爲微者、說文云、骭、骹也。骹、脛也。脛、胻也。胻、脛耑也。釋名云、脛、莖也、直而長似物莖也。創、戕也。戕、毀體使傷也。釋文引字書微作癥。三倉云、足創也。案三倉以微爲足創、殆未辨骭之所在。高誘淮南註云、骭、自膝以下脛以上也。是說文所云骹也、脛耑也、謂脛端交接之處、正指膝以下脛以上而言也。今人於膝以下脛以上有創、多云療之難瘉、或致蹇於行矣。腫足爲尰者、說文云、瘇、脛氣足腫。腫、癰也。釋名云、足、續也、言續脛也。脚、却也、以其坐時却在後也。腫、鍾也、寒熱氣所鍾聚也。○是刈至之也○詩疏引舍人云、是刈、刈取之。是濩、煑治之。孫炎云、煑葛以爲絺綌。釋文引韓詩云、刈、取也。濩、瀹也。孔疏以煑之於濩、故曰濩煑、非訓濩爲煑。○履帝至拇也○毛傳以履帝武敏爲句、與爾雅同。王逸楚詞章句引詩云、履帝武敏歆、師讀之異也。士相見禮云、執玉者則唯舒武。鄭註、武、迹也。離騷云、及前王之踵武。詩疏引孫炎云、拇、迹大指處。易云、咸其拇、虞翻云、母、足大指處。拇母通。子夏傳作珥、足大指、左傳謂之將指。釋文引舍人本敏作畝、云、古者姜嫄履炎帝之迹於畎畝之中而生后稷。○張仲至爲友○詩疏引李巡云、張、姓、仲、字、其人孝、故稱孝友。唐書宰相世系表、周宣王時有卿士張仲。釋名云、孝、好也、愛好父母、如所悅好也。友、有也、相保有也。冠禮賈疏云、不言善事父母善事兄弟者、欲見非但善事兄弟、亦爲兄弟之所善者、謂行周備之意也。○有客至宿也○毛傳、一宿曰宿、再宿曰信。孔疏云、釋訓因文重而倍之、傳分而各言之、其義同也。左氏莊三年傳云、凡師一宿爲舍、再宿爲信、過信爲次。此以師行言之也。周語云、回祿信於聆隧、檮杌次於丕山。韋註、再宿爲信、過信爲次。則信次之名、不僅指師行而言矣。

有客宿宿言再宿也有客信信言四宿也 **正義** 再宿爲信、重言之故知四宿。宿者、久也、言畱止於此時久也。信者、申也、言已宿畱又重申也。詩有客傳云、一宿曰宿、再宿曰信。本莊三年左傳文。然則信乃再宿、宿僅一宿也。爾雅因重文而倍言之、故宿宿言再宿、信信言四宿也。

義疏

有客宿宿言再宿也有客信信言四宿也　釋詩有客詞。信、正字爲申、上經云重也、引申爲再宿之偁、疊言之則爲四宿。

義證

有客宿宿言再宿也有客信信言四宿也

此釋周頌有客之詩。毛傳云、一宿曰宿、再宿曰信。

郭注云、再宿爲信、重言之故爲四宿。昭三年左氏傳云凡師一

爾雅詁林　三　釋訓

宿爲舍、再宿爲信、過信爲次、韋注周語云、再宿爲信、過宿爲次、案、此經宿宿信信言縶留之久、非必再宿四宿、猶篤公劉之于時言言于時語語之重文、以足其詞耳。

說詩

有客宿宿言再宿也有客信信言四宿也　詩正義十九之三引無兩言字。

匡名

既微且尰骭瘍爲微腫足爲尰是刈是濩濩煮之也履帝武敏武迹也敏拇也張仲孝友善父母爲孝善兄弟爲友有客宿宿言再宿也有客信信言四宿也

此引詩文而釋之也。說文、瘇、脛气腫、引詩既微且瘇、籀文作尰。骭、骹也。骹、脛也。郭註、骭、腳脛。瘍、創也。瘍、頭創也。足、人之足也、在體下、从止口。腫、癰也。舍人云、是刈、刈取之。是濩、濩治之。郭註、煮、葛爲絺綌。敏、將指也。郭註、拇迹大指處。舍人本敏作畝、云姜嫄履炎帝之迹於畎畝之中而生后稷。仲、中也。孝、善事父母者、从老省从子。子、承老也。友、同志爲友、从二又相交友也。宿、寄也。宿、止也、从宀佰聲。佰、古文夙。傳、一宿曰宿、再宿曰信。左莊三年傳、凡師一宿爲舍、再宿爲信、過信爲次。引伸之則爲素、如史記宿將宿學是也。先期亦曰宿、如周禮掌女宮之宿戒是也。鄭云、宿、讀爲肅。他如星宿宿留亦此義也。

啓蒙

有客宿宿、言再宿也；有客信信、言四宿也。

周頌有客云：「有客宿宿、有客信信、」爾雅當止有宿宿信信四字。郝云：「宿者、久也、信者、申也。」左氏莊三年傳云：「凡師、一宿爲舍、再宿爲信、過信爲次、」此信宿同類之稱也。

爾雅學

有客至四宿也○釋曰　注疏本刪。

校勘記

美女爲媛美士爲彥

美女爲媛　所以結好媛。美士爲彥。人所彥詠。

郭注

美女爲媛　釋曰、詩鄘風君子偕老云、展如之人兮、邦之媛也。故此釋之、郭云、所以結好媛。孫炎曰、君子之援助。然則由有美可以援助君子、故云美女爲媛。美士爲彥　釋曰、鄭風羔裘云、彼其之子、邦之彥兮。故此釋之也。毛傳云、彥士之美稱。郭云、人所彥詠。舍人曰、國有美士、爲人所言道。

邢疏

美士爲彥

國有美士、爲人所言道。詩羔裘正義八　邢疏　書

犍爲注

美女爲媛

君子之援助然。詩正義三之一　邢疏

孫音注

美士爲彥

國有美士、爲人所言道也。邢疏　詩鄭風羔裘正義　書太甲上正義

犍爲注

黃輯古義

美女爲媛

君子之援助然。邢疏 詩鄘風君子偕老正義

孫音注

玉函山房輯佚

美女爲媛

君子之援助然。同 詩疏三之一

美士爲彥

國有美士、爲人所言道也。舍人注 書疏八

鈎沉

美女爲媛

孫曰、君子之援助然。詩正義三之一 邢疏

美士爲彥

舍人曰、國有美士、爲人所言道也。詩正義四之三 書正義八 邢疏

漢注

美女爲援今本作媛、茲從釋文本。

孫炎云、君子之援助然。詩正義三之一卷 郭璞云、所以結好媛。宋本作援、

美士爲喭今本作彥、茲從釋文本。

舍人云國有美士爲人所言道也。書正義八卷 詩正義四之三卷

郭璞云、人所彥詠。

一切注音

美女爲媛 孫炎曰、君子之援助然。詩偕老正義

美士爲彥 舍人曰、國有美士、爲人所言道。詩羔裘正義

古注斠

媛爲眷反。好呼報反。援音媛、本今作媛。喭音彥、本今作彥。

陸音義

好援○邢本作媛。喭○邢本作彥。

音義攷證

美女爲媛美士爲彥

彥能厂下、媛可以援下、事人者以能厂爲美、從人者以能援爲美。

新義

美女爲媛

孫炎曰、君子之援助。

郭璞曰、所以結好媛。宋本媛作援。

美士爲彥

舍人曰、國有美士、爲人所言道。

郭璞曰、人所彥詠。

古注合存

美女爲媛、士爲彥。媛音院。○此釋媛彥之義也。疏曰、詩君子偕老云、展如之人兮、邦之媛也。羔裘云、彼其之子、邦之彥兮。

注疏參義

美女爲媛**註**所以結好援美士爲彥**註**人所彥詠**正義**鄘風君子偕老云、邦之媛也。鄭風羔裘云、邦之彥兮。此釋之也。鄭箋、媛者國人所依倚以爲媛助也。釋文引韓詩作邦之援兮。援、取也。疏引孫炎云、君子之援助。然說文云、媛美女也、从女从爰。爰引也。彥者、毛傳彥士之美稱。疏引舍人云、國有美士爲人所言道。秦誓云、人之彥聖。說文云、彥美士有文、人所言也**註**所以至彥詠。○**正義**好援、本或作好媛、今從宋本作援。釋文媛作援、彥作喭。

正義

美士爲彥註人所彥詠 說文繫傳彥字引作唁。

校議

爾雅詁林 三 釋訓

美女爲媛所以結好媛美士爲彥人所彥詠

美者、媄之省。說文云、色好也。經典通作美。媛者、說文云、美女也、人所援也。詩君子偕老箋、媛者、邦人所依倚、以爲媛助也。媛與援同、故正義引孫炎曰、君子之援助。釋文引韓詩媛作援、援取也、取疑助之形譌耳。彥者、說文云、美士有文、人所言也。詩羔裘正義引舍人曰、國有美士、爲人所言道。郭云、人所彥詠。其義同。彥、釋文作喭、而云本今作彥。則其字通。

義疏

美女爲援 孫注、君子之援助。郭注、所以結好援。援伀媛者、誤也。詩、邦之媛也。美士爲彥 舍人注、國有美士、爲人所言道。郭注、人所喭咏。彥、當爲言、詩邦之彥兮伀彥。

集解

美女爲媛 釋詩君子偕老邦之媛也之語。媛、韓詩作援、謂其助夫。美士爲彥 詩羔裘邦之彥也、禮記大學人之彥聖、此釋之也。彥、美士有彣也、从彣厂聲。或者正字爲言與。

義證

美女爲媛

【註】所以結好媛【補正】邢疏、孫炎曰、君子之援助。

郭注補正

美女爲媛、孫炎云君子之援助、訓媛爲援。按、詩邦之媛也、韓氏作援、是媛援同義。

錢氏古義

美女爲媛

所以結好援也

今本經注俱作媛、釋文云、援音媛。舊校云、本今作媛。案、邵晉涵所據宋本作援、與釋文合。元應摩登伽經上卷音義引爾雅美女爲媛、郭璞曰、所以結好媛也。今據補也字。

美士爲喭

人所喭詠

今本經注俱作彥。釋文作喭、音彥。舊校云、本今作彥。樹相案、喭字是、喭與諺通。說文、諺、傳言也。喭詠猶傳頌。段氏玉裁以喭爲言字之誤、非也。舍人注謂國有賢士爲人所言道、言道卽喭詠。說文繫傳引作人所唁詠、唁喭同字。

郭注佚存補訂

美女爲援美士爲喭

援者、釋鄘風君子偕老邦之媛也。毛傳云、美女爲媛。鄭箋云、媛者、邦人所依倚以爲援助也。正義引孫炎曰、君子之援助。然則由有美可以援助君子、故曰美女爲援。義與鄭同。彼釋文云、媛、于眷反。韓詩作援。援、取也。取爲助字之譌。郭氏爾雅蓋本韓詩。說文云、媛、美人也、人所援也。亦本韓詩爲說。喭者、釋鄭風羔裘邦之彥兮。傳云、彥士之美稱。箋云、一邦之

爾雅詁林　三　釋訓

爾雅詁林 三 釋訓

人以爲彥士。正義引舍人云、國有美士、爲人所言道。義本鄭箋。郭注云、人所彥詠。說文云、彥、美士有彣、人所言也。皆以彥爲諺之假借。說文、諺、傳言也。喭又諺之假借。

説詩

美女爲媛 釋文作援、音媛。

美士爲彥 彥、釋文作喭。

注疏正字

美女爲媛美士爲喭 釋文云、喭、本今作彥。石經作彥、尚書立政三、毛詩四之三、禮記大學、正義引皆作彥。案說文彣部、彥、美士有文、人所言也。从彣厂聲。以其有人所言之義、故又從而加口也。說文口部無喭字。

匡名

美女爲媛美士爲彥 此引詩文而釋之也。說文、媛、美女也。鄘風邦之媛兮。彥、美士也、从彣厂聲。鄭風邦之彥兮。

啓蒙

援 媛 釋文援字本今作媛。說文媛美女也。人所援也。案媛正字。援借字。

今本固作媛此條宜去。

喭 彥 釋文喭本今作彥。案說文彥美士有文。人所言也。當作彥。

今本固作彥此條宜去。

黄侃評本正名

美女爲媛、美士爲彥。

美、說文作媄、云「色好也。」媛者、說文云：「美女也、人所援也；」鄘風君子偕老云：「邦之媛也、」釋文引韓詩作援；疏引孫炎曰：「君子之援助；」是媛者、援也。

彥者、說文云：「美士有文、人所言也；」言彥疊韻、故鄭風羔裘「邦之彥兮。」疏引舍人亦云：「國有美士、爲人所言道。」

爾雅學

所以結好媛 單疏本雪牕本注疏本同。邵晉涵正義作好援、云從宋本。按、釋文援音媛。舊校云本今作媛。是宋本亦從女旁矣。

美女爲媛 ○釋曰 注疏本删。

人所彥詠 單疏本雪牕本注疏本同。釋文、喭、音彥、本今作彥。段玉裁云、陸氏經本作喭、注中彥字、乃言字之誤。說文彣部云、彥、美士有文、人所言也。舍人注云、國有賢士、爲人所言道。皆以言釋彥、取同音爲訓也。說文繫傳引作人所唁詠、正言之誤耳。

美士爲彥 ○釋曰 注疏本删。

校勘記

所以結好媛 雪牕本結爲媛。

注疏校勘札記

五行 美女爲媛（注）所以結好媛○注「媛」字，邵晉涵《正義》據宋本改作「援」。案：《釋文》作「援」。《詩．君子偕老》：「展如之人兮，邦之媛也」，《正義》引孫炎曰：「君子之援助。」郭注意本孫炎，自以作「援」爲是。

美士爲彥（注）人所彥詠○《釋文》出「喭」字，云：「音彥。」舊校云：「本今作彥。」段玉裁謂陸氏經本作「喭」，注中「彥」字乃「言」字之誤。《說文繫傳》引作「人所唁詠」，正「言」之誤耳。案：《詩．鄭風．羔裘》云：「彼其之子，邦之彥兮。」《傳》曰：「彥，士之美稱。」未聞稱美士爲喭者。段說陸氏經本作「喭」，恐非。陸所音者蓋爲注文。今本注文「人所彥詠」之「彥」當從「口」作「喭」。「喭」「唁」語同，故《說文繫傳》引爲「唁」。「人所喭詠」者即「人所稱道」之義也。

宋監本校箋

美女爲媛。院 美士

孫侶直音

美女爲媛院美士爲彥

楊氏音訓

媛院爲彥。

干氏音釋

其虛其徐威儀容止也

其虛其徐威儀容止也。雍容都雅之貌。

郭注

其虛其徐威儀容止也。釋曰、云其虛其徐、鄘風北風文也。威儀容止也者、釋之也。郭云、雍容都雅之貌。孫炎云、虛徐、威儀謙退也。然則虛徐者、謙虛閑徐之義、故鄭箋云、威儀虛徐寬仁者也。詩作其邪、此作其徐、字雖異、音實同、故鄭箋云、邪讀如徐。

邢疏

其虛其徐威儀容止也

虛徐、威儀謙退也。詩正義二一之三 邢疏

孫音注

黃輯古義

其虛其徐威儀容止也

虛徐、威儀謙退也。邢疏 詩邶風正義

孫音注

玉函山房輯佚

其虛其徐威儀容止也

虛徐、威儀謙退也。孫注 詩疏二之三

鈎沉

其虛其徐威儀容止也

孫曰、虛徐、威儀謙退也。詩正義二之三 邢疏

漢注

其虛其徐威儀容止也

孫炎云、虛徐、威儀謙退也。詩正義二之三卷 郭璞云、雍容都雅之貌

一切注音

其虛其徐威儀容止也 孫炎曰、虛徐、威儀謙退也。詩北風正義

古注斠

其虛其徐威儀容止也

儀可象、容止則可觀焉。

新義

其虛其徐威儀容止也

孫炎曰、虛徐、威儀謙退也。

郭璞曰、雍容都雅之貌。

古注合存

其虛其徐威儀容止也。此釋虛徐之義也。詁曰、雍容都雅之貌。疏曰、詩北風云、其虛其邪、既亟只且。邪徐音義同。愚按、詩傳、虛、寬貌。言避亂尚可以寬徐乎、其亟已甚、而不可不速也。

注疏參義

其虛其徐　詩北風其虛其邪、箋云、邪讀如徐、疏云、爾雅作其徐、字雖异、音實同。

校議

其虛其徐威儀容止也

雍容都雅之貌

詩北風作其虛其邪。釋文、邪音餘、又音徐。爾雅作徐、是。邪本徐之叚音、故毛傳、虛、虛也、釋文一本作虛徐、得之。鄭箋、邪讀如徐、言威儀虛徐寬仁者。正義引孫炎曰、虛徐、威儀謙退也。然則虛徐猶舒徐。郭云、都雅於古音俱疊韵。

義疏

其虛其徐威儀容止也

孫注、虛徐、威儀謙退也。

郭注、雍容都雅之皃。

集解

其虛其徐威儀容止也

釋詩北風詞。虛、大丘也、引申為謙退之皃。徐、安行也、一曰緩也、與邪通用。

義證

其虛其徐威儀容止也

註雍容都雅之貌補正邢疏孫炎云虛徐威儀謙退也。

郭注補正

其虛其徐詩作邪。鄭箋云邪讀如徐。改从爾雅。

錢氏古義

其虛其徐威儀容止也

此釋北風北風之詩詩作其虛其邪毛傳云虛徐也。鄭箋云邪讀如徐言今在位之人其故威儀虛徐寬仁者今皆為急刻之行矣正義云在位之臣雖先日其寬虛其舒徐威儀謙退者今莫不盡為急刻之行孫炎曰虛徐威儀謙退也然則虛徐者謙虛閑徐之義故箋云威儀虛徐寬仁者也詩作其邪爾雅作其徐字雖異音實同。

說詩

其虛節疏邶風北風文也邶誤鄘。

注疏正字

其虛其徐威儀容止也　徐詩作邪。儀當作義見上。說文頁部頌皃也从頁公聲籀文作額。又宀部容盛也从宀谷經典相承以容代頌。

匡名

其虛其徐、威儀容止也。

邶風北風云：「其虛其邪、」鄭箋「邪、讀如徐、言威儀虛徐寬仁者；」疏引孫炎曰：「虛徐、威儀謙退也；」是邪為徐之假借、故爾雅作徐、詩作邪。郝云：「虛徐、猶舒徐、」是也。

爾雅學

其虛其徐威儀容止也○釋曰注疏本刪云其虛其徐注疏本同。臧禮堂云、下當脫一者字。鄁風北風文也浦鏜云、邶誤鄘。

校勘記

其虛其徐威儀容止也。叙平聲

孫侶直音

猗嗟名兮目上為名

猗嗟名兮、目上為名。眉眼之閒。

郭注

猗嗟名兮目上為名　釋曰、云猗嗟名兮者、齊風猗嗟文也。云目上為名者、釋之也。孫炎云、上平博。郭云、眉眼之閒。

邢疏

目上為名

目上平博。詩正義五之二　邢疏

孫音注

黃輯古義

猗嗟名兮目上為名

目上平博。邢疏　詩齊風猗嗟正義

孫音注

玉函山房輯佚

目上為名

孫曰、目上平博。詩正義五之二　邢疏

漢注

猗嗟名兮目上為名

孫炎云、目上平博。詩正義五之二卷 郭璞云、眉眼之間。

一切注音

猗嗟名兮目上爲名 孫炎曰、目上平博、是眉眼之間也。詩猗嗟正義

古注斠

猗嗟於宜反。 眼五限反、或作目。

陸音義

猗嗟名兮目上爲名 孫炎曰、目上平博。郭璞曰、眉眼之間。

古注合存

猗嗟名兮目上爲名。此釋名之義也。註曰、名、眉眼間也。疏曰、猗嗟名兮、詩猗嗟文。愚按詩傳名兮言威儀技藝之可名也。視此爲異。

注疏參義

猗嗟名兮 玉篇、顯、莫丁切、詩猗嗟顯兮、顯、眉目間也。

校議

猗嗟名兮目上爲名眉眼之間 詩猗嗟傳本此。玉篇引詩云猗嗟顯兮、顯、眉目間也、本亦作名。文選西京賦薛綜注、昭、眉睫之間。檀弓云、子夏喪其子而喪其明。冀州從事郭君碑云、卜商號咷、喪子失名。是名與明通。詩本借名爲明、故下句云美目清兮。毛傳目下爲清、則知目上爲明、正以清明對文、爲爾雅補義也。正義引孫炎解名字云、目上平博。按平博之義亦與明爲近。

義疏

猗嗟名兮目上爲名 郭注、眉眼之間。玉篇引詩名作顯。

集解

猗嗟名兮目上爲名釋詩猗嗟詞名。 正字爲明、或爲矑、故以爲目上之偁。玉篇別出顯字、非。

義證

猗嗟名兮目上爲名孫炎以爲目上平博。郭璞云、眉眼之間。按、此是目精、卽明字也。檀弓子夏喪其子而喪其明、注、目精。冀州從事郭君碑云卜商唬咷、喪子失名。是名與明通

錢氏古義

猗嗟名兮目上爲名 眉眼之間 釋文云、眼、或作目。

郭注佚存補訂

猗嗟名兮目上爲名 此釋齊風猗嗟之詩猗嗟名兮。毛傳云、目上爲名。邵云、名與明通。檀弓云、子夏喪其子而喪其明。冀州從事郭君碑云、卜商號咷、喪子失名。今案、猗嗟名兮、名亦當讀爲明、與猗嗟昌兮猗嗟孌兮皆是言其容貌昌盛孌好與淸明同爲歎美之辭、若以名爲目上、與淸爲目下相對、則昌與孌又以何者相儷、朱子知目上爲名之非、而釋名爲名稱亦不得其解、然目上爲名、爾雅久已言之、蓋訓詁相承久矣。

說詩

猗嗟名兮目上爲名 嗟當作䛩。見釋詁

匡名

猗嗟名兮、目上爲名。名與眉目聲轉。

黃侃音訓

猗嗟名兮目上爲名

說文、名自命也、从口从夕。夕者、冥也。冥不相見、故以口自名。是名冥疊均義近。疑猗嗟名兮之名、本字當作顛。玉篇頁部顛下曰、詩云猗嗟顛兮、眉目間也。集均十五青、類篇頁部、廣均十五青顛下並曰眉目間也。所引疑出三家詩。鄭氏珍說文逸字收顛字、桂氏馥以爲說文顏眉目之間也、眉目之間本顛字訓、今脫顛字、誤屬顏下、其說甚碻。晚學集云、說文眉字、上象頟理也、頟當作顛。此說未敢信。頟卽頟字、眉上从𠂆、故曰象頟理、名則在目上、非在眉上矣。晉書音義中、名、目也。用雅詁而未別白、後人不知顛字、因而加目作眳。西京賦眳藐流眄、注、眉睫之間。卽本此。名爲顛之叚者、皆在古音十一部也。說文、覭、小見也。瞑、翕目也。疑顛在目上、故从冥、與覭瞑同意。

王頌清日記

猗嗟名兮、目上爲名。

猗嗟名兮、齊風猗嗟文。檀弓云：「子夏喪其子而喪其明；」素問云：「明堂者、鼻也；」目爲明、故目之閒爲明堂。邵引冀州從事郭君碑云：「卜商號咷、喪子失名、」與爾雅齊風同；郝引玉篇引詩「猗嗟顛兮；」此借名顛爲明也。小斆荅問云：「字當爲瞗、說文『瞗、目旁薄致宀宀也、』目旁與目上得通名。」

爾雅學

猗嗟名兮目上爲名○釋曰 注疏本刪。

上平博 元本同。閩本剜擠作目上平博、監本毛本承之。

校勘記

猗 音衣 嗟名兮目上爲名

音圖・音

伊

猗嗟名兮目上爲名

孫侶直音

式微式微者微乎微者也

式微式微者微乎微者也。言至微。

郭注

式微至者也　釋曰、云式微式微者、邶風式微文也。云微乎微者也、釋之也。郭云、言至微。鄭箋云、式、發聲也。案詩序云、式微、黎侯寓于衛、其臣勸以歸也。然則以君被逐、既微又見卑賤、是至微也。不取式爲義、故鄭云發聲也。

邢疏

式微式微者微乎微者也

郭璞云、言至微。

一切注音

式微式微者微乎微者也

郭璞曰、言至微。

古注合存

式微式微者微乎微者也。此釋式微之義也。註曰、言至微也。疏曰、式微式微、詩邶風式微文。

注疏參義

其虛其徐威儀容止也 **註** 雍容都雅之貌 猗嗟名兮目上爲名 **註** 眥眼之間 式微式微者微乎微者也 **註** 言至微 **正義** 此引詩文而釋之。其虛其徐、邶風北風文。猗嗟名兮、齊風猗嗟文。式微式微、邶風式微文。○其虛至止也。○毛詩作其虛其邪。鄭箋、邪讀如徐。威儀虛徐寬仁者。疏引孫炎云、虛邪、威儀謙退也。孔疏、虛徐者、謙虛閑徐之義。○猗嗟至爲名。○毛傳、目上爲名、目下爲清。据爾雅而推言之也。疏引孫炎云、目上平博。是眉眼之間也。名與明通。檀弓云、子夏喪其子而喪其明。冀州從事郭君碑云、卜商號咷、喪子失名。○式微至者也。○鄭箋用爾雅。孔疏、君被逐既微、又見卑賤、是至微也。孫子云、微乎微微至於無形、是微乎微者、當時語也、猶公羊傳云賤乎賤者也。

正義

式微式微者微乎微者也 言至微

微義已見釋詁。孫子虛實篇云、微乎微微、至於無形。語意本此。詩式微箋用爾雅云、式、發聲也。毛傳、式、用。雖本釋言、但詩本不取式爲義、故以發聲之詞言之、鄭義爲長。

義疏

式微式微者微乎微者也 釋詩式微詞。微、从彳𢼸。𢼸、眇也。猶言賤乎賤者。

義證

式微式微者微乎微者也

此釋邶風式微之詩。毛傳云、式、用也。鄭箋云、式微式微者、微乎微者也、式、發聲也。正義云、以君被逐既微、又見卑賤、是至微也。

說詩

式微式微者微乎微者也　說文彳部、微、隱行也、从彳𢼸聲、春秋傳曰、白公其徒微之。又人部、𢼸、妙字誤也、从人从攴、豈省聲。葢隱微𢼸細之字本不同也、經典相承以微代𢼸、此文似當作𢼸。

匡名

其虛其徐威儀容止也猗嗟名兮目上爲名式微式

微者微乎微者也 今本作其虛其邪、孫炎云、虛邪威儀謙退也。說文、㝐盛也。郭註、雍容都雅之皃。猗、犗犬也。註、猗、經典假用者多、如齊風猗嗟、歎詞、衛風猗猗、美盛皃、檜風猗儺、柔順也、節南山猗、長也。又有假爲兮字者、魏風清且直猗是也。有假爲加字者、小雅猗子畝工是也。有假爲猗字者、小雅有實其猗是也。目、人眼象形、重童子也。名、自命也。假爲目上之稱。郭註、眉眼之間。者、別事詞也、从白聲。𣏟古文旅字。兮、語之餘也。郭註、言至微。𢼸、眇也。註、古言𢼸眇者、卽今之微妙字。眇者、小也。引伸之凡細之偁。微詳釋詁。今微行而𢼸廢矣。

啓蒙

式微式微者、微乎微者也。

式微式微、邶風式微文。箋云：「式、發聲也。」邵云：「孫子『微乎微、微至於無形、』猶公羊傳云：『賤乎賤者也。』」

爾雅學

式微至者也○釋曰 注疏本刪。

云微乎微者也 元本同、閩本監本毛本作云微乎微也。

校勘記

之子者是子也

之子者、是子也。斥所詠。

郭注

之子者是子也　釋曰、詩言之子者多矣、故此釋之。李巡云、之子者、論五方人言是子也。然則之爲語助、人言之子者、猶云是此子也。桃夭傳云之子、彼說嫁事、爲嫁者之子、漢廣之子、則貞絜者之子、東山之子言其妻、白華之子斥幽王、各隨其事而名之。故郭云斥所詠。

邢疏

之子者是子也

之子者、論五方之言是子也。詩正義一之三 邢疏

黄輯古義

李注 之子者是子也

之子者、論五方之言是子也。邢疏 詩周南漢廣正義

玉函山房輯佚

李注 之子者是子也

之子者、論五方之言是子也。李注 詩疏之三

鈎沉

之子者是子也

李曰、之子者、論五方之言是子也。詩正義一之三 邢疏

漢注

之子者是子也

李巡云、之子者、論五方之言是子也。詩正義一之三卷 郭璞云、斥所詠。

一切注音

之子者是子也 李巡曰、之子者、論五方之言是子也。

古注斠

詩漢廣正義

斥音尺。

陸音義

之子者是子也

李巡曰、之子者、論五方之言是子也。

郭璞曰、斥所詠。

古注合存

之子者、是子也。此釋之子之義也、疏曰、詩言之子者多矣、故此釋之。

注疏參義

之子者是子也 **註** 斥所詠 **正義** 詩疏引李巡云之子者論五方之言是子也孔疏之爲語助人言之子者猶云是此子也桃夭傳云嫁子爲嫁者之子漢廣則貞潔者之子東山之子言其妻白華之子斥幽王各隨其事而名之

正義

之子者是子也 庳所詠

子者、庳其人之詞。之爲語助、又訓爲是時。漢廣箋用爾雅正義引李巡曰、之子者論五方之言是子也。按、是猶此也。崽也。方言云、崽者子也。諰鄉崽、湘沅之會凡言是子者謂之崽、若東齊言子矣。聲如宰。今按、膠萊間人謂崽子爲宰子、卽此子之聲轉、又轉爲只。詩南山有臺箋、只之言是也。樛木釋文、只猶是也。然則樂只君子猶言樂是君子矣。

義疏

之子者是子也 李注、之子者、論五方之言是子也。郭注、斥所詠。

集解

之子者是子也 詩言之子者多矣、各隨其事而名之。

義證

之子者是子也

註斥所詠 補正 邢疏李巡云、之子者、論五方之言是子也。

郭注補正

之子者是子也

詩言之子者衆矣、此總釋之也。周南桃夭之子于歸、毛傳云之子、嫁子也。漢廣之子于歸、鄭箋云之子、是子也。謙不敢斥其適己、於是子之嫁、我願秣

其馬、致禮餼示有意焉。召南鵲巢之子于歸傳云諸侯之子嫁於諸侯。箋云之子、是子也。王風揚之水彼其之子、箋云之子、是子也。彼其是子、獨處鄉里、不與我來守申。鄭風羔裘彼其之子、箋云之子、是子也、是子處命不變。唐風椒聊彼其之子、箋云之子、是子也、謂桓叔也。曹風彼其之子、箋云之子、是子也。傳云彼彼曹朝也。豳風東山之子于歸、箋云、謂始嫁時也。小雅車攻之子于苗傳云之子、有司也。鴻雁之子于征、傳云之子、侯伯卿士也。裳裳者華我覯之子、箋云之子、是子也、謂古之明王也。采綠之子于狩、箋云之子、是子也、謂其君子也。白華之子之遠、箋云之子、斥幽王也。漢廣疏云李巡曰、之子者、論五方之言是子也、然則之為語助、人言之子者、猶云是此子也、各隨其事而名之。今案、之子者、統男女君臣上下同稱之也。

說詩

之子節疏桃夭傳云之子下脫嫁子二字。

注疏正字

之子者是子也　詩箋七見此訓、召南江有汜、衞風有狐、王風揚之水、魏風汾沮洳、唐風椒聊、小雅裳裳者華、采綠。皆無者字、正義兩引召南、衞風亦無。

匿名

之子者是子也 隨事而名之也。

啓蒙

之子者、是子也。詩江有汜、有狐、揚之水、汾沮洳、椒聊、裳裳者華、采綠箋皆用此。揚之水、汾沮洳疏以之子是子也為釋訓文。揚之水無也字、蓋從便。

黃侃音訓

之子者、是子也。

之、是、均代名詞、詩桃夭、漢廣、東山、白華皆言之子、各隨其人以代之而已。方言「崽、子也、湘沅間凡言是子、謂之崽。」郭云：「今聆蒸間人謂崽子為宰子、即此子之聲轉。」

爾雅學

之子者是子也○釋曰 注疏本刪。

桃夭傳云嫁子 注疏本嫁作之。浦鏜云之子下脫嫁子二字、非也。邢疏引毛傳略之子二字耳。

校勘記

徒御不驚輦者也

徒御不驚輦者也。步挽輦車。

郭注

徒御不驚輦者也　釋曰、云徒御不驚者、小雅車攻文也。云輦者也者、釋之也。此止解徒字也。諸徒皆為徒行、此獨為輦、是以辨之。地官鄉師云大軍旅會同治其輦、注云輦人輓行、所以載任器也、立以為藩營。司馬法、輦有一斧一斤一鑿一梩、周輦加二板二築、夏后氏二十人而輦、殷十八人而輦、周十三人而輦。是會同田獵人輓輦以徒行也。故郭云步挽輦車。

邢疏

徒御不驚輦者也

郭璞云、步挽輦車。

一切注音

挽 本亦作輓、同、亡遠反。晉蘋云、引也。車 音居。

陸音義

徒御不驚輂者也

馬善驚、輦而驚焉、可謂敬慎矣。

新義

徒御不驚輂者也 諸徒皆爲徒行、此獨爲輂也。輂、挽車。

鄭樵注

徒御不驚輂者也

郭璞曰、步挽輂車。

鄭樵曰、諸徒皆爲徒行、此獨爲輂也。輂、挽車。

古注合存

徒御不驚輂者也。疏曰、徒御不驚、詩車攻文、云輂者、解上徒字、諸徒皆爲徒行、此獨爲輂也。地官鄉師云、大軍旅會同、治其輂、註云、輂、人輓行也。司馬法、輂有一斧一斤一鑿一梩、周輂加二版二築、夏二十人而輂、殷十八人而輂、周十五人而輂。

注疏參義

徒御不驚輂者也 **註** 步挽輂車

正義 徒御不驚、小雅車攻文、此釋之也。毛傳、徒、輦也。說文云、輂、輓車也。輓、引之也。釋名云、輦車、人所輦也。黍苗云、我任我輦。又云、我徒我御。鄭箋有輓輦者、步行曰徒、士卒有步行者、是輓輦與徒同是步行、故爾雅以輦者釋徒字之義也。地官鄉師云、大軍旅會同、正治其徒役與其輂輦、鄭註云、輂、人輓行、所以載任器也。司馬法曰、夏后氏二十人而輂、殷十八人而輂、周十五人而輂。是輓輂之人三代互有多寡、會同田獵、則人輓輂以徒行也。

正義

徒御不驚輂者也 步挽輂車

輂者、人輓車也。徒、步行也。御、御馬也。本各爲一事、詩黍苗詳之。此輂者專釋徒字、故車攻傳徒輂也、蓋言此徒卽是輂者、非但步行、亦容輓車在內、與黍苗異。此釋徒不釋御、輂上無徒字、文省爾。

義疏

徒御不驚輂者也 郭注、步挽輂車。昇禽而歸、故用徒御、輂非我徒我御之對文。

集解

徒御不驚輂者也 釋詩車攻詞。輂、人挽車也。挽車者須徒御。徒、士步行者。御、使馬也。

義證

徒御不驚輂者也

步挽輂車

釋文云、挽本亦作輓。

郭注佚存補訂

徒御不驚輂者也

此釋小雅車攻之詩徒御不驚。毛傳云、徒、輦也。御、御馬也。不驚、驚也。正義云、諸徒皆爲徒行、此獨以爲輂者。釋訓云、徒御不驚、輂者也。爾雅特釋此文、故依而爲說。地官鄉師云、大軍旅會同、治其輂、注云、輂、人輓紼、所以載任器也、止以爲蕃營。司馬法、輂有一斧一斤一鑿一梩、周輂加二板二築、夏后氏二十人而輂、殷十八人而輂、周十五人而輂。是會田獵、人輓輂以徒行也。徒既爲輂者、故御爲御馬者也。黍苗我任我輂、我徒我御、箋云、有輓輂者、步行曰徒。疏云、輂車人輓以行、故云輓輂以行。此又徒輂分言、然皆步行者也。

說詩

徒御節疏此上解徒字也 上解二字疑誤倒。止以爲蕃營 蕃、毛本誤從竹。司馬灋曰、輂有一斧一斤一鑿一梩一鉏 一鉏脫曰字及一鉏二字。

注疏正字

徒御不驚輦者也

說文、徒、步行也。註、徒涉徒歌之類、引伸之義也。御、使馬也。古从馬。驚、馬駭也。註、驚與警義別。小雅徒御不警傳不警、警也。俗多譌驚。輦、輓車也。从車扶扶在車歬引之也。郭註、步挽輦車。小雅我徒我御、又我任我輦。傳、徒行者、御車者、任者、輦者。

啓蒙

徒御不驚、輦者也。步挽輦車。　驚、詩正義本作警、傳云不警、警也、疏云、豈不警戒乎、言以相警也。案詩一本作驚、與爾雅同、驚者、警之段借也。段玉裁說、輦上脫徒字、案黍苗疏釋訓徒御不驚以徒為輦者也、據此文是輦上應有徒字。然車攻疏引釋訓徒御不驚輦者也乃同今本、似未可輒增耳。　詳上文是刈是濩濩煮之也文例及此文郭注、應本作徒輦者也。

黃侃音訓

徒御不驚、輦者也。

小雅車攻云：「徒御不驚、」徒御義異。黍苗「我任我輦、我車我牛、」箋云：「有負任者、有輓輦者；」又云：「我徒我御、」傳云：「徒行者、御車者；」是輦與徒御皆異。邵引周禮鄉師注云：「輦人輓行、所以載任器也；司馬法曰：『夏后氏二十人而輦、殷十八人而輦、周十五人而輦；』」古所謂輦、說文所謂「輓車」之義也。郝云：「爾雅輦專釋徒、不釋御、」是也。是以車攻毛傳、亦云：「徒、輦也。」

爾雅學

徒御不驚輦者也、疏止以為籓營、今本籓少氵旁。

注疏本正誤

徒御不驚輦者也○釋曰　注疏本刪。

此止解徒字也　注疏本止誤上。

止以為蕃營　監本同。元本閩本毛本蕃改籓。

校勘記

云輦也者　監本毛本湘本也上有者字、此脫。下司馬法輦有一斧一斤一鑿一梩四十字、今本司馬法五篇無、當佚。

注疏校勘札記

輦直音拈上聲　案、輦力展翻、連上聲、來今拈上聲、泥謬。此字爾雅釋文無音、疑闕。詩釋文有之。

直音正誤

徒御不驚輦者也。拈上聲

孫侶直音

徒御不驚輦者也　步挽輦車

楊氏音訓

襢裼肉袒也

襢裼、肉袒也。脫衣而見體。

郭注

襢裼肉袒也

襢裼脫衣見體曰肉袒。詩正義一之二　邢疏

李注

襢裼肉袒也

袒去裼衣。詩正義四之二　邢疏

孫音注

黃輯古義

襢裼肉袒也

襢裼、脫衣見體曰肉袒。邢疏　詩鄭風大叔于田正義

李注

玉函山房輯佚 孫音注

襢裼肉袒也

袒去裼衣。邢疏、詩鄭風大叔于田正義

鉤沉

襢裼肉袒也

脫衣見體曰肉袒。同

袒去裼衣 孫注並詩疏四之二

漢注

襢裼肉袒也

李曰、襢裼脫衣見體曰肉袒。詩正義一之二邢疏

孫曰、袒去裼衣。詩正義四之二邢疏

一切注音

襢裼肉袒也

李巡云、襢裼、脫衣見體曰肉袒。孫炎云、袒、去裼衣。

郭璞云、脫衣而見體。並詩正義四之二卷

古注斠

襢裼肉袒也 李巡曰、襢裼、脫衣見體曰肉袒。孫炎曰、袒去裼衣。詩大叔于田正義

陸音義

襢本或作袒、同、徒坦反、下同。裼蘇歷反。脫他活反。見賢遍反。

古注合存

襢裼肉袒也

李巡曰、襢裼脫衣見體曰肉袒。

孫炎曰、袒去裼衣。

郭璞曰、脫衣而見體。

襢裼肉袒也 脫衣而見體

襢者、說文作膻、云、肉膻也、引詩膻裼暴虎。今詩作襢。大叔于田釋文、襢本又作袒。袒亦叚借字也。說文袒訓衣縫解、紟。作又云、但、裼也。裼、袒也。[illegible]儃。詩正義引李巡曰、襢裼、脫衣見體曰肉袒。孫炎曰、袒去裼衣。郭

義疏

襢裼肉袒也 注本李巡。

李注、脫衣見體曰肉袒。孫注、袒去裼衣。郭注、脫衣而見體。

集解

襢袒但皆从旦、旦時未著衣、因爲裼見之稱。說文肉膻、則內則去其膻之字、後人誤引詩暴虎也。肉袒、揎袖見臂、亦以謝罪、非裸裎之謂。

義證

襢裼肉袒也 釋詩大叔于田襢裼暴虎語也。襢字本作但、裼也。或以膻字當之誤矣。裼袒也、从衣易聲。襢裼衣之外有正服、盛禮則開正服前衿而見裼衣、玉藻所謂裘之裼也見美也是也。袒、衣縫也、从衣旦聲。肉袒云者、正字爲但耳、故以爲襢裼之訓亦謝罪詈也。或曰玉藻非敬事、不敢襢裼、覲禮乃右肉袒于廟門之東、釋者以其形相似故云然。

郭注補正

襢裼肉袒也

(註)脫衣而見體(補正)邢疏、李巡曰、襢裼、脫衣見體曰肉袒。孫炎曰、袒去裼衣。

說詩

襢裼肉袒也

此釋鄭風大叔于田之詩襢裼暴虎。毛傳、襢裼、肉袒也。疏引李巡曰、襢裼、脫衣見體曰肉袒。孫炎曰、袒去裼衣。郭注本李巡爲義。

注疏正字

襢裼節疏鄭風大叔于田云 監本大誤犬、于誤千。

襢裼肉襢也 釋文云、襢本或作袒、下同。案、云下同、則陸本兩

皆作襢可知、石經上作襢、下作袒。詩正義二四之類篇中八引與石經同、後漢書注上六十文選注五引兩皆作袒。案、說文肉部膻、肉膻也、从肉亶聲。詩曰膻裼暴虎。又人部但、裼也、从人旦聲。又衣部袒、衣縫解也、从衣旦聲。衣部無襢字。經典中膻但二字久廢。

匡名

襢 膻 詩。襢裼暴虎。毛傳。襢裼肉袒也。案說文肉部。膻肉膻也。詩曰。膻裼暴虎。衣部。袒衣縫解也。裼袒也。轉相爲訓。人部但亦訓裼。膻袒但音義並同而無襢字。襢蓋涉裼而譌。諸經皆作襢。惟孟子袒裼。曲禮勞毋袒。作袒。今膻裼依說文作膻。肉袒仍依本文作袒。與毛傳合。

黃侃評本正名

襢卽膻之別體非涉裼而譌也。

襢裼、肉袒也。脫衣而見體。 襢袒同文並見詩大田疏及類篇引與今本同、後漢書六十上注、文選吳都賦注引上襢亦作袒。此去衣見體為襢裼。襢即膻之別體。說文膻肉膻也詩曰膻裼暴虎。而禮所謂裼或袒裼、則但去上衣露見裼衣也、玉藻裘之裼也、見美也、內則不有敬事、不敢袒裼、是也。 袒裎徒裼亦一聲之轉。

黃侃音訓

襢裼、肉袒也。

鄭風太叔于田「襢裼暴虎、」疏引李巡云：「襢裼、脫衣見體曰肉袒、」此說是也；故爾雅郭注亦用其義。詩釋文「襢、本又作袒、」然袒亦假借字也。說文人部云：「但、裼也；」又衣部云：「裼、但也；」是許以但爲袒裼之正字矣。

爾雅學

襢裼至搏也○釋曰注疏本刪。

校勘記

襢裼肉袒也釋文、裼、蘇歷反。今本裼音息、非是。廣韻裼、先擊切、在二十三錫。息、相卽切、在二十四職。二字不同音也。

注疏本正誤

襢音但裼音息肉袒也

音圖・音

襢裼、肉袒也。
袒 息 但

孫侶直音

袒 錫
襢裼、肉袒也

直音校正

襢袒 裼錫

于氏音釋

暴虎徒搏也

暴虎、徒搏也。空手執也。

郭注

襢裼至搏也 釋曰、鄭風大叔于田云襢裼暴虎、故此釋之。毛傳云、襢裼、肉袒也。李巡曰、襢裼、脫衣見體曰肉袒。孫炎曰、袒去裼衣。郭云、脫衣而見體。毛傳又云、暴虎、空手以搏之。舍人曰、無兵、空手搏之。然則徒空也。故郭云、空手執也。

邢疏

暴虎徒搏也

無兵空手搏之。詩大叔于田正義 論語疏七

犍爲注

暴虎徒搏也

搏音付。釋文

郭音義

黃輯古義

暴虎徒搏也

無兵空手搏之。詩鄭風大叔于田正義

犍爲注

徒搏也、搏、音付。釋文

郭音義

玉函山房輯佚

徒搏也　無兵空手搏之。舍人注　詩疏四之二　論語疏七

鈎沉

暴虎徒搏也　舍人曰、無兵空手搏之。詩正義四之二

漢注

暴虎徒搏也　舍人云、無兵空手搏之。詩正義四之二卷　郭璞云、空手執也。

一切注音

徒搏也　舍人曰、無兵空手搏之。詩大叔于田正義　論語述而正義

古注斠

暴步報反。搏逋莫反、郭音付。

陸音義

暴虎徒搏也　郭云、空手執也。

鄭樵注

暴虎徒搏也搏、郭音付。　舍人曰、無兵空手搏之。郭璞曰、空手執也。鄭樵曰、郭云空手執也。

古注合存

暴虎徒搏也空手執也

搏者、說文云、索持也。詩搏獸于敖、言手執持之也。暴者、搏也。搏暴古音相近、匡謬正俗云、暴有薄音是也。詩大叔于田傳、暴虎空手以搏之。正義引舍人曰、無兵空手搏之。竝以空手釋徒搏也。小旻傳、徒搏曰暴虎。卽用爾雅文。

義疏

暴虎徒搏也

舍人注、無兵空手搏之。郭注、空手執也。暴起捕之也。搏捕通用、用斧爲甫、故爲執捉。

集解

暴虎徒搏也　暴晞也、从日出廾米、會意。正字爲㬥。㬥、暴疾有所趣也、引申爲徒搏之偁。以徒搏必人之急疾者乃能也。㬥暴通用字。詩小旻、不敢暴虎。論語、暴虎馮河。均斥徒搏言耳。搏、索持也、从手尃聲。與捕通用。

義證

暴虎徒搏也　註空手執也補正邢疏、舍人曰無兵空手搏之。

郭注補正

暴虎徒搏也　謂空手執也　希麟新華嚴經廿三卷音義引爾雅曰、暴虎徒搏也。郭注云、謂空手執也。今據補謂字。文選西都賦注引爾雅郭璞曰、空手執曰搏。

郭注佚存補訂

暴虎徒搏也　暴、當从夲作㬥。見前二篇

匡名

暴虎、徒搏也。暴者、摽也、說文摽、擊也。暴字亦作㩧、廣雅㩧、擊也。

黃侃音訓

暴虎徒搏也　錦燧謹案、此釋詩大叔于田篇襢裼暴虎、小□篇不敢暴虎也。毛公大叔于田傳云、暴虎、空手以搏之。小

口傳云、徒搏曰暴虎。徒搏猶言空搏、其辭雖異而義實同。惟暴無搏義、說文日部云、暴晞也、从日出廾米、會意。攷工記之晝暴諸日、孟子之一日暴之、此暴字之本訓。今訓暴搏者、暴搏聲近、疑即搏之假借字也。匡謬正俗云、暴有薄音、薄搏聲同。是暴可通搏之證。說文手部云、搏索持也。詩搏獸于敖、暴虎猶云搏獸也。

陸錦燧日記

暴虎、徒搏也。搏博付

孫偘直音

暴虎徒搏也 搏

直音校正

馮河徒涉也

馮河徒涉也。無舟楫。

郭注

馮河徒涉也 釋曰、小雅小旻云、不敢馮河。故此釋之也。李巡曰、無舟而渡水曰徒涉。郭云無舟楫。毛傳云、馮陵也。然則空涉水陵波而渡、故訓馮爲陵也

邢疏

馮河徒涉也

無舟而渡水曰徒涉。詩正義十二之二 邢疏

李注 **黃輯古義**

馮河徒涉也

無舟而渡水曰徒涉。邢疏 詩小雅小旻正義

李注 **玉函山房輯佚**

徒涉也

無舟而渡水曰徒涉。李注 詩疏十二之二 論語疏七

鉤沉

馮河徒涉也

李曰、無舟而渡水曰徒涉。詩正義十二之二 邢疏

漢注

馮河徒涉也

李巡云、無舟而渡水曰徒涉。詩正義十二之二卷 郭璞云、無舟檝。

一切注音

徒涉也 舍人曰、無舟而渡水曰徒涉。詩小旻正義 論語述而正義

古注斠

馮河 字又作憑、皮冰反、依字當作淜。說文云、無船渡河。檝 本或作檝、又作接、同、子葉子入二反。方言云、檝橈也。說文云、檝舟棹也。釋名曰、在旁撥水曰櫂、又謂之檝、檝捷也。

陸音義

馮河 依字當作淜○淜字舊未刻、官本作憑、譌。今據說文正。宋本依俙亦似淜字。

檝○邢本作楫。

音義攷證

暴虎徒搏也馮河徒涉也

暴虎馮河小人之剛。蘧蒢戚施小人之柔。

新義

馮河徒涉也。郭云、無舟楫。

鄭樵注

馮河徒涉也
李巡曰、無舟而渡水曰徒涉。
郭璞曰無舟楫。
鄭樵曰、郭云無舟楫。

古注合存

襢裼肉袒也暴虎徒搏也馮河徒涉也。此釋襢袒及暴虎馮河之義也。註曰、肉袒見體也。徒搏空手也。徒涉無舟也。疏曰、詩大叔于田云、叔在藪、襢裼暴虎。小旻云、不敢暴虎、不敢馮河。

注疏參義

襢裼肉袒也 **註** 脫衣而見體 暴虎徒搏也 **註** 空手執也

馮河徒涉也 **註** 無舟檝 **正義** 鄭風大叔于田云、襢裼暴虎。小雅小旻云、不敢暴虎、不敢馮河。此釋之也。說文襢字从月、云、膻肉膻也。詩曰膻裼暴虎。馮作淜、云無舟渡河也。襢裼者、詩疏引李巡云、襢裼脫衣見體曰肉袒。左氏昭二十年傳云、使華寅肉袒執蓋。孟子云、雖袒裼裸裎於我側。說文云、裼袒也。暴虎者、毛傳、暴虎空手以搏之。疏引舍人云、無兵空手搏之。馮河者、毛傳、馮陵也。疏引李巡云、無舟而渡水曰徒涉。易泰卦云、用馮河。荀爽云、馮河而上不用舟斻。論語云、暴虎馮河。孔安國註用爾雅。 **註** 無舟檝○ **正義** 檝監本作楫、今從釋文。方言云、楫謂之橈、或謂之櫂。釋名云、在旁撥水曰櫂。又謂之楫、楫捷也。撥水使舟捷疾也。

正義

馮河徒涉也　說文、淜、無舟渡河也。徐鍇引詩曰、不敢淜河。今借馮字。

校議

馮河徒涉也 無舟楫 馮者、淜之叚音也。說文、淜、無舟渡河也。玉篇、徒涉曰淜。今馮字。詩小旻傳、徒涉曰馮河。正義引李巡曰、無舟而渡水曰徒涉。與說文合。此馮字正解、毛傳以馮陵爲訓、未免望文生義。

義疏

馮河徒涉也 李注、無舟而渡水曰徒涉。郭注、無舟楫。　馮从馬渡冰、因爲人涉。說文从朋水、其義迂。

集解

馮河徒涉也 易泰用馮河、詩小旻不敢馮河、此釋之也。馮、馬行疾也、从馬仌聲。與淜通用。淜、無舟渡河也。字亦作淜涉。
徒、行濿水也、从林从步會意。篆文从水。

義證

馮河徒涉也

註 無舟楫 **補正** 邢疏、李巡曰無舟而渡水曰徒。

郭注補正

馮河徒涉也

無舟檝

釋文云、檝本或作楫、又作接。論語述而正義引此注無舟檝、與陸本合。今本皆作楫。

郭注佚存補訂

暴虎徒搏也馮河徒涉也

鄭風大叔于田、襢裼暴虎。小雅小旻、不敢暴虎、不敢馮河。此釋之也。大叔于田毛傳云、暴虎空手以搏之。疏引舍人云、無兵空手搏之。搏之搏卽暴也、暴搏一聲之轉。小旻傳云、徒搏曰暴虎、徒搏卽空手搏也。馮河者傳云、馮、陵也。徒涉曰馮河。正義云、李巡曰無舟而渡水曰徒涉。則空涉水陵波而渡、故訓馮爲陵。釋文云、馮、依字當作淜。說文云、淜、無船渡

爾雅詁林　三　釋訓

河。今經典皆作馮、鮮作淜者。釋文云馮字又作憑者、憑、今字。論語暴虎馮河孔安國注用爾雅。

說詩

馮河節註無舟楫 楫、釋文作檝。

注疏正字

馮河徒涉也 釋文云、馮字又作憑。案、說文水部淜、無舟渡河也、从水朋聲。以聲近通借作馮。憑、俗字。 說文林部𣥺、徒行厲水也、从林从步。篆文从水作涉。

匡名

禮裼肉袒也暴虎徒搏也馮河徒涉也 說文、膻、肉膻也。引詩膻裼暴虎。裼、但也。註、但、各本作袒。袒、衣縫解也。郭註、脫衣而見體。搏、索持也。一曰至也。郭註、空手執也。馮、馬行疾也。註、展轉他用、而馮之本義廢矣。馮者、馬蹏箸地堅實之皃。因之引伸爲盛也大也滿也懣也。或借爲凭字、或借爲淜字。如馮河、馮當作淜、無舟渡河也。李巡云、無舟渡水曰徒涉。

啓蒙

馮　𣥺　釋文。馮字當作淜。說文云。無船渡河。

黃侃評本正名

馮河、徒涉也。　馮字又作憑、依字當作淜。

黃侃音訓

其虛其徐　目上爲名　禮裼肉袒也　馮河徒涉也

毛詩作其虛其邪、邶風北風詩 鄭箋邪、讀如徐。北風詩箋 毛詩傳目上爲名、目下爲清。齊風猗嗟傳 釋文、禮本或作袒。釋訓釋文 說文作膻、肉膻也。肉部膻 馮作淜。云無舟渡河也。水部淜 釋文、馮字又作憑。釋訓釋文

證異

暴虎、徒搏也。馮河、徒涉也。

小雅小旻云：「不敢暴虎、不敢馮河。」觀鄭風及秦九二、則暴虎馮河四字、乃常語也。

郝云：「搏、暴、古音相近、匡謬正俗云：『暴有薄音、』是也。」馮者、郝云：「淜之叚音、說文『淜、無舟渡河也。』」

爾雅學

馮河徒涉也○釋曰注疏本刪。

無舟楫單疏本雪牕本同、釋文、檝本又作楫。方言曰、檝、橈也。說文云、檝、舟棹也。按、今說文作楫、舟櫂也。非。論語述而正義引此注作無舟檝。與陸本合。

校勘記

馮河徒涉也注無舟檝、釋文檝本或作檝、又作接、同子葉才八二反。今本作楫、宜以釋文正之。

馮河徒涉也釋文、馮字又作憑皮冰反。今本作音平、非。是廣韻平符兵切、在十二庚、馮扶冰切、在十六蒸、二字不同音也。

注疏本正誤

貧 馮河徒涉也。

孫偘直音

憑 馮河徒涉也

直音校正

馮平河徒涉也

楊氏音訓

蘧篨口柔也

蘧篨、口柔也。蘧篨之疾不能俯、口柔之人視人顏色常亦不

伏、因以名云。

郭注

籧篨口柔也戚施面柔也

籧篨、巧言也。戚施、令色誘人。釋文 見盧校本

【犍爲注】

籧篨口柔也

籧篨、巧言好辭、以口饒人、是謂口柔。詩正義二之三 邢疏

【李注】

籧篨口柔也

籧篨之疾不能俯、口柔之人視人顏色常亦不伏、因以名云。釋文 郭同

【孫音注】

黃輯古義

籧篨口柔也

籧篨、巧言也。釋文

【犍爲注】

籧篨口柔也

籧篨、巧言好辭、以口釋文無口字饒人是謂口柔。釋文 邢疏 詩邶風新臺正義

【李注】

籧篨口柔也

籧篨之疾不能俯、口柔之人視人顏色常亦不伏、

因以名云。釋文

【孫音注】

玉函山房輯佚

籧篨口柔也

籧篨、巧言也。同釋文二十九

籧篨、巧言好辭、以口饒人、是謂口柔。李注 詩、疏二之三

籧篨之疾不能俯、口柔之人視人顏色常亦不伏、因以名云。孫注

鈎沉

籧篨口柔也

舍人曰、籧篨、巧言也。釋文

李曰、籧篨、巧言好辭、以口饒人、是謂口柔。詩正義二之三 釋文 邢疏

孫曰、籧篨之疾不能俯、口柔之人視人顏色常亦不伏、因以名云。釋文 郭同

漢注

籧篨口柔也

舍人云、籧篨、巧言也。釋文二十九卷 李巡云、籧篨、巧言好辭、以口饒人、是謂口柔。釋文二十九卷 詩正義二之三卷 孫炎云、籧篨之疾不能俯、口柔之人視人顏色常亦不伏、因以名云。釋文二十九卷 郭璞云、籧篨之疾不能俯、口柔之人視人顏色亦不常伏、因以名云。

一切注音

籧篨口柔也　李巡曰、籧篨、巧言好辭、以口饒人、是爲口柔。詩新臺正義 舍人曰、籧篨、巧言也。 孫郭竝云、籧篨之疾不能俯、口柔之人視人顏色常亦不伏、因以名云。釋文

古注斠

爾雅詁林　三　釋訓

蘧本或作篴、同巨魚反。篨直閭反。舍人云、篴篨巧言也。李云、篴篨乃言辭以饒人謂之口柔。孫、郭並云、篴篨之疾不能俯、口柔之人視人顏色常亦不伏、因以名云。

陸音義

蘧巨居反〇居、舊作原。謌。據宋本正、官本同。

音義攷證

蘧篨口柔也

除不能俯遽也。陳之蘧篨飾矣、即設筦筵紛純、無遽也。

新義

蘧篨口柔也

舍人曰、蘧篨巧言也。

李巡曰、蘧篨巧言好辭、以饒人是謂口柔。詩疏。饒人上有口字、邢疏無之。

孫炎曰、蘧篨之疾不能俯、口柔之人視人顏色常亦不伏、因以名云。

郭璞曰、蘧篨之疾不能俯、口柔之人視人顏色常亦不伏、因以名云。

古注合存

蘧篨口柔也　案晉語云、戚施權鎛、蘧篨蒙球、蓋亦因其不能俯仰而用之。

校議

蘧篨口柔也　蘧篨之疾不能俛、口柔之人視人顏色常亦不伏、因以名云。此及下文柔字依說文竝當作脜、云面和也、讀若柔。玉篇正作脜、云柔色以蘊之。是以今爲柔字。蘧篨者、說文云、粗竹席也。詩新臺傳、蘧篨不能俯者。箋云、蘧篨口柔、常觀人顏色而爲之辭、故不能俯者也。正義引李巡云、蘧篨巧言好辭、以口饒人、是謂口柔。爾雅釋文引舍人曰、蘧篨巧言也。又引孫郭義同。是諸家皆不殊。今按、以戚施爲比推之、蘧篨即符篖也、其名爲簟、其體偃蹇、其文便旋、以言語悅人者似之、故以爲口柔之喻。

義疏

蘧篨口柔也　舍人注、蘧篨、巧言也。李注、蘧篨、口柔、常觀人顏色而爲之詞、故不能俯者也。郭注、蘧篨之疾不能俛、口柔之人視人顏色常亦不伏、因以名云。蘧篨、粗竹席、行館中以藉庭除、故名之遽除。謟者常伏、無取不能俯、又竹席無所謂俯仰也。

集解

蘧篨口柔也　蘧篨、精竹席也、竹席可捲而柔、故引申爲口柔之偁。詩新臺蘧篨不鮮、蘧篨爲新臺所有物、詩人因求昏不拒而口柔謟君、故借蘧篨以喻之耳。柔、木曲直也、从艸矛聲。上經云安也。

義證

蘧篨口柔也

【註】蘧篨之疾不能俯、口柔之人視人顏色常亦不伏、因以名云。【補正】邢疏、李巡曰、蘧篨、巧言好辭、以口饒人是謂口柔。

郭注補正

蘧篨、口柔也。戚施、面柔也。夸毗、體柔也。按、口柔是巧言、面柔是令色、體柔是足恭。巧言謂之便佞、令色謂之善柔、足恭謂之便辟。沈潛剛克、高明柔克、剛柔之爲德、皆不協中、故可分屬君子小人。此三柔者、柔之蔽也。惟以說詩合之論語、其等差可見。李巡、郭氏僅以卑己屈身狀夸毗、恐未得正解。坿見論語後錄中。

錢氏古義

蘧篨口柔也　釋文云、蘧、本或作篴。案說文篴義與蘧篨別。

匡名

蘧篨口柔也

錦爔謹案、此釋詩新臺篇蘧篨不殄也。毛傳云、蘧篨不能俯者。不能俯與口柔義近。所謂口柔者，柔當讀爲腼、說文百部云，腼，面和也，从百从肉，讀若柔。凡許書中讀若之字，大都皆經傳中通用之字。如嬃下云女師也，讀若阿，而國策長於阿保之手，卽借阿爲嬃。蚰下云蟲之總名也，从二虫，讀若昆，今經典中䖵蟲字都以昆爲之。宄下云姦也，外爲盜，內爲宄，讀若軌，而史記引書寇賊姦軌，卽借軌爲宄。勼下云聚也，讀若鳩，而本經之鳩聚也，與書之共工方鳩僝功，左傳之以鳩其民，皆借鳩爲勼。諸如此類，皆與腼讀若柔一例。故經典中不見腼字，實則以義求之，凡詩之輯柔爾顏，禮記之柔色以温之，以及此經之口柔面柔，皆當讀爲腼。籧篨，本物名，說文云粗竹席是也。以其粗醜，故借以爲人疾之名。淮南子修務訓云，籧篨戚施，雖粉白黛綠，勿能爲美。高誘注曰，籧篨，偃也。偃與毛傳不能俯義合。因其不能俯，故又借以爲口柔之狀，而爾雅遂逕以口柔釋之，鄭君知爾雅與毛傳其辭雖異，而其義實相貫，故其箋用雅訓申傳曰，籧篨，口柔常觀人顏色而爲之辭，故不能俯者也。觀於此，知所謂口柔者，乃巧言之謂也。

陸錦燧日記

校勘記識語

巧言好辭以口饒人　浦鏜云，口，衍字。案，釋文引李云，巧言辭以饒人。案，邢引李巡注出詩正義，好字口字皆非衍。

籧篨口柔也今本疏末僅有故郭云籧篨之疾至因以名云二十三字，非是。此下當仍有戚施之疾等十九字，宜依注補之。

籧篨口柔也釋文，籧本又作篷，同，巨原反。按，詩邶風第三釋文，籧音渠，春秋文十三年經釋文，三傳俱其居反，則下一字不得爲原也，附正於此。

注疏本正誤

口柔之　監本毛本湘本之下有人字，此脫。

亦以名云　監本毛本湘本亦俱作因，是。

注疏校勘札記

籧（音渠）篨（音除）口柔也

音圖·音

籧（渠）篨（除）·口柔也。

孫偘直音

籧篨口柔也戚施面柔也（口柔者必仰面觀人顏色而爲辭，似籧篨不俯之人，因名口柔者爲籧篨。面柔者必低首下人，媚以容色，似戚施之人，因名面柔者爲戚施。）

楊氏音訓

籧（渠）篨（除）

干氏音釋

戚施面柔也

戚施、面柔也。戚施之疾不能仰，面柔之人常俯似之，亦以名云。

郭注

籧篨至面柔也　釋曰，邶風新臺云，籧篨不鮮，又曰得此戚施，故此釋之也。毛傳云，籧篨不能俯者，戚施不能仰者。李巡曰，籧篨，巧言好辭以口饒人，是謂口柔。戚施和顏悅色以誘人，是謂面柔。但籧篨戚施本人疾之名，故晉語云籧篨不可使俯、戚施不可使仰是也。人口柔者、必仰面觀人之顏色而爲辭，似籧篨不俯之人，因名口柔者爲籧篨。面柔者、必低首下人，媚以容色，似戚施之人，因名面柔者爲戚施。故郭云籧篨之疾不能俯，口柔之人視人顏色常亦不伏，因以名云。

邢疏

戚施面柔也

戚施、和顏悅色以誘人是謂面柔也。詩正義二之三

邢疏

李注

戚施面柔也

戚施之疾不能仰、面柔之人常俯似之、亦以名云。釋文　郭同

孫音注

黃輯古義

戚施面柔也

戚施、令色誘人。同上

犍爲注

戚施面柔也

戚施、和顏悅色以誘人是謂面柔也。同上

李注

戚施面柔也

戚施之疾不能仰、面柔之人常俯似之、因以名云。

孫音注

玉函山房輯佚

戚施面柔也

令色誘人。舍人注　並釋文二十九

戚施、和顏悅色以誘人是謂面柔也。李注　詩疏二之三

戚施之疾不能仰、面柔之人常俯似之、因以名云。孫注

鈎沉

戚施面柔也

舍人曰、戚施、令色誘人。釋文

李曰、戚施、和顏悅色以誘人是謂面柔也。詩正義二之三　釋文　邢疏

孫曰、戚施之疾不能仰、面柔之人常俯似之、因以名云。釋文　郭同

漢注

戚施面柔也

舍人云、令色誘人。釋文二十九卷

李巡云、戚施、和顏悅色以誘人是謂面柔也。釋文二十九卷　詩正義二之三卷

孫炎云、戚施之疾不能仰、面柔之人常俯似之、亦以名云。釋文二十九卷

郭璞云、戚施之疾不能仰、面柔之人常俯似之、亦以名云。

一切注音

戚施面柔也　舍人曰、令色誘人。李巡曰、戚施、和顏悅色以誘人是謂面柔也。孫郭注云、戚施之疾不能仰、面柔之人常俯似之、因以名云。釋文

古注斠

戚施　七歷反、下式支反。舍人曰、令色誘人。李曰、和顏悅色以誘人是謂面柔也。賈逵注國語曰、僂也。孫郭並云戚施之疾不能仰、面柔之人常俯似之、因以名云。字書作規頃同。

陸音義

戚施面柔也

舍人曰、戚施、令色誘人。

李巡曰、戚施和顏悅色以誘人是謂面柔。

孫炎曰、戚施之疾不能仰、面柔之人常俯似之、因以名云。

郭璞曰、戚施之疾不能仰、面柔之人常俯似之、亦以名云。

古注合存

爾雅詁林　三　釋訓

戚施面柔也 戚施之疾不能仰面柔之人常俯似之亦以名云

義疏 戚施者、聲俗之字。說文作䶒䶑、云詹諸也、引詩得此䶒䶑。御覽引韓詩薛君云、戚施、蟾蜍、喻醜惡。玉篇又作䶒䶑面柔也。爾雅釋文引字書作規䶑、俱字之別體也。面柔者、釋文引舍人曰令色誘人、李曰和顏悅色以誘人、是謂面柔也。又引孫郭義同。按晉語云戚施不可使仰。蓋喻醜惡之人、見人慙俛、有如含垢蒙羞、故曰面柔。詩新臺傳用晉語、箋用爾雅、說文義本韓詩、與諸家異、其喻醜惡則同。

戚施面柔也 舍人注、令色誘人。李注、和顏悅色以誘人。郭注、戚施之疾不能仰、面柔之人常俛似之、亦以名云。戚施、韓詩云蟾蜍、說文作䶒䶑、玉篇作規䶑、蝦蟆瘍皮、媸者惡創似之、故以喻焉。此皆詩人借物爲喻、見新臺藉席而曰籧篨不鮮、言無取鋪陳也、得此戚施、言媸女能汙害人也、後遂以嘲諂佞之人。國語造爲不能俯仰之說、疑誤後來。

集解 **戚施面柔也** 釋詩新臺得此戚施語也。戚施、䶒䶑之借字、蟾蜍也。皮蝠行遲、淫女惡狀而無節行者似之、此經所以直釋爲面柔耳。毛傳謂不能俯仰、失之。

義證 戚施面柔也

〔註〕戚施之疾不能仰面柔之人常俯似之亦以名云

〔補正〕邢疏、李巡曰戚施和顏悅色以誘人、是謂面柔。

郭注補正

戚施面柔也

戚施之疾不能仰、面柔之人常俯、似之、因以名云。

今本作亦以名云、據釋文改正。

郭注佚存補訂

籧篨口柔也戚施面柔也

此釋邶風新臺之詩籧篨不鮮。毛傳云、籧篨、不能俯者。鄭箋云、籧篨口柔、常觀人顏色而爲之辭、故不能俯也。說文云、籧篨、粗竹席也。以粗惡之物況人之醜惡、故亦借用籧篨字。顏師古漢書注云、口柔、觀人顏色而爲辭佞者也。義本鄭箋。得此戚施者、傳云、戚施、不能仰者。箋云、戚施面柔、下人以色、故不能仰也。戚施、說文作䶒䶑、云詹諸也、引詩得此䶒䶑、言其䶒䶑䶒䶑、卽孟子施施從外來之施施。說文鼀下又云、圥鼀、詹諸也。詹諸其皮鼀鼀其形（原作行）圥圥。鼀爲䶒之正體、蓋以此物狀人之醜陋、不可使仰之疾似之、本物名曰以爲疾名、又因疾名而爲面柔之名。御覽引薛君章句云、戚施、蟾蜍、蠩蝓醜惡。戚施蓋䶒䶑聲借之字。淮南修務訓云、籧篨戚施雖粉白黛黑、弗能爲美者、嫫母、仳倠也。高誘注云、籧篨、偃、戚施、僂、皆醜貌。正義云、籧篨戚施本人疾之名、故晉語云、籧篨不可使俯、戚施不可使仰是也。但人口柔者、必仰面觀人之顏色而爲辭、以籧篨不能俯之名、因名口柔者爲籧篨。面柔者必低首下人、媚以容色、似戚施之人、因名面柔者爲戚施。釋文引李巡曰、籧篨、巧言好辭以口饒人、是謂口柔。戚施、和顏悅色以誘人、是謂面柔也。

說詩

戚施節註因以名云（因、誤亦、從釋文挍。）疏巧言好辭以口饒人（口、衍字、從釋文挍。）似籧篨不能俯之人（脫能字。）因以名云（下脫戚施之疾不能仰面柔之人常俯似之因以名云一十九字。）

注疏正字

籧篨口柔也戚施面柔也

孫郭皆曰、籧篨之疾不能俯、口柔之人視人顏色常亦不伏、戚施之疾不能仰、面柔之人常俯、似之因以名云。家大人曰、邶風新臺篇曰、籧篨不鮮。又曰、得此戚施。毛傳曰、籧篨不能俯者、戚施不能仰者。鄭箋曰、籧篨口柔常觀人顏色而爲之辭、故不能俯也、戚施面柔下人以色故不能仰也。孫郭之說皆出於此。今案籧篨口柔也、戚施面柔也。此一義也。晉語曰、籧篨不可使俯、戚施不可使仰。此又一義也。爾雅此條兼釋籧篨戚施夸毗之義、則口柔面柔自指詩之籧篨戚施而言、非國語所云也。而毛傳乃云不能俯不能仰、則豈有衞宣一人而兼此二疾者乎。國語之籧篨戚施自是人疾之名、與口柔面柔之義兩不相涉、鄭箋謂口柔者不能俯、面柔者不能仰、俱是強爲傅會。口柔者不必仰首、面柔者亦不必俯首、且面柔之人正欲人之見其顏色、不宜於俯首也。然則國語爾雅各爲一義、不可強同。所謂離之則雙美、合之則兩傷矣。說者或據方言以籧篨爲粗竹席、或據韓詩說文以戚施爲詹諸、皆非口柔面柔之義、故槩無取焉。舍人曰、籧篨巧言也、戚施令色也。李曰、籧篨、巧言好辭以饒人、是謂口柔、戚施和顏悅色以誘人、是謂面柔。皆據本文爲解、而不牽引他義、較孫郭爲長。

述聞

戚施面柔也　釋文云、戚施、字書作規（疑當从頁）頌。案、說文引詩得此戚施作鼁䵶（見釋魚）。規頌二字、說文無。

匡名

戚施、面柔也。戚施、釋文引字書作規頌、案當作抉頌、抉、愁然也、覞、伺人也、戚施語轉則爲差池、蹉跎、柴池、茈虒、皆不齊之貌。今謂僂人曰駝、語由施轉。晉語云、戚施不可使仰、蓋此疾似戚施而得名、鄭語侏儒戚施、寔御在側、近頑童也、侏儒者、樂記所云及優侏儒、然則此皆嬖幸之徒、以行似戚施而名、故曰面柔、曰誘人、則義可知。

黃侃音訓

籧篨、口柔也。戚施、面柔也。

邶風新臺云：「燕婉之求、籧篨不鮮。」又云：「燕婉之求、得此戚施。」詩序云、「新臺、刺衞宣公也。納伋之妻、作新臺於河上而要之、國人惡之、而作是詩也。」詩意謂衞伋之妻、本求燕婉之人、而反得此籧篨戚施不良之人；即指求伋而反得宣公也。

籧篨戚施者、詩傳云：「籧篨、不能俯者；戚施、不能仰者。」案晉語云：「籧篨不可使俯、戚施不可使仰；」淮南修務訓云：「籧篨戚施、雖粉白黛綠、弗能爲美；」廣雅八疾有規頍、籧篨。是籧篨戚施、皆謂醜惡之狀、與傳義正合、詩所以與燕婉相對成文也。而爾雅以爲口柔面柔者、此蓋言其意；非言其字義也。口柔者、論語季氏篇云：「友善柔、損矣、」即爾雅釋文引舍人所謂「巧言」也。面柔者、郝云：「蓋喻醜惡之人、見人慙俛、有如含垢蒙羞、故曰面柔」也。然則爾雅之意、即謂籧篨而仰者、見人輒張其口、若不勝其媚、故爲口柔；戚施而俯者、見人輒匿其面、若不勝其羞、故曰面柔；此皆喩其意、非字義如此解也。廣雅疏證云：「籧篨、病也、故物之粗醜者、亦謂之籧篨、方言云：『簟之粗者、自關而西、謂之籧篨、』是也。」

爾雅學

籧篨王面柔也○釋曰注疏本删。
巧言好辭以口饒人注疏本同。浦鏜云、口衍字。按、釋文引李云、巧言辭以饒人。
必仰面觀人之顏色注疏本脱之。
故郭云籧篨之疾不能俯口柔之人視人顏色常亦不伏因以名云注疏本同。浦鏜云、下脱戚施之疾云云一十九字。

校勘記

夸毗體柔也

夸毗、體柔也。屈已卑身以柔順人也。

郭注

夸毗體柔也　釋曰大雅板篇云無爲夸毗、故此釋之也。毛傳云、夸毗、以體柔人也。李巡曰、屈已卑身求得於人曰體柔。然則夸毗者便僻其足前却爲恭、以形體順從於人、故郭云屈已下身以柔順人也。

邢疏

夸毗體柔也
卑身屈已也。釋文　史記屈賈列傳索隱

犍爲注

夸毗體柔也
詩云、無爲夸毗。釋文

樊注

夸毗體柔也
屈已卑身求得於人曰體柔。詩正義十七之四。邢疏。
釋文、李孫郭云屈已卑身以柔順人也。

李注

夸毗體柔也
屈已卑身以柔順人也。釋文　郭同

孫音注

黃輯古義

夸毗體柔也
夸毗、卑身屈已也。釋文　史記索隱卷二十

犍爲注

夸毗體柔也
詩云、無爲夸毗。釋文

樊注

夸毗體柔也
屈已卑身求得於人曰體柔。邢疏　詩大雅板正義

李注

夸毗體柔也
屈已卑身以柔順人也。上並同

孫音注

玉函山房輯佚

夸毗體柔也
詩云、無爲夸毗。樊注　並釋文二十九
屈已卑身求得於人曰體柔。李注　詩疏十七之四

鉤沉

夸毗體柔也
舍人曰、夸毗卑身屈已也。釋文　史記索隱二十
樊曰、詩云無爲夸毗。釋文
李曰、屈已卑身求得於人曰體柔。詩正義十七之四　邢疏
孫曰、屈已卑身以柔順人也。釋文　郭同

漢注

爾雅詁林　三　釋訓

夸毗體柔也

舍人云、夸毗、卑身屈己也。釋文二十九卷 史記索隱二十卷 樊光云、詩曰、無爲夸毗。釋文二十九卷 李巡云、屈己卑身求得於人曰體柔。詩正義十七之四卷 孫炎云、屈身卑己以柔順人也。釋文二十九卷 郭璞云、屈己卑身以柔順人也。

一切注音

夸毗體柔也 李巡曰、屈己卑身求得於人曰體柔。詩板正義 舍人曰、卑身屈己也。 樊引詩云、無爲夸毗。 李孫郭竝云、屈己卑身以柔順人也。釋文

古注斠

夸毗 苦瓜反、下鼻口反。舍人曰、卑身屈己也。樊引詩云、無爲夸毗。李孫郭云、屈己卑身以柔順人也。字書作舿䠘。 己 音紀。

陸音義

夸毗 下鼻尸反 字書作舿䠘○舊本尸譌口、官本作以。亦譌、今據宋本正。䠘亦作跬。

音義攷證

夸毗體柔也 柔弱順也。

鄭樵注

夸毗體柔也
舍人曰、卑身屈己也。
樊光曰、詩云無爲夸毗。
李巡曰、屈己卑身求得於人曰體柔。
孫炎曰、屈己卑身以柔順人也。
郭璞曰、屈己卑身以柔順人也。
鄭樵曰、柔弱順也。總釋上兩句

古注合存

籧篨口柔也、戚施面柔也、夸毗體柔也。籧音渠、篨音除、夸音誇。○此釋籧篨之屬之義也。註曰、籧篨之疾不能俯、口柔者、常仰視人顏色。戚施之疾不能仰、面柔者、常俯下其面、故因名也。夸毗者、屈己以柔順人。疏曰、詩新臺云、燕婉之求、籧篨不殄。又云、燕婉之求、得此戚施。板篇云、無爲夸毗。

注疏參義

籧篨巧言也、戚施令色誘人、夸毗卑身屈己也、俱犍爲文學說。李巡以夸毗爲足恭、便僻其足前卻以爲恭敬、與郭稍異。夸毗字書一作舿䠘。

注補

籧篨口柔也 註 籧篨之疾不能俯、口柔之人視人顏色、常亦不伏、因以名云。

戚施面柔也 註 戚施之疾不能仰、面柔之人常俯、似之、亦以名云。

夸毗體柔也 註 屈已卑身以柔順人也

正義 邶風新臺云、籧篨不鮮。又云、得此戚施。大雅板云、無爲夸毗、此合而釋之、以形容柔色事人之狀也。○籧篨口柔也。戚施面柔也。○籧篨戚施本物名。說文云、籧篨、粗竹席也。又云、鼀鼁、詹諸也。詩曰、得此鼀鼁。太平御覽引韓詩云、得此戚施。薛君云、戚施、蟾蜍、喻醜惡。是說文本韓詩。鼀鼁、戚施、聲之轉也。二物皆粗醜、故借以爲人疾之名。晉語云、籧篨不可使俯、戚施不可使仰。淮南修務訓、籧篨戚施、雖粉白黛綠、勿能爲美。高誘註、籧篨、傴也。戚施、僂也。皆醜貌。毛傳、籧篨不能俯者。戚施不能仰者。皆言其疾狀之醜也。因其不能俯仰、又借以爲口柔面柔之狀。鄭箋、籧篨口柔、常觀人顏色而爲之辭、故不能俯也。戚施下人以色、故不能仰也。釋文引舍人云、籧篨巧言也、戚施令色誘人。詩疏引李巡云、籧篨巧言好辭、以口饒人、是謂口柔。戚施和顏悅色以誘人、是謂面柔也。顏師古漢書註、口柔、觀人顏色而爲辭佞者也。釋文云、字書作規頓。○夸毗體柔也。○釋文引樊光云、詩云、無爲夸毗。史記索隱引舍人云、夸毗、卑身屈已也。曹大家云、體柔人之夸毗也。詩疏引李巡云、屈已卑身求得於人曰體柔。鄭箋、女無夸毗、以形體順從之。孔疏、夸毗者便

爾雅詁林 三 釋訓

辟其足、前却爲恭、以形體順從於人。釋文云、字書作舿䠒。【註】籧篨至人也。○【正義】釋文引孫炎云、籧篨之疾不能俯、口柔之人視人顏色常亦不伏、因以名云。戚施之疾不能仰、面柔之人常俯、似之、因以名云。夸毗、屈己卑身、以柔順人也。郭註俱用孫炎。

正義

夸毗體柔也 屈己卑身以柔順人也

夸、舿也。毗、臍也。體柔之人其足便辟、其躬卑屈、前俛爲恭、故曰夸毗。詩板傳用爾雅。箋云、其無夸毗以形體順從之。爾雅釋文引舍人曰、卑身屈己也。李孫郭云、屈己卑身以柔順人也。夸毗字書作舿䠒、廣韵又作舿䠒、俱字之別體。

義疏

夸毗體柔也 舍人注、卑身屈己也。李注、屈己卑身以柔順人也。孫郭同。廣韻引詩舿䠒。

集解

夸舭體柔也 釋詩板無爲夸舭語也。夸、奢也、从大于聲。正字爲侉。侉、備詞、即弱也。舭、人臍也、从囟、取气通也、从比聲。凡屈體者必屈臍。體總十二屬之名也。廣雅作體云身也。

義證

夸毗體柔也

【註】屈己卑身以柔順人也。【補正】邢疏、李巡曰屈己卑身求得於人曰體柔。

郭注補正

夸毗體柔也

此釋大雅板無爲夸毗。毛傳云夸毗、體柔人也。鄭箋云、女無夸毗、以形體順從之。正義云、李巡曰屈己卑身求得於人曰體柔。然則夸毗者、便僻其足、前却爲恭、以形體順從於人、故云以體柔人。

說詩

夸舭體柔也 釋文云、字書作舿䠒。

注疏正字

夸毗體柔也 釋文云、夸舭字書作舿䠒、案舿䠒俗字。

匡名

籧篨口柔也戚施面柔也夸毗體柔也 說文、籧篨粗竹席也。註、晉語毛詩籧篨不可使俯、此謂捲籧篨而豎之、其物不可俯、故詩風以言醜惡、爾雅以名口柔也。臼、人所以言食也、象形。又黽部䵷䵹引詩得此䵷䵹、詳釋蟲。晉語毛詩戚施不可使仰、詩風以言疾狀之醜、爾雅以名面柔也。【面】顏前也、从百、象人面形。大雅無爲奎毗、傳夸毗以體柔人也。郭註屈己卑身以柔順人也。體總十二屬也。

啓蒙

夸毗、體柔也。夸毗、猶言侉備、說文侉備詞也、玉篇廣韻作舿䠒、釋文夸毗字書作舿䠒。

黃侃音訓

夸毗、體柔也。

大雅板云：「無爲夸毗、」箋云：「女無夸毗、以形體順從之；」爾雅釋文引舍人曰：「卑身屈己也。」夸者、衆經音義引埤蒼曰：「骻、腰骨也、」夸、即骻骨；毗者、郝云：「臍也；」卑屈者必折腰、故舉夸毗以形容之。

爾雅學

夸毗體柔也○釋曰 注疏本删。

爾雅詁林 三 釋訓

便僻其足詩正義同。監本毛本僻改辟、元本閩本求得於人下脫曰體柔然則夸毗者便僻其足前卻為恭以形體順從於人二十三字。

校勘記

毛傳云夸毗以柔人也監本毛本湘本以下有體字。案、毛傳有體字無以字。

注疏校勘札記

夸音誇 毗體柔也

音圖·音

誇 毪

夸、毗、體柔也。

孫侶直音

夸誇 毗、體柔也體柔屈己卑身以柔順人也。

楊氏音訓

婆娑舞也

婆娑、舞也舞者之容。

郭注

婆娑舞也 釋曰、陳風東門之枌云婆娑其下故此釋之李巡曰、婆娑、盤辟舞也。郭云舞者之容。孫炎曰舞者之容婆娑然。則婆娑舞者之狀貌也。

邢疏

婆娑舞也

婆娑、盤辟舞也。詩正義七之一 邢疏

李注

婆娑舞也

舞者之容婆娑然。詩正義七之一 邢疏

孫音注

黃輯古義

婆娑舞也

婆娑、盤辟舞也。邢疏 詩陳風東門之枌正義

李注

婆娑舞也

舞者之容婆娑然。邢疏 詩陳風東門之枌正義

孫音注

玉函山房輯佚

婆娑舞也

婆娑、盤僻舞也。同 舞者之容婆娑然。孫注 並詩疏七之一

鈎沉

婆娑舞也

李曰、婆娑盤辟舞也。詩正義七之一 邢疏

孫曰、舞者之容婆娑然。詩正義七之一 邢疏

漢注

婆娑舞也

李巡云、婆娑盤辟舞也。孫炎云、舞者之容婆娑然。郭璞云舞者之容。並詩正義七之一卷

一切注音

婆娑舞也 李巡曰、婆娑、盤辟舞也。孫炎曰、舞者之容婆娑然。詩東門之楊正義

古注斠

娑素河反。

陸音義

婆娑舞也

李巡曰、婆娑、盤辟舞也。孫炎曰、舞者之容婆娑然。郭璞曰、舞者之容。

古注合存

爾雅詁林 三 釋訓

婆娑舞也 註 舞者之容 正義 婆、說文作媻、徐鉉云、今俗作婆、非是。陳風東門之枌云、婆娑其下。詩疏引李巡云、婆娑盤辟舞也。孫炎云、舞者之容婆娑然。顏師古漢書註云、婆娑、舞貌也。言於枌栩之下、歌舞以娛神也。初學記引蔡邕月令章句云、舞者樂之容也、有俯仰張翕、行綴長短之制。

正義

婆娑舞也 舞者之容 說文、舞、樂也。古文舞从羽亾。按从羽、舞所執也。亾、與無古通用。舞、从無聲也。婆者、說文作媻、云、奢也。娑、舞也、引詩市也媻娑。毛傳用爾雅。正義引李巡曰、婆娑、盤辟舞也。孫炎曰、舞者之容婆娑然。文選神女賦注、婆娑、猶媻姍也。按、媻姍、猶般旋也。般旋婆娑俱字之疊韵。

義疏

婆娑舞也 李注、婆娑、盤辟舞也。孫注、舞者之容婆娑然。郭同。

集解

婆娑舞也 詩東門之枌婆娑其下、又市也婆娑、此釋之也。婆、許慎作媻、奢也。謂其大舞。

義證

婆娑舞也

註 舞者之容 補正 邢疏李巡曰婆娑、盤辟舞也、孫炎曰、舞者之容婆娑。

郭注補正

婆娑舞也

此釋陳風東門之枌婆娑其下。毛傳云、婆娑、舞也。疏引李巡曰、婆娑、盤辟舞也。孫炎云、舞者之容婆娑然。彼釋文云、婆、說文作媻、引詩市也媻娑、引徐鉉云、今俗作婆、非是。

說詩

婆娑舞也 說文女部、媻、奢也。从女般聲。臣鉉等曰、今俗作婆、非是。娑、舞也。从女沙聲。詩曰市也媻娑。

匡名

婆娑舞也 說文、媻、奢也。俗作婆、非是。娑、舞也。陳風、婆娑其下。李巡云、婆娑、盤辟舞也。

啓蒙

婆 𡛷 婆。說文作媻。引詩市也媻娑。

黃侃評本正名

婆娑、舞也。

婆、說文作媻、徐鉉云：「俗作婆、非是。」陳風東門之枌云：「婆娑其下、」疏引李巡云：「婆娑、盤辟舞也。」文選神女賦注云：「婆娑、猶媻姍也、」郝云：「媻姍、猶般旋也；」新方言云：「今謂遊戲爲頑耍、耍即姍之譌字。姍字作[illegible]、遂譌作耍；本當作媻姍、亦即婆娑。」

爾雅學

婆娑舞也○釋曰 注疏本刪。

校勘記

婆皤娑所平聲舞也

孫侶直音

辟拊心也

辟、拊心也 謂椎胷也。

郭注

擗拊心也 釋曰、邶風柏舟云、寤擗有摽。擗謂拊心也。郭云、謂椎胷也。

邢疏

擗拊心也

郭璞云、謂椎胷也。

一切注音

爾雅詁林　三　釋訓

辟婢亦反，字宜作擗。詩云寤擗有摽。拊心本亦作撫，同芳武反。椎本或作槌，同直追反。字林云，擊也。胷音凶。

陸音義

辟○邢本作擗。

音義攷證

婆娑舞也辟拊心也

舞斯辟，故言舞而辟繼之。

新義

擗拊心也謂椎胸。

鄭樵注

擗拊心也擗，鄭本從石經作辟。郭璞曰，謂椎胷也。鄭樵曰，謂椎胷。

古注合存

辟拊心也【註】謂椎胷也【正義】邶風柏舟云，寤辟有摽。毛傳用爾雅。喪大記云，徒跣扱衽拊心。問喪云辟踊哭泣，鄭註辟拊心也。問喪又云，發胷擊心。又云，擊胷傷心。皆言辟也。辟本或作擗。

正義

辟拊心也謂椎胸也

辟者叚音，當作捭，說文云，兩手擊也，从卑聲。俗作辟，或加手作擗。玉篇引詩寤擗有摽。爾雅釋文因云，辟字宜作擗，引詩與玉篇同。不知擗蓋擘之或體，故柏舟釋文，辟本又作擘。然擘字亦叚音，若作捭，則音義俱得矣。拊者拍也，拍亦擊也，故問喪云，發胸擊心。又云，擊胸傷心。喪大記云，扱衽拊心。是拊擊義同。問喪又云，辟踊哭泣，鄭注，辟，拊心也。與柏舟傳同。

義疏

辟拊心也

辟者假音，當作捭。說文云，兩手擊也，从卑聲。借作辟，或加手作擗。玉篇引詩寤擗有摽，爾雅釋文因云，辟字宜作擗，引詩與玉篇同。不知擗蓋擘之或體，故柏舟釋文，辟，本又作擘。然擘字亦假音，若作捭，則音義俱得矣。

念孫案，捭謂兩手擊，非拊心也。

郝注刊誤

辟拊心也郭注，謂椎胸也。

集解

辟拊心也詩柏舟寤辟有摽，禮記問喪辟踊哭泣，此釋之也。辟，正字為捭，兩手擊也。拊心者，擊心也。記所謂發胷擊心，是。拊，揗也，从手付聲。引申為擊物之詞。衛策拊驂無笞，服注，擊也。

義證

辟拊心也

謂椎胷也

釋文云，椎，本或作槌。

郭注佚存補訂

辟拊心也

此釋邶風柏舟寤辟有摽。毛傳云，辟，拊心也。郭注云，謂椎胷也。邢疏引詩辟作擗，與釋文同。

說詩

擗拊心也擗，釋文作辟，疏寤擗同。

注疏正字

辟拊心也　釋文云，辟，字宜作擗，詩曰寤擗有摽。案，今詩亦作辟，彼釋文云本又作擘，說文作擘。又云，拊本亦作撫。

匡名

辟拊心也郭註，謂椎胷也。邶風寤辟有摽，傳，辟，拊心也。摽，拊心皃。

啓蒙

辟　擗　釋文。辟字當作擗。詩云寤擗有摽。正作捭，兩手擊也。

黃侃評本正名

擗，拊心也。擗正作捭，兩手擊也。

黃侃音訓

爾雅詁林　三　釋訓

籧篨口柔也　戚施面柔也　夸毗體柔也　辟拊心也

釋文籧、篨本或作籧篨。釋訓釋文 字書戚施作規頲、同。釋訓釋文 說文作䶑䵷。云、詹諸也。黽部䶑 字書夸毗作騎騃。釋訓釋文 釋文辟、字宜作擗。釋訓釋文 拊心本亦作撫、同。釋訓釋文

戚施、字書作規頲、說文作䶑䵷。按、玉篇作規覘、面柔也。字彙補又作頲頲、義同。說文作䶑䵷、云、詹諸也。音同義異。

證異

擗拊心也

錦燧謹案、此釋詩柏舟篇寤辟有摽也。毛傳云、辟、拊心也。蓋卽本諸爾雅、故與雅訓同、惟字不从手旁則有異耳。然陸德明所見爾雅有作辟者、釋文云、辟、字宜作擗、詩曰寤擗有摽。據此知陸氏本爾雅作辟、故以宜作擗釋之、其引詩又作擗、則亦異於今本。竊攷辟之作擗者乃韓詩異文也。何以知之、曰、於玉篇手部引詩亦作擗知之。此書撰於梁大同九年、是時齊魯詩已亡、故書中所引詩經文字訓義兼採韓毛二家、其不同於毛者皆韓詩也。說詳前係係服也條下。說文手部無擗字、則韓詩作擗是俗字矣。詩釋文云、辟、本又作擘。擘卽擗之正體。然則陸氏所據、固又有从正體作擘者。馬氏傳箋通釋因謂毛詩之辟乃擘之消假、蒙案馬說未是、毛詩之辟固屬假借、韓詩之擘亦非本字也。請以說文證之、部首云、辟、法也。手部云、擘、撝也。此二字之本義俱與拊心義遠、今訓爲拊心者、乃捭之假借字也。擘从辟聲、捭从卑聲、據段氏六書音韻表同在第十六部、古音相同、例得通假、故禮記燔黍捭豚釋文云、捭、十麥反、注作擗、又作擘、皆同其明證也。說文手部云、擗、兩手擊也。以手擊胸卽拊心之謂、與雅訓合。

陸錦燧日記

辟、拊心也。

說文「擗、兩手擊也、」辟爲擗之叚音。喪大記云：「徒跣扱衽拊心、」問喪云：「發胸擊心、」是拊心即擊心。故問喪「辟踊哭泣、」注用爾雅文；邶風柏舟傳同。辟或作擗。

爾雅學

擗拊心也○釋曰注疏本刪。

辟唐石經雪牎本同。單疏本注疏本作擗。按、釋文、辟、婢亦反、字宜作擗、引詩寤擗有摽以證。然則爾雅本作辟、毛詩則從手也、今本毛詩爾雅互易其字。

校勘記

謂拊心也監本毛本湘本謂上有擗字、此脫。

注疏校勘札記

二十一下（四四）

四行辟拊心也○「辟」、《釋文》婢亦反、云：「字宜作擗、《詩》云：寤擗有摽。」宋刻十行本作「擗」。

宋監本校箋

擗音劈拊音撫心也

音圖・音

闢　撫

擗、拊心也。

孫偘直音

擗闢拊撫心也

楊氏音訓

擗闢拊撫

干氏音釋

矜憐撫掩之也

矜憐撫掩之也　撫掩猶撫拍，謂慰恤也。

郭注

矜憐撫掩之也　釋曰撫掩猶撫拍謂慰恤也。小雅鴻雁云爰及矜人。

邢疏

矜憐撫掩之也

郭璞云撫掩猶撫拍，謂慰卹也。

切注音

矜几陵反。憐力堅反。拍普伯反。

陸音義

矜憐撫掩之也

老子曰寵爲下，此之謂也。

新義

矜憐撫掩之也

郭璞曰，撫掩猶撫拍，謂慰卹也。

古注合存

婆娑舞也，擗拊心也，矜憐撫掩之也。擗音闢，拊音撫。此釋婆娑之屬之義也。註曰，舞謂舞容也，拊心搥胸也，撫掩猶撫拍，謂慰卹也。詩東門之枌云，婆娑其下，柏舟云，寤擗有摽，鴻雁云，爰及矜人。

注疏參義

矜憐撫掩之也【註】撫掩猶撫拍謂慰卹也【正義】小雅鴻雁云爰及矜人，毛傳矜，憐也。方言云，陳楚江淮之間曰憐，宋衛邠陶之間曰憮，或曰㤿。憮㤿與撫掩通。【註】撫掩猶撫拍。【正義】鄭註鄉射禮云，撫，拊之也。賈疏，撫者，撫拍之義。又士喪禮云君坐撫，鄭註撫，手案之。釋名云，撫，敷也，敷手以拍之也。拍，搏也，手搏其上也。

正義

矜憐撫掩之也　撫掩猶撫拍謂慰恤也

釋詁云，㥍、憐，㤅也。㥍與憮同。說文云，憮，㤅也。撫掩當作憮㤿。方言云，憮㤿，憐，㤅也。又云，亟憐、憮㤿，㤅也。又云，憮、矜、憐，哀也。是亟憐即矜憐，聲相轉。矜憐憮㤿，方言俱本爾雅。憮㤿作撫掩，乃古字通俗。郭氏望文生義，以爲撫掩猶撫拍，失之矣。

義疏

矜憐撫掩之也　此釋詩爰及矜人，爲憐撫，即㥍憐也。撫，即荒奄之荒，故曰掩。郭注，撫掩猶撫拍，謂慰恤也。

集解

矜憐撫掩之也　詩鴻雁爰及矜人。此釋之也。矜，正字為憐，此經故直釋憐。云撫掩者，以撫正字為憮，又為憮耳。憮，愛也。與㥍同用。憮㥍均有憐意。憮，覆也。覆物即所以掩物，亦憐之也。荀子宥坐，勇力撫世，守之以法，注，掩也。

義證

矜憐撫掩之也　注撫掩猶撫拍謂慰卹也

諍曰，易掩爲拍，義殊不合。案邢氏據方言云，憮㤿、憐，愛也。又云，亟憐、憮㤿，愛也。是撫掩爲憮㤿之叚，義較直捷，注殊曲說。

諍郭

矜憐撫掩之也

撫掩猶撫拍謂慰恤也

仿宋本恤作卹。

郭注佚存補訂

矜憐撫掩也

小雅鴻雁爰及矜人，毛傳云矜、憐也。大雅桑柔寧

爾雅詁林　三　釋訓

爾雅詁林　三　釋訓

不我矜、鄭箋云、而不矜哀。矜哀、卽矜憐也。方言、陳楚江淮之間曰憐、宋衛邠陶之間曰憮、曰俺。憮掩者、憮俺之假音也。

說詩

矜憐撫掩之也　華嚴經音義云、毛詩傳矜憐也、謂偏獨憐愛也。案、說文字統、矜、怜也。說文無怜字、然其字已古。楚詞九懷通路云、惆悵兮自怜。廣雅釋言云、怜、綴也。玉篇云、怜、心了也。廣韻云、怜俗憐字。皆從矛令、若從今者、音巨斤反、矛柄也。案、玉篇二字皆從矛令、無矛今者也。臧刻本改作皆從矛今、無矛令者也。元照案、今本說文矛部無矜字、止有矝字、云矛柄也、从矛令聲。玉篇亦有矜無矜、以詩攷之、菀柳與天臻爲韻、何草不黃與元民爲韻、桑柔與旬民塡天爲韻、以今音覈之、皆在眞文部。矜憐聲相近、以憐訓矜、義從音出。矜又通鰥、亦取音同。令字、令在庚青部、古人則與眞文同用。以詩攷之、邶簡兮苓與榛人韻、齊東方之日令與顚韻、盧令令與仁韻、唐采苓苓與顚信韻、秦車鄰令與鄰顚韻、小雅正月令與電韻。若从今聲、則與眞文絕不相涉矣。漢隸字源二十八山載唐君頌、不侮寡矜。又十六蒸載東海廟碑、費鳳別碑、石經論語、辛通達李仲曾造橋碑、魏受禪表矜字皆从令、惜傳譌已久、莫或是正。微慧苑書則不知說文玉篇之有矜字矣。釋詁矜苦也亦當从令。臧氏鏞堂云撫通攺。說文攴部攺、撫也、从攴亾聲。讀與撫同。又手部撫古文从辵亾作𨑒。

匡名

矜憐撫掩之也　小雅爰及矜人、傳矜、憐也。憐、哀也。方言、陳楚之間曰憐、宋衛邠陶之間曰憮、或曰俺。憮、憐、與撫掩通。俺、歛也。小上曰掩。郭註、撫掩猶撫拍、謂慰卹也。

啓蒙

矜憐撫掩之也

錦燧謹案、詩中矜字俱从今、不从令、則爾雅之矜宜亦改从今矣。然令聲在庚青部、古與眞文同用、以詩攷之、菀柳則矜與天臻韻、何草不黃則矜與元民韻、桑柔則矜與旬民塡天韻、若从今聲、則韻不合矣。以此言之、詩之矜字皆宜改从令聲、而爾雅之矜又未誤者。攷諸說文、則矛部有矜無矜、矜爲俗字矣。卽矜之本義訓爲矛柄、亦與矜憐義遠。蒙謂詩中諸矜字、皆矜字之譌、而矜則憐之俗體也。說文字統云、矜、怜也。廣韻云、怜、俗憐字。令粦聲近、故憐俗作怜、又俗作矜耳。詩中不少俗字、如在河之洲、洲爲州之俗、輾轉反側、輾爲展之俗、諸如此類、不勝枚舉、其从俗體作矜、正洲輾之例耳。自字譌作矜、後儒遂據許書所載爲作矜不作矜之證、其如諸詩之韻不合何、至許書之矜、經典罕見、惟廣雅釋器云、矜、柄也。淮南子兵畧訓伐棘棗而爲矜、高誘注云、矜、矛柄。方言九云、矛、吳揚江淮南楚五湖之間謂之鍦、其柄謂之矜。此則从今之矜也、其他則皆矜字之譌耳。

陸錦燧日記

矜憐、撫掩之也。詩爰及矜人、傳矜憐也、本此文、是此當讀矜句、憐句、撫掩之也句。

黃侃音訓

矜憐、撫掩之也。

小雅鴻雁傳云：「矜、憐也。」匡名引唐君頌東海廟碑等、矜均作矜。郝云：「撫掩、當作憮俺。方言云：『憮俺、憐愛也；』又云：『亟憐、憮俺、愛也、』又云：『憮矜、憐哀也。』是亟憐、即矜憐、聲相轉。矜憐、憮俺、方言俱本爾雅。憮俺作撫掩、乃古字通借。」

爾雅學

校勘記

矜憐撫掩之也○釋曰注疏本刪。

爰及矜人注疏本矜改矝。

注疏校勘札記

謂慰卹也十行本雪牕本吳本並恤。

緎羔裘之縫也

郭注

緎羔裘之縫也縫飾羔皮之名。

邢疏

緎羔裘之縫也、釋曰、召南羔裘云、羔裘之革、素絲五緎。故此解之也。孫炎曰、緎之爲界緎。然則縫合羔羊皮爲裘、縫卽皮之界緎、因名裘縫爲緎。故郭云、縫飾羔皮之名。

黃輯古義

緎羔裘之縫也

緎、縫之界域。詩正義一之四上　詩疏誤作緎之爲界域。毛詩音義

孫音注

緎羔羊之縫也

緎、縫之界域。詩名南羔羊正義　案、詩疏誤作緎之爲界域。詩釋文

玉函山房輯佚

孫音注

緎羔裘之縫也

緎、縫之界域。同經典釋文五

鈎沉

緎羔裘之縫也

漢注

孫曰、緎、縫之界域。詩正義一之四上　詩疏誤作緎之爲界域。毛詩音義

一切注音

緎羔裘之縫也

孫炎云、緎、縫之界域。釋文五卷　郭璞云、縫、飾羔皮之名。

古注斠

緎羔羊之縫也　孫炎云、緎、縫之界域。釋文

陸音義

緎許域反、又音域。縫扶用反。

新義

緎羔裘之縫也

緎卽紽也、以爲宅也、故爲之域也。凡絲一蠶所吐爲忽、人之所忽、常在于此。十忽爲絲、可致思焉。五絲爲䋤、絲數漸著、可聽而知也。䋤倍爲升、所謂升數積此。而升之升倍爲緎、所以英裘蓋用此數、故曰緎羔裘之縫也。

緎羔裘之縫也　孫炎曰、緎、縫之界域。詩疏引作緎之爲界緎、此從詩釋文。郭璞曰、縫、飾羔皮之名。

古注合存

緎羔裘之縫也緎音域○此釋緎之義也。疏曰、詩羔裘云、素絲五緎。孫炎云、緎、界域、卽縫合皮之域也。

注疏參義

緎羔裘之縫也**註**縫飾羔皮之名**正義**召南羔裘云、羔羊之革、素絲五緎。此釋之也。毛傳、緎、縫也。釋文引孫炎云、緎、縫之界域。孔疏、縫合羔羊皮爲裘、縫卽皮之界域、因名裘縫爲緎。詩言五紽五總、爾雅獨釋緎者、蓋舉中言之、紽總亦爲縫也。**註**縫飾至之名○**正義**初學記引郭氏毛詩

爾雅詁林　三　釋訓

拾遺云、羔裘晏兮、三英粲兮。毛詩註曰、三英、三德也。英謂古者以素絲英飾裘、即上文素絲五紽也。是郭氏釋詩以素絲爲縫也。緎、說文作黬、云、羔裘之縫。繫傳云、詩曰羔羊之黬、以黑爲縫也。與郭異。

正義

緎羔裘之縫也 縫飾羔皮之名

緎者、說文作黬、云、羔裘之縫。玉篇同、云亦𩊚字。革部云、𩊚、羔裘縫、亦作緎。今按、緎𩊚竝或體也。詩羔羊傳、緎、縫也。釋文引孫炎云、緎、縫之界域。正義曰、縫合羔羊皮爲裘、縫即皮之界緎、因名裘縫爲緎。五緎既爲縫、則五紽五總亦爲縫也。

義疏

緎羔裘之縫也 孫注、緎、縫之界域。郭注、縫飾羔皮之名。恐人誤緎爲絲名也。

集解

緎羔裘之縫也 詩羔裘、素絲五緎。釋者恐誤爲絲名、故特解之。緎字、本作黬。縫之界也。廣雅作𦅾、後起字耳。

義證

緎羔裘之縫也

註 縫飾羔皮之名 補正 孫炎云、緎之爲界緎。

郭注補正

緎羔裘之縫也。詩亦作緎、按說文解字作黬、應从之。

錢氏古義

緎羔裘之縫也 注縫飾羔皮之名

諍曰、郝氏引說文作黬、云羔裘之縫也。詩傳云、緎、縫也。釋文引孫炎云、緎、縫之界域。正謂縫合之處、注以縫爲飾、義轉晦矣。

諍郭

緎羔裘之縫也

縫飾羔裘之名也

唐殘本玉篇糸部緎下引爾雅郭璞曰、飾羔裘之名也。今據補也字。

郭注佚存補訂

緎羔裘之縫也

此釋召南羔裘素絲五緎。毛傳云、緎、縫也。彼釋文引孫炎曰、緎、縫之界域。緎從或、或即域之古文、故緎有界域之義。縫者、聯合皮之界域、因名裘縫。緎、說文作黬、云、羔裘之縫。玉篇同、亦作𩊚。𩊚、俗體也。詩正義云、五緎爲縫。則五紽五總亦爲縫也。爾雅獨解緎者、蓋舉中言之也。二章既解其數、恐人以爲紽自數也、緎自縫也、故於卒章又言總數有五、以明緎數亦五。緎言縫、則紽總亦縫、可知傳互言也。

說詩

緎羔飾疏召南羔羊云羔、誤羊。

注疏正字

緎羔裘之縫也 說文黬部黬、羔裘之縫、从黬或聲。糸部無緎字。

匡名

緎羔裘之縫也 說文、裘、皮衣也、象形。䌸、以鍼紩衣也。召南素絲五緎、傳、緎、縫也。又羔羊之

爾雅詁林 三 釋訓

縫，郭註：縫，飾羔皮之名。

啓蒙

緎　黬　說文糸部無緎，黑部黬，羔裘之縫。

黃侃評本正名

緎羔裘之縫也　羔羊傳：紽，數也；緎，縫也；總，數也。此互見也。紽總既為數，則緎亦為數；緎既為縫，則紽總亦為縫也。西京雜記載鄒長倩遺公孫弘書曰：五絲為䌰，倍䌰為升，倍升為緎，倍緎為紀，倍紀為緵，倍緵為稯。說文稯，布之八十縷，是緎總皆數名，雖紽無成文，案說文有纏，粗緒也，字亦作絁，紽即絁之變。然則紽者纏也、緒、絲耑也，耑與紽亦對轉，然則紽即耑矣。說文引漢律曰：綺絲數謂之絩，布謂之總，組謂之首。紽與絩雙聲。又爾雅釋器十羽謂之縛，紽縛亦對轉。孔沖遠謂非訓紽總為數，王伯申謂緎為數，不當如爾雅訓縫，此皆非也。

黃侃音訓

緎、羔裘之縫也。

緎、說文作黬，用雅義釋之。玉篇有輱；緎、輱、皆黬之或體。召南羔羊傳云：「緎、縫也；」釋文引孫炎云：「緎、縫之界域。」

爾雅學

緎羔裘之縫也○釋曰　注疏本刪。

召南羔裘云　注疏本同。浦鏜云、羊誤裘。

校勘記

緎羔裘之縫也釋文縫、扶用反。今本音逢、當是誤用詩羔羊之縫音也。

注疏本正誤

五行緎羔裘之縫也（注）縫飾羔皮之名○原本《玉篇》糸部「緎」下引此注作「飾羔裘之名也」。

宋監本校箋

緎（音域）羔裘之縫（音逢）也

音韻・音

緎許域翻、音洫（曉母）又音域。（喻母）案詩釋文徐音域、又于或（訛作域）翻、即音域不必重出。詩釋文無許域一音。縫詩釋文云、爾雅縫音符用翻、當音符龍翻、周禮釋文云、縫（衣）奉容翻、徐扶用翻。案縫之曰縫、活字平聲、成縫曰縫、死字去聲。戚公文監官人呼裁縫為平聲、正合吾鄉土音。虞世南北堂書鈔引郭璞拾遺（徐堅初學記作毛詩拾遺）云、古者以素絲英飾裘疑是緎羔裘之縫也注。

音略

緎羔裘之縫也。

緎　去平二音

孫品直音

緎（棫）羔裘之縫也（去聲）

直音校正

緎（棫）羔裘之縫也

楊氏音訓

緎　域　縫　俸

于氏音釋

殿屎呻也

殿屎、呻也。（呻吟之聲。）

郭注

殿屎呻也　釋曰、大雅板云、民之方殿屎、毛傳云、殿屎、呻吟也。是用此為說。郭云、呻吟之聲。孫炎云、人愁苦呻吟之聲也。

邢疏

殿屎呻也　人愁苦呻吟之聲也。殿、丁見反。屎、香夷反。

詩正義十七之四　邢疏　唐河超晉書音義下。

孫音注

殿屎呻也

殿屎、郭音香帷反、上音丁念反、下許伊反。

釋文殿音坫、屎香帷反。詩大雅板民之方殿屎。

郭音義

黃輯古義

殿屎呻也

人愁苦呻吟之聲也。邢疏詩大雅板正義

殿屎殿、丁見反。屎、香夷反。何超晉書音義卷下。

孫音注

殿屎殿、音坫、屎香惟反。詩釋文釋文引下句又上音丁念反、下許利反。釋文

郭音義

玉函山房輯佚

殿屎呻也

人愁苦呻吟之聲也。同詩疏十七之四

鈎沉

殿屎呻也

孫曰、人愁苦呻吟之聲也。殿、丁見反。屎、香夷反。詩正義十七之四　邢疏　唐何超晉書音義下。

漢注

殿屎呻也

孫炎云、人愁苦呻吟之聲也。詩正義十七之四卷晉書音義下　郭璞云、呻吟之聲。

一切注音

殿屎呻也　孫炎曰、人愁苦呻吟之聲也。詩板正義　郭、上音香惟反、又音丁念反、下音許和反。釋文

古注斠

殿屎呻也　孫炎、殿、丁見反。屎、香夷反。詩正義十七之四

古注斠補

殿屎丁練反、下虛伊反。或作敜吹、又作㕭脲、說文作唸吚。郭上音香惟反、又音丁念反、下許利反。呻也音申。

陸音義

殿屎或作敜吹說文作唸吚、郭音香惟反、又上音丁念反。○敜、從欠、舊從攴、非。吚、舊作咿、譌。又上字舊在郭字下、亦誤、今竝改正。

音義攷證

殿屎呻也呻吟。

鄭樵注

殿屎呻也殿屎、郭音香帷反、又上音丁念反、下許利反。孫炎曰、人愁苦呻吟之聲也。此從詩疏、晉書音義引此無人字。郭璞曰、呻吟之聲。鄭樵曰、呻吟。

古注合存

殿屎呻也殿音店。屎音希。呻音申。○此釋殿屎之義也。註曰、呻吟聲也。疏曰、詩板篇云、民之方殿屎。毛傳云、呻吟也

注疏參義

殿屎呻也註呻吟之聲正義大雅板云、民之方殿屎、毛傳殿屎、呻吟也。晉書音義引孫炎云、愁苦呻吟之聲。說文引詩、殿屎作唸吚、呻吟也。

正義

殿屎呻也呻吟之聲

呻者、說文云、吟也。殿屎者、說文作唸吚、云、呻也。詩板傳、呻、吟也。正義引孫炎曰、人愁苦呻吟之聲也。爾雅釋文、殿屎或作敜吹、又作㕭脲、竝俗體字也。

義疏

殿屎欿欥唸吚**呻也**孫注、人愁苦呻吟之聲也。郭注、呻吟之聲也。

集解

殿屎呻也 詩板民之方殿屎、此釋之也。殿、㦟聲也。屎字葢作屎、矍柄也。釋呻者、正字爲唸吚耳。呻、吟也、从口申聲。禮記學記、呻其佔畢。

義證

殿屎呻也 殿香惟反、屎許利反。釋文云或作欿吹、又作㰻脲。

〔註〕呻吟之聲〔補正〕邢疏、孫炎云人愁苦呻吟之聲也。

郭注補正

殿屎呻也 按詩板民之方殿屎、毛傳云殿屎、呻吟也。孔頴達即以爲是爾雅文、疑本書脫一吟字。說文解字作唸吚、是正字、應用之。

錢氏古義

殿屎呻也

此釋大雅板民之方殿屎。毛傳云殿屎、呻吟也。說文作唸吚、云唸吚也。唸吚、呻也。引詩民之方唸吚。殿屎葢唸吚之假音也。釋文云或作唸吹又作㰻脲者、吹當爲吚之形誤。㰻脲又殿屎之俗體也。詩釋文云、說文作唸屎、與今說文及本書釋文不同、屎蓋誤字。詩疏引孫炎云、人愁苦呻吟之聲也。

說詩

爾雅詁林 三 釋訓

殿屎呻也 釋文云、或作欿吹、又作㰻脲、說文作唸吚。郭、上音香惟切、又音丁念切、下許利切。

注疏正字

殿屎呻也 釋文云、殿屎、或作欿吹、又作㰻脲、說文作唸吚。案、吹字必欥之譌、說文唸吚字从口、古字口欠偏旁通用、欥欥即唸吚也。屎俗字、㰻脲尤俗。 詩傳大雅板 殿屎、呻吟也。正義曰、釋訓文。一切經音義[illegible]引呻吟也。 五經文字米部云、屎、許伊反、說文作吚、呻吟也。所據說文與今本異。釋文及大雅板釋文竝云屎說文作吚、與五經文字合。

匡名

殿屎呻也 大雅民之方殿屎、傳殿屎、呻吟也。說文作唸吚、引詩民之方唸吚。唸吚、呻吟也。

啓蒙

殿屎 唸吚 釋文。釋文殿屎。說文作唸吚。案今說文作唸吚。引詩曰。民之方唸吚。

黃侃評本正名

殿屎、呻也。

說文口部云：「唸、唸吚、呻也；从口、念聲。詩曰：『民之方唸吚。』」又云：「吚、唸吚也、从口、伊省聲。」又云：「呻、吟也。」許所引詩、大雅板文、今作殿屎、與爾雅同。爾雅疏引孫炎云：「人愁苦呻吟之聲也。」

爾雅學

殿屎呻也 ○釋曰 注疏本刪。

大雅板云 注疏本板下有篇。

校勘記

大雅板云 監本毛本湘本板上有篇字。

注疏校勘札記

殿屎音希呻也

音圖・音

殿、丁練翻、顚去聲、屎、虛伊翻、音唏、或作敜吚、又作⿱殿心脲、說文作唸吚、郭上音丁念翻、音店、下音許利翻、音戲、又音香維翻、音嘻。口訓云、今本釋文郭上音香維翻、又音丁念翻、下許利翻。此誤也、當改正。

音略

殿唸屎希、呻申也。

孫偘直音

殿店屎希呻申也呻吟之聲、

楊氏音訓

屎犧呻申

干氏音釋

幬謂之帳

幬謂之帳今江東亦謂帳爲幬。

郭注

幬謂之帳　釋曰、帳一名幬。召南小星云、抱衾與裯、鄭箋云、幬牀帳也。郭云、今江東亦謂帳爲幬。幬與裯音義同。

邢疏

幬謂之帳　郭璞云、今江東亦謂帳爲幬。

一切注音

幬本或作⿰巾周、同、直留反。帳陟亮反。

陸音義

幬謂之帳小星云、抱衾與裯。裯即幬也。箋云、幬、牀帳。

鄭樵注

幬謂之帳
郭璞曰、今江東亦謂帳爲幬。
鄭樵曰、小星云、抱衾與裯。裯即幬也。箋云、幬、牀帳。

古注合存

幬謂之帳、幬音紬。○註曰、今江東亦謂帳爲幬。疏曰、帳一名幬。詩小星云、抱衾與裯。鄭箋云、裯牀帳也。裯幬音義同。

注疏參義

幬謂之帳註今江東亦謂帳爲幬 正義 召南小星云、抱衾與裯、鄭箋、裯、牀帳也。疏引鄭志、張逸問諸妾抱幬進御於君、何其碎。答曰、今人名帳爲裯、雖古無名帳爲裯、諸妾何必人抱一帳、施者因之、如今漢抱帳也。案說文云、幬、禪帳也、帳、張也、幬與裯通、而鄭志迺云古無名帳爲裯者、蓋於雅訓偶有不檢也。釋名云、帳、張也、張施於牀上也。

正義

幬謂之帳　案說文云、幬、禪帳也。繫傳引爾雅註云、江東呼單帳也。

校議

幬謂之帳今江東亦謂帳爲幬

幬帳者、說文云、帳、張也。幬、禪帳也。文選寡婦賦注引纂要曰、在上曰帳、在旁曰帷、單帳曰幬。詩僧作裯。小星箋云、裯、牀帳也。爾雅釋文、幬本又作⿰巾周。

義疏

幬謂之帳郭注、今江東亦謂帳爲幬。釋詩裯當佀帳謂之幬。

集解

幬謂之帳詩小星、抱衾與裯。此釋之也。幬、禪帳也、从巾𠷎聲。字一作⿰巾周、與裯通用帳幬也、从巾長聲。

義證

幬謂之帳

今江東人亦謂帳爲幬

郭注佚存補訂

慧琳根本毗奈耶雜事律十九卷音義引爾雅云、幬謂之帳。郭璞云今江東人亦謂帳爲幬。今據補人字。

說詩

幬謂之帳

此釋召南小星抱衾與裯。裯與幬通。文選曹子建贈白馬王彪詩何必同衾幬。李善注引毛詩作裯、云幬與裯古字同。毛傳云、衾被。裯、襌被。鄭箋云、裯床帳也。諸妾夜行、抱衾與牀帳待進御之次序。正義云、鄭既以衾爲被、不宜復云襌被也。漢世名帳爲裯、蓋因於古、故以爲床帳。鄭志張逸問此箋何以易傳。又諸妾抱帳進御於君有常寢、何其碎。答曰、今人名帳爲裯、雖古無名被爲裯、諸妾何必人抱一帳、施者因之、如今漢抱帳也。是鄭改傳之意。今案與君同室、不別須帳、二妾同夜當御、一人進御仍有一人在戶外、士昏禮媵御于戶外是也。戶外須帳、非進于君也。或謂裯爲袛裯。說文云、袛裯、短衣也。方言、汗襦謂之袛裯。袛裯爲褻衣、古者夫人御于君、有易燕服之禮、妾亦宜然。故以裯與衾並舉此義爲長。

幬謂之帳

柏年案此當爲釋詩文、與蕁謂之茲數語並列。

補釋

幬謂之帳疏幬牀帳也。幬鄭箋作裯。

注疏正字

幬謂之帳　幬說文作幬。釋文云、幬本或作幗。案、幬之爲幗、猶翿之爲翢也。說文所無。

匡名

幬謂之帳召南抱衾與裯、箋裯牀帳也。說文、幬禪帳也。註裯爲幬之假借也、引伸爲覆幬之義。

啓蒙

幬謂之帳今江東亦謂帳爲幬。廣雅幬覆也中庸無不覆幬、案單帳曰幬、舞者所持羽曰翳、皆覆翳之義、幬之爲言燾也。燾溥覆照也。或曰、此文當作帳謂之幬、主爲詩文而釋、案注云今江東亦謂帳爲幬、亦者亦經文也、似郭本作帳謂之幬、但無他證、不敢輒改。

黄侃音訓

幬謂之帳

錦燧謹案、詩中無幬字。釋文云、幬本又作幗。爾詩中亦無幗字。竊謂幗乃裯字之譌、因幬字而誤从巾旁。蓋釋詩小星篇抱衾與裯也。鄭箋云、裯牀帳也。正與雅訓合。爾雅作幬，必三家詩異文亦有作幬者，鄭君先治三家詩，最後治毛，知毛詩之裯即三家詩之幬也，故箋即本爾雅以牀帳釋之。說文巾部云，幬，襌帳也。又衣部云，裯，衣袂祗裯。是幬爲本字，裯乃假借字。毛詩多古文，故用假借字作裯也。

陸錦燧日記

幬、謂之帳。

說文「帳、張也。幬、襌帳也。」釋名云：「帳、張也、張施於牀上也；」召南小星「抱衾與裯、」箋云：「裯、牀帳也。」是幬即帳也。幬、借作裯；又作⿰巾周。

爾雅學

幬謂之帳○釋曰注疏本刪，

幬牀帳也注疏本同。按，幬當依詩箋作裯，此順爾雅改，

校勘記

幬音紬謂之帳

音圖・音

幬紬謂之帳服

孫侶直音

幬紬謂之帳

楊氏音訓

幬儔

干氏音釋

侜張誑也

侜張誑也。書曰，無或侜張爲幻。幻，惑欺誑人者。

郭注

侜張誑也 釋曰，陳風防有鵲巢云誰侜予美，毛傳云侜張誑也，鄭箋云女衆讒人誰侜張誑欺我所美之人乎。郭云書曰無或侜張爲幻者，周書無逸篇文也。引之者，以證侜張謂幻惑欺誑人者。

邢疏

侜張誑也

眩惑誑欺人也，書正義十六

孫音注

黃輯古義

侜張誑也

眩惑誑欺人也。書無逸正義

孫音注

玉函山房輯佚

侜張誑也

孫曰，眩惑誑欺人也。書正義十六

漢注

侜張誑也

孫炎云，眩惑誑欺人也。書正義十六卷 郭璞云，書曰無或侜張爲幻，幻惑欺誑人者。

一切注音

侜張誑也 孫炎曰，眩惑誑欺人也。詩防有鵲巢正義

古注斠

侜本或作倜，同，張留反。誑俱放反。幻胡辦反。

陸音義

侜張誑也

侜則舟用，張則弓用。老子曰，雖有舟輿，無所乘之，雖有甲兵，無所陳之，使民復結繩而用之。

新義

爾雅詁林 三 釋訓

侜張誑也
孫炎曰、眩惑誑欺人也。
郭璞曰書曰無或侜張爲幻、幻惑欺誑人者。

古注合存

侜張、誑也。侜音舟。○此釋侜張之義也。註曰、書無逸云、無或侜張爲幻。詩防有鵲巢云誰侜予美。

注疏參義

侜張誑也　晉書張華傳曰、輈張跋扈。南齊語曰、莫輈張付桓康。侜與輈譸並通。

校議

侜張誑也 書曰無或侜張爲幻幻惑欺誑人者。

誑者、說文云、欺也。侜者、云有廱蔽也、引詩誰侜予美。防有鵲巢傳用爾雅、郭引書無逸譸張作侜張、正義引孫炎曰、眩惑誑欺人也。郭義與孫同。

義疏

侜張誑也孫注、眩惑誑欺人也。郭注、無或侜張爲幻、幻惑欺誑人者。

集解

侜張誑也 書無逸民無或胥譸張爲幻、此釋之也。侜有廱蔽也。引申爲誑、與譸通用。張、施弓弦也、言之張大可以誑人。論語朱張、後漢書輈張、吳都賦周章、均侜張之借字也。誑、欺也、从言狂聲、一曰惑也。

義證

侜張誑也

書曰無或侜張爲幻幻惑欺誑人者

唐殘本玉篇言部誑下引爾雅、侜張、誑。郭璞曰、書云無或侜張爲眩、眩欺誑人也。樹枏案、顏師古漢書張騫傳注云、眩讀與幻同。書無逸疏云、幻卽眩也。幻爲正字、說文幻、相詐惑也。元應文殊師利佛土嚴淨經上卷音義、詩防有鵲巢正義俱引郭注作幻惑欺誑人者。元應雜寶藏經五卷音義引爾雅郭注曰、無或侜張爲幻惑也。亦欺誑人也。

郭注佚存補訂

侜張誑也

此釋陳風防有鵲巢誰侜予美。毛傳云、侜張、誑也。鄭箋云、誰侜張誑欺我所美之人乎。說文云、誑、欺也。侜、有廱蔽也。引詩誰侜予美。郭注引書曰、無或侜張爲幻。侜張與譸張同。

說詩

侜張誑也

郝氏引詩作譸張。柏年案、書無或胥譸張爲幻、釋文、馬本作輈。後漢書董皇后傳、汝今輈張、怙汝兄耶。晉書張華傳、輈張跋扈。又通作侏張。揚雄國三老箴、姦寇侏張。晉書慕容垂記載符堅報書云、侏張幽顯。魏書恩倖趙修傳、侏張不已。北齊書源彪傳、吳賊侏張。蓋虞尤韻通、舟朱音近故也。

補釋

侜張節註無或侜張爲幻 侜、尚書作譸。

注疏正字

侜張誑也　釋文云、侜本或作倜。案、說文言部、譸、詶也、从言𠷎聲、讀若醻。周書曰無或譸張爲幻。又人部、侜、有廱蔽也、从人舟聲、

爾雅詁林　三　釋訓

詩曰誰侜予美。譸正文，侜假借。說文人部無侜字。尚書正義無逸引作譸。

匡名

侜張，誑也。侜張書無逸作譸張，後漢皇后紀作輈張，釋文侜本或作倜。如詩傳引爾雅，當讀侜句，張誑也句，張誑叠韻，猶言昌狂惝怳也，亦得成義。

黃侃音訓

侜張、誑也。

說文人部云：「侜、有廱蔽也、詩曰：『誰侜予美、』」許引陳風防有鵲巢文。毛傳云：「侜張、誑也；」雍蔽、亦誑也。爾雅注引書無逸「或無侜張爲幻、」是郭以書義與爾雅同。段氏謂「他書或作侏張、或作輈張、皆無正字、以雙聲爲形容語。」

爾雅學

侜張誑也○釋曰注疏本删。

郭云書曰元本同、閩本監本毛本郭改注。

校勘記

無或侜張爲幻 十行本無或胥譸張爲幻。

注疏校勘札記

七行侜張誑也（注）書曰無或侜張爲幻幻惑欺誑人者○原本《玉篇》言部「誑」下引此注作「《書》云：無或侜張爲眩，眩欺誑人也。」《尚書·無逸》《正義》引孫炎云：「眩惑誑欺人也」．郭注本孫炎，「眩欺誑人也」當脱「惑」字．

宋監本校箋

侜音舟張誑也

音圖·音

誑，直音狂，去聲。案誑古放翻光去聲，見今狂去聲，羣非。

直音正誤

周 慦

侜張、誑也。

孫侶直音

侜周張、誑廷也

直音校正

侜舟張誑也

楊氏音訓

侜張流切

干氏音釋

誰昔也

誰昔、昔也。誰、發語辭。

郭注

誰昔也 釋曰、陳風墓門云誰昔然矣、毛傳云昔久也。郭云、誰、發語辭。與毛同也。

邢疏

誰昔昔也

郭璞云、誰發語辭。

一切注音

誰昔昔也

詩曰、誰昔然矣。言不知何昔如此、若所謂振古振而舉之。

新義

誰昔昔也

郭璞曰、誰發語辭。

古注合存

誰昔昔也．此釋誰昔之義也．註曰誰．發語詞．疏曰詩墓門云、誰昔然矣、毛傳云、昔．久也．愚按誰昔．猶言疇昔．

侜張誑也 **註** 書曰無或侜張爲幻幻惑欺誑人者誰昔昔也 **註** 誰發語辭 **正義** 陳風防有鵲巢云誰侜予美、墓門云誰昔然矣此釋之也。毛傳、

注疏參義

爾雅詁林 三 釋訓

爾雅詁林 三 釋訓

侜張、誑也。鄭箋、女衆讒人、誰侜張誑欺我所美之人乎。說文云、侜、有所廱蔽也。誑、欺也。毛傳又云、昔、久也。鄭箋、誰昔、昔也。是据爾雅爲義。**註**書曰至人者。○**正義**周書無逸云、民無或胥譸張爲幻。說文云、譸、訓也。書曰、無或譸張爲幻。是說文所引書與今本俱作譸。張、郭引書作侜張、所見本異。侜譸因聲相近而轉也。釋文引馬融本作輈、後漢書皇后紀云、汝今輈張是。侜又通作輈矣。書疏引孫炎云、眩惑誑欺人也。郭註本孫炎。○誰發語辭。○**正義**詩言誰昔、猶檀弓所云疇昔之夜也、故爲發語辭。釋詁云、疇、誰也。

正義

誰昝昝也 誰發語辭

昝者、玉篇云、往也、久也、昨也。誰昝者、詩誰昝然矣、鄭箋用爾雅。按、釋詁云、疇、孰誰也。故誰昝或爲疇昝。檀弓云、疇昝之夜、鄭注疇、發聲也。是郭義所本。但疇誰出詁訓、各有意義、非比邾婁於越、祗爲發聲之詞。鄭郭胥失之。

義疏

誰昔昔也 郭注、誰發語辭。

集解

誰昔昔也 詩墓門誰昔然

矣、此釋之也。誰、何也。昔、乾肉也。其以爲昔日之偁者、正字爲昨耳。檀弓疇昔之夜、亦此意也。

義證

誰昔昔也

此釋陳風墓門誰昔然矣。毛傳云、昔、久也。鄭箋云、誰昔、昔也。朱子云、誰昔、猶言疇昔。檀弓云、予疇昔之夜。釋詁云、疇、誰也。

說詩

侜張誑也誰昔昔也

說文、侜、有廱蔽也、引詩誰侜予美。傳侜張誑也、即書譸張之假借字也。侜、又或作輈。陳風誰昔然矣、傳昔、久也、箋誰昔、昔也。

啓蒙

誰昝、昝也。

陳風墓門「誰昔然矣、」傳云：「昔、久也；」箋云：「誰昔、昔也。」爾雅注「誰、發語辭、」邵云：「詩言誰昔、猶檀弓云：『疇昔之夜也、』釋詁云『疇、誰也、』」其說是也。郝謂「疇誰出訓詁、各有意義、非比邾婁於越、祗爲發聲之詞。」然經傳釋詞云：「禮記檀弓注『疇、發聲也、』宣二年左傳曰：『疇昔之羊、子爲政、』疇誰一聲之轉、故疇昔轉爲誰昔、」王說正與邵同；郝說非也。說文白部云：「𠷎、詞也、虞書曰：『帝曰𠷎咨、』」此𠷎字與疇昔之疇乃古今字、亦發聲詞也。說文口部尚有𠷎字、釋見經傳釋詞。

爾雅學

誰昔昔也○釋曰 注疏本刪。

校勘記

陳風墓門云 監本毛本同、湘本墓誤莫。

注疏校勘札記

不辰不時也

不辰不時也 辰亦時也。

郭注

不辰不時也 釋曰、辰亦時也。不辰者、言不得其時也。大雅桑柔云我生不辰逢天僤怒是也。

邢疏

不辰不時也

郭璞云、辰亦時也。

一切注音

不辰不時也

子不爲時、潛龍也。巳不爲時、亢龍也。

新義

不辰不時也

郭璞曰、辰亦時也。

古注合存

不辰不時也此釋不辰之義也。註曰、辰亦時也。疏曰、詩桑柔云、我生不辰、逢天僤怒

注疏參義

不辰不時也註辰亦時也正義大雅桑柔云我生不辰、小雅小弁云我辰安在、毛傳辰、時也。

正義

不辰不時也 齊風不能辰夜、傳辰時也。

校議

不辰不時也辰亦時也

辰者、詩傳箋竝云、時也。我辰安在、我生不辰、皆言生不逢時。

義疏

不辰不時也郭注、辰亦時也。

集解

不辰不時也釋詩桑柔

我生不辰語也。辰、震也、三月陽气動、靁電振、民農時也。一曰辰、房星、天時也、故引申爲凡時之通偁。小弁、我辰安在。毛傳亦云、辰、時也。

義證

不辰不時也

此釋大雅桑柔我生不辰。傳箋竝云辰、時也。小雅小弁、我辰安在。傳亦云、辰、時也。不辰者、言不得其時。齊風東方未明、不能辰夜、秦風駟驖奉時辰牡、小雅車舝辰彼碩女、大雅遠猷辰告、傳竝云辰、時也。

說詩

不辰不時也大雅我生不辰、傳辰、時也。

啓蒙

不辰、不時也。

大雅桑柔「我辰安在、」小雅小弁「我生不辰、」辰者、時也。

爾雅學

不辰不時也○釋曰注疏本刪。

校勘記

凡曲者爲罶

凡曲者爲罶。毛詩傳曰、罶、曲梁也。凡以簿爲魚笱者名爲罶。

郭注

凡曲者爲罶 釋曰、曲、簿也。凡以簿取魚爲罶。郭云毛詩傳曰罶曲梁也者、小雅魚麗篇傳文也。云凡以簿爲魚笱者名爲罶者、即釋器云嫠婦之笱謂之罶也。

邢疏

凡曲者謂罶

郭璞云、毛詩傳曰罶、曲梁也、凡以薄爲魚笱者、名爲罶。

一切注音

罶本或作罪、同。力九反。薄蒲博反、本今作簿。笱音苟。

陸音義

凡曲者爲罶

有所畱則曲矣、其謂之笱、以此所謂笱苟亦以畱故也。

新義

凡曲者爲罶 罶、曲梁也。凡以薄取魚爲罶。

鄭樵注

凡曲者謂罶謂俗本作爲。

郭璞曰、毛傳曰罶、曲梁也。凡以薄爲魚笱者名爲罶。

鄭樵曰、罶、曲梁也。凡以薄取魚爲罶。

古注合存

凡曲者謂罶。罶音柳。○此釋罶之義也。註曰、毛傳云、罶、曲梁也。凡以薄爲魚笱者名爲罶。詩魚麗云、魚麗于罶。

注疏參義

凡曲者謂罶 註 毛傳曰罶曲梁也凡以薄爲魚笱者名爲罶 正義 小雅魚麗云、魚麗於罶。孔疏、曲、簿也。以簿爲魚笱、詳見下文釋器。 註 毛傳至梁也 ○ 正義 即魚麗傳文。傳又云、寡婦之笱也。蓋兼用釋器文。

正義

凡曲者謂罶 魚麗疏引郭註、凡以薄取魚者名爲罶也。古今韻會引郭註云、以薄爲魚笱、其功易成。

校議

凡曲者爲罶 毛詩傳曰罶曲梁也凡以薄爲魚笱者名爲罶 曲者、薄也。以曲薄爲魚梁、故曰曲梁。郭引詩、魚麗傳文、詳見釋器。

義疏

凡曲者爲罶 郭注、毛詩傳曰、罶、曲梁也。凡以薄爲魚笱者名爲罶。 釋詩三星在罶。凡曲不必魚笱也。

集解

凡曲者爲罶 釋詩苕之華三星在罶語也。罶曲梁、寡婦之笱、魚所畱也。引申爲凡曲之偁、星形之曲者所以亦偁罶也。釋者謂此爲釋魚麗於罶、則不應云凡曲矣。

義證

凡曲者爲罶

毛詩傳曰罶曲梁也凡以薄爲魚笱者名爲罶也

明注疏本脫詩字。　仿宋本單疏本元本作簿。釋文云、薄、蒲搏反。舊校云、本今作簿。雪牕本明注疏本與釋文合。詩魚麗正義云、釋訓注郭璞引詩傳、罶曲梁也。凡以薄取魚者名爲罶也。所引微異、今據補也字。

郭注佚存補訂

凡曲者爲罶

此釋小雅魚麗魚麗于罶。毛傳云、罶、曲梁也。寡婦之笱也。釋器云、嫠婦之笱謂之罶。孫炎云、罶、曲梁、其功易、故謂之寡婦之笱。郭注所謂以薄取魚也。

說詩

凡曲者爲罶爲、毛本誤謂。

注疏正字

凡曲者爲罶、罶釋文云本或作罶。案畱从丣聲、丣古文酉、與丣相反。隸變丣爲卯。罶从畱或省从丣、非从卯也。

匡名

凡曲者謂罶罶、詳釋器。

啓蒙

殿屎呻也　幬謂之帳　侜張誑也　凡曲者謂罶

釋文殿屎或作敜吹、釋訓釋文又作㕷脲。釋訓釋文說文作唸吚。口部吚

釋文幬本或作㡖。云同、直留反。釋訓釋文鄭箋裯、牀帳也。召南小星箋尚書

作譸張、無逸篇後漢書作輈張。皇后紀釋文侜本或作倜。釋訓釋文罶、

本或作罶。釋訓釋文

證異

凡曲者爲罶。

小雅魚麗「魚麗于罶、」傳云：「罶、曲梁也。」孔疏云：「曲、薄也。」郝云：「曲者、薄也、以曲薄爲魚梁、故曰曲梁。」詳見釋器。

爾雅學

凡曲者爲䍣唐石經單疏本雪牕本元本閩本監本同、毛本爲誤謂。

毛詩傳曰單疏本雪牕本同、注疏本脫詩。

凡以簿爲魚笱者單疏本元本同、雪牕本閩本監本毛本簿作薄。釋文薄、蒲博反、本今作簿、按說文艸部、薄、林薄也、一曰蠶薄。知從竹者非矣、凡蠶薄笿簿簿閩字古皆作薄。

凡曲者爲罶〇釋曰注疏本刪。

郭云毛詩傳曰閩本監本毛本郭作注、脫詩字。元本作郭云。

校勘記

卽舞器云監本同、毛本湘本舞作釋、是。

注疏校勘札記

凡曲者爲罶。柳

孫侶直音

凡曲者謂罶。罶曲梁也柳

楊氏音訓

罶柳

干氏音釋

鬼之爲言歸也

鬼之爲言歸也。尸子曰、古者謂死人爲歸人。

郭注

鬼之爲言歸也　釋曰、人死爲鬼。小雅何人斯云、爲鬼爲蜮。周禮曰、享大鬼。謂之鬼者、鬼猶歸也。若歸去然、故尸子曰、古者謂死人爲歸人。

邢疏

鬼之謂言歸也

郭璞云、尸子曰古者謂死人爲歸人。、

一切注音

鬼之爲言歸也尸子曰、古者謂死人爲歸人。

鄭樵注

鬼之爲言歸也

郭璞曰、尸子曰古者謂死人爲歸人。

鄭樵曰、尸子曰古者謂死人爲歸人。

古注合存

鬼之爲言歸也此釋鬼之義也。注曰、尸子云、古者謂死人爲歸人。

注疏參義

鬼之爲言歸也註尸子曰古者謂死人爲歸人。正義小人斯云、爲鬼爲蜮。左氏昭七年傳云、鬼有所歸、乃不爲厲。祭義云、衆生必死、死必歸土、此之謂鬼。鄭註禮運云、鬼者、精魄所歸。註尸子至歸人〇正義列子天瑞篇、鬼、歸也。又云、古者謂死人爲歸人。文選註引尸子云、老萊子曰、人生於天地之間、寄也、寄者固歸。此篇所釋、始乎明、終乎幽也。

正義

鬼之爲言歸也　列子天瑞篇、精神離形、各歸其真、故謂之鬼。

校議

鬼之爲言歸也 尸子曰古者謂死人爲歸人 歸者還其家也生寄也死歸也故列子天瑞篇云鬼歸也又云古者謂死人爲歸人說文云人所歸爲鬼左氏昭七年傳云鬼有所歸乃不爲厲禮運注鬼者精魂所歸皆與此義合。

義疏

鬼之爲言歸也 郭注尸子曰古者謂死人爲歸人。 釋人各以祖先爲鬼。

集解

鬼之爲言歸也 詩何人斯爲鬼爲蜮禮記祭義衆生必死死必歸土此之謂鬼此釋之也人歸土而爲鬼則鬼實由人成所謂人鬼是也許慎誤由爲甶而謂甶象鬼頭誕謬甚矣。

義證

鬼之爲言歸也 此釋小雅何人斯爲鬼爲蜮邢疏云周禮曰享大鬼謂之鬼者鬼猶歸也若歸去然郭注引尸子云古者謂死人爲歸人邵云此篇所釋始乎明終乎幽也。

說詩

鬼之爲言歸也 說文鬼人所歸爲鬼左昭七年傳鬼有所歸此篇所釋始乎明終乎幽也

啓蒙

鬼之爲言歸也郭云尸子曰古者謂死人爲歸人郝懿行云歸者還其家也生寄也死歸也楷案此歸字兼二義一爲終高誘注呂覽順說求人二篇並云歸終也鬼爲人之終故郭引尸子歸人爲證歸人猶言歸妹易襍卦傳歸妹女之終也是也一爲藏虞翻注易說卦傳歸藏也人死則必藏記祭義謂衆生必死死必歸土此之謂鬼檀弓謂葬也者藏也藏也者欲人之勿得見也是其義也郝疏以歸家爲說誤。

稗疏

鬼之爲言歸也。

文選注引尸子云：「老萊子曰：人生於天地之閒、寄也；」列子天瑞篇云：「古者謂死人爲歸人、」故左氏昭七年傳云：「鬼有所歸、乃不爲厲。」古人因以生爲寄、以死爲歸也。

邵云：「此篇所釋、始乎明、終乎幽也。」

爾雅學

鬼之爲言歸也○釋曰 注疏本刪。

校勘記

釋親第四

釋曰案禮記大傳云聖人南面而聽天下所且先者五民不與焉一曰治親蒼頡曰親愛也近也然則親者恩愛狎近不疏遠之稱也書曰克明俊德以親九族喪服小記曰親親以三爲五以五爲九上殺下殺旁殺而親畢矣以九族之親其名謂非一此篇釋之故曰釋親。

邢疏

釋親第四 說文云親至也蒼頡篇云親愛也近也禮記云親親以三爲五以五爲九尚書云以親九族親者通謂五服九族之親也。

陸音義

釋親第四 疏曰記大傳云聖人南面而治天下所先者五一曰治親書堯典云克明俊德以親九族喪服小記云親親以三爲五以五爲九上殺下殺旁殺而親畢矣親名非一故釋之愚按釋親中兼有母黨妻黨婚姻之屬親不止本族疏蓋約舉之耳

注疏參義

釋親一篇非周公孔子不能作所謂名者人治之大端也可不慎歟。鄭云凡此所命或有義或無義但取稱呼之異。此篇當以劉熙釋名中釋親屬一篇參看劉氏所釋甚有精義。釋名中釋天釋樂器二篇俱精。

補注

釋親第四 **正義** 禮記大傳云親者屬也說文云親至也釋文引倉頡篇親愛也近也釋名云親襯也言相隱襯也屬續也恩相連續也賈誼書六術篇人之戚屬以六爲法人有六親六親始曰父父有二子二子爲昆弟昆弟又有子子從父而昆弟故爲從父昆弟從父昆弟又有子子從祖而昆弟故爲從祖昆弟從祖昆弟又有子子從曾祖而昆弟故爲從曾祖昆弟曾祖昆弟又有子子爲族兄弟備於六此之謂六親親之始於一人世世別離分爲六親親戚非六則失本末之度是故六爲制而止矣是六親專屬同姓而言此篇所釋先言宗族次及於母黨妻黨婚姻者以母黨妻黨婚姻亦得爲六親也左氏昭二十五年傳云爲父子兄弟姑姊甥舅昏媾姻亞以象天明杜註六親和睦以事嚴父若衆星之共辰極也是母黨妻黨婚姻俱爲六親之證也老子云六親不和有孝慈孔穎達云六親謂父子兄弟夫婦也案孔氏因釋孝慈而推測六親未爲通義六親始於一本則賈誼書所釋者是也自一本而旁達則杜註所釋者是也禮記大傳又云同姓從宗合族屬異姓主名治際會名著而男女有別鄭註合合之宗子之家序昭穆也異姓謂來嫁者也主於母與婦之名耳際會昏禮交接之會也著明也是異姓之親謂母黨妻黨其誼相連屬也孝經云孝莫大於嚴父六親俱由父而推故親親自宗族始。

正義

釋親第四 困學紀聞云白虎通引親屬記即爾雅釋親也。

校議

釋親第四 釋名云親襯也言相隱襯也說文云親至也一切經音義九引蒼頡篇云親㥠也近也然則親㥠至近無如父母故親始於父母禮記奔喪及問喪注竝云親父母也公羊莊卅二年傳君親無將注亦云親謂父母是父母稱親之義也穀梁隱元年傳親親之道也詩云戚戚兄弟是兄弟稱親之義也郊特牲及哀公問竝云親之也者親之也是夫婦稱親之義也左氏昭廿五年傳云爲父子兄弟姑姊甥舅昏媾姻亞以象天明杜預注以六親爲釋正義曰六親謂父子兄弟夫婦也此篇首宗族次母黨次妻黨次婚姻皆親屬也故總曰釋親。

義疏

釋親第四 親始於九族堯所名也名類互見分四部總之。

集解

釋親第四 親親之道喪服爲重此篇所釋主釋有服之親耳餘則類及。

義證

釋親第四 說文見部親至也从見亲聲又宀部寴至也从宀親聲則親與寴通。

匡名

爾雅詁林　四　釋親

釋親第四說文、親、至也。人有六親、專屬同姓、言自一本而旁達、則異姓之親其誼亦相連屬也。

啓蒙

此篇親屬稱謂多與喪服經傳同。

黃侃音訓

釋親題識本在後

釋親篇宗族母黨妻黨婚姻四類、唐石經題識皆列於後、鄭樵本亦然。監本毛本誤列在前。

白虎通引親屬記即釋親篇。

讀雅筆記

釋親 釋文、親者通謂五服九族之親也。

證異

釋親第四○釋曰 注疏本刪。

聖人南面而聽天下 注疏本脫而。

校勘記

所最先者五 監本毛本同。禮記大傳最作且。鄭注言未遑餘事。小爾雅最、叢也、要也。疑最是。

注疏校勘札記

父爲考母爲妣

父爲考母爲妣 禮記曰、生曰父母妻、死曰考妣嬪。今世學者從之。案尚書曰、大傷厥考心、事厥考厥長、聰聽祖考之彝訓、如喪考妣。公羊傳曰、惠公者何、隱之考也。仲子者何、桓之母也。蒼頡篇曰、考妣延年。書曰嬪于虞。詩曰、聿嬪于京。周禮有九嬪之官。明此非死生之異稱矣。其義猶今謂兄爲䍮、妹爲媦、即是此例也。

郭注

父爲考母爲妣

郭璞云、禮記曰、生曰父母妻、死曰考妣嬪。今世學者從之。按尚書曰、大傷厥考心、事厥考厥長、聰聽祖考之彝訓、如喪考妣。公羊傳曰、惠公者何、隱之考也。仲子者何、桓之母也。蒼頡篇曰、考妣延年。書曰嬪於虞。詩曰、聿嬪於京。周禮有九嬪之官。明此非死生之異稱矣。其義猶今謂兄爲䍮、妹爲媦、即是此例也。

一切注音

妣必里反。嬪毗真反。厥長丁丈反、下皆同。彝音夷。喪息浪反、又如字。頡户結反。異稱尺證反。䍮音昆、本亦作昆、下同。媦于貴反。廣雅云、媦、妹也。說文云、楚人謂女弟爲媦。蔡文云、河南人云妹、媦也。

陸音義

父爲考母爲妣

考能考而違之、妣能比而從之。春秋傳曰、擇善而從曰比。

新義

父爲考母爲妣 曲禮云、生曰父母妻、死曰考妣嬪。郭氏謂此六者生死通稱、元無別異、引周書傳以爲據、其義甚明。

鄭樵注

父爲考母爲妣

郭璞曰、禮記曰生曰父母妻、死曰考妣嬪。今世學者從之。案尚書曰大傷厥考心、事厥考厥長、聰聽祖考之彝訓、如喪考妣。公羊傳曰惠公者何、隱之考也。仲子者何、桓之母也。蒼頡篇曰考妣延年。書曰嬪于虞。詩曰聿嬪于京。周禮有九嬪之官。明此非死生之異稱矣。其義猶今謂兄爲䍮、妹爲媦、即是此例也。

鄭樵曰、曲禮云生曰父母妻、死曰考妣嬪。郭氏謂此六者生死通稱、元無別異、引周書傳以爲據、其義甚明。

古注合存

爾雅詁林 四 釋親

父爲考母爲妣【註】禮記曰生曰父母妻死曰考妣嬪今世學者從之案尙書曰大傷厥考心事厥考厥長聰聽祖考之彝訓如喪考妣公羊傳曰惠公者何隱之考也仲子者何桓之母也蒼頡篇曰考妣延年書曰嬪于虞詩曰聿嬪于京周禮有九嬪之官明此非死生之異稱矣其義猶今謂兄爲晜妹爲媦即是此例也

【正義】白虎通義三綱六紀篇父者矩也以法度教子也說文云父矩也家長率教者从又舉杖母牧也从女象褱子形一曰象乳子也釋名云父甫也始生已也母冒也含生已也古者父母考妣不以存歿而有異稱此篇下文云父之考爲王父父之妣爲王母即其例也方言云南楚瀑涯之間謂婦妣曰母姼稱婦考曰父姼郭氏彼註云古者通以考妣爲生存之稱冀州從事郭君碑云哀哀考妣追惟賓靈卜商號咷喪子失名是父母生而稱考妣漢人猶知雅訓自漢以後遂以爲存歿之殊稱矣【註】禮記至從之○

【正義】曲禮云生曰父曰母曰妻死曰考曰妣曰嬪說文云妣歿母也釋名云父死曰考考成也亦言稿也稿於義爲成凡五材膠漆陶冶皮革乾稿乃成也母死曰妣妣比也比之於父亦然也是漢世儒者多据曲禮爲說郭氏所不取也○案尙至稱矣○許叔重五經異義用謹案以折衷同異郭氏亦用之以疏通證明其說也云大傷厥考心者康誥文云事厥考厥長又云聰聽祖考之彝訓者皆酒誥文云如喪考妣者舜典文郭氏歷引書文以明考妣非歿後之稱也公羊傳曰惠公者何隱之考也仲子者何桓之母也惠公仲子之卒俱在春秋前郭氏引之明歿後亦得稱母也郭又引倉頡篇者漢書蓺文志云倉頡七章者秦丞相李斯所作也爰歷六章者車府令趙高所作也博學七章者太史令胡毋敬所作也漢初閭里書師合倉頡爰歷博學三篇斷六十字以爲一章凡五十五章并爲倉頡篇曲禮孔疏亦引倉頡篇云考妣延年唐時倉頡篇未亡孔氏所見本與郭同也郭氏又引書曰嬪于虞者堯典文詩曰聿嬪于京者大雅大明文周禮有九嬪之官者天官之屬以明妻嬪非生死之異稱猶父母考妣非生死之異稱也○其義至例也○此郭氏舉類以曉人也兄爲晜即見下文妹爲媦者公羊桓二年傳云若楚王之妻媦無時焉可也何註媦妹也說文云楚人謂女弟曰媦廣雅云媦妹也釋文引纂文云河南人云妹媦也

【正義】

父爲考母爲妣禮記曰生曰父母妻歿曰考妣嬪今世學者從之按尙書曰大傷厥考心事厥考厥長聰聽祖考之彝訓如喪考妣公羊傳曰惠公者何隱之考也仲子者何桓之母也蒼頡篇曰考妣延年書曰嬪于虞詩曰聿嬪于京周禮有九嬪之官明此非歿生之異稱矣其義猶今謂兄爲晜妹爲媦即是此例也

此釋父母之異稱也考者釋詁云成也妣者說文云歿母也曲禮云生曰父曰母歿曰考曰妣鄭注考成也言其德行之成也妣之言媲也媲於考也然則考妣者父母之異稱曲禮雖云存歿異號若通言之則生存亦稱考妣終歿亦稱父母故士喪禮云哀子某爲其父某甫筮宅又云卜葬其父某甫是終歿稱父母之例也方言云南楚瀑涯之閒謂婦妣曰母姼稱婦考曰父姼郭注古者通以考妣爲生存之稱此注引蒼頡篇考妣延年是生存稱考妣之例也

【義疏】

父爲考母爲妣郭注禮記曰生曰父母妻歿曰考妣嬪今世學者從之按尙書曰大傷厥考心事厥考厥長聰聽祖考之彝訓如喪考妣公羊傳曰惠公者何隱之考也仲子者何桓之母也蒼頡篇曰考妣延年書曰嬪于虞詩曰聿嬪于京周禮有九嬪之官明此非歿生之異稱矣其義猶今謂兄爲晜弟妹爲媦即此例也此廟祭之號有父道則考之祖考顯考皇考王考是也上云考成言功德已成也比合配考者曰妣禮曰某

爾雅詁林 四 釋親

妃配某氏、配卽妣也。因通爲父母之稱。

集解

父爲考母爲妣 曲禮生曰父母妻死曰考妣嬪。此云父考母妣、殁後之偁耳。禮父母殁均爲之服三年。唯父在爲母期、屈於父也。父矩也家長率教者。考老也成也。言父殁而德行成。母牧也。从女象裹子形、一曰象乳子也。妣殁母也。言比於父。若祭則云皇考皇妣矣。

義證

父爲考母爲妣

禮記曰生曰父母妻死曰考妣嬪今世學者從之按尚書曰大傷厥考心事厥考厥長聰聽祖考之彝訓如喪考妣公羊傳曰惠公者何隱之考也仲子者何桓之母也蒼頡篇曰考妣延年書曰嬪于虞詩曰聿嬪于京周禮有九嬪之官明此非死生之異稱矣其義猶今謂兄爲晜妹謂媦卽是此例也

釋文云晜本亦作昆。

郭注佚存補訂

父爲考母爲妣

父爲考者、釋詁云考、成也。鄭注曲禮云言其德行之成也。大雅烝民纘戎祖考、鄭箋云纘女先祖先父。周頌雝既右烈考、傳云烈考武王也。雝爲成王祭禘大祖之詩、大祖文王也。故稱武王爲烈考。載見率見昭考、傳云昭考、武王也。箋云、諸侯既以朝禮見於成王、至祭時伯又率之見於武王廟使助祭也。閔予小子於乎皇考、於乎我君考武王。皇考對下文皇祖而言、則皇考自爲父也。訪落率時昭考、箋云當循是明德之考所施行。昭考謂武王也。休矣皇考、箋云美矣我君考武王。烈考昭考皇考皆隨文爲義、其爲父則一也。母爲妣者、小雅似續妣祖、箋云妣、先妣姜嫄也。是凡母以上皆稱妣也。周頌豐年載芟烝畀祖妣、箋云謂祭先祖先妣也。

說詩

父爲考節註聿嬪于京 聿、毛詩作曰。

父之考節註加王者尊之 加、監本誤如。

注疏正字

父爲考母爲妣　廣韻旨五引父曰考、母曰妣。

匡名

父爲考母爲妣 說文父、矩也家長率教者。从又舉杖。考、老也。从老省丂聲。母、牧也。从女、象裹子形、一曰象乳子也。妣、殁母也。曲禮生曰父曰母死曰考曰妣。

啓蒙

父爲考　母爲妣

說文父矩也。又部 母牧也。母部 釋名父甫也。始生己也。釋親屬 母冒也。含生己也。釋親屬 邢疏考、成也。言有成德。釋親疏 妣、媲也。媲匹於父。釋親疏

證異

爾雅詁林　四　釋親

問、釋親父曰考母曰妣、虞書百姓如喪考妣、是生前亦偁考妣。周郙敦銘追孝于其父母、此殁後亦偁父母、何也。曰、考妣是父母之通偁、古人竝不分存殁。曲禮生曰父母妻、死曰考妣嬪。此漢儒後起之說也、郭注已詳言之、然說文妣殁母也。釋名父死曰考、亦據曲禮文。

詁答問

父為考母為妣書大傷厥考之心事厥考厥長聽聽祖考之懿訓如喪考妣公羊傳惠公者何隱之考也仲子者何桓之母也蒼頡篇考妣延年則生死同稱

古義補

父爲考母爲妣

錦燧謹案、禮記云生曰父母妻、死曰考妣嬪。此以父母爲生在之偁、考妣爲已死之偁。公羊隱公元年傳隱之考也、何注曰生偁父、死偁考、與禮記同。故釋名釋喪制云、父死曰考。考、成也。亦言槁也。槁於義爲成。凡五材膠漆陶冶皮革乾槁乃成也。母死曰妣。妣、比也。比之於父亦然也。禮記成於漢儒之手、而何休劉熙亦皆漢儒、其所言俱以父母與考妣有別。至郭璞乃據尙書大傷厥考心、蒼頡篇考妣延年云云、謂此非死生之異稱。蒙以爲說文老部云考、老也、从老省丂聲。考从老得義、許君卽以老釋之、而老下說解又卽以考釋之、是浚長之意以考老二字義同矣。老从毛匕會意、匕从到人變也、入而倒變卽死之謂也、據此知考當爲已死之偁。又說文女部云妣、殁母也。是妣亦爲已死之偁。郭說非是。

陸錦燧日記

書曰聿嬪于京 十行本詩曰曰嬪于京、雪牕本吳本並詩曰。

校勘記訂補

四行（注）蒼頡篇曰〇「蒼」當作「蒼」，宋刻十行本不誤。

宋監本校箋

注、其義猶今謂兄曰昆、妹爲媦。釋文媦、于貴翻音胃。廣雅云媦、妹也。說文云楚人謂女弟爲媦。纂文云河南人云妹媦也。案媦字見春秋公羊傳、楚王妻媦、謂楚王呼妻爲媦、正與北魏北齊時呼母爲姊、呼妻爲妹合、所謂名不正也。何休注云引此爲喩、明其終不可名有者。其說甚是、後人每多誤解、故附辨之

音略

父爲考母爲妣 比

孫偘直音

父之考爲王父、父之妣爲王母。王父之考爲曾祖王父、王父之妣爲曾祖王母。曾祖王父之考爲高祖王父、曾祖王父之妣爲高祖王母

父之考爲王父、父之妣爲王母。加王者、尊之。王父之考爲曾祖王父、王父之妣爲曾祖王母。曾猶重也。曾祖王父之考爲高祖王父、

爾雅詁林 四 釋親

曾祖王父之妣爲高祖王母。高者言最在上。

郭注

父之考爲王父父之妣爲王母

郭璞云加王者尊之。

王父之考爲曾祖王父王父之妣爲曾祖王母

郭璞云曾猶重也。

曾祖王父之考爲高祖王父曾祖王父之妣爲高祖王母

郭璞云高者言最在上。

一切注音

重也直龍反。下皆同。

陸音義

父之考爲王父父之妣爲王母

不言祖王父嫌于不親。三王家天下父老傳子子死而孫傳之所謂王父。王母亦以此。

王父之考爲曾祖王父王父之妣爲曾祖王母

不言曾王父母嫌于不尊。

曾祖王父之考爲高祖王父曾祖王父之妣爲高祖王母

新義

父之考爲王父父之妣爲王母

郭璞曰、加王者尊之。

王父之考爲曾祖王父王父之妣爲曾祖王母

郭璞曰、曾猶重也。

曾祖王父之考爲高祖王父曾祖王父之妣爲高祖王母

郭璞曰、高者、言最在上。

古注合存

父爲考母爲妣、父之考爲王父、父之妣爲王母、王父之考爲曾祖王父、王父之妣爲曾祖王母、曾祖王父之考爲高祖王父、曾祖王父之妣爲高祖王母。註曰、記云、生曰父母妻、死曰考妣嬪、學者從之、考尚書云、事厥考厥長、聽祖考之彝訓、蒼頡篇云、考妣延年、書云、嬪于虞、詩云、曰嬪于京、明此非死生之異稱矣、父母而上加王者、尊之也、曾、猶重也、高者、言最高在上也。疏曰、白虎通云、父、矩也、以度教子也、又爲考者、考、成也、有成德也、廣雅云、母、牧也、言育養子也、又爲妣者、妣、媲也、匹媲於父也、愚按、自父母而至高祖父母、此所謂上殺也、考妣之屬、生死通稱、而記分之者、蓋死則稱考妣嬪爲當、與、註疏不及祖、義見後文。

注疏參義

國語、晉悼公見民年七十者稱曰王父。按爾雅乃孫稱祖之詞、悼公敬老、故亦借以相稱、今人猶然。可見其君賢而俗樸矣。偶見我邑前輩盧司業軒說如此、潤色存之。

補注

父之考爲王父、父之妣爲王母　註　加王者尊之　王父之考爲曾祖王父、王父之妣爲曾祖王母　註　曾猶重也　曾祖王父之考爲高祖王父、曾祖王父之妣爲高祖王母　註　高者言最在上也。

正義

釋名云、祖、祚也、祚物先也。又謂之王父。王、暀也、家中所歸往也。王母亦如之。曾祖從下推上、祖位轉增益也。高祖、高、皋也、最在上、皋韜諸下也。曲禮云、祭王父曰皇祖考、王母曰皇祖妣、父曰皇考、母曰皇妣、鄭註、更設尊號、尊神異於人也。皇、君也。考、成也。言其德行之成也。妣之言媲也、媲於考也。案爾雅釋親屬之稱、謂自父母上及於祖父母、曾祖父母、高祖父母、存殁俱無異稱、至曲禮言祭之稱號、始別有所設耳。祭法言廟制、曰考廟、曰王考廟、曰皇考廟、曰顯考廟、孔疏曰、考廟者、父廟曰考、考、成也。謂父有成德之美也。曰王考廟者、祖廟也、王、君也、君考者、言祖有君成之德

爾雅詁林　四　釋親

也。祖尊於父，故加君名也。曰皇考者，曾祖也。皇，大也，君也。曾祖轉尊，又加大君之稱也。曰顯考廟者，高祖也。顯，明也。高祖居四廟最上，故以高祖目之。此又朝制之殊稱也。

正義

父之考爲王父，父之妣爲王母，加王者尊之也。王父之考爲曾祖王父，王父之妣爲曾祖王母，曾猶重也。曾祖王父之考爲高祖王父，曾祖王父之妣爲高祖王母。高者言最在上。

此從父母推而上之，至於高曾祖，以親由父母起，故還從父母稱之也。釋名云：父，甫也，始生己也。母，冒也，含生己也。是親由父母之義。又云：祖，祚也，祚物先也。然又謂之王父，王，暀也，家中所歸暀也。王母亦如之。然則祖父母而曰王者，王，大也，君也，尊上之稱，故王父母亦曰大父母也。曾者，重也。說文云：曾，益也。與增同。釋名云：曾祖，從下推上，祖位轉增益也。高者，尊崇之稱。釋名云：高祖，高，皐也，最在上，皐韜諸下也。曲禮云：祭王父曰皇祖考，王母曰皇祖妣。變文言皇者，鄭注：更設尊號，尊神異於人也。皇，君也。然則皇王皆大君之稱，其義亦同。祭法又以曾祖王父爲皇考，高祖王父爲顯考，曲禮所言祭時之尊號，祭法所說廟制之姝稱，皆非常義所施。是至於存殁通稱，則以爾雅爲正焉。

義疏

父之考爲王父，父之妣爲王母，王父之考爲曾祖王父，王父之妣爲曾祖王母，曾祖王父之考爲高祖王父，曾祖王父之妣爲高祖王母。郭注，加王者尊之也。曾猶重也。高者言最在上。　自祖以上不稱考妣，四親通貴賤，無廟不祭者，皆有服。

集解

父之考為王父，父之妣為王母。高曾祖父，周制謂為四親，無貴賤均有服。此經故釋及之。王父王母喪服謂之祖父母，均因至尊而服期。王，往也。祖父母之偁王父母者，以年尊於父也。對下來孫而言。王父之考為曾祖王父，王父之妣為曾祖王母。曾，詈之舒也，从八从日囪聲。其以為王父考妣之偁，正字為層耳。層，重屋也，引申為凡重之偁。曾祖父母較王父母尤尊，則為重王父母矣。禮，曾祖父母本小功，尊為制齊衰三月。曾祖王父之考為高祖王父，曾祖王父之妣為高祖王母。高，崇也。言崇高而在最上。禮，為高祖父母緦。鄭儀禮注則以為同曾祖齊衰三月，自高而上則無服。

義證

父之考爲王父父之妣爲王母

〔註〕加王者尊之

王父之考爲曾祖王父王父之妣爲曾祖王母

〔註〕曾猶重也〔補正〕臣鑾按，劉熙釋名云，祖位轉增益也。

郭注補正

父之考爲王父父之妣爲王母

加王者尊之也

仿宋本脫也字。

王父之考爲曾祖王父王父之妣爲曾祖王母

曾猶重也

爾雅詁林　四　釋親

曾祖王父之考爲高祖王父曾祖王父之妣爲高祖王母

高者言最在上也

希麟續開元釋教錄卷上音義引爾雅郭注云言高者、最在上也。今據補也字。

郭注佚存補訂

父之考爲王父父之妣爲王母

王父者、王大君也。與皇同義。小雅楚茨先祖是皇、先祖卽王父也。上言先祖、下言孝孫有慶、是祖孫對言也。大雅文王王之藎臣、無念爾祖、箋云王斥成王。疏云言當念汝祖文王之德。江漢作召公考、箋云考、成也。王命召虎自召祖命。疏云今宣王以康公受命之法命召虎。是以考爲王父也。周頌雝假哉皇考、箋云皇考斥文王也。皇考卽王父也。疏云、以大祖爲文王、皇考當之矣。有瞽先祖是聽、疏云有瞽詩謂周公攝政六年、一代之樂功成而合諸侯於太祖之廟奏之。此太祖謂文王也。閔予小子念茲皇考、箋云、念此君祖文王。皆成王之王父也。若小雅四月先祖匪人、信南山先祖是皇、大雅雲漢先祖於摧、韓奕以先祖受命、常武南仕太祖、瞻卬無忝皇祖、魯頌閟宮皇祖后稷、周公皇祖、商頌那衎我烈祖、則皆自祖以上曾祖高祖以至始祖通言之、不專指王父也。 王母者、周頌載芟烝畀祖妣、妣兼王母言之。雝亦右文母、傳云文母、大姒也。則文母蓋卽王母。

說詩

爾雅詁林 四 釋親

父之考爲王父父之妣爲王母 釋名謂之王父、家中所歸往也。

王父之考爲曾祖王父王父之妣爲曾祖王母曾祖王父之考爲高祖王父曾祖王父之妣爲高祖王母

郭註、曾猶重也。高者、言最在上。曲禮、祭王父曰皇祖考、王母曰皇祖妣。祭法、廟制、曰考廟、曰王考廟、曰皇考廟、曰顯考廟。

啓蒙

父之考爲王父　王父之考爲曾祖王父　曾祖王父之考爲高祖王父

釋名祖祚也。又謂之王父。王、暀也。家中所歸往也。釋親屬 曾祖從下推上、祖位轉增益也。釋親屬 高祖高、皐也。最在上、皐韜諸下也。釋親屬

[illegible]

父之妣爲王母、王父之妣爲曾祖王母、曾祖王父之妣爲高祖王母、廣雅妣、母也。妣者、母及諸祖母之通稱。藁川從

事郭君碑、哀哀考妣、追惟實靈、卜商號咷、喪子失明。此父母在稱考妣也。

古義補

如王者尊之監本永懷堂本同。毛本湘本如作加、是。

注疏校勘記

六行（注）加王者尊之○釋湛然《輔行記》一引作「加王者尊也」，此注句末當有「也」字。

二十二下（四六）一行（注）高者言最在上○希麟《續音義》卷十「纘祖宗」條引此注作「言高者，最在上也」。

宋監本校箋

父之世父叔父爲從祖祖父父之世母叔母爲從祖祖母父之晜弟先生爲世父後生爲叔父

父之世父叔父爲從祖祖父、父之世母叔母爲從祖祖母。從祖而別、世統異故。父之晜弟、先生爲世父後生爲叔父。世有爲嫡者、嗣世統故也。

郭注

父之世父叔父爲從祖祖父父之世母叔母爲從祖祖母

郭璞云從祖而別、世統異故。

父之晜弟先生爲世父後生爲叔父

郭璞云世有爲嫡者、嗣世統故也。

一切注音

而別彼列反、又如字。下皆同。適者本或作嫡、同。丁歷反。

陸音義

適者○邢本作嫡

音義攷證

父之晜弟先生爲世父後生爲叔父

父子曰世、兄弟曰及。世則葉之謂也、及則花萼之謂也。

新義

父之世父叔父爲從祖祖父父之世母叔母爲從祖祖母

郭璞曰、從祖而別、世統異故。

父之晜弟先生爲世父後生爲叔父

郭璞曰、世有爲嫡者、嗣世統故也。

古注合存

父之世父叔父爲從祖祖父父之世母叔母爲從祖祖母父之晜弟先生爲世父後生爲叔父從去聲晜昆同後並放此○註曰稱世者世有爲嫡者嗣世統也疏曰叔說文作尗從上從小言尊行之小也愚按自父之昆弟而至於父之世父叔父世母叔母此所謂上殺之旁殺也經不言世母叔母註疏不及晜義見後文

注疏參義

亭林云、古人于父之昆弟、必稱伯父叔父、未有但呼伯叔者。若不言父而但曰伯叔、則是字之而已、詩所云叔兮伯兮、伯兮朅兮、叔于田之類是也。

補注

父之世父叔父爲從祖祖父父之世母叔母爲從祖祖母註從祖而別世統異故父之晜弟先生爲世父後生爲叔父註世有爲嫡者嗣世統故也男子先生爲兄後生爲弟

正義釋名云、父之世叔父母曰從祖父母。言從己親祖別而下也、亦言隨從己祖以爲名也。父之兄曰世父，言爲嫡統繼世也。又曰伯父。伯，把也。把持家政也。父之弟曰仲父，仲，中也，位在中也。仲父之弟曰叔父。叔，少也。叔之弟曰季父。季，癸也。甲乙之次，癸最在下，季亦然也。兄，荒也。荒，大也。故青徐人謂兄爲荒也。弟，第也。相次第而生也。白虎通義云：謂之兄弟何？兄者，況也。況父法也。弟者，悌也。心順行篤也。案從祖祖父母，釋名作從祖父母。後世皆沿之。國語謂之從祖祖叔母。魯語云：公父文伯之母、季康子之從祖叔母也。韋註：祖父晜弟之妻。据喪服經作從祖祖父母，與爾雅同。賈疏從祖祖父母是曾祖之子、祖之兄弟，言從祖而別也。世父叔父俱有父之名者，喪服傳云：世父叔父何以期也？與尊者一體也。昆弟一體也。

正義

父之世父叔父爲從祖祖父，父之世母叔母爲從祖祖母。 從祖而別，世統異故。

父之晜弟先生爲世父，後生爲叔父。 世有爲嫡者，嗣世統故也。

此又推言父之伯叔兄弟也。釋名云：父之世叔父母曰從祖父母，言從已親祖別而下也。亦言隨從已祖以爲名也。檀弓注云：敬姜者，康子從祖母。魯語云：公父文伯之母，季康子之從祖叔母也。韋昭注：祖父昆弟之妻也。然則準是而言，父之世父當爲從祖伯父，父之叔父當爲從祖叔父。爾雅文畧，魯語則詳矣。又言世父叔父者，釋名云：父之兄曰世父，言爲嫡統繼世也。又曰伯父。伯，把也。把持家政也。父之弟曰仲父。仲，中也，位在中也。仲父之弟曰叔父。叔，少也。叔父之弟曰季父。季，癸也。甲乙之次，癸最在下，季亦然也。然則爾雅不言仲父季父者，亦畧之，如從祖父之例。世父叔父俱有父名者，喪服傳曰：世父叔父何以期也？與尊者一體也。晜者，說文云：周人謂兄曰晜。玉篇省作罤，爾雅又作晜，釋文本亦作昆。下同。

義疏

從 經文

按，釋文於從舅下云：才用反，下注娣從同。則其他不音者皆讀如字。然此篇從祖從父從母等字，皆具相從隨從二義。郭於從祖祖父下訓從祖而別世統異故，則其字讀才容切。邢疏於宗族節音從並才用切，要之下文，皆無異讀，可知陸分從舅音才用切於義爲短。

經注集證

父之世父叔父爲從祖祖父 郭注：從祖而別，世統異故。據庶子言學子，唯庶子多也。世大古通用文。家積於叔，故無季父名也。無考名者，父行耳，非父也。從祖皆祖昆弟。**父之世母叔母爲從祖祖母，父之晜弟先生爲世父，後生爲叔父** 郭注：世謂爲嫡者，嗣世統故也。雖不世猶謂之世，謂同嫡也。庶長則不世而伯之禮。伯父世母互見例。

集解

父之世父叔父爲從祖祖父，父之世母叔母爲從祖祖母 祖之晜弟、曾祖之子也。云從祖祖父母者，言從已親祖別而下也。禮從祖祖父母服小功。從祖父母、從祖昆弟同。三十年爲一世。人生三十而有室，可以生子，故先生於吾父者曰世父。叔，拾也。从又尗聲。與少通用。或曰終一人之身爲世。世父者，言爲嫡統而繼世也。其說亦通。**父之晜弟先生爲世父，後生爲叔父** 禮，世父叔父本服大功，因與尊者爲一體而加期。世父，嫡長也。伯父則庶長耳。

義證

爾雅詁林　四　釋親

父之世父叔父爲從祖祖父，父之世母叔母爲從祖祖母

註從祖而別，世統異故。補正 臣鍌按，釋名云，亦言隨從己祖以爲名也。

父之晜弟，先生爲世父，後生爲叔父 晜，音昆，本亦作昆。

註世有爲嫡者，嗣世統故也。補正 臣鍌按，釋文云，父之兄曰世父，又曰伯父；父之弟曰仲父，仲父之弟曰叔父，叔之弟曰季父。 郭注補正

父之晜弟先生爲世父後生爲叔父

世有爲適者嗣世統故也

釋文云，適本或作嫡。案今本皆作嫡。 郭注佚存補訂

王父之考爲曾祖王父，王父之妣爲曾祖王母，曾祖王父之考爲高祖王父，曾祖王父之妣爲高祖王母，父之世父叔父爲從祖祖父，父之世母叔母爲從祖祖母，父之晜弟先生爲世父，後生爲叔父

世父卽伯父也。稱世父者，伯爲長，爲嫡統以繼世，故曰世父。鄭風蘀兮叔兮伯兮，毛傳云，叔伯言羣臣長幼也。箋云，叔伯，兄弟之稱。小雅何人斯伯氏吹壎，仲氏吹篪，箋云，伯仲喻兄弟也。衛風伯兮朅兮，傳云，伯，州伯。非也。正義云，伯仲叔季，長幼之字，而婦人所稱爲伯也，宜呼其字，不當言其官也。蓋伯仲者，先後之次，鄭風叔於田傳云，叔，大叔段也。正義云，莊公有弟名段字叔，蓋莊爲兄而段爲弟，故字叔也。魯頌閟宫王曰叔父，傳云，王，成王也。箋云，叔父謂周公也。武王爲兄，周公爲弟，故稱曰叔父。小雅伐木以速諸父，傳云，天子謂同姓諸侯，諸侯謂同姓大夫皆曰父。正義云，覲禮說天子呼諸侯之義，曰同姓大國則曰伯父，小國則曰叔父。左傳隱公謂臧僖伯曰，叔父有憾於寡人。鄭厲公謂原繁曰，願與伯父圖之。案左傳皆稱伯父，其實一也。黃鳥復我諸父，傳云，諸父猶諸兄也。蓋亦指伯叔而言。楚茨諸父兄弟，箋云，同姓則留與之燕，所以親骨肉也。同姓謂諸父。 說詩

父之世父叔父爲從祖祖父，父之世母叔母爲從祖祖母 案從字當讀本音，註云從祖而別是也。下從父從母等並同。惟從舅下釋文音才用切，下註娣從自誤以從舅之音移屬上節，又誤加並字，遂令讀從祖從父從母等字一誤爲去聲，非也。

父之晜弟先生爲世父 案世父亦曰伯父。禮記曾子問云，父母不在則稱伯父世母。是也。

註世有爲嫡者嗣世統故也 嫡，釋文作適，同。丁歷切。 注疏正字

爾雅詁林　四　釋親

父之晜弟先生爲世父後生爲叔父　釋文云，晜本亦作昆。案說文弟部：「晜，周人謂兄曰晜，从弟从眔。」隸變从曰。經典相承借昆。

匡名

晜　㒎　說文：「㒎，周人謂兄曰㒎，从弟从眔。」

黄侃評本正名

父之晜弟先生爲世父後生爲叔父

釋名：父之兄曰世父。言爲嫡統繼世也。又曰伯父。伯，把也，把持家政也。父之弟曰仲父。仲，中也，位在中也。仲父之弟曰叔父。叔，少也。叔父之弟曰季父。季，癸也。釋名釋親屬

證異

父之晜弟先生爲世父後生爲叔父

錦燧謹案，郭注曰：世有爲嫡者，嗣世統故也。此說本諸釋名。劉書云，父之兄曰世父，言爲嫡統繼世也。蒙謂此說殊迂。世字與叔字對舉，古字世與大通。桓公九年左傳正義曰：諸經稱世子及衛世叔、申經皆作世字，傳皆爲大，是其證也。推之禮記之大夫不名世臣姪娣，謂不名大臣也。鄭注謂父時老臣，失之。又天子有后有夫人有世婦，以世婦卽次夫人之下，故從尊大之名。孔疏謂以其猶貴，故加以世言之，亦廣世口也。亦失之。又世子不降妻之父母，鄭注曰：世子，天子諸侯之適子也。適子猶云大子。穀梁僖公五年傳謂天子世子世天下也。亦失之。世父者，以其先父而生，年長於父，故曰世父，猶叔父之取義於小也。白虎通姓名篇云：叔者，少也。叔少雙聲。凡叔之訓爲小者，皆少之假借，猶就假作集之例。以叔父後父而生，年幼於父，故曰叔父也。

陸錦燧日記

釋親　父之世父叔父爲從祖祖父。父之世母叔母爲從祖祖母。

燧案。父之世母叔母爲從祖祖母十一字當是衍文。蓋涉上文父爲考下則云母爲妣、父之考爲王父下則云父之妣爲王母、王父之考爲曾祖王父下則云王父之妣爲曾祖王母、曾祖王父之考爲高祖王父下則云曾祖王父之妣爲高祖王母。然則此父之世父叔父爲從祖祖父下必有父之世母叔母爲從祖祖母一句矣。殊不知此文不與上文一本之親爲類。乃與下文爲類。皆指旁親。下文云。父之晜弟先生爲世父、後生爲叔父。而不卽及世母叔母。其世母叔母則釋在後。又云。父之從祖晜弟爲族父。而不卽及族母。其族母亦釋在後。彼云族祖母。則此文亦當云族祖父。若以此例彼。則彼祖字爲衍。鄭珍巢經巢經說刪彼祖字。下文又有族祖姑。鄭亦刪祖字。又云。男子先生爲兄。後生爲弟。謂女子先生爲姊。後生爲妹。父之姊妹爲姑。族父之子相謂爲族晜弟。族晜弟之子相謂爲親。同姓兄之子、弟之子相謂爲從父晜弟。兄嫂弟妻姊妹姑之夫以及族晜弟親同姓從父晜弟之妻皆不入宗族。故宗族中無釋。則此文之不必卽及從祖祖母。其從祖祖母亦當釋在後。可知矣。故下文云。父之從父晜弟之母爲從祖王母。父之從父晜弟之母卽父之世母叔母矣。若此已云父之世母叔母爲從祖祖母。下又云父之從父晜弟之母爲從祖王母。不曾複犯乎。蓋釋一本之親則言父而卽及母。母黨之外王父、外王母、外曾王父、外曾王母亦如此例。皆母之一本之親也。妻黨之外舅、外姑亦如此例。妻之一本之親也。妻於夫之舅姑亦如此例。夫之一本之親也。旁親則言父不卽及母。乃補釋於後。此章法之變。抑亦義理之所存矣。惟爾雅多增入之文。或不能一例。若下文又云。父之從祖祖父爲族曾王父。父之從祖祖母爲族曾王母。族曾王父母亦旁親而乃連釋。文獨落後。必由後人增補。其迹顯可見矣。或謂從祖王母既釋在後。其不當先見於此。固矣。而此父之世母叔母爲從祖祖母一句、乃亦非憑空衍入。實當作父之從祖父爲族祖王父一句。下文釋從祖王母之下、釋世母叔母之上、尚有父之從祖晜弟之母爲族祖王母一句。父之從祖晜弟之母卽父之從祖父之妻也。如此則前後配合。適相符準。可備一說焉。

校書

世有爲嫡者　單疏本雪牕本同。釋文適者本或作嫡同。

○注從祖而別世統異故○釋曰　注疏本故下增者，刪釋曰。又閩本監本毛本注改云。

故曰從祖　元本同。閩本監本毛本下衍別。

○注世有爲嫡者嗣世統故也○釋曰　注疏本刪注釋曰、也下增者。

校勘記

父之　音頌讀從非下同

世父叔父爲從祖祖父父之世母叔母

爾雅詁林　四　釋親

爲從祖祖母。父之晜弟、先生爲世父。後昆下同生爲叔父。

孫偘直音

從才用切晜昆

干氏音釋

男子先生爲兄後生爲弟男子謂女子先生爲姊後生爲妹父之姊妹爲姑

男子先生爲兄後生爲弟。男子謂女子先生爲姊、後生爲妹。父之姊妹爲姑。

郭注

父之姊妹爲姑釋親

春秋傳云姑姊妹。春秋正義三十一

樊注

父之姊妹爲姑以下釋親

姑之言古尊老之名也。詩正義二之三

孫音注

黃輯古義

父之姊妹爲姑

春秋傳云姑姊妹。春秋襄十二年正義

樊注

父之姊妹爲姑

姑之言古、尊老之名也。詩邶風泉水正義

孫音注

玉函山房輯佚

父之姊妹爲姑

春秋傳云姑姊妹。樊注宋本春秋疏二十一　姑之言古、尊老之名也。孫注詩疏之三

鈎沉

父之姊妹爲姑

樊曰、春秋傳云姑姊妹。春秋正義三十一

孫曰、姑之言古、尊老之名也。詩正義二之三

漢注

男子先生爲兄後生爲弟男子謂女子先生爲姊後生爲妹父之姊妹爲姑

樊光云、春秋傳云姑姊妹。左傳正義二十一卷　孫炎云、姑之言古、尊老之稱也。詩正義二之三卷

一切注音

父之姊妹曰姑　孫炎曰、姑之言古、尊老之名也。詩泉水正義　樊光曰、春秋傳曰姑姊妹。左襄十二年傳正義

古注斠

男子謂女子先生爲姊後生爲妹父之姊妹爲姑

目言男子、蓋引而進之也。據女子謂兄之妻爲嫂、弟之妻爲婦。

新義

父之姊妹爲姑

樊光曰、春秋傳云姑姊妹。

孫炎曰、姑之言古、尊老之名也。

古注合存

男子先生爲兄後生爲弟男子謂女子先生爲姊後生爲妹疏曰廣雅云兄況也兄於父也弟順也順於兄也男者任家事也女如也徐鍇云家從父嫁從夫故女云如也姊咨也先生可咨問也說文云妹女弟也愚按先生爲兄後生爲弟女子謂男子亦然先生爲姊後生爲妹女子自相謂亦然分舉之蓋互文與此已身之旁殺也父之姊妹爲姑疏曰姑故也言尊如故也愚按此猶父之昆弟也無世父叔父之分概言姑而已

注疏參義

男子謂女子先生爲姊後生爲妹父之姊妹爲姑

邶風泉水云問我諸姑遂及伯姊鄭箋先姑後姊尊姑也疏引孫炎云姑之言古尊老之名也是男子女子俱稱姊妹姑也左傳疏引樊光云春秋傳云姑姊妹樊所引傳左氏昭三年傳文也白虎通義云男者任也任功業也女者如也從如人也說文云姊女兄也妹女弟也釋名云父之姊妹曰姑姑故也言於已爲久故之人也姊積也猶日始出積時多而明也妹昧也猶日始入歷時少尚昧也白虎通義引禮親屬記曰男子先生稱兄後生稱弟女子先生爲姊後生爲妹父之昆弟不俱謂之世父父之女昆弟俱謂之姑何也以爲諸父曰內親也故別稱之也姑當外適人疏故總言之也至姑妹亦當外適人所以別諸姊妹何爲事諸姑禮等可以外己文同故稱畧也至姊妹雖欲有害之姊尊妹卑其禮異也又云謂之姊妹何姊者咨也妹者末也案白虎通義[illegible]文之姊妹統稱爲姑之義是也今人亦統稱爲姑然古人稱父之姊有爲姑姊者稱父之妹有爲姑妹者左傳襄二十一年傳云季武子以公姑姊妻之疏引服虔[illegible]過二古人謂姑爲姑姊妹此姑姊是襄公[illegible]之姊是父之姊爲姑姊也列女傳云梁有節姑姊入火[illegible]其子是父之妹爲姑妹也

正義

男子先生爲兄後生爲弟男子謂女子先生爲姊後生爲妹父之姊妹爲姑

此釋兄弟姑姊妹之親也姑與世父叔父尊同而別言之者以與姊妹同類故也兄弟者釋名云兄荒也荒大也故青徐人謂兄爲荒也弟第也相次第而生也白虎通云兄者況也況父法也弟者悌也心順行篤也姊妹者女兄弟也異其稱者別之也釋名云姊積也猶日始出積時多而明也妹昧也猶日始入歷時少尚昧也白虎通云姊者恣也妹者末也按詩云遂及伯姊是女子亦謂女子先生爲姊爾雅畧舉一邊耳姑者釋名云父之姊妹曰姑姑故也言於已爲久故之人也詩泉水正義引孫炎曰故之言古尊老之名也左氏襄十二年正義引樊光曰春秋傳云姑姊妹按襄廿一年傳有公姑姊列女傳有梁節姑妹然則古人謂父姊爲姑姊父妹爲姑妹今人省文故單稱姑爾雅不言者亦畧之

義疏

男子謂女子 經文

諸家本皆同惟吳刻仿宋本無男子二字阮刻從之

經注集證

男子先生爲兄後生爲弟男子謂女子先生爲姊後生爲妹父之姊妹爲姑

孫注姑之言古尊老之名也樊注春秋傳云姑姊妹男女異長故必異稱也兄古況字進之之詞弟次弟也市市在前未成在後姑本夫母之名古傳於今以著代也借以稱父姊妹

集解

男子先生爲兄後生爲弟 喪服所謂昆弟是也互爲服期兄長也从人从口兄之於弟常藉口以教誨之弟韋束之次弟也弟次於兄而生故以爲名

男子謂女子先生爲姊後生爲妹父之姊妹爲姑 姊女兄也从女𠂔聲𠂔止也基也姊先生於我猶天地之始生萬物也故以名之妹女弟也从女未聲未木老枝葉重也言其重生且生妹之時父母較生我之年爲老姑夫母也从女古聲

爾雅詁林 四 釋親

引申爲父姊妹之偁。詩泉水問我諸姑、左僖十五傳侄其從姑是也。禮、姊妹在室、服同兄弟。姑在室、如世叔父母。適人則均大功。

義證

男子先生爲兄後生爲弟

此常語也。小雅常棣序正義云、兄弟者共父之親。

男子謂女子先生爲姊後生爲妹父之姊妹爲姑

姊妹者、女兄弟也。邶風泉水、鄘風蝃蝀、衛風竹竿、皆言女子有行、遠父母兄弟。兄弟當兼男女而言。泉水問我諸姑、遂及伯姊、毛傳云父之姊妹稱姑、先生爲姊。衛風碩人東宮之妹、鄭箋云東宮、齊太子也、女子後生曰妹。正義云左傳曰娶於東宮得臣之妹。大明俔天之妹、箋云、又知大姒之賢、尊之如天之有女弟。孫炎云姑之言古、尊老之名也。樊光云、春秋傳云姑姊妹。謂姑姊姑妹也。

說詩

父之姊妹爲姑　衆邶風泉水疏引孫炎云、姑之言古、尊老之名也。又左傳襄十二年疏引樊光云、春秋傳云姑姊妹。然則古人謂姑爲姑姊妹、蓋父之姊、父之妹爲姑妹。列女傳梁有節姑妹入火取其兄子、是謂父妹爲姑妹也。後人從省故單稱爲姑。古人稱祖父、近世單稱祖亦此類也。

注疏正字

罤

當作罤。說文周人謂兄曰罤、从弟从眔。通作昆。

男子先生爲兄後生爲弟男子謂女子先生爲姊後生爲妹父之姊妹爲姑

此禮與禮親屬記同。白虎通曰、男稱兄弟女稱姊妹何、男女異姓、故別其稱也。禮親屬記曰、男子先生稱兄後生稱弟。女子先生爲姊、後生爲妹。父之昆弟不俱謂之世叔父之女昆弟俱謂之姑、何也、以爲諸父曰內親也、故別稱之也。姑當外適人疏、故總言之也。至姊妹亦當外適人、所以別諸姊妹、以爲事諸姑禮等、可以外出又同、故稱略也。至姊妹雖欲有略之、姊尊妹卑、其禮異也。詩云問我諸姑、遂及伯姊。喪服傳昆弟、鄭注昆、兄也。爲姊妹在室亦如之。謂女子子在室、爲父衰三年。子嫁反在父之室、爲父三年。女子子適人者、爲其父母昆弟之父後者、期服也。三年期有在外在室之別、記所謂異姓、別其稱也。在室爲同姓、在外爲異姓、亦如之者、賈疏云義同於上姑在室也。

小箋

男子先生爲兄後生爲弟　廣韻庚十二引作先生曰兄。

匡名

父之世父叔父爲從祖祖父父之世母叔母爲從祖祖母父之罤弟先生爲世父後生爲叔父男子先生爲兄後生爲弟

說文丗、三十年爲一世、从卉而曳長之、亦取其聲也。叔、拾也。汝南名收芌爲叔。此叔之本義也。假作伯叔之叔。釋名、父之世叔父母曰從祖父母。罤、周人謂兄曰罤、从弟从眔。眔、目前進也。後、遲也。釋名、父之兄曰世父、又曰伯父。父之弟曰仲父、仲父之弟曰叔父、叔父之弟曰季父。兄、長也。弟、韋束之次弟也。从古字之象。釋名、兄、荒也。故青徐人謂兄爲荒也。弟者、第也。相次第而生也。白虎通、兄者、況也。況父法也。弟者、悌也。心順行篤也。

男子謂女子先生爲姊後生爲妹父之姊妹爲姑

說文、男、丈夫也。女、婦人也。象形。白虎通、男者任也、任功業也。女者如也、從如人也。說文、姊、女兄也。妹、女弟也。邶風、問我諸姑、遂及伯姊。父之姊妹統稱爲姑。古有稱姑姊姑妹者、左襄二十一年傳、季武子以公姑姊妻之。列女傳、梁有節姑妹。

啓蒙

男子先生爲兄後生爲弟

白虎通、男子先生稱兄、後生稱弟。三綱六紀篇引親屬記

王氏應麟曰、白虎通引親屬記卽爾雅釋親也。

男子謂女子先生爲姊後生爲妹

釋名、姊、積也。猶日始出積時多而明也。妹、昧也。猶日始入歷時少尚昧也。釋親屬 白虎通、女子先生爲姊、後生爲妹。姊者、咨也。妹者、末也。三綱六紀篇

證異

男子先生爲兄後生爲弟男子謂女子先生爲姊後生爲妹 釋親

樾謹按、男子先生爲兄、後生爲弟。則女子先生爲姊、後生爲妹、從可知矣。男子謂女子先生爲姊、後生爲妹、則女子謂男子先生爲兄、後生爲弟、從可知矣。兄弟姊妹、男女通稱、故經文亦互見之。

平議

謂女子先生爲姊 唐石經永懷堂本監本毛本湘本謂上有男子二字。

注疏校勘札記

父之從父晜弟爲從祖父父之從祖晜弟爲族父族父之子相謂爲族晜弟族晜弟之子相謂爲親同姓兄之子弟之子相謂爲從父晜弟

父之從父晜弟爲從祖父、父之從祖晜弟爲族父、族父之子相謂爲族晜弟、族晜弟之子相謂爲親同姓。同姓之親無服屬。兄之子、弟之子、相謂爲從父晜弟。從父而別。

郭注

父之從父晜弟爲從祖父 釋親

御覽五百十三引作父之從父昆弟爲從伯叔。案此引有誤。

黃輯古義

父之從父晜弟爲從祖父父之從祖晜弟爲族父族父之子相謂爲族晜弟族晜弟之子相謂爲親同姓

郭璞云、同姓之親無服屬。

衆家注

兄之子弟之子相謂爲從父晜弟

一切注音

父之從祖昆弟爲族父

一切經音義卷六大般若波羅密多經四百七十二「大族」下引奪父字，據海印寺本、白蓮社本及大正藏本頻伽藏本竝同。

森案昆今本作晜，陸氏爾雅音義云「晜，音昆，本亦作昆」，是爾雅此晜原有作昆一本。說文「周人謂兄曰晜」，段玉裁注云『昆弟字當作此，昆行而晜廢矣。釋親「晜，兄也」，晜即晜之誤』。又案今本族下有父字，據下文「族父之子相謂爲族晜弟」，則此族下自當有父字，當是慧琳引誤奪耳，今據補。

族，聚也。

一切經音義卷六大般若波羅密多經四百七十二「大族」下引，據同前。

森案郭璞此條無注，董氏讀爾雅補記云『鄭以聚詮族者，白虎通宗族篇論九族曰「族者，何也？族者湊也，聚也，謂恩愛相湊也。上湊高祖，下至元孫，一家有吉，百家聚之，合而爲親，生相聚愛，死相哀痛，有聚會之道，故謂之族」是也』。

鄭玄注稽存

父之從父晜弟爲從祖父

父之從父兄弟，從父而別，今父堂兄弟是也。父之從祖兄弟，從祖而別，今父從兄弟是也。

父之從祖晜弟爲族父

不言兄弟言晜弟，言晜則有代之詞也。

族父之子相謂爲族晜弟

族晜弟之子相謂爲親同姓

兄之子弟之子相謂爲從父晜弟

兄之子弟之子，特言族晜弟之子，累數親親之殺也。

新義

父之從父晜弟爲從祖父父之從祖晜弟爲族父族父之子相謂爲族晜弟族晜弟之子相謂爲親同姓

郭璞曰、同姓之親無服屬。

兄之子弟之子相謂爲從父晜弟

郭璞曰、從父而別。

古注合存

父之從父晜弟爲從祖父，父之從祖晜弟爲族父。此亦父之晜弟之屬，皆所謂上殺之旁殺也。父之從父昆弟，謂父同祖之昆弟也。稱爲從祖父者，於父爲從昆弟，故亦稱父，而父之從父，於已爲從祖，故以從祖冠之也。族義見下。

族父之子，相謂爲族晜弟。族晜弟之子，相謂爲親同姓。兄之子，弟之子，相謂爲從父晜弟。註曰，同姓之親無服屬。兄弟之子稱從者，從父而別也。疏曰，族者湊也，聚也。五服以內，恩愛相流湊，時相會聚，故謂之族也。愚按自從父昆弟至於族昆弟，親同姓，所謂旁殺也。從父昆弟，卽同祖昆弟，亦曰堂昆弟。族昆弟，卽同高祖昆弟，亦曰三從昆弟。又同曾祖昆弟曰再從昆弟，此不言者，省文也。凡服同父朞，同祖大功，同曾祖小功，同高祖緦麻、親同姓無服、袒免而已、同高祖猶有服屬、故曰族。其外無服屬、故止曰親同姓。

注疏參義

父之從祖晜弟爲族父、下脫從祖父之子相謂爲從祖晜弟。朱子云今本皆脫此句。兄之子弟之子相謂爲從父晜弟。朱子云此句合在姑之下、從祖父之上。

補注

父之從父晜弟爲從祖父父之從祖晜弟爲族父族父之子相謂爲族晜弟族晜弟之子相謂爲親同姓

註 同姓之親無服屬兄之子弟之子相謂爲從父晜弟

註 從父而別

正義 喪服小功章云、從祖父母。通典引馬融云從祖祖父之子、是父之從父昆弟也。喪服又云、從祖昆弟、鄭註父之從父昆弟之子。通典引馬融云、謂曾祖孫也。於已爲再從兄弟、同出曾祖、故言從祖兄弟。陳銓云從祖之子、同出曾祖也。緦麻三月章云、族父母族兄弟、通典引馬融云、族父從祖昆弟之親也。賈疏族父者、已之父從祖昆弟也。族昆弟者、已之三從兄弟、皆名爲族。族、屬也、骨肉相連屬。以其親盡恐相疎、故以族言之耳。族晜弟之子相謂爲親同姓者、大傳云絕族無移服、鄭註族昆弟之子、不相爲服。故大傳又云、四世而緦服之窮也。兄之子弟之子相謂爲從父昆弟者、喪服大功傳云、從父昆弟、鄭註世父叔父之子也。

正義

父之從父晜弟爲從祖父父之從祖晜弟爲族父族父之子相謂爲族晜弟族晜弟之子相謂爲親同姓 同姓之親無服屬 兄之子弟之子相謂爲從父晜弟 從父而別

云父之從父晜弟者、是卽父之世父叔父之子也。當爲從父而言。從祖父者、言從祖而別也、亦猶父之世父叔父、爲從祖祖父之例也。御覽五百一十三引作父之從父昆弟爲從伯叔。按從伯叔、古無此稱、蓋誤耳。喪服小功章亦云從祖父母、通典九十二引馬融云從祖祖父之子、是父之從父昆弟也。云父之從祖晜弟者、是卽從祖父之子也。族父亦當爲族祖父、如下文族祖母之例。御覽引亦作族父。喪服云從祖昆弟、鄭注、父之從父昆弟之子。通典引馬融云謂曾祖孫也。於己爲再從昆弟、同出曾祖、故言從祖昆弟。緦麻三月章云族父母族昆弟、通典引馬融云族父從祖昆弟之親也。賈疏云族父母者、已之父從祖昆弟也。族昆弟者、已之三從兄弟也。按謂之族者、白虎通云族者、湊也、聚也、謂恩愛相流湊也。云族晜弟之子相謂爲親同姓者、是四從兄弟同出高祖者也。大傳云四世而緦服之窮也。又云絕族無移服、鄭注族昆弟之子不相爲服、是則所謂親同姓也。賈子六術篇云六親始曰父、父有二子、二子爲昆弟、昆弟又有子、子從父而昆弟、故爲從父昆弟、從父昆弟又有子、子從祖而昆弟、故爲從祖昆弟、從祖昆弟又有子、子從曾祖而昆弟、故爲從曾祖昆弟、從曾祖昆弟又有子、子爲族兄弟、備於六、此之謂六親。按此以從曾祖昆弟當爾雅族晜弟、以族兄弟當爾雅親同姓、其義自明矣。云兄弟之子相謂爲從父晜弟者、此覆釋上文之義也。喪服大功章云從父昆弟、鄭注、世父叔父之子也。

義疏

父之從父昆弟爲從祖父、父之從祖晜弟爲族父族父之子相謂爲族晜弟族晜弟之子相謂爲親同姓 郭注、同姓之親無服屬。

罤、从罒弟。經皆作昆。禮經以小功以下爲兄弟、兼有異姓、故作罤字、以別於同母昆弟。而自無服至同母皆稱晜弟也。姓从女生。古者無服則別姓。記曰庶姓別於上。周繫姓弗別、百世猶爲同姓、故有親同姓。

集解

爾雅詁林 四 釋親

父之從父晜弟爲從祖父父之從祖晜弟爲族父族父之子相謂爲族晜弟從祖父者、從祖祖父之子、父之從父昆弟也。高祖之曾孫爲族父。族父者、族曾祖父之孫、父之從祖晜弟也。族父之子、父爲從祖晜弟之子、己之三從兄弟也。其名族者、以族之正字爲屬、謂骨肉相連屬。禮、從祖父服小功、父大功、族父緦、父小功、族晜弟亦緦、父同。族晜弟之子相謂爲親同姓禮記大傳四世而緦服之窮也、五世袒免殺同姓也。又云絕族無移服。然則族晜弟之子與己別爲高祖、雖無服而猶袒免、故類及之。兄之子弟之子相謂爲從父晜弟世父叔父子也。禮爲之服大功。

義證

父之從祖昆弟爲族父補

滋然謹按慧琳一切經音義八大族注、尒疋曰父之從祖昆弟爲族。鄭注云族、聚也。郭無此注。白虎通族者、湊也、聚也、謂恩愛相流湊也。與鄭義同。

舊注攷證

父之從父晜弟爲從祖父父之從祖晜弟爲族父族父之子相謂爲族晜弟族晜弟之子相謂爲親同姓兄之子弟之子相謂爲從父晜弟

晜、詩作昆。王風葛藟謂他人昆、毛傳云昆、兄也。族晜弟者、鄭風將仲子畏我諸兄、傳云諸兄、公族也。周南麟之趾振振公族、傳云公族、公同祖也。正義云、謂與公同高祖、有廟屬之親。親同姓者、麟之趾振振公姓、傳云公姓、公同姓。正義云、此同姓則五服以外、故大傳云五世袒免殺同姓是也。唐風杕杜不如我同姓、傳云同姓、同祖也。正義云此同姓同祖爲異彼爲一者、以上云同父、卽云同姓、同父之外、次同祖、更無異稱、故爲一也。且皆對他人異姓、不限遠近、直舉祖父之同爲親耳。小雅伐木以速諸父、傳謂同姓曰父、諸者、統一姓之親疏而言、親同姓卽在其內也。從父晜弟卽世父叔父之子、此覆釋上文之義也。慧琳一切經音義八、大族注引爾雅曰、父之從祖昆弟曰族。鄭注云族、聚也。

說詩

父之從祖晜弟爲族父下脫從祖父之子相謂爲從祖晜弟一十二字。從儀禮經傳通解技。

兄之子弟之子相謂爲從父晜弟案朱子云此句合在姑之下、從祖父之上。

注疏正字

父之從父晜弟爲從祖父父之從祖晜弟爲族父族

爾雅詁林　四　釋親

父之子相謂爲族晜弟族晜弟之子相謂爲親同姓

兄之子弟之子相謂爲從父晜弟

賈疏族父者、已之父從祖昆弟也。族晜弟者、已之三從兄弟。皆名爲族。族屬也。骨肉相連屬。以其親盡恐相疏、其以族言之耳。族晜弟之子相謂爲親同姓者、不相爲服也。大傳四世而緦服之窮也。說文姓人所生也。引左傳天子因生以賜姓。

啓蒙

父之從祖晜弟爲族父。　案此與下文三稱族祖互見。
族父之子相謂爲族晜弟。　族晜弟即從曾祖晜弟、亦無妨稱族祖晜弟也。

黃侃音訓

○注同姓之親無服屬○釋曰　注疏本屬下增者刪釋曰。

校勘記

同姓之親無服屬　十行本無之親二字。

校勘記訂補

子之子爲孫孫之子爲曾孫曾孫之子爲玄孫玄孫之子爲來孫來孫之子爲晜孫晜孫之子爲仍孫仍孫之子爲雲孫

子之子爲孫、孫猶後也。孫之子爲曾孫、曾猶重也。曾孫之子爲玄孫、玄者言親屬微昧也。玄孫之子爲來孫、言有往來之親。來孫之子爲晜孫、晜、後也。汲冢竹書曰不窋之晜孫。晜孫之子爲仍孫、仍亦重也。仍孫之子爲雲孫。言輕遠如浮雲。

郭注

子之子爲孫

郭璞云孫猶後也。

孫之子爲曾孫

郭璞云曾猶重也。

曾孫之子爲玄孫

郭璞云玄者言親屬微昧也。

玄孫之子爲來孫

郭璞云言有往來之親。

來孫之子爲晜孫

郭璞云晜後也。汲冢竹書曰不窋之晜孫。

晜孫之子爲仍孫

郭璞云仍亦重也。

仍孫之子爲雲孫

郭璞云言輕遠如浮雲。

一切注音

徠音來。本或作來。亦作徠。汲居及反。冢知勇反。窋丁律反。又丁滑反。不窋后稷之子。

陸音義

徠音來本亦作來○注疏本作來、云來音徠、誤。

音義攷證

子之子爲孫

子又有子則于是當遜矣。

爾雅詁林　四　釋親

孫之子爲曾孫

曾孫之子爲元孫

元有見之道而有不見焉。

元孫之子爲來孫

凡來在後不及見之名。

來孫之子爲晜孫晜孫之子爲仍孫

晜孫後我仍孫仍我未改也。雲孫九世矣，于是爲盡。

公羊傳曰，遠祖幾世乎，九世矣。

仍孫之子爲雲孫

雲孫亦言至是衆多如雲。郭氏謂玄者，言親屬微昧。來，言有往來之親。雲，言輕遠如浮雲。其名孫如此。而世之庸妄人嗜利，又欲以遺不知何人，亦已惑矣。

新義

子之子爲孫

郭璞曰，孫猶後也。

孫之子爲曾孫

郭璞曰，曾猶重也。

曾孫之子爲玄孫

郭璞曰，玄者，言親屬微昧也。

玄孫之子爲來孫

郭璞曰，言有往來之親。

來孫之子爲晜孫

郭璞曰，晜，後也。汲冢竹書曰，不窋之晜孫。

晜孫之子爲仍孫

郭璞曰，仍亦重也。

仍孫之子爲雲孫

郭璞曰，言輕遠如浮雲。

古注合存

子之子爲孫，孫之子爲曾孫，曾孫之子爲玄孫，玄孫之子爲來孫，來孫之子爲晜孫，晜孫之子爲仍孫，仍孫之子爲雲孫。註曰，孫猶後也。曾，重也。玄者，言親屬微昧也。來者，言有往來之親。晜，亦後也。汲冢周書云，不窋之晜孫。仍亦重也。雲者，言輕遠如浮雲也。疏曰，說文云，孫，從子從系。系，續也。言續祖之後也。玄者，緬緲之間，色之微昧者也。愚桉，自子至於雲孫，所謂下殺也。不言下殺之旁殺者，亦省文也。第七世與第三世皆爲後，第八世與第四世皆爲重者，蓋自子至玄孫而服窮矣。服窮而子姓未已，如往而復來然，故自來孫至於雲，畧如其義，復爲四世也。

注疏參義

子之子爲孫 **註** 孫猶後也 孫之子爲曾孫 **註** 曾猶重也

曾孫之子爲玄孫 **註** 玄者言親屬微昧也 玄孫之子爲來孫 **註** 言有往來之親 來孫之子爲晜孫 **註** 晜後也 汲冢竹書曰不窋之晜孫 晜孫之子爲仍孫 **註** 仍亦重也 仍孫之子爲雲孫 **註** 言輕遠如浮雲 **正義** 白虎通義云，子者，孳孳無已也。釋名云，子，孳也，相生蕃孳也。孫，遜也，遜遁在後也。曾孫義如曾祖也。元孫，元，懸也，上懸於高祖，最在下也。元孫之子曰來孫，此在無服之外，其義疏遠，呼之乃來也。來孫之子曰晜孫，晜，貫也，恩義轉遠，以禮貫連之耳。晜孫之子曰仍孫，以禮仍有之耳，恩意實遠也。仍孫之子曰雲孫，言去已遠如浮雲也。皆爲早娶晚死壽考者言也。案曾孫又爲自孫以下之統稱。周頌維天之命云，曾孫篤之，鄭箋，曾猶重也。自孫而下事先祖皆稱曾孫。孔疏，孫是其正稱，自曾孫已下皆得稱孫。哀二年左傳云，曾孫蒯聵敢告皇祖文王、烈祖康叔，是雖歷多世亦稱曾孫也。鄭註喪服傳云，據祖期則曾祖大功，高祖宜小功也。高祖曾祖皆有小功之差，則曾孫元孫爲之服同也。服盡於元孫，故左氏僖二十八年傳載盟諸侯之要

爾雅詁林　四　釋親

言曰及其元孫，無有老幼。言以元孫爲遠也。昆孫又爲遠孫之統稱。昭十六年傳云、孔張君之昆孫。案孔張爲鄭穆公之曾孫，今云昆孫者，散文言之，遠孫俱得稱昆孫也。仍孫或作耳孫。漢書註應劭云，言去高曾益遠，但耳聞之也。晉灼云耳孫，元孫之曾孫也。顔師古云仍耳聲相近，蓋一號也。【註】汲冢至晜孫。【正義】晉書束晳傳，太康二年，汲郡人不準盜發魏襄王墓，或言安釐王冢，得竹書數十車，其紀年十三篇，記夏以來至周幽王爲犬戎所滅。郭引之以證古有晜孫之稱也。不窋之晜孫，謂毀揄也。

【正義】

玄孫之子爲來孫節　諸侯王表云玄孫之子耳孫，註云耳，音仍。漢惠帝紀註晉灼云耳孫，玄孫之曾孫也。師古曰，爾雅仍孫從己而數是爲八葉。仍耳聲相通。

【校議】

子之子爲孫孫猶後也 **孫之子爲曾孫**曾猶重也 **曾孫之子爲玄孫**玄者言親屬微昧也 **玄孫之子爲來孫**來言有往來之親 **來孫之子爲晜孫**晜後也汲冢竹書曰不窋之晜孫 **晜孫之子爲仍孫**仍亦重也 **仍孫之子爲雲孫**言輕遠如浮雲

此釋子孫之異名也。釋名云子，孳也，相生蕃孳也。孫，遜也，遜遁在後生也。按孫亦遠孫之通稱，詩后稷之孫，實維大王是也。曾孫者，釋名云義如曾祖也。按曾孫又遠孫之通稱。詩曾孫篤之，鄭箋曾猶重也，自孫之子而下事先祖皆稱曾孫。孔疏引哀二年左傳云，曾孫蒯聵敢告皇祖文王，烈祖康叔，是其義也。玄孫者，釋名云玄，懸也，上懸於高祖，最在下也。說文玄，幽遠也。來孫者，釋名云此在無服之外，其意疏遠，呼之乃來也。按此說來字似望文生義。來之言離也，離亦遠也。下文謂出之子爲離孫，離來音義同耳。晜孫者，釋名云昆，貫也，恩情轉遠，以禮貫連之耳。按晜孫亦遠孫之通稱。左氏昭十六年傳云，孔張君之昆孫，據孔張是鄭穆公之曾孫，今云昆孫，則亦通名。郭本釋言昆，後也，是矣。仍孫者，釋名云以禮仍有之耳，恩意實遠也。按此說仍字亦非。郭訓重是也。其義如曾孫矣。仍孫或稱耳孫，耳仍音相轉也。雲孫者，釋名云言去已遠如浮雲也。按雲古文作云，廣雅云，云，遠也。然則雲孫謂遠孫，猶言裔孫也。如浮雲之說，亦望文生義矣。

【義疏】

子之子爲孫，孫之子爲曾孫，曾孫之子爲玄孫，玄孫之子爲來孫，來孫之子爲晜孫，晜孫之子爲仍孫，仍孫之子爲雲孫

來孫者，釋名云此在無服之外，其意疏遠，呼之乃來也。案此說來字似望文生義。來之言離也，離亦遠也。下文謂出之子爲離孫，離來音義同耳。

念孫案，來於古音屬之部，離於古音屬歌部，不得言來之言離。動輒謂漢人望文生義，而所改又不當，不如其已也。

【郝注刊誤】

子之子爲孫孫之子爲曾孫曾孫之子爲玄孫玄孫之子爲來孫來孫之子爲昆孫昆孫之子爲仍耳**孫仍孫之子爲雲孫**

郭注，孫猶後也。曾猶重也。玄者言親屬微昧也。來言有往來之親。昆，後也。汲冢竹書曰不窋之昆孫。仍亦重也。雲言輕遠如浮雲。

此制七世孫名者，爲立後也。記曰王下祭殤五，有嫡來孫，則來孫之子不得後王，故推恩使得爲大夫，有三廟，皆蒙王澤，不爲高祖上制號者，卑遠不敢係尊，尊者恩之耳。後世昏早，可以見來孫。孫从子系，各系於子。郭以遜說之，以堯典先有遜疑，取其義。

【集解】

子之子爲孫 孫、从子系。系、續也、謂繼續乎子者。禮、庶孫大功、繼祖爲嫡孫者加期。孫之子爲曾孫 曾、同層、重也。禮爲曾孫服小功。曾孫之子爲玄孫 玄、幽遠也。黑而有赤色者爲玄、象幽而入覆之也。其以爲曾孫子偁者、言親之屬幽而且遠也。禮爲玄孫總爲服之窮。民律親屬編上以高祖爲四等親、下以玄孫爲四等親而止。玄孫之子爲來孫來孫之子爲晜孫晜孫之子爲仍孫仍孫之子爲雲孫 來晜仍雲諸孫、禮均無服。祭法言王下祭適殤、亦僅至來孫而止。此經釋及之者、因祧廟百世不遷、雖七八世之孫、祭祀時臨之、當有所偁也。經傳於遠祖多偁曾孫、殊與孫之子之偁混矣。如詩曾孫篤之、左傳曾孫蒯聵敢告皇祖文王烈祖康叔是也。來、來牟、周所受瑞麥之偁。上經云至也、言親屬至此而竭。晜字本作𥃩。周人謂兄曰𥃩。其以爲來孫子偁者、正字爲昆耳。昆、同也、一曰後也。仍、因也。引申爲重。周語晉仍無道是也。雲、山川气也。與䞓通用。䞓、物數紛䞓亂也。仍、引申有重累不絕之意。或者雲之正字爲遠。與左昭十六傳、孔張君之晜孫。汲冢竹書、不窋之晜孫。一散偁一專偁也。

義證

子之子爲孫

〔註〕孫猶後也。〔補正〕鄭樵云、說文云孫字從系、系、續也。

晜孫之子爲仍孫

〔註〕仍亦重也。〔補正〕臣鑒按、釋名云以禮仍有之耳、恩意實遠也。

郭注補正

來孫之子爲晜孫　注晜後也汲冢竹書曰不窋之晜孫

正曰、郭注依釋言昆後也。晜與昆通、晜亦訓後、然子孫皆爲人後、何獨晜孫訓爲後、蓋釋言昆訓後者、渾言之耳。此之晜孫與曾孫、玄孫、來孫、仍孫、雲孫竝列、則析言之。當訓爲貫。李生元慕云、釋名釋親屬昆貫也、恩情轉遠以禮連貫之耳。證較郭勝。

晜孫之子爲仍孫　注仍亦重也

正曰、李生元慕云、孫之子爲曾孫、郭注旣云曾猶重也、此條晜孫之子爲仍孫、郭注又云仍亦重也、則曾孫與仍孫無別矣。仍孫或作耳孫、仍耳益一聲之轉。漢書惠帝紀耳孫注應劭曰、耳孫、玄孫之子也、言去其曾高益遠、但耳聞之也。師古曰、耳音仍。釋名釋親屬仍孫以禮仍有之耳、恩意實遠也。仍孫耳孫竝訓爲遠、郭注訓重、於古無徵。

正郭

晜孫之子爲仍孫　注仍亦重也

評曰、孫之子爲曾孫、注曾猶重也。不應仍亦爲重、與曾孫同義。漢書惠帝紀師古注、仍耳聲相近。故仍孫作耳孫。應劭云、言去高曾益遠、但耳聞之也。與晉灼以耳孫爲玄孫之曾孫合。較釋名云以禮仍有之耳恩意實遠也、說自允洽。則仍爲耳之叚、不得泥仍因也之訓而釋爲重矣。

靜郭

子之子爲孫孫之子爲曾孫

孫者、說文云子之子曰孫、從子從系。系、續也。蓋孫所以承子爲世系也。釋訓云子子孫孫引無極也。故自孫以下皆稱孫、相系不絕至於無極。故詩取螽斯瓜緜之義。詩言曾孫、不專指孫之子言、小雅信南山曾孫田之、毛傳云曾孫成王也。疏云、成王而謂之曾孫者、成王繼文武之後爲太平之主、特異其號、故詩經通稱成王爲曾孫也。不繼於文王、不直言孫者、蓋周雖文王受命、而大王亦有王迹所起、見其王業之遠、故繼而稱曾孫矣。不言玄孫者、玄孫對高祖爲定名、世數更多則不稱玄孫矣。曾者、重也。自曾孫以至無窮、皆得稱曾孫。故維天之命箋云自孫之子而下事先祖皆稱曾孫。是爲遠辭明周德之隆久、故繼太王而不稱玄也。維天之命曾孫篤之疏引哀二年左氏傳云、曾孫蒯聵敢告皇祖文王、烈祖康叔。是雖歷多世、亦稱曾孫也。小雅甫田曾孫來止、曾孫不怒、曾孫之稼、曾孫之庾、大田曾孫是若、行葦曾孫維主、傳箋皆謂成王爲曾孫。

曾孫之子爲玄孫

郭注云玄者言親屬微昧也。小雅常棣箋云、九族從己上至高祖下及玄孫之親也。小雅行葦王風葛藟箋並同。

玄孫之子爲來孫來孫之子爲晜孫晜孫之子爲仍孫仍孫之子爲雲孫

自此已下皆遠孫之稱、强爲之名耳。大雅文王文王孫子、本支百世、商之孫子、其麗不億。蓋不止至雲孫、統稱爲孫而已。

說詩

玄孫之子爲來孫

柏年案下云來孫之子爲晜孫、郭注晜、後也。則來亦當爲後。論語來者猶可追、皇疏來者、謂未至之事。未至之事後來之謂也。

補釋

玄孫之子為來孫 來、釋文作倈。 疏以法度教子也 脫法字。 男任家事也 男下當脫任也二字。 土盛於成 土、監本誤王。 宗尊也 宗下誤有字。 宗人將有事族人皆侍終日 終日誤侍。侍、白虎通作聖者亦誤。今從書傳校。 所以破先儒之說也 破字監本誤。 許慎曰從上小言尊行之小也 案今說文無文。 言順續先祖之後也 上言順續也四字疑衍文。 言親屬微昧也者 者誤又。 晜孫謂毀揄也 揄、史記作腧。此從世本文也。

注疏正字

仍孫

仍孫耳孫之轉聲

小箋

子之子爲孫孫之子爲曾孫曾孫之子爲元孫元孫之子爲來孫 釋文云來、亦作倈。案說文人部無倈字。

來孫之子爲晜孫 晜當作昆。此與晜弟字異。

匡名

子之子爲孫孫之子爲曾孫曾孫之子爲元孫元孫
之子爲來孫來孫之子爲晜孫晜孫之子爲仍孫仍
孫之子爲雲孫　說文孫、子之子也、从子系。系續也。周頌
曾孫篤之、鄭箋曾、重也。自孫而下事
先祖皆稱曾孫。左僖二十八年傳及其元孫、言以
元孫爲遠也。又孔張、君之昆孫、亦遠孫之通稱。仍
孫或作耳孫、言去高曾益遠但耳聞之
也。顏師古云、仍耳聲相近、蓋一號也。

啓蒙

徠　來　釋文。徠本亦作來。
今本固作來此條宜去。
晜孫　𡰥　阮氏校勘記。史記孟嘗君列傳索隱。漢書惠帝紀師古注皆引爾雅來孫之子
爲昆孫。昆孫之子爲仍孫。是唐初本爾雅作昆孫。開成石經始誤爲晜弟字。猶晜弟字釋
文及後漢書注亦誤作昆也。郭注。晜後也。及不窋之晜孫。二晜字皆當作昆。邢疏云。昆後
也。釋言文。今釋言作昆後也可證。
晜昆聲通、互用不爲誤、但昆孫字自應作昆耳。說文昆、同也。然則與曾仍同意。語出于
䖵、蚰讀若昆。

黃侃評本正名

來孫之子爲晜孫。史記孟嘗君傳索隱、漢書惠紀注並引爾
雅來孫之子爲昆孫、說文昆同也、然則與曾仍同意、語出於蚰、
蚰讀若昆。

黃侃音訓

子之子爲孫　孫之子爲曾孫　曾孫之子爲玄孫
白虎通、子者、孳孳無已也。三綱六紀篇　廣雅、子、孜也。孫、順也。釋親篇
釋名、子、孳也。相生蕃孳也。孫、遜也。遜遁在後生也。曾孫義如曾祖也。增益之義。
元孫、元懸也。上懸於高祖、最在下也。釋親屬
玄孫之子爲來孫　來孫之子爲晜孫

釋文、來作徠。云本亦作來。釋親釋文　釋名、元孫之子曰來孫。此在無服之外、其意疏遠、呼之乃來也。釋親屬　釋文、晜音昆。本亦作昆。釋親釋文　釋名、來孫之子曰
昆孫。昆、貫也、恩情轉遠、以禮貫連之耳。釋親屬
晜孫之子爲仍孫　仍孫之子爲雲孫
釋名、昆孫之子曰仍孫。以禮仍有之耳、恩意實遠也。釋親屬　仍孫之子曰雲
孫。言去已遠如浮雲也。釋親屬　漢書仍孫作耳孫。內外公孫耳孫。惠帝紀
爲仍孫、漢書作耳孫。應劭曰、耳孫者、元孫之孫也。去曾高遠但耳聞之。晉灼曰、耳孫、元孫之曾孫也。師古曰、爾雅仍
孫、從己而數是爲八葉。與晉說同。仍耳聲相近、蓋一號也。又諸侯王表耳孫注、耳音仍。

證異

來孫之子爲晜孫
阮氏校勘記曰、史記索隱孟嘗君列傳、漢書惠帝紀
師古注、皆引爾雅來孫之子爲昆孫、昆孫之子爲仍
孫。是唐初本爾雅作昆孫、開成石經始誤爲晜弟字、
猶晜弟字釋文及後漢書注亦誤作昆也。
樾謹按、說文弟部、周人謂兄曰罤。然經典相承皆作
昆弟、不作罤弟、猶昆蟲字依說文當作蚰、而經典相
承止作昆蟲、不作蚰蟲也。此篇自父之晜弟以下晜
字凡十六見、釋文曰本亦作昆、下同。疑唐初爾雅凡
晜弟字晜孫字皆作昆、實古本也。故唐以前引爾雅
者皆如此、不得謂昆孫是而昆弟非也。惟昆孫昆弟
字同而義異、昆弟之昆、罤之叚字也。昆孫之昆、疑當
讀爲貫。釋名釋親屬曰、來孫之子曰昆孫。昆、貫也。恩

爾雅詁林　四　釋親

情轉遠，以禮貫連之耳。此雖依聲取義，爲釋名一書之常例，而適得其本字。昆貫一聲之轉，說文王部琨或作瑻，是其證也。詩皇矣篇鄭箋曰串夷即混夷，然則昆之爲貫，猶混之爲串矣。上文曾孫注曰曾猶重也，下文仍孫注曰仍亦重也，貫有連貫之義，則亦重也。此與昆弟之昆其義本不相涉，開成石經於昆弟字俱改作晜，遂并昆孫字而亦改之，則失其指矣。夫昆者，同音叚借字也，晜者，俗字也，既不依說文作罤，而變其文作晜，直以昆字上半罤字下半合成一字，豈古經所宜有乎。竊謂此篇晜字皆當改從作昆之本，昆弟字讀爲罤，昆孫字讀爲貫，則古字古義俱得矣。【平議】

來孫之子爲晜孫

案此經晜字凡十六見，釋文云本亦作昆。疑古本晜孫當作昆孫。案阮氏校勘記云史記索隱孟嘗君列傳、漢書惠帝紀師古注皆引爾雅來孫之子爲昆孫，是其證。又考說文弟部周人謂兄曰罤。經典俱作昆弟，不作晜弟。然昆弟之昆爲罤之叚字，而昆孫之昆當是貫之轉聲字。案釋名釋親屬云來孫之子曰昆孫。昆，貫也。說文玉部琨或作瑻，皆其證也。自開成石經始以昆弟作晜弟，並昆孫字亦作晜孫，其指失矣。【王頌清日記】

元孫之子爲來孫，來孫之子爲晜孫，晜孫之子爲仍孫，仍孫之子爲雲孫。郭云，汲冢竹書曰不窋之晜孫，邵晉涵云，左昭十六年傳，孔張君之昆孫，楷案諸孫之名，春秋以前書籍無徵。杜注左傳，昆訓兄，竹書亦僞書，郭邵所引皆不足以證此。以理推之，古時諸孫之名至元孫而止，蓋服制至此而盡，以下疏遠，不復立名，猶上推四代至高祖而止也。其餘後世均可以曾孫稱之。詩維天之命曾孫篤之，鄭箋曾猶重也，自孫之子而下事先祖皆稱曾孫。左哀二年傳，曾孫蒯聵敢昭告皇祖文王，烈祖康叔。記郊特牲稱曾孫某，鄭注謂諸侯事五廟也，於曾祖已上稱曾孫而已，皆其確證。此文當係後人增入。孫星衍錢坫爾雅釋地四篇注後序云，史記田文問其父嬰曰，子之子爲何，曰爲孫，孫之孫爲何，曰爲元孫，元孫之孫爲何，曰不能知也。今釋親則有元孫之子爲來孫云云，當是戰國後叔孫通等所增矣。不然，嬰何以不見爾雅也。此說諦矣。記祭法有適來孫，亦係戰國後人之筆。【稗疏】

孫之子爲曾孫。曾孫之子爲玄孫。玄孫之子爲來孫。來孫之子爲晜孫。晜孫之子爲仍孫。仍孫之子爲雲孫。

愚案。曾、玄、來、晜、仍、雲諸字。義無甚別。朱駿聲說文通訓云。曾、玄、來、晜、仍、雲皆重累不絕之誼。愚謂曾仍是重累之義。來、晜是不絕之義。劉熙釋親屬名云。昆，貫也。俞蔭甫太史平議云昆孫之昆當讀爲貫。是不絕之義。玄、雲則遠義也。廣雅釋詁云。云，遠也。王念孫疏證云。云孫謂遠孫也。云、雲古同字。說者以爲輕遠如浮雲，則於義迂矣。重累不絕與遠義何以別爲某孫之定名乎。蓋古人但有子孫之稱。其後世之孫則通有曾孫、玄孫、來孫、曐孫、仍孫、雲孫之稱。不必定以曾孫爲孫之子、玄孫爲曾孫之子、來孫爲玄孫之子、曐孫爲來孫之子、仍孫爲曐孫之子、雲孫爲仍孫之子也。邵晉涵爾雅正義、郝懿行義疏並據詩維天之命篇曾孫篤之。鄭箋云。曾猶重也。自孫而下事先祖皆稱曾孫。又據左昭十六年傳云。孔張君之曐孫。孔張爲鄭穆公之曾孫。卽此可知曾孫曐孫實爲後世之孫之通稱。則玄、來、仍、雲亦爲通稱。從可知矣。故史記秦紀云。若木玄孫曰費昌。大廉玄孫曰孟戲中衍。中衍玄孫曰中潏。度其時世必不僅謂孫之孫也。穀梁桓二年傳范甯集解云。孔子、孔父之玄孫。楊士勛釋引世本孔父嘉爲孔子六世祖。云范云玄孫者。以玄者親之極。至來孫昆孫之等亦得通稱之。亦如左傳蒯聵禱文王稱曾孫之類是也。則玄孫之通稱亦有微驗。惟在爾雅既有曾祖高祖之名。自合有曾孫玄孫之目。乃既有來孫、曐孫、仍孫、雲孫之目。則高祖以上之祖亦必當有名而何以無之。頗疑玄孫之子以下四語。實爲後人羼入之文。非爾雅原本也。不然。如史記孟嘗君傳云。文乘間問其父嬰曰。子之子爲何。曰爲孫。孫之孫爲何。曰爲玄孫。玄孫之孫爲何。曰不能知也。此田嬰正據爾雅以答。若爾雅原有此四句。則玄孫之孫曐孫也。嬰何昧昧若此乎。　釋名釋玄孫之後結之曰。皆爲早娶晚死壽考者言也。此亦因曾、玄、來、曐、仍、雲諸字義無甚別。故作此解。若曰人有見及九世者。其孫行不可無定名。則有某孫某孫之號。故曰皆爲早娶晚死壽考者言也。然自古雖早娶晚死壽考。決無見及九世之孫者。說雖可通。事非核實。　鄙因知曾孫玄孫本後世之孫通稱。乃爲見及五世之孫者設爲主名耳。

校書

來孫之子爲曐孫　唐石經雪牕本注疏本同。按史記索隱孟嘗君列傳、漢書惠帝紀師古注、皆引爾雅來孫之子爲昆孫、昆孫之子爲仍孫。是唐初本爾雅作昆孫。開成石經始誤爲曐弟字、猶曐弟字釋文及後漢書注亦誤作昆也。郭注曐、後也。及不窟之曐孫。二曐字皆當作昆。邢疏云曐、後也。釋言文。今釋言作昆後也可證。

不窟之曐孫　雪牕本同。釋文單疏本注疏本窟作窋。按玉篇窋、周不窋、后稷子也。窟、窟室也、穴也。是當以作窋爲正。

○注孫猶後也○釋曰　注疏本刪注釋日。

○注元者言親屬微昧也○釋曰　注疏本刪注釋日也下增又。

○注曐後也汲冢竹書曰不窋之曐孫○釋曰　注疏本刪注釋日。

科斗之文　注疏本脫之。

曐孫謂𠭥榆　注疏本下有也。

校勘記

汲冢竹書曰不窋之曐弟　監本永懷堂本毛本湘本弟作孫。邢疏後標起止亦作孫。阮校引此亦作孫。此誤。案今竹書紀年佚此句。

則繼者也　監本毛本湘本繼下有世字。是。

注疏校勘札記

二十三上（四七）

三行（注）言有往来之親○原本《玉篇》糸部「孫」下引作「来者，言有往之親也」。

四行来孫之子為曐孫　（注）曐後也汲冢竹書曰不窋之曐孫○曐孫之子為仍孫○阮元《校勘記》云：「《史記索隱．孟嘗君列傳》、《漢書．惠帝紀》師古注皆引《爾雅》：来孫之子為昆孫，昆孫之子為仍孫．是唐初本《爾雅》作昆孫，開成石經始誤為曐弟字．郭注曐後也及不窋之曐孫二曐字皆當作昆．」案：原本《玉篇》「孫」下引《爾雅》此文及郭注「曐」皆作「昆」，阮氏之說是也．《釋言》云：「昆，後也」．郭注即本《釋言》文為訓．

五行仍孫之子為雲孫（注）言輕遠如浮雲○原本《玉篇》「孫」下引郭注作「雲言漸遠如雲漢也」，與今本不同．

宋監本校箋

史記注、李斐云耳孫、曾孫也。晉灼云耳孫、元孫之曾孫也。司馬貞云爾雅來孫昆孫仍孫雲孫、又有耳孫、亦是元孫之子、不同也。顏師古云、耳孫、諸說不同、耳音仍、據爾雅從己而數爲八葉、則與晉說相同、仍耳聲近、蓋一號也。　案仍耳竝日母字、故曰聲近、與耳相通。顏說爲是。

音略

子之子爲孫、孫之子爲曾孫（曾重也）、曾孫之子爲玄孫（元言親屬微昧也）、玄孫之子爲來孫（言有往來之親）、來孫之子爲曐孫（曐後也）、曐孫之子爲仍孫（仍亦重也）、仍孫之子爲雲孫（言輕遠如浮雲）

楊氏音訓

王父之姊妹爲王姑曾祖王父之姊妹爲曾祖王姑高祖王父之姊妹爲高祖王姑父之從父姊妹爲從祖姑父之從祖姊妹爲族祖姑

王父之姊妹爲王姑、曾祖王父之姊妹爲曾祖王姑、高祖王父之姊妹爲高祖王姑。父之從父姊妹爲從祖姑、父之從祖姊妹爲族祖姑。**郭注**

父之從祖姊妹爲族祖姑

族父、今父從兄弟。族祖姑、今父從姊妹。于父之從祖晜弟言族父。于父之從祖姊妹言族祖姑。主內以親、目外以遠也。**新義**

王父之姊妹爲王姑、曾祖王父之姊妹爲曾祖王姑、高祖王父之姊妹爲高祖王姑、父之從父姊妹爲從祖姑、父之從祖姊妹爲族祖姑、由上文父之姊妹爲姑而遞推之也。稱從祖姑者、猶上文稱從祖父之例。**注疏參義**

王父之姊妹爲王姑曾祖王父之姊妹爲曾祖王姑高祖王父之姊妹爲高祖王姑父之從父姊妹爲從祖姑父之從祖姊妹爲族祖姑

正義 王父之姊妹、喪服緦麻三月章謂之父之姑、爲歸孫者稱之曰王姑也。曾祖之姊妹、高祖之姊妹、從曾祖高祖而奉以尊稱也。喪服小功成人章有從父姊妹、鄭註父之昆弟之女。父之從父姊妹則稱爲從祖姑、言從祖而別也。上文云父之從祖晜弟爲族父、則父之從祖姊妹當爲族姑、今云爲族祖姑者、言自族祖而別也。**正義**

王父之姊妹爲王姑曾祖王父之姊妹爲曾祖王姑高祖王父之姊妹爲高祖王姑父之從父姊妹爲從祖姑父之從祖姊妹爲族祖姑

王姑者、從王父而得尊稱也。喪服緦麻章謂之父之姑是也。曾祖王姑、高祖王姑、其義竝同。父之從父姊妹爲從祖姑、其義與父之從父晜弟爲從祖父同。父之從祖姊妹爲族祖姑、其義與父之從祖晜弟爲族父同。**義疏**

王父之姊妹爲王姑曾祖王父之姊妹爲曾祖王姑高祖王父之姊妹爲高祖王姑父之從父姊妹爲從祖姑父之從祖姊妹爲族祖姑

此所謂內宗。凡內女之有爵者、於祭、其親昆弟皆來、會祭父來固宜矣。其女嫁者、於舅外王父亦有服之親。故錄此四世姊妹及兩從姑也。**集解**

王父之姊妹為王姑曾祖王父之姊妹為曾祖王姑高祖王父之姊妹為高祖王姑父

爾雅詁林　四　釋親

之從父姊妹爲從祖姑，父之從祖姊妹爲族祖姑。王姑即父之姑，禮爲服緦。從祖姑在室小功，適人緦。曾祖王姑、族祖姑等，禮均無服。此經釋及之者，因其爲同姓之女，周禮所謂内宗是也。内宗掌宗廟之祭祀，薦加豆籩，並是助祭之人。祭時相見，故爲制名，但以内女之有爵者爲限耳。

義證

鄭珍說，父之從父姊妹爲從祖姑，父之從祖姊妹爲族祖姑。族祖姑祖字緣上文從祖姑祖字而衍。邵晉涵說，言自族祖而別，鄭珍則謂言自某而别者，謂我與彼從某世分也，不得言族祖而別。今案邵說未爲甚誤。下文父之從祖晜弟之母爲族祖王母，彼祖字既非衍文，則族祖姑、族祖母二祖字亦非衍文。尋族祖之稱，緣於曾祖之昆弟。蓋祖父之昆弟曰從祖祖父，曾祖父之昆弟曰族曾王父，省稱之則曰族祖，自此以下，皆以族祖統之。其婦爲我之族祖王母，則其子爲我之族祖王父可知也。其孫婦爲我之族祖母，其孫女爲我之族祖姑，則其孫爲我之族祖父可知也。前文但云族父者，明稱族與稱族祖同也。由是推之，族昆弟亦可稱族祖昆弟，族祖之云，猶云從曾祖耳。鄭珍妄改經文，不可從。下文，父之從祖晜弟之妻爲族祖母，鄭珍說族祖母祖字衍，謂緣從祖母祖字而衍也，說亦非。

黄侃音訓

父之從父晜弟之母爲從祖王母，父之從祖晜弟之母爲族祖王母，父之兄妻爲世母，父之弟妻爲叔母，父之從父晜弟之妻爲從祖母，父之從祖晜弟之妻爲族祖母

父之從父晜弟之母爲從祖王母，父之從祖晜弟之母爲族祖王母，父之兄妻爲世母，父之弟妻爲叔母。父之從父晜弟之妻爲從祖母，父之從祖晜弟之妻爲族祖母。

郭注

父之從父晜弟之母爲從祖王母，父之從祖晜弟之母爲族祖王母，父之兄妻爲世母，父之弟妻爲叔母，父之從父晜弟之妻爲從祖母，父之從祖晜弟之妻爲族祖母。由上文父之昆弟，及父之從父昆弟、從祖昆弟而遞推之也。稱從祖王母之屬，亦猶上文稱從祖父之例。

注疏參義

父之從父晜弟之母爲從祖王母，父之從祖晜弟之母爲族祖王母，父之兄妻爲世母，父之弟妻爲叔母，父之從父晜弟之妻爲從祖母，父之從祖晜弟之妻爲族祖母

正義

父之從父晜弟之母，即上文所謂父之世母叔母也。謂之從祖王母，猶云從祖祖母也。父之從祖晜弟之母，即族父之母也，謂之族祖王母，言從族祖而奉以尊稱也。父之兄妻爲世母，父之弟妻爲叔母者，喪服傳世母叔母何以亦期也？以名服也。賈疏，二母是路人，以來配世叔父，則有母名，既有母名，則當隨世叔而服之。大傳云服術有六，三曰名，鄭註，名，世母叔母之屬也。上文云父之從父晜弟爲從祖父，則其妻謂之從祖母，言從祖而別也。上文云父之從祖晜弟爲族父，則其妻當爲族母，今云族祖母者，猶云族祖姑，亦言自族祖而別也。

正義

父之從父晜弟之母爲從祖王母父之從祖晜弟之母爲族祖王母父之兄妻爲世母父之弟妻爲叔母父之從父晜弟之妻爲從祖母父之從祖晜弟之妻爲族祖母

父之從父晜弟之母者，是即父之世母叔母也。上云從祖祖母，此言從祖王母，一耳。父之從祖晜弟之母，是即族父之母也。謂爲族祖王母，即族祖祖母也。父之兄妻爲世母弟妻爲叔母者，喪服傳云，世母叔母何以亦期也，以名服也。大傳云，服術有六，三曰名。鄭注，名，世母叔母之屬也。按此二母亦稱伯母叔母，故雜記云伯母叔母疏衰踊不絕地是也。父之從父晜弟之妻爲從祖母者，上云父之從父晜弟爲從祖父，故其妻爲從祖母也。父之從祖晜弟之妻爲族祖母也。父之從祖晜弟爲族父，故其妻爲族祖母者，上云父之從祖晜弟爲族父，故其妻爲族祖母也。本爲族母，言祖者，亦如從母言從祖母之例。

義疏

父之從父晜弟之母爲從祖王母父之從祖晜弟之母爲族祖王母父之兄妻爲世母父之弟妻爲叔母父之從父晜弟之妻爲從祖母父之從祖晜弟之妻爲族祖母禮所謂宗婦。

集解

父之從父晜弟之母爲從祖王母父之從祖晜弟之母爲族祖王母父之從父晜弟之母，所謂父之世母叔母也。謂之從祖王母者，猶云從祖祖母也。父之從祖晜弟之母，即族父之母也。謂之族祖王母，言從族祖而奉以尊倘也。禮從祖王母小功，族祖王母緦。喪服傳所謂族祖母者是。**父之兄妻爲世母父之弟妻爲叔母**禮世母叔母均期。**父之從父晜弟之妻爲從祖母父之從祖晜弟之妻爲族祖母**父之從祖晜弟爲族父，則妻當爲族母。此云族祖母者，言自族祖而別，如族祖姑之例。禮從祖母小功，族母緦。

義證

父之從祖晜弟之妻爲族祖母。邵晉涵云，上文云父之從祖晜弟爲族父，則其妻當爲族母。今云族祖母者，猶云族祖姑，亦言自族祖而別也。郝懿行云，本爲族母，言祖者亦如從母言從祖母之例。楷案，父之從父晜弟爲從祖父，故其妻得稱從祖母，不得以彼例此，邵說近似。然此祖字究係衍文。儀禮喪服緦麻章，族曾祖父母、族祖父母、族父母。彼云族曾祖母，即此下文之父之從祖祖母爲族曾王母也。彼云族祖母，即此上文之父之從祖晜弟之母爲族祖王母也。彼云族母，即此文之從祖晜弟之妻爲族祖母也。是族祖母爲從祖晜弟之母稱，不得又爲其妻稱甚明矣。祖字葢涉上下文而誤衍。

稗疏

爾雅詁林　四　釋親

父之從祖祖父爲族曾王父父之從祖祖母爲族曾王母

父之從祖祖父爲族曾王父、父之從祖祖母爲族曾王母。郭注

父之從祖祖父爲族曾王父父之從祖祖母爲族曾王母

從祖祖父從祖祖母、言祖不稱王親而不尊。族曾王父族曾王母、言王不稱祖、尊而不親。新義

父之從祖祖父爲族曾王父父之從祖祖母爲族曾王母由父之王父王母而推之也以上皆上殺之旁殺也注疏參義

父之從祖祖父爲族曾王父父之從祖祖母爲族曾王母正義喪服緦麻三月章云、族曾祖父母、鄭註族曾祖父母者、曾祖昆弟之親也。賈疏、已之曾祖親兄弟。案族曾王父者、高祖之子、已之從曾祖也。正義

父之從祖祖父爲族曾王父父之從祖祖母爲族曾王母

族曾王父母卽己之從曾祖父母也。喪服緦麻三月章族曾祖父母、鄭注曾祖昆弟之親也。賈疏、己之曾祖親兄弟也。義疏

父之從祖祖父爲族曾王父父之從祖祖母爲族曾王母高祖子及子婦。祭高祖成至。集解

父父之從祖祖母爲族曾王母父之從祖祖父爲族曾王母喪服所謂族曾祖父母是也。高祖之子、曾祖之昆弟也。於祭高時相見、且有緦服。義證

王父之姊妹爲王姑曾祖王父之姊妹爲曾祖王姑高祖王父之姊妹爲高祖王姑父之從父姊妹爲從祖姑父之從祖姊妹爲族祖姑父之從父晜弟之母爲從祖王母父之從祖晜弟之母爲族祖王母父之兄妻爲世母父之弟妻爲叔母父之從父晜弟之妻爲從祖母父之從祖晜弟之妻爲族祖母父之從祖祖父爲族曾王父父之從祖祖母爲族曾王母

已上皆從男子之例而得尊稱。說詩

父之從祖祖父爲族曾王父。族曾王父據上文又稱族祖五服之屬旁服上盡於族祖、下盡於族昆弟、言自此以上以下則絕族也。自族祖而下者、皆冠以族祖之名、以族祖統之也。黃侃音訓

父之妾爲庶母

父之妾爲庶母。

郭注

父之妾爲庶母。由母推之也。疏曰、妾接也、得接見於君子也。

注疏參義

父之妾爲庶母

正義 釋名云、妾、接也、以賤見接遇也。庶、摭也、拾摭之也。謂拾摭微賤待遇之也。喪服緦麻三月章云、士爲庶母、傳曰、何以緦也、以名服也。大夫以上爲庶母無服。賈疏、以其母名故有服云。服雖有士大夫之異、其稱謂同也。

正義

父之妾爲庶母

庶者、衆也。庶母猶言諸母也。妾者、釋名云、接也、以賤見接遇也。庶、摭也、拾摭之也。謂拾摭微賤待遇之也。喪服緦麻三月章云、士爲庶母、傳曰、何以緦也、以名服也。大夫以上爲庶母無服。

義疏

父之妾爲庶母

大夫以上無庶母之服、而亦通稱焉、有後庶母之道、故係之於父。

集解

父之妾爲庶母 上經云庶、衆也。士爲庶母緦。大夫以上則無服、然倘則與士同。民律親屬編、非妻所生爲庶子、謂妾子也。

義證

父之妾爲庶母

大雅韓奕、諸娣從之、毛傳云、諸侯一取九女、二國媵之。諸娣、衆妾也。彼釋文云、妻之女弟爲娣。疏云、衆妾之名有姪有娣有媵、媵又自有姪娣、其名不盡爲娣。箋云、獨言娣者、舉其貴。以衆妾之中、娣爲最貴、故舉娣以言衆妾、明諸言可以兼姪娣也。周南樛木螽斯皆言后妃能和諧衆妾、子孫衆多。召南小星言夫人無忌妒之行、惠及賤妾。爲父之妾、故以庶母稱之。

說詩

父之妾爲庶母 說文妾、有辠女子給事之得接於君者。

啓蒙

祖、王父也。晜、兄也

祖、王父也。晜、兄也。今江東人通言晜。

郭注

父爲至宗族　釋曰、此別同宗親族。白虎通曰、父、矩也、以度教子也。又爲考。考、成也。言有成德。廣雅云、母、牧也。言育養子也。又爲妣。妣、媲也、媲匹於父。廣雅又云、兄、況也。況於父。又謂之晜。弟、悌也。言順於兄。子、孜也、以孝事父常孜孜也。孫、順也。順於祖。男、任也。任家事也。女、如也。白虎通曰、言如人也。徐鍇曰、女子從父之教、從夫之命、故曰如。姑、故也。言尊如故也。又謂之威。徐鍇曰、土盛於戌、土陰之主也、故字從戌。漢律曰婦告威姑是也。姊、咨也。以其先生言可咨問。說文云、妹、女弟也。又謂之媦。妾、接也。鄭注禮記云、聞彼有禮、走而往焉、以得接見於君子也。庶母者、父之妾也。此皆同宗之族也。白虎通云、宗者何謂也、宗者尊也。爲先祖主也、宗人之所尊也。禮記曰、宗人將有事、族人皆侍。侍所以必有宗、何也。所以長和睦也。族者何也。族者湊也。聚也。謂恩愛相流湊也。生相親愛、死相哀痛、有會聚之道、故謂之族也。　注禮記至例也　釋曰、云禮記曰生曰父母妻、死曰考妣嬪者、曲禮下篇文也。云今世學者從之者、謂從禮記以父母妻爲生之稱、以考妣嬪爲死之稱。彼乃記者一家之說、爾學者膠柱遂爲生死定稱、非也。故郭氏引諸文以證之。云尚書曰大傷厥考心、康誥文也。云事厥考厥長、聰聽祖考之彝訓者、皆酒誥文也。云如喪考妣者、舜典文也。此皆生稱考妣也。云公羊傳曰惠公者何、隱之考也。仲子者何、桓之母也者、隱元年傳文也。此即死稱母也。云蒼頡篇曰考妣延年者、此亦生稱考妣也。云書曰嬪于虞者、堯典文也。云詩曰曰嬪于京、大雅大明篇文也。云周禮有九嬪之官者、屬天官掌婦學之法者也。此皆生稱嬪者也。云明此非死生之異稱矣者、所以破先儒之説也。云其義猶今謂兄爲晜妹爲媦即是此例也者、舉類以曉人也。注從祖而別世統異故　釋曰、解所以稱從之理也。從祖而別繼世分宗、其統各異、故曰從祖。注世有爲嫡者嗣世統故也　釋曰、解所以稱世之義也。繼世以嫡長先生於父、則繼世者也、故曰世父。説文叔作尗、許愼曰、從上小言尊行之小也。注同姓之親無服屬　釋曰、禮記大傳云、親者屬也。鄭注云、有親者服各以其屬親疏。此經言親同姓者、謂五世之外、比諸同姓猶親但無服屬爾。注孫猶後也　釋曰、言繼後嗣也。廣雅云孫、順也。許愼云、從子從系、系續也。言順續先祖之後也。注玄者言親屬微昧也　釋曰、玄者纖緇之間色、色之微昧者也。親屬微昧、故曰玄孫也。注晜後也汲冢竹書曰不窋之晜孫　釋曰、晜後也、釋言文。束晳傳曰、太康元年、汲郡民盜發魏安釐王塚、得竹書、漆字科斗之文。科斗文者、周時古文也。其字頭麤尾細、似科斗之蟲、故俗名之焉。不窋、后稷之子也。晜孫謂毁揄。

邢疏

祖王父也晜兄也

郭璞云、今江東人通言晜。

一切注音

祖王父也

祖于父、王矣。故禮、湯不先契、春秋不以父命辭王父命。

晜兄也

兄、況也。弟、可知也。姊、咨也。若妹有謂之而已。故妹或謂之媦。女、如也。女爲如。舅、舊也。姑、故也。有死之端矣。故謂我舅者、吾謂之甥。

新義

父之考爲王父父之妣爲王母王父之考爲曾祖王父王父之妣爲曾祖王母曾祖王父之考爲高祖王父曾祖王父之妣爲高祖王母父之世父叔父爲從祖祖父父之世母叔母爲從祖祖母父之晜弟先生爲世父後生爲叔父男子先生爲兄後生爲弟男子謂女子先生爲姊後生爲妹父之姊妹爲姑父之從父晜弟爲從祖父父之從祖晜弟爲族父族父之子相謂爲族晜弟族晜弟之子相謂爲親同姓兄之子弟之子相謂爲從父晜弟子之子爲孫孫之子爲曾孫曾孫之子爲元孫元孫之子爲來孫來孫之子爲晜孫晜孫之子爲仍孫仍孫之子爲雲孫王父之姊妹爲王姑曾祖王父之姊妹爲曾祖王姑高祖王父之姊妹爲高祖王姑父之從父姊妹爲從祖姑父之從祖姊妹爲族祖姑父之從父晜弟之母爲從祖王母父之從祖晜弟之母爲族祖王母父之兄妻爲世母父之弟妻爲叔母父之從父晜弟之妻爲從祖母父之從祖晜弟之妻爲族祖母父之從祖祖父爲族曾王父父之從祖祖母爲族曾王母父之妾爲庶母祖王父也晜兄也凡此所命、或有義或無義、但取稱呼之興爾。曰考曰妣、以言尊老也。曰子曰孫、以別繼承也。曰高曰曾、以別上之近遠。曰曾曰元曰來曰晜曰仍曰雲、以別下之近遠。曰世曰叔曰晜曰弟、以別旁出之長幼。曰姊曰妹曰姑、以別女子之長幼先後。曰王、以言其尊而大。曰庶、以言其卑而衆。曰從以別正、曰親以別遠、曰族以別宗。

鄭樵注

祖王父也晜兄也

郭璞曰、今江東人通言晜。鄭樵曰、凡此所命、或有義或無義、但取稱呼之異爾。曰考曰妣、以言尊老也。曰子曰孫、以別繼承也。曰高曰曾、以別上之近遠。曰曾曰玄曰來曰晜曰仍曰雲、以別下之近遠。曰世曰叔曰晜曰弟、以別旁出之長幼。曰姊曰妹曰姑、以別女子之長幼先後。曰王、以言其尊而大。曰庶、以言其卑而衆。曰從、以別正、曰親以別遠、曰族以別宗。自篇首至此總釋之也。

古注合存

祖王父也晜兄也 申釋祖兄之名也。

注疏參義

祖王父也晜兄也 **註** 今江東人通言晜 **正義** 上文云父之考爲王父。喪服謂之祖父母、是祖即王父也。說文云、周人謂兄爲晜。郭云江東通言晜。各以方俗語爲證也。

正義

祖王父也晜兄也 今江東人通言晜 此覆釋上文之義。上云父之考爲王父、喪服謂之祖父母、即王父母也。晜兄已見釋言昆後也下。

義疏

祖王父也 祖本通於太祖、而喪服以稱王父。晜兄也 郭注、今江東人通言晜。明特爲同姓兄制字。

集解

祖王父也 祖本爲先祖之通偁、而喪服則專以偁王父、故特釋之。晜兄也 釋上晜弟爲兄弟、與昆義同。以九族爲限、餘均旁及。

義證

祖王父也晜兄也 此又申上之義。

說詩

祖王父也晜兄也 一切經音義八又十三引兄、昆也。

匡名

祖、王父也。晜、兄也。 上文有曾祖、高祖、而祖但稱王父、故此補釋之 弟兄通言不別、對言有分、此通言也。

宗族。 郝疏云、題上事也、宋本此二字進在前、非、今從唐石經改正。案題目在前者、一切經音義十七引須屬二字於獸曰釁上、廣韻線引羊屬二字於角三觠羷上、則宗族諸題在經前、亦未必非唐本。

黃侃音訓

宗族

宗族 按宗族字、毛本及諸本俱在釋親第四下、今從石經與宋刻鄭樵注本移於此、與諸篇合。下母黨妻黨同。

漢注

宗族 今本此二字譌題在前、茲從唐石經及鄭樵本改、下仿此。

一切注音

宗族

祖、且而已。父、矩也、有義方焉。母、牧也。能食之而已。子、孜也。孜孜子道也。宗、尊也。尊而宗之。族、湊也。溫而湊。貧賤斯離矣。據奏者殟。

新義

宗族 按宗族與母黨妻黨婚姻等字、唐石經及鄭樵本俱題在後、監本就在前、今正。鄭樵曰、題上事也。後皆倣此。

古注合存

宗族四之一 諸篇止分篇名、而無各章所題、惟此篇釋親及後釋天釋地釋丘釋泉釋獸釋畜諸篇於篇名之外、別有章題、豈以事類多而然與。但此篇題篇有四、宗族即父黨也、次爲母黨、又次爲妻黨與婚姻。今考所釋妻黨婚姻與章名類多未楚、而釋器釋天釋水諸篇所列各章各節亦多與篇名章名有難合者、疑作者本自約次成書、而篇題章題皆後人所率加也。舊列章題於各章之末、今以釋地之十藪八陵九河、及釋獸之鼬屬須屬各條推之、合題於前、餘見各章。

注疏參義

爾雅詁林　四　釋親

爾雅詁林　四　釋親

宗族 **正義** 題上事也。白虎通義云、宗者何謂也、宗者尊也。爲先祖主者、宗人之所尊也。禮、曰、宗人將有事、族人皆侍。古者所以必有宗、何也、所以長和睦也。大宗能率小宗、小宗能率羣弟、通其有無、所以紀理族人者也。族者何也、族者湊也、聚也、謂恩愛相流湊也。上湊高祖、下至元孫、一家有吉、百家聚之、合而爲親。生相親愛、死相哀痛、有會聚之道、故謂之族。堯典云、以親九族、釋文引馬鄭註云、上自高祖、下至元孫、凡九族。王風葛藟鄭箋九族者、據巳上至高祖、下至元孫之親。周官太宰云宗以族得民、鄭註、宗繼別爲大宗、收族者。大宗伯云、以飲食之禮、親宗族兄弟。小宗伯掌三族之別、以辨親疏。鄭註三族謂父子孫、人屬之正名。喪服小記云親親以三爲五、以五爲九、上殺、下殺、旁殺而親畢矣。鄭註巳上親父、下親子、三也。以父親祖、以子親孫、五也。以祖親高祖、以孫親元孫、九也。殺謂親益疏者、服之則輕。是古者三族九族俱以同姓言也。爾雅所釋自高祖及於元孫、所謂九族也。自從父昆弟世父叔父以及於族曾王父則自高祖以下所謂旁殺之親也。自元孫推及於仍孫、雲孫、又自族昆弟推及於親同姓者。大傳云、繫之以姓而弗別、綴之以食而弗殊、雖百世而昏姻不通者、周道然也。則雖親同姓之雲仍、亦爲宗族也。姑姊妹繫於宗族者、鄭駁五經異義云、婦人歸宗、女子雖適人字猶繫姓、明不與父兄爲異族。鄭益据爾雅而言。爾雅載姑姊妹於宗族、而姑之子、姊妹之子載於妻黨者、所以示族與黨之別也。詩疏引尚書歐陽說云、九族乃異姓有親屬者、父族四、五屬之內爲一族、父女昆弟適人者與其子爲一族、巳女昆弟適人者與其子爲一族、巳之子適人者與其子爲一族、母族三、母之父姓爲一族、母之母姓爲一族、女昆弟適人者爲一族、妻黨二、妻之父姓爲一族、妻之母姓爲一族。書疏引異義、夏侯與歐陽同。白虎通義亦載其文。今知不然者、爾雅所以正名辨物、父之親爲宗族、母之親爲母黨、妻之親爲妻黨、是族與黨秩然有辨。若以母妻之親均稱爲族、則名不正矣。故鄭駁異義云異姓之服不過緦麻、言不廢昏。又昏禮請期云惟是三族之不虞、恐其廢昏。明非外族也。是經典所云三族九族俱爲同姓、昭然察矣。監本宗族二字訛題在前、今從唐石經及鄭樵本改正。下放此。**正義**

宗族 題上事也。宋本此二字進在前、非。今從唐石經改正。下俱放此。謂之宗族者、宗、尊也主也。族、湊也、聚也。然則父之黨謂宗族、不言父黨者、母妻異姓、故別稱黨。父族同姓、故總言宗族也。**義疏**

宗族 宗族服制之起、因己所能目見而互相扶養故耳。故親親以九族爲限、餘均旁及。**義證**

宗族

族統於宗、故曰宗族。大雅公劉君之宗之、毛傳云爲之君、爲之大宗也。案此爲成周立國之法、上之統於君、下之統於宗。一族有一宗、合衆族以爲一國、衆族治則一國治矣。故曰宗以族得民。鄭箋以宗爲尊、而疏又申鄭以駁毛、失其義矣。板大邦維屏、大宗維翰、又云宗子維城。宗與邦對言、仍即君之宗之之義。此題上事也。**說詩**

宗族　正義云、監本宗族二字誤題在前、今從石經移正下放此。**匡名**

爾雅詁林　四　釋親

宗族說文宗尊也。祖廟也。族矢鋒也、束之族族也。从㫃从矢。㫃所㠯標衆、衆矢之所集。五十矢爲束。引伸爲凡族類之稱。禮、宗人將有事、族人皆侍。古者所以必有宗者、長和睦也。大宗率小宗、小宗率羣弟、通其有無、所以紀理族人者也。族者湊也聚也。一家有吉、百家聚之、生相親愛、死相哀痛、有會聚之道、故謂之族。喪服小記以三爲五、以五爲九、自高祖及於元孫、所謂九族也。然則三族九族俱言同姓也。

蒙啓

宗族邵氏曰、監本宗族二字訛題在前、今從唐石經及鄭樵本改正。下放此。

證異

釋親第四　宗族　母黨　妻黨

婚姻監本俱誤在前、今从諸本。

石經考文提要

宗族唐石經單疏本此題同在昆弟也後。雪牕本注疏本移在釋親第四下、非也。下母黨妻黨婚姻準此。

校勘記

宗族、宋石經鄭本標題在後、監本毛本訛在前、今改從舊文、與釋天釋地各篇一例。

孫偘直音

母之考爲外王父、母之妣爲外王母、母之王考爲外曾王父、母之王妣爲外曾王母

母之考爲外王父、母之妣爲外王母。母之王考爲外曾王父、母之王妣爲外曾王母。異姓故言外。

郭注

母之考爲外王父母之妣爲外王母母之王考爲外曾王父母之王妣爲外曾王母

郭璞云、異姓故言外。

一切注音

母之考爲外王父母之妣爲外王母母之王考爲外曾王父母之王妣爲外曾王母

郭璞曰、異姓故言外。

古注合存

母之考爲外王父、母之妣爲外王母、母之王考爲外曾王父、母之王妣爲外曾王母、註曰、異姓故言外。愚按母黨之上、母之王父母無殺服、但列其名稱耳

注疏參義

母之考爲外王父母之妣爲外王母母之王考爲外曾王父母之王妣爲外曾王母 註 異姓故言外 正義 喪服小功五月章云、爲外祖父母、傳曰何以小功也、以尊加也。通典引馬融云、母之父母也、本服緦、以母所至尊加服小功、故曰以尊加。賈疏、外親之服不過緦麻、以祖是尊名、故加至小功。外曾王父外曾王母禮不爲制服。喪服期章云、女子子爲祖父母、傳曰何以期也、不敢降其祖也。是母於王考王妣爲期服。已雖無服、猶奉以尊稱也。言外者、所以別於父族。

正義

母之考爲外王父母之妣爲外王母母之王考爲外曾王父母之王妣爲外曾王母異姓故言外

言外者、所以別於父族也。外王父母、喪服小功五月章云、爲外祖父母、傳曰何以小功也、以尊加也。賈疏云、外親之服不過緦麻、以祖是尊名、故加至小功。通典引馬融云、母之父母也、本服緦、以母所至尊、加服小功、故曰以尊加。按檀弓云或曰外祖母也故爲之服、鄭注、外祖母小功也。然則外曾王父母禮不爲制服、故畧之。

義疏

母之考爲外王父母之妣爲外王母母之王考爲外曾王父母之王妣爲外曾王母 郭注、異姓故言外。不及高者、但据逮事者言之。凡禮略於庶、若母之生母不得爲妣也。

集解

母之考為外王父母之妣為外王母母之王考為外曾王父母之王妣為外曾王母 異姓、故加外以別之。禮、外王父母小功。外曾王父母無服。然因常至外家而相見、故錄之。不及高者、以已不能逮事故。古者男子三十而娶、女子二十而嫁、逮事外高祖父母、其年近百餘矣。

義證

母之舅弟爲舅母之從父舅弟爲從舅

母之舅弟爲舅、母之從父舅弟爲從舅。

郭注

母之舅弟爲舅

舅之言舊、尊長之稱。詩正義六之四 孫音注 邢疏

黃輯古義

母之舅弟爲舅

舅之言舊、尊長之稱。詩秦風渭陽正義 孫音注

玉函山房輯佚

母之舅弟爲舅

舅之言舊、尊長之稱。同詩疏六之四

鉤沉

母之舅弟爲舅

孫曰舅之言舊、尊長之稱。詩正義六之四 邢疏 按、古聖人定名、俱有意義、非無故而爲是稱也。郭多闕而不解、非也。不有孫氏之說、即舅姑之稱且不識於義云何矣。古注其可廢乎。

漢注

母之舅弟爲舅母之從父舅弟爲從舅

孫炎云舅之言舊、尊長之稱。詩正義六之四卷

一切注音

母之昆弟曰舅

孫炎曰舅之言舊、尊長之稱。詩渭陽正義

從舅 才用反。下注讀從同。下音曰。

陸音義

古注斠

母之舅弟爲舅母之從父舅弟爲從舅 孫炎曰、舅之言舊、尊長之稱。

古注合存

母之舅弟爲舅、母之從父舅弟爲從舅、母之姊妹爲從母。疏曰、舅之言舊、尊長之稱。愚按此母黨之旁上也。母之從父昆弟無服、不得言殺、但列其名稱耳。舅言舊、猶姑言故。凡婦於舅姑、壻於外舅外姑、甥於舅、姪於姑、皆本此。

注疏參義

母之舅弟爲舅母之從父舅弟爲從舅 正義 秦風渭陽云、我送舅氏。疏引孫炎云、舅之言舊、尊長之稱。喪服緦麻三月章、舅。傳曰、何以緦、從服也。鄭註、母之兄弟。從於母而服之。

母之從父舅弟曰從舅、開元禮謂之堂舅。

正義

爾雅詁林 四 釋親

母之晜弟爲舅母之從父晜弟爲從舅

舅者，詩渭陽正義引孫炎曰，舅之言舊，尊長之稱。喪服緦麻三月章云舅，傳曰何以緦從服也，鄭注，從於母而服之。按母之從父晜弟爲從舅，此於禮無服，開元禮謂之堂舅也。

義疏

母之晜弟爲舅母之從父晜弟爲從舅　孫注，舅之言舊，尊長之稱。舅主於母兄弟，婦又假以稱夫之父。曰者，女曦之主也。母從父子之外曾王父之子也。時相見，故錄之。

集解

母之晜弟為舅母之從父晜弟為從舅　從舅者，今堂舅也。外曾祖王父之孫也。禮甥為舅服緦，從舅無服。然因與舅為從父晜弟，常於外家而相見。舅从男臼。臼，舂也。女子之事。故主於母。其以偁夫之父及異姓大夫者，均借偁也。或曰舅，舊也。尊長之偁。與姑義同。

義證

母之考爲外王父，母之妣爲外王母，母之王考爲外曾王父，母之王妣爲外曾王母，母之晜弟爲舅，母之從父晜弟爲從舅，

秦風渭陽我送舅氏，毛傳云，秦康公之母是晉獻公之女。文公者，獻公之子康公之舅。序云康公時爲太子，贈送文公於渭之陽，念母之不見也，我見舅氏如母存焉。正義引孫炎曰，舅之言舊，尊長之稱。案喪服緦麻三月鄭注，謂從於母而服之。大雅嵩高往近王舅，傳云，申伯宣王之舅也，正厲王之后豔妻而得申伯爲王舅，蓋豔妻無子，姜氏生宣王，故曰王之元舅。母之從父晜弟曰從舅，開元禮謂之堂舅。餘詳訂經。

說詩

母之晜弟為舅疏詩秦風云我送舅氏　秦風下當有渭陽二字。

注疏正字

母之晜弟爲舅母之從父晜弟爲從舅　舅，說文作⿰目舅。

匡名

母之考爲外王父，母之妣爲外王母，母之王考爲外曾王父，母之王妣爲外曾王母，母之晜弟爲舅，母之從父晜弟爲從舅　說文⿰目舅引爾雅文。郭註異姓故言外。不得稱父，故稱母。秦風我送舅氏。開元禮從舅謂之堂舅。

啓蒙

母之晜弟爲舅。　晜，御覽宗親部引作昆。　玉篇引舅作⿰目舅，與說文合。

母之晜弟爲舅　母之姊妹爲從母

釋名，母之兄弟曰舅。釋親屬　孫炎云，舅之言舊，尊長之稱。引見秦風渭陽詩疏　釋名，母之姊妹曰姨。釋親屬

證異

母之從父晜弟爲從舅。釋文從舅、才用反、下注娣從同。按、此則此篇惟此二從字有音、餘皆當如字矣。今本於上宗族文內音從竝才用反、非是。

注疏本正誤

母之姊妹爲從母從母之男子爲從母晜弟其女子子爲從母姊妹

母之姊妹爲從母從母之男子爲從母晜弟其女子子爲從母姊妹。

郭注

母之至母黨 釋曰、此一節別母之族黨也。黨是鄉之細也。此外族屬母、若黨之屬鄉、故云母黨。云舅者、孫炎云、舅之言舊、尊長之稱。詩秦風云、我送舅氏、曰至渭陽是也。

邢疏

從母之男子爲從母晜弟、其女子子爲從母姊妹、此母黨之旁也、止一服、亦不得言殺、舅之子女爲外兄弟姊妹、禮各有服、不言者、錯見妻黨章也。

注疏參義

母之姊妹爲從母從母之男子爲從母晜弟其女子子爲從母姊妹

正義

喪服小功成人章云、從母丈夫婦人報。傳曰、何以小功也。以名加也。外親之服皆緦也。通典引馬融云、母之姊妹也。言丈夫婦人者、異姓無出入降、皆以丈夫婦人之名名之也。又云、外祖從母其親皆緦也、以尊名加也。故小功也。緦麻三月章云、從母昆弟、傳曰、何以緦也、以名服也。通典引馬融云、姊妹子相爲服也。以從母有母名、以子有昆弟名。左氏襄二十三年傳云、穆姜之姨子也。杜註穆姜姨母之子與穆姜爲姨兄弟。孔疏據父言之謂之姨、據子言之當謂之從母、但子效父言、亦呼爲姨。姨子昆弟、即喪服從母昆弟是也。通典引袁準正論曰、從母小功五月。舅緦麻三月。禮非也。從母緦時俗所謂姨母也。舅之與姨俱母之姊妹兄弟、焉得異服。從母者、從其母而爲庶母者也。親益重、故小功也。凡稱父母者、皆同乎父母之例者也。舅非父列、姨非母列、故舅不稱父、姨不稱母也。可稱姨不應稱母、謂姨母爲從母者、此時俗之亂名、昔之所由誤也。春秋傳曰、蔡哀侯娶於陳、息侯亦娶焉。息嬀將歸過蔡、蔡侯曰、吾姨也。止而享之。爾雅曰、妻之姊妹同出爲姨。此名者也。左傳臧宣叔娶於鑄、生賈及爲而卒、繼室以其姪、穆姜之姨子也。以蔡侯爾雅言之、穆姜焉得言姨、此緣妻姊妹之子、姨因相謂爲姨也。姊妹因謂爲姨。故其子謂之姨子、其母謂之姨母、從其母而來、故謂之從母。從母姨母爲親一也。因復謂之從母、此因假轉亂而遂爲名者也。又左傳宋景曹卒、季康子使冉有弔、且會葬、曰以肥之得備彌甥也。先儒曰、彌遠也。姊妹之孫稱彌甥。此臨時說事、而遂可爲名乎、亦猶從母轉相假也。或曰、按準以經云從母是其姊妹從其母來爲己庶母、其親益重、故服小功、非通謂母之姊妹也。宣舒曰、二女相與行有同車之道、坐有同席之禮、其情親而比、其恩曲而至、由此觀之、姊妹通斯同矣、兄妹別斯異矣。同者親之本、異者疏之源也。然則二女之服何其不重邪、兄妹之服何其不輕邪。曰、同父而生、父之所不降、子亦不敢降、故二女不敢相與重。然則舅何故三月邪、從母何故小功邪。曰、故母取其愛、是以外王父之尊、禮無厭降之道、爲人子者順母之情、親乎母之類、斯盡孝之道也、是以從母重而舅輕也。曰、姑與父異德異名、叔父與父同德同名、何無輕重之降邪。曰、姑與叔父斯王父之所愛同也、父之所不降、子亦不敢降、此叔父與姑所以服同而無降也。案袁氏所論、不達禮意、於雅訓尤爲未晰。爾雅母黨有稱從母者、猶宗族有從父云爾。如以爲從其母來故謂之從母、夫從其母來則是媵也。古有以姊妹爲媵者、亦有以姪爲媵者、母之姊妹爲媵、謂之從母、母之姪爲媵、亦將謂之從母乎。況從母而來之媵即庶母也、禮既爲庶母制服、何以又爲從母制服乎。且庶母所生之男子、即己之昆弟也、豈得謂之從母昆弟乎。庶母所生之女子子、即己之姊妹也、豈得謂之從母姊妹乎。反覆推之、知袁氏未爲篤論矣。爾雅於宗族曰、父之妾爲庶母、謂有隨媵之妾、有不聘之妾、爲之子者俱謂之庶母也。於母黨曰、母之姊妹爲從母、謂母之姊妹不俱事一夫、故從乎母而牽以尊稱、其所生之男子女子均屬異姓、故謂之從母晜弟從母姊妹也。於妻黨曰、妻之姊妹同出爲姨、姨之名於妻黨有此稱、於母黨不當有此稱也。自周末、禮教衰微、假人以名器、子效父言、有稱從母爲姨者。劉熙撰釋名遂云、母之姊妹曰姨、禮謂之從母、爲娣而來、則從母列也、故雖不來、猶以此名之也。此因漢世有姨之稱、故劉熙因有此釋。援諸爾雅之文、殊爲乖舛。晉世蔡謨徐邈徐衆徐彥議禮、遂有姨母姨兄弟姨妹之稱、沿於習俗、名實混淆、轉有致疑於爾雅之文者。夫名不正則言不順、子效父言、可謂名之正乎。爾雅者、正名之書也。名正而分定、故喪服經與爾雅同。

正義

母之姊妹爲從母從母之男子爲從母晜弟其女子子爲從母姊妹

從母者、猶宗族之中有從父、言從母而得尊稱也。檀弓云從母之夫、言從母有服、其夫無服也。喪服小功章云、從母丈夫婦人報。傳曰、何以小功也、以名加也。外親之服皆緦也。按異姓服不過緦、以有母名、故加重也。然則舅與從母尊同而服異者、以從母與母同類、尤親、故順母之心而加之也。知者、從母有母名、舅無父名也。云從母晜弟從母姊妹者、以從母有母名、故子亦有晜弟姊妹之名也。喪服緦麻三月章云、從母晜弟。傳曰、何以緦也、以名服也。左氏襄廿三年傳云、穆姜之姨子也、杜預注、穆姜姨母之子、與穆姜爲姨晜弟。正義云、據父言之謂之姨、據子言之當謂之從母、但子效父語、亦呼爲姨。按釋名云、母之姊妹曰姨、傳言姨子、知時已有姨母之稱。緣父呼姨、故子呼曰姨母、雖不合爾雅及禮經之言、時俗稱謂亦尙未亙失也。後世踵之、遂有姨兄弟姨姊妹之稱矣。

義疏

母之姊妹爲從母從母之男子爲從母晜弟其女子子爲從母姊妹 亦時相會於外家、因生兄弟之親。不言舅姑之子者、姪則疏、爲外親矣。

集解

母之姊妹爲從母從母之男子爲從母晜弟其女子子爲從母姊妹 從母晜弟、今姨表也、左傳所謂姨子是也。禮、從母小功、從母晜弟則緦。

義證

母之晜弟爲舅、母之從父晜弟爲從舅、母之姊妹爲從母、從母之男子爲從母晜弟、其女子子爲從母姊妹

補正 臣鋆按、釋名云、母之姊妹曰姨、亦如禮謂之從母。杜佑通典引晉袁準論曰、左傳臧宣叔娶于鑄、而卒。繼室以其姪、穆姜之姨子也。以爾雅言之、穆姜不得言姨、此緣妻姊妹之姨因謂爲姨也。姊妹相謂爲姨、故其子謂之姨子、其母謂之姨母。

郭注補正

從母之男子爲從母晜弟

柏年案、今俗以姊妹之子爲姨表兄弟、姑舅之子爲姑表兄弟。

補釋

母之至母黨○釋曰 注疏本刪。

校勘記

其女子子爲從母姊妹 十行本作其女子爲　案是剜改、故二字居三格。

校勘記訂補

爾雅詁林　四　釋親

母黨

妻黨四之三。按章內自第三條以後皆非正釋妻黨之文，蓋編書者因章首釋妻黨而遂以名章也。餘見本章各條及下章之章題

注疏參義

母黨 正義 題上事也。父母恩同而尊有所屈，故釋親詳於宗族，畧於母黨。喪服傳云：禽獸知母而不知父，野人曰父母何算焉，都邑之士則知尊禰矣，大夫及學士則知尊祖矣。故宗族上及於高祖，下及於雲孫，旁及於族曾王父，親同姓。而母黨唯上及於外曾王父，旁及於從舅從母。母之尊有所屈，子不得伸其私恩也。大傳云：從服有屬從。鄭註：子爲母之黨。通典引雷次宗喪服經傳畧註云：夫二親恩等，而中表服異，君子類族辨物，本以性分爲判，故外親之服不過於緦，於義雖當，求情未愜，苟微有可因，則加以伸心。外祖有尊，從母有名，故皆得因此加以小功也。舅情同二人，而名理闕無因，故有心而不獲遂也。然情不止於緦，亦以見於慈母矣。至於餘人，雖有尊名而不得加者，服當其義，情無不足也。又引庾蔚之謂傳云以名服及云以名加，皆是先有其義，故施以此名，尋名則義自見矣。外親以緦斷者，抑異姓以敦已族也。緦服既不足以申外甥外孫之情，故聖人因其有宇之義而許其加也。外祖以尊加，從母以名加者，男女異長，伯季不同，由母於姊妹有相親之近情，故許其因母名以加服。兄弟姊妹同氣之懷不異，故其服不得殊，由若同在他鄉，小功加一等，而大功以上則不加也。案雷氏、庾氏之說，俱足以證母黨與宗族輕重之別。尋黨之外曾王父、從舅，禮不爲制服，而爾雅列其稱謂者，雷氏所謂雖有尊名而不得加也。

正義

母黨 亦題上事也。黨猶所也，以皆母所屬。大傳云從服有屬從，鄭注子爲母之黨，本爾雅爲言也。義疏

母黨 小雅伐木以速諸父，以速諸舅。毛傳云：同姓皆曰父，異姓則稱舅。疏云：諸父爲父黨，則諸舅爲母黨。此言兄弟父舅二文，故知父黨母黨得同曰兄弟者，兄弟是相親之辭，因推而廣之，異姓亦得言之，故釋親曰父之黨爲宗族，母與妻之黨爲兄弟。是母黨爲兄弟之文也。頍弁豈伊異人，兄弟甥舅。鄭箋云：謂吾舅者，吾謂之甥。正義云：此諸侯而及甥舅，以甥舅王之外親，蓋母黨也。亦申上事也。說詩

母黨 說文手部：攩，朋羣也。从手，黨聲。又黑部：黨，不鮮也。从黑，尚聲。今經典中朋攩字皆作黨。匡名

妻之父爲外舅，妻之母爲外姑

妻之父爲外舅，妻之母爲外姑。謂我舅者，吾謂之甥。然則亦宜呼壻爲甥。孟子曰帝館甥于二室是。郭注

釋曰、此一節別妻之親黨也。內則云、聘則爲妻。白虎通云、妻者、齊也、與夫齊體、自天子下至庶人其義一也。注孟子曰帝館生于二室　釋曰、孟子云、舜尚見帝、帝館甥于貳室、亦饗舜、迭爲賓主、是天子而友匹夫也。彼注云、尚、上也。舜在畎畝之時、堯友禮之、舜上見堯、舍之於貳室、貳室副宮也。堯亦就饗舜之所設、更迭爲賓主。禮謂妻父曰外舅、謂我舅者、吾謂之甥。堯以女妻舜、故謂舜甥、卒與之天位、是天子之友匹夫也。【邢疏】

妻之父爲外舅妻之母爲外姑。郭璞云、謂我舅者吾謂之甥。然則亦宜呼壻爲甥、孟子曰帝館甥于貳室是也。【一切注音】

甥音生　呼壻音細　帝館古半反。【陸音義】

妻之父爲外舅妻之母爲外姑　以妻稱我親如此、故我報而稱之如此。言父之黨至高祖王父母、母之黨至曾王父母。今其言止此、親親之殺也。【新義】

妻之父爲外舅妻之母爲外姑　下言謂我舅者吾謂之甥、是則壻亦可謂之甥、故孟子曰帝館甥于貳室。【鄭樵注】

妻之父爲外舅妻之母爲外姑　郭璞曰、謂我舅者、吾謂之甥。然則亦宜呼壻爲甥、孟子曰帝館甥于貳室是也。鄭樵曰、下言謂我舅者吾謂之甥、是則壻亦可謂之甥、故孟子曰帝館甥于貳室。【古注合存】

妻之父爲外舅妻之母爲外姑　註曰、謂我舅者吾謂之甥、故亦呼壻爲甥、孟子云帝館甥於貳室是也。愚按、此妻黨之上也、禮止此、亦不得言殺。【注疏參義】

妻之父爲外舅妻之母爲外姑【註】謂我舅者吾謂之甥、然則亦宜呼壻爲甥、孟子曰帝館甥于貳室是也【正義】釋名云、妻之父曰外舅、母曰外姑。言妻從外來、謂至已家爲婦、故反以此義稱之、夫婦匹敵之義也。坊記云、壻親迎、見於舅姑、舅姑承子以授壻、鄭註、舅姑、妻之父母也。喪服緦麻三月者、妻之父母、傳曰、何以緦、從服也。通典引馬融云、壻從妻而服緦也。服問云、有從重而輕、爲妻之父母、鄭註、妻齊衰、而夫從緦麻、不降一等、言非服差。【註】謂我至是也○【正義】謂我舅者吾謂之甥也、卽見下文、孟子萬章篇云、館甥於貳室、趙岐註、禮謂妻父曰外舅、謂我舅者吾謂之甥、堯以女妻舜、故謂舜甥。【正義】

妻之父爲外舅妻之母爲外姑　謂我舅者吾謂之甥、然則亦宜呼壻爲甥、孟子曰帝館甥於貳室是也。舅姑皆尊老之稱、加外者別之也。釋名云、外舅外姑、言妻從外來、謂至己家爲婦、故反以此義稱之、夫妻匹敵之義也。坊記云、壻親迎、見於舅姑、舅姑承子以授壻、鄭注、舅姑、妻之父母也。喪服緦麻三月章云、妻之父母、傳曰、何以緦、從服也。鄭注、從於妻而服之。服問云、有從重而輕、爲妻之父母、鄭注、妻齊衰、而夫從緦麻、不降一等、言非服差。【義疏】

妻之父爲外舅妻之母爲外姑者、郭注、謂我舅者吾謂之甥。然則亦宜呼壻爲甥、孟子曰帝館甥于貳室是也。彼之女舅姑、我父母、故加外以報之。【集解】

妻之父爲外舅妻之母爲外姑　婦偁夫之父曰舅、偁夫之母曰姑、此於妻父母而偁舅姑、報也。加外者、別之耳。喪服、妻之父母緦。坊記、壻親迎、見於舅姑、舅姑承子以授壻。亦此外舅姑言也。【義證】

妻之父爲外舅妻之母爲外姑

[註]謂我舅者吾謂之甥然則亦宜呼壻爲甥孟子曰帝館甥于貳室是也[補正]臣鋆按、釋名云、言妻從外來、謂至己家爲婦、故反以此義稱之、夫妻匹敵之義也。

郭注補正

妻之父爲外舅妻之母爲外姑

謂我舅者吾謂之甥然則亦宜評壻爲甥孟子曰帝館甥於貳室是也

釋文作呼壻。此呼字亦傳寫之誤。倣宋本單疏本雪牕本作二室、邢疏引孟子作貳、引爾雅注作二。今從元本。明注疏本是下有也字、諸本皆無。

郭注佚存補訂

妻之父爲外舅妻之母爲外姑

衛風碩人齊侯之子、衛侯之妻。蓋衛侯之外舅爲齊侯也。

說詩

疏舜上見堯堯舍之於貳室。脫一堯字。禮謂妻父曰外舅。謂誤記。堯以女妻舜故謂舜甥。謂舜誤謂堯。是天子而友匹夫也。而誤之。

注疏正字

妻之父爲外舅妻之母爲外姑坊記、壻親迎、見於舅姑、舅姑承子以授壻。

郭註謂我舅者吾謂之甥。然則亦宜呼壻爲甥、孟子帝館甥於貳室。

啓蒙

妻之父爲外舅妻之母爲外姑

釋名、妻之父曰外舅、母曰外姑。釋親　廣雅、妻之父謂之父㜷、妻之母謂之母㜷。釋親篇

證異

帝館甥于二室是　單疏本雪牕本同。元本二作貳。閩本是下剜擠也字。監本毛本承之。按副貳字多作貳、然釋文無貳字音、邢疏引孟子作貳、引爾雅注作二。

妻之至妻黨○釋曰　注疏本删。

內則云　元本同。閩本監本毛本云改曰。

其義一也○注孟子曰帝館生于二室○釋曰　注疏本删下十二字。

按生當作甥。

禮記妻父曰外舅　注疏本同。浦鏜改禮記作禮謂、云謂誤記。按今孟子注作禮謂者、誤也。孟子疏云注妻父曰外舅、此蓋按禮記而云也、則作疏時所據趙注本是禮記。風俗通引釋樂篇稱禮樂記、白虎通引釋親篇稱禮親屬記。張揖上廣雅表所云叔孫通撰置禮記是也。故漢人多稱爾雅爲禮記。

故謂堯甥　浦鏜云舜誤堯。

是天子之友匹夫也　注疏本同。浦鏜改作而友、云而誤之。按今本孟子作而、誤也。元本孟子注作之、與此合。

校勘記

二室　十行本貳室。

校勘記訂補

妻之父爲外舅妻之母爲外姑。疏故謂堯甥、謂疑當作爲、否則堯爲之字之誤。

注疏本正誤

姑之子爲甥舅之子爲甥妻之晜弟爲甥

爾雅詁林　四　釋親

甥姊妹之夫爲甥

姑之子爲甥、舅之子爲甥、妻之晜弟爲甥、姊妹之夫爲甥。四人體敵故更相爲甥。甥猶生也。今人相呼蓋依此。**郭注**

注四人至依次　釋曰、四人謂姑之子、舅之子、妻之晜弟、姊妹之夫也。此四人尊卑體敵、更相爲甥。云甥猶生也者、取相親之意也。**邢疏**

姑之子爲甥舅之子爲甥妻之晜弟爲甥姊妹之夫爲甥

郭璞云、四人體敵、故更相爲甥。甥猶生也。今人相呼蓋依此。**一切注音**

更相　音叀。**陸音義**

姑之子爲甥　以吾父謂之甥故也。

舅之子爲甥　以吾母謂之甥故也。

妻之晜弟爲甥　以妻稱吾父爲舅故也。

姊妹之夫爲甥　以稱吾父爲舅故也。**新義**

姑之子爲甥舅之子爲甥妻之晜弟爲甥姊妹之夫爲甥　今人呼姊妹之子爲甥、敵體相呼爲生、而此皆作甥、其實甥生一也。**鄭樵注**

姑之子爲甥舅之子爲甥妻之晜弟爲甥姊妹之夫爲甥　郭璞曰、四人體敵、故更相爲甥。甥猶生也。今人相呼蓋依此。鄭樵曰、今人呼姊妹之子爲甥、敵體相呼爲生、而此皆作甥、其實甥生一也。**古注合存**

姑之子爲甥、舅之子爲甥、妻之晜弟爲甥、姊妹之夫爲甥。註曰、四人體敵、故更相爲甥、甥猶生也。疏曰、取相親之意也。愚按此條惟妻之昆弟爲甥、爲妻黨之旁、餘非妻黨、皆因言甥而類釋之也。**注疏參義**

厚齋云、白虎通引親屬記卽爾雅釋親也。通典、顏延之曰、伯叔有父名、則兄弟之子不得稱姪。從母有母名、則姊妹之子不得言甥。且甥姪惟施于姑舅耳。雷次宗曰、姪字有女、明不及伯叔。按儀禮謂吾姑者、吾謂之姪。正與爾雅之說互相發明。甥字有男、見不及從母。劉其父刊二程先生集、改姪爲猶子、朱文公謂古人固不謂兄弟之子爲姪、亦無云猶子者。但云兄之子弟之子、然從俗稱姪、亦無害於義理也。姪有兩音、今世俱從帙音、無復讀如徒結反者。姑之子爲甥四句、四甥字俱止當生字解、故曰通稱、與下文謂我舅者我謂之甥不同。**補注**

姑之子爲甥舅之子爲甥妻之晜弟爲甥姊妹之夫爲甥　**註**　四人體敵故更相爲甥甥猶生也今人相呼蓋

爾雅詁林　四　釋親

依此 **正義** 此因釋妻之晜弟爲甥、而兼及於姑之子、舅之子、姊妹之夫有同稱也。釋名云、妻之昆弟曰外甥、其姊妹女也、來歸已內爲妻、故其男爲外姓之甥。甥者生也。他姓子本生於外、不得如其女來在已內也。喪服緦麻三月者姑之子、鄭註外兄弟也。傳曰、何以緦、報之也。喪服又云舅之子、鄭註內兄弟也。傳曰、何以緦、從服也。**註** 四人至依此。○**正義** 四人體敵者、外兄弟、內兄弟、婚兄弟、姻兄弟、其體相敵也。郭云今人相呼蓋依此、是晉時猶互呼爲甥。今未聞。

正義

姑之子爲甥舅之子爲甥妻之晜弟爲甥姊妹之夫爲甥

四人體敵故更相爲甥甥猶生也今人相呼蓋依此

此因妻黨而并及外親。敵體者之稱也。喪服緦麻三月章云、姑之子。鄭注外兄弟也。傳曰、何以緦、報之也。又云舅之子、鄭注內兄弟也。傳曰、何以緦、從服也。釋名云、妻之晜弟曰外甥、其姊妹女也、來歸己內爲妻、故其男爲外姓之甥。甥者生也。他姓子本生於外、不得如其女來在己內也。按妻之晜弟者、婚兄弟也。姊妹之夫者、婿兄弟也。檀弓云、申詳之哭言思、鄭注言思、子游之子、申詳妻之昆弟。然則申詳爲言思姊妹之夫也。有相哭之禮、無相服之道、故喪服篇無文。此四甥字並生之聲借。據郭注及釋名、知古來有此稱、今所不行。又按左傳有騅甥聃甥養甥陰飴甥、恐亦借甥爲生、所未詳。

義疏

姑之子爲甥舅之子爲甥妻之晜弟爲甥姊妹之夫爲甥

郭注、四人體敵、故更相爲甥。甥猶生也。今人相呼蓋依此。姑之子、父甥也。舅之子、母姪也。下二甥亦皆謂其子、承上省子字耳。妻之昆弟之子、卽舅之子、姊妹之夫之子、卽姊妹之子、己甥也。姊妹從女言之、則所謂從母兄弟、亦謂外兄弟、今姨表也。此皆不可謂我舅者、與吾謂之甥例乖。甥可通稱、舅亦可通、稱故天子謂異姓皆爲舅。其實凡婚姻皆甥、然皆自稱、非相呼也。相呼皆曰舅。

集解

姑之子爲甥舅之子爲甥妻之晜弟爲甥姊妹之夫爲甥

姑之子爲父甥、外兄弟也。舅之子爲母姪、內兄弟也。妻之晜弟爲外舅之子、婚兄弟也。姊妹之夫今俗偁姊丈妹丈、姻兄弟也。皆不得謂吾爲舅、則不可偁甥。此云甥者、明舅甥爲凡婚姻之通辭耳。曲禮天子偁異姓曰舅、毛詩傳外孫爲甥是也。喪服姑之子舅之子均緦、而妻之晜弟姊妹之夫無服。因常相見而爲之制名。甥从男生、謂姊妹適男之所生。餘均借用。

義證

姑之子爲甥舅之子爲甥妻之晜弟爲甥姊妹之夫爲甥

註 四人敵體故更相爲甥甥猶生也今人相呼盖依此 **補正** 臣鍌按釋名云、妻之昆弟曰外甥、其姊妹女也來歸己內爲妻、故其男爲外姓之甥。甥者、生也。他姓子本生於外、不得如其女來在己內也。是漢晉以前皆如此稱。今則姑之子爲表兄弟、舅之子亦爲表兄弟。妻之晜弟爲內姪、姊妹之夫爲姨夫。**郭注補正**

妻之晜弟爲甥、釋名作外甥、非衍字。雅意不了、釋名詳之。

錢氏古義

姑之子爲甥舅之子爲甥妻之晜弟爲甥姊妹之夫爲甥

四人體敵故更相爲甥甥猶生也今人相詩盖依此

仿宋本作皆依此。

郭注佚存補訂

姑之子爲甥舅之子爲甥妻之晜弟爲甥姊妹之夫爲甥

大雅韓奕汾王之甥、鄭箋云汾王、厲王也。姊妹之子爲甥。正義云、姊妹之子爲甥、釋親文。今釋親作姊妹之夫、恐有誤。齊風猗嗟展我甥兮、毛傳云外孫曰甥。蓋魯莊爲齊襄姊妹之子也。妻之姊妹同出爲姨、女子謂姊妹之夫爲私。衛風碩人邢侯之姨、譚公爲私、毛傳云妻之姊妹曰姨、姊妹之夫曰私。疏引孫炎曰、同出、俱已嫁也。私無正親之言。然則謂吾姨者、我謂之私、邢侯譚侯皆莊姜姊妹之夫、互言之耳。同出之義、說文謂妻之女弟同出爲姨。變姊妹爲女弟者、蓋古之媵女取於姪娣、娣爲妻則娣爲妾、同事一夫、是謂同出。案今人稱庶母爲姨、蓋出說文。稱妻之姊妹爲姨、蓋本於爾雅。郭注本孫炎於義爲長。**說詩**

姑之子爲甥舅之子爲甥妻之晜弟爲甥姊妹之夫爲甥郭注四人體敵故更相爲甥。郝疏此因妻黨而并及外親敵體者之稱也。柏年案、今俗稱姑舅之子爲表兄弟、妻之晜弟爲舅、姊妹之夫仍稱姊妹夫、不被甥名也。戴鎣郭注補正以妻之晜弟爲內姪、姊妹之夫爲姨夫、則誤爲妻晜弟之子及母之姊妹之夫矣。尊卑有別、不得敵體也。**補釋**

姉妹之子爲甥子誤夫。疏同。**注疏正字**

姑之子爲甥舅之子爲甥妻之晜弟爲甥姊妹之夫爲甥四人、外兄弟、內兄弟、婚兄弟、姻兄弟、其體相敵也。郭註故更相爲甥、甥猶生也。**啓蒙**

姑之子爲甥。舅之子爲甥。妻之晜弟爲甥。姊妹之夫爲甥。同取義於外姓之生。**黃侃音訓**

姑之子爲甥舅之子爲甥妻之晜弟爲甥姊妹之夫爲甥。郭云四人體敵、故更相爲甥。甥猶生也。今人相呼葢依此。楷案、此漢以後之俗稱。張揖所謂或言叔孫通所補、或言梁文所攷者是也。下文謂我舅者吾謂之甥、則舅爲外親尊長之稱、四人體敵、無舅稱、又安得有甥稱乎。段氏說文注云、姑之子、吾父母得甥之。妻之晜弟、吾父母得甥之。姊妹之夫、吾父母壻之而甥之。是四者皆舅吾父者也。舅者、耆舊之稱。甥者、後生之稱。故異姓尊卑異等者皆以此相稱。爾雅類列於此、亦以見舅之子、妻之晜弟稱吾父皆曰舅、不似後世俗呼也。然如段說、則四甥之稱皆假父之稱以爲稱、名不正則言不順、莫此爲甚矣。且如其說、亦何不云姊妹之子爲甥、妻晜弟之子爲甥、子婦之弟弟爲甥、女子子之夫爲甥、而必移其名於子乎、其說殆不可通矣。黃

爾雅詁林　四　釋親

元同先生則云、敵體稱甥者、其服同於舅服也。喪服經、舅及姑之子、舅之子皆在緦麻三月章。妻之晜弟姊妹之夫雖緦麻章無見文、亦與姑之子舅之子等外親之服無過緦、緦皆可謂之甥、猶喪服所謂小功以下爲兄弟也。**稗疏**

姑之子爲甥。舅之子爲甥。妻之晜弟爲甥。姊妹之夫爲甥。邕案。此並子效父稱也。姑之子固我父之甥也。姊妹之夫亦我父之甥也。舅之子我母謂之姪。我父不得而姪之。今人內姪之稱不典。則亦惟甥之。妻之晜弟於我父最爲疏遠。然其姊若妹既稱我父爲舅。則亦可甥之。是四者我父皆得甥之。至於我則是外兄弟、內兄弟、婚兄弟、姻兄弟也。乃不曰兄弟而亦曰甥。豈非效父之稱乎。左襄二十三年傳云。穆姜之姨子也。孔義云。釋親云妻之姊妹同出爲姨。然則據父言之謂之姨。據子言之當謂之從母。上文云。母之姊妹爲從母。但子效父語亦呼爲姨。是古人原有效父稱之例。不爲異也。又襄二十一年傳云。季武子以公姑姊妻之。陸釋引或說列女傳稱梁有節姑妹。謂父之妹也。此云姑姊。是父之姊也。姑而稱姊妹。則亦效父稱之例矣。以甥加之姑舅之子妻晜弟姊妹夫。猶之稱從母爲姨、稱姑爲姊妹耳。郭注言四人體敵。故更相爲甥。甥猶生也。是欲讀甥爲生。邢昺正義云。郭云今人相呼蓋依此。是皆時猶互呼爲甥。今未聞。邕謂郭欲讀甥爲生。謂皆人相呼以生本此。非謂相呼以甥也。則不明乎效父稱之例。段玉裁說文男部注力辨平等相甥之說。謂非正名之義。亦不明乎效父稱之例。戰國楚策云。楚王以李園女弟立爲王后。朱英曰。李園、王之舅也。則稱妻之晜弟爲舅。此語至今尚然。是非父效子稱乎。揆之情理。實尤可異。而習不爲異。顧於古人之子效父稱者異之。亦足形其少見而多怪矣。父效子稱是呼長一等。子效父稱是呼幼一等。呼長一等雖曰自卑尊人之意。然適見人情之不古也。古人於呼幼一等。御不嫌。下文云。女子謂弟之妻爲婦。是女亦效父母之稱以稱其弟妻。乃知古人男女通有此例矣。小戴昏義云。見於兄弟。兄弟耳之。彼兄弟亦父之兄弟。非冠者之兄弟。校見彼。則亦子效父稱之例。**校書**

注四人至依次○釋曰四人謂姑之子字。注疏本刪上八字。元本每節注首空一字。閩本監本毛本每節增一一字。**校勘記**

今人相呼皆依此　監本毛本湘本皆作蓋。

四人謂姑之子舅之子妻之晜弟姊妹之夫是也　監本毛本湘本無是字。**注疏校勘札記**

姑之子爲甥舅之子爲甥妻之晜弟爲甥姊妹之夫爲甥　甥猶生也四人體敵故更相爲甥　**楊氏音訓**

妻之姊妹同出爲姨女子謂姊妹之夫爲私

妻之姊妹同出爲姨。同出、謂俱已嫁。詩曰邢侯之姨。女子謂姊妹之夫爲私。詩曰譚公維私。**郭注**

注詩曰邢侯之姨譚公維私　釋曰、皆衛風碩人篇文也。孫炎曰私、無正親之言。然則謂吾姨者我謂之私、邢侯譚公皆莊姜姊妹之夫、互言之耳。春秋譚子奔莒、則譚是子爵、言公者、蓋依臣子稱便文耳。**邢疏**

妻之姊妹同出爲姨　同出、俱已嫁也。詩正義三之二　春秋正義八又三十五　郭同

女子謂姊妹之夫爲私　私、無正親之言。詩正義三之二　邢疏

孫音注　**黃輯古義**

妻之姊妹同出爲姨　同出、俱已嫁也。詩衛風碩人正義　春秋莊十年正義　又襄二十三年正義

女子謂姊妹之夫爲私　私、無正親之言。邢疏　詩衛風碩人正義

孫音注　**玉函山房輯佚**

妻之姊妹同出爲姨　同出、俱已嫁也。宋本春秋疏二十三　同

女子謂姊妹之夫爲私　私、無正親之言。詩疏三之一　同

鈎沉

妻之姊妹同出爲姨

孫曰同出、俱已嫁也。詩正義三之二春秋正義八又三十五郭同

女子謂姊妹之夫爲私

孫曰私、無正親之言。詩正義三之二邢疏

漢注

妻之姊妹同出爲姨

孫炎云同出、俱已嫁也。詩正義三之一卷左傳正義二十三卷郭璞云、同出謂俱已嫁。詩曰邢侯之姨。

女子謂姊妹之夫爲私

孫炎云私者、無正親之言。詩正義三之二卷郭璞云、詩曰譚公維私。

一切注音

妻之姊妹同出爲姨女子謂姊妹之夫曰私、孫炎曰同出、俱已嫁也。私、無正親之言。詩碩人正義

古注斠

妻之姊妹同出爲姨

譚大南反。

陸音義

妻之姊妹皆姨也。經主言同出、則以同出爲正、卽非同出有不夷矣。春秋傳曰、接菑晉出也。䝤且齊出也。

女子謂姊妹之夫爲私

非正親也。詩曰、譚公維私。案譚子爵、今從臣子之詞、崇莊姜也。

新義

妻之姊妹同出爲姨同出、謂俱已嫁。然則未嫁者不容相呼也。

女子謂姊妹之夫爲私碩人云譚公維私。

鄭樵注

妻之姊妹同出爲姨

孫炎曰、同出、俱已嫁也。

郭璞曰、同出、謂俱已嫁。詩曰邢侯之姨。

鄭樵曰、同出、謂俱已嫁。然則未嫁者不容相呼也。

女子謂姊妹之夫爲私

孫炎曰、私、無正親之言。

郭璞曰、詩曰譚公維私。

鄭樵曰、碩人云譚公維私。

古注合存

妻之姊妹同出爲姨女子謂姊妹之夫爲私、註曰同出謂俱已嫁也。詩碩人云邢侯之姨譚公維私、愚按此亦妻黨之旁也。

注疏參義

妻之姊姝同出爲姨**註**同出謂俱已嫁詩曰邢侯之姨

女子謂姊妹之夫爲私**註**詩曰譚公維私**正義**此釋妻黨姊姝之夫之親也。謂吾姨者我謂之私。左氏莊十年傳云、蔡哀公娶於陳、息侯亦娶焉。息嬀將歸過蔡、蔡侯曰吾姨也。是姊妹各事一夫互稱爲姨、非相從爲媵者也。說文作妻之女弟同出爲姨。釋名云、姊妹互相謂夫曰私、言於其夫兄弟之中此人與己姊妹有恩私也。**註**同出至維私。○**正義**詩疏引孫炎云同出俱已嫁也。是郭註所本也。邢侯之姨、譚公維私、衞風碩人文。毛傳用爾雅。疏又引孫炎云私者、無正親之言。案姊妹之夫、未嘗非外親之正也、故郭氏不取。

正義

妻之姊妹同出爲姨同出謂俱已嫁詩曰邢侯之姨女子謂姊妹之夫爲私詩曰譚公維私姨者、左氏莊十年傳、蔡侯曰吾姨也。據蔡侯息侯同娶陳、是夫於妻之姊妹互相謂姨也。釋名云妻之姊妹曰姨。姨、弟也。言與己妻相長弟也。說文云妻之女弟同出爲姨。姨變姊妹爲女弟者、蓋古之媵女取於姪娣、娣爲妻則娣爲妾、同事一夫、是謂同出。詩碩人及左傳正義竝引孫炎曰同出、俱已嫁也。然則此有二

爾雅詁林　四　釋親

義、據詩左傳同出謂各自行嫁、據說文釋名同出謂共事一夫、二義俱通。詩及左氏於義爲長。○私者、釋名云、姊妹互相謂夫曰私。言於其夫兄弟之中此人與己姊妹有恩私也。詩正義引孫炎曰私、無正親之言。按雜記云吾子之外私某、是私無正親、凡有恩私皆得稱之。

義疏

妻之姊妹同出爲姨女子謂姊妹之夫爲私 孫注同出、俱已嫁也。私、無正親之言。郭注、同出謂俱已嫁。詩曰邢侯之姨、譚公維私。俱嫁有相親睦之道、不謂嫁者、可與在室者通問、故必著同出也。

集解

妻之姊妹同出爲姨女子謂姊妹之夫爲私 喪服、姨私均無服。而詩云邢侯之姨、譚公維私、則記述或通問之辭、當云然、此故釋之。同出、謂俱嫁者。姨从女夷、夷平也。言與己平行如兄弟然。私正字爲厶、言非正親。禮襍記言吾子之外私某是。

義證

妻之姊妹同出爲姨

註同出謂已嫁詩曰邢侯之姨補正鄭樵云、然則未嫁者不容相呼也。

女子謂姊妹之夫爲私

註詩曰譚公維私補正邢疏、孫炎曰私、無正親之言。

郭注補正

妻之姊妹同出爲姨

同出謂俱已嫁也詩曰邢侯之姨

文選寡婦賦注引爾雅曰、妻之姊妹同出爲姨。郭璞曰、同出謂俱已嫁也。毛詩曰邢侯之姨。今據補也字。

郭注佚存補訂

妻之姊妹同出爲姨女子謂姊妹之夫爲私　集韻六脂引作曰私。

匡名

妻之姊妹同出爲姨女子謂姊妹之夫爲私 說文姨、妻之女弟。衞風、邢侯之姨。又譚公維私。郭註同出謂俱已嫁。

啓蒙

妻之姊妹同出爲姨。女子謂姊妹之夫爲私。　姨與私韻。

黃侃音訓

妻之晜弟爲甥　女子謂姊妹之夫爲私

釋名妻之晜弟曰外甥。其姊妹女也。來歸己內爲妻、故其男爲外姓之甥。甥者、生也。他姓子本生於外、不得如其女來在己內也。釋親屬 姊妹互相謂夫曰私。言於其夫兄弟之中、此人與己姊妹有恩私也。釋親屬

證異

妻之姊妹同出爲姨

注曰同出謂俱已嫁詩曰邢侯之姨

樾謹按、下文女子同出謂先生爲姒後生爲娣、注曰同出謂俱嫁一夫。然則此經言同出亦當與下文同、而必異爲之說者正以莊姜爲衞侯之妻邢侯之姨、不得言俱嫁一夫耳。然碩人篇毛傳但曰妻之姊妹曰姨、而此經則有同出二字自與毛傳不同、竊意姨

者本是妻之姊妹同出之稱、姨猶娣也、從夷從弟、古音相同。周易渙六四匪夷所思、釋文曰夷、荀本作弟。又明夷六二夷于左股、釋文曰夷、子夏本作睇、又作眱。竝其例矣。與妻俱來者皆其姪娣、姪則但謂之姪、而娣則亦謂之姨、蓋聲近而義通、經兼姊妹言之、乃因妹而連言姊、古經自有此例。禮記喪服小記曰、生不及祖父母諸父昆弟、而父稅喪已則否。正義引王云、計己之生不及此親之存則不稅、夫己之生所不及者何得言弟、蓋因昆而連言之耳。猶襍記篇爲妻父母在、不杖不稽顙、正義亦謂因父而連言母也。說詳禮記。此經姊妹猶彼經昆弟矣。說文女部妻之女弟同出爲姨、卽本爾雅、而改姊妹爲女弟、則其義更明、此許君之善於說經也。莊十年左傳、蔡哀侯娶於陳、息侯亦娶焉、息嬀將歸、過蔡、蔡侯曰、吾姨也。此語卽有輕之之意、蓋謂是本吾娣媵之屬耳、所以止而見之而弗賓也。此姨字之本義、亦禮經之正名、自後相承凡妻之姊妹通謂之姨。故詩人以莊姜爲邢侯之姨、此與爾雅之義有別、不然毛公釋詩何不卽用爾雅全文而必去其同出二字乎。襄二十三年左傳穆姜之姨子也、杜注穆姜姨母之子。正義曰、據父言之謂之姨、據母言之當謂之從母、但子效父言、亦呼謂姨。釋名釋親屬曰母之姊妹曰姨、則又因妻之姊妹而推之于母之姊妹、其去古義更遠矣。**平議**

妻之姊妹同出爲姨。楷案、姨之名出於娣、說文妻之女弟同出爲姨、卽本此。同出謂同嫁一夫、不言姊者、以字之本義專取乎女弟、故說文又云娣、同夫之女弟也。兩解正相發明。段氏注云姨娣疊韻是也。釋名、妻之姊妹曰姨。姨、弟也。言與己妻相長弟也。句雖本爾雅、而其字義則猶專以弟言之。姨之本義本爲妻之女弟、因而推之妻之姊亦曰姨、如此文所釋蓋兼流俗之稱耳。同出本謂同嫁一夫、因而推之各嫁一夫者亦曰姨、如詩碩人邢侯之姨、莊十年左傳蔡侯曰吾姨也、皆是。襄二十三年左傳又云穆姜之姨子也、杜注穆姜姨母之子。釋名母之姊妹曰姨、則又因妻之姊妹而推之於母之姊妹矣。今吳俗稱母之姊妹曰娘姨、父之妾曰姨娘、名雖不正、其源皆出自古。**稗疏**

妻之姊妹同出爲姨。

愷案。同出蓋謂同姓也。左襄二十五年傳云。男女辨姓。今君出自丁。臣出自桓。是姓謂出。卽此同出之出字矣。妻之姊妹同出爲姨者。謂妻之姊妹同姓爲姨也。蓋姊妹不但同姓。亦如異姓有兄弟。則異姓亦有姊妹矣。同姓爲姨。然則妻姊妹異姓無姨稱。故特著同出二字也。郭注謂同出謂俱已嫁。以出爲嫁。義必誤。果俱已嫁而爲姨。借使未嫁則何稱乎。同姓與不同姓者異人。故可沿同姓之專稱。若嫁與未嫁原止一人。孰有未嫁不爲姨。既嫁而始爲姨者乎。是知姨之稱別之於同姓異姓。不別之於嫁與未嫁也。或曰。然則下文云女子同出謂先生爲姒。後生爲娣。奈何。曰正爲是也。國語晉語韋昭解云。女子同生謂後生爲娣。於男則言妹也。彼卽據雅義而言。顧不曰同出而曰同生。生出、也。廣雅釋詁云。生、出也。莊子庚桑楚篇陸釋云。出、生也。書汨作序傳云。生、姓也。則同生卽同姓也。彼爲語文娣字作解。故止言謂後生爲娣。而不泛及姒。謂後生爲娣。必謂先生爲姒可知。謂後生爲娣、而於男則言妹。謂先生爲姒、而於男則言姊可知。然則姒娣者卽姊妹之稱也。郝懿行義疏云。姒者姊也。列女傳有魯公乘姒。是子皮之姊。姊姒聲近義同。娣者說文云。女弟也。郝氏斯數語可節取矣。蓋姊妹之稱轉是男子稱女子。而非女子自相謂之稱。故韋氏謂於男則言妹。卽上文云男子謂女子先生爲姊、後生爲妹是也。韋氏此解殊勝於郭。郭則云同出謂俱嫁事一夫。仍誤以出爲嫁義。又與妻之姊妹同出爲俱已嫁之說歧異。是知有俱嫁事一夫者之姒娣。而不知既爲姊妹之稱。卽各嫁一夫亦未嘗非姒娣也。且俱嫁事一夫者。求之經傳。轉有娣有姪而無姒。顧主女君言之。自不得有姒。至其諸婦之幼謂長爲姒稱。固亦無害於義。而要其稱姒稱娣者。卽本於未嫁時之稱。非嫁後改稱爲姒娣也。此卽親於姪之稱可知。未嫁時爲姪。既嫁仍爲姪。豈嫁後而始改稱姪乎。亦卽猶之未嫁時爲姨。既嫁仍爲姨。豈嫁後而始改稱姨乎。則未嫁時爲姒娣。既嫁仍爲姒娣。豈嫁後而始改稱姒娣乎。若夫妯娌亦稱姒娣。原有婦字別之。下文云。長婦謂稚婦爲娣婦。娣婦謂長婦爲姒婦。與姊妹單稱姒娣者自異。特相沿稱謂。則又有去婦字亦單曰姒曰娣。於是姒娣爲姊妹之稱竟爲所奪。一若妯娌之主名者。郭之指爲俱嫁事一夫。猶幸而下文明有娣婦姒婦之目。故不至解作妯娌。不然。我知必更有以同出爲同嫁一門兄弟之說者矣。豈知雅文自有義可尋。其曰先生爲姒、後生爲娣與上文男子先生爲兄、後生爲弟、男子謂女子先生爲姊、後生爲妹一例。龍啓瑞爾雅經注集證云。諸家本皆同。惟吳刻仿宋本無男子二字。阮刻從之。愚謂卽無男子二字。玩一謂字。要義仍承上男子而言也。若在妯娌。正合如下文曰長曰稚。卽俱嫁事一夫者。既嫁矣亦何不曰長曰稚。而必曰先生後生。曰先生後生。明指生時而言。明姒娣與兄弟姊妹同也。故先生爲兄、後生爲弟者。男子自相謂之稱也。先生爲姊、後生爲妹者。男子謂女子之稱也。先生爲姒、後生爲娣者。女子同姓自相謂之稱也。特相沿稱謂。則女子自相謂亦稱姊妹。故曰妻之姊妹同出爲姨。而不曰妻之姒娣爲姨。此則已據相沿而言之矣。要其稱姊妹卽猶其借稱兄弟。孟子萬章篇云。彌子之妻與子路之妻。兄弟也。並女效男之稱。而非其本稱。其本稱則姒娣也。惟本稱爲姒娣者同姓之稱。則在異姓姊妹、儻止合稱姊妹或兄弟。而不得稱姒娣。故特著同出二字也。韋解於女子同出之義得其解。卽於妻之姊妹同出之義亦必得其解矣。焉有兩同出之文而有歧異哉。同出卽同生。同生卽同姓。必自姒娣之義明。而後女子同出之義不繫言而喻。女子同出之義喻。而妻之姊妹同出之義亦喻。否則。紐於俱嫁之說。卒不可通矣。抑或者不謂之同姓。以同生作同胞義。謂是同父母生者。則亦未始非一說也。

女子謂姊妹之夫爲私。

愚案。私者對公之稱。下文云。夫之兄爲兄公。夫之姊爲女公。女子以夫家爲公。則己家爲私矣。於夫之黨有公稱。則己之黨有私稱矣。稱夫之兄姊爲公。則安得不稱姊妹之夫爲私乎。以此解私字頗極明瞭。郭注不說私字之義。邢釋云。謂吾姨者我謂之私。則誤從甥舅之例以私與姨對。而私字之義不可曉矣。釋名釋親屬乃説之云。姊妹互相謂夫曰私。言於其夫兄弟之中此人與己姊妹有恩私也。望文造義。不顧人之噴飯乎。邢釋引孫炎曰。私無正親之言。亦不得其解而爲之説。

校書

○注詩曰邢侯之姨譚公維私○釋曰 注疏本刪注詩曰釋曰五字。

春秋譚子奔莒 注疏本奔誤伐。

校勘記

二十四下(五〇)

二行(注)同出謂已嫁詩曰邢侯之姨〇《文選》潘岳《寡婦賦》注引「嫁」下有「也」字。

宋監本校箋

妻之姊妹同出爲姨女子 同出謂俱已嫁

楊氏音訓

男子謂姊妹之子爲出女子謂晜弟之子爲姪謂出之子爲離孫謂姪之子爲歸孫女子子之子爲外孫

男子謂姊妹之子爲出。公羊傳曰蓋舅出。女子謂晜弟之子爲姪、左傳曰姪其從姑。謂出之子爲離孫、謂姪之子爲歸孫、女子子之子爲外孫。

郭注

注公羊傳曰蓋舅出 釋曰、案春秋襄五年夏、叔孫豹、鄫世子巫、如晉。公羊傳曰、外相如不書此何以書。爲叔孫豹率而與之俱也。叔孫豹則曷爲率而與之俱。蓋舅出也。何休云巫者、鄫前夫人襄公母姊夫之子也。俱莒外孫、故曰舅出是也。

注左傳曰姪其從姑 釋曰、案僖十五年傳云、初晉獻公筮嫁伯姬於秦、遇歸妹之睽、史蘇占之曰、不吉。其繇曰、姪其從姑。杜注云、震爲木、離爲火、火從木生、離爲震妹、於火爲姑、謂我姪者我謂之姑、謂子圉質秦是也。

邢疏

男子謂姊妹之子爲出

郭璞云、公羊傳曰蓋舅出。

女子謂晜弟之子爲姪

郭璞云、左傳曰姪其從姑。

一切注音

姪 大結反。字林云兄女。又丈乙反。

陸音義

男子謂姊妹之子爲出女子謂晜弟之子爲姪謂出之子爲離孫謂姪之子爲歸孫

女子以爲歸、男子以爲出。男子以爲離、女子以爲至。姪、至也。入人之室爲至。

新義

男子謂姊妹之子爲出襄五年公羊曰、蓋舅出也。女子謂晜弟之子爲姪左傳曰、姪從其姑。今男子謂晜弟之子亦然。據古人謂兄弟之子、其男子爲子、其女子爲姪、故姪之字從女、此本義也。後人訛則通謂姪。**鄭樵注**

男子謂姊妹之子爲出
郭璞曰、公羊傳曰蓋舅出。
鄭樵曰、襄五年公羊曰、蓋舅出也。
女子謂晜弟之子爲姪
郭璞曰、左傳曰姪其從姑。
鄭樵曰、左傳曰姪其從姑。今男子謂晜弟之子亦然。據古人謂兄弟之子、其男子爲子、其女子爲姪、故姪之字從女、此本義也。後人訛則通謂姪。**古注合存**

男子謂姊妹之子爲出、女子謂晜弟之子爲姪、謂出之子爲離孫、謂姪之子爲歸孫、女子子之子爲外孫。疏曰、公羊云、叔孫豹曷爲率鄭世子如晉、蓋舅出也。左傳云、姪其從姑。愚按此非妻黨、乃母黨之下也、其離孫歸孫皆無服。**注疏參義**

離孫卽左傳所謂彌甥。**補注**

男子謂姊妹之子爲出**註**公羊傳曰蓋舅出女子謂晜弟之子爲姪**註**左傳曰姪其從姑謂出之子爲離孫謂姪之子爲歸孫女子子之子爲外孫**正義**釋名云、姊妹之子曰出、出嫁於異姓而生之也。左氏莊二十二年傳云、陳厲公、蔡出也。文十四年傳云、齊出貜且長。成十三年傳云、康公我之自出。襄二十五年傳云、則我周之自出。又云、蔡人欲立其出。昭四年傳云、徐子吳出也。杜註、姊妹出嫁而生子是也。說文云、姪、兄之女也。釋名云、姑謂兄弟之女爲姪。姪、迭也、其行事夫更迭進御也。公羊莊十九年傳云、姪者何、兄之子也。成二年傳云、蕭同姪子者、齊君之母也。左氏襄二十三年傳云

繼室以其姪。皆專指女子子而言。然喪服大功成人章云、姪丈夫婦人報。傳曰、姪者何也、謂吾姑者、吾謂之姪。鄭註、爲姪男女服同。是女子於昆弟之男子女子均稱爲姪、不專指姪娣也。謂出之子爲離孫者、釋名云、出之子曰離孫、言遠離也。又謂之從孫甥。左氏哀二十五年傳云、太叔疾之從孫甥也。杜註、姊妹之孫爲從孫甥、與孫同列。謂姪之子爲歸孫者、釋名云、姪之子曰歸孫、婦人謂嫁曰歸、姪子列、故其所生爲孫也。喪服緦麻三月章云、父之姑、鄭註歸孫爲祖父之姊妹是也。女子子之子爲外孫者、緦麻三月章云、外孫。賈疏以女出外適而生、故云外孫。春秋僖五年云、杞伯姬來朝其子、何休云、禮外孫初冠有朝外祖之道。**註**公羊至舅出。**正義**襄五年傳文。傳又云蓋欲立其出也。又文十四年傳云、接菑晉出也、貜且齊出也。公羊傳謂之晉出齊出者、猶左傳稱鄭甥爾。何休註以出爲外孫、非也。○左傳至從姑。○**正義**僖十五年傳文。杜註、謂我姪者、我謂之姑。謂子圉質秦。杜意亦以姪之名兼男女而稱之也。**正義**

女子謂晜弟之子爲姪　玉案、疏廣、疏受、蔡盾、蔡邕、今之所謂叔姪也。兩漢書皆曰父子、至晉書始有叔姪之名。晉書王湛傳、濟于湛略無子姪之敬。**校議**

男子謂姊妹之子爲出公羊傳曰蓋舅出女子謂晜弟之子爲姪左傳曰姪其從姑謂出之子爲離孫謂姪之子爲歸孫女子子之子爲外孫

出者、釋名云姊妹之子曰出、出嫁於異姓而生之也。郭引公羊襄五年傳。又云蓋欲立其出也。又文十四年傳云接菑晉出也、貜且齊出也。皆本爾雅。何休注以出爲外孫、誤矣。姪者、說文云兄之女也。釋名云姑謂兄弟之女爲姪。姪、迭也、共行事夫更迭進御也。公羊成二年傳云、蕭同姪子者、是皆以姪專指女子子而言。郭引左氏僖十五年傳云姪其從姑、姪謂子圉、則義得兼男子而言。故喪服大功章云姪丈夫婦人

報、鄭注爲姪男女服同。是女子於舅弟之子男女均稱爲姪也。謂出之子爲離孫者、離猶遠也。釋名云言以遠離已也。按離孫亦曰彌孫、左氏哀廿三年傳云以肥之得備彌甥、杜預注彌、遠也。康子父之舅氏、故稱彌甥。又謂之從孫甥、哀廿五年傳云太叔疾之從孫甥也。杜注姊妹之孫謂從孫甥、與孫同列。正義曰男子謂兄弟之孫爲從孫、故謂姊妹之孫爲從孫甥。按今人省略從孫甥直曰孫甥矣。謂姪之子爲歸孫者、釋名云、婦人謂嫁曰歸、姪子列、故其所生爲孫也。鄭駁五經異義云、婦人歸宗、女子雖適人、字猶繫姓、明不與父兄爲異族。然則歸有二義、以服制推之、鄭義爲長。喪服緦麻三月章云父之姑。鄭注歸孫爲祖父之姊妹。是其義也。女子子之子爲外孫者、與外舅外姑其義同也。緦麻三月章云外孫、賈疏曰以女出外適而生、故云外孫。春秋僖五年經云杞伯姬來朝其子、何休注禮外孫初冠有朝外祖之道。

義疏

男子謂姊妹之子爲出郭注、公羊傳曰蓋舅出。親於凡甥故特制名。**女子謂舅弟之子爲姪**郭注、左傳曰姪其從姑。姪室也。在室之從子。**謂出之子爲離孫**仍親之。**謂姪之子爲歸孫**歸宗之義也。**女子子之子爲外孫**毛詩傳、外孫爲甥。蓋古通稱。

集解

男子謂姊妹之子爲出喪服所謂甥是也。舅爲服緦、爲制名者、示其異於凡甥。姊妹出嫁於異姓而生子、故甥可名爲出。公羊襄五傳、蓋欲立其出也。文十四傳、接菑晉出也。貜且齊出也。何休以外孫當之、誤矣。**女子謂舅弟之子爲姪**兄弟之子、猶子也。言姪者、明其至親。姪形从女、對姑生偁。所謂謂吾姑者吾謂之姪是也。若對世叔、唯得言昆弟之子、不得名姪。禮爲姪大功、丈夫婦人報。公羊成二傳、蕭同姪子者。左僖十五傳姪其從姑。姪謂子圉、則姪兼統男女而言。許慎專釋爲兄

女、非也。**謂出之子爲離孫**言其離遠、與同室異。左傳謂之彌孫、亦取遠義。**謂姪之子爲歸孫**婦人有歸宗之義、故偁侄子爲歸孫。禮歸孫爲父之姑服緦。**女子子之子爲外孫**女出外適而生、故云外孫。禮外王父爲其外孫緦。

義證

男子謂姊妹之子爲出

〔註〕公羊傳曰蓋舅出〔補正〕臣鍌按釋名云、出嫁於異姓而生之也。又云舅謂姊妹之子曰甥。甥亦生也。出配他男而生、故其制字男旁作生也。

女子謂舅弟之子爲姪

〔註〕左傳曰姪其從姑〔補正〕鄭樵云、今男子謂舅弟之子亦然。據古人謂兄弟之子、其男子爲子、其女子爲姪、故姪之字從女、此本義也。後人訛則通謂姪。臣鍌按顏氏家訓云兄弟之子前呼爲兄子弟子、北土多呼爲姪。爾雅喪服經左傳姪名雖通男女、並是對姑之稱。晉世已來始呼叔姪。

郭注補正

男子謂姊妹之子爲出、女子謂舅弟之子爲姪、謂出之子爲離孫、謂姪之子爲歸孫、女子子之子爲外孫

大雅韓奕汾王之甥、毛傳云外孫曰甥。對外舅言謂之外孫、今人猶稱外甥。對姊妹言今人亦稱外甥、其實一也。餘詳訂經。

說詩

女子謂晜弟之子爲姪

喪服大功成人章云、姪丈夫婦人報。傳曰、姪者何也、謂吾姑者、吾謂之姪。鄭注、謂婦男女服同。是女子於昆弟之男女子均稱爲姪、不專指姪娣也。賈釋云、謂吾姑者吾謂之姪、名惟對姑生稱、若對世叔、唯得言昆弟之子、不得姪名也。經文云姪丈夫婦人報者、公羊傳曰二國往媵以姪娣從、謂婦人。左傳曰姪其從姑、謂丈夫也。

小箋

男子謂姊妹之子爲出女子謂晜弟之子爲姪謂出之子爲離孫謂姪之子爲歸孫女子子之子爲外孫

左成十三年傳、康公我之自出。說文、甥、兄之女也。左僖十五年傳、姪其從姑。釋名、出之子曰離孫、言離遠也。又謂之從孫。左哀二十五年傳、大叔疾之從孫甥也。釋名、姪之子曰歸孫、婦人謂嫁曰歸。姪子列、故其所生爲孫也。賈疏、女子子之子爲外孫者、以女出外適而生、故云外孫。春秋僖五年杞伯姬來朝其子、何休註、禮外孫初冠、有朝外祖之道。

啓蒙

男子謂姊妹之子爲出。女子謂晜弟之子爲姪。　出與姪韻。

黃侃音訓

男子謂姊妹之子爲出　女子謂晜弟之子爲姪

釋名、姊妹之子曰出。出嫁於異姓而生之也。釋親屬　姑謂兄弟之女爲姪。姪、迭也、其行事夫更迭進御也。釋親屬

釋名、姑謂兄弟之女爲姪。按姪不專指姪娣而言、儀禮喪服大功成人章、姪丈夫婦人報、傳曰姪者何也、謂吾姑者吾謂之姪。注爲姪男女服同。是女子於昆弟之男子女子均稱爲姪。

謂出之子爲離孫　謂姪之子爲歸孫

釋名、出之子曰離孫。言遠離己也。釋親屬　左傳謂之從孫甥。哀廿五年傳

釋名、姪之子曰歸孫。婦人謂嫁曰歸、姪子列、故其所生爲歸也。釋親屬

證異

○注公羊傳曰蓋舅出○釋曰　注疏本删注釋曰。

○注襄公母姊夫之子也　注疏本姊作妹。按公羊注作姊妹之子、與此經合。夫當作妹。

○注左傳曰姪其從姑○釋曰　注疏本删注釋曰。

校勘記

姪、大結翻、定澄隔標出切、卽音帙也。徒結翻同字林、又丈乙翻、音帙同。釋文已誤分兩音、今世竝从帙音、俗改爲侄字、侄音質、堅也。又癡也、侄佗不前也。誤。

音略

姪　咥。又音秩。

干氏音釋

女子同出謂先生爲姒後生爲娣

女子同出謂　先生爲姒、後生爲娣。同出、謂俱嫁事一夫。公羊傳曰、諸侯娶一國、二國往媵之、以姪娣從。娣者何、弟也。此卽其義也。

郭注

注公羊至弟也　釋曰、春秋莊十九年、秋公子結媵陳人之婦于鄄、遂及齊侯宋公盟。公羊傳曰、媵者何、諸侯娶一國、則二國往媵之、以姪娣從。姪者何、兄之子也。娣者何、弟也。諸侯壹聘九女、諸侯不再娶。何休云、必以姪娣從之者、欲使一人有子、二人喜也、所以防嫉妬、令重繼嗣也。因以備尊尊親親也。九者、極陽數也。不再娶者、所以節人情、開媵路。

邢疏

爾雅詁林　四　釋親

女子同出謂先生爲姒後生爲娣

同出謂俱嫁事一夫也。公羊傳曰、娣者何、弟也。此其義也。春秋正義八又二十七又五十二 郭同

黃輯古義

孫音注

女子同出謂先生者爲姒後生爲娣

同出謂俱嫁事一夫也。公羊傳曰娣者何、弟也。此其義也。春秋昭二十八年正義又成十一年正義引首句。

孫音注

玉函山房輯佚

女子同出

同出謂俱嫁事一夫也。同宋本春秋疏十九

孫音注

鉤沉

女子同出謂先生爲姒後生爲娣

孫曰、同出謂俱嫁事一夫也。公羊傳曰娣者何、弟也。此其義也。春秋正義八又二十七又五十二 郭同

漢注

女子同出謂先生爲姒後生爲娣

孫炎云同出謂俱嫁共事一夫也。左傳正義十九卷 郭璞云同出謂俱嫁事一夫。公羊傳曰諸侯娶一國二國往媵之、以姪娣從。娣者何、弟也。此卽其義也。

一切注音

女子同出謂先生爲姒後生爲娣 孫炎云、同出謂俱嫁事一夫也。左氏成十一年傳正義

古注斠

後生爲娣 孫炎曰、公羊傳曰娣者何、弟也。此其義也。春秋正義二十七又五十二

古注斠補

姒音似。娣大計反。娶七具反。媵以證反。

陸音義

女子同出謂先生爲姒後生爲娣

雖非同出、先生亦姒、後生猶爲娣、爾而經主同出、則以同所歸爲正、故詩嘆出同所歸異也。

新義

女子同出謂先生爲姒後生爲娣 同出、謂俱、嫁一夫。公羊傳曰、諸侯娶一國、二國往媵之、以姪娣從。

鄭樵注

女子同出謂先生爲姒後生爲娣

孫炎曰、同出謂俱嫁事一夫也。郭璞曰、同出謂俱嫁事一夫。公羊傳曰諸侯娶一國二國往媵之、以姪娣從。娣者何、弟也。此卽其義也。鄭樵曰、同出謂俱嫁一夫。公羊傳曰諸侯娶一國、二國往媵之、以姪娣從。

古注合存

朱子云、同事一夫、則以生之先後爲長少。各事一夫、則以夫之長幼爲先後。所謂從夫之爵、坐以夫齒者是也。單舉則可通謂之姒、蓋相推讓之意耳。注疏非是。

補注

女子同出謂先生爲姒後生爲娣 **註** 同出謂俱嫁事一夫公羊傳曰諸侯娶一國二國往媵之以姪娣從娣者何弟也此卽其義也 **正義** 此釋俱事一夫者之稱謂也。易歸妹云、反歸以娣。又云、其君之袂、不如其娣之袂良。大雅韓奕云、諸娣從之、祁祁如雲。毛傳、諸侯一娶九女、二國媵之。諸娣衆妾也。何休公羊傳註云、禮、適夫人無子立右媵、右媵無子立左媵、左媵無子立嫡姪娣、嫡姪娣無子立右媵姪娣、右媵姪娣無子立左媵姪娣、此媵之位有貴賤也。位雖有別、而爲媵則同、故以已年之長幼以相稱謂。年長者爲姒、年幼者爲娣。 **註** 同出至義也。○ **正義** 左傳疏引孫炎云、同出謂俱嫁共事一夫也。郭註本孫炎。郭

註又引公羊傳者、莊十九年傳文。**正義**

女子同出謂先生爲姒後生爲娣 同出謂俱嫁事一夫公羊傳曰諸侯娶一國二國往媵之以姪娣從娣者何弟也此其義也

姒者、姊也。列女傳有魯公乘姒、是子皮之姊。姊姒聲近義同也。娣者、說文云、女弟也。易、反歸以娣、詩諸娣從之、毛傳、諸侯一取九女、二國媵之、諸娣衆妾也。按娣姒卽衆妾相謂之詞、不關嫡夫人在內、其嫡夫人則禮稱女君。易云、其君之袂不如其娣之袂良、是其義也。然則女子同出、郭知爲俱嫁事一夫者、左氏成十一年正義引孫炎云、同出謂俱嫁事一夫也、是郭所本。方言云自家而出謂之嫁。由女而出爲嫁也、正與此義合。**義疏**

女子同出謂先生爲姒後生爲娣 孫注、同出謂俱嫁事一夫也。郭注、公羊傳曰諸侯娶一國二國往媵之、以姪娣從。娣者何、弟也。此其義也。此與上同出爲姨爲對文。男子爲妻姊妹皆曰姨、不分先後生、女子相往來亦有友道、則從娣姒稱也。娣姒本宗婦相稱、異姓亦用之、但同姓則以夫之季、異姓則以己之季耳。俱事一夫則妾媵耳、何得制號。**集解**

女子同出謂先生爲姒後生爲娣 男子偁妻姊妹曰姨、無先生後生之別、女子則異、猶兄弟之不可混淆而偁也。姒娣爲兄弟妻之相名、女子同出、於姊妹而仍其號、以己嫁而亞、亦兄弟行也。禮姊妹在室期、適人大功、姊妹相爲服當从同。或曰姒猶姊也、偁姒者、所以別於男子。列女傳有魯公乘姒、爲子皮之姊、是娣、女弟也。易曰歸妹以娣、說者謂爲俱嫁一夫、則與上同出之義乖矣。**義證**

謂出之子爲離孫、謂姪之子爲歸孫、女子子之子爲外孫女子同出謂先生爲姒、後生爲娣

〔註〕同出謂俱嫁事一夫公羊傳曰諸侯娶一國二國往媵之以姪娣從娣者何弟也此卽其義也〔補正〕臣鑒按、釋名云、出之子曰離孫、言遠離己也。姪之子曰歸孫、婦人謂嫁曰歸、姪子列、故其所生爲孫也。**郭注補正**

女子同出謂先生爲姒後生爲娣

同出謂俱嫁事一夫也 公羊傳曰諸侯娶一國二國往媵之以姪娣從娣者何弟也此卽其義也

慧琳阿毗達磨大毗婆沙論卌四卷音義引爾雅云女子同出先生爲姒、後生爲娣、郭注云爲俱嫁同事一夫也。今據補也字。仿宋本明注疏本作此卽其義也。雪牕本無卽字。**郭注佚存補訂**

女子同出謂先生爲姒後生爲娣

郭注云、同出謂俱嫁事一人。公羊傳曰、諸侯取一國、二國往媵之、以姪娣從。娣者何、弟也。此其義也。大雅韓奕諸娣從之、毛傳亦本公羊說、見前條。孫炎云同出謂俱嫁事一夫也、此郭所本也。邶風燕燕序云、莊姜送歸妾也。正義隱三年左傳曰、莊姜

爾雅詁林　四　釋親

美而無子、又娶於陳、曰厲嬀、生孝伯、早死。其娣戴嬀生桓公、莊姜以爲己子。蓋戴嬀爲厲嬀之娣、而詩稱仲氏任只。正義引禮記男女異長注云各自爲伯季、故婦人稱仲氏也、仲氏卽婦也。衛風碩人庶姜孼孼、箋云庶姜卽姪娣。

說詩

女子同出謂先生爲姒後生爲娣　說文女部無姒字、當作以。案說文人部佀象也。从人㠯聲。隸變移人旁於右。娣婦謂長婦曰姒婦。釋名曰、言其先來、己所當法似也。說文所云象者、法象之謂也。後來以以字代㠯、說文㠯、用也。从反已。而別造似字代以、似卽俗以字也。徐養原曰、論衡詰術篇古者因生以賜姓、因其所生賜之姓也、若夏吞薏苡而生、則姓苡氏。按薏苢古通作意㠯、說文已部㠯字注引賈侍中說已意㠯實象形、然則夏姓及娣姒之姒皆當作㠯、㠯與似同音故有法佀之義。意㠯實大徐本誤㠯爲已、小徐作以。

匡名

女子同出謂先生爲姒後生爲娣　郭註同出謂俱嫁共事一夫。兄弟之妻相謂亦曰姒。左成十一年傳、吾不以妾爲姒。說文𡞰、女弟也。大雅諸娣從之、毛傳、諸侯一娶九女、二國媵之、諸娣衆妾也。禮適夫人無子立右媵、右媵無子立左媵、左媵無子立嫡姪娣、嫡姪娣無子立右媵姪娣、右媵姪娣無子立左媵姪娣。

啓蒙

女子同出謂先生爲姒。　嚴元照說、姒當作以、說文佀、象也、隸變移人旁於右。後來以以字代㠯、而別造似字代以、似卽俗以字。案姒正作佀、釋名可證。疑姒卽始之變體、始音變爲姒、猶台聲有枲也。

黄侃音訓

此卽其義也　注疏本同。雪牕本無卽字。此蓋衍。單疏本標起止云注公羊至弟也、併無此五字。

○注公羊至弟也○釋曰　元本閩本監本作云公羊傳者。按毛本者作曰。

諸侯壹聘九女　元本同。閩本監本毛本壹作一。

校勘記

令重繼也　監本毛本湘本繼下有世字是。

注疏校勘札記

女子同出謂先生爲姒。似 後生爲娣。弟下同

孫侶直音

女子謂兄之妻爲嫂弟之妻爲婦

女子謂兄之妻爲嫂、弟之妻爲婦。猶今言新婦是也。

郭注

注猶今言新婦是也　釋曰、儀禮喪服傳云、夫之昆弟何以無服也、其夫屬乎父道者、妻皆母道也、其夫屬乎子道者、妻皆婦道也。謂弟之妻婦者、是嫂亦可謂之母乎、故名者人治之大者也、可無慎乎。鄭注云道猶行也、言婦人棄姓無常秩、嫁於父行則爲母行、嫁於子行則爲婦行。謂弟之妻爲婦者、卑遠之、故謂之婦。嫂者尊嚴之稱。是嫂亦可謂之母乎、嫂猶叟也、叟老人稱也。是爲序男女之別爾。若已以母婦之服服兄弟之妻、兄弟之妻以舅子之服服己、則是亂昭穆之序也。治猶理也、父母兄弟夫婦之理、人倫之大者、可不慎乎。大傳曰同姓從宗合族屬、異姓主名治際會。名著而男女有別。是別嫂婦之名也。郭云猶今言新婦者、以時驗而知也。至今猶然。

邢疏

女子謂兄之妻爲𡡏弟之妻爲婦　郭璞云、猶今言新婦是也。

一切注音

𡡏　素早反。本今作嫂。

陸音義

𡡏○邢本作嫂。

音義攷證

女子謂兄之妻爲嫂弟之妻爲婦

不言男子、蓋推而遠之也。

新義

女子謂兄之妻爲嫂弟之妻爲婦今男子亦通謂嫂婦。

鄭樵注

女子謂兄之妻爲嫂弟之妻爲婦

郭璞曰、猶今言新婦是也。

鄭樵曰、今男子亦通謂嫂婦。

古注合存

女子同出謂先生爲姒後生爲娣女子謂兄之妻爲嫂弟之妻爲婦

註曰同出謂俱嫁一夫也公羊云諸侯娶一國二國媵之以姪娣從娣者何弟也弟之妻稱婦者猶今言新婦是也愚按此以下皆非妻黨乃夫黨也

注疏參義

女子謂兄之妻爲嫂弟之妻爲婦 **註** 猶今言新婦是也

正義 釋名云、嫂、叟也。叟、老者稱也。叟、縮也。人及物老皆縮小於舊也。喪服傳云、夫之昆弟何以無服也、其夫屬乎父道者、妻皆母道也、其夫屬乎子道者、妻皆婦道也。謂弟之妻婦者、是嫂亦可謂之母乎。故名者人治之大也、可無愼乎。鄭註、謂弟之妻爲婦者、卑遠之、故謂之婦。嫂者、尊嚴之稱。嫂猶叟也。叟、老人稱也。是爲序男女之別爾。賈疏、兄弟之妻本無母婦之名、名兄妻爲嫂者、尊嚴之稱。名弟妻爲婦、與子妻同號、者、推而遠之、下同子妻也。是兄弟妻號既無母婦之名、今名爲嫂婦者、假作此號使遠於淫亂。案男子亦稱兄弟之妻爲嫂婦。而爾雅繫之女子者、男子於兄弟之妻相遠、女子於兄弟之妻相近、故從其近者言之也。**註** 猶今至是也○ **正義** 晉書及世說多稱新婦、郭以時驗爲證也。今俗語猶然。

正義

女子謂兄之妻爲嫂弟之妻爲婦猶今言新婦是也

嫂者、說文云、兄妻也。釋名云、嫂、叜也。叜、老者稱也。婦者、說文云、服也、从女持帚灑埽也。然則婦爲卑服之稱、嫂是尊老之號、其男子於兄弟之妻稱號亦同。獨舉女子者、從其類也。嫂婦女子相爲服、男子不相爲

服、以遠別也。

義疏

女子謂兄之妻爲嫂弟之妻爲婦是也。郭注、猶今言新婦與男子同詞。

集解

女子謂兄之妻爲嫂弟之妻爲婦

嫂、从女叜、叜、老也、尊長之偁。婦、服也、从女持帚灑掃也。弟婦卑、殺。婦之男女於兄弟之妻偁號均同。獨舉女子者、從其類也。嫂婦女子相爲服、喪服所謂夫之姑姊妹小功報是也。男子則因遠別而無服。

義證

女子謂兄之妻爲嫂弟之妻爲婦

說文云嫂、兄妻也。今人稱兄妻爲嫂、弟妻爲弟婦、本雅訓也。男子女子稱謂皆同。獨言女子者、從其類也。弟妻爲婦、下與子妻同號。

說詩

女子謂兄之妻爲嫂 嫂、釋文作㛮。

疏舜上見堯堯舍之於貳室 脫一堯字。 禮謂妻父曰外舅 謂誤記。 堯以女妻舜故謂舜甥 謂舜誤謂堯。 是天子而友匹夫也 而誤之。 春秋譏子奔莒 奔誤代。 言婦人棄姓無常秩 下稱字誤衍。 卑遠之故謂之婦 婦誤娣。

注疏正字

女子謂兄之妻爲嫂弟之妻爲婦　釋文云㛮本今作嫂。案叜隸變作叟。

匡名

女子謂兄之妻爲嫂、弟之妻爲婦。說文、嫂、兄妻也。亦男子通稱。後漢書馬援敬事寡嫂。

啓蒙

女子謂兄之妻謂嫂嫂。唐石經雪牕本同。釋文嫂、素早反。本今作○注猶今言新婦是也○釋曰注疏本注改云、釋曰改案。言婦人棄姓無常秩元本同。閩本秩剎改作稱。監本毛本遂衍作無常秩稱。故謂之婦注疏本婦誤娣。

校勘記

長婦謂稚婦爲娣婦娣婦謂長婦爲姒婦

長婦謂稚婦爲娣婦、娣婦謂長婦爲姒婦。今相呼先後、或云妯娌。

郭注

注今相呼先後或云妯娌　釋曰、廣雅云、娣姒、妯娌。娣姒、先後也。世人多疑娣姒之名、皆以爲兄妻呼弟妻爲娣、弟妻呼兄妻爲姒、因卽惑於斯文、不知何以爲說。今謂母婦之號、隨夫尊卑、娣姒之名、從身長幼、以其俱來夫族、其夫班秩既同、尊卑無以相加、遂從身之少長。喪服小功章曰、娣姒婦報。傳曰、娣姒婦者、弟長也。以弟長解娣姒、言娣是弟、姒是長也。公羊傳亦云、娣者何、弟也。是其以弟解娣、自然以長解姒。長謂身之年長、非夫之年長也。此云長婦謂稚婦爲娣婦、娣婦謂長婦爲姒婦者、止言婦之長稚、不言夫之大小。左傳成十一年穆姜謂聲伯之母爲姒、昭二十八年傳叔向之嫂謂叔向之妻爲姒、二者皆呼夫弟之妻爲姒、豈計夫之長幼乎。上云女子同出謂先生爲姒、後生爲娣、郭云同出謂俱嫁事一夫也。事一夫者、以己生先後爲娣姒、則知娣姒以己之年、非夫之年也。故賈逵鄭玄及杜預皆云兄弟之妻相謂爲姒、言兩人相謂、謂長者爲姒、知娣姒之名不計夫之長幼也。

邢疏

長婦謂稚婦爲娣婦娣婦謂長婦爲姒婦

郭璞云、今相呼先後、或云妯娌。

一切注音

稺直吏反。又作稚。先蘇薦反。後胡遘反。孫云、先後、[illegible]

妯娌音逐。下音里。廣雅云、先後、妯娌也。郭注方言云、今關西兄弟婦相呼爲妯娌。韋昭云、先謂姒、後謂娣。

陸音義

稺○邢本作稚。

音義攷證

娣婦謂長婦爲姒婦

姒、嗣婦也。

新義

長婦謂稚婦爲娣婦娣婦謂長婦爲姒婦　世人多惑斯文、以兄妻呼弟妻爲娣、弟妻呼兄妻爲姒。考之古義、兄弟之妻既爲敵體、故不以兄弟之長幼相命、但以年長於己則呼之爲姒、年少於己則呼之爲娣。左傳穆姜謂聲伯之母爲姒、叔向之嫂謂叔向之妻爲姒、是皆呼夫弟之妻也。知此所謂長婦稚婦者、實以婦人之長稚也。

鄭樵注

長婦謂稚婦爲娣婦娣婦謂長婦爲姒婦

郭璞曰、今相呼先後、或云妯娌。

鄭樵曰、世人多惑斯文、以兄妻呼弟妻爲娣、弟妻呼兄妻爲姒。考之古義、兄弟之妻既爲敵體、故不以兄弟之長幼相命、但以年長於己則呼之爲姒、年少於己則呼之爲娣。左傳穆姜謂聲伯之母爲姒、叔向之嫂謂叔向之妻爲姒、是皆呼夫弟之妻也。知此所謂長婦稚婦者、實以婦人之長稚也。

古注合存

長婦謂稚婦爲娣婦娣婦謂長婦爲姒婦。長竝上聲。後放此。○今相呼先後或云妯娌

注疏參義

長婦謂稚婦爲娣婦娣婦謂長婦爲姒婦　註　今相呼先後、或云妯娌。

正義　釋名云、少婦謂長婦曰姒、言其先來、己所當法似也。長婦謂少婦曰娣。娣、弟也。己後來也。或曰先後、以來先後言之也。喪服傳云、娣姒婦者、弟長也。何以小功也。以爲相與居室中、則生小功之親焉。鄭註、娣姒婦者、兄弟之妻相名也。案喪服傳以弟釋娣、以長釋姒、[illegible]則於娣姒也。左氏成十一年傳云、聲伯之母不聘、穆姜曰、吾不以妾爲姒。杜註、聲伯之母、叔肸之妻、[illegible]

爾雅詁林　四　釋親

之妻相謂爲姒。穆姜、宣公夫人、宣公叔肸同母昆弟。孔疏云、世人多疑娣姒之名、皆以爲兄妻呼弟妻爲娣、弟妻呼兄妻爲姒。因即惑於傳文、不知何以爲其義。今謂母婦之號、隨夫尊卑、娣姒之名、從身長幼、以其俱來夫族、其夫班秩既同、尊卑無以相加、遂從身之少長。釋親云、長婦謂稚婦爲娣婦、娣婦謂長婦爲姒婦、止言婦之長稚、不言夫之大小。今穆姜謂聲伯之母爲姒、昭二十八年傳叔向之嫂謂叔向之妻爲姒、二者皆呼夫弟之妻爲姒、豈計夫之長幼乎。釋親又云、女子同出、謂先生爲姒、後生爲娣。孫炎云、同出謂俱事一夫也。事一夫者、以己生先後爲娣姒、則知娣姒以己之年、非夫之年也。故賈逵、鄭元及此注皆云兄弟之妻相謂爲姒、言兩人相謂、謂長者爲姒、知娣姒之名不計夫之長幼也。以上皆孔氏釋娣姒之義也。儀禮賈疏亦云、假令弟妻年大稱之曰姒、兄妻年小稱之曰娣、引左傳穆姜之言爲証、與孔氏意同。今案孔氏之說非也。婦人三從之義、既嫁從夫、若娣姒之名從身之少長、不計夫之長幼、則從夫之義謂何矣。且孔氏所引禮文雅訓、俱爲未覈。喪服傳云、謂弟之妻婦者、是嫂亦可謂之母乎。傳意謂兄弟之妻有嫂婦之稱、不可從母婦之屬也。孔氏迺云、母婦之號隨夫尊卑、則不達於禮意矣。釋親上云、女子同出謂先生爲姒、後生爲娣、爾雅明著其文、曰女子同出、言其俱事一夫也、所謂媵也。此云長婦謂稚婦爲娣婦、娣婦謂長婦爲姒婦、爾雅明著其文、曰婦婦者對夫而言、夫年有長稚、故婦從夫而有長婦稚婦、言其各事一夫、所謂昆弟之妻也。孔氏迺欲以媵之俱事一夫者牽合於昆弟之妻、則不達於雅訓矣。孔氏所据者、左傳之稱弟妻爲姒耳、殊不知古之稱娣姒者猶今人稱妯娌也。兄妻稱弟妻曰姊娌、弟妻亦可稱兄妻曰妯娌、蓋析言之則兄妻爲姒、弟妻爲娣、合言之則昆弟之妻統稱爲娣姒、急言之則但稱爲姒、故賈逵、鄭康成、杜預謂兄弟之妻相謂爲姒者是也。孔氏謂娣姒之名不計夫之長幼者非也。【註】今相至妯娌。

○【正義】史記集解引孟康曰、兄弟妻相謂先後。索隱引鄭誕生音先後並去聲、郎今妯娌也。韋昭云、先姒後娣。顏師古漢書註、古謂之娣姒、今闕中俗呼爲先後、吳楚俗呼之爲妯娌。方言云、築娌、匹也。郭氏彼註云、今關西兄弟婦相呼爲築娌。廣雅云、妯娌、娣姒、先後也。郭氏以先後妯娌俱可連稱、以證娣姒之可連稱也。連稱娣姒、見儀禮。連稱先後、見史記、漢書。連稱妯娌、見方言、廣雅。知娣姒之可連稱、則左傳之稱姒者、不過再謂之間偶從其省、不得因此而致疑於兄妻爲姒、弟妻爲娣也。釋名又云、青徐人謂長婦曰稙長。禾苗先生者曰稙、取名於此也。荊豫人謂長婦曰熟、熟、祝也。祝、始也。所謂長婦皆當其夫年之長也。

【正義】郭註今相呼先後。漢書郊祀志註云、兄弟妻相謂曰先後、古謂之娣姒。今關中俗呼爲先後、吳楚呼爲妯娌。

【校議】

長婦謂稚婦爲娣婦、娣婦謂長婦爲姒婦今相呼先後、或云妯娌。

稚者、幼禾也。稚婦名以此。然則幼者爲稚婦、長者當爲稙婦、故釋名云、青徐人謂長婦曰稙、長禾苗先生者曰稙、取名於此也。是稙稚對言、此稚長對言者、互相明也。娣姒加婦者、別於女子同出之稱也。釋名云、少婦謂長婦曰姒、言其先來、己所當法似也。長婦謂少婦曰娣、娣、弟也、己後來也。或曰先後、以來先後弟之也。喪服小功章云、娣姒婦報、傳曰、娣姒婦者、弟長也、以弟長解娣姒、知娣是弟、姒是長也。鄭注娣姒婦者、兄弟之妻相名也。今按對文稱娣、散文娣亦稱姒。故左氏成十一年傳云、聲伯之母不聘、穆姜曰吾不以妾爲姒、據聲伯母是宣公弟叔肸之妻。又昭廿八年傳云、長叔姒生男、據叔向嫂謂叔向之妻、是皆娣亦稱姒之例也。賈逵、鄭康成、杜預並云兄弟之妻相謂爲姒。孔穎達於成十一年正義據左氏二文準諸爾雅、以爲娣姒之名、止言身之長稚、不計夫之長幼、於義亦通也。娣姒猶言先後、史記封禪書云先後宛若、集解孟康曰、兄弟妻相謂先後。按亦言妯娌、方言云、築娌、匹也。郭注今關西兄弟婦相呼爲築娌、廣雅云、妯娌、娣姒、先後也。然則妯娌、先後並娣姒之通名、古今方俗語雖不同、要皆爲匹敵之義、左傳爾雅可互相證明耳。

【義疏】

爾雅詁林　四　釋親

長婦謂稚婦爲娣婦娣婦謂長婦爲姒婦

郭注、今相呼先後、或云築娌。婦者有姑之詞、此謂昆弟妻相稱也。季七十娶二十之女、其弟妻過五十矣、仍尊此幼者爲長婦、從夫之齒也。稚本作稺、遲禾也。相承有此从隹之字、不知其所由。姒从已、與始同意。

集解

婦謂稚婦爲娣婦娣婦謂長婦爲姒婦

稚、幼禾也。引申爲凡幼之偁。工經云幼鞠稚也。娣从女弟、謂女而年少者。姒字本作似、象也。言象以爲法。或者姒之正字爲始、與喪服娣姒婦小功報、斥此言也。而女子以之偁姊妹者、亦取弟義或始義也。但女子於姊妹、以己之年分娣姒、此則以夫之年分娣姒、如夫之年爲凡而所娶之妻年小於娣、仍當以姒目之者矣。

義證

長婦謂稚婦爲娣婦娣婦謂長婦爲姒婦

註今相呼先後或云妯娌 補正 邢疏、廣雅云、娣姒、妯娌、姒、先後也。今多疑娣姒之名皆以爲兄妻呼弟妻爲娣、弟妻呼兄妻爲姒。因即惑於斯文、不知何以爲說。今謂母婦之號、隨夫尊卑、娣姒之名、從身長幼、以其俱來夫族、其夫班秩既同、尊卑無以相加、遂從身之少長。喪服小功章曰、娣姒婦報、傳曰、娣姒婦者、弟長也。以弟長解娣姒、言娣是弟、姒是長也。公羊傳亦云娣者何、弟也。是其以弟解娣、自然以長解姒。長謂身之年長、非夫之年長也。此云長婦謂稚婦爲娣婦、娣婦謂長婦爲姒婦者、止言婦之長稚、不言夫之大小。左傳穆姜謂聲伯之母爲姒、叔向之嫂謂叔向之妻爲姒、二者皆呼夫弟之妻爲姒、豈計夫之長幼乎。上云女子同出謂先生爲姒後生爲娣、郭云同出謂俱嫁事一夫也。事一夫者、以己生先後爲娣姒、則知娣姒以己之年、非夫之年也。故賈逵鄭元及杜預皆云兄弟之妻相謂爲姒。言兩人謂相謂長者爲姒。

郭注補正

長婦謂稚婦爲娣婦娣婦謂長婦爲姒婦

凡子妻古皆稱婦。小雅楚茨君婦莫莫、箋云凡適妻稱君婦、事舅姑之稱也。豳風七月同我婦子、嗟我婦子、東山婦歎於室、小雅甫田以其婦子、大雅思齊京室之婦、凡言婦皆謂子妻、無貴賤也。婦人有從夫之義、其長幼娣姒之稱隨夫之年呼之、孔穎達誤解爾雅以婦之長幼相稱、不計夫之長幼、非也。今俗猶沿雅訓娣姒之稱以夫年斷之。

說詩

娣姒先後也世人多疑娣姒之名上娣字及世字脫。其夫班秩既同班、監本誤班。昭公二十八年傳叔向之嫂云云脫二十兩字。

注疏正字

長婦謂稺婦爲娣婦　釋文云稺又作稚。案稚俗字。

娣婦謂長婦爲姒婦　姒當作以。見上

匡名

爾雅詁林　四　釋親

長婦謂稚婦爲娣婦娣婦謂長婦曰似婦郭註、今相呼先後、或云妯娌。釋名、青徐人謂長婦曰稙長、禾苗先生者曰稙、名取於此。荊豫人謂長婦曰熟。熟、祝也。祝、始也。所言長婦皆言其夫年之長也。

啓蒙

姒　佀　儀禮特牲饋食禮注、舉觶于其姒婦。釋文、姒本作似。釋名釋親屬、少婦謂長婦曰姒。言其先來、已所當法似也。姒蓋始之變體。始音變爲姒、猶台聲有枲也。

黃侃評本正名

長婦謂稚婦爲娣婦。娣婦謂長婦爲姒婦。　姒音變作娌、婦音變作妯、妯猶築、築、匹也。娌、方言又云耦也。又姒之言始也、娣之言次也、亦與俗稱先後義不殊矣。　娣姒之名以別長幼、故喪服傳云、弟、長也、其用於稱謂有三例。一則女子同出謂先生爲姒、後生爲娣、以別於男子謂女子先生爲姊、後生爲妹也。姒之言娣也、娣之言弟也、公乘姒爲叔皮之姊、男子而通稱姒者、猶姪爲對姑之稱、而後世亦以對世叔父。男子尚可通稱娣爲姒、則知女子雖不俱事一夫亦可稱娣爲姒矣。二則兄弟之妻相謂爲娣姒、而各論己年之長幼、長者曰姒、少者曰娣、則左氏所云是也。三則兄弟之妻依夫年齒而分娣姒、則此經及釋名所云是也。孔沖遠於成十一左傳疏中言姒婦據己之年、非夫之年、邵晉涵正義則以孔說爲非、而謂專據夫年、至左氏所云、乃娣姒通稱、此皆有所失也。姒娣本女子同生分長幼之辭、至兄弟之妻相稱、則以婦字其但曰姒娣者、省文也。王念孫引郊特牲婦人無爵、從夫之爵、坐以夫之齒、以證邵晉涵說、而駁孔氏姒婦據己年之非、不知姒娣無關尊卑、亦無關坐次、實亦無關重輕、此爲引喻失義矣。其言先後亦與娣姒同意、蓋弟妻容有先來、兄妻容有後至者也。若知姒娣本姊妹之相稱、而於男子無涉、則其疑解矣。世間兄弟娶婦、大氐兄先而弟後、又各娶年齡相若者、於是以姒爲兄妻之定名、娣爲弟妻之定名矣。

黃侃音訓

女子謂兄之妻爲嫂　長婦謂稚婦爲娣婦　娣婦謂長婦爲姒婦

釋文、嫂作㛮。云本今作嫂。釋親釋文 稚作穉。云本又作稚。釋親釋文 釋名、長婦謂少婦曰娣。娣、弟也。己後來也。或曰先後、以來先後弟之也。釋親屬 少婦謂長婦曰姒。言其先來、已所當法似也。釋親屬

按、長婦爲姒、稚婦爲娣、此經謂昆弟之妻相謂也。孔氏左傳十一年正義謂娣姒之名、以己之年、不計夫之長幼者、其說非是。邵氏正義辨之。

證異

長婦謂稚婦爲娣婦娣婦謂長婦爲姒婦

樾謹按、成十一年左傳正義引此文而說之、以爲止言婦之長稚、不言夫之大小。儀禮賈疏曰、假令弟妻年大、稱之曰姒、兄妻年小、稱之曰娣、其說與孔氏同。邵氏正義曰、孔氏所據者、左傳之稱弟妻爲姒耳、不知古之稱娣姒者、猶今人稱妯娌也。兄妻稱弟妻曰妯娌、弟妻稱兄妻亦曰妯娌。蓋晰言之則兄妻爲姒、弟妻爲娣、合言之則昆弟之妻統稱爲娣姒、急言之則但稱爲姒。孔氏謂娣姒不計夫之長幼、非也。此二說當以邵說爲正、然苦未有塙證。今按墨子明鬼篇曰、若然則先死者非父則母、非兄而姒也。以父母兄姒對言、則姒爲兄妻明矣。下文云長婦爲嫡婦衆婦

爾雅詁林　四　釋親

爲庶婦、是長婦以夫之長幼言、經有明文、豈得曲爲之説乎。是故娣姒猶婚姻也。下文壻之父爲姻婦之父爲婚、此晰而言之也。又曰婦之父母壻之父母相謂爲婚姻、此合而言之也。僖五年傳江黃道柏皆弦姻也、襄二十三年傳公有姻喪、昭九年傳王有姻喪、諸言姻者、豈必皆壻氏乎。隱元年傳外姻至言、姻不言婚、則當時已通稱姻矣。今世相沿壻與婦家竝以姻稱、無以婚稱者、葢方俗語言積漸而殊、雖三代之聖人亦不能執禮文而一一正之。然則左傳稱弟妻爲姒、亦猶是矣、未可據左傳以說爾雅也。嘗謂爾雅一書最古、自黃帝正名百物以來卽當有之、特世有增益、不皆其舊耳。是故生曰父母、死曰考妣、禮有明文、而爾雅則以爲通稱。兄妻爲嫂、弟妻爲婦、通乎男女、而爾雅則專屬之女子。凡此之類皆不當以後世之義繩之。 **平議**

長婦謂稚婦爲娣婦娣婦謂長婦爲姒婦

錦燧謹案、此乃對文言之耳、散文言之則娣亦可稱爲姒。攷左氏成公十一年傳云、聲伯之母不聘、穆姜曰吾不以妾爲姒。據聲伯母是宣公弟叔肸之妻、又昭公二十八年傳云、長叔姒生男。據叔向嫂謂叔向之妻、是皆娣亦稱姒之證也。故賈逵鄭康成杜預竝云兄弟之妻相謂爲姒、與爾雅異。 **陸錦燧日記**

○注今相呼先後或云妯娌○釋曰 注疏本刪注釋日。妯娌下增者。

娣姒、先後也世人多疑娣姒之名 注疏本上句脫娣、下句脫世。

左傳成十一年 注疏本成下增公、考元本始擠入。

昭二十八年傳 注疏本昭下增公、脫二十。

言兩人相謂謂長者爲姒 注疏本脫一謂。 **校勘記**

長婦謂稚婦爲娣婦娣婦謂長婦爲似婦。注今相呼先後或云妯娌。疏、廣雅云娣姒、妯娌、娣姒、先後也。今本娌下少娣字、誤。 **注疏本正誤**

言婦棄姓 婦下脫人字、監本毛本湘本有。 **注疏校勘札記**

娣婦謂長婦爲姒婦。 似 **孫侶直音**

稚 直例切 **干氏音釋**

妻黨

妻黨 **正義** 題上事也。說文云妻與夫齊者也。从女从屮从又。又持事妻職也。釋名云、士庶人曰妻。妻齊也。夫賤不足以尊稱、故齊等言也。大傳云、從服有從重而輕、鄭註從服謂妻之父母。此篇釋妻之黨、兼及於姑之子、舅之子、姊妹之夫、因妻之舅弟而類舉之也。兼及於外孫者、因離孫歸孫而連舉之也。兼及於婈婦娣姒者、以其同爲女子之類也。

正義

妻黨 說文妻、婦與夫齊者也。从女从屮从又。又、持事妻職也。徐鉉曰屮者、進也。齊之義也。故从屮。此篇釋妻黨、而旁及者、連類而舉之也。

啓蒙

婦稱夫之父曰舅、稱夫之母曰姑。姑舅在則曰君舅君姑、沒則曰先舅先姑。謂夫之庶母爲少姑。

婦稱夫之父曰舅、稱夫之母曰姑。姑舅在、則曰君舅、君姑。沒則曰先舅、先姑。國語曰吾聞之先姑。謂夫之庶母爲少姑。

郭注

婦稱至婚姻　釋曰、此別夫婦婚姻之名也。說文云、婦、服也。從女持帚灑埽也。白虎通云、夫婦者何謂也。夫者、扶也。以道扶接。婦者、服也。以禮屈服。謂之舅姑者何。舅者、舊也。姑者、故也。舊故、老人稱也。夫之父母謂舅姑何。尊如父而非父者、舅也。親如母而非母者、姑也。鄭注喪服傳云、女子子者、子女也。別於男子也。說文云、壻、女之夫也。從士從胥。聞一知十爲士。胥者、有才知之稱。故謂女之夫爲壻。廣雅云、壻謂之倩。方言云、東齊之間壻謂之倩。白虎通云、婚姻者何謂。昏時行禮、故曰婚。婦人因夫而成、故曰姻。　注國語曰吾聞之先姑　釋曰、魯語、季康子問於公父文伯之母曰、主亦有以語肥也。對曰、吾能老而已、何以語子。康子曰、雖然、肥願有聞於主。對曰、吾聞諸先姑曰、君子能勞、後世有繼。子夏聞之曰、善哉。商聞之曰、古之嫁者、不及舅姑、謂之不幸。夫婦學於舅姑者也是矣。

邢疏

婦稱夫之父曰舅、稱夫之母曰姑。姑舅在則曰君舅君姑。沒則曰先舅先姑

郭璞云、國語曰吾聞之先姑。

一切注音

稱如證反。少詩照反。

陸音義

少姑詩照反。○詩舊讀詩證、今依前後文改。

音義攷證

婦稱夫之父曰舅、稱夫之母曰姑

舊在舅姑、則新在婦矣。記曰、舅姑降自西階、婦降自阼階、言著代也。

姑舅在則曰君舅君姑、沒則曰先舅先姑

非謂之君則著其家之大政尙有所與、若舜、雖受終而老猶巡守是也。凡言舅姑、舅在姑上、謂其姑親而先舅也。其論存歿、姑在舅上、不敢以戚舅也。

新義

沒則曰先舅先姑

郭璞曰、國語曰吾聞之先姑。

古注合存

婦稱夫之父曰舅、稱夫之母曰姑。姑舅在、則曰君舅君姑。沒則曰先舅先姑。謂夫之庶母爲少姑。少夫聲○註曰、國語敬姜云吾聞之先姑。疏曰、白虎通云、夫婦者何。夫扶也。以道扶接也。婦服也。以禮屈服也。夫之父母謂舅姑何。尊如父而非父者舅也。尊如母而非母者姑也。愚按此及下條禮所謂夫黨也。以冠章首者、蓋以近於婚姻相謂之義而然。倫爲重與於夫之父母曰舅姑、故夫於妻之父母曰外舅外姑。君舅君姑猶傳所謂皇姑也。少者對正而言。

注疏參義

白虎通云、謂之舅姑何、舅者舊也。姑者故也。舊故者、老人之稱也。謂之姊妹何、姊者恣也。妹者末也。謂之兄弟何、兄者况也。况父法也。弟者悌也。心順行篤也。稱夫之父母謂之舅姑何。尊如父而非父者舅也。親如母而非母者姑也。故稱夫之父母爲舅姑也。

補注

婦稱夫之父曰舅稱夫之母曰姑姑舅在則曰君舅君姑沒則曰先舅先姑【註】國語曰吾聞之先姑謂夫之庶母爲少姑【正義】白虎通義云、稱夫之父母謂之舅姑何、尊如父而非父者舅也。親如母而非母者、姑也。故稱夫之父母爲舅姑也。說文云姑、夫母也。威姑也。漢律曰婦告威姑。釋名云、夫之父曰舅。舅、久也。久、老稱也。夫之母曰姑、亦言故也。婦於舅姑在則稱之曰君舅君姑。士昏禮、舅姑既沒、婦入三月奠菜。祝辭曰、敢奠嘉菜于皇舅某子、敢告于皇姑某氏。鄭註皇君也。是婦初來時、雖舅姑既沒、奠祝之辭猶稱君舅君姑、婦人以不逮事舅姑爲不幸也。舅姑沒則曰先舅先姑、晉姜鼎銘云、余惟嗣朕先姑。謂夫之庶母爲少姑者、夫有母名、則婦亦有姑名也。【註】國語至先姑○【正義】魯語、公父文伯之母曰、吾聞之先姑曰、君子能勞、後世有繼。子夏聞之曰、善哉。商聞之曰、古之嫁者、不及舅姑、謂之不幸。夫婦學于舅姑者也。魯語又載文伯之母曰、吾聞之先子、韋註先子、先舅。稱先舅爲先子者、從其夫而稱之也。【正義】

婦稱夫之父曰舅　玉案、說文姑、夫母也。威、姑也。漢律曰婦告威姑。又說文著、从君、讀若威。是君有威音也。此君舅亦當讀威舅。【校議】

婦稱夫之父曰舅稱夫之母曰姑姑舅在則曰君舅君姑沒則曰先舅先姑國語曰吾聞之先姑**謂夫之庶母爲少姑**舅姑者、釋名云、夫之父曰舅。舅、久也。久、老稱也。夫之母曰姑、亦言故也。白虎通云、稱夫之父母謂之舅姑何、尊如父而非父者、舅也。親如母而非母者、姑也。魯語云、古之嫁者、不及舅姑、謂之不幸。夫婦學於舅姑者、禮也。君舅君姑者、說文引漢律曰婦告威姑。按古讀君如威、威姑卽君姑也。士昏禮云敢奠嘉菜于皇舅某子、敢告于皇姑某氏、鄭注皇、君也。然則君謂之皇者、君皇同訓、存歿異稱也。先舅先姑者、魯語、公父文伯之母曰、吾聞之先姑。又曰吾聞之先子。韋昭注先子、先舅。然則以先舅爲先子、蓋從其夫稱也。謂夫之庶母爲少姑者、因夫有母名、故婦有姑名也。【義疏】

婦稱夫之父曰舅夫之母曰姑婦爲舅姑期。**舅在則曰君舅君姑沒則曰先舅先姑**存沒之異偁也。加君者、尊詞。士昏禮謂之皇舅皇姑、以婦初來、而猶以生者偁之也。漢律又謂皇姑爲威姑、君聲之轉耳。先舅先姑者、因舅姑沒而冠以先。旣往之詞也。魯語、吾聞之先姑。又曰吾聞之先子。從夫偁其先舅之偁也。**謂夫之庶母爲少姑**夫有母名、故婦亦有姑名、加少者以年小故。【義證】

婦稱夫之父曰舅、稱夫之母曰姑、姑舅在、則曰君舅君姑、沒則曰先舅先姑、

【註】國語曰吾聞之先姑【補正】邢疏、白虎通云、夫之父母謂之舅姑何、尊如父而非父者、舅也。親如母而非母者、姑也。【郭注補正】

婦稱夫之父曰舅稱夫之母曰姑姑舅在則曰君舅君姑沒則曰先舅先姑謂夫之庶母爲少姑

說文云姑、夫母也。威姑也。引漢律曰婦告威姑。古讀君如威、威姑卽君姑也。小雅楚茨、君婦莫莫、諸宰君婦。舅姑稱君、婦亦稱君、皆美大之辭也。舅姑

二　沒稱先、夫沒亦稱先。邶風燕燕先君之思、先君謂

其夫莊公，其義一也。

說詩

君姑　說文威，姑也。漢律曰婦告威姑。惠徵君曰，爾雅君姑即威姑。潘謂威、於非切，君與威爲合音，可通叚也。

小箋

婦稱夫之父曰舅，稱夫之母曰姑　稱，當作偁。說文人部偁，舉也。从人爯聲。又禾部稱，銓也。从禾爯聲。音同義異，經典通用稱。

姑舅在則曰君舅君姑，沒則曰先舅先姑　後漢書注八十四引作舅姑在。　說文歺部歾，終也。从歺勿聲。或从旻作歿。又水部𣳚，湛今作沈也。从水从旻。音同義異，經典通用沒。

匡名

婦稱夫之父曰舅，夫之母曰姑，姑舅在則曰君舅君姑，沒則曰先舅先姑，謂夫之庶母爲少姑也。說文婦，服也。从女持帚灑埽也。姑，夫母也。士昏禮，舅姑既沒，婦入三月奠菜，祝辭曰，敢奠嘉菜於皇舅某子。敢告於皇姑某氏。魯語，吾聞之先姑。又吾聞之先子。先子，先舅也。

啓蒙

姑舅在，則曰君舅君姑。不曰舅姑在而曰姑舅在者，姑承上文連姑而下也。後漢書列女鮑宣妻傳注引爾雅作舅姑在，與今本不同。

黃侃音訓

古人於所尊敬則謂之君，如君牙、君奭、君陳是也。婦稱君舅君姑亦然。

讀雅筆記

婦稱夫之父曰舅，稱夫之母曰姑。姑舅在則曰君舅君姑，沒則曰先舅先姑

釋名，夫之父曰舅。舅，久也。久，老稱也。夫之母曰姑。姑亦言故也。釋親屬 婦於舅姑在則稱之曰君舅君姑。釋親屬 儀禮，舅姑既沒，祝辭曰，皇舅某子，皇姑某氏。士婚禮 釋名，俗或謂舅曰章，又曰伀。釋親屬

證異

姑舅在則曰君舅君姑

錦燧謹案，爾雅之君姑，即說文之威姑也。許書引漢律曰婦告威姑。蓋古音讀君如威，故君、威二字得通用。說文艸部云，莙讀若威。莙从君聲，惟其君之古音同威，故莙亦讀若威耳。易革傳，其文炳也，其文蔚也，以從君也。以炳與蔚君爲韻，蓋讀炳爲彪。說文虎部云，彪、虎文彪也。从虎彬聲。與易義合。彪與君爲韻，而間以蔚字，猶君之讀若威。蔚、威聲相近也。蔚从尉聲，尉本作㷉、說文云㷉、从上案下也、从𡰣又持火，以申繒也。今吳中呼㷉斗爲運斗，是㷉有運音，則㷉聲之蔚亦可讀爲運也。漢書王莽傳又以㷉斗爲威斗，則威姑之即君姑，得此證之而益信。

陸錦燧日記

婦稱至婚姻　○釋曰　注疏本刪。

持帚灑埽也　注疏本埽改掃。

○注國語曰吾聞之先姑　○釋曰　注疏本姑下增者，刪釋曰。元本無注字。

何以語子康子曰　元本脫以語子。閩本監本毛本脫子康。

校勘記

爾雅詁林 四 釋親

季康子問於公文伯之母監本毛本湘本公下有父字。此脫。

注疏校勘札記

夫之庶庶鄭樵本作少母爲少去聲姑。

孫偘直音

夫之兄爲兄公夫之弟爲叔夫之姊爲女公夫之女弟爲女妹

夫之兄爲兄公、今俗呼兄鍾、語之轉耳。夫之弟爲叔。夫之姊爲女公、夫之女弟爲女妹。今謂之女妹是也。

郭注

謂夫之庶母爲少姑夫之兄爲兄公

郭璞云、今俗呼兄鍾、語之轉耳。

夫之弟爲叔夫之姊爲女公夫之女弟爲女妹

郭璞云、今謂之女妹是也。

一切注音

兄伀音鍾、本今作公。之轉丁戀反、又如字。

陸音義

兄伀○邢本作公。

音義攷證

夫之兄爲兄公

言公非復通有私恩也。無服而爲位者、唯嫂叔及婦人降而無服者麻。鄭氏謂凡公于弟之妻則不能也。

女子謂姊妹之夫爲私、雖無服情猶近。

夫之女弟爲女妹

謂之爲妹、則吾猶姊焉、有可吝之道故也。禮嫂叔不通問。

新義

夫之兄爲兄公

郭璞曰、今俗呼兄鍾、語之轉耳。

夫之弟爲叔

夫之姊爲女公

夫之女弟爲女妹

郭璞曰、今謂之女妹是也。

古注合存

夫之兄爲兄公、夫之弟爲叔、夫之姊爲女公、夫之女弟爲女妹、舊公讀作鍾、今按當如字。○註曰、俗呼兄爲鍾、語轉爲公、夫之女弟今謂之女妹是也。愚按兄公、如註所言、則爲兄兄、於義難通。恐如本字公爲尊之之詞也、叔以外之諸稱、經傳初無所見、豈漢以後叔孫通采文之徒據方言爲之與。

注疏參義

夫之兄爲兄公**註**今俗呼兄鍾語之轉耳夫之弟爲叔

夫之姊爲女公夫之女弟爲女妹**註**今謂之女妹是也

正義釋名云、夫之兄曰公。公、君也。君、尊稱也。俗間曰兄章。章灼也。章灼、敬奉之也。又曰兄伀、是已所敬、見之怔忪、自肅齊也。俗或謂舅曰章、又曰伀、亦如之也。禮記疏引皇侃云、婦人謂夫之兄爲公者、須公平尊稱也。孔穎達云、俗本女旁置公、轉誤也。案陸氏釋文本作妐、今從宋本作公。夫之弟爲叔者、釋名云叔、少也。幼者稱也。叔亦俶也、見嫂俶然却退也。夫之姊爲女公夫之女弟爲女妹者、昏義云順於舅姑和於室人而后當於夫、鄭註家人謂女公女叔諸婦也。孔疏、女公謂壻之姊也、女叔謂壻之妹也。諸婦謂娣姒之屬。說文徐鍇本云、妹、夫之女弟也。徐鍇云、曹大家女誡所謂姨妹也。

正義

夫之兄爲兄公　公、釋作妐、音鍾。玉案昏義和于家人、註、家人謂女妐女叔諸婦也。疏云、女妐謂壻之姊、女叔謂壻之妹。然則女妹當作女叔歟。

校議

夫之兄爲兄公今俗呼兄鍾，語之轉耳。**夫之弟爲叔，夫之妹爲女公，夫之女弟爲女妹**今謂之女妹是也。

兄公者，釋名云：夫之兄曰公。公，君也。君，尊稱也。俗間曰兄章。章，灼也。章灼，敬奉之也。又曰兄伀。伀，言是己所敬忌，見之怔忪，自肅齊也。俗或謂舅曰章，又曰伀。亦如之也。按玉篇云：伀，職容切。妐，之容切，夫之兄也。是妐伀音同。又云：嫜，夫之父母也。是嫜章義同。俗謂舅姑爲姑嫜。又曰兄章者，章鍾聲轉，鍾伀聲同也。爾雅釋文作兄妐。妐音鍾，本今作公。然則兄公當讀爲兄鍾，郭注欲顯其音讀，故俗鍾爲妐耳。夫之弟爲叔者，釋名云：叔，少也，幼者稱也。叔亦俶也，見嫂俶然卻退也。夫之姊爲女公者，女公與兄公義同。夫之女弟爲女妹者，女妹當作女叔，與夫弟爲叔之義同也。昏義云：和於室人。鄭注：室人謂女妐女叔諸婦也。正義曰：女妐謂壻之姊也，女叔謂壻之妹。然則爾雅及郭注女妹並女叔之誤，賴有昏義注可以正之。所以叔誤爲妹者，叔字俗書作叔，或變作妹，與草書妹字形近，因而致譌矣。

義疏

兄鍾 注文

阮云：或疑鍾當爲妐。釋文兄妐本爲注音，經則作兄公。臧氏說

按漢書景十三王傳背尊章，師古曰：尊章猶言舅姑，今關中俗婦呼舅姑爲鍾。鍾者，章聲之轉也。然則鍾字非誤矣。按釋文兄妐實經字，故云本今作公，正與今經文合。若注作兄妐，則當爲字之增而非語之轉矣。鍾字是。又按郭所據爾雅本經文當作兄公，不當作兄妐，郎作妐亦當讀公音，方與鍾爲一聲之轉。陸氏所音亦誤。

經注集證

夫之兄爲兄公郭注：今俗呼兄鍾，語之轉耳。釋名：俗間曰兄章。玉篇：嫜，夫之父。今亦以舅爲公。

集解

夫之兄爲兄公上經云：公，君也，尊加之。釋名：俗間曰兄章。又曰兄伀。郭注今俗呼兄鍾，聲轉或聲近耳。**夫之弟爲叔**嫂叔無服，所以遠別，然爲位而哭，亦禮所許，檀弓所謂子思之哭嫂也，爲位是。**夫之姊爲女公，夫之女弟爲女叔**禮，夫之姊妹小功報。女公者與夫兄爲兄公義同，女叔者與夫弟爲叔義同，或又偁爲女妹。

義證

謂夫之庶母爲少姑，夫之兄爲兄公

〔註〕今俗呼兄鍾，語之轉耳 〔補正〕 臣鋆按：釋名云：夫之兄曰公。公，君也。君，尊稱也。俗間曰兄章。章，灼也。章灼，敬奉之也。又曰兄忪。忪，是己所敬，見之怔忪，自肅齊也。俗或謂舅曰章，又曰忪。忪亦如之也。呂氏春秋：姑妐知之，曰：我婦而有外心，不可畜。杜甫詩：妾身未分明，何以拜姑嫜。嫜通作章。

郭注補正

謂夫之庶母曰少姑，夫之兄爲兄妐

今俗訝兄鍾，語之轉耳

慧琳玉耶女經音義引爾雅云：夫之兄爲妐。郭注云：今俗呼兄爲鍾，語之轉耳。樹枏案：兄鍾連文，爲字衍。禮記奔喪正義引釋親：婦人謂夫之兄爲兄公，郭景純云：今俗呼兄鍾，語之轉耳。與今本正同。

郭注佚存補訂

夫之兄爲兄公夫之弟爲叔夫之姊爲女公夫之女弟爲女叔

今人通稱夫之兄爲大伯、夫之弟爲小叔、姊妹爲大姑小姑、祇叔之稱爲合於古耳。義詳訂經。

說詩

夫之兄爲兄公 公、釋文作妐、音鍾。

注疏正字

夫之女弟爲女妹

注今謂之女妹是也。吳縣袁君廷檮曰、女妹當作女叔。禮記昏義和於室人、注室人謂女妐女叔諸婦也。正義曰、女叔謂壻之姊也。夫之弟爲叔、故女弟爲女叔、以經作女叔、故注云今之女妹是也。若經作女妹、郭氏必不如此下注矣。

小箋

夫之兄爲兄妐 妐、釋文云本今作公。石經雪囱本作公。禮記正義五十六引作公、云此記俗本皆女旁置公轉誤也。案說文女部無妐字。

夫之弟爲叔

夫之姊爲女公夫之女弟爲女妹 袁氏廷檮曰、女妹當作女叔。禮記昏義和於室人、注室人謂女妐女叔諸婦也。正義曰女叔謂壻之妹今本誤姊也。爾雅作女叔、故郭注曰今謂之女妹是也。若經作女妹、而復下此注、亦贅甚矣。臧氏鏞堂曰、夫之兄爲兄公、故夫之姊爲女公。夫之弟爲叔、故夫之妹爲女叔。

匡名

夫之兄爲兄公夫之弟爲叔夫之姊爲女公夫之女弟爲女妹 郭註今俗呼兄鍾、語之轉耳。 釋名叔、少也。幼者稱也。叔亦俶也、見嫂俶然却退也。

啓蒙

妐 㕣 釋文。兄妐。本今作公。阮氏校勘記曰。皇侃云。婦人稱夫之兄曰公者。須公平尊稱也。劉熙釋名作兄公云。公君也。君者尊稱也。今本作公是也。今本固作公、此條宜去。

黃侃評本正名

夫之兄為兄公。今俗呼兄鍾語之轉耳。 奔喪注兄公於弟之妻則不、兄公之稱正據爾雅、故疏云釋親婦人謂夫之兄為兄公、今此記俗本皆女旁置公、轉誤也。 釋文作兄妐、音鍾、校者云、本今作公、案公有鍾音、釋文亦非盡誤。說文㥪重文忪、職茸切、忪从松聲、松正从公聲也、惟釋文不云下同、則女公字釋文亦作公、昏義注則作女妐。 奔喪疏引皇氏云、婦人謂夫之兄為公者、須公平尊稱也、皇氏自說公義、故不須連兄為文。俞蔭甫據此及釋名謂此經兄字衍、非也。

夫之女弟為女妹。 易歸妹注妹者少女之稱、夫之女弟為女妹、猶稱父之女弟為姑妹也。加女者、以別於親妹也。臧庸、袁廷檮、阮元、郝懿行、俞蔭甫說此經女妹為女叔之誤、亦專輒之甚。且叔者少也、妹亦少也、同訓為少、焉見必為女叔而後可乎。嫂妹見曹大家女誡、段玉裁則曰、漢人始有女妹之稱、亦名不正之一、此可謂固甚。

黃侃音訓

女公、女妹、君姑、少姑、娣婦、姒婦、女子稱謂獨多。其見於它書者、如姑妐之見於呂覽、楚王妻娟見於公羊、娟爲孟姊見於方言。姊號女嬃見於楚辭、廣川王歌有尊章之號、楚元王傳有卬媪之名、漢律載威姑、尸子稱姑息、說文所載嫗媪姁㜸之類、不可勝書。

讀雅筆記

夫之兄爲兄公、夫之弟爲叔、夫之姊爲女公、夫之女弟爲女妹

樾謹按此本作夫之兄爲公、夫之弟爲叔、夫之姊爲女公、夫之妹爲女叔。蓋兄弟姊妹一也。夫之兄爲公、故姊爲女公、夫之弟爲叔、故妹爲女叔。今作女妹者、字之誤也。禮記昏義和於室人、鄭注曰、室人爲女妐女叔諸婦也。正義曰、女妐謂壻之姊也、女叔謂壻之妹也。此可證爾雅女妹爲女叔之誤。邵氏義疏阮氏校勘記均已具論之矣。惟兄公之兄爲衍文則未有見及者。夫夫之兄、婦不得謂之兄、猶夫之妹婦不得謂之妹也。是故夫之兄曰公、乃禮經之正名。郭注曰今俗呼兄鍾、則方俗之殊語。釋名釋親屬曰、夫之兄曰公。公、君也。君、尊稱也。此卽本爾雅之文而釋其義。又曰、俗閒曰兄章。章、灼也。章灼、敬奉之也。又曰、兄伀言是已所敬忌、見之怔忪、自肅齊也。兄章兄伀之稱、以俗閒別之、明非雅義矣。其下文又曰、俗或謂舅曰章。又曰伀亦如之也。然則兄章兄伀之稱、蓋起於此、因舅亦有此稱、故於夫兄之正稱轉加兄字以別於舅也。禮記奔喪篇注曰、兄公於弟之妻、此蓋從漢世俗稱、非據爾雅文。正義曰、釋親婦人謂夫之兄爲兄公、則唐初已衍兄字矣。又引皇氏云、婦人稱夫之兄爲公者、須公平、尊稱也。此亦可證古本爾雅之無兄字。

平議

夫之姊爲女公、夫之女弟爲女妹

錦燧謹案夫之姊年長於夫、故以公偁之。其加一女字、所以別於夫之兄也。以此推之、夫之女弟當偁女叔、今作女妹者、字之誤也。景純注云今謂之女妹是也、惟其經作女叔、故郭以女妹釋之。若經本作女妹、則郭氏此注不嫌於贅乎。蒙謂經之叔字譌於東晉以後、卽涉郭氏注而誤。禮昏義云和于室人、鄭注室人謂女妐女叔諸婦也。孔疏曰女妐謂壻之姊也、女叔謂壻之妹。以鄭注孔疏證爾雅、而妹爲譌字益信矣。

陸錦燧日記

夫之兄爲兄公 唐石經雪牕本注疏本同。釋文兄妐音鍾、本今作公。禮記奔喪注、兄公於弟之妻。正義曰、釋親婦人謂夫之兄爲兄公。郭景純云今俗呼兄鍾、語之轉耳。今此記俗本皆女旁置公、轉誤也。皇氏云婦人稱夫之兄爲公者、須公平、尊稱也。按禮記俗本女旁置公、與爾雅釋文合。下文夫之姊爲女公、昏義注亦作女妐、然劉熙釋名作兄公、云公、君也。君者、尊稱也。合之皇侃云公者須公平、然則此經及奔喪注本不作妐字、唐石經今本作公是也。

今俗呼兄鍾語之轉耳 雪牕本注疏本同。或疑鍾當爲妐。釋文兄妐本爲注音、經則作兄公。按釋名、夫之兄曰公、俗間曰兄忪。俗或謂舅曰章。又曰忪。一切經音義卷十三引釋名云俗謂舅章。曰妐、言是己所敬見之忪遽、自齊肅也。漢書景十三王傳背尊章、師古曰、尊章猶舅姑也。今關中俗婦呼舅姑爲鍾。鍾者、章聲之轉也。然則公忪妐

鍾章五字聲互相轉。婦人於夫之父及兄皆有妐鍾之稱。爾雅注與漢書注合。可證鍾字之非誤矣。

校勘記

夫之女弟爲女妹唐石經雪牕本注疏本同。袁廷檮云、女妹當作女叔。按禮記昏義和於室人、注室人謂女妐女叔諸婦也。正義曰女叔謂壻之姊也。夫之弟爲叔、故女弟爲女叔、以經作女叔、故注云今謂之女妹是也。若經作女妹、郭氏必不如此下注矣。段玉裁云、嫂妹、見曹大家女誡。是漢人始有女妹之稱、亦名不正之一也。

宋監本校箋

二十五上（五一）

六行夫之兄為兄公（注）今俗呼兄鍾語之轉耳○「兄公」，《釋文》作「兄妐」，「妐」音「鍾」。注「兄鍾」當作「兄鍾」。

七行夫之女弟為女妹（注）今謂之女妹是也○正文「女妹」唐石經同。阮元《校勘記》云：「袁廷檮云：女妹當作女叔。按《禮記．昏義》：和於室人，注：室人謂女妐，女叔，諸婦也。《正義》曰：女叔謂壻之妹也。夫之弟為叔，故女弟為女叔。以經作女叔，故注云：今謂之女妹是也。若經作女妹，郭氏必不如此下注矣。」

洪兄公之公本作妐音鍾。又女妐女叔見昏義鄭注。邁靑詞借用陳平傳兄伯後憶爾雅改爲兄公。詳見容齋三筆。章尊稱也。鍾爲章之轉音、故妐音鍾。章鍾同照母。

音略

詳見釋文及顏氏匡謬正俗。

公音鍾

夫之兄爲兄公。夫之

鍾

孫侃直音

弟爲叔夫之姊爲女公。

子之妻爲婦長婦爲嫡婦衆婦爲庶婦

子之妻爲婦。長婦爲嫡婦、衆婦爲庶婦。

郭注

此首章宗族之屬也。嫡婦內則謂之冢婦庶婦謂之介婦

注疏參義

子之妻爲婦長婦爲嫡婦衆婦爲庶婦

正義

白虎通義云、婦者服也、以禮屈服也。說文云婦服也、从女持帚灑埽也。士昏禮云庶婦則使人醮之、鄭注嫡婦酌之以醴尊之、庶婦酌之以酒卑之、內則謂之家婦介婦。

正義

子之妻爲婦長婦爲嫡婦衆婦爲庶婦

婦子婦也。白虎通云、婦者、服也、以禮屈服。又云服於家事事人者也。嫡婦、庶婦者、嫡正也。庶、衆也。內則謂之冢婦、介婦、義亦同也。士昏禮記云庶婦則使人醮之、鄭注適婦酌之以醴、尊之。庶婦酌之以酒、卑之。

義疏

子之妻為婦長婦為嫡婦衆婦為庶婦

嫡、嫡也。謹飭之意、與嫡通用。內則謂嫡婦為冢婦、衆婦為介婦、以冢大介小故也。禮為適婦大功、庶婦小功。

義證

子之妻爲婦長婦爲嫡婦衆婦爲庶婦

衞風氓三歲爲婦、鄭箋云有舅姑曰婦。小雅楚茨君婦莫莫、箋云凡適妻稱君婦、君者、長也。

說詩

子之妻爲婦長婦爲嫡婦衆婦爲庶婦

說文女部嫡、孎也。从女啻聲。非嫡庶之義。嫡庶字古作適。

匡名

爾雅詁林　四　釋親

子之妻爲婦長婦爲嫡婦衆婦爲庶婦 說文嫡、孎也。內則謂之家婦介婦。

啓蒙

長婦爲嫡婦。說文嫡、孎也非此義。古作適正作敵。

黃侃音訓

夫之兄爲兄公 長婦爲嫡婦 衆婦爲庶婦

釋文兄公作兄伀。音鍾。云本今作公。釋親釋文 釋名、夫之兄曰公。公、君也。君、尊稱也。釋親屬 俗曰兄章。章、灼也。章灼、敬奉之也。釋親屬 又曰、兄伀是言已所敬忌、見之怔忪、自肅齊也。釋親屬 儀禮注、嫡婦酌之以醴、庶婦酌之以酒。士昏禮注 禮記嫡婦作冢婦、庶婦作介婦。內則篇

證異

子之妻爲婦。長婦爲嫡婦。 的

孫佀直音

女子子之夫爲壻

女子子之夫爲壻。

郭注

女子子之夫爲壻 正義 說文云壻夫也、从士胥聲。詩曰、女也不爽、士貳其行。士者夫也。徐鍇通論云壻者、胥也。胥、有才智之稱也、知爲人父之道也。故於文士胥爲壻。方言云東齊之間壻謂之倩、郭氏彼註云言可借倩也。今俗呼女壻爲卒便是也。

正義

女子子之夫爲壻

夫者、白虎通云扶也、以道扶接也。壻者、說文云夫也。徐鍇通論云壻者、胥也。胥、有才智之稱也。方言云東齊之間壻謂之倩、郭注言可偕倩也。今俗呼女壻爲卒便是也。按卒便合聲爲倩、倩亦美稱、廣韵云倩、利也。

義疏

女子子之夫爲壻 壻、詩作士、禮作壻。从士胥。胥、才智之稱。

集解

女子子之夫爲壻 禮、壻報緦。壻从士胥。胥、有才知之偁。詩則專以士爲壻。

義證

女子子之夫爲壻

說文云壻、夫也。徐鍇云壻者胥也。有才智之稱也。

說詩

女子子之夫爲壻 左傳正義十九上 玉篇士部引作女子之夫爲壻。少一子字。

匡名

女子子之夫爲壻

錦燧謹案、說文士部云壻、夫也。从士胥聲。詩曰女也不爽、士貳其行。士者、夫也。蒙謂壻从胥聲而實兼乎義、據徐鍇通論云壻者胥也。胥、有才智之稱也、知爲人父之道也。故於文士胥爲壻。然則許不云从士从胥胥亦聲者、何也、曰古者未有字先有聲、故義卽寓乎聲、知其聲卽可推其義矣。

陸錦燧日記

聞一知十爲士 此邢疏語耳。浦鏜據說文改作推十合一爲士、非。

有才知之稱 注疏本知作智。

校勘記

爾雅詁林 四 釋親

女子子之夫　十行本女子之夫。案亦剜改。**校勘記訂補**

壻　細　**干氏音釋**

壻之父爲姻婦之父爲婚

壻之父爲姻婦之父爲婚。**郭注**

壻之父爲姻婦之父爲婚

陽革而小因之陰昏而明合焉。禮、三十曰壯有室。三十年爲一世、所因必有革。**新義**

女子子之夫爲壻、壻之父爲姻婦之父爲婚。疏曰、喪服傳云、女子子者、別於男子子也。說文云、壻從士從胥。聞一知十爲士、胥有知之稱。愚按此條爲名章之本旨、然經壻父爲姻、婦父爲婚、而白虎通云、昏時行禮曰昏、婦因夫而成曰姻、與此正相反、疑白虎通爲得之。**注疏參義**

壻之父爲姻婦之父爲婚　**正義**　白虎通義云、婚姻者何謂也。婚者昏時行禮、故曰婚。姻者、婦人因夫而成、故曰姻。詩云、不惟舊因、謂夫也。又曰、燕爾新婚、謂婦也。所以昏時行禮何、示陽下陰也。昏亦陰陽交時也。說文云、姻、壻家也。女之所因、故曰姻。婚、婦家也。禮、娶女以昏時、婦人陰、故曰婚。釋名云、婿之父曰姻、姻、因也。女往因媒也。婦之父曰婚、言壻親迎用昏、又恆以昏夜成禮也。鄭註士昏禮云、女氏稱昏、壻氏稱姻。**正義**

壻之父爲婣婦之父爲婚

說文云、婣、壻家也。女之所因、故曰婣。婚、婦家也。禮、娶婦以昏時、婦人陰也、故曰婚。釋名云、婦之父曰婚、言

壻親迎用昏、又恆以昏夜成禮也。壻之父曰婣。婣、因也、女往因媒也。按白虎通、婦人因夫而成、故曰婣。因夫之說、於義爲長。**義疏**

壻之父爲姻　白虎通、婦人因夫而成。說文、女之所因。婦之父爲婚　說文、娶婦以昏時。詩婚姻孔云。**集解**

壻之父爲姻婦之父爲婚　姻从女因。白虎通說婦人因夫而成。說文、女之所因。娶婦以昏時而成禮、又恆用昏、故婦父名曰婚。詩婚姻孔云。**義證**

壻之父爲姻婦之父爲婚

說文云、姻、壻家也、女之所因、故曰姻。婚、婦家也、禮、娶婦以昏時、婦人陰也、故曰婚。鄭風丰序、婚姻之道缺、鄭云、婚姻之道、謂嫁娶之禮。正義云、男以昏時迎女、女因男而來。嫁謂女適夫家、娶謂男往娶女。論其男女之身、謂之嫁娶、指其好合之際、謂之婚姻。嫁娶婚姻其事實一、故曰婚姻之道謂嫁娶之禮也。若指男女之身、則男以昏時取婦、婦因男而來、婚姻之名本生於此。若以婦黨壻黨相對爲稱、則釋親所云壻之父爲姻、婦之父爲婚。婦之黨爲婚兄弟、壻之黨爲姻兄弟。是婦黨稱婚、壻黨稱

爾雅詁林　四　釋親

姻也。對文則有異、散則可以通。小雅節南山瑣瑣姻亞、箋云壻之父曰姻。我行其野昏姻之故言就爾居、鄭箋云婦之父、壻之父相謂昏姻。我乃以此二父之命故我就女居。不思舊姻求爾新特、毛傳云新特、外昏也。箋云壻之父曰姻、我以禮來嫁女、女不思女老父之命而棄我、而求女新外昏特來之女責之也。是壻爲姻、婦爲婚也。**說詩**

婿之父爲姻婦之父爲婚　案鄭風丰篇疏云、對文則有異、散則可以通。我行其野箋云新特、外昏也。謂婦家爲昏也。隱元年左傳說葬之月數云士踰月、外姻至。非獨謂婿家也。

疏推十合一爲士　誤、閒一知十爲士。

東齊之閒婿謂之倩　案方言婿作聟俗字。**注疏正字**

壻之父爲姻婦之父爲婚　一切經音義二引婦之父母爲昏。左傳正義四、禮記正義五十又六十一引皆作昏。案昏古文省。**匡名**

女子子之夫爲壻壻之父爲姻婦之父爲婚　說文壻、夫也。或从女。姻、壻家也。女之所因、故曰姻。小雅、不思舊姻。婚、婦家也。禮娶婦以昏時、婦人陰、故曰婚。邶風、宴爾新婚。士昏禮註、女氏稱昏、壻氏稱姻。**啓蒙**

婦之父爲婚。釋名、婦之父爲婚、言壻親迎用昏、又恆以昏夜成禮也。詩東門之楊、昏以爲期、箋、親迎之禮以昏時。**古義補**

壻之父爲姻

錦燧謹案、說文女部云姻、壻家也。女之所因、故曰姻。是則姻字亦从因聲而實兼乎因之義者。釋名云、壻之父曰姻。姻、因也、女往因媒也。說與說文合、惟女往因媒句義不可曉。竊謂媒字乃衍文、女往因也者、猶許所云女之所因也。白虎通云婦人因夫而成、故曰姻。或據此謂釋名之媒字乃壻之譌、因婿猶言因夫、婿卽壻之別體也。此說亦通。**陸錦燧日記**

羣經音義引爾雅聟之父爲姻。音細。案聟、古文壻字。見王右軍帖。玉篇壻或作婿。儀禮士昏禮鄭注用昕使者用昏婚也。以下有云壻、悉計翻、从士从胥。俗作婿、女之夫。汲古閣板本誤將經傳通解音釋刻入注中。與詩執競箋競其敬翻同誤。閻氏若璩以此爲康成亦有翻語之證、謬誤已極。無論鄭注無此體例、卽士昏禮正文早有壻字、何不注於前而注於後、且不注於經而注於己之注耶。**音略**

父之黨爲宗族母與妻之黨爲兄弟

父之黨爲宗族、母與妻之黨爲兄弟。**郭注**

母與妻之黨爲兄弟

急難猶有相求之道也。**新義**

父之黨爲宗族母與妻之黨爲兄弟

正義 此釋兄弟之親與宗族有別也。古者宗族則稱昆弟、母與妻之黨則稱兄弟、母之黨者若舅之子爲外兄弟是也。妻之黨者、鄭註士昏禮云、見主婦者、兄弟之道宜相親也。散文言之、母黨亦有稱昆弟者、若從母之子爲從母昆弟是也。宗族亦稱爲兄弟者、喪服傳云小功以下爲兄弟、鄭註兄弟猶言族親也。小雅伐木云兄弟無遠、鄭箋兄弟、父之黨母之黨。是父黨母黨並稱爲兄弟也。對文言之、則昆弟與兄弟之稱有別。

正義

父之黨爲宗族母與妻之黨爲兄弟

此總釋三黨之稱號也。父黨爲宗族者、卽大傳云同姓從宗合族屬是也。母與妻黨爲兄弟者、卽大傳云異姓主名治際會是也。母黨兄弟、若舅之子爲內兄弟。妻黨兄弟、若妻之昆弟爲婚兄弟。皆有兄弟之名。故曾子問云某之子有父母之喪不得嗣爲兄弟。大司徒三曰聯兄弟、鄭注兄弟昏婣嫁娶也。鄭知兄弟爲婚婣者、以上云族墳墓是同宗、明此兄弟是外親、故賈疏引此文而云兄弟之名施於外親爲正、是其義也。古者兄弟與昆弟別、此篇宗族皆稱昆弟是矣。然宗族亦有稱兄弟者、若曾子問云宗兄宗弟、喪服傳云小功以下爲兄弟。母黨亦有稱昆弟者、若上文云從母之子爲從母昆弟、皆其證也。詩兄弟無遠、鄭箋兄弟、父之黨母之黨。此則父黨母黨俱稱兄弟也。又知兄弟昆弟其實皆通名矣。

義疏

父之黨爲宗族前不言黨、不別於父也。此對母言、故各有黨。**母與妻之黨爲兄弟**黨當也。从尚、分有所向也。經典加黑以定聲。

集解

父之黨爲宗族黨不鮮也。與儻通用。儻、朋羣也。宗、尊祖廟也。引申爲同姓之偁。族、矢鋒也。束之族族也。以爲父黨之偁者、正字爲屬耳。屬、連也。言相連屬。上經父不言黨、此言黨者、對母言耳。

母與妻之黨爲兄弟如舅之子爲外兄弟、妻之舅弟爲婚兄弟。是曾子問某之子有父母之喪不得嗣爲兄弟、周禮大司徒三曰聯兄弟、均斥婣親而言也。若宗族則偁昆弟、唯小功以下偁兄弟。

義證

父之黨爲宗族母與妻之黨爲兄弟

兄弟者、小雅伐木兄弟無遠、鄭箋云兄弟、父之黨、母之黨。正義云、父黨母黨得同曰兄弟者、兄弟是相親之辭、因推而廣之、異姓亦得言之、故釋親云父之黨爲宗族、母與妻之黨爲兄弟。此不言妻黨者、以舅是母黨之稱、故特言母耳。其實妻黨亦有兄弟。釋親又曰妻之父爲婚兄弟、壻之父爲姻兄弟是也。邶風谷風宴爾新婚、如兄如弟、疏云、安愛汝之新昬、其恩如兄弟也。以夫婦坐圖可否有兄弟之道、故以兄弟言之。小雅正月昬姻孔云、言尹氏當獨與兄弟相親友爲朋黨也。當以兄弟解昬姻二字。疏云親比其鄰近之左右、與妻黨之昬姻甚相與周旋而已。角弓兄弟昬姻、無胥遠矣、箋云、骨肉之親、當相親信、無相疏遠。正義云、骨肉謂族親。此經兼言昬姻、以昬姻之親與宗族同。頍弁云兄弟甥舅、連言之是其同也。案箋以昬姻亦稱兄

爾雅詁林　四　釋親

弟、故以骨肉之親通括之也。案兄弟昏姻無胥遠者、謂兄弟與昏姻皆至親之人、不甚相遠、王何以不親兄弟而獨厚於親戚耶。爾王若視兄弟爲遠、則在下之民皆相效法、而親親之道失矣。此是父兄刺幽王之詩、故鄭箋專言骨肉、當時蓋親戚擅權、不信骨肉之言、故刺之如此。昏姻卽親戚也、此是正義附辨之於此。

說詩

父之黨爲宗族母與妻之黨爲兄弟　小雅兄弟無遠、鄭箋兄弟、父之黨母之黨也。

啓蒙

父之父母　十行本雪聰本吳本並婦之父母。南昌本誤。

校勘記訂補

婦之父母壻之父母相謂爲婚姻兩壻相謂爲亞

婦之父母、壻之父母相謂爲婚姻。兩壻相謂爲亞。詩曰瑣瑣姻亞。今江東人呼同門爲僚壻。

郭注

注詩曰瑣瑣姻亞　釋曰、小雅節南山文也。劉熙釋名云、兩壻相謂爲亞者、言每一人取姊一人取妹、相亞次也。又並來女氏、則姊夫在前、妹夫在後、亦相亞也。

邢疏

婦之父母壻之父母相謂爲婚姻兩壻相謂爲亞　郭璞云、詩曰瑣瑣姻亞。今江東人呼同門爲僚壻。

一切注音

姻音因。亞一駕反。又作婭。瑣桑果反。僚力彫反。

陸音義

婦之父母壻之父母相謂爲婚姻　所謂君西酌犧象、夫人東酌罍尊如此。

兩壻相謂爲亞　亞、朋友之齒。今俗呼友壻如此。

新義

婦之父母壻之父母相謂爲婚姻兩壻相謂爲亞　郭氏云、詩曰瑣瑣姻亞。今江東人呼同門爲僚壻。

鄭樵注

婦之父母壻之父母相謂爲婚姻兩壻相謂爲亞　郭璞曰、詩曰瑣瑣姻亞。今江東人呼同門爲僚壻。鄭樵曰、郭氏云詩曰瑣瑣姻婭。今江東人呼同門爲僚壻。

古注合存

婦之父母壻之父母相謂爲婚姻兩壻相謂爲亞【註】詩曰瑣瑣姻亞。今江東人呼同門爲僚壻【正義】上文已云壻之父爲姻、婦之父爲婚。此又兼言母者、士昏禮記有見婦之父母之禮、是婦之父母壻之父母皆得相見、相見則有相謂之辭。昏姻二字每多連舉、士昏禮云某以得爲外昏姻、又云某以得爲外昏姻之數、又云某以得爲昏姻之故。小雅我行其野云昏姻之故、左氏文三年傳云修昏姻、皆並舉其文也。兩壻相謂爲亞者、釋名云兩壻相謂曰亞、言一人取姊一人取妹、相亞次也。又並來至女氏門、姊夫在前、妹夫在後、亦相亞而相倚共成其禮也。又曰友壻、言其相親友也。【註】詩曰至僚壻【正義】瑣瑣姻亞、小雅節南山文。毛傳用爾雅。僚壻猶言友壻也。

正義

婦之父母壻之父母相謂爲婚婣兩壻相謂爲亞詩曰瑣瑣婣亞今江東人呼同門爲僚壻

上文已云壻之父爲婣、父之婦爲婚、此又兼言母者、嫌與父異稱、故覆釋之也。據士昏禮、壻有見婦之父母之禮、又據曾子問父喪稱父、母喪稱母、是婚婣兩家父母皆相接見通慶弔、既彼此通問、則必有其禮與其詞也。云兩家父母相謂爲婚婣者、婚婣二字實亦通稱、故詩云婚婣之故、士昏禮云某以得爲外婚婣、是皆以婚婣通舉爲文也。亞者、釋名云兩壻相謂曰亞、言一人取姊、一人取妹、相亞次也。又並來至女氏門、姊夫在前、妹夫在後、亦相亞也。又曰友壻、言相親友也。按友壻即郭云僚壻、其義同。義疏

婦之父母壻之父母相謂爲婚姻士婚禮、壻有見婦之父母之禮。又曾子問、父喪稱父、母喪稱母。然則此、相謂謂相見或通問詞耳。經傳婚姻多連舉、如詩婚姻之故、士昏禮某以得爲外昏姻、又某以得爲外昏姻之數、均是。兩壻謂爲亞亞醜也。與敘通用。敘、次弟也。言一人取姊、一人取妹、相亞次也。或又偁爲友壻。詩節南山、瑣瑣姻亞。義證

壻之父爲姻、婦之父爲婚、父之黨爲宗族、母與妻之黨爲兄弟。婦之父母、壻之父母相謂爲婚姻、兩壻相謂爲亞、

註詩曰瑣瑣姻亞今江東人呼同門爲僚壻補正邢疏、劉熙釋名云、兩壻相謂爲亞者、言每一人取姊、一人取妹、相亞次也。又並來女氏、則姊夫在前、妹夫在後、亦相亞也。臣鋆按、釋名又云婦之父曰婚、言壻親迎用昏、又恒以昏夜成禮也。壻之父曰姻、姻、因也、女往因媒也。郭注補正

婦之父母壻之父母相謂爲婚姻

今俗相稱爲親家、即古時所稱之婚姻也。此又申上之辭。

兩壻相謂爲亞

小雅節南山瑣瑣姻亞、毛傳云兩壻相謂爲亞。疏引釋名云、兩壻相謂曰亞者、言一人取姊、一人取妹、相亞次也。又並來女家、則姊夫在前妹夫在後、亦相亞也。說詩

婦之父母壻之父母相謂爲婚姻兩壻相謂爲亞　說文七下㒳、再也。从冂闕。易曰參天㒳地。又兩、二十四銖爲一兩。从一㒳平分㒳亦聲。經典以兩代㒳。釋文云亞又作婭。後漢書注七十七引作婭。案說文女部無婭字。左傳正義五十一引作曰亞。匡名

婦之父母壻之父母相謂爲婚姻兩壻相謂爲亞小雅昏姻之故。又瑣瑣姻亞。啓蒙

兩壻相謂爲亞。詩曰瑣瑣婣亞今江東人呼同門爲僚壻。今俗曰連襟、連則僚之轉耳。黃侃音訓

壻之父爲姻　婦之父爲婚　兩壻相謂爲亞

釋名、婿之父曰姻。姻、因也。女往因媒也。釋親屬婦之父曰婚。言婿親迎用昏、又恒以昏夜成禮也。釋親屬釋文亞又作婭。釋親釋文釋名、兩婿相謂曰亞。言一人取姊、一人取妹、謂亞次也。釋親屬又曰友婿。言相親友也。釋親屬

證異

兩壻相謂曰亞

說文亞、醜也。象人局背之形。案兩壻相見各自偁亞、謙詞也、猶自謙爲愚人也。亞爲醜、象形、此本義也。惡字所以从亞也。又引賈說以爲次弟也、乃引申義。說文後一說。引申義。多釋名亦以亞次爲言、不若从本義。孟子雖有惡人、趙注醜類者也。類即貌字。朱注用之。疑惡爲亞字之段。趙氏所見本雖不敢定爲亞字、然趙亦知爲亞之段字矣。易繫辭而不可惡也、荀爽本作亞。書大傳鐘鼓惡、注當爲亞。皆其證。并疑左傳韈蔑惡亦亞之段。坿記于此。

王仁俊日記

○注詩曰瑣瑣姻亞　○釋曰　注疏本刪注詩曰釋曰。

校勘記

婦之黨爲婚兄弟　壻之黨爲姻兄弟

婦之黨爲婚兄弟、壻之黨爲姻兄弟。古者皆謂婚姻爲兄弟。

郭注

注古者皆謂婚姻爲兄弟　釋曰、禮記曾子問曰、昏禮既納幣、有吉日、女之父母死、則如之何、孔子曰、壻使人弔、如壻之父母死、則女之家亦使人弔。鄭注云、必使人弔者、未成兄弟。又云、父喪稱父、母喪稱母、父母不在則稱伯父世母。壻已葬、壻之伯父致命女氏曰、某之子有父母之喪、不得嗣爲兄弟、使某致命。女氏許諾而弗敢嫁、禮也。是古者謂昏姻爲兄弟、以夫婦有兄弟之義、或據壻於妻之父母有緦服、故得謂之兄弟也。

邢疏

婦之黨爲婚兄弟　壻之黨爲姻兄弟

郭璞云、古者皆爲婚姻爲兄弟。

一切注音

婦之黨爲婚兄弟、壻之黨爲姻兄弟

亦急難猶有相求之道。詩曰、婚姻之故、言就爾居。

新義

婦之黨爲婚兄弟壻之黨爲姻兄弟

郭璞曰、古者皆謂婚姻爲兄弟。

古注合存

父之黨爲宗族、母與妻之黨爲兄弟。婦之父母、壻之父母相謂爲婚姻。兩壻相謂爲亞。婦之黨爲婚兄弟、壻之黨爲姻兄弟。註曰、詩節南山云、瑣瑣姻亞。今江東呼同門爲僚壻是也。古者皆謂婚姻爲兄弟。疏曰、名亞者、言一取姊一取妹相亞次也。又並來女氏、則前後亦相亞。曾子問云、昏禮、娶婦有吉日、而壻之父母死、則壻之伯叔致命女氏曰、某之子有父母之喪、不得嗣爲兄弟、是古者謂婚姻爲兄弟也。愚按此總承釋親以下各章而總釋之也。

注疏參義

婦之黨爲婚兄弟壻之黨爲姻兄弟　註　古者皆謂婚姻爲兄弟　正義　此申言外姻爲兄弟也。大司徒以本俗六、安萬民、三曰聯兄弟、鄭註兄弟、昏姻嫁娶也。曾子問云、壻之伯父致命女氏曰、某之子有父母之喪、不得嗣爲兄弟。穀梁宣十年傳云、公娶齊、齊以爲兄弟反之。是婚姻稱爲兄弟也。

正義

郭註古者皆謂婚姻爲兄弟。公羊僖二十五年傳其言來逆婦何、兄弟辭也、註宋晉之間名結婚姻爲兄弟。

校議

婦之黨爲婚兄弟壻之黨爲婣兄弟 古者皆謂婚婣爲兄弟

此申言婚婣之黨皆爲兄弟也。不言母黨、明其義同。詩云宴爾新昏、如兄如弟、婚兄弟也。穀梁宣十年傳云公娶齊、齊繇以爲兄弟反之。婣兄弟也。

義疏

婦之黨爲婚兄弟壻之黨爲姻兄弟 此申言婚姻之黨均偁兄弟、不得偁爲昆弟也。詩宴爾新昏、如兄如弟。婚兄弟也。穀梁宣十傳公娶齊、齊繇以爲兄弟反之。姻兄弟也。

義證

婦之黨爲婚兄弟壻之黨爲姻兄弟

註古者皆謂婚姻爲兄弟 補正 邢疏、禮記曾子問曰、昏禮既納幣、有吉日、女之父母死、則如之何。孔子曰、壻使弔、如壻之父母死、則女之家亦使人弔。鄭註云、必使人弔者、未成兄弟。又云父喪稱父、母喪稱母、父母不在則稱伯父世母。壻已葬、壻之伯父致命女氏曰、某之子有父母之喪、不得嗣爲兄弟、使某致命。女氏許諾而弗敢嫁、禮也。是古者謂婚姻爲兄弟、有夫婦有兄弟之義。

郭注補正

婦之黨爲婚兄弟壻之黨爲姻兄弟

此申言婚姻二黨爲兄弟。今世俗但稱姻兄姻弟、無稱婚兄弟者。

說詩

婦之黨爲婚兄弟壻之黨爲姻兄弟 詩正義九之三引作妻之父壻之父。周禮疏地官大司徒引作昏。

匡名

婦之黨爲婚兄弟壻之黨爲姻兄弟 曾子問、壻之伯父致命女氏曰、某之子有父母之喪、不得嗣爲兄弟。

啓蒙

婦之黨爲婚兄弟壻之黨爲婣兄弟郭云古者皆謂婚婣爲兄弟。楷案、婦之黨壻之黨勿泥解、猶云婦家壻家耳。以已身言之、婦黨則妻之兄弟於吾婚兄弟也、妻之父於吾父、妻之兄弟之子於吾子、亦婚兄弟也。壻黨則姊妹之夫於吾婣兄弟也、姊妹之夫之父於吾父、姊妹之子於吾子、亦婣兄弟也。以父身言之、婦黨則爲母家、壻黨則爲姑家。以子身言之、婦黨則爲子之妻家、壻黨則爲女子子之夫家、亦以此例求之。然則婚婣兄弟共有六等、一曰妻之兄弟、二曰姊妹之夫、三曰舅之子、四曰姑之子、五曰婦之父、六曰壻之父。故郭注云云、正謂婚婣中敵體之人皆得有兄弟之稱也。舅之子姑之子後世稱爲內兄弟外兄弟、故馬融注喪服云今內外兄弟也。云今可知爲漢稱矣。爾雅無之、即括於此條中也。

稗疏

○注古者皆謂婚姻爲兄弟○釋曰注疏本删注釋曰。弟下增者。是古者謂昏姻爲兄弟元本同。閩本監本毛本昏作婚。

校勘記

壻之黨爲姻兄弟。古者皆謂婚姻爲兄弟

楊氏音訓

嬪婦也

嬪、婦也。書曰嬪于虞。

郭注

注書曰嬪于虞　釋曰、案堯典、羣臣共舉舜於帝、帝曰、我其試哉、女于時、觀厥刑于二女、釐降二女于嬀汭、嬪于虞。孔安國注云、降、下。嬪、婦也。舜爲匹夫、能以義理下帝女之心、於所居嬀水之汭、使行婦道於虞氏是也。

邢疏

嬪婦也　郭璞云書曰嬪于虞

一切注音

嬪婦也　爾婦而我賓之、亦我賓之故爾婦也。

新義

嬪婦也　郭璞曰、書曰嬪于虞。

古注合存

嬪婦也**註**書曰嬪于虞同。**正義**說文云嬪、服也。婦、服也。義同。天官九嬪云嬪婦化治絲枲、鄭註嬪、婦人之美稱也。**註**書曰嬪于虞○**正義**堯典文。

正義

嬪婦也書曰嬪于虞

嬪者、詩大明傳及周禮序官九嬪注竝云嬪、婦也。大宰注嬪、婦人之美稱也。曲禮注嬪婦人有法度者之稱也。竝與爾雅合。說文嬪婦竝云服也。嬪訓服者、嬪與賓同、釋詁云賓、服也。釋名云嬪、賓也。大宰注嬪、故書作賓。

義疏

嬪婦也　嬪服也。上經作賓。此云婦者、以婦亦爲服、故周禮天官有九嬪、書曰嬪于虞。

義證

嬪婦也　說文云嬪、婦也。大雅大明曰嬪於京、毛傳亦云嬪、婦也。

說詩

嬪婦也　周禮注引秋官大行人

匡名

嬪、婦也。此婦蒙上婦之黨而言、專指夫婦之婦、非子妻爲婦。女子謂弟妻爲婦之婦、彼二婦不可言嬪也。

黃侃音訓

○注書曰嬪于虞○釋日注疏本删注書曰釋日。虞下增者。

校勘記

嬪婦也。頻

孫侃直音

嬪頻婦也。

楊氏音訓

姻因　嬪頻

干氏音釋

爾雅詁林 四 釋親

謂我舅者吾謂之甥也

謂我舅者、吾謂之甥也。

郭注

嬪婦也謂我舅者吾謂之甥也、嬪音頻〇註曰、嬪于虞愚按嬪婦申釋宗族之義舅甥申釋母黨之義也

注疏參義

謂我舅者吾謂之甥也 正義 釋名云、舅謂姊妹之子曰甥、甥亦生也。出配他男而生、故其制字男旁作生也。喪服傳云甥者何也、謂吾舅者吾謂之甥。何以緦也、報之也。左氏莊六年傳鄧祁侯曰吾甥也、杜註姊妹之子曰甥。傳又云騅甥、聃甥、養甥、杜註皆鄧甥仕於舅氏也。文三年傳云、好舅甥。成二年傳云、夫齊甥舅之國也。小雅頍弁云、豈伊異人、兄弟甥舅。言甥舅之親比於同姓也。

正義

謂我舅者吾謂之甥也

男子謂姊妹之子爲出、又謂甥者、甥之言生、與出同義、故釋名云、舅謂姊妹之子曰甥、甥亦生也、出配他男而生、故其制字男旁作生。按上文云舅姑之子、妻之晜弟、姊妹之夫俱相爲甥、彼謂敵體、此則同名而異實也。喪服傳云甥者何也、謂吾舅者吾謂之甥、何以緦也、報之也。然則妻之父謂外舅、壻亦爲甥、其服以緦、亦與舅爲甥同。

義疏

謂我舅者吾謂之甥也 此舅甥尊卑之定稱。

集解

謂我舅者吾謂之甥也 明甥

專為姊妹子之偁、餘均借用。
禮舅為甥緦、甥為舅亦緦。

義證

謂我舅者吾謂之甥也

補正 臣鍌按、此条指母之晜爲舅、非槩言也。如云姑之子爲甥、舅之子爲甥、妻之晜弟爲甥、姊妹之夫爲甥、豈可謂我爲舅乎。

郭注補正

謂我舅者吾謂之甥也

此與喪服傳文同。

說詩

謂我舅者吾謂之甥也　說文同。詩正義十四之二引我作吾。

匡名

嬪婦也謂我舅者吾謂之甥也 說文嬪、服也。引書嬪于虞。甥、引爾雅文。

左成二年傳、夫齊甥舅之國也。小雅豈伊異人、兄弟甥舅、言甥舅之親比於同姓。

啓蒙

謂我舅者、吾謂之甥也。　此亦取義於外姓之生。

黃侃音訓

婚姻 唐石經雪牕本注疏本同。單疏本作婚姻。按說文昏、从日从氏省。氏者、下也。一曰民聲。

校勘記

婚姻

婚姻四之四、按章內亦不專釋婚姻、而編書者以第五條婚姻二字名章也、蓋自前章第二條以下、并本章各條、多錯釋各章之文、與章名頗不相附、故本章第五條、備釋父黨母黨妻黨婚姻之總名以結之、而世乃或溺其義矣、後釋天祭名以下放此。

注疏參義

婚姻 正義 題上事也。經解云、昏姻之禮所以明男女之別也、鄭註昏姻、謂嫁取也。壻曰昏、妻曰姻、蓋男女自爲昏姻。而壻之父爲姻、婦之父爲婚、又因其子而稱之、而親屬又各以其類推也。

正義

婚姻相稱也。二族

集解

婚姻分爲婚姻者、所以明男女之別也。而親屬各以類舉者、親親之道也。

啓蒙